中国社会科学院2008年重大课题

哈佛燕京学社藏纳西东巴经书

第九卷

◆ 中国社会科学院民族学与人类学研究所
◆ 丽江市东巴文化研究院　　编
◆ 哈佛燕京学社

中国社会科学出版社

图书在版编目（CIP）数据

哈佛燕京学社藏纳西东巴经书．第九卷／中国社会科学院民族学与人类学研究所，丽江市东巴文化研究院，哈佛燕京学社编．—北京：中国社会科学出版社，2021.10

ISBN 978－7－5203－9311－9

Ⅰ.①哈…　Ⅱ.①中…②丽…③哈…　Ⅲ.①东巴文—古籍—汇编—中国　Ⅳ.①H257

中国版本图书馆 CIP 数据核字（2021）第 227009 号

出 版 人　赵剑英
责任编辑　田　文
责任校对　张爱华
责任印制　王　超

出　　版　中国社会科学出版社
社　　址　北京鼓楼西大街甲 158 号
邮　　编　100720
网　　址　http://www.csspw.cn
发 行 部　010－84083685
门 市 部　010－84029450
经　　销　新华书店及其他书店

印刷装订　北京君升印刷有限公司
版　　次　2021 年 10 月第 1 版
印　　次　2021 年 10 月第 1 次印刷

开　　本　880×1230　1/16
印　　张　38.5
字　　数　708 千字
定　　价　318.00 元

464－L－16 “以死者死亡日之属相、日期、月、时之属相、星宿占卜·看何属相时火化”第1叶

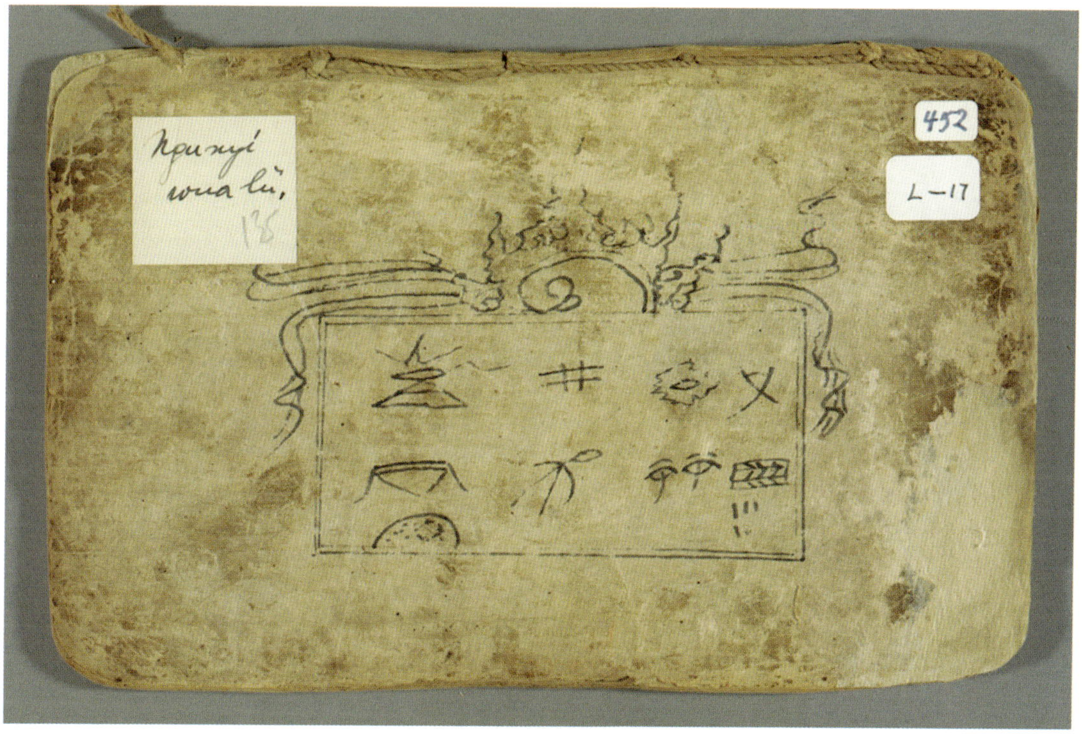

452－L－17 “占卜·看病卦辞的书”封面

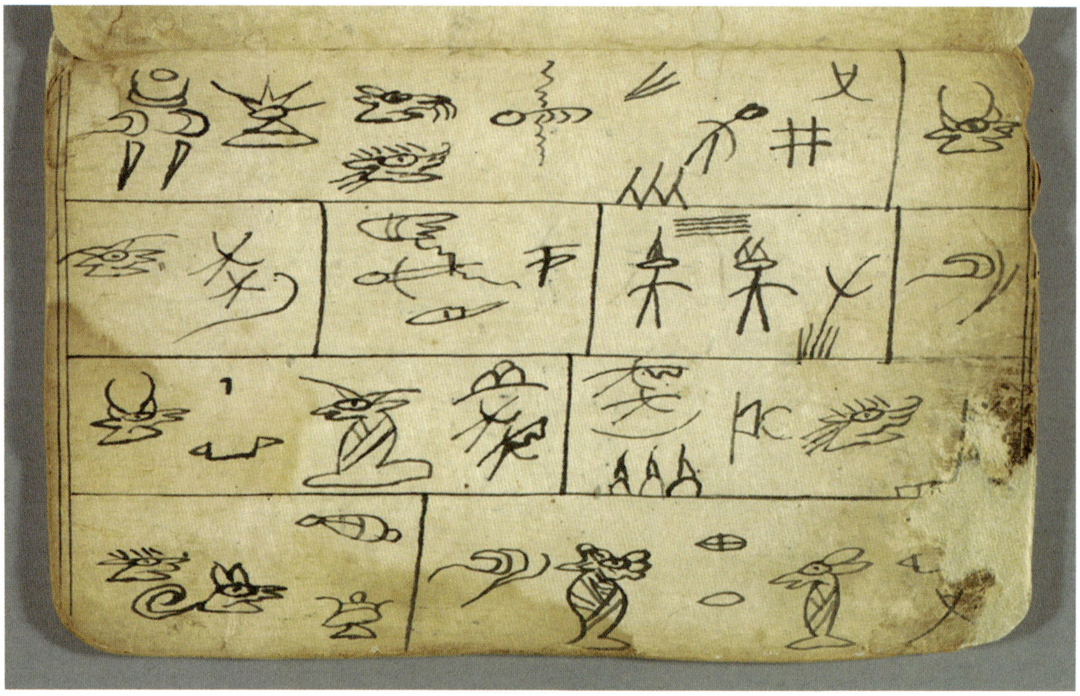

452－L－17 “占卜·看病卦辞的书”第 1 叶

452－L－17 “占卜·看病卦辞的书”第 2 叶

574－L－18 “占卜·以母亲生孩子的年龄占卜”封面

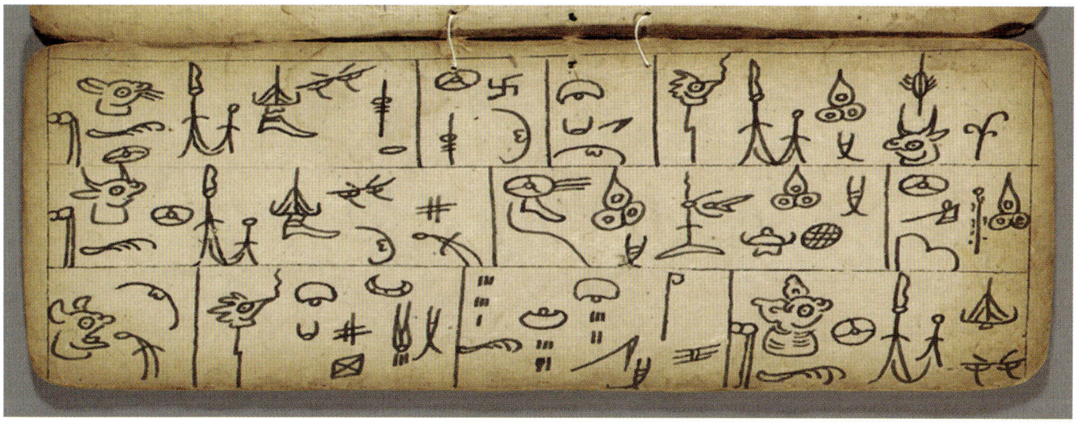

574－L－18 “占卜·以母亲生孩子的年龄占卜”第1叶

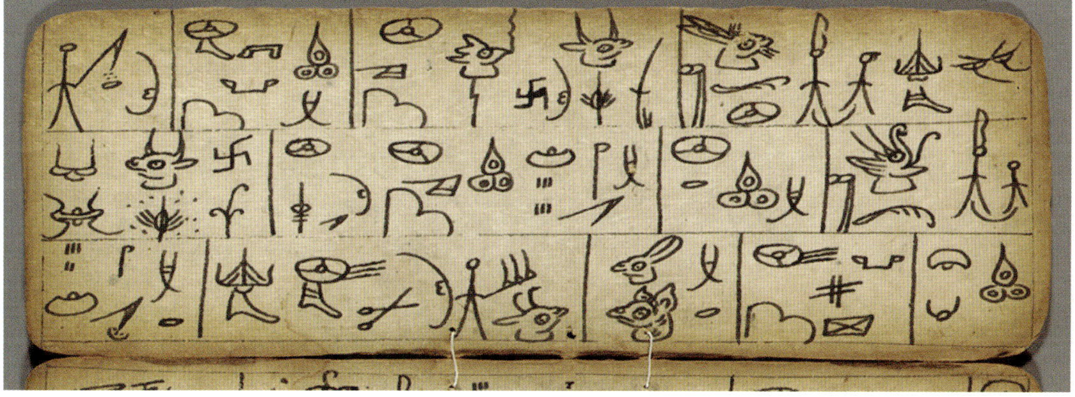

574－L－18 “占卜·以母亲生孩子的年龄占卜”第2叶

585－L－21 “占卜·算星·以第一声春雷占卜·看开天门”封面

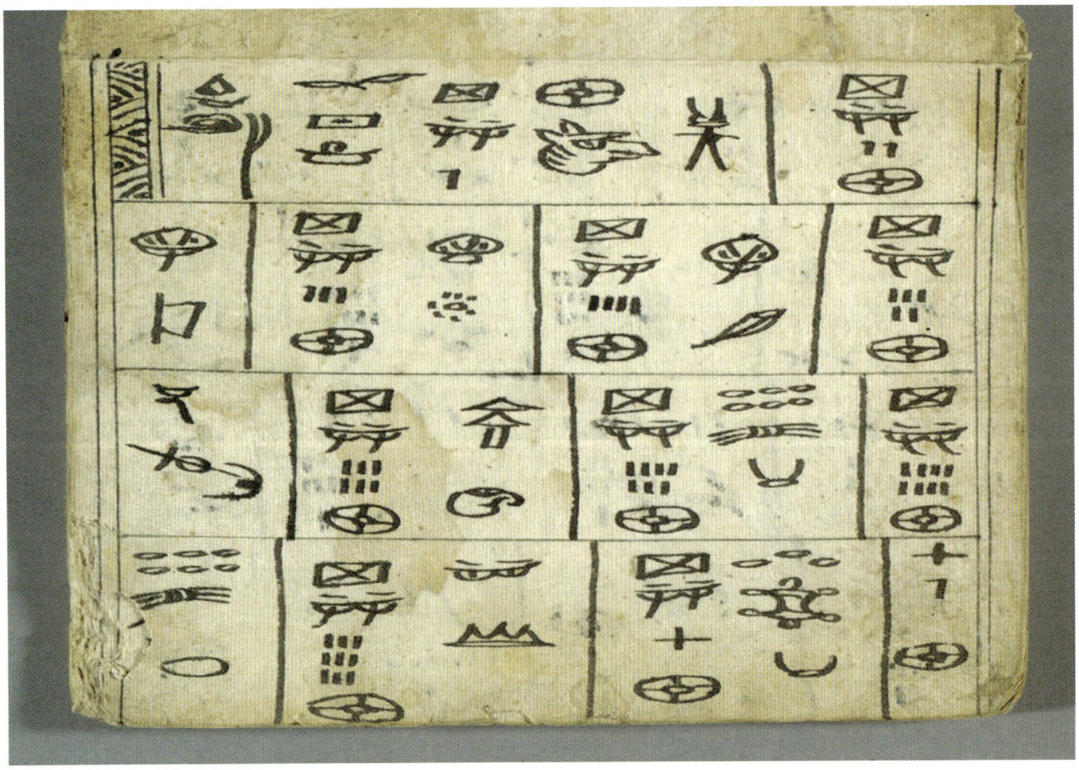

585－L－21 “占卜·算星·以第一声春雷占卜·看开天门”第1叶

585－L－21 “占卜·算星·以第一声春雷占卜·看开天门”第2叶

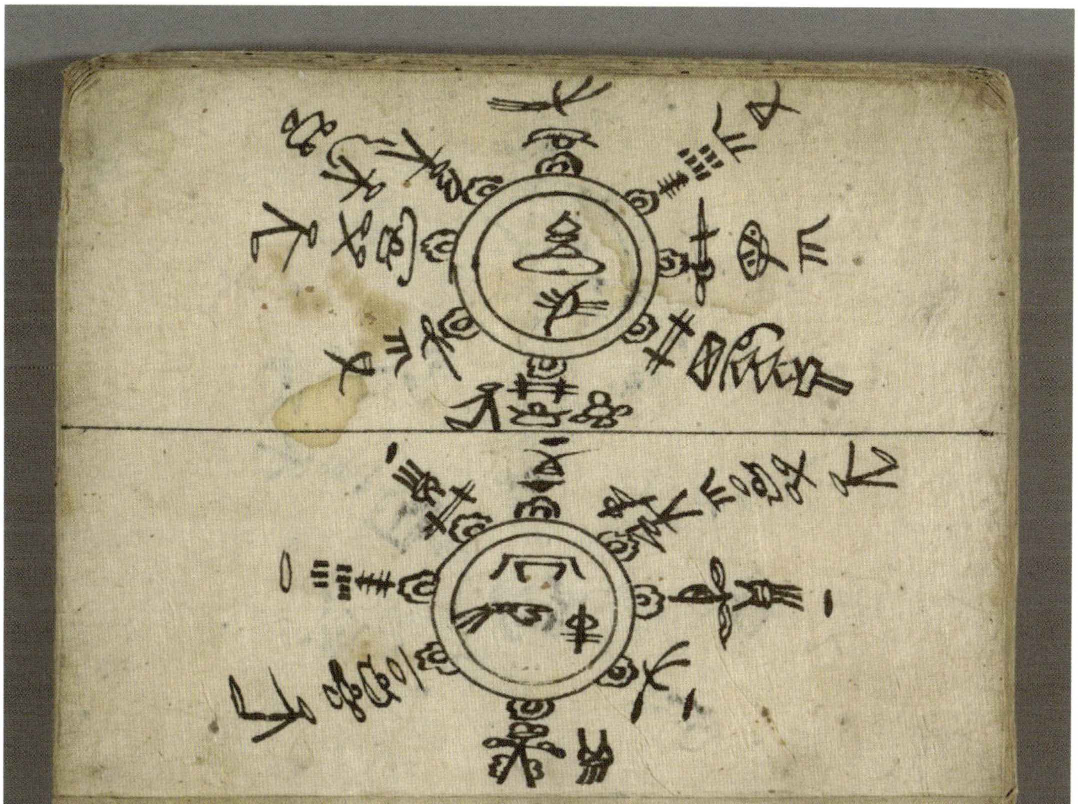

585－L－21 “占卜·算星·以第一声春雷占卜·看开天门”最后一叶

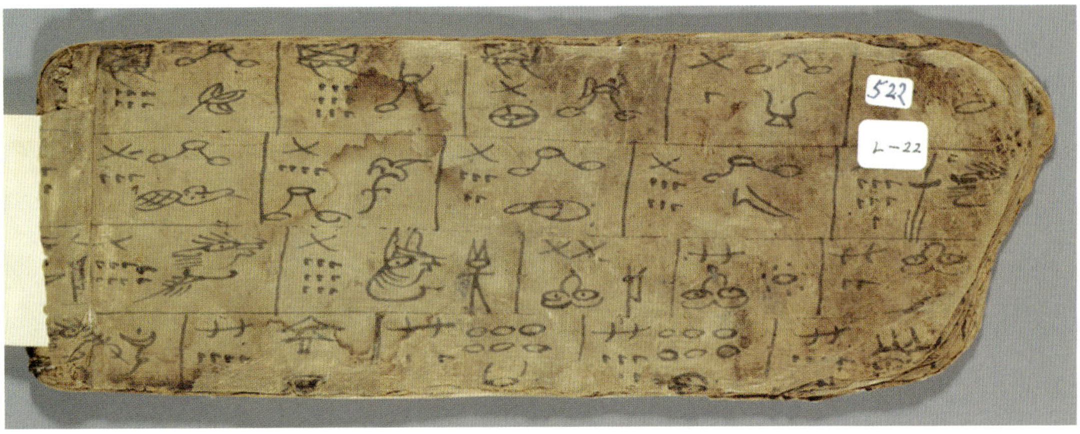

522－L－22 “占卜·看星占星”第1叶

522－L－22 “占卜·看星占星”第2叶

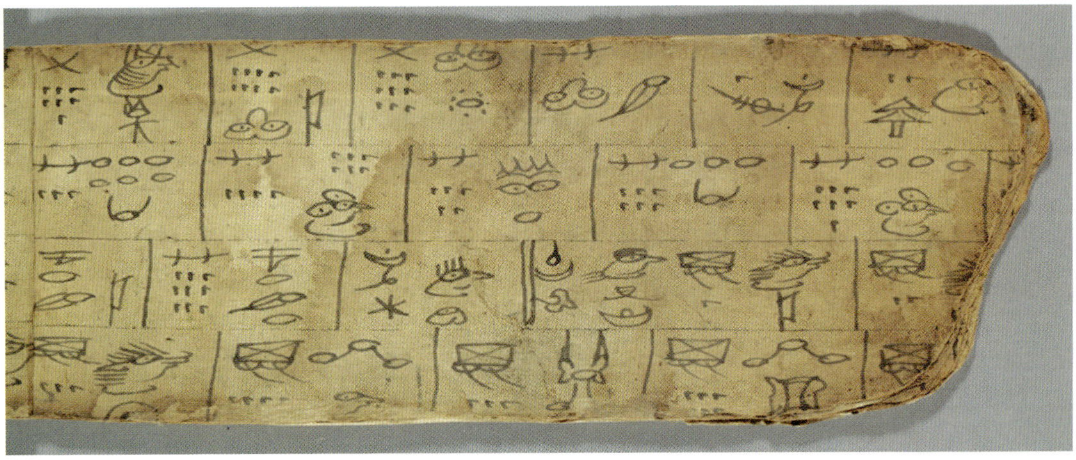

522－L－22 “占卜·看星占星”第3叶

594－L－24 “占卜·算星·算娆星·算黑蛇·算土神吃什么”封面

594－L－24 “占卜·算星·算娆星·算黑蛇·算土神吃什么”第1叶

594－L－24 “占卜·算星·算娆星·算黑蛇·算土神吃什么”第2叶

594－L－24 “占卜·算星·算娆星·算黑蛇·算土神吃什么”第3叶

558－L－25 “占卜·看星的书”封面

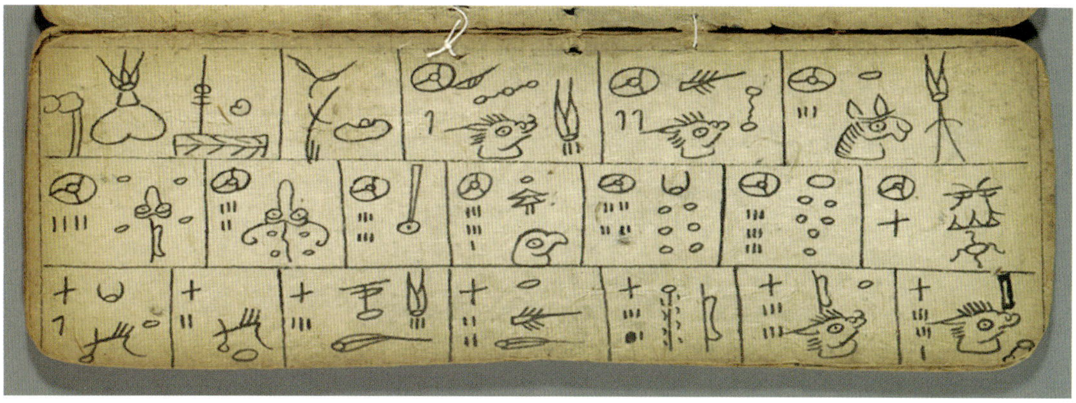

558－L－25 “占卜·看星的书”第 1 叶

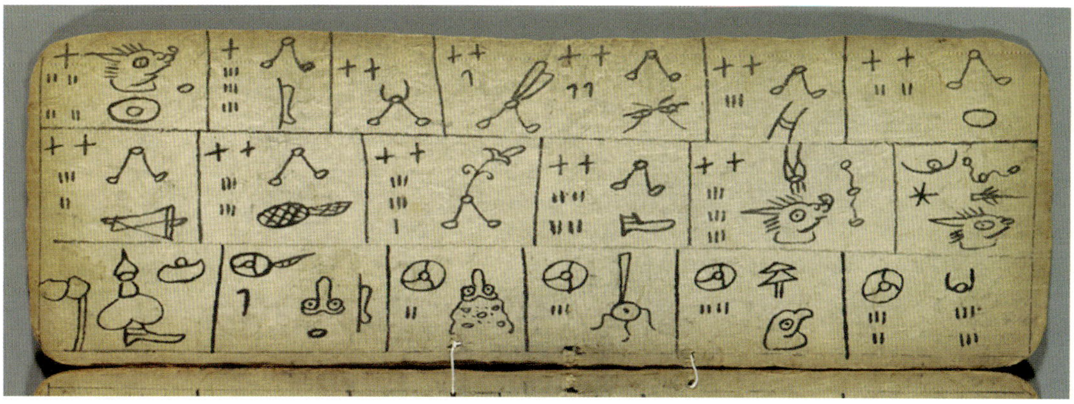

558－L－25 “占卜·看星的书”第 2 叶

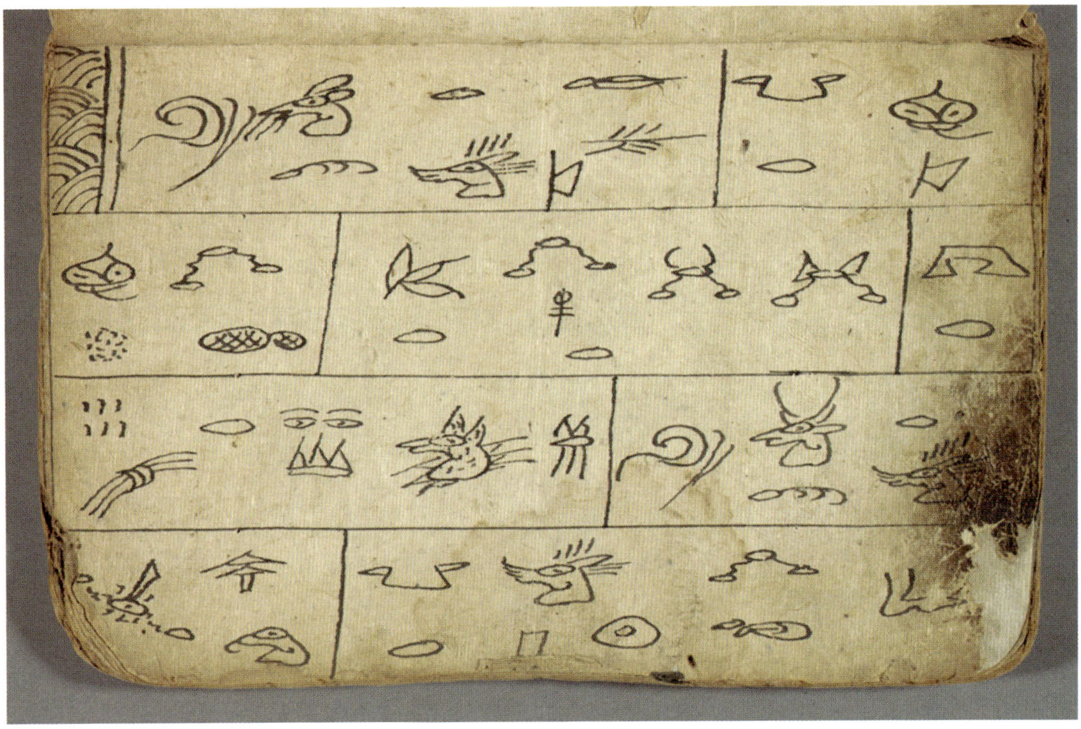

595－L－26 “占卜·算二十八宿的书”第1叶

595－L－26 “占卜·算二十八宿的书”倒数第1叶

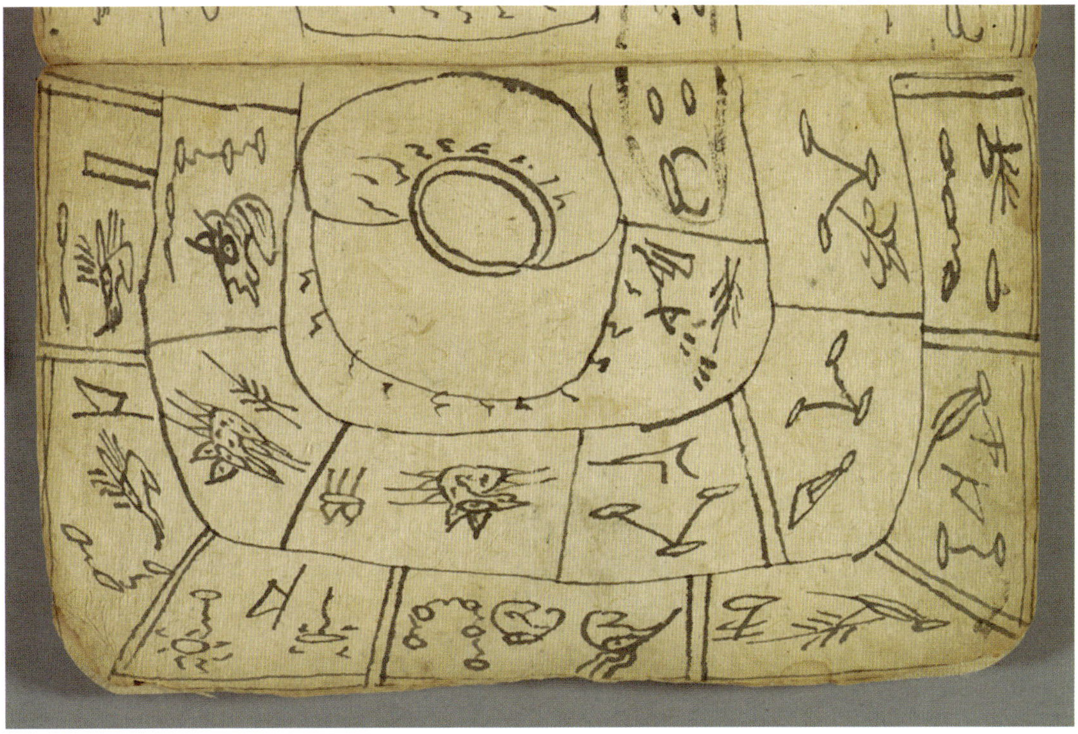

595－L－26 “占卜·算二十八宿的书”倒数第 2 叶

521－L－27 “占卜·看星·东巴长寿”封面

521－L－27 “占卜·看星·东巴长寿”第 1 叶

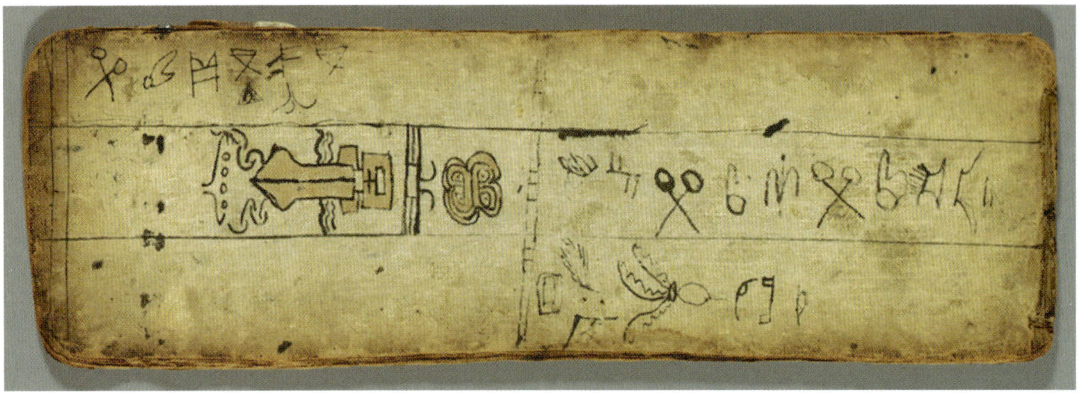

521－L－27 “占卜·看星·东巴长寿”封底

571－L－28 “占卜·投天卦象图占卜”封面

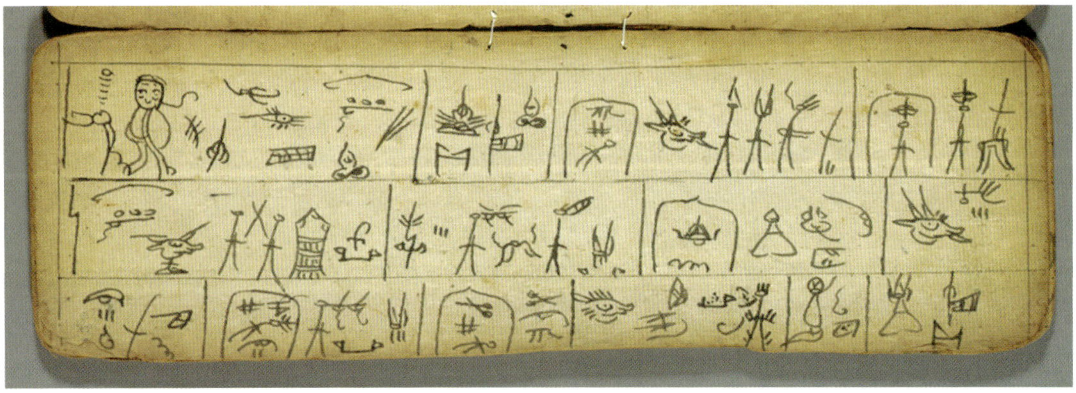

571－L－28 “占卜·投天卦象图占卜”第1叶

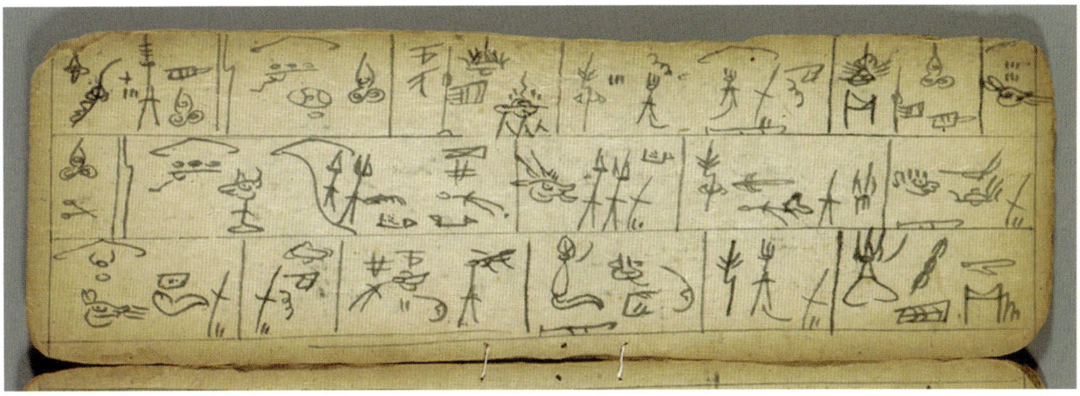

571－L－28 “占卜·投天卦象图占卜”第2叶

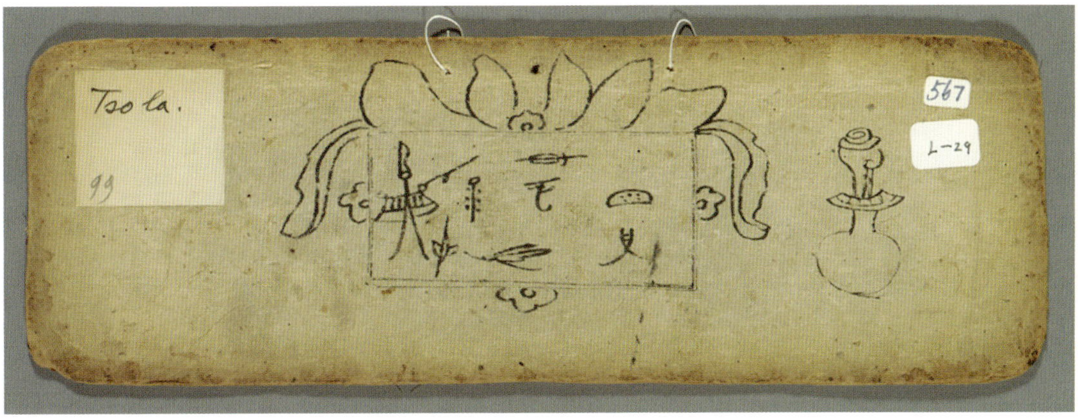

567－L－29 “占卜·算娶媳妇日鬼会缠于什么·算娆星”封面

567－L－29 “占卜·算娶媳妇日鬼会缠于什么·算娆星”第1叶

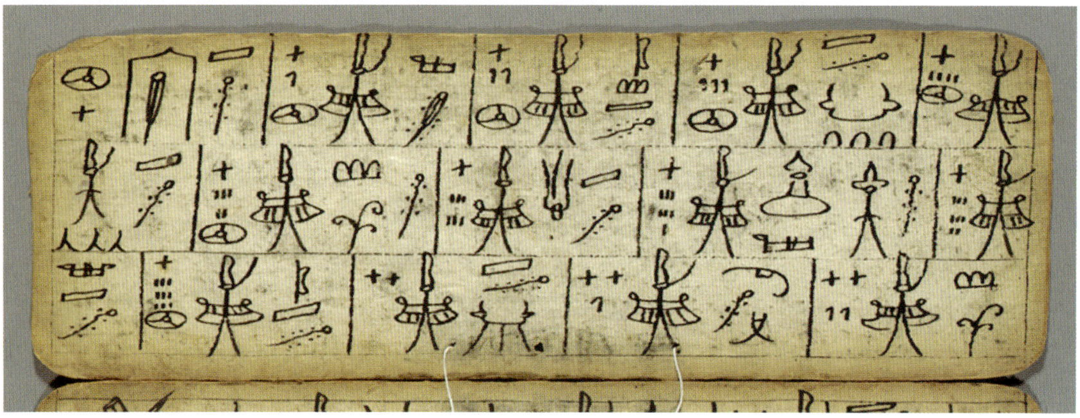

567－L－29 “占卜·算娶媳妇日鬼会缠于什么·算娆星”第2叶

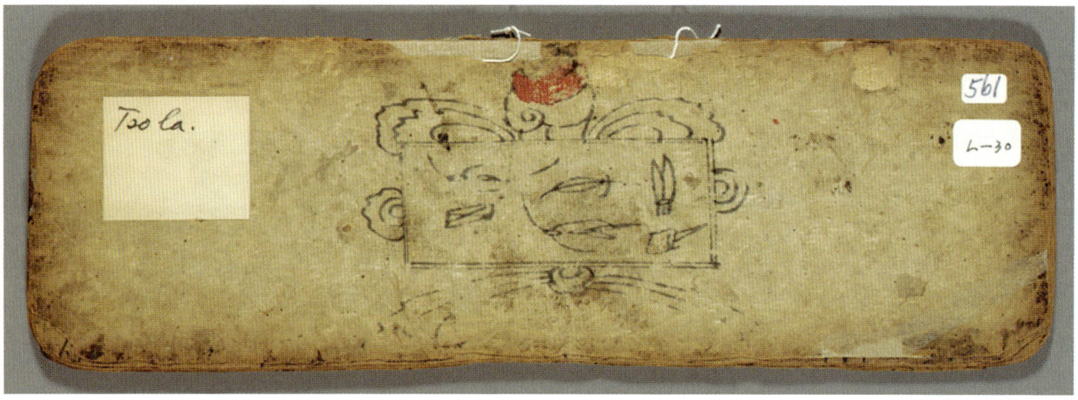

561－L－30 “占卜·算娆星·头本”封面

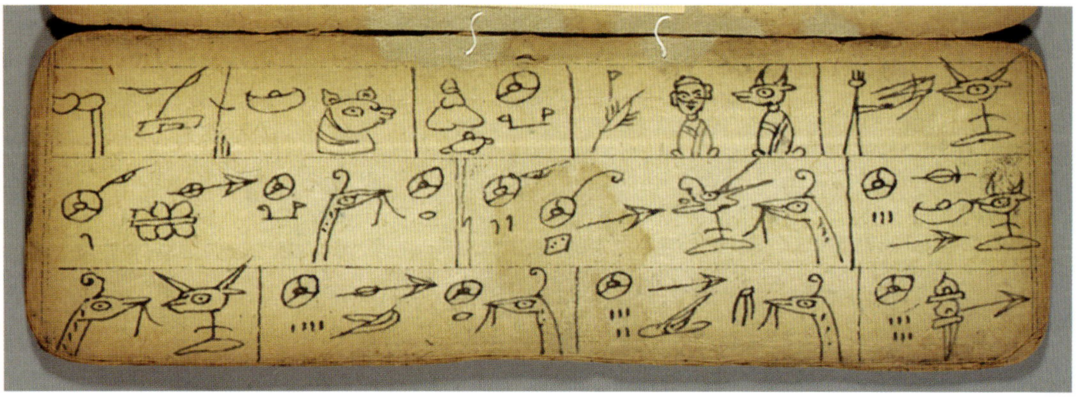

561－L－30 “占卜·算娆星·头本”第1叶

561－L－30 “占卜·算娆星·头本”第2叶

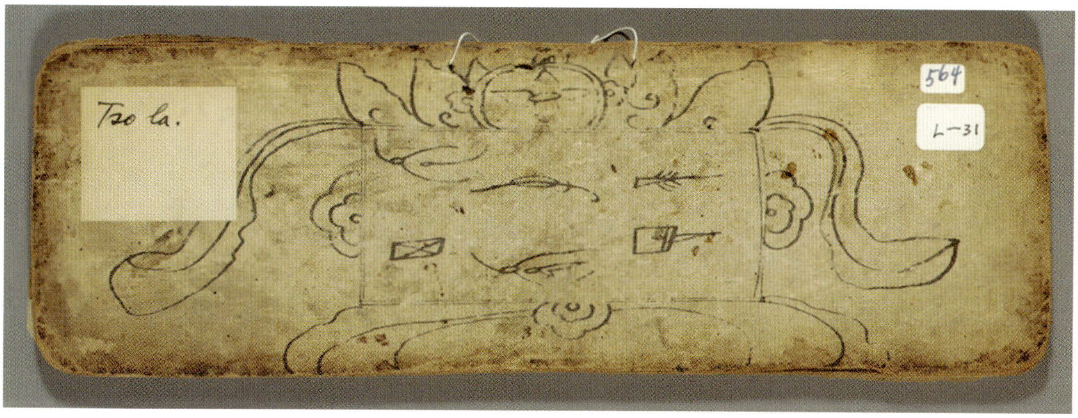

564－L－31 “占卜·算娆星·末本”封面

564－L－31 “占卜·算娆星·末本”第1叶

564－L－31 “占卜·算娆星·末本”第4叶

560－L－32 “占卜·看娆星·看天狗降临”封面

560－L－32 “占卜·看娆星·看天狗降临”第1叶

560－L－32 “占卜·看娆星·看天狗降临”第2叶

472－L－35 “占卜·用娆星占卜·看洗头的卦辞之书”封面

472－L－35 “占卜·用娆星占卜·看洗头的卦辞之书”第1叶

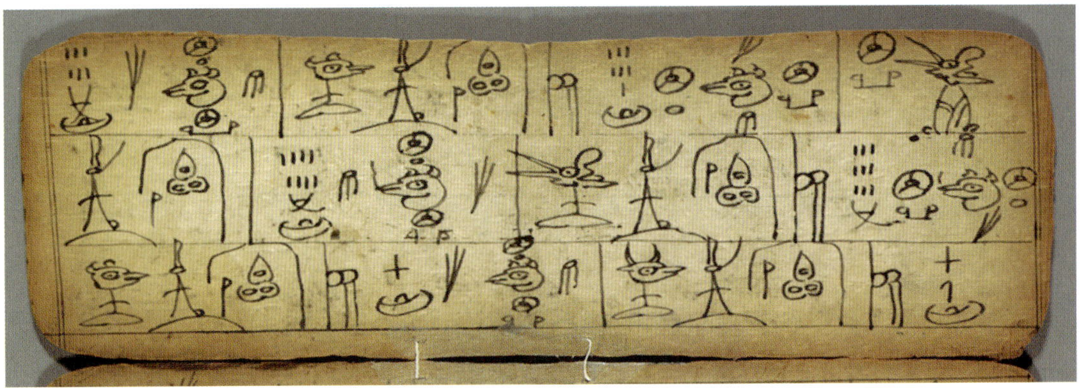

472－L－35 “占卜·用娆星占卜·看洗头的卦辞之书”第 2 叶

489－L－36 “占卜·以日子占卜的卦辞之书”封面

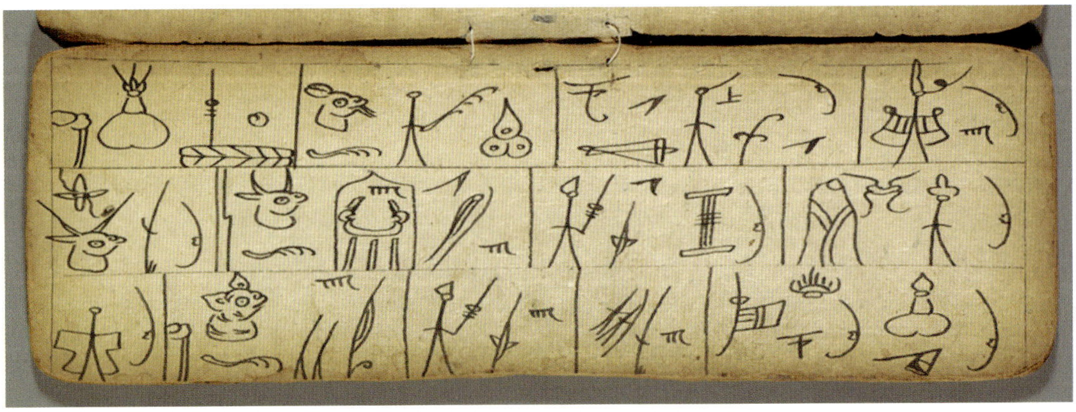

489－L－36 “占卜·以日子占卜的卦辞之书”第 1 叶

489 – L – 36 “占卜·以日子占卜的卦辞之书”第 2 叶

492 – L – 37 “占卜·以土神每天吃什么占凶吉”封面

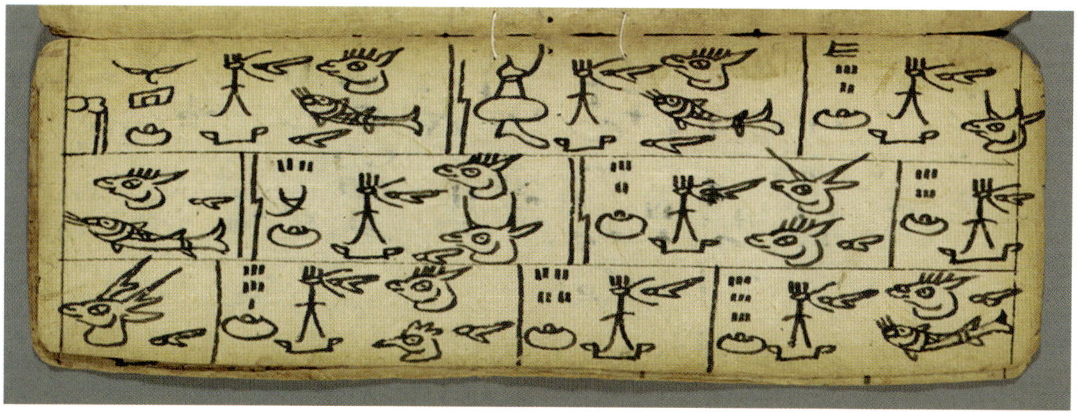

492 – L – 37 “占卜·以土神每天吃什么占凶吉”第 1 叶

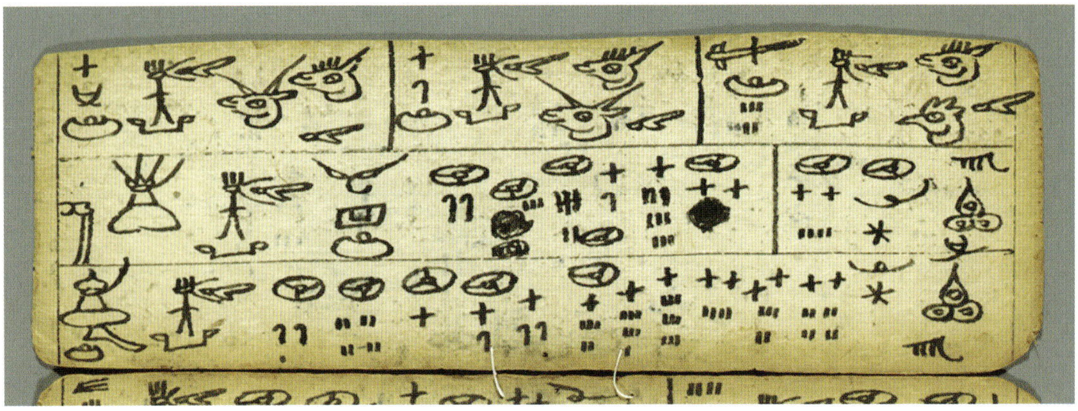

492－L－37 “占卜·以土神每天吃什么占凶吉”第2叶

487－L－38 “占卜·看土神每天吃什么以占卜的书”封面

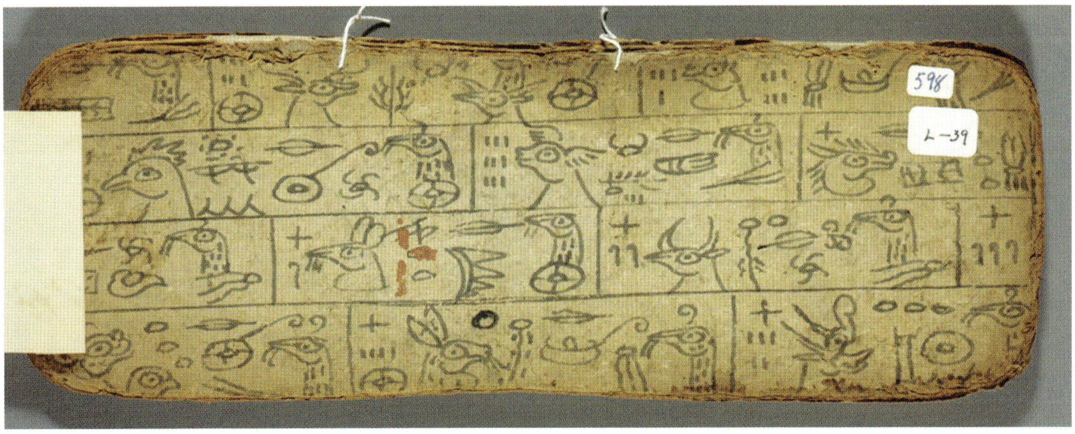

598－L－39 “占卜·算娆星”第1叶

哈佛燕京学社藏纳西东巴经书

第九卷

顾　　问	黄　行　孙宏开　黄长著　杨沛超　杜维明 郑炯文　李若虹　李在其
主　　编	孙伯君　李德静
副 主 编	聂鸿音　赵世红　和东升　王世英
译　　者	王世英　习煜华　李静生　李　英　和　虹 李例芬　李芝春　和发源　和品正　和宝林 和力民　和庆元　周　净　李四玉
释　　读	和秀东　和桂华　陈四才　和丽军
统稿校对	王世英　李静生　李　英　和　虹
录　　文	赵学梅　王　琴
英文翻译	聂大昕　胡鸿雁
编　　务	李　云　和丽峰　张　磊　和玉英
责任编辑	田　文

目　　录

编译说明

哈佛燕京学社图书馆收藏的598卷东巴经书和三幅东巴教卷轴画，其中有510册是约瑟夫·洛克（Joseph Charles Francis Rock，1884—1962）在中国云南搜集的，而88册得自于昆廷·罗斯福（Quentin Roosevelt）。这些东巴经书的形制大致上为长方形，长约30厘米，宽约9厘米，厚薄不一。麻线装订，一般每页三行，每行以竖线分若干格，从左至右书写。纸为当地产淡黄色构皮纸，竹笔墨书。

约瑟夫·洛克，1884年出生于奥地利维也纳，1905年只身漂洋过海来到美国。最初落脚在夏威夷，凭借他过人的语言天赋和识别植物的能力，洛克得以在夏威夷学院教授语言和植物学，并先后出版了五部专著和大量论文。1920年秋天直到1924年，洛克受美国国家地理学会、美国农业部、哈佛大学植物园和哈佛燕京学社委派，前往中国西南搜集植物标本。最初的几年，洛克的足迹遍及中国黄河沿岸、阿尼马卿山、祁连山、长江沿岸、青海湖，采集了上万种植物标本。1923年7月，洛克进入云南丽江雪嵩村，从此，与纳西族结下了不解之缘。直到1949年离开中国，洛克在丽江断断续续生活了二十多年。

作为第一位系统搜集和研究纳西东巴经书的外国人，洛克不仅精通纳西语，而且能够认读东巴文，晚年，洛克在华盛顿大学远东学院的资助下，出版了《纳西语英语百科辞典》（1961年），向世人系统介绍了纳西东巴文的字形、字义，并有英文音标转写。1962年，洛克在夏威夷病逝，结束了传奇式的一生。

早在1944年，洛克就着手把自己从云南搜集到的大量纳西东巴经典转售给哈佛大学汉和图书馆（燕京图书馆的前身）。据《裘开明年谱》记载，1944年11月13日，哈佛燕京学社董事会决定，“除了摩梭稿本和极少数古籍之外，汉和图书馆不应购买洛克博士的其他藏书”。1946年4月1日，哈佛燕京学社的董事会议通过了1945—1946年度预算，增加800美金用来购买洛克收藏的纳西经典。

1956年，纳西文研究专家李霖灿先生受哈佛燕京图书馆之邀整理这批经书。1995年，曾在云南省博物馆工作的朱宝田先生受吴文津馆长的邀请，为经书编目，最终纂成《哈佛大学哈佛燕京图书馆藏中国纳西族象形文经典分类目录》。朱宝田先生把这批经书分为13类，A类：祭东巴什罗44册，B类：祭龙王83册，C类：祭风82册，D类：求寿73册，E类：祭贤11册，F类：胜利神6册，G类：祭家神21册，H类：替生29册，I类：除秽

39 册，J 类：关死门 5 册，K 类：祭死者 78 册，L 类：占卜 93 册，M 类：零杂经 34 册。又东巴教卷轴画 3 卷。经书中数量最多的是占卜类。

因馆藏经书不能全获解读，所以本书收录经书次序概以哈佛燕京学社图书馆原始扫描件的自然次序为准，暂不强行为之分类。

每卷经书的照片逐叶刊布，照片前标明经书在哈佛燕京学社图书馆的入藏号及序号，其中第一号为封面，第二号为扉叶，扉叶的空白处往往附有约瑟夫·洛克题签，内容包括藏书号、经题及英文翻译等。第三号为首叶。最后为封底，封底或为空白，为了显示装帧情况亦悉数刊布。

刊印出的每卷东巴经书经题下首附内容提要，主体部分为经书的逐叶解读。解读首列经文照片，其下为相应的纳西语串讲和纳西语—汉语词语对译，然后给出最终的汉译文。解读中遇到不易理解的纳西族文化词语，适当出注说明。

哈佛燕京学社所藏经书大部分原为由约瑟夫·洛克于不同的地方搜集。由于在世的东巴和纳西学者均使用丽江古城方言讲读经书，又考虑到丽江古城话为纳西语的通用语，所以本书的纳西语音标记音概以丽江古城话为准。

纳西族老东巴多已过世，故馆藏的少量经书已经无人能够讲读。对于这些经书，本书仅以照片形式逐叶刊布，并不强行为之说解，以留待日后研究。

本书的经文解读由云南省丽江市东巴文化研究院完成，负责人李德静，参加翻译整理项目的人员有：王世英、习煜华、李英、李丽芬、和虹、李静生、和庆元、李芝春、和品正、和发源、和力民、和宝林、赵学梅、王琴、张磊、和丽峰、李云、周净、李四玉、和玉英、和丽军、和秀东、和桂华、陈仕才等。文稿审读王世英。文稿录入赵学梅、王琴。

释读文稿的最终校订、汇编由中国社会科学院民族学与人类学研究所完成，负责人孙伯君，编校者：孙伯君、聂鸿音，序文英译胡鸿雁，提要英译聂大昕。

本书的策划主要由中国社会科学院民族学与人类学研究所黄行研究员和孙宏开研究员发起，同时，在本书的策划、编写和出版过程中，中国社会科学院科研局领导和院图书馆负责同志，中国社会科学出版社原社长孟昭宇，中国社会科学院民族学与人类学研究所原所长郝时远、原书记揣振宇，哈佛燕京学社杜维明博士、郑炯文博士、李若虹博士，著名东巴文专家李霖灿先生的公子李在其博士，以及丽江市委市政府、丽江市古城保护管理局的领导均给了我们极大的支持和帮助。我们向这些领导以及一切帮助过我们的朋友表示衷心的感谢。

Editorial Notes

Among the Harvard-Yenching Library's collection of 598 *Dongba* manuscripts and 3 funeral scrolls pertaining to the *Dongba* religion, 510 were originally acquired by Joseph Francis Charles Rock (1884-1962) in Yunnan, China, and the remaining 88 acquired from Quentin Roosevelt (1919-1948). In terms of physical format, these *Dongba* scriptures, the sheets of which are sewn together at the left edge with twine to form a book, are typically rectangular in shape, measuring about 30cm in length and about 9cm in width, and varying in thickness. In general, there are three horizontal lines in a folio, and vertical lines are used to section off elements of the text in each line. Glyphs are written from left to right and top to bottom. Pale yellow in color, the paper used is hand-made from bast fiber available locally. Writing utensils include sharpened bamboo sticks and black ink made from ash.

Born in Vienna, Austria in 1884, Joseph Rock alone moved across the ocean to the United States in 1905. At first he based himself in Hawaii. With his marked talent in languages and flora recognition, he was given the chance to teach languages and botany at the College of Hawaii, and published 5 monographs and numerous papers. From the autumn of 1920 to 1924, Joseph Rock, sponsored by the National Geographic Society of the United States, the U.S. Department of Agriculture, the Arboretum of Harvard University and the Harvard-Yenching Institute, stayed in Southwestern China for flora specimen collection. During the first few years, he traveled widely in China, along the banks of the Yellow River and the Yangtse River, to the Amnyi Machen Range and Qilian Mountain Range, and around the Qinghai Lake. As a result, he collected around ten thousand specimens. In July, 1923, he went to the Xuesong village in Lijiang, Yunnan. Ever since, he forged an indissoluble tie with the Naxi Ethnic Group. His living in Lijiang lasted off and on for over twenty years until he left China in 1949, punctuated by his rest in the United States and Europe.

Being the first foreigner who systematically collected and studied the *Dongba* scriptures of the Naxi people, Joseph Rock not only had in his full command the Naxi language but also was able to decipher the *Dongba* script. In his later years, he, sponsored by the Far Eastern Institute at the University of Washington, published *A Nakhi-English Encyclopedic Dictionary* (1961), which, with phonetic transcriptions, offers to the world a systematic presentation of the form and meaning of the *Dongba* writing. In 1962, Rock died of disease in Hawaii and drew a close to his legendary life.

As early as in 1944, Rock sold most of his collection of Naxi *Dongba* scriptures from Yunnan to the Chinese and Japanese Library of Harvard University (predecessor of the Harvard-Yenching Library). According to what is recorded in *Qiu Kaiming Nianpu* (*A Chronicle of Qiu Kaiming*), the Board (of Trustees) of the Harvard-Yenching Institute reached the decision on the 13th of November 1944 that, "Except the Mosuo manuscripts and a scanty number of old books, the Chinese and Japanese Library of Harvard University was unadvised to buy other books in Dr. Rock's collection". On April 1st, 1946, the Board of Harvard-Yenching Institute approved the annual budget of 1945-1946, an extra amount of 800 dollars being added for buying other Naxi manuscripts in Rock's collection.

In 1956, Li Lints'an, an expert on the Naxi script, was invited by the Harvard-Yenching Institute to sort out Rock's collection of the *Dongba* scriptures. In 1995, Zhu Baotian, who once worked in the Yunnan Museum, was invited by Wu Wenjin, the Curator of the Harvard-Yenching Library, to catalog the scriptures, the final result being *Hafo Daxue Hafo-Yanjing Tushuguan Cang Zhongguo Naxizu Xiangxingwen Jingdian Fenlei Mulu* (Classified Catalog of the Pictographic Classics of the Naxi Ethnic Group in the Collection of the Harvard-Yenching Library). Mr. Zhu Baotian organized the collection by subject into the following 13 series: A. Worship to the Dongba Shiluo (totaling 44 volumes); B. Worship of the Dragon King (83 volumes); C. Worship to the Wind (82 volumes); D. Prayers for Long Life (73 volumes); E. Worship for the Worthy (11 volumes); F. God of Victory (6 volumes); G. Worship to the House Gods (21 volumes); H. For the Living (29 volumes); I. Remove Filthiness (39 volumes); J. Closing the Door to Death (5 volumes); K. Venerating the Dead (78 volumes); L. Divination (93 volumes); M. Lingza Scripture (34 volumes). Among the scriptures, Series L, Divination, are the most numerous. In addition to these, there are 3 scrolls pertaining to the *Dongba* Belief.

Considering the factor that not all scriptures in the collection can be deciphered, the scriptures included in the present works are ordered according to the natural sequence of the scanned originals offered by the Harvard-Yenching Library, with no tentative classification imposed.

With a collection number and a serial number of the Harvard-Yenching Library indicated before the very first plate, plates of each scripture are published folio by folio, among which Plate No. 1 is the jacket and No. 2 is the flyleaf with Joseph Rock's colophon attached in the blank space, including the collection number, title of the scripture and its English translation. Plate No. 3

is the first folio of the text proper. The last plate is the back cover published for the sake of the original complete book design even if it sometimes is only a blank sheet.

Each volume of published *Dongba* scriptures is attached with a synopsis under the title, and the folio-by-folio decipherment constitutes the main part. The main part includes first the plate, followed by the corresponding deciphered narration in the Naxi language, the word-by-word glossing respectively in Naxi and Chinese, and finally the Chinese translation. Occasionally, commentaries are given whenever words or expressions of the Naxi culture present understanding difficulties for people from other cultures.

The majority of the Naxi manuscripts preserved in the Harvard-Yenching Institute was collected by Joseph Rock (1884-1962) from various places. Yet, however, the phonetic notation of the Naxi texts is rendered universally in International Phonetic Symbols in accordance with the pronunciation of the variety spoken in the Lijiang Old Town as that variety is considered the standard of the Naxi language and all living *Dongbas* and Naxi scholars read and explain the Naxi manuscripts in that variety.

Unfortunately, as most of the senior Naxi *Dongbas* have already passed away, a small portion of the scriptures in the Library collection falls undecipherable. For the sake of future efforts in decipherment and research, these scriptures are published only in plates without any decipherment.

The decipherment of the scriptures in the present works is accomplished by the Institute of *Dongba* Culture at the Yunnan Academy of Social Sciences, headed and supervised by Zhao Shihong. The other participants and translators involved are as follows: Li Dejing, Wang Shiying, Xi Yuhua, Li Ying, Li Lifen, He Hong, Li Jingsheng, He Qingyuan, Li Zhichun, He Pinzheng, He Fayuan, He Limin, He Baolin, Zhao Xuemei, Wang Qin, Zhang Lei, He Lifeng, Li Yun, Zhou Jing, Li Siyu, He Yuying, He Lijun, He Xiudong, He Guihua, and Chen Shicai.

Final revision, proofreading and compilation of the deciphered drafts are undertaken by the Institute of Ethnology and Anthropology, Chinese Academy of Social Sciences, with Sun Bojun being the supervisor. The revisers, proofreaders and editors are Sun Bojun and Nie Hongyin. Preface and editorial notes are translated by Hu Hongyan. Abstracts are translated by Nie Daxin.

The present works were initiated, planned and devised mainly by Deputy Director Prof. Huang Xing and senior researcher Prof. Sun Hongkai, both with the Institute of Ethnology and Anthropology of the Chinese Academy of Social Sciences. In the process of preparation, compilation and publication, lots of support and help have been offered us, by the directors of the Bureau of Scientific Research and the library of CASS, by Meng Zhaoyu, Director of the China Social Sciences Press, by Chuai Zhenyu, the Party Secretary of the Institute of Ethnology and

Anthropology of CASS, by Drs Tu Weiming, Zheng Jiongwen, Li Ruohong and Li Zaiqi, son of the famous expert on the *Dongba* script Li Lints'an, all from the Harvard-Yenching Institute, by the leadership of Lijiang Municipal Party Committee and Municipal Government of the city, as well as by the Lijiang Old Town Conservation and Management Bureau. Sincere gratitude is extended to all of them, all the friends and all leadership for their help.

464-L-16-01

ʂɿ33 sɑ21 ɕiə55

以死者死亡日之属相、日期、月、时之属相、

星宿占卜·看何属相时火化

464-L-16 以死者死亡日之属相、日期、月、时之属相、星宿占卜·看何属相时火化

【内容提要】

本册只在有人去世后才能翻看，平时是忌看的。东巴都不把它收藏在家里，有的把它放在大门外的屋檐下，有的放在门槛下。

本古籍有如下七方面的内容：

一、以何属相日里死去，占死者在肉体未死之前，其魂在何时已被鬼摄去，何时已到死鬼首领前去报到，死者是被何鬼所杀，死后又会成为什么。杀人的鬼又去何方，死者的心挂念着什么等。

二、死者死亡日为几号，占何物偷走其灵魂，被何鬼所杀，该进行何种东巴法仪。

三、死者死亡月为何月，占杀手鬼为几个，这几个鬼又去何方何家，该进行何种法仪以禳解。

四、死亡时之属相占杀手鬼的去向。

五、记录了每月初一由二十八宿的何宿当值的常识。

六、死者死亡于何宿当值日，占该进行什么东巴法仪。

七、看何属相时火化。

原册没有写有书名之封一。

【英文提要】

To Divine with the Zodiac of the Day, the Date, the Month, the Mansion and the Time of the Death, to Divine the Zodiac of Cremation

This book is only read when there is a death. It is a taboo to read the book in regular days. ***to ba*** priests do not keep this book in house, but put under the roof outside the main gate or under the doorsill of the principal room.

This book records the following parts:

First, it introduces to divine with the zodiac day that before the death of the person, when the spirit was taken by the ghost, when the spirit came to enregister in front of the chief ghost, who the deathman was, what he transfers to after died, where the deathman goes and what the death concerns about.

Second, it introduces to divine with the date of the death that who took the spirit, who executed the person and what ritual needs to be held to release.

Third, it introduces to divine with the month of the death what the number of the ghost, where are these ghosts heading and what ritual needs to be held to release.

Fourth, it introduces to divine where those ghosts are heading with the zodiac of time.

Fifth, it introduces the basic knowledge of certain mansion takes in the first lunar day in each month of the year.

Sixth, it introduces the relation between the death and certain mansion day. It also records the ritual needs be held to release.

Seventh, it introduces the cremation time with Chinese zodiac.

Front cover with title missed.

464-L-16-02

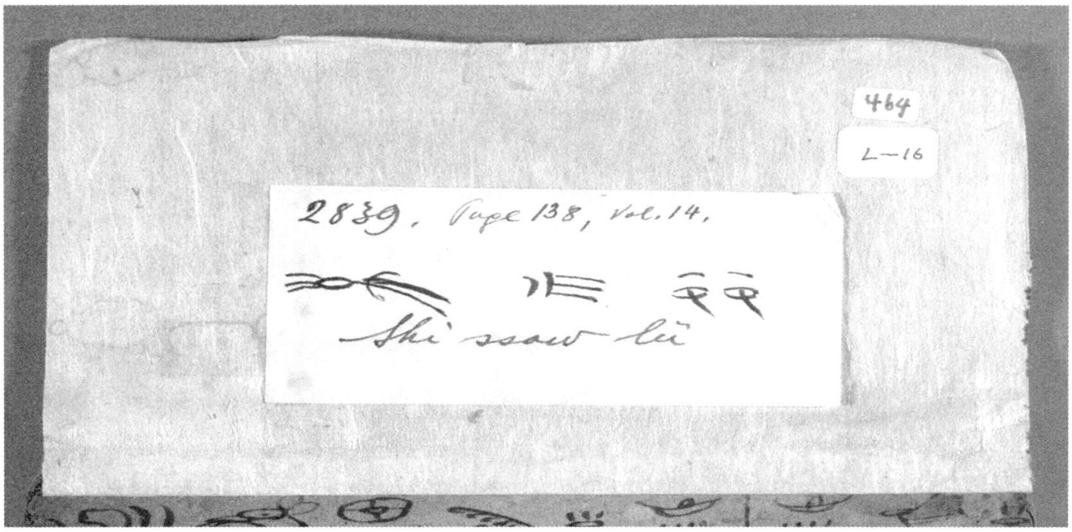

“2839”为洛克收藏纳西东巴古籍时的序号。三个东巴文为书名之复书。下方的字母文字为三个东巴文之读音的音标。

464-L-16-03

fy̩^{55} khy̩^{33} dɯ^{33} ȵi^{33} ʂʅ^{33} me^{33}: sæ^{33} me^{33} he^{33} lo^{21} tshʅ^{21} nɯ^{33} o^{21} he^{33} khy̩^{33} bə^{55} hɯ^{33} se^{21}. |
鼠 岁 一 日 死 者 七月 里 鬼 以 灵魂 偷 了 去 了

huɑ^{55} me^{33} he^{33} lo^{21} ʂʅ^{33} sʅ^{33} phe^{33} kæ^{33} ʂʅ^{33} dzʅ^{21} hɯ^{33} se^{21}. | ʂʅ^{33} se^{33} ho^{55} hɑ^{33} gy̩^{33}, ʐʅ^{21} tshʅ^{21} dɯ^{33}
八月 里 死 首领 前 死 报到 去 了 死 了 八 天 到 蛇 细 一

khɯ^{21} piə^{55}, | ʐuɑ^{33} gu^{33} mu^{33} dɯ^{33}, tʂhuɑ^{55} tshər^{21} hɑ^{55} gy̩^{33}, zo^{33} gy̩^{33} mu^{33} dɯ^{33}. | ʂʅ^{33} kɯ^{21} sʅ^{55}
条 变 马 身 得 六 十 天 到 男 身 得 死 星 三

ly^{33} | khu^{33} to^{55} dʐu^{21}. | tshʅ^{21}me^{33} fy̩^{55} nɯ^{21}ʐuɑ^{33} mə^{33} thy̩^{21}、tho^{33} le^{33}æ^{21} mə^{33} thy̩^{21} to^{55} tshʅ^{21}. |
颗 门 上 落 作祟 是 鼠 和 马 不 相生 兔 鸡 不 相生上 作祟

i^{33} dɑ^{13} tʂhʅ^{33} ʥi^{21} he^{21} hɑ^{33} mə^{33} ʂu^{55}. mɯ^{33} tshɿ^{21} nɯ^{33} sy^{55}. | i^{33} tʂhʅ^{33} mu^{21} ʐuɑ^{33} ʥi^{21} tshɿ^{55} me^{33}
主人 这 家 神 饭 不 祭 天 鬼 以 杀 南方 马 房 建 的

to^{55} khuɑ^{21}. | ʂʅ^{33} me^{33} nv̩^{55} me^{33} ʥi^{33} phər^{21} dɯ^{33} lv̩^{55} to^{55} æ^{21}. | ȵi^{33} me^{33} thv̩^{33} tɕy^{21} mi^{55} dɯ^{33}
上 凶 死 者 心 衣 白 一 件 上 挂念 东方 方向 女 一

gv̩^{21} to^{55} khuɑ^{21}. | tshɿ^{21} nɯ^{33} ə^{33} phv̩^{33} kv̩^{33} phər^{21} me^{33} tɕər^{21} kɯ^{33} tʂʅ^{21} lɯ^{33} kv̩^{55}.
个 上 凶 鬼 以 祖父 头 白 者 上 说话 来 会

属鼠日死的人：七月里就被鬼偷走其灵魂。八月里就到死鬼首领跟前报到去了。死后第八天变成一条细蛇，之后变成马身，最后又成为一个男身。丧星三颗落于门上。作祟于不相生的属鼠和属马、属兔和属鸡的人。这一家不向神献饭。是被天鬼所杀。凶于丧家之南建马房的这家人。死者的心挂念着一件白衣。凶于丧家之东的女人。鬼会来与白头老翁说话。

464-L-16-04

tshe^{21} uɑ^{33} hɑ^{55} gv̩^{33}, fv̩^{55} lɑ^{33} dɯ^{33} me^{33} piə^{55} bə^{55} lɯ^{33} kv̩^{55}. | ho^{33} gv̩^{33} lo^{21} tɕy^{21} tʂhʅ^{33} ʥi^{13} gə^{33}
十 五 天 到 黄鼠狼 一 只 变 了 来 会 北方 方向 这 家 的

zo^{33} tɕər^{21} tshɿ^{21} nɯ^{33} kɯ^{33} tʂʅ^{21} lɯ^{33} kv̩^{55}. | fv̩^{55} khv̩^{33} ȵi^{33} ʂʅ^{33} me^{33}, æ^{21} khv̩^{55} sɿ^{55} æ^{21} khv̩^{55} hɑ^{55}
男 上 鬼 以 说话 来 会 鼠 岁 日 死 者 鸡 岁 三 鸡 岁 夜

dzɿ^{21} dər^{33}. ȵi^{33} tsər^{21} ʂər^{33} hɑ^{55} se^{13} | bə^{33} thv̩^{55} bə^{33} le^{33} ɯ^{21}. | ɯ^{33} khv̩^{55} dɯ^{33} ȵi^{33} ʂʅ^{33} me^{33}: lu^{55}
坐 该 二 十 七 日 则 脚 步 脚 又 收拢 牛 岁 一 日 死 者 四月

me^{33} he^{33} lo^{21} dv̩^{21} tshɿ^{21} nɯ^{33} o^{21} he^{33} khv̩^{33} bə^{55} hɯ^{33} se^{21}. | uɑ^{55} me^{33} he^{33} lo^{21} nɯ^{33} ʂʅ^{33} sɿ^{33} phe^{33}
里 毒鬼 以 灵魂 偷 了 去 了 六月 里 以 死 首领

kæ^{33} ʂɿ^{33} dze^{21} hɯ^{33} se^{21}. | zo^{33} gə^{33} gv̩^{33} mu^{33} sɿ^{33} dɯ^{33}, | tʂhuɑ^{55} tshər^{21} hɑ^{55} se^{13} bu^{21} gv̩^{33} mu^{33}

前 死 报到 去 了 男 的 身 先 得 六 十 天 则 猪 身

dɯ^{33}, | mæ^{55} se^{13} tsho^{21} gv̩^{33} mu^{33} dɯ^{33}. | ʂɿ^{33} kɯ^{21} | ȵi^{33} me^{33} thv̩^{33} ȵi^{33} thv̩^{55} khɯ^{33} dʐu^{21}. |

得 后 则 人 身 得 死 星 东方 两 步 处 落

tshɿ^{21} me^{33}, lv̩^{21} nɯ^{21} khɯ^{33} mə^{33} thv̩^{21}, ɯ^{33} nɯ^{21} y^{21} mə^{33} thv̩^{21} me^{33} to^{55} tshɿ^{21}. | ʥi^{21} lɯ^{33} dæ^{21}

作祟 是 龙 和 狗 不 相生 牛 和 羊 不 相生 者 上 作祟 房 里母 宅地

lɯ^{33} mu^{33} nɯ^{33} sy^{55}.

里母 以 杀

第十五天会变成一只黄鼠狼回来。鬼会来与丧家北边的一位男人说话。属鼠日死了人，家人要在三个鸡日里守夜。死者在第二十七天会来收拢生前留下的脚印。

属牛日死的人：四月里就被毒鬼偷走其灵魂。六月里就到死鬼首领跟前报到去了。死后先获得一男子身体，之后变成一头猪，最后又获得人身。丧星落于死者之东方的二步之处。会作祟于不相生的属龙和属狗、属牛和属羊的人。是被房屋地基上的里母①所杀。

464-L-16-05

ʂər^{33} hɑ^{55} gv̩^{33} se^{13} ʂɿ^{33} tshɿ^{21} thv̩^{55} dər^{33}. | kho^{21} lɯ^{33} ʨi^{55} me^{33} to^{55} khuɑ^{21}. ʂɿ^{33} me^{33} nv̩^{55} me^{33} ʥi^{33}

七 天 到 则 死 鬼 驱 该 亲戚 小 者 上 凶 死 者 心 衣

ɕy^{21} dɯ^{33} lv̩^{55} to^{55} æ^{21}. | ho^{55} hɑ^{33} nɯ^{33} tshe^{21} uɑ^{55} hɑ^{33} se^{13}, ʥi^{21} mi^{33} nɯ^{33} kuɑ^{33} kv̩^{55}. | zo^{33} ʨi^{55}

红 一 件 上 挂念 八 天 与 十 五 天 则 房 火 以 吞 会 儿 小

mi^{55} ʨi^{55} to^{55} khuɑ^{21}. | ʂɿ^{33} tshɿ^{21} by^{21} mə^{33} hɯ^{33}, iə^{33} ko^{21} tɑ^{55} ʥy^{21}. | dɯ^{33} hɑ^{55}、ʂər^{33} hɑ^{55} se^{13}

女 小 上 凶 死 鬼 外 未 去 家里 只 有 一 天 七 天 则

ʐuɑ^{33} dɯ^{33} me^{33} nɯ^{33} iə^{33} ko^{21} bɑ^{21} lɯ^{33} kv̩^{55}. | ȵi^{33} me^{33} thv̩^{33} gə^{21} tse^{55} kv̩^{21} zo^{33} ɕi^{33} nɯ^{33} sy^{55}

马 一 匹 以 家里 叫 来 会 东方 上方处 男 他人 以 杀

① 里母，音译名词。为掌管野生动植物及山川河流的精灵之一。

kv̩^{55}. | ʂə^{55} ʂə^{33} æ^{33} æ^{21} thv̩^{33} kv̩^{55}. | ɯ^{33} khv̩^{55} ȵi^{33} ʂʅ^{33} me^{33}, | lv̩^{21} khv̩^{55} sʅ^{55} lv̩^{21} khv̩^{55} hɑ^{55}
会 吵架 殴斗 产生 会 牛 岁 日 死 者 龙 岁 三 龙 岁 夜

dzʅ^{21} dər^{33}. ȵi^{33} tsər^{21} lu^{33} ȵi^{33} se^{13} bə^{33} thv̩^{55} bə^{33} le^{33} ɯ^{21}. | lɑ^{33} khv̩^{55} dɯ^{33} ȵi^{33} ʂʅ^{33} me^{33}: tʂhuɑ^{55}
坐 该 二 十 四 天 则 脚 步 脚 又 收拢 虎 岁 一 天 死 者 六月

me^{33} he^{33} lo^{21} tshʅ^{21} nɯ^{33} o^{21} he^{33} khv̩^{33} bə^{55} hɯ^{33} se^{21}.
里 鬼 以 灵魂 偷 了 去 了

死后第七天要进行驱赶死鬼的法仪。凶于亲戚家的小辈。死者心里挂念着一件红衣。八天至十五天之间，房屋会被火吞没。会凶于幼儿幼女。死鬼未到外面去，还在家里。第一天至第七天，一匹马会到家里来叫。丧家东边之上方家的男人会遭他杀，会发生吵架斗殴。属牛日死了人，家人要在三个龙日里守夜。死者在第二十四天会来收拢生前留下的脚印。

属虎日死的人：在六月里就被鬼偷走其灵魂。

464-L-16-06

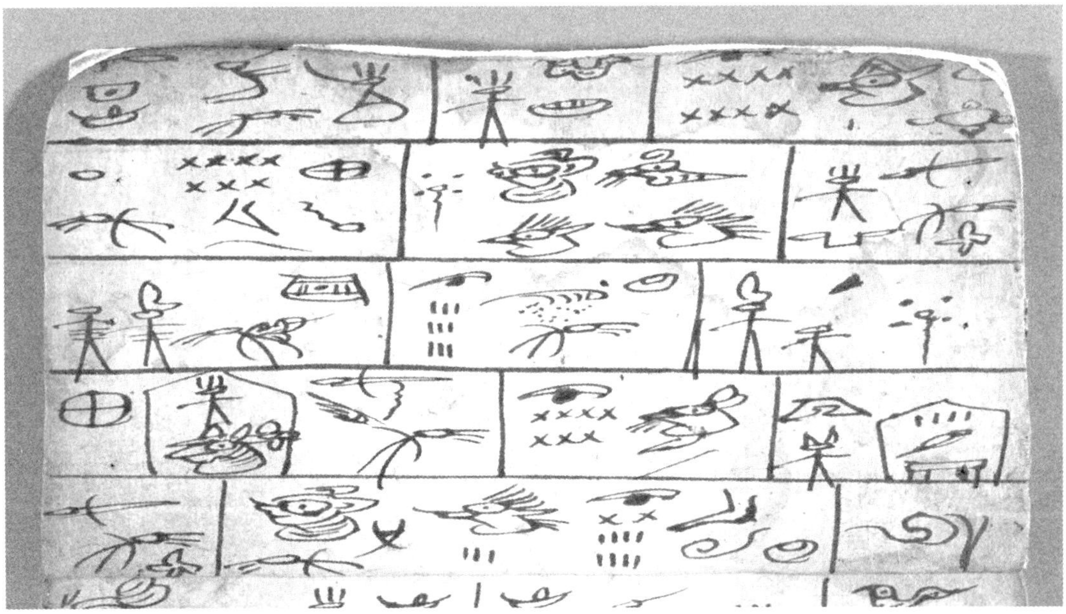

iə^{21} pe^{21} he^{33} lo^{21} nɯ^{33} ʂʅ^{33} sʅ^{33} phe^{33} kæ^{33} ʂʅ^{33} dze^{21} hɯ^{33} se^{21}. | bi^{33} di^{21} tshʅ^{21} sʅ^{33} piə^{55}. | ho^{55}
正月 里 以 死 首领 前 死 报到 去 了 虫 细 先 变 八

tshər^{21} hɑ^{55} se^{13} tsho^{21} gv̩^{33} mu^{33} dɯ^{33}. | ʂʅ^{33} kɯ^{21} ȵi^{33} me^{33} gv̩^{21} ʂər^{33} tshər^{21} thv̩^{55} khɯ^{33} dʐʅ^{21}. |
十 天 则 人 身 得 死 星 西方 七 十 步 处 落

tshʅ^{21} me^{33} lɑ^{33} nɯ^{21} ə^{55} y^{21} mə^{33} thv̩^{21}, ʐʅ^{21} nɯ^{21} bu^{21} mə^{33} thv̩^{21} me^{33} to^{55} tshʅ^{21}. | thv̩^{33} tshʅ^{21} nɯ^{33}
作祟 是 虎 和 猴 不 相生 蛇 和 猪 不 相生 者 上 作祟 土鬼 以

sy^{55}. | kho^{21} lɯ^{33} zo^{33} mi^{55} to^{55} khuɑ^{21}. ʂʅ^{33} me^{33} nv̩^{55} me^{33} dʑi^{33} nɑ^{21} dɯ^{33} lv̩^{55} to^{55} æ^{21}. | gv̩^{33} hɑ^{55}
杀 亲戚 儿 女 上 凶 死 者 心 衣 黑 一 件 上 挂念 九 天

se^{13} ʂʅ^{33} tshʅ^{21} thy̩^{55} dər^{33}. | ə^{33} me^{33} zo^{33} to^{55} khuɑ^{21}. tshʅ^{21} me^{33} | ȵi^{33} me^{33} gy̩^{21} ʐuɑ^{33} hər^{21} ɕi^{21}
则死 鬼 驱 该 母亲 儿 上 凶 作祟 是 西方 马 青 养

me^{33} to^{55} tshʅ^{21} ky̩^{55}, ʂʅ^{33} sʅ^{21} lɑ^{21} tʂu^{55} phər^{21} dər^{33}. | ʂər^{33} tshər^{21} hɑ^{55} se^{13} fy̩^{55} lɑ^{33} dɯ^{33} me^{33} lɯ^{33}
者 上 作祟 会 死 生 手 结 解 该 七 十 天 则 黄鼠狼 一 只 来

ky̩^{55}. | gə^{21} tse^{55} lu^{33} dʑi^{21} tʂuɑ^{55} me^{33} | ɕi^{33} nɯ^{33} sy^{55} ky̩^{55}. | lɑ^{33} khy̩^{55} ȵi^{33} ʂʅ^{33} me^{33}, bu^{21} khy̩^{55}
会 上 方 四 家 连 的 人 以 杀 会 虎 岁 日 死 者 猪 岁

sʅ^{55} bu^{21} khy̩^{55} hɑ^{55} dzʅ^{21} dər^{33}. ȵi^{33} tsər^{21} ho^{55} hɑ^{33} se^{13} bə^{33} thy̩^{55} bə^{33} le^{33} ɯ^{21}.
三 猪 岁 夜 坐 该 二 十 八 天 则 脚 步 脚 又 收拢

正月里就到死鬼首领前报到去了。死后先变成一条细虫。第八十天又获得人身。丧星落在死者之西边的七十步之处。会作祟于不相生的属虎和属猴、属蛇和属猪的人。死者是被土鬼所杀。凶于亲戚的儿女。死者的心挂念于一件黑衣。死后第九天要进行驱赶死鬼的法仪。会凶于母子。会作祟于西边养青马的这一家，此家要进行解开生者和死者手结的法仪。第七十天，一只黄鼠狼会到家里来。上方四家相连之人家的人会遭他杀。虎日里死了人，家人要在三个猪日里守夜。第二十八天死者会来收拢生前留下的脚印。

464-L-16-07

tho^{33} le^{33} khy̩^{55} dɯ^{33} ȵi^{33} ʂʅ^{33} me^{33}: tʂhuɑ^{55} me^{33} he^{33} lo^{21} tshʅ^{21} nɯ^{33} o^{21} he^{33} khy̩^{33} bə^{55} hɯ^{33}
兔 岁 一 日 死 者 六月 里 鬼 以 灵魂 偷 了 去

se^{21}. | huɑ^{55} me^{33} he^{33} lo^{21} ʂʅ^{33} sʅ^{33} phe^{33} kæ^{33} ʂʅ^{33} dze^{21} hɯ^{33} se^{21}. | bi^{33} di^{21} zo^{33} gy̩^{21} mu^{33}
了 八月 里 死 首领 前 死 报到 去 了 虫 小 身

dɯ^{33}, | dɯ^{33} ȵi^{33} se^{13} ɕi^{21} pə^{21} dɯ^{33}, mæ^{55} se^{13} tsho^{21} gy̩^{33} mu^{33} dɯ^{33}. | ʂʅ^{33} kɯ^{21} ȵi^{33} me^{33} gy̩^{21}
得 一 天 则 谷 穗 得 后 则 人 身 得 死 星 西方

ȵi^{33} tsər^{21} thṿ^{55} khɯ^{33} dʐu̩^{21}. | tshʅ^{21} me^{33} tho^{33} le^{33} æ^{21} mə^{33} thṿ^{21}, fṿ^{55} nɯ^{21} ʐuɑ^{33} mə^{33} thṿ^{21} me^{33}
二 十 步 处 落 作祟 是 兔 鸡 不 相生 鼠 和 马 不 相生 者

to^{55} tshʅ^{21}. | thṿ^{33} tshʅ^{21} ne^{13} dʑi^{21} lɯ^{33} dæ^{21} lɯ^{33} mu^{33} nɯ^{33} sy^{55}. | iə^{33} ko^{21} zo^{33} mi^{55} to^{55} khuɑ^{21}.
上 作祟 土鬼 和 房 里母 宅地 里母 以 杀 家里 儿 女 上 凶

ʂʅ^{33} me^{33} nṿ^{55} me^{33} ə^{33} gṿ^{33} to^{55} æ^{21}. ʂər^{33} hɑ^{55} gṿ^{33}, tshʅ^{21} nɯ^{33} iə^{33} ko^{21} hɑ^{33} ʂu^{21} lɯ^{33} kṿ^{55}. | ʂə^{55}
死 者 心 舅 上 挂念 七 天 到 鬼 以 家里 饭 寻 来 会 吵架

ʂə^{33} æ^{33} æ^{21} thṿ^{33} kṿ^{55}. | ȵi^{33} me^{33} thṿ^{33} gə^{33} dʑi^{21} mi^{33} nɯ^{33} kuɑ^{33} kṿ^{55}. | lṿ^{21} dzʅ^{21} tɯ^{33} tɕy^{21} iə^{33}
斗殴 产生 会 东方 的 房 火 以 吞 会 龙 居 地 方向

ko^{21} ɕi^{33} ɕi^{33} nɯ^{33} sy^{55} kṿ^{55}. | tʂhuɑ^{55} tshər^{21} hɑ^{55} se^{13} fṿ^{55} lɑ^{33} dɯ^{33} me^{33} lɯ^{33} kṿ^{55}. | tho^{33} le^{33}
家里 人 他人 以 杀 会 六 十 天 则 黄鼠狼 一 只 来 会 兔

khṿ^{55} dɯ^{33} ȵi^{33} ʂʅ^{33} me^{33}, ʐuɑ^{33} khṿ^{55} sʅ^{55} ʐuɑ^{33} khṿ^{55} hɑ^{55} dzʅ^{21} dər^{33}. sʅ^{33} tshər^{21} hɑ^{55} se^{13} bə^{33} thṿ^{55}
岁 一 日 死 的 马 岁 三 马 岁 夜 坐 该 三 十 天 则 脚 步

bə^{33} le^{33} ɯ^{21}.
脚 又 收拢

属兔日死的人：在六月里就被鬼偷走了灵魂。八月里就到死鬼首领前报到了。死后先获得小虫的身体，死后第一天成为谷穗，之后获得人身。丧星落在死者西方的二十步处。会作祟于不相生的属兔和属鸡、属鼠和属马的人。死者是被土鬼和里母所杀。凶于家里的儿女。死者心里挂念着舅舅。死后第七天鬼会到家里来找饭。会发生吵架斗殴。东边的房子会遭火灾。龙居地[1]方向的家人会遭他杀。第六十天一只黄鼠狼会来到家里。属兔日死了人，家人要在三个属马日里守夜。第三十天，死者会来收拢生前留下的脚印。

464-L-16-08

① 龙居地，纳西族用十二生肖表示方位的方位词，属东南方。

lv̩^{21} khv̩^{55} dɯ^{33} ȵi^{33} ʂʅ^{33} me^{33}: tʂhuɑ^{55} me^{33} he^{33} lo^{21} ʂʅ^{33} sɿ^{33} phe^{33} kæ^{33} ʂʅ^{33} dze^{21} hɯ^{33} se^{21}. |
龙 岁 一 日 死 者 六月 里 死 首领 前 死 报到 去 了

sæ^{33} me^{33} he^{33} lo^{21} iə^{21} tshɿ^{21} tər^{21} tshɿ^{21} nɯ^{33} o^{21} he^{33} khv̩^{33} bə^{55} hɯ^{33} se^{21}. | ʂʅ^{33} mu^{21} gv̩^{33} mu^{33} sɿ^{33}
七月 里 尤鬼 呆鬼 以 灵魂 偷 了 去 了 死 身 尸 身 先

dɯ^{33}, | mæ^{55} se^{13} zo^{33} gv̩^{33} mu^{33} dɯ^{33}. | ʂʅ^{33} kɯ^{21} by^{21} mə^{33} thv̩^{33}. | tshɿ^{21} me^{33} khɯ^{33} nɯ^{21} lv̩^{21}
得 后 则 男 身 得 死 星 外 未 到 作祟 是 狗 和 龙

mə^{33} thv̩^{21}, ɯ^{33} nɯ^{21} y^{21} mə^{33} thv̩^{21} me^{33} to^{55} tshɿ^{21}. | mɯ^{33} gə^{33} kɯ^{21} tshɿ^{21} nɯ^{33} sy^{55}. | kho^{21}
不 相生 牛 和 羊 不 相生 者 上 作祟 天 的 星 鬼 以 杀 亲

lɯ^{33} ə^{33} me^{33} zo^{33} to^{55} khuɑ^{21}. | ə^{33} me^{33} zo^{33} ʂə^{55} ʂə^{33} æ^{33} æ^{21} thv̩^{33} kv̩^{55}. | dɯ^{33} hɑ^{55}、lu^{55} hɑ^{33}
戚 母 儿 上 凶 母 儿 吵架 斗殴 产生 会 一 天 四 天

se^{13}, tshɿ^{21} nɯ^{33} | iə^{33} ko^{21} hɑ^{33} ʂu^{21} lɯ^{33} kv̩^{55}. | mæ^{55} se^{21} khuɑ^{21} be^{33} ʂʅ^{33} kv̩^{55}. | bæ^{33} mi^{33} tʂʅ^{55}
则 鬼 以 家里 饭 寻 来 会 后 则 凶 地 死 会 油灯 点

sɿ^{55} khv̩^{21} o^{21} ʂər^{55} dər^{33}. | ȵi^{33} me^{33} thv̩^{33} mi^{21} tse^{55} kv̩^{21} lu^{33} dʑi^{21} | tʂuɑ^{55} me^{33} mi^{55} ɕi^{33} nɯ^{33} sy^{55}
素神 请 魂 赎 该 东方 下方处 四 家 连 的 女 他人 以 杀

ʂʅ^{33} kv̩^{55}. | sɿ^{33} tshər^{21} sɿ^{55} hɑ^{33} nɯ^{33} sɿ^{33} tshər^{21} ho^{55} hɑ^{33} se^{13}, sy^{55} tshɿ^{21} nɯ^{33} iə^{33} ko^{21} zo^{33} tɕər^{21}
死 会 三 十 三 天 与 三 十 八 天 则 杀 鬼 以 家里 男 上

kɯ^{33} tʂʅ^{21} lɯ^{33} kv̩^{55}.
说话 来 会

属龙日死的人：六月里就到死鬼首领跟前去报到了。七月里被尤①鬼和呆②鬼偷走了灵魂。死后先得一具尸体。之后又获得男子身。丧星未落到外面去。会作祟于不相生的属狗和属龙、属牛和属羊的人。是被天上的星鬼所杀。凶于亲戚的母子。家里的母子会吵架斗殴。死后第一天至第四天，鬼会到家里找饭。之后家人会凶死。该点上神灯进行请素③神仪式并赎魂。丧家之东上方的四家相连之家的一个女人会遭他杀。第三十三天到第三十八天杀手鬼会到家里与男人说话。

① 尤，音译鬼名，为一种情死鬼。
② 呆，音译鬼名，为一种使人凶死的鬼。
③ 素，音译神名，类似于汉文化中的家神。

464-L-16-09

tshʅ^{21} py^{21} dər^{33}. | ly̩^{21} khy̩^{55} ȵi^{33} ʂʅ^{33} me^{33}, ɯ^{33} khy̩^{55} sʅ^{55} ɯ^{33} khy̩^{55} hɑ^{55} dzʅ^{21} dər^{33}. sʅ^{33} tshər^{21} hɑ^{55}
除鬼 祭 该 龙 岁 日 死 者 牛 岁 三 牛 岁 夜 坐 该 三 十 天

se^{13} bə^{33} thy̩^{55} bə^{33} le^{33} ɯ^{21}. | ʐʅ^{21} khy̩^{55} dɯ^{33} ȵi^{33} ʂʅ^{33} me^{33}: | lu^{55} me^{33} he^{33} lo^{21} ʂʅ^{33} sʅ^{33} phe^{33}
则 脚 步 脚 又 收拢 蛇 岁 一 日 死 者 四月 里 死 首领

kæ^{33} ʂʅ^{33} dze^{21} hɯ^{33} se^{21}. | huɑ^{55} me^{33} he^{33} lo^{21} tshʅ^{21} nɯ^{33} o^{21} he^{33} khy̩^{33} bə^{55} hɯ^{33} se^{21}. | ʂʅ^{33}
前 死 报到 去 了 八月 里 鬼 以 灵魂 偷 了 去 了 死

se^{13} | ȵi^{33} gy̩^{33} mu^{33} sʅ^{33} dɯ^{33}; | tʂhuɑ^{55} tshər^{21} hɑ^{55} se^{13} fy̩^{55} gy̩^{33} mu^{33} dɯ^{33}. | mæ^{55} se^{13} tsho^{21}
了 鱼 身 先 得 六 十 天 则 鼠 身 得 后 则 人

gy̩^{33} mu^{33} dɯ^{33}. | ʂʅ^{33} kɯ^{21} | khu^{33} tho^{21} dʐu^{21}. | tshʅ^{21} me^{33} lɑ^{33} ə^{55} y^{21} mə^{33} thy̩^{21}, ʐʅ^{21} nɯ^{21} bu^{21}
身 得 死 星 门 后 落 作祟 是 虎 猴 不 相生 蛇 和 猪

mə^{33} thy̩^{21}me^{33} to^{55} tshʅ^{21}. | thy̩^{33} tshʅ^{21} nɯ^{33} sy^{55}. | ʂʅ^{33}me^{33} ny̩^{55} me^{33} mi^{55} dɯ^{33} gy̩^{33} to^{55} æ^{21}, |
不 相生 者 上 作祟 土鬼 以 杀 死 者 心 女 一 个 上 挂念

ʂʅ^{33} me^{33} ny̩^{55} me^{33} phe^{21} dɯ^{33} dɯ^{33} to^{55} æ^{21}. | mæ^{55} se^{13} ȵi^{33} me^{33} thy̩^{33} gə^{21} tse^{55} ky̩^{21} gə^{33} mi^{55}
死 者 心 麻布 一 匹 上 挂念 后 则 东方 上方处 的 女

dɯ^{33} ky̩^{55} ɕi^{33} nɯ^{33} sy^{55} ʂʅ^{33} ky̩^{55}. | ȵi^{33} tsər^{21} hɑ^{55} nɯ^{33} ȵi^{33} tsər^{21} sʅ^{55} hɑ^{33} se^{13},
一 个 他人 以 杀 死 会 二 十 天 和 二 十 三 天 则

该祭除①鬼。属蛇日死了人，家人要在三个属牛日里守夜。第三十天，死者会来收拢生前留下的脚印。

属蛇日死的人：四月里就到死鬼首领前报到去了。八月里就被鬼偷走了其灵魂。死后先变成鱼身。第六十天成为鼠身。最后又得人身。丧星落在门后。会作祟于不相生的属虎和

① 除，音译鬼名，使人迷途的鬼。

属猴、属蛇和属猪的人。是被土鬼所杀。死者心里挂念着一个女子和一匹麻布。以后丧家东边之上方家的一个女人会遭他杀。第二十天至第二十三天，

464-L-16-10

sy^{55} tshʅ^{21} iə^{33} ko^{21} thy̩^{33} lɯ^{33} ky̩^{55}. | ʐʅ^{21} khy̩^{55} dɯ^{33} ȵi^{33} ʂʅ^{33} me^{33}, ə^{55} y^{21} khy̩^{55} sʅ^{21} ȵi^{33} hɑ^{55} dzʅ^{21}
杀 鬼 家里 到 来 会 蛇 岁 一 天 死 者 猴 岁 三 日 夜 坐

dər^{33}. ȵi^{33} tsər^{21} dɯ^{33} ȵi^{33} se^{13} bə^{33} thy̩^{55} bə^{33} le^{33} ɯ^{21}. | ʐuɑ^{33} khy̩^{55} dɯ^{33} ȵi^{33} ʂʅ^{33} me^{33}: tshe^{21} me^{33}
该 二 十 一 天 则 脚 步 脚 又 收拢 马 岁 一 天 死 者 十月

he^{33} lo^{21} ʂʅ^{33} sʅ^{33} phe^{33} kæ^{33} ʂʅ^{33} dze^{21} hɯ^{33} se^{21}. | tshe^{21} də^{33} he^{33} lo^{21} tshʅ^{21} nɯ^{33} o^{21} he^{33} khy̩^{33} bə^{55}
里 死 首领 前 死 报到 去 了 十一月 里 鬼 以 灵魂 偷 了

hɯ^{33} se^{21}. | ə^{55} y^{21} | gy̩^{33} mu^{33} sʅ^{33} dɯ^{33}. | ho^{55} hɑ^{33} se^{13} bi^{33} di^{21} gy̩^{33} mu^{33} dɯ^{33}, mæ^{55} se^{13} zo^{33}
去 了 猴 身 先 得 八 天 则 虫 身 得 后 则 男

gy̩^{33} mu^{33} dɯ^{33}. | ȵi^{33} me^{33} thy̩^{33} tɕy^{21} dɯ^{33} dʑi^{21} gə^{33} mi^{55} to^{55} khuɑ^{21}. | ȵi^{33} me^{33} thy̩^{33} gə^{33} dʑi^{21}
身 得 东方 方向 一 家 的 女 上 凶 东方 的 房

mi^{33} nɯ^{33} kuɑ^{33} ky̩^{55}. | ho^{33} gy̩^{33} lo^{21} gə^{33} zʅ^{21} nɯ^{33} mu^{21} tɯ^{33} iə^{33} ko^{21} zo^{33} tɕər^{21} æ^{21} lɯ^{33} ky̩^{55}. |
火 以 吞 会 北方 的 仇 以 兵 起 家里 男 上 殴斗 来 会

ȵi^{33} tshər^{21} uɑ^{55} hɑ^{33} se^{13}, ʐuɑ^{33} nɯ^{33} iə^{33} ko^{21} bɑ^{21} lɯ^{33} ky̩^{55}. | ȵi^{33} me^{33} gy̩^{21} phɑ^{33} dɯ^{33} dʑi^{13} gə^{33}
二 十 五 天 则 马 以 家里 叫 来 会 西方 方 一 家 的

mi^{55} tɕər^{21} tshʅ^{21} nɯ^{33} kɯ^{33} tʂʅ^{21} lɯ^{33} ky̩^{55}. | ȵi^{33} me^{33} thy̩^{33} gə^{33} tshʅ^{33} tshʅ^{21} nɯ^{33} sy^{55}. | ʐuɑ^{33}
女 上 鬼 以 说话 来 会 东方 的 楚鬼 以 杀 马

khy̩^{55} dɯ^{33} ȵi^{33} ʂʅ^{33} me^{33}, tho^{33} le^{33} khy̩^{55} sʅ^{55} hɑ^{33} hɑ^{55} dzʅ^{21} dər^{33}. sʅ^{33} tshər^{21} hɑ^{55} se^{13} bə^{33} thy̩^{55}
岁 一 日 死 者 兔 岁 三 天 夜 坐 该 三 十 天 则 脚 步

bə^{33} le^{33} ɯ^{21}.
脚 又 收拢

杀手鬼会到家里来。属蛇日死了人，在三个属猴日里家人要守夜。第二十一天，死者会来收拢生前留下的脚印。

属马日死的人：十月里就到死鬼首领前报到去了。十一月里就被鬼偷走了其灵魂。死后先得猴身；死后第八天获得虫身；最后又获得男子身。凶于丧家之东一家家里的女人。东边的房屋会遭火灾。北方的仇人会起兵来与家里的男人斗殴。第二十五天，一匹马会到家里叫。鬼会来与丧家之西一家家里的女人说话。死者是被东方的楚①鬼杀死。属马日死的人，在三个属兔日里家人要守夜。第三十天，死者会来收拢生前留下的脚印。

464-L-16-11

y^{21} khv̩^{55} dɯ^{33} ȵi^{33} ʂʅ^{33} me^{33}: ｜tʂhuɑ^{55}me^{33} he^{33} lo^{21} ʂʅ^{33}sɿ^{33} phe^{33} kæ^{33}ʂʅ^{33} dze^{21} hɯ^{33} se^{21}. ｜
羊 岁 一 天 死 者 六月 里 死 首领 前 死 报到 去 了

tshe^{21} də^{33} he^{33} lo^{21} tər^{21} tshɿ^{21} nɯ^{33} o^{21} he^{33} khv̩^{33} bə^{55} hɯ^{33} se^{21}. ｜tshe^{21} hɑ^{55} se^{13} ʐʅ^{21} gv̩^{33} mu^{33}
十一月 里 呆鬼 以 灵魂 偷 了 去 了 十 天 则 蛇 身

dɯ^{33}. ｜ʂʅ^{33} tshɿ^{21} thv̩^{55} dər^{33}. ｜mæ^{55} tʂhuɑ^{55} tshər^{21} hɑ^{55} se^{13} tsho^{21} gv̩^{33} mu^{33} dɯ^{33}. ｜ʂʅ^{33} kɯ^{21}
得 死 鬼 驱 该 后 六 十 天 则 人 身 得 死 星

tshe^{21} ȵi^{33} thv̩^{55} ｜i^{33} tʂhʅ^{33} mu^{21} tɕy^{21} dʐu^{21}. ｜tshɿ^{21} me^{33} khɯ^{33} nɯ^{21} lv̩^{21} mə^{33} thv̩^{21}, ɯ^{33} nɯ^{21} y^{21}
十 二 步 南方 方向 落 作祟 的 狗 和 龙 不 相生 牛 和 羊

mə^{33} thv̩^{21} me^{33} to^{55} tshɿ^{21}. ｜mi^{33} tshɿ^{21} nɯ^{33} sy^{55}. ｜lv̩^{21} dzɿ^{21} tɯ^{33} tɕy^{21} æ^{33} æ^{21} me^{33} ｜kho^{33} mi^{33}
不 相生 者 上 作祟 火鬼 以 杀 龙 居 地 方向 斗殴 的 消息 听

① 楚，音译鬼名，为吊死鬼。

lɯ^{33} kv̩^{55}. | ȵi^{33} me^{33} thv̩^{33} phɑ^{33} dɯ^{33} dʑi^{13} gə^{33} zo^{33} gu^{21} kv̩^{55}. | tshʅ^{21} nɯ^{33} zo^{33} nɯ^{21} mi^{55} ko^{55}
来 会 东方 方向 一 家 的 男 病 会 鬼 与 儿 和 女 上

kɯ^{33} tʂʅ^{21} lɯ^{33} kv̩^{55}. | tʂhuɑ^{55} tshər^{21} hɑ^{55} se^{13} fv̩^{55} lɑ^{33} dɯ^{33} me^{33} lɯ^{33} kv̩^{55}. | ȵi^{33} me^{33} thv̩^{33} gə^{21}
说话 来 会 六 十 天 则 黄鼠狼 一 只 来 会 东方

tse^{55} kv̩^{21} sʅ^{33} dʑi^{21} tʂuɑ^{55} ko^{55} tshʅ^{21} nɯ^{33} mi^{55} tɕər^{21} kɯ^{33} tʂʅ^{21} lɯ^{33} kv̩^{55}. | tʂhuɑ^{55} tshər^{21} hɑ^{55} se^{13}
上方处 三 家 间 鬼 以 女 上 说话 来 会 六 十 天则

tshʅ^{21}
鬼

属羊日死的人：在六月里就到死鬼首领跟前报到去了。在十一月里就被呆鬼偷走了其灵魂。死后第十天获得蛇身。该进行驱赶死鬼的法仪。之后第六十天获得人身。丧星落在丧家南方十二步的地方。会作祟于不相生的属狗和属龙、属牛和属羊的人。是被火鬼所杀。会听到丧家之龙居地（东南方）发生殴斗的消息。丧家之东的一家之男子会生病。鬼会来与儿女说话。第六十天一只黄鼠狼会来家里。鬼会来与丧家之东方之上方三家里的女人说话。第六十天，鬼会来

464-L-16-12

nɯ^{33} iə^{33} ko^{21} lɯ^{33} kv̩^{55}. tʂhu^{21} be^{33} ʂʅ^{33} tshʅ^{21} thv̩^{55} dər^{33}. | y^{21} khv̩^{55} dɯ^{33} ȵi^{33} ʂʅ^{33} me^{33}, khɯ^{33}
以 家里 来 会 快 地 死鬼 驱 该 羊 岁 一 天 死 者 狗

khv̩^{55} sʅ^{55} khɯ^{33} khv̩^{55} hɑ^{55} dzʅ^{21} dər^{33}. ȵi^{33} tsər^{21} ho^{55} hɑ^{33} se^{13} bə^{33} thv̩^{55} bə^{33} le^{33} ɯ^{21}. | ə^{55} y^{21}
岁 三 狗 岁 夜 坐 该 二 十 八 天 则 脚 步 脚 又 收拢 猴

khv̩^{55} dɯ^{33} ȵi^{33} ʂʅ^{33} me^{33}: | sɑ^{55} uɑ^{33} he^{33} lo^{21} ʂʅ^{33} sʅ^{33} phe^{33} kæ^{33} ʂʅ^{33} dze^{21} hɯ^{33} se^{21}. | lu^{55} me^{33}
岁 一 日 死 者 三月 里 死 首领 前 死 报到 去 了 四月

he^{33} lo^{21} tshʅ^{21} nɯ^{33} o^{21} he^{13} khv̩^{33} bə^{55} hɯ^{33} se^{21}. | ho^{55} hɑ^{33} gv̩^{33}, tshʅ^{21} iə^{33} ko^{21} lɯ^{33} kv̩^{55}. ʂʅ^{33}
里 鬼 以 灵魂 偷 了 去 了 八 天 到 鬼 家里 来 会 死

tshɿ^{21} thy̩^{55} dər^{33}, | ʂʅ^{33} tshɿ^{21} mɯ^{33} ky̩^{33} hɯ^{33} se^{21}. | ʂʅ^{33} kɯ^{21} sɿ^{55} ly^{33} dʑi^{33} | tho^{21} dʐu^{21}. | tshɿ^{21}

鬼 驱 该 死 鬼 天 上 去 了 死 星 三 颗 房 后 落 作祟

me^{33} lɑ^{33} ə^{55} y^{21} mə^{33} thy̩^{21}, zʅ^{21} nɯ^{21} bu^{21} mə^{33} thy̩^{21} me^{33} to^{55} tshɿ^{21}. | mi^{33} tshɿ^{21} nɯ^{33} sy^{55}. | n̥i^{33}

是 虎 猴 不 相生 蛇 和 猪 不 相生 者 上 作祟 火鬼 以 杀

me^{33} thy̩^{33} ʐuɑ^{33} dzæ^{21} ɕi^{33} me^{33} ko^{55} tshɿ^{21}. | n̥i^{33} me^{33} gy̩^{21} æ^{33} æ^{21} thy̩^{33} ky̩^{55}. | phe^{33} ʂʅ^{21} dʐuɑ^{21}

东方 马 花 养 者 上 作祟 西方 殴斗 产生 会 麻布 黄 争

æ^{33} æ^{21} thy̩^{33} ky̩^{55}. | sy^{55} tshɿ^{21} iə^{21} ko^{21} dʑy^{21},

殴斗 产生 会 杀 鬼 家里 有

家里。要尽快地进行驱赶死鬼的法仪。属羊日死了人，家人要在三个属狗日里守夜。第二十八天死者会来收拢生前留下的脚印。

属猴日死的人：三月里就到死鬼首领前报到去了。四月里被鬼偷走了其灵魂。死后第八天，鬼会来家里，该进行驱赶死鬼的法仪。死鬼到天上去了。三颗丧星落在门后。会作祟于不相生的属虎和属猴、属蛇和属猪的人。是被火鬼所杀。会作祟于丧家之东边养花马人家。丧家之西会发生殴斗，会为争黄色麻布而斗殴。杀手鬼还在家里，

464-L-16-13

by^{21} ty^{55} mə^{33} hɯ^{33}. | n̥i^{33} dʑi^{21}tʂuɑ^{55} me^{33} gə^{33} mi^{55} ko^{55} tshɿ^{21} nɯ^{33} kɯ^{33} tʂʅ^{21} lɯ^{33} ky̩^{55}. | tʂhuɑ^{55}

外 边 未 去 两 家 问 者 的 女 上 鬼 以 说话 来 会 六

tshər^{21} hɑ^{55} se^{13} fy̩^{55} lɑ^{33} dɯ^{33} me^{33} iə^{33} ko^{21} hɑ^{33} ʂu^{21} lɯ^{33} ky̩^{55}. | n̥i^{33} me^{33} gy̩^{21} | mu^{21} tse^{55} ky̩^{21}

十 天 则 黄鼠狼 一 只 家里 饭 寻 来 会 西方 下方处

tshɿ^{21} nɯ^{33} zo^{33} tɕər^{21} kɯ^{33} tʂʅ^{21} lɯ^{33} ky̩^{55}. | ə^{55} y^{21} khy̩^{55} dɯ^{33} n̥i^{33} ʂʅ^{33} me^{33}, zʅ^{21} khy̩^{55} sɿ^{55} zʅ^{21}

鬼 以 男 上 说话 来 会 猴 岁 一 日 死 者 蛇 岁 三 蛇

ky̩^{55} hɑ^{55} dzɿ^{21} dər^{33}. n̥i^{33} tsər^{21} hɑ^{55} gy̩^{33} bə^{33} thy̩^{55} bə^{33} le^{33} ɯ^{21}. | æ^{21} khy̩^{55} dɯ^{33} n̥i^{33} ʂʅ^{33} me^{33}:

岁 夜 坐 该 二 十 天 到 脚 步 脚 又 收拢 鸡 岁 一 日 死 者

sɑ^{55} uɑ^{33} he^{33} lo^{21} ʂʅ^{33} sʅ^{33} phe^{33} kæ^{33} ʂʅ^{33} dze^{21} hɯ^{33} se^{21}. | iə^{21} pe^{21} he^{33} lo^{21} tshʅ^{21} nɯ^{33} o^{21} he^{33}
三月 里 死 首领 前 死 报到 去 了 正月 里 鬼 以 灵魂

khɣ^{33}. | zo^{33} gɣ^{33} mu^{33} be^{33} dɯ^{33}. | ʂʅ^{33} kɯ^{21} sʅ^{55} ly^{33} khu^{33} tho^{21} dʐu^{21}. | tshʅ^{21} me^{33} fɣ^{55} nɯ^{21}
偷 男 身 地 得 死 星 三 颗 门 后 落 作祟 是 鼠 和

ʐuɑ^{33} mə^{33} thɣ^{21}, tho^{33} le^{33} æ^{21} mə^{33} thɣ^{21} me^{33} to^{55} tshʅ^{21}. | tʂuɑ^{33} kɣ^{33} nɯ^{33} | sy^{55} tshʅ^{21} nɯ^{33}
马 不 相生 兔 鸡 不 相生 者 上 作祟 床 上 以 杀 鬼 以

sy^{55}. | i^{33} tʂhʅ^{33} mu^{21} dɯ^{33} dʑi^{13} ko^{21} hɯ^{33}, ʂʅ^{33} sʅ^{21} lɑ^{21} tʂu^{55} phər^{21} dər^{33}. | sʅ^{55} khɣ^{21} o^{21} ʂər^{55}
杀 南方 一 家 里 去 死 生 手 结 解 该 素神 请 魂 赎

dər^{33}. | sy^{55} tshʅ^{21} iə^{33} ko^{21} tɑ^{55} dʑy^{21},
该 杀 鬼 家里 还 有

并未出去。鬼会来与丧家隔两家之家的女人说话。死后第六十天，一只黄鼠狼会来家里寻饭。丧家之西下方，鬼会来与男人说话。属猴日死了人，家人要在三个属蛇日里守夜。死后第二十天，死者会来收拢生前留下的脚印。

属鸡日死的人：在三月里就到死鬼首领前报到去了。正月里被鬼偷走了其灵魂。死后获得男子身。三颗丧星落在门后。会作祟于不相生的属鼠和属马、属兔和属鸡的人。被杀手鬼杀死于床上。杀手鬼到丧家之南的一家家里去了。此家要进行解开生者和死者之手结的法仪。要进行请素神仪式并赎魂。杀手鬼还在家里，

464-L-16-14

by^{21} ty^{55} mə^{33} hɯ^{33}. | ȵi^{33} me^{33} gɣ^{21} tɕy^{21} dʑy^{21}, ȵi^{33} me^{33} gɣ^{21} mi^{21} tse^{55} kɣ^{33} dzər^{21} kɣ^{33} dʑy^{21}. |
外 面 未 去 西方 方向 有 西方 下方处 树 上 有

tshʅ^{21} nɯ^{33} mi^{55} dɯ^{33} gv̩^{33} sy^{55} kv̩^{55}. | tʂhuɑ^{55} tshər^{21} hɑ^{55} se^{13}, fv̩^{55} lɑ^{33} dɯ^{33} me^{33} lɯ^{33} kv̩^{55}. |
鬼 以 女 一 个 杀 会 六 十 天 则 黄鼠狼 一 只 来 会

ho^{33} gv̩^{33} lo^{21} lu^{33} dʑi^{21} tʂuɑ^{55} me^{33} zo^{33} ko^{55} tshʅ^{21} nɯ^{33} kɯ^{33} tʂʅ^{21} lɯ^{33} kv̩^{55}. | æ^{21} khv̩^{55} dɯ^{33} ȵi^{33}
北方 四 家 隔 的 男 上 鬼 以 说话 来 会 鸡 岁 一 日

ʂʅ^{33} me^{33}, | fv̩^{55} khv̩^{33} sʅ^{55} fv̩^{55} khv̩^{33} hɑ^{55} dzʅ^{21} dər^{33}. ȵi^{33} tsər^{21} hɑ^{55} se^{13} bə^{33} thv̩^{55} bə^{33} le^{33} ɯ^{21}. |
死 者 鼠 岁 三 鼠 岁 夜 坐 该 二 十 天 则 脚 步 脚 又 收拢

khɯ^{33} khv̩^{55} dɯ^{33} ȵi^{33} ʂʅ^{33} me^{33}: he^{21} dʑiə^{33} he^{33} lo^{21} ʂʅ^{33} sʅ^{33} phe^{33} kæ^{33} ʂʅ^{33} dze^{21} hɯ^{33} se^{21}. | he^{21}
狗 岁 一 日 死 者 二月 里 死 首领 前 死 报到 去 了

dʑiə^{33} he^{33} lo^{21} tshʅ^{21} nɯ^{33} o^{21} he^{33} khv̩^{33} bə^{55} hɯ^{33} se^{21}. | le^{21} tʂhə^{55} gv̩^{33} mu^{33} sʅ^{33} dɯ^{33}. | tʂhuɑ^{55}
二月 里 鬼 以 灵魂 偷 了 去 了 冷凑鬼 身 先 得 六

tshər^{21} hɑ^{55} se^{13}, bi^{33} di^{21} tshʅ^{21} dɯ^{33} me^{33} piə^{33}. | mæ^{55} se^{13} tsho^{21} gv̩^{33} mu^{33} dɯ^{33}. | ʂʅ^{33} kɯ^{21} ȵi^{33}
十 天 则 虫 细 一 只 变 后 则 人 身 得 死 星

me^{33} thv̩^{33} tshe^{21} ȵi^{33} thv̩^{55} khɯ^{33} dzu̩^{21}. | tshʅ^{21} me^{33}
东方 十 二 步 处 落 作祟 是

还未到外面去，就在西方，在西方的树上。鬼会杀死一个女人。第六十天，一只黄鼠狼会来家里。鬼会来与丧家之北隔四家之家的男人说话。属鸡日死了人，家人要在三个属鼠日里守夜。第二十天死者会来收拢生前留下的脚印。

属狗日死的人：在二月里就到死鬼首领前报到去了。在二月里就被鬼偷走了其灵魂。先获得冷凑①鬼的身子。第六十天变成一条细虫。之后又获得人身。丧星落在死者之东方十二步处。会作祟于

464-L-16-15

① 冷凑，音译鬼名，为纳西族先民迁徙路上非正常死亡者变成的鬼。

khɯ^{33} nɯ^{21} ly̩^{21} mə^{33} thy̩^{21}, ɯ^{33} nɯ^{21} y^{21} mə^{33} thy̩^{21} me^{33} to^{55} tshʅ^{21}. | dʑi^{21} dæ^{21} by̩^{21} gə^{33} thy̩^{33}
狗 和 龙 不 相生 牛 和 羊 不 相生 者 上 作祟 房 宅 地 底 的 土鬼

tshʅ^{21} nɯ^{33} sy^{55}. | tshʅ^{21} nɯ^{33} pɑ^{33} sɑ^{21} be^{33}ky̩^{55}. ʂʅ^{33} me^{33}ny̩^{55} me^{33} | dʑi^{33} ʂʅ^{21} dɯ^{33}ly̩^{55} to^{55} æ^{21}. |
以 杀 除鬼 以 作祟 做 会 死 者 心 衣 黄 一 件 上 挂念

ȵi^{33} me^{33} thy̩^{33} phɑ^{33} dɯ^{33} dʑi^{13} gə^{33} mi^{55} ȵi^{33} ky̩^{55} to^{55} khuɑ^{21}. | i^{33} tʂhʅ^{33} mu^{21} gə^{33} mu^{21} nɯ^{33} ɯ^{33}
东方 方向 一 家 的 女 两 个 上 凶 南方 的 兵 以 牛

ʂər^{21} lɯ^{33} ky̩^{55}. | sʅ^{55} khy̩^{21} dər^{33}. | tshʅ^{21} nɯ^{33} mi^{55} ky̩^{33} phər^{21} tɕər^{21} kɯ^{33} tʂʅ^{21} lɯ^{33} ky̩^{55}. | sʅ^{33}
牵 来 会 素神 请 该 鬼 以 女 头 白 上 说话 来 会 三

tshər^{21} hɑ^{55} se^{13}, ʐuɑ^{33} dɯ^{33} me^{33} lɯ^{33} ky̩^{55}. | lu^{33} dʑi^{21} tʂuɑ^{55} me^{33} gə^{33} mi^{55} ko^{55} tshʅ^{21} nɯ^{33} kɯ^{33}
十 天 则 马 一 匹 来 会 四 家 隔 者 的 女 上 鬼 以 说话

tʂʅ^{21} lɯ^{33} ky̩^{55}. | tshe^{21} ȵi^{33} ȵi^{33}、ȵi^{33} tsər^{21} ʂər^{33} ȵi^{33}, bi^{33} di^{21} tshʅ^{21} dɯ^{33} me^{33} dʑi^{21} lo^{21} lɯ^{33}
来 会 十 二 天 二 十 七 天 虫 细 一 条 房 里 来

khy̩^{55} . | khɯ^{33} khy̩^{55} dɯ^{33} ȵi^{33} ʂʅ^{33} me^{33}, y^{21} khy̩^{55} sʅ^{55} y^{21} khy̩^{55} hɑ^{55} dzʅ^{21} dər^{33}. ȵi^{33} tsər^{21} ʂər^{33}
会 狗 岁 一 日 死 者 羊 岁 三 羊 岁 夜 坐 该 二 十 七

hɑ^{55} se^{13} bə^{33} thy̩^{55} bə^{33} le^{33} ɯ^{21}. | bu^{21} khy̩^{55} dɯ^{33} ȵi^{33} ʂʅ^{33} me^{33}: | tʂhuɑ^{55} me^{33} he^{33} lo^{21} ʂʅ^{33} sʅ^{33}
天 则 脚 步 脚 又 收拢 猪 岁 一 日 死 者 六月 里 死首领

phe^{33} kæ^{33} ʂʅ^{33} dze^{21} hɯ^{33} se^{21}. | dɑ^{33} uɑ^{33}
前 死 报到 去 了 十二月

不相生的属狗和属龙、属牛和属羊的人。是被房屋地基下的土鬼所杀。除鬼会来作祟。死者的心挂念着一件黄衣。会凶于东边一家的两个女人。南方来的兵会来牵牛。该进行请素神仪式。鬼会来与一白发女人说话。第三十天一匹马会来家里。鬼会来与丧家隔着四家之家的女人说话。死后第十二天和第二十七天，一条细虫会来房子里。属狗日死了人，家人要在三个属羊日里守夜。死者在死后第二十七天会来收拢生前留下的脚印。

属猪日死的人：在六月里就到死鬼首领前报到去了。在十二月里

464-L-16-16

he^{33} lo^{21} tshʅ^{21} nɯ^{33} o^{21} he^{33} khv̩^{33} bə^{55} hɯ^{33} se^{21}. | le^{21} tʂhə^{55} gv̩^{33} mu^{33} dɯ^{33}. | mæ^{55} se^{13} bi^{33} di^{21}
里 鬼 以 灵魂 偷 了 去 了 冷凑鬼 身 得 后 则 虫

gv̩^{33} mu^{33} dɯ^{33}. | tʂhuɑ^{55} tshər^{21} hɑ^{55} se^{13} tsho^{21} gv̩^{33} mu^{33} dɯ^{33}. | ʂʅ^{33} kɯ^{21} ȵi^{33} me^{33} thv̩^{33} tshe^{21}
身 得 六 十 天 则 人 身 得 死 星 东方 十

ȵi^{33} thv̩^{55} khɯ^{33}dʐu^{21}. | tshʅ^{21} me^{33} lɑ^{33} ə^{55} y^{21} mə^{33} thv̩^{21}, | ʐʅ^{21}nɯ^{21} bu^{21} mə^{33} thv̩^{21}to^{55} tshʅ^{21}. |
二 步 处 落 作祟 是 虎 猴 不 相生 蛇 和 猪 不 相生上 作祟

thv̩^{33} tshʅ^{21} nɯ^{33} sy^{55}. | ʂʅ^{33} me^{33} nv̩^{55} me^{33} ʐʅ^{33} nɯ^{21} hɑ^{33} to^{55} æ^{21}. | ə^{33} me^{33} zo^{33} to^{55} khuɑ^{21}. |
土鬼 以 杀 死 者 心 酒 和 饭 上 挂念 母 子 上 凶

mu^{33} nɯ^{33} ʂʅ^{33} me^{33} hɑ^{33} dzʅ^{33} lɯ^{33} kv̩^{55}, mu^{33} ɯ^{21} py^{21} dər^{33}. | ȵi^{33} me^{33} gv̩^{21} gə^{33} ə^{33} sʅ^{21} nɯ^{13} zo^{33}
猛鬼 以 死 者 饭 吃 来 会 猛鬼 恩鬼 祭 该 西方 的 父 和 子

to^{55} khuɑ^{21}. | ȵi^{33} me^{33} gv̩^{21} gə^{33} mu^{21} nɯ^{33} ɯ^{33} ʂər^{21} lɯ^{33} kv̩^{55}. | lu^{33} dʑi^{21} tʂuɑ^{55} me^{33} gə^{33} mi^{55}
上 凶 西方 的 兵 以 牛 牵 来 会 四 家 隔 者 的 女

ko^{55} tshʅ^{21} nɯ^{33} kɯ^{33} tʂʅ^{21} lɯ^{33} kv̩^{55}. | bu^{21} khv̩^{55} dɯ^{33} ȵi^{33} ʂʅ^{33} me^{33}, lɑ^{33} khv̩^{55} sʅ^{55} lɑ^{33} khv̩^{55} hɑ^{55}
上 鬼 以 说话 来 会 猪 岁 一 日 死 者 虎 岁 三 虎 岁 夜

dzʅ^{21} dər^{33}. ȵi^{33} tshər^{21} lu^{55} hɑ^{33} se^{13}
坐 该 二 十 四 天 则

被鬼偷走了其灵魂。死者死后先获得冷凑鬼的身子，后获得虫子身，第六十天又得人身。丧星落于死者之东边的十二步处。会作祟于不相生的属虎和属猴、属蛇和属猪的人。是被土鬼所杀。死者的心挂念着酒和饭。会凶于母子。猛[1]鬼会来抢吃死者的饭，该祭猛鬼和恩鬼。会凶于丧家之西一家的父子。西方来的兵会来牵牛。鬼会来与丧家隔着四家之家的女人说话。

① 猛，音译鬼名，为一种馋鬼，据说人们在祭神祭祖先时会来吃供品。与下句的“恩鬼”为同一种馋鬼。

属猪日死了人，家人要在三个属虎日里守夜。第二十四天死者

464-L-16-17

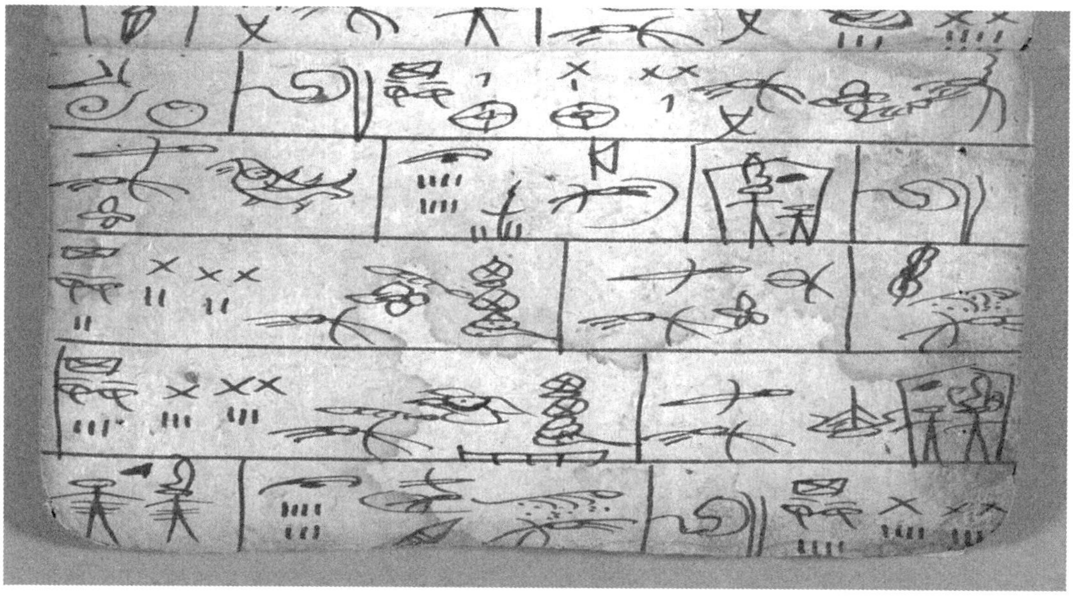

bə^{33} thy̩^{55} bə^{33} le^{33} ɯ^{21}. | tshe^{33} do^{21} dɯ^{33} ȵi^{33}、tshe^{21} dɯ^{33} ȵi^{33}、ȵi^{33} tsər^{21} dɯ^{33} ȵi^{33} ʂʅ^{33} me^{33}: tshʅ^{33}
脚 步 脚 又 收拢 月 见 一 日 十 一 日 二 十 一 日 死 者 楚鬼

tshʅ^{21} nɯ^{33} o^{21} he^{33} khy̩^{33}. | ȵi^{33} nɯ^{33} sy^{55}. | ho^{55} hɑ^{33} se^{13} ʂʅ^{33} khu^{33} tər^{55} py^{21} dər^{33}. | ə^{33} me^{33}
以 灵魂 偷 尼 以 杀 八 天 则 死 门 关 祭 该 母

zo^{33} to^{55} khuɑ^{21}. | tshe^{33} do^{21} ȵi^{33} ȵi^{33}、tshe^{21} ȵi^{33} ȵi^{33}、ȵi^{33} tsər^{21} ȵi^{33} ȵi^{33} ʂʅ^{33} me^{33}: sʅ^{21} nɯ^{33} o^{21}
子 上 凶 月 见 二 日 十 二 日 二 十 二 日 死 者 署 以灵魂

he^{33} khy̩^{33}. | zɑ^{21} tshʅ^{21} nɯ^{33} sy^{55}. | tʂhu^{21} be^{33} ʂʅ^{33} tshʅ^{21} thy̩^{55} dər^{33}. | tshe^{33} do^{21} sʅ^{21} ȵi^{33}、tshe^{33}
偷 娆鬼 以 杀 快 地 死 鬼 驱 该 月 见 三 日 十

sʅ^{21} ȵi^{33}、ȵi^{33} tsər^{21} sʅ^{21} ȵi^{33} ʂʅ^{33} me^{33}: sʅ^{13} gə^{33} khɯ^{33} nɯ^{33} o^{21} he^{33} khy̩^{33}. | sʅ^{55} nɯ^{33} sy^{55}. iə^{33} ko^{21}
三 日 二 十 三 日 死 者 署 的 狗 以 灵魂 偷 素神 以 杀 家里

zo^{33} nɯ^{13} tʂhər^{33} me^{33} to^{55} khuɑ^{21}. | kho^{21} lɯ^{33} zo^{33} mi^{55} to^{55} khuɑ^{21}. | ʂər^{33} hɑ^{55} se^{13} to^{55} khɯ^{55}
儿 和 媳妇 上 凶 亲 戚 儿 女 上 凶 七 天 则 消灾仪式

dər^{33}. ʂʅ^{33} tshʅ^{21} thy̩^{55} dər^{33}. | tshe^{33} do^{21} lu^{33} ȵi^{33}、tshe^{21} lu^{33} ȵi^{33}、ȵi^{33} tsər^{21} lu^{33} ȵi^{33} ʂʅ^{33} me^{33}:
该 死 鬼 驱 该 月 见 四 日 十 四 日 二 十 四 日 死 者

会来收拢生前留下的脚印。

初一、十一、二十一日死的人：是被楚鬼偷走了其灵魂。是被尼[1]所杀。死后第八天要进行关死亡之门的法仪。会凶于母子。

① 尼，音译名词。为掌管野生动植物及山川河流的一种精灵之一。

初二、十二、二十二日死的人：是被署[①]偷走了其灵魂。是被娆鬼杀死。要尽快地进行驱赶死鬼的法仪。

初三、十三、二十三日死的人：是被署的狗偷走了其灵魂。是被素神所杀。凶于儿子和儿媳；凶于亲戚的子女。死后第七天，要进行消灾仪式。要进行驱赶死鬼的法仪。

初四、十四、二十四日死的人：

464-L-16-18

uɑ^{33} tshɿ^{21} nɯ^{33} o^{21} he^{33} khv̩^{33}. | mu^{33} tshɿ^{21} nɯ^{33} sy^{55}. | ȵi^{33} dʑi^{21} tʂuɑ^{55} ko^{55} ho^{33} gv̩^{33} lo^{21} tɕy^{21}
瓦鬼 以 灵魂 偷 猛鬼 以 杀 两 家 隔 北方 方向

hɯ^{33}. | tshe^{21} uɑ^{33} hɑ^{55} se^{13} ʂʅ^{33} khu^{33} tər^{55} py^{21} dər^{33}. | tshe^{33} do^{33} uɑ^{33} ȵi^{33}、tshe^{21} uɑ^{33} ȵi^{33}、ȵi^{33}
去 十 五 天 则 死 门 关 祭 该 月 见 五 日 十 五 日 二

tsər^{21} uɑ^{33} ȵi^{33} ʂʅ^{33} me^{33}: dv̩^{21} tshɿ^{21} nɯ^{33} o^{21} he^{33} khv̩^{33}. | khə^{33} gv̩^{33} tshɿ^{21} nɯ^{33} sy^{55}. | ɕy^{33} mə^{33}
十 五 日 死 者 毒鬼 以 灵魂 偷 抠古鬼 以 杀 法事 不

be^{33} se^{13}, tʂhuɑ^{55} hɑ^{33}、tʂhuɑ^{55} he^{33} se^{13}, gu^{21} tshər^{33} kv̩^{55}. | tshe^{33} do^{21} tʂhuɑ^{55} ȵi^{33}、tshe^{21} tʂhuɑ^{55}
作 则 六 天 六 月 则 病 发烧 会 月 见 六 日 十 六

ȵi^{33}、ȵi^{33} tsər^{21} tʂhuɑ^{55} ȵi^{33} ʂʅ^{33} me^{33}: tshɿ^{21} ʐuɑ^{33} nɯ^{33} o^{21} he^{33} khv̩^{33}. | zɑ^{21} tshɿ^{21} nɯ^{33} sy^{55}. |
日 二 十 六 日 死 者 鬼 马 以 灵魂 偷 娆鬼 以 杀

lɯ^{33} kə^{55} huɑ^{55} dv̩^{21} sɿ^{33} dʑi^{21} mi^{33} nɯ^{33} kuɑ^{33} kv̩^{55}. mi^{55} nɯ^{21} zo^{33} to^{55} mə^{33} dər^{33}. | tʂhuɑ^{55} he^{33}
杉 枝 棚 三 房 火 以 吞 会 女 和 男 上 未 伤 六 月

se^{13}, o^{21} he^{33} bi^{33} di^{21} dɯ^{33} me^{33} piə^{55}. | tshe^{33} do^{21} ʂər^{33} ȵi^{33}、tshe^{21} ʂər^{33} ȵi^{33}、ȵi^{33} tsər^{21} ʂər^{33} ȵi^{33}
则 灵魂 虫 一 条 变 月 见 七 日 十 七 日 二 十 七 日

① 署，音译名词，为掌管野生动植物及山川河流的一种精灵，相传与人是同父异母兄弟。

ʂʅ^{33} me^{33}: tshɿ^{21} khɯ^{33} nɯ^{33} o^{21} he^{33} khv̩^{33}.

死 者 鬼 狗 以 灵魂 偷

瓦[1]鬼偷走其灵魂。是被猛鬼所杀。到北方隔三家的人家家里去了。死后第十五天，要进行关死亡之门的仪式。

初五、十五、二十五日死的人：是被毒[2]鬼偷走了其灵魂。是被抠古[3]鬼所杀。若不作法仪，死后第六天至六个月，家人会生病发烧。

初六、十六、二十六日死的人：是被鬼的马偷走其灵魂。是被娆鬼所杀。三间杉枝棚房会遭火灾但未伤及子女。死后第六个月其灵魂会变成一条虫。

初七、十七、二十七日死的人：是被鬼的狗偷走其灵魂。

464-L16-19

dy^{21} gə^{33} sɑ^{21} dɑ^{55} nɯ^{33} sy^{55}. | gv̩^{33} hɑ^{55} se^{13} tshɿ^{21} nɯ^{33} kho^{21} lɯ^{33} tshɿ^{21} kv̩^{55}. | tshe^{33} do^{21} ho^{55}

地 的 刹道 以 杀 九 天 则 除鬼 以 亲 戚 作祟 会 月 见 八

ȵi^{33}、tshe^{21} ho^{55} ȵi^{33}、ȵi^{33} tsər^{21} ho^{55} ȵi^{33} ʂʅ^{33} me^{33}: | sɿ^{21} nɯ^{33} o^{21} he^{33} khv̩^{33}. | zɑ^{21} tshɿ^{21} nɯ^{33}

日 十 八 日 二 十 八 日 死 者 署 以 灵魂 偷 娆鬼 以

sy^{55}. | tshe^{21} dɯ^{33} ȵi^{33} se^{13} khæ^{55} lɯ^{33} khæ^{55} tso^{33} tse^{21} ʂʅ^{33} tshɿ^{21} thv̩^{55} dər^{33}. | tshe^{33} do^{21} gv̩^{33}

杀 十 一 天 则 射 箭 射 具 用 死 鬼 驱 该 月 见 九

ȵi^{33}、tshe^{21} gv̩^{33} ȵi^{33}、ȵi^{33} tsər^{21} gv̩^{33} ȵi^{33} ʂʅ^{33} me^{33}: he^{21} nɯ^{33} o^{21} he^{33} khv̩^{33}, tʂʅ^{33} kho^{33} lo^{21} nər^{55}. |

日 十 九 日 二 十 九 日 死 者 神 以 灵魂 偷 土 洞 里 压

① 瓦，音译鬼名，为一种在人与人之间制造是非的鬼。

② 毒，音译鬼名，据说是从天上降下的一种鬼。

③ 抠古，音译鬼名，为一种传播口舌是非的鬼。

zɑ^{21} tshʅ^{21} nɯ^{33} sy^{55}. | ho^{55} hɑ^{33} se^{13} | tshʅ^{21} nɯ^{33} iə^{33} ko^{21} hɑ^{33} ʂu^{21} lɯ^{33} kv̩^{55}. | ho^{55} hɑ^{33} se^{13} ʂʅ^{33}
娆鬼 以 杀 八 天 则 鬼 以 家里 饭 找 来 会 八 天 则 死

tshʅ^{21} thv̩^{55} dər^{33}. | iə^{33} ko^{21} zo^{33} mi^{55} to^{55} khuɑ^{21}, khu^{33} khɯ^{55} khɯ^{33} phæ^{33} dər^{33}. | tshe^{33} do^{21}
鬼 驱 该 家里 儿女 上 凶 门 前 狗 拴 该 月 见

tshe^{21} ȵi^{33}、ȵi^{33} tsər^{21} ȵi^{33}、nɑ^{33} tv̩^{21} ȵi^{33} ʂʅ^{33} me^{33}: bɯ^{21} tshʅ^{21} nɯ^{33} o^{21} he^{33} khv̩^{33}. | bə^{33} lɯ^{21} nɯ^{21}
十 日 二 十 日 三十 日 死 者 苯鬼 以 灵魂 偷 巫师 以

khuɑ^{21} be^{33} sy^{55}. | dɯ^{33} khv̩^{55} dɯ^{33} he^{33} se^{13},
凶 做 杀 一 年 一 月 则

是被地上的刹道①所杀。死后第九天，除鬼会作祟于亲戚。

初八、十八、二十八日死的人：是被署偷走其灵魂。是被娆鬼所杀。死后第十一天，要用弓箭以进行驱赶死鬼的法仪。

初九、十九、二十九日死的人：是被神偷走其灵魂并压在土洞里。是被娆鬼所杀。第八天鬼会来家里寻食。第八天要进行驱赶死鬼的法仪。会凶于家里的儿女，要在门前拴一条狗。

初十、二十、三十日死的人：是被苯②鬼偷走其灵魂。由巫师作法使坏地杀死。一年零一个月后，

464-L-16-20

tshʅ^{21} nɯ^{33} iə^{33} ko^{21} lɯ^{33} kv̩^{55}. iə^{33} ko^{21} ɕi^{33} gu^{21} tshər^{33} kv̩^{55}. | mɯ^{33} phi^{55} dy^{21} phi^{55} me^{33} thv̩^{33}
鬼 以 家里 来 会 家里 人 病 热 会 天 失 地 失 的 产生

① 刹道，音译名词，为掌管野生动植物及山川河流的精灵之一。

② 苯，音译鬼名，为使人绝后的一种鬼。

ky̩^{55}. | py^{33} by̩^{21} nɯ^{33} uɑ^{33} phər^{21} uɑ^{33} nɑ^{21} py^{21} dər^{33}. | iə^{21} pe^{21} lɑ^{33} he^{33} ʂʅ^{33} me^{33}: sy^{55} tshʅ^{21}

会 祭司 以 瓦鬼 白 瓦鬼 黑 祭 该 正月 虎 月 死 者 杀 鬼

n̡i^{33} ky̩^{55} uɑ^{21}. | dɯ^{33} gy̩^{33} ho^{33} gy̩^{33} lo^{21} tɕy^{21} ɯ^{33} dzæ^{21} khɯ^{33} hər^{21} ɕi^{21}, | sʅ^{33} dʑi^{21} tʂu^{55} tʂu^{33}

二 个 是 一 个 北方 方向 牛 花 狗 青 养 三 家 连

tshʅ^{55} me^{33} ko^{21} hɯ^{33}. | dɯ^{33} gy̩^{33} n̡i^{33} me^{33} thy̩^{33} ʐuɑ^{33} hər^{21} ɕi^{21} me^{33} ko^{21} hɯ^{33}. ʐuɑ^{33} khy̩^{55} me^{33}

建 的 家里 去 一 个 东方 马 青 养 的 家里 去 马 岁 者

to^{55} khuɑ^{21}. | he^{21} dʑiə^{33} tho^{33} le^{33} he^{33} ʂʅ^{33} me^{33}: | sy^{55} tshʅ^{21} lu^{55} ky̩^{33} uɑ^{21}. dɯ^{33} gy̩^{33} i^{33} tʂhʅ^{33}

上 凶 二月 兔 月 死 者 杀 鬼 四 个 是 一 个 南方

mu^{21} ʐuɑ^{33} ɕy^{21} khɯ^{33} hər^{21} ɕi^{21} me^{33} ko^{21} hɯ^{33}. | dɯ^{33} gy̩^{33} n̡i^{33} me^{33} gy̩^{21} ɯ^{33} dzæ^{21} æ^{21} dzæ^{21}ɕi^{21},

马 红 狗 青 养 的 家里 去 一 个 西方 牛 花 鸡 花 养

uɑ^{33} tʂhu^{21} dʑy^{33} me^{33} ko^{21} hɯ^{33}. ə^{33} sʅ^{21} ə^{33} me^{33} to^{55} khuɑ^{21}. | dɯ^{33} gy̩^{33} ʐuɑ^{33} phər^{21}

松石 墨玉 有 的 家里 去 父亲 母亲 上 凶 一 个 马 白

鬼会来家里。家人会生病发烧。会发生失去天地家产的事。该由东巴祭司进行祭白瓦鬼和黑瓦鬼的法仪。

属虎之正月里死的人：杀手鬼是两个。一个到丧家之北养花牛和青狗、三家相连的人家家里去了。一个到丧家之东养青马的人家家里去了。会凶于属马的人。

属兔之二月里死的人：杀手鬼是四个。一个到丧家之南养红马、青狗之人家家里去了。一个到丧家之西养花牛、花鸡，有松石和墨玉的一家家里去了。会凶于父母。一个到养白马、

464-L-16-21

æ^{21} phər^{21} ɕi^{21} me^{33} ko^{21} hɯ^{33}. | sɑ^{55} uɑ^{33} ly̩^{21} he^{33} ʂʅ^{33} me^{33}: | sy^{55} tshʅ^{21} n̡i^{33} ky̩^{55} uɑ^{21}. | dɯ^{33}

鸡 白 养 的 家里 去 三月 龙 月 死 者 杀 鬼 两 个 是 一

gy̩^{33} ȵi^{33} me^{33} gy̩^{21} ɯ^{33} phər^{21} ɯ^{33} dzæ^{21} kɯ^{33} dzæ^{21} ɕi^{21} me^{33} ko^{21} hɯ^{33}. | dɯ^{33} gy̩^{33} ȵi^{33} me^{33} thy̩^{33}
个 西方 牛 白 牛 花 狗 花 养 的 家里 去 一 个 东方

ɯ^{33} phər^{21} khɯ^{33} phər^{21} ɕi^{21}, ȵi^{33} dʑi^{21} tʂu^{55} tʂu^{33} me^{33} ko^{21} hɯ^{33}. | tɕi^{55} nɯ^{21} tɕhi^{21} py^{21} dər^{33}. |
牛 白 狗 白 养 两 家 连 的 家里 去 季鬼 和 奇鬼 祭 该

y^{21} py^{21} hɑ^{33} ʂʅ^{21} dər^{21}. | lu^{55} me^{33} ʐʅ^{21} he^{33} ʂʅ^{33} me^{33}: | sy^{55} tshʅ^{21} ȵi^{33} ky̩^{55} uɑ^{21}. | dɯ^{33} gy̩^{33}
祖先 祭 饭 献 该 四月 蛇 月 死 者 杀 鬼 二 个 是 一 个

ho^{33} gy̩^{33} lo^{21} tɕy^{21} | dʑi^{33} hər^{21} dʑy^{33} me^{33} ko^{21} hɯ^{33}. | dɯ^{33} gy̩^{33} ə^{33} me^{33} zy^{55} pu^{55}, ȵi^{33} dʑi^{21} tʂu^{55}
北方 方向 衣 绿 有 的 家里 去 一 个 母亲 婴 怀 两 家 连

tʂu^{33} me^{33} ko^{21} hɯ^{33}. | zo^{33} mi^{55} uɑ^{55} ky̩^{33} to^{55} khuɑ^{21}. | uɑ^{55} me^{33} ʐuɑ^{33} he^{33} ʂʅ^{33} me^{33}: | sy^{55}
的 家里 去 儿 女 五 个 上 凶 五月 马 月 死 者 杀

tshʅ^{21} ȵi^{33} ky̩^{55} uɑ^{21}. dɯ^{33} gy̩^{33} i^{33} tʂhʅ^{33} mu^{21} nɯ^{33} ho^{33} gy̩^{33} lo^{21} gə^{33} ʐuɑ^{33} ɕi^{21} me^{33} ko^{21} hɯ^{33}.
鬼 二 个 是 一 个 南方 以 北方 的 马 养 的 家里 去

养白鸡的一家家里去了。

属龙之三月里死的人：杀手鬼是两个。一个到丧家之西养白牛、花牛和花狗的一家家里去了。一个到丧家之东两家相连的养白牛和白狗的一家家里去了。该进行祭季鬼和奇鬼①的法仪。该祭祖先向祖先献饭。

属蛇之四月里死的人：杀手鬼是两个。一个到丧家之北家有绿衣的一家家里去了。一个到两家相连家有孕妇的一家家里去了。凶于五个儿女。

属马之五月里死的人：杀手鬼是两个。一个由南向北到养马的一家家里去了。

464-L-16-22

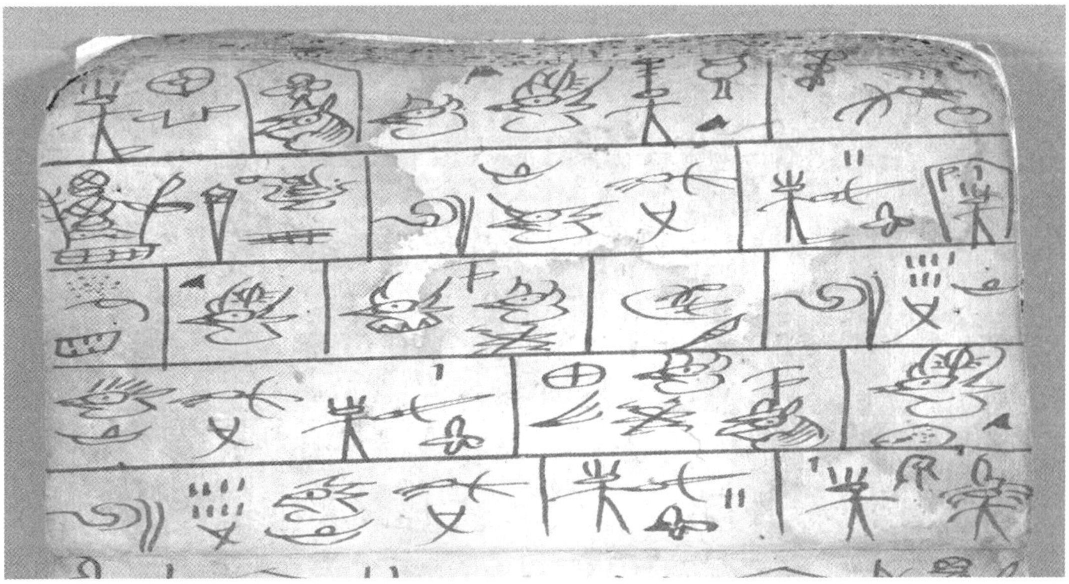

① 季、奇，音译鬼名，使人有在他人背后吐口水诅咒行为的鬼。

dɯ^{33} gv̩^{33} ȵi^{33} me^{33} thv̩^{33} ʐuɑ^{33} hər^{21} khɯ^{33} hər^{21} ɕi^{21} me^{33} ko^{21} hɯ^{33}. o^{33} dze^{33} to^{55} khuɑ^{21}. zo^{33} ly^{55}
一 个 东方 马 青 狗 青 养 的 家里 去 财物 上 凶 儿 中

tɕər^{21} khuɑ^{21}. tʂhu^{21} be^{33} ʂʅ^{33} tshʅ^{21} thv̩^{55} dər^{33}. sʅ^{21} gv̩^{21} sʅ^{21} tʂhər^{33} khɯ^{55} dər^{33}. tʂhuɑ^{55}me^{33}①y^{21} he^{33}
上 凶 快 地 死 鬼 驱 该 署 祭 署 药 施 该 六月 羊 月

ʂʅ^{33} me^{33}: | sy^{55} tshʅ^{21} ȵi^{33} kv̩^{55} uɑ^{21}. dɯ^{33} gv̩^{33} iə^{33} ko^{21} nɯ^{33} | by^{21} mə^{33} hɯ^{33}. | o^{33} dze^{33} to^{55}
死 者 杀 鬼 两 个 是 一 个 家里 以 外 未 去 财物 上

khuɑ^{21}. | dɯ^{33} gv̩^{33} ɯ^{33} ɕy^{21} ɯ^{33} phər^{21} khɯ^{33} ʂʅ^{21} ɕi^{21} me^{33} ko^{21} hɯ^{33}. | to^{55} khɯ^{55} dər^{33}. | sæ^{33}
凶 一 个 牛 红 牛 白 狗 黄 养 的 家里 去 消灾仪式 该 七月

me^{33} he^{33} | ə^{55} y^{21} he^{33} ʂʅ^{33} me^{33}: sy^{55} tshʅ^{21} dɯ^{33} kv̩^{55} uɑ^{21}. | ȵi^{33} me^{33} gv̩^{21} nɯ^{33} i^{33} tʂhʅ^{33} mu^{21}
猴 月 死 者 杀 鬼 一 个 是 西方 以 南方

khɯ^{33} ʂʅ^{21} ʐuɑ^{33} phər^{21}ɕi^{21} me^{33} ko^{21} hɯ^{33}. o^{33} dze^{33} to^{55} khuɑ^{21}. | huɑ^{55} me^{33}æ^{21} he^{33} ʂʅ^{33} me^{33}: |
狗 黄 马 白 养 的 家里 去 财物 上 凶 八月 鸡 月 死 者

sy^{55} tshʅ^{21} ȵi^{33} kv̩^{55} uɑ^{21}. | dɯ^{33} gv̩^{33} ho^{33} gv̩^{33} lo^{21} tɕy^{21} ə^{33} dzʅ^{33}
杀 鬼 二 个 是 一 个 北方 方向 祖母

一个到丧家之东养青马和青狗的一家家里去了。凶于财物。凶于次子。要尽快地进行驱赶死鬼的法仪。要进行祭署仪式并给署施药。

属羊之六月里死的人：杀手鬼是两个。一个还在家里未到外面去。会凶于财物。一个到养红牛、白牛和黄狗的一家家里去了。该进行消灾仪式。

属猴之七月里死的人：杀手鬼是一个。此鬼由西又转南到养黄狗和白马的一家家里去了。会凶于财物。

属鸡之八月里死的人：杀手鬼是两个。一个到丧家之北有位老媪，

464-L-16-23

① tʂhuɑ^{55}me^{33}，原文有脱漏，据前后文校补。

thɯ^{55} gv̩^{21} mu^{55} thv̩^{33} tv̩^{55} me^{33} ko^{21} hɯ^{33}. | ʐʅ^{21} nɯ^{33} iə^{33} ko^{21} bv̩^{21} do^{21} be^{33} kv̩^{55}. | dɯ^{33} kv̩^{55} n̠i^{33}
腰 驼 手杖 杵 的 家里 去 蛇 以 家里 钻 异兆 做 会 一 个

me^{33} thv̩^{33} nɯ^{33} khɯ^{33} dzʅ^{21} tɯ^{33} khɯ^{33} dzæ^{21} ʐuɑ^{33} phər^{21} ɕi^{21} me^{33} ko^{21} hɯ^{33}. | sʅ^{21} gv̩^{21} dər^{33}. |
东方 以 狗 居 地 狗 花 马 白 养 的 家里 去 署祭 该

guə^{33} me^{33} khɯ^{33} he^{33} ʂʅ^{33} me^{33}: | sy^{55} tshʅ^{21} lu^{55} kv̩^{33} uɑ^{21}. | dʑi^{33} hər^{21} dʑy^{33} me^{33} | lv̩^{21} dzʅ^{21}
九月 狗 月 死 者 杀 鬼 四 个 是 衣 绿 有 的 龙 居

tɯ^{33} tɕy^{21} hɯ^{33}. | kho^{21} lɯ^{33} to^{55} khuɑ^{21}. | tɕi^{55} nɯ^{21} tɕhi^{21} py^{21} dər^{33}. | sʅ^{21} gv̩^{21} dər^{33}. | to^{55}
地 方向 去 亲 戚 上 凶 季鬼 和 奇鬼 祭 该 署 祭 该 消灾

khɯ^{55} dər^{33}. ʐʅ^{21} zər^{21} dər^{33}. | tshe^{21} me^{33} bu^{21} he^{33} ʂʅ^{33} me^{33}: | sy^{55} tshʅ^{21} dɯ^{33} kv̩^{55} uɑ^{21}. i^{33} tʂhʅ^{33}
仪式 该 仇 压 该 十月 猪 月 死 者 杀 鬼 一 个 是 南方

mu^{21} khɯ^{33} phər^{21} ʐuɑ^{33} phər^{21} ɕi^{21} me^{33} ko^{21} hɯ^{33}. zo^{33} nɯ^{21} mi^{55} æ^{33} æ^{21} thv̩^{33} kv̩^{55}. dzʅ^{33} zər^{21} py^{21}
狗 白 马 白 养 的 家里 去 男 和 女 殴斗 产生 会 祸 压 祭

dər^{33}. | tshe^{21} də^{33} fv̩^{55} he^{33} ʂʅ^{33} me^{33}: sy^{55} tshʅ^{21} sʅ^{55} kv̩^{33} uɑ^{21}. n̠i^{33} me^{33} thv̩^{33} tɕy^{21} khɯ^{33} hər^{21} ɕi^{21}
该 十一月 鼠 月 死 者 杀 鬼 三 个 是 东方 方向 狗 青 养

me^{33} ko^{21} hɯ^{33}. | ʂʅ^{33} khu^{33}
的 家里 去 死 门

她弯腰驼背手杵拐杖之一家家里去了。蛇会来到家里以显不祥之兆。一个由丧家之东转向狗居地①到养花狗和白马的一家家里去了。要进行祭署仪式。

属狗之九月里死的人：杀手鬼是四个。它们到丧家之龙居地（东南方）家有绿衣的人家家里去了。会凶于亲戚。该进行祭季鬼和奇鬼的仪式。该进行祭署仪式。要进行消灾仪式。要进行压仇人的法仪。

属猪之十月里死的人：杀手鬼是一个。此鬼到丧家之南养白狗和白马的人家家里去了。会发生男女殴斗的事。该进行压祸灾的法仪。

属鼠之十一月里死的人：杀手鬼是三个。它们到丧家之东养青狗的一家家里去了。要进行关死亡之门的法仪。

① 狗居地，纳西族用十二生肖表示方位的方位词，属西北方。

464-L-16-24

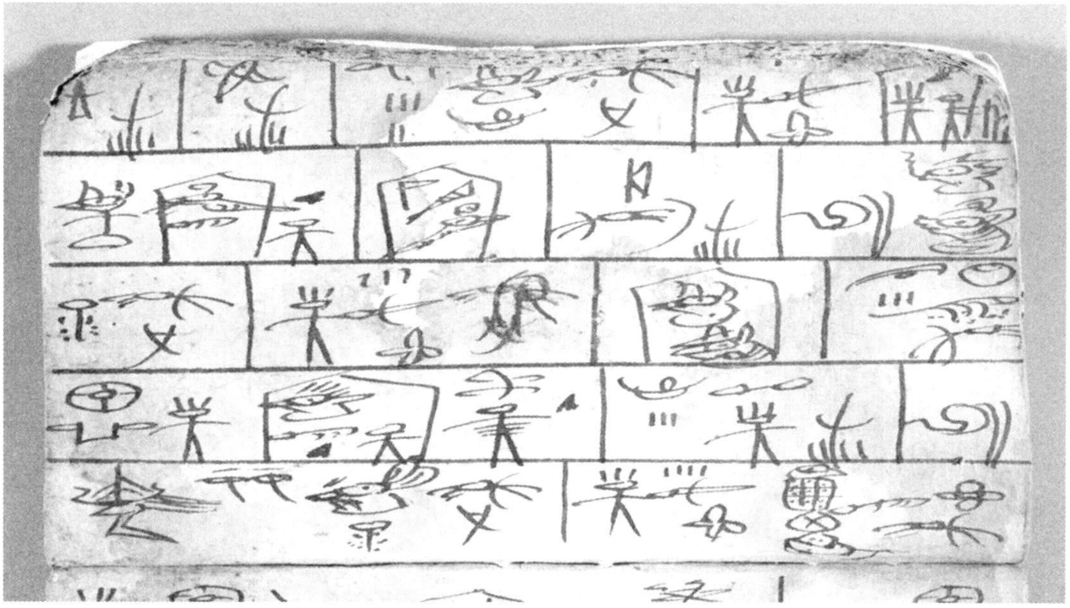

tər^{55} py^{21} dər^{33}. | tɕi^{55} nɯ^{21} tɕhi^{21} py^{21} dər^{33}. | dɑ^{33} uɑ^{33} ɯ^{33} he^{33} ʂʅ^{33} me^{33}: | sy^{55} tshʅ^{21} dɯ^{33} kv̩^{55}
关 祭 该 季鬼 和 奇鬼 祭 该 十二月 牛 月 死 者 杀 鬼 一 个

uɑ^{21}. dzʅ^{33} uə^{33} khuɑ^{21} me^{33} | khɯ^{33} dzʅ^{21} tɯ^{33} tɕy^{21} dɯ^{33} dʑi^{13} ko^{21} hɯ^{33}, ʐʅ^{21} khv̩^{55} zo^{33} to^{55}
是 村 寨 烂 的 狗 居 地 方向 一 家 里 去 蛇 岁 男 上

khuɑ^{21}. | ʐʅ^{21} nɯ^{33} iə^{33} ko^{21} bv̩^{21} do^{21} be^{33} kv̩^{55}. | ʂʅ^{33} khu^{33} tər^{55} py^{21} dər^{33}. | æ^{21} tɕy^{21} lɑ^{33} |
凶 蛇 以 家里 钻 异兆 做 会 死 门 关 祭 该 鸡 鸣 虎

dʐʅ^{33} ʂʅ^{33} me^{33}: | sy^{55} tshʅ^{21} sʅ^{55} kv̩^{33} uɑ^{21}. ho^{33} gv̩^{33} lo^{21} tɕy^{21} | khɯ^{33} ɕi^{21} ʐuɑ^{33} ɕi^{21} me^{33} ko^{21}
时 死 者 杀 鬼 三 个 是 北方 方向 狗 养 马 养 的 家里

hɯ^{33}. | sʅ^{55} hɑ^{33} se^{13} ʂʅ^{33} tshʅ^{21} thv̩^{55} dər^{33}. | ɲi^{33} me^{33} thv̩^{33} tɕy^{21} dɯ^{33} dʑi^{13} ko^{21} hɯ^{33}, ə^{55} y^{21}
去 三 天 则 死 鬼 驱 该 东方 方向 一 家 里 去 猴

khv̩^{55} zo^{33} to^{55} khuɑ^{21}. kho^{21} lɯ^{33} to^{55} khuɑ^{21}. | sʅ^{55} he^{33} se^{13} uɑ^{33} tshʅ^{21} py^{21} dər^{33}. | sʅ^{55} khɯ^{33}
岁 男 上 凶 亲 戚 上 凶 三 月 则 瓦鬼 祭 该 晨光

do^{21} tsho^{33} le^{33} dʐʅ^{21} ʂʅ^{33} me^{33}: | sy^{55} tshʅ^{21} lu^{55} kv̩^{33} uɑ^{21}. sʅ^{33} dv̩^{21} nɑ^{21} pv̩^{55} nɯ^{33} o^{21} he^{33} khv̩^{33}.
见 兔 时 死 者 杀 鬼 四 个 是 署毒纳布 以 灵魂 偷

要进行祭季鬼和奇鬼的仪式。

属牛之十二月里死的人：杀手鬼是一个。它到一个破烂的村寨之狗居地（西北方）的一家家里去了。会凶于属蛇的男子。蛇会来到家里以示不祥之兆。该进行关死亡之门的法仪。

鸡啼虎时死的人：杀手鬼是三个。到丧家之北养狗、养马的一家家里去了。第三天要进行驱死鬼的法仪。又到丧家之东的一家家里去了。会凶于属猴的男人。会凶于亲戚。第三个月则要进行祭瓦鬼仪式。

见晨光之兔时死的人：杀手鬼是三个。是被署毒纳布[1]偷走了死者之灵魂。

464-L-16-25

sy^{55} tshɿ^{21} ȵi^{33} me^{33} thy̩^{33} nɯ^{33} y^{21} dzɿ^{21} tɯ^{33} tɕy^{21} zo^{33} uɑ^{55} ky̩^{33} ʥy^{21}, khɯ^{33} dzæ^{21} khɯ^{33} ʂʅ^{21}, zụɑ^{33}
杀 鬼 东方 以 羊 居 地 方向 男 五 个 有 狗 花 狗 黄 马

ʂʅ^{21} zụɑ^{33} dzæ^{21} ɕi^{21} me^{33} ko^{21} hɯ^{33}. | ȵi^{33} me^{33} khɯ^{33} thy̩^{33} | ly̩^{21} dzʅ^{21} ʂʅ^{33} me^{33}: | sy^{55} tshɿ^{21} sɿ^{55}
黄 马 花 养 的 家里 去 太阳 脚 出 龙 时 死 者 杀 鬼 三

ky̩^{33} uɑ^{21}. | ȵi^{33} me^{33} gy̩^{21} zo^{33} gy̩^{33} ky̩^{55} ʥy^{21}, khɯ^{33} dzæ^{21} zụɑ^{33} ʂʅ^{21} ɕi^{21} me^{33} ko^{21} hɯ^{33}. | ʂʅ^{33}
个 是 西方 男 九 个 有 狗 花 马 黄 养 的 家里 去 死

khu^{33} tər^{55} py^{21} dər^{33}. | ʂʅ^{33} tshɿ^{21} thy̩^{55} dər^{33}. | tshɿ^{33} dzɿ^{33} zʅ^{21} dzʅ^{21} ʂʅ^{33} me^{33}: sy^{55} tshɿ^{21} sɿ^{55} ky̩^{33}
门 关 祭 该 死 鬼 驱 该 早饭 吃 蛇 时 死 者 杀 鬼 三 个

uɑ^{21}. | dɯ^{33} gy̩^{33} ly̩^{21} dzʅ^{21} tɯ^{33} khɯ^{33} hər^{21} zụɑ^{33} hər^{21} ɕi^{21} me^{33} ko^{21} hɯ^{33}. | ȵi^{55} ly^{21} gy̩^{33} zụɑ^{33}
是 一 个 龙 居 地 狗 青 马 青 养 的 家里 去 中午 马

dzʅ^{21} ʂʅ^{33} me^{33}: | sy^{55} tshɿ^{21} lu^{55} ky̩^{33} uɑ^{21}. | dɯ^{33} gy̩^{33} ho^{33} gy̩^{33} lo^{21} ʥi^{21} khuɑ^{21} ko^{21} hɯ^{33}. |
时 死 者 杀 鬼 四 个 是 一 个 北方 房 烂 家里 去

dɯ^{33} gy̩^{33} i^{33} tʂhʅ^{33} mu^{21} tɕy^{21}
一 个 南方 方向

杀手鬼从丧家之东向羊居地[2]有五个男子，养花狗、黄狗和黄马、花马的一家家里去了。

① 署毒纳布，音译名词，为生多头的署。

② 羊居地，为纳西族用十二生肖表示方位的方位词，为西南方。

太阳光刚射出之龙时死的人：杀手鬼是三个。它们到丧家之西有九个男子，家养花狗、黄马的一家家里去了。要进行关死亡之门的法仪。要进行驱赶死鬼的法仪。

吃早饭之蛇时死的人：杀手鬼是三个。一个到丧家之龙居地（东南方）养青狗和青马的一家家里去了①。

中午马时死的人：杀手鬼是三个。一个到丧家之北破房里去了。一个到丧家之南

464-L-16-26

ɯ^{33} nɑ^{21} ɕi^{21}me^{33} ko^{21} hɯ^{33}. | dɯ^{33} kv̩^{55} y^{21} dzɿ^{21} tɯ^{33} ɯ^{33} ɕy^{21} ɕi^{21} me^{33} dʑi^{21} khuɑ^{21} ko^{21} hɯ^{33}. |
牛 黑 养 的 家里 去 一 个 羊 居 地 牛 红 养 的 房 烂 里 去

n̩i^{33} me^{33} gv̩^{21}② y^{21} dzʅ^{21} | ʂʅ^{33} me^{33}: | sy^{55} tshɿ^{21} sɿ^{55} kv̩^{33} uɑ^{21}. | dɯ^{33} gv̩^{33} i^{33} tʂhʅ^{33} mu^{21} dɯ^{33}
太阳 落 羊 时 死 者 杀 鬼 三 个 是 一 个 南方 一

dʑi^{13} ko^{21} hɯ^{33}, ə^{33} me^{33} zo^{33} to^{55} khuɑ^{21}. | dɯ^{33} gv̩^{33} ɯ^{33} dzɿ^{21} tɯ^{33} dɯ^{33} dʑi^{21} ko^{21} hɯ^{33}, ə^{33} sɿ^{21}
家 里 去 母 子 上 凶 一 个 牛 居 地 一 家 里 去 父

nɯ^{13} zo^{33} n̩i^{33} kv̩^{55} to^{55} khuɑ^{21}, | tʂhʅ^{33} dʑi^{13} khɯ^{33} nɑ^{21} ɯ^{33} nɑ^{21} ɕi^{21}. | dɯ^{33} gv̩^{33} lv̩^{21} dzɿ^{21} tɯ^{33}
和 儿 两 个 上 凶 此 家 狗 黑 牛 黑 养 一 个 龙 居 地

tɕy^{21} ʐuɑ^{33} hər^{21} khɯ^{33} hər^{21} ɕi^{21} me^{33} ko^{21} hɯ^{33}. | dzɿ^{33} nɯ^{21} uə^{33}、ə^{33} sɿ^{21}、gɑ^{33} to^{55} khuɑ^{21}. |
方向 马 青 狗 青 养 的 家里 去 村 和 寨 父亲 嘎神 上 凶

tʂhu^{21} thv̩^{55} tʂhu^{21} dzɿ^{33} ə^{55} y^{21} dzʅ^{21} ʂʅ^{33} me^{33}: | sy^{55} tshɿ^{21} n̩i^{33} kv̩^{55} uɑ^{21}. n̩i^{33} me^{33} gv̩^{21} tɕy^{21} zo^{33}
晚饭 做 晚 吃 猴 时 死 者 杀 鬼 两 个 是 西方 方向 男

① 前文说“杀手鬼有三个”，而此只言“一个”的动向，其他两个去向不明，存疑。此经书此类现象时有发生，不再一一作注。

② 此处“太阳落”疑误，应为“下午”。

uɑ^{55} kv̩^{33} ʥy^{21} me^{33} ko^{21} hɯ^{33}. gu^{21} tshər^{33} thv̩^{33} kv̩^{55}. | gv̩^{33} hɑ^{55} se^{13} ʂʅ^{33} khu^{33} tər^{55} py^{21} dər^{33}. |
五 个 有 的 家里 去 病 发烧 产生 会 九 天 则 死 门 关 祭 该

ȵi^{33} me^{33} bu^{21} kv̩^{33} tɕi^{33} æ^{21} dʐʅ^{21} ʂʅ^{33} me^{33}: sy^{55} tshɿ^{21} sɿ^{55} kv̩^{33} uɑ^{21}.
太阳 坡 上 放 鸡 时 死 者 杀 鬼 三 个 是

养黑牛的一家家里去了。一个到丧家之羊居地（西南方）养红牛的烂房子里去了。

下午羊时死的人：杀手鬼是三个。一个到丧家之南的人家家里去了。凶于母子。一个到丧家之牛居地（东北方）的一家家里去了。会凶于父亲及两个儿子，此家养黑狗和黑牛。一个到丧家之龙居地（东南方）养青马和青狗的一家家里去了。会凶于村寨、父亲及嘎①神。

做晚饭吃晚饭之狗时死的人：杀手鬼是两个。它们到丧家之西有五个男子的一家家里去了，此家会生病发烧。第九天则要进行关死亡之门的法仪。

太阳落山之鸡时死的人：杀手鬼是三个。

464-L-16-27

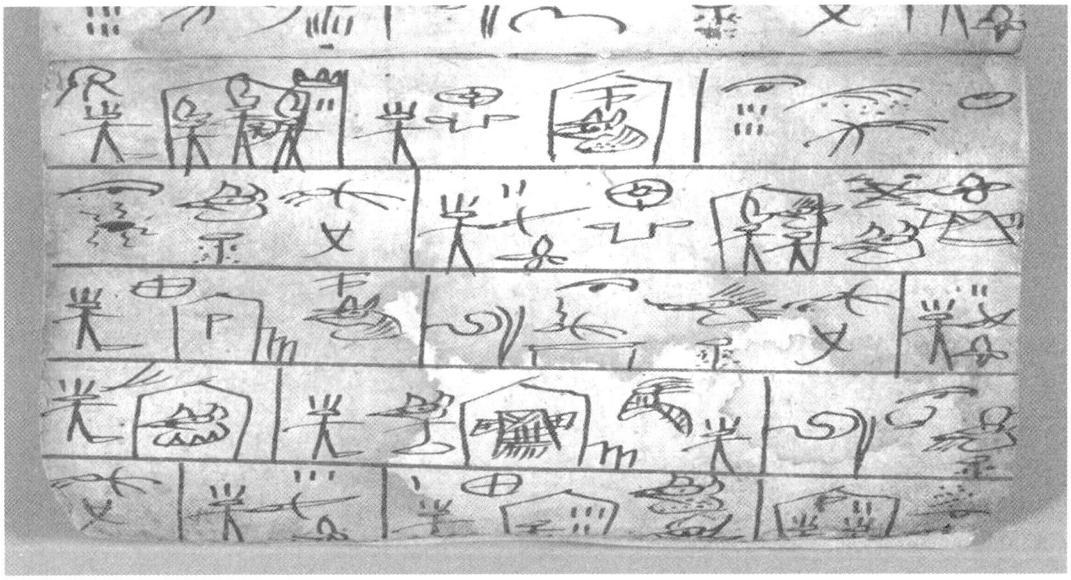

dɯ^{33} gv̩^{33} ho^{33} gv̩^{33} lo^{21} tɕy^{21} me^{33} dɯ^{33} kv̩^{55} mi^{55} ȵi^{33} kv̩^{55} ʥy^{21}, ə^{33} me^{33} zy^{55} pu^{55} me^{33} ko^{21}
一 个 北方 方向 母 一 个 女 两 个 有 母亲 婴 怀 的 家里

hɯ^{33}. | dɯ^{33} gv̩^{33} ȵi^{33} me^{33} thv̩^{33} tɕy^{21} ʐuɑ^{33} phər^{21} ɕi^{21} me^{33} ko^{21} hɯ^{33}. | tʂhuɑ^{55} hɑ^{33} se^{13} ʂʅ^{33}
去 一 个 东方 方向 马 白 养 的 家里 去 六 天 则 死

tshɿ^{21} thv̩^{55} dər^{33}. | nɑ^{21} fv̩^{55} khɯ^{33} dʐʅ^{21} ʂʅ^{33} me^{33}: sy^{55} tshɿ^{21} ȵi^{33} kv̩^{55} uɑ^{21}. dɯ^{33} gv̩^{33} ȵi^{33} me^{33}
鬼 驱 该 天黑 狗 时 死 者 杀 鬼 两 个 是 一 个 东方

thv̩^{33} tɕy^{21} ə^{55} y^{21}、khɯ^{33} ʂʅ^{21} ɕi^{21}, ʥi^{33} hər^{21} ʥy^{33} me^{33} ko^{21} hɯ^{33}. | dɯ^{33} gv̩^{33} ȵi^{33} me^{33} gv̩^{21} tɕy^{21}
方向 猴 狗 黄 养 衣 绿 有 的 家里 去 一 个 西方 方向

① 嘎，音译神名，为胜利神。

dzɿ^{33} uə^{33} ko^{55} ʐuɑ^{33} phər^{21} ɕi^{21} me^{33} ko^{21} hɯ^{33}. | ɕi^{33} i^{55} ŋv̩^{21} bu^{21} dzʅ^{21} ʂʅ^{33} me^{33}: sy^{55} tshɿ^{21} ȵi^{33}
村 寨 里 马 白 养 的 家里 去 人睡 猪 时 死 者 杀 鬼 两

kv̩^{55} uɑ^{21}. | dɯ^{33} gv̩^{33} i^{33} tʂhʅ^{33} mu^{21} tɕy^{21} khɯ^{33} ɕy^{21} ɕi^{21} me^{33} ko^{21} hɯ^{33}. | dɯ^{33} gv̩^{33} khɯ^{33} dzɿ^{21}
个 是 一 个 南方 方向 狗 红 养 的 家里 去 一 个 狗 居

tɯ^{33} gə^{33} dzɿ^{33} uə^{33} lo^{21} khuɑ^{55} gæ^{55}、mu^{33} kə^{21} tɕi^{33} me^{33} dʑi^{21} lo^{21} tshɿ^{21}. | hu^{21} kho^{55} fv̩^{55} dzʅ^{21} |
地 的 村 寨 里 铠 甲 盔 放 的 房 里 来 半夜 鼠 时

ʂʅ^{33} me^{33}: sy^{55} tshɿ^{21} sɿ^{55} kv̩^{33} uɑ^{21}: | dɯ^{33} gv̩^{33} ȵi^{33} me^{33} gv̩^{21} tɕy^{21} zo^{33} uɑ^{55} kv̩^{33} dʑy^{21}, khɯ^{33} dzæ^{21}
死 者 杀 鬼 三 个 是 一 个 西方 方向 男 五 个 有 狗 花

ɯ^{33} dzæ^{21} ɕi^{21} me^{33} ko^{21} hɯ^{33}. | ȵi^{33} kv̩^{55} iə^{33} ko^{21} dʑy^{21}, by^{21} ty^{55} mə^{33} hɯ^{33}.
牛 花 养 的 家里 去 两 个 家里 有 外 面 未 去

一个到丧家之北有一个母亲、两个女儿、母亲怀孕的一家家里去了。一个到丧家之东养白马的一家家里去了。第六天则要进行驱赶死鬼的法仪。

天黑狗时死的人：杀手鬼是两个。一个到丧家之东养猴和黄狗、有绿衣的一家家里去了。一个到西边村寨中养白马的一家家里去了。

人入睡之猪时死的人：杀手鬼是两个。一个到丧家之南养红狗的一家家里去了。一个到丧家之狗居地（西北方）的村寨中放铠甲和头盔的房里去了。

半夜鼠时死的人：杀手鬼是三个。一个到丧家之西有五个男子、家养花狗和花牛的一家家里去了。两个还在家里未到外面去。

464-L-16-28

tʂhu^{21} be^{33} ʂʅ^{33} tshɿ^{21} thv̩^{55} dər^{33}. | hu^{21} dɯ^{33} kho^{33} ɯ^{33} dzʅ^{21} ʂʅ^{33} me^{33}: | sy^{55} tshɿ^{21} ȵi^{33} kv̩^{55}
快 地 死 鬼 驱 该 深夜 牛 时 死 者 杀 鬼 两 个

uɑ^{21}. | dɯ^{33} gv̩^{33} ʐuɑ^{33} nɑ^{21} ɕi^{21} me^{33} ko^{21} hɯ^{33}. | ə^{55} y^{21} khv̩^{55} zo^{33} mi^{55} to^{55} khuɑ^{21}. | dɯ^{33} gv̩^{33}
是 一 个 马 黑 养 的 家里 去 猴 岁 儿 女 上 凶 一 个

bu^{21} lo^{55} dʑi^{21} dər^{21} bə^{55} ly̩^{21} dzʅ^{21} tɯ^{33} dɯ^{33} dʑi^{13} ko^{21} hɯ^{33}. | iə^{21} pe^{21} he^{33} tshe^{33} do^{21} dɯ^{33} n̩i^{33},
坡 翻 水 淌 了 龙 居 地 一 家 里 去 正月 月 见 一 日

py^{33} bu^{21} ky̩^{33} to^{55} dər^{33}. | he^{21} dʑiə^{33} tshe^{33} do^{21} dɯ^{33} n̩i^{33}, zu̯a^{33} tse^{55} to^{55} dər^{33}. | sa^{55} ua^{33} he^{33}
本补古 上 轮 二月 月 见 一 日 柔正 上 轮 三月

tshe^{33} do^{21} dɯ^{33} n̩i^{33}, na^{33} gy̩^{21} to^{55} dər^{33}. | lu^{55} me^{33} he^{33} tshe^{33} do^{21} dɯ^{33} n̩i^{33}, tʂhua^{55} tshər^{21} gy̩^{33}
月 见 一 日 娜古 上 轮 四月 月 见 一 日 创昌古

to^{55} dər^{33}. | ua^{55} me^{33} he^{33} tshe^{33} do^{21} dɯ^{33} n̩i^{33}, sʅ^{33} tho^{21} khua^{33} to^{55} dər^{33}. | tʂhua^{55} me^{33} he^{33}
上 轮 五月 月 见 一 日 司托夸 上 轮 六月

tshe^{33} do^{21} dɯ^{33} n̩i^{33}, kɯ^{33} phər^{21} dʑi^{21} khu^{33} to^{55} dər^{33}. | sæ^{33} me^{33} he^{33} tshe^{33} do^{21} dɯ^{33} n̩i^{33}, bu^{21}
月 见 一 日 庚盘吉孔 上 轮 七月 月 见 一 日 布孔

khu^{33} to^{55} dər^{33}. | hua^{55} me^{33} he^{33} tshe^{33} do^{21} dɯ^{33} n̩i^{33}, zy^{21} ly̩^{55} gy̩^{33} to^{55} dər^{33}. | guə^{33} me^{33} he^{33}
上 轮 八月 月 见 一 日 蕊鲁古 上 轮 九月

tshe^{33} do^{21} dɯ^{33} n̩i^{33},
月 见 一 日

要及早地进行驱赶死鬼的法仪。

深夜牛时死的人：杀手鬼是两个。一个到养黑马的人家家里去了，凶于属猴的儿女。一个则越过坡涉过水到丧家之龙居地（东南方）的一家家里去了。

正月初一由本补古①当值。二月初一由柔正当值。三月初一由娜古当值，四月初一由创昌古当值。五月初一由司托夸当值。六月初一由庚盘吉孔当值。七月初一由布孔当值。八月初一由蕊鲁古当值。九月初一

464-L-16-29

① 本补古，音译宿名，为纳西族二十八宿之一。以下所有音译者皆为宿名，不再一一作注。

zy^{21} he^{33} to^{55} dər^{33}. | tshe^{21} me^{33} he^{33} tshe^{33} do^{21} dɯ^{33} ȵi^{33}, zy^{21} tho^{33}①khuɑ^{33} to^{55} dər^{33}. | tshe^{21}
蕊亨 上 轮 十月 月 见 一 日 蕊夸 上 轮

də^{33} he^{33} tshe^{33} do^{21} dɯ^{33} ȵi^{33}, zy^{21} bɑ^{21} to^{55} dər^{33}. | dɑ^{33} uɑ^{33} he^{33} tshe^{33} do^{21} dɯ^{33} ȵi^{33}, zy^{21} bə^{33}
十一月 月 见 一 日 蕊巴 上 轮 十二月 月 见 一 日 蕊崩

to^{55} dər^{33}. | tʂhuɑ^{55} tshər^{21} gv̩^{33} to^{55} dər^{33} dɯ^{33} ȵi^{33} ʂʅ^{33} me^{33}: | lɑ^{33} kv̩^{33} pv̩^{21} tʂhuɑ^{55} tso^{33}、tshʅ^{55}
上 轮 创昌古 上 轮 一 日 死 者 虎 头 干 六 具 山羊

kv̩^{33} tʂhuɑ^{55} ly^{33}、sər^{33} o^{33} tʂhuɑ^{55} sy^{21} | mɯ^{33} tsʅ^{21} dv̩^{21} phi^{55} dər^{33}. | bæ^{33} mi^{33} sʅ^{55} tɕər^{33}, dv̩^{33}
头 六 个 木 干 六 种 火葬场 丢 该 油灯 三 盏 犁架

nɯ^{21} kə^{55} mɯ^{33} tsʅ^{21} dv̩^{21} dʑi^{55} dər^{33}. | æ^{21} tʂhuɑ^{55} me^{33} sʅ^{33} phər^{21} dɯ^{33} khuɑ^{55} lo^{21} khɯ^{55} phi^{55}
和 耙架 火葬场 烧 该 鸡 六 只 毡 白 一 张 里 放 丢

dər^{33}. | miə^{21} ɕy^{21} to^{55} dər^{33} dɯ^{33} ȵi^{33} ʂʅ^{33} me^{33}: ə^{33} phv̩^{33} ly^{55} kv̩^{33} phər^{21}、zo^{33} ȵi^{33} kv̩^{55}、mi^{55} dɯ^{33}
该 谬许 上 轮 一 日 死 者 祖父 中 头 白 男 两 个 女 一

kv̩^{55} tʂhʅ^{33} sʅ^{55} kv̩^{33} to^{55} khuɑ^{21}. | ɯ^{33} kv̩^{33} gv̩^{33} ly^{33}、tshʅ^{55} kv̩^{33} gv̩^{33} ly^{33}、sər^{33} o^{33} gv̩^{33} sy^{21}, |
个 这 三 个 上 凶 牛 头 九 个 山羊 头 九 个 木 干 九 种

mɯ^{33} tsʅ^{21} dv̩^{21} phi^{55} dər^{33}. | no^{55} bv̩^{21} dər^{33}. sʅ^{55} khv̩^{21} dər^{33}. | sʅ^{33} tho^{21} khuɑ^{33} to^{55} dər^{33} dɯ^{33}
火葬场 丢 该 诺神 祭 该 素神 请 该 司托夸 上 轮 一

ȵi^{33} ʂʅ^{33} me^{33}: mɯ^{33} tsʅ^{21} dv̩^{21} sʅ^{55} hɑ^{33} mi^{33} mə^{33} gə^{21} kv̩^{55}.
日 死 者 火葬场 三 天 火 不 熄 会

由蕊亨当值。十月初一由蕊夸当值。十一月初一由蕊巴当值。十二月初一由蕊崩当值。

在创昌古当值的一天死的人：要把六个干虎头、六个山羊头及六种树枝丢弃到火葬场里去，要把三盏油灯、犁架和耙架在火葬场火化。要把六只鸡放在一床白毡子里丢出去。

在谬许当值的一天死的人：会凶于白发二祖父及二男一女三人。要把九个干牛头、九个山羊头及九种树枝丢到火葬场里。该进行祭诺②神仪式。该进行请素神仪式。

在司托夸值的一天死的人：火葬场里的火三天不会熄灭。

① tho^{33}，此字疑为衍文，因无法与其他字符连读。

② 诺，音译神名。似汉文化中的六畜神。

464-L-16-30

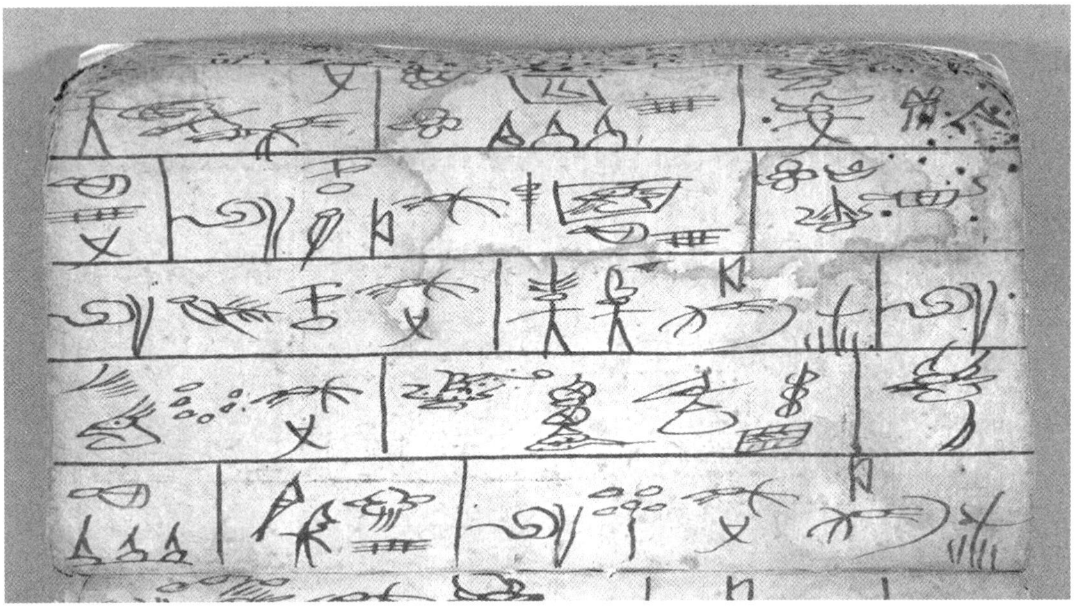

ʂɿ^{33} sɿ^{21} lɑ^{21} tʂu^{55} phər^{21} dər^{33} me^{55}. | dər^{33} hər^{21} khæ^{21} lo^{21} khɯ^{55}, mɯ^{33} tsɿ^{21} dʏ^{21} phi^{55} dər^{33}. |
死 生 手结 解 该 的 苔 绿 康 里 放 火葬场 丢 该

hɑ^{33} ɕi^{33} to^{33} mɑ^{33} zæ^{21} kʏ^{55} be^{33} | phi^{55} dər^{33} me^{55}. | kɯ^{33} phər^{21} ʥi^{21} khu^{33} to^{55} dər^{33} dɯ^{33} ȵi^{33}
饭 人 面偶 笑 会 做 丢 该 的 庚盘吉孔 上 轮 一 天

ʂɿ^{33} me^{33}: tshɿ^{55} ku^{33} ly^{33} khæ^{21} lo^{21} khɯ^{55} phi^{55} dər^{33}. | sɿ^{55} khʏ^{21} o^{21} he^{33} ʂər^{55} dər^{33}. | kɯ^{33}
死 者 山羊 头 康 里 放 丢 该 素神 请 灵魂 赎 该

phər^{21} ʥi^{21} mæ^{33} to^{55} dər^{33} dɯ^{33} ȵi^{33} ʂɿ^{33} me^{33}: | ə^{33} sɿ^{21} ə^{33} me^{33} to^{55} khuɑ^{21}, ʂɿ^{33} khu^{33} tər^{55} py^{21}
庚盘吉满 上 轮 一 天 死 者 父亲 母亲 上 凶 死 门 关 祭

dər^{33}. | fʏ^{33} kə^{55} to^{55} dər^{33} dɯ^{33} ȵi^{33} ʂɿ^{33} me^{33}: | sɿ^{21} tʂhər^{33} khɯ^{55} dər^{33}. lɑ^{33} mɑ^{21} bɯ^{21} lɯ^{33}
该 夫构 上 轮 一 天 死 者 署 药 施 该 喇嘛 经书

tʂhu^{33}dər^{33}. | ɯ^{33} kʏ^{33}、ɯ^{33} kho^{33} | mɯ^{33}tsɿ^{21} dʏ^{21} phi^{55} dər^{33}. | phər^{33}tʏ^{21} be^{33} do^{21} pʏ^{55} dər^{33}. |
诵 该 牛 头 牛 角 火葬场 丢 该 木偶 做 铎鬼 送 该

tshɿ khu^{33} to^{55} dər^{33} dɯ^{33} ȵi^{33} ʂɿ^{33} me^{33}: ʂɿ^{33} khu^{33} tər^{55} py^{21} dər^{33}.
楚孔 上 轮 一 天 死 者 死 门 关 祭 该

要进行解开生者和死者之间的手结之法仪。要把绿苔放在康①里丢到火葬场里去。还要做会笑的饭人面偶丢到火葬场里。

在庚盘吉孔当值的一天死的人：要把山羊头放在康里陪葬。要进行请素神仪式并赎魂。

在庚盘吉满当值的一天死的人：会凶于父亲母亲。该进行关死亡之门的法仪。

---

① 康，音译名词。为一种抬死者的架子。纳西族以前实行火葬，就把尸体放在“康”里抬到火葬场里与尸体一起火化。

在夫构当值的一天死的人：该进行给署施药的仪式。要请喇嘛诵经。要把牛头和牛角丢到火葬场里去。要做木偶进行送铎[1]鬼仪式。

在楚孔当值的一天死的人：该进行关死亡之门的法仪。

464-L-16-31

bu^{21} khu^{33} to^{55} dər^{33} dɯ^{33} ȵi^{33} ʂʅ^{33} me^{33}: | ɯ^{33} ky̩^{33} py̩^{21} gy̩^{33} dzo^{33} mɯ^{33} tsʅ^{21} dy̩^{21} phi^{55} dər^{33}. |
布孔 上 轮 一 天 死 者 牛 头 干 九 具 火葬场 丢 该

ʂʅ^{33} khu^{33} tər^{55} py^{21} dər^{33}. | bu^{21} to^{55} to^{55} dər^{33} dɯ^{33} ȵi^{33} ʂʅ^{33} me^{33}: | tʂhu^{21} be^{33} ʂʅ^{33} tshʅ^{21} thy̩^{55}
死 门 关 祭 该 布铎 上 轮 一 天 死 者 快 地 死 鬼 驱

dər^{33}. | bu^{21} mɑ^{55} to^{55} dər^{33} dɯ^{33} ȵi^{33} ʂʅ^{33} me^{33}: tshʅ^{21} py^{21} dər^{33}. | tʂhu^{21} be^{33} ʂʅ^{33} tshʅ^{21} thy̩^{55}
该 布冒 上 轮 一 天 死 者 除鬼 祭 该 快 地 死 鬼 驱

dər^{33}. | zy^{21} ly̩^{55} gy̩^{33}、zy^{21} kkuɑ^{33} to^{55} dər^{33} dɯ^{33} ȵi^{33} ʂʅ^{33} me^{33}: | ɯ^{33} ky̩^{33} py̩^{21}、ɯ^{33} kho^{33} gy̩^{33}
该 蕊鲁古 蕊夸 上 轮 一 天 死 者 牛 头 干 牛 角 九

dzo^{33} mɯ^{33} tsʅ^{21} dy̩^{21} phi^{55} dər^{33}. | zy^{21} he^{33} to^{55} dər^{33} dɯ^{33} ȵi^{33} ʂʅ^{33} me^{33}: ɯ^{33} lu^{55} phu^{33} kho^{55}
具 火葬场 丢 该 蕊亨 上 轮 一 天 死 者 牛 四 头 杀

dər^{33}. | tshʅ^{21} py^{21} dər^{33}. | zy^{21} tɕər^{33} to^{55} dər^{33} dɯ^{33} ȵi^{33} ʂʅ^{33} me^{33}: | bu^{21} ky̩^{33} tʂhuɑ^{55} ly^{33} sʅ^{21}
该 除鬼 祭 该 蕊江 上 轮 一 天 死 者 猪 头 六 个 毡

lo^{21} khɯ^{55} mɯ^{33} tsʅ^{21} dy̩^{21} phi^{55} ɕy^{33} be^{33} dər^{33}. | zy^{21} gy̩^{33} to^{55} dər^{33} dɯ^{33} ȵi^{33} ʂʅ^{33} me^{33}:
里 放 火葬场 丢 法事 做 该 蕊古 上 轮 一 天 死 者

在布孔当值的一天死的人：要把九具干牛头丢到火葬场里去。要进行关死亡之门的法仪。

在布铎当值的一天死的人：要尽早地进行驱赶死鬼的法仪。

[1] 铎，音译鬼名，为一种使人倒霉的鬼。

在布冒当值的一天死的人：要进行祭除鬼的法仪。要及早地进行驱赶死鬼的仪式。

在蕊鲁古或蕊夸当值的一天死的人：要把九具干牛头和牛角丢到火葬场里去。

在蕊亨当值的一天死的人：要杀四头牛作牺牲。要进行祭除鬼的法仪。

在蕊江当值的一天死的人：要做把六个猪头放在一床毡子里丢到火葬场的法仪。

在蕊古当值的一天死的人：

464-L-16-32

bæ^{33} mi^{33} pɑ^{55} be^{33} dər^{33}, ʥi^{33} nɑ^{21} dɯ^{33} lv̩^{55} phi^{55} dər^{33}. | zy^{21} dv̩^{21} to^{55} dər^{33} dɯ^{33} ȵi^{33} ʂʅ^{33} me^{33}:
油灯 瓢 做 该 衣 黑 一 件 丢 该 蕊督 上 轮 一 天 死 者

ly^{55} mu^{21} gv̩^{33}. | ʂʅ^{33} tshɿ^{21} by^{21} mə^{33} hɯ^{33}. | æ^{21} dɯ^{33} me^{33} khæ^{21} lo^{21} khɯ^{55} phi^{55} dər^{33}. | zy^{21}
中等 成 死 鬼 外 未 去 鸡 一 只 康 里 放 丢 该 蕊巴

bɑ^{21} to^{55} dər^{33} dɯ^{33} ȵi^{33} ʂʅ^{33} me^{33}: | phər^{33} tv̩^{21} dɯ^{33} tso^{33} khæ^{21} lo^{21} khɯ^{55} dər^{33}. | sɿ^{55} khv̩^{21} o^{21}
上 轮 一 天 死 者 木偶 一 具 康 里 放 该 素神 请 灵魂

he^{33} ʂər^{55} dər^{33}. | zy^{21} tshi^{21} to^{55} dər^{33} dɯ^{33} ȵi^{33} ʂʅ^{33} me^{33}: | phər^{33} tv̩^{21} gv̩^{33} tso^{33} phi^{55} dər^{33}. |
赎 该 蕊齐 上 轮 一 天 死 者 木偶 九 具 丢 该

zy^{21} bə^{33} to^{55} dər^{33} dɯ^{33} ȵi^{33} | ʂʅ^{33} me^{33}: | sɿ^{55} khv̩^{21} dər^{33}. no^{55} bv̩^{21} dər^{33}. | tɕi^{55} nɯ^{21} tɕhi^{21} py^{21}
蕊崩 上 轮 一 天 死 者 素神 请 该 诺神 祭 该 季鬼 和 奇鬼 祭

dər^{33}. | py^{33} bu^{21} kv̩^{33} to^{55} dər^{33} dɯ^{33} ȵi^{33} | ʂʅ^{33} me^{33}: | hər^{33} be^{33} tər^{21} tse^{21} py^{21} dər^{33}. ʂʅ^{33} tshɿ^{21}
该 本补古 上 轮 一 天 死 者 风 祭 呆鬼仄鬼 祭 该 死 鬼

thv̩^{55} dər^{33}. | ʐuɑ^{33} tse^{55} to^{55} dər^{33} dɯ^{33} ȵi^{33}
驱 该 柔正 上 轮 一 天

要在瓢里点油灯。要丢弃一件黑衣。

在蕊督当值的一天死的人：一切只为中常。死鬼未到外面去。要把一只鸡放入康里陪葬。

在蕊巴当值的一天死的人：要做一个木偶装入康里陪葬。要进行请素神仪式并赎魂。

在蕊齐当值的一天死的人：要用九具木偶陪葬。

在蕊崩当值的一天死的人：该举行请素神仪式。要进行祭诸神仪式。要进行祭季鬼和奇鬼的法仪。

在本补古当值的一天死的人：要进行小祭风仪式以祭呆鬼和仄鬼。要进行驱赶死鬼的法仪。

在柔正当值的一天

464-L-16-33

ʂʅ^{33} me^{33}: | sʅ^{55} hɑ^{33} se^{13} ɯ^{33} kɣ^{33} pɣ^{21}、ʐuɑ^{33} kɣ^{33} pɣ^{21} phi^{55} dər^{33}. | pɑ^{33} khu^{33} to^{55} dər^{33} dɯ^{33} ȵi^{33}
死 者 三 天则 牛 头 干 马 头 干 丢 该 巴孔 上 轮 一天

ʂʅ^{33} me^{33}: ly^{55} mu^{21} gɣ^{33}. | pɑ^{33} by^{33} to^{55} dər^{33} dɯ^{33} ȵi^{33} ʂʅ^{33} me^{33}: iə^{33} ko^{21} zo^{33} gu^{21} tshər^{33} kɣ^{55}.
死 者 中等 成 巴毕 上 轮 一 天 死 者 家里 男 病 发烧 会

ʂʅ^{33} tshʅ^{21} thɣ^{55} dər^{33}. | ʂʅ^{33} khu^{33} tər^{55} py^{21} dər^{33}. | nɑ^{33} gɣ^{33} to^{55} dər^{33} dɯ^{33} ȵi^{33} ʂʅ^{33} me^{33}: | gu^{21}
死 鬼 驱 该 死 门 关 祭 该 娜古 上 轮 一 天 死 者 冥马

tsæ^{55}、mu^{33} kho^{55} mu^{33} dzi^{33} dɯ^{21} be^{33} mə^{33} lɯ^{55} khɯ^{55} dər^{33}. | thɑ^{33} kə^{55} to^{55} dər^{33} dɯ^{33} ȵi^{33} | ʂʅ^{33}
献 牺牲 杀 牺牲 献 大 做 不 漏 献 该 涛构 上 轮 一 天 死

me^{33}: | tshʅ^{55} y^{21} hɑ^{33} ɕi^{33} to^{33} mɑ^{33} ȵi^{33} kɣ^{55} nɯ^{33} ʂər^{21} bə^{55} mɯ^{33} tsʅ^{21} dɣ^{21} phi^{55} dər^{33}. | tʂhuɑ^{55}
者 山羊 绵羊 饭 人 面偶 两 个 以 牵 了 火葬场 丢 该

tshər^{21} khuɑ^{33} to^{55}dər^{33} dɯ^{33} ȵi^{33} ʂʅ^{33} me^{33}: | bu^{21} kho^{55} iə^{55} bu^{21} mɯ^{33} tsʅ^{21} dɣ^{21}nɯ^{33} dʑi^{55} dər^{33}. |
创昌夸 上 轮 一 天 死 者 猪 杀 了 猪 火葬场 以 烧 该

ʂʅ^{33} khu^{33} tər^{55} py^{21} dər^{33}.
死 门 关 祭 该

死的人：到第三天，要把干牛头、干马头丢到外面去。

在巴孔当值的一天死的人：一切皆为中常。

在巴毕当值的一天死的人：家里的男人会生病发烧。要进行驱赶死鬼的法仪。该进行关死亡之门的仪式。

在娜古当值的一天死的人：不能忘了大献冥马和献大牺牲。

在涛构当值的一天死的人：要让两个饭人面偶牵着山羊和绵羊一起到火葬场以陪葬。

在创昌夸当值的一天死的人：要杀猪到火葬场火化。要进行关死亡之门的法仪。

464-L-16-34

mu^{21} fv̩^{33} ly^{21} me^{33}: | fv̩^{55} khv̩^{33} ʂʅ^{33} me^{33}: | fv̩^{55} dzʅ^{21}、ɯ^{33} dzʅ^{21}、ə^{55} y^{21} dzʅ^{21}、æ^{21} dzʅ^{21} fv̩^{33}
尸 火化看 的 鼠 岁 死 者 鼠 时 牛 时 猴 时 鸡 时火化

me^{55}. | ɯ^{33} khv̩^{55} ʂʅ^{33} me^{33}: lɑ^{33}、tho^{33} le^{33}、ə^{55} y^{21}、khɯ^{33} dzʅ^{21} fv̩^{33} me^{55}. | lɑ^{33} khv̩^{55} ʂʅ^{33}
的 牛 岁 死 者 虎 兔 猴 狗 时 火化 的 虎 岁 死

me^{33}: | lv̩^{21}、zʅ^{21}、y^{21}、khɯ^{33} dzʅ^{21} fv̩^{33} me^{55}. | tho^{33} le^{33} khv̩^{55} ʂʅ^{33} me^{33}: | tho^{33} le^{33}、zʅuɑ^{33}、
者 龙 蛇 羊 狗 时 火化 的 兔 岁 死 者 兔 马

æ^{21} dzʅ^{21} fv̩^{33} me^{55}. | lv̩^{21} khv̩^{55} ʂʅ^{33} me^{33}: lɑ^{33}、zʅ^{21}、ə^{55} y^{21}、æ^{21} dzʅ^{21} fv̩^{33} me^{55}. | zʅ^{21} khv̩^{55} ʂʅ^{33}
鸡 时 火化 的 龙 岁 死 者 虎 蛇 猴 鸡 时 火化 的 蛇 岁 死

me^{33}:
者

看何时火化尸体：

属鼠[①]死亡的人：要在鼠时、牛时、猴时或鸡时火化。

属牛死亡的人：要在虎时、兔时、猴时或狗时火化。

属虎死亡的人：要在龙时、蛇时、羊时或狗时火化。

属兔死亡的人：要在兔时、马时或鸡时火化。

属龙死亡的人：要在虎时、蛇时、猴时或鸡时火化。

属蛇死亡的人：

464-L-16-35

ɯ^{33}、lv̩^{21}、ʐuɑ^{33}、y^{21}、khɯ^{33} dʐʅ^{21} fv̩^{33} me^{55}. | ʐuɑ^{33} khv̩^{55} ʂʅ^{33} me^{33}: | tho^{33} le^{33}、ʐuɑ^{33}、ə^{55} y^{21}、
牛 龙 马 羊 狗 时 火化 的 马 岁 死 者 兔 马 猴

y^{21}、æ^{21} dʐʅ^{21} fv̩^{33} me^{33}. | khɯ^{33}[②] khv̩^{33} ʂʅ^{33} me^{33}: lɑ^{33}、lv̩^{21}、ʐuɑ^{33}、ʐʅ^{21}、ə^{55} y^{21} dʐʅ^{21} | fv̩^{33}
羊 鸡 时 火化 的 狗 岁 死 者 虎 龙 马 蛇 猴 时 火化

me^{55}. | bu^{21} khv̩^{55} ʂʅ^{33} me^{33}: ɯ^{33}、lv̩^{21}、ʐuɑ^{33}、y^{21}、khɯ^{33} dʐʅ^{21} fv̩^{33} me^{55}.
的 猪 岁 死 者 牛 龙 马 羊 狗 时 火化 的

在牛时、龙时、马时、羊时或狗时火化。

属马死亡的人：要在兔时、马时、猴时、羊时或鸡时火化。

属狗死亡的人：要在虎时、龙时、马时、蛇时或猴时火化。

属猪死亡的人：要在牛时、龙时、马时、羊时或狗时火化。

① 属鼠，不知这是算死者之属相，还是死者死亡之年或月、日、时，按原文译之，存疑。

② 此前还应有“羊、猴、鸡”。

464-L-16-36

封底

（翻译：王世英）

452-L-17-01

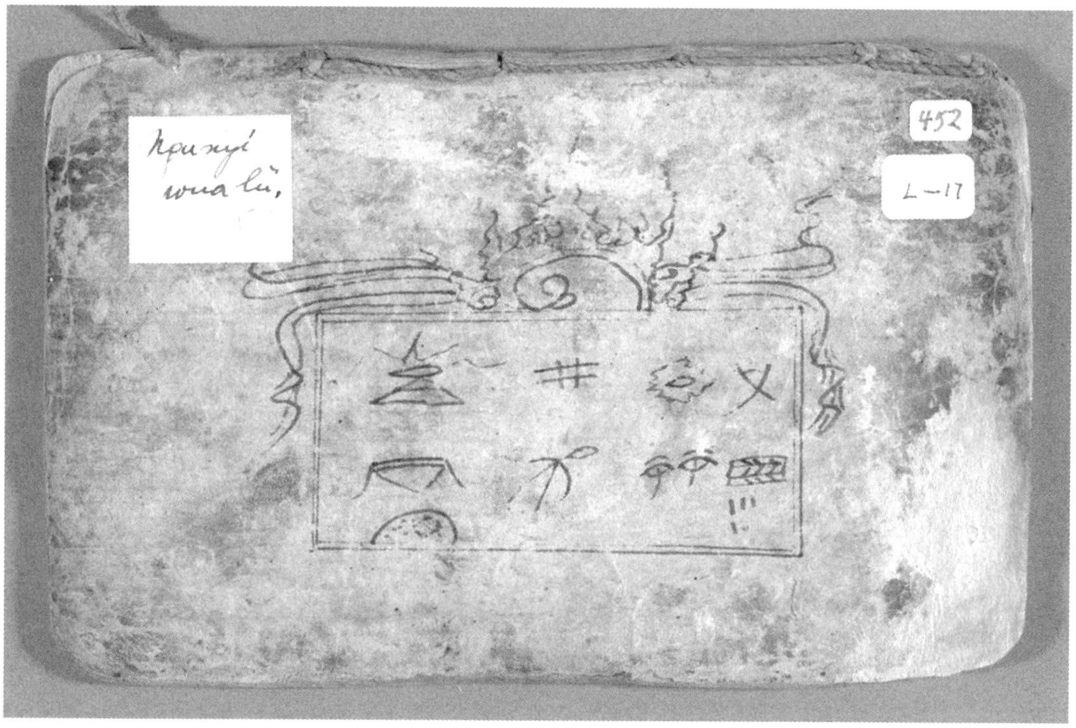

gu^{21} sɿ^{21} ly^{21} me^{33} the^{33} ɯ^{33} uɑ^{21}

占卜·看病卦辞的书

452-L-17 占卜·看病卦辞的书

【内容提要】

本古籍记录的看病卦辞有如下五种：

一、属十二生肖各属相的人在巴格上转到何方位那年生病占该用何种东巴法仪以禳解。

二、十三岁、二十五岁、三十七岁、四十九岁、六十一岁的男子生病，该用何种东巴法仪以祛病。

三、病从何方施放而来以占需作何种法仪。

四、男子在巴格上转到各方位生了病，占需作之法仪。

五、十二个月各月里生病之忌禁及禳解之法。

【英文提要】

The Divination. Book with Hexagrams words of Curing

This book records the following five hexagrams words of curing:

First, it introduces the ritual needs be held to release misfortune that the disease happens in the year of rotating to certain direction on *Bage* picture of individual with different Chinese zodiacs.

Second, it introduces the ritual needs to be held that the disease comes to a male in the year of 13, 25, 37, 49 and 61.

Third, it introduces to divine the certain ritual needs to be held with the direction that the disease comes from.

Fourth, it introduces the ritual needs to be held that the disease of a male relates to each direction on *Bage* picture.

Fifth, it introduces the taboos and rituals needs to be held that the disease comes in each of the twelve months.

452-L-17-02

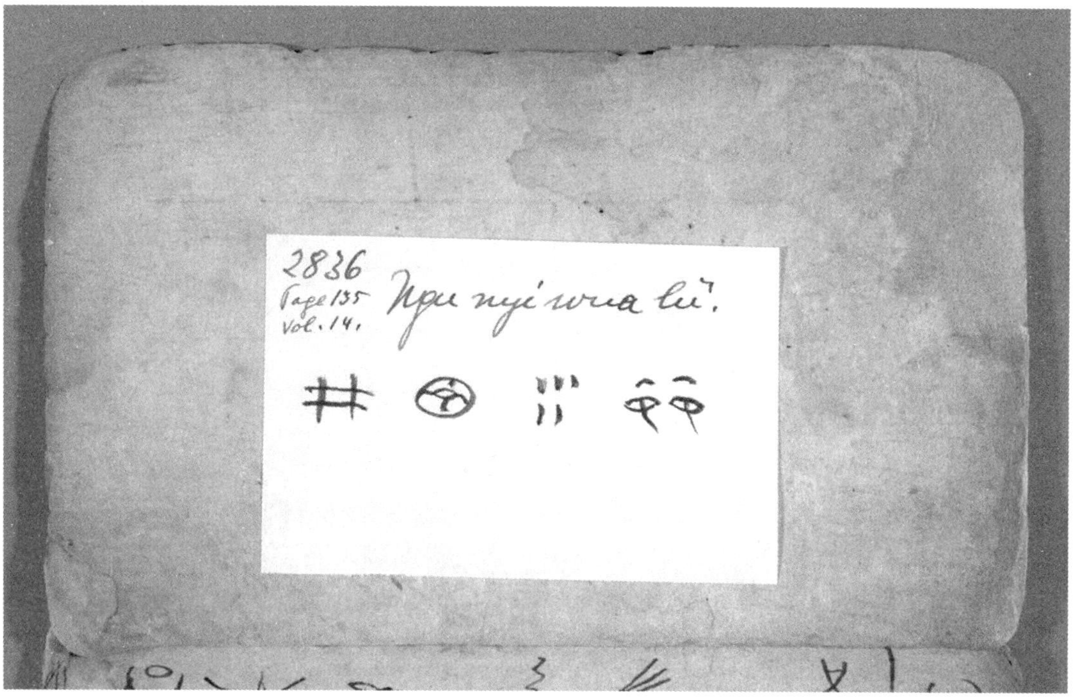

“2836”为洛克收藏纳西东巴古籍时的序号。上行的字母文字是下行四个东巴文的读音记录：“gu^{21} ȵi^{55} uɑ^{33} ly^{21}”。即“以发病日占病因”。可能是洛克认为的书名。但洛克有误，书中无此内容。

452-L-17-03

fy̩^{55} khy̩^{33}、bu^{21} khy̩^{55} me^{33} i^{33} tʂhʅ^{33} mu^{21} thy̩^{33} le^{33} gu^{21} me^{33}: ɯ^{33} tse^{21} | y^{21} tse^{21} to^{55} khɯ^{55}

鼠 岁 猪 岁 者 南方 到 而 病 者 牛 用 绵羊 用 消灾仪式

dər^{33}. | ʂʅ^{33} sʅ^{21} lɑ^{21} tʂu^{55} phər^{21} dər^{33}. | tɕi^{21} nɯ^{21} hər^{33}、dy̩^{21} nɯ^{21} tse^{21} py^{21} dər^{33}. | ɯ^{33} khy̩^{55}
该 死 生 手 结 解 该 云鬼 和 风鬼 毒鬼 和 仄鬼 祭 该 牛 岁

me^{33} y^{21} dzʅ^{21} tɯ^{33} thy̩^{33} gu^{21} me^{33}: tər^{21} zər^{21} py^{21} dər^{33}. | to^{55} nɯ^{21} do^{21} mɯ^{33} tsʅ^{21} tɯ^{33} khu^{55}
者 羊 居 地 到 病 者 呆鬼 压 祭 该 垛鬼 和 铎鬼 火葬场 处

dʑi^{55} dər^{33}. bu^{21} tse^{21} dy^{21} py^{21} dər^{33}. | ə^{55} y^{21} ə^{55} dæ^{33} hɑ^{33} iə^{55} phi^{55} dər^{33}. | lɑ^{33} khy̩^{55}、tho^{33} le^{33}
烧 该 猪 用 地 祭 该 猴 狐狸 饭 给 丢 该 虎 岁 兔

khy̩^{55} me^{33} n̠i^{33} me^{33} gy̩^{21} thy̩^{33} gu^{21} me^{33}:
岁 者 西方 到 病 者

属鼠和属猪的人在巴格①上转到南方那年生病：该用牛和绵羊作牺牲进行消灾仪式。要进行解开生者和死者手结之法仪。要进行祭云鬼和风鬼、毒鬼和仄鬼的法仪。

属牛的人在巴格上转到羊居地②那年生病：要进行压呆鬼仪式。要把垛鬼和铎鬼的面偶在火葬场里火化。要用猪作牺牲进行祭地的仪式。要给猴子和狐狸的面偶施食后丢到外面去。

属虎和属兔的人在巴格上转到西方那年生病：

452-L17-04

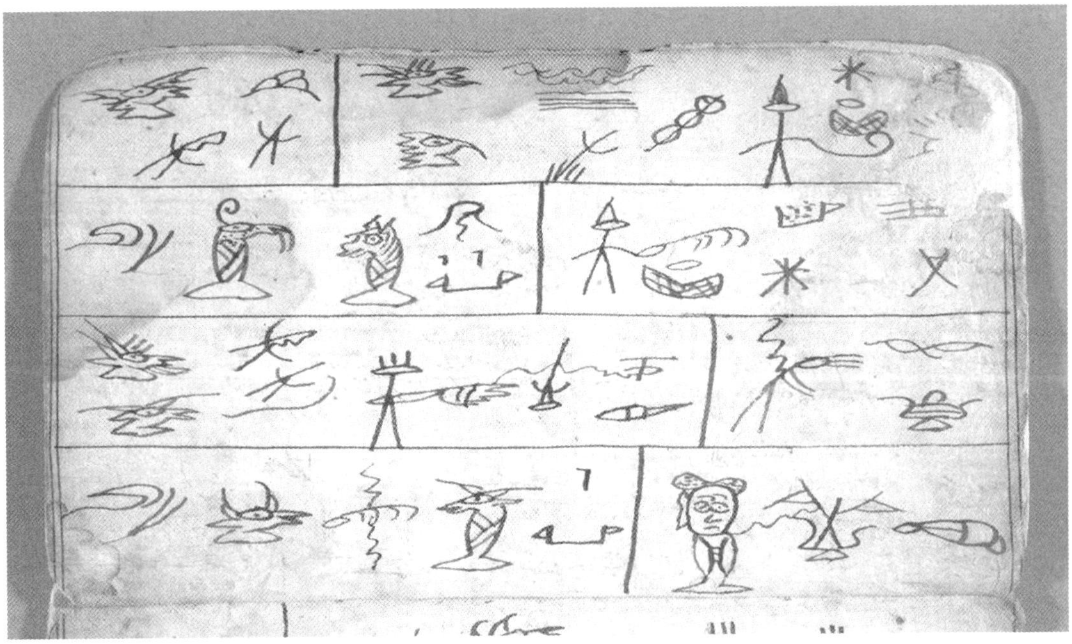

y^{21} tse^{21} tər^{21} zər^{21} py^{21} dər^{33}. | tshʅ^{55} tse^{21} æ^{21} tse^{21}, tɕi^{21} nɯ^{21} hər^{33} py^{21} dər^{33}. tʂhu^{21} be^{33} khə^{55}
绵羊用 呆鬼 压 祭 该 山羊 用 鸡 用 云鬼 和 风鬼 祭 该 快 地

---

① 巴格，音译专有名词。纳西族用十二生肖、五行及白、绿、花、黑、黄五色表示四方四隅的一种图。纳西族先民认为人的一生在这方位图上运转，每一年转到一个方位。

② 羊居地，方位词，纳西族用十二生肖表示方位，“羊居地”为“西南方”，后文的“龙居地”属“东南方”，“狗居地”属“西北方”，“牛居地”属“东北方”。

khə55 to21 ʥy33 ty̩33 ty̩21 kɯ33 kɯ21 o21 ʂər55 dər33. | ʐʅ21 khy̩55、ʐu̩ɑ33 khy̩55 ȵi33 ky̩55 ho33 gy̩33 lo21
寇寇多局毒鬼 千 千 万 万 魂 赎 该 蛇 岁 马 岁 两 个 北方

thy̩33 gu21 me33: | khə55 khə55 to21 ʥy33 ty̩33 ty̩21 kɯ33 kɯ21 dʐu̩33 ʐu̩ɑ21 dər33 me55. | tshʅ55 nɯ21
到 病 者 寇寇多局毒鬼 千 千 万 万 账 赔 该 的 山羊 和

y21 tse21 to55 khɯ55 dər33. ʂʅ33 sʅ21 lɑ21 tʂu55 phər21 dər33. | tshʅ33 nɯ21 iə21 hɑ33 iə55 dər33. | ɯ33
绵羊 用 消灾仪式 该 死 生 手 结 解 该 楚鬼 和 尤鬼 饭 给 该 牛

khy̩55 dɯ33 ky̩55 y21 dzʅ21 tɯ33 thy̩33 gu21 me33[①]: to33 mɑ33 phi55 dər33.
岁 一 个 羊 居 地 到 病 者 面偶 丢 该

要用绵羊作牺牲进行压呆[②]鬼仪式。要用山羊和鸡作牺牲进行祭云鬼和风鬼的法仪。要向千千万万的寇寇多局毒鬼赎魂。

属蛇和属马的人在巴格上转到北方那年生病：要向千千万万的寇寇多局毒鬼还债。要用山羊和绵羊作牺牲进行消灾仪式。要进行解开生者和死者之间手结的法仪。要给楚鬼和尤鬼施食。

属牛的人在巴格上转到羊居地（西南方）那年生病：要把鬼面偶丢到外面去。

452-L-17-05

tshʅ33 iə21 ŋy55 dər33. | dy21 khu33 tər55 dər33, khɯ33、bu21、tshʅ55 sʅ33 sy21 so33 tse21 dər33. thy̩33 tshʅ21
楚鬼尤鬼 超度 该 地 门 关 该 狗 猪 山羊 三 样 三 用 该 土鬼

ʂu55 dər33. | dzʅ33 zər21 py21 dər33. | lɑ33 tshʅ21 py21 dər33. | ə55 y21 khy̩55、æ21 khy̩55 ȵi33 ky̩55 ȵi33
祭 该 祸 压 祭 该 虎 鬼 祭 该 猴 岁 鸡 岁 二 个

① 此句似有笔误，前文已有属牛者转到羊居地的卦，而这儿又重复，应作"属羊者到牛居地"。译文中校改之。

② 呆，音译鬼名。为使人凶死的鬼。

me^{33} thʅ^{33} thʅ^{33} gu^{21} me^{33}: | tʂhuɑ^{55} tse^{21} le^{55} kæ^{21} tse^{21} tər^{21} zər^{21} py^{21} dər^{33}. | tʂə^{33} dʅ^{33} i^{33} dɑ^{55}
东方 到 病 者 鹿 用 乌鸦 用 呆鬼 压 祭 该 奏督 礼

phi^{55} to^{55} khɯ^{55} dər^{33}. | tər^{21} tse^{21} py^{21} to^{33} mɑ^{33} phi^{55} dər^{33}. | lʅ^{21} khʅ^{55} me^{33} nɯ^{33} ȵi^{33}①
丢 消灾仪式 该 呆鬼 仄鬼 祭 面偶 丢 该 龙 岁 者 以 二

该超度楚鬼②和尤鬼③。该进行关地门的法仪，要用狗、猪和山羊三种牺牲。要祭土鬼④。要进行压祸灾的法仪，该进行祭虎鬼的仪式。

属猴和属鸡的人在巴格上转到东方那年生病：要用鹿和乌鸦作牺牲进行压呆鬼的法仪。要把叫“奏督”的皮口袋作礼物丢给鬼以进行消灾仪式。要进行祭呆鬼和仄鬼的法仪，仪式上要把鬼面偶丢到外面去。

属龙的人在巴格上运转到

452-L-17-06

khɯ^{33} dzʅ^{21} tɯ^{33} thʅ^{33}gu^{21} me^{33}: | tɕi^{21} nɯ^{21} hər^{33} py^{21} dər^{33}, tshʅ^{33} nɯ^{21} iə^{21} hɑ^{33} iə^{55} dər^{33}. | uɑ^{33}
狗 居 地 到 病 者 云鬼 和 风鬼 祭 该 楚鬼 和 尤鬼 饭 给 该 瓦鬼

tshʅ^{21} py^{21} dər^{33}、mɯ^{33} tshʅ^{21}、zɑ^{21}⑤、| lɑ^{33} mɑ^{21} uɑ^{33}、phi^{55} .⑥ | kɯ^{21} tshʅ^{21} py^{21} dər^{33}. zo^{33} gu^{21} me^{33}
祭 该 天 铃 娆星 喇嘛 骨 吐 星鬼 祭 该 男 病 者

ɕy^{33} se^{13} y^{21} tse^{21} to^{55} khɯ^{55} dər^{33}, hɑ^{33} ɕi^{33} to^{33} mɑ^{33} phi^{55} dər^{33}. | mɯ^{33} dər^{33} sʅ^{55} dər^{33}. | khɯ^{33}
法仪 则绵羊用 消灾仪式 该 饭 人 面偶 丢 该 天 错 认 该 狗

① 此字符无法与其他字符连读成句，存疑。
② 楚，音译鬼名，使人上吊而亡的鬼。
③ 尤，音译鬼名，使人去情死的鬼。
④ 土，音译鬼名，是在地下不见天的一种鬼。
⑤ 这三个字符无法连读成句，存疑。
⑥ 这两个字符无法连读成句，存疑。

khɣ̩^{55} dɯ^{33} gɣ̩^{33} lɣ̩^{21} dzʅ^{21} tɯ^{33} thɣ̩^{33} gu^{21} me^{33}: | mɯ^{33}、ɕi^{33}、dɯ^{21}、ʂu^{21}、hɯ^{55}、py^{21}① | tshʅ^{33} iə^{21}
岁 一 个 龙 居 地 到 病 者 天 谷 大 斧 海 祭 楚鬼尤鬼

py^{21} dər^{33}. | sʅ^{13} gə^{33} dʑi^{33} kho^{33} o^{21} ʂər^{55} dər^{33}. to^{55} khɯ^{55} dər^{33}. | uɑ^{33} phər^{21} uɑ^{33} nɑ^{21} py^{21} dər^{33}.
祭 该 署 的 水 泉 魂 赎 该 消灾仪式 该 瓦鬼 白 瓦鬼 黑 祭 该

狗居地（西北方）那年生病：该祭云鬼和风鬼，该给楚鬼和尤鬼施食。该进行祭瓦鬼的法仪。该进行祭星鬼的法仪。病者是男子，则应用绵羊作牺牲进行消灾仪式，要把饭人面偶丢到外面去。要进行向天认错的法仪。

属狗的人在巴格上转到龙居地（东南方）那年生病：该祭楚鬼和尤鬼。要在署的水泉边向署赎魂。要进行消灾仪式。要进行祭白瓦鬼和黑瓦鬼的法仪。

452-L-17-07

tshe^{21} sʅ^{55} khɣ̩^{33} gɣ̩^{33} zo^{33} gu^{21} me^{33}: ɕy^{55} hər^{21} nɑ^{21} tsɑ^{21} tshʅ^{55} khɣ̩^{55} me^{55} zʅ^{33} me^{33} dər^{33}. |
十 三 岁 到 男 病 的 柏 绿 纳召 建 岁 求 寿 求 该

bu^{21} tse^{21} to^{55} khɯ^{55} dər^{33}. | n̩i^{33} tsər^{21} uɑ^{33} khɣ̩^{55} gɣ̩^{33} zo^{33} gu^{21} me^{33}: bæ^{33} mi^{55} tʂʅ^{55} he^{21} ɕy^{55} sʅ^{33}
猪 用 消灾 该 二 十 五 岁 到 男 病 的 油灯 点 神 祭祀

dər^{33}. | sʅ^{55} khɣ̩^{21} dər^{33}. tshʅ^{55}、bu^{21}、khɯ^{33} sʅ^{33} so^{33} tse^{21}, dy^{21} khu^{33} tər^{55} py^{21} dər^{33}. | sʅ^{33} tshər^{21}
该 素神 请 该 山羊 猪 狗 三 三 用 地 门 关 祭 该 三 十

ʂər^{33} khɣ̩^{55} gɣ̩^{33} zo^{33} gu^{21} me^{33}: sʅ^{21} tʂhər^{33} khɯ^{55} sʅ^{21} thɑ^{55} tshʅ^{55} dər^{33}. | sʅ^{33} bɣ̩^{33} phɣ̩^{33} sʅ^{55} tʂhər^{33}
七 岁 到 男 病 的 署 药 施 署 塔 建 该 大 者 男 三 代

kæ^{33} y^{21} phər^{21} nɯ^{33} mu^{33} dzi^{33} tʂhu^{55} pɑ^{33} be^{33} dər^{33}. phər^{21}、ʂuɑ^{21} tʂu^{55}②. bu^{21} tse^{21} to^{55} khɯ^{55} dər^{33}.
前 绵羊 白 以 牺牲 献 供养 做 该 白 高 锥 猪 用 消灾仪式 该

① 这六个字符无法连读成句，存疑。

② 这三个东巴文无法连读成句，存疑。

十三岁的男子生病：该建翠柏纳召①以求岁求寿。要用猪作牺牲进行消灾仪式。

二十五岁的男子生病：该点上神灯以祭祀神。该进行请素神仪式。该用山羊、猪、狗作牺牲进行关地门的法仪。

三十七岁的男子生病：该给署施药，该建署塔。要把白绵羊牺牲献给三代男祖先以供养祖先。要用猪作牺牲进行消灾仪式。

452-L-17-08

lu^{33} tshər^{21} gv̩^{33} khv̩^{55} gv̩^{33} me^{33} zo^{33} gu^{21} me^{33}: ɯ^{33} phər^{21} ɯ^{33} nɑ^{21} tse^{21} to^{55} khɯ^{55} dər^{33}, tʂə^{33}
四 十 九 岁 到 的 男 病 的 牛 白 占黑 用 消灾仪式 该 奏督

dv̩^{33} phi^{55} dər^{33}. | ȵi^{33} me^{33} thv̩^{33} tɕy^{21} dzo^{21} tso^{55} zʅ^{33} phər^{21} thv̩^{55} dər^{33}. | ɕy^{55} hər^{21} nɑ^{33} tsɑ^{21}
丢 该 东方 方向 桥 架 路 大 辟 该 柏 绿 纳召

tshʅ^{55}, ɕy^{55} hər^{21} le^{33} ʥi^{21} tshe^{21} ho^{55} pɑ^{55} me^{33} tso^{55}, zʅ^{33} tʂu^{55} py^{21} nɯ^{21} me^{55} o^{21} me^{55}、khv̩^{55} me^{55}
建 柏 绿梯 十 八 级 的 架 延寿仪式 生儿 求育女 求 岁 求

zʅ^{33} me^{33} dər^{33}. | sʅ^{13} gə^{33} ʥi^{33} kho^{33} khɯ^{33} nɯ^{33} nɯ^{21} me^{55} o^{21} me^{55} dər^{33}. ə^{55} y^{21} ə^{55} dæ^{33} ŋv̩^{55}
寿 求 该 署 的 水 源 处 以 生儿 求 育女求 该 猴 狐 超度

dər^{33}. | ɯ^{33} ʐuɑ^{33} nɯ^{33} gu^{21} sər^{55} tɕhi^{21} me^{33} phi^{55} kv̩^{55}. | tʂhuɑ^{55} tshər^{21} dɯ^{33} khv̩^{55} gv̩^{33} me^{33} zo^{33}
该 牛 马 心 疼 肝 痛 的 丢 会 六 十 一 岁 到 的 男
gu^{21} me^{33}: | ɕy^{55} hər^{21} le^{33} ʥi^{21} tshe^{21} ho^{55} pɑ^{55} me^{33} tso^{55},
病 的 柏 绿 梯 十 八 级 的 架

四十九岁的男子生病：该用白牛和黑牛作牺牲进行消灾仪式，仪式上要把叫“奏督”

① 纳召，音译专有名词，为一种宗教建筑物。地上立一根柏杆，四周垒之以石，石间插一些红、白、绿、黑、黄五色旗，这建筑物便称“纳召”，用以压鬼。

的皮口袋丢到外面去。要到东方架桥修路。要建上翠柏纳召，搭架十八级柏木天梯，进行延寿仪式以求生儿育女，求岁求寿。要在署的水源处向署求生儿育女。要做猴和狐面偶予以超度。让人痛心痛肝的牛马会丢失。

六十一岁的男子生病：要搭架十八级翠柏天梯，

452-L-17-09

nɯ^{21} me^{55} o^{21} me^{55}, khy̩^{55} me^{55}zʅ^{33} me^{55}, ky̩^{33} phər^{21} dzæ^{33} ʂʅ^{21} me^{55}. | phy̩^{33} lɑ^{21} ɕy^{55} sʅ^{33} dər^{33}. |
生儿 求育女 求 岁 求 寿 求 头 白 齿 黄 求 神 祭祀 该

bu^{21} lo^{55} dy^{21} dər^{21} ɯ^{33} lɑ^{21} be^{33} ɯ^{33} tɕhi^{33} ʐuɑ^{33} tɕhi^{33} by^{21} dɯ^{33} ky̩^{55}. to^{55} khɯ^{55} dər^{33} me^{55}. | i^{33}
坡 翻 坝 过 生意 做 牛 卖 马 卖 利 得 会 消灾仪式 该 的

tʂhʅ^{33} mu^{21} tɕy^{21} nɯ^{33} gu^{21} khɯ^{55} tshʅ^{21} me^{33}: zo^{33}、phi^{21}、py^{33} by̩^{21}① | ʐuɑ^{33} ʂər^{13} tshʅ^{21} me^{33} bər^{33}
南方 方向 以 病 放 来 者 男 丢 祭司 马 牵 来 的 客

nɯ^{33} pu^{55} me^{33} ŋy̩^{33} hæ^{21} gu^{21} nɯ^{33} tshʅ^{21} gə^{33} tshʅ^{21} nɯ^{33} tshʅ^{21} ky̩^{55}. | to^{33} mɑ^{33} i^{33} tʂhʅ^{33} mu^{21} tɕy^{21}
以 带 的 银 金 后 以 来 的 鬼 以 作祟 会 面偶 南方 方向

phi^{55} dər^{33}. | gu^{21} me^{33} ɕy^{33} se^{13} æ^{21} tse^{21} ʥi^{33} tse^{21} ʥi^{33} zɑ^{21} ʂu^{55} dər^{33}. | i^{33} tʂhʅ^{33} mu^{21} gə^{33} tshʅ^{21}
丢 该 病 的 法仪 是 鸡 用 景仄吉娆宋 该 南方 的 鬼

nɑ^{21} py^{21} dər^{33}. | thy̩^{33} tshʅ^{21} ʂu^{55} se^{13} le^{33} sʅ^{55} tsɑ^{21}.
黑 祭 该 土鬼 祭 则 又 愈 会

以求生儿育女，求岁求寿，求长寿而发白牙黄。翻山过坝子去做生意去卖牛卖马会得利。该进行消灾仪式。

病从南方施放而来：牵着马、带着金银之客人背后而来的鬼会作祟。该把面偶丢向南

① 这三个东巴文无法连读成句，存疑。

方。为病者进行法仪，则要用鸡作牺牲进行名叫“景仄吉娆宋”的法仪。该祭南方的黑鬼。该祭土鬼。病则愈。

452-L-17-10

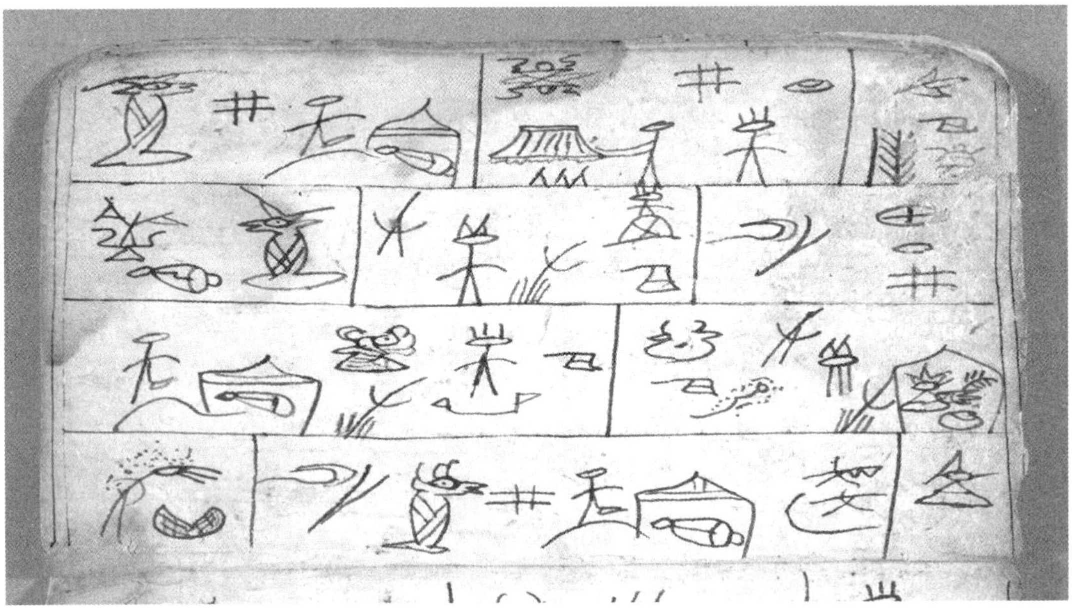

y^{21} dzʅ^{21} tɯ^{33} tɕy^{21} nɯ^{33} gu^{21} khɯ^{55} tshʅ^{21} me^{33}: | dʑi^{33} ʂʅ^{21} dʑi^{21} ɕy^{21} y^{21} me^{33} gu^{21} nɯ^{33} tshʅ^{21}
羊 居 地 方向 以 病 放 来 者 衣 黄 衣 红 拿 的 后 以 来

gə^{33} tshʅ^{21} thv̩^{55} dər^{33}. | lv̩^{33} zʅ^{21} hɑ^{33} ʂu^{55} dər^{33}. to^{33} mɑ^{33} y^{21} dzʅ^{21} tɯ^{33} tɕy^{21} phi^{55} dər^{33}. | tər^{21}
的 鬼 驱 该 野外祭祖 饭 祭 该 面偶 羊 居 地 方向 丢 该 呆鬼

tse^{21} py^{21} dər^{33}. thv̩^{33} tshʅ^{21} ʂu^{55} dər^{33}. | n̩i^{33} me^{33} gv̩^{21} nɯ^{33} gu^{21} khɯ^{55} tshʅ^{21} me^{33}: lɑ^{33} tshʅ^{21} py^{21}
仄鬼祭 该 土鬼 祭 该 西方 以 病 放 来 者 虎 鬼 祭

dər^{33}. thv̩^{33} tshʅ^{21} ʂu^{55} dər^{33}. | ər^{33} nɑ^{21} ʂu^{21} nɑ^{21} nɯ^{33} tshʅ^{21} kv̩^{55}. tər^{21} tshʅ^{21} py^{21} dər^{33}. iə^{33} ko^{21}
该 土鬼 祭 该 铜 器 铁 器 以 作祟 会 呆鬼 祭 该 家里

nɯ^{33} py^{33} bv̩^{21} nɯ^{33} khə^{33} gv̩^{33} tshʅ^{21} thv̩^{55} dər^{33}. | khɯ^{33} dzʅ^{21} tɯ^{33} nɯ^{21} gu^{21} khɯ^{55} tshʅ^{21} me^{33}:
以 祭司 以 抠古鬼 驱 该 狗 居地 以 病 放 来 者

to^{55} khɯ^{55} dər^{33}. | lɑ^{33} mɑ^{21}
消灾仪式 该 喇嘛

病从羊居地（西南方）施放而来：要驱赶跟随拿着黄衣红衣的人而来的鬼。该在野外祭祖向祖先献饭。要把面偶丢向羊居地（西南方）。该祭呆鬼和仄鬼。该祭土鬼。

病从西方施放而来：该祭虎鬼。要祭土鬼。铜器铁器会闹鬼作祟。该祭呆鬼。东巴祭司要在家里驱赶抠古鬼。

病从狗居地（西北方）施放而来：该进行消灾仪式。随喇嘛的

452-L-17-11

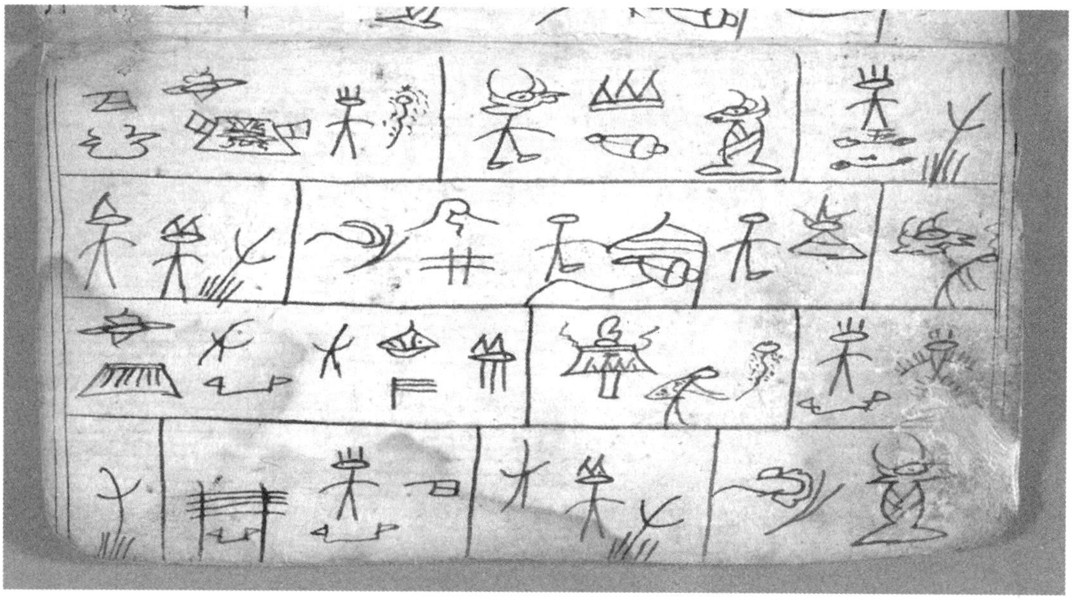

gə^{33} ər^{33} nɑ^{21} ʂu^{21} nɑ^{21}、dʑi^{33} ʂʅ^{21} dʑi^{33} hər^{21} gu^{21} nɯ^{33} tshʅ^{21} me^{33} tshʅ^{21} nɯ^{33} tshʅ^{21} kv̩^{55}. ｜ɯ^{33} kv̩^{33}
的 铜 器 铁 器 衣 黄 衣 绿 后 以 来 的 鬼 以 作祟 会 牛 头

dzʅ^{21}、mi^{33}、phi^{21}、khɯ^{33} dzʅ^{21} tɯ^{33}① ｜uɑ^{33} phər^{21} uɑ^{33} nɑ^{21} py^{21} dər^{33}. ｜dv̩^{21} tse^{21} py^{21} dər^{33}. ｜
生 火 腿 狗 居 地 瓦鬼 白 瓦鬼 黑 祭 该 毒鬼 仄鬼 祭 该

ho^{33} gv̩^{33} lo^{21} nɯ^{33} gu^{21} khɯ^{55} tshʅ^{21} me^{33}: zo^{33}、py^{33} bv̩^{21}② ｜khɯ^{33} ʂər^{13} tshʅ^{21} dʑi^{33} hər^{21} mu^{21} me^{33}
北方 以 病 放 来 者 男 祭司 狗 牵 来 衣 绿 穿 者

gu^{21} nɯ^{33} tshʅ^{21} me^{33} tər^{21} iə^{33} ko^{21} thv̩^{33}, tər^{21} nɯ^{33} pɑ^{33} sɑ^{21} be^{33} kv̩^{55}. ｜dʑi^{33} ɕy^{21} mu^{21} gə^{33} mi^{55}
后 以 来 的 呆鬼 家里 到 呆鬼 以 作祟 做 会 衣 红 穿 的 女

gu^{21} nɯ^{33} tshʅ^{21} me^{33} tshʅ^{21} nɯ^{33} tshʅ^{21} kv̩^{55}. ｜thv̩^{33} tshʅ^{21} ʂu^{55} dər^{33}. mu^{33} ɯ^{21} py^{21} dər^{33}. ｜ko^{55}
后 以 来 的 鬼 以 作祟 会 土鬼 祭 该 猛鬼 恩鬼 祭 该 粮架

khɯ^{33} thv̩^{55} gə^{33} thv̩^{33} tshʅ^{21} ʂu^{55} dər^{33}. ｜tər^{21} tse^{21} py^{21} dər^{33}. ｜ɯ^{33} dzʅ^{21} tɯ^{33}
处 的 土鬼 祭 该 呆鬼 仄鬼 祭 该 牛 居 地

铜器铁器、绿衣红衣而来的鬼会作祟。该祭白瓦鬼和黑瓦鬼。要进行祭毒鬼和仄鬼的法仪。

病从北方施放而来：跟随身穿绿衣牵狗而来之人的呆鬼会来到家里。呆鬼会作祟于家人。随穿红衣的女人而来的鬼会闹鬼作祟。该祭土鬼。要祭猛鬼和恩鬼。要祭粮架那儿的土鬼。该进行祭呆鬼和仄鬼的法仪。

病从牛居地（东北方）

① 这四个东巴文无法连读成句，存疑。

② 这两个东巴文无法连读成句，存疑。

452-L-17-12

nɯ^{33} gu^{21} khɯ^{55} tshɿ^{21} me^{33}: ŋy̩^{33} hæ^{21} nɯ^{33} tshɿ^{21} ky̩^{55}. | he^{21} ɕy^{33} be^{33} dər^{33}. | ɯ^{33} ʂʅ^{33} ɕy^{21} nɯ^{33}
以 病 放 来 者 银 金 以 作祟 会 神 法仪 做 该 牛 肉 红 以

tshɿ^{21} ky̩^{55}. ua^{33} tshɿ^{21} py^{21} dər^{33}. thy̩^{33} tshɿ^{21} ʂu^{55} dər^{33}. mu^{33} ɯ^{21} py^{21} dər^{33}. | n̡i^{33} me^{33} thy̩^{33} nɯ^{33}
作祟 会 瓦鬼 祭 该 土鬼 祭 该 猛鬼 恩鬼 祭 该 东方 以

gu^{21} khɯ^{55} tshɿ^{21} me^{33}: phe^{21} phər^{21}、ma^{21} phər^{21} ma^{21} ly̩^{55} nɯ^{33} tshɿ^{21} ky̩^{55}. | la^{33} ɯ^{33} la^{33} pa^{55} nɯ^{33}
病 放 来 者 麻布 白 酥油 油 饼 以 作祟 会 虎 皮 虎 全皮 以

tshɿ^{21} ky̩^{55}. ʂʅ^{33} ɕy^{21} nɯ^{33} tshɿ^{21} ky̩^{55}. | sɿ^{21} dʑi^{21} kho^{33} nɯ^{33} o^{21} ʂər^{55} dər^{33}. | ly̩^{21} dzɿ^{21} tɯ^{33} nɯ^{33}
作祟 会 肉 红 以 作祟 会 署 水 源 以 魂 赎 该 龙 居 地 以

gu^{21} khɯ^{55} tshɿ^{21} me^{33}: | mɯ^{33} dər^{33} sɿ^{55} dər^{33}. tɕhi^{33} tɕhi^{33} hæ^{33} hæ^{21} ɯ^{33} la^{21} be^{33} me^{33} nɯ^{33} gu^{21}
病 放 来 者 天 错 认 该 卖 卖 买 买 生意 做 者 以 病

sɿ^{13} lɯ^{33} ky̩^{55}. ly̩^{33} zɿ^{21} y^{21} py^{21} dər^{33}.
领 来 会 野外祭祖 该

施放而来：金银会闹鬼作祟。该做祭神仪式。带红血的牛肉会闹鬼。该祭瓦鬼。该祭土鬼。要进行祭猛鬼和恩鬼的法仪。

病从东方施放而来：白麻布和酥油会闹鬼作祟。全张虎皮会闹鬼作祟。带红血的肉会闹鬼作祟。要在署的水源处向署赎魂。

病从龙居地（东南方）施放而来：该进行向天认错的法仪。做生意的人会把病带来。该在野外祭祖先。

452-L-17-13

mɯ^{33} gə^{33} kɯ^{21} tshɿ^{21} py^{21} dər^{33}. | uɑ^{33} tshɿ^{21} py^{21} dər^{33}. | tʂʅ^{55} ʂʅ^{21} thy̩^{55} ly̩^{33} tɕər^{33} ky̩^{33} gə^{33} thy̩^{33}
天 的 星鬼 祭 该 瓦鬼 祭 该 土 新 挖 石 取 处 的 土鬼

ʂu^{55} dər^{33}. | i^{33} tʂhʅ^{33} mu^{21} thy̩^{33} gə^{33} zo^{33} gu^{21} me^{33}: sɿ^{55} dɯ^{21} khy̩^{21} dər^{33}. | phe^{21} hər^{21} dʑi^{33} hər^{21}
祭 该 南方 到 的 男 病 者 素神 大 请 该 麻布 绿 衣 绿

y^{21} mə^{33} ȵi^{21}. | o^{33} dze^{33} hər^{21} nɯ^{33} tshɿ^{21} ky̩^{55}. he^{21} ɕy^{33} be^{33} dər^{33}. | tshɿ^{55} tse^{21} æ^{21} tse^{21}, dʑy^{21}
拿 不 可 财物 绿 以 作祟 会 神 法事 做 该 山羊 用 鸡 用 山

ʂuɑ^{21} ky̩^{33} nɯ^{33} tɕi^{21} nɯ^{21} hər^{33}、tshɿ^{33} nɯ^{21} iə^{21} py^{21} dər^{33}. | ɯ^{33} ɕy^{21} ʂʅ^{33} ɕy^{21} y^{21} mə^{33} ȵi^{21}, thɯ^{33}
高 上 以 云鬼 和 风鬼 楚鬼 和尤鬼 祭 该 皮 红 肉 红 拿 不 可 它

nɯ^{33} tshɿ^{21} ky̩^{55}. | sɿ^{21} o^{21} ʂər^{55} dər^{33}. | y^{21} dzɿ^{21} tɯ^{33} thy̩^{33} gə^{33} zo^{33}
以 作祟 会 署 魂 赎 该 羊 居 地 到 的 男

该祭天上的星鬼。该祭瓦鬼。要祭挖新土取石处的土鬼。

在巴格上转到南方的男子生病：该进行请素神的大仪式。不要去拿绿色的麻布和衣物。绿色的财物会闹鬼作祟。该进行祭神仪式。要用山羊和鸡作牺牲，在高山上进行祭云鬼和风鬼、楚鬼和尤鬼的法仪。不要去拿带血的红皮红肉，这些东西会闹鬼作祟。该进行向署赎魂的法仪。

在巴格上转到羊居地（西南方）的男子

452-L-17-14

gu^{21} me^{33}: | tʂʅ^{33} ʂʅ^{55} tɕər^{55} bɯ^{33} mə^{33} ȵi^{21}, thy̩^{33} tshɿ^{21} nɯ^{33} tshɿ^{21} ky̩^{55}. ə^{33} me^{33} mə^{33} ŋy̩^{55} me^{33}
病 者 土 新 挖 去 不 可 土鬼 以 作祟 会 母亲 未 超度 的

nɯ^{33} hɑ^{33} ʂu^{21} lɯ^{33} ky̩^{55}, ly̩^{33} zɿ^{21} y^{21} py^{21} dər^{33}. mu^{33} ɯ^{21} py^{21} dər^{33}. ɯ^{33} ʂʅ^{33} dzɿ^{33} mə^{33} ȵi^{21}. |
以 饭 找 来 会 野外祭祖 该 猛鬼 恩鬼 祭 该 牛 肉 吃 不 可

mɯ^{33} mə^{33} do^{21} gə^{33} thy̩^{33} tshɿ^{21} nɯ^{33} gu^{21} khɯ^{55} ky̩^{55}. tshɿ^{21} ʂu^{55} dər^{33}. ɯ^{33} ɕy^{21} ʂʅ^{55}、ʂʅ^{33} ɕy^{21} thy̩^{55}
天 不 见 的 土鬼 以 病 放 会 鬼 祭 该 皮 红 剥 肉 红 取

ly^{21} mə^{33} ȵi^{21}. | py^{33} by̩^{21} nɯ^{33} tshɿ^{21} thy̩^{55} dər^{33}. | mi^{55} gu^{21} me^{33}, bu^{21} tse^{21} dy^{21} khu^{55} tsɿ^{55} dər^{33}.
看 不 可 祭司 以 鬼 驱 该 妇女 病 是 猪 用 地 门 塞 该

to^{55} khɯ^{55} dər^{33}, to^{55} nɯ^{21} do^{21} i^{33} tʂhʅ^{33} mu^{21} phi^{55} dər^{33}. ʂʅ^{33} sɿ^{21} lɑ^{21} tʂu^{55} phər^{21}, ə^{55} y^{21} ə^{55} dæ^{33}
消灾仪式 该 垛鬼 和 铎鬼 南方 丢 该 死 生 手 结 解 猴 狐

ŋy̩^{55} dər^{33}.
超度 该

生病：不可去挖新土，土鬼会作祟闹鬼。未曾超度的母亲会来寻饭，该在野外祭祖先。该祭猛鬼和恩鬼。不宜吃牛肉。不见天的土鬼会放来疾病。该祭鬼。不要去看剥皮割带血的红肉。要由东巴祭司进行驱鬼法仪。若是女人生病，就要进行塞地门的法仪。要进行消灾仪式把垛鬼和铎鬼赶到南方去。要进行解开生者和死者之间的手结之法仪，要做猴子和狐狸面偶以超度死者。

452-L-17-15

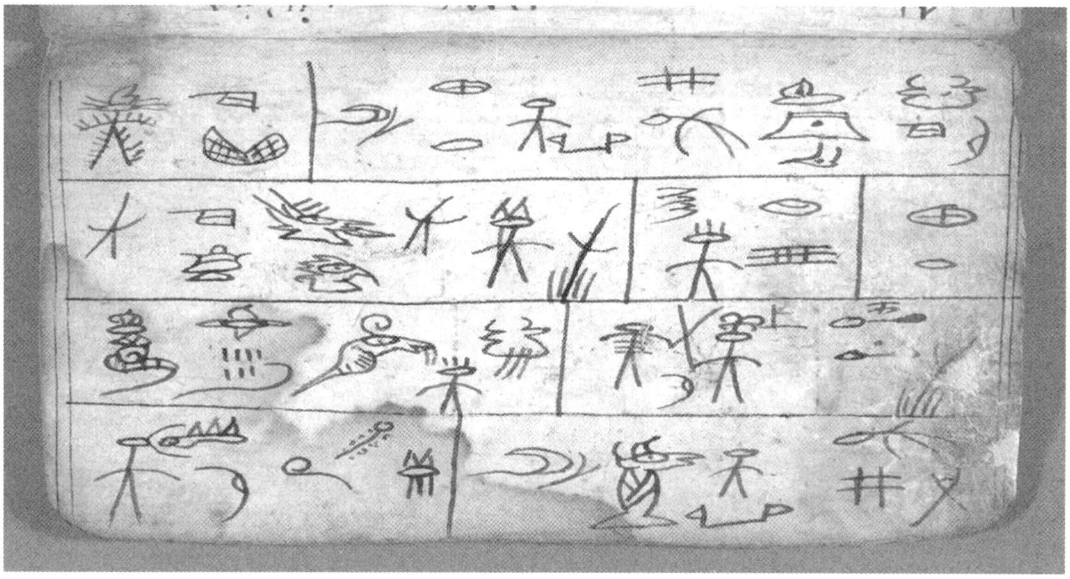

khə^{33} gv̩^{33} tshɿ^{21} ʂu^{55} dər^{33}. | ȵi^{33} me^{33} thv̩^{33} thv̩^{33} gə^{33} zo^{33} gu^{21} me^{33}: phy^{33} ly^{33} nɑ^{21}、dʑi^{33} nɑ^{21}、
抠古鬼 祭 该 西方 到 的 男 病 者 毡帽 黑 衣 黑

zɑ^{33} nɑ^{21}、ər^{33} nɑ^{21} ʂu^{21} nɑ^{21} y^{21} mə^{33} ȵi^{21}. tər^{21} nɯ^{33} hɑ^{33} ʂu^{21} lɯ^{33} kv̩^{55}. tshɿ^{55} tse^{21} æ^{21} tse^{21} tər^{21}
鞋 黑 铜器 铁 器 拿 不 可 呆鬼 以 饭 寻 来 会 山羊 用 鸡 用 呆鬼

tse^{21} py^{21} dər^{33}. | tshɿ^{21} thv̩^{55} dər^{33}. | ȵi^{33} me^{33} thv̩^{33} gə^{33} sɿ^{21} o^{21}ʂər^{55} dər^{33}. ʐʅ^{21}tshɿ^{21} pv̩^{55}dər^{33}. |
仄鬼祭 该 鬼 驱 该 东方 的 署 魂 赎 该 蛇 鬼 送 该

kho^{21} lɯ^{33} ʂə^{55} ʂə^{33} æ^{33} æ^{21} mə^{33} ȵi^{21}. uɑ^{33} phər^{21} uɑ^{33} nɑ^{21} py^{21} dər^{33}. ʂʅ^{33} ɕy^{21} dzɿ^{33} mə^{33} ȵi^{21}. dʑi^{33}
亲 戚 吵架 斗殴 不 可 瓦鬼 白 瓦鬼 黑 祭 该 肉 红 吃 不 可 景鬼

nɯ^{33} tshɿ^{21} kv̩^{55}. | khɯ^{33} dzɿ^{21} tɯ^{33} thv̩^{33} gə^{33} zo^{33} gu^{21} me^{33}:
以 作祟 会 狗 居 地 到 的 男 病 者

要进行祭抠古鬼的仪式。

在巴格上转到西方的男子生病：不可去拿黑毡帽、黑衣、黑鞋、铜器和铁器。呆鬼会来寻饭。要用山羊和鸡作牺牲进行祭呆鬼和仄鬼的仪式。该驱鬼。要向东方的署赎魂。要退送蛇鬼。亲戚间不要吵架斗殴。要进行祭白瓦鬼和黑瓦鬼的法仪。不宜吃带血的红肉。景鬼会来作祟。

在巴格上转到狗居地（西北方）的男子生病：

452-L-17-16

mɯ^{33} khu^{55} dɯ^{21} thy̩^{33} me^{33} uɑ^{21}. | khɑ^{33} khɑ^{33} ʂə^{55}ʂə^{33} ky̩^{33} ly^{21} mə^{33} ȵi^{21}. ʥi^{33} uɑ^{33} thy̩^{33} ky̩^{55}. |
天 门 大 到 的 是 吵架 处 看 不 可 是 非 产生 会

ɕy^{33} ʂʅ^{33} dzʅ^{33} mə^{33} ȵi^{21}. | kɯ^{21} tshʅ^{21} py^{21} dər^{33}. | he^{21} ʂu^{55} he^{21} ɕy^{55} sʅ^{33} dər^{33}. | tshʅ^{55} nɯ^{21} æ^{21}
野兽 肉 吃 不 可 星鬼 祭 该 神 祭 神 祀奉 该 山羊 和 鸡

tse^{21}, tɕi^{21} nɯ^{21} hər^{33} py^{21} dər^{33}. | sʅ^{21} ʥi^{33} kho^{33} mi^{21} tɕy^{21} nɯ^{33} o^{21} ʂər^{55} be^{33} dər^{33}. | to^{55} khɯ^{55}
用 云鬼 和 风鬼 祭 该 署 水 源 下 方向 以 魂 赎 做 该 消灾仪式

dər^{33}. ʥi^{33} py^{21} dər^{33} me^{55}. | mɯ^{33} tshʅ^{21} py^{21} dər^{33}. i^{33} tʂhʅ^{33} mu^{21} ly̩^{33} lɑ^{33} ky̩^{33} gə^{33} thy̩^{33} tshʅ^{21} ʂu^{55}
该 景神 祭 该 的 天鬼 祭 该 南方 石 凿 处 的 土鬼 祭

dər^{33}.
该

是到了大天门。不要去看吵架，会产生是非。不要吃野兽肉。该祭星鬼。要祭神祀奉神。要用山羊和鸡作牺牲进行祭云鬼和风鬼的法仪。要在署的水源处的下方向署赎魂。要进行消灾仪式。要祭景①神。要祭天鬼。要祭南方凿石处的土鬼。

① 景，音译神名，相似于汉文化中的雷神。

452-L-17-17

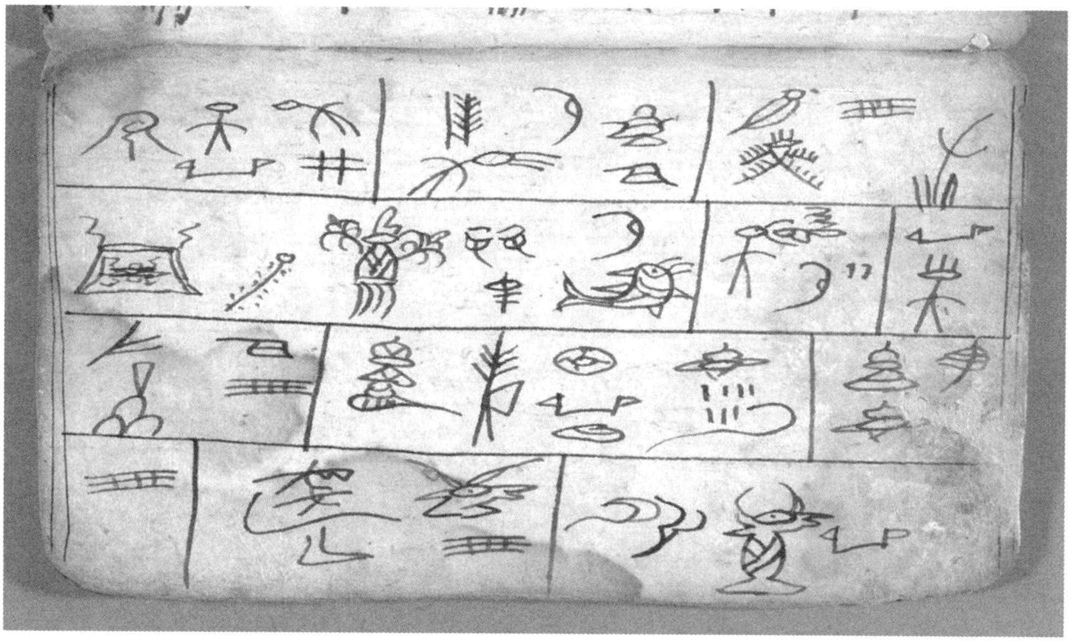

ho^{33} gy̩^{33} lo^{21} thy̩^{33} gə^{33} zo^{33} gu^{21} me^{33}: | mə^{33} ŋy̩^{55} tshʅ^{21} hɑ^{33} ʂu^{55} dər^{33}. | ʥi^{33} mu^{33} ɯ^{21} py^{21}
北方　　　到 的 男 病 者　　未 超度 鬼 饭 祭 该　　水 猛鬼恩鬼 祭

dər^{33}. ʥi^{33} ʂʅ^{55} nɯ^{33} tshʅ^{21} ky̩^{55}. tʂhər^{33} me^{33} ʂʅ^{55} tsʅ^{33} ly^{21} mə^{33} ȵi^{21}. | tshʅ^{55} ʂʅ^{33} dzʅ^{33} mə^{33} ȵi^{21}. |
该 衣 黄 以 作祟 会　媳妇　　新 接 看 不 可　　山羊 肉 吃 不 可

i^{33} tʂhʅ^{33} mu^{21} ly̩^{33} lɑ^{55} kho^{33} gə^{33} thy̩^{33} tshʅ^{21} ʂu^{55} dər^{33}. | ȵi^{33} me^{33} thy̩^{33} dzər^{21} khu^{33} thy̩^{55} sʅ^{21} o^{21}
南方　　　石 采 处 的 土鬼 祭 该　　东方　　树 旁　　署 魂

ʂər^{55} dər^{33}. | he^{21} dɯ^{21}①ɕy^{55} sʅ^{33} dər^{33}. | y^{21} tse^{21} to^{55} khɯ^{55} dər^{33}. | ɯ^{33} dzʅ^{21} tɯ^{33} thy̩^{33} gə^{33}
赎 该　神 大 祭　　该　绵羊 用 消灾仪式 该　　牛 居 地 到 的

在巴格上转到北方的男子生病：该给未超度的亡灵献饭。要祭水中的猛鬼和恩鬼。黄色衣服会闹鬼作祟。不要去看接送新媳妇。不宜吃山羊肉。该祭南方采石处的土鬼。要在东方的树旁向署赎魂。要祭祀大神。要用绵羊作牺牲进行消灾仪式。

在巴格上转到牛居地（东北方）

① 此字东巴写成“hər^{21}”，疑误，当作“dɯ^{21}”。“hər^{21}”与“dɯ^{21}”的东巴文字符很相似。

452-L-17-18

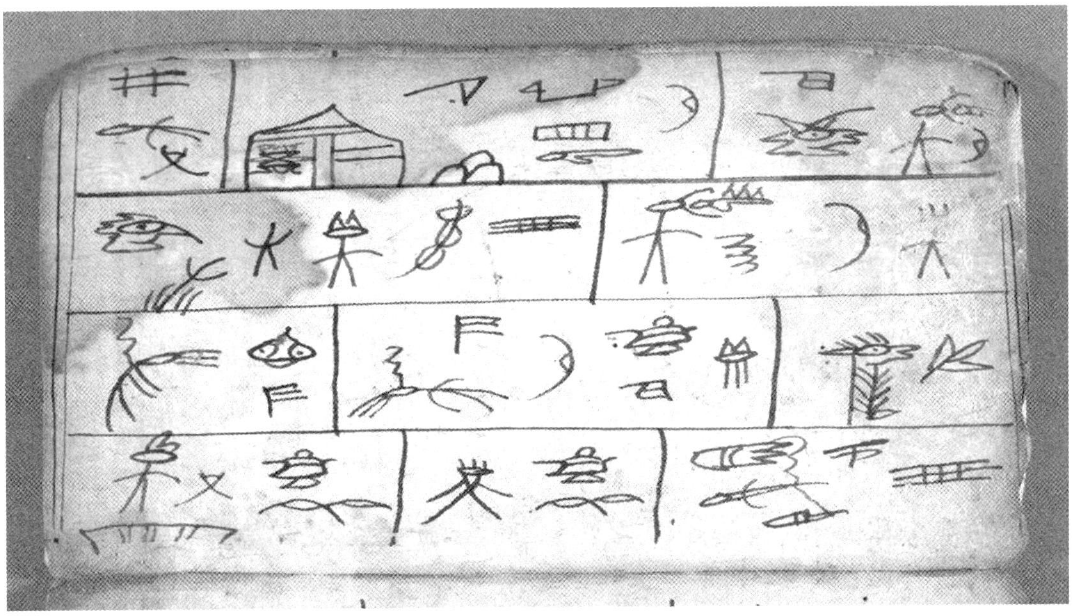

zo^{33} gu^{21} me^{33}: | ʥi^{21} ʂʅ^{55} tshɿ^{55}、lʏ^{33} lɑ^{55} tʂʅ^{33} ʂʅ^{55} thʏ^{55} be^{33} mə^{33} ȵi^{21}. | y^{21} kho^{55} y^{21} ʂʅ^{33} dzɿ^{33} mə^{33}
男 病 者 房 新 建 石 采 土 新 挖 做 不 可 绵羊 杀 绵羊肉 吃 不

ȵi^{21}. æ^{21} tse^{21} tər^{21} tse^{21} py^{21} tʂhu^{21} be^{33} be^{33} dər^{33}. | tshɿ^{55} ʂʅ^{33} ɕy^{21} dzɿ^{33} mə^{33} ȵi^{21}. tshɿ^{21} nɯ^{13} tshɿ^{33}
可 鸡 用 呆鬼仄鬼 祭 快 地 做 该 山羊 肉 红 吃 不 可 除鬼 和 楚鬼

nɯ^{33} pɑ^{33} sɑ^{21} be^{33} kʏ^{55}. | sɑ^{55} mə^{33} dɯ^{33} be^{33} ʂʅ^{33} me^{33} nɯ^{33} hɑ^{33} ʂu^{21} lɯ^{33} kʏ^{55}. | lʏ^{33} zɿ^{21} y^{21}
以 作祟 做 会 气 不 得 地 死 的 以 饭 找 来 会 野外祭祖

py^{21} dy^{21} lo^{21} nɯ^{33} me^{33} nɯ^{33} y^{21} hɑ^{33} iə^{55} dər^{33}. | mu^{33} nɯ^{21} ɯ^{21} hɑ^{33} iə^{55} dər^{33}. | ʂʅ^{33} sɿ^{21} lɑ^{21}
坝 里 以 母亲 以祖先 饭 给 该 猛鬼 和 恩鬼 饭 给 该 死 活 手

tʂu^{55} phər^{21} dər^{33}.
结 解 该

的男子生病：不要去建新房、采石和挖新土。不要去杀绵羊吃绵羊肉。要尽快地用鸡作牺牲祭呆鬼和仄鬼。不要吃带血的山羊肉。除鬼和楚鬼会作祟。未接到气[①]而死的亡灵会来找食。要在野外祭祖，由母亲在平坝里给亡灵施食。要给猛鬼和恩鬼施食。要进行解开生者和死者间之手结的法仪。

① 接气，纳西族在人将断气时，把用红纸包几粒米、茶、少许银的“口含”放入死者口中，该仪程称“接气”。

452-L-17-19

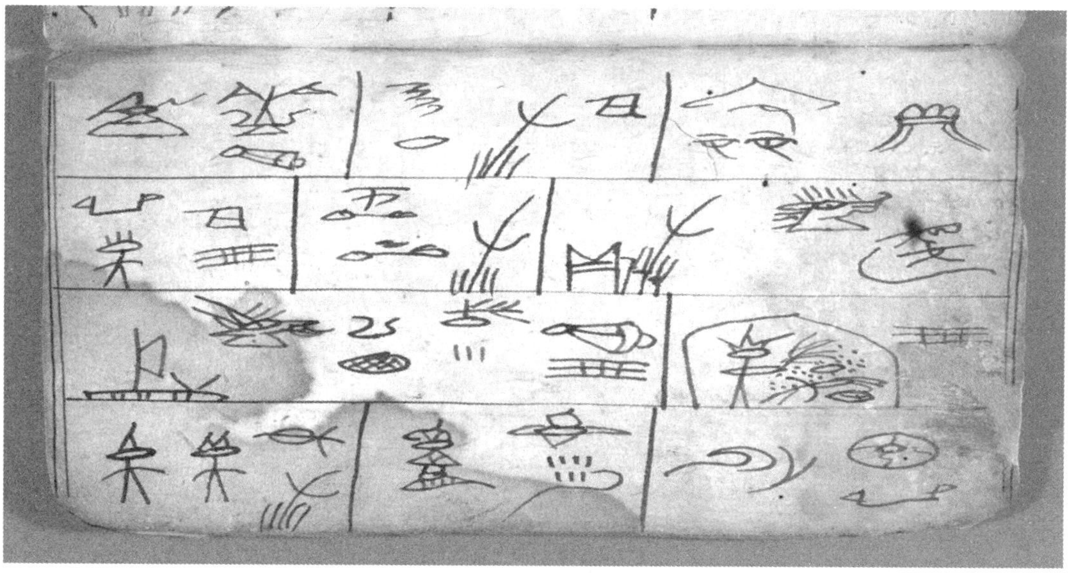

lɑ^{33} mɑ^{21} nɯ^{33} to^{33} mɑ^{33} phi^{55} dər^{33}. | kɯ^{21} tshʅ^{21} py^{21} ʂu^{55} dər^{33}. | mɯ^{33} mə^{33} do^{21} gə^{33} tso^{33}
喇嘛 以 面偶 丢 该 星 鬼 祭 该 天 不 见 的 灶

khɯ^{33} gə^{33} thy̥^{33} tshʅ^{21} ʂu^{55} dər^{33}. | uɑ^{33} phər^{21} uɑ^{33} nɑ^{21} py^{21} dər^{33}. | dzʅ^{33} uə^{33} py^{21} dər^{33}. bu^{21}
处 的 土鬼 祭 该 瓦鬼 白 瓦鬼 黑 祭 该 村 寨 祭 该 猪

tse^{21} to^{55} khɯ^{55} dər^{33}. dy^{21} khu^{33} tsʅ^{55} dər^{33}, tshʅ^{55} tse^{21} phy̥^{33} so^{33} mu^{21} so^{33} sʅ^{55} tso^{33} phi^{55} dər^{33}. |
用 消灾仪式 该 地 门 塞 该 山羊 用 男木偶 女木偶 三 具 丢 该

py^{33} by̥^{21} nɯ^{33} iə^{33} ko^{21} nɯ^{33} ʂʅ̥^{33} tshʅ^{21} thy̥^{55} dər^{33}. dy̥^{21} nɯ^{21} tse^{21}、kɯ^{21} nɯ^{21} zɑ^{21} py^{21} dər^{33}. | sʅ^{21}
祭司 以 家里 以 死 鬼 驱 该 毒鬼 和 仄鬼 星鬼 和 娆鬼 祭 该 署

o^{21} ʂər^{55} dər^{33}. | ȵi^{33} me^{33} thy̥^{33}
魂 赎 该 东方

该请喇嘛把面偶丢到外面去。该祭星鬼。要祭不见天的在灶下面的土鬼。要进行祭村寨神的仪式。要用猪作牺牲进行消灾仪式。要进行塞地门的法仪，要用山羊作牺牲，把三具男女木偶丢到外面去。要请东巴祭司在家里驱赶死鬼。该祭毒鬼和仄鬼、星鬼和娆鬼。要向署赎魂。

在巴格上转到东方的

452-L-17-20

thy̩^{33} gə^{33} zo^{33} gu^{21} me^{33}: sər^{33} phər^{21} ly̩^{33} phər^{21} thy̩^{55} bɯ^{33} mə^{33} ȵi^{21}. ｜ʥi^{21} ʂʅ^{55} tshɿ^{55} mə^{33} ȵi^{21}.

到 的 男 病 者 木 白 石 白 采 去 不 可 房 新 建 不 可

thy̩^{33} tshɿ^{21} mɯ^{33}① mə^{33} do^{21} me^{33} nɯ^{33} tshɿ^{21} ky̩^{55}. ｜dzər^{21} dɯ^{21} lɯ^{55} bɯ^{33} mə^{33} ȵi^{21}. ｜sɿ^{21} nɯ^{33}

土鬼 天 不 见 的 以 作祟 会 树 大 砍 去 不 可 署 心

mə^{33} hɯ^{21} o^{21} khy̩^{33} ky̩^{55}. zʅ^{21} tshɿ^{21} phi^{55} dər^{33}. ｜ɯ^{33} ʥi^{33}、phe^{21} ʥi^{33}、dy̩^{33} phər^{21} y^{21} mə^{33} ȵi^{21}. ｜

不 高兴 魂 偷 会 蛇 鬼 丢 该 皮 衣 麻布 衣 海螺 白 拿 不 可

dzɿ^{33} zər^{21} py^{21} dər^{33}. ｜tshɿ^{55} tse^{21} tɕi^{21} nɯ^{21} hər^{33}、dy̩^{21} nɯ^{21} tse^{21} py^{21} dər^{33}, ｜tər^{21}

祸 压 祭 该 山羊 用 云鬼 和 风鬼 毒鬼 和 仄鬼 祭 该 呆鬼

男子生病：不要去伐木采石。不要去建新房。不见天的土鬼会作祟。不要去砍大树。署会心里不高兴而偷走其灵魂。该退送蛇鬼。不要去拿皮衣、麻布衣和白海螺。要进行压祸灾的法仪。要用山羊作牺牲以祭云鬼和风鬼、毒鬼和仄鬼，

452-L-17-21

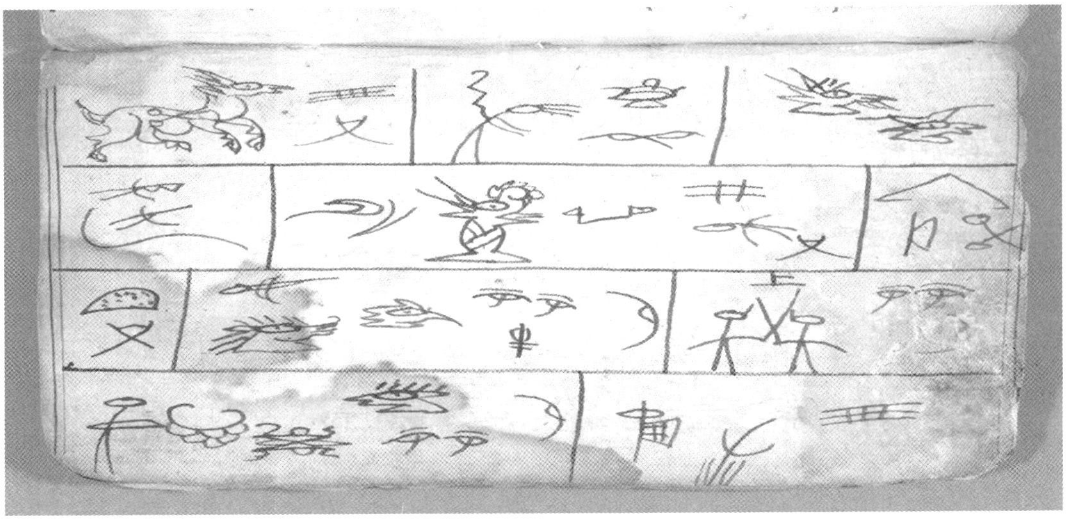

① 该字符下有“胆”字，上有“三”字，无法与其他字符连读成句，存疑。

tɕi^{55} tʂhuɑ^{55} be^{33} dər^{33} me^{55}. | tshɿ^{33} nɯ^{21} iə^{21} hɑ^{33} iə^{55} dər^{33}. | tshɿ^{55} tse^{21} y^{21} tse^{21} to^{55} khɯ^{55}

驮 鹿 做 该 的 楚鬼 和 尤鬼 饭 给 该 山羊 用 绵羊 用 消灾仪式

dər^{33}. | ly̩^{21} dzɿ^{21} tɯ^{33} thy̩^{33} gə^{33} zo^{33} gu^{21} me^{33}: | mɯ^{33} khu^{55} tɕi^{55} thy̩^{33} me^{33} uɑ^{21}. | bu^{21} kho^{55}

该 龙 居 地 到 的 男 病 者 天 门 小 到 的 是 猪 杀

æ^{21} kho^{55} ly^{21} mə^{33} ȵi^{21}. | ʂə^{55} ʂə^{33} æ^{33} æ^{21} ly^{21} mə^{33} ȵi^{21}. | ŋy̩^{33} hæ^{21} y^{21} ly^{21} mə^{33} ȵi^{21}. | gɑ^{33}

鸡 杀 看 不 可 吵架 斗殴 看 不 可 银 金 拿 看 不 可 嘎神

py^{21} dər^{33}.

祭 该

要做呆鬼的坐骑马鹿①。要给楚鬼和尤鬼施食。该用山羊和绵羊作牺牲进行消灾仪式。

在巴格上转到龙居地（东南方）的男子生病：是转到了小天门。不要去看杀猪和杀鸡。不要去看吵架和斗殴。不要看拿金银。要进行祭嘎神仪式。

452-L-17-22

mɯ^{33} dər^{33} sɿ^{55} dər^{33}. kɯ^{21} tshɿ^{21} py^{21} dər^{33}. | khɯ^{33} ʂər^{21} ɕy^{33} dy^{55} ly^{21} mə^{33} ȵi^{21}. | dzɿ^{33} uə^{33} py^{21}

天 错 认 该 星鬼 祭 该 狗 牵 野兽 撵 看 不 可 村 寨 祭

dər^{33}. | uɑ^{33} phər^{21} uɑ^{33} nɑ^{21} py^{21} dər^{33}. | tshɿ^{55} tse^{21} æ^{21} tse^{21}, tʂhu^{21} be^{33} tɕi^{21} nɯ^{21} hər^{33}、dy̩^{21}

该 瓦鬼 白 瓦鬼 黑 祭 该 山羊 用 鸡 用 快 地 云鬼 和 风鬼 毒鬼

nɯ^{21} tse^{21} py^{21} dər^{33}. | dʑi^{33} py^{21} dər^{33}. | tshɿ^{21} py^{21} dər^{33}. | mu^{33} ɯ^{21} py^{21} dər^{33}. | ly̩^{33} zɿ^{21} y^{21}

和 仄鬼 祭 该 景神 祭 该 鬼 祭 该 猛鬼恩鬼 祭 该 野外祭祖

① 在仪式上，马鹿多用柳条或茅草编扎而成。

ha^{33} iə^{55} py^{21} dər^{33}. | he^{21}
饭 给 祭 该 神

要进行向天认错的仪式。该祭星鬼。不要看牵狗撵山打猎。该进行祭村寨神仪式。该祭白瓦鬼和黑瓦鬼。要尽快地用山羊和鸡作牺牲以祭云鬼和风鬼、毒鬼和仄鬼。该进行祭景神仪式。要祭鬼。该祭猛鬼和恩鬼。要在野外祭祖献饭。

452-L-17-23

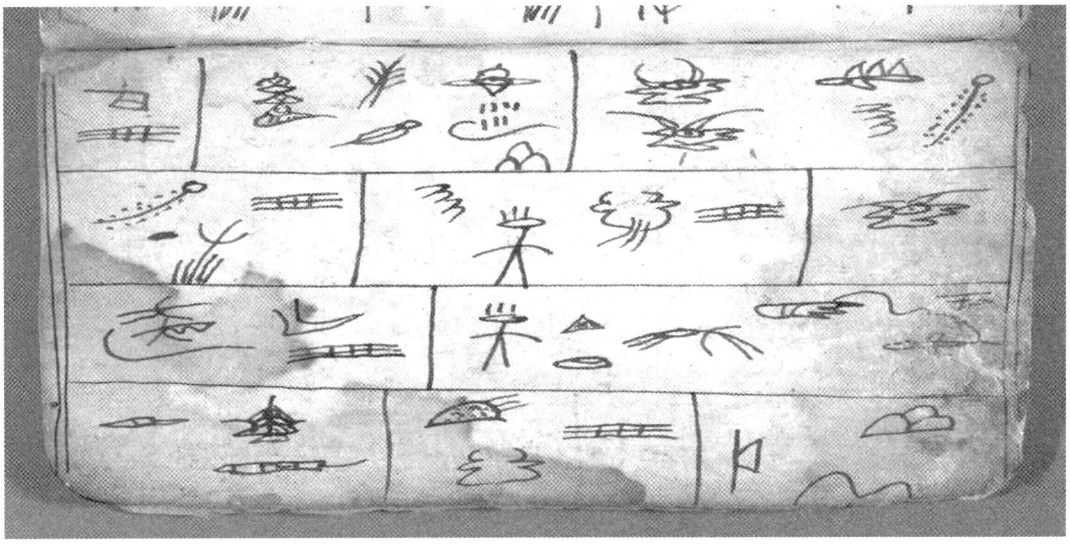

ʂu^{55} dər^{33}. | dzər^{21} khɯ^{33} ʥi^{21} kho^{33} khɯ^{33}、lṿ^{33} khɯ^{33} nɯ^{33} sʅ^{21} o^{21} ʂər^{55} dər^{33}. | ɯ^{33}、y^{21}、tshʅ^{55}
祭 该 树 旁 水 源 处 石 处 以 署 魂 赎 该 牛 绵羊 山羊

ʂʅ^{33} ɕy^{21} nɯ^{33} tshʅ^{21} kṿ^{55}. tshʅ^{21} na^{21} py^{21} dər^{33}. | tshʅ^{21} pṿ^{55} dər^{33}. | y^{21} tse^{21} to^{55} khɯ^{55} dər^{33}. |
肉 红 以 作祟 会 鬼 黑 祭 该 鬼 送 该 绵羊 用 消灾仪式 该

tshʅ^{21} khua^{21} thṿ^{55} dər^{33}. ʂʅ^{33} sʅ^{21} la^{21} tʂu^{55} phər^{21} dər^{33}. sʅ^{55} khṿ^{21} dər^{33}. | no^{55} bṿ^{21} dər^{33}. | khu^{33}
鬼 坏 驱 该 死 活 手 结 解 该 素神 请 该 诺神 祭 该 门

bu^{21} bṿ^{21} lṿ^{33} bṿ^{21} gə^{33}
槛 下 石 下 的

该祭神。在有树有水有石之处向署赎魂。带血的牛肉、绵羊肉、山羊肉会作祟闹鬼。该祭黑鬼。要退送鬼。要用绵羊作牺牲进行消灾仪式。该驱赶恶鬼。该进行解开生者与死者之间的手结之法仪。要进行请素神仪式。要祭诺神。该祭门槛石下的

452-L-17-24

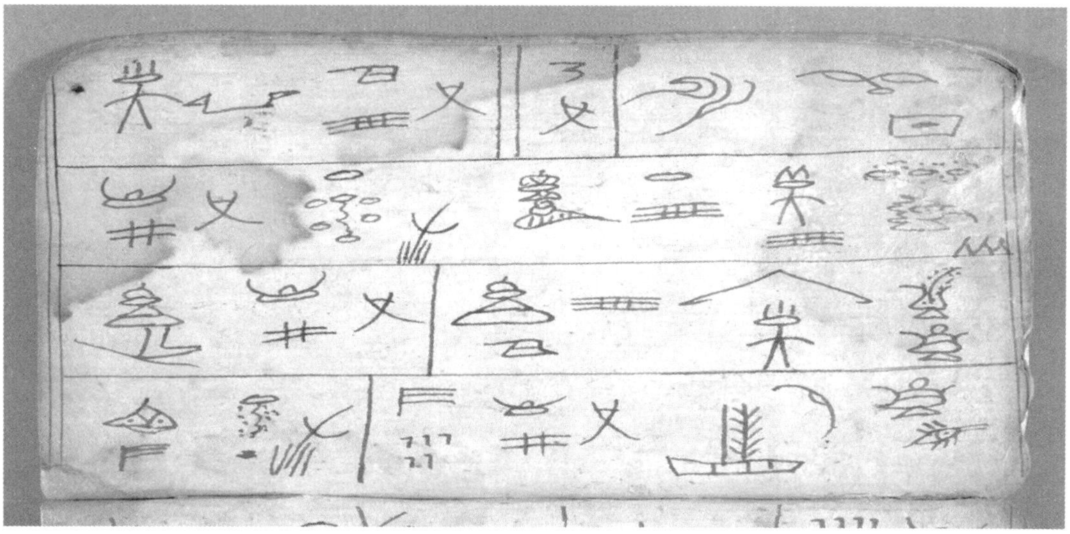

thy̩^{33} tshʅ^{21} ʂu^{55} dər^{33} me^{33}. ‖ se^{33} se^{21} me^{55}. | iə^{21} pe^{21} he^{33} gu^{21} me^{33}: kɯ^{21} tshʅ^{21} py^{21} dər^{33}. sʅ^{21}
土鬼 祭 该 的 完 了 的 正月 病 者 星 鬼 祭 该 署

gy̩^{21} dər^{33}. tse^{21} æ^{21} ku^{55} ɕy^{55} dər^{33}. he^{21} dʑiə^{33} he^{33} gu^{21} me^{33}: | he^{21} ʂu^{55} dər^{33}. mɯ^{33} tshʅ^{21} py^{21}
祭 该 仄神 鸡 许愿 该 二月 病 者 神 祭 该 天 鬼 祭

dər^{33}. zʅ^{33} hɑ^{33} nɯ^{33} pɑ^{33} sɑ^{21} be^{33} ky̩^{55}. tshʅ^{21} nɑ^{21} py^{21} dər^{33}. | sɑ^{55} uɑ^{33} he^{33} gu^{33} me^{33}: mə^{33} ŋy̩^{55}
该 酒 饭 以 作祟 做 会 鬼 黑 祭 该 三月 病 者 未 超度

tshʅ^{21} nɯ^{33} hɑ^{33} ʂu^{21} lɯ^{33} ky̩^{55},
鬼 以 饭 找 来 会

土鬼。

此段完了。

正月生病的人：该祭星鬼。要进行祭署仪式。要献放生鸡向仄神许来年再祭之愿。

二月生病的人：该祭神。要祭天鬼。酒和饭会闹鬼作祟。

三月生病的人：未超度的亡灵会来寻食。

452-L-17-25

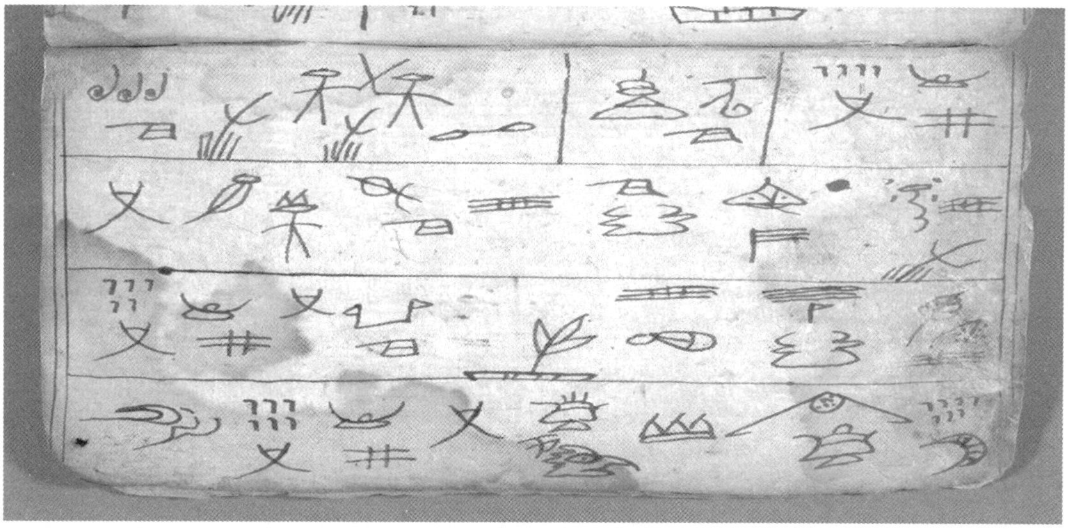

hɯ^{21}①、y^{21} hɑ^{33} ʂu^{55} py^{21} dər^{21}. æ^{33} æ^{21} thy̩^{33} ky̩^{55}, uɑ^{33} tshɿ^{21} py^{21} dər^{33}. ｜sæ^{33} do^{33} ʂu^{55} dər^{33}. ｜
祖先 饭 祭 该 殴斗 产生 会 瓦鬼 祭 该 三朵神 祭 该

lu^{55} me^{33} he^{33} gu^{21} me^{33}: ʥi^{33} tse^{21} ʥi^{33} zɑ^{21} ʂu^{55} dər^{33}. ər^{33} nɑ^{21} ʂu^{21} nɑ^{21} nɯ^{33} pɑ^{33} sɑ^{21} be^{33} ky̩^{55}.
四月 病 者 景仄景饶宋 该 铜 器 铁 器 以 作祟 做 会

tshɿ^{21} nɑ^{21} py^{21} dər^{33}. uɑ^{55} me^{33} he^{33} gu^{21} me^{33}: thy̩^{33} ʂu^{55} dər^{33}. ʐɿ^{21} dy^{21} phi^{55} dər^{33}. hər^{33} ko^{33} py̩^{55}
鬼 黑 祭 该 五月 病 者 土鬼 祭 该 仇 地 丢 该 风 遇

ɕy^{33} be^{33} dər^{33}. ｜tʂhuɑ^{55} me^{33} he^{33} gu^{21} me^{33}: æ^{21} phər^{21} nɯ^{33} u^{21} ku^{55} ɕy^{55} dər^{33}. mɯ^{33} tshɿ^{21} by̩^{21}
法事 做 该 六月 病 者 公鸡 以 吾神 许愿 该 天 鬼 孵

hɑ^{55} ʂər^{21} ʥy^{33}.
日 长 有

该向祖先献饭。会发生殴斗，该祭瓦鬼。要祭三朵②神。

四月里生病的人：该进行名叫“景仄景饶宋”的法仪。铜器和铁器会作祟闹鬼，该祭黑鬼。

五月里生病的人：该祭土鬼。要把病丢到仇地里去，遇到大风则要作法事。

六月里生病的人：要用一只公鸡作放生鸡向吾神许下来年再祭之愿。孵天鬼③的时间会长久。

452-L-17-26

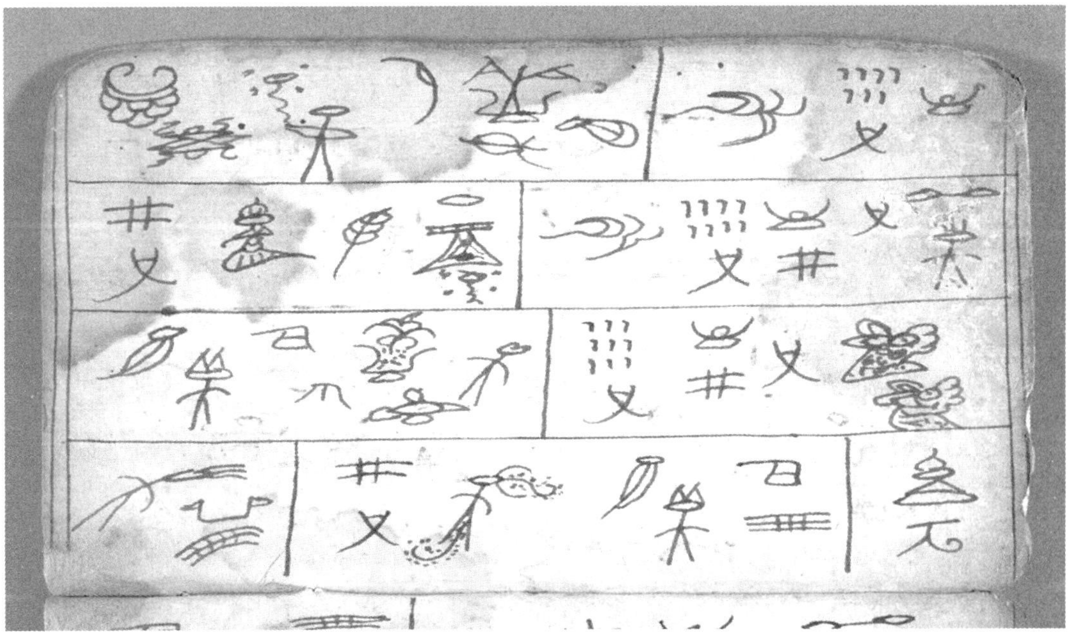

① 该字符与其他字符无法连读成句，存疑。

② 三朵，音译神名，其化身为丽江玉龙雪山，被视为纳西族保护神。

③ 孵天鬼，若有病或灾祸，经占卜需作祭仪，而主人无财力或无时间，就用麻布包一个鸡蛋几炷香挂在梁上，有财有时则再祭，让鬼像抱母鸡孵小鸡似地睡着，这种做法称“孵××鬼”。

ŋy̩^{33} hæ^{21} y^{21} mə^{33} n̩i^{21}, tshɿ^{21} nɯ^{33} tshɿ^{21} ky̩^{55}. zɑ^{21} to^{33} mɑ^{33} phi^{55} dər^{33}. | sæ^{33} me^{33} he^{33} gu^{21} me^{33}:
银 金 拿不 可 鬼 以 作祟 会 娆鬼 面偶 丢 该 七月 病 者

sɿ^{21} ɕy^{55} sɿ^{33} dər^{33}. gy̩^{33} dʑi^{33} nɑ^{21} nɯ^{33} tshɿ^{21} ky̩^{55}. | huɑ^{55} me^{33} he^{33} gu^{21} me^{33}: uɑ^{33} tshɿ^{21} py^{21} dər^{33}.
署 祭祀 该 衣 黑 以 作祟 会 八月 病 者 瓦鬼 祭 该

dʑi^{33} tse^{21} dʑi^{33} zɑ^{21} ʂu^{55} dər^{33}. tʂhər^{33} ɯ^{33} kɑ^{33} me^{33} thɯ^{21} dɯ^{33}. | guə^{33} me^{33} he^{33} gu^{21} me^{33}: ʐər^{21}
景仄景饶宋 该 药 好 的 喝 得 九月 病 者 豹

tshɿ^{21} lɑ^{33} tshɿ^{21} py̩^{55} dər^{33}. ʂʅ^{33} tshɿ^{21} thy̩^{55} dər^{33}. | gu^{21} me^{33} le^{33} phy^{55} le^{33} sæ^{55} se^{13}, dʑi^{33} tse^{21} dʑi^{33}
鬼 虎 鬼 送 该 死 鬼 驱 该 病 的 又 吐 又 泻 则 景仄景饶宋

zɑ^{21} ʂu^{55} dər^{33}. | sæ^{33} do^{33}
该 三朵神

不要去拿金银。鬼会来作祟。要把娆鬼面偶丢到外面去。

七月里生病的人：要祭祀署。黑衣服会作祟闹鬼。

八月里生病的人：该祭瓦鬼。要进行名叫“景仄景饶宋”的法仪。会喝到好药。

九月里生病的人：要退送豹子鬼和老虎鬼。要驱赶死鬼。病的人若又吐又泻，则要进行名叫“景仄景饶宋”的法仪。要祭三朵神。

452-L-17-27

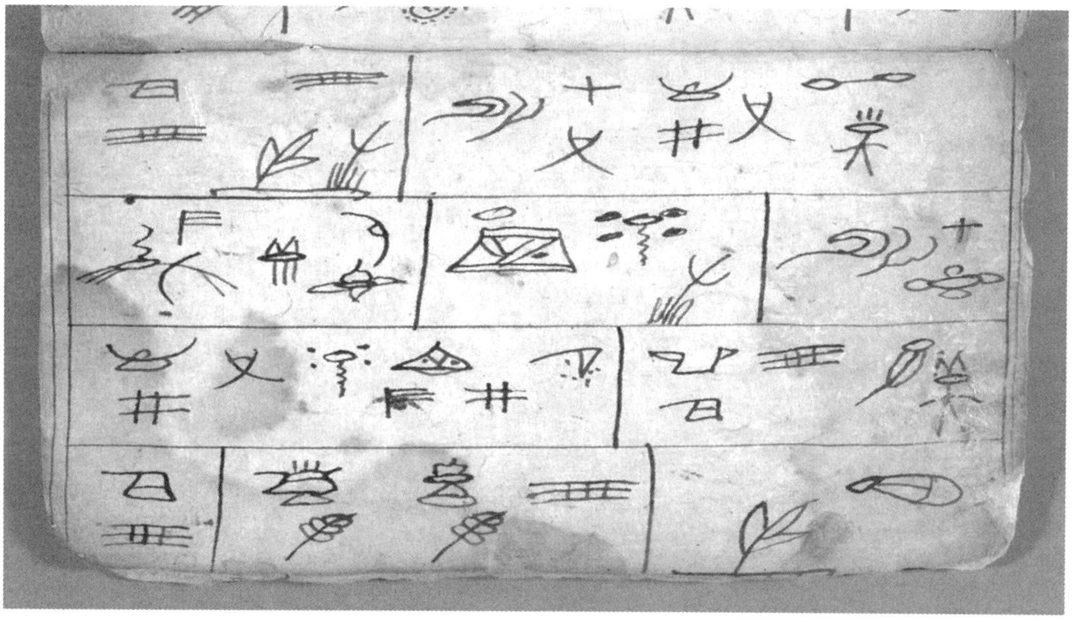

ʂu^{55} dər^{33}. ly̩^{33} zɿ^{21} y^{21} py^{21}dər^{33}. | tshe^{21} me^{33} he^{33}gu^{21} me^{33}: uɑ^{33} tshɿ^{21} py^{21} dər^{33}. sɑ^{33} mə^{33} dɯ^{33}①
祭 该 野外祭祖 该 十月 病 者 瓦 鬼 祭 该 气 不 得

be^{33} ʂʅ^{33} ky̩^{55}. | gy̩^{33} dʑi^{33} nɑ^{21} nɯ^{33} tshɿ^{21} ky̩^{55}. tshɿ^{21} py^{21} dər^{33}. | tshe^{21} də^{33} he^{33} gu^{21} me^{33}: tshɿ^{21}
地 死会 衣 黑 以 作祟 会 除鬼 祭 该 十一月 病 者 鬼

① 字符“hər”误，当作“dɯ”，两字字符相似。

nɯ^{33} pɑ^{33} sɑ^{21} be^{33} gu^{21}. | thv̩^{33} ʂu^{55} dər^{33}. ʥi^{33} tse^{21} ʥi^{33} zɑ^{21} ʂu^{55} dər^{33}. | u^{21} ɕy^{33} he^{21} ɕy^{33}
以 作祟 做 病 土鬼 祭 该 景仄景饶宋 该 吾神 法事 恒神 法事

be^{33} dər^{33}. | zʅ^{13} dy^{21} phi^{55} dər^{33}.
做 该 仇 地 丢 该

该在野外祭祖先。

十月里生病的人：该祭瓦鬼。有人会不得气而亡。黑衣服会作祟闹鬼。该祭除鬼。

十一月里生病的人：是鬼作祟而病，该祭土鬼。要进行名叫“景仄景饶宋”的法仪。该祭祀吾神和恒神。要把病丢到仇地里去。

452-L-17-28

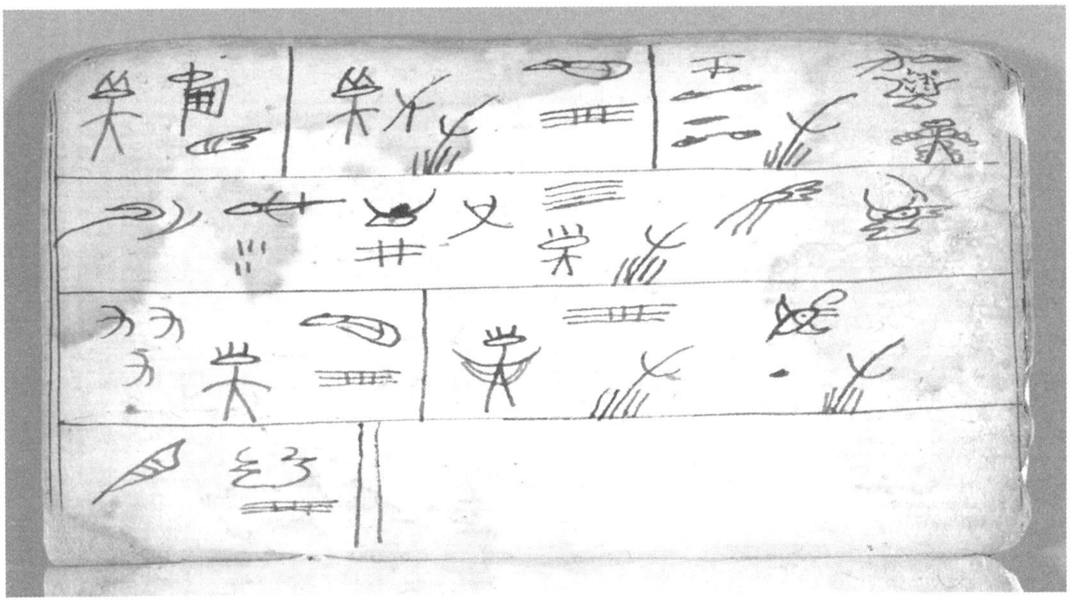

tse^{21} gɑ^{33} lɑ^{21} ku^{55} ɕy^{55} dər^{33}. | tər^{21} tse^{21} py^{21} to^{33} mɑ^{33} phi^{55} dər^{33}. | uɑ^{33} phər^{21} uɑ^{33} nɑ^{21} py^{21}
仄 战神 许愿 该 呆鬼仄鬼 祭 面偶 丢 该 瓦鬼 白 瓦鬼 黑 祭

dər^{33}. dv̩^{21}、ʐʅ^{33}、tɕiə^{33}①. | dɑ^{33} uɑ^{33} he^{33} gu^{21} me^{33}: hər^{33} tshʅ^{21} py^{21} dər^{33}. ku^{55} ɯ^{33} be^{21} tshʅ^{21} phi^{55}
该 毒鬼 酒 麻风 十二月 病 者 风鬼 祭 该 绝后鬼 丢

dər^{33}. | ze^{21} py^{21} dər^{33}. tɕi^{55} nɑ^{21} py^{21} dər^{33}. do^{21} pv̩^{55} dər^{33}. ||
该 壬鬼 祭 该 季鬼 大 祭 该 铎鬼 送 该

要向仄战神许来年再祭之愿。该祭呆鬼和仄鬼，要把鬼面偶丢到外面去。该祭白瓦鬼和黑瓦鬼。

十二月生病的人：该祭风鬼。要祭绝后鬼，把绝后鬼驱赶到外面去。该祭壬②鬼。要进行祭季鬼的大仪式。要退送铎鬼。

① 这三个东巴文字符无法连读成句，存疑。

② 壬，音译鬼名，人将死时眼中会流泪，泪未干则人未死，这种鬼是专吸这泪水使人加速死亡。

452-L-17-29

封底

（翻译：王世英）

574-L-18-01

ə^{33} me^{33} zy^{55} tɕi^{33} hə^{21} khy̩^{55} phæ^{21} ly^{21}

占卜·以母亲生孩子的年龄占卜

574-L-18 占卜·以母亲生孩子的年龄占卜

【内容提要】

本古籍记录了如下占卜方法的卦辞：

一、以孩子的生日与时之属相占凶吉。

二、以母亲在巴格上移动到某方位代表的年份出生占孩子的运数。

三、以生日占卜。

四、以属何属相占口福及寿福，占何月何日有厄运。

五、何属相时所生的孩子应取什么名字。

六、十五岁至四十九岁的母亲生孩子，以所生之孩子是男是女占凶吉。

七、母亲生孩子日为几号占需作何种东巴仪式。

八、以日子占卜，所占内容有：起兵打仗、做生意、母亲生育、进财、做客，娶媳妇、出行等。

【英文提要】

The Divination. to Divine with the Age of the Mother Procreates an Infant

This book records the following hexagrams words of divination:

First, it introduces to divine the good and bad with the birthday of the infant and the time of Chinese zodiac.

Second, it introduces to divine the fate of infant with the born year that the mother moves to the actual direction on the ***Bage*** picture.

Third, it introduces to divine with birthday.

Fourth, it introduces to divine the rich and felicity, as well as the day and month of misfortune with the Chinese zodiac.

Fifth, it introduces to divine the name of infant with the Chinese zodiac of born.

Sixth, it introduces to divine the bad and good with the gender of infant whose mother is 15 years old to 49 years old.

Seventh, it introduces to divine rituals need be held with the birthday of the infant.

Eighth, it introduces to divine with date. Contents of divination include: battle, business, procreation, wealth bringing, guesting, marriage, errand, etc.

574-L-18-02

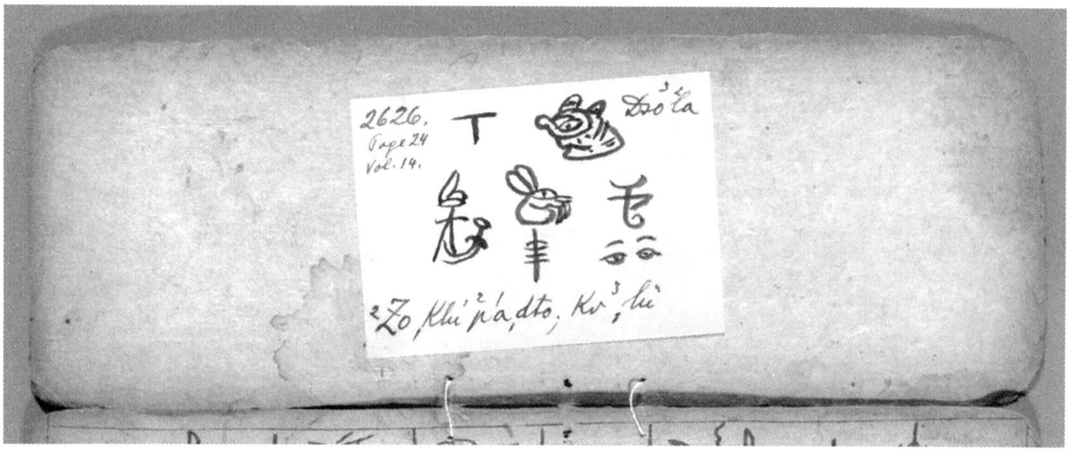

“2626”为洛克收藏纳西东巴古籍时的序号。上行之东巴文为“tso^{55} lɑ^{33}”，我们音译为“佐拉”，是洛克对此古籍用于何处的记录，但洛克有误，“佐拉”只是东巴占卜方法之一，而非对所有占卜的总称。中间的东巴文是此书书名之复写。下行字母是洛克记下书名的读音。

574-L-18-03

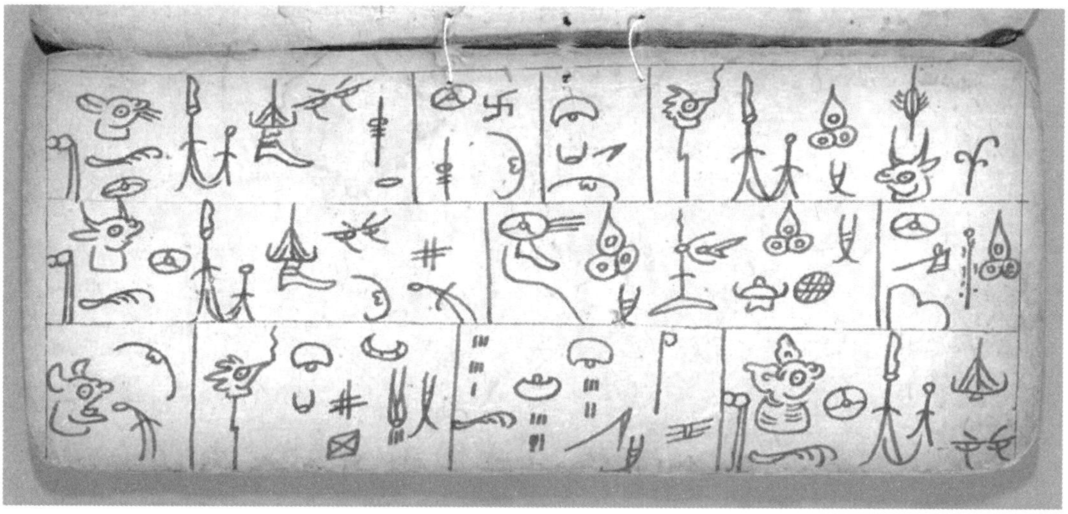

fy̩^{55} khy̩^{33} dɯ^{33} ȵi^{33} ə^{33} me^{33} zy^{55} tɕi^{33} hə^{21} me^{33}: sɿ^{55} khɯ^{33} do^{21} tɕi^{33} hə^{21}, ly^{55} mu^{21} gy̩^{33}. |
鼠 岁 一 日 母亲 婴 生 的 晨光 见 生 中常 成

ȵi^{55} ly^{21} gy̩^{33} tɕi^{33} hə^{21}, ɯ^{33}, mə^{33} khuɑ^{21}. | hu^{21} kho^{33} tɕi^{33} hə^{21}, khuɑ^{21}, mə^{33} ɯ^{33}. | æ^{21} tɕy^{21}
中午 生 吉 不 凶 深夜 生 凶 不 吉 鸡 鸣

tʂhər^{55}① tɕi^{33} hə^{21}, ɯ^{33} me^{55}, o^{33} dze^{33} dzɿ^{33} me^{55}. | ɯ^{33} khy̩^{55} dɯ^{33} ȵi^{33} ə^{33} me^{33} zy^{55} tɕi^{33} hə^{21}: sɿ^{55}
生 吉 的 财物 增 的 牛 岁 一 日 母亲 婴 生 晨光

khɯ^{33} do^{21} tɕi^{33} hə^{21} me^{33}, gu^{21} mə^{33} ky̩^{55}. | ȵi^{33} me^{33} khɯ^{33} zɑ^{21} tɕi^{33} hə^{21}, ɯ^{33} me^{55}. ʂɿ^{33} dzɿ^{33} hɑ^{33}
见 生 的 病 不 会 太阳光 降下 生 吉 的 肉 吃 饭

① “鸡鸣”下写了个“tʂhər”，无法与表示时间的习惯用语连读成句，存疑。后文亦有多处，不再一一作注。

dzɿ^{33} ɯ^{33}mu^{21} me^{55}. | n̠i^{33} me^{33} bu^{21} kv̩^{33} ty^{33}①dzʅ^{21} tɕi^{33} hə^{21}, ɯ^{33}. khɯ^{33} nɯ^{33} tshɑ^{55} mə^{33} kv̩^{55}. |

吃 吉 的 是 太阳 坡 上 架 时 生 吉 狗 以 咬 不 会

æ^{21} tɕy^{21} dzʅ^{21}、hu^{21} kho^{33} tɕi^{33} hə^{21}, gu^{21} tshər^{33} dʑy^{33} kv̩^{55} me^{55}. | ʂər^{33} khv̩^{55} uɑ^{55} he^{33} uɑ^{55} hɑ^{33}

鸡 鸣 时 深夜 生 病 发烧 有 会 的 七 年 五 月 五 天

ko^{21} be^{33} dər^{33} me^{55}. | lɑ^{33} khv̩^{55} dɯ^{33} n̠i^{33} ə^{33} me^{33} zy^{55} tɕi^{33} hə^{21} me^{33}: sɿ^{55} khɯ^{33} do^{21} tɕi^{33} hə^{21},

郭 做 该 的 虎 岁 一 日 母亲 婴 生 的 晨光 见 生

属鼠日一天母亲生养婴儿：晨光现时生的，为中常。中午生的为吉，不凶。深夜生的，凶，不吉。鸡鸣时生的，吉，财物会增多。

属牛日一天母亲生小孩：晨光时生的，不会生病。太阳光照大地时生的，吉。能吃到肉和饭。太阳落坡时生的，吉，不会被狗咬。鸡鸣时所生，深夜时所生的，会生病发烧。七年、五个月、五天则该做“郭”②。

属虎日一天母亲生小孩：晨光时生的，

574-L-18-04

be^{33} le^{33} gv̩^{33} mə^{33} n̠i^{21} kv̩^{55}. | n̠i^{33} me^{33} bu^{21} kv̩^{55} gə^{21} thv̩^{33} dzʅ^{21} tɕi^{33} hə^{21}, ɯ^{33} me^{55}. | n̠i^{33} me^{33}

做 而成 不 可 会 太阳 坡 上 往上 出 时 生 吉 的 太阳

bu^{21} kv̩^{33} ty^{33}、æ^{21} tɕy^{21} dzʅ^{21} tɕi^{33} hə^{21}, mə^{33} ɯ^{33}. o^{33} dze^{33} thv̩^{55} py^{21} dər^{33}. | tho^{33} le^{33} khv̩^{55} dɯ^{33}

坡 上 架 鸡 鸣 时 生 不 吉 财物 出 祭 该 兔 岁 一

n̠i^{33} ə^{33}me^{33} zy^{55} tɕi^{33} hə^{21} me^{33}: sɿ^{55} khɯ^{33} do^{21} dzʅ^{21} tɕi^{33} hə^{21}, ŋv̩^{33} hæ^{21} o^{33}dze^{33} dzɿ^{33} kv̩^{55}, ɯ^{33}. |

日 母亲 婴 生 的 晨光 见 时 生 银 金 财物 增 会 吉

n̠i^{55} ly^{21} gv̩^{33} tɕi^{33} hə^{21}, khuɑ^{21}, mə^{33} kɑ^{33}. n̠i^{33} me^{33} bu^{21} kv̩^{33} ty^{33} dzʅ^{21} tɕi^{33} hə^{21}, ɯ^{33}. tʂhuɑ^{55} he^{33}

中午 生 凶 不 吉 太阳 坡 上 架 时 生 吉 六 月

① “ʂu^{21}”疑误，与表时间的习惯用语无法连读，校读作“ty”。

② 郭，音译，其义不明，存疑。

se^{13} ko^{21} be^{33} dər^{33} me^{55}. | ȵi^{33} me^{33} gv̩^{21} dʐʅ^{21} tɕi^{33} hə^{21}, ɯ^{33} me^{55}. | lv̩^{21} khv̩^{55} dɯ^{33} ȵi^{33} ə^{33} me^{33}
则 郭 做 该 的 太阳 落 时 生 吉 的 龙 岁 一 日 母亲

zy^{55} tɕi^{33} hə^{21} me^{33}: uɑ^{55} he^{33} se^{13} ko^{21} be^{33} me^{33} gv̩^{33}. | sʅ^{55} khɯ^{33} do^{21}、ȵi^{33} me^{33} khɯ^{33} do^{21} dʐʅ^{21}
婴 生 的 五 月 则 郭 做 的 成 晨光 见 太阳 光 见 时

tɕi^{33} hə^{21}, mə^{33}、zo^{33} nɯ^{33} mi^{33} thv̩^{21} zʅ^{33}、(?)①. | ɕy^{33} lɑ^{33} gv̩^{33} me^{55}. | ȵi^{33} me^{33} bu^{21} kv̩^{33} ty^{33}
生 不 男 以 火把 拿 兽 虎 成 的 太阳 坡 上 架

dʐʅ^{21} tɕi^{33} hə^{21}, gu^{21} tshər^{33} thv̩^{33} kv̩^{55}. | hu^{21} kho^{33} tɕi^{33} hə^{21}, ɯ^{33}.
时 生 病 发 烧 产生 会 深夜 生 吉

会做事不成功。太阳出山时生的，吉。太阳将落山时所生、鸡鸣时生的，凶，不吉；该拿出财物作祭祀仪式。

属兔日一天母亲生小孩：晨光时生的，金银财物会增多，吉。中午时生的，凶，不吉。太阳将落山时生的，吉。六个月时该做“郭”。太阳落山时生的，吉。

属龙日的一天母亲生小孩：五个月就该做“郭”。见晨光时生、见太阳光时生的，会成为像野兽和老虎一样的人。太阳落山时生的，会生病发烧。深夜时生的，吉。

574-L-18-05

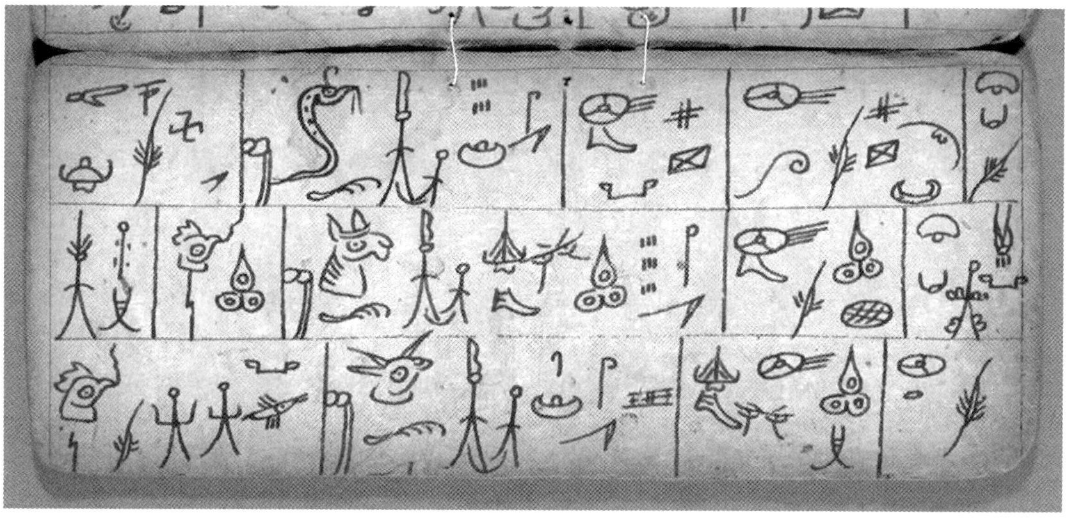

ʂʅ^{33} hɑ^{33} ɕi^{21} phər^{21} ɯ^{33}, khuɑ^{21}. | ʐʅ^{21} khv̩^{55} dɯ^{33} ȵi^{33} ə^{33} me^{33} zy^{55} tɕi^{33} hə^{21} me^{33}: tʂhuɑ^{55} he^{33} se^{13}
肉 饭 谷 白 吉 凶 蛇 岁 一 日 母亲 婴 生 的 六 月 则

ko^{21} be^{33} dər^{33} me^{55}. | ȵi^{33} me^{33} khɯ^{33} thv̩^{33} tɕi^{33} hə^{21}, gu^{21} tshər^{33} kv̩^{55}. | ȵi^{33} me^{33} gv̩^{21} dʐʅ^{21} ɕi^{21},
郭 做 该 的 太阳 脚 出 生 病 发烧 会 太阳 落 时 生

gu^{21} tshər^{33} mə^{33} dʑy^{33}. | hu^{21} kho^{33} ɕi^{21} me^{33}, ə^{33} sʅ^{21} to^{55} tshʅ^{21} me^{55}. | æ^{21} tɕy^{21} dʐʅ^{21} ɕi^{21}, ɯ^{33}
病 发烧 没 有 深夜 生 的 父亲 上 作祟 的 鸡 鸣 时 生 吉

① 这三个字符无法连读成句，其中动物头不知画的是何种动物，存疑。

me^{55}. | ʐuɑ^{33} khv̩^{55} dɯ^{33} ȵi^{33} ə^{33} me^{33} zy^{55} tɕi^{33} hə^{21} me^{33}: sʅ^{55} khɯ^{33} do^{21} ɕi^{21}, ɯ^{33}. gv̩^{33} he^{33} se^{13}
的 马 岁 一 日 母亲 婴 生 的 晨光 见 生 吉 九 月 则

ko^{21} be^{33} dər^{33} me^{55}. | ȵi^{33} me^{33} gə^{21} thv̩^{33} dʐʅ^{21} ɕi^{21}, ɯ^{33} mu^{21}. | hu^{21} kho^{33} ɕi^{21}, bv̩^{33} thv̩^{33} kv̩^{55}.
郭 做 该 的 太阳 上 出 时 生 吉 的 深夜 生 疮 生 会

æ^{21} tɕy^{21} dʐʅ^{21} ɕi^{21}, v̩^{55} v̩^{33} lɯ^{33} lɯ^{21} thv̩^{33} kv̩^{55}. | y^{21} khv̩^{55} dɯ^{33} ȵi^{33} ə^{33} me^{33} zy^{55} tɕi^{33} hə^{21} me^{33}:
鸡 鸣 时 生 摇晃 产生 会 羊 岁 一 日 母亲 婴 生 的

dɯ^{33} he^{33} se^{13} ko^{21} be^{33} dər^{33}. | sʅ^{55} khɯ^{33} do^{21}、ȵi^{33} me^{33} thv̩^{33} dʐʅ^{21} ɕi^{21}, ɯ^{33} me^{55}. | ȵi^{33} me^{33}
一 月 则 郭 做 该 晨光 见 太阳 出 时 生 吉 的 太阳

gv̩^{21} dʐʅ^{21} ɕi^{21}
落 时 生

有关吃肉、吃饭及白谷之口福方面为吉，但又会成为凶。

属蛇的一天母亲生小孩：第六个月就要做“郭”。太阳出山时生的，会生病发烧。太阳落山时生的，不会生病发烧。深夜时生的，鬼会缠上父亲。鸡鸣时生的，吉。

属马的一天母亲生小孩：晨光初现时所生，吉。第九个月要做“郭”。太阳出山时所生，吉。深夜时所生，会生疮。鸡鸣时所生，走路会摇摇晃晃。

属羊的一天母亲生小孩：第一个月就该做“郭”。晨光初现时所生，吉。太阳落山时所生……

574-L-18-06

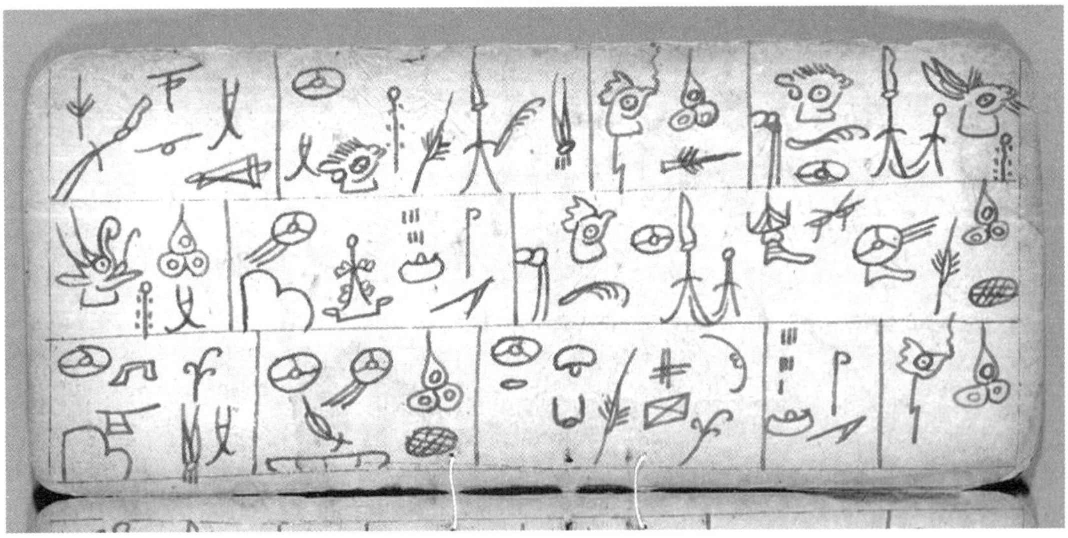

tho^{33}、mi^{55}、phər^{21}、tər^{55}、me^{33}、phi^{21}① | ȵi^{33} me^{33} mæ^{55} ȵi^{33} kho^{33} ə^{55} y^{21} dʐʅ^{21} ɕi^{21}, dv̩^{21} tshʅ^{21} nɯ^{33}
松 女 白 结 母 腿 太阳 下午 猴 时 生 毒鬼 以

o^{21} he^{33} khv̩^{33} kv̩^{55}. | æ^{21} tɕy^{21} dʐʅ^{21} ɕi^{21}, mæ^{55} se^{13} ɯ^{33}. | ə^{55} y^{21} khv̩^{55} dɯ^{33} ȵi^{33} ə^{33} me^{33} zy^{55} tɕi^{33}
灵魂 偷 会 鸡 鸣 时 生 后 则 吉 猴 岁 一 日 母亲 婴 生

① 这六个东巴文字符无法连读成句，存疑。

hə^{21} me^{33}: tho^{33} le^{33} dʐʅ^{21}、ly̩^{21} dʐʅ^{21} ɕi^{21}, ɯ^{33} me^{55}. | ȵi^{33} me^{33} bu^{21} ky̩^{33} ty^{33} dʐʅ^{21} ɕi^{21}, by̩^{33} thy̩^{33}
的 兔 时 龙 时 生 吉 的 太阳 坡 上 架 时 生 疮 生

ky̩^{55}. tʂhuɑ^{55} he^{33} se^{13} ko^{21} be^{33} dər^{33} me^{55}. | æ^{21} khy̩^{55} dɯ^{33} ȵi^{33} ə^{33} me^{33} zy^{55} tɕi^{33} hə^{21} me^{33}: sɿ^{55}
会 六 月 则 郭 做 该 的 鸡 岁 一 日 母亲 婴 生 的 晨光

khɯ^{33} do^{21}、ȵi^{33} me^{33} khɯ^{33} phər^{21} thy̩^{33} dʐʅ^{21} ɕi^{21}, ɯ^{33} mu^{21}. ȵi^{33} me^{33} bu^{21} ky̩^{33} ty^{33} gə^{33} dʐʅ^{21} ɕi^{21}
见 太阳 脚 白 出 时 生 吉 的 太阳 坡 上 架 的 时 生

me^{33}, dzɿ^{33} thy̩^{33} ky̩^{55} me^{55}. | ȵi^{33} me^{33} khɯ^{33} dy^{21} lo^{21} zɑ^{21} dʐʅ^{21} ɕi^{21} me^{33}, ɯ^{33} mu^{21}. | ȵi^{33} me^{33}
的 祸 产生 会 的 太阳 脚 坝 里 降 时 生 的 吉 的 太阳

gy̩^{21}、hu^{21} kho^{33} ɕi^{21} me^{33}, gu^{21}tshər^{33} mə^{33} dʑy^{33}, dzɿ^{33} mə^{33}dʑy^{33}. | ʂər^{33} he^{33} se^{13} ko^{21} be^{33}dər^{33}. |
落 深夜 生 的 病 发烧 没 有 祸 没 有 七 月 则 郭 做 该

æ^{21} tɕy^{21} dʐʅ^{21} ɕi^{21}, ɯ^{33} me^{55}.
鸡 鸣 时 生 吉 的

下午猴时所生的，毒鬼会偷走其灵魂。鸡鸣时生的，以后会吉顺的。

属猴的一天母亲生小孩：在兔时、龙时所生的，吉。太阳将落山时所生的，会生疮。第六个月该做“郭”。

属鸡的一天母亲生小孩：晨光初现时、太阳光射出时生的，吉。太阳将落山时所生，会有灾祸。太阳照到地上时生的，吉。太阳落山时、深夜时生的，没有病，没有灾祸。第七个月该做“郭”。鸡鸣时生的，吉。

574-L-18-07

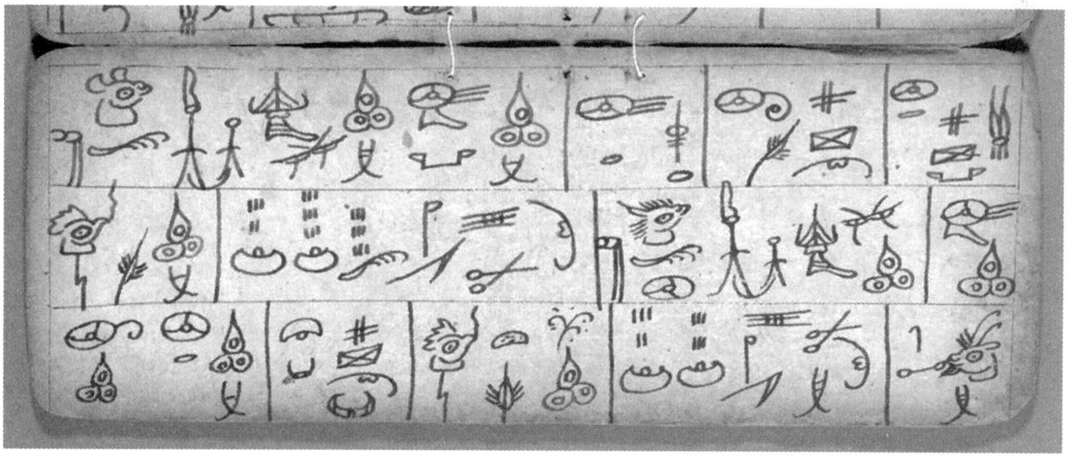

khɯ^{33} khy̩^{55} dɯ^{33} ȵi^{33} ə^{33} me^{33} zy^{55} tɕi^{33} hə^{21} me^{33}: sɿ^{55} khɯ^{33} do^{21} dʐʅ^{21} ɕi^{21}, ɯ^{33} me^{55}. | ȵi^{33}
狗 岁 一 日 母亲 婴 生 的 晨光 见 时 生 吉 的 太阳

me^{33} thy̩^{33} dʐʅ^{21} ɕi^{21}, ɯ^{33} me^{55}. | ȵi^{55} ly^{21} gy̩^{33} dʐʅ^{21} ɕi^{21}, ly^{55} mu^{21} gy̩^{33}. | mæ^{55} ȵi^{55} kho^{55} ɕi^{21},
出 时 生 吉 的 中午 时 生 中等 成 下午 生

gu^{21} tshər^{33} mə^{33} dʑy^{33}. | ȵi^{33} me^{33} gy̩^{21} dʐʅ^{21} ɕi^{21}, gu^{21} tshər^{33} thy̩^{33} ky̩^{55}. æ^{21} tɕy^{21} dʐʅ^{21} ɕi^{21}, ɯ^{33}
病 发烧 没 有 太阳 落 时 生 病 发烧 产生 会 鸡 鸣 时 生 吉

me^{55}. | uɑ^{55} he^{33}、gv̩^{33} he^{33}、gv̩^{33} khv̩^{55} se^{13}, ko^{21} be^{33} dər^{33}, mə^{33} tɕi^{13}. | bu^{21} khv̩^{55} dɯ^{33} ȵi^{33} ə^{33}
的 五 月 九 月 九 岁 则 郭 做 该 不 急 猪 岁 一 日 母亲

me^{33} zy^{55} tɕi^{33} hə^{21} me^{33}; sɿ^{55} khɯ^{33} do^{21} tɕi^{33} hə^{21} me^{33}, ɯ^{33}. | ȵi^{33} me^{33} khɯ^{33} thv̩^{33} dʐʅ^{21} ɕi^{21}, ɯ^{33}.
婴 生 的 晨光 见 生 的 吉 太阳 脚 出 时 生 吉

mæ^{55} ȵi^{55} kho^{33} ɕi^{21}, ɯ^{33}. ȵi^{33} me^{33} gv̩^{21} dʐʅ^{21} ɕi^{21}, ɯ^{33} me^{55}. | hu^{21} kho^{33} ɕi^{21}, gu^{21} tshər^{33} mə^{33}
下午 生 吉 太阳 落 时 生 吉 的 深夜 生 病 发烧 没

dʑy^{33}. | æ^{21} tɕy^{21} dʐʅ^{21} ɕi^{21}, o^{33} dze^{33} dzɿ^{33}, ɯ^{33}. | uɑ^{55} he^{33}、tʂhuɑ^{55} he^{33} se^{13} ko^{21} be^{33} dər^{33}, mə^{33}
有 鸡 鸣 时 生 财物 增 吉 五 月 六 月 则 郭 做 该 不

tɕi^{13} me^{55}. | dɯ^{33} tʂər^{55} se^{33} se^{21} me^{55}.
急 的 一 段 完 了 的

属狗的一天母亲生小孩：晨光初现时生的，吉。太阳升起时生的，吉。中午时生的，为中等。下午时生的，不会生病发烧。太阳落山时生的，会生病发烧。鸡鸣时生的，吉。第五个月、第九个月、九岁时做“郭”，不必着急。

属猪的一天母亲生小孩：在晨光初现时生的，吉。太阳升起时生的，吉。中午时生的，吉。太阳落山时生的，吉。深夜时生的，没有病痛。鸡鸣时所生，财物会增多，吉。第五个月、第六个月该做“郭”，不必着急。

一个章节写完了。

574-L-18-08

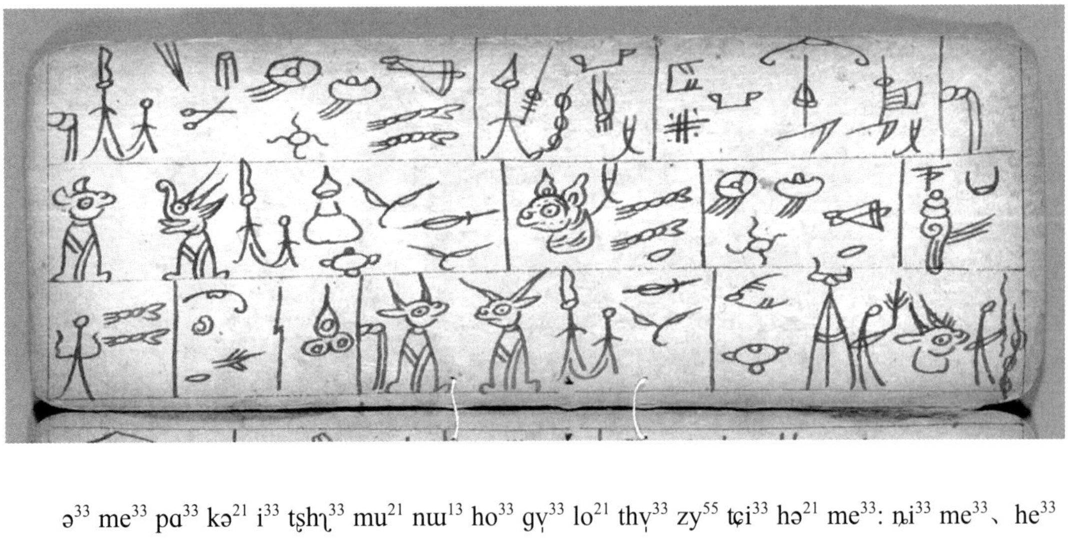

ə^{33} me^{33} pɑ^{33} kə^{21} i^{33} tʂhʅ^{33} mu^{21} nɯ^{13} ho^{33} gv̩^{33} lo^{21} thv̩^{33} zy^{55} tɕi^{33} hə^{21} me^{33}: ȵi^{33} me^{33}、he^{33}
母亲 巴格 南方 和 北方 到 婴 生 的 太阳 月亮

me^{33} bu^{33} dɯ^{21} lu^{55} lɑ^{33} kuə^{55} kuə^{21} gə^{33} o^{21} tshi^{21} uɑ^{21}. | dæ^{21} nɯ^{21} tʂhu^{21} thv̩^{33} kv̩^{55} me^{55}. | hɯ^{21}
光 大 四 射 似 的 卦象 是 能干 和 快速 出 会 的 富

nɯ^{21} dzæ^{33} thv̩^{33}. mɯ^{33} ɕy^{33} be^{33} dər^{33}. gɑ^{33} be^{33} dər^{33} me^{55}. | ə^{33} me^{33} pɑ^{33} kə^{21} gə^{21} khɯ^{33} dzɿ^{21}
和 强 出 天 法仪 做 该 嘎神 祭 该 的 母亲 巴格 的 狗 居

tɯ^{33}、ly̩^{21} dzʅ^{21} tɯ^{33} thy̩^{33} zy^{55} tɕi^{33} hə^{21} me^{33}: he^{21} dɯ^{21} nɯ^{33} iə^{55}, zɑ^{21} nɯ^{33} iə^{55} me^{33} uɑ^{21}. | lɑ^{33}
地 龙 居 地 到 婴 生 的 神 大 以 赐 娆星 以 赐 的 是 虎

kuə^{55} kuə^{21} gy̩^{33} me^{55}. | n̥i^{33} me^{33}、he^{33} me^{33} bu^{33} dɯ^{21} lu^{55} lɑ^{33} o^{21} tshi^{21} gy̩^{33}. | dy̩^{33} phər^{21} kho^{33}
似 成 的 太阳 月亮 光 大 四 射 卦象 成 海螺 白 声

dɯ^{21} lu^{55} lɑ^{33} kuə^{55} kuə^{21} gy̩^{33}. | mə^{33} mæ^{33} sy^{21} mə^{33} dʑy^{33} gy̩^{33}. | ɯ^{33}. | ə^{33} me^{33} pɑ^{33} kə^{21} gə^{33}
大 四 射 似 成 不 得 啥 没 有 成 吉 母亲 巴格 的

ɯ^{33} dzʅ^{21} tɯ^{33} nɯ^{13} y^{21} dzʅ^{21} tɯ^{33} thy̩^{33} zy^{55} tɕi^{33} hə^{21} me^{33}: zɑ^{21} nɯ^{33} iə^{55} me^{33} uɑ^{21}. | gɯ^{33} dɯ^{33}
牛 居 地 和 羊 居 地 到 婴 生 的 娆星 以 赐 的 是 背

ŋy̩^{33} ly̩^{33} tho^{21} se^{13} bi^{21}, tʂhu^{21} be^{33}
雪山 靠 了 平安 快 地

在巴格①上运转到南方或北方的母亲生小孩：这是像光芒四射的太阳和月亮一样的卦象。孩子会能干和神速，会富裕强盛。该作祭祀天的法仪。该祭嘎神。

在巴格上运转到狗居地（西北方）或龙居地（东南方）的母亲生小孩：是神和娆②星赐予的。孩子会像猛虎一样。是像光芒四射的太阳和月亮一样的卦象。声音会像白海螺号角一样嘹亮。会无所不获地得到一切。吉。

在巴格上运转到牛居地（东北方）或羊居地（西南方）的母亲生小孩：是娆所赐。背靠雪山而平安。会很快地

574-L-18-09

mɯ^{33}dɯ^{21}dy^{21} dɯ^{21} thy̩^{33}ky̩^{55}me^{55}. | dʑy^{21} ky̩^{33}ɕy^{33}y^{21}me^{33} tho^{33} dər^{21} mə^{33}thy̩^{55}.③ | dy^{21} dɯ^{21} lɯ^{55}
天 大 地 大 开辟 会 的 山 上 兽 拿 是 松 塘 不 踩 坝 大 亦

dzʅ^{21} dɯ^{33} me^{33}, | ŋy̩^{33} hæ^{21} o^{33} dze^{33} tse^{21} se^{33} mə^{33} thɑ^{55} thy̩^{33} me^{55}. lo^{21} khu^{55} dzo^{21} tso^{55}、zʅ^{33}
住 得 的 银 金 财物 用 完 不 可 产生 的 谷 边 桥 搭 路

① 巴格，音译名词。纳西族用十二生肖、五行及白、绿、花、黑、黄表示方位的一种图，他们认为人的一生之运数是在巴格上运转。

② 娆，音译名词。为一种星象名称。

③ 此四字符读出的句子意义不明，存疑。

thy̩^{55} be^{33}dər^{33} me^{55}. | ə^{33}me^{33} pɑ^{33} kə^{21} ȵi^{33} me^{33} thy̩^{33}、ȵi^{33} me^{33} gy̩^{21} thy̩^{33} zy^{55} tɕi^{21} hə^{21} me^{33}: |

开 做 该 的 母亲 巴格 东方 西方 到 婴 生 的

he^{21} nɯ^{33} iə^{55} me^{33} uɑ^{21}. ȵi^{33} me^{33} he^{33} me^{33} bu^{33} dɯ^{21} lu^{55} lɑ^{33} kuə^{55} kuə^{21} gə^{33} o^{21} tshi^{21} uɑ^{21}. |

神 以 赐 的 是 太阳 月亮 光 大 四 射 似 的 卦象 是

ɕy^{33} be^{33} ɕy^{33} be^{33} me^{55}.[①] | tshe^{33} do^{21} uɑ^{33} ȵi^{33} ə^{33} me^{33} zy^{55} tɕi^{33} hə^{21} me^{33}: ə^{33} sɿ^{21} ə^{33} me^{33} gə^{33}

月 见 五 日 母亲 婴 生 的 父亲 母亲 的

dzɿ^{21} sɑ^{21} mə^{33} dɯ^{33} ky̩^{55}. | dʑi^{33} khuɑ^{21} dɯ^{33}. | tshe^{21} ȵi^{33} ȵi^{33} ə^{33} me^{33} zy^{55} tɕi^{33} hə^{21} me^{33}: dʑi^{33}

坐 处 没 得 会 衣 烂 得 十 二 日 母亲 婴 生 的 走

bɯ^{33} zʅ^{33} mə^{33} dɯ^{33} ky̩^{55}. | tshe^{21} gy̩^{33} ȵi^{33} ə^{33} me^{33} zy^{55} tɕi^{33} hə^{21} me^{33}: ʐuɑ^{33} ɕi^{33} nɯ^{33} khy̩^{33} me^{33}

要 路 不 得 会 十 九 日 母亲 婴 生 的 马 人 以 偷 的

thy̩^{33} ky̩^{55}.

产生 会

开辟出大片天地。去山上狩猎……能住在大坝子里。会有花不尽的金银财物。该搭桥修路。

在巴格上运转到东方或西方的母亲生小孩：是神赐予的。是像光芒四射的太阳和月亮一样的卦象。

初五母亲生小孩：父母会没有住的地方。会得到破烂衣服。

十二日母亲生小孩：会走投无路。

十九日母亲生小孩：会发生马被偷走的事。

574-L-18-10

khuɑ^{21}, mə^{33} kɑ^{33}. | ȵi^{33} tsər^{21} tʂhuɑ^{55} ȵi^{33} ə^{33} me^{33} zy^{55} tɕi^{33} hə^{21} me^{33}: khuɑ^{55} hæ^{33} gæ^{21} lo^{55} me^{33}

凶 不 吉 二 十 六 日 母亲 婴 生 的 铠 穿 刀 佩 者

① 这五个字符无法连读成句，存疑。

thy̩^{33} kuə^{55} kuə^{21} gy̩^{33}. | fy̩^{55} khy̩^{33} me^{33}: dzʅ^{33} thɯ^{21} bu^{21} dze^{33} tshe^{21} ȵi^{33} thy̩^{21}① ʥy^{33}. | uɑ^{55} me^{33}
到 似 成 鼠 岁 者 吃 喝 份 麦 十 二 桶 有 五月

he^{33} tshe^{21} ʂər^{33} ȵi^{33}, ʥi^{33}. tshe^{21} də^{33} he^{33} tshe^{33} do^{21} sʅ^{21} ȵi^{33}, ʥi^{33}. | ʐuɑ^{33} khy̩^{55}, ɕy^{33} be^{33} dər^{33}.
十 七 日 厄运 十一月 月 见 三 日 厄运 马 岁 法仪 作 该

tʂhuɑ^{55} tshər^{21} khy̩^{55} zʅ^{33} ʂər^{21} dɯ^{33}. | ɯ^{33} khy̩^{55} me^{33}: dzʅ^{33} thɯ^{21} bu^{21} tʂhuɑ^{33} phər^{21} tshe^{21} ȵi^{33}
六 十 岁 寿 长 得 牛 岁 者 吃 喝 份 米 白 十 二

py^{33} ʥy^{33}. | tʂhuɑ^{55} me^{33} he^{33} ȵi^{33} tsər^{21} ȵi^{33}, ʥi^{33}. ʥi^{33} ʂʅ^{21}mu^{21} dɯ^{33} me^{55}. tshe^{21} tʂhuɑ^{55} ȵi^{33}, ɕy^{33}
斗 有 六月 二 十 日 厄运 衣 黄 穿 得 的 十 六 日 法仪

be^{33} dər^{33}. ȵi^{33} tsər^{21} ho^{55} ȵi^{33}, gu^{21} ʥi^{33}, ɕy^{33} be^{33} dər^{33} me^{55}. | tʂhuɑ^{55} tshər^{21} tʂhuɑ^{55} khy̩^{33} zʅ^{33}
作 该 二 十 八 日 病 厄运 法仪 作 该 的 六 十 六 岁 寿

dɯ^{33} me^{55}. lɑ^{33} khy̩^{55} me^{33}: dzʅ^{33} thɯ^{21} bu^{21} ɕi^{21} phər^{21} tshe^{21} ȵi^{33} py^{33} ʥy^{33}. | iə^{21} pe^{21} he^{33}, ʥi^{33},
得 的 虎 岁 者 吃 喝 份 谷 的 十 二 斗 有 正月 厄运

py^{21} ɕy^{33} be^{33} dər^{33}. tshe^{33} do^{21} ho^{55} ȵi^{33}
祭 法仪 作 该 月 见 八 日

凶，不吉。

二十六日母亲生小孩：好似穿铠甲挎利刀的人到来一样。

属鼠者：有享用十二斗小麦的口福。五月十七日为厄日。十一月初三为厄日；逢属马年要作法事。有六十岁寿福。

属牛者：有享用十二斗白米的口福。六月二十日为厄日。该穿黄衣。十六日该作法仪。二十八日有生病之灾，该作法仪。有六十六岁寿福。

属虎者：有享用十二斗白谷的口福。正月为厄月。该作祭仪。初八

574-L-18-11

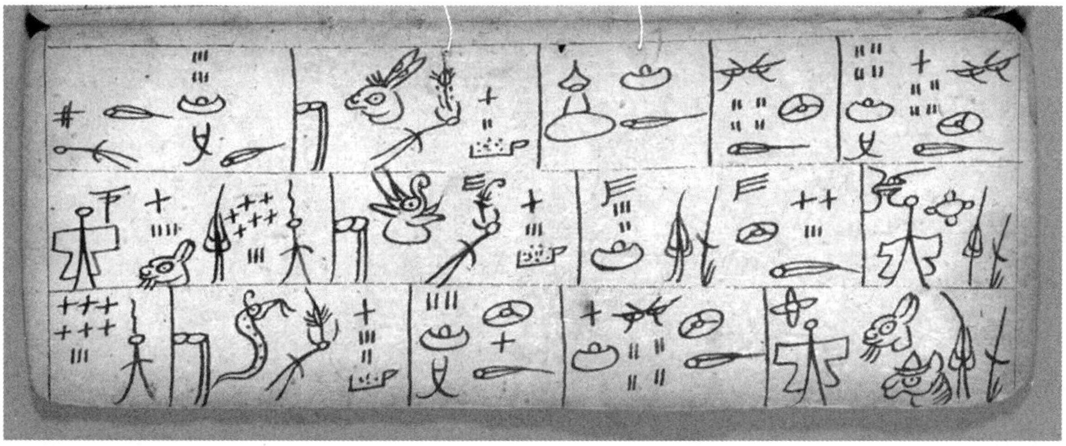

gu^{21} ʥi^{33}. tʂhuɑ^{55} me^{33} he^{33}, ʥi^{33}. | tho^{33} le^{33} khy̩^{55} me^{33}: dzʅ^{33} thɯ^{21} bu^{21} dze^{33} tshe^{21} ȵi^{33} py^{33}
病 厄运 六月 厄运 兔 岁 者 吃 喝 份 麦 十 二 斗

① 此字似为笔误，后文皆为“斗”而此处写为“桶”，校改作“斗”。

dʑy^{33}. | he^{21} dʑiə^{33} he^{33}, dʑi^{33}. | tshe^{33} do^{21} ho^{55} ȵi^{33}, dʑi^{33}. | huɑ^{55} me^{33} he^{33} tshe^{33} do^{21} ho^{55}
有 二月 厄运 月 见 八 日 厄运 八月 月 见 八

ȵi^{33}, dʑi^{33}. dʑi^{33} phər^{21} mu^{21} dər^{33}. tshe^{21} lu^{55} khv̩^{33}, ɕy^{33} be^{33} dər^{33}. tʂhuɑ^{55} tshər^{21} sɿ^{55} khv̩^{33} zɿ^{33} ʂər^{21}
日 厄运 衣 白 穿 该 十 四 岁 法仪 作 该 六 十 三 岁 寿 长

dɯ^{33}. | lv̩^{21} khv̩^{55} me^{33}: dzɿ^{33} thɯ^{21} bu^{21} sɑ^{55} me^{33} tshe^{21} sɿ^{55} py^{33} dʑy^{33}. | sɑ^{55} uɑ^{33} he^{33}, dʑi^{33}, ɕy^{33}
得 龙 岁 者 吃 喝 份 麻仔 十 三 斗 有 三月 厄运 法事

be^{33} py^{21} dər^{33}. sɑ^{55} uɑ^{33} he^{33} ȵi^{33} tsər^{21} sɿ^{21} ȵi^{33}, dʑi^{33}. | dʑi^{33} ʂɿ^{21} mu^{21} dɯ^{33}, ɕy^{33} be^{33} py^{21} dər^{33}.
作 祭 该 三月 二 十 三 日 厄运 衣 黄 穿 得 法事 作 祭 该

tʂhuɑ^{55} tshər^{21} sɿ^{55} khv̩^{33} zɿ^{33} ʂər^{21} dɯ^{33}. | ʐʅ^{21} khv̩^{55} me^{33}: dzɿ^{33} thɯ^{21} bu^{21} ɕi^{21} tshe^{21} uɑ^{55} py^{33}
六 十 三 岁 寿 长 得 蛇 岁 者 吃 喝 份 谷 十 五 斗

dʑy^{33}. | lu^{55} me^{33} he^{33} tshe^{21} mi^{33}, dʑi^{33}. | tshe^{21} me^{33} he^{33} tshe^{33} do^{21} ho^{55} ȵi^{33}, dʑi^{33}. | dʑi^{33} hər^{21}
有 四月 十 日 厄运 十月 月 见 八 日 厄运 衣 绿

mu^{21} dɯ^{33}. fv̩^{55} khv̩^{33}、ʐuɑ^{33} khv̩^{55} se^{13} ɕy^{33} be^{33} py^{21} dər^{33}.
穿 得 鼠 岁 马 岁 则 法事 作 祭 该

有病灾。六月为厄月。

属兔者：有享用十二斗麦子的口福。二月为厄月，初八日为厄日。八月八日为厄日，要穿白衣。十四岁时要作法事。可享六十三岁寿福。

属龙者：有享用十三斗麻仔的口福。逢三月则要作法仪。三月二十三日为厄日。得穿黄衣，要作法事。可享六十三岁寿福。

属蛇者：有享用十五斗谷子的口福。四月初十为厄日。十月初八为厄日。得穿绿衣在鼠年和马年里作法仪。

574-L-18-12

tʂhuɑ^{55} tshər^{21} ȵi^{33} khv̩^{55} zɿ^{33} ʂər^{21} dɯ^{33}. | ʐuɑ^{33} khv̩^{55} me^{33}: dzɿ^{33} thɯ^{21} bu^{21} nv̩^{21} tshe^{21} tʂhuɑ^{55}
六 十 二 岁 寿 长 得 马 岁 者 吃 喝 份 黄豆 十 六

py33 dʑy33. uɑ55 me33 he33 he33 dʑi33. | dʑi33 ɕy21 mu21 dɯ33. ʐuɑ33 khv̩55、fv̩55 khv̩33 se13 ɕy33 be33 py21
斗 有 五月 月 厄运 衣 红 穿 得 马 年 鼠 年 则 法仪 作 祭

dər33. tʂhuɑ55 tshər21 ȵi33 khv̩55 zɿ33 ʂər21 dɯ33. | y21 khv̩55 me33: dzɿ33 thɯ21 bu21 tʂhuɑ33 phər21
该 六 十 二 岁 寿 长 得 羊 岁 者 吃 喝 份 米 白

tshe21 sɿ55 py33 dʑy33. | tʂhuɑ55 me33 he33 ȵi33 tsər21 ȵi33, dʑi33. | hə21dʑiə33 he33 tshe21 lu33 ȵi33, dʑi33.
十 三 斗 有 六月 二 十 日 厄运 二月 十 四 日 厄运

lu55 khv̩33、| tʂhuɑ55 khv̩33 se13 ɕy33 be33 dər33. dʑi33 ʂɿ21 mu21 dɯ33. ȵi33 tsər21 uɑ55 khv̩33 se13 ɕy33
四 岁 六 岁 则 法事 作 该 衣 黄 穿 得 二 十 五 岁 则 法仪

be33 py21 dər33. | tʂhuɑ55 tshər21 sɿ55 khv̩33 zɿ33 ʂər21 dɯ33. ə55 y21 khv̩55 me33: dzɿ33 thɯ21 bu21 dze33
作 祭 该 六 十 三 岁 寿 长 得 猴 岁 者 吃 喝 份 麦

nɯ13 tʂhuɑ33 phər21 tshe21 dɯ33 py33 dʑy33. | sæ33 me33 he33 ȵi33 tsər21 ȵi33, gu21 dʑi33. | iə21 pe21
和 米 白 十 一 斗 有 七月 二 十 日 病 厄运 正月

he33, | tshe21 ȵi33 ȵi33, gu21 dʑi33. dʑi33 ʂɿ21 mu21 dɯ33. | ȵi33 tsər21 lu33 ȵi33, ɕy33 be33 dər33. sɿ33
十 二 日 病 厄运 衣 黄 穿 得 二 十 四 日 法仪 作 该 三

tsər21 tʂhuɑ55 khv̩33, ɕy33 be33 dər33.
十 六 岁 法仪 作 该

有享六十二岁的寿福。

属马者：有享用十六斗黄豆的口福。五月为月厄，得穿红衣。逢马年、鼠年就该作法仪。有享六十二岁的寿福。

属羊者：有享用十三斗白米的口福。六月二十日为厄日。二月十四日为厄日。四岁、六岁时便要作法事。得穿黄衣。二十五岁时要作法事。有享六十三岁的寿福。

属猴者：有享用十一斗小麦和白米的口福。七月二十日有病灾。正月十二日有病灾。得穿黄衣。二十四日该作法仪。三十六岁时要作法事。

574-L-18-13

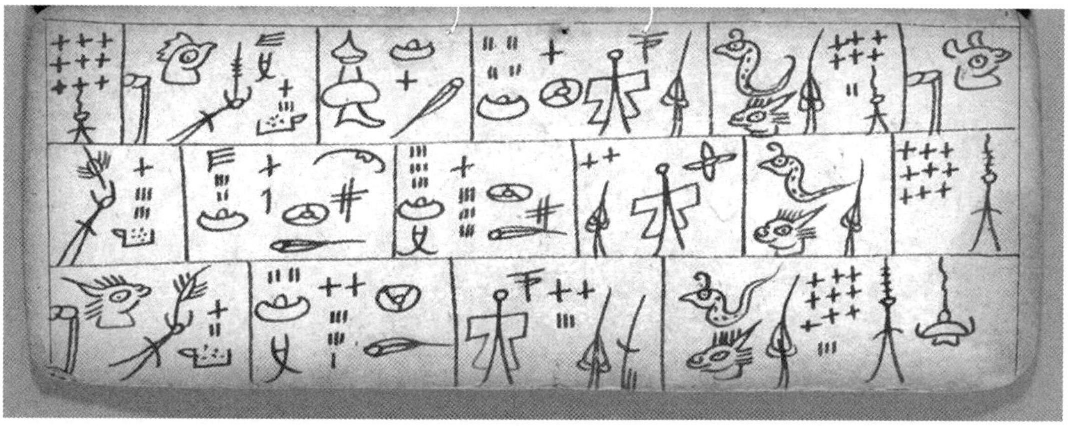

gv̩33 tshər21 khv̩55 zɿ33 ʂər21 dɯ33. | æ21 khv̩55 me33: dzɿ33 thɯ21 bu21 sɑ55 me33 tshe21 sɿ55 py33
九 十 岁 寿 长 得 鸡 岁 者 吃 喝 份 麻仔 十 三 斗

dʑy^{33}. | he^{21} dʑiə^{33} he^{33} tshe^{33} do^{21} tshe^{21} n̠i^{33}, dʑi^{33}. | hua^{55} me^{33} he^{33} tshe^{33} do^{21} tshe^{21} n̠i^{33}, dʑi^{33}
有 二月 月 见 十 日 厄运 八月 月 见 十 日 衣

phər^{21} mu^{21} ɕy^{33} be^{33} dər^{33}. | ʐʅ^{21} khy̩^{55}、bu^{21} khy̩^{55} se^{21} ɕy^{33} be^{33} dər^{33}. tʂhuɑ^{55} tshər^{21} n̠i^{33} khy̩^{55}
白 穿 法事 作 该 蛇 年 猪 年 则 法事 作 该 六 十 二 岁

zʅ^{33} ʂər^{21} dɯ^{33}. | khɯ^{33} khy̩^{55} me^{33}: dzʅ^{33} thɯ^{21} bu^{21} dze^{33} tshe^{21} tʂhuɑ^{55} py^{33} dʑy^{33}. | sɑ^{55} uɑ^{33}
寿 长 得 狗 岁 者 吃 喝 份 麦 十 六 斗 有 三月

he^{33} tshe^{21} dɯ^{33} n̠i^{33}, dʑi^{33}, mə^{33} gu^{21}. | guə^{33} me^{33} he^{33} tshe^{21} gy̩^{33} n̠i^{33}, gu^{21} dʑi^{33}. | n̠i^{33} tsər^{21} n̠i^{33},
十 一 日 厄运 不 病 九月 十 九 日 病 厄运 二 十 日

ɕy^{33} be^{33} dər^{33}, dʑi^{33} hər^{21} mu^{21} dər^{33}. | ʐʅ^{21} khy̩^{55}、bu^{21} khy̩^{55} se^{13} ɕy^{33} be^{33} dər^{33}. | gy̩^{33} tshər^{21}
法事 作 该 衣 绿 穿 该 蛇 年 猪 年 则 法事 作 该 九 十

khy̩^{55} zʅ^{33} ʂər^{21} dɯ^{33}. | bu^{21} khy̩^{55} me^{33}: dzʅ^{33} thɯ^{21} bu^{21} ɕi^{21} tshe^{21} n̠i^{33} py^{33} dʑy^{33}. | lu^{55} me^{33} he^{33}
岁 寿 长 得 猪 岁 者 吃 喝 份 谷 十 二 斗 有 四月

n̠i^{33} tsər^{21} ʂər^{33} n̠i^{33}, dʑi^{33}. | dʑi^{33} phər^{21} mu^{21}, n̠i^{33} tsər^{21} sʅ^{55} khy̩^{55}, ɕy^{33} be^{33} py^{21} dər^{21}. | ʐʅ^{21}
二 十 七 日 厄运 衣 白 穿 二 十 三 岁 法事 作 祭 该 蛇

khy̩^{55}、bu^{21} khy̩^{55} se^{13} ɕy^{33} be^{33} dər^{33}. gy̩^{33} tshər^{21} sʅ^{55} khy̩^{33} zʅ^{33} ʂər^{21} hɑ^{55} i^{33}.
年 猪 年 则 法事 作 该 九 十 三 岁 寿 长 日 有

可享九十岁寿福。

属鸡者：有享用十三斗麻仔的口福。二月初十为厄日。八月初十要穿白衣并进行法事仪式。逢蛇年和猪年要作法事。有享六十二岁的寿福。

属狗者：有享用十六斗小麦的口福。三月十一日为厄日，但不会生病。九月十九日有病灾。二十日要作法仪，要穿绿衣。逢蛇年和猪年要作法仪。有享九十岁的寿福。

属猪者：有享用十二斗谷子的口福。四月二十七日为厄日。二十三岁时要穿上白衣以举行法仪。逢蛇年和猪年要进行法仪。有享九十三岁的寿福。

574-L-18-14

fy̩^{55} dʐʅ^{21} tɕi^{33} hə^{21} me^{33}: ə^{33} dʐʅ^{33} mi^{21}. | ɯ^{33} dʐʅ^{21} tɕi^{33} hə^{21} me^{33}: ə^{33} te^{33} mi^{21}. | lɑ^{33} dʐʅ^{21}
鼠 时 生 者 阿知 名 牛 时 生 者 阿登 名 虎 时

tɕi^{33} hə^{21} me^{33}: ə^{33} lər^{13} mi^{21}. | tho^{33} le^{33} dʐʅ^{21} tɕi^{33} hə^{21} me^{33}: ə^{33} n̥iə^{55} mi^{21}. | ly̩^{21} dʐʅ^{21} tɕi^{33} hə^{21}
生 者 阿朗 名 兔 时 生 者 阿纽 名 龙 时 生

me^{33}: ə^{33} dzʅ^{33} mi^{21}. | ʐʅ^{21} dʐʅ^{21} tɕi^{33} hə^{21} me^{33}: ə^{33} lɯ^{13} mi^{21}. | y^{21} dʐʅ^{21} tɕi^{33} hə^{21} me^{33}: ə^{33} bɑ^{21}
者 阿紫 名 蛇 时 生 者 阿丽 名 羊 时 生 者 阿宝

mi^{21}. | ʐuɑ^{33} dʐʅ^{21} tɕi^{33} hə^{21} me^{33}: ɕiə^{13} tər^{55} mi^{21}. | ə^{55} y^{21} dʐʅ^{21} tɕi^{33} hə^{21} me^{33}: ə^{33} khɯ^{33} mi^{21}. |
名 马 时 生 者 雄丹 名 猴 时 生 者 阿肯 名

æ^{21} dʐʅ^{21} tɕi^{33} hə^{21} me^{33}: tɑ^{55} tɕi^{33} mi^{21}. khɯ^{33} dʐʅ^{21} tɕi^{33} hə^{21} me^{33}: ə^{33} dɯ^{21} mi^{21}. | bu^{21} dʐʅ^{21} tɕi^{33}
鸡 时 生 者 达基 名 狗 时 生 者 阿迪 名 猪 时 生

hə^{21} me^{33}: ɕiə^{21} tər^{55} do^{21} tʂʅ^{33} mi^{21}. | tshe^{21} uɑ^{33} khy̩^{55} ə^{33} me^{33} zy^{55} tɕi^{33} he^{21} me^{33}: zo^{33} se^{13} ɯ^{33}.
者 雄丹铎支 名 十 五 岁 母亲 婴 生 者 男 则 吉

mi^{55} se^{13} mə^{33} ɯ^{33}, khuɑ^{21}. | tshe^{21} tʂhuɑ^{55} khy̩^{33} ə^{33} me^{33} zy^{55} tɕi^{33} hə^{21} me^{33}: zo^{33} se^{13} gu^{21}. mi^{55}
女 则 不 吉 凶 十 六 岁 母亲 婴 生 者 男 则 病 妇女

se^{13} ɯ^{33}.
则 吉

鼠时生的人：名字要叫“阿知”。
牛时生的人：名字要叫“阿登”。
虎时生的人：名字要叫“阿朗”。
兔时生的人：名字要叫“阿纽”。
龙时生的人：名字要叫“阿紫”。
蛇时生的人：名字要叫“阿丽”。
羊时生的人：名字要叫“阿宝”。
马时生的人：名字要叫“雄丹”。
猴时生的人：名字要叫“阿肯”。
鸡时生的人：名字要叫“达基”。
狗时生的人：名字要叫“阿迪”。
猪时生的人：名字要叫“雄丹铎支”。
十五岁的母亲生小孩：若生男则吉。若生女，不吉，凶。
十六岁的母亲生小孩：若生男则多病。若生女，吉。

574-L-18-15

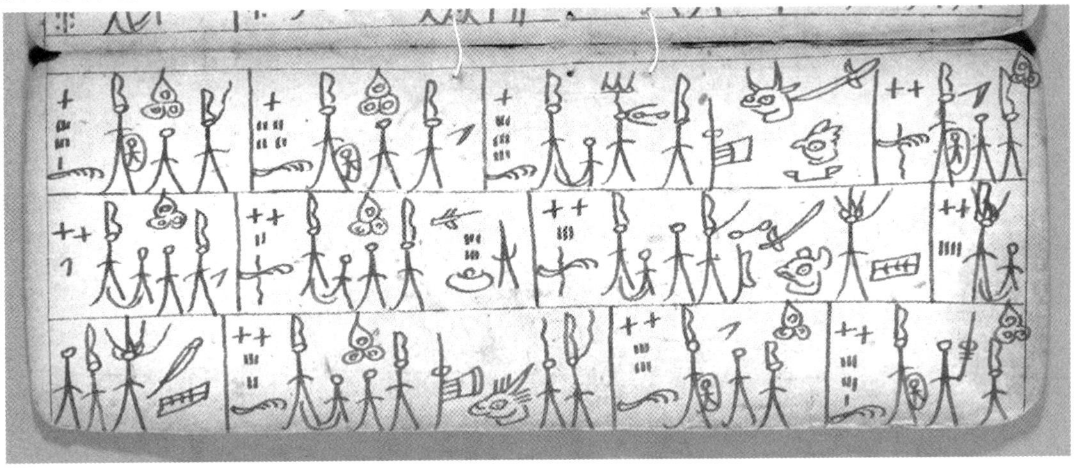

tshe^{21} ʂər^{33} khy̩^{55} ə^{33} me^{33} zy^{55} tɕi^{33} hə^{21}①me^{33}: zo^{21} nɯ^{21} mi^{55} be^{33} ɯ^{33}. | tshe^{21} ho^{55} khy̩^{33} ə^{33}
十 七 岁 母亲 婴 生 者 男 和 女 皆 吉 十 八 岁母亲

me^{33} zy^{55} tɕi^{33} hə^{21} me^{33}: zo^{33} se^{55} ɯ^{33}. mi^{55} se^{55} khuɑ^{21}. | tshe^{21} gy̩^{33} khy̩^{55} ə^{33} me^{33} zy^{55} tɕi^{33} hə^{21}
婴 生 者 男 则 吉 女 则 凶 十 九 岁 母亲 婴 生

me^{33}: zo^{33} se^{55} mi^{33} nɯ^{21} uɑ^{33} dʑy^{33}. mi^{55} se^{13} gɑ^{33}, ɯ^{33} kho^{55} æ^{21} kho^{55} thy̩^{55} gɑ^{33} be^{33} dər^{33}. | ȵi^{33}
者 男 则 不净 和 是非 有 女 则 胜 牛 杀 鸡 凶 出 嘎神 祭 该 二

tsər^{21} khy̩^{55} ə^{33} me^{33} zy^{55} tɕi^{33} hə^{21} me^{33}: zo^{33} se^{55} khuɑ^{21}. mi^{55} se^{13} ɯ^{33}. ȵi^{33} tsər^{21}dɯ^{33} khy̩^{55} ə^{33} me^{33}
十 岁 母亲 婴 生 者 男 则 凶 女 则 吉 二 十 一 岁 母亲

zy^{55} tɕi^{33} hə^{21} me^{33}: zo^{33} se^{55} ɯ^{33}. mi^{55} se^{13} khuɑ^{21}. ȵi^{33} tsər^{21} ȵi^{33} khy̩^{55} ə^{33} me^{33} zy^{55} tɕi^{33} hə^{21} me^{33}:
婴 生 者 男 则 吉 女 则 凶 二 十 二 岁 母亲 婴 生 者

zo^{33} se^{55} ɯ^{33}. mi^{55} se^{13} tʂhuɑ^{55} he^{33} gy̩^{33} mæ^{55} tər^{21} ʂʅ^{33} ky̩^{55}. | ȵi^{33} tsər^{21} sʅ^{55} khy̩^{33} ə^{33} me^{33} zy^{55}
男 则 吉 女 则 六 月 前 后 凶 死 会 二 十 三 岁 母亲 婴

tɕi^{33} hə^{21} me^{33}: zo^{33} nɯ^{21} mi^{55} be^{33} uɑ^{33} nɯ^{21} khu^{33} dʑy^{33}, khɯ^{33} kho^{55} py^{33} by̩^{21} nɯ^{33} bɯ^{21} lɯ^{33}
生 者 男 和 女 皆 是非 和 口舌 有 狗 杀 祭司 以 经书

tʂhu^{33} py^{21} dər^{33}. | ȵi^{33} tsər^{21} lu^{55} khy̩^{33} ə^{33} me^{33} zy^{55} tɕi^{33} hə^{21} me^{33}: zo^{33} nɯ^{21} mi^{55} be^{33} py^{33} by̩^{21}
读 祭 该 二 十 四 岁 母亲 婴 生 者 男 和 女 皆 祭司

nɯ^{33} bɯ^{21} lɯ^{33} tʂhu^{33} dʑi^{33} py^{21} dər^{33}. | ȵi^{33} tsər^{21} uɑ^{55} khy̩^{33} ə^{33} me^{33} zy^{55} tɕi^{33} hə^{21} me^{33}: zo^{33} se^{55}
以 经书 读 景鬼 祭 该 二 十 五 岁 母亲 婴 生 者 男 则

ɯ^{33}. mi^{55} se^{13} gɑ^{33} bu^{21} dʑy^{33}. zo^{33} nɯ^{21} mi^{55} be^{33} zʅ^{33} ʂər^{21}. | ȵi^{33} tsər^{21} tʂhuɑ^{55} khy̩^{33} ə^{33} me^{33} zy^{55}
吉 女 则 胜 份 有 男 和 女 皆 寿 长 二 十 六 岁 母亲 婴

① 书写此书的东巴不知为何把“生育”写成“怀孕”，现校读为“生育”。后文亦多此现象，不再一一作注。

tɕi^{33} hə^{21} me^{33}: zo^{33} se^{55} khuɑ^{21}. mi^{55} se^{13} ɯ^{33}. | n̡i^{33} tsər^{21} ʂər^{33} khv̩^{55} ə^{33} me^{33} zy^{55} tɕi^{33} hə^{21} me^{33}:
生 者 男 则 凶 女 则 吉 二 十 七 岁 母亲 婴 生 者

zo^{33} se^{55} ly^{55} mu^{21} gv̩^{33}. mi^{55} se^{13} ɯ^{33}.
男 则 中常 成 女 则 吉

十七岁的母亲生小孩：生男生女皆吉。

十八岁的母亲生小孩：若生男则吉。若生女则凶。

十九岁的母亲生小孩：若生男则会有不净和是非。若生女，则能胜利，该杀牛杀鸡以祭嘎神。

二十岁的母亲生小孩：若生男则凶。若生女则吉。

二十一岁的母亲生小孩：若生男则吉。若生女则凶。

二十二岁的母亲生小孩：若生男则吉。若生女，此女在六个月左右时夭亡。

二十三岁的母亲生小孩：生男生女皆有口舌是非。要由东巴祭司杀狗诵经举行法仪。

二十四岁的母亲生小孩：不论生男生女，皆要由东巴祭司诵经以祭景鬼。

二十五岁的母亲生小孩：若生男则吉，生女亦吉。皆有得胜之福分。男女皆会长寿。

二十六岁的母亲生小孩：若生男则凶。若生女则吉。

二十七岁的母亲生小孩：若生男则为中常。若生女则吉。

574-L-18-16

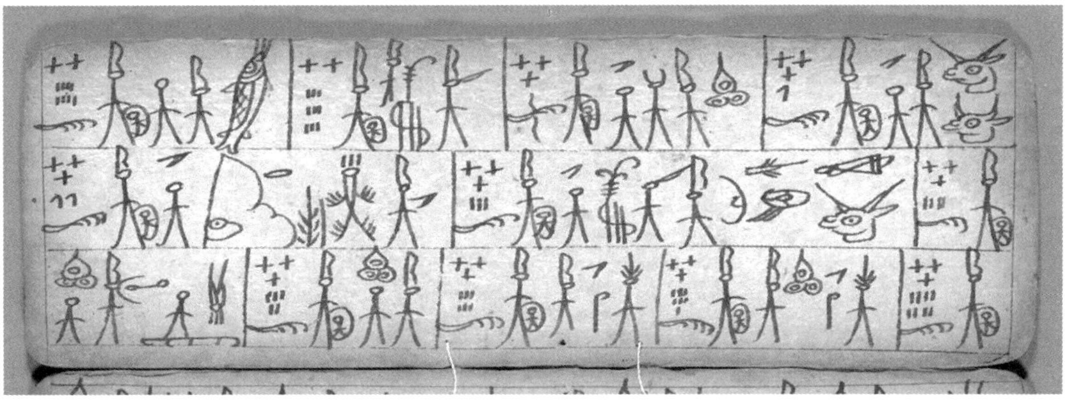

n̡i^{33} tshər^{21} ho^{55} khv̩^{33} ə^{33} me^{33} zy^{55} tɕi^{33} hə^{21} me^{33}: zo^{33} nɯ^{21} mi^{55} be^{33} n̡i^{55}. | n̡i^{33} tshər^{21} gv̩^{33}
二 十 八 岁 母亲 婴 生 者 男 和 女 皆 败 二 十 九

khv̩^{55} ə^{33} me^{33} zy^{55} tɕi^{33} hə^{21} me^{33}: mi^{55}、kho^{21} lɯ^{33}、mi^{55}、tshe^{55}①. | sɿ^{33} tshər^{21} khv̩^{55} ə^{33} me^{33} zy^{55}
岁 母亲 婴 生 者 女 亲戚 女 叶 三 十 岁 母亲 婴

tɕi^{33} hə^{21} me^{33}: zo^{33} se^{55} khuɑ^{21}, khuɑ^{33} dzɿ^{21} uə^{21} gv̩^{33}. mi^{55} se^{13} ɯ^{33}. | sɿ^{33} tshər^{21} dɯ^{33} khv̩^{55} ə^{33}
生 者 男 则 凶 角 生 似 成 女 则 吉 三 十 一 岁 母亲

me^{33} zy^{55} tɕi^{33} hə^{21} me^{33}: zo^{33} se^{13} khuɑ^{21}. mi^{55} se^{13} y^{21} nɯ^{21} ɯ^{33} dʑy^{21}. sɿ^{33} tshər^{21} n̡i^{33} khv̩^{55} ə^{33} me^{33}
婴 生 者 男 则 凶 女 则 绵羊和 牛 有 三 十 二 岁 母亲

① 这几个东巴文字符无法连读成句，存疑。

zy^{55} tɕi^{33} hə^{21} me^{33}: zo^{33} se^{55} khuɑ^{21}. ŋv̩^{33} tɕi^{33} æ^{21} kho^{33} kv̩^{33} ɡə^{33} mu^{33} nɯ^{33} tshʅ^{21} kv̩^{55}. mi^{55} se^{13}
婴 生 者 男 则 凶 木身 放 岩 洞 上 的 猛鬼 以 作祟 会 女 则

khuɑ^{21}. | sʅ^{33} tshər^{21} sʅ^{55} khv̩^{33} ə^{33} me^{33} zy^{55} tɕi^{33} hə^{21} me^{33}: zo^{33} se^{55} khuɑ^{21}. kho^{21} lɯ^{33}、zo^{33}、
凶 三 十 三 岁 母亲 婴 生 者 男 则 凶 亲戚 男

tshe^{55}①. mi^{55} se^{13} mə^{33} ɯ^{33} mæ^{33} ȵi^{33} phi^{55} y^{33}. | sʅ^{33} tshər^{21} lu^{55} khv̩^{33} ə^{33} me^{33} zy^{55} tɕi^{33} hə^{21} me^{33}:
叶 女 则 不 吉 未来 失 的 三 十 四 岁 母亲 婴 生 者

zo^{33} se^{13} ɯ^{33}. mi^{55} se^{13} uɑ^{33} dzʅ^{33} kv̩^{55}, ɕi^{33} dy^{21} ɕy^{55} bɯ^{33} kv̩^{55}. | sʅ^{33} tshər^{21} uɑ^{55} khv̩^{33} ə^{33} me^{33} zy^{55}
男 则 吉 女 则 是非 吃 会 他人 地 立 去 会 三 十 五 岁 母亲 婴

tɕi^{33} hə^{21} me^{33}: zo^{33} nɯ^{21} mi^{55} be^{33} ɯ^{33}. | sʅ^{33} tshər^{21} tʂhuɑ^{55} khv̩^{33} ə^{33} me^{33} zy^{55} tɕi^{33} hə^{21} me^{33} :
生 者 男 和 女 皆 吉 三 十 六 岁 母亲 婴 生 者

mi^{55}②se^{13} khuɑ^{21}. ə^{33} sʅ^{21} ko^{55} khuɑ^{21}. | sʅ^{33} tshər^{21} ʂər^{33} khv̩^{55} ə^{33} me^{33} zy^{55} tɕi^{33} hə^{21} me^{33}: mi^{55} se^{13}
女 则 凶 父亲 上 凶 三 十 七 岁 母亲 婴 生 者 女 则

ɯ^{33}. ə^{33} sʅ^{21} ko^{55} khuɑ^{21}. | sʅ^{33} tshər^{21} ho^{55} khv̩^{33} ə^{33} me^{33} zy^{55} tɕi^{33} hə^{21} me^{33}:
吉 父亲 上 凶 三 十 八 岁 母亲 婴 生 者

二十八岁的母亲生小孩：生男生女皆只有失败之份。

二十九岁的母亲生小孩：……

三十岁的母亲生小孩：若生男则凶，此男似长角的禽兽一样。若生女则吉。

三十一岁的母亲生小孩：若生男则凶。若生女则会有牛羊。

三十二岁的母亲生小孩：若生男则凶，放置木身的岩洞③处的猛鬼会来作祟。若生女亦凶。

三十三岁的母亲生小孩：若生男则凶。……若生女则不吉，将来会丢失。

三十四岁的母亲生小孩：若生男则吉。若生女，此女会生是非，会到他乡去居住。

三十五岁的母亲生小孩：生男生女皆吉。

三十六岁的母亲生小孩：生女则凶，凶于父亲。

三十七岁的母亲生小孩：生女则吉，但凶于父亲。

三十八岁的母亲生小孩：

① 这几个东巴文字符无法连读成句，存疑。

② 此句中无“儿”之卦辞，下句亦然。该卷这种现象时有发生。

③ 放置木身的岩洞，纳西族在人死后，当年或来年十一月要为死者举行超度仪式，仪式上要用松枝为死者做一个替身，这替身我们译为“木身”，仪式后要把这木身放置到一个岩洞里。古代纳西族每个家族都有一个放置木身的岩洞。

574-L-18-17

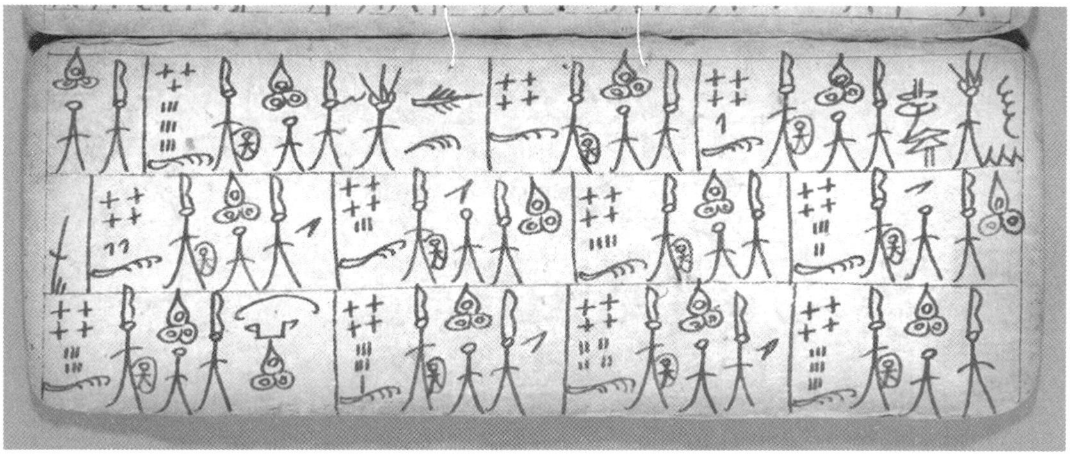

zo33 nɯ21 mi55 be33 ɯ33. | sɿ33 tshər21 gv̩33 khv̩55 ə33 me33 zy55 tɕi33 hə21 me33: zo33 nɯ33 mi55 be33
男 和 女 皆 吉 三 十 九 岁 母亲 婴 生 者 男 和 女 皆

ɯ33, mæ55 se13 py33 bv̩21 nɯ33 tshɿ21 no55 dər33. | lu33 tshər21 khv̩55 ə33 me33 zy55 tɕi33 hə21 me33: zo33
吉 以后 则 祭司 以 鬼 赶 该 四 十 岁 母亲 婴 生 者 男

nɯ21 mi55 be33 ɯ33. | lu33 tshər21 dɯ33 khv̩55 ə33 me33 zy55 tɕi33 hə21 me33: zo33 se55 ɯ33. mi55 se13
和 女 皆 吉 四 十 一 岁 母亲 婴 生 者 男 则 吉 女 则

mv̩55 me33 thɑ55. py33 bv̩21 nɯ33 tʂhə55 py21 mi33 py21 dər33. | lu33 tshər21 ȵi33 khv̩55 ə33 me33 zy55
心 灵 祭司 以 秽 祭 火鬼 祭 该 四 十 二 岁 母亲 婴

tɕi33 hə21 me33: zo33 se13 ɯ33. mi55 se55 khuɑ21. lu33 tshər21 sɿ55 khv̩33 ə33 me33 zy55 tɕi33 hə21 me33: zo33
生 者 男 则 吉 女 则 凶 四 十 三 岁 母亲 婴 生 者 男

se55 khuɑ21. mi55 se13 ɯ33. | lu33 tshər21 lu55 khv̩33 ə33 me33 zy55 tɕi33 hə21 me33: zo33 nɯ21 mi55 be33
则 凶 女 则 吉 四 十 四 岁 母亲 婴 生 者 男 和 女 皆

ɯ33. | lu33 tshər21 uɑ33 khv̩55 ə33 me33 zy55 tɕi33 hə21 me33: zo33 se13 khuɑ21. mi55 se55 ɯ33. lu33 tshər21
吉 四 十 五 岁 母亲 婴 生 者 男 则 凶 女 则 吉 四 十

tʂhuɑ55 khv̩33 ə33 me33 zy55 tɕi33 hə21 me33: zo33 se13 ɯ33. mi55 se13 mɯ33 thv̩33 dy21 khu33 ɯ33. | lu33
六 岁 母亲 婴 生 者 男 则 吉 女 则 天 开 地 辟 善 四

tshər21 ʂər33 khv̩55 ə33 me33 zy55 tɕi33 hə21 me33: zo33 se13 ɯ33. mi55 se13 khuɑ21. | lu33 tshər21 ho55
十 七 岁 母亲 婴 生 者 男 则 吉 女 则 凶 四 十 八

khv̩33 ə33 me33 zy55 tɕi33 hə21 me33: zo33 se13 ɯ33. mi55 se55 khuɑ21. | lu33 tshər21 gv̩33 khv̩55 ə33 me33
岁 母亲 婴 生 者 男 则 吉 女 则 凶 四 十 九 岁 母亲

zy55 tɕi33 hə21 me33: zo33 nɯ21 mi55 be33 ɯ33.
婴 生 者 男 和 女 皆 吉

生男生女皆吉。

三十九岁的母亲生小孩：生男生女皆吉。但以后要由东巴祭司驱鬼。

四十岁的母亲生小孩：生男生女皆吉。

四十一岁的母亲生小孩：若生男则吉。若生女，此女心灵。要由东巴祭司进行除秽仪式以驱赶臭鬼和火鬼。

四十二岁的母亲生小孩：若生男则吉。若生女则凶。

四十三岁的母亲生小孩：若生男则凶。若生女则吉。

四十四岁的母亲生小孩：生男生女皆吉。

四十五岁的母亲生小孩：若生男则凶。若生女则吉。

四十六岁的母亲生小孩：若生男则吉。若生女，此女善于开天辟地。

四十七岁的母亲生小孩：若生男则吉。若生女则凶。

四十八岁的母亲生小孩：若生男则吉。若生女则凶。

四十九岁的母亲生小孩：生男生女皆吉。

574-L-18-18

tshe^{33} do^{21} dɯ^{33} ȵi^{33} ə^{33} me^{33} zy^{55} tɕi^{33} hə^{21} me^{33}: he^{21} tʂhu^{55} pɑ^{33} be^{33} dər^{33} me^{55}. ｜tshe^{33} do^{21}

月 见 一 日 母亲 婴 生 者 神 供养 做 该 的 月 见

ȵi^{33} ȵi^{33} ə^{33} me^{33} zy^{55} tɕi^{33} hə^{21} me^{33}: sɿ^{21} tʂhu^{55} pɑ^{33} be^{33} dər^{33}. ｜tshe^{33} do^{21} sɿ^{21} ȵi^{33} ə^{33} me^{33} zy^{55}

二 日 母亲 婴 生 者 署 供养 做 该 月 见 三 日 母亲 婴

tɕi^{33} hə^{21} me^{33}: sɿ^{21} tʂhər^{33} khɯ^{55}, sɿ^{21} tʂhu^{55} pɑ^{33} be^{33} dər^{33}. ｜tshe^{33} do^{21} lu^{33} ȵi^{33} ə^{33} me^{33} zy^{55} tɕi^{33}

生 者 署 药 施 署 供养 做 该 月 见 四 日 母亲 婴 生

hə^{21} me^{33}: zo^{33} se^{13} ɯ^{33}. mi^{55} se^{55} mə^{33} ɯ^{33}, khuɑ^{21}. ｜tshe^{33} do^{21} uɑ^{33} ȵi^{33} ə^{33} me^{33} zy^{55} tɕi^{33} hə^{21}

者 男 则 吉 女 则 不 吉 凶 月 见 五 日 母亲 婴 生

me^{33}: zo^{33} se^{55} ɯ^{33}. mi^{55} se^{13} hæ^{21} zo^{33} tɕi^{33} uə^{21} gv̩^{33}. ｜tshe^{33} do^{21} tʂhuɑ^{55} ȵi^{33} ə^{33} me^{33} zy^{55} tɕi^{33}

者 男 则 吉 女 则 金 男 独 似 成 月 见 六 日 母亲 婴 生

hə^{21} me^{33}①: he^{21} tʂhu^{55} pɑ^{33} be^{33} dər^{33}. | tshe^{33} do^{21} ʂər^{33} ȵi^{33} ə^{33} me^{33} zy^{55} tɕi^{33} hə^{21} me^{33}②: zo^{33}
者 神 供养 做 该 月 见 七 日 母亲 婴 生 者 男

se^{55} ɯ^{33}. | tshe^{33} do^{21} ho^{55} ȵi^{33} ə^{33} me^{33} zy^{55} tɕi^{33} hə^{21} me^{33}③: ɯ^{33}. | tshe^{33} do^{21} gv̩^{33} ȵi^{33} ə^{33} me^{33}
则 吉 月 见 八 日 母亲 婴 生 者 吉 月 见 九 日 母亲

zy^{55} tɕi^{33} hə^{21} me^{33}: | khə^{33} gv̩^{33} tshɿ^{21} nɯ^{33} o^{21} he^{33} khv̩^{33} mə^{33} tʂər^{21}, to^{33} mɑ^{33} tsho^{21} bər^{33} zʅ^{33} tv̩^{33}
婴 生 者 抠古鬼 以 灵魂 偷 不 让 面偶 人 迁 路 直

tv̩^{21} gv̩^{55} zʅ^{33} dzɿ^{21} phi^{55} dər^{33}. | tshe^{33} do^{21} tshe^{21} ȵi^{33} ə^{33} me^{33} zy^{55} tɕi^{33} hə^{21} me^{33}:
直 九 路 相交 丢 该 月 见 十 日 母亲 婴 生 者

初一母亲生小孩：该供养神。

初二母亲生小孩：该供养署。

初三母亲生小孩：该给署施药并供养署。

初四母亲生小孩：若生男则吉。若生女则不吉，凶。

初五母亲生小孩：若生男则吉。若生女，此女会像金贵的独子一样。

初六母亲生小孩：该供养神。

初七母亲生小孩：若生男则吉。

初八母亲生小孩：吉。

初九母亲生小孩：不能让抠古鬼偷去其灵魂，要把面偶丢弃到人类迁徙路之九条大路交汇的地方去。

初十母亲生小孩：

574-L-18-19

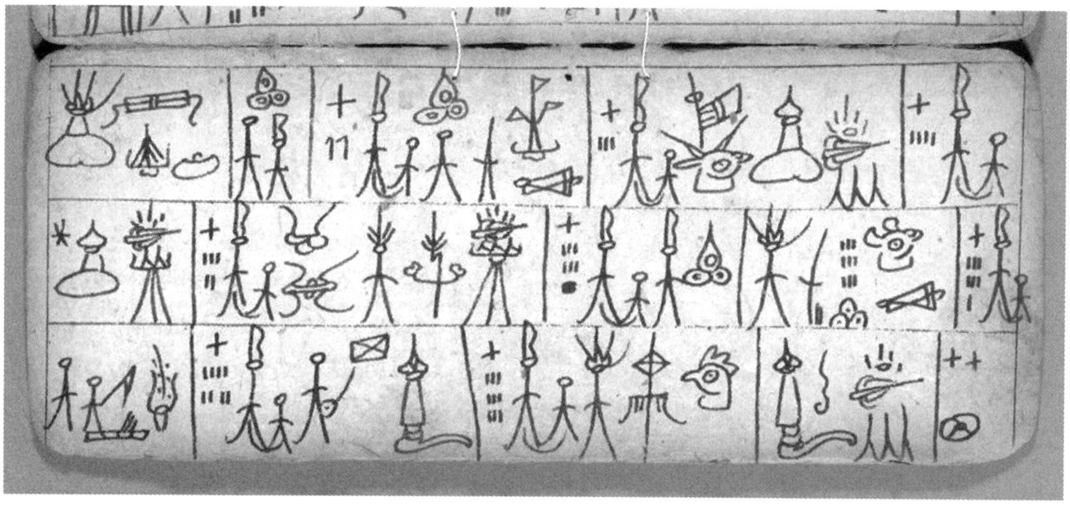

① 其后有三个字符，其一，在一个扭动的人身上写了个水字；其二，一个牛头人身的怪物躺在地上；其三为“地”。这三个字符无法连读成句，存疑。

② 其后有五个东巴字符，一间房，房内有一东巴坐于床上，东巴两旁写了东巴文的“不”与“绒毛”。无法连读成句，存疑。

③ 其后有一个在扭动的人腰间有水的字符，无法读成句，存疑。

py^{33} bv̩^{21} nɯ^{33} sɿ^{55} khv̩^{21} o^{21} ʂər^{55} dər^{33}. ｜zo^{33} nɯ^{21} mi^{55} be^{33} ɯ^{33}. ｜tshe^{21} ȵi^{33} ȵi^{33} ə^{33} me^{33} zy^{55}
祭司 以 素神 请 魂 赎 该 男 和 女 皆 吉 十 二 日 母亲 婴

tɕi^{33} hə^{21} me^{33}: zo^{33} se^{55} ɯ^{33}. tər^{21} to^{33} mɑ^{33} phi^{55} dər^{33}. ｜tshe^{33} sɿ^{21} ȵi^{33} ə^{33} me^{33} zy^{55} tɕi^{33} hə^{21} me^{33}:
生 者 男 则 吉 呆鬼 面偶 丢 该 十 三 日 母亲 婴 生 者

gɑ^{33} lɑ^{21} y^{21} mu^{33} dzi^{33}, he^{21} tʂhu^{55} pɑ^{33} be^{33} dər^{33}. ｜tshe^{21} lu^{33} ȵi^{33} ə^{33} me^{33} zy^{55} tɕi^{33} hə^{21} me^{33}:
战神 绵羊 牺牲 献 神 供养 做 该 十 四 日 母亲 婴 生 者

he^{21}①tʂhu^{55} pɑ^{33} be^{33} dər^{33}. ｜tshe^{21} uɑ^{33} ȵi^{33} ə^{33} me^{33} zy^{55} tɕi^{33} hə^{21} me^{33}: ŋv̩^{33}、hæ^{21}、ə^{33} sɿ^{21}②. sɿ^{33}
神 供养 做 该 十 五 日 母亲 婴 生 者 银 金 父亲 大者

bv̩^{33} ə^{33} phv̩^{33} tʂhər^{55} tʂhu^{55} pɑ^{33} be^{33} dər^{33}. ｜tshe^{21} tʂhuɑ^{55} ȵi^{33} ə^{33} me^{33} zy^{55} tɕi^{33} hə^{21} me^{33}: mi^{55}
祖父 辈 供养 做 该 十 六 日 母亲 婴 生 者 女

se^{13} ɯ^{33}. ｜py^{33} bv̩^{21} nɯ^{33} py^{21}, lv̩^{33} nɑ^{21} gv̩^{33} lv̩^{55} khɯ^{55} phi^{55} dər^{33}. ｜tshe^{21} ʂər^{33} ȵi^{33} ə^{33} me^{33} zy^{55}
则 吉 祭司 以 祭 石 黑 九 颗 放 丢 该 十 七 日 母亲 婴

tɕi^{33} hə^{21} me^{33}: zo^{33}、zo^{33}、zv̩^{55} be^{33}、zʅ^{33}③. ｜tshe^{21} ho^{55} ȵi^{33} ə^{33} me^{33} zy^{55} tɕi^{33} hə^{21} me^{33}: zo^{33}、
生 者 男 男 活 做 酒 十 八 日 母亲 婴 生 者 男

nɯ^{33}、tshər^{33}、sɿ^{21}④. ｜tshe^{21} gv̩^{33} ȵi^{33} ə^{33} me^{33} zy^{55} tɕi^{33} hə^{21} me^{33}: py^{33} bv̩^{21} nɯ^{33} æ^{21} tse^{21}, tho^{33} lo^{33}
心 热 署 十 九 日 母亲 婴 生 者 祭司 以 鸡 用 妥罗鬼

tshɿ^{21} py^{21} dər^{33}。｜sɿ^{21} tʂhər^{33} khɯ^{55}, sɿ^{21} tʂhu^{55} pɑ^{33} be^{33} dər^{33}. ｜ȵi^{33} tsər^{21} ȵi^{33}
祭 该 署 药 施 署 供养 做 该 二 十 日

该由东巴祭司进行请素神仪式并赎魂。生男生女皆吉。

十二⑤日母亲生小孩：若生男则吉。该把呆鬼面偶丢到外面去。

十三日母亲生小孩：要用战神的绵羊作牺牲以供养神。

十四日母亲生小孩：要供养神。

十五日母亲生小孩：……要供养最大的祖先。

十六日母亲生小孩：若生女则吉。该由东巴祭司作祭仪，要把九颗黑石丢到外面去。

十七日母亲生小孩：……

十八日母亲生小孩：……

十九日母亲生小孩：要由东巴用鸡作牺牲以祭妥罗鬼⑥。要给署施药，要供养署。

二十日

① 此字符前有一符号，读音不明，似“tv̩^{21}”而又少一竖，与其他字符也无法连读成句，存疑。

② 这三个字符无法连读成句，存疑。

③ 这四个字符无法连读成句，存疑。

④ 这三个东巴文字符无法连读成句，存疑。

⑤ 此前应有“十一日”。

⑥ 妥罗，音译鬼名，据说是使产妇难产之鬼。

574-L-18-20

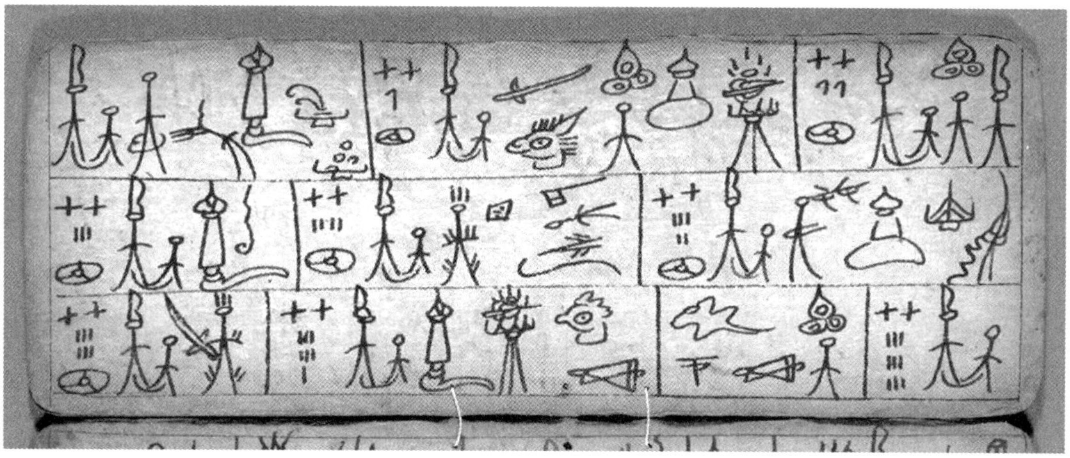

ə^{33}me^{33} zy^{55} tɕi^{33} hə^{21} me^{33}: zo^{33} se^{13} tshɿ^{33} nɯ^{33} o^{21} kv̩^{55}. sɿ^{21} tʂhər^{33}khɯ^{55}, sɿ^{21} dzu̩^{33} zu̩ɑ^{21} dər^{33}. |
母亲 婴 生 者 男 则 楚鬼 以 缠 会 署 药 施 署 债 赔 该

ȵi^{33} tsər^{21} dɯ^{33} ȵi^{33} ə^{33} me^{33} zy^{55} tɕi^{33} hə^{21} me^{33}: bu^{21} kho^{55} dər^{33}. zo^{33} se^{13} ɯ^{33}. he^{21} tʂhu^{55} pɑ^{33} be^{33}
二 十 一 日 母亲 婴 生 者 猪 杀 该 男 则 吉 神 供养 做

dər^{33}. | ȵi^{33} tsər^{21} ȵi^{33} ȵi^{33} ə^{33} me^{33} zy^{55} tɕi^{33} hə^{21} me^{33}: zo^{33} nɯ^{21} mi^{55} be^{33} ɯ^{33}. ȵi^{33} tsər^{21} sɿ^{21} ȵi^{33}
该 二 十 二 日 母亲 婴 生 者 男 和 女 皆 吉 二 十 三 日

ə^{33} me^{33} zy^{55} tɕi^{33} hə^{21} me^{33}: sɿ^{21} tʂhər^{33} khɯ^{55} dər^{33}. | ȵi^{33} tsər^{21} lu^{33} ȵi^{33} ə^{33} me^{33} zy̩^{55} tɕi^{33} hə^{21}
母亲 婴 生 者 署 药 施 该 二 十 四 日 母亲 婴 生

me^{33}: zo^{33} se^{13} sɿ^{33} mu^{33} lər^{21} te^{33} nɯ^{33} khæ^{33} mæ^{33} nɯ^{33} sy^{55} kv̩^{55}. | ȵi^{33} tsər^{21} uɑ^{33} ȵi^{33} ə^{33} me^{33}
者 男 则 斯姆朗登女鬼 以 沟 尾 以 杀 会 二 十 五 日 母亲

zy^{55} tɕi^{33} hə^{21} me^{33}: zo^{33}、ly^{21}、he^{21}、sɿ^{55}、ɕy^{55} hər^{21} le^{33} dʑi^{21}①. ȵi^{33} tsər^{21} tʂhuɑ^{55} ȵi^{33} ə^{33} me^{33} zy^{55}
婴 生 者 男 看 神 素神 柏 绿 梯 二 十 六 日 母亲 婴

tɕi^{33} hə^{21} me^{33}: khə^{33} gv̩^{33} tshɿ^{21} nɯ^{33} sy^{55} kv̩^{55}. | ȵi^{33} tsər^{21} ʂər^{33} ȵi^{33} ə^{33} me^{33} zy^{55} tɕi^{33} hə^{21} me^{33}:
生 者 抠古鬼 杀 会 二 十 七 日 母亲 婴 生 者

sɿ^{21} tʂhu^{55} pɑ^{33} be^{33} dər^{33}. æ^{21} phi^{55}, ɯ^{33} phər^{21} phi^{55} se^{13}, zo^{33} ɯ^{33}. | ȵi^{33} tsər^{21} gv̩^{33} ȵi^{33} ə^{33} me^{33}
署 供养 做 该 鸡 丢 皮 白 丢 则 男 吉 二 十 九 日 母亲

zy^{55} tɕi^{33} hə^{21} me^{33}:
婴 生 者

母亲生小孩：若生男则会被楚鬼缠上。该给署施药，要向署还债。

二十一日母亲生小孩：要杀猪。生男则吉。要供养神。

二十二日母亲生小孩：生儿生女皆吉。

① 这五个东巴文字符无法连读成句，译文中略。

二十三日母亲生小孩：该给署施药。

二十四日母亲生小孩：若生男会被斯姆朗登女鬼在沟边杀死。

二十五日母亲生小孩：……

二十六日母亲生小孩：会被抠古鬼杀死。

二十七日母亲生小孩：该供养署。把鸡、白皮丢到外面，所生的是男则吉。

二十九日[1]母亲生小孩：

574-L-18-21

sɿ55、zo33[2]. tsər33 lər21 do55, tʂhu55 pɑ33 ʥi55 dər33. | py33 bʏ21 nɯ33 py21 dər33. | zo33 se13 ɯ33. to55
板铃 摇 天香 烧 该 祭司 以 祭 该 男 则 吉 消灾

khɯ55 dər33. | nɑ33 tʏ21 ȵi33 ə33 me33 zy55 tɕi33 hə21 me33: sɿ55 khʏ21 o21 ʂər55 dər33. | zo33 nɯ21 mi55
仪式 该 三十日 母亲 婴 生 者 素神 请 魂 赎 该 男 和 女

be33 ɯ33. | ə33 me33 pɑ33 kə21 i33 tʂhɿ33 mu21 thʏ33 zy55 tɕi33 hə21 me33: zər33 kɯ55 ho33 gʏ33 lo21 tɕy21
皆 吉 母亲 巴格 南方 到 婴 生 者 柳 穿山甲 北方 方向

phi55 dər33. ə33 me33 pɑ33 kə21 y21 dzɿ21 tɯ33 thʏ33 zy55 tɕi33 hə21 me33: y21 kho55 sæ33 ɕy21 ly55 mə33
丢 该 母亲 巴格 羊 居 地 到 婴 生 者 绵羊 杀 血 红 做 不

ȵi21. | ə33 me33 pɑ33 kə21 ȵi33 me33 gʏ21 thʏ33 zy55 tɕi33 hə21 me33: mə33 ʂu21 thʏ33 kʏ55. | æ21 pər55
可 母亲 巴格 西方 到 婴 生 者 不 净 产生 会 鸡 嗉子

lər33、tʂɿ33、zo33[3]. py33 bʏ21 nɯ33 tsər33 lər21 do55, to55 khɯ55, y21 so33、gæ21 py33、ʥi33 ɕy21 tʏ33 tʏ21
土 男 祭司 以 板铃 摇 消灾仪式 绵羊皮 刀 鞘 衣 红 直 直

gʏ55 ʐɿ33 dzɿ21 phi55 dər33. | ə33 me33 pɑ33 kə21 khɯ33 dzɿ21 tɯ33 thʏ33 zy55 tɕi33 hə21 me33: he21、mi33、
九 路 交汇 丢 该 母亲 巴格 狗 居 地 到 婴 生 者 神 火

---

① 原文少有关“二十八日”的卦辞。

② 这两个东巴文字符无法与其他字符连读成句，存疑。

③ 这三个东巴文字符无法连读成句，存疑。

kə^{55}、thɑ^{55}、he^{21}①. py^{33} by̩^{21} nɯ^{33} to^{55} khɯ^{55}, æ^{21} gy̩^{33} me^{33}、ky̩^{55} dy̩^{21}、to^{33} mɑ^{33} thɯ^{33} ty̩^{33} ty̩^{21}
鹰 塔 神 祭司 以 消灾仪式 鸡 九 只 风箱 面偶 这 直 直

gy̩^{55} ʐʅ^{33} dzʅ^{21} phi^{55} dər^{33}.
九 路 交汇 丢 该

要手摇板铃烧天香，由东巴祭司进行祭仪。生男则吉。要进行消灾仪式。

三十日母亲生小孩：要进行请素神仪式并赎魂。生男生女皆吉。

在巴格上运转到南方的母亲生小孩：该把用柳条编扎的穿山甲丢到北方去。

在巴格上运转到羊居地（西南方）的母亲生小孩：不要去杀绵羊放红血。

在巴格上运转到西方的母亲生小孩：会产生不净的秽。……要由东巴祭司摇板铃进行消灾仪式，把绵羊的全皮、刀鞘、红衣丢到九条大路交汇的地方。

在巴格上运转到狗居地（西北方）的母亲生小孩：要由东巴祭司进行消灾仪式，把九只鸡、风箱、面偶丢到九条大路交汇的地方。

574-L-18-22

ə^{33} me^{33} pɑ^{33} kə^{21} ho^{33} gy̩^{33} lo^{21} thy̩^{33} zy^{55} tɕi^{33} hə^{21} me^{33}: py^{33} by̩^{21} nɯ^{33} bu^{21} tse^{21} to^{55} khɯ^{55}
母亲 巴格 北方 到 婴 生 者 祭司 以 猪 用 消灾仪式

to^{55} phi^{55} dər^{33}. | ə^{33}me^{33} pɑ^{33} kə^{21} ɯ^{33} dzʅ^{21} tɯ^{33} thy̩^{33} zy^{55} tɕi^{33}hə^{21} me^{33}: ɯ^{33} kho^{55} ʂʅ^{33} mə^{33}②. |
垛鬼丢 该 母亲 巴格 牛 居 地 到 婴 生 者 牛 杀 死 不

ə^{33} me^{33} pɑ^{33} kə^{21} ȵi^{33} me^{33} thy̩^{33} thy̩^{33} zy^{55} tɕi^{33} hə^{21} me^{33}: to^{55} khɯ^{55} ɕy^{33} be^{33} to^{55} phi^{55} dər^{33}. æ^{21}
母亲 巴格 东方 到 婴 生 者 消灾仪式 法事 做垛鬼 丢 该 鸡

tse^{21} ly̩^{33} dʑy^{21} ky̩^{33} nɯ^{33} lɑ^{33} lɯ^{21} khɯ^{55} dər^{33}. py^{33} by̩^{21} nɯ^{33} tʂhər^{21} nɑ^{55} ʐʅ^{33} hɑ^{33} nɯ^{33} he^{21} tʂhu^{55}
用 石 山 上 以 祭风仪式 该 祭司 以 肥肉 瘦肉 酒 饭 以 神 供养

① 这五个东巴文字符无法连读成句，存疑。

② 这四个东巴文字符无法连读成句，存疑。

pɑ³³ be³³ dər³³. he²¹ gə³³ tɕər³³ tɑ⁵⁵ khɯ⁵⁵ dər³³. | ə³³ me³³ pɑ³³ kə²¹ lv̩²¹ dzʅ²¹ tɯ³³ thv̩³³ zy⁵⁵ tɕi³³
做 该 神 的 五色线圈 放 该 母亲 巴格 龙 居 地 到 婴 生

hə²¹ me³³: py³³ bv̩²¹ nɯ³³ py²¹ dər³³, mæ⁵⁵ se¹³ lɑ³³ so³³ phi⁵⁵ dər³³. | tshe⁵⁵ do²¹ dɯ³³ n̩i³³、ʂər³³
者 祭司 以 祭 该 之后 则 虎 全皮 丢 该 月 见 一 日 七

n̩i³³、tshe²¹ gv̩³³ n̩i³³、n̩i³³ tsər²¹ uɑ³³ n̩i³³: mu²¹ tɯ³³ zv̩²¹ zər²¹ bɯ³³, gɑ³³, kɑ³³. | ɯ³³ lɑ²¹ be³³,
日 十 九 日 二 十 五 日 兵 起 仇 压 去 胜 吉 生意 做

kɑ³³. | o³³ dze³³ y²¹, kɑ³³.
吉 财物 拿 吉

在巴格上运转到北方的母亲生小孩：要由东巴祭司用猪作牺牲进行消灾仪式以退送垛鬼。

在巴格上运转到牛居地（东北方）的母亲生小孩：……

在巴格上运转到东方的母亲生小孩：该进行消灾仪式退送垛鬼。要用鸡作牺牲在石山上进行祭风仪式。要由东巴祭司用肥肉和瘦肉、醇酒和米饭供养神。在脖上要戴神的五色线圈。

在巴格上运转到龙居地（东南方）的母亲生小孩：要由东巴作祭仪，之后要把虎皮丢到外面去。

初一、初七、十九日、二十五日：宜起兵去镇压仇敌，可胜，吉。宜去做生意，吉。宜去拿财物，吉。

574-L-18-23

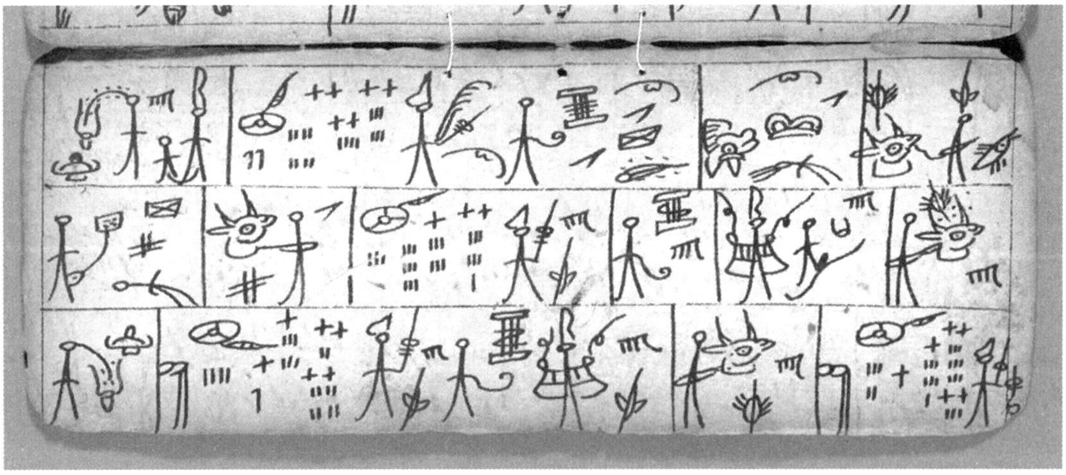

ʐʅ³³ thɯ²¹ hɑ³³ dzʅ³³ bɯ³³, kɑ³³. ə³³ me³³ zy⁵⁵ tɕi³³ hə²¹ lɑ³³ kɑ³³. | tshe³³ do²¹ n̩i³³ n̩i³³、ho⁵⁵ n̩i³³、
酒 喝 饭 吃 去 吉 母亲 婴 生 亦 吉 月 见 二 日 八 日

n̩i³³ tsər²¹ n̩i³³、n̩i³³ tsər²¹ lu³³ n̩i³³、n̩i³³ tsər²¹ tʂhuɑ⁵⁵ n̩i³³: mu²¹ tɯ³³ zʅ²¹ zər²¹ bɯ³³ mə³³ n̩i²¹. ɯ³³
二 十 日 二 十 四 日 二 十 六 日 兵 起 仇 压 去 不 可 生意

lɑ²¹ be³³、khuɑ²¹. dʑi²¹ tshe⁵⁵ bɯ³³ mə³³ n̩i²¹, khuɑ²¹. | ʐuɑ³³ tɕi⁵⁵ ty⁵⁵ ʐuɑ³³ dy⁵⁵ bɯ³³ mə³³ n̩i²¹,
做 凶 水 引 去 不 可 凶 马 鞍 驮 马 赶 去 不 可

khuɑ^{21}, ʂʅ^{33} kv̩^{55}. | o^{33} dze^{33} zʅ^{21} nɯ^{33} ʂər^{21} lɯ^{33} kv̩^{55}. nɯ^{33} sʅ^{33} thv̩^{33}. gu^{21} tshər^{33} kv̩^{55}. | o^{33} dze^{33}
凶 死 会 财 物 仇 以 牵 来 会 心 想 出 病 发烧 会 财 物

gu^{21} lo^{21} khɯ^{55} me^{33} khuɑ^{21}. | tshe^{33} do^{21} sʅ^{21} ȵi^{33}、tshe^{33} do^{21} gv̩^{33} ȵi^{33}、tshe^{21} tʂhuɑ^{55} ȵi^{33}、ȵi^{33}
柜 里 装 是 凶 月 见 三 日 月 见 九 日 十 六 日 二

tsər^{21} ʂər^{33} ȵi^{33}: mu^{21} tɯ^{33} zʅ^{21} zər^{21} bɯ^{33} kɑ^{33}. | ɯ^{33} lɑ^{21} be^{33} bɯ^{33}, kɑ^{33}. | tʂhər^{33} me^{33} zʅ^{21}, kɑ^{33}.
十 七 日 兵 起 仇 压 去 吉 生意 做 去 吉 媳妇 娶 吉

khɯ^{33} kho^{33} zʅ^{33} dʑi^{33}, kɑ^{33}. | o^{33} dze^{33} y^{21}, kɑ^{33}. zʅ^{33} thɯ^{21} hɑ^{33} dzʅ^{33} bɯ^{33}, kɑ^{33}. | tshe^{55} do^{21} lu^{33}
远 路 行 吉 财 物 拿 吉 酒 喝 饭 吃 去 吉 月 见 四

ȵi^{33}、tshe^{21} dɯ^{33} ȵi^{33}、tshe^{21} tʂhuɑ^{55} ȵi^{33}、ȵi^{33} tsər^{21} ȵi^{33} ȵi^{33}、ȵi^{33} tsər^{21} ho^{55} ȵi^{33}: mu^{21} tɯ^{33} zʅ^{21} zər^{21}
日 十 一 日 十 六 日 二 十 二 日 二 十 八 日 兵 起 仇 压

bɯ^{33}, kɑ^{33}. | ɯ^{33} lɑ^{21} be^{33}, kɑ^{33}. tʂhər^{33} me^{33} zʅ^{21}, kɑ^{33}. | o^{33} dze^{33} y^{21}, kɑ^{33}. | tshe^{33} do^{21} uɑ^{33}
去 吉 生意 做 吉 媳妇 娶 吉 财 物 拿 吉 月 见 五

ȵi^{33}、tshe^{55} do^{21} tshe^{21} ȵi^{33}、tshe^{21} ʂər^{33} ȵi^{33}、ȵi^{33} tsər^{21} sʅ^{21} ȵi^{33}、ȵi^{33} tsər^{21} gv̩^{33} ȵi^{33}: mu^{21} tɯ^{33} zʅ^{21}
日 月 见 十 日 十 七 日 二 十 三 日 二 十 九 日 兵 起 仇

zər^{21} bɯ^{33}, ly^{55} mu^{21} gv̩^{33}.
压 去 中常 成

宜去喝酒吃饭坐客，吉。母亲生小孩，吉。

初二、初八、二十日、二十四日、二十六日：不宜起兵去镇压仇人，不宜做生意，凶。不宜去引水，不吉，凶。不宜驮上马鞍赶马，不吉，凶，会死。仇人会来抢财物。心思开窍。会生病发烧。拿财物装入柜里，凶。

初三、初九、十六日、二十七日：宜起兵去镇压仇敌，吉。宜去做生意，吉。宜娶新媳妇，吉。宜出门远行，吉。宜拿财物，吉。宜去喝酒吃饭坐客，吉。

初四、十一日、十六日、二十二日、二十八日：宜起兵去杀敌，吉。宜做生意，吉。宜娶媳妇，吉。宜取财物，吉。

初五、初十、十七日、二十三日、二十九日：起兵去杀敌，只为中常卦。

574-L-18-24

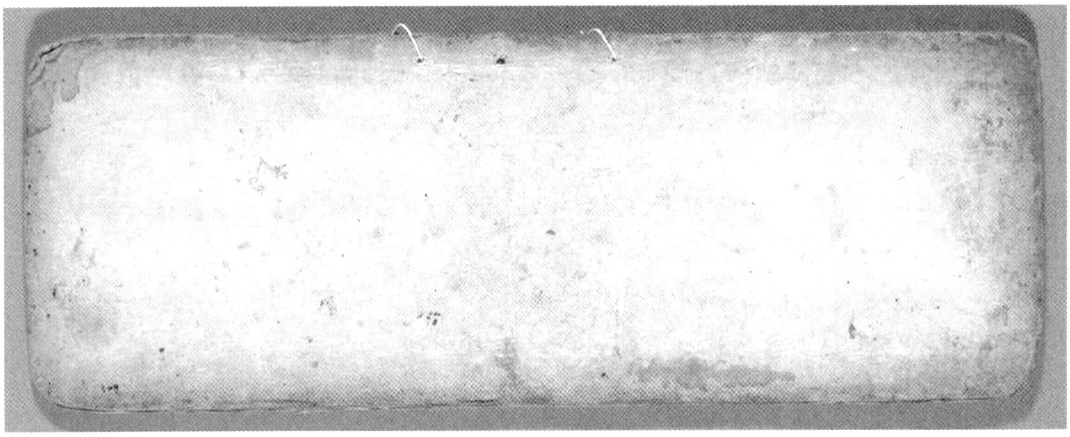

封底

（翻译：王世英）

585-L-21-01

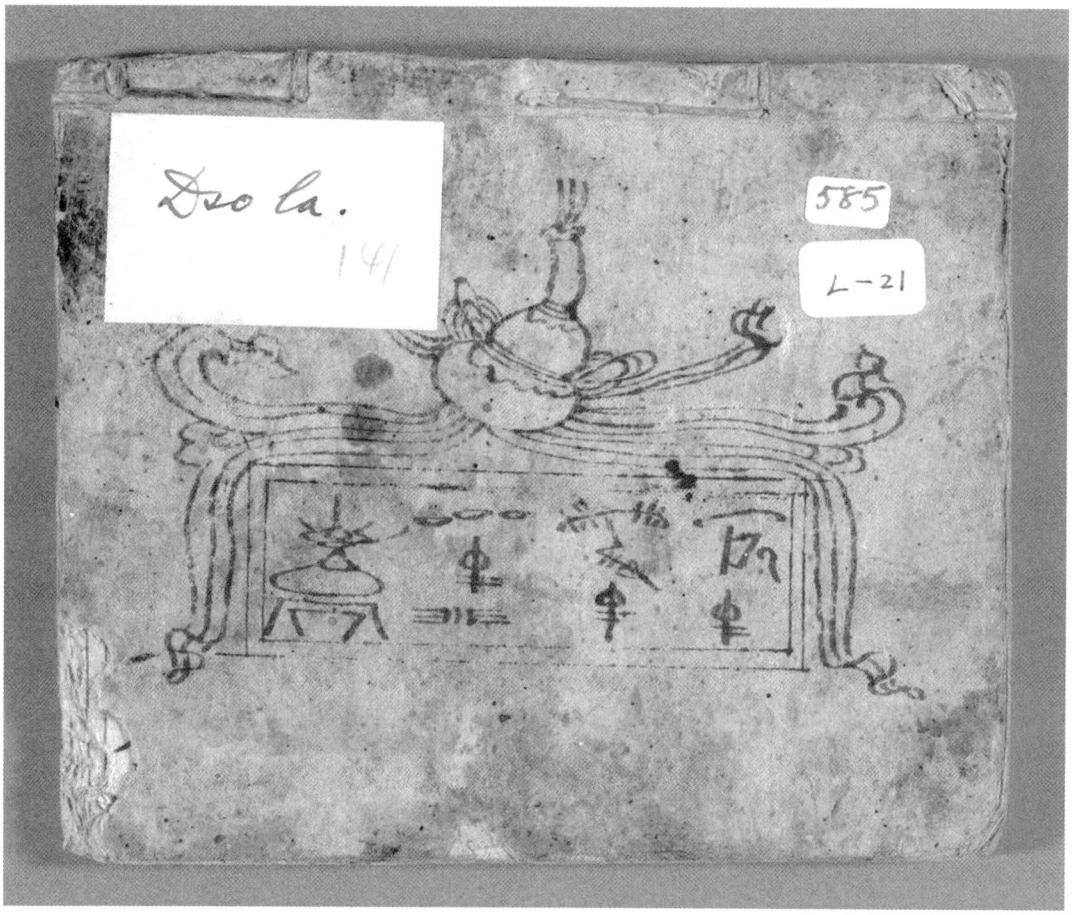

kɯ²¹ tsʅ²¹ ly²¹ • mɯ³³ gv̩³³ ly²¹ •

mɯ³³ khu³³ phu³³ ly²¹

占卜 · 算星 · 以第一声春雷占卜 · 看开天门

585–L–21 占卜·算星·以第一声春雷占卜·看开天门

【内容提要】

本古籍记录了如下内容：

一、一年三百六十天每天由何宿当值。

二、用二十八宿占卜，所占内容有：寻失物、火化死者、生育、婚嫁、祭祀、建房、缝衣、挖沟引水、放牧等。

三、用第一声春雷占卜：以何属相日听到雷声和从何方位传来雷声占当年天气及庄稼丰歉。

四、十二属相的女子在何岁时开天门以择宜不宜结婚。

五、有六个图，分别为择建房日子、结婚那天鬼会缠于何物、算白虎、择建门所朝方向、算喜神、择安床日子。

【英文提要】

The Divination. Astrology. To Divine with the First Thunder in Spring. To Divine Opening the Gate of Heaven

This book records the following parts:

First, it introduces the date of mansion in each day of the year.

Second, to divine with the twenty-eight mansions, contents of divination include: searching, cremation, procreation, marriage, sacrifice, building, sewing, water diversion, pasture, etc.

Third, it introduces the divination with the first thunder in spring: to divine the climate and harvest in the present year by the zodiac date on hearing the sound and direction on its coming.

Fourth, it introduces the advisable and inadvisable for a marriage that when a female with certain Chinese zodiac opens the gate of heaven.

Fifth, it introduces six pictures lying in: the date of building a house, the material suffered by ghost on the day of marriage, divining the White Tiger, choosing the direction that the gate opens against, divining the god of pleasure, choosing the date of bed placement.

585-L-21-02

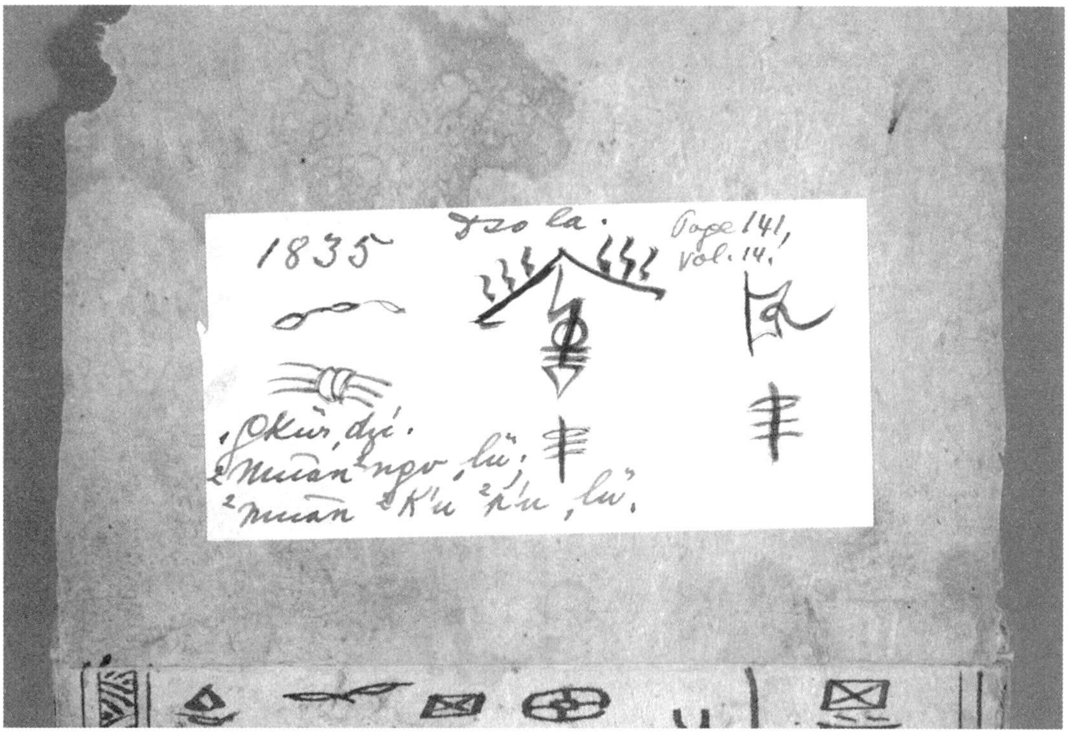

“1835”是洛克收藏纳西东巴古籍的序号。几个东巴文为此书书名的复写。字母文字是洛克记下的这些东巴文之读音。

585-L-21-03

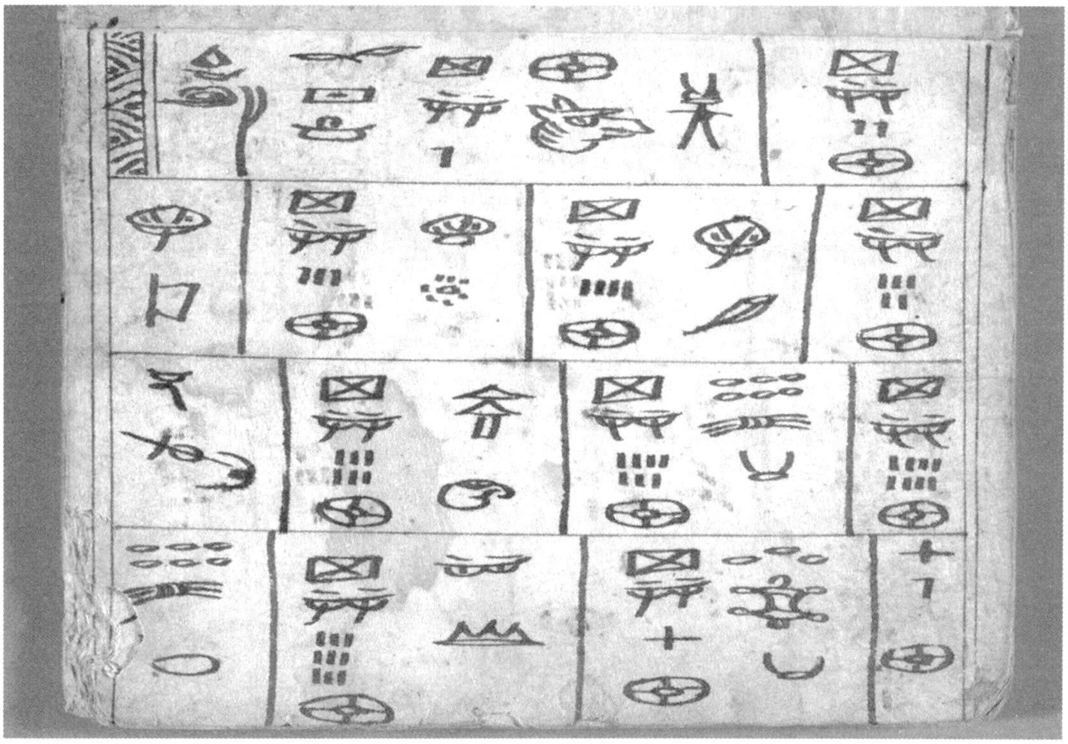

iə²¹ pe²¹ he³³ tshe³³ do²¹ dɯ³³ ȵi³³, zuɑ³³ tse⁵⁵. | tshe³³ do²¹ ȵi³³ ȵi³³, pɑ³³ khu³³. | tshe³³ do²¹

正月　　月　见　一　日　柔正　　月　见　二　日　巴孔　　月　见

sɿ^{21} ȵi^{33}, pɑ^{33} by^{33}. | tshe^{33} do^{21} lu^{33} ȵi^{33}, pɑ^{33} dʑi^{21}. | tse^{33} do^{21} uɑ^{33} ȵi^{33}, nɑ^{33} gv̩^{21}. | tshe^{33} do^{21}
三 日 巴毕 月 见 四 日 巴吉 月 见 五 日 娜古 月 见

tʂhuɑ^{55} ȵi^{33}, thɑ^{33} kə^{55}. | tshe^{33} do^{21} ʂər^{33} ȵi^{33}, tʂhuɑ^{55} tsər^{21} khuɑ^{33}. | tshe^{33} do^{21} ho^{55} ȵi^{33}, tʂhuɑ^{55}
六 日 涛构 月 见 七 日 创昌夸 月 见 八 日

tsər^{21} gv̩^{33}. | tshe^{33} do^{21} gv̩^{33} ȵi^{33}, miə^{21} ɕy^{21}. | tshe^{33} do^{21} tshe^{21} ȵi^{33}, sɿ^{33} tho^{21} khuɑ^{33}. | tshe^{21}
创昌古 月 见 九 日 谬许 月 见 十 日 司托夸 十

dɯ^{33} ȵi^{33},
一 日

正月初一由柔正①当值。初二由巴孔当值。初三由巴毕当值。初四由巴吉当值。初五由娜古当值。初六由涛构当值。初七由创昌夸当值。初八由创昌古当值。初九由谬许当值。初十由司托夸当值。十一日

585-L-21-04

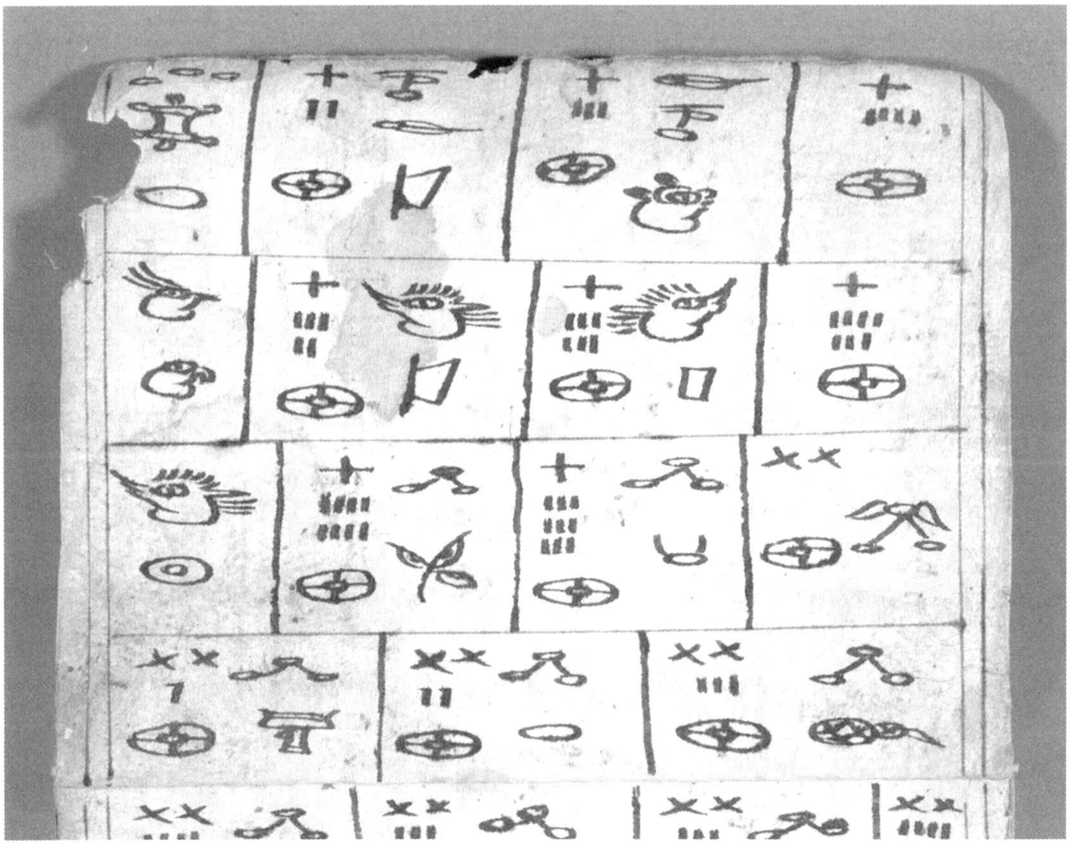

sɿ^{33} tho^{21} gv̩^{33}. | tshe^{21} ȵi^{33} ȵi^{33}, kɯ^{33} phər^{21} dʑi^{21} khu^{33}. | tshe^{33} sɿ^{21}ȵi^{33}, kɯ^{33} phər^{21} dʑi^{21}gv̩^{33}. |
司托古 十 二 日 庚盘吉孔 十 三 日 庚盘吉古

① 柔正，音译宿名，为纳西族二十八宿之一。后文的“巴毕”、“巴孔”……皆为宿名，不再一一作注。

tshe^{21} lu^{33} ȵi^{33}, fv̩^{33} kə^{55}. | tshe^{21} uɑ^{33} ȵi^{33}, bu^{21} khu^{33}. | tshe^{21} tʂhuɑ^{55} ȵi^{33}, bu^{21} to^{55}. | tshe^{21}
十 四 日 夫构 十 五 日 布孔 十 六 日 布铎 十

ʂər^{33} ȵi^{33}, bu^{21} mɑ^{55}. | tshe^{21} ho^{55} ȵi^{33}, zy^{21} nv̩^{55}. | tshe^{21} gv̩^{21} ȵi^{33}, zy^{21} khuɑ^{33}. | ȵi^{33} tsər^{21} ȵi^{33},
七 日 布冒 十 八 日 蕊奴 十 九 日 蕊夸 二 十 日

zy^{21} he^{33}. | ȵi^{33} tsər^{21} dɯ^{33} ȵi^{33}, zy^{21} tɕər^{33}. | ȵi^{33} tsər^{21} ȵi^{33} ȵi^{33}, zy^{21} gv̩^{33}. | ȵi^{33} tsər^{21} sɿ^{21} ȵi^{33},
蕊亨 二 十 一 日 蕊江 二 十 二 日 蕊古 二 十 三 日

zy^{21} dv̩^{21}.
蕊督

由司托古当值。十二日由庚盘吉孔当值。十三日由庚盘吉古当值。十四日由夫构当值。十五日由布孔当值。十六日由布铎当值。十七日由布冒当值。十八日由蕊奴当值。十九日由蕊夸当值。二十日由蕊亨当值。二十一日由蕊江当值。二十二日由蕊古当值。二十三日由蕊督当值。

585-L-21-05

ȵi^{33} tsər^{21} lu^{33} ȵi^{33}, zy^{21} bɑ^{21}. | ȵi^{33} tsər^{21} uɑ^{33} ȵi^{33}, zy^{21} tshi^{21}. | ȵi^{33} tsər^{21} tʂhuɑ^{55} ȵi^{33}, zy^{21}
二 十 四 日 蕊巴 二 十 五 日 蕊齐 二 十 六 日 蕊崩

bə^{33}. | ȵi^{33} tsər^{21} ʂər^{33} ȵi^{33}, py^{33} bv̩^{21} kv̩^{33}. | ȵi^{33} tsər^{21} ho^{55} ȵi^{33}, py^{33} bv̩^{21} mæ^{33}. | ȵi^{33} tsər^{21} gv̩^{33}
二 十 七 日 本补古 二 十 八 日 本补满 二 十 九

ȵi^{33}, ʐua^{33} tse^{55}. | na^{33} tv̩^{21} ȵi^{33}, pa^{33} khu^{33}. | he^{21} dʑiə^{33} he^{33}, tshe^{33} do^{21} dɯ^{33} ȵi^{33}, pa^{33} by^{33}. |
日 柔正 三十 日 巴孔 二月 月 见 一 日 巴毕

tshe^{33} do^{21} ȵi^{33} ȵi^{33}, pa^{33} dʑi^{21}. | tshe^{33} do^{21}sɿ^{21} ȵi^{33}, na^{33} gv̩^{21}. | tshe^{33} do^{21} lu^{33} ȵi^{33}, tha^{33} kə^{55}. |
月 见 二 日 巴吉 月 见 三 日 娜古 月 见 四 日 涛构

tshe^{33} do^{21} ua^{33} ȵi^{33}, tʂhua^{55} tsər^{21} khua^{33}.
月 见 五 日 创昌夸

二十四日由蕊巴当值。二十五日由蕊齐当值。二十六日由蕊崩当值。二十七日由本补古当值。二十八日由本补满当值。二十九日由柔正当值。三十日由巴孔当值。

二月初一由巴毕当值。初二由巴吉当值。初三由娜古当值。初四由涛构当值。初五由创昌夸当值。

585-L-21-06

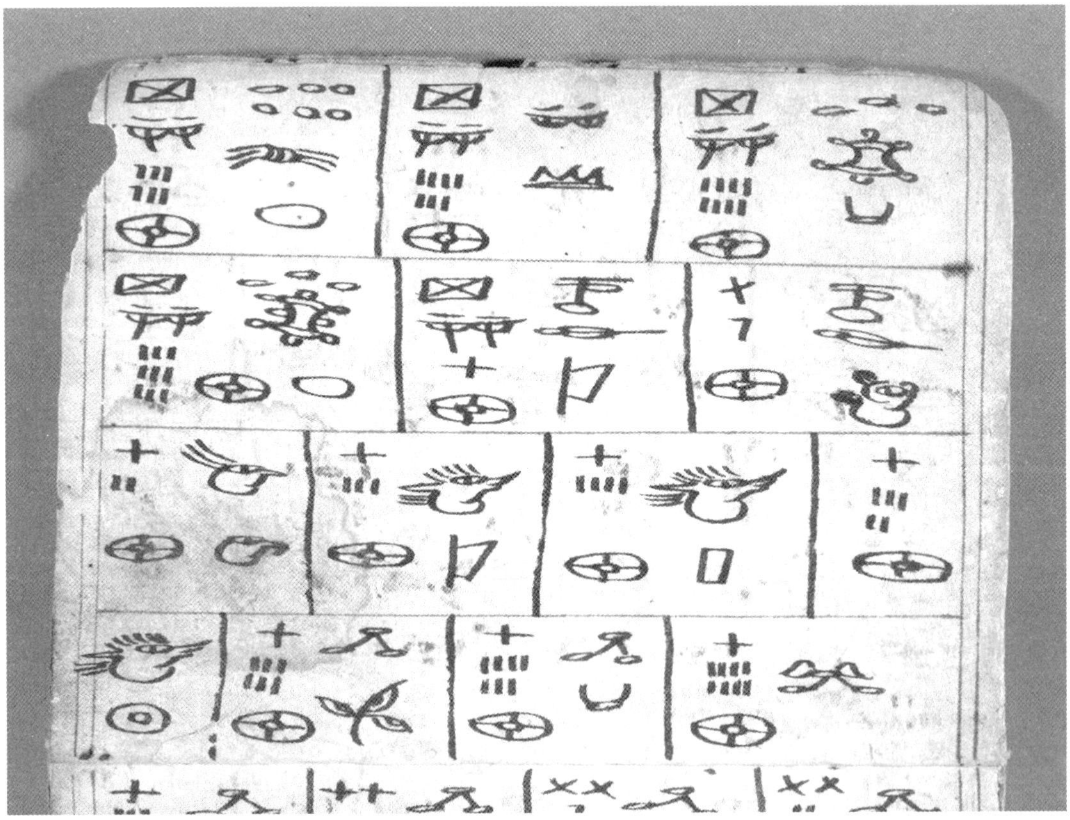

tshe^{33} do^{21} tʂhua^{55} ȵi^{33}, tʂhua^{55} tsər^{21} gv̩^{33}. | tse^{33} do^{21} ʂər^{33} ȵi^{33}, miə^{21} ɕy^{21}. | tshe^{33} do^{21} ho^{55} ȵi^{33},
月 见 六 日 创昌古 月 见 七 日 谬许 月 见 八 日

sɿ^{33} tho^{21} khua^{33}. | tshe^{33} do^{21} gv̩^{33} ȵi^{33}, sɿ^{33} tho^{21} gv̩^{33}. | tshe^{33} do^{21} tshe^{21} ȵi^{33}, kɯ^{33} phər^{21} dʑi^{21}
司托夸 月 见 九 日 司托古 月 见 十 日 庚盘吉孔

khu³³. | tshe²¹ dɯ³³ ȵi³³, kɯ³³ phər²¹ dʑi²¹ gv̩³³. | tshe²¹ ȵi³³ ȵi³³, fv̩³³ kə⁵⁵. | tshe³³ sɿ²¹ ȵi³³, bu²¹
十 一 日 庚盘吉古 十 二 日 夫构 十 三 日 布孔

khu³³. | tshe²¹ lu³³ ȵi³³, bu²¹ to⁵⁵. | tshe²¹ uɑ³³ ȵi³³, bu²¹ mɑ⁵⁵. | tshe²¹ tʂhuɑ⁵⁵ ȵi³³, zy²¹ nv̩⁵⁵. |
十 四 日 布铎 十 五 日 布冒 十 六 日 蕊奴

tshe²¹ ʂər³³ ȵi³³, zy²¹ khuɑ³³. | tshe²¹ ho⁵⁵ ȵi³³, zy²¹ he³³.
十 七 日 蕊夸 十 八 日 蕊亨

初六由创昌古当值。初七由谬许当值。初八由司托夸当值。初九由司托古当值。初十由庚盘吉孔当值。十一日由庚盘吉古当值。十二日由夫构当值。十三日由布孔当值。十四日由布铎当值。十五日由布冒当值。十六日由蕊奴当值。十七日由蕊夸当值。十八日由蕊亨当值。

585-L-21-07

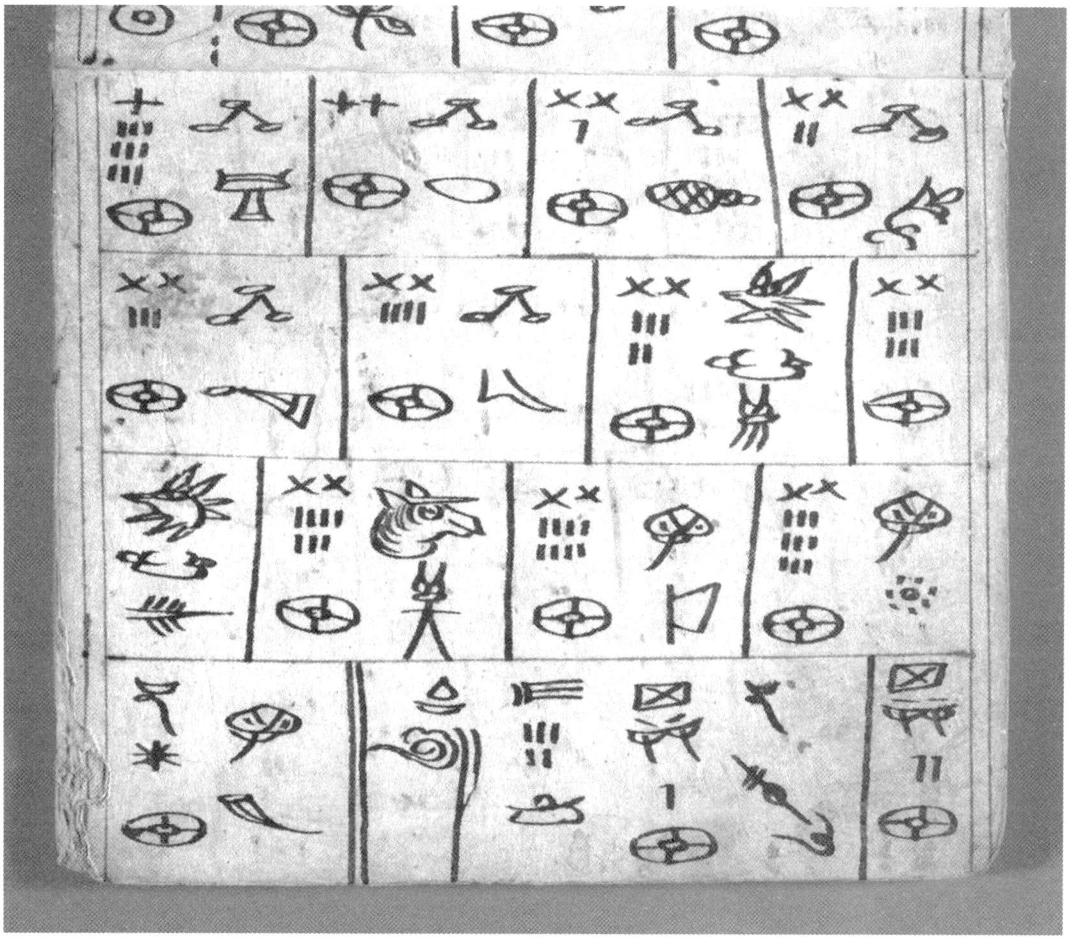

tshe²¹ gv̩³³ ȵi³³, zy²¹ tɕər³³. | ȵi³³ tsər²¹ ȵi³³, zy²¹ gv̩³³. | ȵi³³ tsər²¹ dɯ³³ ȵi³³, zy²¹ dv̩²¹. | ȵi³³
十 九 日 蕊江 二 十 日 蕊古 二 十 一 日 蕊督 二

tsər²¹ ȵi³³ ȵi³³, zy²¹ bɑ²¹. | ȵi³³ tsər³³ sɿ²¹ ȵi³³, zy²¹ tshi²¹. | ȵi³³ tsər²¹ lu³³ ȵi³³, zy²¹ bə³³. | ȵi³³
十 二 日 蕊巴 二 十 三 日 蕊齐 二 十 四 日 蕊崩 二

tsər^{21} uɑ^{33} n̥i^{33}, py^{33} by̩^{21} ky̩^{33}. | n̥i^{33} tsər^{21} tʂhuɑ^{55} n̥i^{33}, py^{33}by̩^{21} mæ^{33}. | n̥i^{33} tsər^{21}ʂər^{33} n̥i^{33}, ʐuɑ^{33}
十 五 日 本补古 二 十 六 日 本补满 二 十 七 日 柔正

tse^{55}. | n̥i^{33} tsər^{21} ho^{55} n̥i^{33}, pɑ^{33} khu^{33}. | n̥i^{33} tsər^{21} gy̩^{33} n̥i^{33}, pɑ^{33} by^{33}. | nɑ^{33} ty̩^{21} n̥i^{33}, pɑ^{33}
二 十 八 日 巴孔 二 十 九 日 巴毕 三十 日 巴吉

dʑi^{21}. | sɑ^{55} uɑ^{33} he^{33}, tshe^{33} do^{21} dɯ^{33} n̥i^{33}, nɑ^{33} gy̩^{21}. | tshe^{33} do^{21} n̥i^{33} n̥i^{33},
三月 月 见 一 日 娜古 月 见 二 日

十九日由蕊江当值。二十日由蕊古当值。二十一日由蕊督当值。二十二日由蕊巴当值。二十三日由蕊齐当值。二十四日由蕊崩当值。二十五日由本补古当值。二十六日由本补满当值。二十七日由柔正当值。二十八日由巴孔当值。二十九日由巴毕当值。三十日由巴吉当值。

三月初一由娜古当值。初二

585-L-21-08

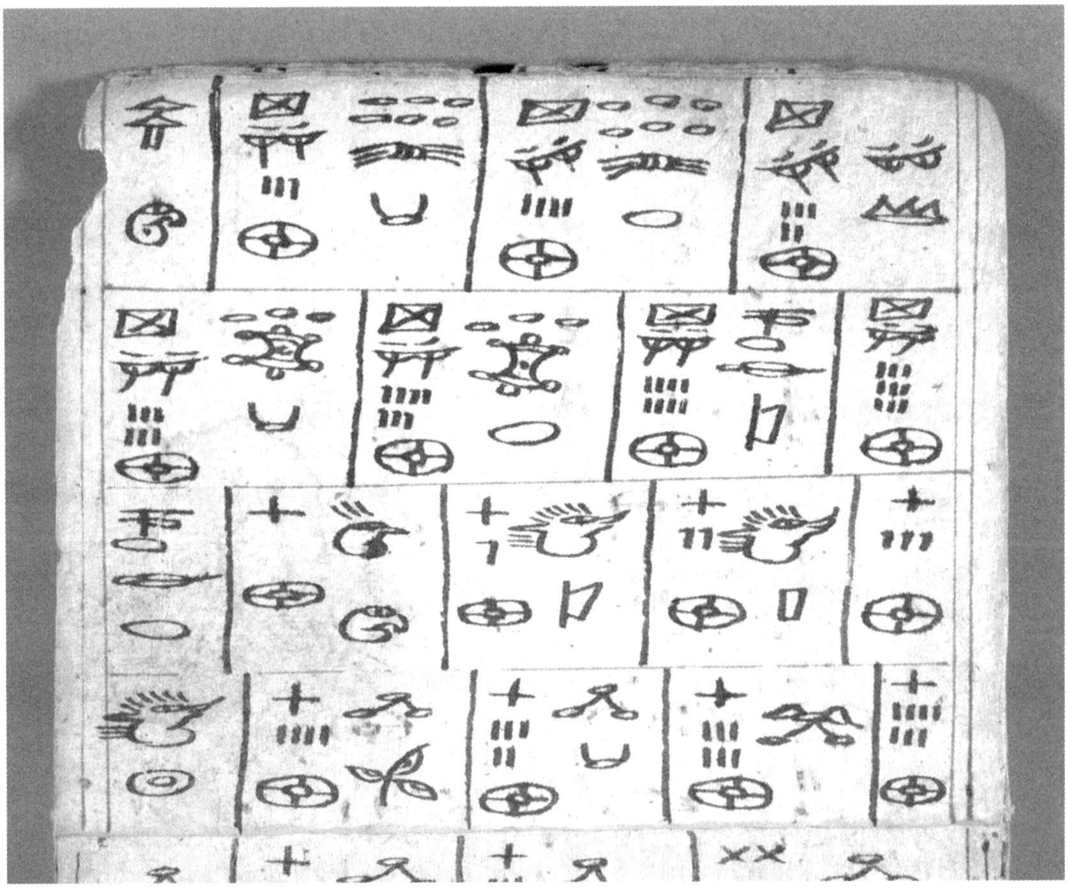

thɑ^{33} kə^{55}. | tshe^{33} do^{21} sɿ^{21} n̥i^{33}, tʂhuɑ^{55} tsər^{21} khuɑ^{33}. | tshe^{33} do^{21} lu^{33} n̥i^{33}, tʂhuɑ^{55} tsər^{21} gy̩^{33}. |
涛构 月 见 三 日 创昌夸 月 见 四 日 创昌古

tshe^{33} do^{21} uɑ^{33} n̥i^{33}, miə^{21} ɕy^{21}. | tshe^{33} do^{21} tʂhuɑ^{55} n̥i^{33}, sɿ^{33} tho^{21} khuɑ^{33}. | tshe^{33} do^{21} ʂər^{33} n̥i^{33},
月 见 五 日 谬许 月 见 六 日 司托夸 月 见 七 日

sɿ³³ tho²¹ gv̩³³. | tshe³³ do²¹ ho⁵⁵ n̠i³³, kɯ³³ phər²¹ dʑi²¹ khu³³. | tshe³³ do²¹ gv̩³³ n̠i³³, | kɯ³³
司托古 月 见 八 日 庚盘吉孔 月 见 九 日

phər²¹ dʑi²¹ gv̩³³. | tshe²¹ n̠i³³, fv̩³³ kə⁵⁵. | tshe²¹ dɯ³³ n̠i³³, bu²¹ khu³³. | tshe²¹ n̠i³³ n̠i³³, bu²¹
庚盘吉古 十 日 夫构 十 一 日 布孔 十 二 日 布铎

to⁵⁵. | tshe³³ sɿ²¹ n̠i³³, | bu²¹ mɑ⁵⁵. | tshe²¹ lu³³ n̠i³³, zy²¹ nv̩⁵⁵. | tshe²¹ uɑ³³n̠i³³, zy²¹ khuɑ³³. |
十 三 日 布冒 十 四 日 蕊奴 十 五 日 蕊夸

tshe²¹ tʂhuɑ⁵⁵ n̠i³³, zy²¹ he³³. | tshe²¹ ʂər³³ n̠i³³,
十 六 日 蕊亨 十 七 日

由涛构当值。初三由创昌夸当值。初四由创昌古当值。初五由谬许当值。初六由司托夸当值。初七由司托古当值。初八由庚盘吉孔当值。初九由庚盘吉古当值。初十由夫构当值。十一日由布孔当值。十二日由布铎当值。十三日由布冒当值。十四日由蕊奴当值。十五日由蕊夸当值。十六日由蕊亨当值。十七日

585-L-21-09

zy²¹ tɕər³³. | tshe²¹ ho⁵⁵ n̠i³³, zy²¹gv̩³³. | tshe²¹ gv̩³³ n̠i³³, zy²¹ dv̩²¹. | n̠i³³ tsər²¹ n̠i³³, zy²¹ bɑ²¹. |
蕊江 十 八 日 蕊古 十 九 日 蕊督 二 十 日 蕊巴

ȵi^{33} tsər^{21} dɯ^{33} ȵi^{33}, zy^{21} tshi^{21}. | ȵi^{33} tsər^{21} ȵi^{33} ȵi^{33}, zy^{21} bə^{33}. | ȵi^{33} tsər^{21} sɿ^{21} ȵi^{33}, py^{33} bv̩^{21}
二 十 一 日 蕊齐 二 十 二 日 蕊崩 二 十 三 日 本补古

kv̩^{33}. | ȵi^{33} tsər^{21} lu^{33} ȵi^{33}, | py^{33} bv̩^{21} mæ^{33}. | ȵi^{33} tsər^{21} uɑ^{33} ȵi^{33}, ʐuɑ^{33} tse^{55}. | ȵi^{33} tsər^{21}
二 十 四 日 本补满 二 十 五 日 柔正 二 十

tʂhuɑ^{55} ȵi^{33}, pɑ^{33} khu^{33}. | ȵi^{33} tsər^{21} ʂər^{33} ȵi^{33}, | pɑ^{33} by^{33}. | ȵi^{33} tsər^{21} ho^{55} ȵi^{33}, pɑ^{33} ʥi^{21}. |
六 日 巴孔 二 十 七 日 巴毕 二 十 八 日 巴吉

ȵi^{33} tsər^{21} gv̩^{33} ȵi^{33}, nɑ^{33} gv̩^{21}. | nɑ^{33} tv̩^{21} ȵi^{33}, thɑ^{33} kə^{55}.
二 十 九 日 娜古 三 十 日 涛构

由蕊江当值。十八日由蕊古当值。十九日由蕊督当值。二十日由蕊巴当值。二十一日由蕊齐当值。二十二日由蕊崩当值。二十三日由本补古当值。二十四日由本补满当值。二十五日由柔正当值。二十六日由巴孔当值。二十七日由巴毕当值。二十八日由巴吉当值。二十九日由娜古当值。三十日由涛构当值。

585-L-21-10

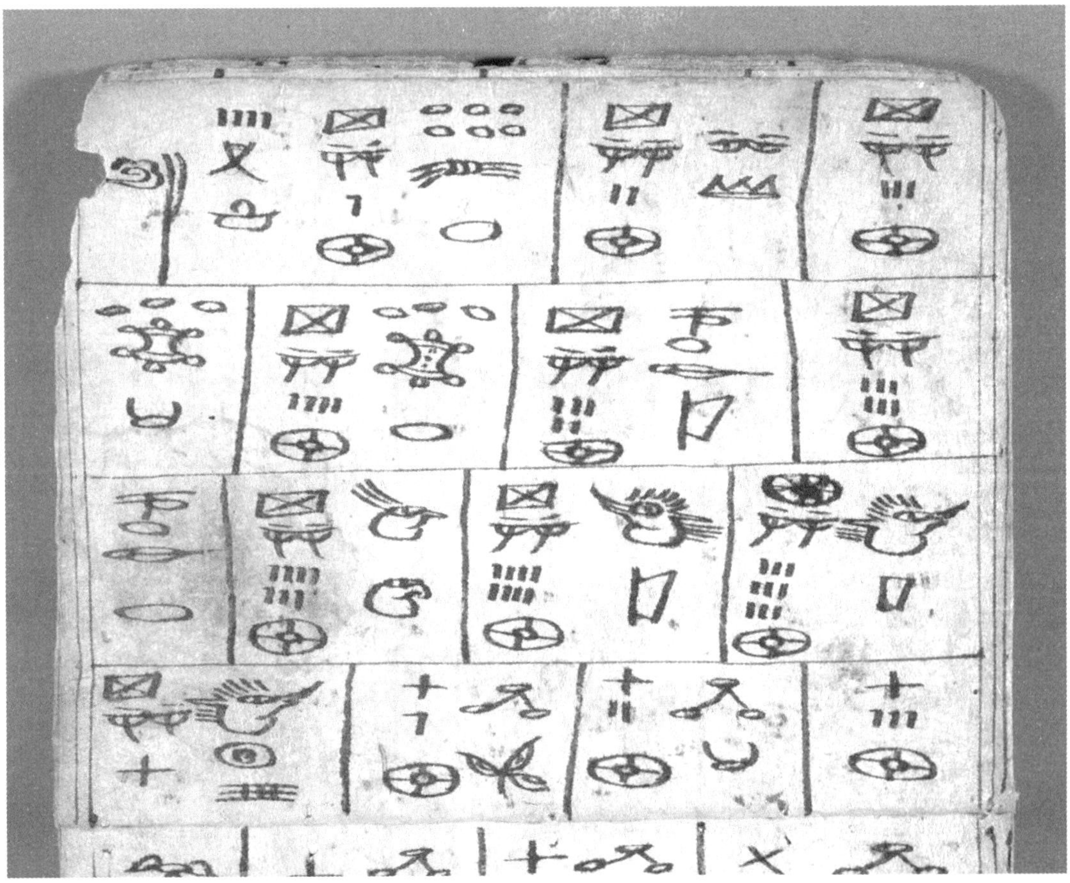

lu^{55} me^{33} he^{33}, tshe^{33} do^{21} dɯ^{33} ȵi^{33}, tʂhuɑ^{55} tsər^{21} gv̩^{33}①. | tshe^{33} do^{21} ȵi^{33} ȵi^{33}, miə^{21} ɕy^{21}. |
四月 月 见 一 日 创昌古 月 见 二 日 谬许

① 此处“thɑ^{33} kə^{55}”后还应有“tʂhuɑ^{55} tsər^{21} khuɑ^{33}”。此处错了，其后各日的当值之宿都成错的了。若依此书算当值之宿，则应往后移一宿。

tshe^{33} do^{21} sɿ^{21} ȵi^{33}, | sɿ^{33} tho^{21} khuɑ^{33}. | tshe^{33} do^{21} lu^{33} ȵi^{33}, sɿ^{33} tho^{21} gv̩^{33}. | tshe^{33} do^{21} uɑ^{33}
月 见 三 日 司托夸 月 见 四 日 司托古 月 见 五

ȵi^{33}, kɯ^{33} phər^{21} ʥi^{21} khu^{33}. | tshe^{33} do^{21} tʂhuɑ^{55} ȵi^{33}, | kɯ^{33} phər^{21} ʥi^{21} gv̩^{33}. | tshe^{33} do^{21} ʂər^{33}
日 庚盘吉孔 月 见 六 日 庚盘吉古 月 见 七

ȵi^{33}, fv̩^{33} kə^{55}. | tshe^{33} do^{21} ho^{55} ȵi^{33}, bu^{21} khu^{33}. | tshe^{33} do^{21} gv̩^{33} ȵi^{33}, bu^{21} to^{55}. | tshe^{33} do^{21}
日 夫构 月 见 八 日 布孔 月 见 九 日 布铎 月 见

tshe^{21} ȵi^{33}. bu^{21} mɑ^{55} to^{55} dər^{33}. | tshe^{21} dɯ^{33} ȵi^{33}, zy^{21} nv̩^{55}. | tshe^{21} ȵi^{33} ȵi^{33}, zy^{21} khuɑ^{33}. |
十 日 布冒 上 轮 十 一 日 蕊奴 十 二 日 蕊夸

tshe^{33} sɿ^{21} ȵi^{33},
十 三 日

四月初一由创昌古当值。初二由谬许当值。初三由司托夸当值。初四由司托古当值。初五由庚盘吉孔当值。初六由庚盘吉古当值。初七由夫构当值。初八由布孔当值。初九由布铎当值。初十由布冒当值。十一日由蕊奴当值。十二日由蕊夸当值。十三日

585-L-21-11

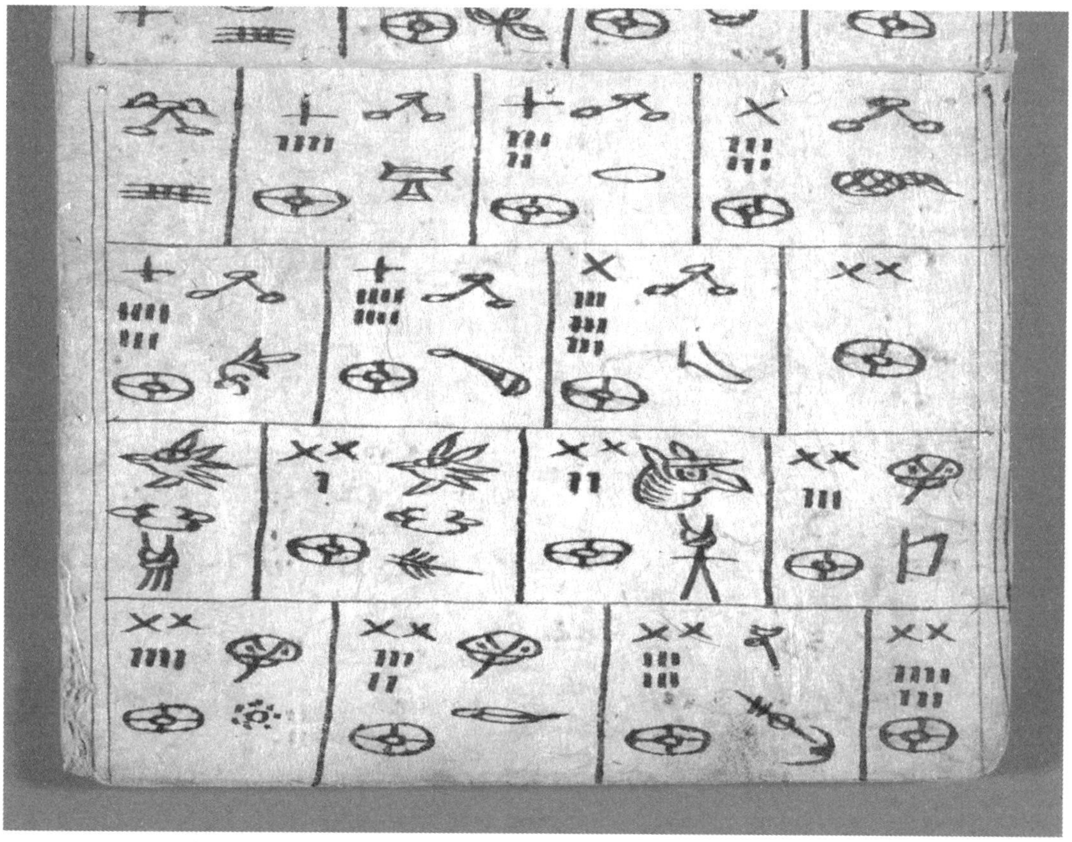

zy^{21} he^{33} to^{55} dər^{33}. | tshe^{21} lu^{33} ȵi^{33}, zy^{21} tɕər^{33}. | tshe^{21} uɑ^{33} ȵi^{33}, zy^{21} gv̩^{33}. | tshe^{21} tʂhuɑ^{55} ȵi^{33},
蕊亨 上 轮 十 四 日 蕊江 十 五 日 蕊古 十 六 日

zy²¹ dṿ²¹. | tshe²¹ ʂər³³ n̩i³³, zy²¹ bɑ²¹. | tshe²¹ ho⁵⁵ n̩i³³, zy²¹ tshi²¹. | tshe²¹ gṿ³³ n̩i³³, zy²¹ bə³³. |
蕊督 十 七 日 蕊巴 十 八 日 蕊齐 十 九 日 蕊崩

n̩i³³ tsər²¹ n̩i³³, | py³³ bṿ²¹ kṿ³³. | n̩i³³ tsər²¹ dɯ³³ n̩i³³, py³³ bṿ²¹ mæ³³. | n̩i³³ tsər²¹ n̩i³³ n̩i³³,
二 十 日 本补古 二 十 一 日 本补满 二 十 二 日

zʊɑ³³ tse⁵⁵. | n̩i³³ tsər²¹ sɿ²¹ n̩i³³, pɑ³³ khu³³. | n̩i³³ tsər²¹ lu³³ n̩i³³, pɑ³³ by³³. | n̩i³³ tsər²¹ uɑ³³ n̩i³³,
柔正 二 十 三 日 巴孔 二 十 四 日 巴毕 二 十 五 日

pɑ³³ dʑi²¹. | n̩i³³ tsər²¹ tʂhuɑ⁵⁵ n̩i³³, nɑ³³ gṿ²¹. | n̩i³³ tsər²¹ ʂər³³ n̩i³³,
巴吉 二 十 六 日 娜古 二 十 七 日

由蕊亨当值。十四日由蕊江当值。十五日由蕊古当值。十六日由蕊督当值。十七日由蕊巴当值。十八日由蕊齐当值。十九日由蕊崩当值。二十日由本补古当值。二十一日由本补满当值。二十二日由柔正当值。二十三日由巴孔当值。二十四日由巴毕当值。二十五日由巴吉当值。二十六日由娜古当值。二十七日

585-L-21-12

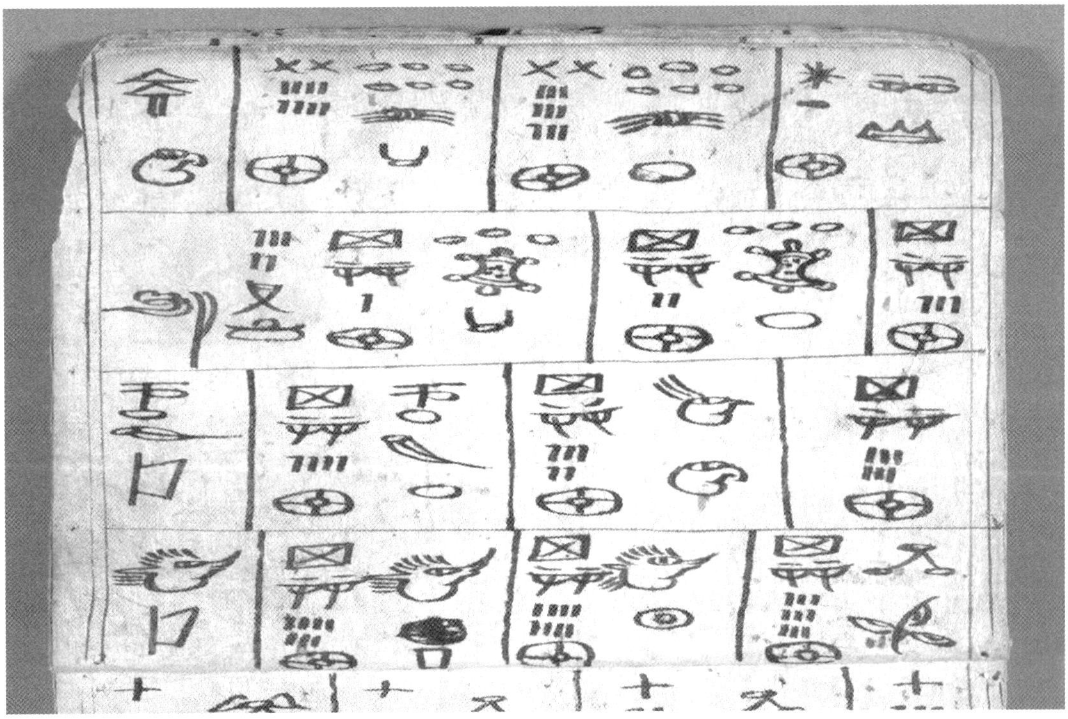

thɑ³³ kə⁵⁵. | n̩i³³ tsər²¹ ho⁵⁵ n̩i³³, tʂhuɑ⁵⁵ tsər²¹ khuɑ³³. | n̩i³³ tsər²¹ gṿ³³ n̩i³³, tʂhuɑ⁵⁵ tsər²¹ gṿ³³. |
涛构 二 十 八 日 创昌夸 二 十 九 日 创昌古

nɑ³³ tṿ²¹ n̩i³³, miə²¹ ɕy²¹. | uɑ⁵⁵ me³³ he³³, tshe³³ do²¹ dɯ³³ n̩i³³, sɿ³³ tho²¹ khuɑ³³. | tshe³³ do²¹ n̩i³³
三十 日 谬许 五月 月 见 一 日 司托夸 月 见 二

n̩i³³, sɿ³³ tho²¹ gṿ³³. | tshe³³ do²¹ sɿ²¹ n̩i³³, | kɯ³³ phər²¹ dʑi²¹ khu³³. | tshe³³ do²¹ lu³³ n̩i³³, kɯ³³
日 司托古 月 见 三 日 庚盘吉孔 月 见 四 日

phər^{21} dʑi^{21} gv̩^{33}. | tshe^{33} do^{21} uɑ^{33} n̩i^{33}, fv̩^{33} kə^{55}. | tshe^{33} do^{21} tʂhuɑ^{55} n̩i^{33}, | bu^{21} khu^{33}. | tshe^{33}
庚盘吉古 月 见 五 日 夫构 月 见 六 日 布孔 月

do^{21} ʂər^{33} n̩i^{33}, bu^{21} to^{55}. | tshe^{33} do^{21} ho^{55} n̩i^{33}, bu^{21} mɑ^{55}. | tshe^{33} do^{21} gv̩^{33} n̩i^{33}, zy^{21} nv̩^{55}.
见 七 日 布铎 月 见 八 日 布冒 月 见 九 日 蕊奴

由涛构当值。二十八日由创昌夸当值。二十九日由创昌古当值。三十日由谬许当值。

五月初一由司托夸当值。初二由司托古当值。初三由庚盘吉孔当值。初四由庚盘吉古当值。初五由夫构当值。初六由布孔当值。初七由布铎当值。初八由布冒当值。初九由蕊奴当值。

585-L-21-13

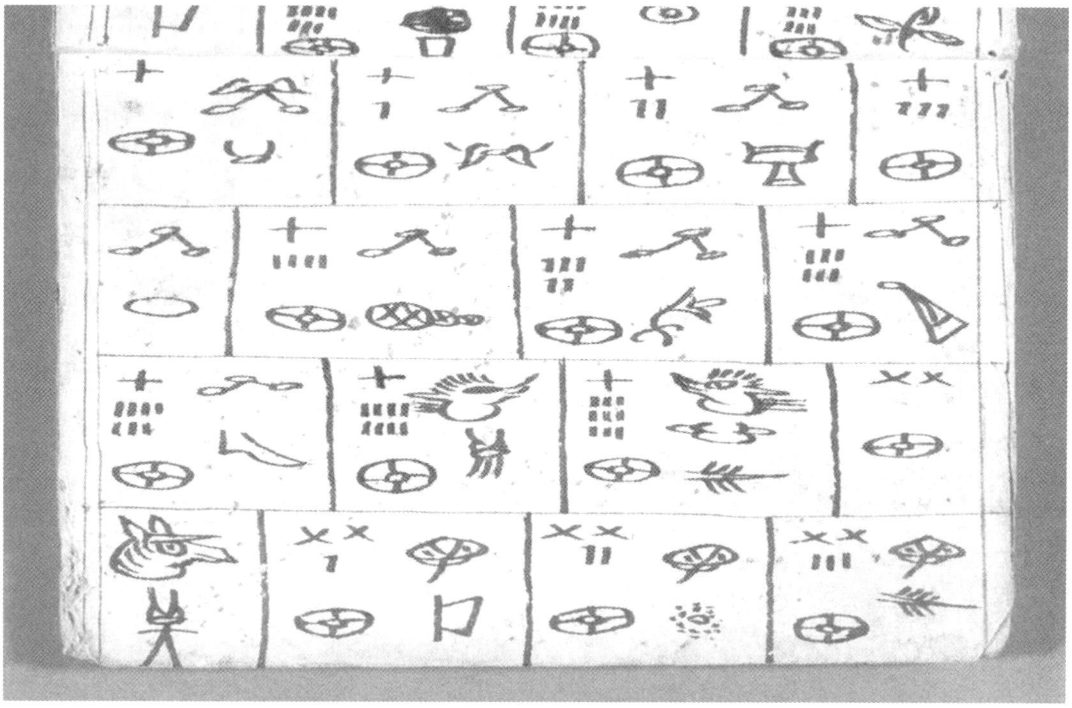

tshe^{33} do^{21} tshe^{21} n̩i^{33}, zy^{21} khuɑ^{33}. | tshe^{21} dɯ^{33} n̩i^{33}, zy^{21} he^{33}. | tshe^{21} n̩i^{33} n̩i^{33}, zy^{21} tɕər^{33}. |
月 见 十 日 蕊夸 十 一 日 蕊亨 十 二 日 蕊江

tshe^{33} sɿ^{21} n̩i^{33}, | zy^{21} gv̩^{33}. | tshe^{21} lu^{33} n̩i^{33}, zy^{21} dv̩^{21}. | tshe^{21} uɑ^{33} n̩i^{33}, zy^{21} bɑ^{21}. | tshe^{21}
十 三 日 蕊古 十 四 日 蕊督 十 五 日 蕊巴 十

tʂhuɑ^{55} n̩i^{33}, zy^{21} tshi^{21}. | tshe^{21} ʂər^{33} n̩i^{33}, zy^{21} bə^{33}. | tshe^{21} ho^{55} n̩i^{33}, py^{33} bv̩^{21} kv̩^{33}. | tshe^{21}
六 日 蕊齐 十 七 日 蕊崩 十 八 日 本补古 十

gv̩^{33} n̩i^{33}, py^{33} bv̩^{21} mæ^{33}. | n̩i^{33} tsər^{21} n̩i^{33}, | ʐuɑ^{33} tse^{55}. | n̩i^{33} tsər^{21} dɯ^{33} n̩i^{33}, pɑ^{33} khu^{33}. |
九 日 本补满 二 十 日 柔正 二 十 一 日 巴孔

n̩i^{33} tsər^{21} n̩i^{33} n̩i^{33}, pɑ^{33} by^{33}. | n̩i^{33} tsər^{21} sɿ^{21} n̩i^{33}, pɑ^{33} mæ^{33}①.
二 十 二 日 巴毕 二 十 三 日 巴满

① pɑ^{33} mæ^{33}，前文 1—4 月都写作“pɑ^{33} dʑi^{21}”，其他古籍中多称“pɑ^{33} mæ^{33}”。现按原文记之。

初十由蕊夸当值。十一日由蕊亨当值。十二日由蕊江当值。十三日由蕊古当值。十四日由蕊督当值。十五日由蕊巴当值。十六日由蕊齐当值。十七日由蕊崩当值。十八日由本补古当值。十九日由本补满当值。二十日由柔正当值。二十一日由巴孔当值。二十二日由巴毕当值。二十三日由巴满当值。

585-L-21-14

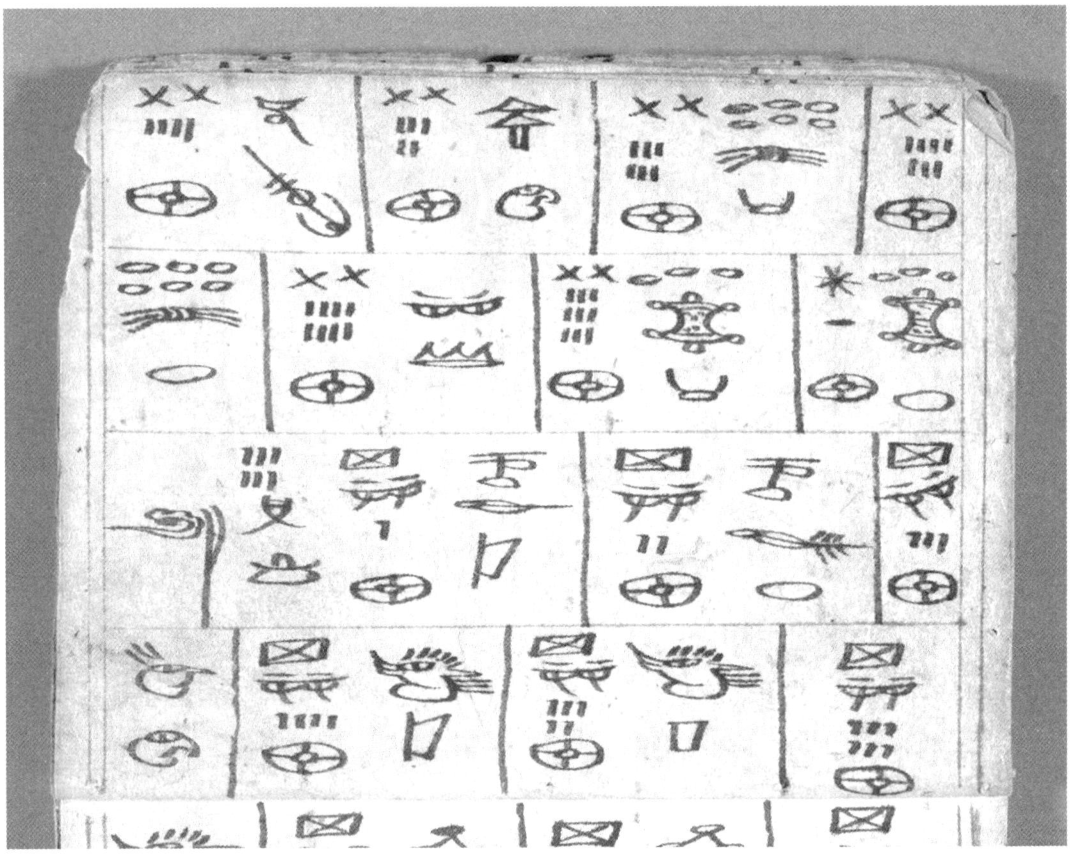

ȵi^{33} tsər^{21} lu^{33} ȵi^{33}, nɑ^{33} gʏ̩^{21}. | ȵi^{33} tsər^{21} uɑ^{33} ȵi^{33}, thɑ^{33} kə^{55}. | ȵi^{33} tsər^{21} tʂhuɑ^{55} ȵi^{33}, tʂhuɑ^{55}
二 十 四 日 娜古 二 十 五 日 涛构 二 十 六 日

tsər^{21} khuɑ^{33}. | ȵi^{33} tsər^{21} ʂər^{33} ȵi^{33}, | tʂhuɑ^{55} tsər^{21} gʏ̩^{33}. | ȵi^{33} tsər^{21} ho^{55} ȵi^{33}, miə^{21} ɕy^{21}. | ȵi^{33}
创昌夸 二 十 七 日 创昌古 二 十 八 日 谬许 二

tsər^{21} gʏ̩^{33} ȵi^{33}, sɿ^{33} tho^{21} khuɑ^{33}. | nɑ^{33} tʏ̩^{21} ȵi^{33}, sɿ^{33} tho^{21} gʏ̩^{33}. | tʂhuɑ^{55} me^{33} he^{33}, tshe^{33} do^{21}
十 九 日 司托夸 三十 日 司托古 六月 月 见

dɯ^{33} ȵi^{33}, kɯ^{33} phər^{21} ʥi^{21} khu^{33}. | tshe^{33} do^{21} ȵi^{33} ȵi^{33}, kɯ^{33} phər^{21} ʥi^{21} mæ^{33}①、gʏ̩^{33}. | tshe^{33}
一 日 庚盘吉孔 月 见 二 日 庚盘吉古 月

do^{21} sɿ^{21} ȵi^{33}, fʏ̩^{33} kə^{55}. | tshe^{33} do^{21} lu^{33} ȵi^{33}, bu^{21} khu^{33}. | tshe^{33} do^{21} uɑ^{33} ȵi^{33}, bu^{21} to^{55}. | tshe^{33}
见 三 日 夫构 月 见 四 日 布孔 月 见 五 日 布铎 月

① kɯ^{33} phər^{21} ʥi^{21} mæ^{33}，这一宿名在全书都写作“kɯ^{33} phər^{21} ʥi^{21} gʏ̩^{33}”。为与全书统一，译文中略去“mæ^{33}”。

do^{21} tʂhuɑ^{55} ȵi^{33},
见 六 日

二十四日由娜古当值。二十五日由涛构当值。二十六日由创昌夸当值。二十七日由创昌古当值。二十八日由谬许当值。二十九日由司托夸当值。三十日由司托古当值。

六月初一由庚盘吉孔当值。初二由庚盘吉古当值。初三由夫构当值。初四由布孔当值。初五由布铎当值。初六

585-L-21-15

bu^{21} mɑ^{55}. | tshe^{33} do^{21} ʂər^{33} ȵi^{33}, zy^{21} nʏ̩^{55}. | tshe^{33} do^{21} ho^{55} ȵi^{33}, zy^{21} khuɑ^{33}. | tshe^{33} do^{21} gʏ̩^{33}
布冒 月 见 七 日 蕊奴 月 见 八 日 蕊夸 月 见 九

ȵi^{33}, | zy^{21} he^{33}. | tshe^{33} do^{21} tshe^{21} ȵi^{33}, zy^{21} tɕər^{33}. | tshe^{21} dɯ^{33} ȵi^{33}, zy^{21} gʏ̩^{33}. | tshe^{21} ȵi^{33}
日 蕊亨 月 见 十 日 蕊江 十 一 日 蕊古 十 二

ȵi^{33}, zy^{21} dʏ̩^{21}. | tshe^{33} sɿ^{21} ȵi^{33}, zy^{21} bɑ^{21}. | tshe^{21} lu^{33} ȵi^{33}, zy^{21} tshi^{21}. | tshe^{21} uɑ^{33} ȵi^{33}, zy^{21}
日 蕊督 十 三 日 蕊巴 十 四 日 蕊齐 十 五 日 蕊崩

bə^{33}. | tshe^{21} tʂhuɑ^{55} ȵi^{33}, | py^{33} bʏ̩^{21} kʏ̩^{33}. | tshe^{21} ʂər^{33} ȵi^{33}, py^{33} bʏ̩^{21} mæ^{33}. | tshe^{21} ho^{55}
十 六 日 本补古 十 七 日 本补满 十 八

ȵi^{33}, ʐuɑ^{33} tse^{55}. | tshe^{21} gʏ̩^{33} ȵi^{33},
日 柔正 十 九 日

由布冒当值。初七由蕊奴当值。初八由蕊夸当值。初九由蕊亨当值。初十由蕊江当值。十一日由蕊古当值。十二日由蕊督当值。十三日由蕊巴当值。十四日由蕊齐当值。十五日由蕊崩当值。十六日由本补古当值。十七日由本补满当值。十八日由柔正当值。十九日

585-L-21-16

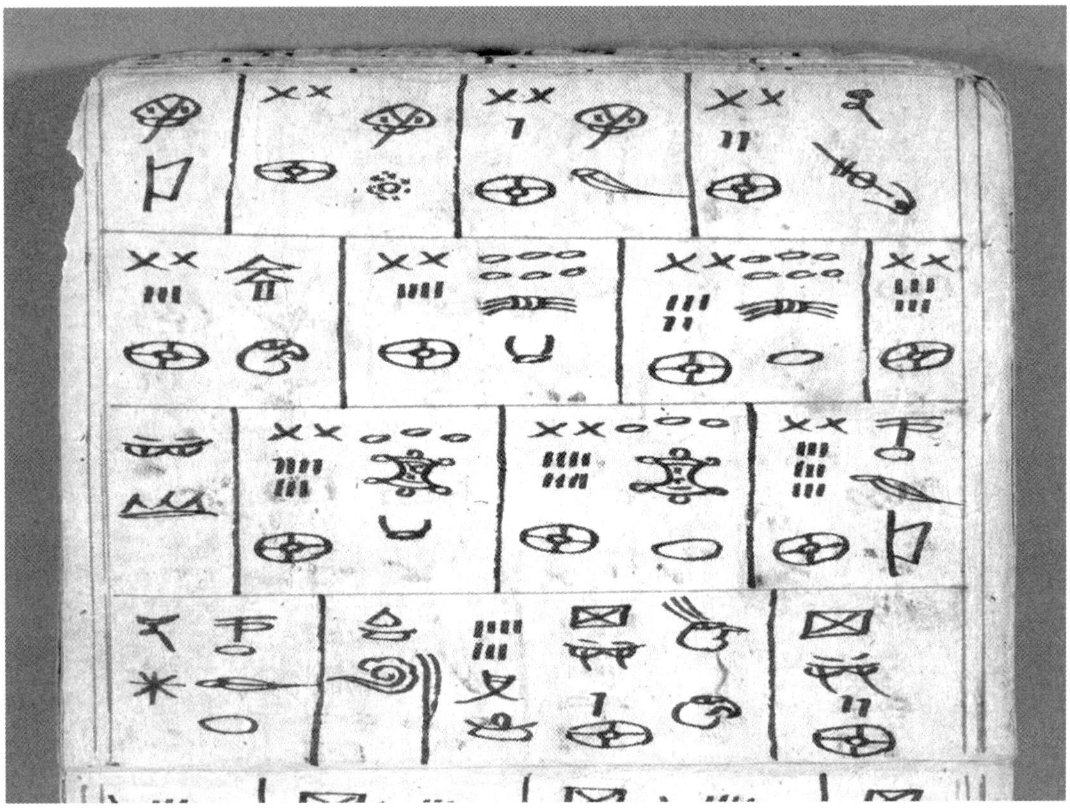

pɑ^{33} khu^{33}. | ȵi^{33} tsər^{21} ȵi^{33}, pɑ^{33} by^{33}. | ȵi^{33} tsər^{21} dɯ^{33} ȵi^{33}, pɑ^{33} dʑi^{21}. | ȵi^{33} tsər^{21} ȵi^{33} ȵi^{33},
巴孔 二 十 日 巴毕 二 十 一 日 巴吉 二 十 二 日

nɑ^{33} gv̩^{21}. | ȵi^{33} tsər^{21} sɿ^{21} ȵi^{33}, thɑ^{33} kə^{55}. | ȵi^{33} tsər^{21} lu^{33} ȵi^{33}, tʂhuɑ^{55} tsər^{21} khuɑ^{33}. | ȵi^{33} tsər^{21}
娜古 二 十 三 日 涛构 二 十 四 日 创昌夸 二 十

uɑ^{33} ȵi^{33}, tʂhuɑ^{55} tsər^{21} gv̩^{33}. | ȵi^{33} tsər^{21} tʂhuɑ^{55} ȵi^{33}, | miə^{21} ɕy^{21}. | ȵi^{33} tsər^{21} ʂər^{33} ȵi^{33}, sɿ^{33}
五 日 创昌古 二 十 六 日 谬许 二 十 七 日

tho^{21} khuɑ^{33}. | ȵi^{33} tsər^{21} ho^{55} ȵi^{33}, sɿ^{33} tho^{21}gv̩^{33}. | ȵi^{33} tsər^{21} gv̩^{33} ȵi^{33}, kɯ^{33} phər^{21} dʑi^{21}khu^{33}. |
司托夸 二 十 八 日 司托古 二 十 九 日 庚盘吉孔

nɑ^{33} tv̩^{21} ȵi^{33}, kɯ^{33} phər^{21} dʑi^{21} gv̩^{33}. | sæ^{33} me^{33} he^{33}, tshe^{33} do^{21} dɯ^{33} ȵi^{33}, fv̩^{33} kə^{55}. | tshe^{33} do^{21}
三十 日 庚盘吉古 七月 月 见 一 日 夫构 月 见

ȵi^{33} ȵi^{33},
二 日

由巴孔当值。二十日由巴毕当值。二十一日由巴吉当值。二十二日由娜古当值。二十三日由涛构当值。二十四日由创昌夸当值。二十五日由创昌古当值。二十六日由谬许当值。二十七日由司托夸当值。二十八日由司托古当值。二十九日由庚盘吉孔当值。三十日由庚盘吉古当值。

七月初一由夫构当值。初二

585-L-21-17

bu^{21} khu^{33}. | tshe^{33} do^{21} sɿ^{21} ȵi^{33}, bu^{21} to^{55}. | tshe^{33} do^{21} lu^{33} ȵi^{33}, bu^{21} mɑ^{55}. | tshe^{33} do^{21} uɑ^{33}

布孔 月 见 三 日 布铎 月 见 四 日 布冒 月 见 五

ȵi^{33}, | zy^{21} nv̩^{55}. | tshe^{33} do^{21} tʂhuɑ^{55} ȵi^{33}, zy^{21} khuɑ^{33}. | tshe^{33} do^{21} ʂər^{33} ȵi^{33}, zy^{21} he^{33} to^{55}

日 蕊奴 月 见 六 日 蕊夸 月 见 七 日 蕊亨 上

dər^{33}. | tshe^{33} do^{21} ho^{55} ȵi^{33}, | zy^{21} tɕər^{33}. | tshe^{33} do^{21} gv̩^{33} ȵi^{33}, zy^{21} gv̩^{33}. | tshe^{33} do^{21} tshe^{21}

轮 月 见 八 日 蕊江 月 见 九 日 蕊古 月 见 十

ȵi^{33}, zy^{21} dv̩^{21}. | tshe^{21} dɯ^{33} ȵi^{33}, zy^{21} bɑ^{21}. | tshe^{21} ȵi^{33} ȵi^{33}, zy^{21} tshi^{21}. | tshe^{33} sɿ^{21} ȵi^{33}, zy^{21}

日 蕊督 十 一 日 蕊巴 十 二 日 蕊齐 十 三 日 蕊崩

bə^{33}. | tshe^{21} lu^{33} ȵi^{33}, py^{33} bv̩^{21} kv̩^{33}.

十 四 日 本补古

由布孔当值。初三由布铎当值。初四由布冒当值。初五由蕊奴当值。初六由蕊夸当值。初七由蕊亨当值。初八由蕊江当值。初九由蕊古当值。初十由蕊督当值。十一日由蕊巴当值。十二日由蕊齐当值。十三日由蕊崩当值。十四日由本补古当值。

585-L-21-18

tshe^{33} uɑ^{33} ȵi^{33}, py^{33} by̩^{21} mæ^{33}. | tshe^{21} tʂhuɑ^{55} ȵi^{33}, ʐuɑ^{33} tse^{55}. | tshe^{21} ʂər^{33} ȵi^{33}, pɑ^{33} khu^{33}. |
十 五 日 本补满 十 六 日 柔正 十 七 日 巴孔

tshe^{21} ho^{55} ȵi^{33}, | pɑ^{33} by^{33}. | tshe^{21} gy̩^{33} ȵi^{33}, pɑ^{33} dʑi^{21}. | ȵi^{33} tsər^{21} ȵi^{33}, nɑ^{33} gy̩^{21}. | ȵi^{33} tsər^{21}
十 八 日 巴毕 十 九 日 巴吉 二 十 日 娜古 二 十

dɯ^{33} ȵi^{33}, thɑ^{33} kə^{55}. | ȵi^{33} tsər^{21} ȵi^{33} ȵi^{33}, tʂhuɑ^{55} tsər^{21} khuɑ^{33}. | ȵi^{33} tsər^{21} sɿ^{21} ȵi^{33}, tʂhuɑ^{55}
一 日 涛构 二 十 二 日 创昌夸 二 十 三 日

tsər^{21} gy̩^{33}. | ȵi^{33} tsər^{21} lu^{33} ȵi^{33}, miə^{21} ɕy^{21}. | ȵi^{33} tsər^{21} uɑ^{33} ȵi^{33}, | sɿ^{33} tho^{21} khuɑ^{33}. | ȵi^{33}
创昌古 二 十 四 日 谬许 二 十 五 日 司托夸 二

tsər^{21} tʂhuɑ^{55} ȵi^{33}, sɿ^{33} tho^{21} gy̩^{33}. | ȵi^{33} tsər^{21} ʂər^{33} ȵi^{33}, kɯ^{33} phər^{21} dʑi^{21} khu^{33}. | ȵi^{33} tsər^{21} ho^{55}
十 六 日 司托古 二 十 七 日 庚盘吉孔 二 十 八

ȵi^{33},
日

十五日由本补满当值。十六日由柔正当值。十七日由巴孔当值。十八日由巴毕当值。十九日由巴吉当值。二十日由娜古当值。二十一日由涛构当值。二十二日由创昌夸当值。二十三日由创昌古当值。二十四日由谬许当值。二十五日由司托夸当值。二十六日由司托古当值。二十七日庚盘吉孔当值。二十八日

585-L-21-19

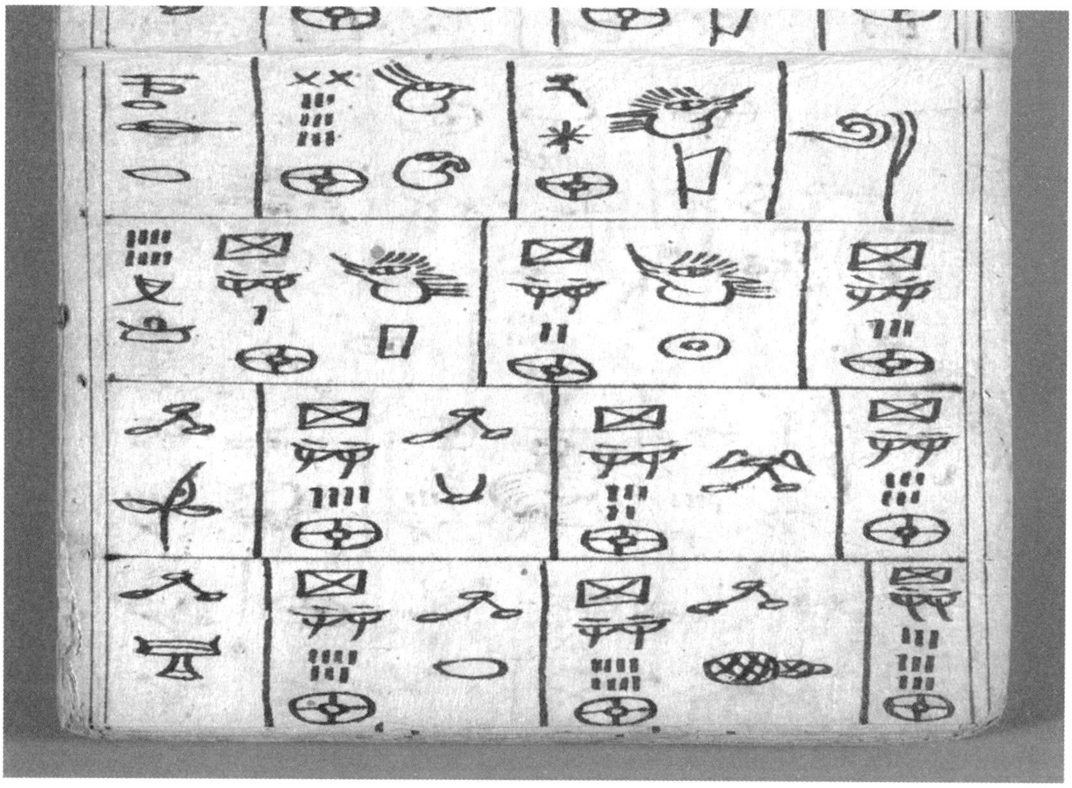

kɯ^{33} phər^{21} ʥi^{21} gv̩^{33}. | ȵi^{33} tsər^{21} gv̩^{33} ȵi^{33}, fv̩^{33} kə^{55}. | nɑ^{33} tv̩^{21} ȵi^{33}, bu^{21} khu^{33}. | huɑ^{55} me^{33}
庚盘吉古 二 十 九 日 夫构 三十 日 布孔 八月

he^{33}, tshe^{33} do^{21} dɯ^{33} ȵi^{33}, bu^{21} to^{55}. | tshe^{33} do^{21} ȵi^{33} ȵi^{33}, bu^{21} mɑ^{55}. | tshe^{33} do^{21} sɿ^{21} ȵi^{33}, |
月 见 一 日 布铎 月 见 二 日 布冒 月 见 三 日

zy^{21} nv̩^{55}. | tshe^{33} do^{21} lu^{33} ȵi^{33}, zy^{21} khuɑ^{33}. | tshe^{33} do^{21} uɑ^{33} ȵi^{33}, zy^{21} he^{33}. | tshe^{33} do^{21}
蕊奴 月 见 四 日 蕊夸 月 见 五 日 蕊亨 月 见

tʂhuɑ^{55} ȵi^{33}, | zy^{21} tɕər^{33}. | tshe^{33} do^{21} ʂər^{33} ȵi^{33}, zy^{21} gv̩^{33}. | tshe^{33} do^{21} ho^{55} ȵi^{33}, zy^{21} dv̩^{21}. |
六 日 蕊江 月 见 七 日 蕊古 月 见 八 日 蕊督

tshe^{33} do^{21} gv̩^{33} ȵi^{33},
月 见 九 日

由庚盘吉古当值。二十九日由夫构当值。三十日由布孔当值。

八月初一由布铎当值。初二由布冒当值。初三由蕊奴当值。初四由蕊夸当值。初五由蕊亨当值。初六由蕊江当值。初七由蕊古当值。初八由蕊督当值。初九

585-L-21-20

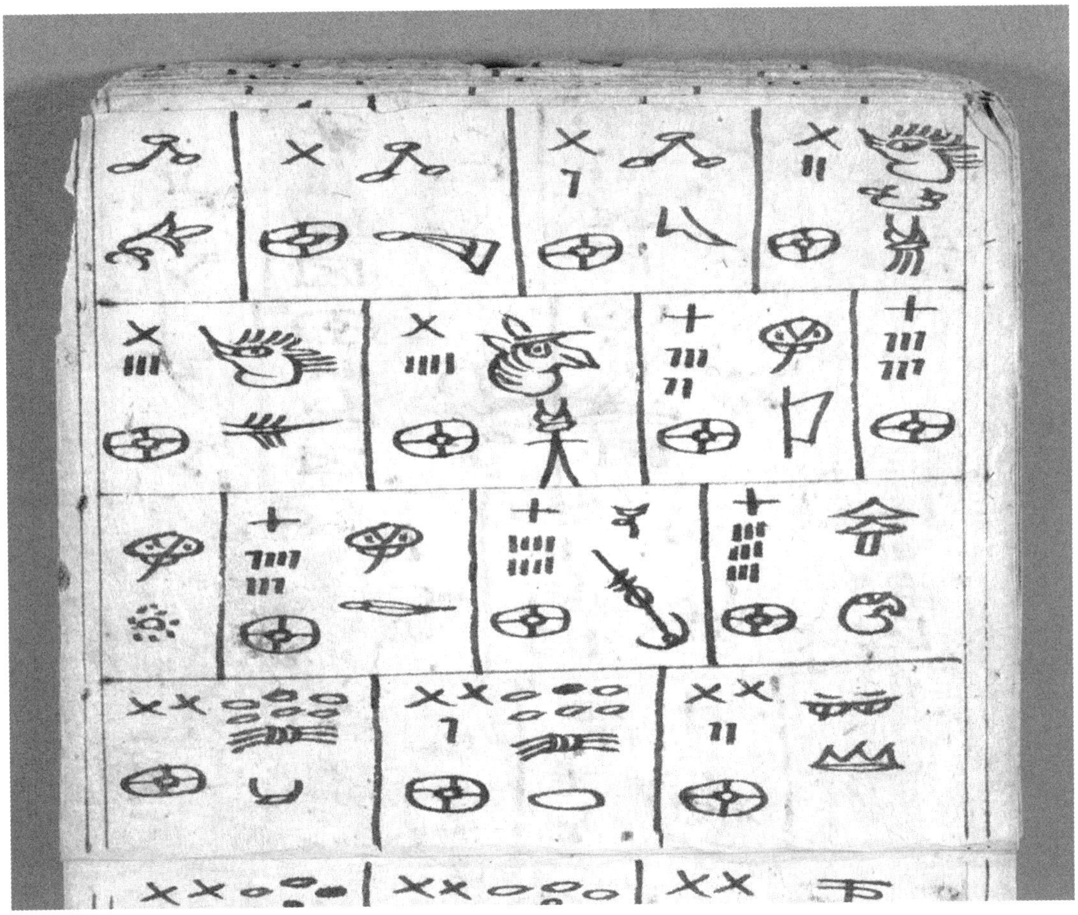

zy^{21} bɑ^{21}. | tshe^{33} do^{21} tshe^{21} ȵi^{33}, zy^{21} tshi^{21}. | tshe^{21} dɯ^{33} ȵi^{33}, zy^{21} bə^{33}. | tshe^{21} ȵi^{33} ȵi^{33}, py^{33}
蕊巴 月 见 十 日 蕊齐 十 一 日 蕊崩 十 二 日

bv̩^{21} kv̩^{33}. | tshe^{33} sɿ^{21} ȵi^{33}, py^{33} bv̩^{21} mæ^{33}. | tshe^{21} lu^{33} ȵi^{33}, ʐuɑ^{33} tse^{55}. | tshe^{21} uɑ^{33} ȵi^{33}, pɑ^{33}
本补古 十 三 日 本补满 十 四 日 柔正 十 五 日 巴孔

khu^{33}. | tshe^{21} tʂhuɑ^{55} ȵi^{33}, | pɑ^{33} by^{33}. | tshe^{21} ʂər^{33} ȵi^{33}, pɑ^{33} dʑi^{21}. | tshe^{21} ho^{55} ȵi^{33}, nɑ^{33}
十 六 日 巴毕 十 七 日 巴吉 十 八 日 娜古

gv̩^{21}. | tshe^{21} gv̩^{33} ȵi^{33}, thɑ^{33} kə^{55}. | ȵi^{33} tsər^{21} ȵi^{33}, tʂhuɑ^{55} tsər^{21} khuɑ^{33}. | ȵi^{33} tsər^{21} dɯ^{33} ȵi^{33},
十 九 日 涛构 二 十 日 创昌夸 二 十 一 日

tʂhuɑ^{55} tsər^{21} gv̩^{33}. | ȵi^{33} tsər^{21} ȵi^{33} ȵi^{33}, miə^{21} ɕy^{21}.
创昌古 二 十 二 日 谬许

由蕊巴当值。初十由蕊齐当值。十一日由蕊崩当值。十二日由本补古当值。十三日由本补满当值。十四日由柔正当值。十五日由巴孔当值。十六日由巴毕当值。十七日由巴吉当值。十八日由娜古当值。十九日由涛构当值。二十日由创昌夸当值。二十一日由创昌古当值。二十二日由谬许当值。

585-L-21-21

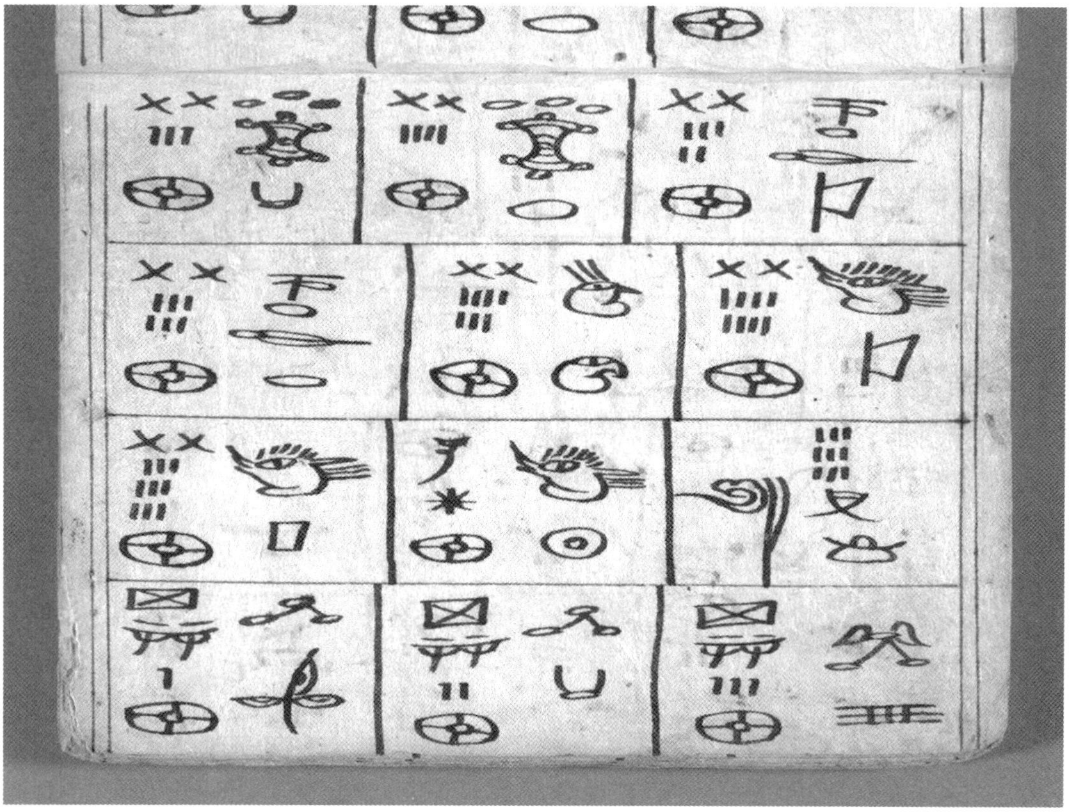

ȵi^{33} tsər^{21} sɿ^{21} ȵi^{33}, sɿ^{33} tho^{21} khuɑ^{33}. | ȵi^{33} tsər^{21} lu^{33} ȵi^{33}, sɿ^{33} tho^{21} gv̩^{33}. | ȵi^{33} tsər^{21} uɑ^{33} ȵi^{33},
二 十 三 日 司托夸 二 十 四 日 司托古 二 十 五 日

kɯ^{33} phər^{21} ʥi^{21} khu^{33}. | ȵi^{33} tsər^{21} tʂhuɑ^{55} ȵi^{33}, kɯ^{33} phər^{21} ʥi^{21} gv̩^{33}. | ȵi^{33} tsər^{21} ʂər^{33} ȵi^{33}, fv̩^{33}
庚盘吉孔 二 十 六 日 庚盘吉古 二 十 七 日 夫构

kə^{55}. | ȵi^{33} tsər^{21} ho^{55} ȵi^{33}, bu^{21} khu^{33}. | ȵi^{33} tsər^{21} gv̩^{33} ȵi^{33}, bu^{21} to^{55}. | nɑ^{33} tv̩^{21} ȵi^{33}, bu^{21}
二 十 八 日 布孔 二 十 九 日 布铎 三十 日 布冒

mɑ^{55}. | guə^{33} me^{33} he^{33}, | tshe^{33} do^{21} dɯ^{33} ȵi^{33}, zy^{21} nv̩^{55}. | tshe^{33} do^{21} ȵi^{33} ȵi^{33}, zy^{21} khuɑ^{33}. |
九月 月 见 一 日 蕊奴 月 见 二 日 蕊夸

tshe^{33} do^{21} sɿ^{21} ȵi^{33}, zy^{21} he^{33} to^{55} dər^{33}.
月 见 三 日 蕊亨 上 轮

二十三日由司托夸当值。二十四日由司托古当值。二十五日由庚盘吉孔当值。二十六日由庚盘吉古当值。二十七日由夫构当值。二十八日由布孔当值。二十九日由布铎当值。三十日由布冒当值。

九月初一由蕊奴当值。初二由蕊夸当值。初三由蕊亨当值。

585-L-21-22

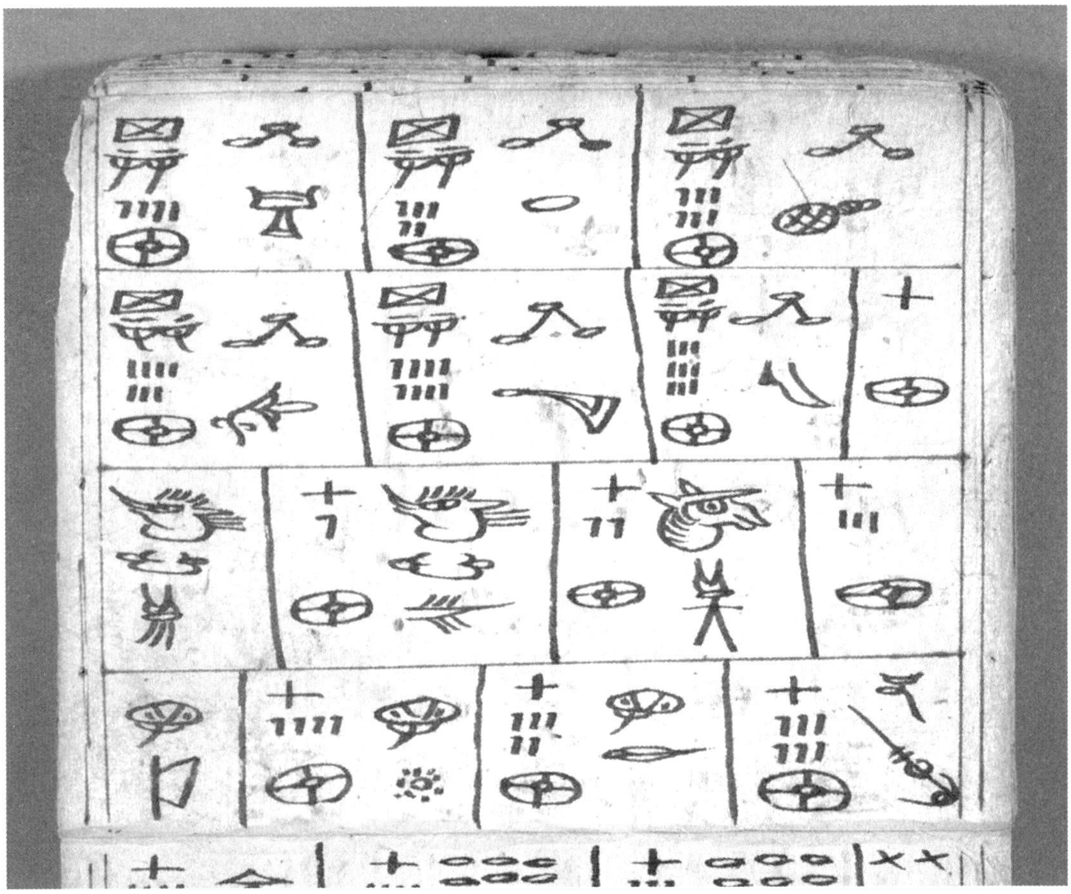

tshe^{33} do^{21} lu^{33} ȵi^{33}, zy^{21} tɕər^{33}. | tshe^{33} do^{21} uɑ^{33} ȵi^{33}, zy^{21} gv̩^{33}. | tshe^{33} do^{21} tʂhuɑ^{55} ȵi^{33}, zy^{21}
月 见 四 日 蕊江 月 见 五 日 蕊古 月 见 六 日 蕊督

dv̩^{21}. | tshe^{33} do^{21} ʂər^{33} ȵi^{33}, zy^{21} bɑ^{21}. | tshe^{33} do^{21} ho^{55} ȵi^{33}, zy^{21} tshi^{21}. | tshe^{33} do^{21} gv̩^{33} ȵi^{33},
月 见 七 日 蕊巴 月 见 八 日 蕊齐 月 见 九 日

zy^{21} bə^{33}. | tshe^{33} do^{21} tshe^{21} ȵi^{33}, | py^{33} bv̩^{21} kv̩^{33}. | tshe^{21} dɯ^{33} ȵi^{33}, py^{33} bv̩^{21} mæ^{33}. | tshe^{21}
蕊崩 月 见 十 日 本补古 十 一 日 本补满 十

ȵi^{33} ȵi^{33}, zʮɑ^{33} tse^{55}. | tshe^{33} sɿ^{21}ȵi^{33}, | pɑ^{33} khu^{33}. | tshe^{21} lu^{33} ȵi^{33}, pɑ^{33} by^{33}. | tshe^{21} uɑ^{33} ȵi^{33},
二 日 柔正 十 三 日 巴孔 十 四 日 巴毕 十 五 日

pɑ^{33} ʥi^{21}. | tshe^{21} tʂhuɑ^{55} ȵi^{33}, nɑ^{33} gv̩^{21}.
巴吉 十 六 日 娜古

初四由蕊江当值。初五由蕊古当值。初六由蕊督当值。初七由蕊巴当值。初八由蕊齐当值。初九由蕊崩当值。初十由本补古当值。十一日由本补满当值。十二日由柔正当值。十三日由巴孔当值。十四日由巴毕当值。十五日由巴吉当值。十六日由娜古当值。

585-L-21-23

tshe^{21} ʂər^{33} ȵi^{33}, thɑ^{33} kə^{55}. | tshe^{21} ho^{55} ȵi^{33}, tʂhuɑ^{55} tsər^{21} khuɑ^{33}. | tshe^{21} gv̩^{33} ȵi^{33}, tʂhuɑ^{55} tsər^{21}
十 七 日 涛构 十 八 日 创昌夸 十 九 日 创昌古

gv̩^{33}. | ȵi^{33} tsər^{21} ȵi^{33}, | miə^{21} ɕy^{21}. | ȵi^{33} tsər^{21} dɯ^{33} ȵi^{33}, sɿ^{33} tho^{21} khuɑ^{33}. | ȵi^{33} tsər^{21} ȵi^{33}
二 十 日 谬许 二 十 一 日 司托夸 二 十 二

ȵi^{33}, sɿ^{33} tho^{21} gv̩^{33}. | ȵi^{33} tsər^{21} sɿ^{21} ȵi^{33}, kɯ^{33} phər^{21} dʑi^{21} khu^{33}. | ȵi^{33} tsər^{21} lu^{33} ȵi^{33}, kɯ^{33} phər^{21}
日 司托古 二 十 三 日 庚盘吉孔 二 十 四 日 庚盘吉古

dʑi^{21} gv̩^{33}. | ȵi^{33} tsər^{21} uɑ^{33} ȵi^{33}, fv̩^{33} kə^{55}. | ȵi^{33} tsər^{21} tʂhuɑ^{55} ȵi^{33}, bu^{21} khu^{33}. | ȵi^{33} tsər^{21} ʂər^{33}
二 十 五 日 夫构 二 十 六 日 布孔 二 十 七

ȵi^{33}, bu^{21} to^{55}. | ȵi^{33} tsər^{21} ho^{55} ȵi^{33}, bu^{21} mɑ^{55}. | ȵi^{33} tsər^{21} gv̩^{33} ȵi^{33}, zy^{21} nv̩^{55}.
日 布铎 二 十 八 日 布冒 二 十 九 日 蕊奴

十七日由涛构当值。十八日由创昌夸当值。十九日由创昌古当值。二十日由谬许当值。二十一日由司托夸当值。二十二日由司托古当值。二十三日由庚盘吉孔当值。二十四日由庚盘吉古当值。二十五日由夫构当值。二十六日由布孔当值。二十七日由布铎当值。二十八日由布冒当值。二十九日由蕊奴当值。

585-L-21-24

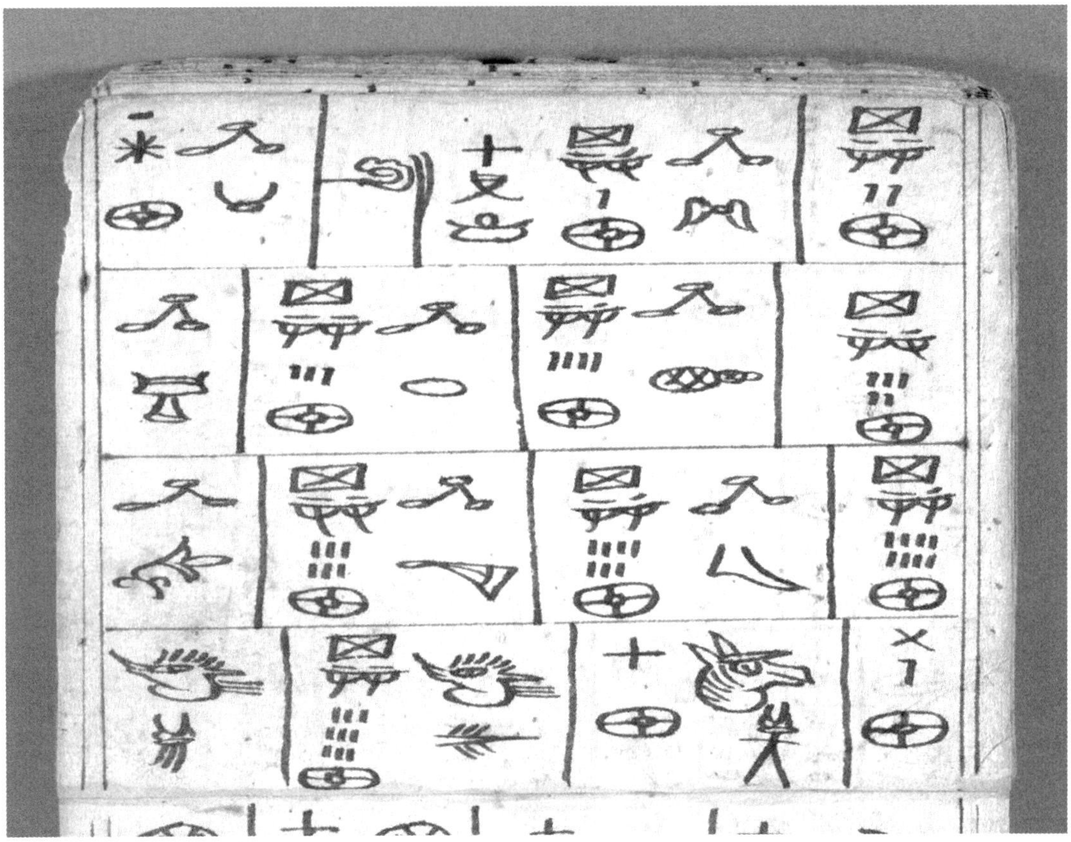

nɑ^{33} tv̩^{21} ȵi^{33}, zy^{21} khuɑ^{33}. | tshe^{21} me^{33} he^{33}, tshe^{33} do^{21} dɯ^{33} ȵi^{33}, zy^{21} he^{33}. | tshe^{33} do^{21} ȵi^{33}
三十 日 蕊夸 十月 月 见 一 日 蕊亨 月 见 二

ȵi^{33}, | zy^{21} tɕər^{33}. | tshe^{33} do^{21} sɿ^{21} ȵi^{33}, zy^{21} gv̩^{33}. | tshe^{33} do^{21} lu^{33} ȵi^{33}, zy^{21} dv̩^{21}. | tshe^{33} do^{21}
日 蕊江 月 见 三 日 蕊古 月 见 四 日 蕊督 月 见

uɑ^{33} ȵi^{33}, | zy^{21} bɑ^{21}. | tshe^{33} do^{21} tʂhuɑ^{55} ȵi^{33}, zy^{21} tshi^{21}. | tshe^{33} do^{21} ʂər^{33} ȵi^{33}, zy^{21} bə^{33}. |
五 日 蕊巴 月 见 六 日 蕊齐 月 见 七 日 蕊崩

tshe^{33} do^{21} ho^{55} ȵi^{33}, | py^{33} bv̩^{21} kv̩^{33}. | tshe^{33} do^{21} gv̩^{33} ȵi^{33}, py^{33} bv̩^{21} mæ^{33}. | tshe^{33} do^{21} tshe^{21}
月 见 八 日 本补古 月 见 九 日 本补满 月 见 十

ȵi^{33}, ʐuɑ^{33} tse^{55}. | tshe^{21} dɯ^{33} ȵi^{33},
日 柔正 十 一 日

三十日由蕊夸当值。

十月初一由蕊亨当值。初二由蕊江当值。初三由蕊古当值。初四由蕊督当值。初五由蕊巴当值。初六由蕊齐当值。初七由蕊崩当值。初八由本补古当值。初九由本补满当值。初十由柔正当值。十一日

585-L-21-25

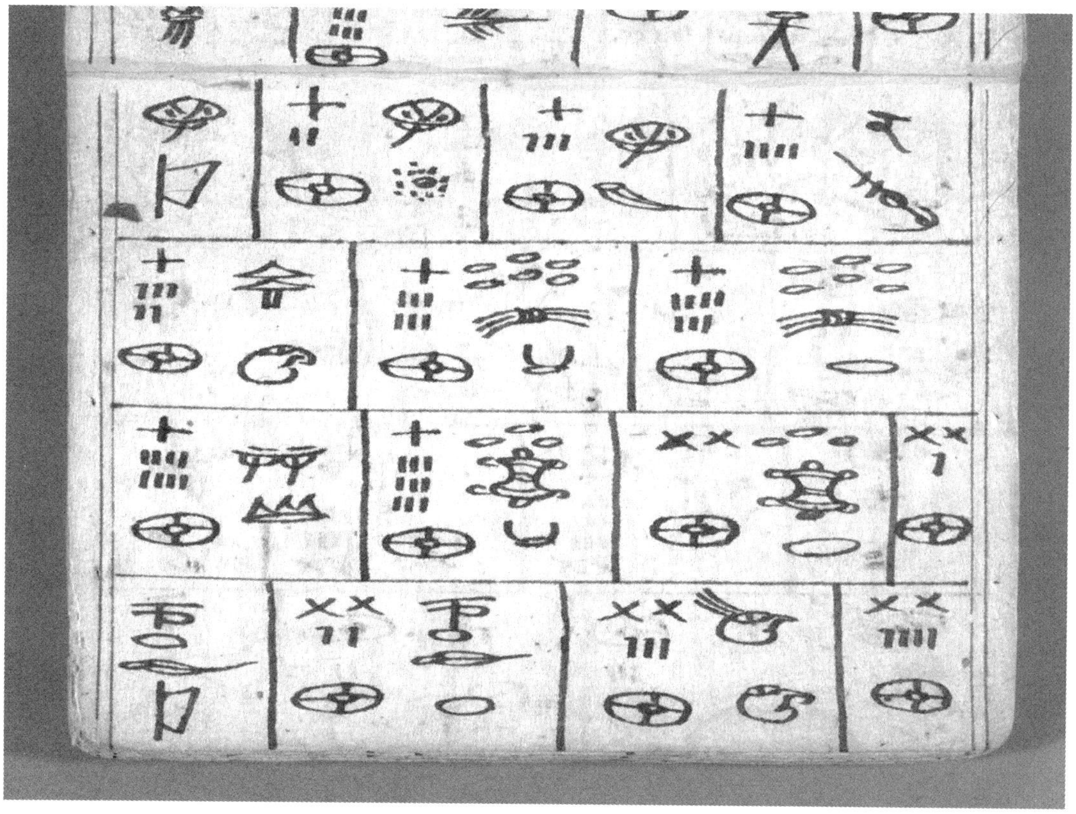

pɑ^{33} khu^{33}. | tshe^{21} ȵi^{33} ȵi^{33}, pɑ^{33}by^{33}. | tshe^{33} sɿ^{21} ȵi^{33}, pɑ^{33} dʑi^{21}. | tshe^{21} lu^{33} ȵi^{33}, nɑ^{33} gv̩^{21}. |

巴孔 十 二 日 巴毕 十 三 日 巴吉 十 四 日 娜古

tshe^{21} uɑ^{33} ȵi^{33}, thɑ^{33} kə^{55}. | tshe^{21} tʂhuɑ^{55} ȵi^{33}, tʂhuɑ^{55} tsər^{21} khuɑ^{33}. | tshe^{21} ʂər^{33} ȵi^{33}, tʂhuɑ^{55}

十 五 日 涛构 十 六 日 创昌夸 十 七 日

tsər^{21} gv̩^{33}. | tshe^{21} ho^{55} ȵi^{33}, miə^{21} ɕy^{21}. | tshe^{21} gv̩^{33} ȵi^{33}, sɿ^{33} tho^{21} khuɑ^{33}. | ȵi^{33} tsər^{21} ȵi^{33},

创昌古 十 八 日 谬许 十 九 日 司托夸 二 十 日

sɿ^{33} tho^{21} gv̩^{33}. | ȵi^{33} tsər^{21} dɯ^{33} ȵi^{33}, | kɯ^{33} phər^{21} dʑi^{21} khu^{33}. | ȵi^{33} tsər^{21} ȵi^{33} ȵi^{33}, kɯ^{33} phər^{21}

司托古 二 十 一 日 庚盘吉孔 二 十 二 日 庚盘吉古

dʑi^{21} gv̩^{33}. | ȵi^{33} tsər^{21} sɿ^{21} ȵi^{33}, fv̩^{33} kə^{55}. | ȵi^{33} tsər^{21} lu^{33} ȵi^{33},

二 十 三 日 夫构 二 十 四 日

由巴孔当值。十二日由巴毕当值。十三日由巴吉当值。十四日由娜古当值。十五日由涛构当值。十六日由创昌夸当值。十七日由创昌古当值。十八日由谬许当值。十九日由司托夸当值。二十日由司托古当值。二十一日由庚盘吉孔当值。二十二日由庚盘吉古当值。二十三日由夫构当值。二十四日

585-L-21-26

bu^{21} khu^{33}. | ȵi^{33} tsər^{21} uɑ^{33} ȵi^{33}, bu^{21} to^{55}. | ȵi^{33} tsər^{21} tʂhuɑ^{55} ȵi^{33}, bu^{21} mɑ^{55}. | ȵi^{33} tsər^{21} ʂər^{33}
布孔　二　十　五　日　布铎　二　十　六　日　布冒　二　十　七

ȵi^{33}, | zy^{21} nv̩^{55}. | ȵi^{33} tsər^{21} ho^{55} ȵi^{33}, zy^{21} khuɑ^{33}. | ȵi^{33} tsər^{21} gv̩^{33} ȵi^{33}, zy^{21} he^{33}. | nɑ^{33} tv̩^{21}
日　蕊奴　二　十　八　日　蕊夸　二　十　九　日　蕊亨　三十

ȵi^{33}, zy^{21} tɕər^{33}. | tshe^{21} də^{33} he^{33}, tshe^{33} do^{21} dɯ^{33} ȵi^{33}, zy^{21} gv̩^{33}. | tshe^{33} do^{21} ȵi^{33} ȵi^{33}, zy^{21}
日　蕊江　十一　月　月　见　一　日　蕊古　月　见　二　日　蕊督

dv̩^{21}. | tshe^{33} do^{21} sɿ^{21} ȵi^{33}, zy^{21} bɑ^{21}. | tshe^{33} do^{21} lu^{33} ȵi^{33}, zy^{21} tshi^{21}. | tshe^{33} do^{21} uɑ^{33} ȵi^{33},
月　见　三　日　蕊巴　月　见　四　日　蕊齐　月　见　五　日

zy^{21} bə^{33}.
蕊崩

由布孔当值。二十五日由布铎当值。二十六日由布冒当值。二十七日由蕊奴当值。二十八日由蕊夸当值。二十九日由蕊亨当值。三十日由蕊江当值。

十一月初一由蕊古当值。初二由蕊督当值。初三由蕊巴当值。初四由蕊齐当值。初五由蕊崩当值。

585-L-21-27

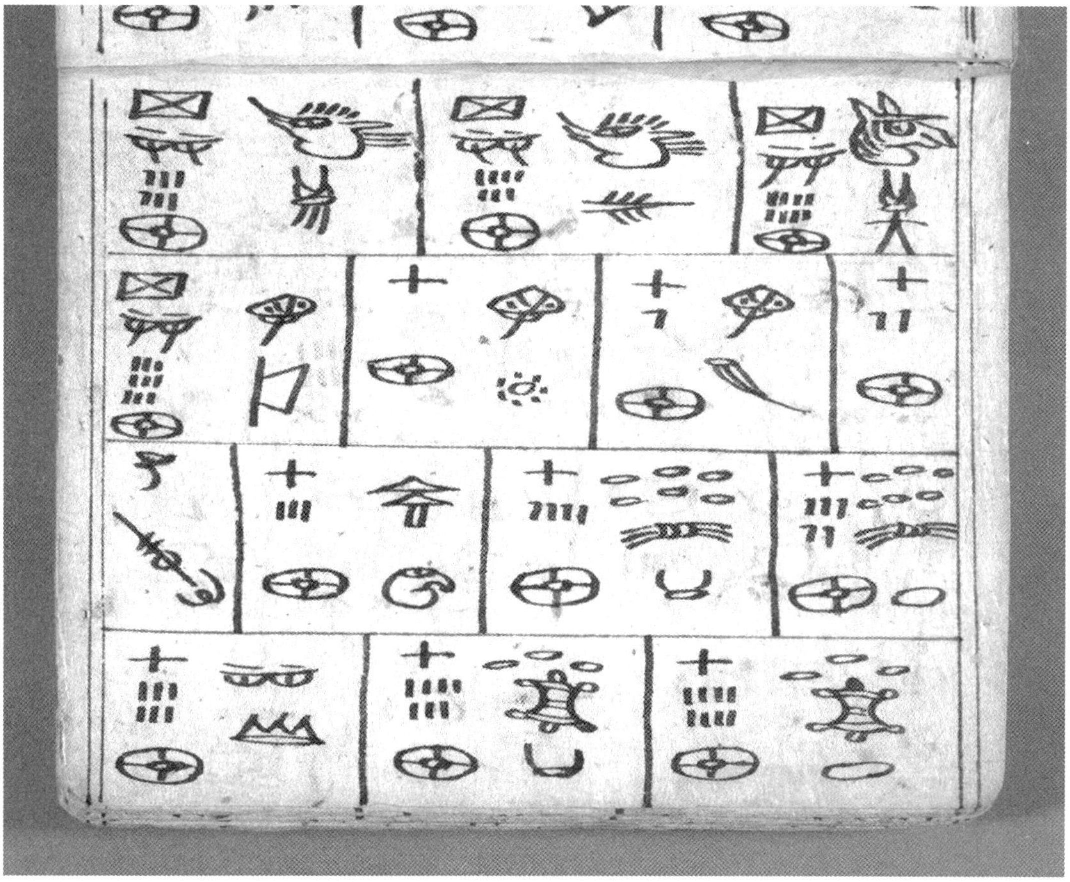

tshe^{33} do^{21} tʂhuɑ^{55} ȵi^{33}, py^{33} bv̩^{21} kv̩^{33}. | tshe^{33} do^{21} ʂər^{33} ȵi^{33}, py^{33} bv̩^{21} mæ^{33}. | tshe^{33} do^{21} ho^{55}
月 见 六 日 本补古 月 见 七 日 本补满 月 见 八

ȵi^{33}, ʐuɑ^{33} tse^{55}. | tshe^{33} do^{21} gv̩^{33} ȵi^{33}, pɑ^{33} khu^{33}. | tshe^{33} do^{21} tshe^{21} ȵi^{33}, pɑ^{33} by^{33}. | tshe^{21}
日 柔正 月 见 九 日 巴孔 月 见 十 日 巴毕 十

dɯ^{33} ȵi^{33}, pɑ^{33} dʑi^{21}. | tshe^{21} ȵi^{33} ȵi^{33}, | nɑ^{33} gv̩^{21}. | tshe^{33} sɿ^{21} ȵi^{33}, thɑ^{33} kə^{55}. | tshe^{21} lu^{33} ȵi^{33},
一 日 巴吉 十 二 日 娜古 十 三 日 涛构 十 四 日

tʂhuɑ^{55} tsər^{21} khuɑ^{33}. | tshe^{21} uɑ^{33} ȵi^{33}, tʂhuɑ^{55} tsər^{21} gv̩^{33}. | tshe^{21} tʂhuɑ^{55} ȵi^{33}, miə^{21} ɕy^{21}. |
创昌夸 十 五 日 创昌古 十 六 日 谬许

tshe^{21} ʂər^{33} ȵi^{33}, sɿ^{33} tho^{21} khuɑ^{33}. | tshe^{21} ho^{55} ȵi^{33}, sɿ^{33} tho^{21} gv̩^{33}.
十 七 日 司托夸 十 八 日 司托古

初六由本补古当值。初七由本补满当值。初八由柔正当值。初九由巴孔当值。初十由巴毕当值。十一日由巴吉当值。十二日由娜古当值。十三日由涛构当值。十四日由创昌夸当值。十五日由创昌古当值。十六日由谬许当值。十七日由司托夸当值。十八日由司托古当值。

585-L-21-28

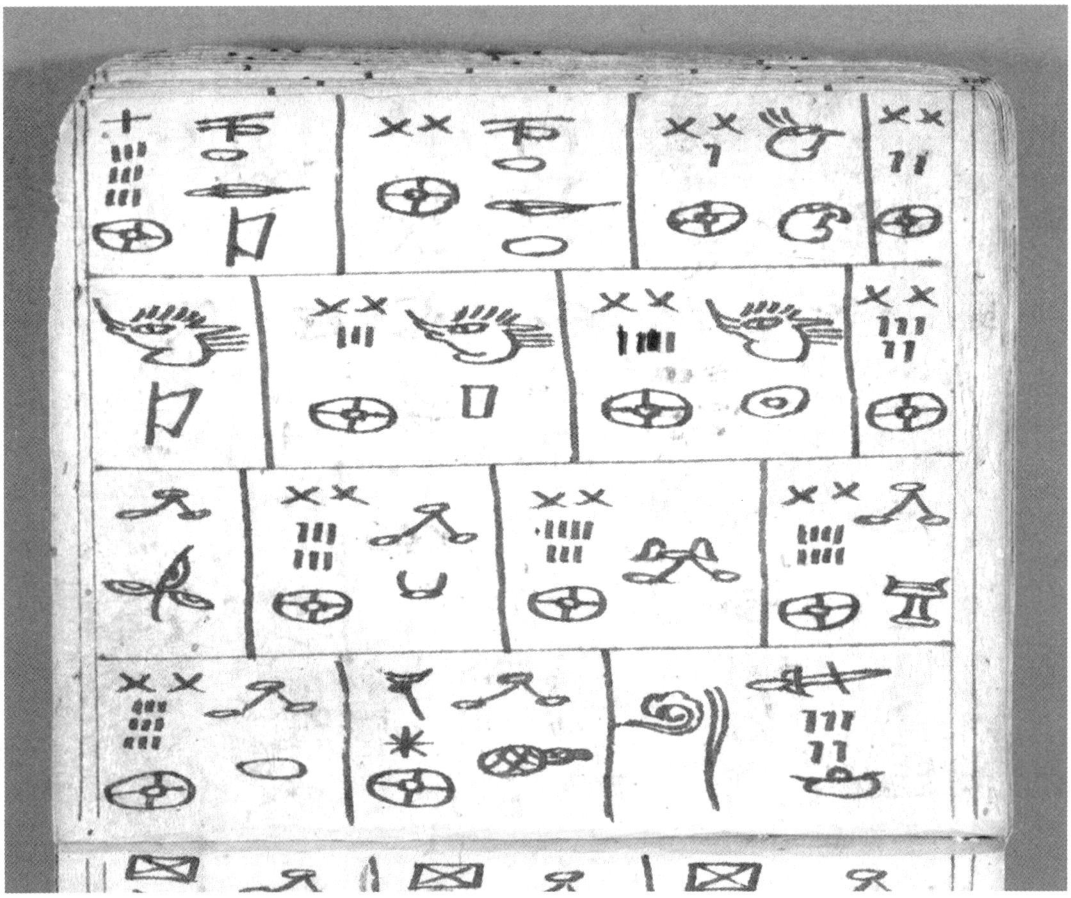

tshe^{21} gv̩^{33} ȵi^{33}, kɯ^{33} phər^{21} dʑi^{21} khu^{33}. | ȵi^{33} tsər^{21} ȵi^{33}, kɯ^{33} phər^{21} dʑi^{21} gv̩^{33}. | ȵi^{33} tsər^{21} dɯ^{33}
十 九 日 庚盘吉孔 二 十 日 庚盘吉古 二 十 一

ȵi^{33}, fv̩^{33} kə^{55}. | ȵi^{33} tsər^{21} ȵi^{33} ȵi^{33}, | bu^{21} khu^{33}. | ȵi^{33} tsər^{21} sɿ^{21} ȵi^{33}, bu^{21} to^{55}. | ȵi^{33} tsər^{21}
日 夫构 二 十 二 日 布孔 二 十 三 日 布铎 二 十

lu^{33} ȵi^{33}, bu^{21} mɑ^{55}. | ȵi^{33} tsər^{21} uɑ^{33} ȵi^{33}, | zy^{21} nv̩^{55}. | ȵi^{33} tsər^{21} tʂhuɑ^{55} ȵi^{33}, zy^{21} khuɑ^{33}. |
四 日 布冒 二 十 五 日 蕊奴 二 十 六 日 蕊夸

ȵi^{33} tsər^{21} ʂər^{33}ȵi^{33}, zy^{21} he^{33}. | ȵi^{33} tsər^{21} ho^{55} ȵi^{33}, zy^{21} tɕər^{33}. | ȵi^{33} tsər^{21} gv̩^{33} ȵi^{33}, zy^{21} gv̩^{33}. |
二 十 七 日 蕊亨 二 十 八 日 蕊江 二 十 九 日 蕊古

nɑ^{33} tv̩^{21} ȵi^{33}, zy^{21} dv̩^{21}. | dɑ^{33} uɑ^{33} he^{33},
三十 日 蕊督 十二月

十九日由庚盘吉孔当值。二十日由庚盘吉古当值。二十一日由夫构当值。二十二日由布孔当值。二十三日由布铎当值。二十四日由布冒当值。二十五日由蕊奴当值。二十六日由蕊夸当值。二十七日由蕊亨当值。二十八日由蕊江当值。二十九日由蕊古当值。三十日由蕊督当值。

十二月

585-L-21-29

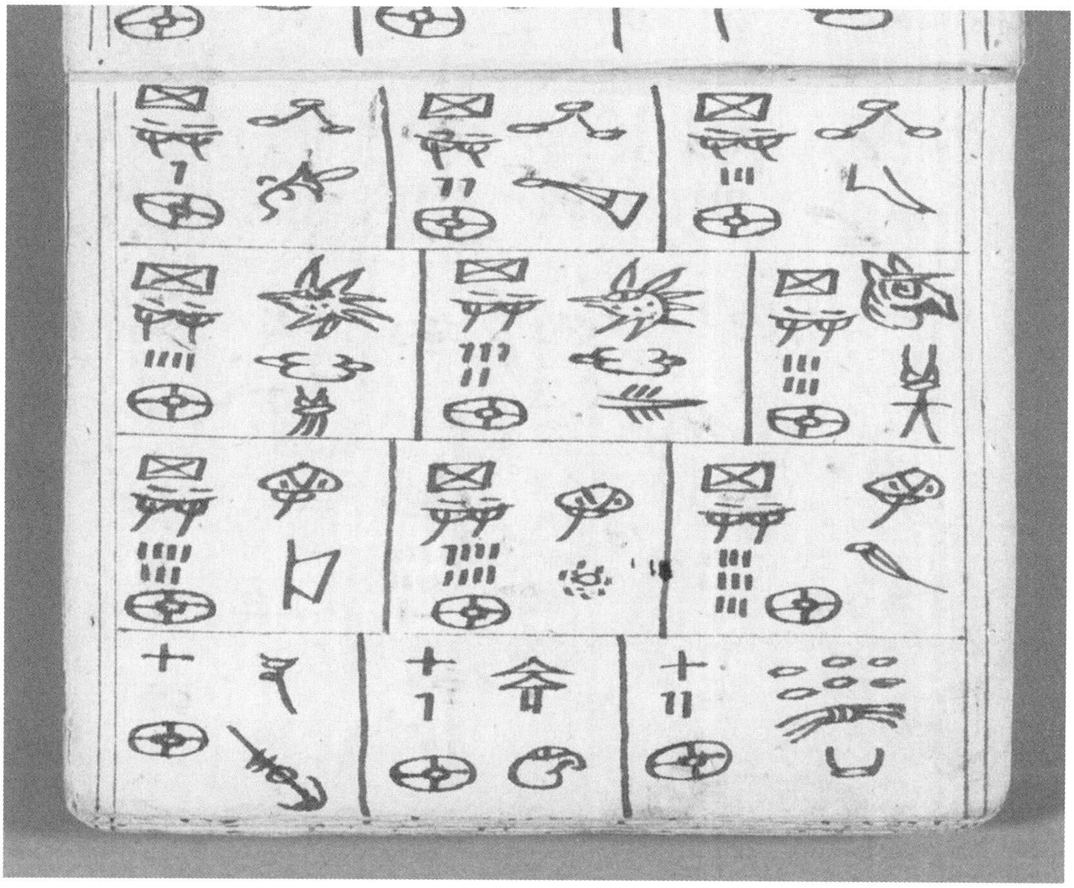

tshe^{33} do^{21} dɯ^{33} ȵi^{33}, zy^{21}bɑ^{21}. | tshe^{33} do^{21} ȵi^{33} ȵi^{33}, zy^{21} tshi^{21}. | tshe^{33} do^{21} sɿ^{21} ȵi^{33}, zy^{21} bə^{33}. |
月 见 一 日 蕊巴 月 见 二 日 蕊齐 月 见 三 日 蕊崩

tshe^{33} do^{21} lu^{33} ȵi^{33}, py^{33} bv̩^{21} kv̩^{33}. | tshe^{33} do^{21} uɑ^{33} ȵi^{33}, py^{33} bv̩^{21}mæ^{33}. | tshe^{33} do^{21} tʂhuɑ^{55} ȵi^{33},
月 见 四 日 本补古 月 见 五 日 本补满 月 见 六 日

ʐuɑ^{33} tse^{55}. | tshe^{33} do^{21} ʂər^{33} ȵi^{33}, pɑ^{33} khu^{33}. | tshe^{33} do^{21} ho^{55} ȵi^{33}, pɑ^{33}by^{33}. | tshe^{33} do^{21} gv̩^{33}
柔正 月 见 七 日 巴孔 月 见 八 日 巴毕 月 见 九

ȵi^{33}, pɑ^{33} dʑi^{21}. | tshe^{33} do^{21} tshe^{21} ȵi^{33}, nɑ^{33} gv̩^{21}. | tshe^{21} dɯ^{33} ȵi^{33}, thɑ^{33} kə^{55}. | tshe^{21} ȵi^{33} ȵi^{33},
日 巴吉 月 见 十 日 娜古 十 一 日 涛构 十 二 日

tʂhuɑ^{55} tsər^{21} khuɑ^{33}.
创昌夸

初一由蕊巴当值。初二由蕊齐当值。初三由蕊崩当值。初四由本补古当值。初五由本补满当值。初六由柔正当值。初七由巴孔当值。初八由巴毕当值。初九由巴吉当值。初十由娜古当值。十一日由涛构当值。十二日由创昌夸当值。

585-L-21-30

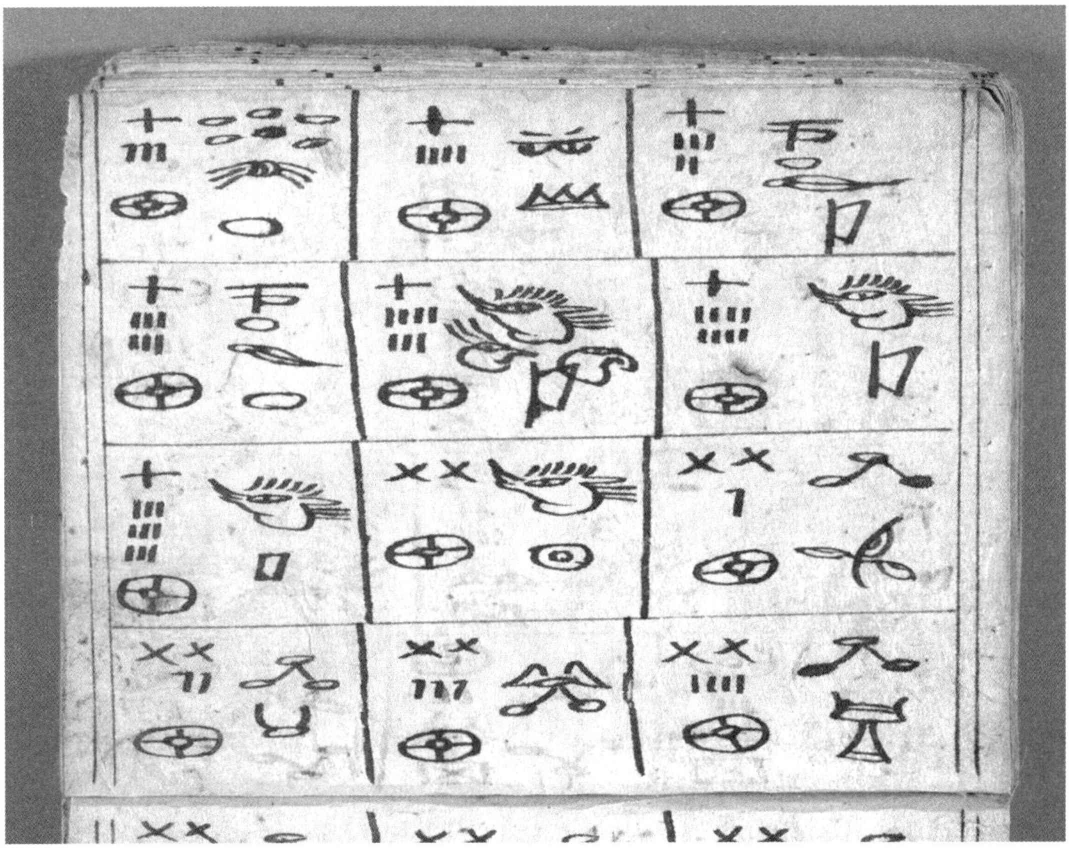

tshe^{33} sɿ^{21} ȵi^{33}, tʂhuɑ^{55} tsər^{21} gv̩^{33}. | tshe^{21} lu^{33} ȵi^{33}, miə^{21} ɕy^{21}. | tshe^{21} uɑ^{33} ȵi^{33}, kɯ^{33} phər^{21} ʥi^{21}
十 三 日 创昌古 十 四 日 谬许 十 五 日 庚盘吉孔

khu^{33}. | tshe^{21} tʂhuɑ^{55} ȵi^{33}, kɯ^{33} phər^{21} ʥi^{21} gv̩^{33}. | tshe^{21} ʂər^{33} ȵi^{33}, fv̩^{33} kə^{55}. bu^{21} khu^{33}①, | tshe^{21}
十 六 日 庚盘吉古 十 七 日 夫构 布孔 十

ho^{55} ȵi^{33}, bu^{21} khu^{33}. | tshe^{21} gv̩^{33} ȵi^{33}, bu^{21} to^{55}. | ȵi^{33} tsər^{21} ȵi^{33}, bu^{21} mɑ^{55}. | ȵi^{33} tsər^{21} dɯ^{33}
八 日 布孔 十 九 日 布铎 二 十 日 布冒 二 十 一

ȵi^{33}, zy^{21} nv̩^{55}. | ȵi^{33} tsər^{21} ȵi^{33} ȵi^{33}, zy^{21} khuɑ^{33}. | ȵi^{33} tsər^{21} sɿ^{21} ȵi^{33}, zy^{21} he^{33}. | ȵi^{33} tsər^{21} lu^{33}
日 蕊奴 二 十 二 日 蕊夸 二 十 三 日 蕊亨 二 十 四

ȵi^{33}, zy^{21} tɕər^{33}.
日 蕊江

十三日由创昌古当值。十四日由谬许当值。十五日由庚盘吉孔当值。十六日由庚盘吉古当值。十七日由夫构当值。十八日由布孔当值。十九日由布铎当值。二十日由布冒当值。二十一日由蕊奴当值。二十二日由蕊夸当值。二十三日由蕊亨当值。二十四日由蕊江当值。

---

① bu^{21} khu^{33}，这两字为东巴笔误，自己已发现，未涂而加写了"fv̩^{33} kə^{55}"。

585-L-21-31

ȵi^{33} tsər^{21} uɑ^{33} ȵi^{33}, zy^{21}gv̩^{33}. | ȵi^{33} tsər^{21} tʂhuɑ^{55} ȵi^{33}, zy^{21}dv̩^{21}. | ȵi^{33} tsər^{21}ʂər^{33} ȵi^{33}, zy^{21} bɑ^{21}. |
二 十 五 日 蕊古 二 十 六 日 蕊督 二 十 七 日 蕊巴

ȵi^{33} tsər^{21} ho^{55} ȵi^{33}, zy^{21} tshi^{21}. | ȵi^{33} tsər^{21} gv̩^{33} ȵi^{33}, zy^{21} bə^{33}. | nɑ^{33} tv̩^{21} ȵi^{33}, py^{33} bv̩^{21} kv̩^{33}. |
二 十 八 日 蕊齐 二 十 九 日 蕊崩 三十 日 本补古

tʂhuɑ^{55} tsər^{21} khuɑ^{33} to^{55} dər^{33} me^{33}: ʐuɑ^{33} tɕi^{55} ty^{55} kɑ^{33} nɯ^{21} ɯ^{33} me^{55}. | zʅ^{33} ʂər^{21} ɕy^{33} be^{33}, tv̩^{21}
创昌夸 上 轮 者 马 驮 驮 吉 和 顺 的 寿 长 法事 做 千

le^{33} ɕi^{33} sy^{21} be^{33} kɑ^{33}. | ɕi^{33} ʂʅ^{33} mɯ^{33} tsʅ^{21} tɯ^{33} dʑi^{55} mə^{33} kɑ^{33}. | phi^{55} me^{33} ʂu^{21} mə^{33} dɯ^{33}.
又 百 样 皆 吉 人 死 火葬场 烧 不 吉 失 的 找 不 得

二十五日由蕊古当值。二十六日由蕊督当值。二十七日由蕊巴当值。二十八日由蕊齐当值。二十九日由蕊崩当值。三十日由本补古当值。

在创昌夸当值的一天：去驮运东西为吉顺。宜进行求寿的法仪，吉。人死了不宜到火葬场火化。寻找失物不会找到。

585-L-21-32

o^{33} dze^{33} ʂu^{21} bɯ^{33} mə^{33} ȵi^{21}. | tʂhər^{33} me^{33} zɿ^{21} mə^{33} ȵi^{21}. | ə^{33} me^{33} zy^{55} tɕi^{33} hə^{21}, kɑ^{33}. |
财 物 找 去 不 可 媳妇 娶 不 可 母亲 婴 生 吉

tʂhuɑ^{55} tsər^{21} gv̩^{33} to^{55} dər^{33} me^{33}: | ə^{33} me^{33} zy^{55} tɕi^{33} hə^{21}, kɑ^{33}. | dʑi^{33} zʅ^{21} kɑ^{33}. | tʂhər^{33} me^{33}
创昌古 上 轮 的 母亲 婴 生 吉 衣 缝 吉 媳妇

zɿ^{21}, mi^{55} gu^{21} kv̩^{55}. | miə^{21} ɕy^{21} to^{55} dər^{33} me^{33}: | o^{33} dze^{33} y^{21}, kɑ^{33}. | ɕi^{33} ŋv̩^{55} mə^{33} ȵi^{21}. |
娶 女 病 会 谬许 上 轮 的 财 物 拿 吉 人 超度 不 可

dzɿ^{33} uə^{33} tshɿ^{55}, kɑ^{33}. dzo^{21} tso^{55}, kɑ^{33}. khæ^{33} thv̩^{55} dʑi^{21} ʂʅ^{21}, kɑ^{33}. | phər^{21} sæ^{21} tʂhu^{55} pɑ^{33} be^{33},
村 寨 建 吉 桥 搭 吉 沟 开 水 引 吉 盘神 禅神 供养 做

kɑ^{33}. sɿ^{55} khv̩^{21}, kɑ^{33}.
吉 素神 请 吉

不宜去找财。不宜娶媳妇。母亲生育会吉。

在创昌古当值的一天：母亲生育会吉顺。宜缝衣，吉。娶媳妇，女的会生病。

在谬许当值的一天：取财进财为吉。不宜举行超度仪式。宜建村设寨，吉。宜搭桥，宜挖沟引水，吉。供养盘神和禅神，吉。进行请素神仪式，吉。

585-L-21-33

ga^{33} be^{33}, ka^{33}. | la^{33} ma^{21} bɯ^{21} lɯ^{33} pər^{55} bɯ^{21} lɯ^{33} tʂhu^{33}, ka^{33}. tʂhər^{33} ɯ^{33} thɯ^{21}, ka^{33}. |
嘎神 做 吉 喇嘛 经书 写 经书 诵 吉 药 喝 吉

ɕi^{33} ŋv̩^{55} mə^{33} ȵi^{21}. | ɯ^{33} kho^{55} ɯ^{33} sy^{55} mə^{33} ȵi^{21}. | sɿ^{33} tho^{21} khua^{33} to^{55} dər^{33} me^{33}: | dzɿ^{21} tʂu^{55}
人超度 不 可 牛 宰 牛 杀 不 可 司托夸 上 轮 的 夫 结

bu^{21} sɿ^{33} mə^{33} ȵi^{21}. | ga^{33} tʂhu^{55} pa^{33} be^{33}mə^{33} ȵi^{21}. | phər^{21} nɯ^{21} sæ^{21} ʂu^{55} ka^{33}, he^{21} ʂu^{55} ka^{33}. |
妻 领 不 可 嘎神 供养 做 不 可 盘神 和 禅神 祭 吉 恒神 祭 吉

sɿ^{55} khv̩^{21} se^{13} zɿ^{33} ʂər^{21}, | dɯ^{33} dʑi^{21} be^{33} gu^{21} mə^{33} dʑy^{33}. | sɿ^{33} tho^{21} gv̩^{33} to^{55} dər^{33} me^{33}: ə^{33}me^{33}
素神 请 则 寿 长 一 家 皆 病 没 有 司托古 上 轮 的 母亲

zy^{55} tɕi^{33} hə^{21}、
婴 生

宜进行祭嘎神仪式。请喇嘛写经诵经为吉。宜吃药，吉。不宜进行超度仪式。不宜杀牲。

在司托夸当值的一天：不宜相亲、结亲。不宜供养嘎神。祭盘神和禅神，吉。祭恒神，吉。举行请素神仪式，一家人都会长寿，不会有病。

在司托古当值的一天：母亲生育，不吉。

585-L-21-34

khuɑ^{55} gæ^{21} mu^{21} mə^{33} kɑ^{33}. | mu^{21} tɯ^{33} zʅ^{21} sy^{55} bɯ^{33} mə^{33} kɑ^{33}. | khɯ^{33} ʂər^{21} ɕy^{33} dy^{55} bɯ^{33}
铠 甲 穿 不 吉 兵 起 仇 杀 去 不 吉 狗 牵 兽 撵 去

mə^{33} kɑ^{33}. | ə^{33} me^{33} zy^{55} tɕi^{33} hə^{21} mə^{33} kɑ^{33}. | zo^{33} nɯ^{33} ə^{33} sʅ^{21} sy^{55} kv̩^{55}. tʂhər^{33} me^{33} zʅ^{21} mə^{33}
不 吉 母亲 婴 生 不 吉 儿 以 父亲 杀 会 媳妇 娶 不

kɑ^{33}. | o^{33} dze^{33} y^{21} mə^{33} kɑ^{33}. | bu^{21} to^{55} kɯ^{21} to^{55} dər^{33} me^{33}: sʅ^{55} khv̩^{21} kɑ^{33}. | dzʅ^{33} uə^{33} py^{21},
吉 财 物 拿 不 吉 布铎星 上 轮 的 素神 请 吉 村 寨 祭

kɑ^{33}. tʂhər^{33} me^{33} zʅ^{21}, kɑ^{33}. by^{21} ty^{55} ʐʅ^{33} dʑi^{33} bɯ^{33}, kɑ^{33}. | ɕi^{33} ŋv̩^{55}, lv̩^{55} mu^{21} gv̩^{33}. | py^{33} bv̩^{21}
吉 媳妇 娶 吉 外面 路 行 去 吉 人 超度 中常 成 祭司

nɯ^{33} tsər^{33} lər^{21} do^{55} py^{21}, kɑ^{33}.
以 板铃 摇 祭 吉

不宜穿铠甲，不吉。不宜起兵去仇杀。不宜牵狗去撵山，不吉。母亲生育会不吉顺。儿子会杀父亲。不宜娶媳妇，不宜去取财，不吉。

在布铎当值的一天：宜进行请素神仪式，吉。宜进行祭村寨神仪式，吉。宜娶媳妇，吉。宜出门外行，吉。进行超度死者仪式，只为中常。由东巴祭司摇着板铃进行祭仪，吉。

585-L-21-35

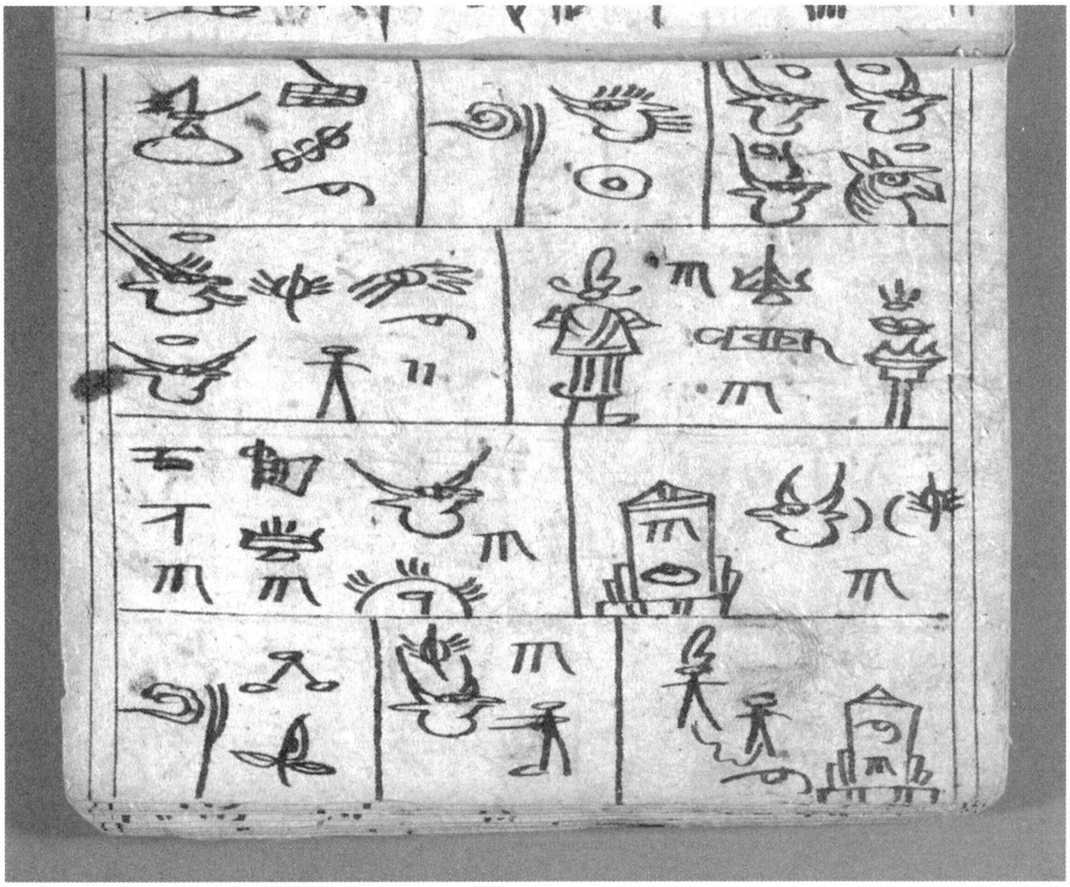

lɑ^{33} mɑ^{21} nɯ^{33} bɯ^{21} lɯ^{33} pər^{55} bɯ^{21} lɯ^{33} tʂhu^{33} mə^{33} kɑ^{33}. | bu^{21} mɑ^{55} to^{55} dər^{33} me^{33}: | dzʅ^{21} kv̩^{33}
喇嘛 以 经书 写 经书 诵 不 吉 布冒 上 轮 的 犏牛 头

bər^{21} kv̩^{33}、ɯ^{33} kv̩^{33} ʐuɑ^{33} kv̩^{33}、| tshʅ^{55} kv̩^{33} y^{21} kv̩^{33} dze^{33} zo^{33} nɯ^{33} ku^{55} mə^{33} ȵi^{21}①. | tʂhər^{33} me^{33}
牦牛 头 牛 头 马 头 山羊 头 绵羊头 麦 男 以 丢 不 可 媳妇

zʅ^{21}, kɑ^{33}. sʅ^{55} khv̩^{21} kɑ^{33}. phər^{21} nɯ^{21} sæ^{21}、gɑ^{33} nɯ^{21} u^{21} tʂhu^{55} pɑ^{33} be^{33}, kɑ^{33}. ko^{21} kv̩^{33} bv̩^{33} lv̩^{55},
娶 吉 素神 请 吉 盘神 和 禅神 嘎神 和 吾神 供养 做 吉 高原 上 绵羊 牧

kɑ^{33}. | dzʅ^{33} uə^{33} thv̩^{21}, kɑ^{33}. o^{33} dze^{33} by^{33}, kɑ^{33}. | zy^{21} nv̩^{55} to^{55} dər^{33} me^{33}: | o^{33} dze^{33} y^{21},
吉 村 寨 建 吉 财 物 分 吉 蕊奴 上 轮 的 财 物 拿

kɑ^{33}. | ə^{33} me^{33} zy^{55} tɕi^{33} hə^{21}, mə^{33} kɑ^{33}. dzʅ^{33} uə^{33} thv̩^{21} mə^{33} kɑ^{33}.
吉 母亲 婴 生 不 吉 村 寨 建 不 吉

不宜请喇嘛写经诵经，不吉。

在布冒当值的一天：……宜娶嫁，吉。进行请素神仪式，吉。宜供养盘神和禅神、嘎神和吾神，吉。宜到高原草甸上放牧。宜建村设寨。宜分财物。

在蕊奴当值的一天：宜取财进财。母亲生育会不吉。不宜建村设寨，不吉。

① 此句不知所云，未译。

585-L-21-36

tʂhər^{33}me^{33} zɿ^{21}, mə^{33}kɑ^{33}. | æ^{33} phv̩^{55}kɑ^{33}. | zy^{21} khuɑ^{33} to^{55}dər^{33}me^{33}: | nɯ^{33}bæ^{21}khu^{33} zæ^{21} |
媳妇 娶 不 吉 庄稼 撒 吉 蕊夸 上 轮 的 心 欢 口 笑

sɿ^{33} dv̩^{33}, kɑ^{33}. | dzo^{21} tso^{55} mə^{33} kɑ^{33}. | dzɿ^{33} uə^{33} thv̩^{21} kɑ^{33}. dʑi^{33} zʅ^{21} kɑ^{33}. ə^{33} me^{33} zy^{55} tɕi^{33} hə^{21},
想 吉 桥 搭 不 吉 村 寨 建 吉 衣 缝 吉 母亲 婴 生

kɑ^{33}. | zɿ^{21} sy^{55} bɯ^{33} mə^{33} kɑ^{33}. | zy^{21} he^{33} to^{55} dər^{33} me^{33}: | nɯ^{33} sɿ^{33} me^{33} kɑ^{33}. zʅuɑ^{33} dzæ^{33}
吉 仇 杀 去 不 吉 蕊亨 上 轮 的 心 想 的 吉 马 骑

bɯ^{33}, kɑ^{33}. | ɯ^{33} lɯ^{21}, kɑ^{33}. | o^{33} dze^{33} y^{21} mə^{33} kɑ^{33}. | dzɿ^{33} ʂə^{55} bɯ^{33} mə^{33} kɑ^{33}. |
去 吉 牛 犁 吉 财 物 拿 不 吉 诉讼 去 不 吉

娶媳妇，不吉。撒种庄稼，吉。

在蕊夸当值的一天：想心欢口笑之事，吉。不宜去搭桥，不吉。宜设村设寨，吉。宜缝衣，吉。母亲生育，吉。不宜去仇杀，不吉。

在蕊亨当值的一天：心想事成，吉。宜骑马，吉。宜耕地，吉。不宜去拿财物，不吉。不宜去诉讼，不吉。

585-L-21-37

zy^{21} tɕər^{33} to^{55} dər^{33} me^{33}: ｜ɕy^{33} be^{33}, khuɑ^{33}, kɑ^{33}. zʅ^{33} dʑi^{33} bɯ^{33}, kɑ^{33}. ｜ə^{33} me^{33} zy^{55} tɕi^{33}
蕊江 上 轮 的 法事 作 有效 吉 路 行 去 吉 母亲 婴 生

hə^{21}, kɑ^{33}. ｜tʂhər^{33} me^{33} zʅ^{21}, kɑ^{33}. ｜phər^{21} khv̩^{21} sæ^{21} khv̩^{21}, kɑ^{33}. sʅ^{55} khv̩^{21}, kɑ^{33}. ｜o^{55} nɯ^{21}
吉 媳妇 娶 吉 盘神 请 禅神 请 吉 素神 请 吉 沃神 和

he^{21}, phv̩^{33} lɑ^{21} tʂhu^{55} pɑ^{33} be^{33}, kɑ^{33}. ｜ɕi^{33} ŋv̩^{55}, mə^{33} kɑ^{33}. ｜zy^{21} gv̩^{33} to^{55} dər^{33} me^{33}: ｜ʂu^{21} ty^{33}
恒神 大神 供养 做 吉 人 超度 不 吉 蕊古 上 轮 的 铁 打

kɑ^{33}. khæ^{33} thv̩^{55} dʑi^{21} ʂʅ^{21}, kɑ^{33}. æ^{33} phv̩^{55}, kɑ^{33}. ｜dʑi^{33} zʅ^{21} mə^{33} kɑ^{33}. ｜tʂhər^{33} me^{33} zʅ^{21}, mə^{33}
吉 沟 挖 水 引 吉 庄稼 撒 吉 衣 缝 不 吉 媳妇 娶 不

kɑ^{33}. ｜khɯ^{33} ʂər^{21} ɕy^{33} dy^{55} bɯ^{33}, kɑ^{33}. to^{55} khɯ^{55} be^{33}, kɑ^{33}. phər^{21} nɯ^{21} sæ^{21} tʂhu^{55} pɑ^{33} be^{33},
吉 狗 牵 兽 撵 去 吉 消灾仪式 做 吉 盘神 和 禅神 供养 做

kɑ^{33}.
吉

在蕊江当值的一天：作法仪，有效，吉。出门远行，吉。母亲生育，吉。娶媳妇，吉。请盘神和禅神，吉。进行请素神仪式，吉。供养沃神、恒神及大神，吉。举行超度死者仪式，不吉。

在蕊古当值的一天：宜打铁，吉。挖沟引水，吉。宜撒种庄稼，吉。不宜缝衣，不吉。

娶媳妇，不吉。牵狗去撵山，吉。宜举行消灾仪式，吉。供养盘神和禅神，吉。

585-L-21-38

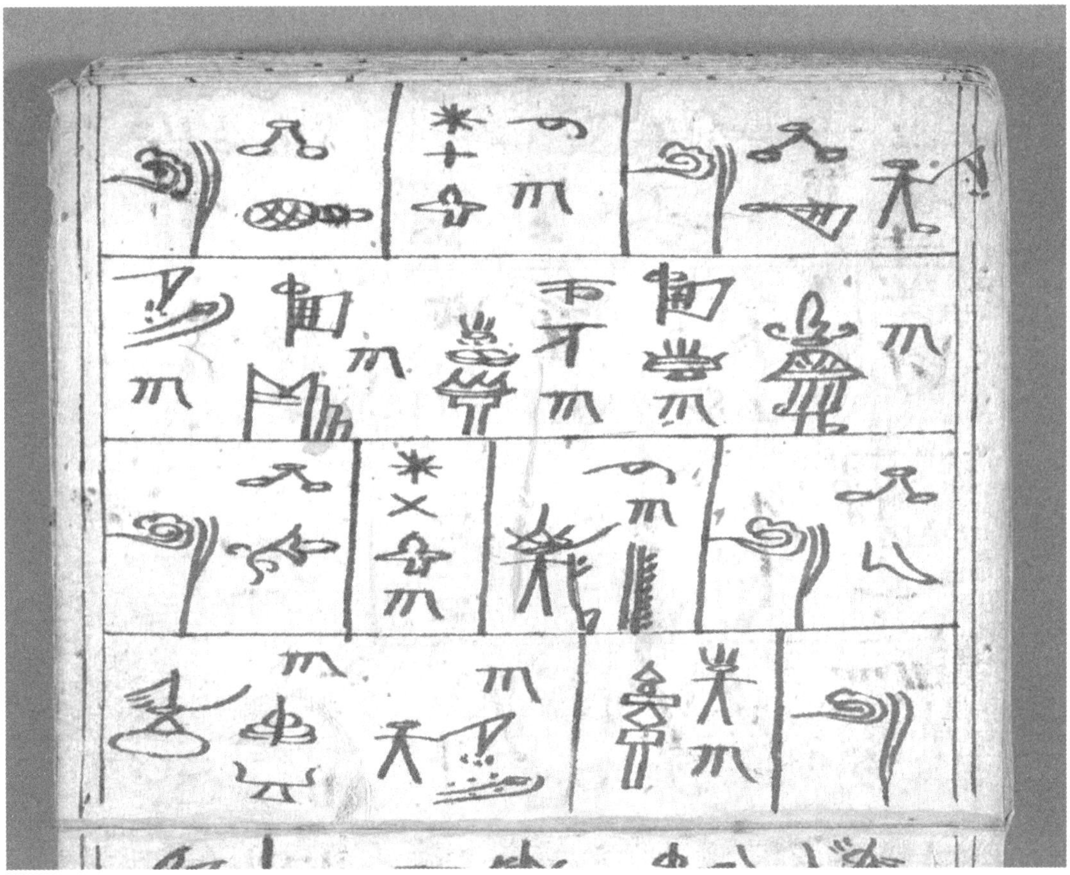

zy^{21} dv̩^{21} to^{55} dər^{33} me^{33}: | tv̩^{21} le^{33} ɕi^{33} sy^{21} be^{33} mə^{33} kɑ^{33}. | zy^{21} tshi^{21} to^{55} dər^{33} me^{33}:

蕊督 上 轮 的 千 又 百 样 皆 不 吉 蕊齐 上 轮 的

khæ^{33} thv̩^{55} ʥi^{21} ʂʅ^{21}, kɑ^{33}. dzʅ^{33} uə^{33} py^{21}, kɑ^{33}. phər^{21} nɯ^{21} sæ^{21}、gɑ^{33} nɯ^{21} u^{21} tʂhu^{55} pɑ^{33} be^{33}, kɑ^{33}.

沟 挖 水 引 吉 村 寨 祭 吉 盘神 和 禅神 嘎神和 吾神 供养 做 吉

tʂhər^{33} me^{33} zʅ^{21}, kɑ^{33}. | zy^{21} bɑ^{21} to^{55} dər^{33} me^{33}: | tv̩^{21} le^{33} ɕi^{33} sy^{21} be^{33} kɑ^{33}. | ɕi^{33} ŋv̩^{55} mə^{33}

媳妇 娶 吉 蕊巴 上 轮 的 千 又 百 样 皆 吉 人 超度 不

kɑ^{33}. | zy^{21} bə^{33} to^{55} dər^{33} me^{33}: | lɑ^{33} mɑ^{21} nɯ^{33} ɕy^{33} be^{33}, khuɑ^{33}, kɑ^{33}. khæ^{33} thv̩^{55} ʥi^{21} ʂʅ^{21}

吉 蕊崩 上 轮 的 喇嘛 以 法事 作 有效 吉 沟 挖 水 引

kɑ^{33}. | thɑ^{55} tshʅ^{55}, kɑ^{33}. |

吉 塔 建 吉

在蕊督当值的一天：千百样皆不吉。

在蕊齐当值的一天：挖沟引水，吉。祭村寨神，吉。供养盘神和禅神、嘎神和吾神，吉。娶媳妇，吉。

在蕊巴当值的一天：千百样皆吉。但不宜举行超度死者仪式，不吉。

在蕊崩当值的一天：请喇嘛作法事，会见效，吉。宜挖沟引水，吉。宜建塔，吉。

585-L-21-39

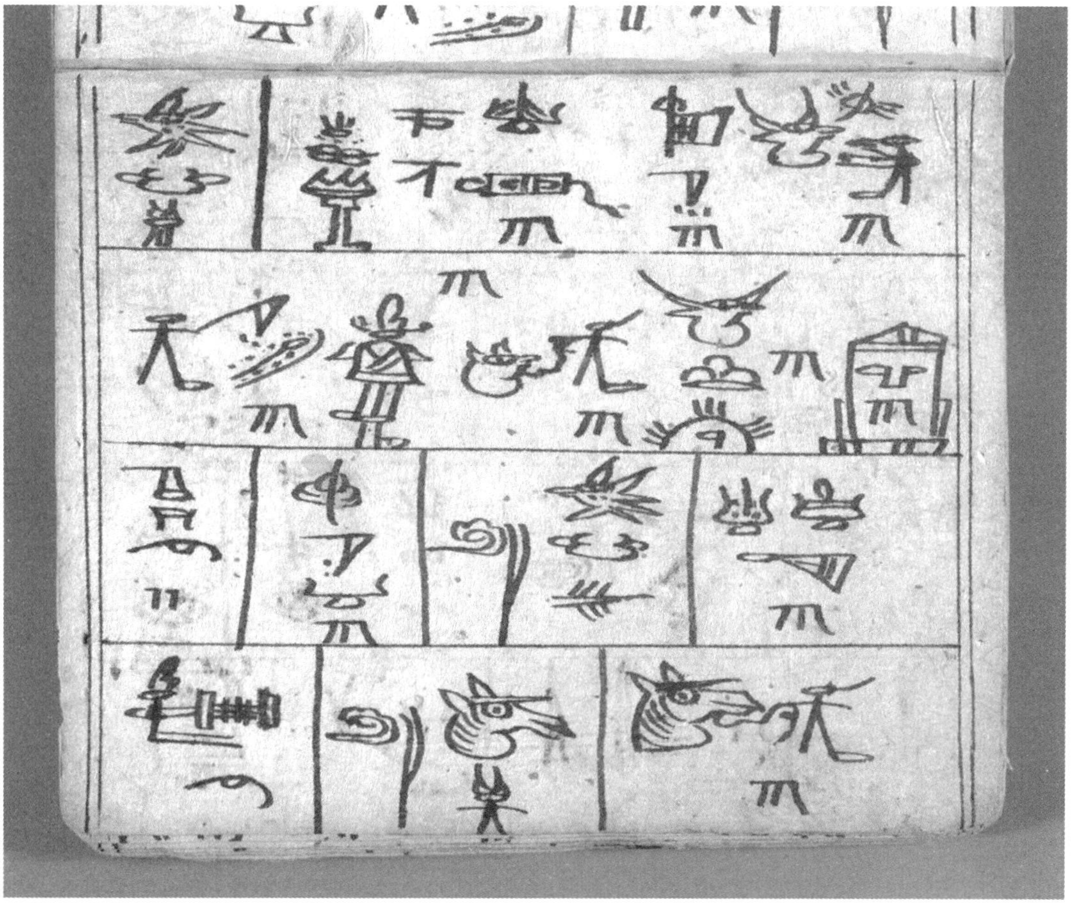

py^{33} bẏ^{21} kẏ^{33} to^{55} dər^{33} me^{33}: ｜phər^{21} nɯ^{21} sæ^{21} tʂhuɑ^{55} pɑ^{33} be^{33} kɑ^{33}. sɿ^{55} khẏ^{21}, kɑ^{33}. gɑ^{33}
本补古 上 轮 的 盘神 和 禅神 供养 做 吉 素神 请 吉 嘎神

be^{33}, kɑ^{33}. o^{33} dze^{33} y^{21}, kɑ^{33}. ｜khæ^{33} thẏ^{55} ʥi^{21} ʂʅ^{21} kɑ^{33}. tʂhər^{33} me^{33} zɿ^{21}, kɑ^{33}. khɯ^{33} ʂər^{21} ɕy^{33}
做 吉 财 物 拿 吉 沟 挖 水 引 吉 媳妇 娶 吉 狗 牵 兽

dy^{55} bɯ^{33} kɑ^{33}. ko^{21} kẏ^{33} bẏ^{33} lẏ^{55}, kɑ^{33}. dzɿ^{33} uə^{33} thẏ^{21}, kɑ^{33}. ｜ʂu^{21} ty^{33} mə^{33} ȵi^{21}. ｜ɕy^{33} be^{33},
撵 去 吉 高原 上 绵羊 牧 吉 村 寨 建 吉 铁 打 不 可 法事 做

khuɑ^{33}, kɑ^{33}. ｜py^{33} bẏ^{21} mæ^{33}to^{55} dər^{33} me^{33}: ｜zʅ^{33}phi^{55} hɑ^{33} phi^{55}, kɑ^{33}. ｜ɯ^{33} dɑ^{21} mə^{33}ȵi^{21}. ｜
有效 吉 本补满 上 轮 的 酒 弃 饭 弃 吉 织麻 不 可

zʅuɑ^{33} tse^{55} to^{55} dər^{33} me^{33}: ｜zʅuɑ^{33} ʂər^{21}, kɑ^{33}.
柔正 上 轮 的 马 牵 吉

在本补古当值的一天：供养盘神和禅神，吉。进行请素神仪式，吉。举行祭嘎神仪式，吉。宜找财进财，吉。宜挖沟引水，吉。宜婚嫁，吉。宜牵狗去撵山，吉。宜到高原草甸上放牧，吉。宜建村设寨，吉。不宜打铁。举行法事，会见效，吉。

在本补满当值的一天：宜到丧家去祭酒献饭，吉。不宜织麻。

在柔正当值的一天：宜牵马，吉。

585-L-21-40

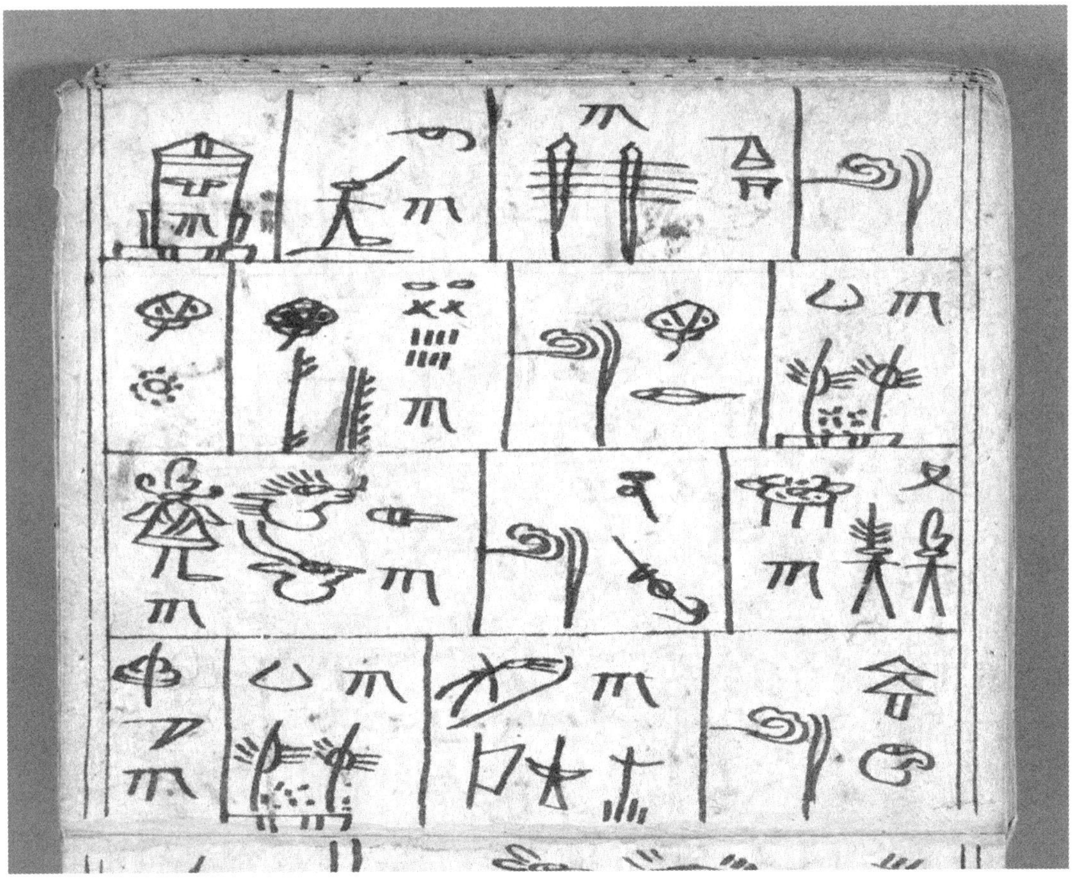

dzɿ^{33} uə^{33} thv̩^{21}, kɑ^{33}. | zʅ^{33} ʥi^{33} bɯ^{33} mə^{33} kɑ^{33}. | ko^{55} tshɿ^{55}, kɑ^{33}. ʂu^{21} ty^{33}, kɑ^{33}. | pɑ^{33} by^{33}
村 寨 建 吉 路 行 去 不 吉 粮架 竖 吉 铁 打 吉 巴毕

to^{55} dər^{33} me^{33}: | ɕi^{33} ŋv̩^{55}, kɑ^{33}. kɯ^{21} mu^{33} ȵi^{33} tsər^{21} ho^{55} kɯ^{21}. | pɑ^{33} ʥi^{21} to^{55} dər^{33} me^{33}: | æ^{33}
上 轮 的 人 超度 吉 星 所有 二 十 八 星 巴吉 上 轮 的 庄稼

phv̩^{55} kɑ^{33}. | tʂhər^{33} me^{33} zɿ^{21}, kɑ^{33}. dzɿ^{21} bu^{21} tʂu^{55}, kɑ^{33}. | nɑ^{33} gv̩^{21} to^{55} dər^{33} me^{33}: | æ^{33} tɕiə^{55},
撒 吉 媳妇 娶 吉 夫 妻 结 吉 娜古 上 轮 的 粮 煮

kɑ^{33}. ə^{33} sɿ^{21} ə^{33} me^{33} gə^{33} ɕy^{33} be^{33}, kɑ^{33}. | æ^{33} phv̩^{55}, kɑ^{33}. | ʂʅ^{33} khu^{33} tər^{55} py^{21}, kɑ^{33}. | thɑ^{33}
吉 父亲 母亲 的 法事 做 吉 庄稼 撒 吉 死 门 关 祭 吉 涛构

kə^{55} to^{55} dər^{33} me^{33}:
上 轮 的

宜建村设寨，吉。不宜出门远行，不吉。宜竖粮架，吉。宜打铁，吉。

在巴毕当值的一天：进行超度仪式，吉。所有二十八宿①。

① “所有二十八宿”一句，与前后文均无关，存疑。

在巴吉当值的一天：撒种庄稼，吉。娶媳妇，吉。结亲，吉。

在娜古当值的一天，煮五谷粮食，吉。为父母举行法事，吉。撒种庄稼，吉。宜举行关死亡之门的法仪，吉。

在涛构当值的一天：

585-L-21-41

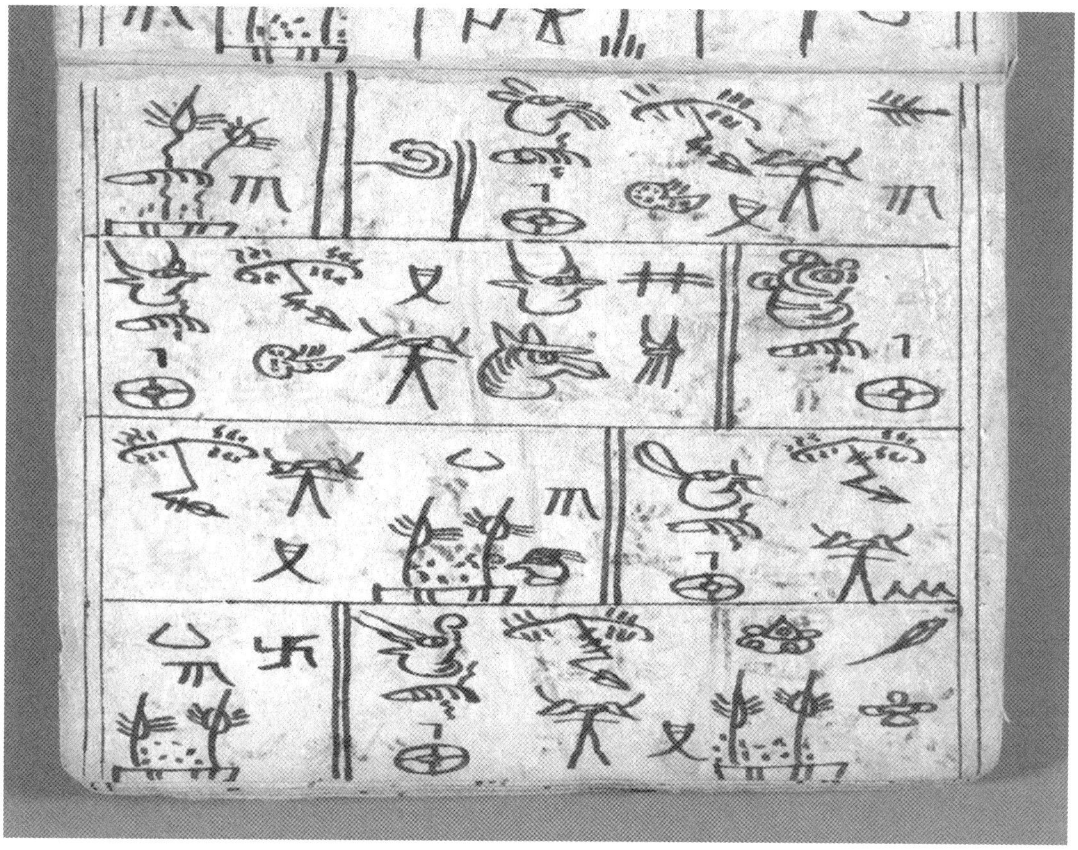

æ^{33} khv̩^{33}, ka^{33}. | fv̩^{55} khv̩^{33} dɯ^{33} ȵi^{33} mɯ^{33} gv̩^{33} mi^{33} mæ^{33} me^{33}: ka^{33}. | ɯ^{33} khv̩^{55} dɯ^{33} ȵi^{33}
庄稼 割 吉 鼠 岁 一 天 打雷 听 到 的 吉 牛 岁 一 天

mɯ^{33} gv̩^{33} mi^{33} me^{33}: ɯ^{33} ʐua^{33} gu^{21} kv̩^{55}. | la^{33} khv̩^{55} dɯ^{33} ȵi^{33} | mɯ^{33} gv̩^{33} mi^{33} me^{33}: æ^{33} phv̩^{55}
打雷 听 的 牛 马 病 会 虎 岁 一 天 打雷 听 的 庄稼 撒

ka^{33}, hua^{55} nɯ^{33} lv̩^{55} kv̩^{55}. | tho^{33} le^{33} khv̩^{55} dɯ^{33} ȵi^{33} | mɯ^{33} gv̩^{33} mi^{33} me^{33}: æ^{33} phv̩^{55} ka^{33} nɯ^{21}
吉 锈 以 缠 会 兔 岁 一 天 打雷 听 的 庄稼 撒 吉 和

ɯ^{33}. | lv̩^{21} khv̩^{55} dɯ^{33} ȵi^{33} mɯ^{33} gv̩^{33} mi^{33} me^{33}: æ^{33} phv̩^{55} ɯ^{33}. ʥi^{21} dɯ^{21} kv̩^{55}.
顺 龙 岁 一 天 打雷 听 的 庄稼 撒 吉 水 大 会

宜收割庄稼，吉。

在属鼠日听到第一声春雷：吉。

在属牛日听到第一声春雷：牛马会生病。

在属虎日听到第一声春雷：宜撒种庄稼，吉，但庄稼会生锈病。

在属兔日听到第一声春雷：宜撒种庄稼，吉顺。

在属龙日听到第一声春雷：宜撒种庄稼，吉。会有大水。

585-L-21-42

ʐʅ^{21} khy̩^{55} dɯ^{33} ȵi^{33} mɯ^{33} gy̩^{33} mi^{33} me^{33}: æ^{33} ɯ^{33} ky̩^{55}. | ʐuɑ^{33} khy̩^{55} dɯ^{33} ȵi^{33} mɯ^{33} gy̩^{33} |
蛇 岁 一 天 打雷 听 的 庄稼 吉 会 马 岁 一 天 打雷

mi^{33} me^{33}: hɯ^{21} dɯ^{21} gɯ^{33} ky̩^{55}, dzo^{33} gɯ^{33} ky̩^{55}. | y^{21} khy̩^{55} dɯ^{33} ȵi^{33} mɯ^{33} gy̩^{33} mi^{33} me^{33}: |
听 的 雨 大 下 会 冰雹 下 会 羊 岁 一 天 打雷 听 的

ɕy^{55} dzər^{21} uə^{21} kɑ^{33} nɯ^{21} ɯ^{33}. be^{33} dɯ^{21} gɯ^{33} ky̩^{55}. | ə^{55} y^{21} khy̩^{55} dɯ^{33} ȵi^{33} mɯ^{33} gy̩^{33} mi^{33} me^{33}:
柏 树 似 吉 和 顺 雪 大 下 会 猴 岁 一 天 打雷 听 的

ȵi^{33} he^{33} sʅ^{55} he^{33} lo^{21}, hɯ^{21} mə^{33} tshər^{55} gɯ^{33} ky̩^{55}. | æ^{21} khy̩^{55} dɯ^{33} ȵi^{33} mɯ^{33} gy̩^{33} mi^{33} me^{33}:
二 月 三 月 里 雨 不 断 下 会 鸡 岁 一 天 打雷 听 的

hɯ^{21} dɯ^{21} ky̩^{55}. | khɯ^{33} khy̩^{55} dɯ^{33} ȵi^{33} mɯ^{33} gy̩^{33} mi^{33} me^{33}: hɯ^{21} dɯ^{21} ky̩^{55}.
雨 大 会 狗 岁 一 天 打雷 听 的 雨 大 会

在属蛇日听到第一声春雷：庄稼会好，吉。

在属马日听到第一声春雷：会下大雨，会下冰雹。

在属羊日听到第一声春雷：似柏树一样吉顺。会下大雪。

在属猴日听到第一声春雷：两至三个月里雨会不断地下。

在属鸡日听到第一声春雷：会下大雨。

在属狗日听到第一声春雷：会下大雨。

585-L-21-43

dzo^{33} dɯ^{21} kv̩^{55}. | bu^{21} khv̩^{55} dɯ^{33} ȵi^{33} mɯ^{33} gv̩^{33} mi^{33} me^{33}: hɯ^{21} dɯ^{21} kv̩^{55}. | ɯ^{33} dzʅ^{21} tɯ^{33} |
冰雹 大 会 猪 岁 一 天 打雷 听 的 雨 大 会 牛 居 地

tɕy^{21} nɯ^{33} mɯ^{33} gv̩^{33} mi^{33} me^{33}: æ^{33} ka^{33}. | ȵi^{33} me^{33} thv̩^{33} tɕy^{21} nɯ^{33} mɯ^{33} gv̩^{33} mi^{33} me^{33}: æ^{33}
方向 以 打雷 听 的 庄稼 好 东方 方向 以 打雷 听 的 庄稼

ka^{33} kv̩^{55}. | hər^{33} dɯ^{21} dzər^{21} tɕhər^{33} kv̩^{55}. | lv̩^{21} dzʅ^{21} tɯ^{33} tɕy^{21} nɯ^{33} mɯ^{33} gv̩^{33} mi^{33} me^{33}: æ^{33}
好 会 风 大 树 断 会 龙 居 地 方向 以 打雷 听 的 庄稼

hua^{55} lv̩^{55} kv̩^{55}. | i^{33} tʂhʅ^{33} mu^{21} tɕy^{21} nɯ^{33} | mɯ^{33} gv̩^{33} mi^{33} me^{33}: ȵi^{33} me^{33} ba^{21} mə^{33} do^{21} kv̩^{55}
锈 缠 会 南方 方向 以 打雷 听 的 太阳 光 不 见 会

me^{55}. | y^{21} dzʅ^{21} tɯ^{33} tɕy^{21} nɯ^{33} mɯ^{33} gv̩^{33} mi^{33} me^{33}: æ^{33} bi^{33} di^{21} nɯ^{33} dzʅ^{33} kv̩^{55}.
的 羊 居 地 方向 以 打雷 听 的 庄稼 虫 以 吃 会

会下大冰雹。

在属猪日听到第一声春雷：会下大雨。

听到从牛居地传来的第一声春雷声：庄稼会好。

听到从东方传来的第一声春雷声：庄稼会好。会刮大风，风会把树吹断。
听到从龙居地传来的第一声春雷声：庄稼会生锈病。
听到从南方传来的第一声春雷声：连续阴天而会见不到阳光。
听到从羊居地传来的第一声春雷声：庄稼会被虫吃。

585-L-21-44

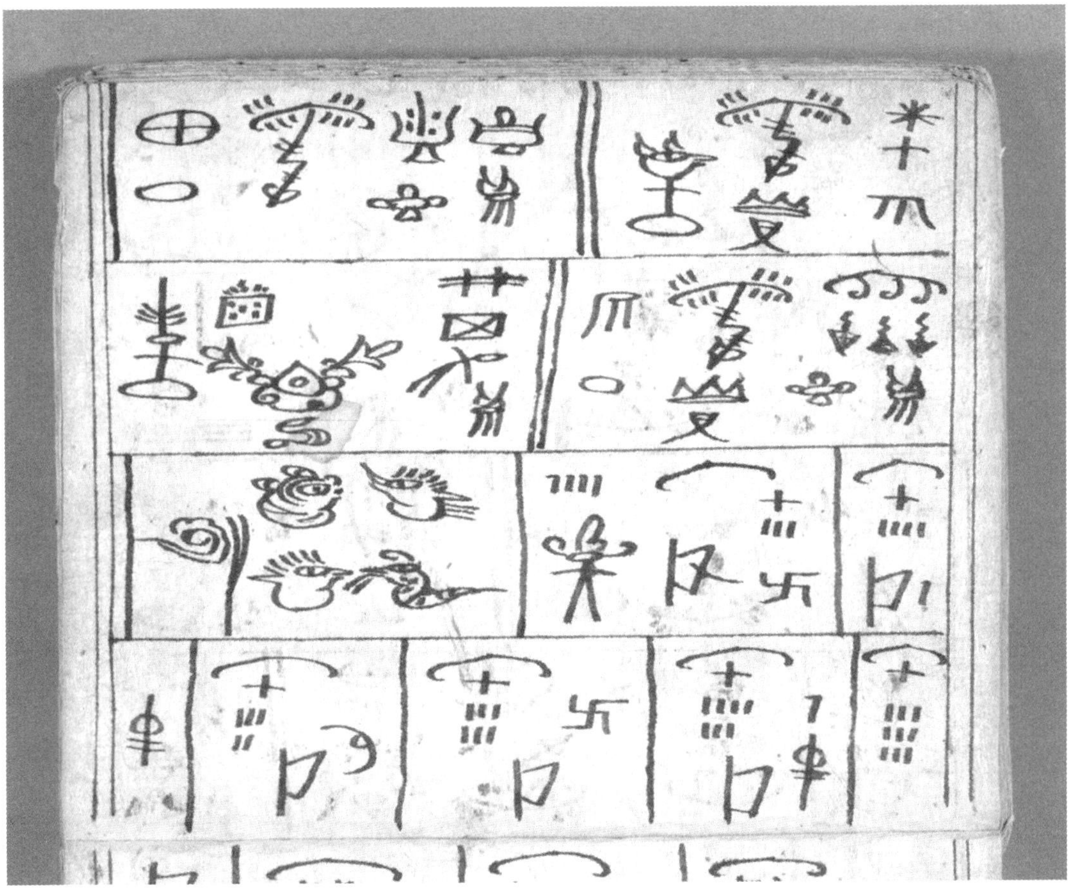

ȵi^{33} me^{33} gv̩^{21} tɕy^{21} nɯ^{33} mɯ^{33} gv̩^{33} mi^{33} me^{33}: zʅ^{33} hɑ^{33} dɯ^{33} kv̩^{55}. ｜khɯ^{33} dzɿ^{21} tɯ^{33} tɕy^{21}
西方　方向　以　打雷　听　的　酒　饭　得　会　狗　居　地　方向

nɯ^{33} mɯ^{33} gv̩^{33} mi^{33} me^{33}: tv̩^{21} le^{33} ɕi^{33} sy^{21} kɑ^{33}. ｜ə^{33} sɿ^{21} dzɿ^{21} sɑ^{21} uɑ^{21}. nɯ^{33} sɿ^{33} bɑ^{21} ɯ^{33} guə^{55}
以　打雷　听　的　千　又　百　样　吉　父亲　坐　处　是　心　想　花　好　似

guə^{21} gv̩^{33}. gu^{21} tshər^{33} kv̩^{55}. ｜ho^{33} gv̩^{33} lo^{21} tɕy^{21} nɯ^{33} mɯ^{33} gv̩^{33} mi^{33} me^{33}: hɯ^{21} dɯ^{21} dzo^{33} dɯ^{21}
成　病　发烧　会　北方　方向　以　打雷　听　的　雨　大　冰雹　大

kv̩^{55}. ｜lɑ^{33} khv̩^{55}、ə^{55} y^{21} khv̩^{55}、bu^{21} khv̩^{55}、zʅ^{21} khv̩^{55}｜lu^{55} khv̩^{33} zɿ^{33} me^{33} tʂhər^{33} me^{33} ʂʅ^{55}: tshe^{21}
会　虎　岁　猴　岁　猪　岁　蛇　岁　四　岁　司　的　媳妇　新　十

sɿ^{55} khv̩^{33} mɯ^{33} khu^{33} phu^{33}, ɯ^{33}. ｜tshe^{21} lu^{55} khv̩^{33}, mɯ^{33} khu^{33} phu^{33}, ｜dɯ^{33} ly^{55} gv̩^{33}. ｜tshe^{21}
三　岁　天　门　开　吉　十　四　岁　天　门　开　中常　成　十

uɑ^{33} khʏ^{55}, mɯ^{33} khu^{33} mə^{33} phu^{33}. | tshe^{21} tʂhuɑ^{55} khʏ^{33}, mɯ^{33} khu^{33} phu^{33}, ɯ^{33}. | tshe^{21} ʂər^{33}
五 岁 天 门 不 开 十 六 岁 天 门 开 吉 十 七

khʏ^{55}, mɯ^{33} khu^{33} phu^{33}, dɯ^{33} ly^{55} gʏ^{33}. | tshe^{21} gʏ^{33}①khʏ^{55},
岁 天 门 开 中常 成 十 九 岁

听到从西方传来的第一声春雷声：会得酒喝，会得饭吃。

听到从狗居地传来的第一声春雷声：千百样皆吉。狗居地是父亲坐的方位。心所想的会像好花盛开一样地成功。但会有病痛发烧产生。

听到从北方传来的第一声春雷声：会下大雨，会有大冰雹。

属虎、属猴、属猪和属蛇的四种女人做新媳妇②：十三岁开天门，吉。十四岁开天门，为中常。十五岁未开天门。十六岁开天门，吉。十七岁开天门，为中常。十九岁

585-L-21-45

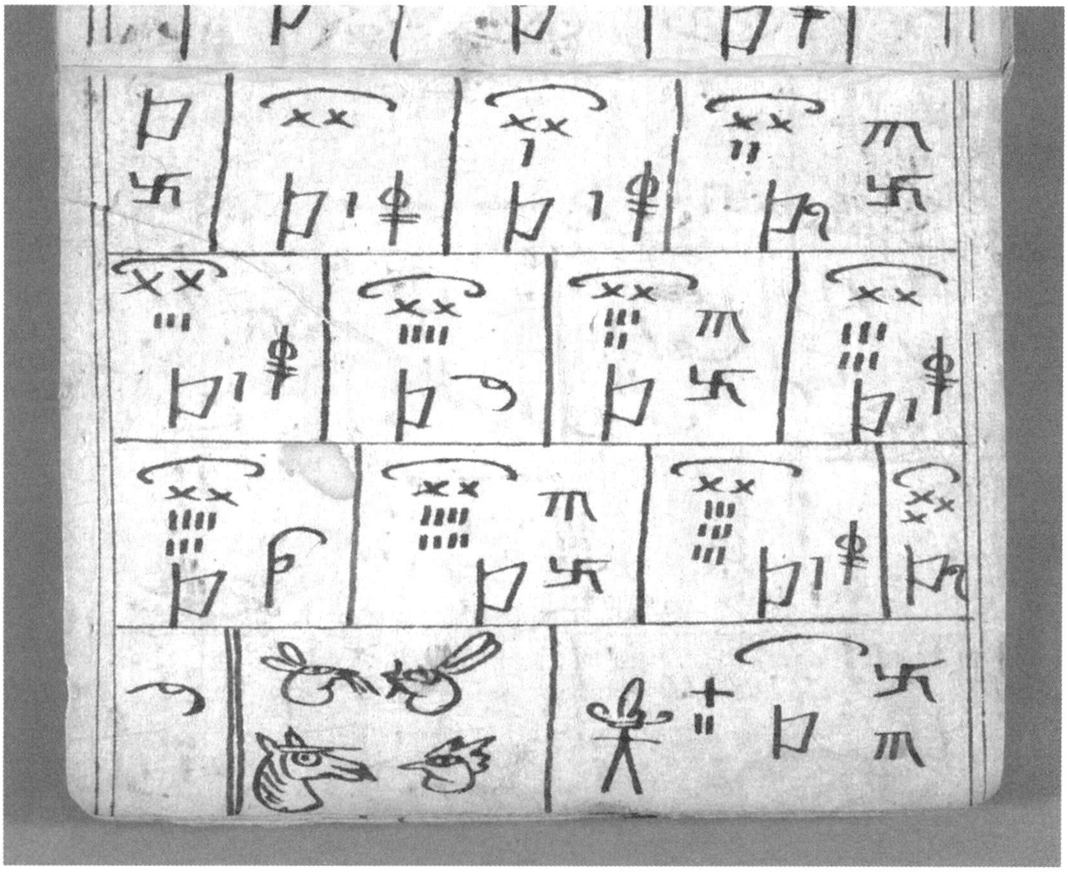

mɯ^{33} khu^{33} phu^{33}, ɯ^{33}. | ȵi^{33} tsər^{21} khʏ^{55}, mɯ^{33} khu^{33} phu^{33}, dɯ^{33} ly^{55} gʏ^{33}. | ȵi^{33} tsər^{21} dɯ^{33}
天 门 开 吉 二 十 岁 天 门 开 中常 成 二 十 一

khʏ^{55}, mɯ^{33} khu^{33} phu^{33}, dɯ^{33} ly^{55} gʏ^{33}. | ȵi^{33} tsər^{21} ȵi^{33} khʏ^{55}, mɯ^{33} khu^{33} phu^{33}, kɑ^{33} nɯ^{21}
岁 天 门 开 中常 成 二 十 二 岁 天 门 开 吉 和

① “十八岁”的状况，原文阙。

② 这是算女子结婚的方法，开天门则宜结婚，不开天门则不宜结婚。

ɯ^{33}. | ȵi^{33} tsər^{21} sɿ^{55} khv̩^{33}, mɯ^{33} khu^{33} phu^{33}, dɯ^{33} ly^{55} gv̩^{33}. | ȵi^{33} tsər^{21} lu^{33} khv̩^{55}, mɯ^{33} khu^{33}
顺 二 十 三 岁 天 门 开 中常 成 二 十 四 岁 天 门

mə^{33} phu^{33}. | ȵi^{33} tsər^{21} uɑ^{33} khv̩^{55}, mɯ^{33} khu^{33} phu^{33}, kɑ^{33} nɯ^{21} ɯ^{33}. | ȵi^{33} tsər^{21} tʂhuɑ^{55} khv̩^{33},
不 开 二 十 五 岁 天 门 开 吉 和 顺 二 十 六 岁

mɯ^{33} khu^{33} phu^{33}, dɯ^{33} ly^{55} gv̩^{33}. | ȵi^{33} tsər^{21} ʂər^{33} khv̩^{55}, mɯ^{33} khu^{33} mə^{33} phu^{33}. | ȵi^{33} tsər^{21}
天 门 开 中常 成 二 十 七 岁 天 门 不 开 二 十

ho^{55} khv̩^{33}, mɯ^{33} khu^{33} phu^{33}, kɑ^{33} nɯ^{21} ɯ^{33}. | ȵi^{33} tsər^{21} gv̩^{33} khv̩^{55}, mɯ^{33} khu^{33} phu^{33}, dɯ^{33} ly^{55}
八 岁 天 门 开 吉 和 顺 二 十 九 岁 天 门 开 中常

gv̩^{33}. | sɿ^{33} tshər^{21} khv̩^{55}, mɯ^{33} khu^{33} mə^{33} phu^{33}. | fv̩^{55} khv̩^{33}、ʐuɑ^{33} khv̩^{55}、tho^{33} le^{33} khv̩^{55}、æ^{21}
成 三 十 岁 天 门 不 开 鼠 岁 马 岁 兔 岁 鸡

khv̩^{55} | tʂhər^{33} me^{33} ʂɿ^{55} be^{33}: tshe^{21} ȵi^{33} khv̩^{55}, mɯ^{33} khu^{33} phu^{33}, kɑ^{33} nɯ^{21} ɯ^{33}.
岁 媳妇 新做 十 二 岁 天 门 开 吉 和 顺

开天门，吉。二十岁，开天门，为中常。二十一岁，开天门，为中常。二十二岁，开天门，吉顺。二十三岁，开天门，为中常。二十四岁，不开天门。二十五岁，开天门，吉顺。二十六岁，开天门，为中常。二十七岁，不开天门。二十八岁，开天门，吉顺。二十九岁，开天门，为中常。三十岁，不开天门。

属鼠、属马、属兔、属鸡的女子做新媳妇：十二岁，开天门，吉和顺。

585-L-21-46

tshe^{21} sɿ^{55} khv̩^{33}, mɯ^{33} khu^{33} phu^{33}, dɯ^{33} ly^{55} gv̩^{33}. | tshe^{21} lu^{55} khv̩^{33}, mɯ^{33} khu^{33} mə^{33} phu^{33}. |
十 三 岁 天 门 开 中常 成 十 四 岁 天 门 不 开

tshe^{21} uɑ^{55} khv̩^{33}, mɯ^{33} khu^{33} phu^{33}, kɑ^{33} nɯ^{21} ɯ^{33}. | tshe^{21} tʂhuɑ^{55} khv̩^{33}, mɯ^{33} khu^{33} phu^{33}, dɯ^{33}
十 五 岁 天 门 开 吉 和 顺 十 六 岁 天 门 开 中常

ly^{55} gv̩^{33}. | tshe^{21} ʂər^{33} khv̩^{55}, mɯ^{33} khu^{33} mə^{33} phu^{33}. | tshe^{21} ho^{55} khv̩^{33}, mɯ^{33} khu^{33} phu^{33},
成 十 七 岁 天 门 不 开 十 八 岁 天 门 开

kɑ^{33}. | tshe^{21} gv̩^{33} khv̩^{55}, mɯ^{33} khu^{33} phu^{33}, dɯ^{33} ly^{55} gv̩^{33}. | ȵi^{33} tsər^{21} khv̩^{55}, mɯ^{33} khu^{33} mə^{33}
吉 十 九 岁 天 门 开 中常 成 二 十 岁 天 门 不

phu^{33}. | ȵi^{33} tsər^{21} dɯ^{33} khv̩^{55}, mɯ^{33} khu^{33} phu^{33}, kɑ^{33} nɯ^{21} ɯ^{33}. | ȵi^{33} tsər^{21} ȵi^{33} khv̩^{55}, mɯ^{33}
开 二 十 一 岁 天 门 开 吉 和 顺 二 十 二 岁 天

khu^{33} phu^{33}, dɯ^{33} ly^{55} gv̩^{33}. | ȵi^{33} tsər^{21} sɿ^{55} khv̩^{33}, mɯ^{33} khu^{33} mə^{33} phu^{33}. | ȵi^{33} tsər^{21} lu^{55} khv̩^{33},
门 开 中常 成 二 十 三 岁 天 门 不 开 二 十 四 岁

mɯ^{33} khu^{33} phu^{33}, kɑ^{33} nɯ^{21} ɯ^{33}. | ȵi^{33} tsər^{21} uɑ^{33} khv̩^{55}, mɯ^{33} khu^{33} phu^{33}, dɯ^{33} ly^{55} gv̩^{33}. | ȵi^{33}
天 门 开 吉 和 顺 二 十 五 岁 天 门 开 中常 成 二

tsər^{21} tʂhuɑ^{55} khv̩^{33}, mɯ^{33} khu^{33} mə^{33} phu^{33}. | ȵi^{33} tsər^{21} ʂər^{33} khv̩^{55}, mɯ^{33} khu^{33} phu^{33}, kɑ^{33} nɯ^{21}
十 六 岁 天 门 不 开 二 十 七 岁 天 门 开 吉 和

ɯ^{33}. | ȵi^{33} tsər^{21} ho^{55} khv̩^{33}, mɯ^{33} khu^{33} phu^{33}, kɑ^{33} nɯ^{21} ɯ^{33}.
顺 二 十 八 岁 天 门 开 吉 和 顺

十三岁，开天门，为中常。十四岁，不开天门。十五岁，开天门，吉顺。十六岁，开天门，为中常。十七岁，不开天门。十八岁，开天门，吉。十九岁，开天门，为中常。二十岁，不开天门。二十一岁，开天门，吉和顺。二十二岁，开天门，为中常。二十三岁，不开天门。二十四岁，开天门，吉顺。二十五岁，开天门，为中常。二十六岁，不天开门。二十七岁，开天门，吉顺。二十八岁，开天门，吉顺。

585-L-21-47

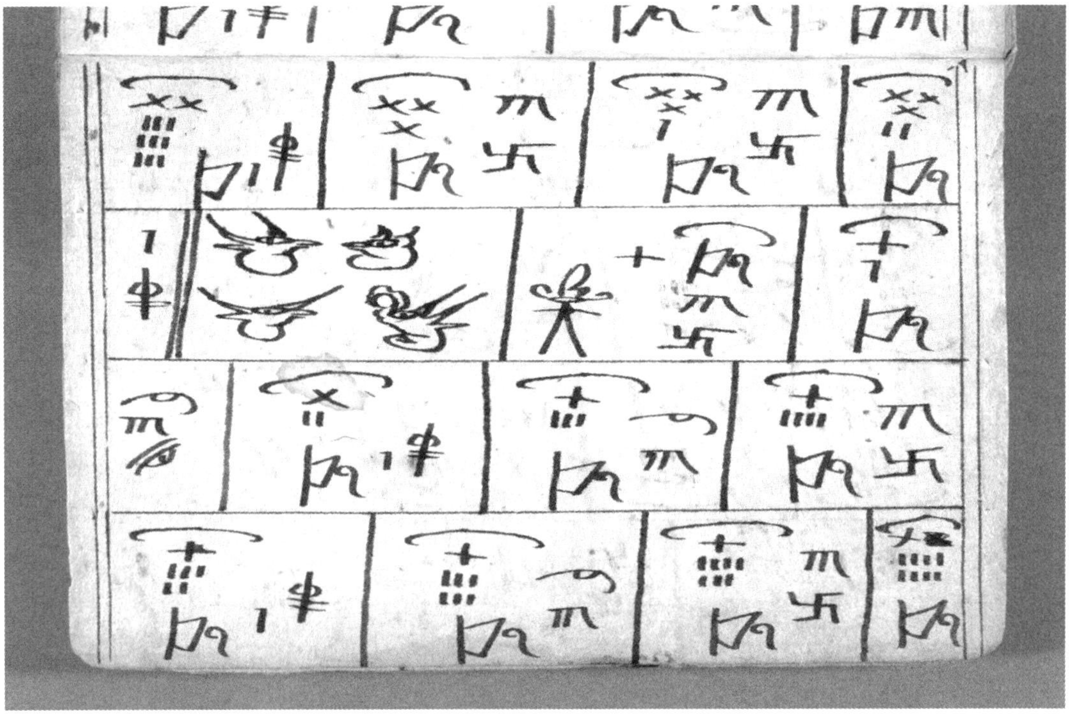

ȵi^{33} tsər^{21} gv̩^{33} khv̩^{55}, mɯ^{33} khu^{33} phu^{33}, dɯ^{33} ly^{55} gv̩^{33}. | sɿ^{33} tshər^{21} khv̩^{55}, mɯ^{33} khu^{33} phu^{33}, kɑ^{33}

二 十 九 岁 天 门 开 中常 成 三 十 岁 天 门 开 吉

nɯ^{21} ɯ^{33}. | sɿ^{33}tshər^{21} dɯ^{33} khv̩^{55}, mɯ^{33} khu^{33}phu^{33}, kɑ^{33} nɯ^{21} ɯ^{33}. | sɿ^{33} tshər^{21} ȵi^{33} khv̩^{55}, mɯ^{33}

和 顺 三 十 一 岁 天 门 开 吉 和 顺 三 十 二 岁 天

khu^{33} phu^{33}, | dɯ^{33} ly^{55} gv̩^{33}. | ɯ^{33} khv̩^{55}、y^{21} khv̩^{55}、khɯ^{33} khv̩^{55}、lv̩^{21} khv̩^{55} | tʂhər^{33} me^{33} ʂɿ^{55}

门 开 中常 成 牛 岁 羊 岁 狗 岁 龙 岁 媳妇 新

be^{33}: tshe^{21} khv̩^{55}, mɯ^{33} khu^{33} phu^{33}, kɑ^{33} nɯ^{33} ɯ^{33}. | tshe^{21} dɯ^{33} khv̩^{55}, mɯ^{33} khu^{33} | mə^{33} phu^{33},

做 十 岁 天 门 开 吉 和 顺 十 一 岁 天 门 不 开

mə^{33} kɑ^{33}. | tshe^{21} ȵi^{33} khv̩^{55}, mɯ^{33} khu^{33} phu^{33}, dɯ^{33} ly^{55} gv̩^{55}. | tshe^{21} sɿ^{55} khv̩^{33}, mɯ^{33} khu^{33}

不 吉 十 二 岁 天 门 开 中常 成 十 三 岁 天 门

mə^{33} phu^{33}, mə^{33} kɑ^{33}. | tshe^{21} lu^{55} khv̩^{55}, mɯ^{33} khu^{33} phu^{33}, kɑ^{33} nɯ^{21} ɯ^{33}. | tshe^{21} uɑ^{55} khv̩^{33},

不 开 不 吉 十 四 岁 天 门 开 吉 和 顺 十 五 岁

mɯ^{33} khu^{33} phu^{33}, dɯ^{33} ly^{55} gv̩^{33}. | tshe^{21} tʂhuɑ^{55} khv̩^{33}, mɯ^{33}khu^{33} mə^{33} phu^{33}, mə^{33} kɑ^{33}. | tshe^{21}

天 门 天 中常 成 十 六 岁 天 门 不 开 不 吉 十

ʂər^{33} khv̩^{55}, mɯ^{33} khu^{33} phu^{33}, kɑ^{33} nɯ^{21} ɯ^{33}. | tshe^{21} ho^{55} khv̩^{33}, mɯ^{33} khu^{33} phu^{33},

七 岁 天 门 开 吉 和 顺 十 八 岁 天 门 开

二十九岁，开天门，为中常。三十岁，开天门，吉顺。三十一岁，开天门，吉顺。三十二岁，开天门，为中常。

属牛、属羊、属狗和属龙的女子做新媳妇：十岁，开天门，吉顺。十一岁，不开天门，不吉。十二岁，开天门，为中常。十三岁，不开天门，不吉。十四岁，开天门，吉和顺。十五岁，开天门，为中常。十六岁，不开天门，不吉。十七岁，开天门，吉顺。十八岁，开天门，

585-L-21-48

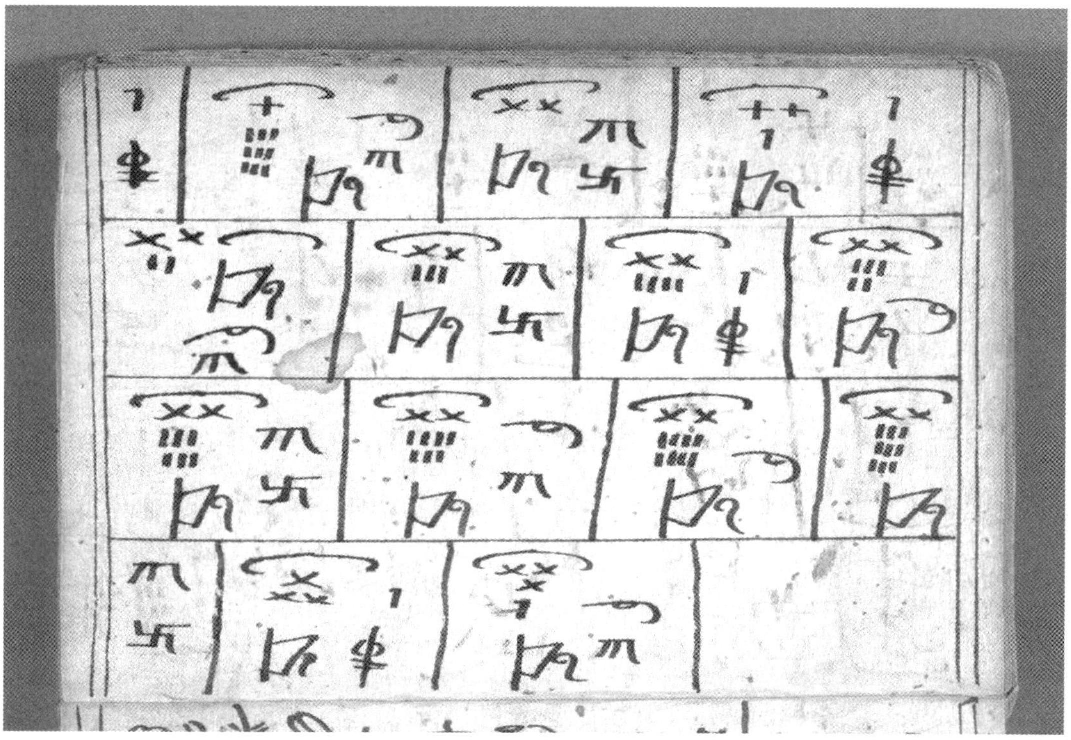

dɯ^{33} ly^{55} gv̩^{33}. | tshe^{21} gv̩^{33} khv̩^{55}, mɯ^{33} khu^{33} mə^{33} phu^{33}, mə^{33} kɑ^{33}. | ȵi^{33} tsər^{21} khv̩^{55}, mɯ^{33}
中常　成　十　九　岁　天　门　不　开　不　吉　二　十　岁　天

khu^{33} phu^{33}, kɑ^{33} nɯ^{21} ɯ^{33}. | ȵi^{33} tsər^{21} dɯ^{33} khv̩^{55}, mɯ^{33} khu^{33} phu^{33}, dɯ^{33} ly^{55} gv̩^{33}. | ȵi^{33} tsər^{21}
门　开　吉　和　顺　二　十　一　岁　天　门　开　中常　成　二　十

ȵi^{33} khv̩^{55}, mɯ^{33} khu^{33} mə^{33} phu^{33}, mə^{33} kɑ^{33}. | ȵi^{33} tsər^{21} sɿ^{55} khv̩^{33}, mɯ^{33} khu^{33} phu^{33}, kɑ^{33} nɯ^{21}
二　岁　天　门　不　开　不　吉　二　十　三　岁　天　门　开　吉　和

ɯ^{33}. | ȵi^{33} tsər^{21} lu^{55} khv̩^{33}, mɯ^{33} khu^{33} phu^{33}, dɯ^{33} ly^{55} gv̩^{33}. | ȵi^{33} tsər^{21} uɑ^{55} khv̩^{33}, mɯ^{33} khu^{33}
顺　二　十　四　岁　天　门　开　中常　成　二　十　五　岁　天　门

mə^{33} phu^{33}. | ȵi^{33} tsər^{21} tʂhuɑ^{55} khv̩^{33}, mɯ^{33} khu^{33} phu^{33}, kɑ^{33} nɯ^{21} ɯ^{33}. | ȵi^{33} tsər^{21} ʂər^{33} khv̩^{55},
不　开　二　十　六　岁　天　门　开　吉　和　顺　二　十　七　岁

mɯ^{33} khu^{33} mə^{33} phu^{33}, mə^{33} kɑ^{33}. | ȵi^{33} tsər^{21} ho^{55} khv̩^{33}, mɯ^{33} khu^{33} mə^{33} phu^{33}. | ȵi^{33} tsər^{21}
天　门　不　开　不　吉　二　十　八　岁　天　门　不　开　二　十

gʏ̩³³ khʏ̩⁵⁵, mɯ³³ khu³³ phu³³, | kɑ³³ nɯ²¹ ɯ³³. | sɿ³³ tshər²¹ khʏ̩⁵⁵, mɯ³³ khu³³ phu³³, dɯ³³ ly⁵⁵
九 岁 天 门 开 吉 和 顺 三 十 岁 天 门 开 中常

gʏ̩³³. | sɿ³³ tshər²¹ dɯ³³ khʏ̩⁵⁵, mɯ³³ khu³³ mə³³ phu³³, mə³³ kɑ³³.
成 三 十 一 岁 天 门 不 开 不 吉

为中常。十九岁，不开天门，不吉。二十岁，开天门，吉顺。二十一岁，开天门，为中常。二十二岁，不开天门，不吉。二十三岁，开天门，吉顺。二十四岁，开天门，为中常。二十五岁，不开天门。二十六岁，开天门，吉顺。二十七岁，不开天门，不吉。二十八岁，不开天门。二十九岁，开天门，吉顺。三十岁，开天门，为中常。三十一岁，不开天门，不吉。

585-L-21-49

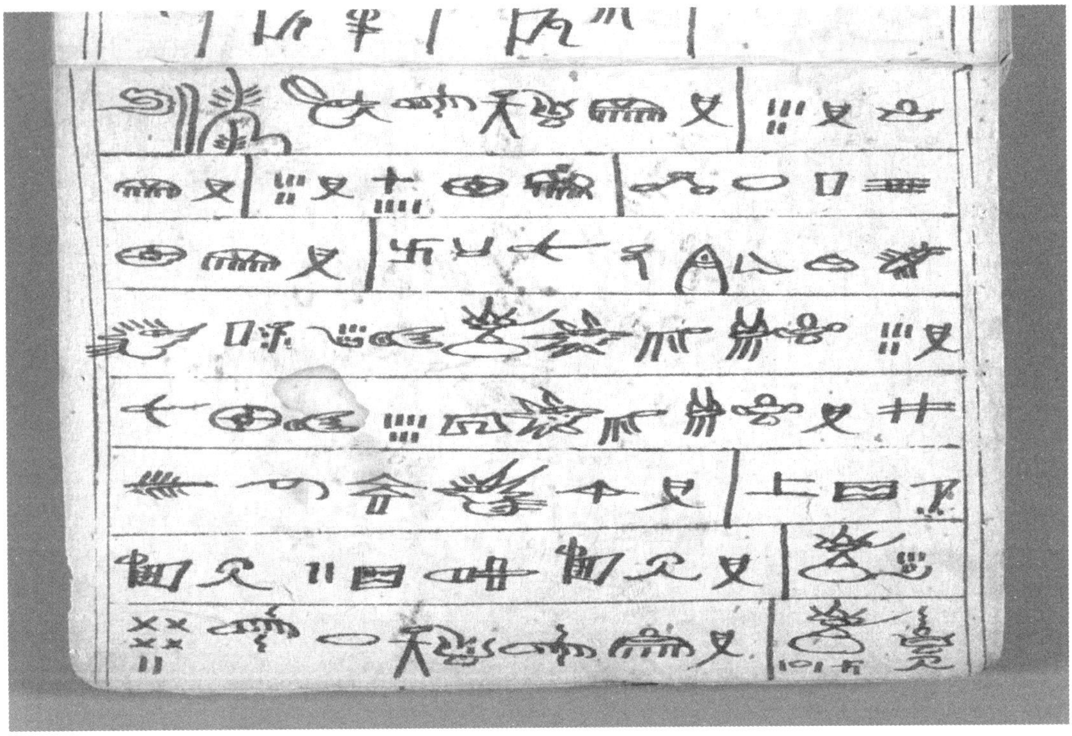

sər³³ bu³³ tho²¹ tho³³ le³³ khʏ̩⁵⁵ thɯ³³ khʏ̩⁵⁵ pər⁵⁵ me⁵⁵, | uɑ⁵⁵ me³³ he³³ | pər⁵⁵ me⁵⁵. | uɑ⁵⁵
木 干支 兔 年 这 年 写 的 五月 写 的 五月

me³³ tshe²¹ lu³³ ȵi³³ pər⁵⁵. | zy²¹ gʏ̩³³ to⁵⁵ dər³³ | dɯ³³ ȵi³³ pər⁵⁵ me⁵⁵. | ɯ³³ kho²¹ ə³³ nɑ⁵⁵ ʥy²¹
十 四 日 写 蕊古 上 轮 一 天 写 的 恩科 阿纳 山

khɯ³³ thʏ̩⁵⁵ lɯ³³ bu²¹ to³³ dʐʅ²¹ ŋə²¹ lɑ³³ py³³ bʏ̩²¹ kʏ̩³³ dɯ²¹ uɑ²¹ me³³, | ə³³ ȵi³³ lɑ³³ ʂər⁵⁵ ȵi³³ gə³³
麓 处 东巴 多芝 我 也 祭司 首 大 是 的 远古的时候 的

py³³ bʏ̩²¹ kʏ̩³³ dɯ²¹ me³³ gu²¹ | mæ²¹ mə³³ thɑ⁵⁵ i³³ mu²¹ me⁵⁵. | ʂə⁵⁵ hɯ²¹ be³³ gɑ³³ i³³, ȵi⁵⁵ hɯ²¹
祭司 首 大 者 后 赶上 不 能 的 是 的 说 易 做 难 的 败 易

tɕhy^{21} gɑ^{33} i^{33} me^{55}. ｜ŋə^{21}｜lu^{33} tshər^{21} ȵi^{33} khʏ̩^{55} gʏ̩^{33} thɯ^{33} khʏ̩^{55} pər^{55} me^{55}. ｜py^{33} bʏ̩^{21} zʅ^{33}
顺　难 是　的　　我 四　十　二 岁　到　这 年　写 的　　祭司　寿

ʂər^{21} hɑ^{55} i^{33}.
长　日 有

（此书）是在干支为木①的属兔年写的，是五月十四日写的。这是蕊古当值的一天。恩科②阿纳山麓的东巴多芝我，也是名声大的东巴祭司，但要赶上远古时候的有大名声的东巴祭司是不可能的了。说的容易做的难，败的容易顺则难。我四十二岁这年写的。愿东巴祭司延年益寿！

585-L-21-50

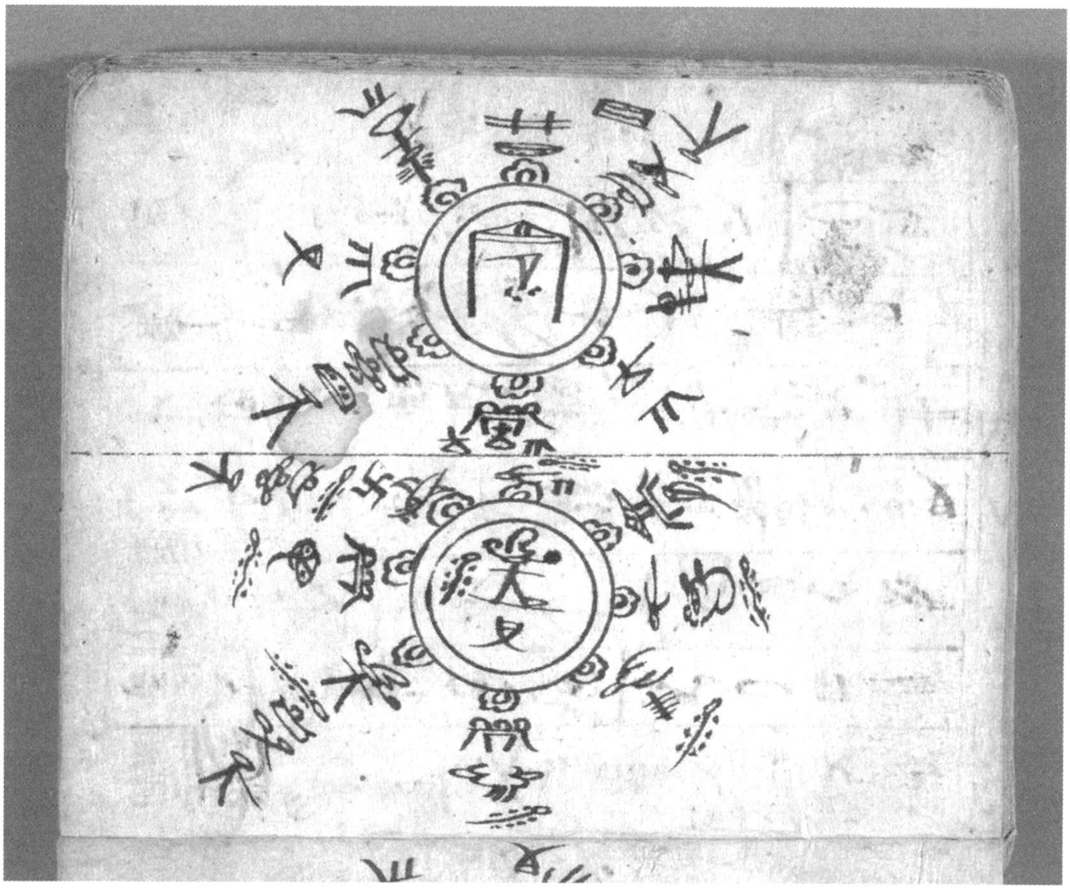

dʑi^{21} be^{33} ȵi^{55} uɑ^{33} ly^{21}: he^{33} dɯ^{21} uɑ^{21} se^{55} i^{21} tɕy^{21} dʑi^{33}③. tshe^{21} do^{21} dɯ^{33} ȵi^{33},……. tshe^{33} do^{21}
房　做　日子　看　月　大　是　则 右　边　走　　月　见　一　日　　　月　见

ȵi^{33} ȵi^{33}, tso^{33} thʏ̩^{21} tʂhʅ^{33} be^{33} me^{33} kɑ^{33}. tshe^{33} do^{21} sʅ^{21} ȵi^{33}, tʂhʅ^{33} be^{33} me^{33} kɑ^{33}. tshe^{33} do^{21} lu^{33}
二　日　灶　打　所　做　的　吉　月　见　三 日　所　做　的　吉　月　见 四

① 干支为木，纳西族纪年是五行配十二生肖，故有“干支为木”之说。
② 恩科，音译地名，为今丽江市玉龙县黄山乡长水村。
③ 此位置要表出“初一如何”，但原文缺，亦无其他资料校读，存疑。

ȵi33, dæ21 lv̩33 kɑ33. he33 tɕi55uɑ21 tɕy21 hɯ33①. tshe33 do21tʂhuɑ55 ȵi33, o33 tɕi33 gu21 thv̩21, kɑ33. tshe33

日 地基 平整 吉 月 小 左 方向 去 月 见 六 日 财 放 仓 建 吉 月

do21 ʂər33 ȵi33, ə33 sɿ21 dzɿ21 dʑi21 thv̩21 kɑ33. tse33do21 ho55 ȵi33, kɑ33 me55. tshe33 do21 gv̩33 ȵi33②, tshe21

见 七 日 父亲 住 房 建 吉 月见 八日 吉 的 月 见 九 日 十

ȵi33, tso33 thv̩21 tʂhʅ33 be33 me33 kɑ33. tshe21 ȵi33 ȵi33, tʂhʅ33 be33 me33 kɑ33.（依次循环到三十日）

日 灶 打 所 做 的 吉 十 一 日 所 做 的 吉

he33 tɕi55 uɑ21 se55 uæ33 tɕy21 hɯ33③: tshe33 do21 ȵi33 ȵi33, o33 tɕi33 gu21 thv̩21, kɑ33. tshe33 do21 sɿ21

月 小 是 则 左 方 去 月 见 二 日 财 放 仓 建 吉 月 见 三

ȵi33, ə33 sɿ21 dzɿ21 dʑi21 be33 kɑ33. tshe33 do21 lu33 ȵi33, kɑ33 me55. tshe33 do21 uɑ33 ȵi33④, tshe33 do21

日 父亲 住 房 做 吉 月 见 四 日 吉 的 月 见 五 日 月 见

tʂhuɑ55 ȵi33, tso33 thv̩21 tʂhʅ33 be33 kɑ33. tshe33 do21 ʂər33 ȵi33, tʂhʅ33 be33 me33 kɑ33. tshe33 do21 ho55

六 日 灶 打 所 做 吉 月 见 七 日 所 做 的 吉 月 见 八

ȵi33, dæ21 lv̩33, kɑ33. tshe33 do21 gv̩33 ȵi33⑤. tshe21 ȵi33, o33 tɕi33 gu21 thv̩21 kɑ33.（依次循环到三十）

日 地基 平整 吉 月 见 九 日 十 日 财 放 仓 建 吉

tʂhər33 me33 ʂʅ55 zɿ21 tshɿ21 ly21: he33 dɯ21 se13 i21 tɕy21 dʑi33. tshe33 do21 dɯ33 ȵi33, mu55 ɯ33 to55

媳妇 新 娶 鬼 看 月 大 则 右 方 走 月 见 一 日 女婿 上

tshɿ21. tshe33 do21 ȵi33 ȵi33, kuɑ33 pɑ55 to55 tshɿ21. tshe33 do21 sɿ21 ȵi33, tʂhər33 me33 to55 tshɿ21. tshe33

作祟 月 见 二 日 厨师 上 作祟 月 见 三 日 媳妇 上 作祟 月

do21 lu33 ȵi33, tso33 pv̩55 to55 tshɿ21. tshe33 do21 uɑ33 ȵi33, gɯ33 zɿ33 to55 tshɿ21. tshe33 do21 tʂhuɑ55 ȵi33,

见 四 日 灶 甑 上 作祟 月 见 五 日 弟弟 上 作祟 月 见 六 日

ə33 gv̩33 to55 tshɿ21. tshe33 do21 ʂər33 ȵi33, he21 dʑi21 to55 tshɿ21. tshe33 do21 ho55 ȵi33, ə33 ȵi33 to55 tshɿ21.

舅舅 上 作祟 月 见 七 日 神 房 上 作祟 月 见 八 日 姑妈 上 作祟

tshe33 do21 gv̩33 ȵi33, mu55 ɯ33 to55 tshɿ21. tshe33 ȵi33,（依次循环到三十日。）

月 见 九 日 女婿 上 作祟 十 日

he33 tɕi55 se13 uæ33 tɕy21 nɯ33 dʑi33: tshe33 do21 dɯ33 ȵi33, tʂhər33 me33 to55 tshɿ21. tshe33 do21 ȵi33

月 小 则 左 方 以 走 月 见 一 日 媳妇 上 作祟 月 见 二

---

① 此位置要写“初五如何”，但原文阙如。

② 转到原文的“月大”处，应为“初九”，但初九如何，原文阙如。

③ 此处原应有“初一如何”，但原文只写了“月小往左转”。

④ 转到原文的“月大”处，此处应有“初五如何”，但原文缺。

⑤ 又转到原文的“月小”处。

ȵi^{33}, kuɑ^{33} pɑ^{55} to^{55} tshʅ^{21}. tshe^{33} do^{21} sʅ^{21} ȵi^{33}, mu^{55} ɯ^{33} to^{55} tshʅ^{21}. tshe^{33} do^{21} lu^{33} ȵi^{33}, ə^{33} ȵi^{33} to^{55}
日 厨师 上 作祟 月 见 三 日 女婿 上 作祟 月 见 四 日 姑妈 上

tshʅ^{21}. tshe^{33} do^{21} uɑ^{33} ȵi^{33}, he^{21} dʑi^{21} to^{55} tshʅ^{21}. tshe^{33} do^{21} tʂhuɑ^{55} ȵi^{33}, ə^{33} gv̩^{33} to^{55} tshʅ^{21}. tshe^{33} do^{21}
作祟 月 见 五 日 神 房 上 作祟 月 见 六 日 舅舅 上 作祟 月 见

ʂər^{33} ȵi^{33}, gɯ^{33} zʅ^{33} to^{55} tshʅ^{21}. tshe^{33} do^{21} ho^{55} ȵi^{33}, tso^{33} pv̩^{55} to^{55} tshʅ^{21}. tshe^{33} do^{21} gv̩^{33} ȵi^{33}, tʂhər^{33}
七 日 弟弟 上 作祟 月 见 八 日 灶 甑 上 作祟 月 见 九 日 媳妇

me^{33} to^{55} tshʅ^{21}.
上 作祟

建房看日子①：月大则向右转。初一，……初二，打灶及一切皆吉。初三，所做的一切皆吉。初四，平整宅基地，吉。初五，……月小则向左转。初六，宜建仓房。初七，修建父亲的房屋，吉。初八，吉。初九初十，打灶及一切皆吉。十一日，一切皆吉。（依次循环到三十日。）

月小则向左转。初一，……初二，宜建仓房。初三，修建父亲的房屋，吉。初四，吉。初五，……初六，打灶及一切皆吉。初七，所做的一切皆吉。初八，宜平整宅基地。初九，……。初十，宜建仓房。（依次循环到三十日。）

看娶媳妇时鬼作祟于什么：月大则向右转。初一，鬼会缠上女婿。初二，鬼会缠上厨师。初三，鬼会缠上新媳妇。初四，鬼会缠上灶和甑子。初五，鬼会缠上弟弟。初六，鬼会缠上舅舅。初七，鬼会缠上神房。初八，鬼会缠上姑妈。初九，鬼会缠上女婿。初十，……（依上文循环到三十日。）

月小则向左转。初一，鬼会缠上新媳妇。初二，鬼会缠上厨师。初三，鬼会缠上女婿。初四，鬼会缠上姑妈。初五，鬼会缠上神房。初六，鬼会缠上舅舅。初七，鬼会缠上弟弟。初八，鬼会缠上灶和甑子。初九，鬼会缠上新媳妇。（依次循环到三十日。）

① 说明：这是两张图，因月大、月小旋转方向不同而记音顺序亦相反。现以东巴文的“月大”始记音。

585-L-21-51

pə^{13} hu^{33} ly^{21}: he^{33} dɯ^{21} se^{13} i^{21} tɕy^{21} nɯ^{33} dʑi^{33}: tshe^{33} do^{21} dɯ^{33} ȵi^{33}, iə^{33} ko^{21} dʑy^{21}. tshe^{33} do^{21}

白 虎 看 月 在 则 右 方向 以 走 月 见 一 日 家里 有 月 见

ȵi^{33} ȵi^{33}, tso^{33} kv̩^{33} dʑy^{21}. tshe^{33} do^{21} sɿ^{21} ȵi^{33}, tʂuɑ^{33} ko^{55} dʑy^{21}. tshe^{33} do^{21} lu^{33} ȵi^{33}, zʅ^{33} lo^{21} dʑy^{21}.

二 日 灶 上 有 月 见 三 日 床 间 有 月 见 四 日 路 上 有

tshe^{33} do^{21} uɑ^{33} ȵi^{33}, khu^{33} tho^{21} dʑy^{21}. tshe^{33} do^{21} tʂhuɑ^{55} ȵi^{33}, i^{55} me^{55}. tshe^{33} do^{21} ʂər^{33} ȵi^{33}, ʂʅ^{33}

月 见 五 日 门 后 有 月 见 六 日 睡 的 月 见 七 日 死

me^{55}, kɑ^{33}. tshe^{33} do^{21} ho^{55} ȵi^{33}, tʂuɑ^{33} kv̩^{33} dʑy^{21}. tshe^{33} do^{21} gv̩^{33} ȵi^{33}, iə^{33} ko^{21} dʑy^{21}.

的 吉 月 见 八 日 床 上 有 月 见 九 日 家里 有

he^{33} tɕi^{55} se^{13} uæ^{33} tɕy^{21} nɯ^{33} dʑi^{33}: tshe^{33} do^{21} dɯ^{33} ȵi^{33}, tʂuɑ^{33} ko^{55} dʑy^{21}. tshe^{33} do^{21} ȵi^{33} ȵi^{33},

月 小 则 左 方向 以 走 月 见 一 日 床 间 有 月 见 二 日

tso^{33} kv̩^{33} dʑy^{21}. tshe^{33} do^{21} sɿ^{21} ȵi^{33}. iə^{33} ko^{21} dʑy^{21}. tshe^{33} do^{21} lu^{33} ȵi^{33}, tʂuɑ^{33} kv̩^{33} dʑy^{21}. tshe^{33} do^{21}

灶 上 有 月 见 三 日 家里 有 月 见 四 日 床 上 有 月 见

uɑ^{33} ȵi^{33}, ʂʅ^{33} me^{55}, kɑ^{33}. tshe^{33} do^{21} tʂhuɑ^{55} ȵi^{33}, i^{55} me^{55}. tshe^{33} do^{21} ʂər^{33} ȵi^{33}, khu^{33} tho^{21} dʑy^{21}.

五 日 死 的 吉 月 见 六 日 睡 的 月 见 七 日 门 后 有

tshe^{33} do^{21} ho^{55} ȵi^{33}, ʐʅ^{33} lo^{21} ʥy^{21}. tshe^{33} do^{21} gv̩^{33} ȵi^{33}, tʂuɑ^{33} ko^{55} ʥy^{21}.
月 见 八日 路上 有 月 见 九 日 床 间 有

he^{33} dɯ^{21} uæ^{33} tɕy^{21} ʥi^{33}, he^{33} tɕi^{55} i^{21} tɕy^{21} ʥi^{33}①.
月 大 左 方向 走 月 小 吉 方向 走

ȵiə^{21} sɿ^{55} he^{33}. ȵi^{33} me^{33} thv̩^{33} tɕy^{21} ly^{21} mə^{33} du^{33}. khu^{33} lv̩^{21} dzʅ^{21} tɯ^{33} tɕy^{21} ly^{21}, ɯ^{33}. ʐu^{21} sɿ^{55}
春 三 月 东方 方向 朝 不 兴 门 龙 居 地 方向 朝 吉 夏 三

he^{33}, khu^{33} tshʅ^{55} i^{33} tʂhʅ^{33} mu^{21} ly^{21} mə^{33} du^{33}. khu^{33} y^{21} dzʅ^{21} tɯ^{33} tɕy^{21} ly^{21} ɯ^{33}. tshʅ^{55} sɿ^{55} he^{33} khu^{33}
月 门 建 南方 朝 不 兴 门 羊 居 地 方向 朝 吉 秋 三 月 门

tshʅ^{55} ȵi^{33} me^{33} gv̩^{21} ly^{21} mə^{33} du^{33}. khu^{33} khɯ^{33} dzʅ^{21} tɯ^{33} tɕy^{21} ly^{21}, ly^{55} mu^{21} gv̩^{33}. tshʅ^{33} sɿ^{55} he^{33}
建 西方 朝 不 兴 门 狗 居 地 方向 朝 中常 成 冬 三 月

khu^{33} tshʅ^{55} ho^{33} gv̩^{33} lo^{21} tɕy^{21} ly^{21} mə^{33} du^{33}. khu^{33} tshʅ^{55} ɯ^{33} dzʅ^{21} tɯ^{33} tɕy^{21} ly^{21}, mə^{33} ɯ^{33}.
门 建 北方 方向 朝 不 兴 门 建 牛 居 地 方向 朝 不 吉

算白虎：月大向右转。初一在家里。初二在灶上。初三在床间。初四在路上。初五在门后。初六在睡觉。初七，死亡，吉。初八，在床上。初九在家里。……（依上文之顺次转到三十日。）

月小向左转：初一在床间。初二在灶上。初三在家里。初四在床上。初五，死亡，吉。初六在睡觉。初七在门后。初八在路上。初九在床间。……（依次循环到三十日。）

月大向左转。月小向右转。

春三月里建门不宜朝向东。建门朝向龙居地（东南方），吉。夏三月里建门不宜朝向南方。建门朝向羊居地（西南方），吉。秋三月里建门不宜朝向西方。建门朝向狗居地（西北方），为中常。冬三月里建门不宜朝向北方。建门朝向牛居地（东北方）不吉。

① 这两句用于此图不妥。此图是算建门的卦辞，只看四季建门宜不宜朝于何方位，似与月大月小无关。记音时从最上方始，按顺时针方向记之。

585-L-21-52

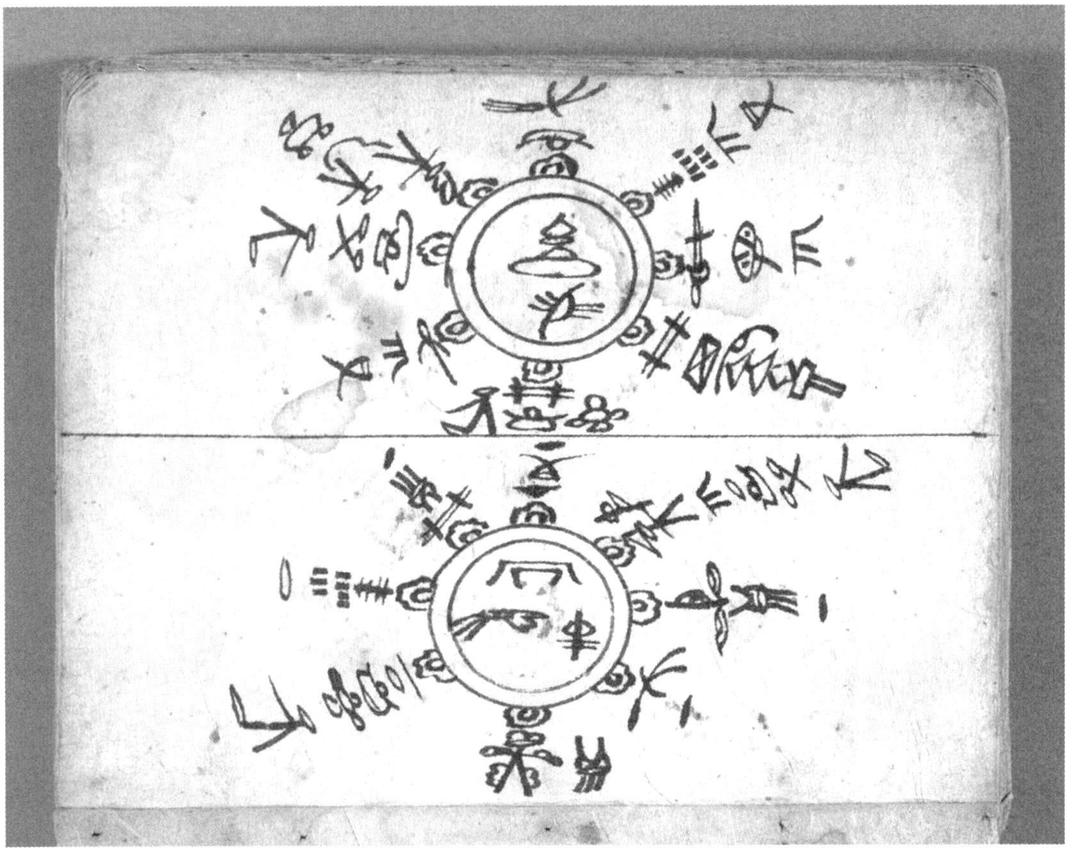

ɕi^{33} ʂʅ^{21} ly^{21}:
喜 神 看

he^{33} dɯ^{21} i^{21} tɕy^{21} dʑi^{33}: tshe^{33} do^{21} dɯ^{33} ȵi^{33}, gu^{21}. tshe^{33} do^{21} ȵi^{33} ȵi^{33}, gu^{21} tshər^{33} mə^{33} thɑ^{55}.
月 大 右方向 走 月 见 一 日 病 月 见 二 日 病 发烧 不 可

tshe^{33} do^{21} sʅ^{21} ȵi^{33}, dɑ^{21} pɑ^{21}, kɑ^{33}. tshe^{33} do^{21} lu^{33} ȵi^{33}, zʅ^{33} ʂər^{21}, kɑ^{33} me^{55}. tshe^{33} do^{21} uɑ^{33} ȵi^{33},
月 见 三 日 和尚 吉 月 见 四 日 寿 长 吉 的 月 见 五 日

he^{33} ʂʅ^{33}. tshe^{33} do^{21} tʂhuɑ^{55} ȵi^{33}, ə^{33} me^{33} zo^{33} tɕi^{33} hə^{21}. tshe^{33} do^{21} ʂər^{33} ȵi^{33}, mɯ^{33}. tshe^{33} do^{21} ho^{55}
魂 死 月 见 六 日 母亲 儿 生 月 见 七 日 天 月 见 八

ȵi^{33}, ə^{55}, kɑ^{33} me^{55}. tse^{33} do^{21} gʏ^{33} ȵi^{33}, gu^{21}.
日 阿 吉 的 月 见 九 日 病

he^{33} tɕi^{55} se^{13} uæ^{33} tɕy^{21} dʑi^{33}①:
月 小 则 左 方向 走

tʂhuɑ^{33} ku^{55} ly^{21}:
床 安 看

---

① 此图上的内容不知所云，无法翻译。“月小”亦不再记音，从略。

he^{33} dɯ^{21} se^{13} i^{21} tɕy^{21} nɯ^{33} dʑi^{33}: tshe^{33} do^{21} dɯ^{33} ȵi^{33} ku^{55} me^{33}, dy^{21} kv̩^{55}. tshe^{33} do^{21} ȵi^{33} ȵi^{33}
月 大 则 右方向 以 走 月 见 一 日 安 的 平安 会 月 见 二 日

ku^{55} me^{33}, bv̩^{33} thv̩^{33} kv̩^{55}. tshe^{33} do^{21} sɿ^{21} ȵi^{33} ku^{55} me^{33}, ɕi^{33} nɑ^{21} kv̩^{55}, khuɑ^{21}. tshe^{33} do^{21} lu^{33} ȵi^{33}
安 的 疮 生 会 月 见 三 日 安 的 人 黑 会 凶 月 见 四 日

ku^{55} me^{33}, nv̩^{33} kv̩^{55}, khuɑ^{21}. tshe^{33} do^{21} uɑ^{33} ȵi^{33} ku^{55} me^{33}, dæ^{21} me^{33} thv̩^{33}, kɑ^{33}. tshe^{33} do^{21} tʂhuɑ^{55}
安 的 疯 会 凶 月 见 五 日 安 的 能干 的 产生 吉 月 见 六

ȵi^{33} ku^{55} me^{33}, khuɑ^{21} me^{55}. tshe^{33} do^{21} ʂər^{33} ȵi^{33} ku^{55} me^{33}, gu^{21} kv̩^{55}, khuɑ^{21}. tshe^{33} do^{21} ho^{55} ȵi^{33}
日 安 的 凶 的 月 见 七 日 安 的 病 会 凶 月 见 八 日

ku^{55} me^{33}, zɿ^{33} ʂər^{21} kv̩^{55}. tshe^{33} do^{21} gv̩^{33} ȵi^{33} ku^{55} me^{33}, dy^{21} kv̩^{55}.……
安 的 寿 长 会 月 见 九 日 安 的 平安 会

he^{33} tɕi^{55} se^{55} uæ^{33} tɕy^{21} nɯ^{33} dʑi^{33}: tshe^{33} do^{21} dɯ^{33} ȵi^{33} ku^{55} me^{33}, dæ^{21} me^{33} thv̩^{33} kv̩^{55}, kɑ^{33}.
月 小 则 左 方向 以 走 月 见 一 日 安 的 能干 的 产生 会 吉

tshe^{33} do^{21} ȵi^{33} ȵi^{33} ku^{55} me^{33}, nv̩^{33} kv̩^{55}, khuɑ^{21}. tshe^{33} do^{21} sɿ^{21} ȵi^{33} ku^{55} me^{33}, ɕi^{33} nɑ^{21} kv̩^{55}, khuɑ^{21}.
月 见 二 日 安 的 疯 会 凶 月 见 三 日 安 的 人 黑 会 凶

tshe^{33} do^{21} lu^{33} ȵi^{33} ku^{55} me^{33}, bv̩^{33} thv̩^{33} kv̩^{55}. tshe^{33} do^{21} uɑ^{33} ȵi^{33} ku^{55} me^{33}, dy^{21} kv̩^{55}. tshe^{33} do^{21}
月 见 四 日 安 的 疮 生 会 月 见 五 日 安 的 平安 会 月 见

tʂhuɑ^{55} ȵi^{33} ku^{55} me^{33}, zɿ^{33} ʂər^{21} kv̩^{55}. tshe^{33} do^{21} ʂər^{33} ȵi^{33} ku^{55} me^{33}, gu^{21} kv̩^{55}, khuɑ^{21}. tshe^{33} do^{21}
六 日 安 的 寿 长 会 月 见 七 日 安 的 病 会 凶 月 见

ho^{55} ȵi^{33} ku^{55} me^{33}, khuɑ^{21} me^{55}. tshe^{33} do^{21} gv̩^{33} ȵi^{33} ku^{55} me^{33}, dæ^{21} me^{33} thv̩^{33} kv̩^{55}, kɑ^{33}.……
八 日 安 的 凶 的 月 见 九 日 安 的 能干 的 产生 会 吉

择安床的日子：

月大则向右方向转：初一安床，会平安。初二安床，人会生疮。初三安床，人会发黑，凶。初四安床，会疯，凶。初五安床，人会能干，吉。初六安床，凶。初七安床，会生病。凶，初八安床，会长寿。初九安床，会平安。……

月小则向左方向转：初一安床，人会能干，吉。初二安床，人会疯，凶。初三安床，人会发黑，凶。初四安床，会生疮。初五安床，会平安。初六安床，会长寿。初七安床，会生病，凶。初八安床，凶。初九安床，人会能干，吉。……

585-L-21-53

封底

（翻译：王世英）

522-L-22-01

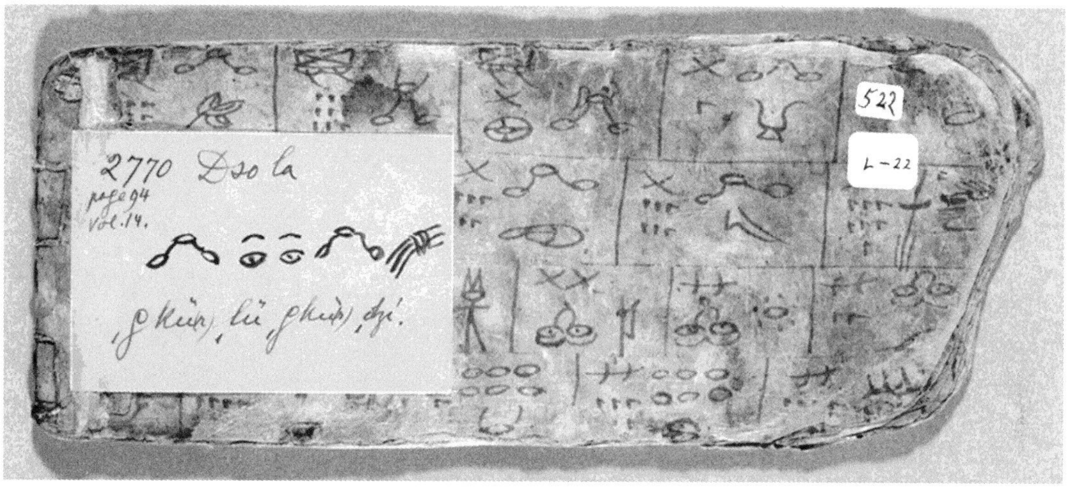

kɯ^{21} ly^{21} kɯ^{21} tsɿ^{21}

占卜·看星占星

522-L-22 占卜·看星占星

【内容提要】

本古籍记录了如下内容：

一、记录了一年三百六十日由何宿当值的天文常识。

二、用二十八宿占卜。所占内容有：娶嫁、挖沟引水、建村设寨、放牧、缝衣、取物进财、祀神、可作什么仪式、狩猎、收种庄稼、打灶安碓、建房、打铁、母亲生育、火化死尸、犁田骑马、出门远行、做客、吃药等。

三、一年十二个月里，何属相日为吉日、成日、凶日、闭日。

四、在十二属相日里，由何宿当值则此星为成功星、鬼星、作对星、仇星。

【英文提要】

The Divination. Astrology

This book records the following parts:

First, it introduces the basic astronomy knowledge of the actual duty that one of twenty-eight mansions takes in each day of the year.

Second, it introduces to divine with the twenty-eight mansions. Contents of divination include: marriage, water diversion, set a village, pasture, sewing, wealth bringing, sacrifice, rituals, hunting, harvest, kitchen building, house building, ironing, procreating, cremation, ploughing, riding, errand, guesting, medicine taking, etc.

Third, it introduces the day of luck, the day of success, the day of misfortune and the day of evading that each zodiac day belongs to in the whole year.

Fourth, it introduces the exact mansion that represents the astronomy of success, the astronomy of ghost, the astronomy of conflict and the astronomy of hatred in certain zodiac day.

Front cover page and the content of the duty of mansion in the first five months missed.

522-L-22-02

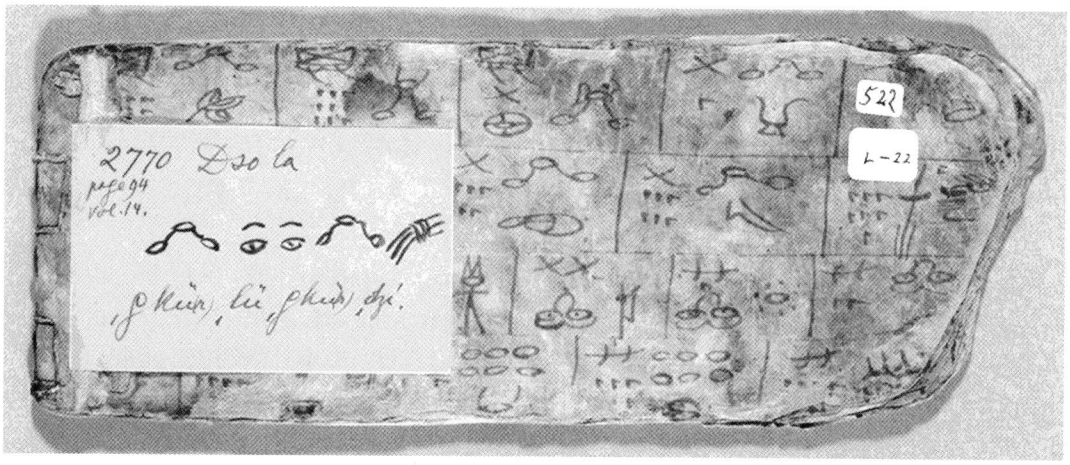

“2770”是为洛克收藏纳西东巴古籍时的序号。四个东巴文为此书书名之重写：“看星占星”。下面字母文字是洛克记下书名的读音。

522-L-22-03

……①, tshe^{33} do^{21} ho^{55} ȵi^{33}, zy^{21} nv̩^{55}. | tshe^{33} do^{21} gv̩^{33} ȵi^{33}, zy^{21} khuɑ^{33}. | tshe^{33} do^{21} tshe^{21}

月 见 八 日 蕊奴 月 见 九 日 蕊夸 月 见 十

ȵi^{33}, zy^{21} he^{33}. | tshe^{21} dɯ^{33} ȵi^{33}, zy^{21} tɕər^{33}. | tshe^{21} ȵi^{33} ȵi^{33}, zy^{21} gv̩^{33}. | tshe^{33} sɿ^{21} ȵi^{33}, zy^{21}

日 蕊亨 十 一 日 蕊江 十 二 日 蕊古 十 三 日 蕊督

dv̩^{21}. | tshe^{21} lu^{33} ȵi^{33}, zy^{21} bɑ^{21}. | tshe^{21} uɑ^{33} ȵi^{33}, zy^{21} tshi^{21}. | tshe^{21} tʂhuɑ^{55} ȵi^{33}, zy^{21} bə^{33}. |

十 四 日 蕊巴 十 五 日 蕊齐 十 六 日 蕊崩

tshe^{21} ʂər^{33} ȵi^{33}, py^{33} bu^{21} kv̩^{33}. | tshe^{21} ho^{55} ȵi^{33}, py^{33} bu^{21} mæ^{33}. | tshe^{21} gv̩^{33} ȵi^{33}, ʐuɑ^{33} tse^{55}. |

十 七 日 本补古 十 八 日 本补满 十 九 日 柔正

ȵi^{33} tsər^{21} ȵi^{33}, pɑ^{33} khu^{33}. | ȵi^{33} tsər^{21} dɯ^{33} ȵi^{33}, pɑ^{33} by^{33}. | ȵi^{33} tsər^{21} ȵi^{33} ȵi^{33}, pɑ^{33} mæ^{33}. |

二 十 日 巴孔 二 十 一 日 巴毕 二 十 二 日 巴满

① 原书封页及一至六月初七以前阙如。

ȵi^{33} tsər^{21} sɿ^{21} ȵi^{33}, nɑ^{33} gv̩^{21}. | ȵi^{33} tsər^{21} lu^{33} ȵi^{33}, thɑ^{33} kə^{21}. | ȵi^{33} tsər^{21} uɑ^{33} ȵi^{33}, tʂhuɑ^{55} tsər^{21}
二 十 三 日 娜古 二 十 四 日 涛构 二 十 五 日 创昌夸

khuɑ^{33}. | ȵi^{33} tsər^{21} tʂhuɑ^{55} ȵi^{33}, tʂhuɑ^{55} tsər^{21} gv̩^{33}. | ȵi^{33} tsər^{21} ʂər^{33} ȵi^{33}, miə^{21} çy^{21}.
二 十 六 日 创昌古 二 十 七 日 谬许

……初八，由蕊奴①当值。初九，由蕊夸当值。初十，由蕊亨当值。十一日，由蕊江当值。十二日，由蕊古当值。十三日，由蕊督当值。十四日，由蕊巴当值。十五日，由蕊齐当值。十六日，由蕊崩当值。十七日，由本补古当值。十八日，由本补满当值。十九日，由柔正当值。二十日，由巴孔当值。二十一日，由巴毕当值。二十二日，由巴满当值。二十三日，由娜古当值。二十四日，由涛构当值。二十五日，由创昌夸当值。二十六日，由创昌古当值。二十七日，由谬许当值。

522-L-22-04

ȵi^{33} tsər^{21} ho^{55} ȵi^{33}, sɿ^{33} tho^{21} khuɑ^{33}. | ȵi^{33} tsər^{21} gv̩^{33} ȵi^{33}, sɿ^{33} tho^{21} gv̩^{33}. | nɑ^{33} tv̩^{21}, kɯ^{33} phər^{21}
二 十 八 日 司托夸 二 十 九 日 司托古 三十日 庚盘吉孔

dʑi^{21} khu^{33}. | sæ^{33} me^{33} he^{33}, tshe^{33} do^{21} dɯ^{33} ȵi^{33}, kɯ^{33} phər^{21} dʑi^{21} gv̩^{33}. | tshe^{33} do^{21} ȵi^{33} ȵi^{33},
七月 月 见 一 日 庚盘吉古 月 见 二 日

fv̩^{33} kə^{55}②. | tshe^{33} do^{21} sɿ^{21} ȵi^{33}, bu^{21} khu^{33}. | tshe^{33} do^{21} lu^{33} ȵi^{33}, bu^{21} to^{55}. | tshe^{33} do^{21} uɑ^{33}
夫构 月 见 三 日 布孔 月 见 四 日 布铎 月 见 五

ȵi^{33}, bu^{21} mɑ^{55}. | tshe^{33} do^{21}tʂhuɑ^{55} ȵi^{33}, zy^{21} nv̩^{55}. | tshe^{33} do^{21} ʂər^{33} ȵi^{33}, zy^{21} khuɑ^{33}③. | tshe^{33}
日 布冒 月 见 六 日 蕊奴 月 见 七 日 蕊夸 月

do^{21} ho^{55} ȵi^{33}, zy^{21} he^{33}. | tshe^{33} do^{21} gv̩^{33} ȵi^{33}, zy^{21} tɕər^{33}. | tshe^{33} do^{21} tshe^{21} ȵi^{33}, zy^{21} gv̩^{33}. |
见 八 日 蕊亨 月 见 九 日 蕊江 月 见 十 日 蕊古

① 蕊奴，音译宿名，为纳西族二十八宿之一，其后的“蕊夸”、“ 蕊亨”等皆为宿名。
② 原文残，据前后文校补。
③ 原文残，据前后文校补。

tshe^{21} dɯ^{33} ȵi^{33}, zy^{21} dv̩^{21}. | tshe^{21} ȵi^{33} ȵi^{33}, zy^{21} bɑ^{21}① . | tshe^{33} sɿ^{21} ȵi^{33}, zy^{21} tshi^{21}. | tshe^{21} lu^{33}
十 一 日 蕊督 十 二 日 蕊巴 十 三 日 蕊齐 十 四

ȵi^{33}, zy^{21} bə^{33}. | tshe^{21} uɑ^{33} ȵi^{33}, py^{33} bu^{21} kv̩^{33}. | tshe^{21} tʂhuɑ^{55} ȵi^{33}, py^{33} bu^{21} mæ^{33}.
日 蕊崩 十 五 日 本补古 十 六 日 本补满

二十八日，由司托夸当值。二十九日，由司托古当值。三十日，由庚盘吉孔当值。

七月，初一，由庚盘吉古当值。初二，由夫构当值。初三，由布孔当值。初四，由布铎当值。初五，由布冒当值。初六，由蕊奴当值。初七，由蕊夸当值。初八，由蕊亨当值。初九，由蕊江当值。初十，由蕊古当值。十一日，由蕊督当值。十二日，由蕊巴当值。十三日，由蕊齐当值。十四日，由蕊崩当值。十五日，由本补古当值。十六日，由本补满当值。

522-L-22-05

tshe^{21} ʂər^{33} ȵi^{33}, ʐuɑ^{33} tse^{55}. | tshe^{21} ho^{55} ȵi^{33}, pɑ^{33} khu^{33}. | tshe^{21} gv̩^{33} ȵi^{33}, pɑ^{33} by^{33}. | ȵi^{33} tsər^{21}
十 七 日 柔正 十 八 日 巴孔 十 九 日 巴毕 二 十

ȵi^{33}, pɑ^{33} ʥi^{21}. | ȵi^{33} tsər^{21} dɯ^{33} ȵi^{33}, nɑ^{33} gv̩^{21}. | ȵi^{33} tsər^{21} ȵi^{33} ȵi^{33}, thɑ^{33} kə^{55}. | ȵi^{33} tsər^{21} sɿ^{21}
日 巴吉 二 十 一 日 娜古 二 十 二 日 涛构 二 十 三

ȵi^{33}, tʂhuɑ^{55} tsər^{21} khuɑ^{33}. | ȵi^{33} tsər^{21} lu^{33} ȵi^{33}, tʂhuɑ^{55} tsər^{21} gv̩^{33}. | ȵi^{33} tsər^{21} uɑ^{33} ȵi^{33}, miə^{21}
日 创昌夸 二 十 四 日 创昌古 二 十 五 日 谬许

ɕy^{21}. | ȵi^{33} tsər^{21} tʂhuɑ^{55} ȵi^{33}, sɿ^{33} tho^{21} khuɑ^{33}. | ȵi^{33} tsər^{21} ʂər^{33} ȵi^{33}, sɿ^{33} tho^{21} gv̩^{33}. | ȵi^{33} tsər^{21}
二 十 六 日 司托夸 二 十 七 日 司托古 二 十

ho^{55} ȵi^{33}②, kɯ^{33} phər^{21} ʥi^{21} khu^{33}. | ȵi^{33} tsər^{21} gv̩^{33} ȵi^{33}, kɯ^{33} phər^{21} ʥi^{21} gv̩^{33}. | nɑ^{33} tv̩^{21}, fv̩^{33}
八 日 庚盘吉孔 二 十 九 日 庚盘吉古 三十日 夫构

① 原文残，据前后文校补。

② 原文残，据前后文校补。

kə^{55}. | huɑ^{55} me^{33} he^{33}, tshe^{33} do^{21} dɯ^{33} ȵi^{33}, bu^{21} khu^{33}. | tshe^{33} do^{21} ȵi^{33} ȵi^{33}, bu^{21} to^{55}. | tshe^{33}
八月 月 见 一 日 布孔 月 见 二 日 布铎 月

do^{21} sɿ^{21} ȵi^{33}, bu^{21} mɑ^{55}. | tshe^{33} do^{21} lu^{33} ȵi^{33}, zy^{21} nṿ^{55}. | tshe^{33} do^{21} uɑ^{33} ȵi^{33}, zy^{21} khuɑ^{33}. |
见 三 日 布冒 月 见 四 日 蕊奴 月 见 五 日 蕊夸

tshe^{33} do^{21} tʂhuɑ^{55} ȵi^{33}, zy^{21} he^{33}. | tshe^{33} do^{33} ʂər^{33} ȵi^{33}, zy^{21} tɕər^{33}①.
月 见 六 日 蕊亨 月 见 七 日 蕊江

十七日，由柔正当值。十八日，由巴孔当值。十九日，由巴毕当值。二十日，由巴吉当值。二十一日，由娜古当值。二十二日，由涛构当值。二十三日，由创昌夸当值。二十四日，由创昌古当值。二十五日，由谬许当值。二十六日，由司托夸当值。二十七日，由司托古当值。二十八日，由庚盘吉孔当值。二十九日，由庚盘吉古当值。三十日，由夫构当值。

八月，初一，由布孔当值。初二，由布铎当值。初三，由布冒当值。初四，由蕊奴当值。初五，由蕊夸当值。初六，由蕊亨当值。初七，由蕊江当值。

522-L-22-06

tshe^{33} do^{21} ho^{55} ȵi^{33}, zy^{21} gṿ^{33}. | tshe^{33} do^{21} gṿ^{33} ȵi^{33}, zy^{21} dṿ^{21}. | tshe^{33} do^{21} tshe^{21} ȵi^{33}, zy^{21}
月 见 八 日 蕊古 月 见 九 日 蕊督 月 见 十 日 蕊巴

bɑ^{21}. | tshe^{21} dɯ^{33} ȵi^{33}, zy^{21}tshi^{21}. | tshe^{21} ȵi^{33} ȵi^{33}, zy^{21} bə^{33}. | tshe^{33} sɿ^{21} ȵi^{33}, py^{33}bu^{21} kṿ^{33}. |
十 一 日 蕊齐 十 二 日 蕊崩 十 三 日 本补古

tshe^{21} lu^{33} ȵi^{33}, py^{33} bu^{21} mæ^{33}. | tshe^{21} uɑ^{33} ȵi^{33}, ẓuɑ^{33} tse^{55}. | tshe^{21} tʂhuɑ^{55} ȵi^{33}, pɑ^{33} khu^{33}. |
十 四 日 本补满 十 五 日 柔正 十 六 日 巴孔

tshe^{21} ʂər^{33} ȵi^{33}, pɑ^{33} by^{33}②. | tshe^{21} ho^{55} ȵi^{33}, pɑ^{33} dʑi^{21}. | tshe^{21} gṿ^{33} ȵi^{33}, nɑ^{33} gṿ^{21}. | ȵi^{33} tsər^{21}
十 七 日 巴毕 十 八 日 巴吉 十 九 日 娜古 二 十

① 原文残，据前后文校补。

② 原文残，据前后文校补。

ȵi^{33}, thɑ^{33} kə^{55}. | ȵi^{33} tsər^{21} dɯ^{33} ȵi^{33}, tʂhuɑ^{55} tsər^{21} khuɑ^{33}. | ȵi^{33} tsər^{21} ȵi^{33} ȵi^{33}, tʂhuɑ^{55} tsər^{21}
日 涛构 二 十 一 日 创昌夸 二 十 二 日 创昌古

gv̩^{33}①. | ȵi^{33} tsər^{21} sɿ^{21} ȵi^{33}, miə^{21} ɕy^{21}. | ȵi^{33} tsər^{21} lu^{33} ȵi^{33}, sɿ^{33} tho^{21} khuɑ^{33}. | ȵi^{33} tsər^{21} uɑ^{33}
二 十 三 日 谬许 二 十 四 日 司托夸 二 十 五

ȵi^{33}, sɿ^{33} tho^{21} gv̩^{33}. | ȵi^{33} tsər^{21} tʂhuɑ^{55} ȵi^{33}, kɯ^{33} phər^{21} ʥi^{21}
日 司托古 二 十 六 日 庚盘吉孔

初八，由蕊古当值。初九，由蕊督当值。初十，由蕊巴当值。十一日，由蕊齐当值。十二日，由蕊崩当值。十三日，由本补古当值。十四日，由本补满当值。十五日，由柔正当值。十六日，由巴孔当值。十七日，由巴毕当值。十八日，由巴吉当值。十九日，由娜古当值。二十日，由涛构当值。二十一日，由创昌夸当值。二十二日，由创昌古当值。二十三日，由谬许当值。二十四日，由司托夸当值。二十五日，由司托古当值。二十六日，由庚盘吉孔当值。

522-L-22-07

khu^{33}. | ȵi^{33} tsər^{21} ʂər^{33} ȵi^{33}, kɯ^{33} phər^{21} ʥi^{21} gv̩^{33}. | ȵi^{33} tsər^{21} ho^{55} ȵi^{33}, fv̩^{33} kə^{55}. | ȵi^{33} tsər^{21}
二 十 七 日 庚盘吉古 二 十 八 日 夫构 二 十

gv̩^{33} ȵi^{33}, bu^{21} khu^{33}. | nɑ^{33} tv̩^{21}, bu^{21} to^{55}. | gv̩^{33} me^{33} he^{33}, tshe^{33} do^{21} dɯ^{33} ȵi^{33}, bu^{21} mɑ^{55}. |
九 日 布孔 三十日 布铎 九月 月 见 一 日 布冒

tshe^{33} do^{21} ȵi^{33} ȵi^{33}, zy^{21} nv̩^{55}. | tshe^{33} do^{21} sɿ^{21} ȵi^{33}, zy^{21} khuɑ^{33}. | tshe^{33} do^{21} lu^{33} ȵi^{33}, zy^{21}
月 见 二 日 蕊奴 月 见 三 日 蕊夸 月 见 四 日 蕊亨

he^{33}. | tshe^{33}do^{21} uɑ^{33} ȵi^{33}, zy^{21}tɕər^{33}. | tshe^{33} do^{21} tʂhuɑ^{55} ȵi^{33}②, zy^{21} gv̩^{33}. | tshe^{33} do^{21}ʂər^{33} ȵi^{33},
月 见 五 日 蕊江 月 见 六 日 蕊古 月 见 七 日

zy^{21} dv̩^{21}. | tshe^{33} do^{21} ho^{55} ȵi^{33}, zy^{21} bɑ^{21}. | tshe^{33} do^{21} gv̩^{33} ȵi^{33}, zy^{21} tshi^{21}. | tshe^{33} do^{21} tshe^{21}
蕊督 月 见 八 日 蕊巴 月 见 九 日 蕊齐 月 见 十

① 原文残，据前后文校补。

② 原文残，据前后文校补。

ȵi^{33}, zy^{21} bə^{33}. | tshe^{21} dɯ^{33} ȵi^{33}①, py^{33} bu^{21} kv̩^{33}. | tshe^{21} ȵi^{33} ȵi^{33}, py^{33} bu^{21} mæ^{33}. | tshe^{33} sɿ^{21}

日 蕊崩 十 一 日 本补古 十 二 日 本补满 十 三

ȵi^{33}, ʐuɑ^{33} tse^{55}. | tshe^{21} lu^{33} ȵi^{33}, pɑ^{33} khu^{33}. | tshe^{21} uɑ^{33} ȵi^{33}, pɑ^{33} by^{33} | tshe^{21} tʂhuɑ^{55} ȵi^{33}②,

日 柔正 十 四 日 巴孔 十 五 日 巴毕 十 六 日

二十七日，由庚盘吉古当值。二十八日，由夫构当值。二十九日，由布孔当值。三十日，由布铎当值。

九月，初一，由布冒当值。初二，由蕊奴当值。初三，由蕊夸当值。初四，由蕊亨当值。初五，由蕊江当值。初六，由蕊古当值。初七，由蕊督当值。初八，由蕊巴当值。初九，由蕊齐当值。初十，由蕊崩当值。十一日，由本补古当值。十二日，由本补满当值。十三日，由柔正当值。十四日，由巴孔当值。十五日，由巴毕当值。十六日，

522-L-22-08

pɑ^{33} dʑi^{21}. | tshe^{21} ʂər^{33} ȵi^{33}, nɑ^{33} gv̩^{21}. | tshe^{21} ho^{55} ȵi^{33}, thɑ^{33} kə^{55}. | tshe^{21} gv̩^{33} ȵi^{33}, tʂhuɑ^{55}

巴吉 十 七 日 娜古 十 八 日 涛构 十 九 日

tsər^{21} khuɑ^{33}. | ȵi^{33} tsər^{21} ȵi^{33}, tʂhuɑ^{55} tsər^{21} gv̩^{33}. | ȵi^{33} tsər^{21} dɯ^{33} ȵi^{33}, miə^{21} ɕy^{21}. | ȵi^{33} tsər^{21}

创昌夸 二 十 日 创昌古 二 十 一 日 谬许 二 十

ȵi^{33} ȵi^{33}, sɿ^{33} tho^{21} khuɑ^{33}. | ȵi^{33} tsər^{21} sɿ^{21} ȵi^{33}, sɿ^{33} tho^{21} gv̩^{33}. | ȵi^{33} tsər^{21} lu^{33} ȵi^{33}, kɯ^{33} phər^{21}

二 日 司托夸 二 十 三 日 司托古 二 十 四 日 庚盘吉孔

dʑi^{21} khu^{33}. | ȵi^{33} tsər^{21} uɑ^{33} ȵi^{33}, kɯ^{33} phər^{21} dʑi^{21} gv̩^{33}. | ȵi^{33} tsər^{21} tʂhuɑ^{55} ȵi^{33}, fv̩^{33} kə^{55}. | ȵi^{33}

二 十 五 日 庚盘吉古 二 十 六 日 夫构 二

tsər^{21} ʂər^{33} ȵi^{33}③, bu^{21} khu^{33}. | ȵi^{33} tsər^{21} ho^{55} ȵi^{33}, bu^{21} to^{55}. | ȵi^{33} tsər^{21} gv̩^{33} ȵi^{33}, bu^{21} mɑ^{55}. |

十 七 日 布孔 二 十 八 日 布铎 二 十 九 日 布冒

① 原文残，据前后文校补。

② 原文残，据前后文校补。

③ 原文残，据前后文校补。

nɑ^{33} tv̩^{21}, zy^{21} nv̩^{55}. | tshe^{21} me^{33} he^{33}, tshe^{33} do^{21} dɯ^{33} ȵi^{33}, zy^{21} khuɑ^{33}. | tshe^{33} do^{21} ȵi^{33} ȵi^{33},
三十日 蕊奴 十月 月 见 一 日 蕊夸 月 见 二 日

zy^{21} he^{33}① . | tshe^{33} do^{21} sɿ^{21} ȵi^{33}, zy^{21} tɕər^{33}. | tshe^{33} do^{21} lu^{33} ȵi^{33}, zy^{21} gv̩^{33}. | tshe^{33} do^{21} uɑ^{33}
蕊亨 月 见 三 日 蕊江 月 见 四 日 蕊古 月 见 五

ȵi^{33}, zy^{21} dv̩^{21}. | tshe^{33} do^{21} tʂhuɑ^{55} ȵi^{33},
日 蕊督 月 见 六 日

由巴吉当值。十七日，由娜古当值。十八日，由涛构当值。十九日，由创昌夸当值。二十日，由创昌古当值。二十一日，由谬许当值。二十二日，由司托夸当值。二十三日，由司托古当值。二十四日，由庚盘吉孔当值。二十五日，由庚盘吉古当值。二十六日，由夫构当值。二十七日，由布孔当值。二十八日，由布铎当值。二十九日，由布冒当值。三十日，由蕊奴当值。

十月，初一，由蕊夸当值。初二，由蕊亨当值。初三，由蕊江当值。初四，由蕊古当值。初五，由蕊督当值。初六，

522-L-22-09

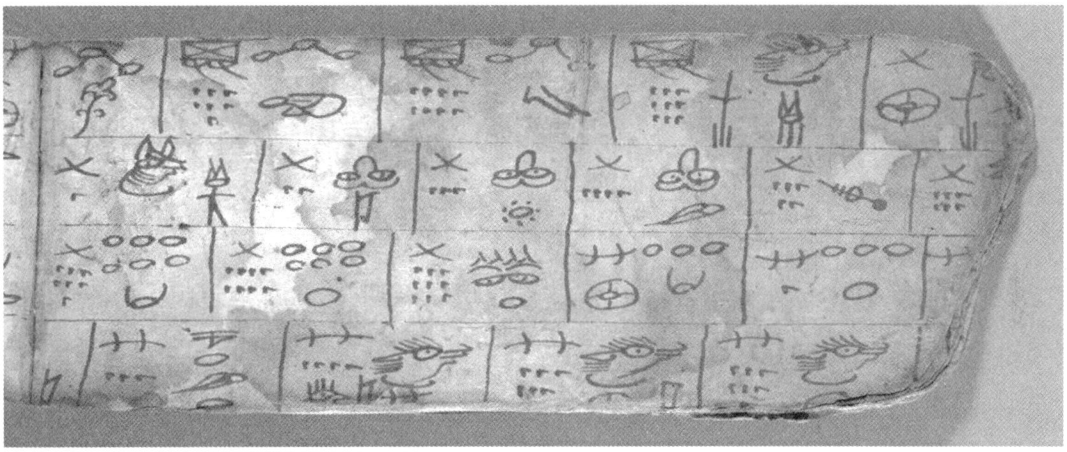

zy^{21} bɑ^{21}. | tshe^{33} do^{21} ʂər^{33} ȵi^{33}, zy^{21} tshi^{21}. | tshe^{33} do^{21} ho^{55} ȵi^{33}, zy^{21} bə^{33}. | tshe^{33} do^{21} gv̩^{33}
蕊巴 月 见 七 日 蕊齐 月 见 八 日 蕊崩 月 见 九

ȵi^{33}, py^{33} bu^{21} kv̩^{33}. | tshe^{33} do^{21} tshe^{21} ȵi^{33}, py^{33} bu^{21} mæ^{33}, | tshe^{21} dɯ^{33} ȵi^{33}, ʐuɑ^{33} tse^{55}. |
日 本补古 月 见 十 日 本补满 十 一 日 柔正

tshe^{21} ȵi^{33} ȵi^{33}, pɑ^{33} khu^{33}. | tshe^{33} sɿ^{21} ȵi^{33}, pɑ^{33} by^{33}. | tshe^{21} lu^{33} ȵi^{33}, pɑ^{33} dʑi^{21}. | tshe^{21} uɑ^{33}
十 二 日 巴孔 十 三 日 巴毕 十 四 日 巴吉 十 五

ȵi^{33}, nɑ^{33} gv̩^{21}. | tshe^{21} tʂhuɑ^{55} ȵi^{33}, thɑ^{33} kə^{55}. | tshe^{21} ʂər^{33} ȵi^{33}, tʂhuɑ^{55} tsər^{21} khuɑ^{33}. | tshe^{21}
日 娜古 十 六 日 涛构 十 七 日 创昌夸 十

ho^{55} ȵi^{33}, tʂhuɑ^{55} tsər^{21} gv̩^{33}. | tshe^{21} gv̩^{33} ȵi^{33}, miə^{21} çy^{21}. | ȵi^{33} tsər^{21} ȵi^{33}, sɿ^{33} tho^{21} khuɑ^{33}. ȵi^{33}
八 日 创昌古 十 九 日 谬许 二 十 日 司托夸 二

① 整句原文残，据前后文校补。

tsər^{21} dɯ^{33} ɳi^{33}, sɿ^{33} tho^{21} gv̩^{33}. | ɳi^{33} tsər^{21} ɳi^{33} ɳi^{33}, kɯ^{33} phər^{21} ʥi^{33} khu^{33}. | ɳi^{33} tsər^{21} sɿ^{21} ɳi^{33},
十 一 日 司托古 二 十 二 日 庚盘吉孔 二 十 三 日

kɯ^{33} phər^{21} ʥi^{21} gv̩^{33}. | ɳi^{33} tsər^{21} lu^{33} ɳi^{33}, fv̩^{33} kə^{55}. | ɳi^{33} tsər^{21} uɑ^{33} ɳi^{33}①, | bu^{21} khu^{33}. | ɳi^{33}
庚盘吉古 二 十 四 日 夫构 二 十 五 日 布孔 二

tsər^{21} tʂhuɑ^{55} ɳi^{33}, bu^{21} to^{55}. | ɳi^{33} tsər^{21} ʂər^{33} ɳi^{33}, bu^{21} mɑ^{55}. | ɳi^{33} tsər^{21} ho^{55} ɳi^{33}, zy^{21}nv̩^{55}②. |
十 六 日 布铎 二 十 七 日 布冒 二 十 八 日 蕊奴

由蕊巴当值。初七，由蕊齐当值。初八，由蕊崩当值。初九，由本补古当值。初十，由本补满当值。十一日，由柔正当值。十二日，由巴孔当值。十三日，由巴毕当值。十四日，由巴吉当值。十五日，由娜古当值。十六日，由涛构当值。十七日，由创昌夸当值。十八日，由创昌古当值。十九日，由谬许当值。二十日，由司托夸当值。二十一日，由司托古当值。二十二日，由庚盘吉孔当值。二十三日，由庚盘吉古当值。二十四日，由夫构当值。二十五日，由布孔当值。二十六日，由布铎当值。二十七日，由布冒当值。二十八日，由蕊奴当值。

522-L-22-10

ɳi^{33} tsər^{21} gv̩^{33} ɳi^{33}, zy^{21} khuɑ^{33}. | nɑ^{33} tv̩^{21}, zy^{21} he^{33}. | tshe^{21} də^{33} he^{33}, tshe^{33} do^{21} dɯ^{33} ɳi^{33}, zy^{21}
二 十 九 日 蕊夸 三十日 蕊亨 十一月 月 见 一 日 蕊江

tɕər^{33}. | tshe^{33} do^{21} ɳi^{33} ɳi^{33}, zy^{21} gv̩^{33}. | tshe^{33} do^{21} sɿ^{21} ɳi^{33}, zy^{21} dv̩^{21}. | tshe^{33} do^{21} lu^{33} ɳi^{33}, zy^{21}
月 见 二 日 蕊古 月 见 三 日 蕊督 月 见 四 日 蕊巴

bɑ^{21}. | tshe^{33} do^{21} uɑ^{33} ɳi^{33}, zy^{21} tshi^{21}. | tshe^{33} do^{21} tʂhuɑ^{55} ɳi^{33}, zy^{21} bə^{33}. | tshe^{33} do^{21} ʂər^{33}
月 见 五 日 蕊齐 月 见 六 日 蕊崩 月 见 七

ɳi^{33}, | py^{33} bu^{21} kv̩^{33}. | tshe^{33}do^{21} ho^{55} ɳi^{33}, py^{33} bu^{21} mæ^{33}. | tshe^{33}do^{21} gv̩^{33} ɳi^{33}, zɿuɑ^{33} tse^{55}. |
日 本补古 月 见 八 日 本补满 月 见 九 日 柔正

① “二十五日”原文脱，在“二十四日”一格中写了两个宿名。据前后文校补。
② 原文残，据前后文校补。

tshe^{33} do^{21} tshe^{21} ȵi^{33}, pɑ^{33} khu^{33}. | tshe^{21} dɯ^{33} ȵi^{33}, pɑ^{33} by^{33}. | tshe^{21} ȵi^{33} ȵi^{33}, pɑ^{33} dʑi^{21}. |
月 见 十 日 巴孔 十 一 日 巴毕 十 二 日 巴吉

tshe^{33} sɿ^{21} ȵi^{33}, nɑ^{33} gv̩^{21}. | tshe^{21} lu^{33} ȵi^{33}, thɑ^{33} kə^{55}. | tshe^{21} uɑ^{33} ȵi^{33},
十 三 日 娜古 十 四 日 涛构 十 五 日

二十九日，由蕊夸当值。三十日，由蕊亨当值。

十一月，初一，由蕊江当值。初二，由蕊古当值。初三，由蕊督当值。初四，由蕊巴当值。初五，由蕊齐当值。初六，由蕊崩当值。初七，由本补古当值。初八，由本补满当值。初九，由柔正当值。初十，由巴孔当值。十一日，由巴毕当值。十二日，由巴吉当值。十三日，由娜古当值。十四日，由涛构当值。十五日，

522-L-22-11

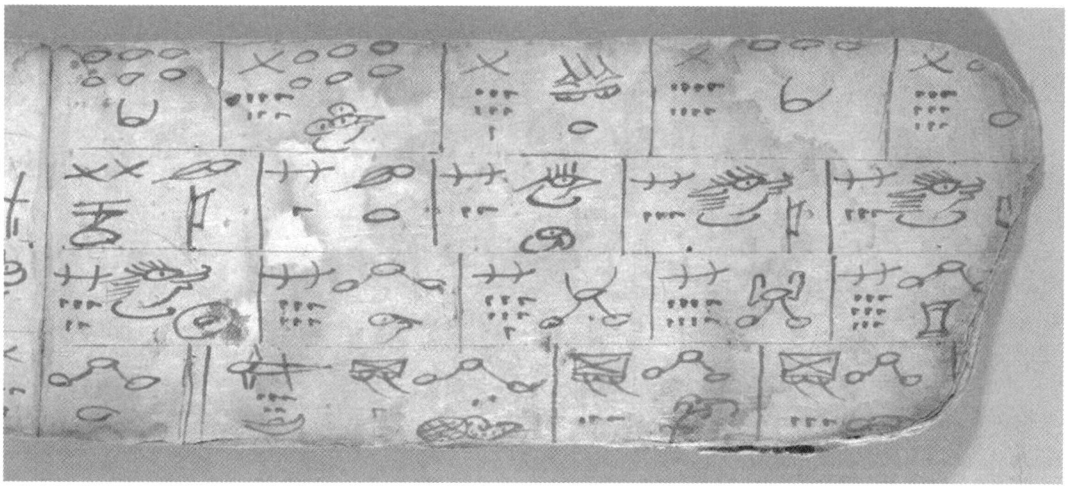

tʂhuɑ^{55} tsər^{21} khuɑ^{33}. | tshe^{21} tʂhuɑ^{55} ȵi^{33}, tʂhuɑ^{55} tsər^{21} gv̩^{33}. | tshe^{21} ʂər^{33} ȵi^{33}, miə^{21} ɕy^{21}. |
创昌夸 十 六 日 创昌古 十 七 日 谬许

tshe^{21} ho^{55} ȵi^{33}, sɿ^{33} tho^{21} khuɑ^{33}. | tshe^{21} gv̩^{33} ȵi^{33}, sɿ^{33} tho^{21} gv̩^{33}. | ȵi^{33} tsər^{21} ȵi^{33}, kɯ^{33} phər^{21}
十 八 日 司托夸 十 九 日 司托古 二 十 日 庚盘吉孔

dʑi^{21} khu^{33}. | ȵi^{33} tsər^{21} dɯ^{33} ȵi^{33}, kɯ^{33} phər^{21} dʑi^{21} gv̩^{33}. | ȵi^{33} tsər^{21} ȵi^{33} ȵi^{33}, fv̩^{33} kə^{55}. | ȵi^{33}
二 十 一 日 庚盘吉古 二 十 二 日 夫构 二

tsər^{21} sɿ^{21} ȵi^{33}, bu^{21} khu^{33}. | ȵi^{33} tsər^{21} lu^{33} ȵi^{33}, bu^{21} to^{55}. | ȵi^{33} tsər^{21} uɑ^{33} ȵi^{33}, bu^{21} mɑ^{55}. | ȵi^{33}
十 三 日 布孔 二 十 四 日 布铎 二 十 五 日 布冒 二

tsər^{21} tʂhuɑ^{55} ȵi^{33}, zy^{21} nv̩^{55}. | ȵi^{33} tsər^{21}ʂər^{33} ȵi^{33}, zy^{21} khuɑ^{33}. | ȵi^{33} tsər^{21} ho^{55} ȵi^{33}, zy^{21} he^{21}. |
十 六 日 蕊奴 二 十 七 日 蕊夸 二 十 八 日 蕊亨

ȵi^{33} tsər^{21} gv̩^{33} ȵi^{33}, zy^{21} tɕər^{33}. | nɑ^{33} tv̩^{21}①, zy^{21} gv̩^{33}. | dɑ^{33} uɑ^{33} he^{33}, tshe^{33} do^{21} dɯ^{33} ȵi^{33}, zy^{21}
二 十 九 日 蕊江 三十日 蕊古 十二月 月 见 一 日 蕊督

① 原文残，据前后文校补。

dy̩^{21}. | tshe^{33} do^{21} ȵi^{33} ȵi^{33}, zy^{21} bɑ^{21}. | tshe^{33} do^{21} sɿ^{21} ȵi^{33}, zy^{21} tshi^{21}. | tshe^{33} do^{21} lu^{33} ȵi^{33}②,
月 见 二 日 蕊巴 月 见 三 日 蕊齐 月 见 四 日

由创昌夸当值。十六日，由创昌古当值。十七日，由谬许当值。十八日由司托夸当值。十九日，由司托古当值。二十日，由庚盘吉孔当值。二十一日，由庚盘吉古当值。二十二日，由夫构当值。二十三日，由布孔当值。二十四日，由布铎当值。二十五日，由布冒当值。二十六日，由蕊奴当值。二十七日，由蕊夸当值。二十八日，由蕊亨当值。二十九日，由蕊江当值。三十日，由蕊古当值。

十二月，初一，由蕊督当值。初二，由蕊巴当值。初三，由蕊齐当值。初四，

522-L-22-12

zy^{21} bə^{33}. | tshe^{33} do^{21} uɑ^{33} ȵi^{33}, py^{33} bu^{21} ky̩^{33}. | tshe^{33} do^{21} tʂhuɑ^{55} ȵi^{33}, py^{33} bu^{21} mæ^{33}. | tshe^{33}
蕊崩 月 见 五 日 本补古 月 见 六 日 本补满 月

do^{21} ʂər^{33} ȵi^{33}, zʯɑ^{33} tse^{55}. | tshe^{33} do^{21} ho^{55} ȵi^{33}, pɑ^{33} khu^{33}. | tshe^{33} do^{21} gy̩^{33} ȵi^{33}, pɑ^{33} by^{33}. |
见 七 日 柔正 月 见 八 日 巴孔 月 见 九 日 巴毕

tshe^{33} do^{21} tshe^{21} ȵi^{33}, pɑ^{33} ʥi^{21}. | tshe^{21} dɯ^{33} ȵi^{33}, nɑ^{33} gy̩^{21}. | tshe^{21} ȵi^{33} ȵi^{33}, thɑ^{33} kə^{55}. | tshe^{33}
月 见 十 日 巴吉 十 一 日 娜古 十 二 日 涛构 十

sɿ^{21}ȵi^{33}, tʂhuɑ^{55} tsər^{21}khuɑ^{33}. | tshe^{21} lu^{33} ȵi^{33}, tʂhuɑ^{55}tsər^{21} gy̩^{33}. | tshe^{21} uɑ^{33} ȵi^{33}, miə^{21}ɕy^{21}①. |
三 日 创昌夸 十 四 日 创昌古 十 五 日 谬许

tshe^{21} tʂhuɑ^{55} ȵi^{33}, sɿ^{33} tho^{21} khuɑ^{33}. | tshe^{21} ʂər^{33} ȵi^{33}, sɿ^{33} tho^{21} gy̩^{33}. | tshe^{21} ho^{55} ȵi^{33}, kɯ^{33}
十 六 日 司托夸 十 七 日 司托古 十 八 日

phər^{21} ʥi^{21} khu^{33}. | tshe^{21} gy̩^{33} ȵi^{33}, kɯ^{33} phər^{21} ʥi^{21} gy̩^{33}. | ȵi^{33} tsər^{21} ȵi^{33}, fy̩^{33} kə^{55}. | ȵi^{33} tsər^{21}
庚盘吉孔 十 九 日 庚盘吉古 二 十 日 夫构 二 十

① 原文残，据前后文校补。

dɯ^{33} ȵi^{33}, bu^{21} khu^{33}. | ȵi^{33} tsər^{21} ȵi^{33} ȵi^{33}, bu^{21} to^{55}. | ȵi^{33} tsər^{21} sɿ^{21} ȵi^{33}, bu^{21} mɑ^{55}. | ȵi^{33} tsər^{21}
一 日 布孔 二 十 二 日 布铎 二 十 三 日 布冒 二 十

lu^{33} ȵi^{33}, zy^{21} nv̩^{55}. | ȵi^{33} tsər^{21} uɑ^{33} ȵi^{33}, zy^{21} khuɑ^{33}.
四 日 蕊奴 二 十 五 日 蕊夸

由蕊崩当值。初五，由本补古当值。初六，由本补满当值。初七，由柔正当值。初八，由巴孔当值。初九，由巴毕当值。初十，由巴吉当值。十一日，由娜古当值。十二日，由涛构当值。十三日，由创昌夸当值。十四日，由创昌古当值。十五日，由谬许当值。十六日，由司托夸当值。十七日，由司托古当值。十八日，由庚盘吉孔当值。十九日，由庚盘吉古当值。二十日，由夫构当值。二十一日，由布孔当值。二十二日，由布铎当值。二十三日，由布冒当值。二十四日，由蕊奴当值。二十五日，由蕊夸当值。

522-L-22-13

ȵi^{33} tsər^{21}tʂhuɑ^{55} ȵi^{33}, zy^{21}he^{33}. | ȵi^{33} tsər^{21}ʂər^{33} ȵi^{33}, zy^{21} ər^{33}. | ȵi^{33} tsər^{21} ho^{55} ȵi^{33}, zy^{21}gv̩^{33}. |
二 十 六 日 蕊亨 二 十 七 日 蕊江 二 十 八 日 蕊古

ȵi^{33} tsər^{21} gv̩^{33} ȵi^{33}, zy^{21} dv̩^{21}. | nɑ^{33} tv̩^{21}, zy^{21} bɑ^{21}. | tʂhuɑ^{55} tsər^{21} khuɑ^{33} to^{55} dər^{33} me^{33}: ʐuɑ^{33}
二 十 九 日 蕊督 三十日 蕊巴 创昌夸 上 轮 者 马

ʂər^{21} pu^{55} kɑ^{33}. | ə^{33} sɿ^{21} gə^{33} zɿ^{33} ʂər^{21} ɕy^{33} be^{33} kɑ^{33}. | mɯ^{33} tsɿ^{21} tɯ^{33} mu^{21} ʥi^{55} mə^{33} kɑ^{33}. |
牵 去 吉 父亲 的 寿 长 法事 做 吉 火葬场 尸 烧 不 吉

phi^{55} me^{33} o^{33} dze^{33} ʂu^{21} mə^{33} kɑ^{33}. | tʂhər^{33}me^{33} zɿ^{21} mə^{33} kɑ^{33}. | ə^{33}me^{33} ʐue^{55} tɕi^{33} hə^{21}, kɑ^{33}. |
失 的 财物 找 不 吉 媳妇 娶 不 吉 母亲 婴 生 吉

tʂhuɑ^{55} tsər^{21} gv̩^{33} to^{55} dər^{33} me^{33}: ə^{33} me^{33} ʐue^{55} tɕi^{33} hə^{21}, kɑ^{33}. | tʂhər^{33} me^{33} zɿ^{21}, kɑ^{33}. | ʥi^{33}
创昌古 上 轮 者 母亲 婴 生 吉 媳妇 娶 吉 衣

tshər^{55} ʥi^{33} ʐʅ^{21}, kɑ^{33}. | miə^{21} ɕy^{21} to^{55} dər^{33} me^{33}: ɯ^{33} ʂər^{21} y^{21} ʂər^{21}, kɑ^{33}. | dzɿ^{33} uə^{33} tshɿ^{55}、
剪 衣 缝 吉 谬许 上 轮 者 牛 牵 绵羊 牵 吉 村 寨 建

dzo^{21} tso^{55} ʐʅ^{33} thṿ^{55}, kɑ^{33}. | tʂhu^{55} pɑ^{33} be^{33} sɿ^{55} khṿ^{21} o^{21} ʂər^{55}, kɑ^{33}.
桥 搭 路 开 吉 供养 做 素神 请 魂 赎 吉

二十六日，由蕊亨当值。二十七日，由蕊江当值。二十八日，由蕊古当值。二十九日，由蕊督当值。三十日，由蕊巴当值。

在创昌夸当值的日子里：宜牵马，吉。宜为父亲进行求寿的法仪，吉。不宜火化尸体，不宜去寻失物，不吉。不宜娶嫁，不吉。母亲生育小孩，吉。

在创昌古当值的日子里：母亲生小孩，吉。宜娶嫁，吉。宜缝制新衣，吉。

在谬许当值的日子里：宜牵牛羊，吉。宜建村设寨，吉。宜架桥修路，吉。宜举行烧天香请素神并招魂的法仪。

522-L-22-14

lɑ^{33} mɑ^{21} nɯ^{33} bɯ^{21} lɯ^{33} pər^{55} bɯ^{21} lɯ^{33} tʂhu^{33}, kɑ^{33}. | tʂhər^{33} ɯ^{33} thɯ^{21}, kɑ^{33}. | py^{33} bṿ^{21} nɯ^{33}
喇嘛 以 经书 写 经书 诵 吉 药 喝 吉 祭司 以

ɕi^{33} ŋṿ^{55} mə^{33} kɑ^{33}. ɯ^{33} kho^{55} mə^{33} kɑ^{33}. | sɿ^{33} tho^{21} khuɑ^{33} to^{55} dər^{33} me^{33}: zo^{33} nɯ^{33} dy^{21} khu^{33},
人 超度 不 吉 牛 杀 不 吉 司托夸 上 轮 者 男 以 地 辟

kɑ^{33}. | phər^{21} nɯ^{21} sæ^{21}, gɑ^{33} nɯ^{21} u^{21} tʂhu^{55} pɑ^{33} ʥi^{55} kɑ^{33}. | ʥi^{21} lo^{21} i^{55} mə^{33} ȵi^{21}, gu^{21} kṿ^{55},
吉 盘神 和 禅神 嘎神 和 吾神 天香 烧 吉 房 里 睡 不 可 病 会

mə^{33} kɑ^{33}, khuɑ^{21}. | sɿ^{33} tho^{21} gṿ^{33} to^{55} dər^{33} me^{33}: mə^{33} bi^{21} kṿ^{55}, ə^{33} sɿ^{21} nɯ^{33} ɕi^{33} sy^{55} tʂhə^{55} thṿ^{33}
不 吉 凶 司托古 上 轮 者 不 安生 会 父亲 以 他人 杀 秽 产生

kṿ^{55}. | phər^{21} khṿ^{21} sæ^{21} khṿ^{21} sɿ^{55} khṿ^{21} kɑ^{33}. | py^{33} bṿ^{21} nɯ^{33} bɯ^{21} lɯ^{33} pər^{55} bɯ^{21} lɯ^{33} tʂhu^{33},
会 盘神 请 禅神 请 素神 请 吉 祭司 以 经书 写 经书 诵

kɑ^{33}. | ʐʅ^{33} ʥi^{33} bɯ^{33} kɑ^{33}. | ʥi^{21} lo^{21} i^{55} mə^{33} ȵi^{21}, mə^{33} kɑ^{33}, khuɑ^{21}. | ɯ^{33} lɯ^{21}、ʐuɑ^{33} dzæ^{33}、
吉 路 行 去 吉 房 里 睡 不 可 不 吉 凶 牛 犁 马 骑

ɕy^{33} khæ^{33} kɑ^{33}. | ɕi^{33} ŋṿ^{55} be^{33} mə^{33} kɑ^{33}. | kɯ^{33} phər^{21} ʥi^{21} khu^{33} to^{55} dər^{33} me^{33}: phər^{21} nɯ^{21}
野兽 射 吉 人 超度 做 不 吉 庚盘吉孔 上 轮 者 盘神 和

sæ^{21} tʂhu^{55} pɑ^{33} be^{33},
禅神 供养 做

宜请喇嘛写经书诵经，吉。宜吃药，吉。不宜请东巴祭司进行超度死者仪式，不吉。不宜杀牛。

在司托夸当值的日子里：男子去开辟新天地，吉。烧天香供养盘神和禅神、嘎神和吾神，吉。不宜睡在房里，会病，不吉，凶。

在司托古当值的日子里：会不安生。会因父亲杀人而产生秽①。宜进行请盘神和禅神，请素神的法仪，吉。宜请东巴祭司写经诵经，吉。出门远行，吉。不宜睡在房里，不吉，凶。犁地、骑马、狩猎皆吉。不宜做超度死者仪式，不吉。

在庚盘吉孔当值的日子里：宜供养盘神和禅神。

522-L-22-15

gɑ^{33} nɯ^{21} u^{21} tʂhu^{55} pɑ^{33} be^{33}, sɿ^{55} khy̩^{21}, kɑ^{33}. | dzɿ^{33}uə^{33} tshɿ^{55}、zʅ^{33} dʑi^{33}、tʂhər^{33} me^{33} zɿ^{21}, kɑ^{33}. |
嘎神和 吾神 供养 做 素神 请 吉 村 寨 建 路 行 媳妇 娶 吉

kɯ^{33} phər^{21} dʑi^{21} gy̩^{33} to^{55} dər^{33} me^{33}: ko^{21} do^{33} by̩^{33} ly̩^{55} bɯ^{33}, kɑ^{33}. | tʂhər^{33} me^{33} zɿ^{21}、ə^{33} me^{33}
庚盘吉古 上 轮 者 高原 爬 绵羊 牧 去 吉 媳妇 娶 母亲

zʅue^{55} tɕi^{33} hə^{21} me^{33} kɑ^{33}. | khɯ^{33} ʂər^{21} çy^{33} dy^{55} bɯ^{33}, kɑ^{33}. zʅ^{33} dʑi^{33} bɯ^{33}, kɑ^{33}. | fy̩^{33} kə^{55} to^{55}
婴 生 的 吉 狗 牵 兽 撵 去 吉 路 行 去 吉 夫构 上

dər^{33} me^{33}: lɑ^{33} mɑ^{21} nɯ^{33} bɯ^{21} lɯ^{33} pər^{55} mə^{33} kɑ^{33}. tʂhər^{33} me^{33} zɿ^{21}、o^{33} dze^{33} y^{21}, mə^{33} kɑ^{33}. |
轮 者 喇嘛 以 经书 写 不 吉 媳妇 娶 财物 拿 不 吉

bu^{21} khu^{33} to^{55} dər^{33} me^{33}: mu^{21} tɯ^{33} zɿ^{21} sy^{55} bɯ^{33} mə^{33} kɑ^{33}. | khɯ^{33} ʂər^{21} çy^{33} dy^{55} bɯ^{33} kɑ^{33}. |
布孔 上 轮 者 兵 起 仇 杀 去 不 吉 狗 牵 兽 撵 去 吉

ə^{33} sɿ^{21} sy^{55} kɑ^{33}. | tʂhər^{33} me^{33} zɿ^{21} kɑ^{33}. o^{33} dze^{33} y^{21} kɑ^{33}. | bu^{21} to^{55} to^{55} dər^{33} me^{33}: phər^{21} nɯ^{21}
父亲 杀 吉 媳妇 娶 吉 财物 拿 吉 布铎 上 轮 者 盘神 和

① 此句难以理解，但原文如是，直译之。

sæ^{21}、ga^{33} nɯ^{21} u^{21} khv̩^{21}、sɿ^{55} khv̩^{21}, ka^{33}. | dzɿ^{33} uə^{33} py^{21}, ka^{33}. tʂhər^{33} me^{33} zɿ^{21}, ka^{33}. la^{33} ma^{21}
禅神 嘎神 和吾神 请 素神 请 吉 村 寨 祭 吉 媳妇 娶 吉 喇嘛

nɯ^{33} ɕy^{33} be^{33}, ka^{33}. | bu^{21} ma^{55} to^{55} dər^{33} me^{33}:
以 法事 作 吉 布冒 上 轮 者

宜供养嘎神和吾神，宜进行请素神仪式，吉。建村设寨、出门远行、娶媳妇皆吉。

在庚盘吉古当值的日子里：宜到高原上放牧，吉。宜娶嫁，吉。母亲生育，吉。宜狩猎，吉。出门远行，吉。

在夫构当值的日子里：不宜请喇嘛写经诵经，不吉。不宜娶嫁，不吉。不宜取财物进财物。

在布孔当值的日子里：不宜起兵去杀敌，不吉。牵狗去撵山，吉。杀父亲，吉①。宜娶嫁，吉。宜进财，吉。

在布铎当值的日子里：宜进行请盘神和禅神、请嘎神和吾神及请素神的仪式，吉。宜举行祭村寨神仪式，吉。宜娶嫁，吉。宜请喇嘛作法事，吉。

在布冒当值的日子里：

522-L-22-16

y^{21} gv̩^{33}、tshɿ^{55} gv̩^{33}、dzɿ^{21} gv̩^{33}、bər^{21} gv̩^{33}②. | o^{33} dze^{33} y^{21} mə^{33} ka^{33}. | sɿ^{55} khv̩^{21}、phər^{21} khv̩^{21}
绵羊 成 山羊 成 犏牛 成 牦牛 成 财 物 拿 不 吉 素神 请 盘神 请

sæ^{21} khv̩^{21}, ka^{33}. ko^{21} kv̩^{33} bv̩^{33} lv̩^{55} bɯ^{33}, ka^{33}. dʑi^{21} thv̩^{21} ka^{33}. | o^{33} dze^{33} by^{33} ka^{33}. | zy^{21} nv̩^{55}
禅神 请 吉 高原 上 绵羊 牧 去 吉 房 建 吉 财 物 分 吉 蕊奴

to^{33} dər^{33} me^{33}: o^{33} dze^{33} y^{21}, ka^{33}. | tʂhər^{33} me^{33} zɿ^{21}、dʑi^{21} thv̩^{21}、ə^{33} me^{33} ʐue^{55} tɕi^{33} hə^{21}, mə^{33} ka^{33}.
上 轮 者 财 物 拿 吉 媳妇 娶 房 建 母亲 婴 生 不 吉

……不宜进财取物，不吉。宜请素神，请盘神和禅神，吉。宜到高原去放牧，吉。宜建房，吉。分财物，吉。

① 此句让人费解，“杀父”怎么会“吉”？原文如是。

② 这八个东巴文字符意义不明，只对译，译文略去。

在蕊奴当值的日子里：宜进财取物，吉。娶嫁、建房，母亲生育皆不吉。

522-L-22-17

bɑ^{21} phv̩^{55}, kɑ^{33}. ‖ zy^{21} khuɑ^{33} to^{55} dər^{33} me^{33}: dzo^{21} tso^{55}, dʑi^{21} thv̩^{21}, kɑ^{33}. dʑi^{33} ʐʅ^{21} kɑ^{33}. ə^{33} me^{33}
庄稼 撒 吉 蕊夸 上 轮 者 桥 架 房 建 吉 衣 缝 吉 母亲

ʐue^{55} tɕi^{33} hə^{21} kɑ^{33}. | zʅ^{21} sy^{55} bɯ^{33}, kɑ^{33}. | zy^{21} he^{33} to^{55} dər^{33} me^{33}: ɯ^{33} lɯ^{21}、ʐuɑ^{33} dzæ^{33},
婴 生 吉 仇 杀 去 吉 蕊亨 上 轮 者 牛 犁 马 骑

kɑ^{33}. | o^{33} dze^{33} y^{21} mə^{33} kɑ^{33}. ‖ zy^{21} tɕər^{33} to^{55} dər^{33} me^{33}: ʐʅ^{33} dʑi^{33}、tʂhər^{33} me^{33} zʅ^{21}、ə^{33} me^{33}
吉 财 物 拿 不 吉 蕊江 上 轮 者 路 走 媳妇 娶 母亲

ʐue^{55} tɕi^{33} hə^{21}、tv̩^{21} le^{33} ɕi^{33} sy^{21} be^{33} kɑ^{33}. | zy^{21} gv̩^{33} to^{55} dər^{33} me^{33}: khuɑ^{55}、gæ^{21}、ly^{33}、lɯ^{33} sʅ^{33}
婴 生 千 又 百 样 皆 吉 蕊古 上 轮 者 铠 刀 矛 箭

sæ^{33} bæ^{21} ty^{33}, kɑ^{33}. | khæ^{33} thv̩^{55} dʑi^{21} ʂʅ^{21}、bɑ^{21} phv̩^{55} kɑ^{33}. | dʑi^{33} ʐʅ^{21} mə^{33} kɑ^{33}. tʂhər^{33} me^{33} zʅ^{21}
镞 打 吉 沟 挖 水 引 庄稼 撒 吉 衣 缝 不 吉 媳妇 娶

mə^{33} kɑ^{33}. | khɯ^{33} ʂər^{21} ɕy^{33} dy^{55} bɯ^{33}, kɑ^{33}. | phər^{21} nɯ^{21} sæ^{21} tʂhu^{55} pɑ^{33} be^{33} mə^{33} kɑ^{33}. |
不 吉 狗 牵 野兽 撵 去 吉 盘神 和 禅神 供养 做 不 吉

to^{55} khɯ^{55} be^{33}, kɑ^{33}. ‖ zy^{21} dv̩^{21} to^{55} dər^{33} me^{33}:
消灾仪式 作 吉 蕊督 上 轮 者

撒种庄稼，吉。

在蕊夸当值的日子里：宜架桥、建房，吉。宜缝制衣服，吉。母亲生育，吉。宜起兵去杀敌，吉。

在蕊亨当值的日子里：犁田耕地、骑马，吉。不宜进财取物，不吉。

在蕊江当值的日子里：出门远行、娶媳妇、母亲生育，皆吉。千百样皆吉。

在蕊古当值的日子里：宜打造铠甲、利刀、矛和箭镞，吉。宜挖沟引水、宜撒种庄稼，吉。不宜缝制衣服，不吉。不宜娶媳妇，不吉。牵狗去撵山，吉。不宜供养盘神和禅神，不吉。作消灾仪式，吉。

在蕊督当值的日子里：

522-L-22-18

phər^{21} nɯ^{21} sæ^{21} tʂhu^{55} pɑ^{33} be^{33}, mə^{33} kɑ^{33}. dzʅ^{33} ʂə^{55} bɯ^{33} mə^{33} kɑ^{33}. ‖ zy^{21} tshʅ^{21} to^{55} dər^{33} me^{33}:
盘神 和 禅神 供养 做 不 吉 诉讼 去 不 吉 蕊齐 上 轮 者

khæ^{33} thv̩^{33} dʑi^{21} ʂʅ^{21} kɑ^{33}. | dzʅ^{33} uə^{33} tshʅ^{55} kɑ^{33}. phər^{21} nɯ^{21} sæ^{21} kv̩^{21}、sʅ^{55} khv̩^{21} kɑ^{33}. | zy^{21} bɑ^{21}
沟 挖 水 引 吉 村 寨 建 吉 盘神 和 禅神 请 素神 请 吉 蕊巴

to^{55} dər^{33} me^{33}: dɯ^{33} tv̩^{21} dɯ^{33} ɕi^{33} be^{33} kɑ^{33}. | sʅ^{55} khv̩^{21} tʂhu^{55} pɑ^{33} be^{33} kɑ^{33}. | bər^{33} be^{33} bɯ^{33}
上 轮 者 一 千 一 百 皆 吉 素神 请 供养 做 吉 客 做 去

kɑ^{33}. ‖ zy^{21} bə^{33} to^{55} dər^{33} me^{33}: lɑ^{33} mɑ^{21} nɯ^{33} bɯ^{21} lɯ^{33} tʂhu^{33} kɑ^{33}. | khæ^{33} thv̩^{55} dʑi^{21} ʂʅ^{21} kɑ^{33}.
吉 蕊崩 上 轮 者 喇嘛 以 经书 诵 吉 沟 挖 水 引 吉

thɑ^{55} tshʅ^{55} kɑ^{33}. | py^{33} bu^{21} kv̩^{33} to^{55} dər^{33} me^{33}: phər^{21} nɯ^{21} sæ^{21} tʂhu^{55} pɑ^{33} be^{33}, kɑ^{33}. | o^{33}
塔 建 吉 本补古 上 轮 者 盘神 和 禅神 供养 做 吉 财

dze^{33} y^{21}, kɑ^{33}. | ko^{21} kv̩^{33} bv̩^{21} lv̩^{55}、dʑi^{21} thv̩^{21}、he^{21} ɕy^{55} sʅ^{33}、dʑi^{33} ʐʅ^{21}, mə^{33} kɑ^{33}. ‖ py^{33} bu^{21} mæ^{33}
物 拿 吉 高原 上 绵羊 牧 房 建 神 祭祀 衣 缝 不 吉 本补满

to^{55} dər^{33} me^{33}: mɯ^{33} tsʅ^{21} tɯ^{33} mu^{21} dʑi^{55}, kɑ^{33}. ʐʅ^{33} phi^{55} hɑ^{33} phi^{55}, kɑ^{33}. ‖
上 轮 者 火葬场 尸 烧 吉 酒 祭 饭 祭 吉

不宜供养盘神和禅神，不吉。不宜去诉讼，不吉。

在蕊齐当值的日子里：挖沟引水，吉。建村设寨，吉。请盘神、禅神及素神，吉。

在蕊巴当值的日子里：千百样皆吉。宜请素神并供养神灵，吉。宜做客，吉。

在蕊崩当值的日子里：请喇嘛诵经，吉。挖沟引水，吉。宜建塔，吉。

在本补古当值的日子里：宜供养盘神和禅神，吉。宜取物进财，吉。到高原上放牧、建房、祀神、缝衣皆不吉。

在本补满当值的日子里：宜到火葬场去火化尸体，吉。宜到丧家去祭酒献饭，吉。

522-L-22-19

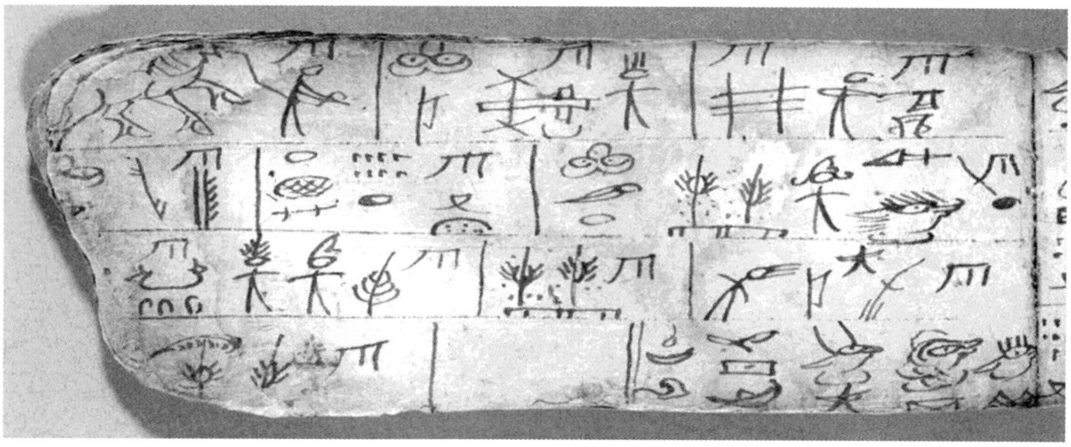

ʐua^{33} ʂər^{21} pu^{55} bɯ^{33}, ka^{33}. | pa^{33} khu^{33} to^{55} dər^{33} me^{33}: mɯ^{33} tsʅ^{21} tshʅ^{55}, ka^{33}. | ko^{55} tshʅ^{55}, ka^{33}.
马 牵 了 去 吉 巴孔 上 轮 者 碓 建 吉 粮架 建 吉

ʂu^{21} ty^{33}, ka^{33}. | pa^{33} by^{33} to^{55} dər^{33} me^{33}: ɕi^{33} ŋʏ^{55} be^{33}, ka^{33}. | kɯ^{21} mu^{33} ȵi^{33} tsər^{21} ho^{55} kɯ^{21}
铁 打 吉 巴毕 上 轮 者 人 超度 做 吉 星 所有 二 十 八 星

ka^{33} me^{33} ua^{21}. | pa^{33} ʥi^{21} to^{55} dər^{33} me^{33}: ba^{21} phʏ^{55}, ka^{33}. tʂhər^{33} me^{33} zʅ^{21}, ka^{33}. dzʅ^{21} bu^{21} tʂu^{55},
吉 的 是 巴吉 上 轮 者 庄稼 撒 吉 媳妇 娶 吉 夫妻 结

ka^{33}. | na^{33} gʏ^{21} to^{55} dər^{33} me^{33}: kua^{21} tshʅ^{55} ka^{33}. ə^{33} sʅ^{21}、ə^{33} me^{33} gə^{33} ɕy^{33} be^{33}, ka^{33}. | tha^{33} kə^{55}
吉 娜古 上 轮 者 灶 建 吉 父亲 母亲 的 法事做 吉 涛构

to^{55} dər^{33} me^{33}①: ba^{21} phʏ^{55}, ka^{33}. | ʂʅ^{33} khu^{33} tər^{55} py^{21}, ka^{33}. ba^{21} khʏ^{33}, ka^{33}. ‖ iə^{21} pe^{21} he^{33}: ɯ^{33}
上 轮 者 庄稼 撒 吉 死 门 关 祭 吉 庄稼 割 吉 正月 牛

ȵi^{33}, tər^{55}. la^{33} ȵi^{33}, tshe^{21}. ə^{55} y^{21} ȵi^{33}, khə^{13}.
日 闭 虎 日 忌 猴 日 克

宜牵马，吉。

在巴孔当值的日子里：建碓，吉。竖粮架，吉。宜打铁，吉。

在巴毕当值的日子里：宜举行超度死者的仪式，吉。这是所有二十八宿中最好的星。

在巴吉当值的日子里：宜撒种庄稼，吉。宜娶嫁，吉。宜相亲结亲，吉。

在娜古当值的日子里：宜打灶，吉。宜为父母举行法事仪式，吉。

在涛构当值的日子里：宜撒种庄稼，吉。宜进行关闭死亡之门的法仪。宜收割庄稼，吉。

正月：牛日为闭日。虎日为忌日。猴日为克日。

① 原文残，据纳西族二十八宿顺序校补。

522-L-22-20

lv̩^{21} ȵi^{33}, khuɑ^{21}. | he^{21} dʑiə^{33} he^{33}: ə^{55} y^{21} ȵi^{33}, tshe^{21}. tho^{33} le^{33} ȵi^{33}, khə^{13}. fv̩^{55} ȵi^{33}, khuɑ^{21}. lɑ^{33}
龙 日 凶 二月 猴 日 忌 兔 日 克 鼠 日 凶 虎

ȵi^{33}, tər^{55}. ‖ sɑ^{55} uɑ^{33} he^{33}: tho^{33} le^{33} ȵi^{33}, tər^{55}. lv̩^{21} ȵi^{33}, khə^{13}. khɯ^{33} ȵi^{33}, tshe^{21}. zu̩ɑ^{33} ȵi^{33},
日 闭 三月 兔 日 闭 龙 日 克 狗 日 忌 马 日

khuɑ^{21}. ‖ lu^{55} me^{33} he^{33}: y^{21} ȵi^{33}, khuɑ^{21}. zʅ^{21} ȵi^{33}, khə^{13}. ə^{55} y^{21} ȵi^{33}, tshe^{21}. | uɑ^{55} me^{33} he^{33}: zu̩ɑ^{33}
凶 四月 羊 日 凶 蛇 日 克 猴 日 忌 五月 马

ȵi^{33}, khə^{13}. tho^{33} le^{33} ȵi^{33}, khuɑ^{21}. zʅ^{21} ȵi^{33}, tər^{55}. | tʂhuɑ^{55} me^{33} he^{33}: y^{21} ȵi^{33}, khə^{13}. fv̩^{55} ȵi^{33},
日 克 兔 日 凶 蛇 日 闭 六月 羊 日 克 鼠 日

khuɑ^{21}. zu̩ɑ^{33} ȵi^{33}, tər^{55}. ɯ^{33} ȵi^{33}, tshe^{21}. | sæ^{33} me^{33} he^{33}: ə^{55} y^{21} ȵi^{33}, khə^{13}. æ^{21} ȵi^{33}, khuɑ^{21}. y^{21}
凶 马 日 闭 牛 日 忌 七月 猴 日 克 鸡 日 凶 羊

ȵi^{33}, tər^{55}. lɑ^{33} ȵi^{33}, tshe^{21}. | huɑ^{55} me^{33} he^{33}: khɯ^{33} ȵi^{33} khə^{13}. lɑ^{33} ȵi^{33}①. ……
日 闭 虎 日 忌 八月 狗 日 克 虎 日

龙日为凶日。

二月：猴日为忌日。兔日为克日。鼠日为凶日。虎日为闭日。

三月：兔日为闭日。龙日为克日。狗日为忌日。马日为凶日。

四月：羊日为凶日。蛇日为克日。猴日为忌日②。

五月：马日为克日。兔日为凶日。蛇日为闭日。

六月：羊日为克日。鼠日为凶日。马日为闭日。牛日为忌日。

七月：猴日为克日。鸡日为凶日。牛日为闭日。虎日为忌日。

八月：狗日为克日。虎日……

① 后文原文残。

② 四月何属相日为“闭日”未写，无法校补。下文五月亦脱“忌日”。

522-L-22-21

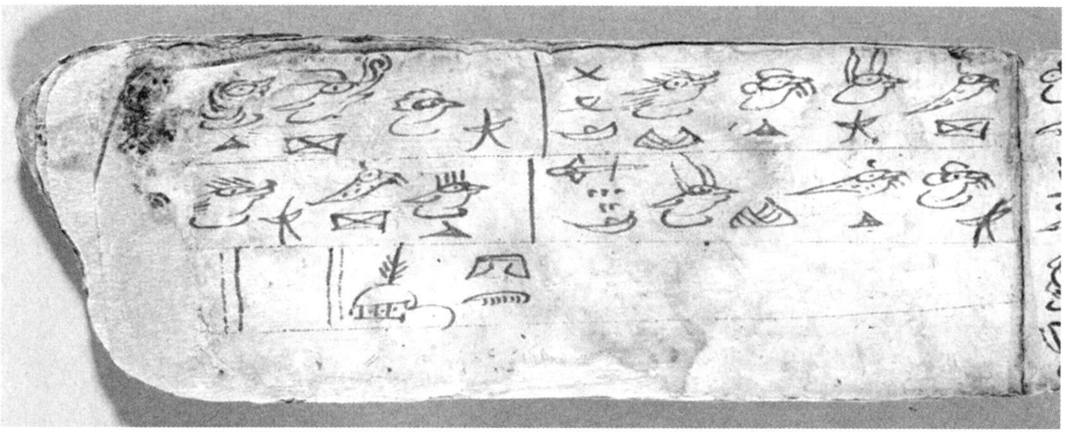

guə^{33} me^{33} he^{33}: lɑ^{33} ȵi^{33}, khuɑ^{21}. lv̩^{21} ȵi^{33}, tshe^{21}. æ^{21} ȵi^{33}, tər^{55}. | tshe^{21} me^{33} he^{33}: ə^{55} y^{21} ȵi^{33},
九月 虎 日 凶 龙 日 忌 鸡 日 闭 十月 猴 日

khə^{13}. fv̩^{55} ȵi^{33}, khuɑ^{21}. khɯ^{33} ȵi^{33}, tər^{55}. zʅ^{21} ȵi^{33}, tshe^{21}. | tshe^{21} də^{33} he^{33}: bu^{21} ȵi^{33}, tər^{55}. zʅ^{21} ȵi^{33},
克 鼠 日 凶 狗 日 闭 蛇 日 忌 十一月 猪 日 闭 蛇 日

tshe^{21}. ə^{55} y^{21} ȵi^{33}, khuɑ^{21}. | dɑ^{33} uɑ^{33} he^{33}: ɯ^{33} ȵi^{33}, khə^{13}. zʅ^{21} ȵi^{33}, khuɑ^{21}. fv̩^{55} ȵi^{33}, tər^{55}. | tʂʅ^{33}
忌 猴 日 凶 十二月 牛 日 克 蛇 日 凶 鼠 日 闭 土

bu^{33} tho^{21} gə^{33} khv̩^{55}.
干支 的 年

九月：虎日为凶日。龙日为忌日。鸡日为闭日①。
十月：猴日为克日。鼠日为凶日。狗日为闭日。蛇日为忌日。
十一月：猪日为闭日。蛇日为忌日。猴日为凶日。
十二月：牛日为克日。蛇日为凶日。鼠日为闭日。
干支为土的年②。

522-L-22-22

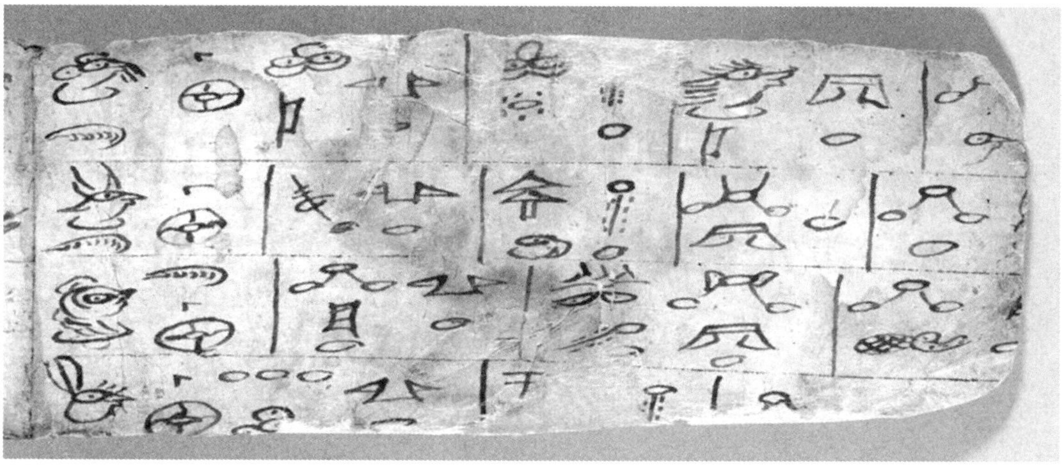

① 原书缺何属相日为“克日”。“十一月”少“克日”；“十二月”缺“忌日”。
② 该句意义不明，其后亦无下文。

fy̩^{55} khy̩^{33} dɯ^{33} ȵi^{33}: pɑ^{33} khu^{33} se^{13} thy̩^{33} kɯ^{21}. | pɑ^{33} by^{33} se^{13} tshʅ^{21} kɯ^{21}. | bu^{21} khu^{33} se^{13}

鼠 岁 一 日 巴孔 则 成功 星 巴毕 则 鬼 星 布孔 则

gə^{21} kɯ^{21}. | zy^{21} ny̩^{55} se^{13} zʅ^{21} kɯ^{21}. | ɯ^{33} khy̩^{55} dɯ^{33} ȵi^{33}: nɑ^{33} gy̩^{21} se^{13} thy̩^{33} kɯ^{21}. | thɑ^{33} kə^{55}

作对星 蕊奴 则 仇 星 牛 岁 一 日 娜古 则 成功 星 涛构

se^{13} tshʅ^{21} kɯ^{21}. | zy^{21} khuɑ^{33}se^{13} gə^{21} kɯ^{21}. | zy^{21} gy̩^{33} se^{13} zʅ^{21} kɯ^{21}. | lɑ^{33} khy̩^{55} dɯ^{33} ȵi^{33}: |

则 鬼 星 蕊夸 则 作对 星 蕊古 则 仇 星 虎 岁 一 日

zy^{21} tɕər^{33} se^{13} thy̩^{33} kɯ^{21}. | miə^{21} ɕy^{21} se^{13} tshʅ^{21} kɯ^{21}. zy^{21} he^{33} se^{13} gə^{21} kɯ^{21}. | zy^{21} dy̩^{21} se^{13}

蕊江 则 成功 星 谬许 则 鬼 星 蕊亨 则 作对 星 蕊督 则

zʅ^{21} kɯ^{21}. | tho^{33} le^{33} khy̩^{55} dɯ^{33} ȵi^{33}: sʅ^{33} tho^{21} gy̩^{33} se^{13} thy̩^{33} kɯ^{21}①. |

仇 星 兔 岁 一 日 司托古 则 成功 星

在属鼠的日子里：若是巴孔当值，则此星是成功星。若是巴毕当值，则此星为鬼星。若是布孔当值，则此星是作对星。若是蕊奴当值，则此星是仇星。

在属牛的日子里：若是娜古当值，则此星是成功星。若是涛构当值，则此星是鬼星。若是蕊夸当值，则此星是作对星。若是蕊古当值，则此星是仇星。

在属虎的日子里：若是蕊江当值，则此星是成功星。若是谬许当值，则此星是鬼星。若是蕊亨当值，则此星是作对星。若是蕊督当值，则此星是仇星。

在属兔的日子里：若是司托古当值，则此星是成功星。……

522-L-22-23

zy^{21} tshi^{21} se^{13} zʅ^{21} kɯ^{21}. | ly̩^{21} khy̩^{55} dɯ^{33} ȵi^{33}: | kɯ^{33} phər^{21} dʑi^{21} khu^{33} se^{13} thy̩^{33} kɯ^{21}. | ʐuɑ^{33}

蕊齐 则 仇 星 龙 岁 一 日 庚盘吉孔 则 成功 星 柔正

tse^{55} se^{13} gə^{21} kɯ^{21}. | fy̩^{33} kə^{55}se^{13} tshʅ^{21} kɯ^{21}. | zy^{21} bə^{33} se^{13}zʅ^{21} kɯ^{21}. | ʐʅ^{21} khy̩^{55} dɯ^{33}ȵi^{33}: |

则 作对 星 夫构 则 鬼 星 蕊崩 则 仇 星 蛇 岁 一 日

① 下文磨损不清。

bu^{21} khu^{33} se^{13} thy̩^{33} kɯ^{21}. | miə^{21} ɕy^{21} se^{13} tshɿ^{21} kɯ^{21}. | ʐ̩uɑ^{33} tse^{55} se^{13} gə^{21} kɯ^{21}. | tʂ̩huɑ^{55}
布孔 则 成功 星 谬许 则 鬼 星 柔正 则 作对 星

tsər^{21} khuɑ^{33} se^{13} zɿ^{21} kɯ^{21}[①].
创昌夸 则 仇 星

若是蕊齐当值，则此星是仇星。

在属龙的日子里：若是庚盘吉孔当值，则此星是成功星。若是柔正当值，则此星是作对星。若是夫构当值，则此星是鬼星。若是蕊崩当值，则此星是仇星。

在属蛇的日子里：若是布孔当值，则此星是成功星。若是谬许当值，则此星是鬼星。若是柔正当值，则此星是作对星。若是创昌夸当值，则此星是仇星。

（翻译：王世英）

① 以下原书残，所缺内容为“属蛇”后之属相日的卦辞。

594-L-24-01

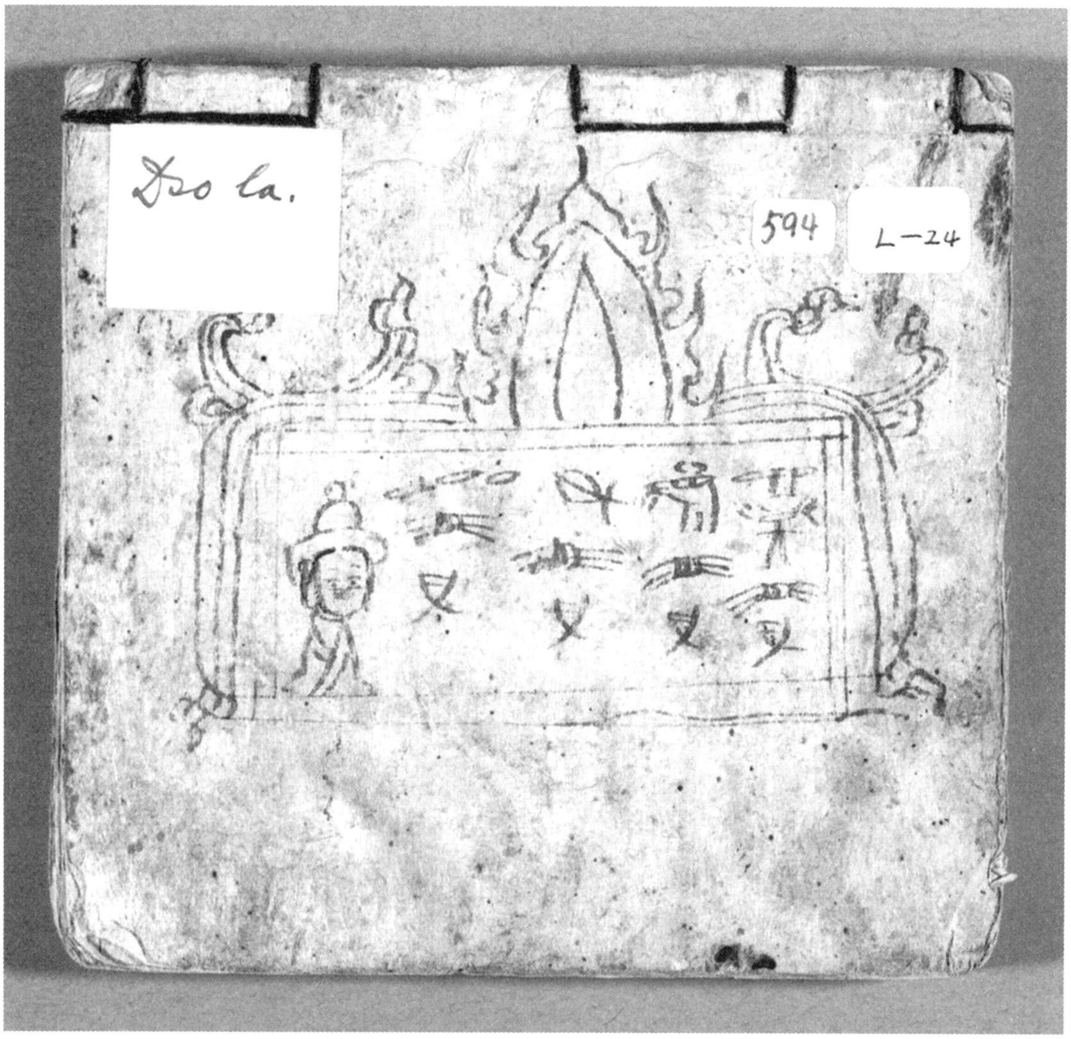

kɯ^{21} tsɿ^{21} me^{55} • zɑ^{21} tsɿ^{21} me^{55} • ʐʅ^{21} nɑ^{21} tsɿ^{21} me^{55} • thy̩^{33} dzɿ^{33} tsɿ^{21} me^{55}

占卜 · 算星 · 算娆星 · 算黑蛇 · 算土神吃什么

594–L–24 占卜・算星・算娆星・算黑蛇・算土神吃什么

【内容提要】

本古籍记录了一年十二个月每月之属相，一年三百六十天每天由何宿当值，每天有一颗什么娆星射出。(娆星不知应与汉文化中的何种星对应，故音译。)书中还记录了每天土神吃什么。记录有被称为“黑蛇”的一种精灵每一天居于什么方位。

【英文提要】

The Divination. The Astrology. to Divine *ʐa*. to Divine the *Black Snake*. to Divine the dietary of *the God of Land*

This book introduces the zodiac of each month and the mansion of each day in a year, as well as the appearance of *ʐa* in each day.（Here uses the transcription since the *ʐa* is an unknown celestial phenomenon）. The book also tells the dietary of *the God of Land*. Besides, it records the spatial direction of the elf named *Black Snake* in each day.

594-L-24-02

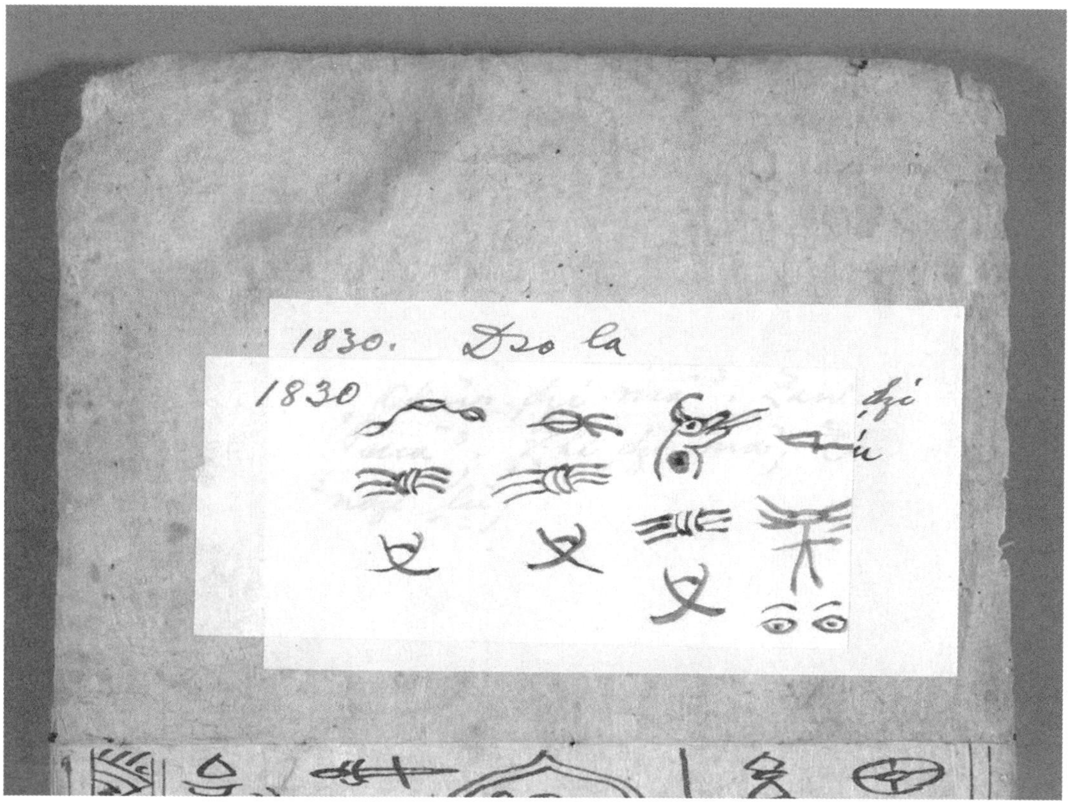

“1830”为收藏东巴古籍者洛克的序号。上行字母文字是收藏者将此古籍归入“tso^{55} la^{33}”（音译为“佐拉”）类。下方的东巴文为本古籍封一的复写。

594-L-24-03

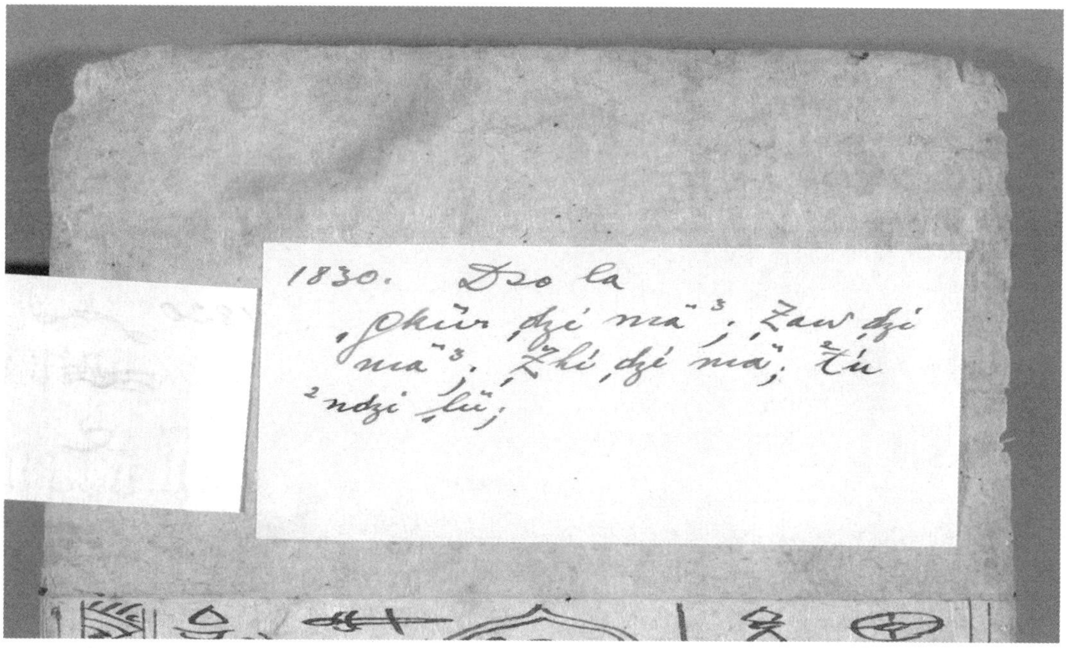

此字母文字为前页小卡片中东巴文的读音记录。

594-L-24-04

dɑ^{33} uɑ^{33} he^{33}: lɑ^{21} he^{33}①.｜he^{21} dɯ^{21} ȵi^{33} me^{33} thv̩^{33} ʥy^{21}.｜ko^{21} ɕi^{33} he^{21} dɯ^{21} ɯ^{33} dzɿ^{21} tɯ^{33}
十二月　虎　月　神　大　东方　在　郭兴　神　大　牛　居　地

ʥy^{21}.｜to^{55} dʐu^{33} y^{21} dzɿ^{21} tɯ^{33} ʥy^{21}.｜tshe^{33} do^{21} dɯ^{33} ȵi^{33},｜py^{33} bu^{21} kv̩^{33}, zɑ^{21} i^{33} pu^{33}
在　垛鬼　收债人　羊　居　地　在　月　见　一　日　本补古　娆星　绸

khæ^{55}. thv̩^{33} zo^{33} dzɿ^{33}②. ʐʅ^{21} nɑ^{21} ȵi^{33} me^{33} gv̩^{21} ʥy^{21}.｜tshe^{33} do^{21} ȵi^{33} ȵi^{33}, py^{33} bu^{21} uə^{33},｜zɑ^{21}
射　土神　男　吃　蛇　黑　西方　在　月　见　二　日　本补坞

ʥiə^{33} kɑ^{21} khæ^{55}. thv̩^{33} ʂu^{21} dzɿ^{33}. ʐʅ^{21} nɑ^{21} lv̩^{21} dzɿ^{21} tɯ^{33} ʥy^{21}.｜tshe^{33} do^{21} sɿ^{21} ȵi^{33}, ʐuɑ^{33} tse^{55},
娆久嘎　射　土神　铁　吃　蛇　黑　龙　居　地　在　月　见　三　日　柔正

zɑ^{21} he^{33} me^{33} khæ^{55}.｜ʐʅ^{21} nɑ^{21} y^{21} dzɿ^{21} tɯ^{33} ʥy^{21}. thv̩^{33} zo^{33} dzɿ^{33}.｜tshe^{33} do^{21} lu^{33} ȵi^{33}, pɑ^{33}
娆星　月亮　射　蛇　黑　羊　居　地　在　土神　男　吃　月　见　四　日　巴孔

khu^{33}. zɑ^{21} mi^{33} mɑ^{21} khæ^{55}.
娆米麻　射

十二月，虎月③。大神在东方。郭兴大神在牛居地④。垛鬼收债者在羊居地。初一，

---

① 此图很有意思，书写此书的东巴把一只虎放在一毡房中。后面每月之属相都把十二生肖关在一房子中。

② 此句是根据书名“thv̩^{33} dzɿ^{33} tsɿ^{21}”猜出来的。书写此书的东巴别出心裁，把一个“男子”放入“似山非山、似房非房”的一个符号内，其后都如是。我们就读为“thv̩^{33} nɯ^{33} zo^{33} dzɿ^{33}”。

③ 其他东巴古籍中，“十二月”多为“牛月”，不知为何书写此书的东巴却写为“虎月”。存疑。若此处有错，后文中各月的属相皆为错。

④ 牛居地：方位名词，纳西族用十二生肖表示方位，“牛居地”为“东北方”。“虎、兔”在“东方”；“龙居地”为“东南方”；“蛇、马”居“南方”；“羊居地”为“西南方”。“猴、鸡”居“西方”；“狗居地”为“西北方”；“猪、鼠”为“北方”。

由本补古[①]当值。娆[②]星像一匹绸一样射出。土[③]神吃男子。黑蛇在西方。初二，由本补坞当值。娆久嘎[④]射出。土神吃铁。黑蛇在龙居地（东南方）。初三，由柔正当值。娆星像月亮一样亮地射出。黑蛇在羊居地（西南方）。土神吃男人。初四，由巴孔当值，娆米麻射出。

594-L-24-05

thy̩^{33} zo^{33} dzʅ^{33}. zʅ^{21} nɑ^{21} n̥i^{33} me^{33} gy̩^{21} dʑy^{21}. | tshe^{33} do^{21} uɑ^{33} n̥i^{33}, pɑ^{33} by^{33}. zɑ^{21} mə^{33} khæ^{55}. |
土神 男 吃 蛇 黑 西方 在 月 见 五 日 巴毕 娆星 不 射

thy̩^{33} hæ^{21} dzʅ^{21}. zʅ^{21} nɑ^{21} i^{33} tʂhʅ^{33} mu^{21} dʑy^{21}. | tshe^{33} do^{21} tʂhuɑ^{55} n̥i^{33}, nɑ^{33} gy̩^{21}. zɑ^{21} tɕiə^{33} tɕy^{33}
土神 金 吃 蛇 黑 南方 在 月 见 六 日 娜古 娆星 三叉戟

khæ^{55}. thy̩^{33} dzər^{21} dzʅ^{33}. | zʅ^{21} nɑ^{21} i^{33} tʂhʅ^{33} mu^{21} dʑy^{21}. | tshe^{33} do^{21} ʂər^{33} n̥i^{33}, thɑ^{33} kə^{55}. zɑ^{21}
射 土神 树 吃 蛇 黑 南方 在 月 见 七 日 涛构 娆星

i^{33} pu^{33} khæ^{55}. phy^{33} bɑ^{33}[⑤]. thy̩^{33} zo^{33} dzʅ^{33}. zʅ^{21} nɑ^{21} ho^{33} gy̩^{33} lo^{21} dʑy^{21}. | tshe^{33} do^{21} ho^{55} n̥i^{33},
绸 射 降魔杵 土神 男 吃 蛇 黑 北方 在 月 见 八 日

---

① 本补古：音译宿名，为纳西族二十八宿之一的名称。后文的“本补坞”、“柔正”等皆如是。不再一一作注。

② 娆：音译名词，东巴教中的一种星象。纳西先民认为日食月食是因“娆”吞食了日月。和云彩东巴说，相传日、月是姐妹，有一天，月亮被娆吞吃，太阳用刀砍伤娆，月亮从刀口逃出。之后只要被娆吞食日、月，日、月便从这刀口逃出。

③ 土：音译名词，为一种无处不在的精灵。在东巴古籍中，有时称为“神”，有时称为“鬼”，现从“神”。

④ 娆久嘎：音译名词。为一颗娆星的名称。后文中的“娆米麻”、“娆劳鲍”等皆为娆星名称。

⑤ phy^{33} bɑ^{33}：此书中写此字符的地方很多，多数写在“thy̩^{33} dzʅ^{33}”前或后，有时正写，有时又倒写，其意不明，存疑。后文中出现时，只记其音，译文中略去，也不再一一作注。

tʂhuɑ^{55} tshər^{21} khuɑ^{33}. zɑ^{21} nɑ^{21} fv̩^{55} nɑ^{21} dv̩^{33} dʐʅ^{21} khæ^{55}. thv̩^{33} hɯ^{55}`nɯ^{21} tʂʅ^{33} dzʅ^{33}. ʐʅ^{21} nɑ^{21} n̠i^{33}

创昌夸 娆星 漆黑一团 时 射 土神 海 和 土 吃 蛇黑

me^{33} thv̩^{33} dʑy^{21}. | tshe^{33} do^{21} gv̩^{33} n̠i^{33}, | tʂhuɑ^{55} tshər^{21} gv̩^{33}. zɑ^{21} n̠i^{33} me^{33} khæ^{55}. thv̩^{33} mi^{33}

东方 在 月 见 九 日 创昌古 娆星 太阳 射 土神 火

dzʅ^{33}. ʐʅ^{21} nɑ^{21} n̠i^{33} me^{33} gv̩^{21} dʑy^{21}. | tshe^{33} do^{21} tshe^{21} n̠i^{33}, miə^{21} ɕy^{21}.

吃 蛇黑 西方 在 月 见 十 日 谬许

土神吃男人。黑蛇在西方。初五，巴毕当值。娆星没有射出。土神吃金子。黑蛇在南方。初六，由娜古当值。娆星像三叉戟一样射出。土神吃树。黑蛇在南方。初七，由涛构当值。娆星像一匹绸一样射出。土神吃男人。黑蛇在北方。初八，由创昌夸当值。娆星在漆黑一团的夜里射出。土神吃海和土。黑蛇在东方。初九，由创昌古当值。娆星像太阳一样明亮地射出。土神吃火。黑蛇在西方。初十，由谬许当值。

594-L-24-06

zɑ^{21} he^{33} me^{33} khæ^{55}. phy^{33} bɑ^{33}. thv̩^{33} dzər^{21} dzʅ^{33}. ʐʅ^{21} nɑ^{21} lv̩^{21} dzʅ^{21} tɯ^{33} dʑy^{21}. | tshe^{21} dɯ^{33} n̠i^{33},

娆星 月亮 射 降魔杵 土神 树 吃 蛇黑 龙 居 地 在 十 一 日

sʅ^{33} tho^{21} khuɑ^{33}. | zɑ^{21} mi^{33} mɑ^{21} khæ^{55}. thv̩^{33} dzər^{21} dzʅ^{33}. ʐʅ^{21} nɑ^{21} n̠i^{33} me^{33} thv̩^{33} dʑy^{21}. | tshe^{21}

司托夸 娆米麻 射 土神 树 吃 蛇 黑 东方 在 十

n̠i^{33} n̠i^{33}, lɑ^{21} ɕy^{21}. zɑ^{21} lɑ^{21} pɑ^{55} khæ^{55}. phy^{33} bɑ^{33}. | thv̩^{33} tʂʅ^{33} dzʅ^{33}. ʐʅ^{21} nɑ^{21} i^{33} tʂhʅ^{33} mu^{21}

二 日 劳徐 娆劳鲍 射 降魔杵 土神 土 吃 蛇黑 南方

dʑy^{21}. | tshe^{33} sʅ^{21} n̠i^{33}, kɯ^{33} phər^{21} sʅ^{21} kv̩^{33}, zɑ^{21} dʑiə^{33} kɑ^{21} khæ^{55}. thv̩^{33} zo^{33} dzʅ^{33}. | ʐʅ^{21} nɑ^{21}

在 十 三 日 庚盘术古 娆久嘎 射 土神 男 吃 蛇 黑

ho^{33} gv̩^{33} lo^{21} dʑy^{21}. | tshe^{21} lu^{33} ȵi^{33}, kɯ^{33} phər^{21} sɿ^{21} mæ^{33}. zɑ^{21} tshy^{55} do^{55} hɯ^{55} lo^{21} nɯ^{33} khæ^{55},
北方 在 十 四 日 庚盘术满 娆星 闪电 海 里 以 射

ɯ^{33}. thv̩^{33}zo^{33} dzɿ^{33}. ʐʅ^{21} nɑ^{21} ȵi^{33}me^{33} thv̩^{33} dʑy^{21}. | tshe^{21} uɑ^{33} ȵi^{33}, tshɿ^{21} khu^{33}. zɑ^{21} i^{33} pu^{33} khæ^{55}.
吉 土神 男 吃 蛇 黑 东方 在 十 五 日 楚孔 娆星 绸 射

thv̩^{33} lv̩^{33} zo^{33} dzɿ^{33}. ʐʅ^{21} nɑ^{21} khɯ^{33} dzɿ^{21} tɯ^{33} dʑy^{21}. | tshe^{21} tʂhuɑ^{55} ȵi^{33},
土神 石 小 吃 蛇 黑 狗 居 地 在 十 六 日

娆星像月亮一样明亮地射出。土神吃树。黑蛇在龙居地（东南方）。十一日，由司托夸当值。娆米麻射出。土神吃树。黑蛇在东方。十二日，由劳徐当值。娆劳鲍射出。土神吃土。黑蛇在南方。十三日，由庚盘术古当值。娆久嘎射出。土神吃男人。黑蛇在北方。十四日，由庚盘术满当值。娆星像闪电一样从海里射出。吉。土神吃男人。黑蛇在东方。十五日，由楚孔当值。娆星像一匹绸一样射出。土神吃小石头。黑蛇在狗居地（西北方）。十六日，

594-L-24-07

bu^{21} khu^{33}. zɑ^{21} ȵi^{33} me^{33} khæ^{55}. sɿ^{21}①. thv̩^{33} zo^{33} dzɿ^{33}. ʐʅ^{21} nɑ^{21} ȵi^{33} me^{33} gv̩^{21} dʑy^{21}. | tshe^{21} ʂər^{33}
布孔 娆星 太阳 射 土神 男 吃 蛇 黑 西方 在 十 七

ȵi^{33}, bu^{21} to^{55}. | zɑ^{21} he^{33} me^{33} khæ^{55}. thv̩^{33} lɯ^{55} dzɿ^{33}. ʐʅ^{21} nɑ^{21} ho^{33} gv̩^{33} lo^{21} dʑy^{21}. | tshe^{21} ho^{55}
日 布铎 娆星 月亮 射 土神 牛虻 吃 蛇 黑 北方 在 十 八

ȵi^{33}, bu^{21} mɑ^{55}. zɑ^{21} nɑ^{21} fv̩^{55} nɑ^{21} dv̩^{33} dzʅ^{21} khæ^{55}. thv̩^{33} lv̩^{33} dzɿ^{33}. ʐʅ^{21} nɑ^{21}……②. | tshe^{21} gv̩^{33}
日 布冒 娆星 漆黑一团 时 射 土神 石 吃 蛇 黑 十 九

① sɿ^{21}：此字符无法与其他字符连读成句。存疑。后文此现象较多，不再一一作注。

② 黑蛇在何方位原文未写，阙如。

ȵi^{33}, ʂuɑ^{21} khuɑ^{33}. zɑ^{21} lɑ^{21} pɑ^{55} khæ^{55}. thv̩^{33} sər^{33} dzɿ^{33}. ʐʅ^{21} nɑ^{21} khɯ^{33} dzɿ^{21} tɯ^{33} dʑy^{21}. | ȵi^{33}
日 刷卡 娆劳鲍 射 土神 柴 吃 蛇 黑 狗 居地 在 二

tsər^{21} ȵi^{33}, | ɕy^{21} khuɑ^{33}. zɑ^{21} dʑiə^{33} kɑ^{21} khæ^{55}. thv̩^{33} lv̩^{33} dzɿ^{33}. ʐʅ^{21} nɑ^{21} ȵi^{33} me^{33} gv̩^{21} dʑy^{21}. |
十 日 徐卡 娆久嘎 射 土神 石 吃 蛇 黑 西方 在

ȵi^{33} tsər^{21} dɯ^{33} ȵi^{33}, zy^{21} he^{33}. zɑ^{21} tshy^{55} do^{55} khæ^{55}. | thv̩^{33} mi^{55} dzɿ^{33}. ʐʅ^{21} nɑ^{21} ho^{33} gv̩^{33} lo^{21}
二 十 一 日 蕊亨 娆星 闪电 射 土神 女 吃 蛇 黑 北方

dʑy^{21}. | ȵi^{33} tsər^{21} ȵi^{33} ȵi^{33}, zy^{21} miə^{21}. zɑ^{21} i^{33} pu^{33} khæ^{55}. thv̩^{33} mə^{33} dzɿ^{33}. phy^{33} bɑ^{33}. ʐʅ^{21} nɑ^{21}
在 二 十 二 日 蕊谬 娆星 绸 射 土神 不 食 降魔杵 蛇 黑

由布孔当值。娆星像太阳一样明亮地射出。土神吃男人。黑蛇在西方。十七日，由布铎当值。娆星像月亮一样亮地射出。土神吃牛虻。黑蛇在北方。十八日，由布冒当值。娆星在漆黑一团的夜里射出。土神吃石头。黑蛇在……十九日，由刷卡当值。娆劳鲍射出。土神吃柴。黑蛇在狗居地（西北方）。二十日，由徐卡当值。娆久嘎射出。土神吃石头。黑蛇在西方。二十一日，由蕊亨当值。娆星像闪电一样射出。土神吃女子。黑蛇在北方。二十二日，由蕊谬当值。娆星像一匹绸一样射出。土神不食。黑蛇

594-L-24-08

ȵi^{33} me^{33} thv̩^{33} dʑy^{21}. | ȵi^{33} tsər^{21} sɿ^{21} ȵi^{33}, zy^{21} kv̩^{33}. zɑ^{21} ȵi^{33} me^{33} khæ^{55}. sɿ^{21}①. thv̩^{33} sər^{33} dzɿ^{33}.
东方 在 二 十 三 日 蕊古 娆星 太阳 射 骰 土神 柴 吃

phy^{33} bɑ^{33}. ʐʅ^{21} nɑ^{21} ɯ^{33} dzɿ^{21} tɯ^{33} dʑy^{21}. | ȵi^{33} tsər^{21} lu^{33} ȵi^{33}, zy^{21} dv̩^{21}. zɑ^{21} he^{33} me^{33} khæ^{55}. thv̩^{33}
降魔杵 蛇 黑 牛 居 地 在 二 十 四 日 蕊督 娆星 月亮 射 土神

zo^{33} dzɿ^{33}. phy^{33} bɑ^{33}. ʐʅ^{21} nɑ^{21} khɯ^{33} dzɿ^{21} tɯ^{33} dʑy^{21}. | ȵi^{33} tsər^{21} uɑ^{33} ȵi^{33}, zy^{21} bɑ^{21}. zɑ^{21} mi^{33}
男 吃 降魔杵 蛇 黑 狗 居 地 在 二 十 五 日 蕊巴 娆米麻

① sɿ^{21}：此字符无法与其他字符连读成句。存疑。

mɑ²¹ khæ⁵⁵. thʏ̩³³ dzər³³ dzɿ³³. zʅ²¹ nɑ²¹① | ȵi³³ tsər²¹ tʂhuɑ⁵⁵ ȵi³³, zy²¹ bə³³. | zɑ²¹ lɑ²¹ pɑ⁵⁵ khæ⁵⁵.
射 土神 树 吃 蛇 黑 二 十 六 日 蕊崩 娆劳鲍 射

phy³³ bɑ³³. thʏ̩³³ zo³³ dzɿ³³. zʅ²¹ nɑ²¹ i³³ tʂhʅ³³ mu²¹ dʑy²¹. | ȵi³³ tsər²¹ ʂər³³ ȵi³³, zy²¹ mæ³³. | zɑ²¹
降魔杵 土神 男 吃 蛇 黑 南方 在 二 十 七 日 蕊满

dʑiə³³ kɑ²¹ khæ⁵⁵. thʏ̩³³ lʏ̩³³ dzɿ³³. zʅ²¹ nɑ²¹ ɯ³³ dzɿ²¹ tɯ³³ dʑy²¹. | ȵi³³ tsər²¹ ho⁵⁵ ȵi³³, py³³ bu²¹ kʏ̩³³.
娆久嘎 射 土神 石 吃 蛇 黑 牛 居 地 在 二 十 八 日 本补古

zɑ²¹ i³³ pu³³ tshy⁵⁵ do⁵⁵
娆星 绸 闪电

在东方。二十三日，由蕊古当值。娆星像太阳一样明亮地射出。土神吃柴。黑蛇在牛居地（东北方）。二十四日，由蕊督当值。娆星像月亮一样亮地射出。土神吃男人。黑蛇在狗居地（西北方）。二十五日，由蕊巴当值。娆米麻射出。土神吃树。黑蛇在……二十六日，由蕊崩当值。娆劳鲍射出。土神吃男人。黑蛇在南方。二十七日，由蕊满当值。娆久嘎射出。土神吃石头。黑蛇在牛居地。二十八日，由本补古当值。娆星像一匹绸又似闪电般

594-L-24-09

nɑ²¹ fʏ̩⁵⁵ nɑ²¹ dʏ̩³³ dzʅ²¹ khæ⁵⁵. thʏ̩³³ lɯ⁵⁵ dzɿ³³. zʅ²¹ nɑ²¹ i³³ tʂhʅ³³ mu²¹ dʑy²¹. | ȵi³³ tsər²¹ gʏ̩³³ ȵi³³,
漆黑一团 时 射 土神 牛虻 吃 蛇 黑 南方 在 二 十 九 日

py³³ bu²¹ uə³³. zɑ²¹ i³³ pu³³ hɯ⁵⁵ lo²¹ nɯ³³ khæ⁵⁵. thʏ̩³³ zo³³ dzɿ³³. zʅ²¹ nɑ²¹ | ȵi³³ me³³ gʏ̩²¹ dʑy²¹. |
本补坞 娆星 绸 海 里 以 射 土神 男 吃 蛇 黑 西方 在

nɑ³³ tʏ̩²¹ ȵi³³, zʅuɑ³³ tse⁵⁵. zɑ²¹ ȵi³³ me³³ khæ⁵⁵. sɿ²¹② zʅ²¹ nɑ²¹ ȵi³³ me³³ thʏ̩³³ dʑy²¹. | iə²¹ py²¹ he³³:
三十 日 柔正 娆星 太阳 射 骰子 蛇 黑 东方 在 正月

① 黑蛇在何方位原文阙如。

② sɿ²¹：此字符无法与其他字符连读成句。存疑。又，此日是“thʏ̩³³”吃什么，原文阙如。

tho^{33} le^{33} he^{33}. he^{21} dɯ^{21} i^{33} tʂhʅ^{33} mu^{21} ʥy^{21}. | ko^{21} ɕi^{33} he^{21} dɯ^{21} lv̩^{21} dzʅ^{21} tɯ^{33} ʥy^{21}. | to^{55} dʐu^{33}
兔 月 神 大 南方 在 郭兴 神 大 龙 居 地 在 垛鬼 债

khɯ^{33} dzʅ^{21} tɯ^{33} ʥy^{21}. | tshe^{33} do^{21} dɯ^{33} ȵi^{33}, pɑ^{33} khu^{33}. zɑ^{21} he^{33} me^{33} khæ^{55}. | phy^{33} bɑ^{33}. thv̩^{33}
狗 居 地 在 月 见 一 日 巴孔 娆星 月亮 射 降魔杵 土神

ə^{33} sʅ^{21} dzʅ^{33}. ʐʅ^{21} nɑ^{21} ho^{33} gv̩^{33} lo^{21} ʥy^{21}. | tshe^{33} do^{21} ȵi^{33} ȵi^{33}, pɑ^{33} by^{33}. zɑ^{21} mi^{33} mɑ^{21} khæ^{55}.
父亲 吃 蛇 黑 北方 在 月 见 二 日 巴毕 娆 米麻 射

phy^{33} bɑ^{33}.
降魔杵

在漆黑一团的夜里射出。土神吃牛虻。黑蛇在南方。二十九日，由本补坞当值。娆星像一匹绸一样从海里射出。土神吃男人。黑蛇在西方。三十日，由柔正当值。娆星像太阳一样明亮地射出。黑蛇在东方。

正月：兔月。大神在南方。郭兴大神在龙居地（东南方）。垛鬼收债者在狗居地。初一，由巴孔当值。娆星像月亮一样亮地射出。土神吃父亲。黑蛇在北方。初二，由巴毕当值。娆米麻射出。

594-L-24-10

thv̩^{33} ʂu^{21} dzʅ^{33}. ʐʅ^{21} nɑ^{21} y^{21} dzʅ^{21} tɯ^{33} ʥy^{21}. | tshe^{33} do^{21} sʅ^{21} ȵi^{33}, nɑ^{33} gv̩^{21}. zɑ^{21} lɑ^{21} pɑ^{55} khæ^{55}.
土神 铁 吃 蛇 黑 羊 居 地 在 月 见 三 日 娜古 娆劳鲍 射

thv̩^{55} ɕi^{33} tɕiə^{33} dzʅ^{33}. | ʐʅ^{21} nɑ^{21} ho^{33} gv̩^{33} lo^{21} ʥy^{21}. | tshe^{33} do^{21} lu^{33} ȵi^{33}, thɑ^{33} kə^{55}. zɑ^{21} ʥiə^{33}
土神 人 麻风 吃 蛇 黑 北方 在 月 见 四 日 涛构 娆久嘎

kɑ^{21} khæ^{55}. thv̩^{33} lɯ^{33} dzʅ^{33}. ʐʅ^{21} nɑ^{21} ȵi^{33} me^{33} thv̩^{33} ʥy^{21}. | tshe^{33} do^{21} uɑ^{33} ȵi^{33}, | tʂhuɑ^{55} tshər^{21}
射 土神 田 吃 蛇 黑 东方 在 月 见 五 日 创昌夸

khuɑ^{33}. zɑ^{21} tshy^{55} do^{55} khæ^{55}. thv̩^{33} æ^{21}、dzər^{21} dzɿ^{33}. ʐʅ^{21} nɑ^{21} ȵi^{33} me^{33} gv̩^{21} ʥy^{21}. | tshe^{33} do^{21}
娆星 闪电 射 土神 鸡 树 吃 蛇 黑 西方 在 月 见

tʂhuɑ^{55} ȵi^{33}, tʂhuɑ^{55} tshər^{21} gv̩^{33}. | zɑ^{21} nɑ^{21} fv̩^{55} nɑ^{21} dv̩^{33} dʐʅ^{21} khæ^{55}. thv̩^{33} dzər^{21} dzɿ^{33}. ʐʅ^{21} nɑ^{21}
六 日 创昌古 娆星 漆黑一团 时 射 土神 树 吃 蛇 黑

ho^{33} gv̩^{33} lo^{21} ʥy^{21}. | tshe^{33} do^{21} ʂər^{33} ȵi^{33}, miə^{21} ɕy^{21}. zɑ^{21} ȵi^{33} me^{33} khæ^{55}. | thv̩^{33} ȵi^{33} dzɿ^{33}. ʐʅ^{21}
北方 在 月 见 七 日 谬许 娆星 太阳 射 土神 鱼 吃 蛇

nɑ^{21} ȵi^{33} me^{33} thv̩^{33} ʥy^{21}. | tshe^{33} do^{21} ho^{55} ȵi^{33}, sɿ^{33} tho^{21} khuɑ^{33}. zɑ^{21} he^{33} me^{33} nɑ^{21} fv̩^{55} nɑ^{21} dv̩^{33}
黑 东方 在 月 见 八 日 司托夸 娆星 月亮 漆黑一团

dʐʅ^{21} khæ^{55}.
时 射

土神吃铁。黑蛇在羊居地（西南方）。初三，由娜古当值。娆劳鲍射出。土神吃麻风病人。黑蛇在北方。初四，由涛构当值。娆久嘎射出。土神吃田地。黑蛇在东方。初五，由创昌夸当值。娆星像闪电一样射出。土神吃鸡和树。黑蛇在西方。初六，由创昌古当值。娆星在漆黑一团的夜里射出。土神吃树。黑蛇在北方。初七，由谬许当值。娆星像太阳一样明亮地射出。土神吃鱼。黑蛇在东方。初八，由司托夸当值。娆星像月亮一样亮地在漆黑一团的夜里射出。

594-L-24-11

hy^{33} bɑ^{33}. thv̩^{33} zo^{33} mi^{55} dzɿ^{33}. ʐʅ^{21} nɑ^{21} ho^{33} gv̩^{33} lo^{21} ʥy^{21}. | tshe^{33} do^{21} gv̩^{33} ȵi^{33}, lɑ^{21} ɕy^{21}. zɑ^{21}
降魔杵 土神 儿 女 吃 蛇 黑 北方 在 月 见 九 日 劳徐 娆星

ȵi^{33} me^{33} khæ^{55}. thy̩^{33} ʂu^{21} dzʅ^{33}. | zʅ^{21} nɑ^{21} i^{33} tʂhʅ^{33} mu^{21} dʑy^{21}. | tshe^{33} do^{21} tshe^{21} ȵi^{33}, kɯ^{33}
太阳 射 土神 铁 吃 蛇 黑 南方 在 月 见 十 日

phər^{21} sʅ^{21} ky̩^{33}. zɑ^{21} lɑ^{21} pɑ^{55} khæ^{55}. thy̩^{33} æ^{21} dzʅ^{33}. zʅ^{21} nɑ^{21} y^{21} dzʅ^{21} tɯ^{33} dʑy^{21}. | tshe^{21} dɯ^{33} ȵi^{33},
庚盘术古 娆劳鲍 射 土神 鸡 吃 蛇 黑 羊 居 地 在 十 一 日

kɯ^{33} phər^{21} sʅ^{21} mæ^{33}, zɑ^{21} dʑiə^{33} kɑ^{21} khæ^{55}. phy^{33} bɑ^{33}. thy̩^{33} sər^{33} dzʅ^{33}. zʅ^{21} nɑ^{21} ɯ^{33} dzʅ^{21} tɯ^{33}
庚盘术满 娆久嘎 射 降魔杵 土神 柴 吃 蛇 黑 牛 居 地

dʑy^{21}. | tshe^{21} ȵi^{33} ȵi^{33}, | tshʅ^{21} khu^{33}. zɑ^{21} tshy^{55} do^{55} khæ^{55}. thy̩^{33} u^{21} dzʅ^{33}. zʅ^{21} nɑ^{21} i^{33} tʂhʅ^{33}
在 十 二 日 楚孔 娆星 闪电 射 土神 仆人 吃 蛇 黑 南方

mu^{21} dʑy^{21}. | tshe^{33} sʅ^{21} ȵi^{33}, bu^{21} khu^{33}. zɑ^{21} dʑiə^{33} kɑ^{21} khæ^{55}. | thy̩^{33} lɯ^{33} nɯ^{21} sər^{33} dzʅ^{33}. zʅ^{21}
在 十 三 日 布孔 娆久嘎 射 土神 田 和 柴 吃 蛇

nɑ^{21} ȵi^{33} me^{33} gy̩^{21} dʑy^{21}. | tshe^{21} lu^{33} ȵi^{33}, bu^{21} to^{55}. zɑ^{21} ȵi^{33} me^{33} khæ^{55}. thi^{33}、khuɑ^{21}、khuɑ^{21}①.
黑 西方 在 十 四 日 布铎 娆星 太阳 射 刨子 坏 坏

土神吃儿女。黑蛇在北方。初九，由劳徐当值。娆星像太阳一样明亮地射出。土神吃铁。黑蛇在南方。十日，由庚盘术古当值。娆劳鲍射出。土神吃鸡。黑蛇在羊居地。十一日，由庚盘术满当值。娆久嘎射出。土神吃柴。黑蛇在牛居地。十二日，由楚孔当值。娆星像闪电一样射出。土神吃仆人。十三日，由布孔当值。娆久嘎射出。土神吃田地和柴。黑蛇在西方。十四日，由布铎当值。娆星像太阳一样明亮地射出。

594-L-24-12

① 这三个东巴文字符无法连读成句，存疑。

thv̩^{33} æ^{21} dzɿ^{33}. zʅ^{21} nɑ^{21} y^{21} dzɿ^{21} tɯ^{33} ʥy^{21}. | tshe^{21} uɑ^{33} ȵi^{33}, bu^{21} mɑ^{55}. zɑ^{21} he^{33} me^{33} nɑ^{21} fv̩^{55}

土神 鸡 吃 蛇 黑 羊 居 地 在 十 五 日 布冒 娆星 月亮 漆黑一团

nɑ^{21} dv̩^{33} dzʅ^{21} khæ^{55}. | phy^{33} bɑ^{33}. thv̩^{33} bɑ^{21} dzɿ^{21}. zʅ^{21} nɑ^{21} ȵi^{33} me^{33} gv̩^{21} ʥy^{21}. | tshe^{21} tʂhuɑ^{55}

时 射 降魔杵 土神 花 吃 蛇 黑 西方 在 十 六

ȵi^{33}, ʂuɑ^{21} khuɑ^{33}. zɑ^{21} mi^{33} mɑ^{21} hɯ^{55} dər^{33} lo^{21} nɯ^{33} khæ^{55}. | phy^{33} bɑ^{21}. thv̩^{33} zʅ^{21} dzɿ^{33}. zʅ^{21} nɑ^{21}

日 刷卡 娆米麻 水塘 里 以 射 降魔杵 土神 蛇 吃 蛇 黑

ho^{33} gv̩^{33} lo^{21} ʥy^{21}. | tshe^{21} ʂər^{33} ȵi^{33}, ɕy^{21} khuɑ^{33}. zɑ^{21} lɑ^{21} pɑ^{55} khæ^{55}. thv̩^{33} ȵi^{33} dzɿ^{33}. zʅ^{21} nɑ^{21} |

北方 在 十 七 日 徐卡 娆劳鲍 射 土神 鱼 吃 蛇 黑

ho^{33} gv̩^{33} lo^{21} ʥy^{21}. | tshe^{21} ho^{55} ȵi^{33}, zy^{21} he^{33}. zɑ^{21} ʥiə^{33} kɑ^{21} nɑ^{21} fv̩^{55} tshʅ^{21} khæ^{55}. thv̩^{33} zo^{33} bi^{33}

北方 在 十 八 日 蕊亨 娆久嘎 天 黑 来 射 土神 男

bɑ^{21} dzɿ^{33}. zʅ^{21} nɑ^{21} khɯ^{33} dzɿ^{21} tɯ^{33} ʥy^{21}. | tshe^{21} gv̩^{33} ȵi^{33}, zy^{21} miə^{21}. zɑ^{21} py^{33} bɑ^{33} khæ^{55}.

生殖器 吃 蛇 黑 狗 居地 在 十 九日 蕊谬 娆 净水壶 射

phy^{33} bɑ^{33}. thv̩^{33} mi^{33}① dzɿ^{33}. zʅ^{21} nɑ^{21} i^{33} tʂhʅ^{33} mu^{21} ʥy^{21}. | ȵi^{33} tsər^{21} ȵi^{33}, zy^{21} kv̩^{33}.

降魔杵 土神 火 吃 蛇 黑 南方 在 二 十 日 蕊古

土神吃鸡。黑蛇在羊居地。十五日，由布冒当值。娆星像月亮一样亮地在漆黑一团的夜里射出。土神吃花。黑蛇在西方。十六日，由刷卡当值。娆米麻从水塘里射出。土神吃蛇。黑蛇在北方。十七日，由徐卡当值。娆劳鲍射出。土神吃鱼。黑蛇在北方。十八日，由蕊亨当值。娆久嘎在天黑时射出。土神吃男生殖器。黑蛇在狗居地。十九日，由蕊谬当值。娆星像净水壶一样射出。土神吃火。黑蛇在南方。二十日，由蕊古当值。

594-L-24-13

① 原文写了“ʂu^{21}”与“mi^{33}”，似乎是对其中之一的修正，现从“mi^{33}”。

zɑ^{21} lɑ^{21} pɑ^{55} nɑ^{21} fv̩^{55} nɑ^{21} dv̩^{33} dʐʅ^{21} khæ^{55}. phy^{33} bɑ^{33}. thv̩^{33} tʂhuɑ^{55} kho^{33} nɯ^{13} o^{33} dzʅ^{33}. ʐʅ^{21} nɑ^{21}
娆劳鲍 漆黑一团 时 射 降魔杵 土神 鹿 角 和 骨 吃 蛇 黑

khɯ^{33} dzʅ^{21} tɯ^{33} dʑy^{21}. | ȵi^{33} tsər^{21} dɯ^{33} ȵi^{33}, zy^{21} dv̩^{21}. | zɑ^{21} py^{33} bɑ^{33} khæ^{55}. phy^{33} bɑ^{33}. ʐʅ^{21}
狗 居 地 在 二 十 一 日 蕊督 娆星 净水壶 射 降魔杵 蛇

nɑ^{21} ho^{33} gv̩^{33} lo^{21} dʑy^{21}. | ȵi^{33} tsər^{21} ȵi^{33} ȵi^{33}, zy^{21} bɑ^{21}. zɑ^{21} he^{33} me^{33} khæ^{55}. thv̩^{33} zo^{33} tɕi^{55}
黑 北方 在 二 十 二 日 蕊巴 娆星 月亮 射 土神 儿 小

dzʅ^{33}. | ʐʅ^{33} nɑ^{21} ɯ^{33} dzʅ^{21} tɯ^{33} dʑy^{21}. | ȵi^{33} tsər^{21} sʅ^{21} ȵi^{33}, zy^{21} bə^{33}. zɑ^{21} mi^{33} mɑ^{21} khæ^{55}. thv̩^{33}
吃 蛇 黑 牛 居 地 在 二 十 三 日 蕊崩 娆米麻 射 土神

y^{21} dzʅ^{33}. ʐʅ^{21} nɑ^{21} ho^{33} gv̩^{33} lo^{21} dʑy^{21}. | ȵi^{33} tsər^{21} lu^{33} ȵi^{33}, zy^{21} mæ^{33}. zɑ^{21} lɑ^{21} pɑ^{55} khæ^{55}. thv̩^{33}
绵羊 吃 蛇 黑 北方 在 二 十 四 日 蕊满 娆劳鲍 射 土神

le^{33} dzʅ^{33}. ʐʅ^{21} nɑ^{21} y^{21} dzʅ^{21} tɯ^{33} dʑy^{21}. | ȵi^{33} tsər^{21} uɑ^{33} ȵi^{33}, | py^{33} bu^{21} kv̩^{33}. zɑ^{21} dʑiə^{33} kɑ^{21} khæ^{55}.
獐子 吃 蛇 黑 羊 居 地 在 二 十 五 日 本补古 娆久嘎 射

thv̩^{33} mɯ^{55} dzʅ^{33}. ʐʅ^{21} nɑ^{21} i^{33} tʂhʅ^{33} mu^{21} dʑy^{21}. | ȵi^{33} tsər^{21} tʂhuɑ^{55} ȵi^{33}, py^{33} bu^{21} uə^{33}, sʅ^{21}①. zɑ^{21}
土神 竹 吃 蛇 黑 南方 在 二 十 六 日 本补坞 骰子 娆星

tshy^{55} do^{55} khæ^{55}.
闪电 射

娆劳鲍在漆黑一团的夜里射出。土神吃鹿角和骨头。黑蛇在狗居地。二十一日，由蕊督当值。娆星像净水壶一样射出②。黑蛇在北方。二十二日，由蕊巴当值。娆星像月亮一样亮地射出。土神吃幼子。黑蛇在牛居地。二十三日，由蕊崩当值。娆米麻射出。土神吃绵羊。黑蛇在北方。二十四日，由蕊满当值。娆劳鲍射出。土神吃獐子。黑蛇在羊居地。二十五日，由本补古当值。娆久嘎射出。土神吃竹子。黑蛇在南方。二十六日，由本补坞当值。娆星像闪电一样射出。

① sʅ^{21}：此字符无法与其他字符连读成句。存疑。

② 此日土神吃什么原文阙如。

594-L-24-14

thy̩^{33} bər^{33} dzɿ^{33}. ʐʅ^{21} nɑ^{21} ȵi^{33} me^{33} gy̩^{21} ʥy^{21}. | ȵi^{33} tsər^{21} ʂər^{33} ȵi^{33}, ʐuɑ^{33} tse^{55}. zɑ^{21} tɕiæ^{33} tɕy^{33}
土神 客 吃 蛇 黑 西方 在 二 十 七 日 柔正 娆星 三叉戟

khæ^{55}. thy̩^{33} o^{21} hər^{21} dzɿ^{33}. | ʐʅ^{21} nɑ^{21} i^{33} tʂhʅ^{33} mu^{21} ʥy^{21}. | ȵi^{33} tsər^{21} ho^{55} ȵi^{33}, pɑ^{33} khu^{33}. zɑ^{21}
射 土神 松石 绿 吃 蛇 黑 南方 在 二 十 八 日 巴孔 娆星

phy^{33} bɑ^{33} nɑ^{21} fy̩^{55} nɑ^{21} dy̩^{33} dʐʅ^{21} khæ^{55}. thy̩^{33} ɕi^{33} tɕiə^{33} dzɿ^{33}. ʐʅ^{21} nɑ^{21} | ȵi^{33} me^{33} thy̩^{33} ʥy^{21}. |
降魔杵 漆黑一团 时 射 土神 人 麻风 吃 蛇 黑 东方 在

ȵi^{33} tsər^{21} gy̩^{33} ȵi^{33}, pɑ^{33} by^{33}. zɑ^{21} i^{33} pu^{33}、he^{33} me^{33} khæ^{55}. thy̩^{33} bər^{33} dzɿ^{33}. ʐʅ^{21} nɑ^{21} i^{33} tʂhʅ^{33} mu^{21}
二 十 九 日 巴毕 娆星 绸 月亮 射 土神 客 吃 蛇 黑 南方

ʥy^{21}. | nɑ^{33} ty̩^{21} ȵi^{33}, nɑ^{33} gy̩^{21}. zɑ^{21} i^{33} pu^{33} khæ^{55}. thy̩^{33} sər^{33} dzɿ^{33}. ʐʅ^{21} nɑ^{21} khɯ^{33} dzɿ^{21} tɯ^{33}
在 三十 日 娜古 娆星 绸 射 土神 柴 吃 蛇 黑 狗 居 地

ʥy^{21}. | he^{21} ʥiə^{33} | he^{33}, ly̩^{21} he^{33}. he^{21} dɯ^{21} ȵi^{33} me^{33} gy̩^{21} ʥy^{21}. | ko^{21} ɕi^{33} he^{21} dɯ^{21} y^{21} dzɿ^{21}
在 二月 龙 月 神 大 西方 在 郭兴 神 大羊 居

tɯ^{33} ʥy^{21}.
地 在

土神吃客人。黑蛇在西方。二十七日，由柔正当值。娆星像三叉戟一样射出。土神吃绿松石。黑蛇在南方。二十八日，由巴孔当值。娆星像降魔杵一样在漆黑一团的夜里射出。土神吃麻风病人。黑蛇在东方。二十九日，由巴毕当值。娆星像一匹绸又似月亮一样亮地射出。土神吃客人。黑蛇在南方。三十日，由娜古当值。娆星像一匹绸一样射出。土神吃柴。黑蛇在狗居地。

二月：龙月。大神在西方。郭兴大神在羊居地。

594-L-24-15

to^{55} dʐu^{33} ɯ^{33} dzʅ^{21} tɯ^{33} ʥy^{21}. | tshe^{33} do^{21} dɯ^{33} ȵi^{33}, thɑ^{33} kə^{55}. zɑ^{21} i^{33} pu^{33} khæ^{55}. thy̩^{33} ə^{33} sʅ^{21}
垛鬼 债 牛 居 地 在 月 见 一 日 涛构 娆星 绸 射 土神 父亲

dzʅ^{33}. | ʐʅ^{21} nɑ^{21} ȵi^{33} me^{33} thy̩^{33} ʥy^{21}. | tshe^{33} do^{21} ȵi^{33} ȵi^{33}, tʂhuɑ^{55} tshər^{21} khuɑ^{55}. zɑ^{21}① lɑ^{21} pɑ^{55}
吃 蛇 黑 东方 在 月 见 二 日 创昌夸 娆劳鲍

khæ^{55}. thy̩^{33} zo^{33} dzʅ^{33}. ʐʅ^{21} nɑ^{21} i^{33} tʂhʅ^{33} mu^{21} ʥy^{21}. | tshe^{33} do^{21} sʅ^{21} ȵi^{33}, tʂhuɑ^{55} tshər^{21} gy̩^{33}. zɑ^{21}
射 土神 男 吃 蛇 黑 南方 在 月 见 三 日 创昌古

ʥiə^{33} kɑ^{21} khæ^{55}. thy̩^{33} ɯ^{33} dzʅ^{33}. ʐʅ^{21} nɑ^{21} y^{21} dzʅ^{21} tɯ^{33} ʥy^{21}. | tshe^{33} do^{21} lu^{33} ȵi^{33}, miə^{21} ɕy^{21}. |
娆久嘎 射 土神 牛 吃 蛇 黑 羊 居 地 在 月 见 四 日 谬许

zɑ^{21} tshy^{55} do^{55} khæ^{55}. sʅ^{21}② thy̩^{33} ɕi^{33} tɕiə^{33} dzʅ^{33}. ʐʅ^{21} nɑ^{21} ho^{33} gy̩^{33} lo^{21} ʥy^{21}. | tshe^{33} do^{21} uɑ^{33}
娆星 闪电 射 骰子 土神 人 麻风 吃 蛇 黑 北方 在 月 见 五

ȵi^{33}, sʅ^{33} tho^{21} khuɑ^{33}, zɑ^{21} i^{33} pu^{33} khæ^{55}. thy̩^{33} ʐʅ^{21} dzʅ^{33}. ʐʅ^{21} nɑ^{21} | ȵi^{33} me^{33} thy̩^{33} ʥy^{21}. | tshe^{33}
日 司托夸 娆星 绸 射 土神 蛇 吃 蛇 黑 东方 在 月

① zɑ^{21}：其下有两个菱形中有小圆圈的字符，不识其读音。存疑。后文也时有出现，不一一作注。

② sʅ^{21}：此字符无法与其他字符连读成句。存疑。

do^{21} tʂhuɑ^{55} ȵi^{33}, lɑ^{21} ɕy^{21}①. | tshe^{33} do^{21} ʂər^{33} ȵi^{33}, kɯ^{33} phər^{21} sɿ^{21} kv̩^{33}.
见 六 日 劳徐 月 见 七 日 庚盘术古

垛鬼收债者在牛居地。初一，由涛构当值。娆星像一匹绸一样射出。土神吃父亲。黑蛇在东方。初二，由创昌夸当值。娆劳鲍射出。土神吃男人。黑蛇在南方。初三，由创昌古当值。娆久嘎射出。土神吃牛。黑蛇在羊居地。初四，由谬许当值。娆星像闪电一样射出。土神吃麻风病人。黑蛇在北方。初五，由司托夸当值。娆星像一匹绸一样射出。土神吃蛇。黑蛇在东方。初六，由劳徐当值。初七，由庚盘术古当值。

594-L-24-16

zɑ^{21} he^{33} me^{33} khæ^{55}. thv̩^{33} æ^{21} dzɿ^{33}. ʐʅ^{21} nɑ^{21} i^{33} tʂhʅ^{33} mu^{21} ʥy^{21}. | tshe^{33} do^{21} ho^{55} ȵi^{33}, khɯ^{33}
娆星 月亮 射 土神 鸡 吃 蛇 黑 南方 在 月 见 八 日

phər^{21} sɿ^{21} mæ^{33}. zɑ^{21} mi^{33} mɑ^{21} i^{33} pu^{33} nɑ^{21} fv̩^{55} nɑ^{21} dv̩^{21} dʐʅ^{21} khæ^{55}. thv̩^{33} sər^{33} dzɿ^{33}. | ʐʅ^{21} nɑ^{21}
庚盘术满 娆米麻 绸 漆黑一团 时 射 土神 柴 吃 蛇 黑

ȵi^{33} me^{33} gv̩^{21} ʥy^{21}. | tshe^{33} do^{21} gv̩^{33} ȵi^{33}, tshɿ^{21} khu^{33}. zɑ^{21} lɑ^{21} pɑ^{55} khæ^{55}. phy^{33} bɑ^{33}. thv̩^{33} zo^{33}
西方 在 月 见 九 日 楚孔 娆劳鲍 射 降魔杵 土神 男

dzɿ^{33}. | ʐʅ^{21} nɑ^{21} ȵi^{33} me^{33} thv̩^{33} ʥy^{21}. | tshe^{33} do^{21} tshe^{21} ȵi^{33}, bu^{21} khu^{33}. zɑ^{21} i^{33} pu^{33} nɑ^{21} fv̩^{55}
吃 蛇 黑 东方 在 月 见 十 日 布孔 娆星 绸 漆黑一团

nɑ^{21} dv̩^{33} dʐʅ^{21} khæ^{55}. thv̩^{33} ŋv̩^{33} lv̩^{21} nɯ^{21} hɯ^{55} dzɿ^{33}. | ʐʅ^{21} nɑ^{21} ho^{33} gv̩^{33} lo^{21} ʥy^{21}. | tshe^{21} dɯ^{33}
时 射 土神 雪山 和 海 吃 蛇 黑 北方 在 十 一

ȵi^{33}, bu^{21} to^{55}. zɑ^{21} tshy^{55} do^{55} khæ^{55}. thv̩^{33} hɯ^{55} dzɿ^{33}. ʐʅ^{21} nɑ^{21} ȵi^{33} me^{33} gv̩^{21} ʥy^{21}. | tshe^{21} ȵi^{33}
日 布铎 娆星 闪电 射 土神 海 吃 蛇 黑 西方 在 十 二

① zɑ^{21}、thv̩^{33} dzɿ^{33}、ʐʅ^{21} nɑ^{21} 原文阙如。

ȵi³³, | bu²¹ mɑ⁵⁵. zɑ²¹ i³³ pu³³ khæ⁵⁵. thv̩³³ ʂu²¹ dzʅ³³. zʅ²¹ nɑ²¹ ho³³ gv̩³³lo²¹ ʥy²¹. | tshe³³ sʅ²¹ ȵi³³,
日 布冒 娆星 绸 射 土神 铁 吃 蛇 黑 北方 在 十 三 日

ʂuɑ²¹ khuɑ³³. zɑ²¹ i³³ pu³³ khæ⁵⁵.
刷卡 娆星 绸 射

娆星像月亮一样亮地射出。土神吃鸡。黑蛇在南方。初八，由庚盘术满当值。娆米麻在漆黑一团的夜里射出。土神吃柴。黑蛇在西方。初九，由楚孔当值。娆劳鲍射出。土神吃男人。黑蛇在东方。初十，由布孔当值。娆星像一匹绸一样在漆黑一团的夜里射出。土神吃雪山和海。黑蛇在北方。十一日，由布铎当值。娆星像闪电一样射出。土神吃海。黑蛇在西方。十二日，由布冒当值。娆星像一匹绸一样射出。土神吃铁。黑蛇在北方。十三日，由刷卡当值。娆星像一匹绸一样射出。

594-L-24-17

thv̩³³ ɯ³³ dzʅ³³. zʅ²¹ nɑ²¹ i³³ tʂhʅ³³ mu²¹ ʥy²¹. | tshe²¹ lu³³ ȵi³³, ɕy²¹ khuɑ³³. zɑ²¹ he³³ me³³ khæ⁵⁵.
土神 牛 吃 蛇 黑 南方 在 十 四 日 徐卡 娆星 月亮 射

thv̩³³ ər³³ phər²¹ dzʅ³³. zʅ²¹ nɑ²¹ ho³³ gv̩³³ lo²¹ ʥy²¹. tshe²¹ uɑ³³ ȵi³³, zy²¹ he³³. zɑ²¹ mi³³ mɑ²¹ i³³ pu³³
土神 铜 白 吃 蛇 黑 北方 在 十 五 日 蕊亨 娆米麻 绸

nɑ²¹ fv̩⁵⁵ tshʅ²¹ khæ⁵⁵. thv̩³³ hæ²¹ dzʅ³³. zʅ²¹ nɑ²¹ ȵi³³ me³³ gv̩²¹ ʥy²¹. | tshe²¹ tʂhuɑ⁵⁵ ȵi³³, | zy²¹
来 射 土神 金 吃 蛇 黑 西方 在 十 六 日 蕊谬

miə²¹. zɑ²¹ lɑ²¹ pɑ⁵⁵ nɑ²¹ fv̩⁵⁵ tshʅ²¹ khæ⁵⁵. thv̩³³ hɯ⁵⁵ zo³³ dzʅ³³. zʅ²¹ nɑ²¹ ȵi³³ me³³ thv̩³³ ʥy²¹. |
娆劳鲍 天 黑 来 射 土神 小海 吃 蛇 黑 东方 在

tshe^{21} ʂər^{33} n̥i^{33}, | zy^{21} kv̩^{33}. zɑ^{21} ʥiə^{33} kɑ^{21} khæ^{33}[1]. thv̩^{33} bi^{33} di^{21} sæ^{33} dzɿ^{33}. ʐʅ^{21} nɑ^{21} n̥i^{33} me^{33}
十 七 日 蕊古 娆久嘎 射 土神 虫 血 吃 蛇黑 西方

gv̩^{21} ʥy^{21}. | tshe^{21} ho^{55} n̥i^{33}, zy^{21} dv̩^{21}. nɑ^{21} fv̩^{55} nɑ^{21} dv̩^{33} tshɿ^{21} | zɑ^{21} tshy^{55} do^{55} khæ^{55}. thv̩^{33}
在 十 八 日 蕊督 漆黑一团 来 娆星 闪电 射 土神

tʂhuɑ^{55} kho^{33} dzɿ^{33}. ʐʅ^{21} nɑ^{21} khɯ^{33} dzɿ^{21} tɯ^{33} ʥy^{21}. | tshe^{21} gv̩^{33} n̥i^{33}, zy^{21} bɑ^{21}. zɑ^{21} i^{33} pu^{33} khæ^{55}.
鹿 角 吃 蛇黑 狗 居 地 在 十 九 日 蕊巴 娆星 绸 射

thv̩^{33} khɯ^{33} dzɿ^{33}.
土神 狗 吃

土神吃牛。黑蛇在南方。十四日，由徐卡当值。娆星像月亮一样亮地射出。土神吃白铜。黑蛇在北方。十五日，由蕊亨当值。娆米麻在天黑时像一匹绸一样射出。土神吃金子。黑蛇在西方。十六日，由蕊谬当值。娆劳鲍在天黑时射出。土神吃小海子。黑蛇在东方。十七日，由蕊古当值。娆久嘎射出。土神吃虫血。黑蛇在西方。十八日，由蕊督当值。在黑夜来临时娆星像闪电一样射出。土神吃鹿角。黑蛇在狗居地。十九日，由蕊巴当值。娆星像一匹绸一样射出。土神吃狗。

594-L-24-18

ʐʅ^{21} nɑ^{21} lv̩^{21} dzɿ^{21} tɯ^{33} ʥy^{21}. | n̥i^{33} tsər^{21} n̥i^{33}, zy^{21} bə^{33}. zɑ^{21} mi^{33} mɑ^{21} khæ^{55}. phy^{33} bɑ^{33}. thv̩^{33} ɕi^{33}
蛇 黑 龙 居 地 在 二 十 日 蕊崩 娆米麻 射 降魔杵 土神 人

tɕiə^{33} dzɿ^{33}. | ʐʅ^{21} nɑ^{21} ho^{33} gv̩^{33} lo^{21} ʥy^{21}. | n̥i^{33} tsər^{21} dɯ^{33} n̥i^{33}, zy^{21} mæ^{33}. zɑ^{21} he^{33} me^{33} i^{33} pu^{33}
麻风 吃 蛇 黑 北方 在 二 十 一 日 蕊满 娆星 月亮 绸

① 其下有个似三角形的字符不知为何物，存疑。后文中也时有出现，不再一一作注。

khæ^{55}. thy̩^{33} ɯ^{33} dzɿ^{33}. ʐʅ^{21} nɑ^{21} i^{33} tʂhʅ^{33} mu^{21} ʥy^{21}. | ȵi^{33} tsər^{21} ȵi^{33} ȵi^{33}, | py^{33} bu^{21} ky̩^{33}. zɑ^{21}
射 土神 牛 吃 蛇 黑 南方 在 二 十 二 日 本补古 娆星

phy^{33} bɑ^{33} khæ^{55}. thy̩^{33} ɕi^{33} tɕiə^{33} dzɿ^{33}. ʐʅ^{21} nɑ^{21} ȵi^{33} me^{33} gy̩^{21} ʥy^{21}. | ȵi^{33} tsər^{21} sɿ^{21} ȵi^{33}, py^{33} bu^{21}
降魔杵 射 土神 人 麻风 吃 蛇 黑 西方 在 二 十 三 日 本补坞

uə^{33}. | zɑ^{21} lɑ^{21} pɑ^{55} hɯ^{55} lo^{21} nɯ^{33} khæ^{55}. thy̩^{33} zo^{33} dzɿ^{33}. ʐʅ^{21} nɑ^{21} khɯ^{33} dzɿ^{21} tɯ^{33} ʥy^{21}. | ȵi^{33}
娆劳鲍 海 里 以 射 土神 男 吃 蛇 黑 狗 居 地 在 二

tsər^{21} lu^{33} ȵi^{33}, ʐuɑ^{33} tse^{55}. | zɑ^{21} ʥiə^{33} kɑ^{21} khæ^{55}. thy̩^{33} sər^{33} nɯ^{21} ly̩^{33} dzɿ^{33}. ʐʅ^{21} nɑ^{21} ȵi^{33} me^{33}
十 四 日 柔正 娆久嘎 射 土神 柴 和 石 吃 蛇 黑 东方

thy̩^{33} ʥy^{21}. | ȵi^{33} tsər^{21} uɑ^{33} ȵi^{33}, pɑ^{33} khu^{33}. zɑ^{21} tshy^{55} do^{55} khæ^{55}.
在 二 十 五 日 巴孔 娆星 闪电 射

黑蛇在龙居地。二十日，由蕊崩当值。娆米麻射出。土神吃麻风病人。黑蛇在北方。二十一日，由蕊满当值。娆星像一匹绸又似月亮明亮地射出。土神吃牛。黑蛇在南方。二十二日，由本补古当值。娆星像降魔杵一样射出。土神吃麻风病人。黑蛇在西方。二十三日，由本补坞当值。娆劳鲍从海里射出。土神吃男子。黑蛇在狗居地。二十四日，由柔正当值。娆久嘎射出。土神吃柴和石头。黑蛇在东方。二十五日，由巴孔当值。娆星像闪电一样射出。

594-L-24-19

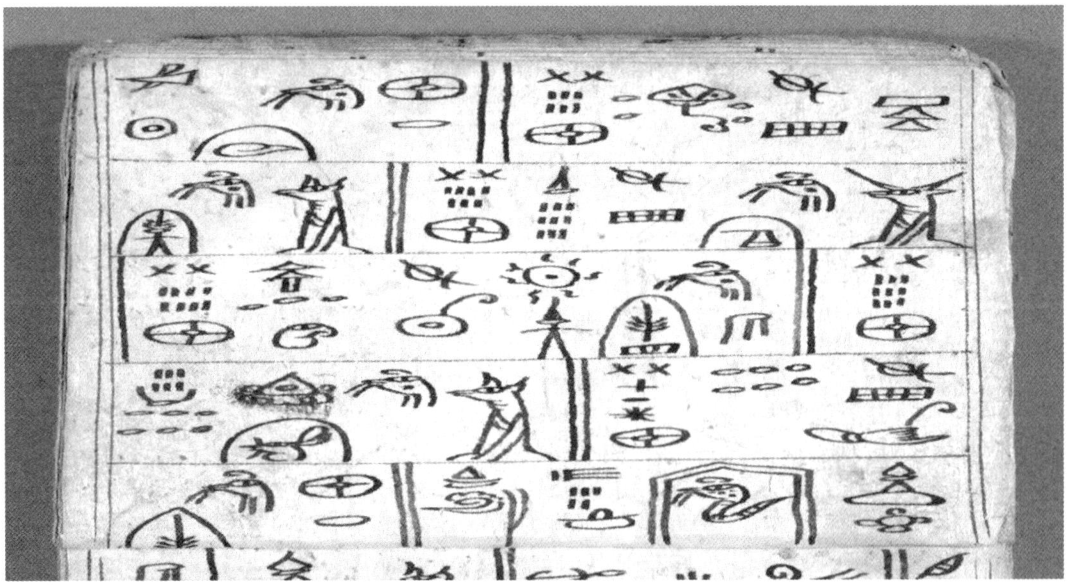

thi^{21}、mɑ^{21}①. thy̩^{33} hɯ^{55} dzɿ^{33}. ʐʅ^{21} nɑ^{21} ȵi^{33} me^{33} gy̩^{21} ʥy^{21}. | ȵi^{33} tsər^{21} tʂhuɑ^{55} ȵi^{33}, pɑ^{33} by^{33}. zɑ^{21}
土神 海 吃 蛇 黑 西方 在 二 十 六 日 巴毕 娆星

i^{33} pu^{33} khæ^{55}②. | thy̩^{33} ə^{33} sɿ^{21} dzɿ^{33}. ʐʅ^{21} nɑ^{21} khɯ^{33} dzɿ^{21} tɯ^{33} ʥy^{21}. | ȵi^{33} tsər^{21} ʂər^{33} ȵi^{33}, nɑ^{33}
绸 射 土神 父亲 吃 蛇黑 狗 居 地 在 二 十 七 日 娜古

① thi^{21}、mɑ^{21}：这两个字符无法与其他字符连读成句，存疑。

② 其后有一个“一块板和两个三角形”组成的符号，不知其义。存疑。

gy̩^{21}. zɑ^{21} i^{33} pu^{33} khæ^{55}. thy̩^{33} ʂu^{21} dzʅ^{33}. ʐʅ^{21} nɑ^{21} y^{21} dzʅ^{21} tɯ^{33} ʥy^{21}. | ȵi^{33} tsər^{21} ho^{55} ȵi^{33}, thɑ^{33}
娆星 绸 射 土神 铁 吃 蛇 黑 羊 居 地 在 二 十 八 日 涛构

kə^{55}, zɑ^{21} mi^{33} mi^{21} nɑ^{21} fy̩^{55} nɑ^{21} dy̩^{33} dʐʅ^{21} khæ^{55}. thy̩^{33} sər^{33} nɯ^{21} tʂʅ^{33} dzʅ^{33}. ʐʅ^{21} nɑ^{21} ho^{33} gy̩^{33} lo^{21}
娆米麻 漆黑一团 时 射 土神 柴 和 土 吃 蛇 黑 北方

ʥy^{21}. | ȵi^{33} tsər^{21} gy̩^{33} ȵi^{33}, | tʂhuɑ^{55} tshər^{21} khuɑ^{33}①. ɯ^{33}. thy̩^{33} le^{33} dzʅ^{33}. ʐʅ^{21} nɑ^{21} khɯ^{33} dzʅ^{21}
在 二 十 九 日 创昌夸 吉 土神 獐子 吃 蛇 黑 狗 居

tɯ^{33} ʥy^{21}. | nɑ^{33} ty̩^{21} ȵi^{55}, tʂhuɑ^{55} tshər^{21} gy̩^{33}. zɑ^{21} lɑ^{21} pɑ^{55} khæ^{55}. i^{33} pu^{33}② | thy̩^{33} sər^{33} dzʅ^{33}. ʐʅ^{21}
地 在 三十 日 创昌古 娆劳鲍 射 绸 土神 柴 吃 蛇

nɑ^{21} ȵi^{33} me^{33} gy̩^{21} ʥy^{21}. | sɑ^{55} uɑ^{33} he^{33}, ʐʅ^{21} he^{33}. he^{21} dɯ^{21}
黑 西方 在 三月 蛇 月 神 大

土神吃海。黑蛇在西方。二十六日，由巴毕当值。娆星像一匹绸一样射出。土神吃父亲。黑蛇在狗居地。二十七日，由娜古当值。娆星像一匹绸一样射出。土神吃铁。黑蛇在羊居地。二十八日，由涛构当值。娆米麻在漆黑一团的夜里射出。土神吃柴和土。黑蛇在北方，二十九日，由创昌夸当值。吉。土神吃獐子。黑蛇在狗居地。三十日，由创昌古当值。娆劳鲍射出。土神吃柴。黑蛇在西方。

三月：蛇月。大神

594-L-24-20

ho^{33} gy̩^{33} lo^{21} ʥy^{21}. | ko^{21} ɕi^{33} he^{21} dɯ^{21} khɯ^{33} dzʅ^{21} tɯ^{33} ʥy^{21}. | to^{55} dʐu̩^{33} ly̩^{21} dzʅ^{21} tɯ^{33}
北方 在 郭兴 神 大 狗 居 地 在 垛鬼 债 龙 居 地

① 其后应有“zɑ^{21}”之情况如何，但原文阙如。

② 经文中有 i^{33} pu^{33} 绸字符，不能与前后文连读成句。只在记音中记录，意译中不再翻译。此后如此情况者，不再一一作注。

dʑy^{21}. | tshe^{33} do^{21} dɯ^{33} ȵi^{33}, miə^{21} ɕy^{21}. zɑ^{21} i^{33} pu^{33} khæ^{55}. thv̩^{33} bər^{33} dzɿ^{33}. ʐʅ^{21} nɑ^{21} ho^{33} gv̩^{33} lo^{21}
在 月 见 一 日 谬许 娆星 绸 射 土神 客人 吃 蛇 黑 北方

dʑy^{21}. | tshe^{33} do^{21} ȵi^{33} ȵi^{33}, sɿ^{33} tho^{21} khuɑ^{33}. zɑ^{21} phy^{33} bɑ^{33} khæ^{55}. | thv̩^{33} ɯ^{33} dzɿ^{33}. ʐʅ^{21} nɑ^{21}
在 月 见 二 日 司托夸 娆星 降魔杵 射 土神 牛 吃 蛇 黑

ɯ^{33} dzɿ^{21} tɯ^{33} dʑy^{21}. | tshe^{33} do^{21} sɿ^{21} ȵi^{33}, lɑ^{21} ɕy^{21}, zɑ^{33} tɕiæ^{33} tɕy^{33} khæ^{55}. thv̩^{33} le^{33} dzɿ^{33}. | ʐʅ^{21}
牛 居 地 在 月 见 三 日 劳徐 娆星 三叉戟 射 土神 獐子 吃 蛇

nɑ^{21} ȵi^{33} me^{33} gv̩^{21} dʑy^{21}. | tshe^{33} do^{21} lu^{33} ȵi^{33}, kɯ^{33} phər^{21} sɿ^{21} kv̩^{33}, zɑ^{21} ȵi^{33} me^{33} khæ^{55}. thv̩^{33}
黑 西方 在 月 见 四 日 庚盘术古 娆星 太阳 射 土神

sər^{33} dzɿ^{33}. ʐʅ^{21} nɑ^{21} ɯ^{33} dzɿ^{21} tɯ^{33} dʑy^{21}. | tshe^{33} do^{21} uɑ^{33} ȵi^{33}, kɯ^{33} phər^{21} sɿ^{21} mæ^{33}. zɑ^{21} he^{33}
柴 吃 蛇 黑 牛 居 地 在 月 见 五 日 庚盘术满 娆星 月亮

me^{33} hɯ^{55} lo^{21} nɯ^{33} nɑ^{21} fv̩^{55} nɑ^{21} dv̩^{33} dʐʅ^{21} khæ^{55}. thv̩^{33} tʂʅ^{33} dzɿ^{33}. ʐʅ^{21} nɑ^{21} ȵi^{33} me^{33} thv̩^{33} dʑy^{21}.
海 里 以 漆黑一团 时 射 土神 土 吃 蛇 黑 东方 在

在北方。郭兴大神在狗居地。垛鬼收债者在龙居地。初一，由谬许当值。娆星像一匹绸一样射出。土神吃客人。黑蛇在北方。初二，由司托夸当值。娆星像降魔杵一样射出。土神吃牛。黑蛇在牛居地。初三，由劳徐当值。娆星像三叉戟一样射出。土神吃獐子。黑蛇在西方。初四，由庚盘术古当值。娆星像太阳一样明亮地射出。土神吃柴。黑蛇在牛居地。初五，由庚盘术满当值。娆星在漆黑一团的夜里像月亮一样亮地从海里射出。土神吃土。黑蛇在东方。

594-L-24-21

tshe^{33} do^{21} tʂhuɑ^{55} ȵi^{33}, tshʅ^{21} khu^{33}. zɑ^{21} mi^{33} mɑ^{21} khæ^{55}. i^{33} pu^{33}. thy̩^{33} ɕi^{33} tɕiə^{33} dzʅ^{33}. ʐʅ^{21} nɑ^{21}
月 见 六 日 楚孔 娆米麻 射 绸 土神 人 麻风 吃 蛇 黑

ɯ^{33} dzʅ^{21} tɯ^{33} ʥy^{21}. | tshe^{33} do^{21} ʂər^{33} ȵi^{33}, bu^{21} khu^{33}. | zɑ^{21} i^{33} pu^{33} khæ^{55}. thy̩^{33} zo^{33} dzʅ^{33}. ʐʅ^{21}
牛 居 地 在 月 见 七 日 月 布孔 娆星 绸 射 土神 男 吃 蛇

nɑ^{21} ȵi^{33} me^{33} gy̩^{21} ʥy^{21}. | tshe^{33} do^{21} ho^{55} ȵi^{33}, bu^{21} to^{55}. zɑ^{21} i^{33} pu^{33}[1] khæ^{55}. | thy̩^{33} hɑ^{33} dzʅ^{33}.
黑 西方 在 月 见 八 日 布铎 娆星 绸 射 土神 饭 吃

ʐʅ^{21} nɑ^{21} i^{33} tʂhʅ^{33} mu^{21} ʥy^{21}. | tshe^{33} do^{21} gy̩^{33} ȵi^{33}, bu^{21} mɑ^{55}. zɑ^{21} tshy^{55} do^{55} khæ^{55}. thy̩^{33} zo^{33}
蛇 黑 南方 在 月 见 九 日 布冒 娆星 闪电 射 土神 儿

tɕi^{55} dzʅ^{33}. ʐʅ^{21} nɑ^{21} ho^{33} gy̩^{33} lo^{21} ʥy^{21}. | tshe^{33} do^{21} tshe^{21} ȵi^{33}, ʂuɑ^{21} khuɑ^{33}. thy̩^{33} sər^{21} nɯ^{21} hɯ^{55}
小 吃 蛇 黑 北方 在 月 见 十 日 刷卡 土神 柴 和 海

dzʅ^{33}. zɑ^{21} phy^{33} bɑ^{33} khæ^{55}. ʐʅ^{21} nɑ^{21} ɯ^{33} dzʅ^{21} tɯ^{33} ʥy^{21}. | tshe^{21} dɯ^{33} ȵi^{33}, ɕy^{21} khuɑ^{33}. | zɑ^{21} i^{33}
吃 娆星 降魔杵 射 蛇 黑 牛 居 地 在 十 一 日 徐卡 娆星 绸

pu^{33} khæ^{55}. thy̩^{33} khy̩^{21} ɕi^{33} dzʅ^{33}. ʐʅ^{21} nɑ^{21} ho^{33} gy̩^{33} lo^{21} ʥy^{21}. | tshe^{21} ȵi^{33} ȵi^{33}, zy^{21} he^{33}. zɑ^{21} sʅ^{21}[2]
射 土神 内 人 吃 蛇 黑 北方 在 十 二 日 蕊亨 娆星

he^{33} me^{33} khæ^{55}. thy̩^{33} sər^{33} nɯ^{21} ly̩^{33} dzʅ^{33}.
月亮 射 土神 柴 和 石 吃

初六，由楚孔当值。娆米麻射出。土神吃麻风病人。黑蛇在牛居地。初七，由布孔当值。娆星像一匹绸一样射出。土神吃男人。黑蛇在西方。初八，由布铎当值。娆星像一匹绸一样射出。土神吃米饭。黑蛇在南方。初九，由布冒当值。娆星像闪电一样射出。土神吃幼子。黑蛇在北方。初十，由刷卡当值。土神吃柴和海。娆星像降魔杵一样射出。黑蛇在牛居地。十一日，由徐卡当值。娆星像一匹绸一样射出。土神吃内亲。黑蛇在北方。十二日，由蕊亨当值。娆星像月亮一样亮地射出。土神吃柴和石头。

① 在这五个字符中有“三角形”、“菱形中有圆圈”的三个字符不知为何物，存疑。后文中时有出现，不再一一作注。

② sʅ^{21}：此字符无法与其他字符连读成句，存疑。

594-L-24-22

ʐʅ^{21} nɑ^{21} lv̩^{21} dzʅ^{21} tɯ^{33} ʥy^{21}. | tshe^{33} sʅ^{21} ȵi^{33}, zy^{21} miə^{21}. zɑ^{21} i^{33} pu^{33} khæ^{55}. thv̩^{33} zo^{33} dzʅ^{33}. ʐʅ^{21}
蛇 黑龙 居地 在 十 三日 蕊谬 娆星 绸 射 土神 男 吃 蛇

nɑ^{21} i^{33} tʂhʅ^{33} mu^{21} ʥy^{21}. | tshe^{21} lu^{33} ȵi^{33}, zy^{33} kv̩^{33}. zɑ^{21} lɑ^{21} pɑ^{55} khæ^{55}. sʅ^{21}[①]. thv̩^{33} ʐuɑ^{33} dzʅ^{33}.
黑 南方 在 十 四 日 蕊古 娆劳鲍 射 土神 马 吃

ʐʅ^{21} nɑ^{21} ɯ^{33} dzʅ^{21} tɯ^{33} ʥy^{21}. | tshe^{21} uɑ^{33} ȵi^{33}, | zy^{21} dv̩^{21}. zɑ^{21} i^{33} pu^{33} hɯ^{55} lo^{21} nɯ^{33} khæ^{55}.
蛇 黑 牛 居 地 在 十 五 日 蕊督 娆星 绸 海 里 以 射

thv̩^{33} ȵi^{33} dzʅ^{33}. ʐʅ^{21} nɑ^{21} ȵi^{33} me^{33} thv̩^{33} ʥy^{21}. | tshe^{21} tʂhuɑ^{55} ȵi^{33}, zy^{21} bɑ^{21}. zɑ^{21} | nɑ^{21} fv̩^{55} nɑ^{21}
土神 鱼 吃 蛇 黑 东方 在 十 六 日 蕊巴 娆星 漆黑一团

dv̩^{33} dʐʅ^{21} tshy^{55} do^{55} khæ^{55}. thv̩^{33} ɯ^{33} dzʅ^{33}. ʐʅ^{21} nɑ^{21} lv̩^{21} dzʅ^{21} tɯ^{33} ʥy^{21}. | tshe^{21} ʂər^{33} ȵi^{33}, zy^{21}
时 闪电 射 土神 牛 吃 蛇 黑 龙 居 地 在 十 七 日 蕊崩

bə^{33}. | zɑ^{21} ȵi^{33} me^{33} khæ^{55}. thv̩^{33} hɯ^{55} lo^{21} bɑ^{21} dzʅ^{33}. ʐʅ^{21} nɑ^{21} i^{33} tʂhʅ^{33} mu^{21} ʥy^{21}. | tshe^{21} ho^{55}
娆星 太阳 射 土神 海 里 花 吃 蛇 黑 南方 在 十 八

ȵi^{33}, zy^{21} mæ^{55}. zɑ^{21} mi^{33} mɑ^{21} khæ^{55}. i^{33} pu^{33}.
日 蕊满 娆米麻 射 绸

黑蛇在龙居地。十三日，由蕊谬当值。娆星像一匹绸一样射出。土神吃男人。黑蛇在南方。十四日，由蕊古当值。娆劳鲍射出。土神吃马。黑蛇在牛居地。十五日，由蕊督当值。娆星像一匹绸一样从海里射出。土神吃鱼。黑蛇在东方。十六日，由蕊巴当值。娆星在漆黑一团的夜里像闪电一样射出。土神吃牛。黑蛇在龙居地。十七日，由蕊崩当值。娆星像太阳一样

① sʅ^{21}：此字符与其他字符无法连读，存疑。此种现象多处出现，不再一一作注。

明亮地射出。土神吃海花。黑蛇在南方。十八日，由蕊满当值。娆米麻射出。

594-L-24-23

thy̩^{33} sər^{33} nɯ^{21} ʐʅ^{21} dzʅ^{33}. ʐʅ^{21} nɑ^{21} ɯ^{33} dzʅ^{21} tɯ^{33} ʥy^{21}. | tshe^{21} gy̩^{33} ȵi^{33}, py^{33} bu^{21} ky̩^{33}. zɑ^{21} he^{33}
土神 柴 和 蛇 吃 蛇 黑 牛 居 地 在 十 九 日 本补古 娆星月亮

me^{33} nɑ^{21} fy̩^{55} tshʅ^{21} khæ^{55}. | thy̩^{33} hɯ^{55} dzʅ^{33}. ʐʅ^{21} nɑ^{21} khɯ^{33} dzʅ^{21} tɯ^{33} ʥy^{21}. | ȵi^{33} tsər^{21} ȵi^{33},
黑 夜 来 射 土神 海 吃 蛇 黑 狗 居 地 在 二 十 日

zy^{21}①, py^{33} bu^{21} uə^{33}. zɑ^{21} mi^{33} mɑ^{21} nɑ^{21} fy̩^{55} nɑ^{21} dy̩^{33} dʐʅ^{21} khæ^{55}. i^{33} pu^{33}. | thy̩^{33} mə^{33} dzʅ^{33}. |
本补坞 娆米麻 漆黑一团 时 射 绸 土神 不 食

ʐʅ^{21} nɑ^{21} ɯ^{33} dzʅ^{21} tɯ^{33} ʥy^{21}. | ȵi^{33} tsər^{21} dɯ^{33} ȵi^{33}, ʐuɑ^{33} tse^{55}. zɑ^{21} lɑ^{21} pɑ^{55} khæ^{55}. sʅ^{21}②. thy̩^{33}
蛇 黑 牛 居 地 在 二 十 一 日 柔正 娆劳鲍 射 骰子 土神

hɑ^{33} dzʅ^{33}. | ʐʅ^{21} nɑ^{21} ȵi^{33} me^{33} thy̩^{33} ʥy^{21}. | ȵi^{33} tsər^{21} ȵi^{33} ȵi^{33}, pɑ^{33} khu^{33}. zɑ^{21} i^{33} pu^{33} khæ^{55}. thy̩^{33}
饭 吃 蛇 黑 东方 在 二 十 二 日 巴孔 娆星 绸 射 土神

ny̩^{55} me^{33} dzʅ^{33}. phy^{33} bɑ^{33}. | ʐʅ^{21} nɑ^{21} ɯ^{33} dzʅ^{21} tɯ^{33} ʥy^{21}. | ȵi^{33} tsər^{21} sʅ^{21} ȵi^{33}, pɑ^{33} by^{33}. zɑ^{21}
心 吃 降魔杵 蛇 黑 牛 居 地 在 二 十 三 日 巴毕 娆星

tshy^{55} do^{55} khæ^{55}. thy̩^{33} ɕi^{21} ly^{33} dzʅ^{33}. ʐʅ^{21} nɑ^{21}
闪电 射 土神 谷 粒 吃 蛇 黑

土神吃柴和蛇。黑蛇在牛居地。十九日，由本补古当值。娆星像月亮一样亮地在黑夜来临时射出。土神吃海。黑蛇在狗居地。二十日，由本补坞当值。娆米麻在漆黑一团的夜里射出。土神不食。黑蛇在牛居地。二十一日，由柔正当值。娆劳鲍射出。土神吃米饭。黑蛇在东方。

① zy^{21}：此字为东巴笔误。

② 此字符无法与其他字符连读，存疑。

二十二日，由巴孔当值。娆星像一匹绸一样射出。土神吃心。黑蛇在牛居地。二十三日，由巴毕当值。娆星像闪电一样射出。土神吃谷粒。黑蛇

594-L-24-24

lv̩^{21} dzɿ^{21} tɯ^{33} ʥy^{21}. | ȵi^{33} tsər^{21} lu^{33} ȵi^{33}, nɑ^{33} gv̩^{21}. zɑ^{21} tɕiæ^{33} tɕy̩^{33} khæ^{55}. thv̩^{33} zo^{33} dzɿ^{33}. ʐʅ^{21}

龙 居 地 在 二 十 四 日 娜古 娆星 三叉戟 射 土神 男 吃 蛇

nɑ^{21} i^{33} tʂhʅ^{33} mu^{21} ʥy^{21}. | ȵi^{33} tsər^{21} uɑ^{33} ȵi^{33}, thɑ^{33} kə^{55}. zɑ^{21} ȵi^{33} me^{33} nɑ^{21} fv̩^{55} nɑ^{21} dv̩^{33} dʐʅ^{21}

黑 南方 在 二 十 五 日 涛构 娆星 太阳 漆黑一团 时

khæ^{55}. i^{33} pu^{33}. thv̩^{33} zo^{33} dzɿ^{33}. ʐʅ^{21} nɑ^{21} ɯ^{33} dzɿ^{21} tɯ^{33} ʥy^{21}. | ȵi^{33} tsər^{21} tʂhuɑ^{55} ȵi^{33}, tʂhuɑ^{55}

射 绸 土神 男 吃 蛇 黑 牛 居 地 在 二 十 六 日

tshər^{21} khuɑ^{33}. zɑ^{21} he^{33} me^{33} khæ^{55}. thv̩^{33} ɯ^{33} dzɿ^{33}. ʐʅ^{21} nɑ^{21} ȵi^{33} me^{33} gv̩^{21} ʥy^{21}. | ȵi^{33} tsər^{21} ʂər^{33}

创昌夸 娆星 月亮 射 土神 牛 吃 蛇 黑 西方 在 二 十 七

ȵi^{33}, | tʂhuɑ^{55} tshər^{21} gv̩^{33}, zɑ^{21} mi^{21} mɑ^{21} khæ^{55}. i^{33} pu^{33}. thv̩^{33} sɿ^{21} dzɿ^{33}. ʐʅ^{21} nɑ^{21} khɯ^{33} dzɿ^{21} tɯ^{33}

日 创昌古 娆米麻 射 绸 土神 署 吃 蛇 黑 狗 居 地

ʥy^{21}. | ȵi^{33} tsər^{21} ho^{55} ȵi^{33}, miə^{21} ɕy^{21}. | zɑ^{21} lɑ^{21} pɑ^{55} khæ^{55}. thv̩^{33} mi^{55} dzɿ^{33}. ʐʅ^{21} nɑ^{21} lv̩^{21} dzɿ^{21}

在 二 十 八 日 谬许 娆劳鲍 射 土神 女 吃 蛇 黑 龙 居

tɯ^{33} ʥy^{21}. | ȵi^{33} tsər^{21} gv̩^{33} ȵi^{33}, sɿ^{33} tho^{21} khuɑ^{33}. zɑ^{21} i^{33} pu^{33} khæ^{55}.

地 在 二 十 九 日 司托夸 娆星 绸 射

在龙居地。二十四日，由娜古当值。娆星像三叉戟一样射出。土神吃男人。黑蛇在南方。二十

五日，由涛构当值。娆星像太阳一样明亮地在漆黑一团的夜里射出。土神吃男人。黑蛇在牛居地。二十六日，由创昌夸当值。娆星像月亮一样亮地射出。土神吃牛。黑蛇在西方。二十七日，由创昌古当值。娆米麻射出。土神吃署。黑蛇在狗居地。二十八日，由谬许当值。娆劳鲍射出。土神吃女人。黑蛇在龙居地。二十九日，由司托夸当值。娆星像一匹绸一样射出。

594-L-24-25

thy̩^{33} ly̩^{33} dzɿ^{33}. ʐʅ^{21} nɑ^{21} n̥i^{33} me^{33} gy̩^{21} dʑy^{21}. | nɑ^{33} ty̩^{21} n̥i^{33}, sɿ^{33} tho^{21} lɑ^{21} ɕy^{21}①. thy̩^{33} mi^{55} dzɿ^{33}.

土神 石 吃 蛇 黑 西方 在 三十 日 司托劳徐 土神 女 吃

ʐʅ^{21} nɑ^{21} khɯ^{33} dzɿ^{21} tɯ^{33} dʑy^{21}. | lu^{55} me^{33} he^{33}, ʐuɑ^{33} he^{33}. he^{21} dɯ^{21} n̥i^{33} me^{33} thy̩^{33} dʑy^{21}. | ko^{21}

蛇 黑 狗 居 地 在 四月 马 月 神 大 东方 在 郭兴

ɕi^{33} he^{21} dɯ^{21} | ɯ^{33} dzɿ^{21} tɯ^{33} dʑy^{21}. | to^{55} dʐu^{33} y^{21} dzɿ^{21} tɯ^{33} dʑy^{21}. | tshe^{33} do^{21} dɯ^{33} n̥i^{33}, kɯ^{33}

神 大 牛 居 地 在 垛鬼 债 羊 居 地 在 月 见 一 日

phər^{21} sɿ^{21} ky̩^{33}. | zɑ^{33} i^{33} pu^{33} khæ^{55}. thy̩^{33} fy̩^{55} dzɿ^{33}. ʐʅ^{21} nɑ^{21} n̥i^{33} me^{33} thy̩^{33} dʑy^{21}. | tshe^{33} do^{21}

庚盘术古 娆星 绸 射 土神 鼠 吃 蛇 黑 东方 在 月 见

n̥i^{33} n̥i^{33}, kɯ^{33} phər^{21} sɿ^{21} mæ^{33}. zɑ^{21} n̥i^{33} me^{33} khæ^{55}. thy̩^{33} mɯ^{55} dzɿ^{33}. | ʐʅ^{21} nɑ^{21} i^{33} tʂhʅ^{33} mu^{21}

二 日 庚盘术满 娆星 太阳 射 土神 竹 吃 蛇 黑 南方

dʑy^{21}. | tshe^{33} do^{21} sɿ^{21} n̥i^{33}, tshɿ^{21} khu^{33}. zɑ^{21} he^{33} me^{33} khæ^{55}. thy̩^{33} zər^{33} dzɿ^{33}. ʐʅ^{21} nɑ^{21} ɯ^{33} dzɿ^{21}

在 月 见 三 日 楚孔 娆星 月亮 射 土神 柳 吃 蛇 黑 牛 居

---

① 之后应有“zɑ^{21}”怎样射出，但 zɑ^{21} 的状况如何，原文阙如。

tɯ^{33} dʑy^{21}.
地 在

土神吃石头。黑蛇在西方。三十日，由司托劳徐当值。土神吃女人。黑蛇在狗居地。

四月：马月。大神在东方。郭兴大神在牛居地。垛鬼收债者在羊居地。初一，由庚盘术古当值。娆星像一匹绸一样射出。土神吃老鼠。黑蛇在东方。初二，由庚盘术满当值。娆星像太阳一样明亮地射出。土神吃竹子。黑蛇在南方。初三，由楚孔当值。娆星像月亮一样亮地射出。土神吃柳。黑蛇在牛居地。

594-L-24-26

tshe^{33} do^{21} lu^{33} ȵi^{33}, bu^{21} khu^{33}. ɯ^{33}. thy̩^{33} o^{21} hər^{21} dzɿ^{33}. ʐʅ^{21} nɑ^{21} i^{33} tʂhʅ^{33} mu^{21} dʑy^{21}. | tshe^{33} do^{21}
月 见 四 日 布孔 吉 土神松石 绿 吃 蛇 黑 南方 在 月 见

uɑ^{33} ȵi^{33}, bu^{21} to^{55}. | zɑ^{21} lɑ^{21} pɑ^{55} khæ^{55}. thy̩^{33} sər^{33} dzɿ^{33}. ʐʅ^{21} nɑ^{21} ɯ^{33} dzɿ^{21} tɯ^{33} dʑy^{21}. | tshe^{33}
五 日 布铎 娆劳鲍 射 土神 柴 吃 蛇 黑 牛 居 地 在 月

do^{21} ho^{55}① ȵi^{33}, bu^{21} mɑ^{55}. zɑ^{21} | phy̩^{33} bɑ^{33} khæ^{55}. thy̩^{33} ɯ^{33} dzɿ^{33}. ʐʅ^{21} nɑ^{21} i^{33} tʂhʅ^{33} mu^{21} dʑy^{21}. |
见 八 日 布冒 娆星 降魔杵 射 土神 牛 吃 蛇 黑 南方 在

tshe^{33} do^{21} ʂər^{33} ȵi^{33}, ʂuɑ^{21} khuɑ^{33}. zɑ^{21} tshy̩^{55} do^{55} i^{33} pu^{33} nɑ^{21} fy̩^{55} tshɿ^{21} khæ^{55}. | thy̩^{33} zo^{33} dzɿ^{33}.
月 见 七 日 刷卡 娆星 闪电 绸 天 黑 来 射 土神 男 吃

ʐʅ^{21} nɑ^{21} ɯ^{33} dzɿ^{21} tɯ^{33} dʑy^{21}. | tshe^{33} do^{21} ho^{55} ȵi^{33}, ɕy^{21} khuɑ^{33}. zɑ^{21} khæ^{55}. thy̩^{33} bər^{33} dzɿ^{33}. ʐʅ^{21}
蛇 黑 牛 居 地 在 月 见 八 日 徐卡 娆星 射 土神 客人 吃 蛇

nɑ^{21} ȵi^{33} me^{33} thy̩^{33} dʑy^{21}. | tshe^{33} do^{21} gy̩^{33} ȵi^{33}, zy^{21} he^{33}. zɑ^{21} ȵi^{33} me^{33} khæ^{55}. thy̩^{33} zo^{33} mi^{55}
黑 东方 在 月 见 九 日 蕊亨 娆星 太阳 射 土神 儿 女

① ho^{55}（八）：原文错，应为“tʂhuɑ^{55}（六）”，译文中校为“六”。

dzɿ33. zɿ21 nɑ21 ȵi33 me33 gv̩21 dʑy21. | tshe33 do21 tshe21 ȵi33, zy21 miə21.
吃 蛇 黑 西方 在 月 见 十 日 蕊谬

初四，由布孔当值。吉[①]。土神吃绿松石。黑蛇在南方。初五，由布铎当值。娆劳鲍射出。土神吃柴。黑蛇在牛居地。初六，由布冒当值。娆星像降魔杵一样射出。土神吃牛。黑蛇在南方。初七，由刷卡当值。娆星像闪电一样在天黑时射出。土神吃男人。黑蛇在牛居地。初八，由徐卡当值。娆星射出。土神吃客人。黑蛇在东方。初九，由蕊亨当值。娆星像太阳一样明亮地射出。土神吃儿女。黑蛇在西方。初十，由蕊谬当值。

594-L24-27

zɑ21 he33 me33 khæ55. thv̩33 le33 dzɿ33. zɿ21 nɑ21 khɯ33 dzɿ21 tɯ33 dʑy21. | tshe21 dɯ33 ȵi33, zy21 kv̩33.
娆星 月亮 射 土神 獐子 吃 蛇 黑 狗 居 地 在 十 一 日 蕊古

zɑ21 mi33 mɑ21 khæ55. thi33、sɿ21[②] | thv̩33 ɯ33 dzɿ33. zɿ21 nɑ21 ȵi33 me33 gv̩21 dʑy21. | tshe21 ȵi33 ȵi33,
娆米麻 射 创子 骰子 土神 牛 吃 蛇 黑 西方 在 十 二 日

zy21 dv̩21. zɑ21 lɑ21 pɑ55 khæ55. thv̩33 mɯ55 dzɿ33. zɿ21 nɑ21 ho33 gv̩33 lo21 dʑy21. | tshe33 sɿ21 ȵi33, zy21
蕊督 娆劳鲍 射 土神 竹 吃 蛇 黑 北方 在 十 三 日 蕊巴

bɑ21. zɑ21 dʑiə33 kɑ21 khæ55. thv̩33 tɕhi21 dzɿ21. zɿ21 nɑ21 ho33 gv̩33 lo21 dʑy21. | tshe21 lu33 ȵi33, zy21
娆久嘎 射 土神 麂子 吃 蛇 黑 北方 在 十 四 日 蕊崩

---

① 下句应有娆星如何的记录，但原文阙如。

② thi33、sɿ21：这两个字符无法与其他字符连读成句，存疑。

bə^{33}. | zɑ^{21} tshy^{55} do^{55} khæ^{55}. thṿ^{33} zṳɑ^{33} dzɿ^{33}. zʅ^{21} nɑ^{21} y^{21} dzɿ^{21} tɯ^{33} ʥy^{21}. | tshe^{21} uɑ^{33} ȵi^{33}, zy^{21}
娆星 闪电 射 土神 马 吃 蛇黑羊 居 地 在 十 五 日 蕊满

mæ^{33}. thṿ^{33} zo^{33} dzɿ^{33}. zɑ^{21} i^{33} pu^{33} | nɑ^{21} fṿ^{55} nɑ^{21} dṿ^{33} dzʅ^{21} khæ^{55}. phy^{33} bɑ^{33}. zʅ^{21} nɑ^{21} ho^{33} gṿ^{33}
土神 男 吃 娆星 绸 漆黑一团 时 射 降魔杵 蛇 黑 北方

lo^{21} ʥy^{21}. | tshe^{21} tʂhuɑ^{55} ȵi^{33}, zɑ^{21} phy^{33} bɑ^{33} khæ^{55}. py^{33} bu^{21} kṿ^{33}. zʅ^{21} nɑ^{21} ȵi^{33} me^{33} gṿ^{21} ʥy^{21}.
在 十 六 日 娆星 降魔杵 射 本补古 蛇 黑 西方 在

娆星像月亮一样亮地射出。土神吃獐子。黑蛇在狗居地。十一日，由蕊古当值。娆米麻射出。土神吃牛。黑蛇在西方。十二日，由蕊督当值。娆劳鲍射出。土神吃竹子。黑蛇在北方。十三日，由蕊巴当值。娆久嘎射出。土神吃麂子。黑蛇在北方。十四日，由蕊崩当值。娆星像闪电一样射出。土神吃马。黑蛇在羊居地。十五日，由蕊满当值。土神吃男人。娆星像一匹绸一样在漆黑一团的夜里射出。黑蛇在北方。十六日，娆星像降魔杵一样射出。由本补古当值。黑蛇在西方。

594-L-24-28

tshe^{21} ʂər^{33} ȵi^{33}, py^{33} bu^{21} uə^{33}. zɑ^{21} he^{33} me^{33} khæ^{55}. ɯ^{33}. thṿ^{33} zo^{33} tɕi^{55} dzɿ^{33}. zʅ^{21} nɑ^{21} ȵi^{33} me^{33}
十 七 日 本补坞 娆星 月亮 射 吉 土神 儿小 吃 蛇 黑 西方

gṿ^{21} ʥy^{21}. | tshe^{21} ho^{55} ȵi^{33}, | zṳɑ^{33} tse^{55}. zɑ^{21} khæ^{55}. thṿ^{33} hɯ^{55} dzɿ^{33}. zʅ^{21} nɑ^{21} i^{33} tʂhʅ^{33} mu^{21}
在 十 八 日 柔正 娆星 射 土神 海 吃 蛇 黑 南方

ʥy^{21}. | tshe^{21} gṿ^{33} ȵi^{33}, pɑ^{33} khu^{33}. zɑ^{21} lɑ^{21} pɑ^{55} khæ^{55}. | thṿ^{33} ə^{33} bɑ^{21} dzɿ^{33}. zʅ^{21} nɑ^{21} zʅ^{21} nɑ^{21}①
在 十 九 日 巴孔 娆劳鲍 射 土神 父亲 吃 蛇 黑蛇 黑

① zʅ^{21} nɑ^{21} zʅ^{21} nɑ^{21}：两个“黑蛇”写重，现只取其一。

ɯ^{33} dzʅ^{21} tɯ^{33} dʑy^{21}. | ȵi^{33} tsər^{21} ȵi^{33}, pɑ^{33} by^{33}. zɑ^{21} nɑ^{21} fy̩^{55} tshʅ^{21} khæ^{55}. | thy̩^{33} zo^{33} tɕi^{55} dzʅ^{33}.
牛 居 地 在 二 十 日 巴毕 娆星 天黑 来 射 土神 儿 小 吃

ʐʅ^{21} nɑ^{21} i^{33} tʂhʅ^{33} mu^{21} dʑy^{21}. | ȵi^{33} tsər^{21} dɯ^{33} ȵi^{33}, nɑ^{33} gy̩^{21}. zɑ^{21} tshy^{55} do^{55} khæ^{55}. i^{33} pu^{33}. thy̩^{33}
蛇 黑 南方 在 二 十 一 日 娜古 娆星 闪电 射 绸 土神

ɯ^{33} dzʅ^{33}. ʐʅ^{21} nɑ^{21} ho^{33} gy̩^{33} lo^{21} dʑy^{21}. | ȵi^{33} tsər^{21} ȵi^{33} ȵi^{33}, | thɑ^{33} kə^{55}. | zɑ^{21} i^{33} pu^{55} hɯ^{55} lo^{21}
牛 吃 蛇 黑 北方 在 二 十 二 日 涛构 娆星 绸 海 里

nɯ^{33} khæ^{55}. thy̩^{33} sər^{33} dzʅ^{33}. ʐʅ^{21} nɑ^{21} khɯ^{33} dzʅ^{21} tɯ^{33} dʑy^{21}. | ȵi^{33} tsər^{21} sʅ^{21} ȵi^{33}, tʂhuɑ^{55} tshər^{21}
以 射 土神 柴 吃 蛇 黑 狗 居 地 在 二 十 三 日 创昌夸

khuɑ^{33}. zɑ^{21} ȵi^{33} me^{33} khæ^{55}.
娆星 太阳 射

十七日，由本补坞当值。娆星像月亮一样亮地射出。吉。土神吃幼儿。黑蛇在西方。十八日，由柔正当值。娆星射出。土神吃海。黑蛇在南方。十九日，由巴孔当值。娆劳鲍射出。土神吃父亲。黑蛇在牛居地。二十日，由巴毕当值。娆星在天黑时射出。土神吃幼子。黑蛇在南方。二十一日，由娜古当值。娆星像闪电一样射出。土神吃牛。黑蛇在北方。二十二日，由涛构当值。娆星像一匹绸一样从海里射出。土神吃柴。黑蛇在狗居地。二十三日，由创昌夸当值。娆星像太阳一样明亮地射出。

594-L-24-29

thy̩^{33} zo^{33} dzʅ^{33}. ʐʅ^{21} nɑ^{21} ɯ^{33} dzʅ^{21} tɯ^{33} dʑy^{21}. | ȵi^{33} tsər^{21} lu^{33} ȵi^{33}, tʂhuɑ^{55} tshər^{21} gy̩^{33}. zɑ^{21} he^{33}
土神 男 吃 蛇 黑 牛 居 地 在 二 十 四 日 创昌古 娆星 月亮

me^{33} khæ^{55}. thy̩^{33} ɯ^{33} dzʅ^{33}. ʐʅ^{21} nɑ^{21} | ȵi^{33} me^{33} gy̩^{21} dʑy^{21}. | ȵi^{33} tsər^{21} uɑ^{33} ȵi^{33}, miə^{21} ɕy^{21}. zɑ^{21}
射 土神 牛 吃 蛇 黑 西方 在 二 十 五 日 谬许

mi^{33} mɑ^{21} nɑ^{21} fy̩^{55} nɑ^{21} dy̩^{33} dʐʅ^{21} khæ^{55}. thy̩^{33} dzʅ^{21} dzʅ^{33}. ʐʅ^{21} nɑ^{21} ȵi^{33} me^{33} thy̩^{33} ʥy^{21}. | ȵi^{33}
娆米麻 漆黑一团 时 射 土神 犏牛 吃 蛇 黑 东方 在 二

tsər^{21} tʂhuɑ^{55} ȵi^{33}, sʅ^{33} tho^{21} khuɑ^{33}. zɑ^{21} lɑ^{21} pɑ^{55} khæ^{55}. thy̩^{33} zo^{33} dzʅ^{33}. ʐʅ^{21} nɑ^{21} i^{33} tʂhʅ^{33} mu^{21}
十 六 日 司托夸 娆劳鲍 射 土神 男 吃 蛇 黑 南方

ʥy^{21}. | ȵi^{33} tsər^{21} ʂər^{33} ȵi^{33}. lɑ^{21} ɕy^{21}. | zɑ^{21} ʥiə^{33} kɑ^{21} khæ^{55}. thy̩^{33} sər^{33} nɯ^{21} ly̩^{33} dzʅ^{33}. ʐʅ^{21} nɑ^{21}
在 二 十 七 日 劳徐 娆久嘎 射 土神 柴 和 石 吃 蛇 黑

ɯ^{33} dzʅ^{21} tɯ^{33} ʥy^{21}. | ȵi^{33} tsər^{21} ho^{55} ȵi^{33}, kɯ^{33} phər^{21} sʅ^{21} ky̩^{33}. zɑ^{21} tshy^{55} do^{55} khæ^{55}. i^{33} pu^{33}. |
牛 居 地 在 二 十 八 日 庚盘术古 娆星 闪电 射 绸

thy̩^{33} zo^{33} lɑ^{21} dzʅ^{33}. ʐʅ^{21} nɑ^{21} i^{33} tʂhʅ^{33} mu^{21} ʥy^{21}. | ȵi^{33} tsər^{21} gy̩^{33} ȵi^{33}, kɯ^{33} phər^{21} sʅ^{21} mæ^{33}. zɑ^{21}
土神 男 手 吃 蛇 黑 南方 在 二 十 九 日 庚盘术满 娆星

i^{33} pu^{33} hɯ^{55} lo^{21} nɯ^{33} khæ^{55}. thy̩^{33} hɯ^{55} dzʅ^{33}. ʐʅ^{21} nɑ^{21} ȵi^{33} me^{33} thy̩^{33} ʥy^{21}.
绸 海 里 以 射 土神 海 吃 蛇 黑 东方 在

土神吃男人。黑蛇在牛居地。二十四日，由创昌古当值。娆星像月亮一样亮地射出。土神吃牛。黑蛇在西方。二十五日，由谬许当值。娆米麻在漆黑一团的夜里射出。土神吃犏牛。黑蛇在东方。二十六日，由司托夸当值。娆劳鲍射出。土神吃男人。黑蛇在南方。二十七日，由劳徐当值。娆久嘎射出。土神吃柴和石头。黑蛇在牛居地。二十八日，由庚盘术古当值。娆星像闪电一样射出。土神吃男人的手。黑蛇在南方。二十九日，由庚盘术满当值。娆星像一匹绸一样从海里射出。土神吃海。黑蛇在东方。

594-L-24-30

na^{33} ty̩^{21} ȵi^{33}, tshɿ^{21} khu^{33}. za^{21} ȵi^{33} me^{33} khæ^{55}. sɿ^{21}. thy̩^{33} dʑi^{21} dzɿ^{33}. ʐʅ^{21} na^{21} ȵi^{33} me^{33} gy̩^{21}
三十 日 楚孔 娆星 太阳 射 骰子 土神 水 吃 蛇 黑 西方

dʑy^{21}. | ua^{55} me^{33} he^{33}, y^{21} he^{33}. | he^{21} dɯ^{21} i^{33} tʂhʅ^{33} mu^{21} dʑy^{21}. | ko^{21} ɕi^{33} he^{21} dɯ^{21} ly̩^{21} dzɿ^{21}
在 五月 羊 月 神 大 南方 在 郭兴 神 大 龙 居

tɯ^{33} dʑy^{21}. | to^{55} dʐu^{33} khɯ^{33} dzɿ^{21} tɯ^{33} dʑy^{21}. | tshe^{33} do^{21} dɯ^{33} ȵi^{33}, bu^{21} khu^{33}. za^{21} he^{33} me^{33}
地 在 垛鬼 债 狗 居 地 在 月 见 一 日 布孔 娆星 月亮

khæ^{55}. i^{33} pu^{33}. ɯ^{33}. | phy^{33} ba^{33}. thy̩^{33} zo^{33} la^{21} dzɿ^{33}. | ʐʅ^{21} na^{21} ȵi^{33} me^{33} thy̩^{33} dʑy^{21}. | tshe^{33}
射 绸 吉 降魔杵 土神 男 手 吃 蛇 黑 东方 在 月

do^{21} ȵi^{33} ȵi^{33}, bu^{21} to^{55}. za^{21} mi^{33} ma^{21} khæ^{55}. thy̩^{33} dʑi^{21} dzɿ^{33}. ʐʅ^{21} ha^{21} ȵi^{33} me^{33} gy̩^{21} dʑy^{21}. | tshe^{33}
见 二 日 布铎 娆米麻 射 土神 水 吃 蛇 黑 西方 在 月

do^{21} sɿ^{21} ȵi^{33}, bu^{21} ma^{55}. za^{21} la^{21} pa^{55} khæ^{55}. i^{33} pu^{33}. thy̩^{33} fy̩^{55} dzɿ^{33}. ʐʅ^{21} na^{21} ȵi^{33} me^{33} thy̩^{33}
见 三 日 布冒 娆劳鲍 射 绸 土神 鼠 吃 蛇 黑 东方

dʑy^{21}. | tshe^{33} do^{21} lu^{33} ȵi^{33},
在 月 见 四 日

三十日，由楚孔当值。娆星像太阳一样明亮地射出。土神吃水。黑蛇在西方。

五月：羊月。大神在南方。郭兴大神在龙居地。垛鬼收债者在狗居地。初一，由布孔当值。娆星像月亮一样亮地射出。吉。土神吃男人的手。黑蛇在东方。初二，由布铎当值。娆米麻射出。土神吃水。黑蛇在西方。初三，由布冒当值。娆劳鲍射出。土神吃老鼠。黑蛇在东方。初四，

594-L-24-31

ʂua^{21} khua^{33}. za^{21} khæ^{55}. thy̩^{33} le^{33} dzɿ^{33}. ʐʅ^{21} na^{21} ȵi^{33} me^{33} gy̩^{21} dʑy^{21}. | tshe^{33} do^{21} ua^{33} ȵi^{33}, ɕy^{21}
刷卡 娆星 射 土神 獐子 吃 蛇 黑 西方 在 月 见 五 日 徐卡

khuɑ^{33}. zɑ^{21} hɯ^{55} lo^{21} nɯ^{33} khæ^{55}. | thv̩^{33} fv̩^{55} dzɿ^{33}. ʐʅ^{21} nɑ^{21} khɯ^{33} dzɿ^{21} tɯ^{33} ʥy^{21}. | tshe^{33} do^{21}
娆星 海 里 以 射 土神 鼠 吃 蛇 黑 狗 居 地 在 月 见

tʂhuɑ^{55} ȵi^{33}, zv̩^{21} he^{33} zɑ^{21} mi^{33} mɑ^{21} khæ^{55}. thv̩^{33} pɑ^{33} dzɿ^{33}. ʐʅ^{21} nɑ^{21} ho^{33} gv̩^{33} lo^{21} ʥy^{21}. | tshe^{33}
六 日 蕊亨 娆米麻 射 土神 蛙 吃 蛇 黑 北方 在 月

do^{21} ʂər^{33} ȵi^{33}, zy^{21} miə^{21}. zɑ^{21} tɕiæ^{33} tɕy^{33} khæ^{55}. thv̩^{33} zo^{33} ʥɿ^{33}. ʐʅ^{21} nɑ^{21} ɯ^{33} dzɿ^{21} tɯ^{33} ʥy^{21}. |
月 见 日 蕊谬 娆星 三叉戟 射 土神 男 吃 蛇 黑 牛 居 地 在

tshe^{33} do^{21} ho^{55} ȵi^{33}, zy^{21} khuɑ^{33}. | zɑ^{21} he^{33} me^{33} i^{33} pu^{33} nɑ^{21} fv̩^{55} tshɿ^{21} khæ^{55}. thv̩^{33} lv̩^{33} dzɿ^{33}. ʐʅ^{21}
月 见 八 日 蕊夸 娆星 月亮 绸 天 黑 来 射 土神 石 吃 蛇

nɑ^{21} khɯ^{33} dzɿ^{21} tɯ^{33} ʥy^{21}. | tshe^{33} do^{21} gv̩^{33} ȵi^{33}, zy^{21} kv̩^{33}. zɑ^{21} ȵi^{33} me^{33} khæ^{55}. | thv̩^{33} ȵi^{33}
黑 狗 居 地 在 月 见 九 日 蕊古 娆星 太阳 射 土神 鱼

dzɿ^{33}. ʐʅ^{21} nɑ^{21} khɯ^{33} dzɿ^{21} tɯ^{33} ʥy^{21}. | tshe^{33} do^{21} tshe^{21} ȵi^{33}, zy^{21} dv̩^{21}. zɑ^{21} lɑ^{21} pɑ^{55} khæ^{55}. thv̩^{33}
吃 蛇 黑 狗 居 地 在 月 见 十 日 蕊督 娆劳鲍 射 土神

zo^{33} tɕi^{55} dzɿ^{33}. ʐʅ^{21} nɑ^{21}
儿 小 吃 蛇 黑

由刷卡当值。娆星射出。土神吃獐子。黑蛇在西方。初五，由徐卡当值。娆星从海里射出。土神吃老鼠。黑蛇在狗居地。初六，由蕊亨当值。娆米麻射出。土神吃青蛙。黑蛇在北方。初七，由蕊谬当值。娆星像三叉戟一样射出。土神吃男人。黑蛇在牛居地。初八，由蕊夸当值。娆星像一匹绸又似月亮般亮地在天黑时射出。土神吃石头。黑蛇在狗居地。初九，由蕊古当值。娆星像太阳一样明亮地射出。土神吃鱼。黑蛇在狗居地。初十，由蕊督当值。娆劳鲍射出。土神吃幼子。黑蛇

594-L-24-32

ly̩^{21} dʐʅ^{21} tɯ^{33} dʑy^{21}. | tshe^{21} dɯ^{33} ȵi^{33}, zy^{21} bɑ^{21}. zɑ^{21} i^{33} pu^{33} nɑ^{21} fy̩^{55} nɑ^{21} dy̩^{33} dʐʅ^{21} khæ^{55}. phy^{33}
龙 居 地 在 十 一 日 蕊巴 娆星 绸 漆黑一团 时 射 降魔杵

bɑ^{33}. thy̩^{33} ʂʅ^{33} dzʅ^{33}. | ʐʅ^{21} nɑ^{21} ly̩^{21} dzʅ^{21} tɯ^{33} dʑy^{21}. | tshe^{21} ȵi^{33} ȵi^{33}, zy^{21} bə^{33}. zɑ^{21} tshy^{55} do^{55}
土神 肉 吃 蛇 黑 龙 居 地 在 十 二 日 蕊崩 娆星 闪电

khæ^{55}. thy̩^{33} lɯ^{55} dzʅ^{33}. phy^{33} bɑ^{33}. ʐʅ^{21} nɑ^{21} | ȵi^{33} me^{33} thy̩^{33} dʑy^{21}. | tshe^{33} sʅ^{21} ȵi^{33}, zy^{21} mæ^{33}.
射 土神 牛虻 吃 降魔杵 蛇 黑 东方 在 十 三 日 蕊满

zɑ^{21} dʑiə^{33} kɑ^{21} khæ^{33}. thy̩^{33} zo^{33} mi^{55} dzʅ^{33}. ʐʅ^{21} nɑ^{21} ly̩^{21} dzʅ^{21} tɯ^{33} dʑy^{21}. | tshe^{21} lu^{33} ȵi^{33}, | py^{33}
娆久嘎 射 土神 儿 女 吃 蛇 黑 龙 居 地 在 十 四 日

bu^{21} ky̩^{33}. zɑ^{21} ȵi^{33} me^{33} khæ^{55}. thy̩^{33} ny̩^{21} dzʅ^{33}. ʐʅ^{21} nɑ^{21} y^{21} dzʅ^{21} tɯ^{33} dʑy^{21}. | tshe^{21} uɑ^{33} ȵi^{33}, py^{33}
本补古 娆星 太阳 射 土神 黄豆 吃 蛇 黑 羊 居 地 在 十 五 日

bu^{21} uə^{33}. | zɑ^{21} i^{33} pu^{33} nɑ^{21} fy̩^{55} nɑ^{21} dy̩^{33} dʐʅ^{21} hɯ^{55} lo^{21} nɯ^{33} khæ^{55}. thy̩^{33} ʐʅ^{21} dzʅ^{33}. ʐʅ^{21} nɑ^{21} y^{21}
本补坞 娆星 绸 漆黑一团 时 海 里 以 射 土神 蛇 吃 蛇 黑 羊

dzʅ^{21} tɯ^{33} dʑy^{21}. | tshe^{21} tʂhuɑ^{55} ȵi^{33}, ʐuɑ^{33} tse^{55}. zɑ^{21} ȵi^{33} me^{33} khæ^{55}.
居 地 在 十 六 日 柔正 娆星 太阳 射

在龙居地。十一日，由蕊巴当值。娆星像一匹绸一样在漆黑一团的夜里射出。土神吃肉。黑蛇在龙居地。十二日，由蕊崩当值。娆星像闪电一样射出。土神吃牛虻。黑蛇在东方。十三日，由蕊满当值。娆久嘎射出。土神吃儿女。黑蛇在龙居地。十四日，由本补古当值。娆星像太阳一样明亮地射出。土神吃黄豆。黑蛇在羊居地。十五日，由本补坞当值。娆星像一匹绸一样在漆黑一团的夜里从海里射出。土神吃蛇。黑蛇在羊居地。十六日，由柔正当值。娆星像太阳一样明亮地射出。

594-L-24-33

thv̩^{33} ȵi^{33} dzɿ^{33}. ʐʅ^{21} nɑ^{21} ho^{33} gv̩^{33} lo^{21} ʥy^{21}. | tshe^{21} ʂər^{33} ȵi^{33}, pɑ^{33} khu^{33}. zɑ^{21} lɑ^{21} pɑ^{55} khæ^{55}.
土神 鱼 吃 蛇黑 北方 在 十 七 日 巴孔 娆劳鲍 射

thv̩^{33} ŋv̩^{33} lv̩^{33} dzɿ^{33}. ʐʅ^{21} nɑ^{21} i^{33} tʂhʅ^{33} mu^{21} ʥy^{21}. | tshe^{21} ho^{55} ȵi^{33}, | pɑ^{33} by^{33}. zɑ^{21} i^{33} pu^{33}
土神 雪山 吃 蛇黑 南方 在 十 八 日 巴毕 娆星 绸

khæ^{55}. thv̩^{33} dv̩^{33} phər^{21} dzɿ^{33}. ʐʅ^{21} nɑ^{21} ȵi^{33} me^{33} gv̩^{21} ʥy^{21}. | tshe^{21} gv̩^{33} ȵi^{33}, nɑ^{33} gv̩^{21}. zɑ^{21} tshy^{55}
射 土神 海螺 白 吃 蛇 黑 西方 在 十 九 日 娜古 娆星 闪电

do^{55} khæ^{55}. | thv̩^{33} zo^{33} mi^{55} dzɿ^{33}. ʐʅ^{21} nɑ^{21} lv̩^{21} dzɿ^{21} tɯ^{33} ʥy^{21}. | ȵi^{33} tsər^{21} ȵi^{33}, thɑ^{33} kə^{55}. zɑ^{21}
射 土神 儿 女 吃 蛇 黑 龙 居 地 在 二 十 日 涛构 娆星

khæ^{55}. thv̩^{33} lɯ^{33} lo^{21} zə^{21} dzɿ^{33}. ʐʅ^{21} nɑ^{21} ȵi^{33} me^{33} gv̩^{21} ʥy^{21}. | ȵi^{33} tsər^{21} dɯ^{33} ȵi^{33}, tʂhuɑ^{55} tshər^{21}
射 土神 田 里 草 吃 蛇 黑 西方 在 二 十 一 日 创昌夸

khuɑ^{33}, zɑ^{21} ȵi^{33} me^{33} khæ^{55}. thv̩^{33} ɯ^{33} dzɿ^{33}. ʐʅ^{21} nɑ^{21} ȵi^{33} me^{33} gv̩^{21} ʥy^{21}. | ȵi^{33} tshər^{21} ȵi^{33} ȵi^{33},
娆星 太阳 射 土神 牛 吃 蛇 黑 西方 在 二 十 二 日

tʂhuɑ^{55} tshər^{21} gv̩^{33}, zɑ^{21} he^{33} me^{33} i^{33} pu^{33} khæ^{55}. thv̩^{33} ʐʅ^{21} ʥɿ^{33}. ʐʅ^{21} nɑ^{21} khɯ^{33} ʥɿ^{21} tɯ^{33} ʥy^{21}. |
创昌古 娆星 月亮 绸 射 土神 蛇 吃 蛇 黑 狗 居 地 在

ȵi^{33} tsər^{21} sɿ^{21} ȵi^{33}, miə^{21} ɕy^{21}. zɑ^{21} mi^{33} mɑ^{21} khæ^{55}. thi^{33}①. thv̩^{33} khɯ^{33} dzɿ^{33}. ʐʅ^{21} nɑ^{21}
二 十 三 日 谬许 娆米麻 射 土神 狗 吃 蛇 黑

土神吃鱼。黑蛇在北方。十七日，由巴孔当值。娆劳鲍射出。土神吃雪山。黑蛇在南方。十八日，由巴毕当值。娆星像一匹绸一样射出。土神吃白海螺。黑蛇在西方。十九日，由娜古当值。娆星像闪电一样射出。土神吃儿女。黑蛇在龙居地。二十日，由涛构当值。娆星射出。土神吃田地里的草。黑蛇在西方。二十一日，由创昌夸当值。娆星像太阳一样明亮地射出。土神吃牛。黑蛇在西方。二十二日，由创昌古当值。娆星像月亮一样亮又像一匹绸一样地射出。土神吃蛇。黑蛇在狗居地。二十三日，由谬许当值。娆米麻射出。土神吃狗。黑蛇

① 此字符无法与其他字符连读成句，存疑。

594-L-24-34

ɯ^{33} dzʅ^{21} tɯ^{33} ʥy^{21}. | n̥i^{33} tsər^{21} lu^{33} n̥i^{33}, sʅ^{33} tho^{21} khuɑ^{33}. zɑ^{21} lɑ^{21} pɑ^{55} khæ^{55}. i^{33} pu^{33}. thy̩^{33} y^{21}

牛 居 地 在 二 十 四日 司托夸 娆劳鲍 射 绸 土神 羊

dzʅ^{33}. ʐʅ^{21} nɑ^{21} y^{21} dzʅ^{21} tɯ^{33} ʥy^{21}. | n̥i^{33} tsər^{21} uɑ^{33} n̥i^{33}, | lɑ^{21} ɕy^{21}. zɑ^{21} i^{33} pu^{33} hɯ^{55} lo^{21} nɯ^{33}

吃 蛇黑 羊 居地 在 二 十 五日 劳徐 娆星绸 海 里 以

nɑ^{21} fy̩^{55} nɑ^{21} dy̩^{33} dʐʅ^{21} khæ^{55}. thy̩^{33} æ^{21} dzʅ^{33}. ʐʅ^{21} nɑ^{21} i^{33} tʂhʅ^{33} mu^{21} ʥy^{21}. | n̥i^{33} tsər^{21} tʂhuɑ^{55} n̥i^{33},

漆黑一团 时 射 土神 鸡 吃 蛇 黑 南方 在 二 十 六 日

kɯ^{33} phər^{21} sʅ^{21} ky̩^{33}. zɑ^{21} tshy^{55} do^{55} khæ^{55}. | thy̩^{33} dzər^{21} dzʅ^{33}. ʐʅ^{21} nɑ^{21} n̥i^{33} me^{33} thy̩^{33} ʥy^{21}. |

庚盘术古 娆星 闪电 射 土神 树 吃 蛇 黑 东方 在

n̥i^{33} tsər^{21} ʂər^{33} n̥i^{33}, kɯ^{33} phər^{21} sʅ^{21} mæ^{33}. zɑ^{21} tɕiæ^{33} tɕy^{33} khæ^{55}. thy̩^{33} ʐʅ^{21} dzʅ^{33}. ʐʅ^{21} nɑ^{21} i^{33} tʂhʅ^{33}

二 十 七 日 庚盘术满 娆星 三叉戟 射 土神 蛇 吃 蛇 黑 南方

mu^{21}ʥy^{21}. | n̥i^{33} tsər^{21} ho^{55} n̥i^{33}, tshʅ^{21} khu^{33}. zɑ^{21} n̥i^{33} me^{33} khæ^{55}. thy̩^{33} ly̩^{33} dzʅ^{33}. ʐʅ^{21} nɑ^{21} n̥i^{33}

在 二 十 八 日 楚孔 娆星 太阳 射 土神 石 吃 蛇 黑

me^{33} thy̩^{33} ʥy^{21}. | n̥i^{33} tsər^{21} gy̩^{33} n̥i^{33}, bu^{21} khu^{33}. | zɑ^{21} he^{33} me^{33} i^{33} pu^{33} nɑ^{21} fy̩^{55} nɑ^{21} dy̩^{33} dʐʅ^{21}

东方 在 二 十 九 日 布孔 娆星 月亮 绸 漆黑一团 时

khæ^{55}. thy̩^{33} zo^{33} tɕi^{55} dzʅ^{33}. ʐʅ^{21} nɑ^{21} n̥i^{33} me^{33} gy̩^{21} ʥy^{21}. | nɑ^{33} ty̩^{21} n̥i^{33}, bu^{21} to^{55}. zɑ^{21} mi^{33} mɑ^{21}

射 土神 儿 小 吃 蛇 黑 西方 在 三十 日 布铎 娆米麻

khæ^{55}.

射

在牛居地。二十四日，由司托夸当值。娆劳鲍射出。土神吃绵羊。黑蛇在羊居地。二十五日，由劳徐当值。娆星像一匹绸在漆黑一团的夜里从海里射出。土神吃鸡。黑蛇在南方。二十六日，由庚盘术古当值。娆星像闪电一样射出。土神吃树。黑蛇在东方。二十七日，由庚盘术满当值。娆星像三叉戟一样射出。土神吃蛇。黑蛇在南方。二十八日，由楚孔当值。娆星像太阳一样明亮地射出。土神吃石头。黑蛇在东方。二十九日，由布孔当值。娆星在漆黑一团的夜里像月亮一样又像一匹绸子一样射出。土神吃幼子。黑蛇在西方。三十日，由布铎当值。娆米麻射出。

594-L-24-35

thy̩^{33} by̩^{33} di^{21} dzɿ^{33}. zʅ^{21} nɑ^{21} ȵi^{33} me^{33} gy̩^{21} ʥy̩^{21}. | tʂhuɑ^{55} me^{33} he^{33}, ə^{55} y^{21} he^{33}. | he^{21} dɯ^{21} ȵi^{33}
土神 虫 吃 蛇 黑 西方 在 六月 猴 月 神 大

me^{33} gy̩^{21} ʥy̩^{21}. | ko^{21} ɕi^{33} he^{21} dɯ^{21} y^{21} dzɿ^{21} tɯ^{33} ʥy̩^{21}. | to^{55} dʐu^{33} ɯ^{33} dzɿ^{21} tɯ^{33} ʥy̩^{21}. | tshe^{33}
西方 在 郭兴 神 大 羊 居 地 在 垛鬼 债 牛 居 地 在 月

do^{21} dɯ^{33} ȵi^{33}, bu^{21} mɑ^{55}. | zɑ^{21} mi^{33} mɑ^{21} nɑ^{21} fy̩^{55} nɑ^{21} dy̩^{33} dzʅ^{21} khæ^{55}. i^{33} pu^{33}、thi^{33}①. thy̩^{33} zo^{33}
见 一 日 布冒 娆米麻 漆黑一团 时 射 绸 刨子 土神 儿

tɕi^{55} dzɿ^{33}. zʅ^{21} nɑ^{21} ȵi^{33} me^{33} thy̩^{33} ʥy̩^{21}. | tshe^{33} do^{21} ȵi^{33} ȵi^{33}, ɕy^{21} khuɑ^{33}②. zɑ^{21} lɑ^{21} pɑ^{55} khæ^{55}.
小 吃 蛇 黑 东方 在 月 见 二 日 徐卡 娆劳鲍 射

thy̩^{33} ʥi^{21} dzɿ^{33}. | zʅ^{21} nɑ^{21} ȵi^{33} me^{33} gy̩^{21} ʥy̩^{21}. | tshe^{33} do^{21} sɿ^{21} ȵi^{33}, zy^{21} he^{33}. zɑ^{21} ʥiə^{33} kɑ^{21}
土神 水 吃 蛇 黑 西方 在 月 见 三 日 蕊亨 娆久嘎

① i^{33} pu^{33}、thi^{33}：这两个字符无法与其他字符连读成句，存疑。

② 根据前后文二十八宿顺序，此日应为“ʂuɑ^{21} khuɑ^{21}”，这样，后文各日二十八宿当值的记录都错了。但现依原文记音之。

khæ^{55}. thv̩^{33} py^{33} bɑ^{21} dzʅ^{33}. ʐʅ^{21} nɑ^{21} ɯ^{33} dzʅ^{21} tɯ^{33} dʑy^{21}. | tshe^{33} do^{21} lu^{33} ȵi^{33}, | zy^{21} miə^{21}, zɑ^{21}
射 土神 净水壶 吃 蛇黑 牛 居 地 在 月 见 四 日 蕊谬 娆星

shy^{55} do^{55} nɑ^{21} fv̩^{55} nɑ^{21} dv̩^{33} dʐʅ^{21} khæ^{55}. thv̩^{33} dzər^{21} dzʅ^{33}. ʐʅ^{21} nɑ^{21} ho^{33} gv̩^{33} lo^{21} dʑy^{21}. | tshe^{33}
闪电 漆黑一团 时 射 土神 树 吃 蛇黑 北方 在 月

do^{21} uɑ^{33} ȵi^{33}, zy^{21} kv̩^{33}, zɑ^{21} i^{33} pu^{33}
见 五 日 蕊古 娆星 绸

土神吃虫。黑蛇在西方。

六月：猴月。大神在西方。郭兴大神在羊居地。垛鬼收债者在牛居地。初一，由布冒当值。娆米麻在漆黑一团的夜里射出。土神吃幼子。黑蛇在东方。初二，由徐卡当值。娆劳鲍射出。土神吃水。黑蛇在西方。初三，由蕊亨当值。娆久嘎射出。土神吃净水壶。黑蛇在牛居地。初四，由蕊谬当值。娆星像闪电一样在漆黑一团的夜里射出。土神吃树。黑蛇在北方。初五，由蕊古当值。娆星像一匹绸一样

594-L-24-36

nɑ^{21} fv̩^{55} nɑ^{21} dv̩^{33} dʐʅ^{21} khæ^{55}. thv̩^{33} ny^{21} dzʅ^{33}. ʐʅ^{21} nɑ^{21} i^{33} tʂhʅ^{33} mu^{21} dʑy^{21}. | tshe^{33} do^{21} tʂhuɑ^{55}
漆黑一团 时 射 土神 黄豆 吃 蛇 黑 南方 在 月 见 六

ȵi^{33}, zy^{21} dv̩^{21}. zɑ^{21} ȵi^{33} me^{33} nɑ^{21} fv̩^{55} nɑ^{21} dv̩^{33} dʐʅ^{21} khæ^{55}. thv̩^{33} ʐʅ^{21} dzʅ^{33}. | ʐʅ^{21} nɑ^{21} ho^{33} gv̩^{33} lo^{21}
日 蕊督 娆星 太阳 漆黑一团 时 射 土神 蛇 吃 蛇 黑 北方

dʑy^{21}. | tshe^{33} do^{21} ʂər^{33} ȵi^{33}, zy^{21} bɑ^{21}. zɑ^{21} he^{33} me^{33} khæ^{55}. thv̩^{33} ȵi^{33} dzʅ^{33}. ʐʅ^{21} nɑ^{21} ho^{33} gv̩^{33} lo^{21}
在 月 见 七 日 蕊巴 娆星 月亮 射 土神 鱼 吃 蛇 黑 北方

dʑy^{21}. | tshe^{33} do^{21} ho^{55} ȵi^{33}, | zy^{21} bə^{33}. zɑ^{21} mi^{33} mɑ^{21} khæ^{55}. i^{33} pu^{33}. thv̩^{33} dzər^{21} dzʅ^{33}. ʐʅ^{21} nɑ^{21}
在 月 见 八 日 蕊崩 娆米麻 射 绸 土神 树 吃 蛇 黑

ho^{33} gv̩^{33} lo^{21} ʥy^{21}. ｜tshe^{33} do^{21} gv̩^{33} ȵi^{33}, zy^{21} mæ^{33}. zɑ^{21} lɑ^{21} pɑ^{55} hɯ^{55} lo^{21} nɯ^{33} khæ^{55}①. ｜thv̩^{33}
北方 在 月 见 九 日 蕊满 娆劳鲍 海 里 以 射 土神

hɯ^{55} dzɿ^{33}. ʐʅ^{21} nɑ^{21} ȵi^{33} me^{33} gv̩^{21} ʥy^{21}. ｜tshe^{33} do^{21} tshe^{21} ȵi^{33}, py^{33} bu^{21} kv̩^{33}, zɑ^{21} ʥiə^{33} kɑ^{21}
海 吃 蛇 黑 西方 在 月 见 十 日 本补古 娆久嘎

khæ^{55}. thv̩^{33} dzər^{21} dzɿ^{33}. ｜ʐʅ^{21} nɑ^{21} i^{33} tʂhʅ^{33} mu^{21} ʥy^{21}. ｜tshe^{21} dɯ^{33} ȵi^{33}, py^{33} bu^{21} uə^{33}, zɑ^{21}
射 土神 树 吃 蛇 黑 南方 在 十 一 日 本补坞 娆星

tshy^{55} do^{55} i^{33} pu^{33} nɑ^{21} fv̩^{55} nɑ^{21} dv̩^{33} dʐʅ^{21} khæ^{55}. thv̩^{33} ʂu^{21} dzɿ^{33}. ʐʅ^{21} nɑ^{21} y^{21} dzɿ^{21} tɯ^{33} ʥy^{21}.
闪电 绸 漆黑一团 时 射 土神 铁 吃 蛇 黑 羊 居 地 在

在漆黑一团的夜里射出。土神吃黄豆。黑蛇在南方。初六，由蕊督当值。娆星像太阳一样明亮地在漆黑一团的夜里射出。土神吃蛇。黑蛇在北方。初七，由蕊巴当值，娆星像月亮一样亮地射出。土神吃鱼。黑蛇在北方。初八，由蕊崩当值。娆米麻射出。土神吃树。黑蛇在北方。初九，由蕊满当值。娆劳鲍从海里射出。土神吃海。黑蛇在西方。初十，由本补古当值。娆久嘎射出。土神吃树。黑蛇在南方。十一日，由本补坞当值。娆星在漆黑一团的夜里像闪电一样又像绸子一样射出。土神吃铁。黑蛇在羊居地。

594-L-24-37

tshe^{21} ȵi^{33} ȵi^{33}, ʐuɑ^{33} tse^{55}. zɑ^{21} i^{33} pu^{33} khæ^{55}. phy^{33} bɑ^{33}. thv̩^{33} zo^{33} tɕi^{55} dzɿ^{33}. ʐʅ^{21} nɑ^{21} ho^{33} gv̩^{33} lo^{21}
十 二 日 柔正 娆星 绸 射 降魔杵 土神 儿 小 吃 蛇 黑 北方

ʥy^{21}. ｜tshe^{33} sɿ^{21} ȵi^{33}, pɑ^{33} khu^{33}, ｜zɑ^{21} ȵi^{33} me^{33} i^{33} pu^{33} khæ^{55}. thv̩^{33} tsho^{21} dzɿ^{33}. ʐʅ^{21} nɑ^{21} i^{33}
在 十 三 日 巴孔 娆星 太阳 绸 射 土神 崇人 吃 蛇 黑

① 下文两个“菱形中有黑点及 thi^{33}”这三个符号无法识读，存疑。

tʂhʅ^{33} mu^{21} dʑy^{21}. | tshe^{21} lu^{33} n̥i^{33}, pɑ^{33} by^{33}. zɑ^{21} he^{33} me^{33} hɯ^{55} lo^{21} nɯ^{33} khæ^{55}. thy̩^{33} y^{21} dzʅ^{33}. |
南方 在 十 四 日 巴毕 娆星 月亮 海 里 以 射 土神绵羊 吃

ʐʅ^{21} nɑ^{21} ho^{33} gy̩^{33} lo^{21} dʑy^{21}. | tshe^{21} uɑ^{33} n̥i^{33}, nɑ^{33} gy̩^{21}. zɑ^{21} mi^{33} mɑ^{21} hɯ^{55} lo^{21} nɯ^{33} khæ^{55}. thy̩^{33}
蛇 黑 北方 在 十 五 日 娜古 娆米麻 海 里 以 射 土神

khɯ^{33} dzʅ^{33}. ʐʅ^{21} nɑ^{21} ly̩^{21} dzʅ^{21} tɯ^{33} dʑy^{21}. | tshe^{21} tʂhuɑ^{55} n̥i^{33}, | thɑ^{33} kə^{55}. zɑ^{21} lɑ^{21} pɑ^{55} khæ^{55}.
狗 吃 蛇 黑 龙 居 地 在 十 六 日 涛构 娆劳鲍 射

thy̩^{33} phe^{33} le^{21} dzʅ^{33}. ʐʅ^{21} nɑ^{21} n̥i^{33} me^{33} gy̩^{33} dʑy^{21}. | tshe^{21} ʂər^{33} n̥i^{33}, tʂhuɑ^{55} tshər^{21} khuɑ^{33}. zɑ^{21}
土神 蝴蝶 吃 蛇 黑 西方 在 十 七 日 创昌夸

dʑiə^{33} kɑ^{21} khæ^{55}. | thy̩^{33} ɯ^{33} dzʅ^{33}. ʐʅ^{21} nɑ^{21} khɯ^{33} dzʅ^{21} tɯ^{33} dʑy^{21}. | tshe^{21} ho^{55} n̥i^{33}, tʂhuɑ^{55}
娆久嘎 射 土神 牛 吃 蛇 黑 狗 居 地 在 十 八 日

tshər^{21} gy̩^{33}. thy̩^{33} sər^{33} dzʅ^{33}. zɑ^{21} tshy^{55} do^{55} khæ^{55}. n̥i^{33} me^{33}. ɯ^{33}.
创昌古 土神 柴 吃 娆星 闪电 射 太阳 吉

十二日，由柔正当值。娆星像一匹绸一样射出。土神吃幼子。黑蛇在北方。十三日，由巴孔当值。娆星像太阳一样明亮地射出。土神吃崇[①]人。黑蛇在南方。十四日，由巴毕当值。娆星像月亮一样亮地从海里射出。土神吃绵羊。黑蛇在北方。十五日，由娜古当值。娆米麻从海里射出。土神吃狗。黑蛇在龙居地。十六日，由涛构当值。娆劳鲍射出。土神吃蝴蝶。黑蛇在西方。十七日，由创昌夸当值。娆久嘎射出。土神吃牛。黑蛇在狗居地。十八日，由创昌古当值。土神吃柴。娆星像闪电一样射出。

594-L-24-38

ʐʅ^{21} nɑ^{21} khɯ^{33} dzʅ^{21} tɯ^{33} dʑy^{21}. | tshe^{21} gy̩^{33} n̥i^{33}, miə^{21} ɕy^{21}. zɑ^{21} i^{33} pu^{33} khæ^{55}. thy̩^{33} zo^{33} dɯ^{21}
蛇 黑 狗 居 地 在 十 九 日 谬许 娆 绸 射 土神 儿 大

① 崇：音译名词，本为古代纳西族祖先之一，在东巴经中常表示人类。

dzɿ^{33}. zʅ^{21} nɑ^{21} lṿ^{21} dzɿ^{21} tɯ^{33} dʑy^{21}. | ȵi^{33} tsər^{21} ȵi^{33}, sɿ^{33} tho^{21} khuɑ^{33}. zɑ^{21} ȵi^{33} me^{33} khæ^{55}. thṿ^{33}
吃 蛇黑 龙 居 地 在 二 十 日 司托夸 娆星 太阳 射 土神

lɯ^{33} lo^{21} zə̣^{21} dzɿ^{33}. zʅ^{21} nɑ^{21} ho^{33} gṿ^{33} lo^{21} dʑy^{21}. | ȵi^{33} tsər^{21} dɯ^{33} ȵi^{33}, lɑ^{21} ɕy^{21}. | zɑ^{21} he^{33} me^{33}
地 里 草 吃 蛇黑 北方 在 二 十 一 日 劳徐 娆星 月亮

khæ^{55}. phy^{33} bɑ^{33}. thṿ^{33} ʂu^{21} dzɿ^{33}. zʅ^{21} nɑ^{21} ho^{33} gṿ^{33} lo^{21} dʑy^{21}. | ȵi^{33} tsər^{21} ȵi^{33} ȵi^{33}, kɯ^{33} phər^{21}
射 降魔杵 土神 铁 吃 蛇黑 北方 在 二 十 二 日 庚盘术古

sɿ^{21} kṿ^{33}. zɑ^{21} i^{33} pu^{33}、mi^{33} mɑ^{21}、ȵi^{33} me^{33}① hɯ^{55} lo^{21} nɯ^{33} khæ^{55}. ɯ^{33}. | thṿ^{33} mi^{55} dɯ^{21} dzɿ^{33}.
娆星 绸 米麻 太阳 海 里 以 射 吉 土神 女 大 吃

zʅ^{21} nɑ^{21} ho^{33} gṿ^{33} lo^{21} dʑy^{21}. | ȵi^{33} tsər^{21} sɿ^{21} ȵi^{33}, kɯ^{33} phər^{21} sɿ^{21} mæ^{33}. zɑ^{21} lɑ^{21} pɑ^{55} khæ^{55}. phy^{33}
蛇 黑 北方 在 二 十 三 日 庚盘术满 娆劳鲍 射 降魔杵

bɑ^{33}. thṿ^{33} fṿ^{55} dzɿ^{33}. zʅ^{21} nɑ^{21} | i^{33} tʂhʅ^{33} mu^{21} dʑy^{21}. | ȵi^{33} tsər^{21} lu^{33} ȵi^{33}, tshɿ^{21} khu^{33}. zɑ^{21} dʑiə^{33}
土神 鼠 吃 蛇 黑 南方 在 二 十 四 日 楚孔 娆久嘎

kɑ^{21} khæ^{55}. thṿ^{33} sər^{33} dzɿ^{33}. zʅ^{21} nɑ^{21} ȵi^{33} me^{33} gṿ^{21} dʑy^{21}. | ȵi^{33} tsər^{21} uɑ^{33} ȵi^{33},
射 土神 柴 吃 蛇 黑 西方 在 二 十 五 日

黑蛇在狗居地。十九日，由谬许当值。娆星像一匹绸一样射出。土神吃长子。黑蛇在龙居地。二十日，由司托夸当值。娆星像太阳一样明亮地射出。土神吃地上的草。黑蛇在北方。二十一日，由劳徐当值。娆星像月亮一样亮地射出。土神吃铁。黑蛇在北方。二十二日，由庚盘术古当值。娆米麻从海里射出。吉。土神吃长女。黑蛇在北方。二十三日，由庚盘术满当值。娆劳鲍射出。土神吃老鼠。黑蛇在南方。二十四日，由楚孔当值。娆久嘎射出。土神吃木柴。黑蛇在西方。二十五日，

594-L-24-39

① 东巴把三个“zɑ^{21}”名写在一起，是否是此日三颗“zɑ^{21}”都出现，让人费解。照原文记音之。现依据前后文娆星射出顺序，译文中从“娆米麻”。

bu^{21} khu^{33}. zɑ^{21} tshy^{55} do^{55} khæ^{55}. thy̩^{33} zo^{33} dzɿ^{33}. ʐʅ^{21} nɑ^{21} n̥i^{33} me^{33} thy̩^{33} dʑy^{21}. | n̥i^{33} tsər^{21}
布孔 娆星 闪电 射 土神 男 吃 蛇 黑 东方 在 二 十

tʂhuɑ^{55} n̥i^{33}, bu^{21} to^{55}. zɑ^{21} i^{33} pu^{33} khæ^{55}. | thy̩^{33} ʐʅ^{21} dzɿ^{21}. ʐʅ^{21} nɑ^{21} khɯ^{33} dzɿ^{21} tɯ^{33} dʑy^{21}. | n̥i^{33}
六 日 布铎 娆星 绸 射 土神 蛇 吃 蛇 黑 狗 居 地 在 二

tsər^{21} ʂər^{33} n̥i^{33}, bu^{21} mɑ^{55}. zɑ^{21} n̥i^{33} me^{33} khæ^{55}. thy̩^{33} ly̩^{33} dzɿ^{33}. ʐʅ^{21} nɑ^{21} y^{21} dzɿ^{21} tɯ^{33} dʑy^{21}. | n̥i^{33}
十 七 日 布冒 娆星 太阳 射 土神 石 吃 蛇 黑 羊 居 地 在 二

tsər^{21} ho^{55} n̥i^{33}, ʂuɑ^{21} khuɑ^{33}. zɑ^{21} he^{33} me^{33} khæ^{55}. phy^{33} bɑ^{33}. thy̩^{33} bər^{33} dzɿ^{33}. ʐʅ^{21} nɑ^{21} ho^{33} gy̩^{33}
十 八 日 刷卡 娆星 月亮 射 降魔杵 土神 客人 吃 蛇 黑 北方

lo^{21} dʑy^{21}. | n̥i^{33} tsər^{21} gy̩^{33} n̥i^{33}, kɯ^{21}① . zɑ^{21} mi^{33} mɑ^{21} khæ^{55}. thy̩^{33} lɯ^{33} lo^{21} zə̥^{21} dzɿ^{33}. ʐʅ^{21} nɑ^{21} y^{21}
在 二 十 九 日 星 娆米麻 射 土神 地 里 草 吃 蛇 黑 羊

dzɿ^{21} tɯ^{33} dʑy^{21}. | nɑ^{33} ty̩^{21} n̥i^{33}, ɕy^{21} khuɑ^{33}. zɑ^{21} lɑ^{21} pɑ^{55} khæ^{55}. thy̩^{33} ʂu^{21} dzɿ^{33}. | ʐʅ^{21} nɑ^{21} ɯ^{33}
居 地 在 三十 日 徐卡 娆劳鲍 射 土神 铁 吃 蛇 黑 牛

dzɿ^{21} tɯ^{33} dʑy^{21}. | sæ^{33} me^{33} he^{33}, æ^{21} he^{33}. he^{21} dɯ^{21}
居 地 在 七月 鸡 月 神 大

由布孔当值。娆星像闪电一样射出。土神吃男人。黑蛇在东方。二十六日，由布铎当值。娆星像一匹绸一样射出。土神吃蛇。黑蛇在狗居地。二十七日，由布冒当值。娆星像太阳一样明亮地射出。土神吃石头。黑蛇在羊居地。二十八日，由刷卡当值。娆星像月亮一样亮地射出。土神吃客人。黑蛇在北方。二十九日，娆米麻射出。土神吃地里的草。黑蛇在羊居地。三十日，由徐卡当值。娆劳鲍射出。土神吃铁。黑蛇在牛居地。

七月：鸡月。大神

594-L-24-40

① kɯ^{21}：此日未写宿名，只写了个“星”字，本应是 ɕy^{21} khuɑ^{33}，但此宿又写在下一个日子里。

ho^{33} gv̩^{33} lo^{21} dʑy^{21}. | ko^{21} ɕi^{33} he^{21} dɯ^{21} khɯ^{33} dzʅ^{21} tɯ^{33} dʑy^{21}. | to^{55} dzʉ^{33} y^{21} dzʅ^{21} tɯ^{33}
北方 在 郭兴 神 大 狗 居 地 在 垛鬼 债 羊 居 地

dʑy^{21}. | tshe^{33} do^{21} dɯ^{33} n̡i^{33}, zy^{21} he^{33}. zɑ^{21} nɑ^{21} fv̩^{55} nɑ^{21} dv̩^{33} dzʅ^{21} khæ^{55}. thv̩^{33} zo^{33} dzʅ^{33}. zʅ^{21}
在 月 见 一 日 蕊亨 娆星 漆黑一团 时 射 土神 男 吃 蛇

nɑ^{21} ho^{33} gv̩^{33} lo^{21} dʑy^{21}. | tshe^{33} do^{21} n̡i^{33} n̡i^{33}, | zy^{21} miə^{21}. zɑ^{21} tshy^{55} do^{55} khæ^{55}. thv̩^{33} sər^{33}
黑 北方 在 月 见 二 日 蕊谬 娆星 闪电 射 土神 柴

dzʅ^{33}. zʅ^{21} nɑ^{21} ɯ^{33} dzʅ^{21} tɯ^{33} dʑy^{21}. | tshe^{33} do^{21} sʅ^{21} n̡i^{33}, zy^{21} kv̩^{33}. | zɑ^{21} phy^{33} bɑ^{33} khæ^{55}. thv̩^{33}
吃 蛇 黑 牛 居 地 在 月 见 三 日 蕊古 娆星 降魔杵 射 土神

ɯ^{33} dzʅ^{33}. zʅ^{21} nɑ^{21} i^{33} tʂhʅ^{33} mu^{21} dʑy^{21}. | tshe^{33} do^{21} lu^{33} n̡i^{33}, zy^{21} dv̩^{21}. zɑ^{21} n̡i^{33} me^{33} khæ^{55}.
牛 吃 蛇 黑 南方 在 月 见 四 日 蕊督 娆星 太阳 射

tshe①. | thv̩^{33} lɯ^{33} dzʅ^{33}. zʅ^{21} nɑ^{21} n̡i^{33} me^{33} gv̩^{21} dʑy^{21}. | tshe^{33} do^{21} uɑ^{33} n̡i^{33}, zy^{21} bɑ^{21}. zɑ^{21} he^{33}
盐 土神 杉 吃 蛇 黑 西方 在 月 见 五 日 蕊巴 娆星 月亮

me^{33} khæ^{55}. thv̩^{33} dze^{33}、ɕi^{21} dzʅ^{33}.
射 土神 麦 谷 吃

在北方。郭兴大神在狗居地。垛鬼收债者在羊居地。初一，由蕊亨当值。娆星在漆黑一团的夜里射出。土神吃男人。黑蛇在北方。初二，由蕊谬当值。娆星像闪电一样射出。土神吃柴。黑蛇在牛居地。初三，由蕊古当值。娆星像降魔杵一样射出。土神吃牛。黑蛇在南方。初四，由蕊督当值。娆星像太阳一样明亮地射出。土神吃杉树。黑蛇在西方。初五，由蕊巴当值。娆星像月亮一样亮地射出。土神吃麦子和谷子。

594-L-24-41

① tshe^{33}：此字符无法与其他字连读成句。存疑。

ʐʅ^{21} nɑ^{21} ɯ^{33} dzʅ^{21} tɯ^{33} ʥy^{21}. | tshe^{33} do^{21} tʂhuɑ^{55} ȵi^{33}, zy^{21} bə^{33}. zɑ^{21} mi^{33} mɑ^{21} nɑ^{21} fy̩^{55} nɑ^{21} dy̩^{33}
蛇 黑 牛 居 地 在 月 见 六 日 蕊崩 娆米麻 漆黑一团

dʐʅ^{21} khæ^{55}. | thy̩^{33} tsho^{21} dzʅ^{33}. ʐʅ^{21} nɑ^{21} ly̩^{21} dzʅ^{21} tɯ^{33} ʥy^{21}. | tshe^{33} do^{21} ʂər^{33} ȵi^{33}, zy^{21} mæ^{33}.
时 射 土神 崇人 吃 蛇 黑 龙 居 地 在 月 见 七 日 蕊满

zɑ^{21} lɑ^{21} pɑ^{55} khæ^{55}. thy̩^{33} ȵi^{33} dzʅ^{33}. ʐʅ^{21} nɑ^{21} | y^{21} dzʅ^{21} tɯ^{33} ʥy^{21}. | tshe^{33} do^{21} ho^{55} ȵi^{33}, py^{33} bu^{21}
娆劳鲍 射 土神 鱼 吃 蛇 黑 羊 居 地 在 月 见 八 日 本补古

ky̩^{33}. zɑ^{21} i^{33} pu^{33} khæ^{55}. thy̩^{33} æ^{21} dzʅ^{33}. ʐʅ^{21} nɑ^{21} i^{33} tʂhʅ^{33} mu^{21} ʥy^{21}. | tshe^{33} do^{21} gy̩^{33} ȵi^{33}, py^{33}
娆星 绸 射 土神 鸡 吃 蛇 黑 南方 在 月 见 九 日

bu^{21} uə^{33}. zɑ^{21} tshy^{55} do^{55} khæ^{55}. thy̩^{33} zo^{33} o^{33} dzʅ^{33}. phy^{33} bɑ^{33}. ʐʅ^{21} nɑ^{21} ho^{33} gy̩^{33} lo^{21} ʥy^{21}. |
本补坞 娆星 闪电 射 土神 男 骨 吃 降魔杵 蛇 黑 北方 在

tshe^{33} do^{21} tse^{21} ȵi^{33}①, | zɑ^{21} phy^{33} bɑ^{33} khæ^{55}. thy̩^{33} ʂu^{21} dzʅ^{33}. ʐʅ^{21} nɑ^{21} ɯ^{33} dzʅ^{21} tɯ^{33} ʥy^{21}. |
月 见 十 日 娆星 降魔杵 射 土神 铁 吃 蛇 黑 牛 居 地 在
tshe^{21} dɯ^{33} ȵi^{33},
十 一 日

黑蛇在牛居地。初六，由蕊崩当值。娆米麻在漆黑一团的夜里射出。土神吃崇人。黑蛇在龙居地。初七，由蕊满当值。娆劳鲍射出。土神吃鱼。黑蛇在羊居地。初八，由本补古当值。娆星像一匹绸一样射出。土神吃鸡。黑蛇在南方。初九，由本补坞当值。娆星像闪电一样射出。土神吃男人的骨头。黑蛇在北方。初十，娆星像降魔杵一样射出。土神吃铁。黑蛇在牛居地。十一日，

594-L-24-42

① 此日何宿当值阙如，“十一”何宿当值及何娆星射出亦阙如。

thy̩^{33} sər^{33} dzɿ^{33}. zʅ^{21} nɑ^{21} y^{21} dzɿ^{21} tɯ^{33} dʑy^{21}. | tshe^{21} ȵi^{33} ȵi^{33}, pɑ^{33} khu^{33}. zɑ^{21} he^{33} me^{33} khæ^{55}. |
土神 柴 吃 蛇 黑 羊 居 地 在 十 二 日 巴孔 娆星 月亮 射

thy̩^{33} zʅ^{21} dzɿ^{33}. zʅ^{21} nɑ^{21} ȵi^{33} me^{33} gy̩^{21} dʑy^{21}. | tshe^{33} sɿ^{21} ȵi^{33}, pɑ^{33} by^{33}. zɑ^{21} mi^{33} mɑ^{21} nɑ^{21} fy̩^{55}
土神 蛇 吃 蛇 黑 西方 在 十 三 日 巴毕 娆米麻 漆黑一团

nɑ^{21} dy̩^{33} dzʅ^{21} khæ^{55}. thy̩^{33} sər^{33} dzɿ^{33}. | phy^{33} bɑ^{33}. zʅ^{21} nɑ^{21} ȵi^{33} me^{33} thy̩^{33} dʑy^{21}. | tshe^{21} lu^{33} ȵi^{33},
时 射 土神 柴 吃 降魔杵 蛇 黑 东方 在 十 四 日

nɑ^{33} gy̩^{21}. zɑ^{21} lɑ^{21} pɑ^{55} khæ^{55}. | thy̩^{33} ʂu^{21} dzɿ^{33}. zʅ^{21} nɑ^{21} ly̩^{21} dzɿ^{21} tɯ^{33} dʑy^{21}. | tshe^{21} uɑ^{33} ȵi^{33},
娜古 娆劳鲍 射 土神 铁 吃 蛇 黑 龙 居 地 在 十 五 日

thɑ^{33} kə^{55}. zɑ^{21} i^{33} pu^{33} khæ^{55}. thy̩^{33} bər^{33} dzɿ^{33}. zʅ^{21} nɑ^{21} | y^{21} dzɿ^{21} tɯ^{33} dʑy^{21}. | tshe^{21} tʂhuɑ^{55} ȵi^{33},
涛构 娆星 绸 射 土神 客人 吃 蛇 黑 羊 居 地 在 十 六 日

tʂhuɑ^{55} tshər^{21} khuɑ^{33}. zɑ^{21} tshy^{55} do^{55} khæ^{55}. ɯ^{33}. thy̩^{33} zo^{33} dzɿ^{33}. zʅ^{21} nɑ^{21} ȵi^{33} me^{33} gy̩^{21} dʑy^{21}.
创昌夸 娆星 闪电 射 吉 土神 男 吃 蛇 黑 西方 在

土神吃柴。黑蛇在羊居地。十二日，由巴孔当值。娆星像月亮一样亮地射出。土神吃蛇。黑蛇在西方。十三日，由巴毕当值。娆米麻在漆黑一团的夜里射出。土神吃柴。黑蛇在东方。十四日，由娜古当值。娆劳鲍射出。土神吃铁。黑蛇在龙居地。十五日，由涛构当值。娆星像一匹绸一样射出。土神吃客人。黑蛇在羊居地。十六日，由创昌夸当值。娆星像闪电一样射出。吉。土神吃男人。黑蛇在西方。

594-L-24-43

tshe^{21} ʂər^{33} ȵi^{33}, tʂhuɑ^{55} tshər^{21} gy̩^{33}. zɑ^{21} ȵi^{33} me^{33} khæ^{55}. thy̩^{33} ŋy̩^{33} ly̩^{33} dzɿ^{33}. phy^{33} bɑ^{33}. zʅ^{21} nɑ^{21}
十 七 日 创昌古 娆星 太阳 射 土神 雪山 吃 降魔杵 蛇 黑

khɯ^{33} dzʅ^{33} tɯ^{21} dʑy^{21}. | tshe^{21} ho^{55} ȵi^{33}, | miə^{21} ɕy^{21}. zɑ^{21}、i^{33} pu^{33}、ȵi^{33} me^{33}、thi^{21}、phy^{33} bɑ^{33}①
狗 居 地 在 十 八 日 谬许 娆星 绸 太阳 刨子 降魔杵

khæ^{55}. thv̩^{33} ȵi^{33} dzʅ^{33}. ʐʅ^{21} nɑ^{21} ɯ^{33} dzʅ^{21} tɯ^{33} dʑy^{21}. | tshe^{21} gv̩^{33} ȵi^{33}, | sʅ^{33} tho^{21} khuɑ^{33}. zɑ^{21}
射 土神 鱼 吃 蛇 黑 牛 居 地 在 十 九 日 司托夸 娆星

he^{33} me^{33} khæ^{55}. sʅ^{21}、thi^{21}②. thv̩^{33} lɯ^{33} dzʅ^{33}. ʐʅ^{21} nɑ^{21} khɯ^{33} dʑʅ^{21} tɯ^{33} dʑy^{21}. | ȵi^{33} tsər^{21} ȵi^{33}, lɑ^{21}
月亮 射 骰子 刨子 土神 田 吃 蛇 黑 狗 居 地 在 二 十 日 劳徐

ɕy^{21}. zɑ^{21} ȵi^{33} me^{33}、i^{33} pu^{33}、hɯ^{55}、phy^{33} bɑ^{33}③ khæ^{55}. thv̩^{33} khv̩^{21} ɕi^{33} dzʅ^{33}. ʐʅ^{21} nɑ^{21} ɯ^{33} dzʅ^{21} tɯ^{33}
娆星 太阳 绸 海 降魔杵 射 土神 内 人 吃 蛇 黑 牛 居 地

dʑy^{21}. | ȵi^{33} tsər^{21} dɯ^{33} ȵi^{33}, kɯ^{21} phər^{21} sʅ^{21} kv̩^{33}, | zɑ^{21} lɑ^{21} pɑ^{55} nɑ^{21} fv̩^{55} tshʅ^{21} khæ^{55}. thv̩^{33} sər^{33}
在 二 十 一 日 庚盘术古 娆劳鲍 天黑 来 射 土神 柴

dzʅ^{33}. ʐʅ^{21} nɑ^{21} ȵi^{33} me^{33} thv̩^{33} dʑy^{21}. | ȵi^{33} tsər^{21} ȵi^{33} ȵi^{33}, kɯ^{33} phər^{21} sʅ^{21} mæ^{33}, zɑ^{21}
吃 蛇 黑 东方 在 二 十 二 日 庚盘术满 娆星

十七日，由创昌古当值。娆星像太阳一样明亮地射出。土神吃雪山。黑蛇在狗居地。十八日，由谬许当值。娆星射出。土神吃鱼。黑蛇在牛居地。十九日，由司托夸当值。娆星像月亮一样亮地射出。土神吃田地。黑蛇在狗居地。二十日，由劳徐当值。娆星像一匹绸一样从海里射出。土神吃内亲。黑蛇在牛居地。二十一日，由庚盘术古当值。娆劳鲍在漆黑一团的夜里射出。土神吃柴。黑蛇在东方。二十二日，由庚盘术满当值。娆星

594-L24-44

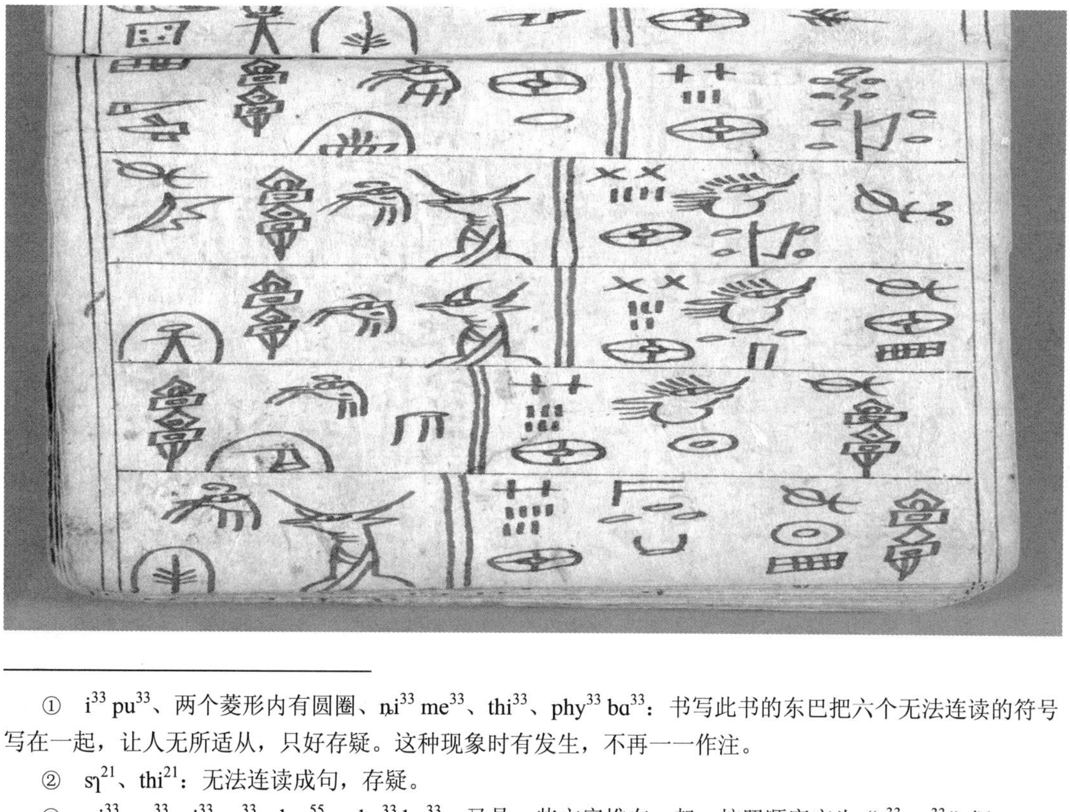

① i^{33} pu^{33}、两个菱形内有圆圈、ȵi^{33} me^{33}、thi^{33}、phy^{33} bɑ^{33}：书写此书的东巴把六个无法连读的符号写在一起，让人无所适从，只好存疑。这种现象时有发生，不再一一作注。

② sʅ^{21}、thi^{21}：无法连读成句，存疑。

③ ȵi^{33} me^{33}、i^{33} pu^{33}、hɯ^{55}、phy^{33} bɑ^{33}：又是一些文字堆在一起，按照顺序应为“i^{33} pu^{33}”绸。

i^{33} pu^{33} khæ^{55}. phy^{33} bɑ^{33}. thɣ̩^{33} lɯ^{33} lo^{21} zə̩^{21} dzʅ^{33}. ʐʅ^{21} nɑ^{21} ȵi^{33} me^{33} gɣ̩^{21} dʑy^{21}. | ȵi^{33} tsər^{21} sʅ^{21}
绸 射 降魔杵 土神 地 里 草 吃 蛇 黑 西方 在 二 十 三

ȵi^{33}, tshʅ^{21} khu^{33}. | zɑ^{21} tshy^{55} do^{55} khæ^{55}. phy^{33} bɑ^{33}①. ʐʅ^{21} nɑ^{21} y^{21} dzʅ^{21} tɯ^{33} dʑy^{21}. | ȵi^{33} tsər^{21}
日 楚孔 娆星 闪电 射 降魔杵 蛇 黑 羊 居 地 在 二 十

lu^{33} ȵi^{33}, bu^{21} khu^{33}. zɑ^{21} tɕiæ^{33} tɕy^{33} khæ^{55}. | thɣ̩^{33} zo^{33} dzʅ^{33}. phy^{33} bɑ^{33}. ʐʅ^{21} nɑ^{21} ɯ^{33} dzʅ^{21} tɯ^{33}
四 日 布孔 娆星 三叉戟 射 土神 男 吃 降魔杵 蛇 黑 牛 居 地

dʑy^{21}. | ȵi^{33} tsər^{21} uɑ^{33} ȵi^{33}, bu^{21} to^{55}. zɑ^{21} ȵi^{33} me^{33} khæ^{55}. | phy^{33} bɑ^{33}. thɣ̩^{33} ʂu^{21} dzʅ^{33}. ʐʅ^{21} nɑ^{21}
在 二 十 五 日 布铎 娆星 太阳 射 降魔杵 土神 铁 吃 蛇 黑

ho^{33} gɣ̩^{33} lo^{21} dʑy^{21}. | ȵi^{33} tsər^{21} tʂhuɑ^{55} ȵi^{33}, bu^{21} mɑ^{55}. zɑ^{21} phy^{33} bɑ^{33} khæ^{55}. | thɣ̩^{33} sər^{33} dzʅ^{33}.
北方 在 二 十 六 日 布冒 娆星 降魔杵 射 土神 柴 吃

ʐʅ^{21} nɑ^{21} y^{21} dzʅ^{21} tɯ^{33} dʑy^{21}. | ȵi^{33} tsər^{21} ʂər^{33} ȵi^{33}, ʂuɑ^{21} khuɑ^{33}. zɑ^{21} mi^{33} mɑ^{21}、i^{33} pu^{33}、phy^{33} bɑ^{33}
蛇 黑 羊 居 地 在 二 十 七 日 刷卡 娆米麻 绸 降魔杵

khæ^{55}②.
射

像一匹绸一样射出。土神吃地上的草。黑蛇在西方。二十三日，由楚孔当值。娆星像闪电一样射出。黑蛇在羊居地。二十四日，由布孔当值。娆星像三叉戟一样射出。土神吃男人。黑蛇在牛居地。二十五日，由布铎当值。娆星像太阳一样明亮地射出。土神吃铁。黑蛇在北方。二十六日，由布冒当值。娆星像降魔杵一样射出。土神吃柴。黑蛇在羊居地。二十七日，由刷卡当值。娆米麻射出。

594-L-24-45

① 此日"thɣ̩^{33}"吃什么原文阙如。

② 这里有多个字符，不能连读成句，按顺序以"zɑ^{21} mi^{33} mɑ^{21}"（饶米麻）翻译。

thv̩^{33} lɯ^{33} lo^{21} zə̥^{21} dzɿ^{33}. zʅ^{21} nɑ^{21} y^{21} dzɿ^{21} tɯ^{33} dʑy^{21}. | ȵi^{33} tsər^{21} ho^{55} ȵi^{33}, ɕy^{21} khuɑ^{33}. zɑ^{21} lɑ^{21}
土神 地 里 草 吃 蛇 黑 羊 居 地 在 二 十 八 日 徐卡 娆劳鲍

pɑ^{55} khæ^{55}. sɿ^{21}、dʑi^{21}、phy^{33} bɑ^{33}①. | thv̩^{33} hɯ^{55} dzɿ^{33}. zʅ^{21} nɑ^{21} ȵi^{33} me^{33} gv̩^{21} dʑy^{21}. | ȵi^{33} tsər^{21} gv̩^{33}
射 骰子 水 降魔杵 土神 海 吃 蛇 黑 西方 在 二 十 九

ȵi^{33}, zy^{21} he^{33}, zɑ^{21} i^{33} pu^{33} hɯ^{55} lo^{21} nɯ^{33} khæ^{55}. thv̩^{33} zo^{33} dzɿ^{33}. zʅ^{21} nɑ^{21} | ȵi^{33} me^{33} gv̩^{21} dʑy^{21}. |
日 蕊亨 娆星 绸 海 里 以 射 土神 男 吃 蛇 黑 西方 在

nɑ^{33} tv̩^{21} ȵi^{33}, zy^{21} miə^{21}. zɑ^{21} tshy^{55} do^{55} khæ^{55}. thv̩^{33} zo^{33} dzɿ^{33}. phy^{33} bɑ^{33}. zʅ^{21} nɑ^{21} ɯ^{33} dzɿ^{21} tɯ^{33}
三十 日 蕊谬 娆星 闪电 射 土神 男 吃 降魔杵 蛇 黑 牛 居 地

dʑy^{21}. | huɑ^{55} me^{33} he^{33}, khɯ^{33} he^{33}. he^{21} dɯ^{21} ȵi^{33} me^{33} thv̩^{33} dʑy^{21}. | ko^{21} ɕi^{33} he^{21} dɯ^{21} | ɯ^{33}
在 八月 狗 月 神 大 东方 在 郭兴 神 大 牛

dzɿ^{21} tɯ^{33} dʑy^{21}. to^{55} dzu̩^{33} y^{21} dzɿ^{21} tɯ^{33} dʑy^{21}. | tshe^{33} do^{21} dɯ^{33} ȵi^{33}, zy^{21} kv̩^{33}.
居 地 在 垛鬼 债 羊 居 地 在 月 见 一 日 蕊古

土神吃地上的草。黑蛇在羊居地。二十八日，由徐卡当值。娆劳鲍射出。土神吃海。黑蛇在西方。二十九日，由蕊亨当值。娆星像一匹绸一样从海里射出。土神吃男人。黑蛇在西方。三十日，由蕊谬当值。娆星像闪电一样射出。土神吃男人。黑蛇在牛居地。

八月：狗月。大神在东方。郭兴大神在牛居地。垛鬼的收债者在羊居地。初一，由蕊古当值。

594-L-24-46

zɑ^{21} i^{33} pu^{33} nɑ^{21} fv̩^{55} nɑ^{21} dv̩^{33} dzʅ^{21} khæ^{55}. phy^{33} bɑ^{33}. thv̩^{33} hɯ^{55} dzɿ^{33}. zʅ^{21} nɑ^{21} ȵi^{33} me^{33} gv̩^{21}
娆星 绸 漆黑一团 时 射 降魔杵 土神 海 吃 蛇 黑 西方

① 这里有多个字符，不能连读成句，按顺序以“zɑ^{21} lɑ^{21} pɑ^{55}”（饶劳鲍）翻译。

dʑy21. | tshe33 do21 ȵi33 ȵi33, zy21 dv̩21. | zɑ21 ȵi33 me33 hɯ55 lo21 nɯ33 khæ55. sɿ21. thv̩33 sər33 dzɿ33.
在 月 见 二 日 蕊督 娆星 太阳 海 里 以 射 骰子土神 柴 吃

zʅ21 nɑ21 i33 tʂhʅ33 mu21 dʑy21. | sɿ21 ȵi33, zy21 bɑ21. zɑ21 he33 me33 khæ55. | thv̩33 ʂu21 dzɿ33. zʅ21
蛇 黑 南方 在 三 日 蕊巴 娆星 月亮 射 土神 铁 吃 蛇

nɑ21 ɯ33 dzɿ21 tɯ33 dʑy21. | lu33 ȵi33, zy21 bə33. zɑ21 mi33 mɑ21 nɑ21 fv̩55 nɑ21 dv̩33 dzʅ21 khæ55①. | zʅ21
黑 牛 居 地 在 四 日 蕊崩 娆米麻 漆黑一团 时 射 蛇

nɑ21 i33 tʂhʅ33 mu21 dʑy21. | uɑ33 ȵi33, zy21 mæ33. zɑ21 lɑ21 pɑ55 khæ55. thv̩33 ɕi33 tɕiə33 dzɿ33. phy33
黑 南方 在 五 日 蕊满 娆劳鲍 射 土神 人 麻风 吃 降魔杵

bɑ33. zʅ21 nɑ21 ho33 gv̩33 lo21 dʑy21. | tʂhuɑ55 ȵi33, py33 bu21 kv̩33. zɑ21 dʑiə33 kɑ21 khæ55. thv̩33 sər33
蛇 黑 北方 在 六 日 本补古 娆久嘎 射 土神 柴

dzɿ33. zʅ21 nɑ21 ȵi33 me33 thv̩33 dʑy21. | ʂər33 ȵi33,
吃 蛇 黑 东方 在 七 日

娆星像一匹绸一样在漆黑一团的夜里射出。土神吃海。黑蛇在西方。初二，由蕊督当值。娆星像太阳一样明亮地从海里射出。土神吃柴。黑蛇在南方。初三，由蕊巴当值。娆星像月亮一样亮地射出。土神吃铁。黑蛇在牛居地。初四，由蕊崩当值。娆米麻在漆黑一团的夜里射出。黑蛇在南方。初五，由蕊满当值。娆劳鲍射出。土神吃麻风病人。黑蛇在北方。初六，由本补古当值。娆久嘎射出。土神吃柴。黑蛇在东方。初七，

594-L-24-47

① 此日“thv̩33”吃什么原文阙如。

py^{33} bu^{21} uə^{33}. zɑ^{21} tshy^{55} do^{55} khæ^{55}. i^{33} pu^{33}. thy̩^{33} zo^{33} dzɿ^{33}. ʐʅ^{21} nɑ^{21} ho^{33} gy̩^{33} lo^{21} ʥy^{21}. | ho^{55}
本补坞 娆星 闪电 射 绸 土神 男 吃 蛇 黑 北方 在 八

ȵi^{33}, ʐuɑ^{33} tse^{55}. zɑ^{21} i^{33}pu^{33} khæ^{55}. | phy^{33} bɑ^{33}. thy̩^{33} ʐʅ^{21} dzɿ^{33}. ʐʅ^{21} nɑ^{21} ȵi^{33} me^{33} thy̩^{33} ʥy^{21}. | gy̩^{33}
日 柔正 娆星 绸 射 降魔杵 土神 蛇 吃 蛇 黑 东方 在 九

ȵi^{33}, pɑ^{33} khu^{33}. zɑ^{21} ȵi^{33} me^{33} hɯ^{55} lo^{21} nɯ^{33} khæ^{55}. sɿ^{21} | phy^{33} bɑ^{33}. thy̩^{33} ly̩^{33} dzɿ^{33}. ʐʅ^{21} nɑ^{21} ȵi^{33}
日 巴孔 娆星 太阳 海 里 以 射 骰子 降魔杵 土神 石 吃 蛇 黑

me^{33} gy̩^{21} ʥy^{21}. | tshe^{21} ȵi^{33}, pɑ^{33} by^{33}. zɑ^{21} he^{33} me^{33} nɑ^{21} fy̩^{55} nɑ^{21} dy̩^{33} dzʅ^{21} khæ^{55}. | phy^{33} bɑ^{33}.
西方 在 十 日 巴毕 娆星 月亮 漆黑一团 时 射 降魔杵

thy̩^{33} o^{33} dzɿ^{33}. ʐʅ^{21} nɑ^{21} ly̩^{21} dzɿ^{21} tɯ^{33} ʥy^{21}. | tshe^{21} dɯ^{33} ȵi^{33}, nɑ^{33} gy̩^{21}. zɑ^{21} mi^{33} mɑ^{21} hɯ^{55} lo^{21}
土神 骨 吃 蛇 黑 龙 居 地 在 十 一 日 娜古 娆米麻 海 里

nɯ^{33} khæ^{55}. sɿ^{21}、phy^{33} bɑ^{33}. | thy̩^{33} sər^{33} dzɿ^{33}. ʐʅ^{21} nɑ^{21} ho^{33} gy̩^{33} lo^{21} ʥy^{21}. | tshe^{21} ȵi^{33} ȵi^{33},
以 射 骰子 降魔杵 土神 柴 吃 蛇 黑 北方 在 十 二 日

thɑ^{33} kə^{55}. zɑ^{21} lɑ^{21} pɑ^{55} khæ^{33}. phy^{33} bɑ^{33}. ʐʅ^{21} nɑ^{21} i^{33} tʂhʅ^{33} mu^{21} ʥy^{21}.
涛构 娆劳鲍 射 降魔杵 蛇 黑 南方 在

由本补坞当值。娆星像闪电一样射出。土神吃男人。黑蛇在北方。初八，由柔正当值。娆星像一匹绸一样射出。土神吃蛇。黑蛇在东方。初九，由巴孔当值。娆星像太阳一样明亮地从海里射出。土神吃石头。黑蛇在西方。初十，由巴毕当值。娆星像月亮一样亮地在漆黑一团的夜里射出。土神吃骨头。黑蛇在龙居地。十一日，由娜古当值。娆米麻从海里射出。土神吃柴。黑蛇在北方。十二日，由涛构当值。娆劳鲍射出。黑蛇在南方。

594-L-24-48

tshe^{33} sɿ^{21} ȵi^{33}, tʂhuɑ^{55} tshər^{21} khuɑ^{33}, zɑ^{21} phy^{33} bɑ^{33} khæ^{55}. thv̩^{33} ər^{33} phər^{21} dzɿ^{33}. zʅ^{21} nɑ^{21} i^{33} tʂhʅ^{33}
十 三 日 创昌夸 娆星 降魔杵 射 土神 铜 白 吃 蛇 黑 南方

mu^{21} ʥy^{21}. | tshe^{21} lu^{33} ȵi^{33}. | tʂhuɑ^{55} tshər^{21} gv̩^{33}. zɑ^{21} tshy^{55} do^{55} khæ^{55}. phy^{33} bɑ^{33}. thv̩^{33} ʂu^{21} dzɿ^{33}.
在 十 四 日 创昌古 娆星 闪电 射 降魔杵 土神 铁 吃

zʅ^{21} nɑ^{21} lv̩^{21} dzɿ^{21} tɯ^{33} ʥy^{21}. | tshe^{21} uɑ^{33} ȵi^{33}, | miə^{21} ɕy^{21}. zɑ^{21} i^{33} pu^{33} khæ^{55}. phy^{33} bɑ^{33}. thv̩^{33}
蛇 黑 龙 居 地 在 十 五 日 谬许 娆星 绸 射 降魔杵 土神

sər^{33} dzɿ^{33}. zʅ^{21} nɑ^{21} ho^{33} gv̩^{33} lo^{21} ʥy^{21}. | tshe^{21} tʂhuɑ^{55} ȵi^{33}, sɿ^{33} tho^{21} khuɑ^{33}. | zɑ^{21} ȵi^{33} me^{33}
柴 吃 蛇 黑 北方 在 十 六 日 司托夸 娆星 太阳

khæ^{55}. sɿ^{21}、phy^{33} bɑ^{33}. thv̩^{33} zo^{33} dzɿ^{33}. zʅ^{21} nɑ^{21} ȵi^{33} me^{33} thv̩^{33} ʥy^{21}. | tshe^{21} ʂər^{33} ȵi^{33}, lɑ^{21}
射 骰子 降魔杵 土神 男 吃 蛇 黑 东方 在 十 七 日 劳徐

ɕy^{21}. | zɑ^{21} he^{33} me^{33} khæ^{55}. thi^{21}. thv̩^{33} y^{21} dzɿ^{33}. phy^{33} bɑ^{33}. zʅ^{21} nɑ^{21} i^{33} tʂhʅ^{33} mu^{21} ʥy^{21}. |
娆星 月亮 射 刨子 土神 绵羊 吃 降魔杵 蛇 黑 南方 在

tshe^{21} ho^{55} ȵi^{33}, khɯ^{33} phər^{21} sɿ^{21} kv̩^{33}.
十 八 日 庚盘术古

十三日，由创昌夸当值。娆星像降魔杵一样射出。土神吃白铜。黑蛇在南方。十四日，由创昌古当值。娆星像闪电一样射出。土神吃铁。黑蛇在龙居地。十五日，由谬许当值。娆星像一匹绸一样射出。土神吃柴。黑蛇在北方。十六日，由司托夸当值。娆星像太阳一样明亮地射出。土神吃男人。黑蛇在东方。十七日，由劳徐当值。娆星像月亮一样亮地射出。土神吃绵羊。黑蛇在南方。十八日，由庚盘术古当值。

594-L-24-49

zɑ^{21} mi^{33} mɑ^{21} khæ^{55}. sɿ^{21}、phy^{33} bɑ^{33}. thv̩^{33} ȵi^{33} dzɿ^{33}. ʐʅ^{21} nɑ^{21} i^{33} tʂhʅ^{33} mu^{21} dʑy^{21}. | tshe^{21} gv̩^{33}

娆米麻 射 骰子 降魔杵 土神 鱼 吃 蛇 黑 南方 在 十 九

ȵi^{33}, kɯ^{33} phər^{21} sɿ^{21} mæ^{33}. zɑ^{21} lɑ^{21} pɑ^{55} nɑ^{21} fv̩^{55} nɑ^{21} dv̩^{33} dzʅ^{21} khæ^{55}. | thv̩^{33} lɯ^{33} dzɿ^{33}. ʐʅ^{21} nɑ^{21}

日 庚盘术满 娆劳鲍 漆黑一团 时 射 土神 田 吃 蛇 黑

ho^{33} gv̩^{33} lo^{21} dʑy^{21}. | ȵi^{33} tsər^{21}ȵi^{33}, tshɿ^{21} khu^{33}. zɑ^{21}phy^{33} bɑ^{33} khæ^{55}. thv̩^{33} lɯ^{33} dzɿ^{33}. ʐʅ^{21} nɑ^{21} |

北方 在 二 十 日 楚孔 娆星 降魔杵 射 土神 田 吃 蛇 黑

ho^{33} gv̩^{33} lo^{21} dʑy^{21}. | ȵi^{33} tsər^{21} dɯ^{33} ȵi^{33}, bu^{21} khu^{33}. zɑ^{21} tshy^{55} do^{55} hɯ^{55} lo^{21} nɯ^{33} nɑ^{21} fv̩^{55} nɑ^{21}

北方 在 二 十 一 日 布孔 娆星 闪电 海 里 以 漆黑一团

dv̩^{33} dzʅ^{33} khæ^{55}. i^{33} pu^{33}. thv̩^{33} ʂu^{21} dzɿ^{33}. | ʐʅ^{21} nɑ^{21} i^{33} tʂhʅ^{33} mu^{21} dʑy^{21}. | ȵi^{33} tsər^{21} ȵi^{33} ȵi^{33},

时 射 绸 土神 铁 吃 蛇 黑 南方 在 二 十 二 日

bu^{21} to^{55}. zɑ^{21} i^{33} pu^{33} khæ^{55}. phy^{33} bɑ^{33}. ʐʅ^{21} nɑ^{21} khɯ^{33} dzɿ^{21} tɯ^{33} dʑy^{21}. | ȵi^{33} tsər^{21} sɿ^{21} ȵi^{33}, ʂuɑ^{21}

布铎 娆星 绸 射 降魔杵 蛇 黑 狗 居 地 在 二 十 三 日 刷卡

khuɑ^{33}. zɑ^{21} ȵi^{33} me^{33} khæ^{55}. thv̩^{33} zo^{33} dzɿ^{33}. phy^{33} bɑ^{33}. ʐʅ^{21} nɑ^{21} ɯ^{33} dzɿ^{21} tɯ^{33} dʑy^{21}.

娆星 太阳 射 土神 男 吃 降魔杵 蛇 黑 牛 居 地 在

娆米麻射出。土神吃鱼。黑蛇在南方。十九日，由庚盘术满当值。娆劳鲍在漆黑一团的夜里射出。土神吃田地。黑蛇在北方。二十日，由楚孔当值。娆星像降魔杵一样射出。土神吃田地。黑蛇在北方。二十一日，由布孔当值。娆星在漆黑一团的夜里像闪电一样从海里射出。土神吃铁。黑蛇在南方。二十二日，由布铎当值。娆星像一匹绸一样射出。黑蛇在狗居地。二十三日，由刷卡当值[①]。娆星像太阳一样明亮地射出。土神吃男人。黑蛇在牛居地。

594-L-24-50

① 二十三日当值的宿应为“布冒”，因纳西族二十八宿中，“布铎”这宿后，应是“布冒”。但原文写为“刷卡”，只有按原文了。

ȵi33 tsər21 lu33 ȵi33, ɕy21 khuɑ33. zɑ21 he33 me33 khæ55. thv̩33 ɯ33 dzɿ33. phy33 bɑ33. zʅ21 nɑ21 khɯ33
二 十 四 日 徐卡 娆星 月亮 射 土神 牛 吃 降魔杵 蛇 黑 狗

dzɿ21 tɯ33 ʥy21. | ȵi33 tsər21 uɑ33 ȵi33, | zy21 he33. zɑ21 mi33 mɑ21 khæ55. sɿ21、thi21、phy33 bɑ33. thv̩33
居 地 在 二 十 五 日 蕊亨 娆米麻 射 骰子 刨子 降魔杵 土神

mi55 dzɿ33. zʅ21 nɑ21 ȵi33 me33 thv̩33 ʥy21. | ȵi33 tsər21 tʂhuɑ55 ȵi33, | zy21 miə21. zɑ21 khæ55. thv̩33
女 吃 蛇 黑 东方 在 二 十 六 日 蕊谬 娆星 射 土神

sər33 dzɿ33. zʅ21 nɑ21 ȵi33 me33 thv̩33 ʥy21. | ȵi33 tsər21 ʂər33 ȵi33, zy21 kv̩33. | zɑ21 tɕiæ33 tɕy33
柴 吃 蛇 黑 东方 在 二 十 七 日 蕊古 娆 三叉戟

khæ33. thv̩33 lɯ33 lo21 zə̩21 dzɿ33. zʅ21 nɑ21 ɯ33 dzɿ21 tɯ33 ʥy21. | ȵi33 tsər21 ho55 ȵi33, zy21 dv̩21. |
射 土神 地 里 草 吃 蛇 黑 牛 居 地 在 二 十 八 日 蕊督

zɑ21 tshy55 do55 khæ55. i33 pu33、phy33 bɑ33. thv̩33 hɯ55 dzɿ33. zʅ21 nɑ21 i33 tʂhʅ33 mu21 ʥy21. | ȵi33
娆星 闪电 射 绸 降魔杵 土神 海 吃 蛇 黑 南方 在 二

tsər21 gv̩33 ȵi33, zy21 bɑ21.
十 九 日 蕊巴

二十四日，由徐卡当值。娆星像月亮一样亮地射出。土神吃牛。黑蛇在狗居地。二十五日，由蕊亨当值。娆米麻射出。土神吃女人。黑蛇在东方。二十六日，在蕊谬当值。娆星射出。土神吃柴。黑蛇在东方。二十七日，由蕊古当值。娆星像三叉戟一样射出。土神吃田地里的草。黑蛇在牛居地。二十八日，由蕊督当值。娆星像闪电一样射出。土神吃海。黑蛇在南方。二十九日，由蕊巴当值。

594-L-24-51

zɑ^{21} i^{33} pu^{33} khæ^{55}. thv̩^{33} dze^{33} dzɿ^{33}. ʐʅ^{21} nɑ^{21} ho^{33} gv̩^{33} lo^{21} ʥy^{21}. | nɑ^{33} tv̩^{21} n̥i^{33}, zy^{21} bə^{33}. zɑ^{21} n̥i^{33}
娆星 绸 射 土神 麦 吃 蛇 黑 北方 在 三十 日 蕊崩 娆星

me^{33} nɑ^{21} fv̩^{55} nɑ^{21} dv̩^{33} dʐʅ^{21} khæ^{55}. | thv̩^{33} ŋv̩^{33} lv̩^{33} dzɿ^{33}. ʐʅ^{21} nɑ^{21} y^{21} dzɿ^{21} tɯ^{33} ʥy^{21}. | guə^{33}
太阳 漆黑一团 时 射 土神 雪山 吃 蛇 黑 羊 居 地 在 九月

me^{33} he^{33}, bu^{21} he^{33}. | he^{21} dɯ^{21} ho^{33} gv̩^{33} lo^{21} ʥy^{21}. | ko^{21} ɕi^{33} he^{21} dɯ^{21} lv̩^{21} dzɿ^{21} tɯ^{33} ʥy^{21}. |
猪 月 神 大 北方 在 郭兴 神 大 龙 居 地 在

to^{55} dʐʅu^{33} khɯ^{33} dzɿ^{21} tɯ^{33} ʥy^{21}. | tshe^{33} do^{21} dɯ^{33} n̥i^{33}, zy^{21} mæ^{33}, zɑ^{21} i^{33} pu^{33} khæ^{55}. thv̩^{33} zo^{33}
垛鬼 债 狗 居 地 在 月 见 一 日 蕊满 娆星 绸 射 土神 男

dzɿ^{33}. ʐʅ^{21} nɑ^{21} i^{33} tʂhʅ^{33} mu^{21} ʥy^{21}. | tshe^{33} do^{21} n̥i^{33} n̥i^{33}, py^{33} bu^{21} kv̩^{33}. | zɑ^{21} mi^{33} mɑ^{21} khæ^{55}.
吃 蛇 黑 南方 在 月 见 二 日 本补古 娆米麻 射

thv̩^{33} ɕi^{33} tɕiə^{33} dzɿ^{33}. phy^{33} bɑ^{33}. ʐʅ^{21} nɑ^{21} n̥i^{33} me^{33} gv̩^{21} ʥy^{21}. | tshe^{33} do^{21} sɿ^{21} n̥i^{33}, py^{33} bu^{21} uə^{33}.
土神 人 麻风 吃 降魔杵 蛇 黑 西方 在 月 见 三 日 本补坞

娆星像一匹绸一样射出。土神吃麦子。黑蛇在北方。三十日，由蕊崩当值。娆星像太阳一样明亮地在漆黑一团的夜里射出。土神吃雪山。黑蛇在羊居地。

九月：猪月。大神在北方。郭兴大神在龙居地。垛鬼收债者在狗居地。初一，由蕊满当值。娆星像一匹绸一样射出。土神吃男人。黑蛇在南方。初二，由本补古当值。娆米麻射出。土神吃麻风病人。黑蛇在西方。初三，由本补坞当值。

594-L-24-52

zɑ^{21} lɑ^{21} pɑ^{55} khæ^{55}. i^{33} pu^{33}. thv̩^{33} sər^{33} dzɿ^{33}. ʐʅ^{21} nɑ^{21} lv̩^{21} dzɿ^{21} tɯ^{33} ʥy^{21}. | lu^{33} n̥i^{33}, ʐʅuɑ^{33} tse^{55}.
娆劳鲍 射 绸 土神 柴 吃 蛇 黑 龙 居 地 在 四 日 柔正

zɑ^{21} i^{33} pu^{33} khæ^{55}. | thy̩^{33} zo^{33} dzʅ^{33}. ʐʅ^{21} nɑ^{21} i^{33} tʂhʅ^{33} mu^{21} dʑy^{21}. | uɑ^{33} ȵi^{33}, pɑ^{33} khu^{33}. zɑ^{21}
娆星 绸 射 土神 男 吃 蛇 黑 南方 在 五 日 巴孔 娆星

tshy^{55} do^{55} khæ^{55}. lɑ^{21}、i^{33} pu^{33}. thy̩^{33} zo^{33} dzʅ^{33}. | ʐʅ^{21} nɑ^{21} ȵi^{33} me^{33} gy̩^{21} dʑy^{21}. | tʂhuɑ^{55} ȵi^{33}, pɑ^{33}
闪电 射 手 绸 土神 男 吃 蛇 黑 西方 在 六 日 巴毕

by^{33}. zɑ^{21} tɕiæ^{33} tɕy^{33} khæ^{55}. thy̩^{33} ly̩^{33} dzʅ^{33}. ʐʅ^{21} nɑ^{21} ɯ^{33} dzʅ^{21} tɯ^{33} dʑy^{21}. | ʂər^{33} ȵi^{33}, nɑ^{33} gy̩^{21}.
娆星 三叉戟 射 土神 石 吃 蛇 黑 牛 居 地 在 七 日 娜古

zɑ^{21} ȵi^{33} me^{33} khæ^{55}. thy̩^{33} y^{21} dzʅ^{33}. ʐʅ^{21} nɑ^{21} ȵi^{33} me^{33} gy̩^{21} dʑy^{21}. | ho^{55} ȵi^{33}, | thɑ^{33} kə^{55}. zɑ^{21}
娆星 太阳 射 土神 绵羊 吃 蛇 黑 西方 在 八 日 涛构 娆星

he^{33} me^{33} hɯ^{55} lo^{21} nɯ^{33} khæ^{55}. ɯ^{33}. thy̩^{33} zo^{33} dzʅ^{33}. ʐʅ^{21} nɑ^{21} ho^{33} gy̩^{33} lo^{21} dʑy^{21}. | gy̩^{33} ȵi^{33},
月亮 海 里 以 射 吉 土神 男 吃 蛇 黑 北方 在 九 日

tʂhuɑ^{55} tshər^{21} khuɑ^{33}. zɑ^{21}
创昌夸

娆劳鲍射出。土神吃柴。黑蛇在龙居地。初四，由柔正当值。娆星像一匹绸一样射出。土神吃男人。黑蛇在南方。初五，由巴孔当值。娆星像闪电一样射出。土神吃男人。黑蛇在西方。初六，由巴毕当值。娆星像三叉戟一样射出。土神吃石头。黑蛇在牛居地。初七，由娜古当值。娆星像太阳一样明亮地射出。土神吃绵羊。黑蛇在西方。初八，由涛构当值。娆星像月亮一样亮地从海里射出。吉。土神吃男人。黑蛇在北方。初九，由创昌夸当值。

594-L-24-53

mi^{33} mɑ^{21} nɑ^{21} fv̩^{55} tshʅ^{21} khæ^{55}. phy^{33} bɑ^{33}. thv̩^{33} lɯ^{33} ʥʅ^{33}. ʐʅ^{21} nɑ^{21} i^{33} tʂhʅ^{33} mu^{21} ʥy^{21}. | tshe^{21}
娆米麻 天黑 来 射 降魔杵 土神 杉 吃 蛇 黑 南方 在 十

ȵi^{33}, tʂhuɑ^{55} tshər^{21} gv̩^{33}. | zɑ^{21} lɑ^{21} pɑ^{55} khæ^{55}. thi^{21}、i^{33} pu^{33}. thv̩^{33} ər^{33} phər^{21} dzʅ^{33}. ʐʅ^{21} nɑ^{21} y^{21}
日 创昌古 娆劳鲍 射 刨子 绸 土神 铜 白 吃 蛇 黑 羊

dzʅ^{21} tɯ^{33} ʥy^{21}. | tshe^{21} dɯ^{33} ȵi^{33}, miə^{21} ɕy^{21}. zɑ^{21} i^{33} pu^{33} khæ^{55}. | thv̩^{33} ȵi^{33} dzʅ^{33}. ʐʅ^{21} nɑ^{21} ho^{33}
居 地 在 十 一 日 谬许 娆星 绸 射 土神 鱼 吃 蛇 黑

gv̩^{33} lo^{21} ʥy^{21}. | tshe^{21} ȵi^{33} ȵi^{33}, sʅ^{33} tho^{21} khuɑ^{33}. zɑ^{21} tshy^{55} do^{55} khæ^{55}. i^{33} pu^{33}. thv̩^{33} ʂu^{21} dzʅ^{33}.
北方 在 十 二 日 司托夸 娆星 闪电 射 绸 土神 铁 吃

ʐʅ^{21} nɑ^{21} | ȵi^{33} me^{33} thv̩^{33} ʥy^{21}. | tshe^{33} sʅ^{21} ȵi^{33}, lɑ^{21} ɕy^{21}. zɑ^{21} phy^{33} bɑ^{33} nɑ^{21} fv̩^{55} nɑ^{21} dv̩^{33} dʐʅ^{21}
蛇 黑 东方 在 十 三 日 劳徐 娆星 降魔杵 漆黑一团 时

khæ^{55}. thv̩^{33} ʐʅ^{21} dzʅ^{33}. ʐʅ^{21} nɑ^{21} ȵi^{33} me^{33} gv̩^{21} ʥy^{21}. | tshe^{21} lu^{33} ȵi^{33}, kɯ^{33} phər^{21} sʅ^{21} kv̩^{33}. zɑ^{21}
射 土神 蛇 吃 蛇 黑 西方 在 十 四 日 庚盘术古 娆星

ȵi^{33} me^{33} hɯ^{55} lo^{21} nɯ^{33} khæ^{55}. phy^{33} bɑ^{33}. thv̩^{33} zo^{33} dzʅ^{33}. ʐʅ^{21} nɑ^{21}
太阳 海 里 以 射 降魔杵 土神 男 吃 蛇 黑

娆米麻在天黑时射出。土神吃杉树。黑蛇在南方。初十，由创昌古当值。娆劳鲍射出。土神吃白铜。黑蛇在羊居地。十一日，由谬许当值。娆星像一匹绸一样射出。土神吃鱼。黑蛇在北方。十二日，由司托夸当值。娆星像闪电一样射出。土神吃铁。黑蛇在东方。十三日，由劳徐当值。娆星像降魔杵一样在漆黑一团的夜里射出。土神吃蛇。黑蛇在西方。十四日，由庚盘术古当值。娆星像太阳一样明亮地从海里射出。土神吃男人。黑蛇

594-L-24-54

ȵi^{33} me^{33} gy̩^{21} ʥy^{21}. | tshe^{21} uɑ^{33} ȵi^{33}, kɯ^{33} phər^{21} sɿ^{21} mæ^{33}. zɑ^{21} he^{33} me^{33} hɯ^{55} lo^{21} nɯ^{33} khæ^{55}.
西方 在 十 五 日 庚盘术满 娆星 月亮 海 里 以 射

i^{33} pu^{33}、phy^{33} bɑ^{33}. thy̩^{33} tʂhuɑ^{33} dzɿ^{33}. zʅ^{21} nɑ^{21} | ɯ^{33} dzɿ^{21} tɯ^{33} ʥy^{21}. | tshe^{21} tʂhuɑ^{55} ȵi^{33}, tshɿ^{21}
绸 降魔杵 土神 大米 吃 蛇 黑 牛 居 地 在 十 六 日 楚孔

khu^{33}. zɑ^{21} mi^{33} mɑ^{21} hɯ^{55} lo^{21} nɯ^{33} nɑ^{21} fy̩^{55} nɑ^{21} dy̩^{33} dzʅ^{21} khæ^{55}. thy̩^{33} mə^{33} dzɿ^{33}. zʅ^{21} nɑ^{21} ho^{33}
娆米麻 海 里 以 漆黑一团 时 射 土神 不 吃 蛇 黑

gy̩^{33} lo^{21} ʥy^{21}. | tshe^{21} ʂər^{33} ȵi^{33}, bu^{21} khu^{33}. zɑ^{21} lɑ^{21} pɑ^{55} khæ^{55}. i^{33} pu^{33}、ȵi^{33} me^{33}. thy̩^{33} tshy^{55}
北方 在 十 七 日 布孔 娆劳鲍 射 绸 太阳 土神 小米

dzɿ^{33}. zʅ^{21} nɑ^{21} i^{33} tʂhʅ^{33} mu^{21} ʥy^{21}. | tshe^{21} ho^{55} ȵi^{33}, | py^{33} bu^{21} uə^{33}①, zɑ^{21} i^{33} pu^{33} khæ^{55}. phy^{33}
吃 蛇 黑 南方 在 十 八 日 本补坞 娆星 绸 射 降魔杵

bɑ^{33}. thy̩^{33} ly̩^{33} dzɿ^{33}. zʅ^{21} nɑ^{21} y^{21} dzɿ^{21} tɯ^{33} ʥy^{21}. | tshe^{21} gy̩^{33} ȵi^{33}, bu^{21} mɑ^{55}. | zɑ^{21} tshy^{55} do^{55}
土神 石 吃 蛇 黑 羊 居 地 在 十 九 日 布冒 娆星 闪电

nɑ^{21} fy̩^{55} nɑ^{21} dy̩^{33} dzʅ^{21} khæ^{55}. lɑ^{21}、i^{33} pu^{33}、sɿ^{21}. thy̩^{33} mɯ^{55} dzɿ^{33}. zʅ^{21} nɑ^{21} ȵi^{33} me^{33} gy̩^{21} ʥy^{21}. |
漆黑一团 时 射 手 绸 骰子 土神 竹 吃 蛇 黑 西方 在

ȵi^{33} tsər^{21} ȵi^{33},
二 十 日

在西方。十五日，由庚盘术满当值。娆星像月亮一样亮地从海里射出。土神吃大米。黑蛇在牛居地。十六日，由楚孔当值。娆米麻在漆黑一团的夜里从海里射出。土神不食。黑蛇在北方。十七日，由布孔当值。娆劳鲍射出。土神吃小米。黑蛇在南方。十八日，由布铎当值。娆星像一匹绸一样射出。土神吃石头。黑蛇在羊居地。十九日，由布冒当值。娆星在漆黑一团的夜里像闪电一样射出。土神吃竹子。黑蛇在西方。二十日，

① py^{33} bu^{21} uə^{33} ：此宿名错，此日应为“bu^{21} to^{55}”，译文中校之。

594-L-24-55

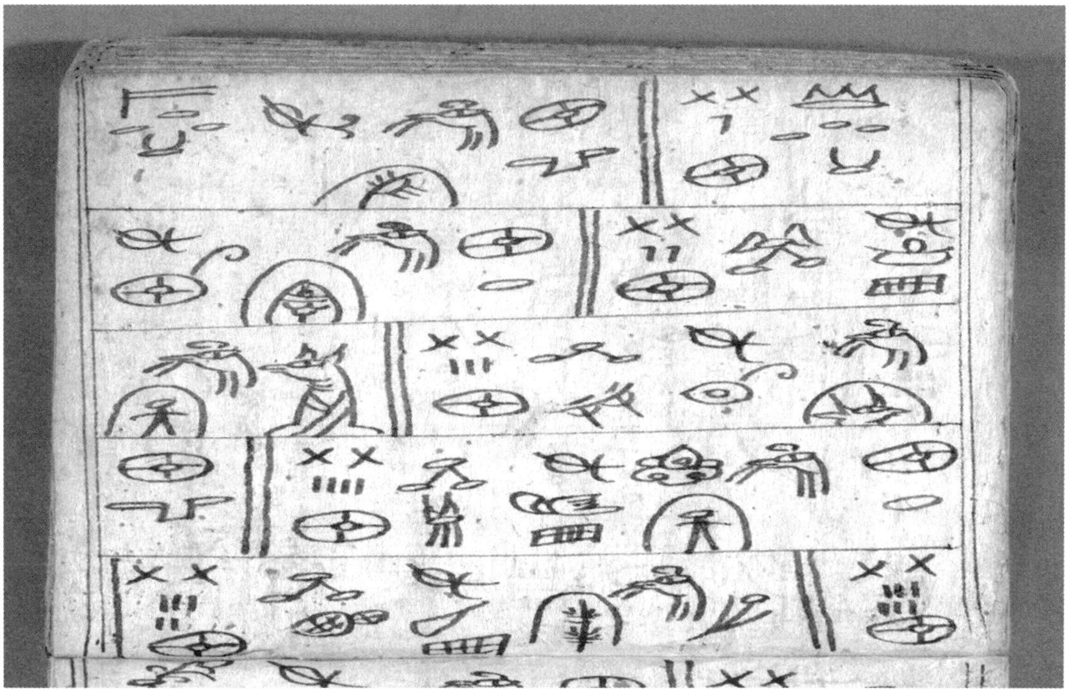

ʂuɑ^{21} khuɑ^{33}. zɑ^{21} tɕiæ^{33} tɕy^{33} khæ^{55}. thy̩^{33} ɕi^{21} dzɿ^{33}. zʅ^{21} nɑ^{21} ȵi^{33} me^{33} thy̩^{33} ʥy^{21}. | ȵi^{33} tsər^{21}
刷卡 娆星 三叉戟 射 土神 谷子 吃 蛇 黑 东方 在 二 十

dɯ^{33} ȵi^{33}, ɕy^{21} khuɑ^{33}. | zɑ^{21} ȵi^{33} me^{33} khæ^{55}. thy̩^{33}ŋy̩^{33} ly̩^{33} dzɿ^{33}. zʅ^{21} nɑ^{21} ȵi^{33} me^{33} gy̩^{21} ʥy^{21}. |
一 日 徐卡 娆星 太阳 射 土神 雪山 吃 蛇 黑 西方 在

ȵi^{33} tsər^{21} ȵi^{33} ȵi^{33}. zy^{21} he^{33}. zɑ^{21} he^{33} me^{33} khæ^{55}. i^{33} pu^{33}. | thy̩^{33} zo^{33} dzɿ^{33}. zʅ^{21} nɑ^{21} khɯ^{33} dzɿ^{21}
二 十 二 日 蕊亨 娆星 月亮 射 绸 土神 男 吃 蛇 黑 狗 居

tɯ^{33} ʥy^{21}. | ȵi^{33} tsər^{21} sɿ^{21} ȵi^{33}, zy^{21} miə^{21}. zɑ^{21} mi^{33} mɑ^{21} khæ^{55}. thy̩^{33} ɯ^{33} dzɿ^{33}. zʅ^{21} nɑ^{21} | ȵi^{33}
地 在 二 十 三 日 蕊谬 娆米麻 射 土神 牛 吃 蛇 黑

me^{33} thy̩^{33} ʥy^{21}. | ȵi^{33} tsər^{21} lu^{33} ȵi^{33}, zy^{21} ky̩^{33}. zɑ^{21} lɑ^{21} pɑ^{55} khæ^{55}. ɯ^{33}. i^{33} pu^{33}. thy̩^{33} zo^{33} dzɿ^{33}.
东方 在 二 十 四 日 蕊古 娆劳鲍 射 吉 绸 土神 男 吃

zʅ^{21} nɑ^{21} ȵi^{33} me^{33} gy̩^{21} ʥy^{21}. | ȵi^{33} tsər^{21} uɑ^{33} ȵi^{33}, zy^{21} dy̩^{21}. zɑ^{21} i^{33} pu^{33} khæ^{55}. thy̩^{33} mɯ^{55} dzɿ^{33}.
蛇 黑 西方 在 二 十 五 日 蕊督 娆星 绸 射 土神 竹 吃

zʅ^{21} nɑ^{21} i^{33} tʂhʅ^{33} mu^{21} ʥy^{21}. | ȵi^{33} tsər^{21} tʂhuɑ^{55} ȵi^{33},
蛇 黑 南方 在 二 十 六 日

由刷卡当值。娆星像三叉戟一样射出。土神吃谷子。黑蛇在东方。二十一日，由徐卡当值。娆星像太阳一样明亮地射出。土神吃雪山。黑蛇在西方。二十二日，由蕊亨当值。娆星像月亮一样亮地射出。土神吃男人。黑蛇在狗居地。二十三日，由蕊谬当值。娆米麻射出。土神吃牛。黑蛇在东方。二十四日，由蕊古当值。娆劳鲍射出。吉。土神吃男人。黑蛇在西方。

二十五日，由蕊督当值。娆星像一匹绸一样射出。土神吃竹子。黑蛇在南方。二十六日，

594-L-24-56

zy^{21} bɑ^{21}. zɑ^{21} tshy^{55} do^{55} khæ^{55}. sʅ^{21}. thy̩^{33} zo^{33} dzʅ^{33}. ʐʅ^{21} nɑ^{21} n̠i^{33} me^{33} gy̩^{21} dʑy^{21}. | n̠i^{33} tsər^{21}
蕊巴 娆星 闪电 射 骰子 土神 男 吃 蛇 黑 西方 在 二 十

ʂər^{33} n̠i^{33}, zy^{21} bə^{33}. | zɑ^{21} tɕiæ^{33} tɕy^{33} hər^{55} lo^{21} nɯ^{33} khæ^{55}. thy̩^{33} fy̩^{55} dzʅ^{33}. ʐʅ^{21} nɑ^{21} i^{33} tʂhʅ^{33} mu^{21}
七 日 蕊崩 娆星 三叉戟 海 里 以 射 土神 鼠 吃 蛇 黑 南方

dʑy^{21}. | n̠i^{33} tsər^{21} ho^{55} n̠i^{33}, zy^{21} mæ^{33}. zɑ^{21} n̠i^{33} me^{33} nɑ^{21} fy̩^{55} nɑ^{21} dy̩^{33} dzʅ^{21} khæ^{55}. | thy̩^{33} ɯ^{33}
在 二 十 八 日 蕊满 娆星 太阳 漆黑一团 时 射 土神 牛

dzʅ^{33}. ʐʅ^{21} nɑ^{21} n̠i^{33} me^{33} thy̩^{33} dʑy^{21}. | n̠i^{33} tsər^{21} gy̩^{33} n̠i^{33}, py^{33} bu^{21} ky̩^{33}. zɑ^{21} he^{33} me^{33} khæ^{55}. i^{33}
吃 蛇 黑 东方 在 二 十 九 日 本补古 娆星 月亮 射 绸

pu^{33}. thy̩^{33} sər^{33} dzʅ^{33}. ʐʅ^{21} nɑ^{21} | n̠i^{33} me^{33} gy̩^{21} dʑy^{21}. | nɑ^{21} ty̩^{21} n̠i^{33}, py ^{33} bu^{21} uə^{33}. zɑ^{21} mi^{33} mɑ^{21}
土神 柴 吃 蛇 黑 西方 在 三十 日 本补坞 娆米麻

khæ^{55}. thy̩^{33} tsho^{21} dzʅ^{33}. ʐʅ^{21} nɑ^{21} khɯ^{33} dzʅ^{21} tɯ^{33} dʑy^{21}. | tshe^{21} me^{33} he^{33}, fy̩^{55} he^{33}. he^{21} dɯ^{21} n̠i^{33}
射 土神 崇人 吃 蛇 黑 狗 居 地 在 十月 鼠 月 神 大

me^{33} thy̩^{33} dʑy^{21}. | ko^{21} ɕi^{33} he^{21} dɯ^{21}
东方 在 郭兴 神 大

由蕊巴当值。娆星像闪电一样射出。土神吃男人。黑蛇在西方。二十七日，由蕊崩当值。娆星像三叉戟一样从海里射出。土神吃老鼠。黑蛇在南方。二十八日，由蕊满当值。娆星像太

阳一样明亮地在漆黑一团的夜里射出。土神吃牛。黑蛇在东方。二十九日，由本补古当值。娆星像月亮一样亮地射出。土神吃柴。黑蛇在西方。三十日，由本补坞当值。娆米麻射出。土神吃崇人。黑蛇在狗居地。

十月：为鼠月。大神在东方。郭兴大神

594-L-24-57

y^{21} dʑɿ^{21} tɯ^{33} dʑy^{21}. | to^{55} dʐu^{33} ɯ^{33} dzɿ^{21} tɯ^{33} dʑy^{21}. | tshe^{21} do^{21} dɯ^{33} ȵi^{33}, ʐuɑ^{33} tse^{55}. | zɑ^{21}
羊 居 地 在 垛鬼 债 牛 居 地 在 月 见 一 日 柔正

mi^{33} mɑ^{21} khæ^{55}. i^{33} pu^{33}. thv̩^{33} ə^{33} sɿ^{21} dzɿ^{33}. ʐʅ^{21} nɑ^{21} ȵi^{33} me^{33} gv̩^{21} dʑy^{21}. | tshe^{33} do^{21} ȵi^{33} ȵi^{33},
娆米麻 射 绸 土神 父亲 吃 蛇 黑 西方 在 月 见 二 日

pɑ^{33} khu^{33}. zɑ^{21} lɑ^{21} pɑ^{55} | nɑ^{21} fv̩^{55} tshɿ^{21} khæ^{55}. phy^{33} bɑ^{33}. thv̩^{33} mə^{33} dzɿ^{33}. ʐʅ^{21} nɑ^{21} khɯ^{33} dzɿ^{21}
巴孔 娆劳鲍 天黑 来 射 降魔杵 土神 不 食 蛇 黑 狗 居

tɯ^{33} dʑy^{21}. | tshe^{33} do^{21} sɿ^{21} ȵi^{33}, pɑ^{33} by^{33}. zɑ^{21} dʑiə^{33} kɑ^{21} khæ^{55}. | thv̩^{33} zo^{33} dzɿ^{33}. ʐʅ^{21} nɑ^{21} y^{21}
地 在 月 见 三 日 巴毕 娆久嘎 射 土神 男 吃 蛇 黑 羊

dzɿ^{21} tɯ^{33} dʑy^{21}. | tshe^{33} do^{21} lu^{33} ȵi^{33}, nɑ^{33} gv̩^{21}. zɑ^{21} tshy^{55} do^{55} khæ^{55}. mɑ^{21}, thv̩^{33} sər^{33} dzɿ^{33}. |
居 地 在 月 见 四 日 娜古 娆星 闪电 射 酥油 土神 柴 吃

ʐʅ^{21} nɑ^{21} ho^{33} gv̩^{33} lo^{21} dʑy^{21}. | tshe^{33} do^{21} uɑ^{33} ȵi^{33}, thɑ^{33} kə^{55}. zɑ^{21} mə^{33} khæ^{55}. thv̩^{33} fv̩^{55} dzɿ^{33}. ʐʅ^{21}
蛇 黑 北方 在 月 见 五 日 涛构 娆星 不 射 土神 鼠 吃 蛇

nɑ^{21} i^{33} tʂhʅ^{33} mu^{21} dʑy^{21}.
黑 南方 在

在羊居地。垛鬼收债者在牛居地。初一，由柔正当值。娆米麻射出。土神吃父亲。黑蛇在西方。初二，由巴孔当值。娆劳鲍在漆黑一团的夜里射出。土神不食。黑蛇在狗居地。初三，由巴毕当值。娆久嘎射出。土神吃男人。黑蛇在羊居地。初四，由娜古当值。娆星像闪电一样射出。土神吃柴。黑蛇在北方。初五，由涛构当值。没有娆星射出。土神吃老鼠。黑蛇在南方。

594-L-24-58

tʂhuɑ^{55} ȵi^{33}, tʂhuɑ^{55} tshər^{21} khuɑ^{33}. zɑ^{21} ȵi^{33} me^{33} nɑ^{21} fv̩^{55} nɑ^{21} dv̩^{33} dʐʅ^{21} khæ^{55}. i^{33} pu^{33}. thv̩^{33} sər^{33}
六 日 创昌夸 娆星 太阳 漆黑一团 时 射 绸 土神 柴

dzʅ^{33}. ʐʅ^{21} nɑ^{21} ɯ^{33} dzʅ^{21} tɯ^{33} ʥy^{21}. | ʂər^{33} ȵi^{33}, tʂhuɑ^{55} tshər^{21} gv̩^{33}. zɑ^{21} he^{33} me^{33} khæ^{55}. thv̩^{33} æ^{21}
吃 蛇 黑 牛 居 地 在 七 日 创昌古 娆星 月亮 射 土神 鸡

dzʅ^{33}. ʐʅ^{21} nɑ^{21} ȵi^{33} me^{33} thv̩^{33} ʥy^{21}. | ho^{55} ȵi^{33}, miə^{21} ɕy^{21}. | zɑ^{21} i^{33} pu^{33} khæ^{55}. ȵi^{33} me^{33}. thv̩^{33}
吃 蛇 黑 东方 在 八 日 谬许 娆星 绸 射 太阳 土神

bu^{21} dzʅ^{33}. ʐʅ^{21} nɑ^{21} ȵi^{33} me^{33} gv̩^{21} ʥy^{21}. | gv̩^{33} ȵi^{33}, sʅ^{33} tho^{21} khuɑ^{33}. zɑ^{21} lɑ^{21} pɑ^{55} khæ^{55}. | py^{33}
猪 吃 蛇 黑 西方 在 九 日 司托夸 娆劳鲍 射 降魔杵

bɑ^{33}. thv̩^{33} ʐʅ^{21} dzʅ^{33}. ʐʅ^{21} nɑ^{21} i^{33} tʂhʅ^{33} mu^{21} ʥy^{21}. | tshe^{21} ȵi^{33}, lɑ^{21} ɕy^{21}. zɑ^{21} ʥiə^{33} kɑ^{21} khæ^{55}. |
土神 蛇 吃 蛇 黑 南方 在 十 日 劳徐 娆久嘎 射

thv̩^{33} ɕi^{21} ʥʅ^{33}. ʐʅ^{21} nɑ^{21} ho^{33} gv̩^{33} lo^{21} ʥy^{21}. | tshe^{21}dɯ^{33} ȵi^{33}, kɯ^{33}phər^{21} sʅ^{21} kv̩^{33}. zɑ^{21} tshy^{55} do^{55}
土神 谷子 吃 蛇 黑 北方 在 十 一 日 庚盘术古 娆星 闪电

khæ^{55}. thv̩^{33} mɯ^{55} dzʅ^{33}.
射 土神 竹 吃

初六，由创昌夸当值。娆星像太阳一样明亮地在漆黑一团的夜里射出。土神吃柴。黑蛇在牛居地。初七，由创昌古当值。娆星像月亮一样亮地射出。土神吃鸡。黑蛇在东方。初八，由谬许当值。娆星像太阳一样明亮地射出。土神吃猪。黑蛇在西方。初九，由司托夸当值。娆劳鲍射出。土神吃蛇。黑蛇在南方。初十，由劳徐当值。娆久嘎射出。土神吃谷子。黑蛇在北方。十一日，由庚盘术古当值。娆星像闪电一样射出。土神吃竹子。

594-L-24-59

ʐʅ^{21} nɑ^{21} y^{21} dzɿ^{21} tɯ^{33} dʑy^{21}. | tshe^{21} ȵi^{33} ȵi^{33}, kɯ^{33} phər^{21} sɿ^{21} mæ^{33}. zɑ^{21} i^{33} pu^{33} khæ^{55}. thv̩^{33}
蛇 黑 羊 居 地 在 十 二 日 庚盘术满 娆星 绸 射 土神

mɯ^{55} dzɿ^{33}. ʐʅ^{21} nɑ^{21} i^{33} tʂhʅ^{33} mu^{21} dʑy^{21}. | tshe^{33} sɿ^{21} ȵi^{33}, tshɿ^{21} khu^{33}. zɑ^{21} ȵi^{33} me^{33} khæ^{55}. thi^{21}.
竹 吃 蛇 黑 南方 在 十 三 日 楚孔 娆星 太阳 射 刨

thv̩^{33} sər^{33} dzɿ^{33}. ʐʅ^{21} nɑ^{21} i^{33} tʂhʅ^{33} mu^{21} dʑy^{21}. | tshe^{21} lu^{33} ȵi^{33}, | bu^{21} khu^{33}. zɑ^{21} he^{33} me^{33} khæ^{55}.
土神 柴 吃 蛇 黑 南方 在 十 四 日 布孔 娆星 月亮 射

thv̩^{33} nv̩^{55} me^{33} dzɿ^{33}. ʐʅ^{21} nɑ^{21} lv̩^{21} dʑɿ^{21} tɯ^{33} dʑy^{21}. | tshe^{21} uɑ^{33} ȵi^{33}, bu^{21} to^{55}. | zɑ^{21} mi^{33} mɑ^{21}
土神 心 吃 蛇 黑 龙 居 地 在 十 五 日 布铎 娆米麻

khæ^{55}. thv̩^{33} lɯ^{33} dzɿ^{33}. ʐʅ^{21} nɑ^{21} y^{21} dzɿ^{21} tɯ^{33} dʑy^{21}. | tshe^{21} tʂhuɑ^{55} ȵi^{33}, bu^{21} mɑ^{55}. zɑ^{21} mi^{33} mɑ^{21}
射 土神 田 吃 蛇 黑 羊 居 地 在 十 六 日 布冒 娆米麻

nɑ^{21} fv̩^{55} nɑ^{21} dv̩^{33} dzʅ^{21} khæ^{55}. thv̩^{33} ʐʅ^{21} dzɿ^{21}. ʐʅ^{21} nɑ^{21} ȵi^{33} me^{33} gv̩^{21} dʑy^{21}. | tshe^{21} ʂər^{33} ȵi^{33},
漆黑一团 时 射 土神 蛇 吃 蛇 黑 西方 在 十 七 日

ʂuɑ^{21} khuɑ^{33}. zɑ^{21} tɕiæ^{33} tɕy^{33} khæ^{55}.
刷卡 娆星 三叉戟 射

黑蛇在羊居地。十二日，由庚盘术满当值。娆星像一匹绸一样射出。土神吃竹子。黑蛇在南方。十三日，由楚孔当值。娆星像太阳一样明亮地射出。土神吃柴。黑蛇在南方。十四日，由布孔当值。娆星像月亮一样亮地射出。土神吃心。黑蛇在龙居地。十五日，由布铎当值。娆米麻射出。土神吃田地。黑蛇在羊居地。十六日，由布冒当值。娆米麻在漆黑一团的夜里射出。土神吃蛇。黑蛇在西方。十七日，由刷卡当值。娆星像三叉戟一样射出。

594-L-24-60

thv̩^{33} sər^{33} dzʅ^{33}. ʐʅ^{21} nɑ^{21} ȵi^{33} me^{33} gv̩^{21} dʑy^{21}. | tshe^{21} ho^{55} ȵi^{33}, ɕy^{21} khuɑ^{33}. zɑ^{21} tshy^{55} do^{55} hɯ^{55}
土神 柴 吃 蛇 黑 西方 在 十 八 日 徐卡 娆星 闪电 海

lo^{21} nɯ^{33} khæ^{55}. thv̩^{33} z̩ər^{33} dzʅ^{33}. | ʐʅ^{21} nɑ^{21} ho^{33} gv̩^{33} lo^{21} dʑy^{21}. | tshe^{21} gv̩^{33} ȵi^{33}, zy^{21} he^{33}. zɑ^{21}
里 以 射 土神 刀 吃 蛇 黑 北方 在 十 九 日 蕊亨 娆星

i^{33} pu^{33} nɑ^{21} fv̩^{55} tshʅ^{21} khæ^{55}. thv̩^{33} dze^{33} dzʅ^{33}. ʐʅ^{21} nɑ^{21} lv̩^{21} dzʅ^{21} tɯ^{33} dʑy^{21}. | ȵi^{33} tsər^{21} ȵi^{33}, zy^{21}
绸 天黑 来 射 土神 麦 吃 蛇 黑 龙 居 地 在 二十 日 蕊谬

miə^{21}. zɑ^{21} ȵi^{33} me^{33} khæ^{55}. thi^{21}. thv̩^{33} lv̩^{33} dzʅ^{33}. ʐʅ^{21} nɑ^{21} ho^{33} gv̩^{33} lo^{21} dʑy^{21}. | ȵi^{33} tsər^{21} dɯ^{33}
娆星 太阳 射 刨子 土神 石 吃 蛇 黑 北方 在 二 十 一

ȵi^{33}, zy^{21} kv̩^{33}. | zɑ^{21} he^{33} me^{33} khæ^{55}. thv̩^{33} ɯ^{33} dzʅ^{33}. ʐʅ^{21} nɑ^{21} i^{33} tʂhʅ^{33} mu^{21} dʑy^{21}. | ȵi^{33} tsər^{21}
日 蕊古 娆星 月亮 射 土神 牛 吃 蛇 黑 南方 在 二 十

ȵi^{33} ȵi^{33}, zy^{21} dv̩^{21}. zɑ^{21} khæ^{55}. | thv̩^{33} zo^{33} dzʅ^{33}. ʐʅ^{21} nɑ^{21} ɯ^{33} dzʅ^{21} tɯ^{33} dʑy^{21}. | ȵi^{33} tsər^{21} sʅ^{21}
二 日 蕊督 娆星 射 土神 男 吃 蛇 黑 牛 居 地 在 二 十 三

ȵi^{33}, zy^{21} bɑ^{21}. zɑ^{21} lɑ^{21} pɑ^{55} khæ^{55}. phy^{33} bɑ^{33}.
日 蕊巴 娆劳鲍 射 降魔杵

土神吃柴。黑蛇在西方。十八日，由徐卡当值。娆星像闪电一样在海里射出。土神吃刀子。黑蛇在北方。十九日，由蕊亨当值。娆星像一匹绸一样在漆黑一团的夜里射出。土神吃麦子。黑蛇在龙居地。二十日，由蕊谬当值。娆星像太阳一样明亮地射出。土神吃石头。黑蛇在北方。二十一日，由蕊古当值。娆星像月亮一样亮地射出。土神吃牛。黑蛇在南方。二十二日，由蕊督当值。娆星射出。土神吃男人。黑蛇在牛居地。二十三日，由蕊巴当值。娆劳鲍射出。

594-L-24-61

thv̩^{33} ə^{33} sɿ^{21} dzɿ^{33}. ʐʅ^{21} nɑ^{21} ȵi^{33} me^{33} thv̩^{33} dʑy^{21}. | ȵi^{33} tsər^{21} lu^{33} ȵi^{33}, zy^{21} bə^{33}. zɑ^{21} tɕiæ^{33} tɕy^{33}
土神 父亲 吃 蛇 黑 东方 在 二 十 四 日 蕊崩 娆星 三叉戟

khæ^{55}. thv̩^{33} lv̩^{33} dzɿ^{33}. ʐʅ^{21} nɑ^{21} ȵi^{33} me^{33} thv̩^{33} dʑy^{21}. | ȵi^{33} tsər^{21} uɑ^{33} ȵi^{33}, zy^{21} mæ^{33}. zɑ^{21} tshy^{55}
射 土神 石 吃 蛇 黑 东方 在 二 十 五 日 蕊满 娆星 闪电

do^{55} hɯ^{55} lo^{21} nɯ^{33} khæ^{55}. thv̩^{33} sər^{33} dzɿ^{33}. ʐʅ^{21} nɑ^{21} ȵi^{33}me^{33} gv̩^{21}dʑy^{21}. | ȵi^{33} tsər^{21}tʂhuɑ^{55} ȵi^{33}, |
海 里 以 射 土神 柴 吃 蛇 黑 西方 在 二 十 六 日

py^{33} bu^{21} kv̩^{33}. zɑ^{21} i^{33} pu^{55} nɑ^{21} fv̩^{55} tshɿ^{21} khæ^{55}. phy^{33} bɑ^{33}. thv̩^{33} æ^{21} dzɿ^{33}. ʐʅ^{21} nɑ^{21} ho^{33} gv̩^{33} lo^{21}
本补古 娆星 绸 天黑 来 射 降魔杵 土神 鸡 吃 蛇 黑 北方

dʑy^{21}. | ȵi^{33} tsər^{21} ʂər^{33} ȵi^{33}, | py^{33} bu^{21} uə^{33}. zɑ^{21} ȵi^{33} me^{33} nɑ^{21} fv̩^{55} nɑ^{21} dv̩^{33} dzʅ^{21} khæ^{55}. phy^{33}
在 二 十 七 日 本补坞 娆星 太阳 漆黑一团 时 射 降魔杵

bɑ^{33}. thv̩^{33} nv̩^{21} dzɿ^{33}. ʐʅ^{21} nɑ^{21} y^{21} dzɿ^{21} tɯ^{33} dʑy^{21}. | ȵi^{33} tsər^{21} ho^{55} ȵi^{33}, ʐuɑ^{33} tse^{55}. zɑ^{21} he^{33} me^{33}
土神 黄豆 吃 蛇 黑 羊 居 地 在 二 十 八 日 柔正 娆星 月亮

khæ^{55}. phy^{33} bɑ^{33}. thv̩^{33} lv̩^{33} dzɿ^{33}. zʅ^{21} nɑ^{21} ho^{33} gv̩^{33} lo^{21} ʥy^{21}. ｜ȵi^{33} tsər^{21} gv̩^{33} ȵi^{33},
射 降魔杵 土神 石 吃 蛇 黑 北方 在 二 十 九 日

土神吃父亲。黑蛇在东方。二十四日，由蕊崩当值。娆星像三叉戟一样射出。土神吃石头。黑蛇在东方。二十五日，由蕊满当值。娆星像闪电一样从海里射出。土神吃柴。黑蛇在西方。二十六日，由本补古当值。娆星像一匹绸一样在天黑时射出。土神吃鸡。黑蛇在北方。二十七日，由本补坞当值。娆星像太阳一样明亮地在漆黑一团的夜里射出。土神吃黄豆。黑蛇在羊居地。二十八日，由柔正当值。娆星像月亮一样亮地射出。土神吃石头。黑蛇在北方。二十九日，

594-L-24-62

pɑ^{33} khu^{33}. zɑ^{21} ȵi^{33} me^{33} hɯ^{55} lo^{21} nɯ^{33} khæ^{55}. thv̩^{33} sər^{33} dzɿ^{33}. zʅ^{21} nɑ^{21} ȵi^{33} me^{33} thv̩^{33} ʥy^{21}. ｜
巴孔 娆星 太阳 海 里 以 射 土神 柴 吃 蛇 黑 东方 在

nɑ^{33} tv̩^{21} ȵi^{33}, pɑ^{33} by^{33}. zɑ^{21} lɑ^{21} pɑ^{55} khæ^{55}. ｜phy^{33} bɑ^{33}. thv̩^{33} lv̩^{33} dzɿ^{33}. zʅ^{21} nɑ^{21} ȵi^{33} me^{33} gv̩^{21}
三十 日 巴毕 娆劳鲍 射 降魔杵 土神 石 吃 蛇 黑 西方

ʥy^{21}. ｜tshe^{21} də^{33} he^{33}, ɯ^{33} he^{33}. ｜he^{21} dɯ^{21} ho^{33} gv̩^{33} lo^{21} ʥy^{21}. ｜ko^{21} ɕi^{33} he^{21} dɯ^{21} khɯ^{33}
在 十一月 牛 月 神 大 北方 在 郭兴 神 大 狗

dzɿ^{21} tɯ^{33} ʥy^{21}. ｜to^{55} dʐu^{33} lv̩^{21} dzɿ^{21} tɯ^{33} ʥy^{21}. ｜tshe^{33} do^{21} dɯ^{33} ȵi^{33}, nɑ^{33} gv̩^{21}. zɑ^{21} tɕiæ^{33} tɕy^{33}
居 地 在 垛鬼 债 龙 居 地 在 月 见 一 日 娜古 娆星 三叉戟

khæ^{55}. i^{33} pu^{33}. thv̩^{33} zo^{33} dzɿ^{33}. zʅ^{21} nɑ^{21} i^{33} tʂhʅ^{33} mu^{21} ʥy^{21}. ｜tshe^{33} do^{21} ȵi^{33} ȵi^{33}, ｜thɑ^{33} kə^{55}.
射 绸 土神 男 吃 蛇 黑 南方 在 月 见 二 日 涛构

zɑ^{21} tshy^{55} do^{55} khæ^{55}. thv̩^{33} ʂu^{21} dzɿ^{33}. zʅ^{21} nɑ^{21} ɯ^{33} ʥɿ^{21} tɯ^{33} ʥy^{21}. ｜tshe^{33} do^{21} sɿ^{21} ȵi^{33}, tʂhuɑ^{55}
娆星 闪电 射 土神 铁 吃 蛇 黑 牛 居 地 在 月 见 三 日

tshər²¹ khuɑ³³.
创昌夸

由巴孔当值。娆星像太阳一样明亮地从海里射出。土神吃柴。黑蛇在东方。三十日，由巴毕当值。娆劳鲍射出。土神吃石头。黑蛇在西方。

十一月：牛月。大神在北方。郭兴大神在狗居地。垛鬼收债者在龙居地。初一，由娜古当值。娆星像三叉戟一样射出。土神吃男人。黑蛇在南方。初二，由涛构当值。娆星像闪电一样射出。土神吃铁。黑蛇在牛居地。初三，由创昌夸当值。

594-L-24-63

zɑ²¹ i³³ pu³³ khæ⁵⁵. thy̩³³ zo³³ dzɿ³³. ʐʅ²¹ nɑ²¹ y²¹ dzɿ²¹ tɯ³³ ʥy²¹. | lu³³ ȵi³³, tʂhuɑ⁵⁵ tshər²¹ gy̩³³.
娆星 绸 射 土神 男 吃 蛇 黑 羊 居 地 在 四 日 创昌古

thy̩³³ sər³³ dzɿ³³. | zɑ²¹ ȵi³³ me³³ khæ⁵⁵. ʐʅ²¹ nɑ²¹ ȵi³³ me³³ gy̩²¹ ʥy²¹. | uɑ³³ ȵi³³, miə²¹ ɕy²¹. zɑ²¹
土神 柴 吃 娆星 太阳 射 蛇 黑 西方 在 五 日 谬许 娆星

he³³ me³³ khæ⁵⁵. thy̩³³ fy̩⁵⁵ dzɿ³³. | ʐʅ²¹ nɑ²¹ ȵi³³ me³³ thy̩³³ ʥy²¹. | tʂhuɑ⁵⁵ ȵi³³, sɿ³³ tho²¹ khuɑ³³.
月亮 射 土神 鼠 吃 蛇 黑 东方 在 六 日 司托夸

zɑ²¹ mi³³ mɑ²¹ khæ⁵⁵. thy̩³³ sər³³ dzɿ³³. ʐʅ²¹ nɑ²¹ ly̩²¹ ʥɿ²¹ tɯ³³ ʥy²¹. | ʂər³³ ȵi³³, lɑ²¹ ɕy²¹. zɑ²¹ lɑ²¹
娆米麻 射 土神 柴 吃 蛇 黑 龙 居 地 在 七 日 劳徐 娆劳鲍

pɑ⁵⁵ khæ⁵⁵. sɿ²¹. thy̩³³ æ²¹ dzɿ³³. ʐʅ²¹ nɑ²¹ y²¹ dzɿ²¹ tɯ³³ ʥy²¹. | ho⁵⁵ ȵi³³, kɯ³³ phər²¹ sɿ²¹ ky̩³³. zɑ²¹
射 骰子 土神 鸡 吃 蛇 黑 羊 居 地 在 八 日 庚盘术古 娆星

i³³ pu³³ khæ⁵⁵. thy̩³³ bu²¹ dzɿ³³. ʐʅ²¹ nɑ²¹ i³³ tʂhʅ³³ mu²¹ ʥy²¹. | gy̩³³ ȵi³³,
绸 射 土神 猪 吃 蛇 黑 南方 在 九 日

娆星像一匹绸一样射出。土神吃男人。黑蛇在羊居地。初四，由创昌古当值。土神吃柴。娆星像太阳一样明亮地射出。黑蛇在西方。初五，由谬许当值。娆星像月亮一样亮地射出。土神吃老鼠。黑蛇在东方。初六，由司托夸当值。娆米麻射出。土神吃柴。黑蛇在龙居地。初七，由劳徐当值。娆劳鲍射出。土神吃鸡。黑蛇在羊居地。初八，由庚盘术古当值。娆星像一匹绸一样射出。土神吃猪。黑蛇在南方。初九，

594-L-24-64

kɯ^{33} phər^{21} sɿ^{21} mæ^{33}. zɑ^{21} tshy^{55} do^{55} nɑ^{21} fy̩^{55} nɑ^{21} dy̩^{33} dʐʅ^{21} khæ^{55}. thy̩^{33} lɯ^{55} dzɿ^{33}. ʐʅ^{21} nɑ^{21} ho^{33}
庚盘术满 娆星 闪电 漆黑一团 时 射 土神 牛虻 吃 蛇 黑

gy̩^{33} lo^{21} ʥy^{21}. | tshe^{21} ȵi^{33}, tshɿ^{21} khu^{33}. | zɑ^{21} ȵi^{33} me^{33} khæ^{55}. thy̩^{33} ȵi^{33} dzɿ^{33}. ʐʅ^{21} nɑ^{21} i^{33} tʂhʅ^{33}
北方 在 十 日 楚孔 娆星 太阳 射 土神 鱼 吃 蛇 黑 南方

mu^{21} ʥy^{21}. | tshe^{21} dɯ^{33} ȵi^{33}, bu^{21} khu^{33}. zɑ^{21} ȵi^{33} me^{33} khæ^{55}. | thy̩^{33} ʂu^{21} dzɿ^{33}. ʐʅ^{21} nɑ^{21} khɯ^{33}
在 十 一 日 布孔 娆星 太阳 射 土神 铁 吃 蛇 黑 狗

dzɿ^{21} tɯ^{33} ʥy^{21}. | tshe^{21} ȵi^{33} ȵi^{33}, bu^{21} to^{55}. zɑ^{21} he^{33} me^{33} nɑ^{21} fy̩^{55} tshɿ^{21} khæ^{55}. sɿ^{21}. | thy̩^{33} by̩^{33}
居 地 在 十 二 日 布铎 娆星 月亮 天黑 来 射 骰子 土神 锅

dzɿ^{33}. ʐʅ^{21} nɑ^{21} ȵi^{33} me^{33} thy̩^{33} dzy^{21}. | tshe^{33} sɿ^{21} ȵi^{33}, bu^{21} mɑ^{55}. zɑ^{21} mi^{33} mɑ^{21} khæ^{55}. thy̩^{33} ny̩^{55}
吃 蛇 黑 东方 在 卜 三 口 布冒 娆米麻 射 土神 心

me^{33} dzɿ^{33}. ʐʅ^{21} nɑ^{21} | ȵi^{33} me^{33} thy̩^{33} ʥy^{21}. | tshe^{21} lu^{33} ȵi^{33}, ʂuɑ^{21} khuɑ^{33}. zɑ^{21} ʥiə^{33} kɑ^{21} khæ^{55}.
吃 蛇 黑 东方 在 十 四 日 刷卡 娆久嘎 射

thy̩^{33} ɕi^{21} dzɿ^{33}. ʐʅ^{21} nɑ^{21} ly̩^{21} ʥɿ^{21} tɯ^{33} ʥy^{21}.
土神 谷子 吃 蛇 黑 龙 居 地 在

由庚盘术满当值。娆星在漆黑一团的夜里像闪电一样射出。土神吃牛虻。黑蛇在北方。十日，由楚孔当值。娆星像太阳一样明亮地射出。土神吃鱼。黑蛇在南方。十一日，由布孔当值。娆星像太阳一样明亮地射出。土神吃铁。黑蛇在狗居地。十二日，由布铎当值。娆星像月亮一样亮地在漆黑一团的夜里射出。土神吃锅。黑蛇在东方。十三日，由布冒当值。娆米麻射出。土神吃心。黑蛇在东方。十四日，由刷卡当值。娆久嘎射出。土神吃谷子。黑蛇在龙居地。

594-L-24-65

tshe^{21} uɑ^{33} ȵi^{33}, ɕy^{21} khuɑ^{33}. zɑ^{21} i^{33} pu^{33} khæ^{55}. thy̩^{33} zo^{33} dzɿ^{33}. ʐʅ^{21} nɑ^{21} y^{21} dzɿ^{21} tɯ^{33} ʥy^{21}. |
十 五 日 徐卡 娆星 绸 射 土神 男 吃 蛇 黑 羊 居 地 在

tshe^{21} tʂhuɑ^{55} ȵi^{33}, | zy^{21} he^{33}. zɑ^{21} tshy^{55} do^{55} khæ^{55}. thi^{21}. thy̩^{33} ȵi^{33} dzɿ^{33}. ʐʅ^{21} nɑ^{21} i^{33} tʂhʅ^{33} mu^{21}
十 六 日 蕊亨 娆星 闪电 射 刨子 土神 鱼 吃 蛇 黑 南方

ʥy^{21}. | tshe^{21} ʂər^{33} ȵi^{33}, zy^{21} miə^{21}. zɑ^{21} ʥiə^{33} kɑ^{21} khæ^{55}. | thy̩^{33} zo^{33} dzɿ^{33}. ʐʅ^{21} nɑ^{21} y^{21} dzɿ^{21}
在 十 七 日 蕊谬 娆久嘎 射 土神 男 吃 蛇 黑 羊 居

tɯ^{33} ʥy^{21}. | tshe^{21} ho^{55} ȵi^{33}, zy^{21} ky̩^{33}. zɑ^{21} ȵi^{33} me^{33} khæ^{55}. thy̩^{33} ʐʅ^{21} dzɿ^{33}. ʐʅ^{21} nɑ^{21} | ɯ^{33} dzɿ^{21}
地 在 十 八 日 蕊古 娆星 太阳 射 土神 蛇 吃 蛇 黑 牛 居

tɯ^{33} ʥy^{21}. | tshe^{21} gy̩^{33} ȵi^{33}, zy^{21} dy̩^{21}. zɑ^{21} he^{33} me^{33} nɑ^{21} fy̩^{55} nɑ^{21} dy̩^{33} dʐʅ^{21} khæ^{55}. thy̩^{33} ʂu^{21}
地 在 十 九 日 蕊督 娆星 月亮 漆黑一团 时 射 土神 铁

dzɿ^{33}. ʐʅ^{21} nɑ^{21} y^{21} dzɿ^{21} tɯ^{33} ʥy^{21}. | ȵi^{33} tsər^{21} ȵi^{33}, zy^{21} bɑ^{21}. zɑ^{21} mi^{33} mɑ^{21} khæ^{55}. thy̩^{33} bər^{33}
吃 蛇 黑 羊 居 地 在 二 十 日 蕊巴 娆米麻 射 土神 客人

dzɿ^{33}. zʅ^{21} nɑ^{21} ȵi^{33} me^{33} gv̩^{21} dʑy^{21}. | ȵi^{33} tsər^{21} dɯ^{33} ȵi^{33},
吃 蛇 黑 西方 在 二 十 一 日

十五日，由徐卡当值。娆星像一匹绸一样射出。土神吃男人。黑蛇在羊居地。十六日，由蕊亨当值。娆星像闪电一样射出。土神吃鱼。黑蛇在南方。十七日，由蕊谬当值。娆久嘎射出。土神吃男人。黑蛇在羊居地。十八日，由蕊古当值。娆星像太阳一样明亮地射出。土神吃蛇。黑蛇在牛居地。十九日，由蕊督当值。娆星像月亮一样亮地在漆黑一团的夜里射出。土神吃铁。黑蛇在羊居地。二十日，由蕊巴当值。娆米麻射出。土神吃客人。黑蛇在西方。二十一日，

594-L-24-66

zy^{21} bə^{33}. zɑ^{21} lɑ^{21} pɑ^{55} khæ^{55}. thv̩^{33} zʅ^{21} dzɿ^{33}. zʅ^{21} nɑ^{21} lv̩^{21} dzɿ^{21} tɯ^{33} dʑy^{21}. | ȵi^{33} tsər^{21} ȵi^{33} ȵi^{33},
蕊崩 娆劳鲍 射 土神 蛇 吃 蛇 黑 龙 居 地 在 二 十 二 日

zy^{21} mæ^{33}. | zɑ^{21} dʑiə^{33} kɑ^{21} nɑ^{21} fv̩^{55} nɑ^{21} dv̩^{33} dzʅ^{21} khæ^{55}. phy^{33} bɑ^{33}. ɯ^{33}. thv̩^{33} ɯ^{33} dzɿ^{33}. zʅ^{21}
蕊满 娆久嘎 漆黑一团 时 射 降魔杵 吉 土神 牛 吃 蛇

nɑ^{21} i^{33} tʂhʅ^{33} mu^{21} dʑy^{21}. | ȵi^{33} tsər^{21} sɿ^{21} ȵi^{33}, py^{33} bu^{21} kv̩^{33}. zɑ^{21} tshy^{55} do^{55} khæ^{55}. | thv̩^{33} zo^{33}
黑 南方 在 二 十 三 日 本补古 娆星 闪电 射 土神 男

dzɿ^{33}. zʅ^{21} nɑ^{21} y^{21} dzɿ^{21} tɯ^{33} dʑy^{21}. | ȵi^{33} tsər^{21} lu^{33} ȵi^{33}, py^{33} bu^{21} uə^{33}. zɑ^{21} i^{33} pu^{33} khæ^{55}. thv̩^{33}
吃 蛇 黑 羊 居 地 在 二 十 四 日 本补坞 娆星 绸 射 土神

zo^{33} dzɿ^{33}. zʅ^{21} nɑ^{21} i^{33} tʂhʅ^{33} mu^{21} dʑy^{21}. | ȵi^{33} tsər^{21} uɑ^{33} ȵi^{33}, ʐuɑ^{33} tse^{55}. zɑ^{21} ȵi^{33} me^{33} khæ^{55}.
男 吃 蛇 黑 南方 在 二 十 五 日 柔正 娆星 太阳 射

thv̩^{33} lv̩^{33} dzʅ^{33}. ʐʅ^{21} nɑ^{21} ho^{33} gv̩^{33} lo^{21} ʥy^{21}. | n̥i^{33} tsər^{21} tʂhuɑ^{55} n̥i^{33}, pɑ^{33} khu^{33}. | zɑ^{21} he^{33} me^{33}
土神 石 吃 蛇黑 北方 在 二 十 六 日 巴孔 娆星 月亮

khæ^{55}. sʅ^{21}. thv̩^{33} zo^{33} dzʅ^{33}. ʐʅ^{21} nɑ^{21} ɯ^{33} dzʅ^{21} tɯ^{33} ʥy^{21}. | n̥i^{33} tsər^{21} ʂər^{33} n̥i^{33}, pɑ^{33} by^{33}. zɑ^{21} mi^{33}
射 骰子 土神 男 吃 蛇 黑 牛 居 地 在 二 十 七 日 巴毕 娆米麻

mɑ^{21} khæ^{55}.
射

由蕊崩当值。娆劳鲍射出。土神吃蛇。黑蛇在龙居地。二十二日，由蕊满当值。娆久嘎在漆黑一团的夜里射出。吉。土神吃牛。黑蛇在南方。二十三日，由本补古当值。娆星像闪电一样射出。土神吃男人。黑蛇在羊居地。二十四日，由本补坞当值。娆星像一匹绸一样射出。土神吃男人。黑蛇在南方。二十五日，由柔正当值。娆星像太阳一样明亮地射出。土神吃石头。黑蛇在北方。二十六日，由巴孔当值。娆星像月亮一样亮地射出。土神吃男人。黑蛇在牛居地。二十七日，由巴毕当值。娆米麻射出。

594-L-24-67

thv̩^{33} lv̩^{33} dzʅ^{33}. ʐʅ^{21} nɑ^{21} ho^{33} gv̩^{33} lo^{21} ʥy^{21}. | n̥i^{33} tsər^{21} ho^{55} n̥i^{33}, nɑ^{33} gv̩^{21}. zɑ^{21} lɑ^{21} pɑ^{55} khæ^{55}.
土神 石 吃 蛇 黑 北方 在 二 十 八 日 娜古 娆劳鲍 射

phy^{33} bɑ^{33}. thv̩^{33} lɯ^{55} dzʅ^{33}. ʐʅ^{21} nɑ^{21} n̥i^{33} me^{33} thv̩^{33} ʥy^{21}. | n̥i^{33} tsər^{21} gv̩^{33} n̥i^{33}, thɑ^{33} kə^{55}. zɑ^{21} nɑ^{21}
降魔杵 土神 牛虻 吃 蛇 黑 东方 在 二 十 九 日 涛构 娆星

fv̩^{55} nɑ^{21} dv̩^{33} dzʅ^{21} khæ^{55}. | thv̩^{33} zo^{33} ly^{55} dzʅ^{33}. ʐʅ^{21} nɑ^{21} n̥i^{33} me^{33} gv̩^{21} ʥy^{21}. | nɑ^{33} tv̩^{21} n̥i^{33},
漆黑一团 时 射 土神 儿 中 吃 蛇 黑 西方 在 三十 日

tʂhuɑ55 tshər21 khuɑ33. zɑ21① khæ55. thy33 hɯ55 dzʅ33. zʅ21 nɑ21 ɯ33 dzʅ21 tɯ33 ʥy21. |
创昌夸 娆星 射 土神 海 吃 蛇 黑 牛 居 地 在

ɯ33 kho21 to33 dzʅ33 ŋə21, the33 ɯ33 tʂhʅ33 dze21 ʨhi33 tshʅ21 me33 bər33 dər33 gə33 ʥiə33 kɑ33
恩柯 东知 我 书 这 本 请 来 的 班丹 的 久嘎恒

hɯ21 gə33 the33 ɯ33 to55 ʨhi33 tshʅ21 me55. tsho21 tsʅ55 mɯ33 nɯ33 tsʅ55 me55. tsho21 by21 dy21 nɯ33 by21
的 书 上 请 来 的 人 传 天 以 传 的 人 孵 地 以 孵

me55. mə33 dɑ21 tho21 ʥy33 le33 hɯ21 ho55 me55.
的 不 高兴 后 有 又 高兴 愿 的

土神吃石头。黑蛇在北方。二十八日，由娜古当值。娆劳鲍射出。土神吃牛虻。黑蛇在东方。二十九日，由涛构当值。娆星在漆黑一团的夜里射出。土神吃次子。黑蛇在西方。三十日，由创昌夸当值。娆星射出。土神吃海。黑蛇在牛居地。

我是恩柯②的东知③，这一本书是照班丹④的久嘎恒⑤书写的。

人是由天传来的，人是由地孵出来的。

即使有不愉快的事但愿又能高兴起来。

594-L-24-68

封底

（翻译：王世英）

① 其“zɑ21”字下及左 “一菱形内有一圆”及“一木板下两个三角形”的符号不识为何物，存疑。

② 恩柯：音译地名，为今丽江市玉龙县黄山乡长水村。

③ 东知：音译人名，为书写此书的东巴名。

④ 班丹：音译地名，为今迪庆州香格里拉县的白地乡。

⑤ 久嘎恒：音译人名。

558-L-25-01

kɯ^{21} tsɿ^{21} sɿ^{21} ly^{21} the^{33} ɯ^{33}

占卜·看星的书

558–L–25 占卜·看星的书

【内容提要】

本书记录了一年中的每一天由二十八宿中的何宿当值的天文常识。

【英文提要】

The Divination. Book of Astrology

This book records the basic astronomy knowledge of the actual duty that the one of twenty-eight mansions takes in each day of the year.

558-L-25-02

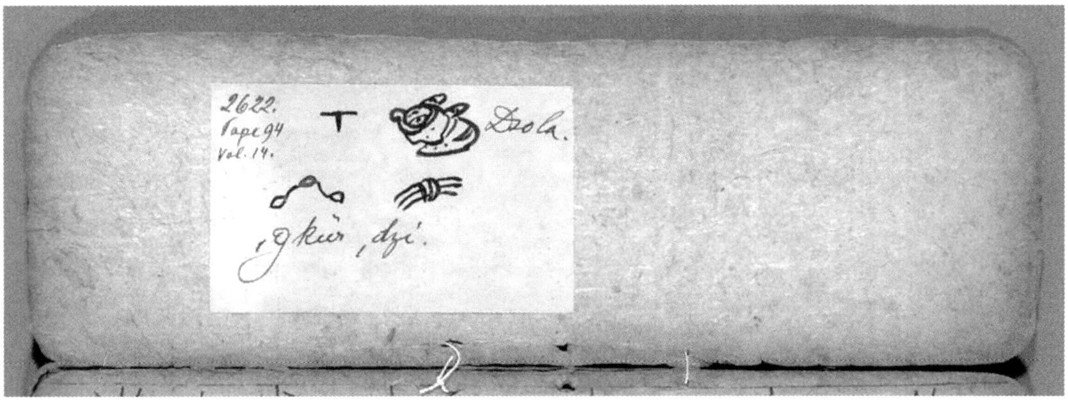

“2622”为洛克收藏纳西东巴古籍的序号。上方两个东巴文为“tso^{55} lɑ^{33}”。音译为“佐拉”，这是东巴占卜方法之一，但洛克把东巴占卜都称为“佐拉”，有误。中间的东巴文为书名之复写。下方的字母文字是洛克记下的书名之读音。

558-L-25-03

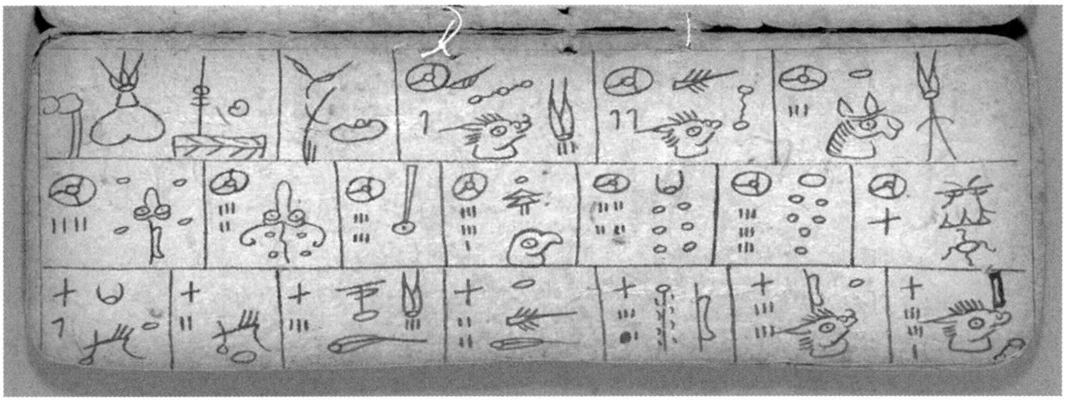

py^{33} bv̩^{21} gə^{33} sɿ^{21} ly^{21} the^{33} ɯ^{33}. | iə^{33} py^{21} he^{33}: | tshe^{33} do^{21} dɯ^{33} ȵi^{33}, py^{33} bu^{21} kv̩^{33}. |
祭司 的 卦辞 看 书 正月 月 见 一 日 本补古

tshe^{33} do^{21} ȵi^{33} ȵi^{33}, py^{33} bu^{21} mæ^{33}. | tshe^{33} do^{21} sɿ^{21} ȵi^{33}, ʐuɑ^{33} tse^{55}. | tshe^{33} do^{21} lu^{33} ȵi^{33}, pɑ^{33}
月 见 二 日 本补满 月 见 三 日 柔正 月 见 四 日 巴孔

khu^{33}. | tshe^{33} do^{21} uɑ^{33} ȵi^{33}, pɑ^{33} by^{33}. | tshe^{33} do^{21} tʂhuɑ^{55} ȵi^{33}, nɑ^{33} gv̩^{21}. | tshe^{33} do^{21} ʂər^{33}
月 见 五 日 巴毕 月 见 六 日 娜古 月 见 七

ȵi^{33}, thɑ^{33} kə^{55}. | tshe^{33} do^{21} ho^{55} ȵi^{33}, tʂhuɑ^{55} tsər^{21} khuɑ^{33}. | tshe^{33} do^{21} gv̩^{33} ȵi^{33}, tʂhuɑ^{55} tsər^{21}
日 涛构 月 见 八 日 创昌夸 月 见 九 日 创昌古

gv̩^{33}. | tshe^{33} do^{21} tshe^{21} ȵi^{33}, miə^{21} ɕy^{21}. | tshe^{21} dɯ^{33} ȵi^{33}, so^{33} tho^{21} khuɑ^{33}. | tshe^{21} ȵi^{33} ȵi^{33},
月 见 十 日 谬许 十 一 日 司托夸 十 二 日

so^{33} tho^{21} gv̩^{33}. | tshe^{33} sɿ^{21}ȵi^{33}, kɯ^{21} phər^{21} ʥi^{21} kv̩^{33}. | tshe^{21} lu^{33}ȵi^{33}, kɯ^{33} phər^{21} ʥi^{21} mæ^{33}. |
司托古 十 三 日 庚盘吉古 十 四 日 庚盘吉满

tshe^{21} uɑ^{33} ȵi^{33}, tshɿ^{21} khu^{33}①. | tshe^{21} tʂhuɑ^{55} ȵi^{33}, bu^{21} khu^{33}. | tshe^{21} ʂər^{33} ȵi^{33}, bu^{21} to^{55}.
十 五 日 楚孔 十 六 日 布孔 十 七 日 布铎

东巴祭司看卦辞的书。

正月：初一由本补古②当值。初二由本补满当值。初三由柔正当值。初四由巴孔当值。初五由巴毕当值。初六由娜古当值。初七由涛构当值。初八由创昌夸当值。初九由创昌古当值。初十由谬许当值。十一日由司托夸当值。十二日由司托古当值。十三日由庚盘吉古当值。十四日由庚盘吉满当值。十五日由楚孔当值。十六日由布孔当值。十七日由布铎当值。

558-L-25-04

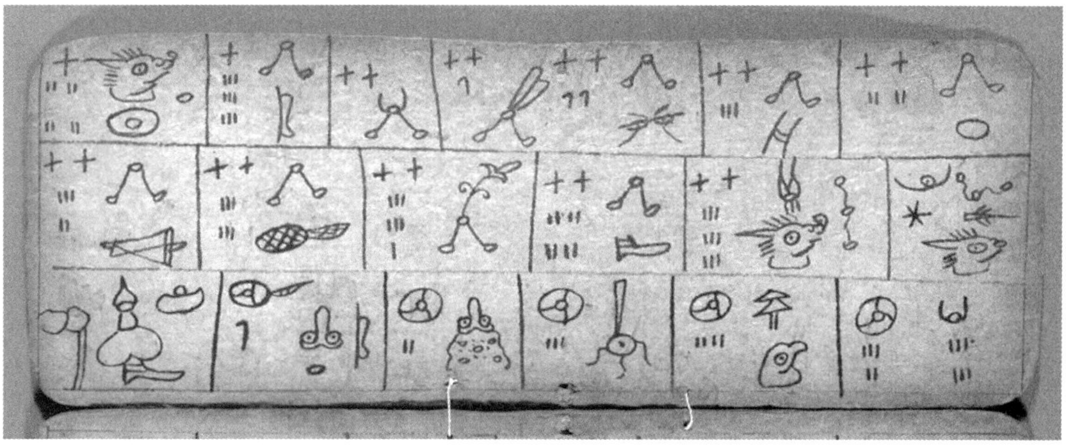

tshe^{21} ho^{55} ȵi^{33}, bu^{21} mɑ^{55}. | tshe^{21} gv̩^{33} ȵi^{33}, zy^{21} khu^{33}. | ȵi^{33} tsər^{21} ȵi^{33}, zy^{21} khuɑ^{33}. | ȵi^{33}
十 八 日 布冒 十 九 日 蕊孔 二 十 日 蕊夸 二

tsər^{21} dɯ^{33} ȵi^{33}, zy^{21} he^{33}. ȵi^{33} tsər^{21} ȵi^{33} ȵi^{33}, zy^{21} miə^{21}③. | ȵi^{33} tsər^{21} sɿ^{21} ȵi^{33}, zy^{21} tɕər^{33}. | ȵi^{33}
十 一 日 蕊亨 二 十 二 日 蕊谬 二 十 三日 蕊江 二

tsər^{21} lu^{33} ȵi^{33}, zy^{21} gv̩^{33}. | ȵi^{33} tsər^{21} uɑ^{33} ȵi^{33}, zy^{21} tshi^{21}. | ȵi^{33} tsər^{21} tʂhuɑ^{55} ȵi^{33}, zy^{21} dv̩^{21}. |
十 四日 蕊古 二 十 五 日 蕊齐 二 十 六 日 蕊督

ȵi^{33} tsər^{21} ʂər^{33} ȵi^{33}, zy^{21} bɑ^{21}. | ȵi^{33} tsər^{21} ho^{55} ȵi^{33}, zy^{21} bə^{33}. | ȵi^{33} tsər^{21} gv̩^{33} ȵi^{33}, py^{33} bu^{21}
二 十 七 日 蕊巴 二 十 八 日 蕊崩 二 十 九日 本补古

kv̩^{33}. | nɑ^{33} tv̩^{21} ȵi^{33}, py^{33} bu^{21} mæ^{33}. | he^{21} ʥiə^{33} he^{33}: | tshe^{33} do^{21} dɯ^{33} ȵi^{33}, pɑ^{33} khu^{33}. |
三 十 日 本补满 二月 月 见 一 日 巴孔

tshe^{33} do^{21} ȵi^{33} ȵi^{33}, pɑ^{33} by^{33}. | tshe^{33}do^{21} sɿ^{21} ȵi^{33}, nɑ^{33} gv̩^{21}. | tshe^{33} do^{21} lu^{33} ȵi^{33}, thɑ^{33} kə^{55}. |
月 见 二 日 巴毕 月 见 三 日 娜古 月 见 四日 涛构

① 此前应有“fv̩^{33} kə^{55}”，但按原文记之。

② 本补古，音译宿名，为纳西族二十八宿之一。其后的“本补满”、“柔正”、“巴孔”等皆为音译宿名。

③ zy^{21} miə^{21}，误。在所有与二十八宿有关的经书中未见此宿名。

tshe^{33} do^{21} uɑ^{33} ȵi^{33}, tʂhuɑ^{55} tshər^{21} khuɑ^{33}.
月 见 五 日 创昌夸

十八日由布冒当值。十九日由蕊孔①当值。二十日由蕊夸当值。二十一日由蕊亨当值。二十二日由蕊谬当值。二十三日由蕊江当值。二十四日由蕊古当值。二十五日由蕊齐当值。二十六日由蕊督当值。二十七日由蕊巴当值。二十八日由蕊崩当值。二十九日由本补古当值。三十日由本补满当值。

二月：初一由巴孔当值。初二由巴毕当值。初三由娜古当值。初四由涛构当值。初五由创昌夸当值。

558-L-25-05

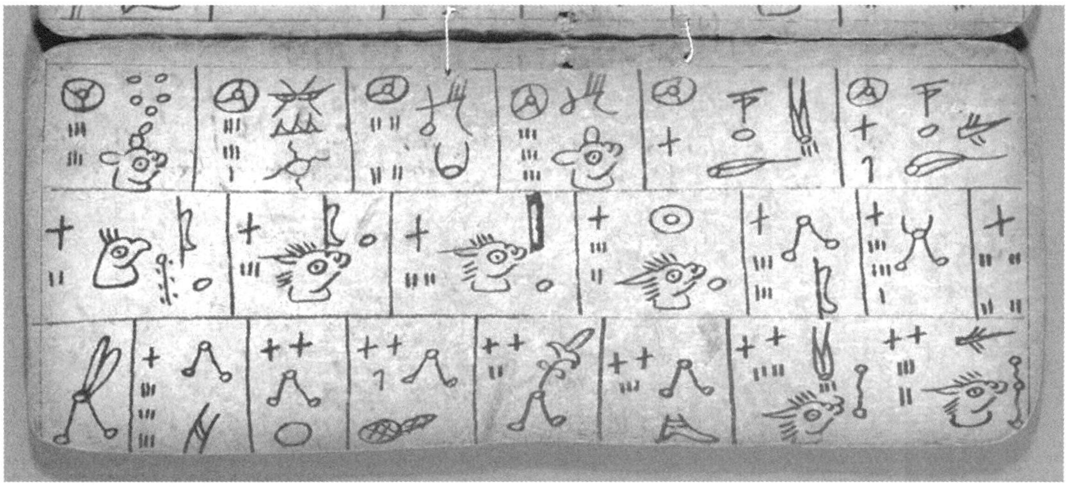

tshe^{33} do^{21} tʂhuɑ^{55} ȵi^{33}, tʂhuɑ^{55} tshər^{21} gv̩^{33}. | tshe^{33} do^{21} ʂər^{33} ȵi^{33}, miə^{21} ɕy^{21}. | tshe^{33} do^{21} ho^{55}
月 见 六 日 创昌古 月 见 七 日 谬许 月 见 八

ȵi^{33}, so^{33} tho^{21} khuɑ^{33}. | tshe^{33} do^{21} gv̩^{33} ȵi^{33}, so^{33} tho^{21} gv̩^{33}. | tshe^{33} do^{21} tshe^{21} ȵi^{33}, kɯ^{33} phər^{21}
日 司托夸 月 见 九 日 司托古 月 见 十 日 庚盘吉古

dʑi^{21} kv̩^{33}. | tshe^{21} dɯ^{33} ȵi^{33}, kɯ^{33} phə^{21} dʑi^{21} mæ^{33}. | tshe^{21} ȵi^{33} ȵi^{33}, fv̩^{33} kə^{55}、tshɿ^{21} khu^{33}②. |
十 一 日 庚盘吉满 十 二 日 夫构 楚孔

tshe^{33} sɿ^{21} ȵi^{33}, bu^{21} khu^{33}. | tshe^{21} lu^{33} ȵi^{33}, bu^{21} to^{55}. | tshe^{21} uɑ^{33} ȵi^{33}, bu^{21} mɑ^{55}. | tshe^{21}
十 三 日 布孔 十 四 日 布铎 十 五 日 布冒 十

tʂhuɑ^{55} ȵi^{33}, zy^{21} khu^{33}. | tshe^{21} ʂər^{33} ȵi^{33}, zy^{21} khuɑ^{33}. | tshe^{21} ho^{55} ȵi^{33}, zy^{21} he^{33}. | tshe^{21} gv̩^{33}
六 日 蕊孔 十 七 日 蕊夸 十 八 日 蕊亨 十 九

ȵi^{33}, zy^{21} tɕər^{33}. | ȵi^{33} tsər^{21} ȵi^{33}, zy^{21} gv̩^{33}. | ȵi^{33} tsər^{21} dɯ^{33} ȵi^{33}, zy^{21} dv̩^{21}. | ȵi^{33} tsər^{21} ȵi^{33} ȵi^{33},
日 蕊江 二 十 日 蕊古 二 十 一 日 蕊督 二 十 二 日

① 蕊孔，音译宿名，在其他东巴古籍中大都称“蕊奴”。“孔”和“奴”皆有“嘴”之义。
② 此处有笔误，在一日里写了两个宿名。

zy^{21} bɑ^{21}①. | ȵi^{33} tsər^{21} sɿ^{21} ȵi^{33}, zy^{21} bə^{33}. | ȵi^{33} tsər^{21} lu^{33} ȵi^{33}, py^{33}bu^{21} kv̩^{33}. ȵi^{33} tsər^{21} uɑ^{33} ȵi^{33},
蕊巴 二 十 三 日 蕊崩 二 十 四 日 本补古 二 十 五 日

py^{33} bu^{21} mæ^{33}.
本补满

初六由创昌古当值。初七由谬许当值。初八由司托夸当值。初九由司托古当值。初十由庚盘吉古当值。十一日由庚盘吉满当值。十二日由夫构、楚孔当值。十三日由布孔当值。十四日由布铎当值。十五日由布冒当值。十六日由蕊孔当值。十七日由蕊夸当值。十八日由蕊亨当值。十九日由蕊江当值。二十日由蕊古当值。二十一日由蕊督当值。二十二日由蕊巴当值。二十三日由蕊崩当值。二十四日由本补古当值。二十五日由本补满当值。

558-L-25-06

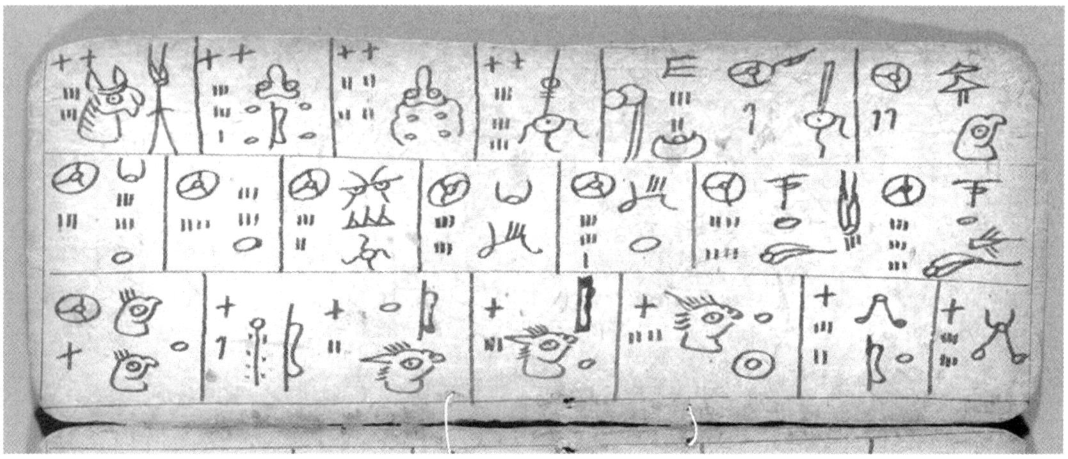

ȵi^{33} tsər^{21} tʂhuɑ^{55} ȵi^{33}, ʐuɑ^{33} tse^{55}. | ȵi^{33} tsər^{21} ʂər^{33} ȵi^{33}, pɑ^{33} khu^{33}. | ȵi^{33} tsər^{21} ho^{55} ȵi^{33}, pɑ^{33}
二 十 六 日 柔正 二 十 七 日 巴孔 二 十 八 日 巴毕

by^{33}. | ȵi^{33} tsər^{21} gv̩^{33} ȵi^{33}, nɑ^{33} gv̩^{21}②. | sɑ^{55} uɑ^{33} he^{33}: tshe^{33} do^{21} dɯ^{33} ȵi^{33}, nɑ^{33} gv̩^{21}. | tshe^{33}
二 十 九 日 娜古 三月 月 见 一 日 娜古 月

do^{21} ȵi^{33} ȵi^{33}, thɑ^{33} kə^{55}. | tshe^{33} do^{21} sɿ^{21} ȵi^{33}, tʂhuɑ^{55} tshər^{21} khuɑ^{33}. | tshe^{33} do^{21} lu^{33} ȵi^{33},
见 二 日 涛构 月 见 三 日 创昌夸 月 见 四 日

tʂhuɑ^{55} tshər^{21} gv̩^{33}. | tshe^{33} do^{21} uɑ^{33} ȵi^{33}, miə^{21} ɕy^{21}. | tshe^{33} do^{21} tʂhuɑ^{55} ȵi^{33}, so^{33} tho^{21}
创昌古 月 见 五 日 谬许 月 见 六 日 司托夸

khuɑ^{33}. | tshe^{33} do^{21} ʂər^{33} ȵi^{33}, so^{33} tho^{21} gv̩^{33}. | tshe^{33} do^{21} ho^{55} ȵi^{33}, kɯ^{33} phər^{21} ʥi^{21} kv̩^{33}. tshe^{33}
月 见 七 日 司托古 月 见 八 日 庚盘吉古 月

do^{21} gv̩^{33} ȵi^{33}, kɯ^{33} phər^{21} ʥi^{21} mæ^{33}. | tshe^{33} do^{21} tshe^{21} ȵi^{33}, fv̩^{33} kə^{55}. | tshe^{21} dɯ^{33} ȵi^{33}, tshɿ^{21}
见 九 日 庚盘吉满 月 见 十 日 夫构 十 一 日 楚孔

① 二十二日应是“蕊齐”，笔者写成“蕊巴”，误。
② 其后少三十日当值的宿名。又，“三月初一”误作“娜古”，此书笔误较多。

khu^{33}. tshe^{21} ȵi^{33} ȵi^{33}, bu^{21} khu^{33}. | tshe^{33} sɿ^{21} ȵi^{33}, bu^{21} to^{55}. | tshe^{21} lu^{33} ȵi^{33}, bu^{21} mɑ^{55}. | tshe^{33}
十 二 日 布孔 十 三 日 布铎 十 四 日 布冒 十

uɑ^{33} ȵi^{33}, zy^{21} khu^{33}. | tshe^{21} tʂhuɑ^{55} ȵi^{33}, zy^{21} khuɑ^{33}.
五 日 蕊孔 十 六 日 蕊夸

二十六日由柔正当值。二十七日由巴孔当值。二十八日由巴毕当值。二十九日由娜古当值。

三月：初一由娜古当值。初二由涛构当值。初三由创昌夸当值。初四由创昌古当值。初五由谬许当值。初六由司托夸当值。初七由司托古当值。初八由庚盘吉古当值。初九由庚盘吉满当值。初十由夫构当值。十一日由楚孔当值。十二日由布孔当值。十三日由布铎当值。十四日由布冒当值。十五日由蕊孔当值。十六日由蕊夸当值。

558-L-25-07

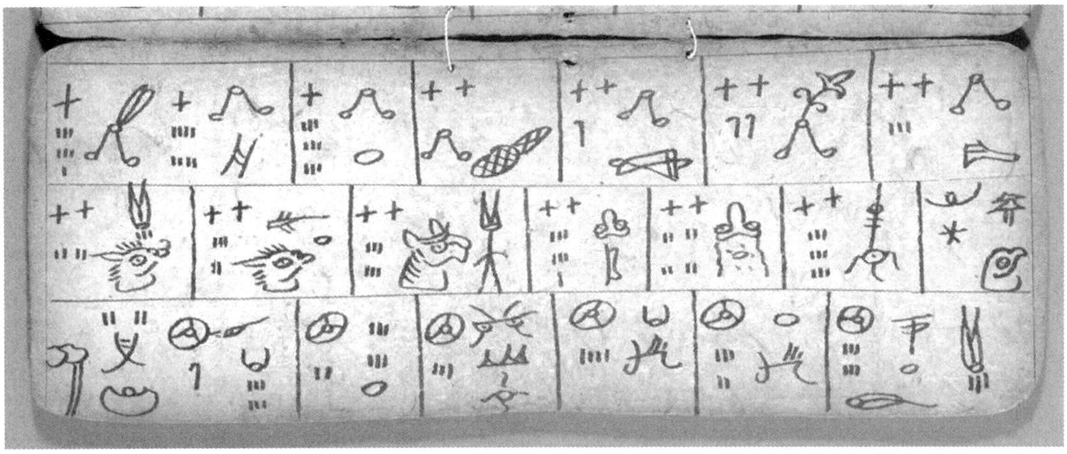

tshe^{21} ʂər^{33} ȵi^{33}, zy^{21} he^{33}. tshe^{21} ho^{55} ȵi^{33}, zy^{21} tɕər^{33}. | tshe^{21} gv̩^{33} ȵi^{33}, zy^{21} gv̩^{33}. | ȵi^{33} tsər^{21} ȵi^{33},
十 七 日 蕊亨 十 八 日 蕊江 十 九 日 蕊古 二 十 日

zy^{21} dv̩^{21}. | ȵi^{33} tsər^{21} dɯ^{33} ȵi^{33}, zy^{21} tshi^{21}. | ȵi^{33} tsər^{21} ȵi^{33} ȵi^{33}, zy^{21} bɑ^{21}. | ȵi^{33} tsər^{21} sɿ^{21} ȵi^{33},
蕊督 二 十 一 日 蕊齐 二 十 二 日 蕊巴 二 十 三 日

zy^{21} bə^{33}. | ȵi^{33} tsər^{21} lu^{33} ȵi^{33}, py^{33} bu^{21} kv̩^{33}. | ȵi^{33} tsər^{21} uɑ^{33} ȵi^{33}, py^{33} bu^{21} mæ^{33}. | ȵi^{33} tsər^{21}
蕊崩 二 十 四 日 本补古 二 十 五 日 本补满 二 十

tʂhuɑ^{55} ȵi^{33}, ʐuɑ^{33} tse^{55}. | ȵi^{33} tsər^{21} ʂər^{33} ȵi^{33}, pɑ^{33} khu^{33}. | ȵi^{33} tsər^{21} ho^{55} ȵi^{33}, pɑ^{33} by^{33}. | ȵi^{33}
六 日 柔正 二 十 七 日 巴孔 二 十 八 日 巴毕 二

tshər^{21} gv̩^{33}ȵi^{33}, nɑ^{33} gv̩^{21}. | nɑ^{33} tv̩^{21}ȵi^{33}, thɑ^{33} kə^{55}. | lu^{55} me^{33} he^{33}; tshe^{33} do^{21} dɯ^{33} ȵi^{33}, tʂhuɑ^{55}
十 九 日 娜古 三十日 涛构 四月 月 见 一 日

tshər^{21} khuɑ^{33}. | tshe^{33} do^{21} ȵi^{33}ȵi^{33}, tʂhuɑ^{55} tshər^{21} gv̩^{33}. | tshe^{33} do^{21}sɿ^{21} ȵi^{33}, miə^{21} ɕy^{21}. | tshe^{33}
创昌夸 月 见 二 日 创昌古 月 见 三 日 谬许 月

do^{21} lu^{33} ȵi^{33}, so^{33} tho^{21} khuɑ^{33}. | tshe^{33} do^{21} uɑ^{33} ȵi^{33}, so^{33} tho^{21} gv̩^{33}. | tshe^{33} do^{21} tʂhuɑ^{55} ȵi^{33},
见 四 日 司托夸 月 见 五 日 司托古 月 见 六 日

kɯ^{33} phər^{21} ʥi^{21} kv̩^{33}.
庚盘吉古

十七日由蕊亨当值。十八日由蕊江当值。十九日由蕊古当值。二十日由蕊督当值。二十一日由蕊齐当值。二十二日由蕊巴当值。二十三日由蕊崩当值。二十四日由本补古当值。二十五日由本补满当值。二十六日由柔正当值。二十七日由巴孔当值。二十八日由巴毕当值。二十九日由娜古当值。三十日由涛构当值。

四月：初一由创昌夸当值。初二由创昌古当值。初三由谬许当值。初四由司托夸当值。初五由司托古当值。初六由庚盘吉古当值。

558-L-25-08

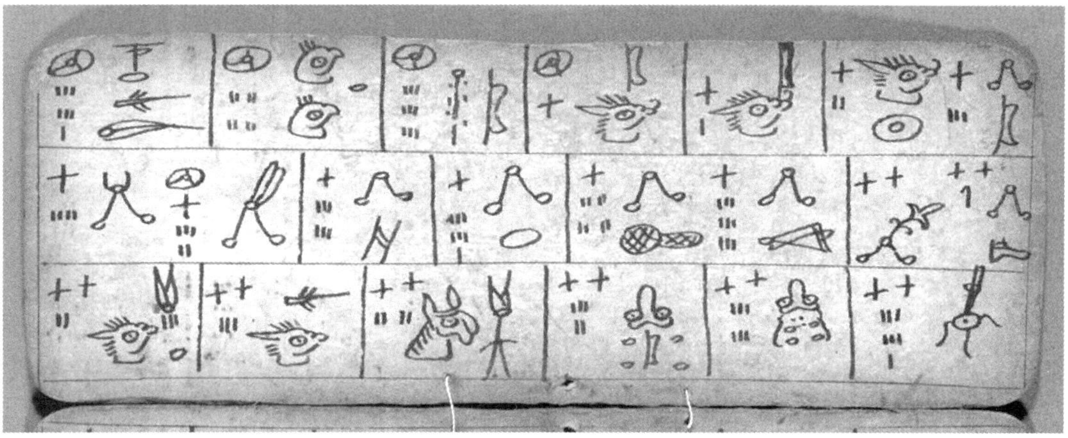

tshe^{33} do^{21} ʂər^{33} ȵi^{33}, kɯ^{33} phər^{21} ʥi^{21} mæ^{33}. | tshe^{33} do^{21} ho^{55} ȵi^{33}, fv̩^{33} kə^{55}. | tshe^{33} do^{21} gv̩^{33}
月 见 七 日 庚盘吉满 月 见 八 日 夫构 月 见 九

ȵi^{33}, tshɿ^{21} khu^{33}. | tshe^{33} do^{21} tshe^{21} ȵi^{33}, bu^{21} khu^{33}. | tshe^{21} dɯ^{33} ȵi^{33}, bu^{21} to^{55}. | tshe^{21} ȵi^{33}
日 楚孔 月 见 十 日 布孔 十 一 日 布铎 十 二

ȵi^{33}, bu^{21}mɑ^{55}. tshe^{33} sɿ^{21} ȵi^{21}, zy^{21}khu^{33}. | tshe^{21} lu^{33} ȵi^{33}, zy^{21}khuɑ^{33}. tshe^{21} uɑ^{33} ȵi^{33}, zy^{21} he^{33}. |
日 布冒 十 三 日 蕊孔 十 四 日 蕊夸 十 五 日 蕊亨

tshe^{21} tʂhuɑ^{55} ȵi^{33}, zy^{21} tɕər^{33}. | tshe^{21} ʂər^{33} ȵi^{33}, zy^{21} gv̩^{33}. | tshe^{21} ho^{55} ȵi^{33}, zy^{21} dv̩^{21}. tshe^{21} gv̩^{33}
十 六 日 蕊江 十 七 日 蕊古 十 八 日 蕊督 十 九

ȵi^{33}, zy^{21} tshi^{21}. | ȵi^{33} tsər^{21} ȵi^{33} , zy^{21} bɑ^{21}. ȵi^{33} tsər^{21} dɯ^{33} ȵi^{33}, zy^{21} bə^{33}. | ȵi^{33} tsər^{21} ȵi^{33} ȵi^{33},
日 蕊齐 二 十 日 蕊巴 二 十 一 日 蕊崩 二 十 二 日

py^{33} bu^{21} kv̩^{33}. ȵi^{33} tsər^{21} sɿ^{21} ȵi^{33}, py^{33} bu^{21} mæ^{33}. | ȵi^{33} tsər^{21} lu^{33} ȵi^{33}, zʮɑ^{33} tse^{55}. ȵi^{33} tsər^{21} uɑ^{33}
本补古 二 十 三 日 本补满 二 十 四 日 柔正 二 十 五

ȵi^{33}, pɑ^{33} khu^{33}. | ȵi^{33} tsər^{21} tʂhuɑ^{55} ȵi^{33}, pɑ^{33} by^{33}. | ȵi^{33} tsər^{21} ʂər^{33} ȵi^{33}, nɑ^{33} gv̩^{21}.
日 巴孔 二 十 六 日 巴毕 二 十 七 日 娜古

初七由庚盘吉满当值。初八由夫构当值。初九由楚孔当值。初十由布孔当值。十一日由布铎当值。十二日由布冒当值。十三日由蕊孔当值。十四日由蕊夸当值。十五日由蕊亨当值。十六日由蕊江当值。十七日由蕊古当值。十八日由蕊督当值。十九日由蕊齐当值。二十日由蕊巴当值。二十一日由蕊崩当值。二十二日由本补古当值。二十三日由本补满当值。二十四日由柔正当值。二十五日由巴孔当值。二十六日由巴毕当值。二十七日由娜古当值。

558-L-25-09

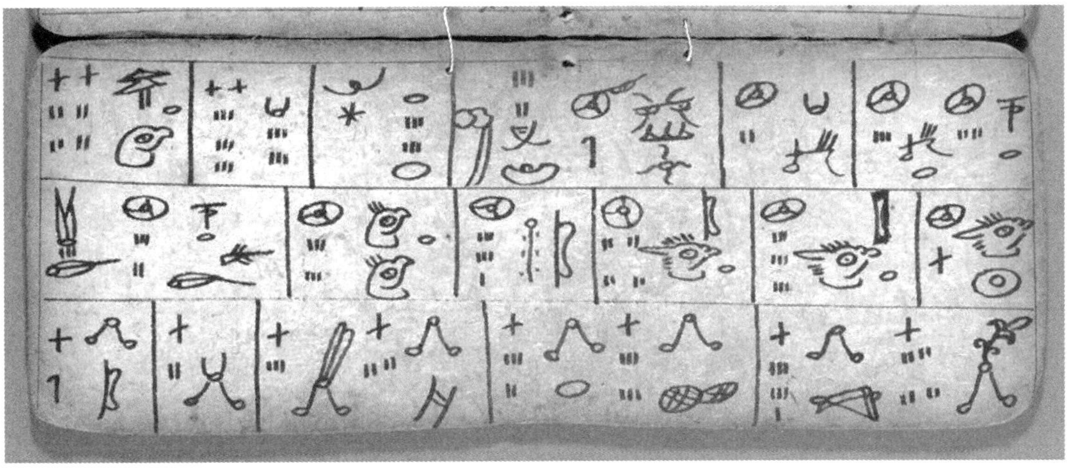

ȵi^{33} tsər^{21} ho^{55} ȵi^{33}, thɑ^{33} kə^{55}. | ȵi^{33} tsər^{21} gv̩^{33} ȵi^{33}, tʂhuɑ^{55} tshər^{21} khuɑ^{33}. | nɑ^{33} tv̩^{21} ȵi^{33},
二 十 八 日 涛构 二 十 九 日 创昌夸 三十 日

tʂhuɑ^{55} tshər^{21} gv̩^{33}. | uɑ^{55} me^{33} he^{33}: tshe^{33} do^{21} dɯ^{33} ȵi^{33}, miə^{21} ɕy^{21}. | tshe^{33} do^{21} ȵi^{33} ȵi^{33}, so^{33}
创昌古 五月 月 见 一 日 谬许 月 见 二 日

tho^{21} khuɑ^{33}. | tshe^{33} do^{21} sɿ^{21} ȵi^{33}, so^{33} tho^{21} gv̩^{33}. tshe^{33} do^{21} lu^{33} ȵi^{33}, kɯ^{33} phər^{21} dʑi^{21} kv̩^{33}. tshe^{33}
司托夸 月 见 三 日 司托古 月 见 四 日 庚盘吉古 月

do^{21} uɑ^{33} ȵi^{33}, kɯ^{33} phər^{21} dʑi^{21} mæ^{33}. | tshe^{33} do^{21} tʂhuɑ^{55} ȵi^{33}, fv̩^{33} kə^{55}. | tshe^{33} do^{21} ʂər^{33} ȵi^{33},
见 五 日 庚盘吉满 月 见 六 日 夫构 月 见 七 日

tshɿ^{21} khu^{33}. | tshe^{33} do^{21} ho^{55} ȵi^{33}, bu^{21} khu^{33}. | tshe^{33} do^{21} gv̩^{33} ȵi^{33}, bu^{21} to^{55}. | tshe^{33} do^{21}
楚孔 月 见 八 日 布孔 月 见 九 日 布铎 月 见

tshe^{21} ȵi^{33}, bu^{21} mɑ^{55}. | tshe^{21} dɯ^{33} ȵi^{33}, zy^{21} khu^{33}. | tshe^{21} ȵi^{33} ȵi^{33}, zy^{21} khuɑ^{33}. | tshe^{33} sɿ^{21}
十 日 布冒 十 一 日 蕊孔 十 二 日 蕊夸 十 三

ȵi^{33}, zy^{21} he^{33}. tshe^{21} lu^{33} ȵi^{33}, zy^{21} tɕər^{33}. | tshe^{21} uɑ^{33} ȵi^{33}, zy^{21} gv̩^{33}. tshe^{21} tʂhuɑ^{55} ȵi^{33}, zy^{21}
日 蕊亨 十 四 日 蕊江 十 五 日 蕊古 十 六 日 蕊督

dy̩^{21}. | tshe^{21} ʂər^{33} ȵi^{33}, zy^{21} tshi^{21}. tshe^{21} ho^{55} ȵi^{33}, zy^{21} bɑ^{21}.
十 七 日 蕊齐 十 八 日 蕊巴

二十八日由涛构当值。二十九日由创昌夸当值。三十日由创昌古当值。

五月：初一由谬许当值。初二由司托夸当值。初三由司托古当值。初四由庚盘吉古当值。初五由庚盘吉满当值。初六由夫构当值。初七由楚孔当值。初八由布孔当值。初九由布铎当值。初十由布冒当值。十一日由蕊孔当值。十二日由蕊夸当值。十三日由蕊亨当值。十四日由蕊江当值。十五日由蕊古当值。十六日由蕊督当值。十七日由蕊齐当值。十八日由蕊巴当值。

558-L-25-10

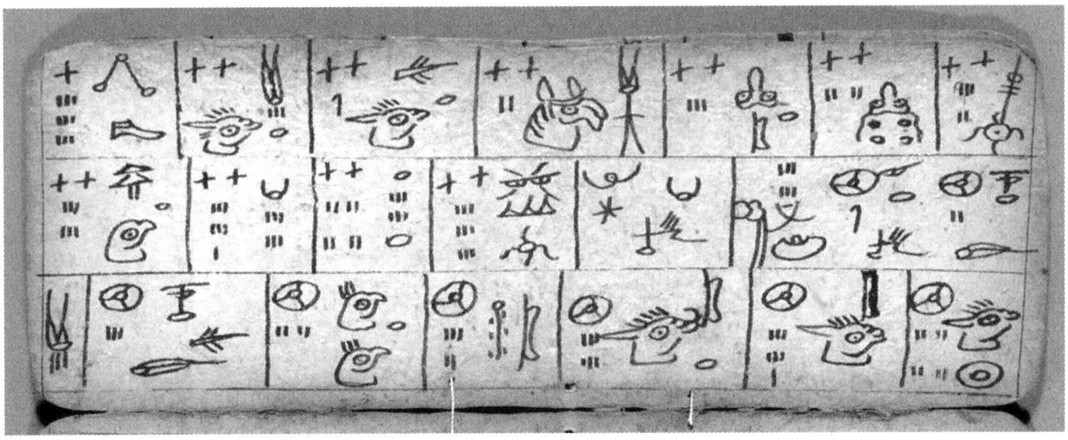

tshe^{21} gy̩^{33} ȵi^{33}, zy^{21} bə^{33}. | ȵi^{33} tsər^{21}ȵi^{33}, py^{33} bu^{21}ky̩^{33}. | ȵi^{33} tsər^{21} dɯ^{33} ȵi^{33}, py^{33}bu^{21} mæ^{33}. |
十 九 日 蕊崩 二 十 日 本补古 二 十 一 日 本补满

ȵi^{33} tsər^{21} ȵi^{33} ȵi^{33}, ʐuɑ^{33} tse^{55}. | ȵi^{33} tsər^{21} sɿ^{21} ȵi^{33}, pɑ^{33}khu^{33}. | ȵi^{33} tsər^{21} lu^{33} ȵi^{33}, pɑ^{33} by^{33}. |
二 十 二 日 柔正 二 十 三 日 巴孔 二 十 四 日 巴毕

ȵi^{33} tsər^{21} uɑ^{33} ȵi^{33}, nɑ^{21} gy̩^{21}. | ȵi^{33} tsər^{21} tʂhuɑ^{55} ȵi^{33}, thɑ^{33} kə^{55}. | ȵi^{33} tsər^{21} ʂər^{33} ȵi^{33}, tʂhuɑ^{55}
二 十 五 日 娜古 二 十 六 日 涛构 二 十 七 日

tshər^{21} khuɑ^{33}. | ȵi^{33} tsər^{21} ho^{55} ȵi^{33}, tʂhuɑ^{55} tshər^{21} gy̩^{33}. | ȵi^{33} tsər^{21} gy̩^{33} ȵi^{33}, miə^{21} ɕy^{21}. | nɑ^{33}
创昌夸 二 十 八 日 创昌古 二 十 九 日 谬许 三十

ty̩^{21} ȵi^{33}, so^{33} tho^{21} khuɑ^{33}. | tʂhuɑ^{55} me^{33} he^{33}: tshe^{33} do^{21} dɯ^{33} ȵi^{33}, so^{33} tho^{21} gy̩^{33}. tshe^{33} do^{21} ȵi^{33}
日 司托夸 六月 月 见 一 日 司托古 月 见 二

ȵi^{33}, kɯ^{33} phər^{21} ʥi^{21} ky̩^{33}. | tshe^{33} do^{21} sɿ^{21} ȵi^{33}, kɯ^{33} phər^{21} ʥi^{21} mæ^{33}. | tshe^{33} do^{21} lu^{33} ȵi^{33},
日 庚盘吉古 月 见 三 日 庚盘吉满 月 见 四 日

fy̩^{33} kə^{55}. | tshe^{33} do^{21} uɑ^{33} ȵi^{33}, tshɿ^{21} khu^{33}. | tshe^{33} do^{21} tʂhuɑ^{55} ȵi^{33}, bu^{21} khu^{33}. | tshe^{33} do^{21}
夫构 月 见 五 日 楚孔 月 见 六 日 布孔 月 见

ʂər^{33} ȵi^{33}, bu^{21} to^{55}. | tshe^{33} do^{21} ho^{55} ȵi^{33}, bu^{21} mɑ^{55}.
七 日 布铎 月 见 八 日 布冒

十九日由蕊崩当值。二十日由本补古当值。二十一日由本补满当值。二十二日由柔正当值。二十三日由巴孔当值。二十四日由巴毕当值。二十五日由娜古当值。二十六日由涛构当值。二十七日由创昌夸当值。二十八日由创昌古当值。二十九日由谬许当值。三十日由司托夸当值。

六月：初一由司托古当值。初二由庚盘吉古当值。初三由庚盘吉满当值。初四由夫构当值。初五由楚孔当值。初六由布孔当值。初七由布铎当值。初八由布冒当值。

558-L-25-11

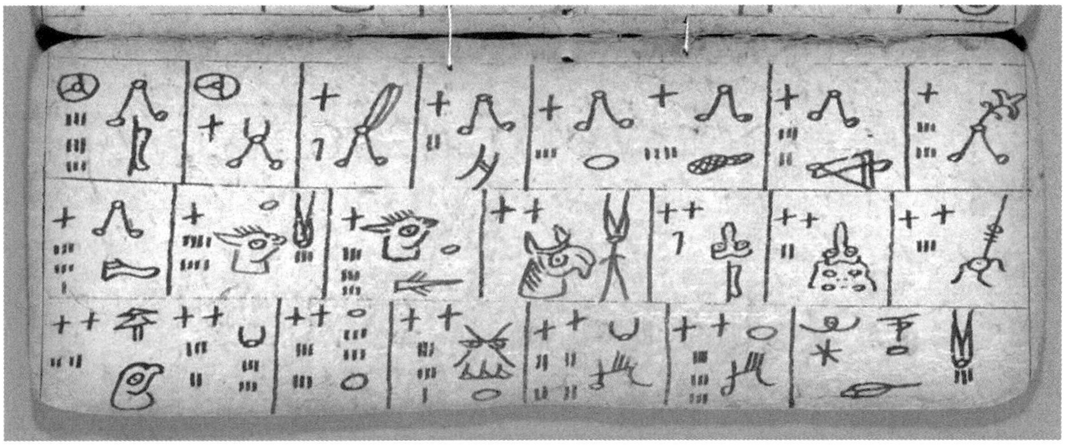

tshe^{33} do^{21} gv̩^{33} ȵi^{33}, zy^{21} khu^{33}. | tshe^{33} do^{21} tshe^{21} ȵi^{33}, zy^{21} khuɑ^{33}. | tshe^{21} dɯ^{33} ȵi^{33}, zy^{21}
月 见 九 日 蕊孔 月 见 十 日 蕊夸 十 一 日 蕊亨

he^{33}. | tshe^{21} ȵi^{33} ȵi^{33}, zy^{21} tɕər^{33}. | tshe^{33} sɿ^{21} ȵi^{33}, zy^{21} gv̩^{33}. tshe^{21} lu^{33} ȵi^{33}, zy^{21} dv̩^{21}. | tshe^{21}
十 二 日 蕊江 十 三 日 蕊古 十 四 日 蕊督 十

uɑ^{33} ȵi^{33}, zy^{21} tshi^{21}. | tshe^{21} tʂhuɑ^{55} ȵi^{33}, zy^{21}bɑ^{21}. | tshe^{21} ʂər^{33} ȵi^{33}, zy^{21} bə^{33}. | tshe^{21} ho^{55} ȵi^{33},
五 日 蕊齐 十 六 日 蕊巴 十 七 日 蕊崩 十 八 日

py^{33} bu^{21} kv̩^{33}. | tshe^{21} gv̩^{33} ȵi^{33}, py^{33} bu^{21} mæ^{33}. | ȵi^{33} tsər^{21} ȵi^{33}, zɿuɑ^{33} tse^{55}. | ȵi^{33} tsər^{21} dɯ^{33}
本补古 十 九 日 本补满 二 十 日 柔正 二 十 一

ȵi^{33}, pɑ^{33} khu^{33}. | ȵi^{33} tsər^{21} ȵi^{33} ȵi^{33}, pɑ^{33} by^{33}. | ȵi^{33} tsər^{21} sɿ^{21} ȵi^{33}, nɑ^{33} gv̩^{21}. | ȵi^{33} tsər^{21} lu^{33}
日 巴孔 二 十 二 日 巴毕 二 十 三 日 娜古 二 十 四

ȵi^{33}, thɑ^{33} kə^{55}. ȵi^{33} tsər^{21} uɑ^{33} ȵi^{33}, tʂhuɑ^{55} tshər^{21} khuɑ^{33}. | ȵi^{33} tsər^{21} tʂhuɑ^{55} ȵi^{33}, tʂhuɑ^{55} tshər^{21}
日 涛构 二 十 五 日 创昌夸 二 十 六 日 创昌古

gv̩^{33}. | ȵi^{33} tsər^{21} ʂər^{33} ȵi^{33}, miə^{21} ɕy^{21}. | ȵi^{33} tsər^{21} ho^{55} ȵi^{33}, so^{33} tho^{21} khuɑ^{33}. | ȵi^{33} tsər^{21} gv̩^{33}
二 十 七 日 谬许 二 十 八 日 司托夸 二 十 九

ȵi^{33}, so^{33} tho^{21} gv̩^{33}. | nɑ^{33} tv̩^{21} ȵi^{33}, kɯ^{33} phər^{21} dʑi^{21} kv̩^{33}.
日 司托古 三十 日 庚盘吉古

初九由蕊孔当值。初十由蕊夸当值。十一日由蕊亨当值。十二日由蕊江当值。十三日由蕊古当值。十四日由蕊督当值。十五日由蕊齐当值。十六日由蕊巴当值。十七日由蕊崩当值。十八日由本补古当值。十九日由本补满当值。二十日由柔正当值。二十一日由巴孔当值。二十二日由巴毕当值。二十三日由娜古当值。二十四日由涛构当值。二十五日由创昌夸当值。二十六日由创昌古当值。二十七日由谬许当值。二十八日由司托夸当值。二十九日由司托古当值。三十日由庚盘吉古当值。

558-L-25-12

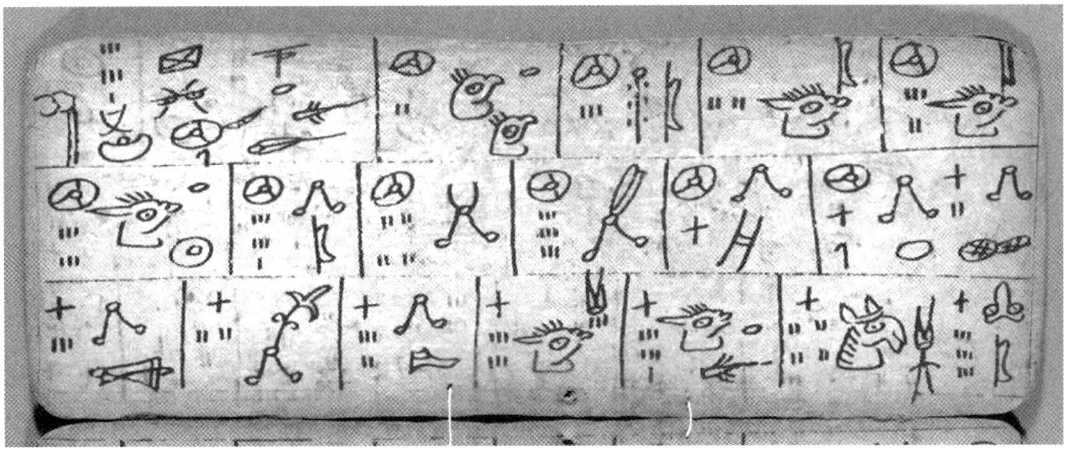

sæ^{33} me^{33}he^{33}: tshe^{33} do^{21}dɯ^{33} ȵi^{33}, kɯ^{33} phər^{21} dʑi^{21} mæ^{33}. | tshe^{33} do^{21} ȵi^{33}ȵi^{33}, fv̩^{33} kə^{55}. |
七月 月 见 一 日 庚盘吉满 月 见 二 日 夫构

tshe^{33} do^{21} sɿ^{21} ȵi^{33}, tshɿ^{21} khu^{33}. | tshe^{33} do^{21} lu^{33} ȵi^{33}, bu^{21} khu^{33}. | tshe^{33} do^{21} uɑ^{33} ȵi^{33}, bu^{21}
月 见 三 日 楚孔 月 见 四 日 布孔 月 见 五 日 布铎

to^{55}. | tshe^{33} do^{21} tʂhuɑ^{55} ȵi^{33}, bu^{21} mɑ^{55}. | tshe^{33} do^{21} ʂər^{33} ȵi^{33}, zy^{21} khu^{33}. | tshe^{33} do^{21} ho^{55}
月 见 六 日 布冒 月 见 七 日 蕊孔 月 见 八

ȵi^{33}, zy^{21} khuɑ^{33}. | tshe^{33} do^{21} gv̩^{33} ȵi^{33}, zy^{21} he^{33}. | tshe^{33} do^{21} tshe^{21} ȵi^{33}, zy^{21} tɕər^{33}. | tshe^{21}
日 蕊夸 月 见 九 日 蕊亨 月 见 十 日 蕊江 十

dɯ^{33} ȵi^{33}, zy^{21} gv̩^{33}. tshe^{21} ȵi^{33} ȵi^{33}, zy^{21} dv̩^{21}. | tshe^{33} sɿ^{21} ȵi^{33}, zy^{21} tshi^{21}. | tshe^{21} lu^{33} ȵi^{33}, zy^{21}
一 日 蕊古 十 二 日 蕊督 十 三 日 蕊齐 十 四 日 蕊巴

bɑ^{21}. | tshe^{21} uɑ^{33} ȵi^{33}, zy^{21} bə^{33}. | tshe^{21} tʂhuɑ^{55} ȵi^{33}, py^{33} bu^{21} kv̩^{33}. | tshe^{21} ʂər^{33} ȵi^{33}, py^{33} bu^{21}
十 五 日 蕊崩 十 六 日 本补古 十 七 日 本补满

mæ^{33}. | tshe^{21} ho^{55} ȵi^{33}, ʐuɑ^{33} tse^{55}. tshe^{21} gv̩^{33} ȵi^{33}, pɑ^{33} khu^{33}.
十 八 日 柔正 十 九 日 巴孔

七月：初一由庚盘吉满当值。初二由夫构当值。初三由楚孔当值。初四由布孔当值。初五由布铎当值。初六由布冒当值。初七由蕊孔当值。初八由蕊夸当值。初九由蕊亨当值。初十由蕊江当值。十一日由蕊古当值。十二日由蕊督当值。十三日由蕊齐当值。十四日由蕊巴当值。十五日由蕊崩当值。十六日由本补古当值。十七日由本补满当值。十八日由柔正当值。十九日由巴孔当值。

558-L-25-13

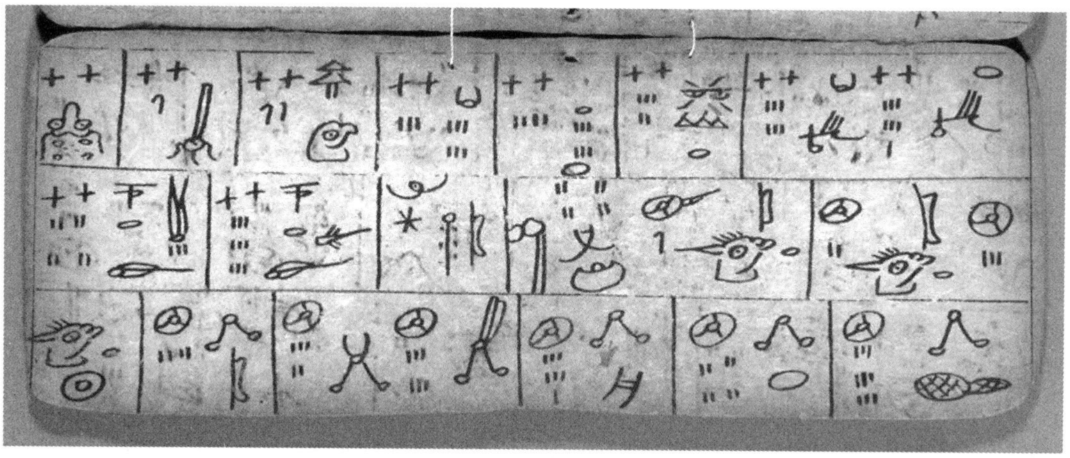

ȵi^{33} tsər^{21} ȵi^{33}, pɑ^{33} by^{33}. | ȵi^{33} tsər^{21} dɯ^{33} ȵi^{33}, nɑ^{33} gv̩^{21}. | ȵi^{33} tsər^{21} ȵi^{33} ȵi^{33}, thɑ^{33} kə^{55}. | ȵi^{33}
二 十 日 巴毕 二 十 一 日 娜古 二 十 二 日 涛构 二

tsər^{21} sɿ^{21} ȵi^{33}, tʂhuɑ^{55} tshər^{21} khuɑ^{33}. | ȵi^{33} tsər^{21} lu^{33} ȵi^{33}, tʂhuɑ^{55} tshər^{21} gv̩^{33}. | ȵi^{33} tsər^{21} uɑ^{33}
十 三 日 创昌夸 二 十 四 日 创昌古 二 十 五

ȵi^{33}, miə^{21} ɕy^{21}. | ȵi^{33} tsər^{21} tʂhuɑ^{55} ȵi^{33}, so^{33} tho^{21} khuɑ^{33}. ȵi^{33} tsər^{21} ʂər^{33} ȵi^{33}, so^{33} tho^{21} gv̩^{33}. |
日 谬许 二 十 六 日 司托夸 二 十 七 日 司托古

ȵi^{33} tsər^{21} ho^{55} ȵi^{33}, kɯ^{33} phər^{21} ʥi^{21} kv̩^{33}. | ȵi^{33} tsər^{21} gv̩^{33} ȵi^{33}, kɯ^{33} phər^{21} ʥi^{21} mæ^{33}. | nɑ^{33}
二 十 八 日 庚盘吉古 二 十 九 日 庚盘吉满 三十

tv̩^{21} ȵi^{33}, tshɿ^{21} khu^{33}.① | huɑ^{55} me^{33} he^{33}: tshe^{33} do^{21} dɯ^{33} ȵi^{33}, bu^{21} khu^{33}. | tshe^{33} do^{21} ȵi^{33} ȵi^{33},
日 楚孔 八月 月 见 一 日 布孔 月 见 二 日

bu^{21} to^{55}②. tshe^{33} do^{21} sɿ^{21} ȵi^{33}, bu^{21} mɑ^{55}. | tshe^{33} do^{21} lu^{33} ȵi^{33}, zy^{21} khu^{33}. | tshe^{33} do^{21} uɑ^{33} ȵi^{33},
布铎 月 见 三 日 布冒 月 见 四 日 蕊孔 月 见 五 日

zy^{21} khuɑ^{33}. tshe^{33} do^{21} tʂhuɑ^{55} ȵi^{33}, zy^{21} he^{33}. | tshe^{33} do^{21} ʂər^{33} ȵi^{33}, zy^{21} tɕər^{33}. | tshe^{33} do^{21} ho^{55}
蕊夸 月 见 六 日 蕊亨 月 见 七 日 蕊江 月 见 八

ȵi^{33}, zy^{21} gv̩^{33}. | tshe^{33} do^{21} gv̩^{33} ȵi^{33}, zy^{21} dv̩^{21}.
日 蕊古 月 见 九 日 蕊督

① 此处疑误，在“tshɿ^{21} khu^{33}”前还应有“fv̩^{33} kə^{55}”。

② 原文误作“khu^{33}”，当作“to^{55}”。

二十日由巴毕当值。二十一日由娜古当值。二十二日由涛构当值。二十三日由创昌夸当值。二十四日由创昌古当值。二十五日由谬许当值。二十六日由司托夸当值。二十七日由司托古当值。二十八日由庚盘吉古当值。二十九日由庚盘吉满当值。三十日由楚孔当值。

八月：初一由布孔当值。初二由布铎当值。初三由布冒当值。初四由蕊孔当值。初五由蕊夸当值。初六由蕊亨当值。初七由蕊江当值。初八由蕊古当值。初九由蕊督当值。

558-L-25-14

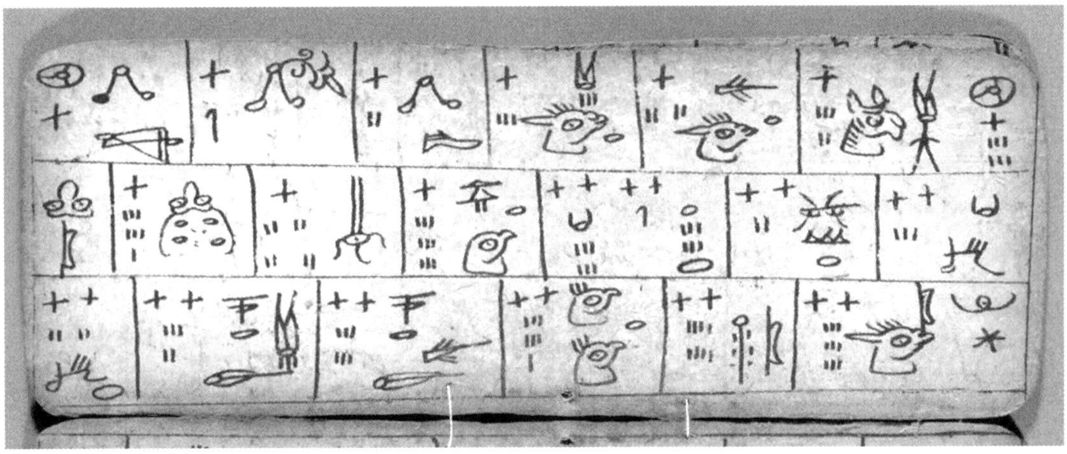

tshe^{33} do^{21} tshe^{21} ȵi^{33}, zy^{21} tshi^{21}. | tshe^{21} dɯ^{33} ȵi^{33}, zy^{21} bɑ^{21}. | tshe^{21} ȵi^{33} ȵi^{33}, zy^{21} bə^{33}. |

月 见 十 日 蕊齐 十 一 日 蕊巴 十 二 日 蕊崩

tshe^{33} sɿ^{21} ȵi^{33}, py^{33} bu^{21} kv̩^{33}. | tshe^{21} lu^{33} ȵi^{33}, py^{33} bu^{21} mæ^{33}. | tshe^{21} uɑ^{33} ȵi^{33}, ʐuɑ^{33} tse^{55}. |

十 三 日 本补古 十 四 日 本补满 十 五 日 柔正

tshe^{21} tʂhuɑ^{55} ȵi^{33}, pɑ^{33} khu^{33}. | tshe^{21} ʂər^{33} ȵi^{33}, pɑ^{33} by^{33}. | tshe^{21} ho^{55} ȵi^{33}, nɑ^{33} gv̩^{21}. | tshe^{21}

十 六 日 巴孔 十 七 日 巴毕 十 八 日 娜古 十

gv̩^{33} ȵi^{33}, thɑ^{33} kə^{55}. | ȵi^{33} tsər^{21} ȵi^{33}, tʂhuɑ^{55} tshər^{21} khuɑ^{33}. | ȵi^{33} tsər^{21} dɯ^{33} ȵi^{33}, tʂhuɑ^{55} tshər^{21}

九 日 涛构 二 十 日 创昌夸 二 十 一 日 创昌古

gv̩^{33}. | ȵi^{33} tsər^{21} ȵi^{33} ȵi^{33}, miə^{21} ɕy^{21}. | ȵi^{33} tsər^{21} sɿ^{21} ȵi^{33}, so^{33} tho^{21} khuɑ^{33}. | ȵi^{33} tsər^{21} lu^{33}

二 十 二 日 谬许 二 十 三 日 司托夸 二 十 四

ȵi^{33}, so^{33} tho^{21} gv̩^{33}. | ȵi^{33} tsər^{21} uɑ^{33} ȵi^{33}, kɯ^{33} phər^{21} ʥi^{21} kv̩^{33}. | ȵi^{33} tsər^{21} tʂhuɑ^{55} ȵi^{33}, kɯ^{33}

日 司托古 二 十 五 日 庚盘吉古 二 十 六 日

phər^{21} ʥi^{21} mæ^{33}. | ȵi^{33} tsər^{21} ʂər^{33} ȵi^{33}, fv̩^{33} kə^{55}. | ȵi^{33} tsər^{21} ho^{55} ȵi^{33}, tshɿ^{21} khu^{33}. | ȵi^{33} tsər^{21}

庚盘吉满 二 十 七 日 夫构 二 十 八 日 楚孔 二 十

gv̩^{33} ȵi^{33}, bu^{21} khu^{33}. | nɑ^{33} tv̩^{21} ȵi^{33},

九 日 布孔 三十 日

初十由蕊齐当值。十一日由蕊巴当值。十二日由蕊崩当值。十三日由本补古当值。十四日由本补满当值。十五日由柔正当值。十六日由巴孔当值。十七日由巴毕当值。十八日由娜古当值。十九日由涛构当值。二十日由创昌夸当值。二十一日由创昌古当值。二十二日由谬许当值。二十三日由司托夸当值。二十四日由司托古当值。二十五日由庚盘吉古当值。二十六日由庚盘吉满当值。二十七日由夫构当值。二十八日由楚孔当值。二十九日由布孔当值。三十日

558-L-25-15

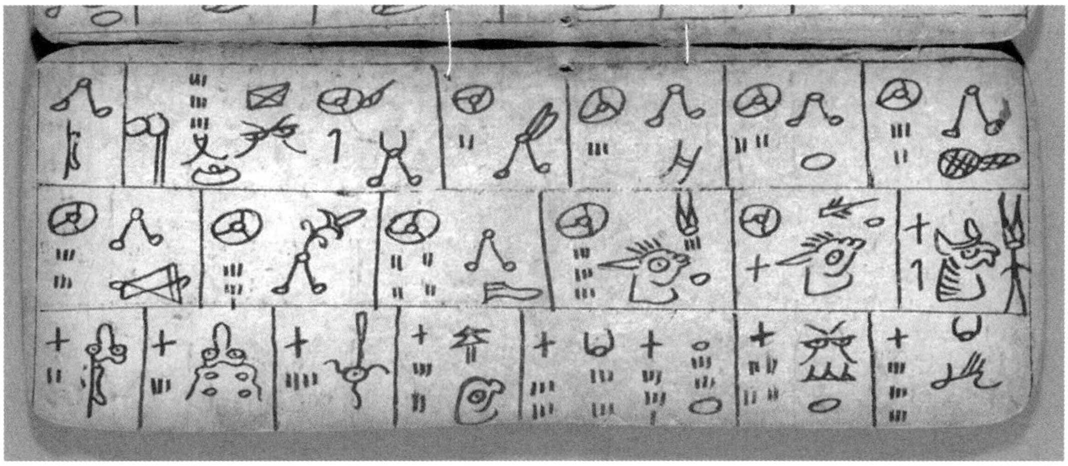

zy^{21}khu^{33}①. | guə^{33} me^{33} he^{33}: ʦhe^{33} do^{21} dɯ^{33} n̡i^{33}, zy^{21}khuɑ^{33}. | ʦhe^{33} do^{21} n̡i^{33} n̡i^{33}, zy^{21}he^{33}. |

蕊孔 九月 月 见 一 日 蕊夸 月 见 二 日 蕊亨

ʦhe^{33} do^{21} sɿ^{21} n̡i^{33}, zy^{21}ʨər^{33}. | ʦhe^{33} do^{21} lu^{33} n̡i^{33}, zy^{21} gv̩^{33}. | ʦhe^{33} do^{21} uɑ^{33} n̡i^{33}, zy^{21}dv̩^{21}. |

月 见 三 日 蕊江 月 见 四 日 蕊古 月 见 五 日 蕊督

ʦhe^{33} do^{21} tʂhuɑ^{55} n̡i^{33}, zy^{21} ʦhi^{21}. | ʦhe^{33} do^{21} ʂər^{33} n̡i^{33}, zy^{21} bɑ^{21}. | ʦhe^{33} do^{21} ho^{55} n̡i^{33}, zy^{21}

月 见 六 日 蕊齐 月 见 七 日 蕊巴 月 见 八 日 蕊崩

bə^{33}. | ʦhe^{33} do^{21} gv̩^{33} n̡i^{33}, py^{33} bu^{21} kv̩^{33}. | ʦhe^{33} do^{21} ʦhe^{21} n̡i^{33}, py^{33} bu^{21} mæ^{33}. | ʦhe^{21} dɯ^{33}

月 见 九 日 本补古 月 见 十 日 本补满 十 一

n̡i^{33}, ʐuɑ^{33} ʦe^{55}. | ʦhe^{21} n̡i^{33} n̡i^{33}, pɑ^{33} khu^{33}. | ʦhe^{33} sɿ^{21} n̡i^{33}, pɑ^{33} by^{33}. | ʦhe^{21} lu^{33} n̡i^{33}, nɑ^{33}

日 柔正 十 二 日 巴孔 十 三 日 巴毕 十 四 日 娜古

gv̩^{21}. | ʦhe^{21} uɑ^{33} n̡i^{33}, thɑ^{33} kə^{55}. | ʦhe^{21} tʂhuɑ^{55} n̡i^{33}, tʂhuɑ^{55} ʦhər^{21} khuɑ^{33}. ʦhe^{21} ʂər^{33} n̡i^{33},

十 五 日 涛构 十 六 日 创昌夸 十 七 日

tʂhuɑ^{55} ʦhər^{21} gv̩^{33}. | ʦhe^{21} ho^{55} n̡i^{33}, miə^{21} ɕy^{21}. | ʦhe^{21} gv̩^{33} n̡i^{33}, so^{33} tho^{21} khuɑ^{33}.

创昌古 十 八 日 谬许 十 九 日 司托夸

由蕊孔当值。

① 此处有笔误，前文为“bu^{21} khu^{33}”，其后还应有“bu^{21} to^{55}”和“bu^{21} mɑ^{55}”两宿，之后才应是“zy^{21} khu^{33}”。

九月：初一由蕊夸当值。初二由蕊亨当值。初三由蕊江当值。初四由蕊古当值。初五由蕊督当值。初六由蕊齐当值。初七由蕊巴当值。初八由蕊崩当值。初九由本补古当值。初十由本补满当值。十一日由柔正当值。十二日由巴孔当值。十三日由巴毕当值。十四日由娜古当值。十五日由涛构当值。十六日由创昌夸当值。十七日由创昌古当值。十八日由谬许当值。十九日由司托夸当值。

558-L-25-16

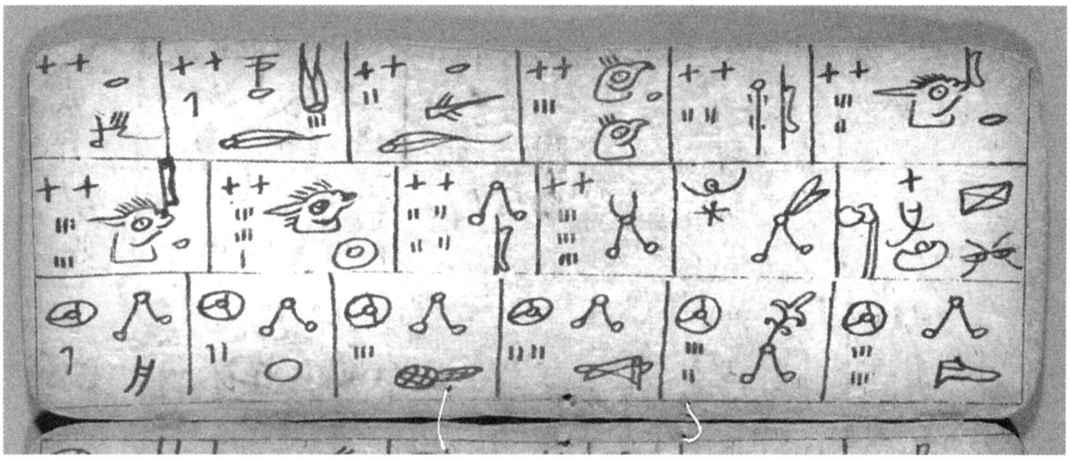

ȵi^{33} tsər^{21} ȵi^{33}, so^{33} tho^{21} gv̩^{33}. | ȵi^{33} tsər^{21} dɯ^{33} ȵi^{33}, kɯ^{33} phər^{21} dʑi^{21} kv̩^{33}. | ȵi^{33} tsər^{21} ȵi^{33} ȵi^{33},
二 十 日 司托古 二 十 一 日 庚盘吉古 二 十 二 日

kɯ^{33} phər^{21} dʑi^{21} mæ^{33}. | ȵi^{33} tsər^{21} sɿ^{21} ȵi^{33}, fv̩^{33} kə^{55}. | ȵi^{33} tsər^{21} lu^{33} ȵi^{33}, tshɿ^{21} khu^{33}. | ȵi^{33}
庚盘吉满 二 十 三 日 夫构 二 十 四 日 楚孔 二

tsər^{21} uɑ^{33} ȵi^{33}, bu^{21} khu^{33}. | ȵi^{33} tsər^{21} tʂhuɑ^{55} ȵi^{33}, bu^{21} to^{55}. | ȵi^{33} tsər^{21} ʂər^{33} ȵi^{33}, bu^{21} mɑ^{55}. |
十 五 日 布孔 二 十 六 日 布铎 二 十 七 日 布冒

ȵi^{33} tsər^{21} ho^{55} ȵi^{33}, zy^{21} khu^{33}. | ȵi^{33} tsər^{21} gv̩^{33} ȵi^{33}, zy^{21} khuɑ^{33}. | nɑ^{33} tv̩^{21} ȵi^{33}, zy^{21} he^{33}. |
二 十 八 日 蕊孔 二 十 九 日 蕊夸 三十 日 蕊亨

tshe^{21} me^{33} he^{33}: tshe^{33} do^{21} dɯ^{33} ȵi^{33}, zy^{21} tɕər^{33}. | tshe^{33} do^{21} ȵi^{33} ȵi^{33}, zy^{21} gv̩^{33}. | tshe^{33} do^{21} sɿ^{21}
十月 月 见 一 日 蕊江 月 见 二 日 蕊古 月 见 三

ȵi^{33}, zy^{21} dv̩^{21}. | tshe^{33} do^{21} lu^{33} ȵi^{33}, zy^{21} tshi^{21}. | tshe^{33} do^{21} uɑ^{33} ȵi^{33}, zy^{21} bɑ^{21}. | tshe^{33} do^{21}
日 蕊督 月 见 四 日 蕊齐 月 见 五 日 蕊巴 月 见

tʂhuɑ^{55} ȵi^{33}, zy^{21} bə^{33}.
六 日 蕊崩

二十日由司托古当值。二十一日由庚盘吉古当值。二十二日由庚盘吉满当值。二十三日由夫构当值。二十四日由楚孔当值。二十五日由布孔当值。二十六日由布铎当值。二十七日由布冒当值。二十八日由蕊孔当值。二十九日由蕊夸当值。三十日由蕊亨当值。

十月：初一由蕊江当值。初二由蕊古当值。初三由蕊督当值。初四由蕊齐当值。初五由蕊巴当值。初六由蕊崩当值。

558-L-25-17

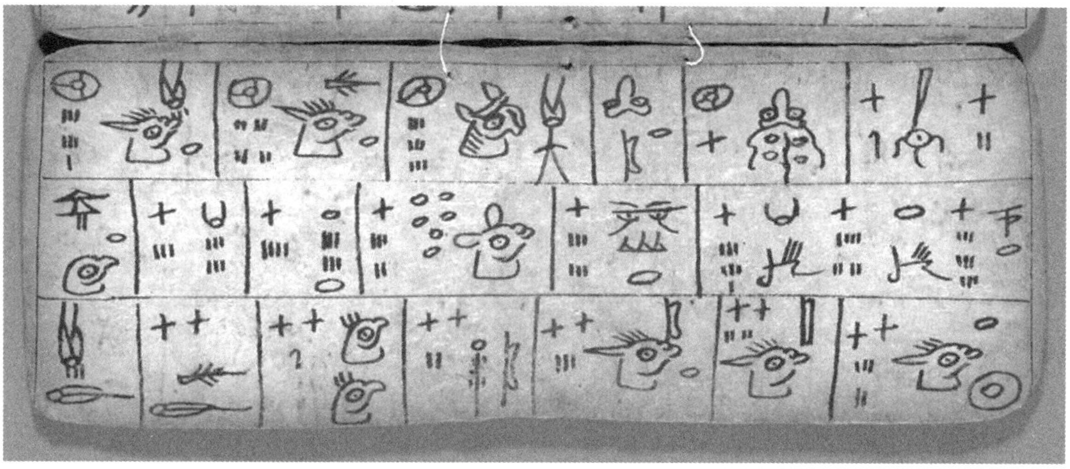

tshe^{33} do^{21} ʂər^{33} ȵi^{33}, py^{33} bu^{21} kv̩^{33}. | tshe^{33} do^{21} ho^{55} ȵi^{33}, py^{33} bu^{21} mæ^{33}. | tshe^{33} do^{21} gv̩^{33} ȵi^{33},
月 见 七 日 本补古 月 见 八 日 本补满 月 见 九 日

ʐuɑ^{33} tse^{55}. | pɑ^{33} khu^{33}①. | tshe^{33} do^{21} tshe^{21} ȵi^{33}, pɑ^{33} by^{33}. | tshe^{21} dɯ^{33} ȵi^{33}, nɑ^{33} gv̩^{21}. tshe^{21}
柔正 巴孔 月 见 十 日 巴毕 十 一 日 娜古 十

ȵi^{33} ȵi^{33}, thɑ^{33}kə^{55}. | tshe^{33} sɿ^{21}ȵi^{33}, tʂhuɑ^{55} tshər^{21}khuɑ^{33}. | tshe^{21} lu^{33} ȵi^{33}, tʂhuɑ^{55}tshər^{21} gv̩^{33}. |
二 日 涛构 十 三 日 创昌夸 十 四 日 创昌古

tshe^{21} uɑ^{33} ȵi^{33}, tʂhuɑ^{55} tshər^{21} gv̩^{33}②. | tshe^{21} tʂhuɑ^{55} ȵi^{33}, miə^{33} ɕy^{21}. | tshe^{21} ʂər^{33} ȵi^{33}, so^{33} tho^{33}
十 五 日 创昌古 十 六 日 谬许 十 七 日 司托夸

khuɑ^{33}. tshe^{21} ho^{55} ȵi^{33}, so^{33} tho^{21} gv̩^{33}. tshe^{21} gv̩^{33} ȵi^{33}, kɯ^{33} phər^{21} ʥi^{21} kv̩^{33}. | ȵi^{33} tsər^{21} ȵi^{33},
十 八 日 司托古 十 九 日 庚盘吉古 二 十 日

kɯ^{33} phər^{21} ʥi^{21} mæ^{33}. | ȵi^{33} tsər^{21} dɯ^{33} ȵi^{33}, fv̩^{33} kə^{55}. | ȵi^{33} tsər^{21} ȵi^{33} ȵi^{33}, tshɿ^{21} khu^{33}. | ȵi^{33}
庚盘吉满 二 十 一 日 夫构 二 十 二 日 楚孔 二

tsər^{21} sɿ^{21} ȵi^{33}, bu^{21} khu^{33}. | ȵi^{33} tsər^{21} lu^{33} ȵi^{33}, bu^{21} to^{55}. | ȵi^{33} tsər^{21} uɑ^{33} ȵi^{33}, bu^{21} mɑ^{55}.
十 三 日 布孔 二 十 四 日 布铎 二 十 五 日 布冒

初七由本补古当值。初八由本补满当值。初九由柔正当值。巴孔。初十由巴毕当值。十一日由娜古当值。十二日由涛构当值。十三日由创昌夸当值。十四日由创昌古当值。十五日由创昌古当值。十六日由谬许当值。十七日由司托夸当值。十八日由司托古当值。十九日由庚盘吉古当值。二十日由庚盘吉满当值。二十一日由夫构当值。二十二日由楚孔当值。二十三日由布孔当值。二十四日由布铎当值。二十五日由布冒当值。

---

① 此处脱“初十”，把“初十”写在下一个星宿上。

② 此处与前一句重复。

558-L-25-18

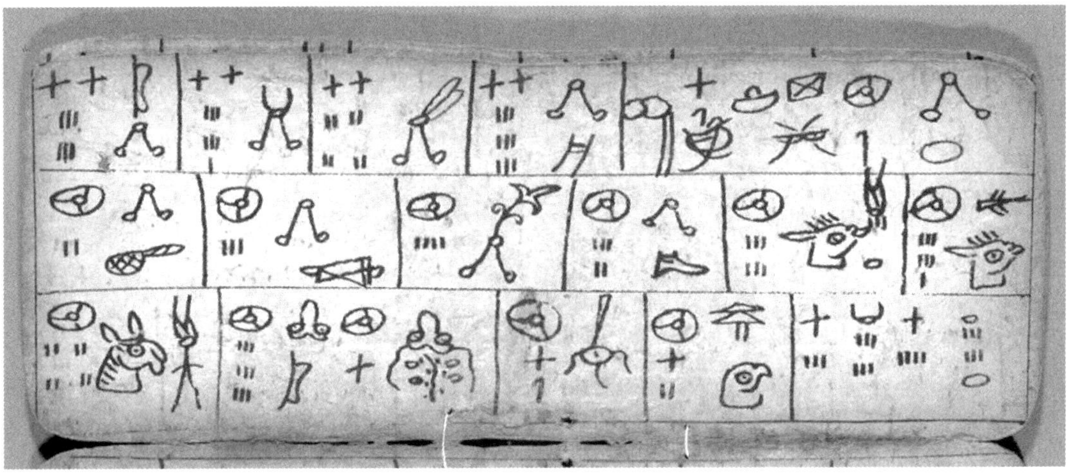

ȵi^{33} tsər^{21} tʂhuɑ^{55} ȵi^{33}, zy^{21} khu^{33}. | ȵi^{33} tsər^{21} ʂər^{33} ȵi^{33}, zy^{21} khuɑ^{33}. | ȵi^{33} tsər^{21} ho^{55} ȵi^{33}, zy^{21}
二 十 六 日 蕊孔 二 十 七 日 蕊夸 二 十 八 日 蕊亨

he^{33}. | ȵi^{33} tsər^{21} gv̩^{33} ȵi^{33}, zy^{21} tɕər^{33}①. | tshe^{21} dɯ^{33} he^{33}: tshe^{33} do^{21} dɯ^{33} ȵi^{33}, zy^{21} gv̩^{33}. | tshe^{33}
二 十 九 日 蕊江 十一月 月 见 一 日 蕊古 月

do^{21} ȵi^{33} ȵi^{33}, zy^{21} dv̩^{21}. | tshe^{33} do^{21} sɿ^{21} ȵi^{33}, zy^{21} tshi^{21}. | tshe^{33} do^{21} lu^{33} ȵi^{33}, zy^{21} bɑ^{21}. | tshe^{33}
见 二 日 蕊督 月 见 三 日 蕊齐 月 见 四 日 蕊巴 月

do^{21} uɑ^{33} ȵi^{33}, zy^{21} bə^{33}. | tshe^{33} do^{21} tʂhuɑ^{55} ȵi^{33}, py^{33} bu^{21} kv̩^{33}. | tshe^{33} do^{21} ʂər^{33} ȵi^{33}, py^{33} bu^{21}
见 五 日 蕊崩 月 见 六 日 本补古 月 见 七 日 本补满

mæ^{33}. | tshe^{33} do^{21} ho^{55} ȵi^{33}, ʐuɑ^{33} tse^{55}. | tshe^{33} do^{21} gv̩^{33} ȵi^{33}, pɑ^{33} khu^{33}. | tshe^{33} do^{21} tshe^{33}
月 见 八 日 柔正 月 见 九 日 巴孔 月 见 十

ȵi^{33}, pɑ^{33} by^{33}. | tshe^{21} dɯ^{33} ȵi^{33}, nɑ^{33} gv̩^{21}. | tshe^{21} ȵi^{33} ȵi^{33}, thɑ^{33} kə^{55}. | tshe^{33} sɿ^{21} ȵi^{33}, tʂhuɑ^{55}
日 巴毕 十 一 日 娜古 十 二 日 涛构 十 三 日

tshər^{21} khuɑ^{33}. tshe^{21} lu^{33} ȵi^{33}, tʂhuɑ^{55} tshər^{21} gv̩^{33}.
创昌夸 十 四 日 创昌古

二十六日由蕊孔当值。二十七日由蕊夸当值。二十八日由蕊亨当值。二十九日由蕊江当值。

十一月：初一由蕊古当值。初二由蕊督当值。初三由蕊齐当值。初四由蕊巴当值。初五由蕊崩当值。初六由本补古当值。初七由本补满当值。初八由柔正当值。初九由巴孔当值。初十由巴毕当值。十一日由娜古当值。十二日由涛构当值。十三日由创昌夸当值。十四日由创昌古当值。

---

① 原文疑脱“三十日”由何宿当值。

558-L-25-19

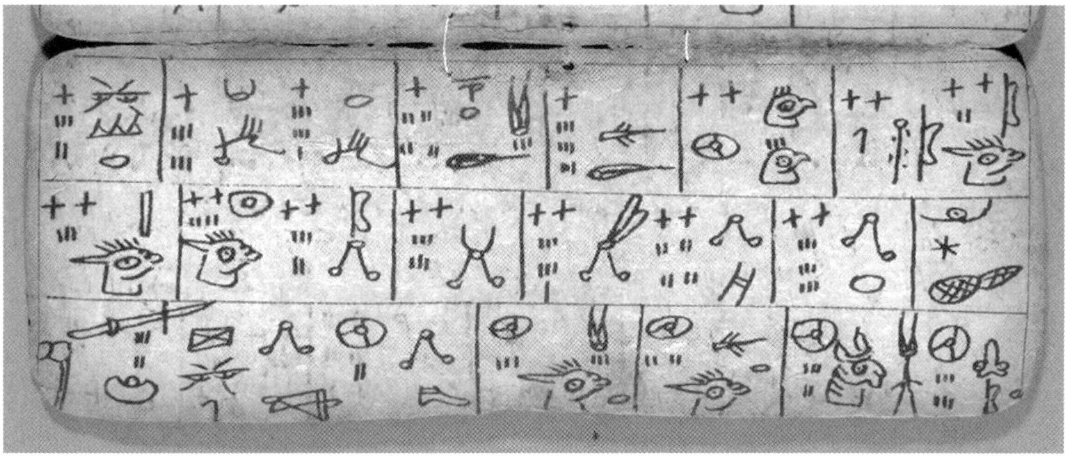

tshe^{21} uɑ^{33} ȵi^{33}, miə^{21} ɕy^{21}. | tshe^{21}tʂhuɑ^{55} ȵi^{33}, so^{33} tho^{21} khuɑ^{33}. tshe^{21}ʂər^{33} ȵi^{33}, so^{33}tho^{21} gv̩^{33}. |
十 五 日 谬许 十 六 日 司托夸 十 七 日 司托古

tshe^{21} ho^{55} ȵi^{33}, kɯ^{33} phər^{21} ʥi^{21} kv̩^{33}. | tshe^{21} gv̩^{33} ȵi^{33}, kɯ^{33} phər^{21} ʥi^{21} mæ^{33}. | ȵi^{33} tsər^{21} ȵi^{33},
十 八 日 庚盘吉古 十 九 日 庚盘吉满 二 十 日

fv̩^{33} kə^{55}. | ȵi^{33} tsər^{21} dɯ^{33} ȵi^{33}, tshɿ^{21} khu^{33}. ȵi^{33} tsər^{21} ȵi^{33} ȵi^{33}, bu^{21} khu^{33}. | ȵi^{33} tsər^{21} sɿ^{21} ȵi^{33},
夫构 二 十 一 日 楚孔 二 十 二 日 布孔 二 十 三 日

bu^{21} to^{55}. | ȵi^{33} tsər^{21} lu^{33} ȵi^{33}, bu^{21} mɑ^{55}. ȵi^{33} tsər^{21} uɑ^{33} ȵi^{33}, zy^{21} khu^{33}. | ȵi^{33} tsər^{21} tʂhuɑ^{55} ȵi^{33},
布铎 二 十 四 日 布冒 二 十 五 日 蕊孔 二 十 六 日

zy^{21} khuɑ^{33}. | ȵi^{33} tsər^{21} ʂər^{33} ȵi^{33}, zy^{21} he^{33}. ȵi^{33} tsər^{21} ho^{55} ȵi^{33}, zy^{21} tɕər^{33}. | ȵi^{33} tsər^{21} gv̩^{33} ȵi^{33},
蕊夸 二 十 七 日 蕊亨 二 十 八 日 蕊江 二 十 九 日

zy^{21} gv̩^{33}. | nɑ^{33} tv̩^{21} ȵi^{33}, zy^{21} dv̩^{21}. | dɑ^{33} uɑ^{33} he^{33}: tshe^{33} do^{21} dɯ^{33} ȵi^{33}, zy^{21} tshi^{21}. tshe^{33} do^{21}
蕊古 三十日 蕊督 十二月 月 见 一 日 蕊齐 月 见

ȵi^{33} ȵi^{33}, zy^{21} bə^{33}①. | tshe^{33} do^{21} sɿ^{21} ȵi^{33}, py^{33} bu^{21} kv̩^{33}. | tshe^{33}do^{21} lu^{33} ȵi^{33}, py^{33} bu^{21} mæ^{33}. |
二 日 蕊崩 月 见 三 日 本补古 月 见 四 日 本补满

tshe^{33} do^{21} uɑ^{33} ȵi^{33}, zu̥ɑ^{33} tse^{55}. tshe^{33} do^{21} tʂhuɑ^{55} ȵi^{33}, pɑ^{33} khu^{33}.
月 见 五 日 柔正 月 见 六 日 巴孔

十五日由谬许当值。十六日由司托夸当值。十七日由司托古当值。十八日由庚盘吉古当值。十九日由庚盘吉满当值。二十日由夫构当值。二十一日由楚孔当值。二十二日由布孔当值。二十三日由布铎当值。二十四日由布冒当值。二十五日由蕊孔当值。二十六日由蕊夸当值。二十七日由蕊亨当值。二十八日由蕊江当值。二十九日由蕊古当值。三十日由蕊督当值。

十二月：初一由蕊齐当值。初二由蕊崩当值。初三由本补古当值。初四由本补满当值。初五由柔正当值。初六由巴孔当值。

① 在 zy^{21} bə^{33} 前还应有“zy^{21} bɑ^{21}”，原文误，此处按原文译之。

558-L-25-20

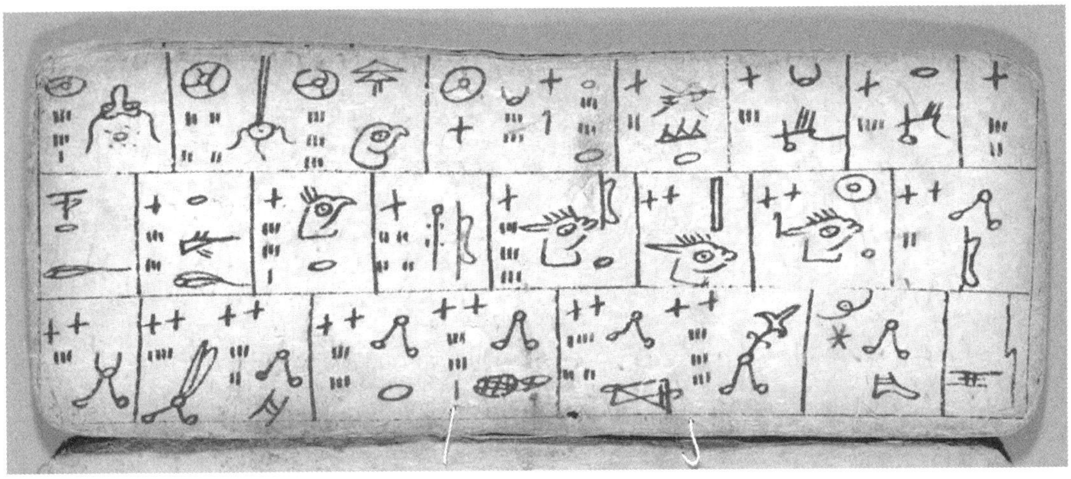

tshe^{33} do^{21} ʂər^{33} ȵi^{33}, pɑ^{33} by^{33}. | tshe^{33} do^{21} ho^{55} ȵi^{33}, nɑ^{33} gv̩^{21}. tshe^{33} do^{21} gv̩^{33} ȵi^{33}, thɑ^{33} kə^{55}. |
月 见 七 日 巴毕 月 见 八 日 娜古 月 见 九 日 涛构

tshe^{33} do^{21} tshe^{21} ȵi^{33}, tʂhuɑ^{55} tshər^{21} khuɑ^{33}. tshe^{21} dɯ^{33} ȵi^{33}, tʂhuɑ^{55} tshər^{21} gv̩^{33}. | tshe^{21} ȵi^{33} ȵi^{33},
月 见 十 日 创昌夸 十 一 日 创昌古 十 二 日

miə^{21} ɕy^{21}. | tshe^{33} sɿ^{21} ȵi^{33}, so^{33} tho^{21} khuɑ^{33}. | tshe^{21} lu^{33} ȵi^{33}, so^{33} tho^{21} gv̩^{33}. | tshe^{21} uɑ^{33} ȵi^{33},
谬许 十 三 日 司托夸 十 四 日 司托古 十 五 日

kɯ^{33} phər^{21} ʥi^{21} kv̩^{33}. | tshe^{21} tʂhuɑ^{55} ȵi^{33}, kɯ^{33} phər^{21} ʥi^{21} mæ^{33}. | tshe^{21} ʂər^{33} ȵi^{33}, fv̩^{33} kə^{55}. |
庚盘吉古 十 六 日 庚盘吉满 十 七 日 夫构

tshe^{21} ho^{55} ȵi^{33}, tshɿ^{21} khu^{33}. | tshe^{21} gv̩^{33} ȵi^{33}, bu^{21} khu^{33}. | ȵi^{33} tsər^{21} ȵi^{33}, bu^{21} to^{55}. | ȵi^{33} tsər^{21}
十 八 日 楚孔 十 九 日 布孔 二 十 日 布铎 二 十

dɯ^{33} ȵi^{33}, bu^{21} mɑ^{55}. | ȵi^{33} tsər^{21} ȵi^{33} ȵi^{33}, zy^{21} khu^{33}. | ȵi^{33} tsər^{21} sɿ^{21} ȵi^{33}, zy^{21} khuɑ^{33}. | ȵi^{33}
一 日 布冒 二 十 二 日 蕊孔 二 十 三 日 蕊夸 二

tsər^{21} lu^{33} ȵi^{33}, zy^{21} he^{33}. ȵi^{33} tsər^{21} uɑ^{33} ȵi^{33}, zy^{21} tɕər^{33}. | ȵi^{33} tsər^{21} tʂhuɑ^{55} ȵi^{33}, zy^{21} gv̩^{33}. ȵi^{33}
十 四 日 蕊亨 二 十 五 日 蕊江 二 十 六 日 蕊古 二

tsər^{21} ʂər^{33} ȵi^{33}, zy^{21} dv̩^{21}. | ȵi^{33} tsər^{21} ho^{55} ȵi^{33}, zy^{21} tshi^{21}. ȵi^{33} tsər^{21} gv̩^{33} ȵi^{33}, zy^{21} bɑ^{21}. | nɑ^{21}
十 七 日 蕊督 二 十 八 日 蕊齐 二 十 九 日 蕊巴 三十

tv̩^{21} ȵi^{33}, zy^{21} bə^{33} | to^{55} dər^{33}.
日 蕊崩 上 轮

初七由巴毕当值。初八由娜古当值。初九由涛构当值。初十由创昌夸当值。十一日由创昌古当值。十二日由谬许当值。十三日由司托夸当值。十四日由司托古当值。十五日由庚盘吉古当值。十六日由庚盘吉满当值。十七日由夫构当值。十八日由楚孔当值。十九日由布孔当值。

二十日由布铎当值。二十一日由布冒当值。二十二日由蕊孔当值。二十三日由蕊夸当值。二十四日由蕊亨当值。二十五日由蕊江当值。二十六日由蕊古当值。二十七日由蕊督当值。二十八日由蕊齐当值。二十九日由蕊巴当值。三十日由蕊崩当值。

558-L-25-21

封底

（翻译：王世英）

595-L-26-01

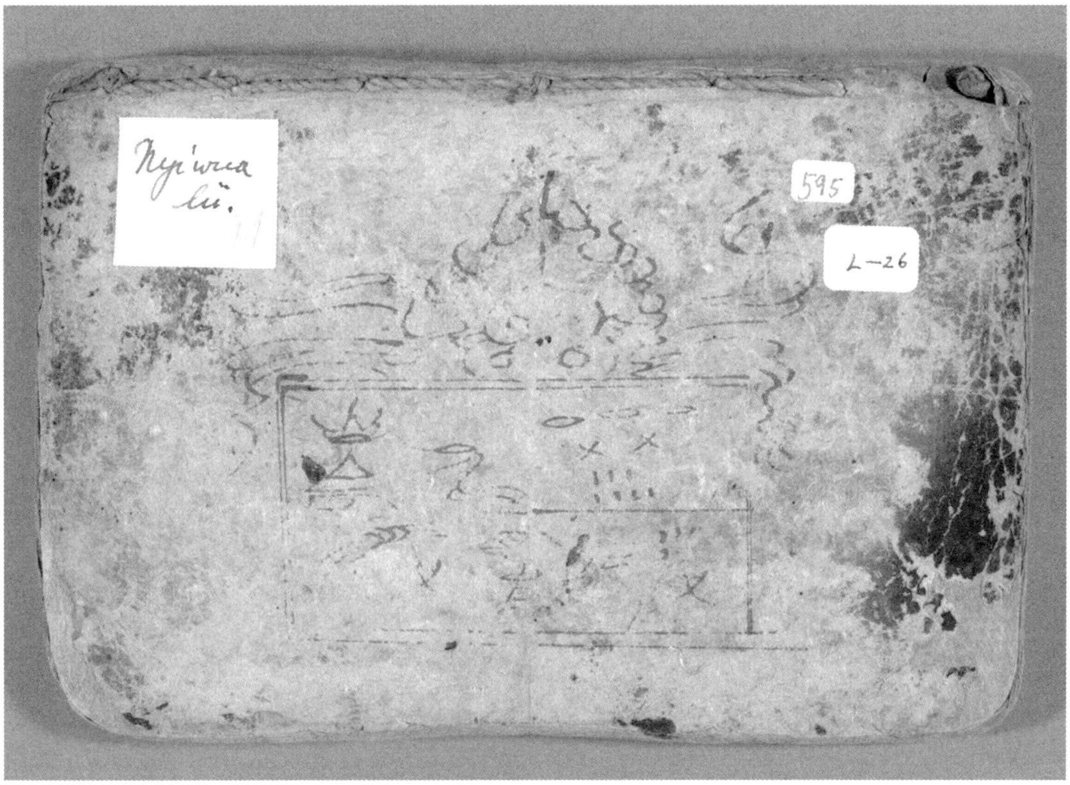

ȵi^{33} tsər^{21} ho^{55} kɯ^{21}

tsɿ^{21} me^{33} the^{33} ɯ^{33} uɑ^{21} me^{55}

占卜·算二十八宿的书

595-L-26 占卜·算二十八宿的书

【内容提要】

本古籍记录了如下几方面的内容：

一、在何属相日由何宿当值便为结亲的星、仇星、对立的星和相顺的星。

二、十二个月每月初一由何宿当值的天文常识。

三、用二十八宿占卜，在各宿当值的日子宜干什么不宜干什么。

四、算血灾。

五、看四立四正的节令。

【英文提要】

The Divination. Book to Divine the Twenty-Eight Mansions

This book records the following parts:

First, it introduces the exact mansion that represents the astronomy of marriage, the astronomy of hatred, the astronomy of conflict and the astronomy of harmony in certain zodiac day.

Second, it introduces the basic astronomy knowledge that certain mansion takes in the first lunar day in each month of the year.

Third, it introduces the Advisables and Inadvisables of each mansion's day through divining with the Twenty-Eight Mansions.

Fourth, it introduces the divination of bloodshed.

Fifth, it introduces the solar terms to judge the beginning of four seasons, two equinox and two solstice in one year.

595-L-26-02

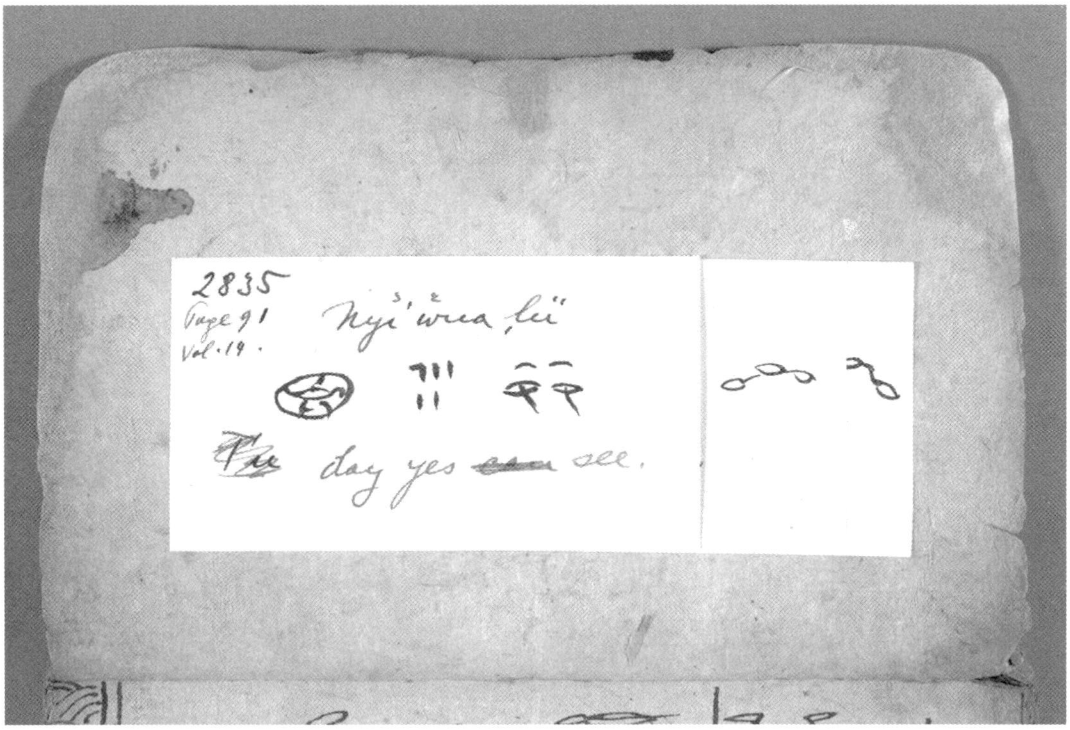

“2835”是洛克收藏纳西东巴古籍的序号，上方的字母文字为下面三个东巴文的读音。三个东巴文为“ȵi⁵⁵ uɑ³³ ly²¹”：看日子。下面的英文是与东巴文字一一对应的“天”、“是”、“看”洛克之解释。

595-L-26-03

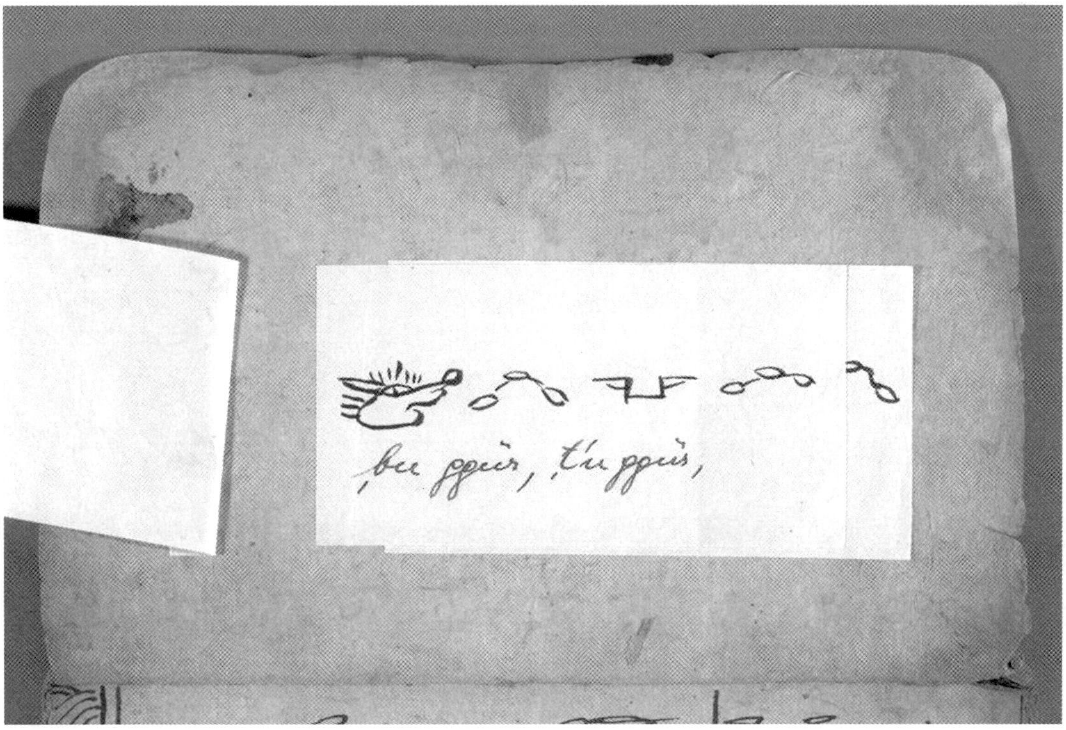

四个东巴文为书中内容之一，字母文字是洛克记下这四个东巴文之读音。

595-L-26-04

四个东巴文是书中内容之一。字母文字是洛克记下四个东巴文之读音。

595-L-26-05

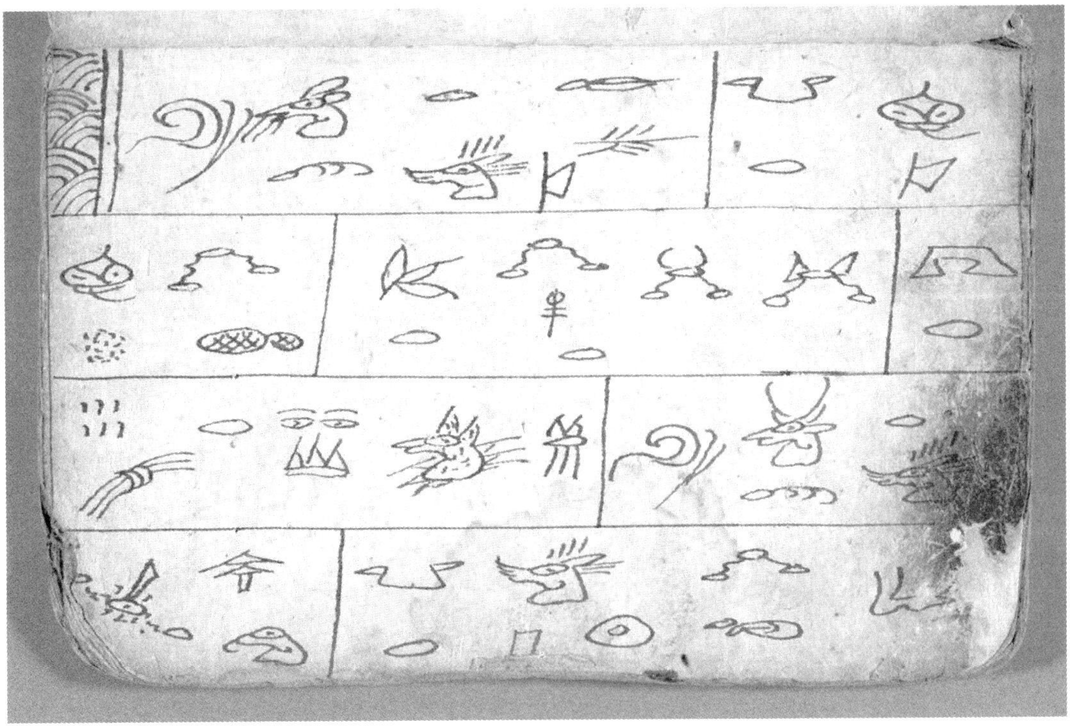

fy̩^{55} khy̩^{33}: bu^{21} kɯ^{21}, kɯ^{33} phər^{21} ʥi^{21} khu^{33}、kɯ^{33} phər^{21} ʥi^{21} mæ^{33}. | tshy̩^{21} kɯ^{21}, pɑ^{33}

鼠 岁 结亲 星 庚盘吉孔 庚盘吉满 相顺 星 巴孔

khu^{33}、pɑ^{33} by^{33}、zy^{21} dv̩^{21}. | zʅ^{21} kɯ^{21}, zy^{21} ly^{33} pv̩^{33}、zy^{21} khuɑ^{33}、zy^{21} he^{33}. | gə^{21} kɯ^{21}, tʂhuɑ^{55}
巴毕 蕊督 仇 星 蕊鲁补 蕊夸 蕊亨 作对 星 创昌古

tsʅ^{21} gv̩^{33}、miə^{21} ɕy^{21}、py^{33} bu^{21} kv̩^{33}. | ɯ^{33} khv̩^{55}: bu^{21} kɯ^{21}, nɑ^{33} gv̩^{21}、thɑ^{33} kə^{55}. | thv̩^{21} kɯ^{21},
谬许 本补古 牛 岁 结亲 星 娜古 涛构 相顺 星

bu^{21} to^{55}、bu^{21} mɑ^{55}、zy^{21} tshi^{21}、zy^{21} bə^{33}.
布铎 布冒 蕊齐 蕊崩

属鼠的日子：若是庚盘吉孔①和庚盘吉满当值，则为结亲娶嫁的星。若是巴孔、巴毕、蕊督当值，则为相顺的星。若是蕊鲁补、蕊夸、蕊亨当值，则是仇星。若是创昌古、谬许、本补古当值，则是与你作对的星。

属牛的日子：若是娜古、涛构当值，则是结亲娶嫁的星。若是布铎、布冒、蕊齐、蕊崩当值，则是相顺的星。

595-L-26-06

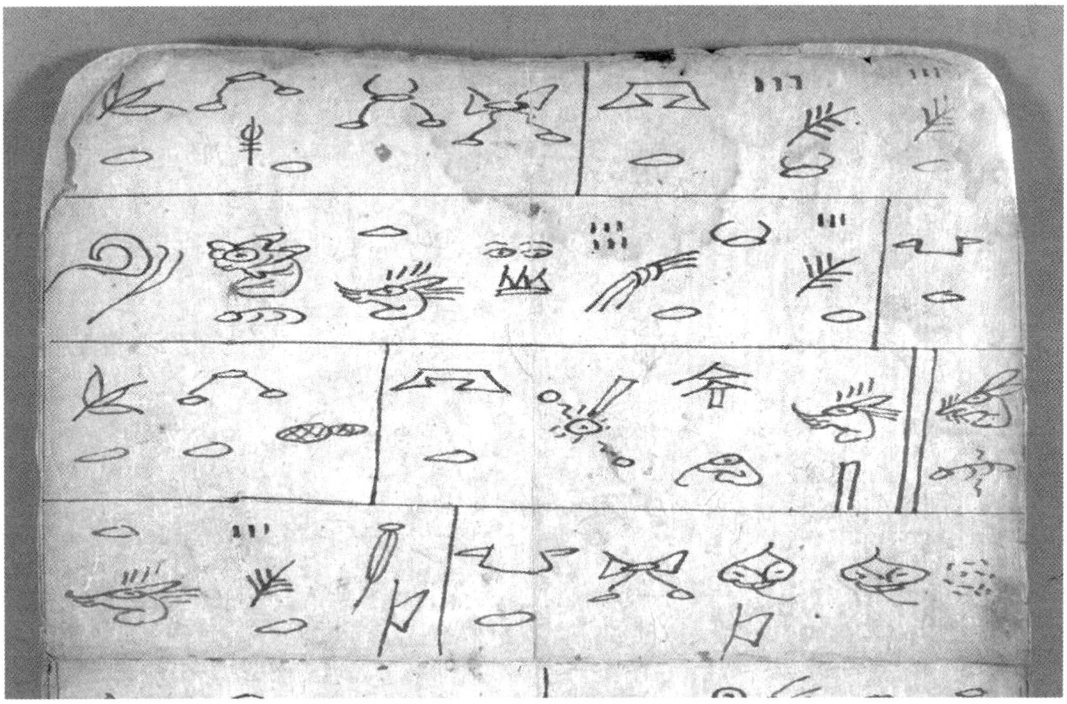

zʅ^{21} kɯ^{21}, zy^{21} ly^{33} pv̩^{33}、zy^{21} khuɑ^{33}、zy^{21} he^{33}. | gə^{21} kɯ^{21}, sʅ^{33} tho^{21} khuɑ^{33}、sʅ^{33} tho^{21} gv̩^{33}. | lɑ^{33}
仇 星 蕊鲁补 蕊夸 蕊亨 对立 星 司托夸 司托古 虎

khv̩^{55}: bu^{21} kɯ^{21}, miə^{21} ɕy^{21}、tʂhuɑ^{55} tsʅ^{21} khuɑ^{33}、tʂhuɑ^{55} tsʅ^{21} gv̩^{33}、sʅ^{33} tho^{21} gv̩^{33}. | thv̩^{21}
岁 结亲 星 谬许 创昌夸 创昌古 司托古 相顺

kɯ^{21}②, | zʅ^{21} kɯ^{21}, zy^{21} gv̩^{33}、zy^{21} dv̩^{21}. | gə^{21} kɯ^{21}, nɑ^{33} gv̩^{21}、thɑ^{33} kə^{55}、bu^{21} to^{55}. ‖ tho^{33} le^{33}
星 仇 星 蕊古 蕊督 作对 星 娜古 涛构 布铎 兔

① 庚盘吉孔，音译宿名，为纳西族二十八宿之一。下文的“庚盘吉满”、“巴孔”等皆为音译宿名。

② “thv̩^{21} kɯ^{21}”后未说明何宿，疑脱。

khy̩^{55}: bu^{21} kɯ^{21}, sɿ^{33} tho^{21}gy̩^{33}、kɯ^{33} phər^{21} ʥi^{21} khu^{33}. | thy̩^{21} kɯ^{21}, zy^{21} he^{33}、pɑ^{33}khu^{33}、pɑ^{33} by^{33}.
岁 结亲 星 司托古 庚盘吉孔 相顺 星 蕊亨 巴孔 巴毕

若是蕊鲁补、蕊夸、蕊亨当值，则是与你结仇的星。若是司托夸、司托古当值，则是与你作对的星。

在属虎的日子：若是谬许、创昌夸、创昌古、司托古当值，则是结亲娶嫁的星。……则是相顺的星。若是蕊古、蕊督当值，则是仇星。若是娜古、涛构、布铎当值，则是作对星。

属兔的日子：若是司托古、庚盘吉孔当值，则是结亲娶嫁的星。若是蕊亨、巴孔、巴毕当值，则是相顺的星。

595-L-26-07

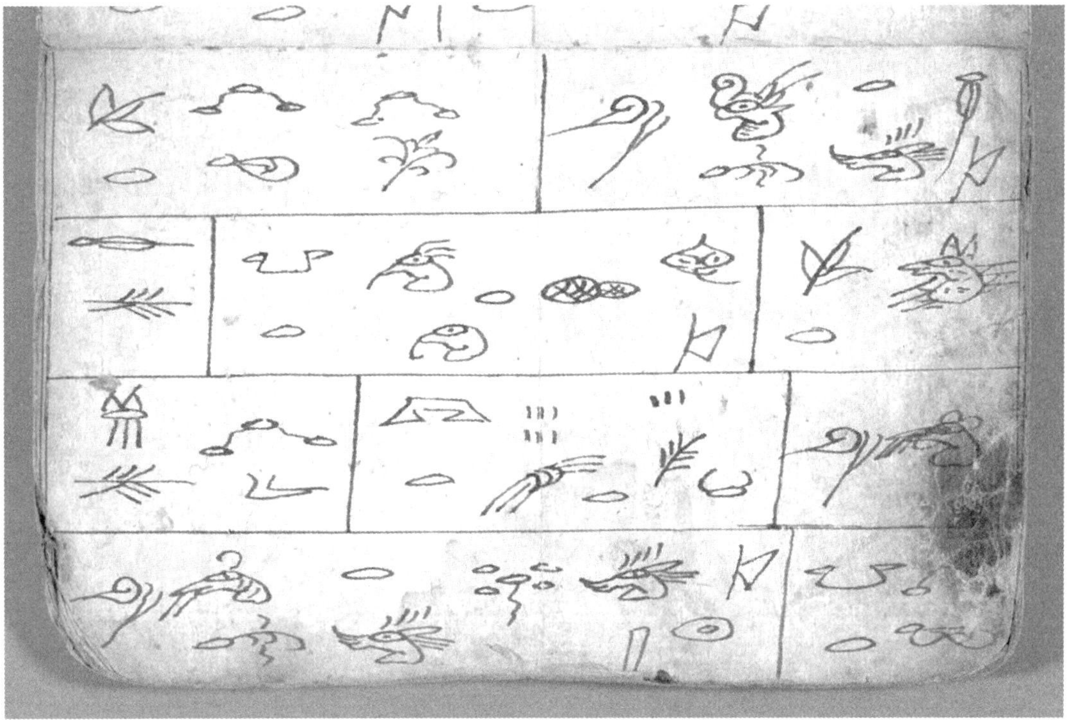

zɿ^{21} kɯ^{21}, zy^{21} tshi^{21}、zy^{21} bɑ^{21}. | ly̩^{21} khy̩^{55}: bu^{21} kɯ^{21}, kɯ^{33} phər^{21} ʥi^{21} khu^{33}、kɯ^{33} phər^{21} ʥi^{21}
仇 星 蕊齐 蕊巴 龙 岁 结亲 星 庚盘吉孔 庚盘吉满

mæ^{33}. | thy̩^{21} kɯ^{21}, fy̩^{33} kə^{55}、zy^{21} dy̩^{21}、pɑ^{33} khu^{33}. | zɿ^{21} kɯ^{21}, py^{33} bu^{21} ky̩^{33}、py^{33} bu^{21} mæ^{33}、
相顺 星 夫构 蕊督 巴孔 仇 星 本补古 本补满

zy^{21} bə^{33}. | gə^{21} kɯ^{21}, tʂhuɑ^{55} tsɿ^{21} gy̩^{33}、sɿ^{33} tho^{21} khuɑ^{33}. | zʅ^{21} khy̩^{55}: bu^{21} kɯ^{21}, tshɿ^{21} khu^{33}、
蕊崩 对立 星 创昌古 司托夸 蛇 岁 结亲 星 楚孔

bu^{21} khu^{33}、bu^{21} to^{55}、bu^{21} mɑ^{55}. | thy̩^{21} khɯ^{21}, zy^{21} tshi^{21}.
布孔 布铎 布冒 相顺 星 蕊齐

若是蕊齐、蕊巴当值，则是仇星。

属龙的日子：若是庚盘吉孔、庚盘吉满当值，则是结亲娶嫁的星。若是夫构、蕊督、巴孔当值，则是相顺的星。若是本补古、本补满、蕊崩当值，则是仇星。若是创昌古、司托夸当值，则是与你作对的星。

属蛇的日子：若是楚孔、布孔、布铎、布冒当值，则是结亲娶嫁的星。若是蕊齐、

595-L-26-08

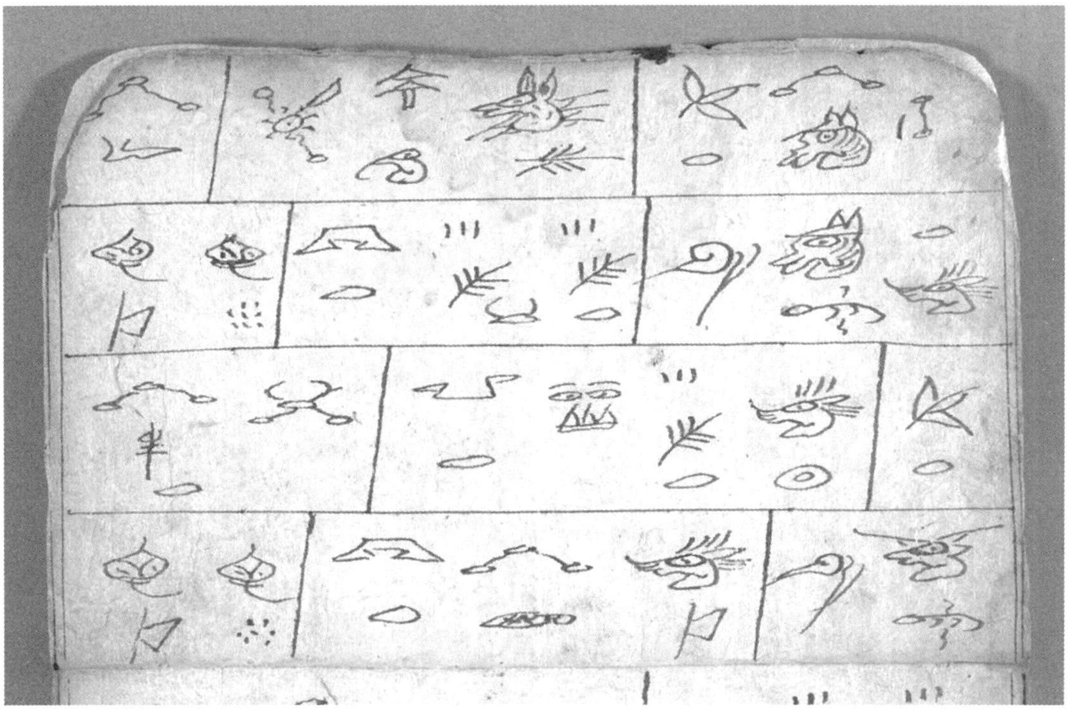

zy^{21} bə^{33}、| nɑ^{33} gṿ^{21}、thɑ^{33} kə^{55}、py^{33} bu^{21} mæ^{33}. | zʅ^{21} kɯ^{21}, ʐuɑ^{33} tse^{55}、pɑ^{33} khu^{33}、pɑ^{33}
蕊崩 娜古 涛构 本补满 仇 星 柔正 巴孔 巴毕

by^{33}. | gə^{21} kɯ^{21}, sʅ^{33} tho^{21} khuɑ^{33}、sʅ^{33} tho^{21} gṿ^{33}. | ʐuɑ^{33} khṿ^{55}: bu^{21} kɯ^{21}, zy^{21} ly^{33} pṿ^{33}、zy^{21}
作对 星 司托夸 司托古 马 岁 结亲 星 蕊鲁补 蕊夸

khuɑ^{33}. | thṿ^{21} kɯ^{21}, miə^{21} ɕy^{21}、sʅ^{33} tho^{21} gṿ^{33}、bu^{21} mɑ^{55}. | zʅ^{21} kɯ^{21}, pɑ^{33} khu^{33}、pɑ^{33} by^{33}. |
相顺 星 谬许 司托古 布冒 仇 星 巴孔 巴毕

gə^{21} kɯ^{21}, zy^{21} dṿ^{21}、bu^{21} khu^{33}. | y^{21} khṿ^{55}:
对立 星 蕊督 布孔 羊 岁

蕊崩、娜古、涛构、本补满当值，则是相顺的星。若是柔正、巴孔、巴毕当值，则是仇星。若是司托夸、司托古当值，则是与你作对的星。

属马的日子：若是蕊鲁补、蕊夸当值，则是结亲娶嫁的星。若是谬许、司托古、布冒当值，则是相顺的星。若是巴孔、巴毕当值，则是仇星。若是蕊督、布孔当值，则是与你作对的星。

属羊的日子：

595-L-26-09

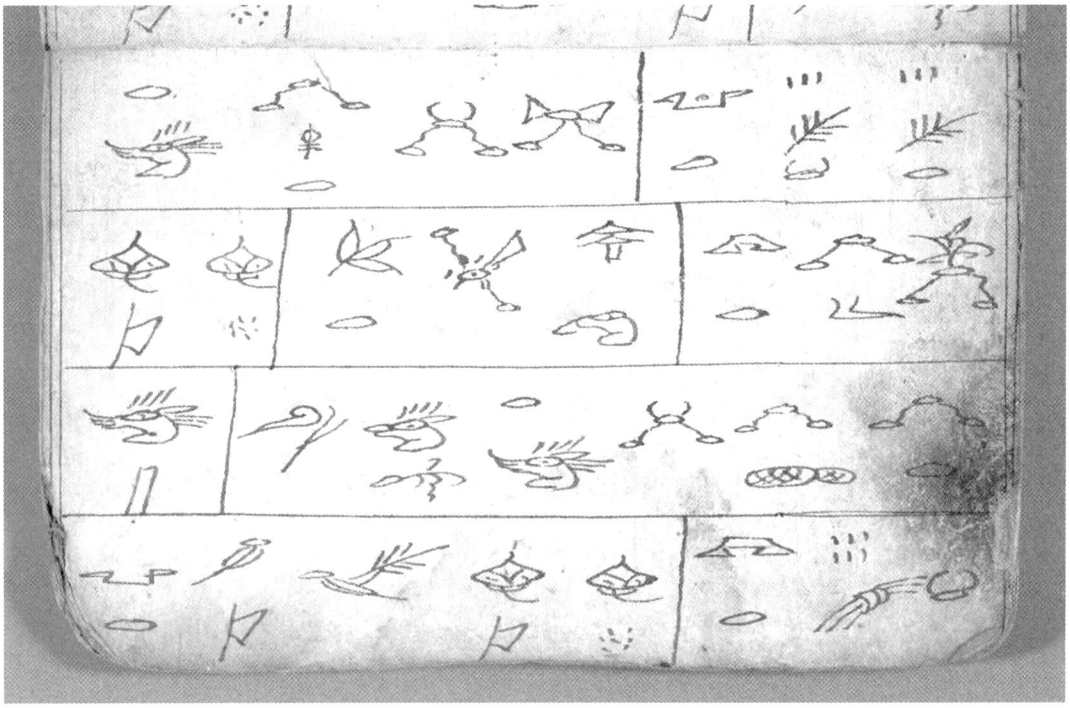

bu^{21} kɯ^{21}, zy^{21} ly^{33} pv̩^{33}、zy^{21} khuɑ^{33}、zy^{21} he^{33}. ｜thv̩^{21} kɯ^{21}, sɿ^{33} tho^{21} khuɑ^{33}、sɿ^{33} tho^{21} gv̩^{33}、
结亲 星　蕊鲁补　蕊夸　蕊亨　相顺　星　司托夸　司托古

pɑ^{33} khu^{33}、pɑ^{33} by^{33}. ｜zɿ^{21} kɯ^{21}, nɑ^{33} gv̩^{21}、thɑ^{33} kə^{55}. ｜gə^{21} kɯ^{21}, zy^{21} bə^{33}、zy^{21} bɑ^{21}、bu^{21}
巴孔　巴毕　仇　星　娜古　涛构　对立 星　蕊崩　蕊巴　布铎

to^{55}. ｜ə^{55} y^{21} khv̩^{55}: bu^{21} kɯ^{21}, zy^{21} khuɑ^{33}、zy^{21} dv̩^{21}、zy^{21} tshi^{21}. ｜thv̩^{21} kɯ^{21}, kɯ^{33} phər^{21} dʑi^{21}
猴　岁　结亲 星　蕊夸　蕊督　蕊齐　相顺 星　庚盘吉孔

khu^{33}、kɯ^{33} phər^{21} dʑi^{21} mæ^{33}、pɑ^{33} khu^{33}、pɑ^{33} by^{33}. ｜gə^{21} kɯ^{21}, tʂhuɑ^{55} tsɿ^{21} khuɑ^{33}.
庚盘吉满　巴孔　巴毕　对立 星　创昌夸

若是蕊鲁补、蕊夸、蕊亨当值，则是结亲娶嫁的星。若是司托夸、司托古、巴孔、巴毕当值，则是相顺的星。若是娜古、涛构当值，则是仇星。若是蕊崩、蕊巴、布铎当值，则是与你作对的星。

属猴的日子：若是蕊夸、蕊督、蕊齐当值，则是结亲娶嫁的星。若是庚盘吉孔、庚盘吉满、巴孔、巴毕当值，则是相顺的星。若是创昌夸、

595-L-26-10

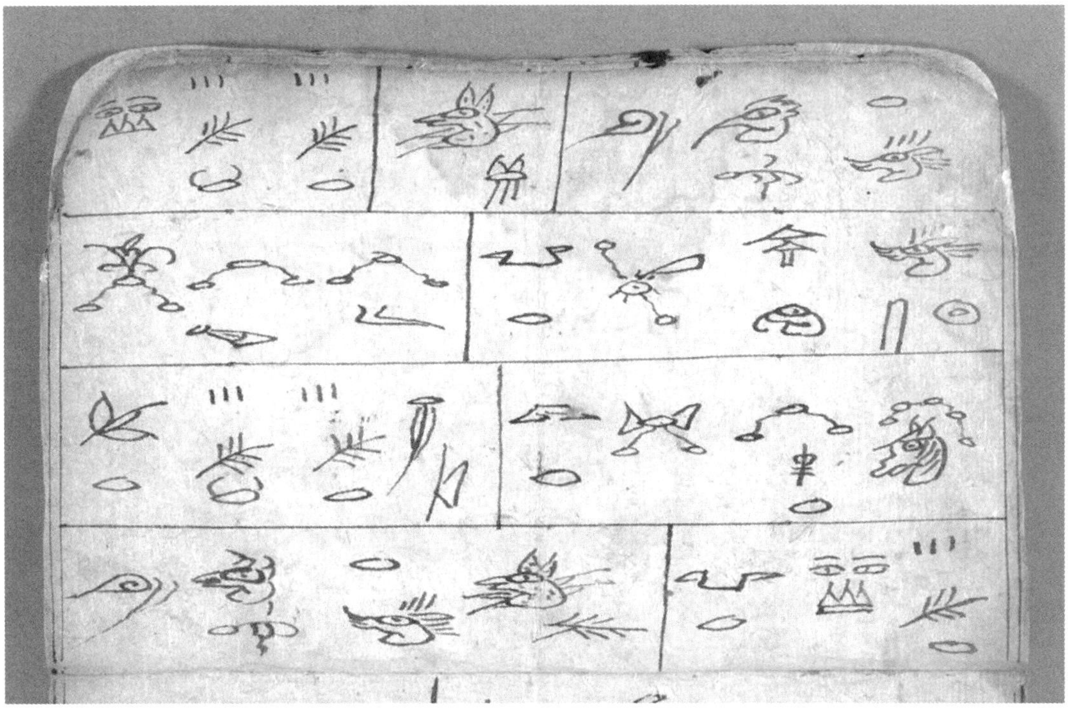

miə^{21} ɕy^{21}、sɿ^{33} tho^{21} khuɑ^{33}、sɿ^{33} tho^{21} gv̩^{33}、| py^{33} bu^{21} kv̩^{33}. | æ^{21} khv̩^{55}: bu^{21} kɯ^{21}, zy^{21} bɑ^{21}、
谬许 司托夸 司托古 本补古 鸡 岁 结亲 星 蕊巴

zy^{21} tshi^{21}、zy^{21} bə^{33}. | thv̩^{21} kɯ^{21}, nɑ^{33} gv^{21}、thɑ^{33} kə^{55}、bu^{21} to^{55}、bu^{21} mɑ^{55}. | zɿ^{21} kɯ^{21}, sɿ^{33}
蕊齐 蕊崩 相顺 星 娜古 涛构 布铎 布冒 仇 星

tho^{21} khuɑ^{33}、sɿ^{33} tho^{21} gv̩^{33}、kɯ^{33} phər^{21} dʑi^{21} khu^{33}. | gə^{21} kɯ^{21}, zy^{21} he^{33}、zy^{21} ly^{33} pv̩^{33}、ʐuɑ^{33}
司托夸 司托古 庚盘吉孔 对立 星 蕊亨 蕊鲁补 柔正

tse^{55}. | khɯ^{33} khv̩^{55}: bu^{21} kɯ^{21}, py^{33} bu^{21} mæ^{33}. | thv̩^{21} kɯ^{21}, miə^{21} ɕy^{21}、sɿ^{33} tho^{21} gv̩^{33}.
狗 岁 结亲 星 本补满 相顺 星 谬许 司托古

谬许、司托夸、司托古、本补古当值，则是与你作对的星。

属鸡的日子：若是蕊巴、蕊齐、蕊崩当值，则是结亲娶嫁的星。若是娜古、涛构、布铎、布冒当值，则是相顺的星。若是司托夸、司托古、庚盘吉孔当值，则是仇星。若是蕊亨、蕊鲁补、柔正当值，则是与你作对的星。

属狗的日子：若是本补满当值，则是结亲娶嫁的星。若是谬许、司托古、

595-L-26-11

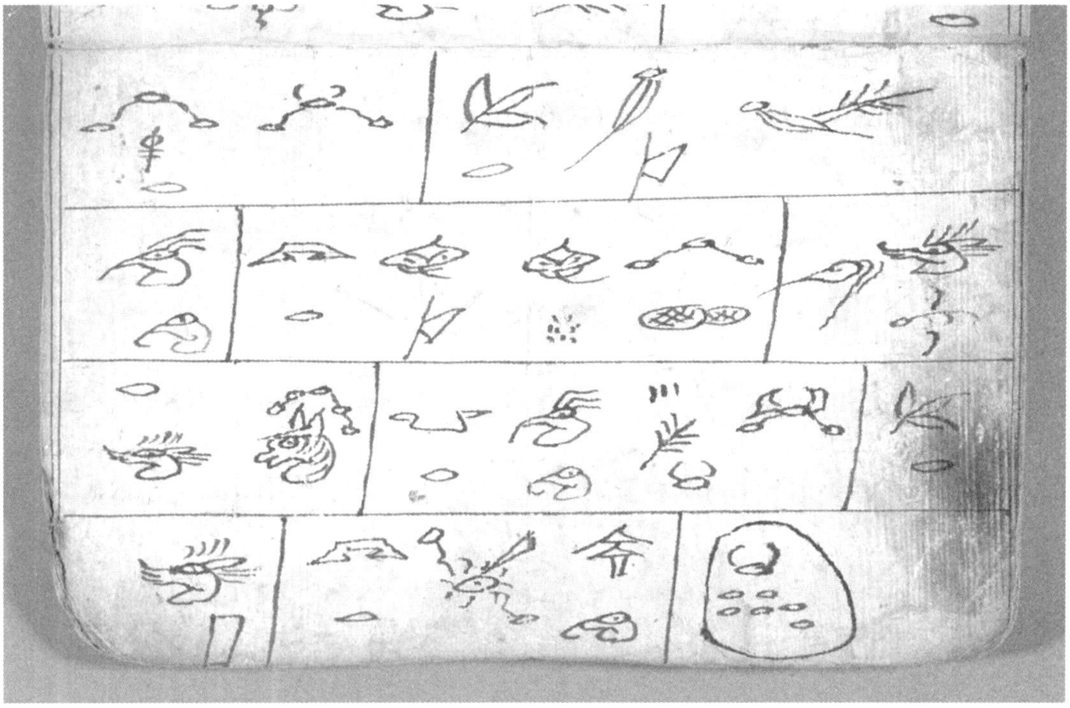

zy^{21} ly^{33} pv̩^{33}、zy^{21} khuɑ^{33}. | zʅ^{21} kɯ^{21}, kɯ^{33} phər^{21} ʥi^{21} khu^{33}、kɯ^{33} phər^{21} ʥi^{21} mæ^{33}、fv̩^{33}
蕊鲁补 蕊夸 仇 星 庚盘吉孔 庚盘吉满 夫构

kə^{55}. | gə^{21} kɯ^{21}, pɑ^{33} khu^{33}、pɑ^{33} by^{33}、zy^{21} dv̩^{21}. | bu^{21} khv̩^{55}: bu^{21} kɯ^{21}、ẓuɑ^{33} tse^{55}. | thv̩^{21}
对立 星 巴孔 巴毕 蕊督 猪 岁 结亲 星 柔正 相顺

kɯ^{21}, fv̩^{33} kə^{55}、sɿ^{33} tho^{21} khuɑ^{33}、zy^{21} he^{33}. | zʅ^{21} kɯ^{21}, bu^{21} to^{55}. | gə^{21} kɯ^{21}, nɑ^{33} gv̩^{21}、thɑ^{33}
星 夫构 司托夸 蕊亨 仇 星 布铎 对立 星 娜古 涛构

kə^{55}. | tṣhuɑ^{55} tsɿ^{21} khuɑ^{33}①.
创昌夸

蕊鲁补、蕊夸当值，则是相顺的星。若是庚盘吉孔、庚盘吉满、夫构当值，则是仇星。若是巴孔、巴毕、蕊督当值，则是与你作对的星。

属猪的日子：若是柔正当值，则是结亲娶嫁的星。若是夫构、司托夸、蕊亨当值，则是相顺的星。若是布铎当值，则是仇星。若是娜古、涛构当值，则是与你作对的星。

① 原文划了个圈，疑应删，译文中略去。

595-L-26-12

iə^{21} pe^{21} he^{33} tshe^{33} do^{21} dɯ^{33} n̥i^{33}, py^{33} bu^{21} kv̩^{33}. ｜he^{21} dʑiə^{33} he^{33} tshe^{33} do^{21} dɯ^{33} n̥i^{33}, zu̥ɑ^{33}
正月 月 见 一 日 本补古 二月 月 见 一 日 柔正

tse^{55}. sɑ^{55} uɑ^{33} he^{33} tshe^{33} do^{21} dɯ^{33} n̥i^{33}, nɑ^{33} gv̩^{21}. lu^{55} me^{33} he^{33} tshe^{33} do^{21} dɯ^{33} n̥i^{33}, tʂhuɑ^{55} tsɿ^{21}
三月 月 见 一 日 娜古 四月 月 见 一 日 创昌古

gv̩^{21}. ｜uɑ^{55} me^{33} he^{33} tshe^{33} do^{21} dɯ^{33} n̥i^{33}, sɿ^{33} tho^{21} khuɑ^{33}. tʂhuɑ^{55} me^{33} he^{33}
五月 月 见 一 日 司托夸 六月

正月初一由本补古当值。二月初一由柔正当值。三月初一由娜古当值。四月初一由创昌古当值。五月初一由司托夸当值。六月

595-L-26-13

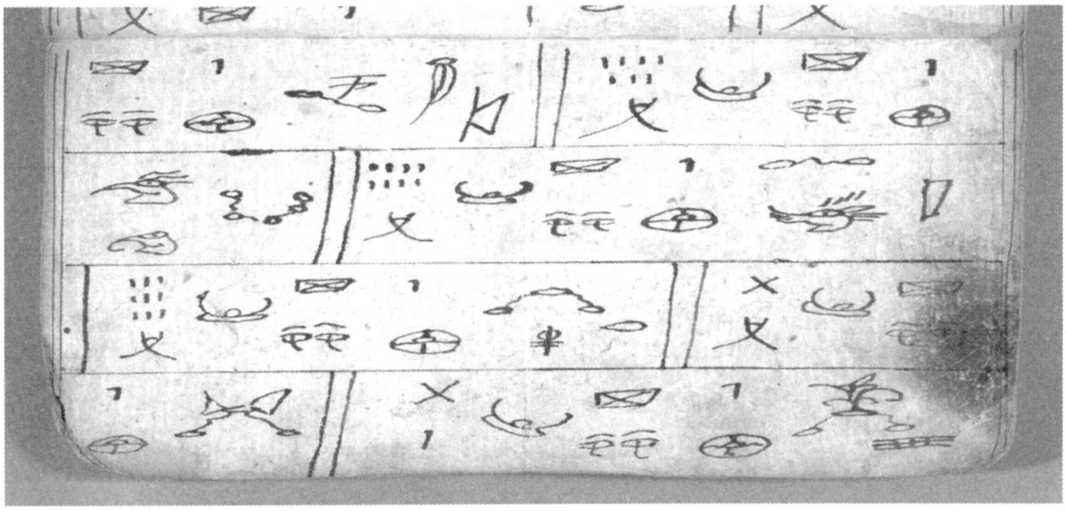

tshe^{33} do^{21} dɯ^{33} ȵi^{33}, kɯ^{33} phər^{21} ʥi^{21} khu^{33}. sæ^{33} me^{33} he^{33} tshe^{33} do^{21} dɯ^{33} ȵi^{33}, fv̩^{33} kə^{55}. huɑ^{55}
月 见 一 日 庚盘吉孔 七月 月 见 一 日 夫构 八月

me^{33} he^{33} tshe^{33} do^{21} dɯ^{33} ȵi^{33}, bu^{21} to^{55}. | guə^{33} me^{33} he^{33} tshe^{33} do^{21} dɯ^{33} ȵi^{33}, zy^{21} ly^{33} pv̩^{33}. |
月 见 一 日 布铎 九月 月 见 一 日 蕊鲁补

tshe^{21} me^{33} he^{33} tshe^{33} do^{21} dɯ^{33} ȵi^{33}, zy^{21} he^{33}. | tshe^{21} də^{33} he^{33} tshe^{33} do^{21} dɯ^{33} ȵi^{33}, zy^{21} bɑ^{21} to^{55}
十月 月 见 一 日 蕊亨 十一月 月 见 一 日 蕊巴 上

dər^{33}.
轮

初一由庚盘吉孔当值。七月初一由夫构当值。八月初一由布铎当值。九月初一由蕊鲁补当值。十月初一由蕊亨当值。十一月初一由蕊巴当值。

595-L-26-14

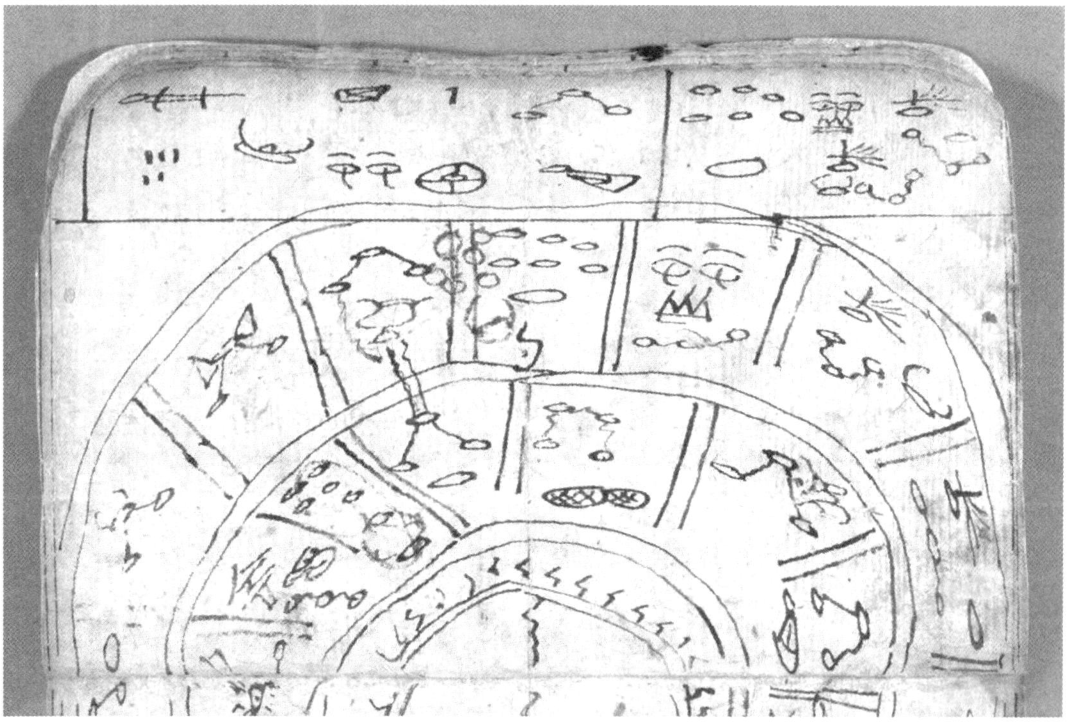

dɑ^{33} uɑ^{33} he^{33} tshe^{33} do^{21} dɯ^{33} ȵi^{33}, zy^{21} tshi^{21}. | tʂhuɑ^{55} tsʅ^{21} gv̩^{33}、miə^{21} ɕy^{21}、so^{33} tho^{21} khuɑ^{33}、
十二月 月 见 一 日 蕊齐 创昌古 谬许 司托夸

so^{33} tho^{21} gv̩^{33}. | tʂhuɑ^{55} tsʅ^{21} khuɑ^{33}①、tʂhuɑ^{55} tsʅ^{21} gv̩^{21}. | miə^{21} ɕy^{21}、| so^{33} tho^{21} khuɑ^{33}、|
司托古 创昌夸 创昌古 谬许 司托夸

① 此半张图与下一页的半张图连接起来为纳西族二十八宿顺序图。记音时以正上方始往右，又接左下方，再接内半圆的第四格。

so^{33} tho^{21} gv̩^{33}、| zy^{21} ly^{33} pv̩^{33}、| zy^{21} khuɑ^{33}、zy^{21} he^{33}、| zy^{21} tɕər^{33}、| zy^{21} gv̩^{33}、| zy^{21}
司托古 蕊鲁补 蕊夸 蕊亨 蕊江 蕊古 蕊督

dv̩^{21}、| zy^{21} bɑ^{21}、| zy^{21} tshi^{21}、| nɑ^{33} gv̩^{21}、| thɑ^{33} kə^{55}、| tʂhuɑ^{55} tsɿ^{21} khuɑ^{33}. |
蕊巴 蕊齐 娜古 涛构 创昌夸

十二月初一由蕊齐当值。创昌古、谬许、司托夸、司托古①。

创昌夸、创昌古、谬许、司托夸、司托古、蕊鲁补、蕊夸、蕊亨、蕊江、蕊古、蕊督、蕊巴、蕊齐、娜古、涛构、创昌夸。

595-L-26-15

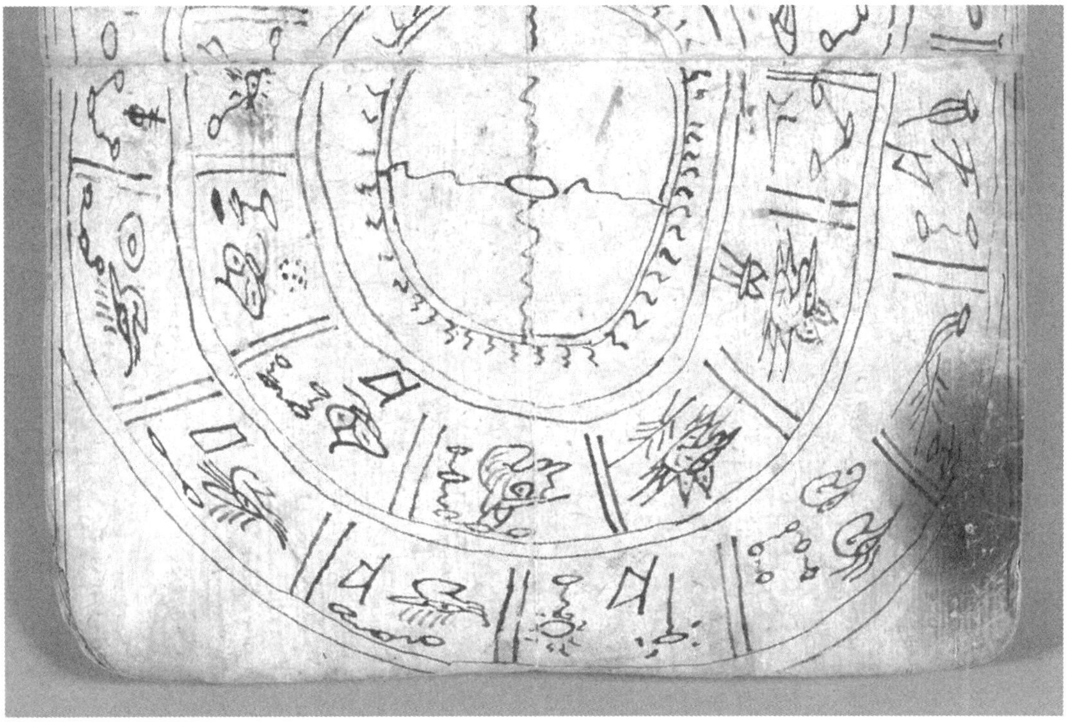

kɯ^{33} phər^{21} dʑi^{21} khu^{33}、| kɯ^{33} phər^{21} dʑi^{21} mæ^{33}、| fv̩^{33} kə^{55}、| tshɿ^{21} khu^{33}、| bu^{21} khu^{33}、|
庚盘吉孔 庚盘吉满 夫构 楚孔 布孔

bu^{21} to^{55}、| bu^{21} mɑ^{55}、| zy^{21} ly^{33} pv̩^{33}、zy^{21} tshi^{21}、| zy^{21} bə^{33}、| py^{33} bu^{21} kv̩^{33}、| py^{33} bu^{21}
布铎 布冒 蕊鲁补 蕊齐 蕊崩 本补古 本补满

mæ^{33}、| ʐuɑ^{33} tse^{55}、| pɑ^{33} khu^{33}、| pɑ^{33} by^{33}、nɑ^{33} gv̩^{21}.
柔正 巴孔 巴毕 娜古

庚盘吉孔、庚盘吉满、夫构、楚孔、布孔、布铎、布冒、蕊鲁补、蕊齐、蕊崩、本补古、本补满、柔正、巴孔、巴毕、娜古②。

① 空格里写四个宿名，与前后文无关，所指不明。

② 说明：此半张图的记音是从外圈的右上方始。

595-L-26-16

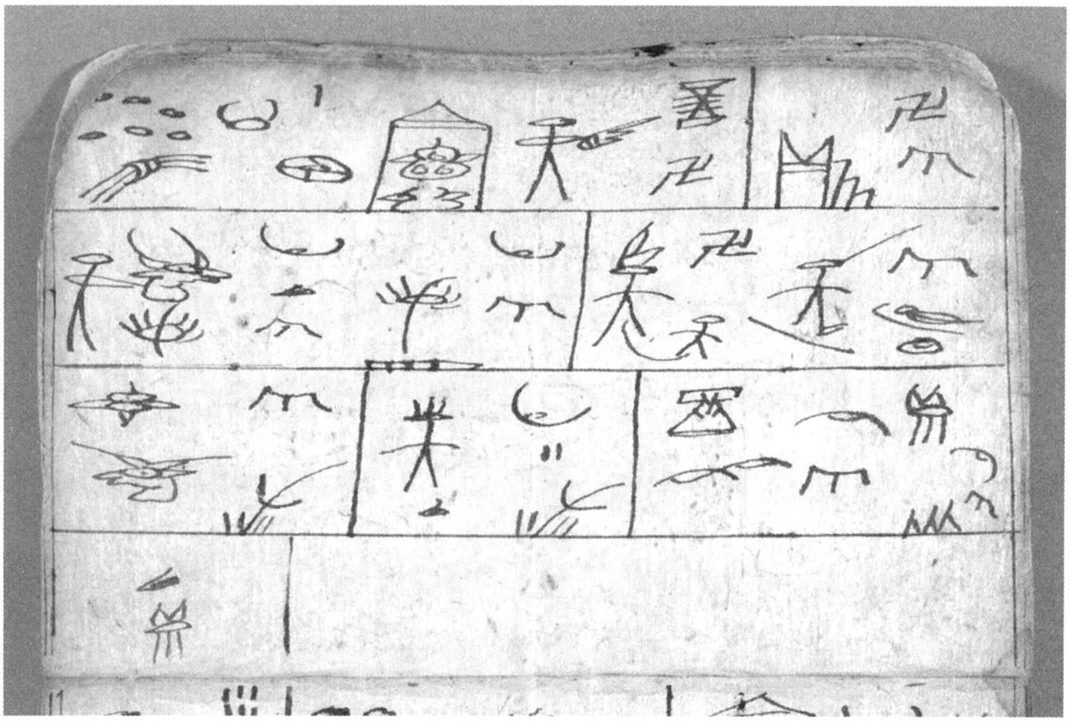

tʂhuɑ^{55} tsʅ^{21} khuɑ^{33} to^{55} dər^{33} dɯ^{33} n̡i^{33}: dʑi^{21} thy̩^{21} by̩^{33} tɯ^{21}, ɯ^{33}. ɯ^{33} lɑ^{21} be^{33}, ɯ^{33}. | dzʅ^{33}
创昌夸 上 轮 一 日 房 建 锅 安 吉 生意 做 吉 村

uə^{33} thy̩^{21}, kɑ^{33} nɯ^{21} ɯ^{33}. | o^{33} dze^{33} y^{21}, mə^{33} khuɑ^{21} mə^{33} kɑ^{33}. æ^{33} phy̩^{55} mə^{33} kɑ^{33}. | ə^{33} me^{33}
寨 建 好 和 吉 财 物 取 不 凶 不 吉 庄稼 撒 不 吉 母亲

ʐ̩ue^{55} tɕi^{33} hə^{21}, ɯ^{33}. ʐʅ^{33} dʑi^{33} bɯ^{33}, kɑ^{33}. khæ^{33} thy̩^{55}, kɑ^{33}. | nɯ^{21} o^{21} py^{21}, kɑ^{33}. | tshʅ^{21} khuɑ^{21}
婴 生 吉 路 行 去 吉 沟 挖 吉 生儿 育女 祭 吉 鬼 恶

py^{21} mə^{33} n̡i^{21}. | dʑi^{33} iə^{55}, mə^{33} kɑ^{33}, ky̩^{33} mu^{33} mə^{33} kɑ^{33}, khuɑ^{21} ky̩^{55}. |
祭 不 可 衣 赐 不 吉 身体 不 好 凶 会

创昌夸当值的日子：建房打灶安锅皆吉。做生意，吉。建村设寨，吉顺。取财物，不吉不凶。不宜撒种庄稼。母亲生小孩，吉。要出门远行，吉。挖沟引水，吉。做求嗣祈福的仪式，吉。不要祭恶鬼。不宜赐新衣，身体会不好，凶。

595-L-26-17

zo^{33}、ʂʅ^{33}、gv̩^{33}①. | tʂhuɑ^{55} tsʅ^{21} gv̩^{33} to^{55} dər^{33} dɯ^{33} ȵi^{33}: o^{33} dze^{33}, kɑ^{33}. | iə^{33} ko^{21} nɯ^{33} o^{33} dze^{33}
男 死 九 创昌古 上 轮 一 日 财 物 吉 家里 以 财 物

by^{21} thv̩^{55}, ɯ^{33}, o^{33} dze^{33} khv̩^{21} y^{21}, ɯ^{33}. | dʑi^{21} lo^{21} nɯ^{33} tshʅ^{21} khv̩^{21} dʐu^{33} ʐuɑ^{21} be^{33} mə^{33} ȵi^{21}. |
外 拿 吉 财 物 里 拿 吉 房 里 以 鬼 请 债 还 做 不 可

dʑi^{21} thv̩^{21}, ɯ^{33}. dzʅ^{33} uə^{33} tshʅ^{55}, ko^{55} tshʅ^{55}, ɯ^{33}. khæ^{33} thv̩^{55}, ɯ^{33}. ʂʅ^{33} khu^{33} tər^{55} py^{21} khuɑ^{21}. tshʅ^{21}
房 建 吉 村 寨 建 粮架 建 吉 沟 挖 吉 死 门 关 祭 凶 鬼

py^{21} mə^{33} ȵi^{21}. | miə^{21} ɕy^{21} to^{55} dər^{33} dɯ^{33} ȵi^{33}: tʂʅ^{21} nɯ^{21} o^{21} uə^{21} gv̩^{33}. | ɕi^{33} tʂhər^{33} me^{33} zʅ^{21}
祭 不 可 谬许 上 轮 一 日 五谷 和 俄神 似 他人 媳妇 娶

gə^{33} nɯ^{21} kho^{55} sæ^{33} thv̩^{55} ʂʅ^{33} dzʅ^{33} o^{33} khæ^{33} bɯ^{33} mə^{33} ȵi^{21}. | zʅ^{33} dʑi^{33} ɯ^{33}. mu^{21} tɯ^{33}
的 家畜 杀 血 出 肉 吃 骨 啃 去 不 可 路 行 吉 兵 起

创昌古当值的日子：有关财物的卦象为吉。宜进财出财，吉。不宜在家里进行请鬼向鬼还债的法仪。建房，吉。建村设寨，吉。竖粮架，吉。挖沟引水，吉。不要进行关死亡之门的法仪，凶。不要进行祭鬼的法仪。

谬许当值的日子：这是像五谷和俄②神一样的卦象。不要去娶媳妇的他人家里杀家畜放血吃肉啃骨头。出门远行，吉。起兵去

---

① 这三个东巴文字符无法连读成句，存疑。

② 俄，音译神名，似汉文化中的五谷神。又，此书中常有“像××一样的卦象”的说法，其喻义不明，暂直译，不再一一作注。

595-L-26-18

zɿ^{21} zər^{21}, ɯ^{33}. | sɿ^{55} khy̩^{21} ɯ^{33}. phər^{21} sæ^{21} gɑ^{33} u^{21} tʂhu^{55} pɑ^{33} be^{33}, ɯ^{33}. ə^{33} me^{33} ʐue^{55} tɕi^{33}
仇 压 吉 素神 请 吉 盘神 禅神 嘎神 吾神 供养 做 吉 母亲 婴 生

hə^{21}, ɯ^{33}. | tʂhər^{33} me^{33} zɿ^{21}, ɯ^{33}. | o^{33} dze^{33} iə^{33} ko^{21} y^{21}, kɑ^{33}. | o^{33} dze^{33} by^{21} thy̩^{55}, mə^{33}
吉 媳妇 娶 吉 财 物 家里 拿 吉 财 物 外 出 不

ɯ^{33}. | gu^{21} thy̩^{21} mə^{33} ȵi^{21}, mi^{33} nɯ^{33} ko^{33} ky̩^{55}. ɕi^{33} mu^{21} mɯ^{33} tsɿ^{21} tɯ^{33} dʑi^{55} mə^{33} ȵi^{21}. | ɕi^{33}
吉 仓 建 不 可 火 以 吞 会 人 尸 火葬场 烧 不 可 超度

ŋy̩^{55} mə^{33} ȵi^{21}. dʑi^{33} zɿ^{21}, khuɑ^{21}. | sɿ^{33} tho^{21} khuɑ^{33} to^{55} dər^{33} dɯ^{33} ȵi^{33}: ə^{33} me^{33} ʐue^{55} tɕi^{33} hə^{21}
死者 不 可 衣 缝 凶 司托夸 上 轮 一 日 母亲 婴 生

me^{33} dæ^{21} nɯ^{21} tʂhu^{21} ky̩^{55}. | o^{33} dze^{33} iə^{33} ko^{21} y^{21} mə^{33} ȵi^{21}. | dʑi^{21} thy̩^{21}, ɯ^{33}. tʂhər^{33} me^{33} ʂʅ^{55}
是 能干 和 快捷 会 财 物 家里 拿 不 可 房 建 吉 媳妇 新

zɿ^{21} mə^{33} ȵi^{21}, khuɑ^{21}, ʂʅ^{33} ky̩^{55}. | o^{33} dze^{33} y^{21}, ɯ^{33}. phər^{21} nɯ^{21} sæ^{21}
娶 不 可 凶 死 会 财 物 拿 吉 盘神 和 禅神

镇压仇敌，吉。宜举行请素神仪式，吉。宜供养盘神和禅神、嘎神和吾神，吉。母亲生小孩，吉。娶媳妇，吉。宜进财，吉。不宜把财物拿出去，不吉。不宜建仓，会遭火灾。不宜到火葬场去火化死者。不宜进行超度死者的法仪。不宜缝衣，凶。

司托夸当值的日子：母亲生小孩，小孩会成为能干且神速的人。不宜进财。起房盖屋，吉。不宜娶媳妇，会死。去取财物，吉。

595-L-26-19

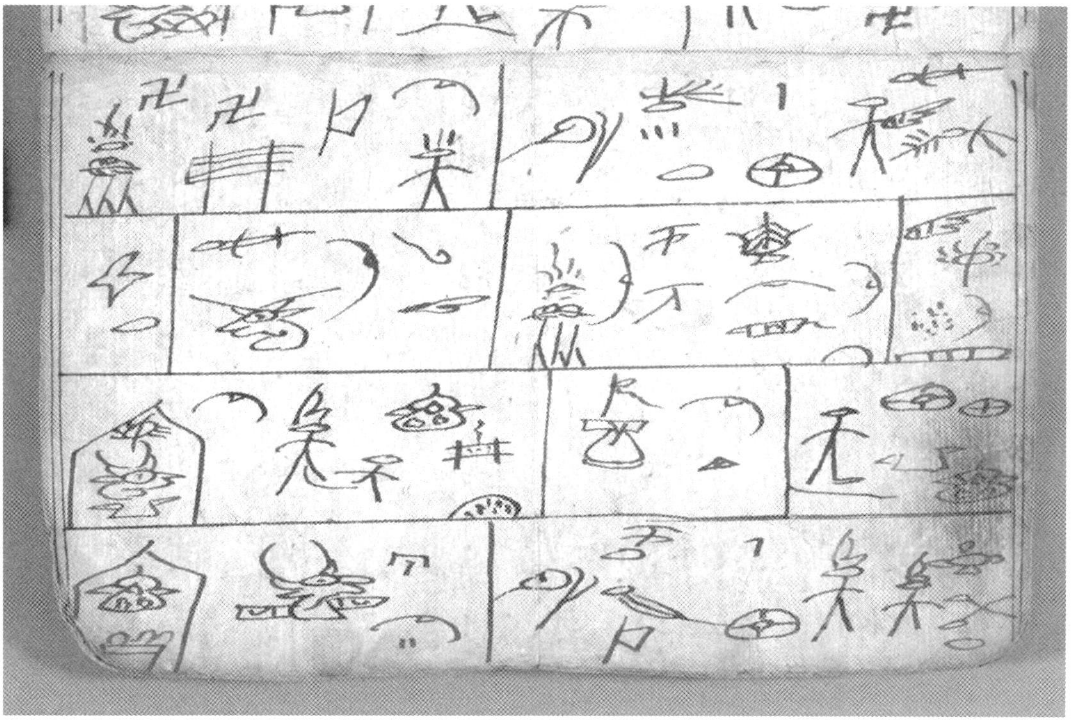

tʂhu^{55} pɑ^{33} be^{33}, ɯ^{33}. ko^{55} tshʅ^{55}, ɯ^{33}. khu^{33} tshʅ^{55} mə^{33} ȵi^{21}. | sʅ^{33} tho^{21} gv̩^{33} to^{55} dər^{33} dɯ^{33} ȵi^{33}: ə^{33}
供养 做 吉 粮架 建 吉 门 建 不 可 司托古 上 轮 一 日父亲

sʅ^{21} sy^{55} uə^{21} gv̩^{33}. | nɯ^{21} kho^{55} sæ^{33} thv̩^{55} ʂʅ^{33} hər^{55} be^{33} mə^{33} ȵi^{21}. | phər^{21} nɯ^{21} sæ^{21} tʂhu^{55} pɑ^{33}
杀 似 家畜 杀 血 出 肉 割 做 不 可 盘神 和 禅神 供养

be^{33} mə^{33} ȵi^{21}. sʅ^{55} khv̩^{21} mə^{33} ȵi^{21}, mə^{33} gv̩^{33}. | o^{33} dze^{33} ɯ^{33} lɑ^{21} be^{33} by^{33} mə^{33} dʑy^{33}. | o^{33} dze^{33}
做 不 可 素神 请 不 可 不 好 财 物 生意 做 利 没 有 财物

iə^{33} ko^{21} nɯ^{33} by^{21} thv̩^{55} mə^{33} ȵi^{21}. ə^{33} me^{33} ʐue^{55} tɕi^{33} hə^{21}, ɯ^{33}, o^{33} dze^{33} gu^{21} ʂər^{55} kv̩^{55}. | dʑi^{33} ʐʅ^{21}
家里 以 外 出 不 可 母亲 婴 生 吉 财 物 仓 满 会 衣 缝

mə^{33} ȵi^{21}, khuɑ^{21}. | ȵi^{33} me^{33} thv̩^{33}、ȵi^{33} me^{33} gv̩^{21} tɕy^{21} ʐʅ^{33} dʑi^{33}, ɯ^{33}. | iə^{33} ko^{21} tso^{33} thv̩^{21}, ɯ^{33}.
不 可 凶 东方 西方 方向 路 行 吉 家里 灶 建 吉

ɯ^{33} lɯ^{21} be^{33} mə^{33} ȵi^{21}. | kɯ^{33} phər^{21} dʑi^{21} khu^{33} to^{55} dər^{33} dɯ^{33} ȵi^{33}: mi^{55} dɯ^{21} mi^{55} tɕi^{55} uə^{21} gv̩^{33}.
牛 犁 做 不 可 庚盘吉孔 上 轮 一 日 女 大 女 小 似

供养盘神和禅神，吉。宜竖粮架，吉。不宜建门。

司托古当值的日子：这是似父亲被杀一样的卦象。不要去杀家畜放血切肉。不宜供养盘神和禅神。不宜进行请素神仪式，不吉。去做生意不会有利。不要把财物从家拿到外面去。母亲生小孩，吉，财物会满仓。不宜缝衣，凶。出门远行宜到东方和西方去，吉。在家里宜打灶，吉。不宜去犁田。

庚盘吉孔当值的日子：这是像大女儿和小女儿一样的卦象。

595-L-26-20

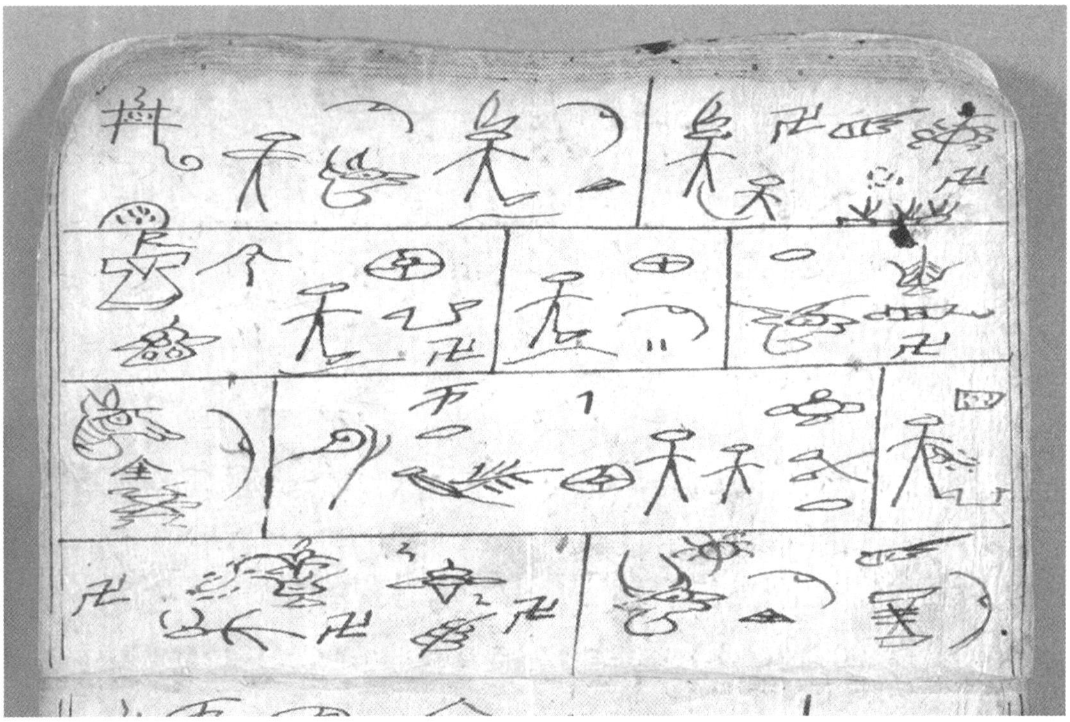

o^{33} dze^{33} gu^{21} ʂər^{55} me^{33} thæ^{33} i^{21} kv̩^{55}. khɯ^{33} ʂər^{21} ɕy^{33} dy^{55} bɯ^{33} mə^{33} ȵi^{21}. tʂhər^{33} me^{33} zɿ^{21} mə^{33}

财 物 仓 满 的 底 漏 会 狗 牵 兽 撵 去 不 可 媳妇 娶 不

ȵi^{21}, khuɑ^{21} kv̩^{55}. | ə^{33} me^{33} ʐue^{55} tɕi^{33} hə^{21}, ɯ^{33}. o^{33} dze^{33} ɯ^{33} lɑ^{21} be^{33}, by^{21} ɯ^{33}. | dʑi^{33} zʅ^{21},

可 凶 会 母亲 婴 生 吉 财 物 生意 做 利 好 衣 缝

ɯ^{33}. | ho^{33} gv̩^{33} lo^{21}、ȵi^{33}me^{33} thv̩^{33} tɕy^{21} zʅ^{33} dʑi^{33} bɯ^{33}, ɯ^{33}. | zʅ^{33} dʑi^{33} ȵi^{33} me^{33} gv̩^{21} tɕy^{21} bɯ^{33}

吉 北方 东方 方向 路 走 去 吉 路 行 西方 方向 去

mə^{33} ȵi^{21}. | y^{21} kv̩^{33} tse^{21} sɿ^{55} khv̩^{21}, ɯ^{33}. | ʐuɑ^{33} hæ^{21} mə^{33} ȵi^{21}. | kɯ^{33} phər^{21} dʑi^{21} mæ^{33} to^{55}

不 可 绵羊 头 用素神 请 吉 马 买 不 可 庚盘吉满 上

dər^{33} dɯ^{33} ȵi^{33}: zo^{33} dɯ^{21} zo^{33} tɕi^{55} uə^{21} gv̩^{33}. | nɯ^{33} sɿ^{33} me^{33} thv̩^{33}, | ɯ^{33}. tʂhər^{33} ɯ^{33} thɯ^{21}, ɯ^{33}.

轮 一 日 儿 大 儿 小 似 心 想 的 成 吉 药 喝 吉

nɯ^{21} ɕy^{33} o^{21} ɕy^{33} be^{33}, ɯ^{33}. | o^{33} dze^{33} y^{21} mə^{33} ȵi^{21}, khuɑ^{21}. ɯ^{33} lɑ^{21} be^{33} mə^{33} ȵi^{21}.

生儿 法仪 育女 法仪 做 吉 财 物 拿 不 可 凶 生意 做 不 可

满仓的财物会漏光。不可牵狗去撵山。不宜娶媳妇，凶。母亲生育，吉。去做生意，利好。宜缝衣，吉。出门宜到北方和东方方向去；不宜到西方去。用绵羊头作祭品进行请素神仪式，吉。不可买马。

庚盘吉满当值的日子：这似大儿和小儿一样的卦象。心想事成，吉。宜吃药，吉。宜做求嗣祈福的法仪，吉。不宜去取财物，凶。不可去做生意。

595-L-26-21

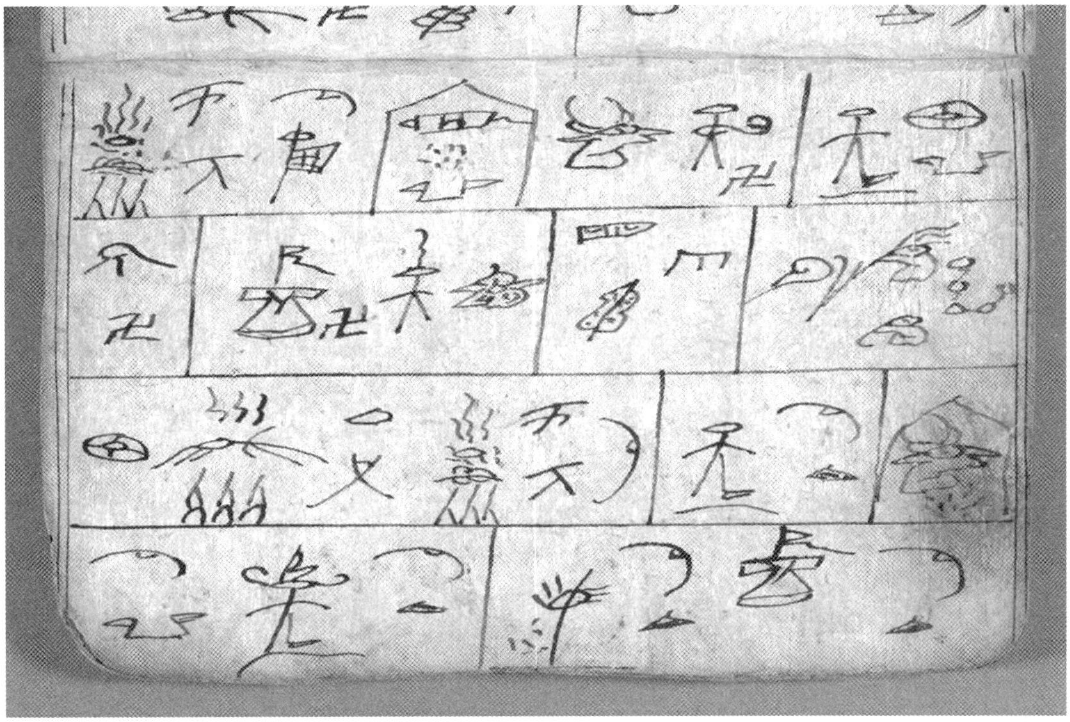

phər^{21} nɯ^{21} sæ^{21}、gɑ^{33} nɯ^{21} u^{21} tʂhu^{55} pɑ^{33} be^{33} mə^{33} ȵi^{21}. o^{33} dze^{33} khv̩^{21} nɯ^{33} by^{21} thv̩^{55} ɯ^{33} lɑ^{21}
盘神 和 禅神 嘎神 和 吾神 供养 做 不 可 财 物 家里 以 外 出 生意

be^{33}, ɯ^{33}. | ʐʅ^{33} dʑi^{33} ȵi^{33} me^{33} thv̩^{33}、| ho^{33} gv̩^{33} lo^{21} tɕy^{21} bɯ^{33}, ɯ^{33}. | dʑi^{33} ʐʅ^{21}, ɯ^{33}. zʅ^{33} ʂər^{21}
做 吉 路 行 东方 北方 方向 去 吉 衣 缝 吉 寿 长

ɕy^{33} be^{33}, ɯ^{33}. | lo^{21} ne^{33}、kɑ^{33}①. | fv̩^{33} kə^{55} to^{55} dər^{33} dɯ^{33} ȵi^{33}, mɯ^{33} tsʅ^{21} dv̩^{21} mu^{21} dʑi^{55} uə^{21}
法仪 做 吉 轭 天芯米 吉 夫构 上 轮 一 日 火化场 尸 烧 似

gv̩^{33} me^{55}. phər^{21} sæ^{21} tʂhu^{55} pɑ^{33} be^{33} mə^{33} ȵi^{21}. | ʐʅ^{33} dʑi^{33} bɯ^{33} mə^{33} ȵi^{21}, khuɑ^{21}. | iə^{33} ko^{21} o^{33}
的 盘神 禅神 供养 做 不 可 路 行 去 不 可 凶 家里 财

dze^{33} by^{21} thv̩^{55} mə^{33} ȵi^{21}. tʂhər^{33} me^{33} zʅ^{21} mə^{33} ȵi^{21}, khuɑ^{21}. | æ^{33} phv̩^{55} mə^{33} ȵi^{21}, khuɑ^{21}. dʑi^{33}
物 外 出 不 可 媳妇 娶 不 可 凶 庄稼 撒 不 可 凶 衣

ʐʅ^{21} mə^{33} ȵi^{21}, khuɑ^{21}.
缝 不 可 凶

不宜供养盘神和禅神、嘎神和吾神。宜把家里的财物拿到外面去做生意，吉。出门远行宜到东方和北方方向去，吉。宜缝衣，吉。做求寿的法仪，吉。

夫构当值的日子：这是似在火葬场里火化死者一样的卦象。不宜供养盘神和禅神。不

① 这三个东巴文字符无法连读成句，存疑。

宜出门远行，凶。不宜把家里的财物出让给外人。不宜娶媳妇，凶。不宜撒种庄稼，凶。不宜缝衣，凶。

595-L-26-22

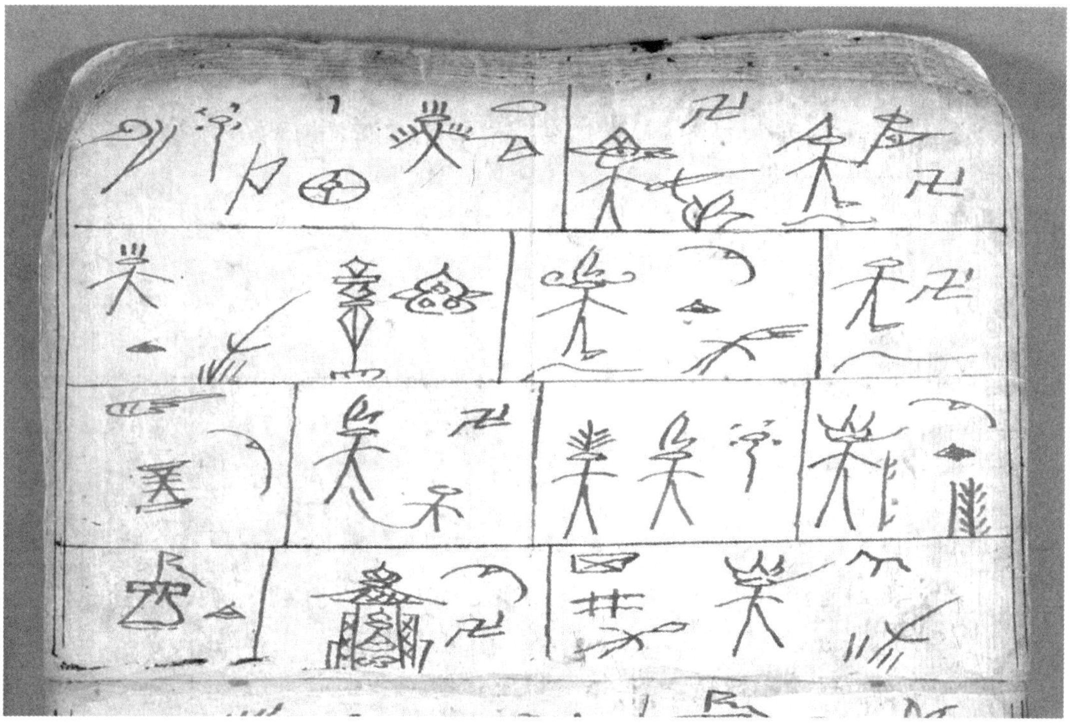

tshɿ^{21} khu^{33} to^{55} dər^{33} dɯ^{33} ȵi^{33}: mu^{33} be^{33} thɑ^{55} pu^{55} uə^{21} gv̩^{33}. ｜zɿ^{21} sy^{55} bɯ^{33}, ɯ^{33}. mu^{21} tɯ^{33}
楚孔 上 轮 一 日 猛鬼 斧 利 带 似 仇 杀 去 吉 兵 起

bɯ^{33}, ɯ^{33}. ｜tshɿ^{21} khuɑ^{21} py^{21}, ɯ^{33}. thɑ^{55} tshɿ^{55}, ɯ^{33}. ｜tʂhər^{33} me^{33} zɿ^{21} mə^{33} ȵi^{21}, khuɑ^{21}, ʂʅ^{33}
去 吉 鬼 恶 祭 吉 塔 建 吉 媳妇 娶 不 可 凶 死

kv̩^{55}. ｜ʐʅ^{33} ʥi^{33} bɯ^{33}, ɯ^{33}. ｜ɯ^{33} lɑ^{21} be^{33} mə^{33} ȵi^{21}. ｜ə^{33} me^{33} ʐue^{55} tɕi^{33} hə^{21}, ɯ^{33}. ｜ə^{33} sɿ^{21}
会 路 行 去 吉 生意 做 不 可 母亲 婴 生 吉 父亲

ə^{33} me^{33} tshɿ^{21} nɯ^{33} tshɿ^{21} kv̩^{55}. ｜py^{33} bv̩^{21} nɯ^{33} ɕi^{33} ŋv̩^{55} be^{33} mə^{33} ȵi^{21}, khuɑ^{21}. ｜ʥi^{33} ʐʅ^{21},
母亲 鬼 以 缠 会 祭司 以 超度死者 做 不 可 凶 衣 缝

khuɑ^{21}. ｜he^{21} ʥi^{21} ʂʅ^{55} tshɿ^{55} mə^{33} ɯ^{33}. ｜gu^{21} tshər^{33} me^{33} py^{33} bv̩^{21} nɯ^{33} py^{21}, kɑ^{33}.
凶 神 房 新 建 不 吉 病 发烧 的 祭司 以 祭 吉

楚孔当值的日子：这是猛鬼手握利斧一样的卦象。去镇压仇敌，吉。宜起兵，吉。宜进行祭恶鬼法仪，吉。建塔，吉。不宜娶媳妇，凶，会死。宜出门远行，吉。不宜做生意。母亲生育，吉。鬼会作祟于父亲母亲。不宜由东巴祭司举行超度死者的仪式，凶。不宜缝衣，凶。不宜建造新神房，不吉。生病发烧，由东巴祭司作法仪祛病，吉。

595-L-26-23

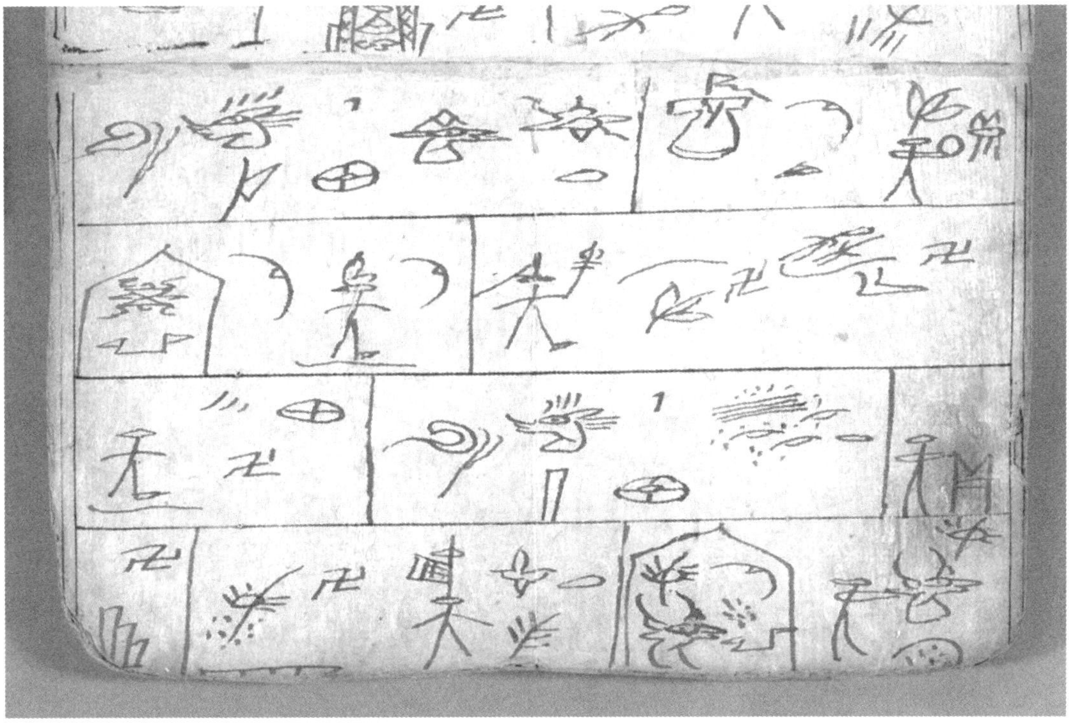

bu^{21} khu^{33} to^{55} dər^{33} dɯ^{33} ȵi^{33}: be^{55} tshɿ^{21} zɿ^{33} o^{21} tshi^{21} uə^{21} gv̩^{33}. | dʑi^{33} zʅ^{21} mə^{33} ȵi^{21}, khuɑ^{21}.
布孔 上 轮 一 日 人 卦象 似 衣 缝 不 可 凶

zɿ^{21} nɯ^{33} zɿ^{21} lɯ^{33} kv̩^{55}. | dʑi^{21} ʂʅ^{55} thv̩^{21} mə^{33} ȵi^{21}. tʂhər^{33} me^{33} zɿ^{21} mə^{33} ȵi^{21}. | mu^{21} tɯ^{33} zɿ^{21}
仇 以 拿 来 会 房 新 建 不 可 媳妇 娶 不 可 兵 起 仇

zər^{21} bɯ^{33}, ɯ^{33}. to^{55} khɯ^{55}, ɯ^{33}. | zʅ^{33} dʑi^{33} i^{33} tʂhʅ^{33} mu^{21}、ȵi^{33} me^{33} gv̩^{21} tɕy^{21} bɯ^{33}, ɯ^{33}. | bu^{21}
压 去 吉 消灾仪式 吉 路 行 南方 西方 方向 去 吉 布铎

to^{55} to^{55} dər^{33} dɯ^{33} ȵi^{33}: hər^{33} thv̩^{33} tshe^{55} phv̩^{55} uə^{21} gv̩^{33}. | dzɿ^{33} uə^{33} tshɿ^{55}, ɯ^{33}. | æ^{33} phv̩^{55}, ɯ^{33}.
上 轮 一 日 风 起 叶 撒 似 村 寨 建 吉 庄稼 撒 吉

gɑ^{33} zo^{33} nɯ^{33} zɿ^{21} sɿ^{33} phe^{33} sy^{55} uə^{21} gv̩^{33}. | iə^{33} ko^{21} o^{33} dze^{33} by^{21} thv̩^{55} mə^{33} ȵi^{21}. o^{33} dze^{33} y^{21}
嘎神 男 以 仇 首领 杀 似 家里 财 物 外 出 不 可 财 物 拿

布孔当值的日子：这似人一样的卦象。不宜缝衣，凶。仇人会来抢物。不宜建新房。不宜娶媳妇。起兵去杀仇敌，吉。宜进行放替身消灾的法仪，吉。出门远行宜到南方和西方方向去，吉。

布铎当值的日子：这似风吹落叶一样的卦象。建村设寨，吉。宜撒种庄稼，吉。似常胜的男子杀仇人的首领。家里的财物不宜出让卖掉。宜取财物，

595-L-26-24

ɯ^{33}. ｜mu^{21} tɯ^{33} zɿ^{21} zər^{21} bɯ^{33}, ɯ^{33}. sɿ^{55} khv̩^{21} o^{21} me^{55}, ɯ^{33}. ｜zʅ^{33} dʑi^{33} ho^{33} gv̩^{33} lo^{21}、i^{33} tʂhʅ^{33}

吉 兵 起 仇 压 去 吉 素神 请 俄神 求 吉 路 行 北方 南方

mu^{21} tɕy^{21} bɯ^{33}, ɯ^{33}. ｜dʑi^{33} zʅ^{21} mə^{33} ȵi^{21}, khuɑ^{21}. ｜ə^{33} me^{33} zʅue^{55} tɕi^{33} hə^{21}, ɯ^{33}. khæ^{33} thv̩^{55} dʑi^{21}

方向 去 吉 衣 缝 不 可 凶 母亲 婴 生 吉 沟 挖 水

ʂʅ^{21}, ɯ^{33}. ｜iə^{33} ko^{21} tʂʅ^{21} nɯ^{21} o^{21} ʂər^{55} kv̩^{55}. ｜bu^{21} mɑ^{55} to^{55} dər^{33} dɯ^{33} ȵi^{33}: zo^{33} dæ^{21} gu^{21} tʂhu^{21}

引 吉 家里 五谷 和 俄神 满 会 布冒 上 轮 一 日 男 能干 马 快

uə^{21} gv̩^{33}. ｜phər^{21} nɯ^{21} sæ^{21}、gɑ^{33} nɯ^{21} u^{21} tʂhu^{55} pɑ^{33} be^{33}, ɯ^{33}. dʑi^{33} zʅ^{21} ɯ^{33}, tv̩^{33} tv̩^{21} kɯ^{33} kɯ^{21}

似 盘神 和 禅神 嘎神 和 吾神 供养 做 吉 衣 缝 吉 千 千 万 万

ɯ^{33}. ｜ə^{33} me^{33} zʅue^{55} tɕi^{33} hə^{21}, ɯ^{33}. ｜dzɿ^{21} bu^{21} tʂu^{55} o^{21} tshi^{21} uɑ^{21} me^{55}. o^{33} dze^{33} y^{21}, ɯ^{33}. ｜

吉 母亲 婴 生 吉 夫 妻 结 卦象 是 的 财 物 拿 吉

zʅuɑ^{33} dzæ^{33}, ɯ^{33}.

马 骑 吉

吉。起兵去杀仇敌，吉。请素神，祭俄神，吉。出门远行宜到北方和南方方向去。不宜缝衣，凶。母亲生育，吉。宜挖沟引水，吉。五谷和俄神会满仓。

布冒当值的日子：是似能干的男子和骏马一样的卦象。宜供养盘神和禅神、嘎神和吾神，吉。宜缝衣，为千吉万吉。母亲生育，吉。是宜结亲娶妻的卦象。宜取财进财，吉。骑马，吉。

595-L-26-25

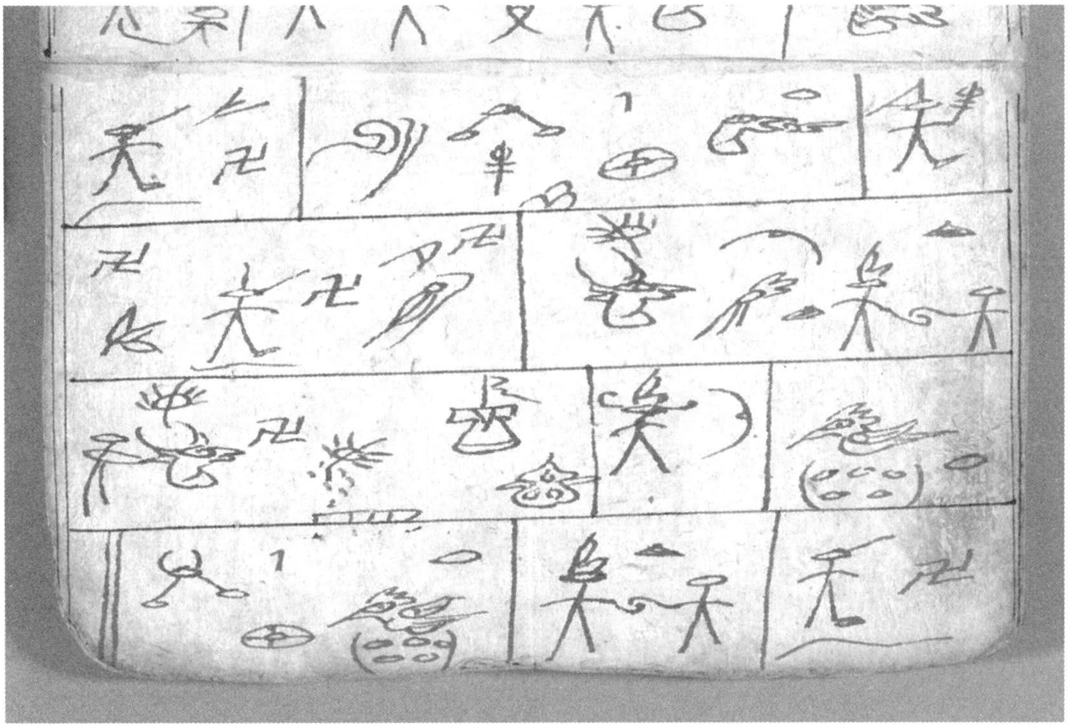

ʐʅ^{33} ʥi^{33} i^{33} tʂhʅ^{33} mu^{21} tɕy^{21} bɯ^{33}, ɯ^{33}. ｜zy^{21} ly^{55} pv̩^{33} to^{55} dər^{33} dɯ^{33} ȵi^{33}: uə^{21} nɯ^{33} ʂʅ^{33} dzɿ^{33} uə^{21}
路 行 南方 方向 去 吉 蕊鲁补 上 轮 一 日 鹰 以 肉 吃 似

gv̩^{33}. ｜mu^{21} tɯ^{33} zɿ^{21} zər^{21} bɯ^{33}, ɯ^{33}. ｜ʐʅ^{33} ʥi^{33} bɯ^{33}, ɯ^{33}. khæ^{33} thv̩^{55} ʥi^{21} ʂʅ^{21}, ɯ^{33}. ｜o^{33} dze^{33}
兵 起 仇 压 去 吉 路 行 去 吉 沟 挖 水 引 吉 财 物

ɕi^{33} ku^{21} mə^{33} ȵi^{21}, khuɑ^{21}. zo^{33} nɯ^{21} mi^{55} dzɿ^{21} bu^{21} tʂu^{55}, khuɑ^{21}.o^{33} dze^{33} y^{21}, ɯ^{33}. æ^{33} phv̩^{55}, ɯ^{33}.
他人 递 不 可 凶 男 和 女 夫 妻 结 凶 财 物 拿 吉 庄稼 撒 吉

ʥi^{33} ʐʅ^{21}, ɯ^{33}. ｜tʂhər^{33} me^{33} zɿ^{21} mə^{33} ȵi^{21}. ｜æ^{21} me^{33} bv̩^{21} sɿ^{55} khɯ^{55} uə^{21} gv̩^{33}. ｜zy^{21} khuɑ^{33}
衣 缝 吉 媳妇 娶 不 可 母鸡 抱小鸡 似 蕊夸

to^{55} dər^{33} dɯ^{33} ȵi^{33}: æ^{21} me^{33} bv̩^{21} sɿ^{55} khɯ^{55} uə^{21} gv̩^{33}. ｜dzɿ^{21} bu^{21} tʂu^{55}, khuɑ^{21}. ｜ʐʅ^{33} ʥi^{33} bɯ^{33},
上 轮 一 日 母鸡 抱小鸡 似 夫 妻 结 凶 路 行 去

ɯ^{33}.
吉

出门远行宜到南方去，吉。

蕊鲁补当值的日子：这是鹰吃肉一样的卦象。起兵去杀仇敌，吉。出门远行，吉。挖沟引水，吉。不可把财物递给他人，凶。不宜相亲结亲，凶。宜取财进财，吉。撒种庄稼，吉。宜缝衣，吉。不宜娶媳妇。是像母鸡抱小鸡一样①。

① 此句隐喻义不明，存疑。

蕊夸当值的日子：是像母鸡抱小鸡一样的卦象。相亲结亲，凶。出门远行，吉。

595-L-26-26

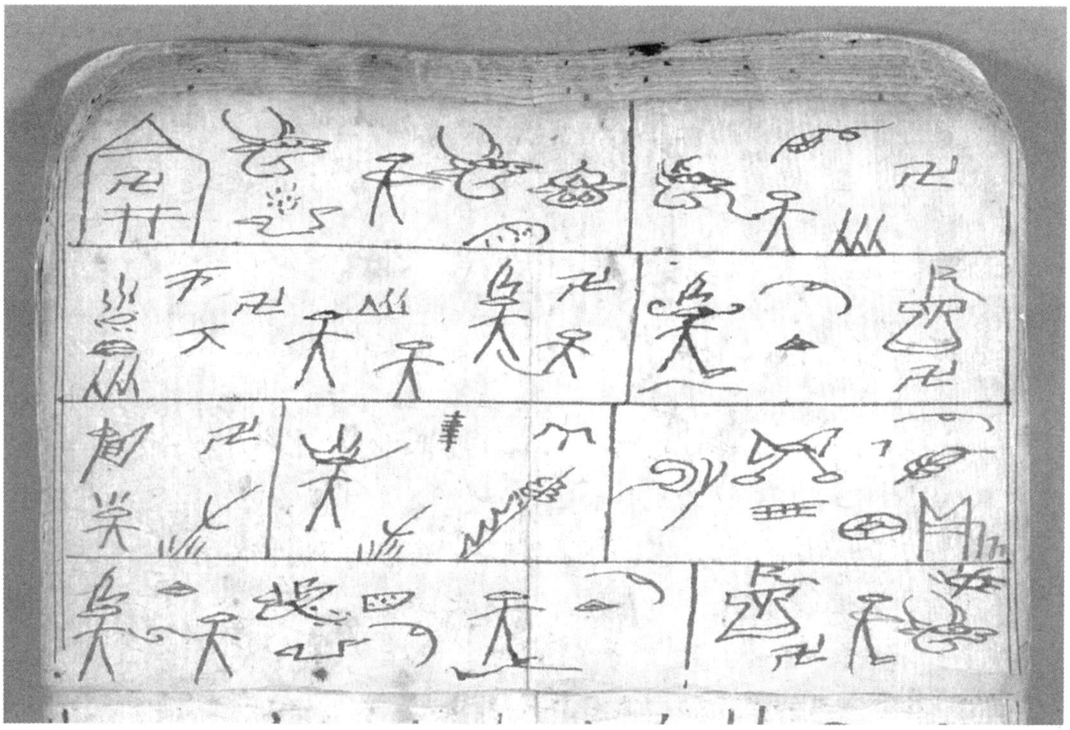

gu^{21} thʮ^{21}, ɯ^{33}. o^{33} dze^{33} by^{21} thʮ^{55}、o^{33} dze^{33} y^{21}, ɯ^{33}. ｜khɯ^{33} ʂər^{21} tɕy^{21} khɯ^{55} tɕhi^{21} tshɿ^{55} bɯ^{33},
仓 建 吉 财 物 外 出 财 物 拿 吉 狗 牵 扣子 下 签 插 去

ɯ^{33}. ｜phər^{21} sæ^{21} tʂhu^{55} pɑ^{33} be^{33}, ɯ^{33}. zo^{33}、mi^{33}、zo^{33}①. ə^{33} me^{33} ʐue^{55} tɕi^{33} hə^{21}, ɯ^{33}. ｜tʂhər^{33}
吉 盘神 禅神 供养 做 吉 男 火 男 母亲 婴 生 吉 媳妇

me^{33} zɿ^{21} mə^{33} ȵi^{21}, khuɑ^{21}. dʑi^{33} zʅ^{21}, ɯ^{33}. ｜gɑ^{33} pɑ^{55} tshɿ^{55} gɑ^{33} py^{21}, ɯ^{33}. ｜py^{33} bʮ^{21} nɯ^{33} zɿ^{33}
娶 不 可 凶 衣 缝 吉 嘎神 标杆 立 嘎神 祭 吉 祭司 以

tʂu^{55} py^{21}, kɑ^{33}. ｜zy^{21} he^{33} to^{55} dər^{33} dɯ^{33} ȵi^{33}: dzɿ^{33} uə^{33} ɕy^{33} be^{33} mə^{33} ȵi^{21}. ｜dzɿ^{21} bu^{21} tʂu^{55},
延寿仪式 吉 蕊亨 上 轮 一 日 村 寨 法仪 做 不 可 夫 妻 结

khuɑ^{21}. nɯ^{33} sɿ^{33} mə^{33} thʮ^{33}. zʅ^{33} dʑi^{33} mə^{33} ȵi^{21}, khuɑ^{21}. ｜dʑi^{33} zʅ^{21}, ɯ^{33}. o^{33} dze^{33} y^{21}, ɯ^{33}.
凶 心 想 不 成 路 行 不 可 凶 衣 缝 吉 财 物 拿 吉

宜建仓，吉。宜把财物出让给外人，亦宜取财进财，吉。牵狗撵山、下扣、插签，吉。供养盘神和禅神，吉。母亲生育，吉。不宜娶媳妇，凶。缝衣，吉。立嘎神神标以祭嘎神，吉。由东巴祭司主持进行延寿仪式，吉。

蕊亨当值的日子：不宜进行祭村寨神的仪式。不宜相亲结亲，凶。心想事不成。不宜出门远行，凶。宜缝衣，吉。宜取财进财，吉。

---

① 这三个东巴文字符无法连读成句，存疑。

595-L-26-27

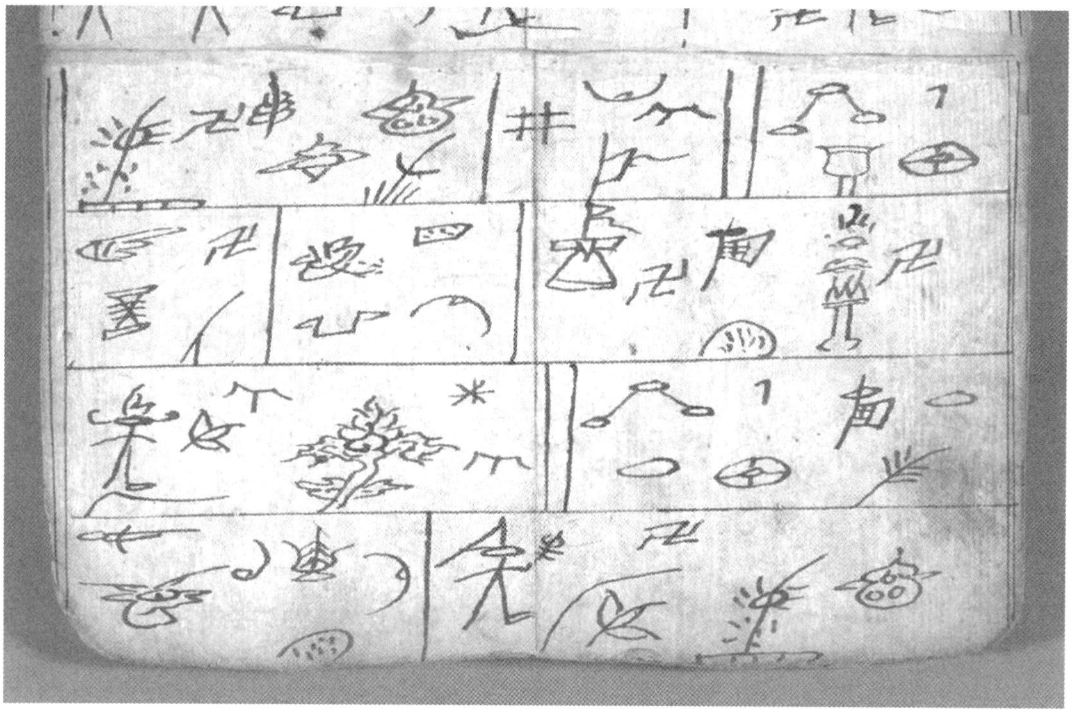

æ^{33} phy̩^{55}, ɯ^{33}. nɯ^{21} ɕy^{33} o^{21} ɕy^{33} py^{21}, ɯ^{33}. | gu^{21} khu^{33} phu^{33} mə^{33} kɑ^{33}. | zy^{21} tɕər^{33} to^{55}

庄稼 撒 吉 生儿 法事 育女 法事 祭 吉 仓 门 开 不 吉 蕊江 上

dər^{33} dɯ^{33} ȵi^{33}: ɯ^{33} lɑ^{21} be^{33} tɕhi^{33} tɕhi^{33} hæ^{33} hæ^{21}, ɯ^{33}. | nɯ^{33} sɿ^{33} mə^{33} thy̩^{33}. | dʑi^{33} zʅ^{21}, ɯ^{33}.

轮 一 日 生意 做 卖 卖 买 买 吉 心 想 不 成 衣 缝 吉

gɑ^{33} nɯ^{21} u^{21} tʂhu^{55} pɑ^{33} be^{33}, ɯ^{33}. | tʂhər^{33} me^{33} zɿ^{21}, kɑ^{33},dzər^{21} ky̩^{33} bɑ^{21} bɑ^{21} uə^{21} ty̩^{33} sy^{21} be^{33}

嘎神和 吾神 供养 做 吉 媳妇 娶 吉 树 上 花开 似 千 样 皆

kɑ^{33}. | zy^{21} gy̩^{33} to^{55} dər^{33} dɯ^{33} ȵi^{33}: gɑ^{33} pɑ^{55} uə^{21} gy̩^{33}. | y^{21} kho^{55} sæ^{33} thy̩^{55} sɿ^{55} khy̩^{21} o^{21}

吉 蕊古 上 轮 一 日 嘎神 标 似 绵羊 杀 血 出 素神 请 俄神

me^{55} be^{33} mə^{33} ȵi^{21}. | mu^{21} tɯ^{33} zɿ^{21} zər^{21} bɯ^{33}, ɯ^{33}. æ^{33} phy̩^{55}, ɯ^{33}.

求 做 不 可 兵 起 仇 压 去 吉 庄稼 撒 吉

撒种庄稼，吉。宜进行求嗣祈福的仪式，吉。不宜开仓门，不吉。

蕊江当值的日子：买卖做生意，吉。心想事不成。缝衣，吉。供养嘎神和吾神，吉。宜娶媳妇，吉，似树上开花一样千般吉。

蕊古当值的日子，像竖嘎神标似的卦象。不可宰杀绵羊出血来作请素神和俄神的仪式。起兵镇压仇敌，吉。撒种庄稼，吉。

595-L-26-28

o^{33} dze^{33} y^{21}, ɯ^{33}. ｜tʂ̺hər^{33} me^{33} zɿ^{21} mə^{33} ȵi^{21}, khuɑ^{21}. ʥi^{33} zʅ^{21} mə^{33} ȵi^{21}, khuɑ^{21}. ｜dzər^{21} tv̩^{21},
财 物 拿 吉 媳妇 娶 不 可 凶 衣 缝 不 可 凶 树 种

kɑ^{33}. ｜zy^{21} dv̩^{21} to^{55} dər^{33} dɯ^{33} ȵi^{33}: ʂʅ^{21} ko^{55} sæ^{33} ko^{55} uə^{21} gv̩^{33}. he^{21} nɯ^{21} tshɿ^{21} ɯ^{33} lɑ^{21} be^{33}、
吉 蕊督 上 轮 一 日 肉 架 血 架 似 神 和 鬼 生意 做

dzɿ^{21} bu^{21} tʂ̺u^{55} uə^{21} gv̩^{33}. ｜nɯ^{21} kho^{55} nɯ^{21} sy^{55} mə^{33} ȵi^{21}. tshɿ^{21} py^{21} mə^{33} ȵi^{21}, khuɑ^{21}. ｜o^{33}
夫 妻 结 似 家畜 宰 家畜 杀 不 可 鬼 祭 不 可 凶 财

dze^{33} y^{21} mə^{33} ȵi^{21}, khuɑ^{21}. tʂ̺hər^{33} me^{33} zɿ^{21} mə^{33} ȵi^{21}, khuɑ^{21}. ｜ʥi^{33} zʅ^{21} mə^{33} ȵi^{33}, khuɑ^{21}, ｜ʂʅ^{33}
物 拿 不 可 凶 媳妇 娶 不 可 凶 衣 缝 不 可 凶 死

kv̩^{55}. ｜ɯ^{33} lɯ^{21}, kɑ^{55} me^{55}. ｜zy^{21} bɑ^{21} to^{55} dər^{33} dɯ^{33} ȵi^{33}: hɯ^{55} ʥi^{21} ʂ̺ər^{55} uə^{21} gv̩^{33}.
会 牛 犁 吉 的 蕊巴 上 轮 一 日 海 水 满 似

宜取财进财，吉。不宜娶媳妇，凶。不宜缝衣，凶。宜种树，吉。

蕊督当值的日子：这是像挂肉和血的粮架一样的卦象；又似神和鬼之间做生意，神鬼结亲一样的卦象。不宜宰杀家畜。不宜进行祭鬼的法仪，凶。不宜取财进财，凶。不宜娶媳妇，凶。不宜缝衣，凶，会死。犁田耕地，吉。

蕊巴当值的日子：这是似海水满荡的卦象。

595-L-26-29

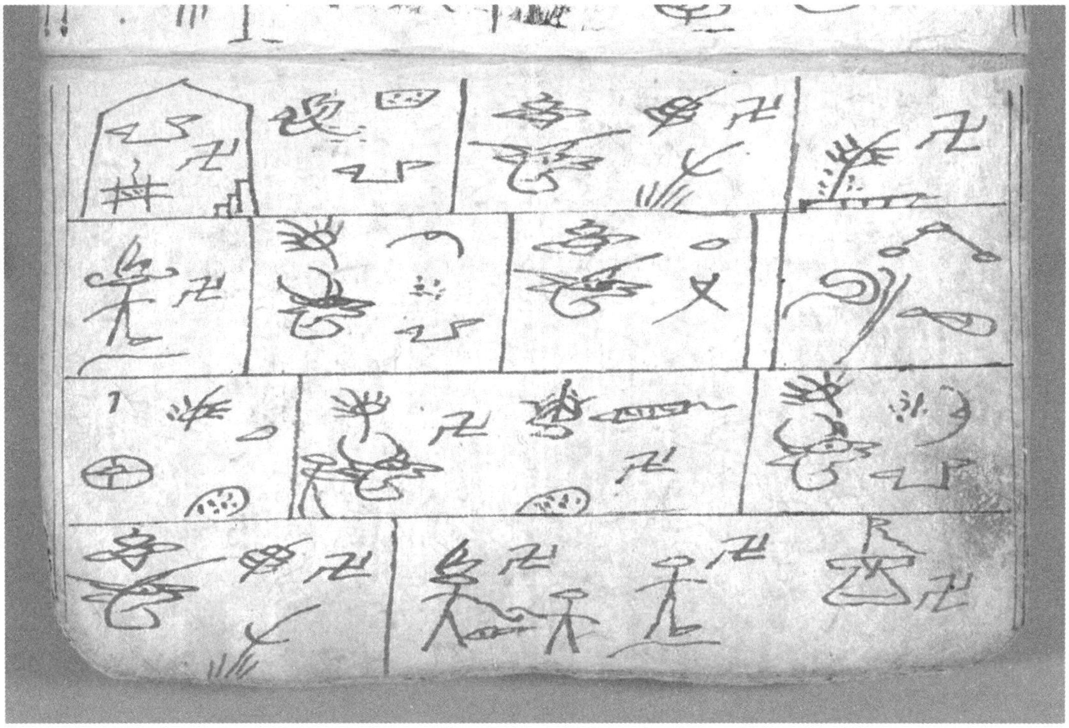

dʑi^{21} tshɿ^{55}、gu^{21} thv̩^{21}、dzɿ^{33} uə^{33} tshɿ^{55}, ɯ^{33}. nɯ^{33} sɿ^{33} me^{33} thv̩^{33}. | nɯ^{21} ɕy^{33} o^{21} ɕy^{33} py^{21},
房 建 仓 建 村 寨 建 吉 心 想 的 成 生儿 法仪 育女 法仪 祭

ɯ^{33}. | æ^{33} phv̩^{55}, ɯ^{33}. | tʂhər^{33} me^{33} zɿ^{21}, ɯ^{33}. | o^{33} dze^{33} by^{21} thv̩^{55} mə^{33} ȵi^{21}. | nɯ^{21} nɯ^{21} o^{21}
吉 庄稼 撒 吉 媳妇 娶 吉 财 物 外 出 不 可 生儿 和育女

uə^{21} gv̩^{33} me^{55}. | zy^{21} tshi^{21} to^{55} dər^{33} dɯ^{33} ȵi^{33}: tʂʅ^{21} nɯ^{21} o^{21} uə^{21} gv̩^{33}. | o^{33} dze^{33} y^{21}, ɯ^{33}. sɿ^{55}
似 的 蕊齐 上 轮 一 天 五谷 和俄神 似 财 物 拿 吉 素神

khv̩^{55} o^{21} me^{55}, ɯ^{33}. | o^{33} dze^{33} by^{21} thv̩^{55} mə^{33} ȵi^{21}. | nɯ^{21} ɕy^{33} o^{21} ɕy^{33} py^{21}, ɯ^{33}. | dzɿ^{21}
请 俄神 求 吉 财 物 外 出 不 可 生儿 法仪 育女法仪 祭 吉 夫

bu^{21} tʂu^{55}, ɯ^{33}. zʅ^{33} dʑi^{33} bɯ^{33}, ɯ^{33}. dʑi^{33} zʅ^{21}, ɯ^{33}.
妻 结 吉 路 行 去 吉 衣 缝 吉

宜起房盖屋、宜建仓，宜建村设寨，吉。心想事成。宜举行求嗣祈福的法仪，吉。宜撒种庄稼，吉。宜娶媳妇，吉。不可出让财物。似生儿育女一样①。

蕊齐当值的日子：这是像五谷和俄神一样的卦象。宜取财进财，吉。宜举行请素神仪式和求俄神的法仪，吉。不宜出让财物给外人。宜举行求嗣祈福的仪式，吉。宜相亲结亲，吉。宜出门远行，吉。宜缝衣，吉。

① 此句隐喻义不明，存疑。

595-L-26-30

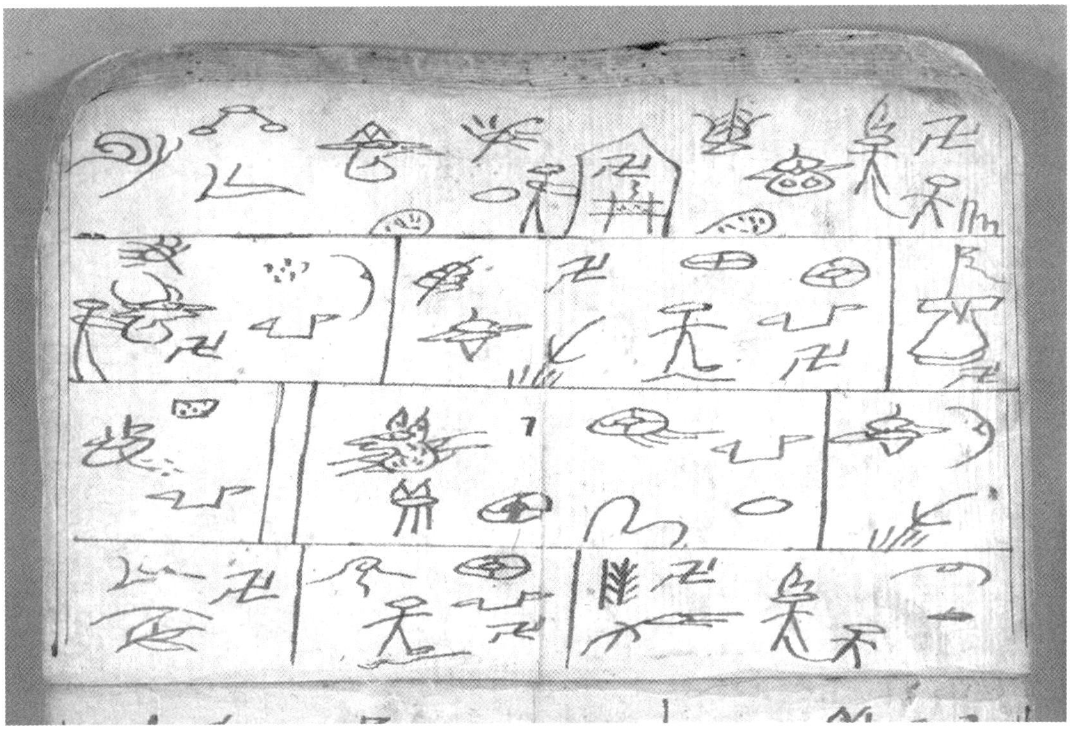

zy^{21} bə^{33} to^{55} dər^{33} dɯ^{33} ȵi^{33}: be^{55} tshʅ^{21} zɿ^{33}、tʂʅ^{21} nɯ^{21} o^{21} uə^{21} gv̩^{33}. dʑi^{21} tshʅ^{55} gu^{21} thv̩^{21}, ɯ^{33}.
蕊崩 上 轮 一日 人 五谷 和俄神 似 房 建 仓 建 吉

sɿ^{55} khv̩^{21} o^{21} me^{55}, ɯ^{33}. ə^{33} me^{33} ʐue^{55} tɕi^{33} hə^{21}, ɯ^{33}. dzɿ^{33} uə^{33} tshʅ^{55}, ɯ^{33}. | o^{33} dze^{33} y^{21} ɯ^{33}, o^{33}
素神 请 俄神 求 吉 母亲 婴 生 吉 村 寨 建 吉 财 物 拿 吉 财

dze^{33} by^{21} thv̩^{55} mə^{33} ȵi^{21}. | nɯ^{21} ɕy^{33} o^{21} ɕy^{33} py^{21}, ɯ^{33}. ȵi^{33} me^{33} gv̩^{21}、ȵi^{33} me^{33} thv̩^{33} tɕy^{21}
物 外 出 不 可 生儿 法仪 育女 法仪 祭 吉 西方 东方 方向

ʐʅ^{33} dʑi^{33}, ɯ^{33}. | dʑi^{33} ʐʅ^{21}, ɯ^{33}. | nɯ^{33} sɿ^{33} me^{33} thv̩^{33}. | py^{33} bu^{21} kv̩^{33} to^{55} dər^{33} dɯ^{33} ȵi^{33}: ȵi^{33}
路 行 吉 衣 缝 吉 心 想 的 成 本补古 上 轮 一 日 太阳

me^{33} bu^{21} kv̩^{33} gə^{21} le^{33} thv̩^{33} uə^{21} gv̩^{33}. | nɯ^{21} ɕy^{33} o^{21} ɕy^{33} py^{21} mə^{33} ȵi^{21}. | zɿ^{21} zər^{21}
坡 上 往上又 出 似 生儿 法仪 育女 法仪 祭 不 可 仇 压

bɯ^{33}, ɯ^{33}. | ʐʅ^{33} dʑi^{33} ho^{33} gv̩^{33} lo^{21}、ȵi^{33} me^{33} thv̩^{33} tɕy^{21} bɯ^{33}, ɯ^{33}. | ɕi^{33} ŋv̩^{55}, ɯ^{33}. ə^{33} me^{33} ʐue^{55}
去 吉 路 行 北方 东方 方向 去 吉 超度死者 吉 母亲 婴

tɕi^{33} hə^{21}, mə^{33} kɑ^{33}, khuɑ^{21}.
生 不 吉 凶

蕊崩当值的日子：是像人、五谷和俄神一样的卦象。宜起房建仓，吉。举行请素神、向俄神求丰收的仪式，吉。母亲生育，吉。宜建村设寨，吉。宜取财进财，不宜把财物出让给外人。宜举行求嗣祈福的法仪，吉。出门远行宜到西方和东方方向去，吉。宜缝衣，吉。

心想事成。

本补古当值的日子：是似太阳从山坡上升起一样的卦象。不要举行求嗣祈福的仪式。去镇压仇敌，吉。出门远行宜到北方和东方方向去，吉。宜进行超度死者仪式，吉。母亲生育，不吉，凶。

595-L-26-31

mu^{21} tɯ^{33} bɯ^{33}, ɯ^{33}. dʑi^{33} zʅ^{21}, ɯ^{33}. dzɿ^{33} uə^{33} tshɿ^{55}, ɯ^{33}. | py^{33} bu^{21} mæ^{33} to^{55} dər^{33} dɯ^{33} ȵi^{33}: |
兵　起　去　吉　衣　缝　吉　村　寨　建　吉　本补满　上　轮　一　日

ȵi^{33} me^{33} khɯ^{33} phər^{21} thy̩^{33} uə^{21} gy̩^{33}. | ʐuɑ^{33} tɕhi^{33} ʐuɑ^{33} hæ^{21} ɯ^{33} lɑ^{21} be^{33}, ɯ^{33}. | zʅ^{33} dʑi^{33} bɯ^{33}
太阳　脚　白　出　似　马　卖　马　买　生意　做　吉　路　行　去

mə^{33} ȵi^{21}. dʑi^{33} zʅ^{21} mə^{33} ȵi^{21}. | tshɿ^{21} khuɑ^{21} py^{21}, ɯ^{33}. | ʐuɑ^{33} tse^{55} to^{55} dər^{33} dɯ^{33} ȵi^{33}: ȵi^{33} me^{33}
不　可　衣　缝　不　可　鬼　恶　祭　吉　柔正　上　轮　一　日　太阳

khɯ^{33} phər^{21} thy̩^{33} uə^{21} gy̩^{33}. | ɯ^{33} ʐuɑ^{33} tɕhi^{33} tɕhi^{21} hæ^{33} hæ^{21}, ɯ^{33}. ə^{33} me^{33} ʐue^{55} tɕi^{33} hə^{21},
脚　白　出　似　牛　马　卖　卖　买　买　吉　母亲　婴　生

ɯ^{33}. | zʅ^{33} dʑi^{33} bɯ^{33}, ɯ^{33}. khæ^{33} thy̩^{55} dʑi^{21} ʂʅ^{21}, ɯ^{33}. tʂhər^{33} me^{33} zɿ^{21}, ɯ^{33}.
吉　路　行　去　吉　沟　挖　水　引　吉　媳妇　娶　吉

宜起兵，吉。宜缝衣，吉。宜建村设寨，吉。

本补满当值的日子：这是似太阳射出白光一样的卦象。做买卖马匹生意，吉。不宜出门远行。不宜缝衣。祭恶鬼，吉。

柔正当值的日子：这是似太阳射出白光一样的卦象。做买卖牛马的生意，吉。母亲生育，吉。出门远行，吉。宜挖沟引水，吉。宜娶媳妇，吉。

595-L-26-32

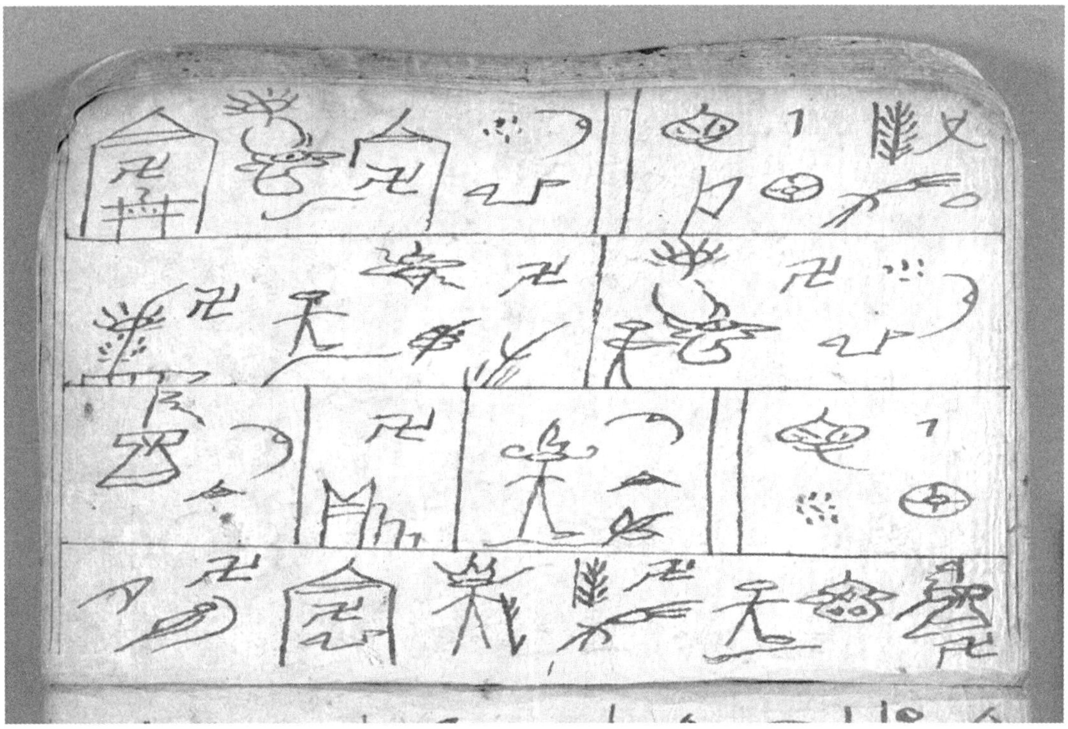

dʑi^{21} tshʅ^{55} gu^{21} thv̩^{21}, ɯ^{33}. o^{33} dze^{33} iə^{33} ko^{21} pu^{55}, ɯ^{33}; by^{21} thv̩^{55} mə^{33} ȵi^{21}. | pɑ^{33} khu^{33} to^{55} dər^{33}
房 建 仓 建 吉 财 物 家里 带 吉 外 出 不 可 巴孔 上 轮

dɯ^{33} ȵi^{33}: ɕi^{33} ŋv̩^{33} me^{33} uə^{21} gv̩^{33}. | æ^{33} phv̩^{55}, ɯ^{33}. ʐʅ^{33} dʑi^{33} bɯ^{33}, ɯ^{33}. nɯ^{21} ɕy^{33} o^{21} ɕy^{33}
一 日 超度死者 的 似 庄稼 撒 吉 路 行 去 吉 生儿 法仪 育女 法仪

py^{21}, ɯ^{33}. | o^{33} dze^{33} y^{21} ɯ^{33}; o^{33} dze^{33} by^{21} thv̩^{55} mə^{33} ȵi^{21}. | dʑi^{33} ʐʅ^{21} mə^{33} ȵi^{21}, khuɑ^{21}. | dzʅ^{33}
祭 吉 财 物 拿 吉 财 物 外 出 不 可 衣 缝 不 可 凶 村

uə^{33} tshʅ^{55}, ɯ^{33}. | tʂhər^{33} me^{33} zʅ^{21} mə^{33} ȵi^{21}, khuɑ^{21}. | pɑ^{33} by^{33} to^{55} dər^{33} dɯ^{33} ȵi^{33}: khæ^{33} thv̩^{55}
寨 建 吉 媳妇 娶 不 可 凶 巴毕 上 轮 一 日 沟 挖

dʑi^{21} ʂʅ^{21}, ɯ^{33}. dʑi^{21} thv̩^{21}, ɯ^{33}. py^{33} bv̩^{21} nɯ^{33} ɕi^{33} ŋv̩^{55}, ɯ^{33}. ʐʅ^{33} dʑi^{33} bɯ^{33}, ɯ^{33}. dʑi^{33} ʐʅ^{21}, ɯ^{33}.
水 引 吉 房 建 吉 祭司 以 超度死者 吉 路 行 去 吉 衣 缝 吉

宜建仓盖房，吉。宜进财而不宜把家里的财物出让给外人。

巴孔当值的日子：这是似超度死者一样的卦象。撒种庄稼，吉。出门远行，吉。进行求嗣祈福仪式，吉。宜取财进财，不宜把财物出让给外人。不宜缝衣，凶。宜建村设寨，吉。不可娶媳妇，凶。

巴毕当值的日子：宜挖沟引水，吉。宜起房盖屋，吉。宜进行东巴祭司主持的超度死者仪式，吉。宜出门远行，吉。宜缝衣，吉。

595-L-26-33

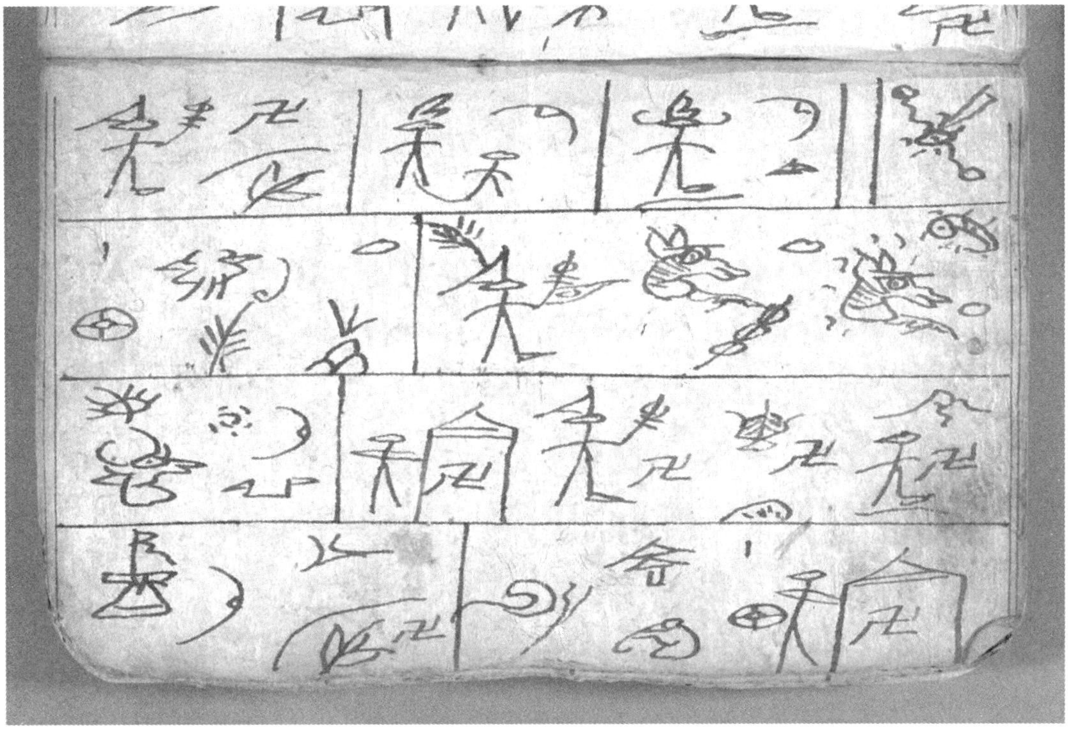

mu^{21} tɯ^{33} zɿ^{21} zər^{21} bɯ^{33}, ɯ^{33}. | ə^{33} me^{33} ʐue^{55} tɕi^{33} hə^{21}, mə^{33} kɑ^{33}. | tʂhər^{33} me^{33} zɿ^{21} mə^{33} ȵi^{21},
兵 起 仇 压 去 吉 母亲 婴 生 不 吉 媳妇 娶 不 可

khuɑ^{21}. | nɑ^{33} gv̩^{21} to^{55} dər^{33} dɯ^{33} ȵi^{33}: dzər^{21} pv̩^{21} dʑi^{21} dɯ^{33} gə^{21} le^{33} hər^{21}, lv̩^{33} kv̩^{33} ʐə^{21} le^{33} dər^{33}
凶 娜古 上 轮 一 日 树 枯 水 得 上 又 绿 石 上 草 又 生

uə^{21} gv̩^{33}. | ɕi^{33} dæ^{21} gu^{21} tʂhu^{21} uə^{21} gv̩^{33}, gu^{21} dʐər^{21} uə^{21} gv̩^{33}. | o^{33} dze^{33} by^{21} thv̩^{55} mə^{33}
似 人 能干 马 快 似 马 惊 似 财 物 外 出 不

ȵi^{21}. | dʑi^{21} tshɿ^{55}, ɯ^{33}. mu^{21} tɯ^{33} bɯ^{33}, ɯ^{33}. sɿ^{55} khv̩^{21} o^{21} me^{55}, ɯ^{33}. ho^{33} gv̩^{33} lo^{21} tɕy^{21} ʐʅ^{33} dʑi^{33}
可 房 建 吉 兵 起 去 吉 素神 请 俄神 求 吉 北方 方向 路 走

bɯ^{33}, ɯ^{33}. | dʑi^{33} ʐʅ^{21} mə^{33} ȵi^{21}. zɿ^{21} zər^{21} bɯ^{33}, ɯ^{33}. | thɑ^{33} kə^{55} to^{55} dər^{33} dɯ^{33} ȵi^{33}: dʑi^{21} tshɿ^{55},
去 吉 衣 缝 不 可 仇 压 去 吉 涛构 上 轮 一 日 房 建

ɯ^{33}.
吉

宜起兵去镇压仇敌，吉。母亲生育，不吉。不宜娶媳妇，凶。

娜古当值的日子：这是似枯树得水又发青，石上草青草绿一样的卦象；又似人能干、马神速一样，又似马受惊一样的卦象。不宜把家中的财物出让给外人。宜起房盖屋，吉。宜起兵，吉。宜进行请素神求俄神的法仪，吉。出门远行宜到北方去，吉。不宜缝衣。宜去镇压仇敌，吉。

涛构当值的日子：宜起房盖屋，吉。

595-L-26-34

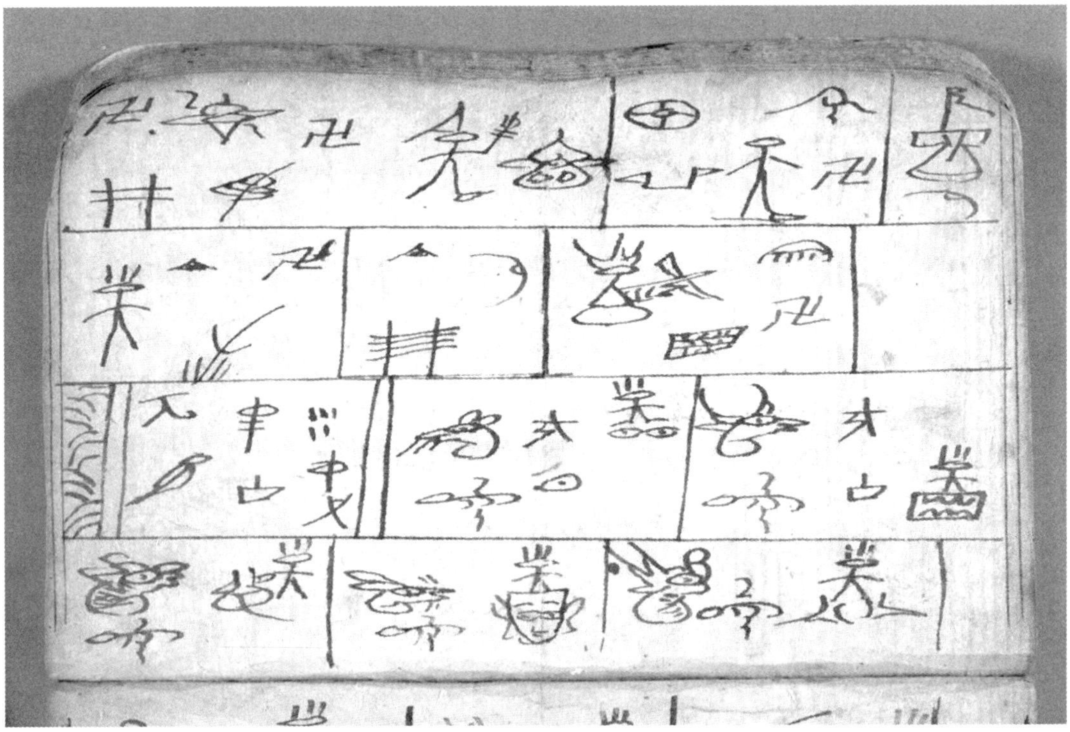

gu^{21} thy̩^{21}, ɯ^{33}. nɯ^{33} ɕy^{33} o^{21} ɕy^{33} be^{33}, ɯ^{33}. mu^{21} tɯ^{33} bɯ^{33}, ɯ^{33}. | ȵi^{33} me^{33} thy̩^{33}、ho^{33} gy̩^{33} lo^{21}

仓 建 吉 生儿法仪育女法仪 做 吉 兵 起 去 吉 东方 北方

tɕy^{21} ʐʅ^{33} dʑi^{33} bɯ^{33}, ɯ^{33}. | dʑi^{33} ʐʅ^{21} mə^{33} ȵi^{21}. | tshʅ^{21} khuɑ^{21} py^{21}, ɯ^{33}. | ko^{55} tshʅ^{55} mə^{33} ȵi^{21},

方向 路 行 去 吉 衣 缝 不 可 鬼 恶 祭 吉 粮架 竖 不 可

khuɑ^{21}. | py^{33} by̩^{21} bɯ^{21} lɯ^{33} pər^{55}, ɯ^{33}. | sæ^{33} dʑi^{33} ly^{21} ȵi^{55} uɑ^{33} ly^{21} uɑ^{21} me^{55}: | fy̩^{55} khy̩^{33}

凶 祭司 经书 写 吉 血 灾 看 日子 看 是 的 鼠 岁

dɯ^{33} ȵi^{33}, tshʅ^{21} miə^{21} tɕər^{21} dʑy^{21}. | ɯ^{33} khy̩^{55} dɯ^{33} ȵi^{33}, tshʅ^{21} hɯ^{33} tɕər^{21} dʑy^{21}. | lɑ^{33} khy̩^{55} dɯ^{33}

一 日 鬼 眼 上 有 牛 岁 一 日 鬼 牙 上 有 虎 岁 一

ȵi^{33}, tshʅ^{21} nɯ^{33} tɕər^{21} dʑy^{21}. | tho^{33} le^{33} khy̩^{55} dɯ^{33} ȵi^{33}, tshʅ^{21} to^{55} mu^{33} tɕər^{21} dʑy^{21}. | ly̩^{21} khy̩^{55}

日 鬼 心 上 有 兔 岁 一 日 鬼 额 上 有 龙 岁

dɯ^{33} ȵi^{33}, tshʅ^{21} khɯ^{33} mæ^{55} gy̩^{33} to^{55} dʑy^{21}. |

一 日 鬼 脚 后跟 上 有

宜建仓，吉。宜举行求嗣祈福的仪式，吉。宜起兵，吉。出门远行宜到东方和北方方向去，吉。不宜缝衣。进行祭恶鬼法仪，吉。不宜竖粮架，凶。东巴祭司宜写经书，吉。

看血灾的日子：

属鼠日，鬼在眼上。属牛日，鬼在牙上。属虎日，鬼在心上。属兔日，鬼在额上。属龙日，鬼在脚后跟上。

595-L-26-35

ʐʅ^{21} khy̩^{55} dɯ^{33} ȵi^{33}, tshɿ^{21} lɑ^{21} tʂər^{55} khɯ^{33} tʂhər^{55} to^{55} ʥy^{21}. ｜ʐuɑ^{33} khy̩^{55} dɯ^{33} ȵi^{33}, tshɿ^{21} nɯ^{33}
蛇 岁 一 日 鬼 手腕 脚腕 上 有 马 岁 一 日 鬼 心

tɕər^{21} ʥy^{21}. ｜y^{21} khy̩^{55} dɯ^{33} ȵi^{33}, tshɿ^{21} khɯ^{33} bu^{21} to^{55} ʥy^{21}. ｜ə^{55} y^{21} khy̩^{55} dɯ^{33} ȵi^{33}, tshɿ^{21} bæ^{33}
上 有 羊 岁 一 日 鬼 脚 背 上 有 猴 岁 一 日 鬼

ky̩^{21} ty̩^{55} ly̩^{33} to^{55} ʥy^{21}. ｜æ^{21} khy̩^{55} dɯ^{33} ȵi^{33}, tshɿ^{21} lɑ^{21} ly^{33} to^{55} ʥy^{21}. ｜khɯ^{33} khy̩^{55} dɯ^{33} ȵi^{33},
膝盖 上 有 鸡 岁 一 日 鬼 手 指 上 有 狗 岁 一 日

tshɿ^{21} u^{33} ku^{55} to^{55} ʥy^{21}. ｜bu^{21} khy̩^{55} dɯ^{33} ȵi^{33}, tshɿ^{21} miə^{21} to^{55} ʥy^{21}. ｜sɿ^{55} khɯ^{33} do^{21} dʐʅ^{21},
鬼 脚 上 有 猪 岁 一 日 鬼 眼 上 有 天发亮 时

tshɿ^{21} to^{55} mu^{33} to^{55} ʥy^{21}. ｜ȵi^{33} me^{33} khɯ^{33} phər^{21} khæ^{55} dʐʅ^{21}, tshɿ^{21} miə^{21} to^{55} ʥy^{21}. ｜tshɿ^{33}
鬼 额 上 有 太阳 脚 白 射 时 鬼 眼 上 有 早餐

dzɿ^{33} le^{55} thɯ^{21} dʐʅ^{21}, tshɿ^{21} he^{33} to^{55} ʥy^{21}. ｜ʐʅ^{21} dʐʅ^{21}, tshɿ^{21} ky̩^{33} to^{55} ʥy^{21}. ｜ʐuɑ^{33} dʐʅ^{21}, tshɿ^{21}
吃 茶 喝 时 鬼 耳 上 有 蛇 时 鬼 头 上 有 马 时 鬼

miə^{21} to^{55} ʥy^{21}. ｜y^{21} dʐʅ^{21}, tshɿ^{21} hɯ^{33} to^{55} ʥy^{21}. ｜ə^{55} y^{21} dʐʅ^{21},
眼 上 有 羊 时 鬼 牙 上 有 猴 时

属蛇日，鬼在手腕和脚腕上。属马日，鬼在心上。属羊日，鬼在脚背上。属猴日，鬼在膝盖上。属鸡日，鬼在手指上。属狗日，鬼在脚上。属猪日，鬼在眼上。

天发亮时，鬼在额上。太阳升起时，鬼在眼上。喝茶吃早饭时，鬼在耳上。蛇时，鬼在头上。马时，鬼在眼上。羊时，鬼在牙上。猴时，

595-L-26-36

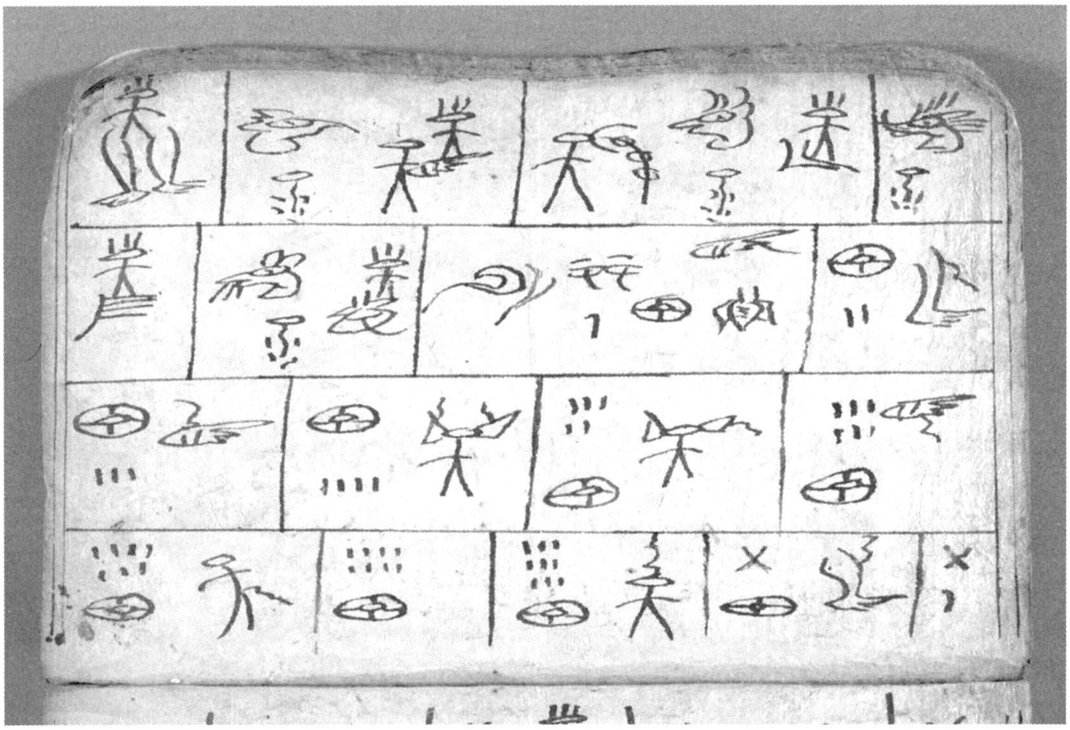

tshɿ^{21} bæ^{33} kv̩^{21} tv̩^{55} lv̩^{33} to^{55} ʥy^{21}. | æ^{21} dʐʅ^{21}, tshɿ^{21} lɑ^{21} ly^{33} to^{55} ʥy^{21}. | tʂhu^{21} dzɿ^{33} khɯ^{33} dʐʅ^{21},

鬼 膝盖 上 有 鸡 时 鬼 手 指 上 有 晚饭 吃 狗 时

tshɿ^{21} khɯ^{33} bu^{21} to^{55} ʥy^{21}. | bu^{21} dʐʅ^{21}, tshɿ^{21} ho^{21} to^{55} ʥy^{21}. | fv̩^{55} dʐʅ^{21}, tshɿ^{21} nɯ^{33} to^{55}

鬼 脚 背 上 有 猪 时 鬼 肋 上 有 鼠 时 鬼 心 上

ʥy^{21}. | tshe^{33} do^{21} dɯ^{33} ɳ̡i^{33}, sæ^{33} ʥi^{33} lɑ^{21} ly^{33} nɯ^{13} tʂhər^{55} tɕər^{21} dər^{33}. | tshe^{33} do^{21} ɳ̡i^{33} ɳ̡i^{33},

有 月 见 一 日 血 灾 手 指 和 肺 上 着 月 见 二 日

sæ^{33} ʥi^{33} bæ^{33} kv̩^{21} tv̩^{55} lv̩^{33} tɕər^{21} dər^{33}. | tshe^{33} do^{21} sɿ^{21} ɳ̡i^{33}, sæ^{33} ʥi^{33} lɑ^{21} tʂər^{55} to^{55} dər^{33}. |

血 灾 膝盖 上 着 月 见 三 日 血 灾 手 腕 上 着

tshe^{33} do^{21} lu^{33} ɳ̡i^{33}, sæ^{33} ʥi^{33} he^{33} ɳ̡i^{33} phu^{55} to^{55} dər^{33}. tshe^{33} do^{21} uɑ^{33} ɳ̡i^{33}, sæ^{33} ʥi^{33} uæ^{33} he^{33} to^{55}

月 见 四 日 血 灾 耳 两 只 上 着 月 见 五 日 血 灾 左 耳 上

dər^{33}. | tshe^{33} do^{21} tʂhuɑ^{55} ɳ̡i^{33}, sæ^{33} ʥi^{33} lɑ^{21} ly^{33} to^{55} dər^{33}. | tshe^{33} do^{21} ʂər^{33} ɳ̡i^{33}, sæ^{33} ʥi^{33} uæ^{33}

着 月 见 六 日 血 灾 手 指 上 着 月 见 七 日 血 灾 左

ho^{21} to^{55} dər^{33}. | tshe^{33} do^{21} ho^{55} ɳ̡i^{33}①, | tshe^{33} do^{21} gv̩^{33} ɳ̡i^{33}, sæ^{33} ʥi^{33} kv̩^{33} to^{55} dər^{33}. tshe^{33} do^{21}

肋 上 着 月 见 八 日 月 见 九 日 血 灾 头 上 着 月 见

① 初八的“血灾”在何处，原文缺。

tshe^{21} ȵi^{33}, sæ^{33} ʥi^{33} bæ^{33} kv̩^{21} tv̩^{55} lv̩^{33} to^{55} dər^{33}. | tshe^{21} dɯ^{33} ȵi^{33},

十 日 血 灾 膝盖 上 着 十 一 日

鬼在膝盖上。鸡时，鬼在手指上。吃晚饭之狗时，鬼在脚背上。猪时，鬼在肋上。鼠时，鬼在心上。

初一，伤于手指和肺。初二，伤于膝盖。初三，伤于手腕。初四，伤于两耳。初五，伤于左耳。初六，伤于手指。初七，伤于左肋。初八。初九，伤于头。初十，伤于膝盖。十一日，

595-L-26-37

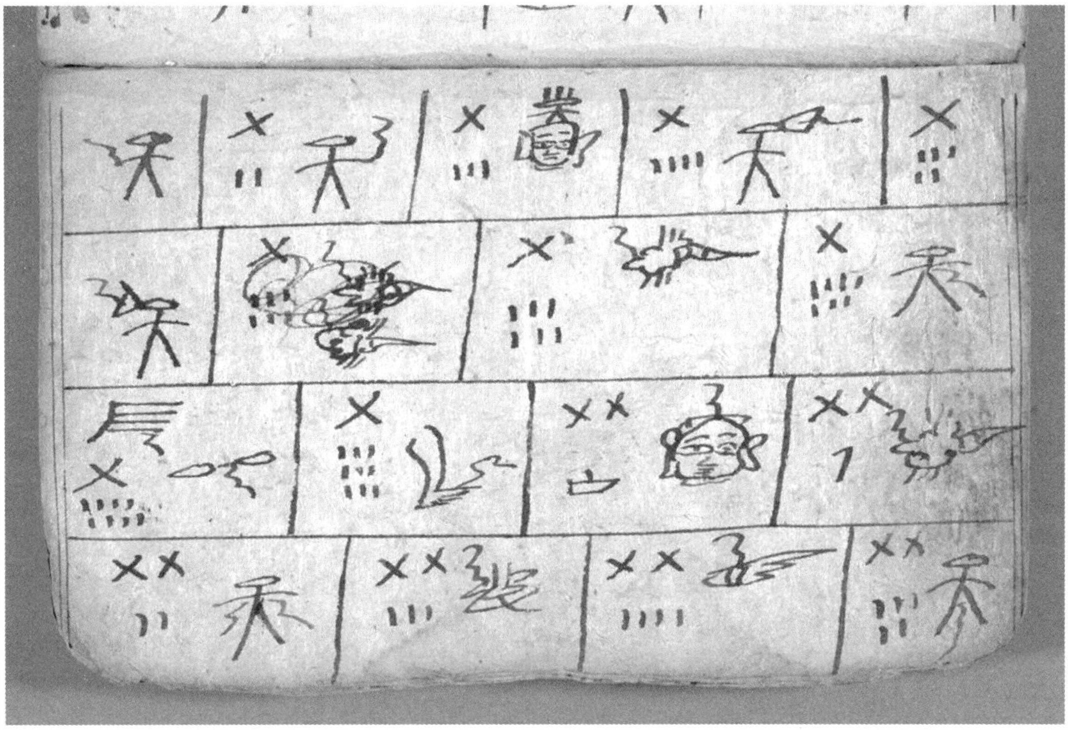

sæ^{33} ʥi^{33} i^{21} lɑ^{21} phi^{21} to^{55} dər^{33}. | tshe^{21} ȵi^{33} ȵi^{33}, sæ^{33} ʥi^{33} uæ^{33} lɑ^{21} phi^{21} to^{55} dər^{33}. | tshe^{33} sʅ^{21}

血 灾 右 手 臂 上 着 十 二 日 血 灾 左 手 臂 上 着 十 三

ȵi^{33}, tshʅ^{21} to^{55} tɕər^{21} ʥy^{21}. | tshe^{21} lu^{33} ȵi^{33}, sæ^{33} ʥi^{33} uæ^{33} he^{33} tɕər^{21} dər^{33}. | tshe^{21} uɑ^{33} ȵi^{33}, sæ^{33}

日 鬼 额 上 有 十 四 日 血 灾 左 耳 上 着 十 五 日 血

ʥi^{33} i^{21} he^{33} tɕər^{21} dər^{33}. | tshe^{21} tʂhuɑ^{55} ȵi^{33}, sæ^{33} ʥi^{33} lər^{33} to^{55} dər^{33}. | tshe^{21} ʂər^{33} ȵi^{33}, uɑ^{33} ho^{21}

灾 右 耳 上 着 十 六 日 血 灾 阴囊 上 着 十 七 日 左 肋

to^{55} dər^{33}. | tshe^{21} ho^{55} ȵi^{33}, ho^{21} nɯ^{21} o^{33} tɕər^{21} dər^{33}. | tshe^{21} gv̩^{33}ȵi^{33}, khɯ^{33} bu^{21} tɕər^{21} dər^{33}. |

上 着 十 八 日 肋 和 骨 上 着 十 九 日 脚 背 上 着

ȵi^{33} tsər^{21} ȵi^{33}, to^{55} tɕər^{21} dər^{33}. | ȵi^{33} tsər^{21} dɯ^{33} ȵi^{33}, lər^{33} tɕər^{21} dər^{33}. | ȵi^{33} tsər^{21} ȵi^{33} ȵi^{33}, i^{21}

二 十 日 额 上 着 二 十 一 日 阴囊 上 着 二 十 二 日 右

ho^{21} uæ^{33} ho^{21} tɕər^{21} dər^{33}. | ȵi^{33} tsər^{21} sʅ^{21} ȵi^{33}, nɯ^{33} tɕər^{21} dər^{33}. | ȵi^{33} tsər^{21} lu^{33} ȵi^{33} lɑ^{21} tʂər^{55}
肋 左 肋 上 着　二 十 三日　心 上 着　二 十 四日　手腕

tɕər^{21} dər^{33}. | ȵi^{33} tsər^{21} uɑ^{33} ȵi^{33}, khɯ^{33} phi^{21} tɕər^{21} dər^{33}.
上 着　二 十 五 日　脚 腿 上 着

伤于右手臂。十二日，伤于左手臂。十三日，鬼在额上。十四日，伤于左耳。十五日，伤于右耳。十六日，伤于阴囊。十七日，伤于左肋。十八日，伤于肋和骨。十九日，伤于脚背。二十日，伤于额。二十一日，伤于阴囊。二十二日，伤于左肋和右肋。二十三日，伤于心。二十四日，伤于手腕。二十五日，伤于大腿。

595-L-26-38

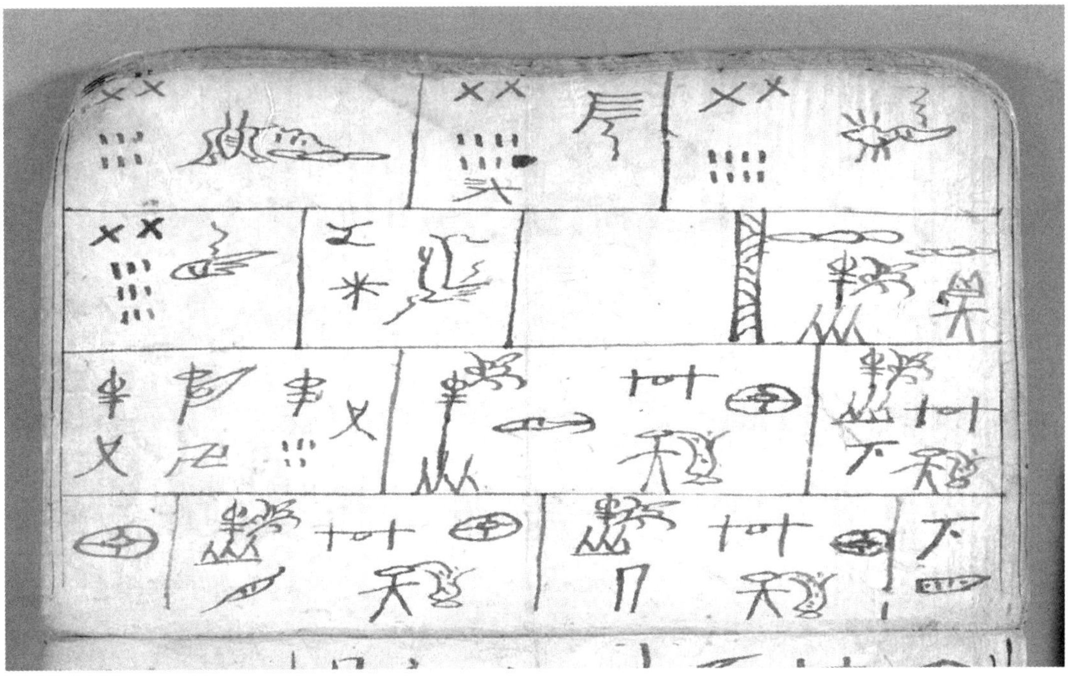

ȵi^{33} tsər^{21} tʂhuɑ^{55} ȵi^{33}, tʂhər^{55} nɯ^{21} sər^{55} tɕər^{21} dər^{33}. | ȵi^{33} tsər^{21} ʂər^{33} ȵi^{33}, ho^{21} tɕər^{21} dər^{33}. | ȵi^{33}
二 十 六 日 肺 和 肝 上 着　二 十 七 日 肋 上 着　二

tsər^{21} ho^{55} ȵi^{33}, lər^{33} tɕər^{21} dər^{33}. | ȵi^{33} tsər^{21} gv̩^{33} ȵi^{33}, lɑ^{21} tʂər^{55} tɕər^{21} dər^{33}. | nɑ^{33} tv̩^{21}, bæ^{33} kv̩^{21}
十 八 日 阴囊 上 着　二 十 九 日 手腕 上 着　三十日 膝盖

tv̩^{55} lv̩^{33}, khɯ^{33} mæ^{55} gv̩^{33}, khɯ^{33} bu^{21} tɕər^{21} dər^{33}. | sər^{55} li^{13} sər^{55} tse^{55} ly^{21} me^{33} the^{33} ɯ^{33} ly^{21} uɑ^{21}
脚后跟　脚 背 上 着　四 立 四 正 看 的 书　看 是

me^{55}: li^{13} tɕhy^{33} kæ^{33} thɯ^{33} ȵi^{33}. | li^{21} ɕiə^{55} kæ^{33} thɯ^{33} ȵi^{33}. | li^{13} tshy^{33} kæ^{33} thɯ^{33} ȵi^{33}. | li^{13}
的　立春　前 那 天　立夏 前 那 天　立秋 前 那天　立冬

to^{33} kæ^{33} thɯ^{33} ȵi^{33}. | ɕiə^{55} tʂʅ^{55}
前 那 天　夏至

二十六日，伤于肺和肝。二十七日，伤于肋。二十八日，伤于阴囊。二十九日，伤于手腕。三十日，伤于膝盖、脚后跟与脚背。

看四立四正的书：

立春前那天。立夏前那天。立秋前那天。立冬前那天。夏至

595-L-26-39

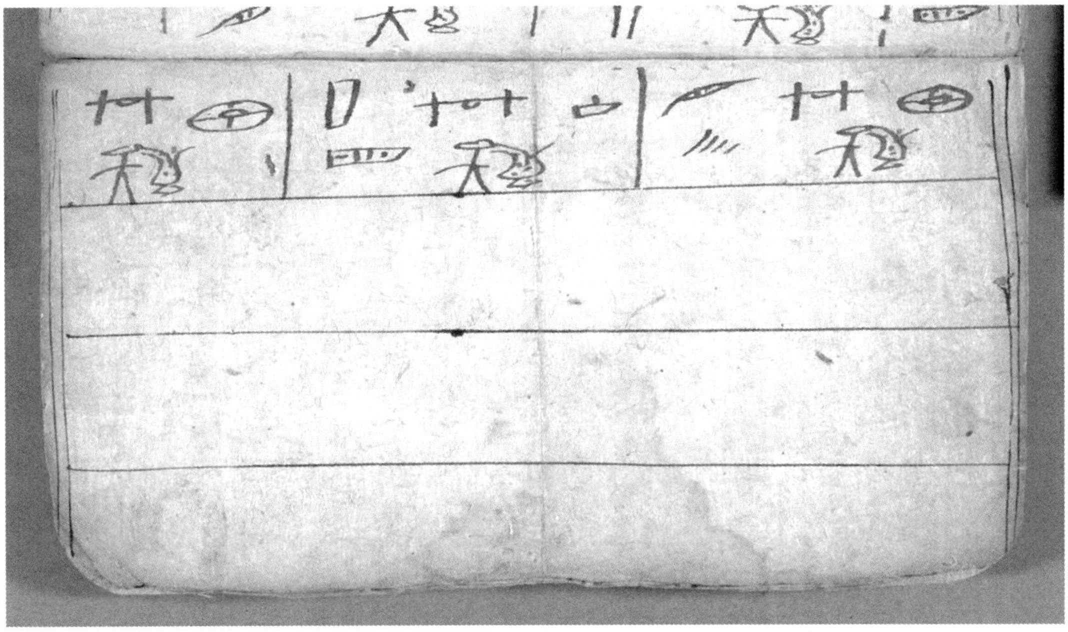

kæ^{33} thɯ^{33} ȵi^{33}. | to^{33} tʂʅ^{55} kæ^{33} thɯ^{33} ȵi^{33}. | tshy^{33} fv̩^{33} kæ^{33} thɯ^{33} ȵi^{33}.

前 那 天 冬至 前 那 天 秋分 前 那 天

前那天。冬至前那天。秋分前那天。

595-L-26-40

kɯ^{21} kv̩^{33} me^{33} tʂhuɑ^{55} tsɿ^{21} khuɑ^{33}, tʂhuɑ^{55} tsɿ^{21} gv̩^{33}, | miə^{21} ɕy^{21}, so^{33} tho^{21} khuɑ^{33}, | bu^{21}
星 头 的 创昌夸 创昌古 谬许 司托夸 布冒

mɑ^{55}, | zy^{21} ly^{55} pv̩^{33}, | zy^{21} khuɑ^{33}, | zy^{21} he^{33}, | zy^{33} tɕər^{33}, zy^{21} gv̩^{33}, | zy^{21} dv̩^{21}, | pɑ^{33}
蕊鲁补 蕊夸 蕊亨 蕊江 蕊古 蕊督 巴孔

khu^{33}, | pɑ^{33} by^{33}, | nɑ^{33} gv̩^{21}, | thɑ^{33} kə^{55}, | tʂhuɑ^{55} tsɿ^{21} khuɑ^{33},
巴毕 娜古 涛构 创昌夸

领头的星是创昌夸，创昌古，谬许，司托夸，布冒，蕊鲁补，蕊夸，蕊亨，蕊江，蕊古，蕊督，巴孔，巴毕，娜古，涛构，创昌夸①，

595-L-26-41

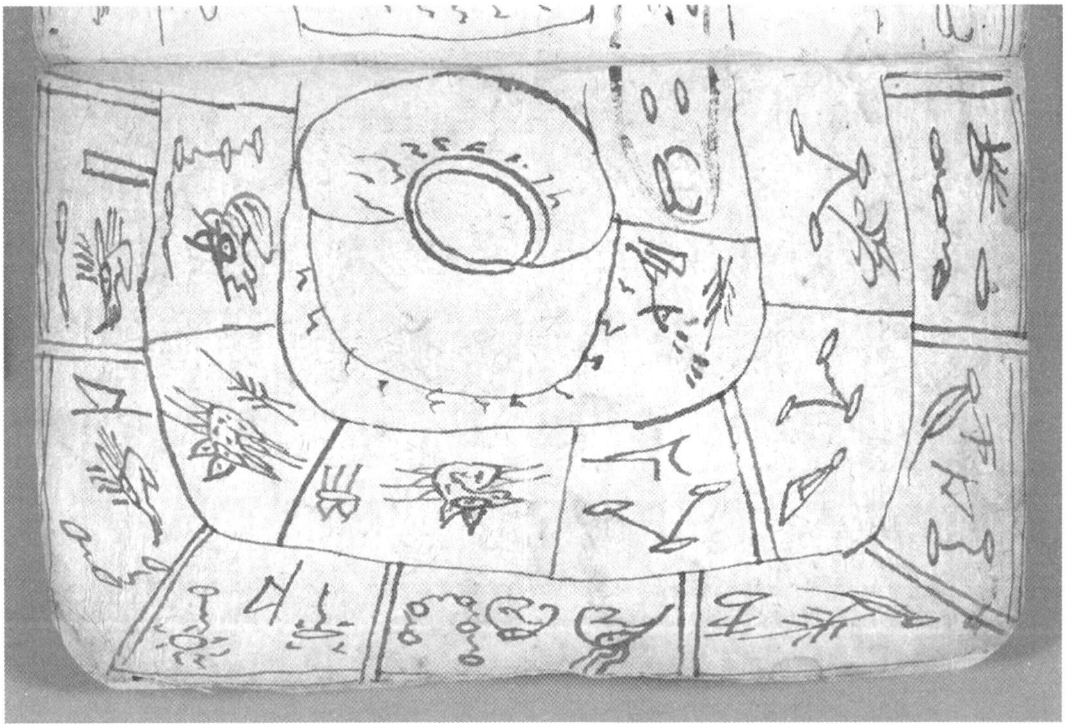

so^{33} tho^{21} gv̩^{33}, | kɯ^{33}phər^{21} dʑi^{21} khu^{33}, | kɯ^{33} phər^{21} dʑi^{21} mæ^{33}, | fv̩^{33} kə^{55}, | tshɿ^{21} khu^{33}, |
司托古 庚盘吉孔 庚盘吉满 夫构 楚孔

bu^{21} khu^{33}, | bu^{21} to^{55}, | zy^{21} bɑ^{21}, | zy^{21} tshi^{21}, | zy^{21} bə^{33}, | py^{33} bu^{21} kv̩^{33}, | py^{33} bu^{21}
布孔 布铎 蕊巴 蕊齐 蕊崩 本补古 本补满

mæ^{33}, | ʐuɑ^{33} tse^{55}, | tʂhuɑ^{55} tsɿ^{21} khuɑ^{33}, | mæ^{55} dzɿ^{21} uɑ^{21} me^{55}②.
柔正 创昌夸 尾 生 是 的

① 说明：此页和下页是表示纳西族二十八宿顺序的一张图之两半。记音时以外圆右上角始到二环左下，再到三圈左下记之。

② 此句所指不明，无法给出译文。

司托古，庚盘吉孔，庚盘吉满，夫构，楚孔，布孔，布铎，蕊巴，蕊齐，蕊崩，本补古，本补满，柔正，创昌夸[1]。

595-L-26-42

不知此为何神。

595-L-26-43

封底

（翻译：王世英）

① 说明：记音皆从右上角始。

521-L-27-01

kɯ^{33} tsɿ^{21} uɑ^{21} me^{55} · py^{33} bʏ̩^{21} zɿ^{33} ʂər^{21}

占卜 · 看星 · 东巴长寿

521-L-27 占卜·看星·东巴长寿

【内容提要】

本古籍记录了一年十二个月每日里由二十八宿的何宿当值的天文常识。

【英文提要】

The Divination, Astrology, Longevity the *to ba*

This book records the basic astronomy knowledge of the actual duty that the one of twenty-eight mansions takes in each day of twelve months.

521-L-27-02

小卡片："2297"为洛克收藏纳西东巴古籍的序号。三个东巴文为书名之复写。字母文字为洛克记下的东巴文之读音。

521-L-27-03

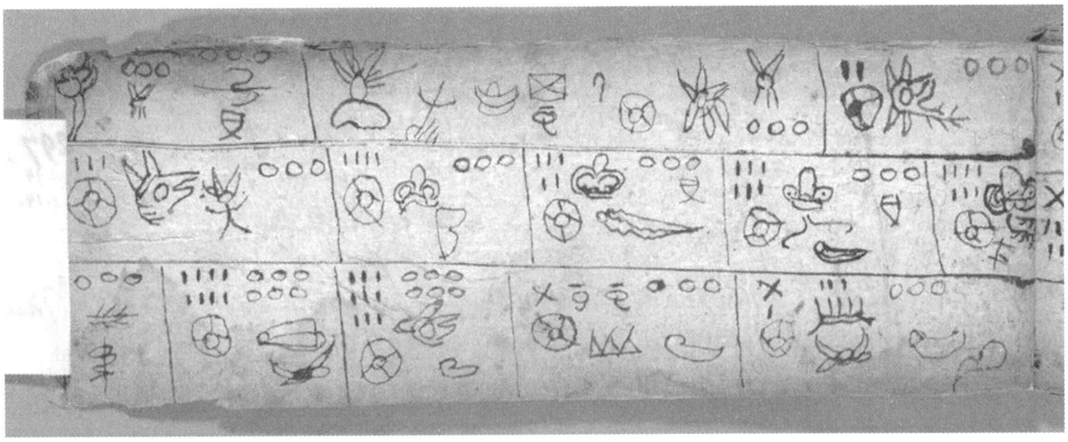

py^{33} by̩^{21} gə^{33} kɯ^{21} tsɿ^{21} uɑ^{21} me^{55}. | iə^{21} py^{21} he^{33}: tshe^{33} do^{21} dɯ^{33} ȵi^{33}, py^{33} bu^{21}
祭司 的 星 算 是 的 正月 月 见 一 日 本补古

ky̩^{33}. | tshe^{33} do^{21} ȵi^{33} ȵi^{33}, py^{33} bu^{21} mæ^{33} | tshe^{33} do^{21} sɿ^{21} ȵi^{33}, ʐ̩uɑ^{33} tse^{55}. | tshe^{33} do^{21} lu^{33}
月 见 二 日 本补满 月 见 三 日 柔正 月 见 四

ȵi^{33}, pɑ^{33} khu^{33}. | tshe^{33} do^{21} uɑ^{33} ȵi^{33}, pɑ^{33} ʥi^{21}. | tshe^{33} do^{21} tʂhuɑ^{55} ȵi^{33}, pɑ^{33} mɯ^{33} ʥi^{21}
日 巴孔 月 见 五 日 巴吉 月 见 六 日 巴牟吉

to^{55} dər^{33} me^{55}. | tshe^{33} do^{21} ʂər^{33} ȵi^{33}, pɑ^{33} mæ^{33} phər^{21}. | kɯ^{21} mæ^{33} ly^{21}.① | tshe^{33} do^{21}
上 轮 的 月 见 七 日 巴满盘 星 尾 矛 月 见

ho^{55} ȵi^{33}, tʂhuɑ^{55} tshi^{21} khuɑ^{33}. | tshe^{33} do^{21} gy̩^{33} ȵi^{33}, tʂhuɑ^{55} tshi^{21} gy̩^{33} to^{55} dər^{33}. | tshe^{33}
八 日 创昌夸 月 见 九 日 创昌古 上 轮 月

① 这三个东巴字与书的内容无关，亦无法连读成句。

do^{21} tshe^{21} ȵi^{33}, miə^{21} ɕy^{21} to^{55} dər^{33}. | tshe^{21} dɯ^{33} ȵi^{33}, sɿ^{33} tho^{21} khuɑ^{33} to^{55} dər^{33}.
见 十 日 谬许 上 轮 十 一 日 司托夸 上 轮

是东巴用来算星的。

正月：初一由本补古[1]当值。初二由本补满当值。初三由柔正当值。初四由巴孔当值。初五由巴吉当值。初六由巴牟吉[2]当值。初七由巴满盘[3]当值。初八由创昌夸当值。初九由创昌古当值。初十由谬许当值。十一日由司托夸当值。

521-L-27-04

tshe^{21} ȵi^{33} ȵi^{33}, sɿ^{33} tho^{21} gv̩^{33} to^{55} dər^{33}. | tshe^{33} sɿ^{21} ȵi^{33}, kɯ^{33} phər^{21} dʑi^{21} kv̩^{33}[4] to^{55} dər^{33}. |
十 二 日 司托古 上 轮 十 三 日 庚盘吉古 上 轮

tshe^{21} lu^{33} ȵi^{33}, kɯ^{33} phər^{21} dʑi^{21} mæ^{33} to^{55} dər^{33}. | tshe^{21} uɑ^{33} ȵi^{33}, fv̩^{33} kɯ^{21}. | tshe^{21} tʂhuɑ^{55}
十 四 日 庚盘吉满 上 轮 十 五 日 夫庚 十 六

ȵi^{33}, kə^{55} kɯ^{21} to^{55} dər^{33}. | tshe^{21} ho^{55} ȵi^{33},[5] bu^{21} khu^{33}. | tshe^{21} gv̩^{33} ȵi^{33}, bu^{21} to^{55}. | ȵi^{33}
日 构庚 上 轮 十 八 日 布孔 十 九 日 布铎 二

tsər^{21} ȵi^{33}, bu^{21} mæ^{33}. | ȵi^{33} tsər^{21} dɯ^{33} ȵi^{33}, zy^{21} khu^{33}. | ȵi^{33} tsər^{21} ȵi^{33} ȵi^{33}, zy^{21} khuɑ^{33}. |
十 日 布满 二 十 一 日 蕊孔 二 十 二 日 蕊夸

ȵi^{33} tsər^{21} sɿ^{21} ȵi^{33}, zy^{21} he^{33}. | ȵi^{33} tsər^{21} lu^{33} ȵi^{33}, zy^{21} tɕər^{33}. | ȵi^{33} tsər^{21} uɑ^{33} ȵi^{33}, zy^{21}
二 十 三 日 蕊亨 二 十 四 日 蕊江 二 十 五 日 蕊古

gv̩^{33}. | ȵi^{33} tsər^{21} tʂhuɑ^{55} ȵi^{33}, zy^{21} dv̩^{21} kv̩^{33}. | ȵi^{33} tsər^{21} ʂər^{33}
二 十 六 日 蕊督古 二 十 七

---

① 本补古，音译宿名，为纳西族二十八宿之一。后文的“本补满”、“柔正”皆为音译宿名。

② 巴牟吉，音译宿名，在其他多数东巴古籍中及此书的后文中称为“娜古”。

③ 巴满盘，音译宿名，在其他多数东巴古籍中及此书的后文中称为“涛构”。

④ 此处写了“水尾”，又写了“水头”，而下文又是“水尾”，从字迹上看书写此书的人是初学东巴的人。书中宿名也前后不统一，但为保持古籍原貌，都从原书，不再一一作注。

⑤ 原文缺“十七日”。

十二日由司托古当值。十三日由庚盘吉古当值。十四日由庚盘吉满当值。十五日由夫庚当值。十六日由构庚当值。（十七日……）十八日由布孔当值。十九日由布铎当值。二十日由布满当值。二十一日由蕊孔当值。二十二日由蕊夸当值。二十三日由蕊亨当值。二十四日由蕊江当值。二十五日由蕊古当值。二十六日由蕊督古当值。二十七

521-L-27-05

ȵi^{33}, zy^{21} dv̩^{21} mæ^{33} to^{55} dər^{33}. | ȵi^{33} tsər^{21} ho^{55} ȵi^{33}, zy^{21} kho^{21} kv̩^{33}. | ȵi^{33} tsər^{21} gv̩^{33} ȵi^{33},
日 蕊督满 上 轮 二 十 八 日 蕊科古 二 十 九 日

zy^{21} kho^{21} mæ^{33}. | nɑ^{33} tv̩^{21} ȵi^{33}, py^{33} bu^{21}① to^{55} dər^{33}. | he^{21} ʥiə^{33} he^{33}: tshe^{33} do^{21} dɯ^{33} ȵi^{33},
蕊科满 三十 日 本补 上 轮 二 月 月 见 一 日

pɑ^{33} khu^{33}. | tshe^{33} do^{21} ȵi^{33} ȵi^{33}, pɑ^{33} by^{33}.② | tshe^{33} do^{21} sɿ^{21} ȵi^{33}, pɑ^{33} mɯ^{33} ʥi^{21}. | tshe^{33}
巴孔 月 见 二 日 巴毕 月 见 三 日 巴牟吉 月

do^{21} lu^{21} ȵi^{33}, pɑ^{33} mæ^{33} phər^{21}. | tshe^{33} do^{21} uɑ^{33} ȵi^{33}, tʂhuɑ^{55} tshi^{21} khuɑ^{33} to^{55} dər^{33}. | tshe^{33}
见 四 日 巴满盘 月 见 五 日 创昌夸 上 轮 月

do^{21} tʂhuɑ^{55} ȵi^{33}, tʂhuɑ^{55} tshi^{21} gv̩^{33}. | tshe^{33} do^{21} ʂər^{33} ȵi^{33}, miə^{21} ɕy^{21}. | tshe^{33} do^{21} ho^{55} ȵi^{33},
见 六 日 创昌古 月 见 七 日 谬许 月 见 八 日

日由蕊督满当值。二十八由蕊科古当值。二十九日由蕊科满当值。三十日由本补当值。

二月：初一由巴孔当值。初二由巴毕当值。初三由巴牟吉当值。初四由巴满盘当值。初五由创昌夸当值。初六由创昌古当值。初七由谬许当值。初八由

① 此处未写明“py^{33} bu^{21}”的“kv^{33}（头）”与“mæ^{33}（尾）”。又，之后还应有“ʐuɑ^{33} tse^{33}”，但“二月初一”就跳到了“pɑ^{33} khu^{33}”上去了，脱两宿名称。

② pɑ^{33} by^{33}，前文称为“pɑ^{33} ʥi^{21}”。此书中同宿异名之现象较多。

521-L-27-06

sɿ^{33} tho^{21} khuɑ^{33}. | tshe^{33} do^{21} gv̩^{33} n̩i^{33}, sɿ^{33}tho^{21} gv̩^{33} to^{55} dər^{33}. | tshe^{33} do^{21} tshe^{21} n̩i^{33}, kɯ^{33}

司托夸 月 见 九 日 司托古 上 轮 月 见 十 日

phər^{21} dʑi^{21} kv̩^{33}. | tshe^{21} dɯ^{33} n̩i^{33}, kɯ^{33} phər^{21} dʑi^{21} mæ^{33}. | tshe^{21} n̩i^{33} n̩i^{33}, fv̩^{33} kə^{55}.① |

庚盘吉古 十 一 日 庚盘吉满 十 二 日 夫构

tshe^{33} sɿ^{21} n̩i^{33}, bu^{21} khu^{33}. | tshe^{21} lu^{33} n̩i^{33}, bu^{21} to^{55} mɑ^{21}②. | tshe^{33} uɑ^{33} n̩i^{33}, bu^{21} mæ^{33}. |

十 三 日 布孔 十 四 日 布铎 油 十 五 日 布满

tshe^{21} tʂhuɑ^{55} n̩i^{33}, zy^{21} khu^{33}. | tshe^{21} ʂər^{33} n̩i^{33}, zy^{21} miə^{21}③ to^{55} dər^{33}. | tshe^{21} ho^{55}

十六 日 蕊孔 十 七 日 蕊谬 上 轮 十八

n̩i^{33}, zy^{21} khuɑ^{33} to^{55} dər^{33}. | tshe^{21} gv̩^{33} n̩i^{33} zy^{21} he^{33}, to^{55} dər^{33}. | n̩i^{33} tsər^{21} n̩i^{33}, zy^{21}

日 蕊夸 上 轮 十 九 日 蕊亨 上 轮 二 十 日 蕊江

tɕər^{33}. | n̩i^{33} tsər^{21} dɯ^{33} n̩i^{33},

二十 一 日

司托夸当值。初九由司托古当值。十日由庚盘吉古当值。十一日由庚盘吉满当值。十二日由夫构当值。十三日由布孔当值。十四日由布铎当值。十五日由布满当值。十六日由蕊孔当值。十七日由蕊谬当值。十八日由蕊夸当值。十九日由蕊亨当值。二十日由蕊江当值，二十一日

① 此宿在前文中是分成两宿，而在此处又并为一宿名。

② mɑ^{21}，在纳西二十八宿中有“bu^{21} to^{55}、bu^{21} mɑ^{55}”两宿，此处写了“to^{55} mɑ^{21}”，现从“to^{55}”。

③ 在前文中无此宿名。该宿名，东巴古籍中很少见。

521-L-27-07

zy^{21} gv̩^{33} to^{55} dər^{33}. | ȵi^{33} tsər^{21} ȵi^{33} ȵi^{33}, zy^{21} dv̩^{21} kv̩^{33} to^{55} dər^{33}. | ȵi^{33} tsər^{21} sɿ^{21} ȵi^{33}, zy^{21}
蕊古 上 轮 二 十 二 日 蕊督古 上 轮 二 十 三 日

dv̩^{21} mæ^{33} to^{55} dər^{33}. | ȵi^{33} tsər^{21} lu^{33} ȵi^{33}, zy^{21} kho^{21} khv̩^{33} to^{55} dər^{33}. | ȵi^{33} tsər^{21} uɑ^{33} ȵi^{33},
蕊督满 上 轮 二 十 四 日 蕊科古 上 轮 二 十 五 日

zy^{21} kho^{21} mæ^{33} to^{55} dər^{33}. | ȵi^{33} tsər^{21} tʂhuɑ^{55} ȵi^{33}, py^{33} bu^{21} kv̩^{33}. | ȵi^{33} tsər^{21} ʂər^{33} ȵi^{33}, py^{33}
蕊科满 上 轮 二 十 六 日 本补古 二 十 七 日

bu^{21} mæ^{33}. | ȵi^{33}tsər^{21} ho^{55} ȵi^{33}, ʐuɑ^{33} tse^{55}. | ȵi^{33} tsər^{21} gv̩^{33} ȵi^{33}, pɑ^{33} khu^{33}. | nɑ^{33} tv̩^{21} ȵi^{33},
本补满 二 十 八 日 柔正 二 十 九 日 巴孔 三十 日

pɑ^{33} by^{33}. | sɑ^{55} uɑ^{33} he^{33}: tshe^{33} do^{21} ȵi^{33} ȵi^{33}, tʂhuɑ^{55} tshi^{21} khuɑ^{33} to^{55} dər^{33}. | tshe^{55} do^{21}
巴毕 三月 月 见 一 日 创昌夸 上 轮 月 见

ȵi^{33} ȵi^{33}, tʂhuɑ^{55}
二 日

由蕊古当值。二十二日由蕊督古当值。二十三日由蕊督满当值。二十四日由蕊科古当值。二十五日由蕊科满当值。二十六日由本补古当值。二十七日由本补满当值。二十八日由柔正当值。二十九日由巴孔当值。三十日由巴毕当值。

三月：初一由创昌夸当值。初二

521-L-27-08

tshi^{21} gv̩^{33} to^{55} dər^{33}.｜tshe^{33} do^{21} sɿ^{21} ṇi^{33}, miə^{21} ɕy^{21}.｜tshe^{33} do^{21} lu^{33} ṇi^{33}, sɿ^{33} tho^{21}
创昌古 上 轮 月 见 三 日 谬许 月 见 四 日 司托夸

khuɑ^{33}.｜tshe^{33} do^{21} uɑ^{33} ṇi^{33}, sɿ^{33} tho^{21} gv̩^{33} to^{55} dər^{33}.｜tshe^{33} do^{21} tʂhuɑ^{55} ṇi^{33}, kɯ^{33} phər^{21}
月 见 五 日 司托古 上 轮 月 见 六 日 庚盘吉古

dʑi^{21}kv̩^{33}.｜tshe^{33} do^{21} ʂər^{33} ṇi^{33}, kɯ^{33} phər^{21} dʑi^{21} mæ^{33}.｜tshe^{33} do^{21} ho^{55} ṇi^{33}, fv̩^{33} kə^{55}
月 见 七 日 庚盘吉满 月 见 八 日 夫构

to^{55} dər^{33}.｜tshe^{33} do^{21} gv̩^{33} ṇi^{33}, bu^{21} khu^{33}.｜tshe^{33} do^{21} tshe^{21} ṇi^{33}, bu^{21} to^{55}, mɑ^{21}.①｜
上 轮 月 见 九 日 布孔 月 见 十 日 布铎

tshe^{21} dɯ^{33} ṇi^{33}, bu^{21} mæ^{33}.｜tshe^{21} ṇi^{33} ṇi^{33}, zy^{21} khu^{33}.｜tshe^{33} sɿ^{21} ṇi^{21}, zy^{21} miə^{21}.｜
十 一 日 布满 十 二 日 蕊孔 十 三 日 蕊谬

tshe^{21} lu^{33} ṇi^{33}, zy^{21} khuɑ^{33}.｜tshe^{21} uɑ^{33} ṇi^{33}, zy^{21} he^{33}.｜tshe^{21} tʂhuɑ^{55} ṇi^{33}, zy^{21} tɕər^{33}.｜
十 四 日 蕊夸 十 五 日 蕊亨 十 六 日 蕊江

tshe^{21} ʂər^{33} ṇi^{33}, zy^{21} gv̩^{33}.｜tshe^{21} ho^{55} ṇi^{33}, zy^{21} dv̩^{21} kv̩^{33}.
十 七 日 蕊古 十 八 日 蕊督古

由创昌古当值。初三由谬许当值。初四由司托夸当值。初五由司托古当值。初六由庚盘吉古当值。初七由庚盘吉满当值。初八由夫构当值。初九由布孔当值。初十由布铎当值。十一日由布满当值。十二日由蕊孔当值。十三日由蕊谬当值。十四日由蕊夸当值。十五日由蕊亨当值。十六日由蕊江当值。十七日由蕊古当值。十八日由蕊督古当值。

① mɑ^{21}，该字应属衍文，与此宿名无关。

521-L-27-09

tshe^{21} gv̩^{33} ȵi^{33}, zy^{21} dv̩^{21} mæ^{33}. | ȵi^{33} tsər^{21} ȵi^{33}, zy^{21} tshi^{21}.① | ȵi^{33} tsər^{21} dɯ^{33}, zy^{21} bə^{33},
十 九 日 蕊督满 二 十 日 蕊齐 二 十 一 蕊崩

(bɑ^{21})②. | ȵi^{33} tsər^{21} ȵi^{33} ȵi^{33}, py^{33} bu^{21} kv̩^{33}. | ȵi^{33} tsər^{21} sɿ^{21} ȵi^{33}, py^{33} bu^{21} mæ^{33}. | ȵi^{33}
二 十 二 日 本补古 二 十 三 日 本补满 二

tsər^{21} lu^{33} ȵi^{33}, ʐuɑ^{33} tse^{55}. | ȵi^{33} tsər^{21} uɑ^{33} ȵi^{33}, pɑ^{33} khu^{33}. | ȵi^{33} tsər^{21} tʂhuɑ^{55} ȵi^{33}, pɑ^{33}
十 四 日 柔正 二 十 五 日 巴孔 二 十 六 日 巴毕

by^{33}. | ȵi^{33} tsər^{21} ʂər^{33} ȵi^{33}, pɑ^{33} mɯ^{33} ʥi^{21}. | ȵi^{33} tsər^{21} ho^{55} ȵi^{33}, pɑ^{33} mæ^{33} phər^{21}. | ȵi^{33}
二 十 七 日 巴牟吉 二 十 八 日 巴满盘 二

tsər^{21}gv̩^{33} ȵi^{33}, tʂhuɑ^{55} tshi^{21} khuɑ^{33}. | nɑ^{33} tv̩^{21} ȵi^{33}, tʂhuɑ^{55} tshi^{21} gv̩^{33}. ‖ lu^{55} me^{33} he^{33}: tshe^{33}
十 九 日 创昌夸 三十 日 创昌古 四 月 月

do^{21} dɯ^{33} ȵi^{33}, miə^{21} ɕy^{21}. | tshe^{33} do^{21} ȵi^{33} ȵi^{33}, sɿ^{33} tho^{21} khuɑ^{33}. | tshe^{33} do^{21} sɿ^{21} ȵi^{33}, sɿ^{33}
见 一 日 谬许 月 见 二 日 司托夸 月 见 三 日

tho^{21} gv̩^{33}
司托古

十九日由蕊督满当值。二十日由蕊齐当值。二十一日由蕊崩当值。二十二日由本补古当值。二十三日由本补满当值。二十四日由柔正当值。二十五日由巴孔当值。二十六日由巴毕当值。二十七日由巴牟吉当值。二十八日由巴满盘当值。二十九日由创昌夸当值。三十日由创昌古当值。

四月：初一由谬许当值。初二由司托夸当值。初三由司托古当值。

---

① “zy^{21} tshi^{21}”，前文称作“zy^{21} kho^{21} kv^{33}”，后文两种说法混用。“zy^{21}”系星宿的名称有混乱之现象。

② 该句东巴文有“bə^{33}”、“bɑ^{21}”两读，两宿名作“zy^{21} bə^{33}”与“zy^{21} bɑ^{21}”，现从“zy^{21} bə^{33}”。下文同。此外，该宿名在前后文中还称作“zy^{21} kho^{21} mæ^{33}”。

521-L-27-10

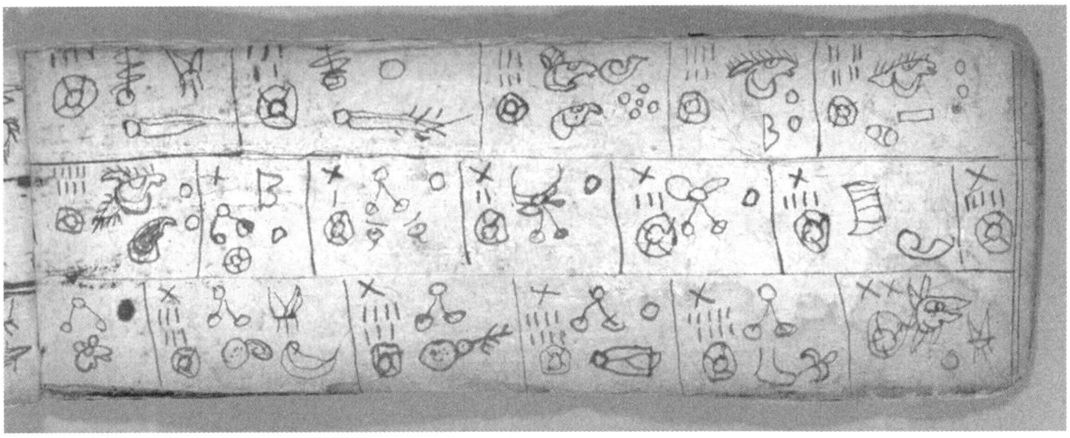

tshe^{33} do^{21} lu^{33} ȵi^{33}, kɯ^{33} phər^{21} ʥi^{21} kv̩^{33}. | tshe^{33} do^{21} uɑ^{33} ȵi^{33}, kɯ^{33} phər^{21} ʥi^{21} mæ^{33}. |
月 见 四 日 庚盘吉古 月 见 五 日 庚盘吉满

tshe^{33} do^{21} tʂhuɑ^{55} ȵi^{33}, fv̩^{33} kə^{55} to^{55} dər^{33}. | tshe^{33} do^{21} ʂər^{33} ȵi^{33}, bu^{21} khu^{33}. | tshe^{33} do^{21}
月 见 六 日 夫构 上 轮 月 见 七 日 布孔 月 见

ho^{55} ȵi^{33}, bu^{21} to^{55}. | tshe^{33} do^{21} gv̩^{33} ȵi^{33}, bu^{21} mæ^{33}. | tshe^{33} do^{21} tshe^{21} ȵi^{33}, zy^{21} khu^{33}. |
八 日 布铎 月 见 九 日 布满 月 见 十 日 蕊孔

tshe^{21} dɯ^{33} ȵi^{33}, zy^{21} miə^{21}. | tshe^{21} ȵi^{33} ȵi^{33}, zy^{21} khuɑ^{33}. | tshe^{33} sɿ^{21} ȵi^{33}, zy^{21} he^{33}. | tshe^{21}
十 一 日 蕊谬 十二 日 蕊夸 十 三 日 蕊亨 十

lu^{33} ȵi^{33}, zy^{21} tɕər^{33} to^{55} dər^{33}. | tshe^{21} uɑ^{33} ȵi^{33}, zy^{21} gv̩^{33}. | tshe^{21} tʂhuɑ^{55} ȵi^{33}, zy^{21} dv̩^{21}
四 日 蕊江 上 轮 十 五 日 蕊古 十 六 日 蕊督古

kv̩^{33} (ʥi^{21})①. tshe^{21}ʂər^{33} ȵi^{33}, zy^{21} dv̩^{21} mæ^{33}. | tshe^{21} ho^{55} ȵi^{33}, zy^{21} tshi^{21}. | tshe^{21} gv̩^{33} ȵi^{33},
十 七 日 蕊督满 十 八 日 蕊齐 十 九 日

zy^{21} bə^{33} (bɑ^{21}). | ȵi^{33} tsər^{21} ȵi^{33}, py^{33} bu^{21} kv̩^{33}.
蕊崩 二 十 日 本补古

初四由庚盘吉古当值。初五由庚盘吉满当值。初六由夫构当值。初七由布孔当值。初八由布铎当值。初九由布满当值。初十由蕊孔当值。十一日由蕊谬当值。十二日由蕊夸当值。十三日由蕊亨当值。十四日由蕊江当值。十五日由蕊古当值。十六日由蕊督古当值。十七日由蕊督满当值。十八日由蕊齐当值。十九日由蕊崩当值。二十日由本补古当值。

① ʥi^{21}，应为衍文，该字无法与其他字符连读成句。

521-L-27-11

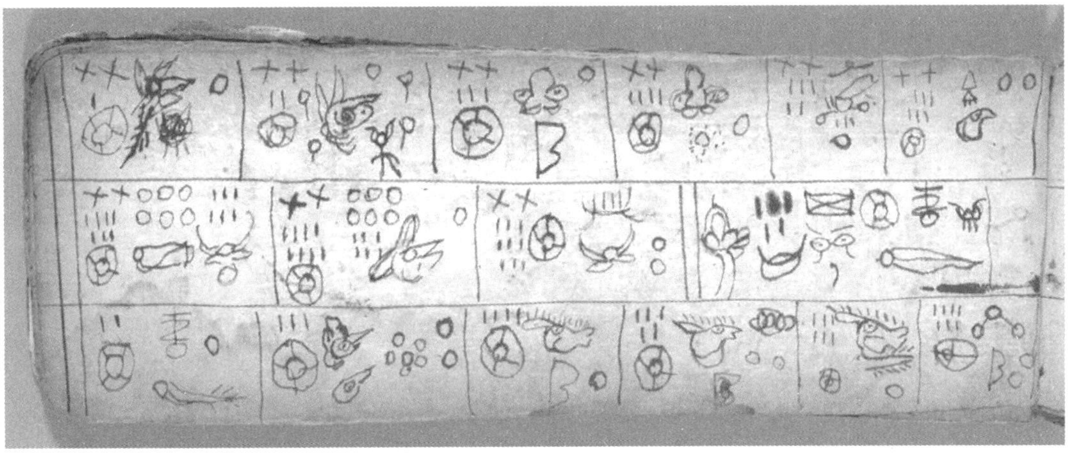

ȵi^{33} tsər^{21} dɯ^{33} ȵi^{33}, py^{33} bu^{21} mæ^{33}. | ȵi^{33} tsər^{21} ȵi^{33} ȵi^{33}, ʐuɑ^{33} tse^{55}. | ȵi^{33} tsər^{21} sʅ^{21} ȵi^{33},

二 十 一 日 本补满 二 十 二 日 柔正 二 十 三 日

pɑ^{33} khu^{33}. | ȵi^{33} tsər^{21} lu^{33} ȵi^{33}, pɑ^{33} by^{33}. | ȵi^{33} tsər^{21} uɑ^{33} ȵi^{33}, nɑ^{33} gv̩^{21}.① | ȵi^{33} tsər^{21}

巴孔 二 十 四 日 巴毕 二 十 五 日 娜古 二十

tʂhuɑ^{55} ȵi^{33}, thɑ^{33} kə^{55}. | ȵi^{33} tsər^{21} ʂər^{33} ȵi^{33}, tʂhuɑ^{55} tshi^{21} khuɑ^{33}. | ȵi^{33} tsər^{21} ho^{55} ȵi^{33}

六 日 涛构 二 十 七 日 创昌夸 二 十 八 日

tʂhuɑ^{55} tshi^{21} gv̩^{21}. | ȵi^{33} tsər^{21} gv̩^{33} ȵi^{33},② sʅ^{33} tho^{21} khuɑ^{21}③. | uɑ^{55} me^{33} he^{33}: tshe^{33} do^{21}

创昌古 二 十 九 日 司托夸 五 月 月 见

dɯ^{33} ȵi^{33}, kɯ^{33} phər^{21} dʑi^{21} kv̩^{33}. | tshe^{33} do^{21} ȵi^{33} ȵi^{33}, kɯ^{33} phər^{21} dʑi^{21} mæ^{33}. | tshe^{33} do^{21}

一 日 庚盘吉古 月 见 二 日 庚盘吉满 月 见

sʅ^{21} ȵi^{33}, fv̩^{33} kə^{55}. | tshe^{33} do^{21} lu^{33} ȵi^{33}, bu^{21} khu^{33}. | tshe^{33} do^{21} uɑ^{33} ȵi^{33}, bu^{21} to^{55}. | tshe^{33}

三 日 夫构 月 见 四 日 布孔 月 见 五 日 布铎 月

do^{21} tʂhuɑ^{55} ȵi^{33}, bu^{21} mæ^{33}. | tshe^{33} do^{21} ʂər^{33} ȵi^{33}, zy^{21} khu^{33}.

见 六 日 布满 月 见 七 日 蕊孔

二十一日由本补满当值。二十二日由柔正当值。二十三日由巴孔当值。二十四日由巴毕当值。二十五日由娜古当值。二十六日由涛构当值。二十七日由创昌夸当值。二十八日由创昌古当值。二十九日由司托夸当值。

五月：初一由庚盘吉古当值。初二由庚盘吉满当值。初三由夫构当值。初四由布孔当值。初五由布铎当值。初六由布满当值。初七由蕊孔当值。

---

① nɑ^{33} gv̩^{21}，前文均称作"pɑ^{33} mɯ^{33} dʑi^{21}"。下一句 thɑ^{33} kə^{55}之宿名在前文中称作"pɑ^{33} mæ^{33} phər^{21}"。

② "二十九日"后应有"三十日"，原文缺。此宿后应是"miə^{21} ɕy^{21}"，原书则是五月初一由 kɯ^{33} phər^{21} dʑi^{21} kv̩^{33}，与纳西二十八宿之序不符。

③ sʅ^{33} tho^{21} khuɑ^{33}之后还应有 sʅ^{33} tho^{21} gv̩^{33}。

521-L-27-12

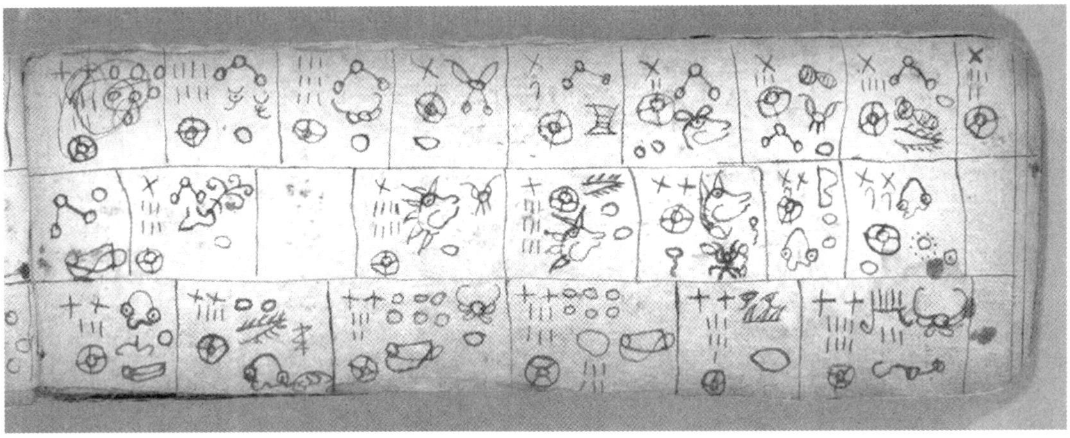

tshe^{33} do^{21} ho^{55} ȵi^{33}, zy^{21} miə^{21}. | tshe^{33} do^{21} gv̩^{33} ȵi^{33}, zy^{21} khuɑ^{33}. | tshe^{33} do^{21} tshe^{21} ȵi^{33},
月 见 八 日 蕊谬 月 见 九 日 蕊夸 月 见 十 日

zy^{21} he^{33}. | tshe^{21} dɯ^{33} ȵi^{33}, zy^{21} tɕər^{33}. | tshe^{21} ȵi^{33} ȵi^{33}, zy^{21} gv̩^{33}. | tshe^{33} sɿ^{21} ȵi^{33}, zy^{21}
蕊亨 十 一 日 蕊江 十 二 日 蕊古 十 三 日蕊督古

dv̩^{21} kv̩^{33}. | tshe^{21} lu^{33} ȵi^{33}, zy^{21} dv̩^{21} mæ^{33}. | tshe^{21} uɑ^{33} ȵi^{33}, zy^{21} tshi^{21}. | tshe^{21} tʂhuɑ^{55} ȵi^{33},
十 四 日 蕊督满 十 五 日 蕊齐 十 六 日

zy^{21} bə^{33} (bɑ^{21}). | tshe^{21} ho^{55} ȵi^{33},① py^{33} bu^{21} kv̩^{33}. | tshe^{21} gv̩^{33} ȵi^{33}, py^{33} bu^{21} mæ^{33}. | ȵi^{33}
蕊崩 十 八 日 本补古 十 九 日 本补满 二

tsər^{21} ȵi^{33}, zʅuɑ^{33} tse^{55}. | ȵi^{33} tsər^{21} dɯ^{33} ȵi^{33}, pɑ^{33} khu^{33}. | ȵi^{33} tsər^{21} ȵi^{33} ȵi^{33}, pɑ^{33} by^{33}. |
十 日 柔正 二 十 一 日 巴孔 二 十 二 日 巴毕

ȵi^{33} tsər^{21} sɿ^{21} ȵi^{33}, pɑ^{33} mɯ^{33} dʑi^{21}. | ȵi^{33} tsər^{21} lu^{33} ȵi^{33}, pɑ^{33} mæ^{33} phər^{21}. | ȵi^{33} tsər^{21} uɑ^{33}
二 十 三 日 巴牟吉 二 十 四 日 巴满盘 二 十 五

ȵi^{33}, tʂhuɑ^{55} tshi^{21} khuɑ^{33}. | ȵi^{33} tsər^{21} tʂhuɑ^{55} ȵi^{33}, tʂhuɑ^{55} tshi^{21} gv̩^{33}. | ȵi^{33} tsər^{21} ʂər^{33} ȵi^{33},
日 创昌夸 二 十 六 日 创昌古 二 十 七 日

miə^{21} ɕy^{21}. | ȵi^{33} tsər^{21} ho^{55} ȵi^{33}, sɿ^{33} tho^{21} khuɑ^{33}。
谬许 二 十 八 日 司托夸

初八由蕊谬当值。初九由蕊夸当值。初十由蕊亨当值。十一日由蕊江当值。十二日由蕊古当值。十三日由蕊督古当值。十四日由蕊督满当值。十五日由蕊齐当值。十六日由蕊崩当值。十八日由本补古当值。十九日由本补满当值。二十日由柔正当值。二十一日由巴孔当值。二十二日由巴毕当值。二十三日由巴牟吉当值。二十四日由巴满盘当值。二十五日由创昌夸当值。二十六日由创昌古当值。二十七日由谬许当值。二十八日由司托夸当值。

① 在“十八日”前应有“十七日”，原文脱。原书空了一格而未写“十七日”由何宿当值。

521-L-27-13

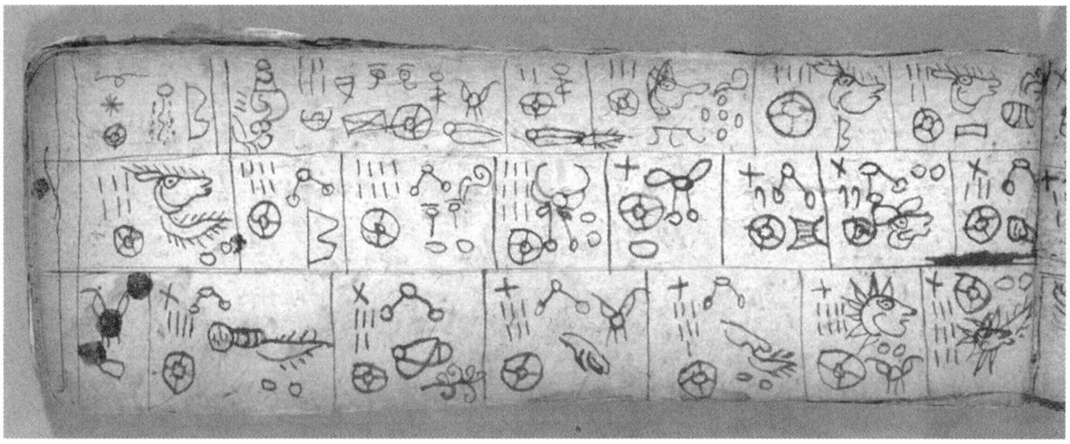

nɑ^{33} ty̩^{21} ȵi^{33},① tshʅ^{21} khu^{33}.② | tʂhuɑ^{55} me^{33} he^{33}: tshe^{33} do^{21} dɯ^{33} ȵi^{33}, kɯ^{33} phər^{21} ʥi^{21}
三十 日 楚孔 六月 月 见 一 日 庚盘吉古

ky̩^{33}. | tshe^{33} do^{21} ȵi^{33} ȵi^{33}, kɯ^{33} phər^{21} ʥi^{21} mæ^{33}. | tshe^{33} do^{21} sʅ^{21} ȵi^{33}, fy̩^{33} kə^{55}③ to^{55}
月 见 二 日 庚盘吉满 月 见 三 日 夫构 上

dər^{33}. | tshe^{33} do^{21} lu^{33} ȵi^{33}, bu^{21} khu^{33}. | tshe^{33} do^{21} uɑ^{33} ȵi^{33}, bu^{21} to^{55}. | tshe^{33} do^{21} tʂhuɑ^{55}
轮 月 见 四 日 布孔 月 见 五 日 布铎 月 见 六

ȵi^{33}, bu^{21} mæ^{33}. | tshe^{33} do^{21} ʂər^{33} ȵi^{33}, zy^{21} khu^{33}. | tshe^{33} do^{21} ho^{55} ȵi^{33}, zy^{21} miə^{21}. |
日 布满 月 见 七 日 蕊孔 月 见 八 日 蕊谬

tshe^{33} do^{21} gy̩^{33} ȵi^{33}, zy^{21} khuɑ^{33}. | tshe^{33} do^{21} tshe^{21} ȵi^{33}, zy^{21} he^{33}. | tshe^{21} dɯ^{33} ȵi^{33}, zy^{21}
月 见 九 日 蕊夸 月 见 十 日 蕊亨 十 一 日 蕊江

tɕər^{33}. | tshe^{21} ȵi^{33} ȵi^{33}, zy^{21} gy̩^{33}. | tshe^{33} sʅ^{21} ȵi^{21}, zy^{21} dy̩^{21} ky̩^{33}. | tshe^{21} lu^{33} ȵi^{33}, zy^{21} dy̩^{21}
十 二 日 蕊古 十 三 日 蕊督古 十 四 日 蕊督满

mæ^{33}. | tshe^{21}uɑ^{33} ȵi^{33}, zy^{21} tshi^{21}(bɑ^{21})④. | tshe^{21} tʂhuɑ^{55} ȵi^{33}, zy^{21} kho^{21} ky̩^{33}. | tshe^{21} ʂər^{33}
十 五 日 蕊齐 十 六 日 蕊科古 十 七

ȵi^{33}, zy^{21} kho^{21} mæ^{33}. | tshe^{21} ho^{55} ȵi^{33}, py^{33} bu^{21} ky̩^{33}. | tshe^{21} gy̩^{33} ȵi^{33}, py^{33} bu^{21} mæ^{33}.
日 蕊科满 十 八 日 本补古 十 九 日 本补满

三十日由楚孔当值。

六月：初一由庚盘吉古当值。初二由庚盘吉满当值。初三由夫构当值。初四由布孔当值。

① 原文脱“二十九日”由何宿当值。

② “tshʅ^{21} khu^{33}”，前后文均未出现此星宿名，纳西族二十八宿的宿名虽有差异，但均未见在“sʅ^{33} tho^{21} gy̩^{33}与 kɯ^{33} phər^{21} ʥi^{21} ky̩^{33}之间有该宿名。

③ kə^{55}，原文误作 kɑ^{55} 。

④ bɑ^{21}，此字为衍文。纳西族二十八宿中虽有 zy^{21} bɑ^{21} ，但一天不能是“两宿”一起当值。

初五由布铎当值。初六由布满当值。初七由蕊孔当值。初八由蕊谬当值。初九由蕊夸当值。初十由蕊亨当值。十一日由蕊江当值。十二日由蕊古当值。十三日由蕊督古当值。十四日由蕊督满当值。十五日由蕊齐当值。十六日由蕊科古当值。十七日由蕊科满当值。十八日由本补古当值。十九日由本补满当值。

521-L-27-14

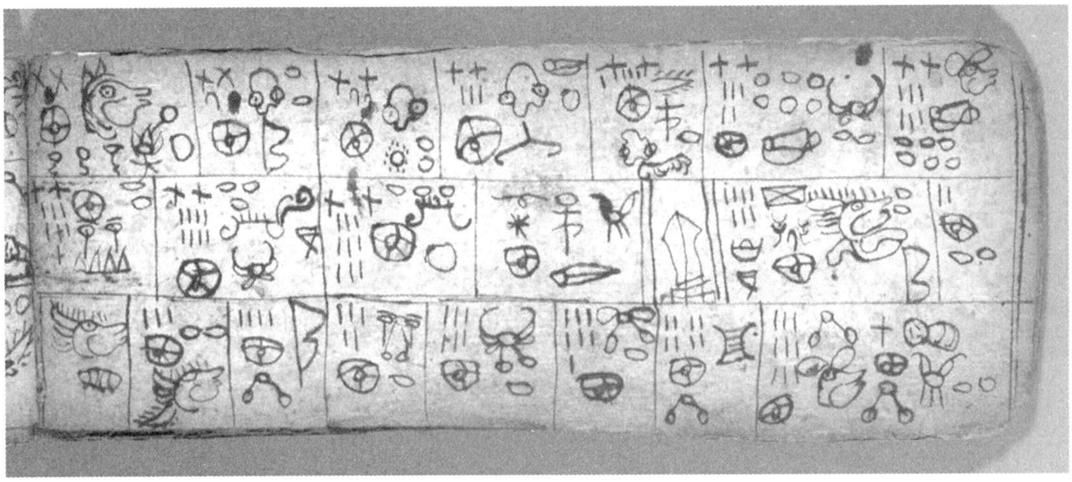

ȵi^{33} tsər^{21} ȵi^{33}, ʐua^{33} tse^{55}. | ȵi^{33} tsər^{21} dɯ^{33} ȵi^{33}, pa^{33} khu^{33}. | ȵi^{33} tsər^{21} ȵi^{33} ȵi^{33}, pa^{33}
二 十 日 柔正 二 十 一 日 巴孔 二 十 二 日 巴毕

by^{33}. | ȵi^{33} tsər^{21} sɿ^{21} ȵi^{21}, pa^{33} mɯ^{21} dʑi^{21}. | ȵi^{33} tsər^{21} lu^{33} ȵi^{33}, pa^{33} mæ^{33} phər^{21}. | ȵi^{33}
二 十 三 日 巴牟吉 二 十 四 日 巴满盘 二

tsər^{21} ua^{33} ȵi^{33}, tʂhua^{55}tshi^{21} khua^{33}. | ȵi^{33} tsər^{21} tʂhua^{55} ȵi^{33}, tʂhua^{55} tshi^{21} gv̩^{33}. | ȵi^{33} tsər^{21}
十 五 日 创昌夸 二 十 六 日 创昌古 二 十

ʂər^{33} ȵi^{33}, miə^{21} ɕy^{21}. | ȵi^{33} tsər^{21} ho^{55} ȵi^{33}, sɿ^{33} tho^{21} khua^{33}. | ȵi^{33} tsər^{21} gv̩^{33} ȵi^{33}, sɿ^{33} tho^{21}
七 日 谬许 二 十 八 日 司托夸 二 十 九 日 司托古

gv̩^{33}. | na^{33} tv̩^{21} ȵi^{33}, kɯ^{33} phər^{21} dʑi^{21} kv̩^{33}.① | sæ^{33} me^{33} he^{33} : tshe^{33} do^{21} dɯ^{33} ȵi^{33}, bu^{21}
三十 日 庚盘吉古 七月 月 见 一 日 布孔

khu^{33}. | tshe^{33} do^{21} ȵi^{33} ȵi^{33}, bu^{21} to^{55}. | tshe^{33} do^{21} sɿ^{21} ȵi^{33}, bu^{21} mæ^{33}. | tshe^{33} do^{21} lu^{33}
月 见 二 日 布铎 月 见 三 日 布满 月 见 四

ȵi^{33}, zy^{21}khu^{33}. | tshe^{33} do^{21} ua^{33} ȵi^{33}, zy^{21} miə^{21}. | tshe^{33} do^{21} tʂhua^{55} ȵi^{33}, zy^{21} khua^{33}. |
日 蕊孔 月 见 五 日 蕊谬 月 见 六 日 蕊夸

tshe^{33} do^{21} ʂər^{33} ȵi^{33}, zy^{21} he^{33}. | tshe^{33} do^{21} ho^{55} ȵi^{33}, zy^{21} tɕər^{33}. | tshe^{33} do^{21} gv̩^{33} ȵi^{33}, zy^{21}
月 见 七 日 蕊亨 月 见 八 日 蕊江 月 见 九 日 蕊古

① 此后应由“kɯ^{33} phər^{21} dʑi^{21} mæ^{33}”当值，但原文从“七月初一”跳到“bu^{21} khu^{33}”上去了。

gy̩^{33}. tshe^{33} do^{21} tshe^{21} ȵi^{33}, zy^{21} dy̩^{21} ky̩^{33}.
月 见 十 日 蕊督古

二十日由柔正当值。二十一日由巴孔当值。二十二日由巴毕当值。二十三日由巴牟吉当值。二十四日由巴满盘当值。二十五日由创昌夸当值。二十六日由创昌古当值。二十七日由谬许当值。二十八日由司托夸当值。二十九日由司托古当值。三十日由庚盘吉古当值。

七月：初一由布孔当值。初二由布铎当值。初三由布满当值。初四由蕊孔当值。初五由蕊谬当值。初六由蕊夸当值。初七由蕊亨当值。初八由蕊江当值。初九由蕊古当值。初十由蕊督古当值。

521-L-27-15

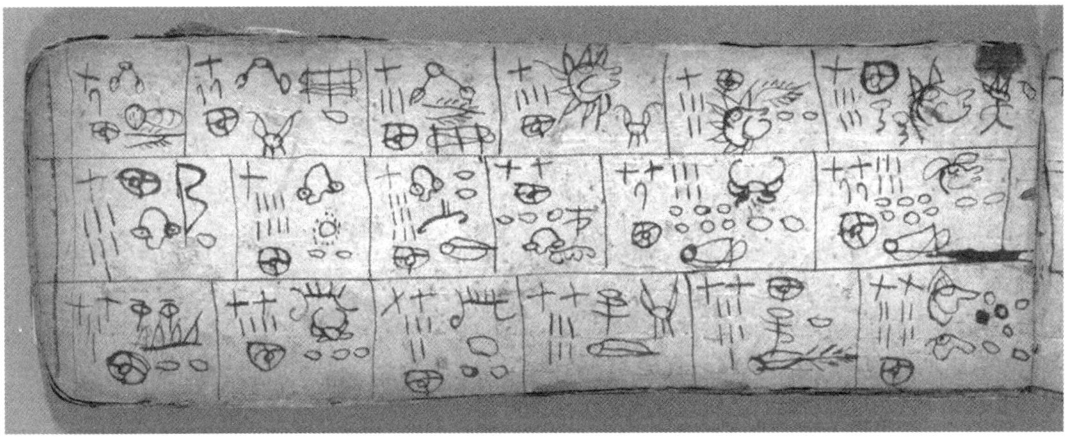

tshe^{21} dɯ^{33} ȵi^{33}, zy^{21} dy̩^{21} mæ^{33}. | tshe^{21} ȵi^{33} ȵi^{33}, zy^{21} kho^{21} ky̩^{33}. | tshe^{33} sɿ^{21} ȵi^{33}, zy^{21}
十 一 日 蕊督满 十 二 日 蕊科古 十 三 日

kho^{21} mæ^{33}. | tshe^{21} lu^{33} ȵi^{33}, py^{33} bu^{21} ky̩^{33}. | tshe^{21} uɑ^{33} ȵi^{33}, py^{33} bu^{21} mæ^{33}. | tshe^{21}
蕊科满 十 四 日 本补古 十 五 日 本补满 十

tʂhuɑ^{55} ȵi^{33}, ʐuɑ^{33} tse^{55}. | tshe^{21} ʂər^{33} ȵi^{33}, pɑ^{33} khu^{33}. | tshe^{21} ho^{55} ȵi^{33}, pɑ^{33} by^{33}. | tshe^{21}
六 日 柔正 十 七 日 巴孔 十 八 日 巴毕 十

gy̩^{33} ȵi^{33}, pɑ^{33} mɯ^{33} dʑi^{21}. | ȵi^{33} tsər^{21} ȵi^{33}, pɑ^{33} mæ^{33} phər^{21}. | ȵi^{33} tsər^{21} dɯ^{33} ȵi^{33}, tʂhuɑ^{55}
九 日 巴牟吉 二 十 日 巴满盘 二 十 一 日

tshi^{21} khuɑ^{33}. | ȵi^{33} tsər^{21} ȵi^{33} ȵi^{33}, tshuɑ^{55} tshi^{21} gy̩^{33}. | ȵi^{33} tsər^{21} sɿ^{21} ȵi^{33}, miə^{21} ɕy^{21}. | ȵi^{33}
创昌夸 二 十 二 日 创昌古 二 十 三 日 谬许 二

tsər^{21} lu^{33} ȵi^{33}, sɿ^{33} tho^{21} khuɑ^{33}. | ȵi^{33} tsər^{21} uɑ^{33} ȵi^{33}, sɿ^{33} tho^{21} gy̩^{33}. | ȵi^{33} tsər^{21} tʂhuɑ^{55}
十 四 日 司托夸 二 十 五 日 司托古 二 十 六

ȵi^{33}, kɯ^{21} phər^{21} dʑi^{21} ky̩^{33}. | ȵi^{33} tsər^{21} ʂər^{33} ȵi^{33}, kɯ^{33} phər^{21} dʑi^{21} mæ^{33}. ȵi^{33} tsər^{21} ho^{55} ȵi^{33},
日 庚盘吉古 二 十 七 日 庚盘吉满 二 十 八 日

fy̩^{33} kə^{55}.
夫构

十一日由蕊督满当值。十二日由蕊科古当值。十三日由蕊科满当值，十四日由本补古当值。十五日由本补满当值。十六日由柔正当值。十七日由巴孔当值。十八日由巴毕当值。十九日由巴牟吉当值。二十日由巴满盘当值。二十一日由创昌夸当值。二十二日由创昌古当值。二十三日由谬许当值。二十四日由司托夸当值。二十五日由司托古当值。二十六日由庚盘吉古当值。二十七日由庚盘吉满当值。二十八日由夫构当值。

521-L-27-16

n̩i^{33} tsər^{21} gy̩^{33} n̩i^{33}, bu^{21} khu^{33}.① | huɑ^{55} me^{33} he^{33}: tshe^{33} do^{21} dɯ^{33} n̩i^{33}, zy^{21} khu^{33}. | tshe^{33}
二 十 九 日 布孔 八月 月 见 一 日 蕊孔 月

do^{21} n̩i^{33} n̩i^{33}, zy^{21}miə^{21}. | tshe^{33} do^{21}sɿ^{21} n̩i^{33}, zy^{21} khuɑ^{33}. | tshe^{33} do^{21} lu^{33} n̩i^{33}, zy^{21} he^{33} . |
见 二 日 蕊谬 月 见 三 日 蕊夸 月 见 四 日 蕊亨

tshe^{33} do^{21} uɑ^{33} n̩i^{33}, zy^{21} tɕər^{33}. | tshe^{33} do^{21} tʂhuɑ^{55} n̩i^{33}, zy^{21} gy̩^{33} to^{55} dər^{33} me^{33}. | tshe^{33}
月 见 五 日 蕊江 月 见 六 日 蕊古 上 轮 的 月

do^{21}ʂər^{33} n̩i^{33}, zy^{21} dy̩^{21} ky̩^{33}. | tshe^{33} do^{21} ho^{55} n̩i^{33}, zy^{21} dy̩^{21} mæ^{33}. | tshe^{33} do^{21} gy̩^{33} n̩i^{33},
见 七 日 蕊督古 月 见 八 日 蕊督满 月 见 九 日

zy^{21} kho^{21} ky̩^{33}. | tshe^{33} do^{21} tshe^{21} n̩i^{33}, zy^{21} kho^{21} mæ^{3}. | tshe^{21} dɯ^{33} n̩i^{33}, py^{33} bu^{21} ky̩^{33}. |
蕊科古 月 见 十 日 蕊科满 十 一 日 本补古

tshe^{21} n̩i^{33} n̩i^{33}, py^{33} bu^{21} mæ^{33}. | tshe^{33} sɿ^{21} n̩i^{33}, zʉɑ^{33} tse^{55}. | tshe^{21} lu^{33} n̩i^{33}, pɑ^{33} khu^{33}. |
十 二 日 本补满 十 三 日 柔正 十 四 日 巴孔

tshe^{21} uɑ^{33} n̩i^{33}, pɑ^{33} by^{33} to^{55} dər^{33} me^{55}. | tshe^{33} tʂhuɑ^{55} n̩i^{33}, pɑ^{33} mɯ^{33} dʑi^{21}. | tshe^{21} ʂər^{33}
十 五 日 巴毕 上 轮 的 十 六 日 巴牟吉 十 七

① 其后少了“三十日”的宿名。又“bu^{21} khu^{33}”后还应有“bu^{21} to^{55}、bu^{21} mæ^{33}”两宿，但下文的初一当值宿跳到“zy^{21} khu^{33}”上去了。

ȵi^{33}, pɑ^{33} mæ^{33} phər^{21}. | tshe^{21} ho^{55} ȵi^{33}, tʂhuɑ^{55} tshi^{21} khuɑ^{33}.
日 巴满盘 十 八 日 创昌夸

二十九日由布孔当值。

八月：初一由蕊孔当值。初二由蕊谬当值。初三由蕊夸当值。初四由蕊亨当值。初五由蕊江当值。初六由蕊古当值。初七由蕊督古当值。初八由蕊督满当值。初九由蕊科古当值。初十由蕊科满当值。十一日由本补古当值。十二日由本补满当值。十三日由柔正当值。十四日由巴孔当值。十五日由巴毕当值。十六日由巴牟吉当值。十七日由巴满盘当值。十八日由创昌夸当值。

521-L-27-17

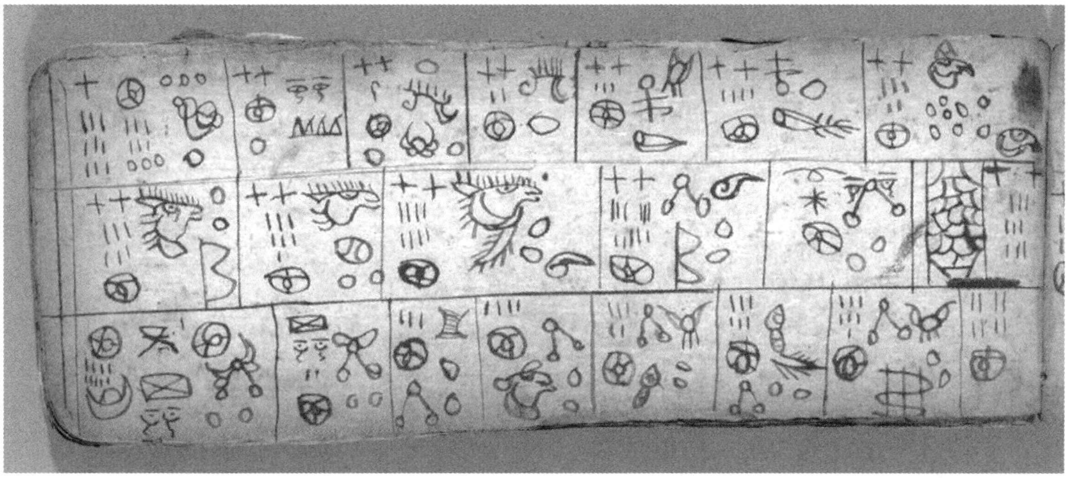

tsər^{33} gv̩^{33} ȵi^{33}, tʂhuɑ^{55} tshi^{21} gv̩^{33}. | ȵi^{33} tsər^{21} ȵi^{33}, miə^{21} ɕy^{21}. | ȵi^{33} tsər^{21} dɯ^{33} ȵi^{33}, sɿ^{33}
十 九 日 创昌古 二 十 日 谬许 二 十 一 日

tho^{21} khuɑ^{33}. | ȵi^{33} tsər^{21} ȵi^{33} ȵi^{33}, sɿ^{33} tho^{21} gv̩^{33}. | ȵi^{33} tsər^{21} sɿ^{21} ȵi^{33}, kɯ^{33} phər^{21} ʥi^{21} kv̩^{33}.
司托夸 二 十 二 日 司托古 二 十 三 日 庚盘吉古

ȵi^{33} tsər^{21} lu^{33} ȵi^{33}, kɯ^{33} phər^{21} ʥi^{21} mæ^{3}. | ȵi^{33} tsər^{21} uɑ^{33} ȵi^{33}, fv̩^{33} kə^{55}. | ȵi^{33} tsər^{21} tʂhuɑ^{55}
二 十 四 日 庚盘吉满 二 十 五 日 夫构 二 十 六

ȵi^{33}, bu^{21}khu^{33}. | ȵi^{33} tsər^{21} ʂər^{33}, bu^{21} to^{55}. | ȵi^{33} tsər^{21} ho^{55} ȵi^{33}, bu^{21} mæ^{33} to^{55} dər^{33}. | ȵi^{33}
日 布孔 二 十 七 布铎 二 十 八 日 布满 上 轮 二

tsər^{21} gv̩^{33} ȵi^{33}zy^{21} khu^{33} to^{55}dər^{33}, | nɑ^{33} tv̩^{21} ȵi^{33}, zy^{21}miə^{21} | guə^{33}me^{33} he^{33}: tshe^{33} do^{21}
十 九 日 蕊孔 上 当 三十 日 蕊谬 九月 月 见

dɯ^{33} ȵi^{33}, zy^{21} khuɑ^{33}. | tshe^{33} do^{21} ȵi^{33} ȵi^{33}, zy^{21} he^{33}. | tshe^{33} do^{21} sɿ^{21}ȵi^{33}, zy^{21} tɕər^{33}. |
一 日 蕊夸 月 见 二 日 蕊亨 月 见 三 日 蕊江

tshe^{33} do^{21} lu^{33} ȵi^{33}, zy^{21} gv̩^{33}. | tshe^{33} do^{21} uɑ^{33} ȵi^{33}, zy^{21} dv̩^{21} kv̩^{33}. | tshe^{33} do^{21} tʂhuɑ^{55}
月 见 四 日 蕊古 月 见 五 日 蕊督古 月 见 六

ȵi^{33}, zy^{21} dy̩^{21} mæ^{33}. | tshe^{33} do^{21} ʂər^{33} ȵi^{33}, zy^{21} kho^{21} ky̩^{33}. | tshe^{33} do^{21} ho^{55}ȵi^{33},
日 蕊督满 月 见 七 日 蕊科古 月 见 八 日

十九日由创昌古当值。二十日由谬许当值。二十一日由司托夸当值。二十二日由司托古当值。二十三日由庚盘吉古当值。二十四日由庚盘吉满当值。二十五日由夫构当值。二十六日由布孔当值。二十七日由布铎当值。二十八日由布满当值。二十九日由蕊孔当值。三十日由蕊谬当值。

九月：初一由蕊夸当值。初二由蕊亨当值。初三由蕊江当值。初四由蕊古当值。初五由蕊督古当值。初六由蕊督满当值。初七由蕊科古当值。初八

521-L-27-18

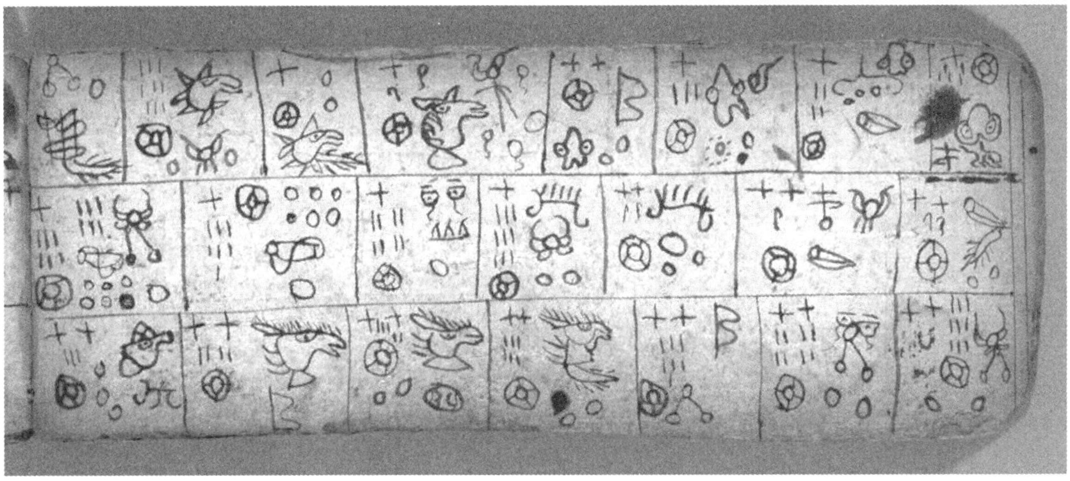

zy^{21} kho^{21} mæ^{33}. | tshe^{33} do^{21} gy̩^{33} ȵi^{33}, py^{33} bu^{21} ky̩^{33}. | tshe^{33} do^{21} tshe^{21} ȵi^{33}, py^{33} by̩^{21}
蕊科满 月 见 九 日 本补古 月 见 十 日 本补满

mæ^{33}. | tshe^{21} dɯ^{33} ȵi^{33}, ʐuɑ^{33} tse^{55}. | ȵi^{33} tsər^{21}① ȵi^{33}, pɑ^{33} khu^{33}. | tshe^{33} sɿ^{21} ȵi^{33}, pɑ^{33}
十 一 日 柔正 十 二 日 巴孔 十 三 日 巴毕

by^{33}. | tshe^{21} lu^{33} ȵi^{33}, pɑ^{33} mɯ^{33} dʑi^{21}. | tshe^{21} uɑ^{33} ȵi^{33}, pɑ^{33} mæ^{33} phər^{21}. | tshe^{21} tʂhuɑ^{55}
十 四 日 巴牟吉 十 五 日 巴满盘 十 六

ȵi^{33}, tʂhuɑ^{55} tshi^{21} khuɑ^{33}. | tshe^{21} ʂər^{33} ȵi^{33}, tʂhuɑ^{55} tshi^{21} gy̩^{33}. | tshe^{21} ho^{55} ȵi^{33}, miə^{21}
日 创昌夸 十 七 日 创昌古 十 八 日 谬许

ɕy^{21}. | tshe^{21} gy̩^{33} ȵi^{33}, sɿ^{33} tho^{21} khuɑ^{33}. | ȵi^{33} tsər^{21} ȵi^{33}② ȵi^{33}, sɿ^{33} tho^{21} gy̩^{33}. | ȵi^{33} tsər^{21}
十 九 日 司托夸 二 十 日 司托古 二 十

dɯ^{33} ȵi^{33}, kɯ^{33} phər^{21} dʑi^{21} ky̩^{33}. | ȵi^{33} tsər^{21} ȵi^{33} ȵi^{33}, kɯ^{33} phər^{21} dʑi^{21} mæ^{33}. | ȵi^{33} tsər^{21}
一 日 庚盘吉古 二 十 二 日 庚盘吉满 二 十

① 原文误把“十二”写作“二十”，译文中校改。

② 原文误把“二十”写作“二十二”，译文中校改。

sɿ21 ȵi33, fv̩33 kə55. | ȵi33 tsər21 lu33 ȵi33, bu21 khu33. | ȵi33 tsər21 uɑ33 ȵi33, bu21 to55. | ȵi33
三 日 夫构 二 十 四 日 布孔 二 十 五 日 布铎 二

tsər21 tʂhuɑ55 ȵi33, bu21 mæ33. | ȵi33 tsər33 ʂər33 ȵi33, zy21 khu33. | ȵi33 tsər21 ho55 ȵi33, zy33
十 六 日 布满 二 十 七 日 蕊孔 二 十 八 日 蕊谬

miə21. | ȵi33 tsər21 gv̩33 ȵi33, zy21 khuɑ33.
二 十 九 日 蕊夸

由蕊科满当值。初九由本补古当值。初十由本补满当值。十一日由柔正当值。十二日由巴孔当值。十三日由巴毕当值。十四日由巴牟吉当值。十五日由巴满盘当值。十六日由创昌夸当值。十七日由创昌古当值。十八日由谬许当值。十九日由司托夸当值。二十日由司托古当值。二十一日由庚盘吉古当值。二十二日由庚盘吉满当值。二十三日由夫构当值。二十四日由布孔当值。二十五日由布铎当值。二十六日由布满当值。二十七日由蕊孔当值。二十八日由蕊谬当值。二十九日由蕊夸当值。

521-L-27-19

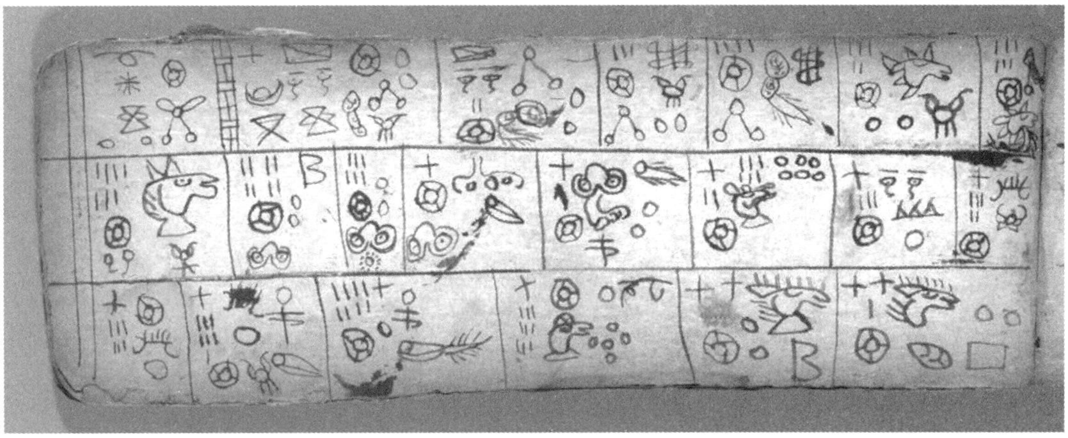

nɑ33 tv̩21 ȵi33, zy21 he33. | tshe21 me33 he33, tshe33 do21 dɯ33 ȵi33, zy21 dy21 kv̩33. | tshe33 do21
三十 日 蕊亨 十 月 月 见 一 日 蕊督古 月 见

ȵi33 ȵi33, zy21 dv̩21 mæ33. | tshe33 do21 sɿ21 ȵi33, zy21 kho21 kv̩33. | tshe33 do21 lu33 ȵi33, zy21
二 日 蕊督满 月 见 三 日 蕊科古 月 见 四 日

kho21 mæ33. | tshe33 do21 uɑ33 ȵi33, py33 bu21 kv̩33. | tshe33 do21 tʂhuɑ55ȵi33, py33 bu21 mæ33. |
蕊科满 月 见 五 日 本补古 月 见 六 日 本补满

tshe33 do21ʂər33 ȵi33, ʐuɑ33 tse55. | tshe33 do21 ho55 ȵi33, pɑ33 khu33. | tshe33 do21 tʂhuɑ55① ȵi33,
月 见 七 日 柔正 月 见 八 日 巴孔 月 见 六 日

pɑ33 by33. | tshe33 do21 tshe21 ȵi33, pɑ33 mɯ33 ʥi21. | tshe21 dɯ33 ȵi33, pɑ33 mæ33 phər21. |
巴毕 月 见 十 日 巴牟吉 十 一 日 巴满盘

① 原文误，应是“九”而写成“六”，校改之。

tshe^{21} ȵi^{33} ȵi^{33}, tʂhuɑ^{55} tshi^{21} khuɑ^{33}①. | tshe^{33} sɿ^{21} ȵi^{33}, tʂhuɑ^{55} tshi^{21} gv̩^{33}. | tshe^{21} lu^{33} ȵi^{33},
十 二 日 创昌夸 十 三 日 创昌古 十 四 日

miə^{21} ɕy^{21}. | tshe^{21} uɑ^{33} ȵi^{33}, sɿ^{33} tho^{21} khuɑ^{33}. | tshe^{21} tʂhuɑ^{55} ȵi^{33}, sɿ^{33} tho^{21} gv̩^{33}. | tshe^{21}
谬许 十 五 日 司托夸 十 六 日 司托古 十

ʂər^{33} ȵi^{33}, kɯ^{33} phər^{21} dʑi^{21} kv̩^{33}. | tshe^{21} ho^{55} ȵi^{33}, kɯ^{33} phər^{21} dʑi^{21} mæ^{33}. | tshe^{21} gv̩^{33} ȵi^{33},
七 日 庚盘吉古 十 八 日 庚盘吉满 十 九 日

fv̩^{33} kə^{55}. | ȵi^{33} tsər^{21} ȵi^{33}, bu^{21} khu^{33}. | ȵi^{33} tsər^{21} dɯ^{33} ȵi^{33}, bu^{21} to^{55}.
夫构 二 十 日 布孔 二 十 一 日 布铎

三十日由蕊亨当值。

十月：初一由蕊督古当值。初二由蕊督满当值。初三由蕊科古当值。初四由蕊科满当值。初五由本补古当值。初六由本补满当值。初七由柔正当值。初八由巴孔当值。初九由巴毕当值。初十由巴牟吉当值。十一日由巴满盘当值。十二日由创昌夸当值。十三日由创昌古当值。十四日由谬许当值。十五日由司托夸当值。十六日由司托古当值。十七日由庚盘吉古当值。十八日由庚盘吉满当值。十九日由夫构当值。二十日由布孔当值。二十一日由布铎当值。

521-L-27-20

ȵi^{33} tsər^{21} ȵi^{33} ȵi^{33}, bu^{21} mæ^{33}. | ȵi^{33} tsər^{21} sɿ^{21} ȵi^{21}, zy^{21} khu^{33}. | ȵi^{33} tsər^{21} lu^{33} ȵi^{33}, zy^{21}
二 十 二 日 布 满 二 十 三 日 蕊孔 二 十 四 日 蕊夸

khuɑ^{33}. | ȵi^{33} tsər^{21} uɑ^{33} ȵi^{33}, zy^{21} he^{33}. | ȵi^{33} tsər^{21} tʂhuɑ^{55} ȵi^{33}, zy^{21} tɕər^{33}. | ȵi^{33} tsər^{21} ʂər^{33}
二 十 五 日 蕊亨 二 十 六 日 蕊江 二 十 七

ȵi^{33}, zy^{21} gv̩^{33}. | ȵi^{33} tsər^{21} ho^{55} ȵi^{33}, zy^{21} dv̩^{21} kv̩^{33}. | ȵi^{33} tsər^{21} gv̩^{33} ȵi^{33}, zy^{21} dv̩^{21} mæ^{33}. |
日 蕊古 二 十 八 日 蕊督古 二 十 九 日 蕊督满

nɑ^{33} tv̩^{21} ȵi^{33}, zy^{21} tshi^{21}. | tshe^{21}dɯ^{33} he^{33}: tshe^{33} do^{21} dɯ^{33} ȵi^{33}, zy^{21} kho^{21} mæ^{33}. | tshe^{33}do^{21}
三十 日 蕊齐 十一月 月 见 一 日 蕊科满 月 见

① 原文写漏“十三日……”，校补之。

ȵi^{33} ȵi^{33}, py^{33} bu^{21} kv̩^{33}. | tshe^{33} do^{21} sɿ^{21} ȵi^{33}, py^{33} bu^{21} mæ^{33}. | tshe^{33} do^{21} lu^{33} ȵi^{33}, ʐuɑ^{33}
二 日 本补古 月 见 三 日 本补满 月 见 四 日 柔正

tse^{55}. | tshe^{33} do^{21} uɑ^{33} ȵi^{33}, pɑ^{33} khu^{33}. | tshe^{33} do^{21} tʂhuɑ^{55} ȵi^{33}, pɑ^{33} by^{33}. | tshe^{33} do^{21} ʂər^{33}
月 见 五 日 巴孔 月 见 六 日 巴毕 月 见 七

ȵi^{33}, pɑ^{33} mɯ^{33} ʥi^{21} (phər^{21})①. | tshe^{33} do^{21} ho^{55} ȵi^{33}, pɑ^{33} mæ^{33} phər^{21}. | tshe^{33} do^{21} gv̩^{33} ȵi^{33},
日 巴牟吉 月 见 八 日 巴满盘 月 见 九 日

tʂhuɑ^{55}

二十二日由布满当值。二十三日由蕊孔当值。二十四日由蕊夸当值。二十五日由蕊亨当值。二十六日由蕊江当值。二十七日由蕊古当值。二十八日由蕊督古当值。二十九日由蕊督满当值。三十日由蕊齐当值。

十一月：初一由蕊科满当值。初二由本补古当值。初三由本补满当值。初四由柔正当值。初五由巴孔当值。初六由巴毕当值。初七由巴牟吉当值。初八由巴满盘当值。初九

521-L-27-21

tshi^{21} khuɑ^{21}. | tshe^{33} do^{21} tshe^{21} ȵi^{33}, tʂhuɑ^{55} tshi^{21} gv̩^{33}. | tshe^{33} dɯ^{33} ȵi^{33}, miə^{21} ɕy^{21}. | tshe^{21}
创昌夸 见 月 十 日 创昌古 十 一 日 谬许 十

ȵi^{33} ȵi^{33}, sɿ^{33} tho^{21} khuɑ^{33}. | tshe^{33} sɿ^{21} ȵi^{33}, sɿ^{33} tho^{21} gv̩^{33}. | tshe^{21} lu^{33} ȵi^{33}, kɯ^{33} phər^{21}ʥi^{21}
二 日 司托夸 十 三 日 司托古 十 四 日 庚盘吉古

kv̩^{33}. | tshe^{21} uɑ^{33} ȵi^{33}, kɯ^{33} phər^{21} ʥi^{21} mæ^{33}. | tshe^{21} tʂhuɑ^{55} ȵi^{33}, fv̩^{33} kə^{55}. | tshe^{21} ʂər^{33}
十 五 日 庚盘吉满 十 六 日 夫构 十 七

ȵi^{33}, bu^{21} khu^{33}. | tshe^{21} ho^{55} ȵi^{33}, bu^{21} to^{55}. | tshe^{21} gv̩^{33} ȵi^{33}, bu^{21} mæ^{33}. | ȵi^{33} tsər^{21} ȵi^{33},
日 布孔 十 八 日 布铎 十 九 日 布满 二十 日

① phər^{21}，此字属衍文，据前后文当作“mɯ^{33}”。

zy21 khu33.｜n̥i33 tsər21 dɯ33 n̥i33, zy21 miə21.｜n̥i33 tsər21 n̥i33 n̥i33, zy21 khuɑ33.｜n̥i33 tsər21
蕊孔 二 十 一 日 蕊谬 二 十 二 日 蕊夸 二 十

sʅ21 n̥i33, zy21 he33.｜n̥i33 tsər21 lu33 n̥i33, zy21 tɕər33.｜n̥i33 tsər21 uɑ33 n̥i33, zy21 gv̩33.｜n̥i33
三 日 蕊亨 二 十 四 日 蕊江 二 十 五 日 蕊古 二

tsər21 tʂhuɑ55 n̥i33, zy21 dv̩21 kv̩33.｜n̥i33 tsər21 ʂər21 n̥i33, zy21 dv̩21 mæ33.｜n̥i33 tsər21 ho55 n̥i33,
十 六 日 蕊督古 二 十 七 日 蕊督满 二 十 八 日

zy21 kho21 kv̩33.｜n̥i33 tsər21 gv̩33 n̥i33, zy21 kho21 mæ33.
蕊科古 二 十 九 日 蕊科满

由创昌夸当值。初十日由创昌古当值。十一日由谬许当值。十二日由司托夸当值。十三日由司托古当值。十四日由庚盘吉古当值。十五日由庚盘吉满当值。十六日由夫构当值。十七日由布孔当值。十八日由布铎当值。十九日由布满当值。二十日由蕊孔当值。二十一日由蕊谬当值，二十二日由蕊夸当值。二十三日由蕊亨当值。二十四日由蕊江当值。二十五日由蕊古当值。二十六日由蕊督古当值。二十七日由蕊督满当值。二十八日由蕊科古当值。二十九日由蕊科满当值。

521-L-27-22

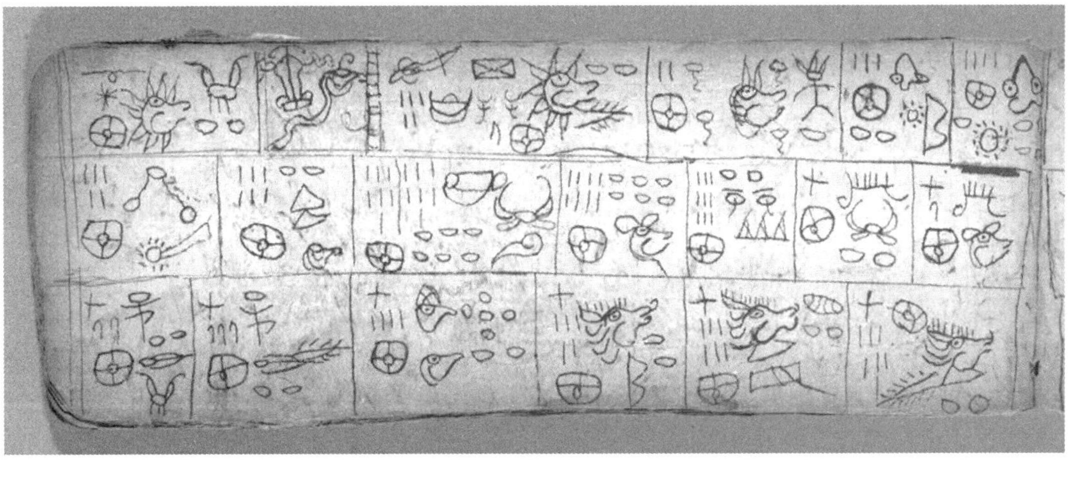

nɑ33 tv̩21 n̥i33, py33 bu21 kv̩33.｜dɑ33 uɑ33 he33: tshe33 do21 dɯ33 n̥i33, py33 bu21 mæ33.｜tshe33
三十 日 本补古 十二月 月 见 一 日 本补满 月

do21 n̥i33 n̥i33, zʅuɑ33 tse55.｜tshe33do21 sʅ21 n̥i33, pɑ33 khu33 (by33[①]).｜tshe33 do21 lu33 n̥i33, pɑ33
见 二 日 柔正 月 见 三 日 巴孔 月 见 四 日 巴毕

by33.｜tshe33 do21 uɑ33 n̥i33, nɑ33 gv̩21.｜tshe33 do21 tʂhuɑ55 n̥i33, thɑ33 kə55.｜tshe33 do21 ʂər33
月 见 五 日 娜古 月 见 六 日 涛构 月 见 七

n̥i33, tʂhuɑ55[②] tshi21 khuɑ33 to55 dər33.｜tshe33 do21 ho55 n̥i33, tʂhuɑ55 tshi21 gv̩33.｜tshe33 do21
日 创昌夸 上 当值 月 见 八 日 创昌古 月 见

① 此格中有“by33”字，属衍文。

② tʂhuɑ55（六），原文误作“七”。

gy̩^{33} ȵi^{33}, miə^{21} ɕy^{21}. | tshe^{33} do^{21} tshe^{21} ȵi^{33}, sɿ^{33} tho^{21} khuɑ^{33}. | tshe^{21} dɯ^{33} ȵi^{33}, sɿ^{33} tho^{21}
九 日 谬许 月 见 十 日 司托夸 十 一 日 司托古

gy̩^{33}. | tshe^{21} ȵi^{33} ȵi^{33}, kɯ^{33} phər^{21} ʥi^{21} ky̩^{33}. | tshe^{33} sɿ^{21} ȵi^{33}, kɯ^{33} phər^{21} ʥi^{21} mæ^{33}. |
十 二 日 庚盘吉古 十 三 日 庚盘吉满

tshe^{21} lu^{33} ȵi^{33}, fy̩^{33} kə^{55}. | tshe^{21}uɑ^{33} ȵi^{33}, bu^{21} khu^{33}. | tshe^{21} tʂhuɑ^{55} ȵi^{33}, bu^{21} to^{55}. | tshe^{21}
十 四 日 夫构 十 五 日 布孔 十 六 日 布铎 十

ʂər^{33} ȵi^{33}, bu^{21} mæ^{33}.
七 日 布满

三十日由本补古当值。

十二月：初一由本补满当值。初二由柔正当值。初三由巴孔当值。初四由巴毕当值。初五由娜古当值。初六由涛构当值。初七由创昌夸当值。初八由创昌古当值。初九由谬许当值。初十司托夸当值。十一日由司托古当值。十二日由庚盘吉古当值。十三日由庚盘吉满当值。十四日由夫构当值。十五日由布孔当值。十六日由布铎当古值。十七日由布满当值。

521-L-27-23

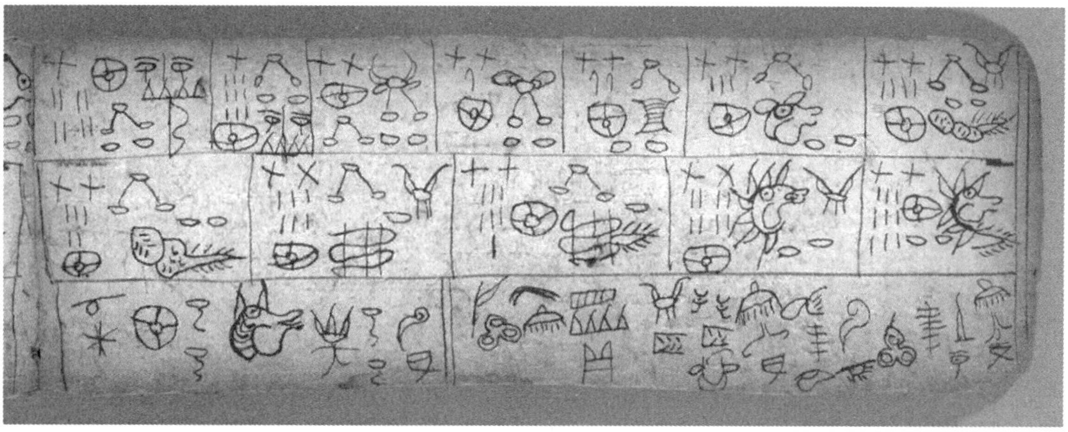

tshe^{21} ho^{55} ȵi^{33}, zy^{21} khu^{33}（miə^{21} ɕy^{21}①）. | tshe^{21} gy̩^{33} ȵi^{33}, zy^{21} miə^{21} (ɕy^{21}). | ȵi^{33} tsər^{21}
十 八 日 蕊孔 十 九 日 蕊谬 二 十

ȵi^{33}, zy^{21} khuɑ^{33}. | ȵi^{33} tsər^{21} dɯ^{33} ȵi^{33}, zy^{21} he^{33}. | ȵi^{33} tsər^{21} ȵi^{33} ȵi^{33}, zy^{21} tɕər^{33}. | ȵi^{33}
日 蕊夸 二 十 一 日 蕊亨 二 十 二 日 蕊江 二

tsər^{21} sɿ^{21} ȵi^{33}, zy^{21} gy̩^{33}. | ȵi^{33} tsər^{21} lu^{33} ȵi^{33}, zy^{21} dy̩^{21} ky̩^{33}. | ȵi^{33} tsər^{21} uɑ^{33}ȵi^{33}, zy^{21} dy̩^{21}
十 三 日 蕊古 二 十 四 日 蕊督古 二 十 五 日 蕊督满

mæ^{33}. | ȵi^{33} tsər^{21} tʂhuɑ^{55} ȵi^{33}, zy^{21} kho^{21} ky̩^{33}. | ȵi^{33} tsər^{21} ʂər^{33} ȵi^{33}, zy^{21} kho^{21} mæ^{3}. | ȵi^{33}
二 十 六 日 蕊科古 二 十 七 日 蕊科满 二

① miə^{21} ɕy^{21}，这两个东巴文应为衍文。又下句的“ɕy^{21}”亦为衍文。此书前文中该宿名均只称“zy^{21} miə^{21}”，无“zy^{21} miə^{21} ɕy^{21}”。

tsər^{21} ho^{55} ȵi^{33}, py^{33} bu^{21} kv̩^{33}. | ȵi^{33} tsər^{21} gv̩^{33} ȵi^{33}, py^{33} bu^{21} mæ^{3}. | nɑ^{21} tv̩^{21} ȵi^{33}, ʐuɑ^{33}
十 八 日 本补古 二 十 九 日 本补满 三十 日 柔正

tse^{55} to^{55} dər^{33} me^{55}. | the^{33} ɯ^{33} pər^{55} tʂʅ^{33} ɕy^{21} uə^{21} kv̩^{33} hɯ^{21} miə^{21} hɯ^{21} nɯ^{33} pər^{55} mu^{21}
上 轮 的 书 写 芝许威 古恒谬恒 来 写 是

me^{55}. lɑ^{55} zʅ^{33} kə^{55} dər^{33} ɕi^{21} ɯ^{33} zʅ^{33} tɕhi^{33} nɯ^{33} pər^{55} mu^{21} me^{55}.
的 腊汝 构丹兴恩汝启 以 写 是 的

十八日由蕊孔当值。十九日由蕊谬当值。二十日由蕊夸当值。二十一日由蕊亨当值，二十二日由蕊江当值。二十三日由蕊古当值。二十四日由蕊督古当值。二十五日由蕊督满当值。二十六日由蕊科古当值。二十七日由蕊科满当值。二十八日由本补古当值。二十九日由本补满当值。三十日由柔正当值。

此书是由芝许威（村名）古恒谬恒写的，是腊汝①构丹光恩汝启②写的。

521-L-27-24

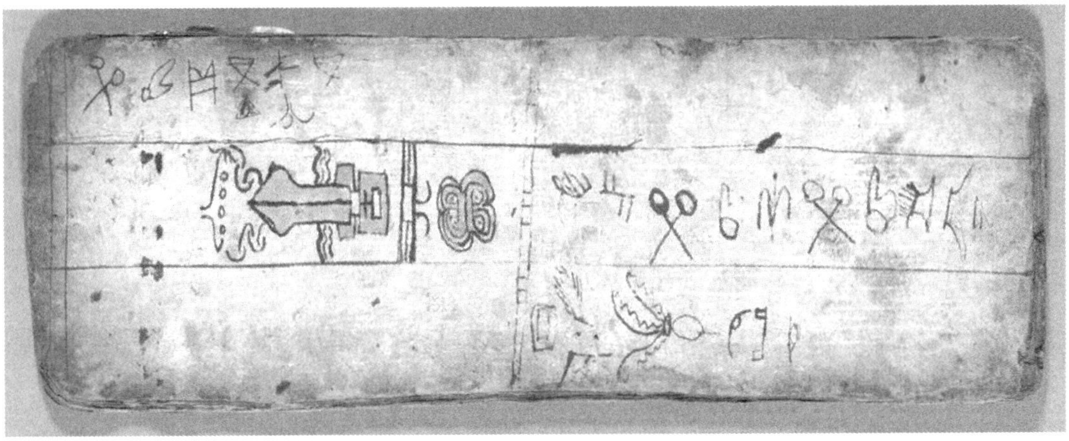

封底

tɕi^{55} ʂʅ^{21} uə^{33} me^{33}……③me^{55} | mɯ^{33}、kɯ^{21}、dʑy^{21} nɑ^{55} zo^{55} lo^{33} dʑy^{21}. | ……tɕi^{55} ʂʅ^{21} tsʅ^{21} tɕi^{55} ʂʅ……tɑ^{55}……dʑy^{33} mə^{33}……④。

（翻译：王世英）

① 腊汝，音译地名，为今丽江市玉龙县宝山乡的一个村名。
② 构丹兴恩汝启，音义不明，存疑。
③ 有两个东巴文无法识读。
④ 该句意义不明，存疑。

571-L-28-01

mɯ^{33} ɕy^{33} dər^{33} ku^{55}

占卜・投天卦象图占卜

571-L-28 占卜·投天卦象图占卜

【内容提要】

本古籍记录了用针标投“天卦象图”、“地卦象图”、“嘎神卦象图”、“祖先卦象图”、“米吾九宫卦象图”及画有各种动物的一些图作占卜的卦辞。所占内容有：有关房屋地基及家事、病者的凶吉、宜做什么法仪、结亲订亲、出门远行、做生意、起兵杀敌、寻物取财等。若凶则指出宜作什么东巴法仪予以禳解。

【英文提要】

The Divination. to Divine through Darting on the Hexagram Symbol of Heaven

This book records the hexagrams words of divination with the hexagram symbols of heaven, earth, god ***ga***, ancestor, ***Miwu*** grid and picture with animals. Contents of divination include: ground of a house, family, the patient, advisable rituals, marriage, errand, business, battle, searching, etc. It records also the certain sacrifice ritual needs be held to exorcise misfortune if the result is not good.

571-L-28-02

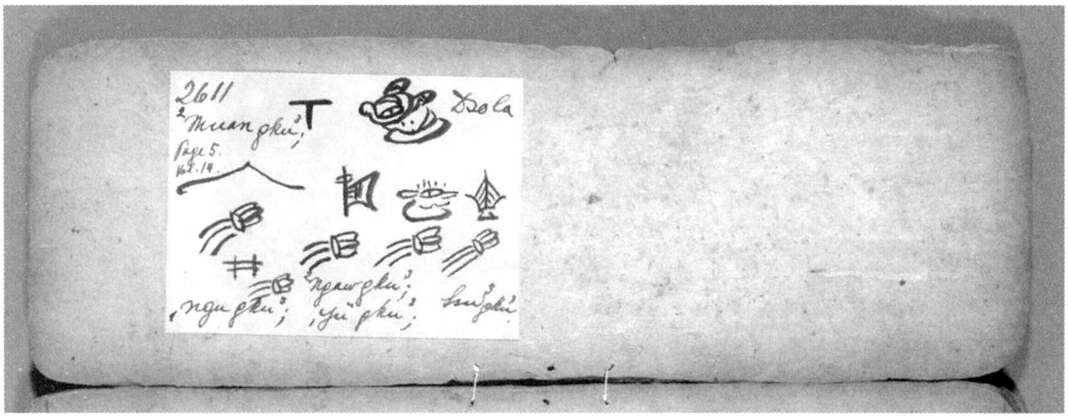

“2611”为洛克收藏纳西东巴古籍的序号。上方两个东巴文为“tso^{55} lɑ^{33}”，音译为“佐拉”，为一种占卜方法的名称。中间的东巴文分别为“mɯ^{33} ku^{55}”、“gɑ^{33} ku^{55}”、“y^{21} ku^{55}”、“sɿ^{55} ku^{55}”、“gu^{21} ku^{55}”。字母文字为洛克记下这些东巴文的读音。从书中内容看，洛克未记正确。正确的应是“mɯ^{33} ɕy^{33} dər^{33} ku^{55}”（投天卦象图）。“dy^{21} ɕy^{33} dər^{33} ku^{55}”（投地卦象图）。“gɑ^{33} ɕy^{33} dər^{33} ku^{55}”（投嘎神卦象图）。“y^{21} ɕy^{33} dər^{33} ku^{55}”（投祖先卦象图）。“mi^{33} uə^{21} ɕy^{33} dər^{33} ku^{55}”（投米吾九宫卦象图）。其后还有投画“太阳、月亮、青龙、布谷、海螺、老虎……”卦象图之占卜法。其中没有“sɿ^{55} ku^{55}”、“gu^{21} ku^{55}”之内容。

571-L-28-03

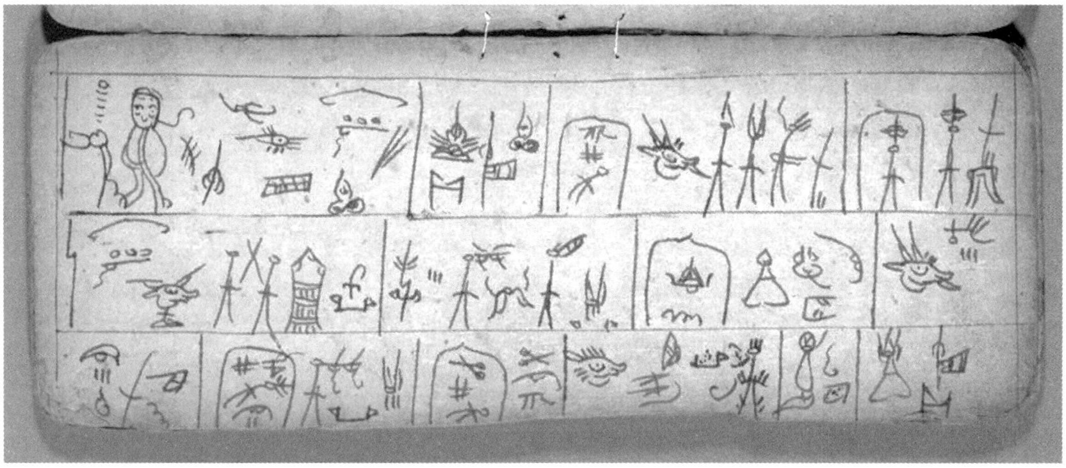

zɿ^{33} ə^{55}①ɕy^{33} ly^{21} bɯ^{21} lɯ^{33}： mɯ^{33} ɕy^{33} dər^{33} i^{33} tʂhɿ^{33} mu^{21}dər^{33} me^{33}, ɯ^{33}. | nɑ^{21} tsɑ^{21}
卦象 看 书 天 卦象 图 南方 上 中 的 吉 纳召

tshɿ^{55}、dʑɿ^{33} uə^{33} py^{21}、gɑ^{21} be^{33}, ɯ^{33}. | ɕi^{33} gu^{21}, kɑ^{33}. tshɿ^{55} tse^{21} dy̩^{21} nɯ^{21} tse^{21}、tshɿ^{33} nɯ^{21}
建 村 寨 祭 嘎神 祭 吉 人 病 吉 山羊 用 毒鬼 和 仄鬼 楚鬼 和

iə^{21} py^{21} dər^{33}. | iə^{33} ko^{21} nɯ^{33} tho^{33} lo^{33} tshɿ^{21} thy̩^{55} dər^{33}. | mɯ^{33} ɕy^{33} dər^{33} y^{21} dʑɿ^{21} tɯ^{33}
尤鬼 祭 该 家里 以 妥罗鬼 驱 该 天 卦象 图 羊 居 地

dər^{33} me^{33}, khuɑ^{55} gæ^{21} dʐuɑ^{21} dʑɿ^{33} thy̩^{33} ky̩^{55}. | sɿ^{33} by̩^{33} phy̩^{33} sɿ^{55} tʂhər^{33} le^{33} do^{21} le^{33} mi^{33}
中 的 铠 甲 争 祸 产生 会 大者 男 三 代 又 见 又 听

① zɿ^{33} ə^{55}，两字符无法与其他字符连读成句，存疑。

tər^{21} ʂɿ^{33} thy̩^{33} ky̩^{55}. | dʑi^{21} lo^{21} gə^{33} sɿ^{55}、 tso^{33}、he^{21} nɯ^{33} mə^{33} hɯ^{21}. | tshɿ^{55} so^{33} sɿ^{55} so^{33}
凶 死 产生 会 房 里 的 素神 灶神 神 心 不 悦 山羊 全皮 三 全皮

tse^{21}, sɿ^{55} hɑ^{33} tʂhə^{55} kɯ^{55} tʂhə^{55} ʂu^{55} dər^{33}. | ə^{33} sɿ^{21} ky̩^{33} phər^{21} gu^{21} me^{33} le^{21} mə^{33} n̩i^{21} ky̩^{55},
用 三天 秽 灸 秽 除 该 父亲 头 白 病 的 又 不 愈 会

miə^{33} ko^{21} miə^{21} bər^{33} thy̩^{33} ky̩^{55}. | iə^{33} ko^{21} tɕi^{55} me^{33} gu^{21}, mə^{33} tɕi^{13}, kɑ^{33}. | bu^{21} tse^{21} to^{55}
眼 里 眼泪 出 会 家 里 小 的 病 不 急 吉 猪 用消灾仪式

khɯ^{55} dər^{33}, sɿ^{33} mu^{33} lər^{21} te^{33} dzu̩^{33} zuɑ^{21} dər^{33}. | sɿ^{21} tʂhər^{33} khɯ^{55} dər^{33}. | py^{33} by̩^{21} nɯ^{33}
该 斯姆朗登 债 还 该 署 药 施 该 祭司 以

dʑɿ^{33} uə^{33} py^{21} dər^{33}.
村 寨 祭 该

这是看卦象的书。

投中天卦象图的南方，吉。建翠柏纳召①，祭村寨神，祭嘎②神，吉。人生病，会吉。要用山羊作牺牲，进行祭毒鬼和仄鬼③、楚鬼和尤鬼④的法仪。要在家里驱赶妥罗鬼⑤。

投中天卦象图的羊居地（西南方），会因争夺铠甲而有灾祸。三代祖先中曾有被人看到又传来消息的凶死者。家里的素神和灶神及其他神会不高兴。要用三张全羊皮进行三天的除秽仪式。家里白头老父生病则不会痊愈，会发生眼中落泪的丧事。家里小者生病，不必着急，会好的。要用猪作牺牲进行消灾仪式，要向斯姆朗登女鬼还债。要给署⑥施药。要由东巴祭司进行祭村寨神仪式。

571-L-28-04

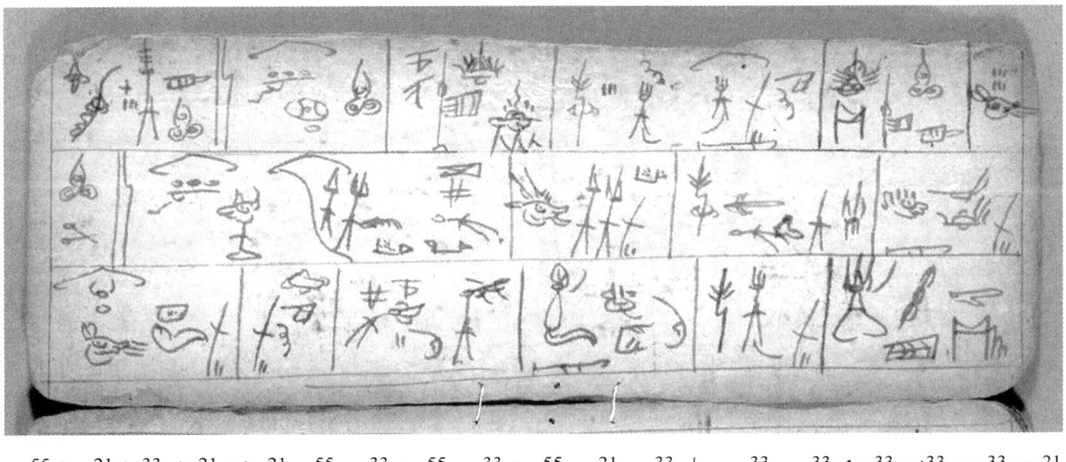

ɕy^{55} hər^{21} le^{33} dʑi^{21} tshe^{21} sɿ^{55} pɑ^{33} tso^{55}, zɿ^{33} tʂu^{55} py^{21}, ɯ^{33}. | mɯ^{33} ɕy^{33} dər^{33} n̩i^{33} me^{33} gy̩^{21}
柏 绿 梯 十 三 把 架 延寿仪式 吉 天 卦象 图 西方

① 纳召，音译专有名词。为东巴教的一种建筑物。地上竖一根柏杆，四周垒之以石，石间插一些纸旗，这建筑物称“纳召”，用以压鬼。

② 嘎，音译神名，为“胜利神”。

③ 毒鬼和仄鬼，“毒”、“仄”为音译鬼名，据说是天上的鬼。

④ 楚、尤，音译名鬼，为吊死鬼和情死鬼。

⑤ 妥罗，音译鬼名，为使产妇难产的鬼。

⑥ 署，音译名词，为一种掌管山川河流及野生动植物的精灵，相传与人类是同父异母兄弟。

dər33 me33, ɯ33. | phər21 nɯ21 sæ21、gɑ33 nɯ21 u21 tʂhu55 pɑ33 be33 dər33. | sɿ33 bv̩33 phv̩33 sɿ55
中 的 吉 盘神 和 禅神 嘎神 和 吾神 供养 做 该 大者 男 三

tʂhər33 tʂhə55 nɯ33 ȵy55 le21 bɯ21 thv̩33, bɯ21 mɯ33 bɯ21 dy21 py21 tʂhə55 ʂu55 dər33. | ɕy55
代 秽 以 染 而 绝后 产生 绝后 天 绝后 地 祭 秽 除 该 柏

hər21 nɑ33 tsɑ21 tshɿ55 ʥɿ33 uə33 py21, ɯ33 me33 le33 tʂu55. | tʂhuɑ55、fv̩55、ɯ33、tɕi55.① | mɯ33
绿 纳召 建 村 寨 祭 吉 的 又 接 天

ɕy33 dər33 khɯ33 ʥɿ21 tɯ33 dər33 me33, mɯ33 gə33 dv̩21 nɯ21 tse21 mɯ33 nɯ33 zɑ21 le33 tshy55
卦象图 狗 居 地 中 的 天 的 毒鬼 和 仄鬼 天 以 降 而 赔

sɿ21 lɯ33 kv̩55, ɕi33 gu21 tshər33 thv̩33 kv̩55. | tshɿ55 tse21 dv̩21 tse21 py21 dʐu33 ʐuɑ21 dər33. |
讨 来 会 人 病 发烧 产生 会 山羊 用 毒鬼 仄鬼 祭 债 赔 该

sɿ33 bv̩33 ə33 phv̩33 tʂhər55, ɕi33 nɯ33 sy55 le33 tər21 ʂʅ33 me33 ʥy21 kv̩55. | y21 py21 y21 hɑ33 iə55
大者 祖父 辈 他人 以 杀 而 凶 死 的 有 会 祖先 祭 祖先 饭 给

dər33. | mɯ33 (kho33、kv̩33、fv̩55②) dər33 sɿ55 dər33. | tʂhə55 dɯ21 ʂu55 py21 dər33. | ə33 phv̩33 kv̩33
该 天 错 认 该 秽 大 除 祭 该 祖父 头

phər21 gu21 mə33 ȵi21, miə21 ko21 miə21 bər33 thv̩33 kv̩55. | dy21 gə21 sɑ21 dɑ55 nɯ33 mə33
白 病 不 愈 眼 里 眼泪 出 会 地 的 刹道 心 不

hɯ21. | sɿ33 bv̩33 tʂhər55 gə33 bɯ21 py21 dər33. | py33 bv̩21 nɯ33 bɯ21 lɯ33 tʂhu33, ʥɿ33 ʂʅ55
悦 大者 辈 的 苯鬼 祭 该 祭司 以 经书 诵 村 新

uə33 ʂʅ55 py21,
寨 新 祭

要搭架十三把翠柏天梯以进行延寿仪式，吉。

投中天卦象图的西方，吉。该供养盘神和禅神、嘎神和吾神。三代祖辈中有染上秽而有绝后的，该祭绝后者的天地并除秽。建翠柏纳召，祭村寨神，就又会吉祥了。

投中天卦象图的狗居地（西北方），天上的毒鬼和仄鬼会降下来讨债。人会生病发烧。要用山羊作牺牲举行祭毒鬼和仄鬼的法仪，向毒鬼和仄鬼还债。祖辈中有被人杀而凶死的人。要祭祖先向祖先献饭。要进行向天认错的法仪。要进行除秽仪式，白发祖父病而不愈，会有眼中流泪的丧事。地上的刹道心里不高兴。该祭祖辈中绝后而亡所变成的苯鬼。要由东巴祭司诵经进行祭新的村寨神仪式。

① 这四个东巴文字符无法连读成句，存疑。

② 这三个东巴文字符无法与其他字符连读成句，存疑。

571-L-28-05

lɯ^{33} sɿ^{33}、phər^{21}.① ɯ^{33} | mɯ^{33} ɕy^{33} dər^{33} ho^{33} gv̩^{33} lo^{21} dər^{33} me^{33}, ɯ^{33}. | sɿ^{33} bv̩^{33} phv̩^{33} sɿ^{55}
吉 天 卦象 图 北方 中 的 吉 大者 男 三

tʂhər^{55}, æ^{21} kv̩^{33} nɯ^{33} do^{55}, dʑi^{21} nɯ^{33} lv̩^{21} tər^{21} ʂʅ^{33} me^{33} dʑy^{21} kv̩^{55}. tər^{21} tse^{21} py^{21} to^{33} mɑ^{33}
代 崖 上 以 跌 水 以 冲 凶 死 的 有 会 呆鬼 仄鬼 祭 面偶

phi^{55} dər^{33}. | æ^{21} kv̩^{33} nɯ^{33} do^{55}、dʑi^{21} nɯ^{33} lv̩^{21} le^{33} ʂʅ^{33} me^{33} ɯ^{33} y^{21} mu^{33} nɯ^{33} dʐɿ^{33} kv̩^{55},
丢 该 崖 上 以 跌 水 以 冲 而 死 的 牛绵羊 猛鬼 以 吃 会

mu^{33} ɯ^{21} py^{21} dər^{33}. | ə^{33} phv̩^{33} ə^{33} dʐɿ^{33} mɯ^{55} thv̩^{33} tv̩^{55} gu^{21} nɯ^{33} tshɿ^{21}, mi^{55} gə^{33} bər^{33}
猛鬼 恩鬼 祭 该 祖父 祖母 手杖 杵 背后 以 来 女 的 绳

phər^{21} gu^{21} nɯ^{33} tshɿ^{21} me^{33} tshɿ^{21} khuɑ^{21} iə^{33} ko^{21} thv̩^{33}. | iə^{33} ko^{21} ɕi^{33} gu^{21}, miə^{33} ko^{21} miə^{21}
白 背后 以 来 的 鬼 恶 家里 到 家里 人 病 眼 里 眼泪

bər^{33} thv̩^{33} kv̩^{55}. ɯ^{33} tse^{21} to^{55} khɯ^{55} phv̩^{33} so^{33} gv̩^{33} tso^{33} phi^{55} dər^{33}. | sɿ^{21} gə^{33} dʑi^{21} kho^{33}
出 会 牛 用 消灾仪式 男木偶 九 具 丢 该 署 的 水 源泉

khɯ^{33} nɯ^{33} ɯ^{33} ɕy^{21} ʂʅ^{33} ɕy^{21} sæ^{33} ɕy^{21} ly^{55}, sɿ^{21} nɯ^{33} mə^{33} hɯ^{21}. | y^{21} gɑ^{33} lɑ^{21} ɕy^{33} be^{33}
处 以 皮 红 肉 红 血 红 进行 署 心 不 悦 祖先 战神 法仪 做

dər^{33}. | py^{33} bv̩^{21} nɯ^{33} o^{33} tshɿ^{21} py^{21} dər^{33}. | zɿ^{33} ʂər^{21}、mə^{33}、tɕi^{55}、tʂhuɑ^{55}、me^{33}②. | mɯ^{33}
该 祭司 以 瓦鬼 祭 该 寿 长 不 小 六 的 天

ɕy^{33} dər^{33} ɯ^{33} dʐɿ^{21} tɯ^{33} dər^{33} me^{33}, khuɑ^{55} gæ^{21} dʐɿ^{33} thv̩^{33} kv̩^{55}. | ɯ^{33} dʐuɑ^{21} khɑ^{21} lɯ^{33} by^{33}
卦象 图 牛 居 地 中 的 铠甲 祸 产生 会 牛 争 亲戚 分

by^{33}, iə^{33} ko^{21} ɕi^{33} gu^{33} gu^{33} thv̩^{33} kv̩^{55}. | sɿ^{33} bv̩^{33} tʂhər^{55} kho^{21} lɯ^{33} nɯ^{33} ɕi^{33} sy^{55} me^{33}
家里 人 分开 产生 会 大者 辈 亲戚 以 他人 杀 的

① 这两个东巴文字符无法连读成句，存疑。

② 这五个东巴文字符无法连读成句，存疑。

ʥy^{21},
有

吉。

投中天卦象图的北方，吉。在祖三代中有从崖上跌死，被水冲走凶死的人。要进行祭呆鬼和仄鬼的法仪，要把呆鬼和仄鬼的面偶丢到外面去。从崖壁上跌死，被水冲走的牛羊会被猛鬼吃掉，该进行祭猛鬼和恩鬼的法仪。随着杵拐杖的祖父祖母而来，或随女人的白色绳子而来的恶鬼来到家里。家人会生病，会发生眼中落泪的丧事。要用牛作牺牲进行消灾仪式，仪式上要把九具男木偶丢到外面去。在署的水源处杀牲、剥皮、割肉、放血，署的心里就不高兴。该作祭祖先战神的仪式。要由东巴祭司作祭瓦鬼的法仪。

投中天卦象图的牛居地（东北方），会发生穿着铠甲打仗的祸灾。为争牛亲戚会分离，家人会分离。在祖辈中有亲戚杀人的事。

571-L-28-06

mi^{33} tshɿ^{21} tʂhə^{55} tshɿ^{21} thy̩^{33}. | tʂhə^{55} ʂu^{55} tʂhə^{55} kɯ^{55} sɿ^{55} ha^{33} be^{33} dər^{33}. | ɯ^{33} tse^{21} to^{55}
火鬼 臭鬼 产生 秽 除 秽 炙 三 天 做 该 牛 用

khɯ^{55} ʂɿ^{21} dʐɿ^{33} dʐu̩^{33} ʐu̩a^{21} dər^{33}, ha^{33} ɕi^{33} to^{33} ma^{33} ta^{55} ky̩^{55} ʥi^{21} ky̩^{33} be^{33} dʐu̩^{33} ʐu̩a^{21}
消灾 史支鬼王 债 赔 该 饭 人 面偶 说 会 飞 会 做 债 赔

dər^{33}. | sɿ^{33} by̩^{33} tʂhər^{55} gə^{33} bɯ^{21} dy^{21} bɯ^{21} mɯ^{33} phi^{55} ky̩^{55}, bɯ^{21} py^{21} dər^{33}. | sɿ^{55} ko^{21} gə^{33}
该 大者 辈 的 绝后 地 绝后 天 丢失 会 苯鬼 祭 该 素神 里 的

phy̩^{33} la^{21} nɯ^{33} mə^{33} hɯ^{21}. | o^{33} ʥe^{33} ɯ^{33} me^{33} zɿ^{21} la^{21} phu^{55} lɯ^{55} ky̩^{55}. | iə^{33} ko^{21} ɕi^{33} gu^{21}
神 心 不 悦 财 物 好 的 仇 手 里 落 会 家里 人 病

me^{33} khua^{21} ky̩^{55}. | he^{21} nɯ^{21} tshɿ^{21} ȵi^{33} ky̩^{55} be^{55} tshɿ^{21} zɿ^{33} dʐu̩a^{21} me^{33} thy̩^{33}. | la^{33} ma^{21}
是 凶 会 神 和 鬼 两 个 人 争 的 发生 喇嘛

nɯ^{33} da^{33} khə^{21} la^{55} mɯ^{33} tshɿ^{21} py^{21} dər^{33}. | ʥy^{21} ky̩^{33} ʥər^{21} da^{55}, sɿ^{21} na^{21} kæ^{33} tʂhua^{33}
以 鼓 敲 天 鬼 祭 该 山 上 树 砍 署 黑 前 米

phər^{21} hɑ^{33} nɯ^{33} dʐu^{33} ʐuɑ^{21} dər^{33}.｜ɕy^{55} hər^{21} nɑ^{33} tsɑ^{21} tshɿ^{55}, ʥʅ^{33} uə^{33} py^{21}, gɑ^{33} be^{33} ɯ^{33}.
白 饭 以 债 赔 该 柏 绿 纳召 建 村 寨 祭 嘎神 祭 吉

zo^{33}、zo^{33}、mə^{33}、ʨi^{55}、tʂhuɑ^{55}、mə^{33}、ʨi^{55}、uɑ^{33}、ɯ^{33}.①｜mɯ^{33} ɕy^{21} dər^{33} n̥i^{33} me^{33} thv̩^{33}
男 男 不 小 六 不 小 是 吉 天 卦象 图 东方

to^{55} dər^{33} me^{33}, tv̩^{21} le^{33} ɕi^{33} be^{33} ɯ^{33} nɯ^{21} kɑ^{33}.｜tər^{21} tse^{21} py^{21} dər^{33}.｜ʥi^{33} nɯ^{21} o^{33}、ʨi^{55}
上 中 的 千 又 百 皆 吉 和 好 呆鬼 仄鬼 祭 该 景鬼 和 瓦鬼 季鬼

nɯ^{21} ʨhi^{21} py^{21} dər^{33}.｜ɕy^{55} hər^{21} nɑ^{33} tsɑ^{21} tshɿ^{55}, gɑ^{33} be^{33}, kɑ^{33} nɯ^{21} ɯ^{33}.｜sɿ^{33} bv̩^{33} tʂhər^{55}
和 奇鬼 祭 该 柏 绿 纳召 建 嘎神 祭 好 和 吉 大者 辈

会产生火鬼和臭鬼。该进行三天的除秽法仪。要用牛作牺牲进行消灾仪式，仪式上要向史支鬼王还债，要做会说话、会飞的饭人面偶还债。祖辈的绝嗣之家的财物会失去。该祭使人绝后的苯鬼。素神庇佑下的家里的神心里不高兴。家里的财物会落入仇人之手。家里有人会生病，凶。神和鬼两者会为争夺人类而发生争斗。要由喇嘛敲着大鼓以进行祭天鬼的法仪。到山上砍了树木就要用白米饭向黑署还债。建翠柏纳召、进行祭村寨神仪式和祭嘎神仪式，吉。

投中天卦象图的东方，千百样皆吉顺。该进行祭呆鬼和仄鬼的法式。该进行祭景②鬼和瓦鬼、季鬼和奇鬼的法仪。建翠柏纳召，进行祭嘎神仪式，为吉顺。在祖辈中

571-L-28-07

ɕi^{33} nɯ^{33} sy^{55} le^{33} tər^{21} ʂʅ^{33} me^{33} ʥy^{21} kv̩^{55}.｜sɿ^{33} bv̩^{33} tʂhər^{55} tshɿ^{33} tshɿ^{21} thv̩^{33}.｜py^{33} bv̩^{21}
他人 以 杀 而 凶 死 的 有 会 大者 辈 楚鬼 产生 祭司

bɯ^{21} lɯ^{33} tʂhu^{33}, sɿ^{55} khv̩^{21} o^{21} ʂər^{55} dər^{33}.｜mɯ^{33} ɕy^{33} dər^{33} lv̩^{21} ʥʅ^{21} tɯ^{33} to^{55} dər^{33} me^{33},
经书 诵 素神 请 魂 赎 该 天 卦象 图 龙 居 地 上 中 的

ɯ^{33}.｜sɿ^{33} bv̩^{33} tʂhər^{55} ɕi^{33} nɯ^{33} sy^{55} ʂʅ^{33}, tshɿ^{33} le^{33} tər^{21} ʂʅ^{33} me^{33} ʥy^{21}, ɕi^{33} gu^{21} me^{33} tshɿ^{33}
吉 大者 辈 他人 以 杀 死 上吊 而 凶 死 的 有 人 病 的 楚鬼

① 这十个东巴文字符无法连读成句，存疑。

② 景，音译鬼名，为使人与人之间产生是非的鬼。后一句中的“季”、“奇”皆属音译鬼名，为发生在人背后吐口水以诅咒的鬼。

hɑ33 ʂu55 dər33. | sɿ33 by33 tʂhər55 mə33 do21 mə33 mi33 be33 tər21 ʂʅ33 me33 ʥy21, tər21 tse21 py21
饭 祭 该 大者 辈 不 见 没 听 地凶 死 的 有 呆鬼 仄鬼 祭

dər33. | y21 tse21 to55 khɯ55 dər33. | dy21 ɕy33 dər33 i33 tʂhʅ33 mu21 to55 dər33 me33, ɯ33. | sɑ21
该 绵羊 用 消灾仪式 该 地 卦象 图 南方 上 中 的 吉 刹道

dɑ55 sɿ21 gə33 khuɑ55 tʂhu55, bər33 phər21 dɯ33 ty21, bər21 nɑ55 dɯ33 kɯ21 nɯ33 dʐu33 ʐuɑ21
署 的 木牌 插 牦牛 白 一 千 牦牛 黑 一 万 以 债 赔

dər33. | sɿ21 nɯ33 gu21 khɯ55 by33 thy33 khɯ55 i33 ky55. sɿ21 uə33 thy21 sɿ21 tʂhər33 khɯ55
该 署 以 病 放 疮 生 放 的 会 署 寨 搭 署 药 施

dər33. o33 tshʅ21 py21 dər33. mə33 lɯ33①. | iə33 ko21 zo33 sɿ55 ky33 ʥy21, ɯ33. | dy21 ɕy33 dər33
该 瓦鬼 祭 该 不 漏 家 里 男 三 个 有 吉 地 卦象 图

y21 ʥʅ21 tɯ33, ɯ33 ʥʅ21 tɯ33 to55 dər33 me33, kɑ33 nɯ21 ɯ33. | sɿ33 by33 tʂhər55
羊 居 地 牛 居 地 上 中 的 好 和 吉 大者 辈

有被人杀而凶死的人。前辈中有上吊而亡变成楚鬼的。该由东巴祭司诵经请素神并招魂。

投中天卦象图的龙居地（东南方），吉。前辈中有被人杀死和上吊而凶死的人。家人会有病。该给楚鬼施食献饭。前辈中有不被人看见，听不到消息而凶死的人，该进行祭呆鬼和仄鬼的法仪。该用绵羊作牺牲进行消灾仪式。

投中地卦象图的南方，吉。该用一千头白牦牛、一万头黑牦牛②向署还债，不然，署会施放病痛，会生疮。要搭署寨祭署并给署施药。该进行祭瓦鬼仪式。家里有三个男子为吉。

投中地卦象图的羊居地或牛居地，吉顺。上辈

571-L-28-08

ʥi21 gə33 mɯ33 ty55 ʂu33 ʐər21 mə33 lɯ21. | to55 khɯ55 dər33, to55 nɯ21 do21 zʅ13 dy21 phi55
房 的 天 抵 铁 柱 不 倒 消灾仪式 该 垛鬼 和 铎鬼 仇 地 抛

① 此两个东巴文字符不能与前后文连读成句，存疑。

② 在仪式上用苦荞爆米花代替千万头黑白牦牛。

dər^{33}.｜ɯ^{33}、o^{33}、kv̩^{55}、khu^{33}、o^{33} ʥe^{33}、khu^{33} kv̩^{55}①.｜ʥʅ^{33} ʂʅ^{55} uə^{33} ʂʅ^{55} ɕy^{33} be^{33}, kɑ^{33}
该 村 新 寨 新 法事 做 吉

nɯ^{21} ɯ^{33}. phər^{21}②｜dy^{21} ɕy^{33} dər^{33} ȵi^{33} me^{33} gv̩^{21}, ȵi^{33} me^{33} thv̩^{33} to^{55} dər^{33} me^{33},｜sɿ^{33} bv̩^{33}
和 好 白 地 卦象 图 西方 东方 上 中 的 大者

tʂhər^{55} ɕi^{33} nɯ^{33} sy^{55} tər^{21} ʂʅ^{33} me^{33} ʥy^{21}.｜y^{21} tse^{21} to^{55} khɯ^{55}, to^{55} nɯ^{21} do^{21} ȵi^{33} me^{33} gv̩^{21}
辈 他人 以 杀 凶 死 的 有 绵羊 用 消灾仪式 垛鬼 和 铎鬼 西方

phi^{55} dər^{33}.｜tʂhə^{55} ʂu^{55} dər^{33}.｜tshɿ^{55} tse^{21} dv̩^{21} tse^{21} py^{21} dər^{33}.｜dy^{21} ɕy^{33} dər^{33} ho^{33} gv̩^{33}
丢 该 秽 除 该 山羊 用 毒鬼 仄鬼 祭 该 地 卦象 图 北方

lo^{21} to^{55} dər^{33} me^{33}, tv̩^{33} tv̩^{21} kɯ^{33} kɯ^{21} be^{33} khuɑ^{21}.｜khɯ^{33} so^{33}、bu^{21} so^{33}、tshɿ^{55} so^{33} sɿ^{33}
上 中 的 千 千 万 万 皆 凶 狗 全皮 猪 全皮 山羊 全皮 三

sy^{21} tshɿ^{33} py^{21} ly^{55} khu^{33} dv̩^{21} nɯ^{33} mɯ^{33} tsɿ^{21} tɯ^{33} phi^{55}, dy^{21} khu^{55} tsɿ^{55} py^{21} dər^{33}.｜iə^{33}
样 祭仪之家 以 火葬场 丢 地 门 塞 祭 该 家里

ko^{21} nɯ^{33} tʂhə^{55} zo^{33} ɕi^{21}, ʥi^{33} lɑ^{33} tʂhə^{55} nɯ^{33} ȵy^{55}, gɑ^{33} nɯ^{21} u^{21} lɑ^{33} tʂhə^{55} nɯ^{33} ȵy^{55}, he^{21}
以 秽 子 生 衣 亦 秽 以 染 嘎神 和 吾神 亦 秽 以 染 神

nɯ^{33} mə^{33} hɯ^{21} kv̩^{55}.｜ɕi^{33} gu^{21} me^{33} tshɿ^{55} tse^{21}, dv̩^{21} nɯ^{21} tse^{21}、tshɿ^{33} nɯ^{21} iə^{21} py^{21} tshɿ^{21}
心 不 悦 会 人 病 是 山羊 用 毒鬼 和 仄鬼 楚鬼 和 尤鬼 祭 鬼

dʐu^{33} ʐuɑ^{21} dər^{33}.｜dy^{21} ɕy^{33} dər^{33} khɯ^{33} ʥʅ^{21} tɯ^{33}、lv̩^{21} ʥʅ^{21} tɯ^{33} to^{55} dər^{33} me^{33}, khuɑ^{21},
债 赔 该 地 卦象 图 狗 居 地 龙 居 地 上 中 是 凶

dv̩^{21} tshɿ^{21} khu^{55} thv̩^{33} me^{33} uɑ^{21}.
毒鬼 处 到 的 是

祖房的抵天柱不会倒。该进行消灾仪式，把垛鬼和铎鬼驱逐到仇地去。举行祭新的村寨神仪式，吉顺。

投中地卦象图的东方或西方，祖辈中有被人杀而凶死的人。该用绵羊作牺牲进行消灾仪式，把垛鬼和铎鬼驱赶到西方。要进行除秽仪式。要用山羊作牺牲进行祭毒鬼和仄鬼的法仪。

投中地卦象图的北方，千样万样皆凶。要把狗的全皮、猪的全皮、山羊的全皮从祭祀之家的家门丢到火葬场里去，以进行塞地门的法仪。家里生了私生子，衣物会被秽沾染，嘎神和吾神会染上秽，神心里会不高兴。人生了病，就要用山羊作牺牲，进行祭毒鬼和仄鬼、楚鬼和尤鬼的仪式，仪式中要向这些鬼还债。

投中地卦象图的狗居地或龙居地，是到了毒鬼的地界里。

① 这八个东巴文字符无法连读成句，存疑。

② 此东巴文字符无法与其他字连读成句，存疑。

571-L-28-09

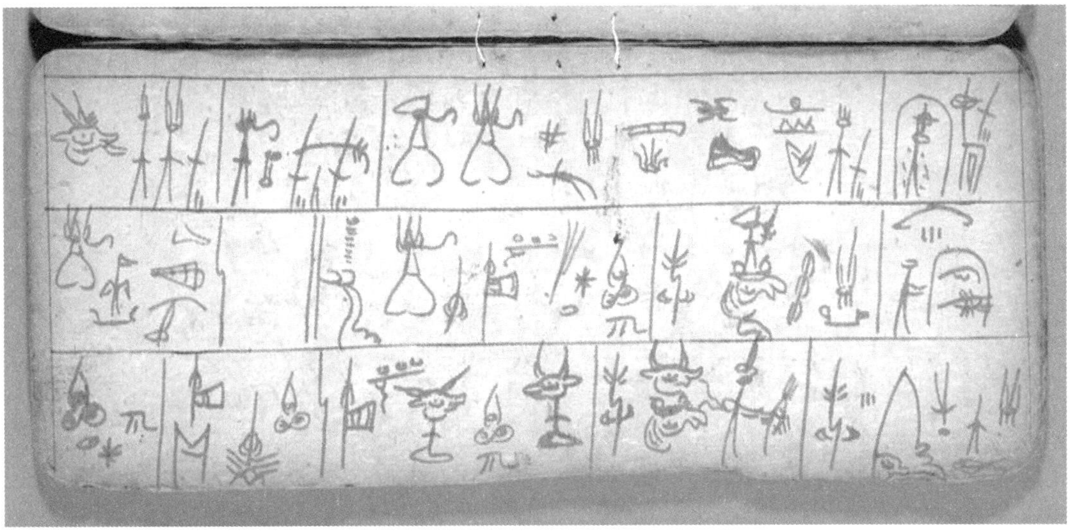

tshɿ^{55} tse^{21} dy̩^{21} tse^{21} py^{21} dər^{33}. | dʑi^{33} nɯ^{21} o^{33}、tɕi^{55} nɯ^{21} tɕhi^{21} py^{21} dər^{33}. | lɑ^{33} mɑ^{21}、py^{33}
山羊 用 毒鬼仄鬼 祭 该 景鬼 和 瓦鬼 季鬼 和 奇鬼 祭 该 喇嘛 祭司

by̩^{21} nɯ^{33} khuɑ^{21} be^{33},ɕi^{33} gu^{21} thy̩^{33} ky̩^{55}. zɿ^{21} khɯ^{21} le^{55} tse^{21}、zɑ^{33} ʂʅ^{21} zɑ^{33} nɑ^{21} phi^{55}, mi^{33}
以 坏 做 人 病 产生 会 草皮 用 鞋 黄 鞋 黑 丢 罪责

khə^{21} nɑ^{21} py^{21} dər^{33}. | iə^{33} ko^{21} tho^{55} lo^{33} tshɿ^{21} nɯ^{33} ʂər^{55}, tho^{55} lo^{33} tshɿ^{21} thy̩^{55} dər^{33}. | py^{33}
大 祭 该 家里 妥罗鬼 以 满 妥罗鬼 驱 该 祭司

by̩^{21} nɯ^{33} to^{33} mɑ^{33} phi^{55} zɿ^{21} zər^{21} dər^{33}. | gɑ^{33} ɕy^{33} dər^{33} i^{33} tʂhʅ^{33} mu^{21} to^{55} dər^{33} me^{33}, ty̩^{33}
以 面偶 丢 仇 压 该 嘎神 卦象 图 南方 上 中 的 千

ty̩^{21} kɯ^{33} kɯ^{21} kɑ^{33} nɯ^{21} ɯ^{33}. | sɿ^{33} by̩^{33} tʂhər^{55} dæ^{21} nɯ^{21} tʂhu^{21} thy̩^{33} ky̩^{55}. | sɿ^{21} mɯ^{33} sɿ^{33}
千 万 万 好 和 吉 大者 辈 能干 和 快速 产生 会 三 天 三

dʑi^{21} zɿ^{33} le^{33} mə^{33} lɯ^{55}, ty̩^{33} ty̩^{21} kɯ^{33} kɯ^{21} kɑ^{33} nɯ^{21} ɯ^{33}. | dʑɿ^{33} uə^{33} pɑ^{55} tshɿ^{55}、ɕy^{55} hər^{21}
房 握 而 不 失 千 千 万 万 好 和 吉 村 寨 标 立 柏 绿

nɑ^{33} tsɑ^{21} tshɿ^{55}, ɯ^{33}. | gɑ^{33} ɕy^{33} dər^{33} y^{21} dʑɿ^{21} tɯ^{33}、ɯ^{33} dʑɿ^{21} tɯ^{33} to^{55} dər^{33} me^{33}, kɑ^{33}
纳召 建 吉 嘎神 卦象 图 羊 居 地 牛 居 地 上 中 的 好

nɯ^{21} ɯ^{33}. | sɿ^{55} by̩^{33} tʂhər^{55} gə^{33} ɯ^{33} nɯ^{21} ʐuɑ^{33} zɿ^{21} lɑ^{21} phu^{55} lɯ^{55} ky̩^{55}. | sɿ^{33} by̩^{33} phy̩^{33}
和 吉 大者 辈 的 牛 和 马 仇 手 中 落 会 大者 男

sɿ^{55} tʂhər^{33} æ^{21} ky̩^{33} nɯ^{33} do^{55}, dʑi^{21} nɯ^{33} ly̩^{21} tər^{21} ʂʅ^{33} me^{33} dʑy^{21} ky̩^{55}. |
三 代 崖 上 以 跌 水 以 冲 凶 死 的 有 会

要用山羊作牺牲进行祭毒鬼和仄鬼的法仪。该进行祭景鬼和瓦鬼、季鬼和奇鬼的法仪。喇嘛和祭司会作法使坏，人会生病。要用草皮、黄色和黑色的鞋子进行把罪推卸给鬼的大仪式。

家里被妥罗鬼占满，要进行驱赶妥罗鬼的法仪。要由东巴祭司把面偶丢到仇地进行压仇人仪式。

投中嘎神卦象图的南方，千样万样皆吉顺。祖辈中曾有能干和神速的人。能拥有三个地盘三栋房屋而不会失去。是千样万样皆吉顺的。立村寨标杆和建翠柏纳召皆吉。

投中嘎神卦象图的羊居地或牛居地，吉顺。祖辈留下的牛马会落入仇人手中。祖三代中有从崖上跌死和被水冲走而凶死的人。

571-L-28-10

gɑ^{33} py^{21} dər^{33}. thy̩^{33}、n̩i^{33}、hɯ^{55} 、py^{21}①. | gɑ^{33} lɑ^{21} y^{21} phər^{21} tse^{21}, py^{33} by̩^{21} nɯ^{33} sɿ^{55} khy̩^{21}
嘎神 祭 该 战神 绵羊 白 用 祭司 以 素神 请

o^{21} ʂər^{55} dər^{33}. | gɑ^{33} ɕy^{33} dər^{33} n̩i^{33} me^{33} thy̩^{33}、n̩i^{33} me^{33} gy̩^{21} to^{55} dər^{33} me^{33}, kɑ^{33} nɯ^{21}
魂 赎 该 嘎神 卦象 图 东方 西方 上 中 的 好 和

ɯ^{33}. | sɿ^{33} by̩^{33} tʂhər^{55} iə^{33} ko^{21} ɕi^{33} nɯ^{33} mə^{33} do^{21} mə^{33} mi^{33} be^{33} zɿ^{21} dy^{21} nɯ^{33} æ^{33} æ^{21}
吉 大者 辈 家里 人 以 不 见 不 听 地 仇 地 以 争斗

thy̩^{33} le^{33} ʂɿ^{33} me^{33} dʑy^{21}. | gɑ^{33} nɯ^{33} mə^{33} hɯ^{21}. gɑ^{33} py^{21} dər^{33}. tʂhə^{55} ʂu^{55} dər^{33}. | gæ^{21}
产生 而 死 的 有 嘎神 心 不 悦 嘎神 祭 该 秽 除 该 刀

tɕhər^{33} mə^{33} kɑ^{33} me^{33} zɿ^{13} dy^{21} ku^{55} dər^{33}. | y^{21} phər^{21}、gæ^{21} thɑ^{55} ly^{33} thɑ^{55} khuɑ^{55} gæ^{21} mu^{21}
断 不 好 的 仇 地 丢 该 绵羊 白 铠 利 矛 利 铠 甲 穿

me^{33} ku^{21}, ɯ^{33}. | gɑ^{33} ɕy^{33} dər^{33} khɯ^{33} dʐɿ^{21} tɯ^{33}、ly̩^{21} dʐɿ^{21} tɯ^{33} to^{55} dər^{33} me^{33}, khuɑ^{21}. | o^{33}
者 递 吉 嘎神 封象 图 狗 居 地 龙 居 地 上 中 的 凶 财

dʑe^{33} dʐuɑ^{21} o^{33} dʑe^{33} phi^{55} ky̩^{55}. | sɿ^{33} by̩^{33} phy̩^{33} sɿ^{55} tʂhər^{33}, sɑ^{55} mə^{33} dɯ^{33}, ʂɿ^{33} se^{33} le^{21}
物 争 财 物 失 会 大者 男 三 代 气 不 得 死 了 又

mə^{33} ŋy̩^{55}, phi^{55} me^{33} le^{21} mə^{33} ʂu^{21}, lɑ^{33} nɯ^{33} tshɑ^{55} le^{33} ʂɿ^{33} me^{33} dʑy^{21}. | tʂhu^{21} be^{33} khɯ^{33}
不 超度 失 的 又 不 找 虎 以 咬 而 死 的 有 快 地 狗

---

① 这四个东巴文字符无法连读成句，存疑。

kho^{55} bu^{21} kho^{55} dər^{33}. | ɕi^{33} miə^{21} gu^{21} khɯ^{33} tɕər^{33} he^{33} gu^{21} kʏ^{55}. | iə^{33} ko^{21} tʂhə^{55} thʏ^{33},
杀 猪 杀 该 人 眼 病 脚 断 耳 疼 会 家里 秽 产生

tʂhə^{55} ʂu^{55} dər^{33}. | o^{33} tshɿ^{21} py^{21} dər^{33}.
秽 除 该 瓦鬼 祭 该

该祭嘎神。要用属于嘎神的白绵羊作牺牲由东巴祭司进行请素神仪式以招魂。

投中嘎神卦象图的东方或西方，吉顺。祖辈中有家人看不见、听不到消息地与仇人争斗而死于仇地的人。嘎神心里不高兴。该祭嘎神。要进行除秽仪式。要把不好的断刀断矛丢到仇地去。把白绵羊、利刀利矛交给穿铠甲的人为吉。

投中嘎神卦象图的狗居地（西北方）或龙居地（东南方），凶。会发生争财物而失去财物的事。在三代祖辈中有接不到气①而死、有死后未曾超度的人、有失踪而又没去寻找的人。有被虎咬死的人。要尽快杀狗杀猪予以祭祀。人会有眼病、断脚、耳病发生。家里产生了秽，要进行除秽仪式。要进行祭瓦鬼仪式。

571-L-28-11

to^{55} khɯ^{55} dər^{33}, to^{55} to^{33} mɑ^{33} tʂʅ^{33} bʏ^{21} phi^{55} dər^{33}. | y^{21} phər^{21} tse^{21} gɑ^{33} nɯ^{21} u^{21} tʂhu^{55}
消灾仪式 该 垛鬼 面偶 土 底 丢 该 绵羊 白 用 嘎神 和 吾神 供养

pɑ^{33} be^{33}, ɕy^{55} hər^{21} nɑ^{33} tsɑ^{21} tshɿ^{55} , ɯ^{33}. | gɑ^{33} ɕy^{33} dər^{33} ho^{33} gʏ^{33} lo^{21} to^{55} dər^{33} me^{33}, ly^{55}
做 柏 绿 纳召 建 吉 嘎神 卦象 图 北方 上 中 的 中常

mu^{21} gʏ^{33}. | sɿ^{33} bʏ^{33} tʂhər^{55}、o^{33} ʥe^{33}、ly^{33}、kʏ^{55}、uɑ^{21}②. | sɿ^{33} bʏ^{33} tʂhər^{55} ʥi^{21} nɯ^{33} lʏ^{21}
成 大者 辈 财物 矛 会 是 大者 辈 水 以 冲

tər^{21} be^{33} ʂʅ^{33} me^{33} ʥy^{21} kʏ^{55}. | ə^{33} me^{33} zy^{55} tɕi^{33} hə^{21} me^{33} tʂhə^{55} thʏ^{33} kʏ^{55}, tʂhə^{55} ʂu^{55}
凶 地 死 的 有 会 母亲 婴 生 的 秽产 生 会 秽 除

① 接不到气，纳西族在人将断气时，要把用红纸包少许银、茶、米的“口含”放入死者嘴里，这一仪程称“放口含”。未曾行此仪程的称“接不到气”，视为凶死。

② 这六个东巴文字符无法连读成句，存疑。

dər^{33}. | ɯ^{33} tse^{21} to^{55} khɯ^{55}, tʂə^{33} dy̩^{33} gy̩^{55} ly^{33} phi^{55} dər^{33}. | sɿ^{33} by̩^{33} phy̩^{33} sɿ^{55} tʂhər^{33}
该 牛 用 消灾仪式 奏督 九 个 丢 该 大者 男 三 代

kɯ^{33} tʂʅ^{21} mə^{33} ky̩^{55}、he^{33} mə^{33} mi^{33} me^{33} ʥy^{21} ky̩^{55}. | y^{21} gɑ^{33} lɑ^{21} hɑ^{33} iə^{55} dər^{33}, zo^{33} nɯ^{21}
说话 不 会 耳 不 听 的 有 会 祖先 战神 饭 给 该 男 和

mi^{55} be^{33} kɑ^{33}. | y^{21} ɕy^{33} dər^{33} i^{33} tʂhʅ^{33} mu^{21} to^{55} dər^{33} me^{33}, khuɑ^{21}. | sɿ^{33} by̩^{33} tʂhər^{55} z̩uɑ^{33}
女 皆 吉 祖先 卦象 图 南方 上 中 的 凶 大者 辈 马

ky̩^{33} nɯ^{33} do^{55} ʂʅ^{33} le^{21} mə^{33} ʥi^{55}、| le^{21} mə^{33} ŋy̩^{55} me^{33} ʥy^{21} ky̩^{55}. | y^{21} hɑ^{33} iə^{55} dər^{33}. | ə^{33}
上 以 跌 死 而 未 烧 又 不 超度 的 有 会 祖先 饭 给 该 祖父

phy̩^{33}、ə^{33} ʥʅ^{33} ky̩^{33} phər^{21} gu^{21} me^{33} mə^{33} n̥i^{21}, ɕy^{33} dɯ^{21} be^{33} dər^{33}. | ɯ^{33} tse^{21} to^{55} khɯ^{55}
祖母 头 白 病 的 不 愈 法仪 大 作 该 牛 用 消灾仪式

要进行消灾仪式，把垛鬼面偶压在土下面。用白绵羊作牺牲供养嘎神和吾神，建翠柏纳召，吉。

投中嘎神卦象图的北方，为中常。祖辈中会有被水冲走而凶死的人。母亲生育会产生秽。要进行除秽仪式。要用牛作牺牲进行消灾仪式，仪式上要把九个奏督①丢到外面去。在三代祖先中有聋哑的人。要给祖先战神献饭。家里的男女皆吉。

投中祖先卦象图的南方，凶。祖辈中有从马上跌死而又未火化、未超度的人。该向祖先献饭。白发祖父或祖母生病而不愈，就要进行大仪式，要用牛作牺牲进行消灾仪式。

571-L-28-12

ʂʅ^{21} dzʅ^{33} o^{21} ʂər^{55} dər^{33}, ʂʅ^{21} dzʅ^{33} dz̩u^{33} z̩uɑ^{21} dər^{33}. tʂə^{33} dy̩^{33} gy̩^{55} ly^{33} phi^{55} dər^{33}. | y^{21} ɕy^{33}
史支鬼王魂 赎 该 史支鬼王 债 赔 该 奏督 九 个 丢 该 祖先卦象

dər^{33} y^{21} ʥʅ^{21} tɯ^{33}、ɯ^{33} ʥʅ^{21} tɯ^{33} to^{55} dər^{33} me^{33}, kɑ^{33} nɯ^{21} ɯ^{33}. | y^{21} gɑ^{33} lɑ^{21} ɕy^{33} be^{33}
图 羊 居 地 牛 居 地 上 中 的 好 和 吉 祖先 战神 法仪 做

① 奏督，音译名词。在消灾仪式上，把一些破烂装在皮口袋里丢出去，这皮口袋就称为“奏督”。

dər^{33}.| sɿ^{33} by̩^{33} tʂhər^{55} tsho^{21} o^{33} sɑ^{55} mə^{33} dɯ^{33} be^{33} ʂʅ^{33} me^{33} dʑy^{21}.| bɯ^{21} mɯ^{33} bɯ^{21}
该 大者 辈 宗族 气 不 得 地 死 的 有 绝后 天 绝后

dy^{21} phi^{55} ky̩^{55}, bɯ^{21} py^{21} bɯ^{21} dʐu^{33} ʐuɑ^{21} dər^{33}.| y^{21} hɑ^{33} iə^{55} dər^{33}. mu^{33} ɯ^{21} zər^{21}
地 失 会 苯鬼 祭 苯鬼 债 赔 该 祖先 饭 给 该 猛鬼 恩鬼 压

dər^{33}.| y^{21} ɕy^{33} dər^{33} ȵi^{33} me^{33} thy̩^{33} to^{55} dər^{33} me^{33}, kɑ^{33} nɯ^{21} ɯ^{33}.| sɿ^{33} by̩^{33} tʂhər^{55} gæ^{21}
该 祖先卦象 图 东方 上 中 的 好 和 吉 大者 辈 刀

nɯ^{21} ly^{33} by̩^{21} nɯ^{33} tər^{21} ʂʅ^{33} thy̩^{33} me^{33} dʑy^{21}. tər^{21} tse^{21} py^{21} dər^{33}.| y^{21} tse^{21} to^{55} khɯ^{55} to^{55}
和 矛 下 以 凶 死 产生 的 有 呆鬼 仄鬼 祭 该 绵羊 用 消灾仪式 垛鬼

to^{33} mɑ^{33} ȵi^{33} me^{33} gy^{21} tɕy^{21} phi^{55} dər^{33}.| ly̩^{33} zɿ^{21} y^{21} py^{21} y^{21} hɑ^{33} iə^{55} dər^{33}.| y^{21} ɕy^{33}
面偶 西方 方向 丢 该 野外祭祖 祖先 饭 给 该 祖先卦象

dər^{33} ly^{21} dʑʅ^{21} tɯ^{33} to^{55} dər^{33} me^{33}, khuɑ^{21}.| y^{21} gɑ^{33} lɑ^{21} nɯ^{33} mə^{33} hɯ^{21}.| sɿ^{33} by̩^{33} tʂhər^{55}
图 龙 居 地 上 中 的 凶 祖先 战神 心 不 悦 大者 辈

sɑ^{55} mə^{33} dɯ^{33} be^{33} ʂʅ^{33}、ʂʅ^{33} se^{33} le^{21} mə^{33} ŋy̩^{55}、phi^{55} me^{33} le^{21} mə^{33} ʂu^{21} me^{33} dʑy^{21}.| y^{21}
气 不 得 地 死 死 了 又 不 超度 失 的 又 不 寻 的 有 祖先

hɑ^{33} iə^{55} dər^{33}.|
饭 给 该

该向史支鬼王还债并向史支鬼王赎魂；仪式上要把九个秦督皮口袋丢到外面去。

投中祖先卦象图的羊居地（西南方）或牛居地（东北方），吉顺。要进行祭祖先战神的法仪。在祖辈同宗族中有接不到气而死的人。绝后者的天地会失去。要祭使人绝后的苯鬼，要向苯鬼还债。要向祖先献饭。要压猛鬼和恩鬼。

投中祖先卦象图的东方，为吉顺。祖辈中间有死于利刀和利矛之下的人。该进行祭呆鬼和仄鬼的法仪。要用绵羊作牺牲进行消灾仪式，仪式上要把垛鬼面偶丢到西方。要在野外祭祖，向祖先献饭。

投中祖先卦象图的龙居地（东南方），凶。祖先战神心里不高兴。祖辈中有接不到气而亡的、有死后不曾超度的、有失了踪而不寻找的人。该向祖先献饭。

571-L-28-13

dʑi^{21} mə^{33} lɯ^{21}. | y^{21} ɕy^{33} dər^{33} khɯ^{33} dʐʅ^{21} tɯ^{33} to^{55} dər^{33} me^{33}, iə^{33} ko^{21} tho^{55} lo^{33} tshʅ^{21}thy̩^{33},
房 不 倒 祖先 卦象 图 狗 居 地 上 中 的 家里 妥罗鬼 到

tho^{55} lo^{33} tshʅ^{21} py^{21} dər^{33}. | ɕi^{33} gu^{21} me^{33} gɑ^{33} py^{21}, ɯ^{33}. | mɯ^{33} ty̩^{55} ʂu^{33} ʐər^{21} mə^{33} lɯ^{21}
妥罗鬼 祭 该 人 病 是 嘎神 祭 吉 天 抵 铁 柱 不 倒

uə^{21} ɯ^{33}. | y^{21} ɕy^{33} dər^{33} ho^{33} gy̩^{33} lo^{21} to^{55} dər^{33} me^{33}, ty̩^{33} ty̩^{21} kɯ^{33} kɯ^{21} be^{33} khuɑ^{21}. |
似 吉 祖先 卦象 图 北方 上 中 的 千 千 万 万 皆 凶

ə^{33} phy̩^{33}、ə^{33} dʐʅ^{33} ky̩^{33} phər^{21} gu^{21} me^{33} le^{21} mə^{33} n̩i^{21} ky̩^{55}. | y^{21} hɑ^{33} iə^{55}, ə^{55} y^{21} ə^{55} dæ^{33}
祖父 祖母 头 白 病 的 又 不 愈 会 祖先 饭 给 猴 狐

ŋy̩^{55} phi^{55} dər^{33}. | zʅ^{33} phi^{55} hɑ^{33} phi^{55} thy̩^{33} ky̩^{55}. | o^{33} dʑe^{33} i^{33} dɑ^{55} tshʅ^{21} nɯ^{33} dʐʅ^{33} ky̩^{55}. |
超度 丢 该 酒 祭 饭 祭 产生 会 财 物 依道鬼 以 吃 会

ɯ^{33} tse^{21} to^{55} khɯ^{55}, tʂə^{33} dy̩^{33} gy̩^{55} ly^{33} phi^{55}, hɑ^{33} ɕi^{33} to^{33} mɑ^{33} be^{33} tshʅ^{21} dʐu^{33} ʐuɑ^{21}
牛 用 消灾仪式 奏督 九 个 丢 饭 人 面偶 做 鬼 债 赔

dər^{33}. | y^{21} gɑ^{33} lɑ^{21} ɕy^{33} be^{33}, ɯ^{33}. | he^{21} dʐo^{21} tso^{55}、ɕy^{55} hər^{21} le^{33} dʑi^{21} tso^{55} zʅ^{33} tʂu^{55} py^{21}
该 祖先 战神 法事 作 吉 神 桥 架 柏 绿 梯 搭 延寿仪式

dər^{33}. | py^{33} by̩^{21} nɯ^{33} sʅ^{55} khy̩^{21} o^{21} ʂər^{55} dər^{33}. | sʅ^{55} ɕy^{33} ko^{21} ɕy^{33}
该 祭司 以 素神 请 魂 赎 该 活人 卦象 家事 卦象

房不倒①。

投中祖先卦象图的狗居地（西北方），妥罗鬼来到家里，要祭妥罗鬼。人生病则举行祭嘎神仪式，吉。似抵天铁柱不倒一样吉祥。

投中祖先卦象图的北方，千千万万皆凶。白发祖父或祖母生病则不会痊愈。要向祖先献饭。要做猴子和狐狸的面偶以超度亡灵，并把猴、狐面偶丢到外面去。家里会发生因死人而祭酒献饭的事。财物会被依道②鬼吃掉。要用牛作牺牲进行消灾仪式。要丢弃九个奏督，要用饭人面偶向鬼还债。做祭祖先战神的法仪，吉。要搭神桥，架起翠柏天梯进行延寿仪式。该由东巴祭司进行请素神仪式并招魂。

看活人，家事的卦象，

① 此句之喻意不明，直译。

② 依道，音译鬼名，为一种脖细如针、肚大如海永远吃不饱的馋鬼。

571-L-28-14

dɯ^{33} dʑi^{21} gə^{33} ko^{21} ɕy^{33} ly^{21}: mi^{33} uə^{21} dər^{33} dɯ^{33} ly^{33} tʂʅ^{55} gə^{33} he^{21} to^{55} dər^{33} me^{33},
一 家 的 家事卦象 看 米吾 图 一 颗 支格恒 上 中 的

khuɑ^{21}. | he^{21} dʑi^{21} lo^{21} gə^{33} he^{21} nɯ^{33} mə^{33} hɯ^{21}. | dʑi^{21} ɕy^{33}、dæ^{21} ɕy^{33}、ko^{21} ɕy^{33}, ɯ^{33}. o^{33}
凶 神 房 里 的 神 心 不 悦 房 卦象 宅地 卦象 家事 卦象 吉 财

dʑe^{33} ɕy^{33}, kɑ^{33}. | gu^{21} ɕy^{33}、zo^{33}、tʂhər^{21}、pe^{33}、dʑi^{33},① tʂhə^{55} tshʅ^{21} thy̩^{33} ky̩^{55}. | tho^{55} lo^{33}
物 卦象 吉 病 卦象 男 肥肉 扣 水 臭鬼 产生 会 妥罗鬼

tshʅ^{21} thy̩^{55} dər^{33}. | mɯ^{33} dər^{33} sʅ^{55} dər^{33}. | ɕi^{33} gu^{21} me^{33} tʂhə^{55} tshʅ^{21} thy̩^{33} ky̩^{55}. | ɕy^{55} hər^{21}
驱 该 天 错 认 该 人 病 是 臭鬼 产生 会 柏 绿

nɑ^{33} tsɑ^{21} tshʅ^{55} nɯ^{21} me^{55} o^{21} me^{55} dər^{33}. | nɯ^{33} sʅ^{33} me^{33} thy̩^{33}. | he^{21} nɯ^{33} gy̩^{33} ly̩^{21} kɑ^{33}
纳召 建 生儿 求 育女 求 该 心 想 的 成 神 以 庇佑 赐福

le^{21}, mu^{21} tɯ^{33} zʅ^{21} sy^{55} bɯ^{33}, kɑ^{33}. | he^{21} hɑ^{33} ʂu^{55} dər^{33}. | mi^{33} uə^{21} dər^{33} ȵi^{33} ly^{33} ȵi^{33} nɑ^{33}
兵 起 仇 杀 去 吉 神 饭 献 该 米吾 图 二 颗 尼纳督

dy̩^{13} to^{55} dər^{33} me^{33}, dʑi^{21} ɕy^{33} dæ^{21} ɕy^{33} ko^{21} ɕy^{33} be^{33} khuɑ^{21}. | ɕi^{33} gu^{21} ɕy^{33} be^{33}, ʐuɑ^{33}
上 中 的 房 卦象 宅地 卦象 家事 卦象 皆 凶 人 病 法仪 作 马

dʑæ^{33} me^{33} gu^{21} nɯ^{33} tshʅ^{21} me^{33} tshʅ^{21} khuɑ^{21} thy̩^{33}, tshʅ^{21} khuɑ^{21} thy̩^{55} dər^{33}. | dy̩^{21} 、ty̩^{21}② |
骑 的 背后 以 来 的 鬼 恶 到 鬼 恶 驱 该 毒鬼 千

khə^{33} gy̩^{33} tshʅ^{21} py^{21} dər^{33}. | y^{21} tse^{21} dy̩^{21} tse^{21} py^{21} dʐu^{33} ʐuɑ^{21} dər^{33}. | iə^{33} ko^{21} i^{33} æ^{21}
抠古鬼 祭 该 绵羊 用 毒鬼 仄鬼 祭 债 赔 该 家里 殴打

thy̩^{33} ky̩^{55}, tshʅ^{21} thy̩^{33} tshʅ^{21} thy̩^{55} dər^{33}.
产生 会 鬼 到 鬼 驱 该

① 这四个东巴文字符无法连读成句，存疑。

② 这两个东巴文字符无法连读成句，存疑。

看一家人的卦象。

投中米吾[1]九宫卦象图的第一颗，此颗米吾叫支格恒大神，凶。神房里的神心里不高兴。有关房屋、地基、家事的卦象为吉。财物的卦象，吉。有关病者的卦象，会产生臭鬼。该祭妥罗鬼。要进行向天认错的法仪。人生病则会产生臭鬼。要建翠柏纳召以求福求嗣。心想事成。得神赐福庇佑，起兵去杀仇敌为吉。该向神献饭。

投中米吾九宫卦象图名叫尼纳督大神的第二颗，有关房屋、地基、家事之卦象皆凶。为病者作法事，则该驱随骑马者而来的恶鬼。该祭抠古鬼。要用绵羊作牺牲进行祭毒鬼和仄鬼的法仪，向鬼还债。家里会发生斗殴，是因有鬼到家里，要驱鬼。

571-L-28-15

ɯ^{33} tse^{21} to^{55} khɯ^{55} ʥi^{33} nɑ^{21} gv̩^{33} lv̩^{55} mɯ^{33} tsɿ^{21} tɯ^{33} ʥi^{55} dər^{33}. | mu^{21} tɯ^{33} bɯ^{33} nɯ^{33}
牛 用 消灾仪式 衣 黑 九 件 火葬 烧 该 兵 起 去 心

mə^{33} hɯ^{21}me^{33}thv̩^{33} kv̩^{55}. | dy^{21} lo^{21} nɯ^{33} gu^{33} gu^{21} tshər^{33} tshər^{33} thv̩^{33} kv̩^{55}. ʂə^{33} ʂə^{33} i^{33} æ^{21}
不 悦 的 产生 会 地 里 以 病 发烧 产生 会 吵架 殴斗

ʥɿ^{33} thv̩^{33} kv̩^{55}, ʥɿ^{33} zər^{21} py^{21} dər^{33}. | py^{33} bv̩^{21} nɯ^{33} ʥi^{33} o^{33} py^{21} ɕiə^{21} khɯ^{33} tse^{21}, tshɿ^{21}
祸 发生 会 祸 压 祭 该 祭司 以 景鬼 瓦鬼 祭 雄肯 用 鬼

tʂʅ^{33} kho^{33} lo^{21} nər^{55} dər^{33}. | bu^{21} kv̩^{33} nɯ^{33} ɕy^{55} hər^{21} nɑ^{33} tsɑ^{21} tshɿ^{55}, tshɿ^{21} zər^{21} dər^{33}. |
土 洞 里 压 该 坡 上 以 柏 绿 纳召 建 鬼 压 该

mi^{33} uə^{21} dər^{33} sɿ^{55} ly^{33} so^{33} thv̩^{33} nv̩^{13} to^{55} dər^{33} me^{33}, ʥi^{21} ɕy^{33} dæ^{21} ɕy^{33} ko^{21} ɕy^{33} be^{33}
米吾 图 三 颗 梭土奴 上 中 的 房 卦象 地基卦象家事 卦象 皆

khuɑ^{21}. gu^{21} tshər^{33} thv̩^{33}, khuɑ^{21}. | ṇi^{33} me^{33} thv̩^{33} ʥər^{21} lɯ^{55}, sɿ^{21} nɯ^{33} mə^{33} hɯ^{21}, sɿ^{21}
凶 病 发烧 产生 凶 东方 树 砍 署 心 不 悦 署

tʂhər^{33} khɯ^{55} sɿ^{21} ku^{55} ɕy^{55} æ^{21} khɯ^{55} dər^{33}. | ɕi^{33} gu^{21} mæ^{55} ʂər^{21} kv̩^{55}. | zo^{33} thɯ^{55} ko^{55}
药 施 署 许愿 鸡 放 该 人 病 尾 长 会 男 腰 间

---

① 米吾，音译名词。似汉文化中的“九宫”，故采用音、意结合形式翻译。

gæ^{21}hæ^{33}, tshɿ^{21} khuɑ^{21} khæ^{55} dər^{33}. | nɯ^{33} sɿ^{33} mə^{33} thv̩^{33} kv̩^{55}. | nv̩^{55} me^{33} ȵi^{33} sy^{21} sɿ^{33} sy^{21}
刀 佩 鬼 坏 射 该 心 想 不 成 会 心 两 样 三 样

sɿ^{33} thv̩^{33} kv̩^{55}. | ɯ^{33} lɑ^{21} be^{33} me^{33} æ^{33} æ^{21} ko^{33} pv̩^{55} kv̩^{55}, khuɑ^{21}, ʥɿ^{33} thv̩^{33} kv̩^{55}. | ɯ^{33} tse^{21}
想 产生 会 生意 做 是 殴斗 遇 会 凶 祸 发生 会 牛 用

to^{55} khɯ^{55}, o^{33} ʥe^{33} ɯ^{33} me^{33} tse^{21}, hɑ^{33} ɕi^{33} to^{33} mɑ^{33}
消灾仪式 财 物 好 的 用 饭 人 面偶

要用牛作牺牲进行消灾仪式，要把九件黑衣在火葬场烧掉。起兵去杀仇敌，会发生心中不愉快的事。大地上会有病痛发烧。会有吵架斗殴的祸事，要进行压灾祸的法仪。要由东巴祭司进行祭景鬼和瓦鬼的法仪，要用雄肯①把鬼压在土洞里。在山坡上要建翠柏纳召来压鬼。

投中米吾九宫卦象图的名叫梭土奴大神的第三颗，有关房屋、地基及家事的卦象为凶。人有病痛发烧则凶。到东方去砍树，署的心里不高兴。该给署施药，献放生鸡许下来年再祭之愿。生病则会久病。男子要腰佩长刀并射恶鬼。心想而事不会成功。会三心二意。去做生意会遇到殴斗，凶，会有灾祸。要用牛作牺牲，要破费珍贵财物进行消灾仪式，要把饭人面偶

571-L-28-16

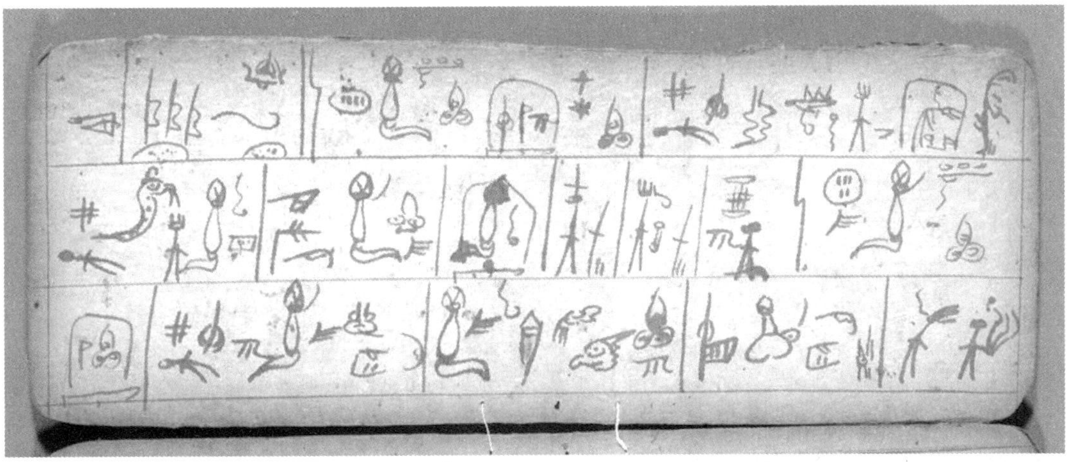

phi^{55} dər^{33}. | o^{21}、khu^{33}、khu^{33}、khu^{33},② sɿ^{55} khv̩^{21} o^{21} ʂər^{55} dər^{33}. | mi^{33} uə^{21} ɕy^{33} dər^{33} lu^{55}
丢 该 粮 门 门 门 素神 请 魂 赎 该 米吾 图 四

ly^{33} zər^{21} zæ^{33} ly^{13} to^{55} dər^{33} me^{33}, ɯ^{33}. ʥi^{21} ɕy^{33} dæ^{21} ɕy^{33} ko^{21} ɕy^{33} be^{33} kɑ^{33}. tv̩^{21} le^{33} ɕi^{33}
颗 冉然律 上 中 的 吉 房 卦象 地基 卦象 事 卦象 皆 吉 千 又 百

sy^{21} be^{33} kɑ^{33}. | gu^{21} me^{33} ɕy^{33}, ɯ^{33} ɕy^{21} ʂʅ^{33} ɕy^{21} nɯ^{33} tshɿ^{21}, khuɑ^{21}. tshɿ^{33} tshɿ^{21} iə^{33}
样 皆 吉 病 的 卦象 皮 红 肉 红 以 作祟 凶 楚鬼 家

ko^{21} thv̩^{33}, lɑ^{33} lɯ^{21} khɯ^{55} dər^{33}. | gu^{21} me^{33} ʐʅ^{21} tshɿ^{21} pv̩^{55}, sɿ^{21} tʂhər^{33} khɯ^{55} dər^{33}. | ʥər^{21}
里 到 大祭风仪式 该 病 的 蛇 鬼 送 署 药 施 该 树

① 雄肯，音译名词，为一种法具。

② 这四个东巴文字符无法连读成句，存疑。

lɯ^{55} sɿ^{21} nɯ^{33} mə^{33} hɯ^{21}, sɿ^{21} nɯ^{33} pɑ^{33} sɑ^{21} be^{33}.｜dʑi^{21} dæ^{21} lo^{21} lɯ^{33} mu^{33} tʂhər^{33} khɯ^{55}
砍 署 心 不 悦 署 以 作祟 做 房 地基 里 里母 药 施

dər^{33}.｜tho^{55} lo^{33} tshɿ^{21} py^{21} dər^{33}.｜o^{33} tshɿ^{21} py^{21} dər^{33}.｜ɯ^{33} lɑ^{21} be^{33}, kɑ^{33}.｜mi^{33} uə^{21} ɕy^{33}
该 妥罗鬼 祭 该 瓦鬼 祭 该 生意 做 吉 米吾 卦象

dər^{33} uɑ^{55} ly^{33} ŋɑ^{33} so^{33} sɑ^{21} dɑ^{55} to^{55} dər^{33} me^{33}, ɯ^{33}.｜dʑi^{21} ɕy^{33} dæ^{21} ɕy^{33} ko^{21} ɕy^{33} be^{33}
图 五 颗 熬梭刹道 上 中 的 吉 房 卦象 地基 卦象 家事 卦象 皆

ɯ^{33}.｜ɕi^{33} gu^{21} ɕy^{33}, kɑ^{33}. sɑ^{21} dɑ^{55} nɯ^{33} mə^{33} hɯ^{21}.｜sɑ^{21} dɑ^{55} khuɑ^{55} tʂhu^{55}、tʂhər^{33} khɯ^{33}、
吉 人 病 卦象 吉 刹道 心 不 悦 刹道 木牌 插 药 施

ku^{55} ɕy^{55} be^{33}, kɑ^{33} nɯ^{21} ɯ^{33}.｜gɑ^{33} nɯ^{21} he^{21} nɯ^{33} mə^{33} hɯ^{21} kv̩^{55}.｜tshɿ^{33} tshɿ^{21} nɯ^{33} zo^{33}
许愿 做 好 和 吉 嘎神 和 恒神 心 不 悦 会 楚鬼 以 男

lɑ^{21} tɕər^{21} bər^{33} khɯ^{55} lɯ^{33}
手 上 绳 放 来

丢到外面去。要进行请素神仪式并赎魂。

投中米吾九宫卦象图名叫冉然律大神的第四颗。吉。有关房屋、地基及家事的卦象为吉。千百样皆吉。病之卦象，是带红血的红皮肉作祟闹鬼之故，凶。楚鬼来到了家里，要进行大祭风仪式。人生病，则要退送蛇鬼，要给署施药。因砍树，署心里不高兴，署来会作祟。要给房屋地基上的里母[1]施药。要祭妥罗鬼。要祭瓦鬼。做生意，吉。

投中米吾九宫卦象图名叫熬梭刹道的第五颗，吉。有关房屋、地基及家事的卦象皆为吉。病者的卦象，吉。刹道心里不高兴。要插上刹道的木牌给刹道施药，献放生鸡向刹道许下来年再祭之愿，则又吉顺。嘎神和恒神心里会不高兴。楚鬼会把上吊绳交给男人。

571-L-28-17

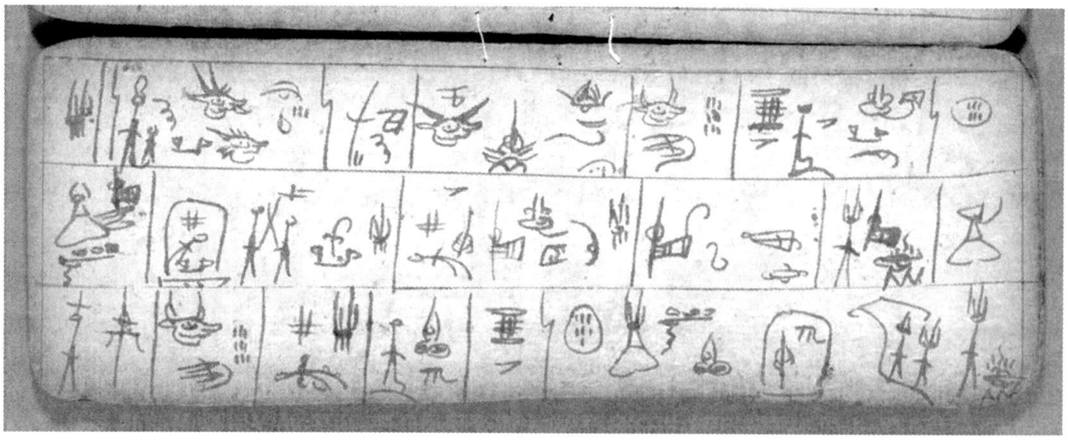

kv̩^{55}.｜ə^{33} me^{33} zy^{55} tɕi^{33} hə^{21} me^{33} tʂhə^{55} thv̩^{33} kv̩^{55}. tshɿ^{55} tse^{21} bu^{21} tse^{21}｜sɿ^{55} hɑ^{33}
会 母亲 婴 生 的 秽 产生 会 山羊 用 猪 用 三 天

① 里母，音译名词，为掌管野生动植物和山川河流的精灵——署之一。

tʂhə^{55} kɯ^{55} | tʂhə^{55} ʂu^{55} py^{21} dər^{33}. | y^{21} phər^{21} tse^{21} ɕy^{55} hər^{21} nɑ^{33} tsɑ^{21} tshɿ^{55}、sɿ^{55} khv̩^{21}

秽 灸 秽 除 祭 该 绵羊 白 用 柏 绿 纳召 建 素神 请

o^{21} ʂər^{55} dər^{33}. | ɯ^{33} tse^{21} to^{55} kɯ^{55} tʂə^{33} dv̩^{33} gv̩^{55} ly^{33} phi^{55} dər^{33}. | ɯ^{33} lɑ^{21} be^{33}, khuɑ^{21}.

魂 赎 该 牛 用 消灾仪式 奏督 九 个 丢 该 生意 做 凶

ʐʅ^{33} dʑi^{33} bɯ^{33}, khuɑ^{21}. nɯ^{33} sɿ^{33} mə^{33} thv̩^{33}. | mi^{33} uə^{21} dər^{33} tʂhuɑ^{55} ly^{33} tuɑ^{33} kɯ^{21} gɑ^{33} lɑ^{21}

路 行 去 凶 心 想 不 成 米吾 图 六 颗 端庚嘎拉

to^{55} dər^{33} me^{33}, | iə^{33} ko^{21} ɕi^{33} gu^{21} thv̩^{33} kv̩^{55}. ʂə^{55} ʂə^{33} æ^{33} æ^{33} dʐʅ^{33} thv̩^{33} kv̩^{55}. |

上 中 的 家里 人 病 产生 会 吵架 殴斗 祸 产生 会

gu^{21} me^{33} ɕy^{33}, khuɑ^{21}. gɑ^{33} nɯ^{33} mə^{33} hɯ^{21} kv̩^{55}. | gɑ^{33} nɯ^{33} gv̩^{33} lv̩^{21} kɑ^{33} le^{21}, phi^{55} me^{33}

病 者 卦象 凶 嘎神 心 不 悦 会 嘎神 以 庇佑 赐福 失 的

le^{33} dɯ^{33} kv̩^{55}. | tsɑ^{21} gɑ^{33} lɑ^{21} tʂhu^{55} pɑ^{33} be^{33} dər^{33}. | lɑ^{33} mɑ^{21} nɯ^{33} tho^{55} lo^{33} tshɿ^{21} py^{21}

又 得 会 扎 战神 供养 做 该 喇嘛 以 妥罗鬼 祭

dər^{33}. | ɯ^{33} tse^{21} to^{55} khɯ^{55} tʂə^{33} dv̩^{33} gv̩^{55} ly^{33} phi^{55} dər^{33}. | ɕi^{33} gu^{21} kv̩^{55}. | ʐʅ^{33} dʑi^{33} bɯ^{33},

该 牛 用 消灾仪式 奏督 九 个 丢 该 人 病 会 路 行 去

kɑ^{33} nɯ^{21}ɯ^{33}. | ɯ^{33} lɑ^{21} be^{33}, khuɑ^{21}. | mi^{33}uə^{21} dər^{33} ʂər^{33} ly^{33} te^{33} mɑ^{33} tse^{13} to^{55} dər^{33} me^{33},

好 和吉 生意 做 凶 米吾 图 七 颗 登玛仄 上 中 的

ɯ^{33}. dʑi^{21} ɕy^{33} dæ^{21} ɕy^{33}, kɑ^{33}. mɯ^{33} gə^{33} dv̩^{21} tse^{21} zɑ^{21} lɯ^{33} kv̩^{55}. tsɑ^{21} gɑ^{33} lɑ^{21} tʂhu^{55} pɑ^{33}

吉 房 卦象 地基卦象 吉 天 的 毒鬼 仄鬼 降 来 会 扎 战神 供养

be^{33},

做

母亲生育会产生秽，要用山羊和猪作牺牲，进行三天的除秽仪式。要用白绵羊作牺牲，建翠柏纳召。要进行请素神仪式以赎魂。要用牛作牺牲进行消灾仪式，要把九个奏督皮口袋丢到外面去。做生意，凶。出门远行，凶。心想事不成。

投中米吾九宫卦象图名叫端庚嘎拉的第六颗，家里有人会生病。会发生吵架斗殴的祸灾。病人的卦象为凶。嘎神的心里会不高兴。得到嘎神的庇佑赐福，失去的又能获得。要供养扎战神。要请喇嘛进行祭妥罗鬼仪式。要用牛作牺牲进行消灾仪式，要把九个奏督皮口袋丢到外面去。有人会生病。出门远行会吉顺。做生意，凶。

投中米吾九宫卦象图名叫登玛仄的第七颗，吉。有关房屋地基的卦象为吉。会降下天上的毒鬼和仄鬼。要供养扎战神，

571-L-28-18

æ^{21} nɯ^{33} ku^{55} ɕy^{55} dər^{33}. | gæ^{21} bʏ^{21} nɯ^{33} tər^{21} be^{33} ʂʅ^{33} me^{33} tər^{21} tshʅ^{21} iə^{33} ko^{21} thʏ^{33}, ʂə^{55}
鸡 以 许愿 该 刀 下 以 凶 地 死 的 呆鬼 家里 到 吵架

ʂə^{33} æ^{33} æ^{21} thʏ^{33} kʏ^{55}. | gu^{21} me^{33} ɕy^{33} bɯ^{21} ɯ^{33} tʂhu^{21} bʏ^{33} tɕər^{33} ȵiə^{21} hæ^{33}, tʂhuɑ^{21} ɯ^{33}
殴斗 产生 会 病 者 卦象 女 好 项链 脖 上 戴 男 好

gæ^{21} thɑ^{55} thɯ^{55} ȵiə^{21} hæ^{33}, tər^{21} tshʅ^{21}、tshʅ^{21} khuɑ^{21} mu^{21} i^{33}. | khɯ^{33} ʂʅ^{55} iə^{33} ko^{21} ʂər^{21}
刀 利 腰 上 佩 呆 鬼 鬼 恶 原 因 狗 新 家 里 牵

me^{33} tshʅ^{21} khuɑ^{21} nɯ^{33} tshʅ^{21} kʏ^{55}. ɯ^{33} tse^{21} to^{55} khɯ^{55} dər^{33}. | mi^{33} uə^{21} dər^{33} ho^{55} ly^{33} dʑi^{33}
的 鬼 恶 以 作祟 会 牛 用 消灾仪式 该 米吾 图 八 颗

gə^{33} lɑ^{13} to^{55} dər^{33} me^{33}, ly^{55} mu^{21}gʏ^{33}. dʑi^{21} ɕy^{33} dæ^{21}ɕy^{33} ko^{21} ɕy^{33} be^{33} kɑ^{33}. gu^{21} ɕy^{33}, kɑ^{33}.
景格腊 上 中 的 中常 成 房 卦象 地基 卦象家事卦象皆 吉 病 卦象 吉

he^{21} hɑ^{33} ʂu^{55} se^{13} he^{21} nɯ^{33} kɑ^{33} le^{21}. | bi^{33} lo^{21} nɯ^{33} he^{21} hɑ^{33} ʂu^{55} dər^{33}. | y^{21} phər^{21} tse^{21},
神 饭 祭 则 神 以 赐福 林 里 以 神 饭 祭 该 绵羊 白 用

ɕy^{55} hər^{21} nɑ^{33} tsɑ^{21} tshʅ^{55} dər^{33}. | sʅ^{33} bʏ^{33} y^{21} hɑ^{33} ʂu^{55} dər^{33}. | py^{33} bʏ^{21} nɯ^{33} tshʅ^{21} khuɑ^{21}
柏 绿 纳召 建 该 大者 祖先 饭 祭 该 祭司 以 鬼 恶

thʏ^{55} dər^{33}. | ɕy^{55} hər^{21} le^{33} dʑi^{21} tshe^{21} sʅ^{55} pɑ^{33} tso^{55}, zʅ^{33} tʂu^{55} py^{21}, ɯ^{33}. | zʅ^{33} dʑi^{33}, ɯ^{33}lɑ^{21}
驱 该 柏 绿 梯 十 三 把 架 延寿仪式 吉 路 行 生意

be^{33}, kɑ^{33}. | mi^{33} uə^{21} dər^{33} gʏ^{33} ly^{33} gʏ^{33} mu^{33} y^{13} to^{55} dər^{33} me^{33}, ɯ^{33}. dʑi^{21} ɕy^{33} dæ^{21} ɕy^{33}
做 吉 米吾 图 九 颗 古猛余 上 中 的 吉 房 卦象 地基卦象

ko^{21} ɕy^{33} be^{33} kɑ^{33}. gu^{21} ɕy^{33}, kɑ^{33}. | gɑ^{33} py^{21} dər^{33}. | tshʅ^{21} hɑ^{33} ʂʅ^{21} dər^{33}. | y^{21} tse^{21}
家事卦象 皆 吉 病 卦象 吉 嘎神 祭 该 鬼 饭 施 该 绵羊 用

要献放生鸡向扎战神许下来年再祭之愿。凶死于利刀之下所变的呆鬼会来到家里，家里会发生吵架和殴斗。病者的卦象，生病是因脖上带项链的女子、腰间佩利刀的男子作祟，是呆鬼和恶鬼作祟之故。把新狗牵到家里，恶鬼会来作祟。要用牛作牺牲进行消灾仪式。

投中米吾九宫卦象图的名叫景格腊大神的第八颗，为中常。有关房屋、地基及家事的卦象为吉。病者的卦象为吉。向神献饭会得到神的赐福。要在树林里向神献饭。要用白绵羊作牺牲以建翠柏纳召。要向祖先献饭。要由东巴祭司驱赶恶鬼。搭十三把翠柏天梯进行延寿仪式，吉。出门远行、做生意，皆吉。

投中米吾九宫卦象图的名叫古猛余大神的第九颗，吉。有关房屋、地基及家事的卦象，吉。该进行祭嘎神仪式。要给鬼施食。要用绵羊作牺牲

571-L-28-19

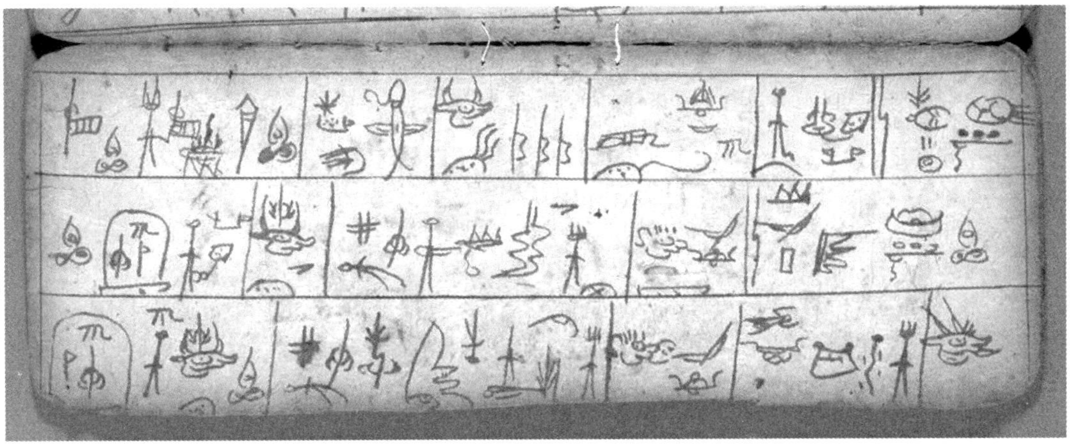

gɑ^{33} be^{33}, ɯ^{33}. tsɑ^{21} gɑ^{33} lɑ^{21} tʂhu^{55} pɑ^{33} be^{33}, tsɑ^{21} pɑ^{55} tshɿ^{55}, ɯ^{33}. | bər^{33} phər^{21} dɯ^{33} tʏ^{21}、
嘎神 祭 吉 扎 战神 供养 做 扎神 标 建 吉 牦牛 白 一 千

bər^{21} nɑ^{55} dɯ^{33} kɯ^{21} be^{33}、hɑ^{33} ɕi^{33} to^{33} mɑ^{33} be^{33}, to^{55} khɯ^{55} dər^{33}. | ɯ^{33}、o^{21}、khu^{33}、khu^{33}、
牦牛 黑 一 万 做 饭 人 面偶 做 消灾仪式 该

khu^{33}①. | o^{21} khʏ^{21}, sɿ^{55} khʏ^{21} o^{21} ʂər^{55}, kɑ^{33}. | ʐʅ^{33} dʑi^{33} me^{33} nɯ^{33} sɿ^{33} thʏ^{33}. | sɿ^{33} gɯ^{33} ȵi^{33}
俄神 请 素神 请 魂 赎 吉 路 行 是 心 想 成 斯庚尼玛

mɑ^{21} ȵi^{33} me^{33} dər^{33} to^{55} dər^{33} me^{33}, ɯ^{33}. dʑi^{21} ɕy^{33} dæ^{21} ɕy^{33} ko^{21} ɕy^{33} be^{33} kɑ^{33}. nɯ^{33} sɿ^{33}
太阳 图 上 中 的 吉 房 卦象 地基 卦象 家事 卦象皆 吉 心 想

me^{33} thʏ^{33}. | o^{33} dʑe^{33} ɕy^{33}, khuɑ^{21}. | gu^{21} ɕy^{33}, ʂʅ^{33} ɕy^{21} ɯ^{33} ɕy^{21} tse^{21}, tshɿ^{21} khuɑ^{21} thʏ^{55}
的 成 财 物 卦象 凶 病 卦象 肉 红 皮 红 用 鬼 恶 驱

dər^{33}. | lʏ^{33} zɿ^{21} y^{21} py^{21} y^{21} hɑ^{33} iə^{55} dər^{33}. | mi^{33} iə^{21} to^{21} tshy^{55} he^{33} me^{33} dər^{33} to^{55} dər^{33}
该 野外祭祖 祖先饭 给 该 米尤朵趣 月亮 图 上 中

me^{33}, dʑy^{21} ɕy^{33} dæ^{21} ɕy^{33} ko^{21} ɕy^{33} be^{33} kɑ^{33}. | o^{33} dʑe^{33} y^{21} bɯ^{33} kɑ^{33} nɯ^{21} ɯ^{33}. | gu^{21} ɕy^{33},
的 房 卦象地基 卦象家事 卦象 皆 吉 财 物 拿 去 好 和 吉 病 卦象

① 这五个东巴文字符无法连读成句，存疑。

sɿ^{33} bʏ^{33} tʂhər^{55} æ^{21} do^{55} ʂʅ^{55} dʑi^{21} nɯ^{33} lʏ^{21} tər^{21} ʂʅ^{33} mə^{33} ŋʏ^{55} me^{33} nɯ^{33} tshɿ^{21}.｜y^{21} hɑ^{33}
大者 辈 崖 跌死 水 以 冲 凶 死 不 超度 的 以 作祟 祖先 饭

iə^{55} dər^{33}.｜ŋʏ^{21} dʑi^{33} hæ^{21} dʑi^{33} tshɿ^{21} iə^{55} dər^{33}.｜tshɿ^{55} tse^{21}
给 该 银 衣 金 衣 鬼 给 该 山羊 用

作祭嘎神仪式，吉。供养扎战神，立扎神的标杆木牌，吉。要用一千头白牦牛、一万头黑牦牛向鬼还债，做饭人面偶，以进行消灾仪式。进行请司五谷的俄神，进行请素神并赎魂，吉。出门远行会心想事成。

投中称为斯庚尼玛①画有太阳的这一幅，吉。有关房屋、地基及家事的卦象皆为吉。心想事成。有关财物之卦象是为凶。病者的卦象是：要用带血的红皮和红肉驱赶恶鬼。要在野外祭祖，要向祖先献饭。

投中称为米尤朵趣画有月亮的这一幅，吉。有关房屋、地基及家事的卦象是为吉。去寻物、进财皆吉顺。病者的卦象是：因祖辈中有从崖上跌死、被水冲走凶死、死而不曾超度的亡灵之故。该向祖先献饭。该把金衣银衣送给鬼。要用山羊作牺牲

571-L-28-20

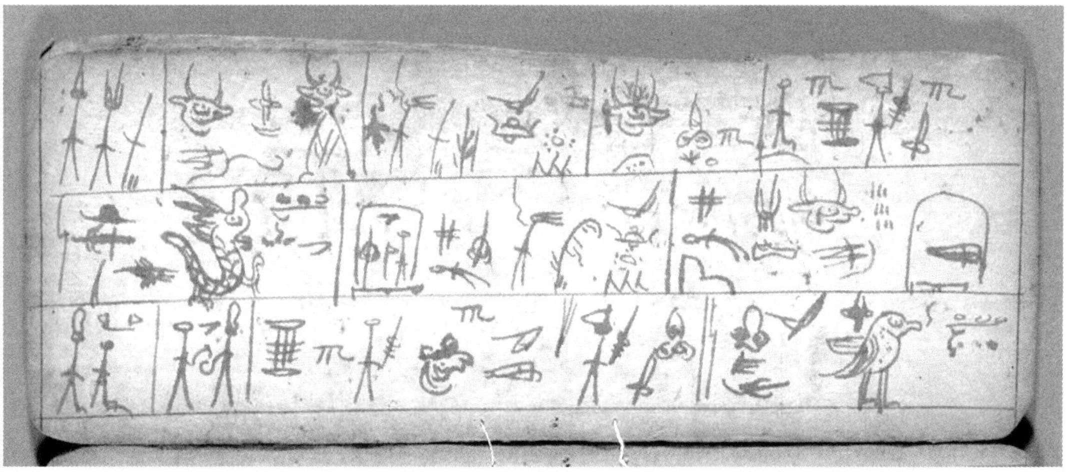

dʏ^{21} tse^{21} py^{21} dər^{33}.｜ɯ^{33} tse^{21} to^{55} khɯ^{55} ʂʅ^{21} dzʅ^{33} o^{21} ʂər^{55} dər^{33}.｜dʏ^{21} dʑɿ^{33} tshɿ^{33} ʂʅ^{33}
毒鬼 仄鬼 祭 该 牛 用 消灾仪式 史支鬼王 魂 赎 该 毒 吃 上吊 死

me^{33} py^{21} le^{33} ŋʏ^{55} be^{33} hɑ^{33} iə^{55} dər^{33}.｜o^{33} dʑe^{33} ɕy^{33} kɑ^{33} nɯ^{21} ɯ^{33}.｜zʅ^{33} dʑi^{33}, ɯ^{33} lɑ^{21}
的 祭 又 超度 做 饭 给 该 财 物 卦象 好 和 吉 路 行 生意

be^{33}, kɑ^{33}. mu^{21} tɯ^{33} zɿ^{21} zər^{21} bɯ^{33}, kɑ^{33}.｜nɑ^{21} dɑ^{55} tɕhi^{33} lɯ^{55} lʏ^{21} dər^{33} to^{55} dər^{33} me^{33},
做 吉 兵 起 仇 压 去 吉 纳大启利 龙 图 上 中 的

khuɑ^{21}.｜dʑi^{21} ɕy^{33} dæ^{21} ɕy^{33} ko^{21} ɕy^{33} be^{33} khuɑ^{21}. gu^{21} ɕy^{33} tshɿ^{33} iə^{21} ŋʏ^{55} hɑ^{33} iə^{55} dər^{33}.｜
凶 房 卦象 地基 卦象 家事 卦象 皆 凶 病 卦象 楚鬼 尤鬼 超度 饭 给 该

① 斯庚尼玛，音译名词，其义不明。后文中画有“月亮”、“龙”、“布谷鸟”等的图都有各种名称，均为音译，不再一一作注。

bu^{21} kv̩^{33} nɯ^{33} kv̩^{33} gu^{21} khɯ^{33} gu^{21} me^{33}, ɯ^{33} tse^{21} to^{55} khɯ^{55} tʂə^{33} dv̩^{33} gv̩^{55} ly^{33} phi^{55} dər^{33}.
坡 上 以 头 疼 脚 痛 的 牛 用 消灾仪式 奏督 九 个 丢 该

ʥi^{21} phi^{55} dæ^{21} phi^{55} zo^{33} mi^{55} by^{21} thv̩^{33} bɯ^{33} kv̩^{55}. | ʥʅ^{21} bu^{21} tʂu^{55}, khuɑ^{21}. | ɯ^{33} lɑ^{21} be^{33},
房 失 地基 失 儿 女 外 到 去 会 夫 妻 结 凶 生意 做

mu^{21}tɯ^{33} bɯ^{33}, kɑ^{33}. ʐuɑ^{33} phi^{55} me^{33} i^{33} tʂhʅ^{33} mu^{21} ʂu^{21} dər^{33}. mu^{21} tɯ^{33} zʅ^{21} zər^{21} bɯ^{33}, ɯ^{33}
兵 起 去 吉 马 丢 的 南方 找 该 兵 起 仇 压 去 吉

pɑ^{33} sɑ^{21} ə^{33} iə^{21} o^{21} hər^{21} tɕər^{55} pu^{33} dər^{33} to^{55} dər^{33} me^{33}, khuɑ^{21}.
巴刹欧尤 松石 绿 布谷鸟 图 上 中 的 凶

进行祭毒鬼和仄鬼的法仪。要用牛作牺牲进行消灾仪式，向史支鬼王还债以赎魂。要祭祀并超度吃毒而亡、上吊而死的亡灵并予以施食。有关财物的卦象为吉。出门远行，吉。做生意，吉。起兵去镇压仇敌，吉。

投中称为纳大启利画有龙的这一幅，凶。有关房屋，地基及家事的卦象皆为凶。有关病者的卦象，是要超度楚鬼和尤鬼并施食。若在山坡上有了头疼脚痛生了病，就要用牛作牺牲，进行消灾仪式，要把九个奏督皮口袋丢到外面去。会有失去房屋和地基而儿女出走的事。结亲订婚，凶。做生意，吉。起兵，吉。丢了马则要到南方去找寻。起兵去镇压仇敌，吉。

投中称为巴刹欧尤画有绿松石色布谷鸟这一幅，凶。

571-L-28-21

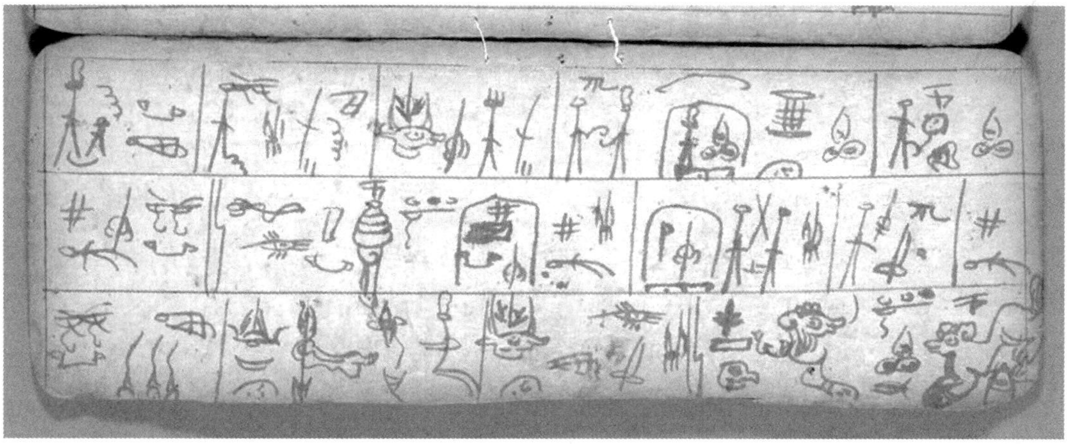

ə^{33} me^{33} zy^{55} tɕi^{33} hə^{21} me^{33} tʂhə^{55} thv̩^{33} tshʅ^{21} kv̩^{55}. | miə^{21} go^{33} khɯ^{33} tɕhər^{33} kv̩^{55}, tʂhə^{55} ʂu^{55}
母亲 婴 生 的 秽 产生 来 会 眼 瞎 脚 断 会 秽 除

dər^{33}. | o^{33} ʥe^{33} zʅ^{21} nɯ^{33} ʂər^{21} lɯ^{33} kv̩^{55}, tshʅ^{21} py^{21} dər^{33}. | ʥʅ^{21} bu^{21} tʂu^{55}, kɑ^{33}. mɯ^{33} ɕy^{33}
该 财 物 仇 以 牵 来 会 鬼 祭 该 夫 妻 结 吉 天 卦象

dy^{21} ɕy^{33}, ʥi^{21} ɕy^{33} dæ^{21} ɕy^{33}, ɯ^{33}. | o^{33} ʥe^{33} ɯ^{33} lɑ^{21} be^{33}, ɯ^{33}. | nɯ^{33} phər^{21} sʅ^{33}, ɯ^{33}. |
地 卦象 房 卦象 地基 卦象 吉 财 物 生意 做 吉 心 白 想 吉

gu²¹ ɕy³³, miə³³ ko²¹ miə²¹ bər³³ thy̩³³ ky̩⁵⁵. | khæ⁵⁵ lɯ³³ to²¹ by̩³³ dy̩³³ phər²¹ dər³³ to⁵⁵ dər³³
病 卦象 眼 里 眼泪 出 会 康利朵补 海螺 白 图 上 中

me³³, iə³³ ko²¹ gu²¹ tshər³³ ɕy³³ thy̩³³, zo³³ gu²¹ ky̩⁵⁵. | ko²¹ ɕy³³ ʂə⁵⁵ ʂə³³ æ³³ æ²¹ thy̩³³ ky̩⁵⁵. |
的 家里 病 发烧 卦象 出 男 病 会 家事 卦象 吵架 欧斗 产生 会

mu²¹ tɯ³³ zɿ²¹ zər²¹ bɯ³³, kɑ³³. | ɕi³³ gu²¹ me³³ miə³³ ko²¹ miə²¹ bər³³ thy̩³³, mɯ³³ tshɿ²¹ tɯ³³
兵 起 仇 压 去 吉 人 病 的 眼 里 眼泪 出 火葬场

phi⁵⁵ dər³³ ky̩⁵⁵. | sɿ⁵⁵ lɯ³³ sɿ³³ tʂhu⁵⁵ sɿ⁵⁵ khy̩²¹ o²¹ ʂər⁵⁵ dər³³, nɯ²¹ me⁵⁵ o²¹ me⁵⁵ dər³³. |
丢 该 会 素神 箭 插 素神 请 魂 赎 该 生儿 求 育女 求 该

o³³ dʑe³³ zɿ²¹ nɯ³³ khy̩³³ lɯ³³ khy̩⁵⁵. | sɿ³³ to³³ kə⁵⁵ by̩³³ dy̩³³ phər²¹ si³³ gɯ³³ dər³³ to⁵⁵ dər³³
财物 仇 以 偷 来 会 司朵构补 海螺 白 狮子 图 上 中

me³³, ɯ³³, gy̩²¹ nɑ⁵⁵ ko²¹ phər²¹ dʑy²¹ nɯ³³ zɑ²¹.
的 吉 熊 黑 胸 白 山 以 下

母亲生孩子会产生秽，孩子会眼瞎跛脚，要进行除秽仪式。仇人会来抢财物，该祭鬼。订婚结亲，吉。有关天地的卦象、房屋地基的卦象皆为吉。拿财物去做生意，吉。心想善事，吉。病者的卦象是：会产生眼中落泪的丧事。

投中称为康利朵补画有白海螺的这一幅，是家人会生病发烧的卦象，男子会生病。有关家事的卦象是，会发生吵架斗殴。起兵去镇压仇敌，吉。人生了病，会发生眼中落泪的丧事，该把尸体抬到火葬场里去。该插起素神神箭进行请素神仪式并赎魂。要向神求福求嗣。仇人会来偷财物。

投中称为司朵构补画有白海螺色的狮子这一幅，吉。似白胸黑熊从山上下来

571-L-28-22

nɯ³³ o²¹ iə⁵⁵ tshɿ²¹. | dʑi²¹ ɕy³³ dæ²¹ ɕy³³ ko²¹ ɕy³³ be³³ kɑ³³. ɕi³³ gu²¹ ɕy³³, kɑ³³. | sɿ³³ by̩³³
福 泽 赐 来 房卦象 地基 卦象 家事 卦象 皆 吉 人 病 卦 吉 大者

tʂhər⁵⁵ æ²¹ do⁵⁵ ʂʅ³³、dʑi²¹ nɯ³³ ly̩²¹ le²¹ tər²¹ ʂʅ³³ me³³ dʑy²¹, dʑi³³ mu³³ ɯ²¹ py²¹ dər³³. | ə³³
辈 崖 跌 死 水 以 冲 而 凶 死 的 有 水 猛鬼 恩鬼 祭 该 祖父

phy̩^{33} ky̩^{33} phər^{21} tshɿ^{21} nɯ^{33} tshɿ^{21} ky̩^{55}.｜y^{21} tse^{21} to^{55} khɯ^{55} tʂə^{33} dy̩^{33} gy̩^{55} ly^{33} phi^{55}, ʂʅ^{21}

头 白 鬼 以 作祟 会 绵羊 用 消灾仪式 奏督 九 个 丢

dʐʅ^{33} dʐu^{33} ʐuɑ^{21} o^{21} ʂər^{55} dər^{33}.｜o^{33} ʥe^{33} ty̩^{33} ty̩^{21} kɯ^{33} kɯ^{21} ɯ^{33}. mu^{21} tɯ^{33} zɿ^{21} zər^{21} bɯ^{33},

史支鬼王 债赔 魂 赎 该 财物 千 千 万 万 吉 兵 起 仇 压 去

kɑ^{33}.｜ʐʅ^{33} ʥi^{33} nɯ^{33} phər^{21} sɿ^{33}, ɯ^{33}.｜tshɑ^{55} bɑ^{21} ʥiə^{33} ly^{21} dɑ^{33} khə^{21} lɑ^{55} dər^{33} to^{55} dər^{33}

吉 路 行 心 白 想 吉 操巴久吕 鼓 敲 图 上 中

me^{33}, ɯ^{33}.｜ʥi^{21} ɕy^{33} dæ^{21} ɕy^{33} ko^{21}ɕy^{33} be^{33} kɑ^{33}.｜ɕi^{33} gu^{21} me^{33} lɑ^{33} mɑ^{21} nɯ^{33} thy̩^{33} tshɿ^{21}

的 吉 房 卦象 地基 卦象家事卦象皆 吉 人 病 的 喇嘛 以 土鬼

thy̩^{55} dər^{33}.｜bu^{21} ky̩^{33} nɯ^{33} ɕy^{55} hər^{21} nɑ^{33} tsɑ^{21} tshɿ^{55}, y^{21} phər^{21} tse^{21} gɑ^{33} be^{33}, ɯ^{33}.｜kho^{21}

驱 该 坡 上 以 柏 绿 纳召 建 绵羊 白 用 嘎神 祭 吉 亲

lɯ^{33} nɯ^{33} mi^{55} sy^{55} tʂhə^{55} tshɿ^{21} thy^{33} ky̩^{55}.｜o^{33} ʥe^{33} ɕy^{33}, khuɑ^{21}.｜sɿ^{55} lɯ^{33} sɿ^{33} tʂhu^{55} sɿ^{55}

戚 以 女 杀 臭鬼 产生 会 财 物 卦象 凶 素神 箭 插 素神

khy̩^{21} o^{21} ʂər^{55} se^{13} kɑ^{33}.｜ɯ^{33} lɑ^{21} be^{33}, ɯ^{33}.｜ʥiə^{33} u^{21} tshɿ^{55} si^{33} ʥiə^{33} py̩^{21}

请 魂 赎 则 吉 生意 做 吉 久吾 螯鱼

赐福泽似的[①]。有关房屋、地基及家事的卦象皆为吉。病者的卦象为吉。祖辈中有从崖上跌死、被水冲走凶死的人，该祭水中的猛鬼和恩鬼。白发祖父会被鬼缠上。要用绵羊作牺牲进行消灾仪式，把九个奏督皮口袋丢到外面去，要向史支鬼王还债并向它赎魂。有关财物的卦象为千吉万顺。起兵去镇压仇敌，吉。出门远行，心想善事，吉。

投中称为操巴久吕画有操巴巫师敲鼓的这一幅，吉。有关房屋、地基及家事之卦象皆为吉。人生了病则要请喇嘛来驱土鬼。在坡上建翠柏纳召，用白绵羊作牺牲进行祭嘎神仪式，吉。因亲戚杀了女人会产生臭鬼。有关财物的卦象为凶。插上素神神箭进行请素神仪式并招魂，吉。做生意，吉。

投中称为久吾画有螯鱼

571-L-28-23

① 此句让人费解，喻义不明，此为直译。

dər^{33} to^{55} dər^{33} me^{33}, khuɑ^{21}. | ʥi^{21} ɕy^{33} dæ^{21} ɕy^{33} ko^{21} ɕy^{33} be^{33} khuɑ^{21}. zo^{33} ɕy^{33}, khuɑ^{21}. |
图 上 中 的 凶 房卦象 地基 卦象 家事 卦象皆 凶 男 卦象 凶

gu^{21} ɕy^{33} se^{13} gu^{21} tshər^{33} thv̩^{33} tʂhu^{33} kv̩^{55}. | ə^{33} sɿ^{21} tʂhər^{55} kho^{21} lɯ^{33} tər^{21} ʂɿ^{33} le^{21} mə^{33} ŋv̩^{21}
病 卦象 则 病 发烧 产生 容易 会 父亲 辈 亲 戚 凶 死 而 未 超度

mə^{33} ʂu^{55} me^{21} hɑ^{33} iə^{55} dər^{33}. | hɑ^{33} ʥɿ^{33} kv̩^{33} ʥɿ^{33} i^{55} mu^{33} kv̩^{55}. ʥi^{33} nɑ^{21} ər^{33} nɑ^{21} ʂu^{21}
不 祭 的 饭 给 该 饭 吃 蒜 吃 做梦 会 衣 黑 铜 器 铁

nɑ^{21} y^{21}, tshɿ^{21} thv̩^{33} kv̩^{55}, tshɿ^{21} thv̩^{55} dər^{33}. | o^{33} ʥe^{33} ɕy^{33}, ɯ^{33}. ɯ^{33} lɑ^{21} be^{33}, ɯ^{33}. | mæ^{55}
器 拿 鬼 产生 会 鬼 驱 该 财 物 卦象 吉 生意 做 吉 以后

se^{13} o^{21} phi^{55} kv̩^{55}. nɯ^{33} phər^{21} sɿ^{33} sy^{21} be^{33} ɯ^{33}. | mu^{21} tɯ^{33} zɿ^{21} zər^{21} bɯ^{33}, khuɑ^{21}. | ʥi^{33}
则 魂 失 会 心 白 想 什么 皆 吉 兵 起 仇 压 去 凶

bv̩^{33} to^{33} to^{21} he^{21} ʥi^{21} dər^{21} to^{55} dər^{33} me^{33}, ɯ^{33}. | ʥi^{21} ɕy^{33}dæ^{21} ɕy^{33} ko^{21} ɕy^{33} be^{33} ɯ^{33}. |
景补朵铎 神 房 图 上 中 的 吉 房 卦象 地基卦象家事 卦象 皆 吉

gu^{21} ɕy^{33} se^{13} tshɿ^{21} thv̩^{33} tshɿ^{21} mə^{33} thv̩^{55}, he^{21} mə^{33} ʂu^{55} me^{33} uɑ^{21}. | tshɿ^{21} pv̩^{55} pv̩^{33} dər^{33}. |
病 卦象 则 鬼 到 鬼 不 驱 神 不 祭 的 是 鬼 送 该

ŋv̩^{21} ʥi^{33} hæ^{21} ʥi^{33} y^{21}、thv̩^{33} phe^{33} y^{21}, tshɿ^{21} nɯ^{33} tshɿ^{33} me^{33} thv̩^{33} kv̩^{55}. | tshɿ^{33} ŋv^{55} tshɿ^{33}
银 衣 金 衣 拿 麻布 拿 鬼 以 缠 的 产生 会 楚鬼 超度 楚鬼

hɑ^{33} iə^{55} dər^{33}.
饭 给 该

这一幅，凶。有关房屋、地基及家事的卦象皆为凶。男人的卦象为凶。有关病的卦象是容易生病发烧。父辈亲戚中有凶死而未超度未祭祀的人，要给这些亡灵施食。会梦到吃饭吃蒜。拿黑衣、铜器和铁器，会产生鬼，要驱鬼。有关财物的卦象为吉。做生意，吉。以后会失魂。心想善事，吉。起兵去镇压仇敌，凶。

投中称为景补朵铎画有神房的这一幅，吉。有关房屋、地基及家事的卦象皆为吉。病者的卦象是，鬼来了而不驱鬼；对神不予以祭祀之故。该祭送鬼。拿金衣、银衣和麻布，会被鬼缠上。该超度楚鬼并给楚鬼施食。

571-L-28-24

dy̩^{21}to^{33}mi^{33} kə^{55} gɯ^{33} mɑ^{21}ɕy^{55} khɯ^{33} dər^{33} to^{55}dər^{33} me^{33}, khuɑ^{21}. | dʑi^{21} ɕy^{33} dæ^{21} ɕy^{33} ko^{21}
督多米构庚麻 豺狗 图 上 中 的 凶 房 卦象地基 卦象家事

ɕy^{33} be^{33} khuɑ^{21}. gu^{21} ɕy^{33} se^{13} si^{33} le^{33} miə^{21} bər^{33} thy̩^{33} ky̩^{55}, khuɑ^{21}. | mə^{33} sɿ^{55}. dʐɿ^{33} thy̩^{33}
卦象皆 凶 病 卦象 则 穷 而 眼泪 出 会 凶 不 健康 祸 产生

ky̩^{55}, khuɑ^{21}, dʐɿ^{33} zər^{21} py^{21} dər^{33}. | gu^{21} me^{33} ɕy^{33} dɯ^{21} py^{21} dər^{33}. | fy̩^{55} lɑ^{33} iə^{33} ko^{21} thy̩^{33}
会 凶 祸 压 祭 该 病 的 法事 大 祭 该 黄鼠狼 家里 到

do^{21} be^{33} ky̩^{55}. tshɿ^{33} py^{21} tshɿ^{33} hɑ^{33} iə^{55} ŋy̩^{55} dər^{33}. | ɯ^{33} tse^{21} to^{55} khɯ^{55} tʂə^{33} dy̩^{33} gy̩^{55} ly^{33}
异兆 做 会 楚鬼 祭 楚鬼 饭 给 超度 该 牛 用 消灾仪式 奏督 九 个

phi^{55} dər^{33}. | o^{33} dʑe^{33} ɕy^{33}, khuɑ^{21}. | zʅ^{33} dʑi^{33} bɯ^{33}, kɑ^{33}. ɯ^{33} lɑ^{21} be^{33}, ɯ^{33}. | ə^{33} sɿ^{21} ɕi^{33}
丢 该 财 物 卦象 凶 路 行 去 吉 生意 做 吉 父亲 他人

nɯ^{33} sy^{55} ky̩^{55}. | phi^{55} me^{33} ho^{33} gy̩^{33} lo^{21} ʂu^{21}, ɯ^{33}. | dər^{33} ə^{55} ʂə^{55} lɑ^{33} mɑ^{55} iə^{33} dər^{33} to^{55}
以 杀 会 失 的 北方 找 吉 丹欧寿拉 孔雀 图 上

dər^{33} me^{33}, ɯ^{33}. | ɯ^{33} tse^{21} to^{55} khɯ^{55} tʂə^{33} dy̩^{33} gy̩^{55} ly^{33} phi^{55} dər^{33}. | o^{33} dʑe^{33} ɕy^{33},
中 的 吉 牛 用 消灾仪式 奏督 九 个 丢 该 财 物 卦象

khuɑ^{21}. | zʅ^{33} dʑi^{33} bɯ^{33}, ɯ^{33}. ɯ^{33} lɑ^{21} be^{33}, kɑ^{33}. dʐɿ^{21} bu^{21} tʂu^{55} , kɑ^{33}. |
凶 路 行 去 吉 生意 做 吉 夫 妻 结 吉

投中称为督多米构庚麻画有豺狗的这一幅，凶。有关房屋、地基及家事的卦象皆为凶。病者的卦象是，会穷得眼中直落泪，凶。不健康。会有灾祸，凶；要进行压祸灾的法仪。病者的卦象，是要进行大规模的祭仪。会有黄鼠狼到家里来的异常现象以示不祥之兆。要祭楚鬼给楚鬼施食并予以超度。要用牛作牺牲进行消灾仪式，把九个奏督皮口袋丢到外面去。有关财物的卦象为凶。出门远行，吉。去做生意，吉。父亲会遭他人杀害。寻找失物则应到北方去找，吉。

投中称为丹欧寿拉画有孔雀的这一幅，吉。要用牛作牺牲进行消灾仪式，把九个奏督皮口袋丢到外面去。有关财物的卦象为凶。出门远行，吉。去做生意，吉。结亲订亲，吉。

571-L-28-25

nɯ^{33} sɿ^{33} me^{33} ɯ^{33} thv̩^{33}. | mu^{21} tɯ^{33} zɿ^{21} zər^{21} bɯ^{33}, khuɑ^{21}. | phi^{55} me^{33} ʂu^{21} by^{33} by^{33} ʂu^{21}
心 想 的 好 成 兵 起 仇 压 去 凶 失 的 找 分 开 找

dər^{33}. | gu^{21} me^{33} tʂhər^{33} ɯ^{33} thɯ^{21} ɯ^{33}. | dɯ^{21} sæ^{33} lo^{21} tʂhʅ^{33} hæ^{33} ʂʅ^{21} tsho^{21} ze^{33} dər^{33} to^{55}
该 病 的 药 吃 吉 迪桑罗拆 金 黄 大象 图 上

dər^{33} me^{33}, ɯ^{33}. | ʥi^{21} ɕy^{33} dæ^{21} ɕy^{33} ko^{21} ɕy^{33} be^{33} kɑ^{33}. | ʥʅ^{21} bu^{21} tʂu^{55}, kɑ^{33}. ɯ^{33} lɑ^{21}
中 的 吉 房 卦象 地基 卦象 家事 卦象 皆 吉 夫 妻 结 吉 生意

be^{33}, ɯ^{33}. phi^{55} me^{33} ʂu^{21}, ɯ^{33}. | gu^{21} me^{33} ɕy^{33}, tshʅ^{21}、ʥy^{21}、tv̩^{55}.[①] | tsɑ^{21} gɑ^{33} lɑ^{21} tʂhu^{55}
做 吉 失 的 找 吉 病 的 卦象 扎 战神 供养

pɑ^{33} be^{33}, tsɑ^{21} pɑ^{55} tshʅ^{55}, | æ^{21} nɯ^{33} tsɑ^{21} ku^{55} ɕy^{55} dər^{33}. | sɿ^{21} tʂhər^{33} khɯ^{55} dər^{33}. | mu^{21}
做 扎 神标 建 鸡 以 扎神 许愿 该 署 药 施 该 兵

tɯ^{33} zɿ^{21} zər^{21} bɯ^{33}, khuɑ^{21}. | nɑ^{21} ə^{55} dɑ^{33} mu^{33} bə^{33} dɯ^{21} lɑ^{33}ɕy^{21} dər^{33} to^{55} dər^{33} me^{33}, ʥi^{21}
起 仇 压 去 凶 纳欧达姆 掌 大 虎 红 图 上 中 的 房

ɕy^{33} dæ^{21} ɕy^{33} ko^{21} ɕy^{33} be^{33} khuɑ^{21}. dv̩^{21} ʥʅ^{33} dɯ^{33} kv̩^{55}. | gu^{21} me^{33} ɕy^{33},[②] tshʅ^{21} nɯ^{33}
卦象地基 卦象 家事 卦象 皆 凶 毒 吃 得 会 病 的 卦象 鬼 以

tshʅ^{21}. | sɿ^{33} bv̩^{33} tʂhər^{55} æ^{21} do^{55} ʂʅ^{33}
作祟 大 辈 崖 跌 死

心想好事都会成功。起兵去镇压仇敌，凶。去寻找失物要分开去找。病者吃药，吉。

投中称为迪桑罗斥画有金黄大象的这一幅，吉。有关房屋、地基及家事的卦象皆为吉。结亲订婚，吉。做生意，吉。寻找失物，吉。病者的卦象……该供养扎战神，立扎神的标杆，放生鸡以许下来年再祭之愿。该给署施药。起兵去镇压仇敌，凶。

投中称为纳欧达姆画有巨掌赤虎的这一幅，有关房屋、地基及家事的卦象为凶。会吃到毒药。病者的卦象，……被鬼缠上。祖辈中有从崖上跌下而亡、

571-L-28-26

① 这三个东巴文字符无法连读成句，存疑。

② 其后两个符号无法释读，存疑，译文中略。

ʥi^{21} nɯ^{33} ly̩^{21} le^{33} tər^{21} ʂʅ^{33} me^{33} ʥy^{21}. ʥi^{33} mɯ^{33} ɯ^{21} py^{21} dər^{33}. tər^{21} ʦe^{21} py^{21} dər^{33}. | o^{33}

水 以 冲 而 凶 死 的 有 水 猛鬼 恩鬼 祭 该 呆鬼 仄鬼 祭 该 财

ʣe^{33} ɕy^{33}, khuɑ^{21}. | uə^{33} ʂʅ^{55} ʦhʅ^{55} sʅ^{55} lɯ^{33} sʅ^{33} tʂhu^{55} sʅ^{55} khy̩^{21}, ɯ^{33}. | nɯ^{33} sʅ^{33} mə^{33} thy̩^{33}.

物 卦象 凶 寨 新 建 素神 箭 插 素神 请 吉 心 想 不 成

ɯ^{33} lɑ^{21} be^{33}, khuɑ^{21}. | mu^{21} tɯ^{33} zʅ^{21} zər^{21} bɯ^{33}, ɯ^{33}. | ʨi^{55} sʅ^{33} ʥiə^{33} u^{21} bər^{21} phər^{21} dər^{33}

生意 做 凶 兵 起 仇 压 去 吉 季思久吾 牦牛 白 画

to^{55} dər^{33} me^{33}, ɯ^{33}. | ʥi^{21} ɕy^{33} dæ^{21}ɕy^{33} ko^{21} ɕy^{33} be^{33} kɑ^{33}. gu^{21} me^{33} ɕy^{33}, tər^{21} nɯ^{21} ʦe^{21},

上 中 的 吉 房 卦象 地基 卦象 家事 卦象 皆 吉 病 者 卦象 呆鬼 和 仄鬼

mu^{33} nɯ^{21} ɯ^{21} py^{21} dər^{33}. | kho^{21} lɯ^{33} ʂʅ^{33} me^{33} mɯ^{33} ʦʅ^{21} tɯ^{33} nɯ^{33} ʥi^{55}, tʂhə^{55} ʦhʅ^{21} thy̩^{33}

猛鬼 和 恩鬼 祭 该 亲 戚 死 的 火葬场 以 烧 臭鬼 产生

ky̩^{55}. | o^{33} ʣe^{33} ɕy^{33} ty̩^{33} ty̩^{21} kɯ^{33} kɯ^{21} ɯ^{33}. | mu^{21} tɯ^{33} zʅ^{21} zər^{21} bɯ^{33}, kɑ^{33}. phi^{55} me^{33}

会 财 物 卦象 千 千 万 万 吉 兵 起 仇 压 去 吉 丢 的

ʂu^{21}, kɑ^{33}. | ʣʅ^{21} bu^{21} tʂu^{55}, khuɑ^{21}. ɯ^{33} lɑ^{21} be^{33}, khuɑ^{21}. gu^{21} me^{33} ɕy^{33} be^{33}, ɯ^{33} ʦe^{21} to^{55}

找 吉 夫 妻 结 凶 生意 做 凶 病 者 法仪 做 牛 用 消灾

khɯ^{55} tʂə^{33} dy̩^{33} gy̩^{55} ly^{33} phi^{55} dər^{33}. | ʣʅ^{21} dər^{33} to^{55} dər^{33} me^{33}, khuɑ^{21}. ʥi^{21} ɕy^{33} dæ^{21} ɕy^{33}

仪式 奏督 九 个 丢 该 犏牛 图 上 中 的 凶 房 卦象 地基 卦象

ko^{21} ɕy^{33} be^{33} khuɑ^{21}. | gu^{21} me^{33} ɕy^{33}, khuɑ^{21}. |

家事卦象 皆 凶 病 者 卦象 凶

被水冲走而凶死的人。该祭水中的猛鬼和恩鬼。该祭呆鬼和仄鬼。有关财物的卦象为凶。建新寨则要插上素神神箭进行请素神仪式，吉。心想事不成。去做生意，凶。起兵去镇压仇敌，吉。

投中称为季思久吾画有白牦牛的这一幅，吉。有关房屋、地基及家事的卦象皆为吉。病者的卦象是，要祭呆鬼和仄鬼。要祭猛鬼和恩鬼。亲戚中有死者在宗族的火葬场里火化就会产生臭鬼。有关财物的卦象是千千万万皆吉。起兵去镇压仇敌，吉。去寻失物，吉。结亲订亲，凶。做生意，凶。为病者作法仪，则要用牛作牺牲进行消灾仪式，要把九个奏督皮口袋丢到外面去。

投中画有犏牛的这一幅，凶。有关房屋、地基及家事的卦象皆为凶。病者的卦象，凶。

571-L-28-27

ɯ^{33} nɯ^{33} do^{21} be^{33} thv̩^{33} kv̩^{55}. | ɯ^{33} tse^{21} to^{55} khɯ^{55} bər^{33} tv̩^{21} be^{33}, ʂʅ^{21} dʐʅ^{33} dʐu^{33} ʐuɑ^{21} o^{21}
牛 以 异兆 做 产生 会 牛 用 消灾仪式 木偶 做 史支鬼王 债 还 魂

ʂər^{55}, tʂə^{33} dv̩^{33} gv̩^{55} ly^{33} phi^{55} dər^{33}. | sʅ^{21} tʂhər^{33} khɯ^{55} dər^{33}. | mu^{21} tɯ^{33} zʅ^{21} zər^{21} bɯ^{33},
赎 奏督 九 个 丢 该 署 药 施 该 兵 起 仇 压 去

kɑ^{33}. | gu^{21} me^{33} ɕy^{33}, y^{21} ʂər^{21} me^{33} sʅ^{13} tshʅ^{21} ɕi^{33} gu^{21}nɯ^{33} tshʅ^{21} gə^{33} tshʅ^{21} nɯ^{33} tshʅ^{21}. py^{33}
吉 病 者 卦象 绵羊 牵 的 领 来 人 后 以 来 的 鬼 以 缠 祭司

by^{21} nɯ^{33} tshʅ^{21} thv̩^{55} dər^{33}. | dʑiə^{33} tshʅ^{21} tʂhər^{55} tɕi^{55} iə^{33} kho^{33} pɑ^{21} dər^{33} to^{55} dər^{33} me^{33},
以 鬼 驱 该 久楚昌 水牛 图 上 中 的

ɯ^{33}. | iə^{33} ko^{21} ɕi^{33} gu^{21} tshər^{33} ɕy^{33}, zo^{33} sʅ^{55} kv̩^{33} gu^{21}, dɯ^{33} kv̩^{55} mə^{33} gu^{21} gə^{33} ɕy^{33} uɑ^{21},
吉 家里 人 病 发烧 卦象 男 三 个 病 一 个 不 病 的 卦象 是

khuɑ^{21}. | hɑ^{33} lo^{21} nɯ^{33} dɑ^{21} dʑʅ^{33} dɯ^{33} kv̩^{55}. gu^{21} me^{33} ɕy^{33} khuɑ^{21} kv̩^{55}. | ʐʅ^{21} tshʅ^{21} thv̩^{33}
凶 饭 里 以 巨毒 吃 得 会 病 者 卦象 凶 会 蛇 鬼 到

kv̩^{55}. tshʅ^{33} nɯ^{21} iə^{21}, dv̩^{21} nɯ^{21} tse^{21} py^{21} dər^{33}. | tshʅ^{55} tse^{21} to^{55} khɯ^{55} dər^{33}. | o^{33} dʑe^{33} ɕy^{33},
会 楚鬼 和 尤鬼 毒鬼 和仄鬼 祭 该 山羊 用 消灾仪式 该 财 物 卦象

khuɑ^{21}. dʑʅ^{21} bu^{21} tʂu^{55}, khuɑ^{21}. ʐʅ^{33} dʑi^{33} bɯ^{33}, khuɑ^{21}. | phi^{55} me^{33} ho^{33} gv̩^{33} lo^{21} tɕy^{21} ʂu^{21}
凶 夫 妻 结 凶 路 行 去 凶 丢失 的 北方 方向 找

me^{33} dɯ^{33}. | ly^{55} iə^{33} khuɑ^{21} |
的 得 吕尤夸

牛会有异常现象以示不祥。要用牛作牺牲进行消灾仪式，仪式上要用木偶作替身，要向史支鬼王还债并向它赎魂，要把九个奏督皮口袋丢到外面去。该给署施药。起兵去镇压仇人，吉。病者的卦象是，因被跟着牵羊的人领来的人后面来的鬼缠上的原因。要由东巴祭司驱鬼。

投中称为久楚昌画有水牛的这一幅。吉。家里人生病发烧的卦象是，三个男人生病，一个男子不生病的卦象，凶。吃饭时会吃到巨毒。病者的卦象为凶，蛇鬼会到来。该进行祭楚鬼和尤鬼、毒鬼和仄鬼的法仪。要用山羊作牺牲进行消灾仪式。有关财物的卦象为凶。结亲订亲，凶，出门远行，凶。寻找失物该到北方去找，又可找到。

投中称为吕尤夸

571-L-28-28

sɿ^{21} dər^{33} to^{55} dər^{33} me^{33}, ɯ^{33}. | dʑi^{21} 、dæ^{21}、tɕiə^{33} 、ko^{21}、khu^{33}、ɯ^{33}、kɑ^{33}.① | gu^{21} me^{33}
署 图 上 中 的 吉 房 地基 生疮 里 门 吉 好 病 者

ɕy^{33}, ʐʅ^{21} tshɿ^{21} thʏ^{33}. dʏ^{21} nɯ^{21} tse^{21}, tshɿ^{33} nɯ^{21} iə^{21} py^{21} dər^{33}. | sɿ^{33} bʏ^{33} tʂhər^{55} ɕi^{33} nɯ^{33}
卦象 蛇 鬼 到 毒鬼 和 仄鬼 楚鬼 和 尤鬼 祭 该 大者 辈 他人 以

kho^{21} lɯ^{33} sy^{55} me^{33} tʂhə^{55} thʏ^{33}. | gɑ^{33} nɯ^{21} u^{21} tʂhə^{55} nɯ^{33} n̡y^{55}, sɿ^{21} nɯ^{21} sɑ^{21} dɑ^{55} tʂhə^{55}
亲戚 杀 的 秽 产生 嘎神 和 吾神 秽 以 染 署 和 刹道 秽

nɯ^{33} n̡y^{55}, tʂhə^{55} ʂu^{55} dər^{33}. | sɿ^{21} dʑi^{33} kho^{33} nɯ^{33} nɯ^{21} me^{55} o^{21} me^{55} dər^{33}. | sɿ^{55} lɯ^{33} sɿ^{33}
以 染 秽 除 该 署 水 源 以 生儿 求 育女 求 该 素神 箭

tʂhu^{55} sɿ^{55} khʏ^{21} o^{21} ʂər^{55} dər^{33}. | o^{33} dʑe^{33} ɕy^{33}, mæ^{33}、sɿ^{55}、thʏ^{33}.② | dʑʅ^{21} bu^{21} tʂu^{55}, khuɑ^{21}.
插 素神 请 魂 赎 该 财 物 卦象 尾 三 桶 夫 妻 结 凶

mu^{21} tɯ^{33} zɿ^{21} zər^{21} bɯ^{33} mə^{33} n̡i^{21}. nɯ^{33} sɿ^{33} mə^{33} thʏ^{33}. | sɑ^{21} dɑ^{55} dər^{33} to^{55} dər^{33} me^{33},
兵 起 仇 压 去 不 可 心 想 不 成 刹道 图 上 中 的

ʂʅ^{55} ʐʅ^{21} ɕy^{33} be^{33} dər^{33}. gu^{21} me^{33} ɕy^{33}, gu^{21} tshər^{33} thʏ^{33} kʏ^{55}. | ə^{33} me^{33} zy^{55} tɕi^{33} hə^{21} me^{33}
世日 法事 做 该 病 的 卦象 病 发烧 产生 会 母亲 婴 生 的

tʂhə^{55} thʏ^{33} kʏ^{55}. | gɑ^{33} nɯ^{21} u^{21}, sɿ^{21} nɯ^{21} sɑ^{21} dɑ^{55} gə^{33} tʂhə^{55} ʂu^{55} dər^{33}. | ʐʅ^{21} tshɿ^{21} py^{21}
秽 产生 会 嘎神 和 吾神 署 和 刹道 的 秽 除 该 蛇 鬼 祭

① 这七个东巴文字符无法连读成句，存疑。译文中略。

② 这三个东巴文字符无法连读成句，存疑。

dər^{33}.｜sɿ^{21}
该　　署

画着署的一幅，吉。病者的卦象，是蛇鬼来到。要进行祭毒鬼和仄鬼、楚鬼和尤鬼的法仪。上辈亲戚中有被人杀害的，则产生了秽。嘎神和吾神被秽污染，署和刹道被秽污染，该进行除秽仪式。该在署的水源处向署求福求嗣。该插上素神箭进行请素神仪式并赎魂。有关财物的卦象……结亲订亲，凶。不宜起兵去镇压仇敌。心想事不成。

投中画有刹道的这一幅，该祭世日神。有关病的卦象，会生病发烧。母亲生育会产生秽。该给嘎神和吾神、署和刹道除秽。该祭蛇鬼。

571-L-28-29

kæ^{33} bæ^{33} mi^{33} tʂʅ^{55}, bər^{33} phər^{21}dɯ^{33} ty̩^{21}, bər^{21} nɑ^{55} dɯ^{33} kɯ^{21} be^{33} sɿ^{21} dʐu̩^{33} ʐu̩ɑ^{21}dər^{33}.｜
前　油灯　　点　牦牛　白　一　千　牦牛 黑　一　万　做 署　债　赔　该

o^{33} ʥe^{33} tse^{21}, sɿ^{55} khy̩^{21} o^{21} ʂər^{55} dər^{33}.｜uə^{33} ʂʅ^{55} tshɿ^{55}, sɿ^{55} lɯ^{33} sɿ^{33} tʂhu^{55} ʥɿ^{33} uə^{33}
财　物　用　素神 请 魂　赎　该　寨　新　建　素神　箭　　插　村　寨

tʂhu^{55} pɑ^{33} be^{33} dər^{33}.｜mu^{21} tɯ^{33} zɿ^{21} zər^{21} bɯ^{33}, ɯ^{33}. ɯ^{33} lɑ^{21} be^{33}, kɑ^{33}.｜ʥɿ^{21} bu^{21} tʂu^{55},
供养　　做　该　兵　起　仇　压　去　吉 生意　做　吉　夫　妻　结

kɑ^{33}.｜ə^{33} phy̩^{33} ky̩^{33} phər^{21} gu^{21} le^{21} mə^{33} ȵi^{21} ky̩^{55}.｜mɯ^{33} lɑ^{33} i^{33} o^{21} hər^{21} mɯ^{33} dʐər^{33}
吉　祖父　头　白　病　而　不　愈　会　美拉依　松石 绿　青龙

dər^{33} to^{55} dər^{33} me^{33}, khuɑ^{21}.｜ʥi^{21} ɕy^{33} dæ^{21} ɕy^{33} ko^{21} ɕy^{33} be^{33} khuɑ^{21}. zo^{33} mi^{55} to^{55}
图　上　中　的　凶　房　卦象 地基 卦象 家事 封象 皆　凶　儿　女　上

khuɑ^{21}.｜zo^{33} ɕy^{33} ɯ^{33}.｜gu^{21} me^{33} ɕy^{33} be^{33}, mɯ^{33} dər^{33} sɿ^{55} py^{21} dər^{33}, ʂʅ^{33} ʂu^{55} hɑ^{33} ʂu^{55}
凶　男 卦象 吉　病　者 法仪　作　天　错　认 祭　该　肉　祭　饭　祭

bər^{33} dɯ^{21} lo^{21} dər^{33}.｜ə^{33} sɿ^{21} nɯ^{33} kho^{21} lɯ^{33} sy^{55}, mi^{33} tshɿ^{21} tʂhə^{55} tshɿ^{21} thy̩^{33} ky̩^{55}.｜ə^{33}
客　大　待　该　父亲　以　亲　戚　杀　火鬼　臭鬼　产生 会　父亲

sɿ^{21} nɯ^{33} zo^{33} mi^{55} to^{55} gy̩^{33} ly̩^{21}.｜gu^{21} me^{33} ɕy^{33} be^{33}, gy̩^{33} hɑ^{55} tʂhə^{55} kɯ^{55}, tshɿ^{21} thy̩^{55}
以 儿　女　上　庇佑　病　者 法仪 作　九　天　秽　炙　鬼　驱

dər^{33}.｜ɯ^{33} tse^{21} to^{55} khɯ^{55} ʂʅ^{21} dʐʅ^{33} o^{21} ʂər^{55} dər^{33}.｜zʅ^{33} dʑi^{33} bɯ^{33}, kɑ^{33}. nɯ^{33} sʅ^{33} me^{33}
该 牛 用 消灾仪式 史支鬼王魂赎 该 路走 去 吉 心 想 的

thv̩^{33}, kɑ^{33} nɯ^{21} ɯ^{33}.｜mu^{21} tɯ^{33} zʅ^{21} zər^{21} bɯ^{33}, kɑ^{33}.｜mɯ^{33} kv̩^{33} kɯ^{21} nɯ^{21} tɕi^{21} dər^{33} to^{55}
成 好 和 吉 兵 起 仇 压 去 吉 天 上 星 和 云 图 上

dər^{33} me^{33}, ɯ^{33}.｜
中 的 吉

该在署前点上神灯，用一千头白牦牛、一万头黑牦牛向署还债。要用财物进行请素神仪式并赎魂。建新寨，要插上素神箭以供养村寨神。起兵去镇压仇敌，吉。去做生意，吉。结亲订亲，吉。白发祖父生病则不会痊愈。

投中称为美拉依画有绿松石色青龙的这一幅，凶。有关房屋、地基及家事的卦象皆为凶。会凶于儿女，有关男子的卦象为吉。为病者作法事，则要进行向天认错的法仪，要以肉饭祭并大规模地请客。父亲杀了亲戚中的人会产生火鬼和臭鬼。父亲会庇佑子女。为病者作法仪，则要进行九天的除秽法仪，并要驱鬼。要用牛作牺牲进行消灾仪式，要向史支鬼王赎魂。出门远行，吉。心想事成，吉顺。起兵去镇压仇敌，吉。

投中画有天上的星和云的这一幅，吉。

571-L-28-30

mu^{21} tɯ^{33}zʅ^{21} zər^{21} bɯ^{33}, ɯ^{33}.｜dʑi^{21} ɕy^{33} dæ^{21} ɕy^{33} ko^{21} ɕy^{33}, kɑ^{33}. dʐʅ^{21} bu^{21} tʂu^{55}, kɑ^{33}, tv̩^{33}
兵 起 仇 压 去 吉 房 卦象 地基卦象 家事 卦象 吉 夫 妻 结 吉 千

tv̩^{21} kɯ^{33} kɯ^{21} be^{33} ɯ^{33}.｜iə^{33} ko^{21} zo^{33} ɯ^{33}.｜gu^{21} me^{33} ɕy^{33}, gu^{21} mæ^{33} ʂər^{21} kv̩^{55}.｜lɑ^{33}
千 万 万 皆 吉 家 中 男 吉 病 者 卦象 病 尾 长 会 喇嘛

mɑ^{21} nɯ^{33} to^{33} mɑ^{33} phi^{55} dər^{33}.｜bɯ^{21} nɯ^{21} tʂhə^{55} tʂʅ^{33} bv̩^{21} phi^{55} dər^{33}.｜gɑ^{33} nɯ^{21} u^{21}, o^{55}
以 面偶 丢 该 苯鬼 和 臭鬼 土 底 丢 该 嘎神 和 吾神沃神

nɯ^{21} he^{21} tʂhə^{55} nɯ^{33} ȵy^{55} kv̩^{55}. miə^{21} tʂhə^{55} nɯ^{33} ȵy^{55} thv̩^{33} kv̩^{55}.｜tshʅ^{55} so^{33} sʅ^{55} so^{33} tse^{21},
和 恒神 秽 以 染 会 眼 秽 以 染 产生会 山羊 全皮 三 全皮 用

sɿ^{55} hɑ^{33} tʂhə^{55} kɯ^{55} tʂhə^{55} ʂu^{55} dər^{33}.｜y^{21} phər^{21} tse^{21}, ɕy^{55} hər^{21} nɑ^{33} tsɑ^{21} tshɿ^{55}, gɑ^{33} (sɿ^{33})①
三 天 秽 炙 秽 除 该 绵羊 白 用 柏 绿 纳召 建 嘎神 三

be^{33} dər^{33}.｜o^{33} ʥe^{33} ɕy^{33}, khuɑ^{21}, zɿ^{21} nɯ^{33} khy̩^{33} lɯ^{33} ky̩^{55}. zɿ^{21} zər^{21} py^{21} dər^{33}.｜gu^{21} ɕy^{33}
祭 该 财 物 卦象 凶 仇 以 偷 来 会 仇 压 祭 该 病 法事

be^{33} se^{13} ɯ^{33} tse^{21} to^{55} khɯ^{55}, tʂə^{33} dy̩^{33} gy̩^{55} ly^{33} phi^{55}, ʂɿ^{21} dʐʅ^{33} dʐu̩^{33} ʐuɑ^{21} o^{21} ʂər^{55} dər^{33}.｜
作 则 牛 用 消灾 仪式 奏督 九 个 丢 史支鬼王 债 赔 魂 赎 该

ʐʅ^{33} ʥi^{33} bɯ^{33}, kɑ^{33}. ɯ^{33} lɑ^{21} be^{33}, ɯ^{33}. nɯ^{33} phər^{21} sɿ^{33} sy^{21} be^{33} ɯ^{33}. mu^{21} tɯ^{33} zɿ^{21} zər^{21}
路 行 去 吉 生意 做 吉 心 白 想 什么 做 吉 兵 起 仇 压

bɯ^{33}, kɑ^{33}. zɑ^{21}dy̩^{21} tʂhʅ^{55} bu^{33} ʐʅ^{21} nɑ^{55} gy̩^{55} gu^{33} dər^{33} to^{55} dər^{33} me^{33}, khuɑ^{21}. ʥi^{21} ɕy^{33} dæ^{21}
去 吉 娆督斥补 日纳古恭 图 上 中 的 凶 房 卦象 地基

ɕy^{33} ko^{21} ɕy^{33} be^{33} khuɑ^{21}. gu^{21} me^{33} ɕy^{33}, zɑ^{21} tshɿ^{21} thy̩^{33}.｜sæ^{33} i^{33} gu^{21} me^{33} ȵi^{33} me^{33} gy̩^{21}
卦象家事 卦象 皆 凶 病 者 卦象 娆鬼 到 血 流 病 者 太阳 落

khy̩^{55} mæ^{55} sæ^{33} tse^{21} zɑ^{21} ʂər^{33} be^{33} py^{21} dər^{33}.｜py^{33} by̩^{21} nɯ^{33}｜
傍晚 血 用 娆鬼 事 做 祭 该 祭司 以

起兵镇压仇敌，吉。有关房屋、地基及家事的卦象皆为吉。结亲订亲，吉，千千万万皆吉。家中男子会吉。病者卦象是，病会拖长。该由喇嘛把面偶丢到外面去。该把茶鬼和臭鬼丢到土下。嘎神和吾神、沃神和恒神染上了秽。会产生秽污染了眼睛的事。要用三张山羊全皮，进行三天的除秽仪式。要用白绵羊作牺牲，要建翠柏纳召，要进行祭嘎神仪式。有关财物的卦象为凶，仇人会来偷财物，要进行压仇敌的法仪。为病者作法仪，就要用牛作牺牲进行消灾仪式，要把九个奏督皮口袋丢到外面去，要向史支鬼王还债并向其赎魂。出门远行，吉。去做生意，吉。起兵去镇压仇敌，吉。

投中称为娆督斥补画有生九个头的日纳古恭娆鬼的这一幅，凶。有关房屋、地基及家事的卦象皆凶。病者的卦象是，因娆鬼来到。若流血生病，则要在太阳落后傍晚时用血作供品进行祭娆鬼的法仪。要由东巴祭司

571-L-28-31

① 这“三”字无法与其他字符连读，存疑。

zɑ^{21} tʂʅ^{21} bɯ^{21} lɯ^{33} tʂhu^{33} dər^{33}. | sɑ^{21} dɑ^{55} sʅ^{21} bər^{33} phər^{21} dɯ^{33} tv̩^{21}, bər^{21} nɑ^{55} dɯ^{33} kɯ^{21}
娆鬼支开 经书 诵 该 刹道 署 牦牛 白 一 千 牦牛 黑 一 万

nɯ^{33} dʐu^{33} ʐuɑ^{21} dər^{33}. | ʐʅ^{21} tʂhər^{33} khɯ^{55} dər^{33}. | sʅ^{33} bv̩^{33} tʂhər^{55} ɕi^{33} nɯ^{33} sy^{55} ʂʅ^{33}
以 债 赔 该 蛇 药 施 该 大者 辈 他人 以 杀 死

me^{33} dʑy^{21}. | tər^{21} tse^{21} py^{21} dər^{33}. | o^{33} dʑe^{33} tse^{21} to^{55} khɯ^{55} tʂə^{33} dv̩^{33} gv̩^{55} ly^{33}
的 有 呆鬼 仄鬼 祭 该 财 物 用 消灾仪式 奏督 九 个

phi^{55} dər^{33}. | o^{33} dʑe^{33} ɕy^{33}, ɯ^{33}. dʑʅ^{21} bu^{21} tʂu^{55} , kɑ^{33}. | ɯ^{33} lɑ^{21} be^{33}, kɑ^{33}. nɯ^{33} phər^{21}
丢 该 财物 卦象 吉 夫 妻 结 吉 生意 做 吉 心 白

sʅ^{33} thv̩^{33}, sy^{33} be^{33} ɯ^{33}. | mu^{21} tɯ^{33} zʅ^{21} zər^{21} bɯ^{33}, ɯ^{33}. |
想 成 啥 都 吉 兵 起 仇 压 去 吉

诵读支开娆鬼的经书。该用一千头白牦牛、一万头黑牦牛向刹道和署还债；要给蛇施药。祖辈中有被人杀死的人。该进行祭呆鬼和仄鬼的法仪。要破费财物进行消灾仪式，要把九个奏督皮口袋丢到外面去。财物的卦象为吉。结亲订亲，吉。去做生意，吉。心想善事总会实现，样样皆吉。起兵去镇压仇敌，吉。

571-L-28-32

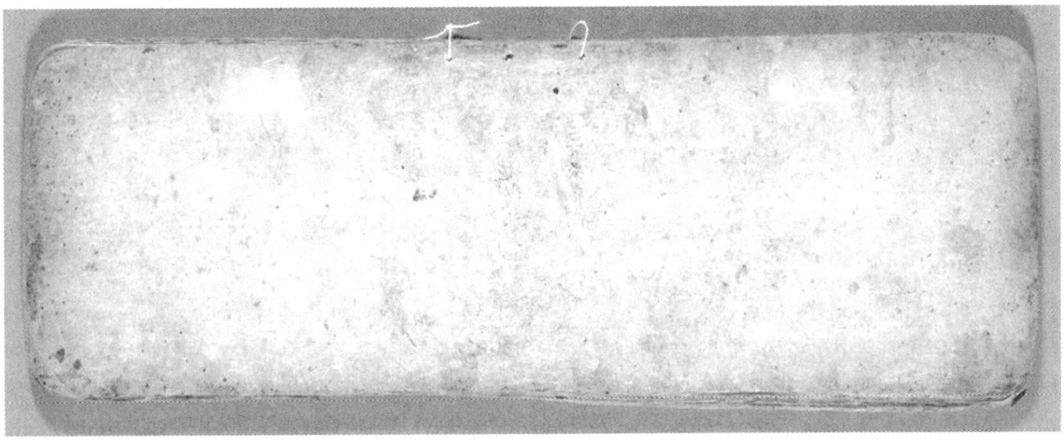

封底

（翻译：王世英）

567-L-29-01

tʂhər^{33} me^{33} ʂʅ^{55} zʅ^{21} tshʅ^{21} tsʅ^{21} · zɑ^{21} phæ^{21} uɑ^{21}me^{55}

占卜·算娶媳妇日鬼会缠于什么·算娆星

567–L–29 占卜・算娶媳妇日鬼会缠于什么・算娆星

【内容提要】

该文本记录了正月和十二月的日子里结婚娶新媳妇鬼会缠上什么。封一书名上写有“算娆星”字样，而书里却没有此内容。

【英文提要】

The Divination. to Divine the ghosts will be entangled in what in the day of taking a wife. to Divine *ʐa*.

The version introduces the ghosts who will be entangled in what in the days of taking a wife in the first month and December of the year. The title of the book was *To Divine ʐa* but there is no relevant content in the book.

567-L-29-02

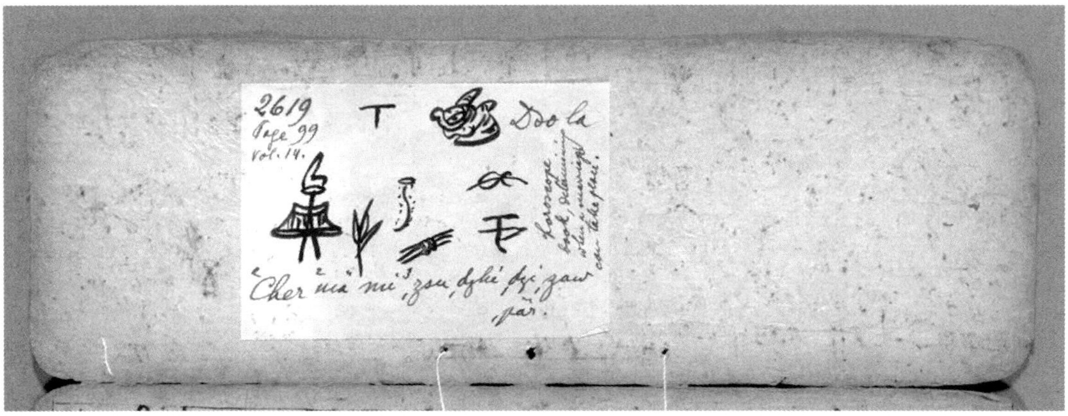

“2619”为洛克收藏纳西东巴古籍的序号。上行两个东巴文是洛克对此书用途的记录，记为“tso^{55} la^{33}”。音译为“佐拉”。中间的六个东巴文为书名之复写。字母文字为洛克记下这些东巴文的读音。

567-L-29-03

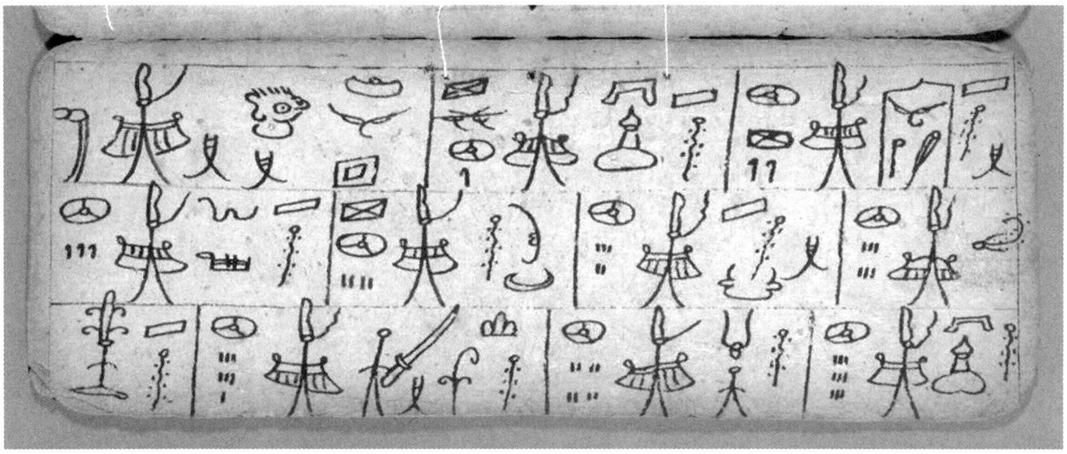

tʂhər^{33} me^{33} zɿ^{21} me^{33}, iə^{21} pe^{21}① he^{33}: | tshe^{33} do^{21} dɯ^{33} ȵi^{33} tʂhər^{33} me^{33} ʂɿ^{55} zɿ^{21} me^{33}, gə^{21}
媳妇 娶 的 正月 月 见 一 日 媳妇 新 娶 是 上方

gə^{33} he^{21} to^{55} tshɿ^{21}. | tshe^{33} do^{21} ȵi^{33} ȵi^{33} tʂhər^{33} me^{33} ʂɿ^{55} zɿ^{21} me^{33}, iə^{33} ko^{21} dʑi^{21} to^{55} tshɿ^{21}
的 神 上 缠 月 见 二 日 媳妇 新 娶 是 家里 房 上 缠

me^{55}. | tshe^{33} do^{21} sɿ^{21} ȵi^{33} tʂhər^{33} me^{33} ʂɿ^{55} zɿ^{21} me^{33}, bər^{33} py^{55} to^{55} tshɿ^{21}. | tshe^{33} do^{21} lu^{33} ȵi^{33}
是 月 见 三 日 媳妇 新 娶 是 客 邻居 上 缠 月 见 四 日

tʂhər^{33} me^{33} ʂɿ^{55} zɿ^{21} me^{33}, tshɿ^{21} mə^{33} dʑy^{21}. | tshe^{33} do^{21} ua^{33} ȵi^{33} tʂhər^{33} me^{33} ʂɿ^{55} zɿ^{21} me^{33}, by^{33}
媳妇 新 娶 是 鬼 没 有 月 见 五 日 媳妇 新 娶 是 锅

to^{55} tshɿ^{21} me^{55}. | tshe^{33} do^{21} tʂhua^{55} ȵi^{33} tʂhər^{33} me^{33} ʂɿ^{55} zɿ^{21} me^{33}, ə^{33} dzɿ^{33} to^{55} tshɿ^{21}. | tshe^{33}
上 缠 是 月 见 六 日 媳妇 新 娶 是 祖母 上 缠 月

① pe，原文作“ta”，校读为“pe^{21}”。又，这种占卜法只分月大与月小，而此书却分为“正月与十二月”，又不见其他十个月的卦辞，存疑。

do^{21} ʂər^{33} ȵi^{33} tʂhər^{33} me^{33} ʂʅ^{55} zɿ^{21} me^{33}, kuɑ^{33} dzɿ^{21} to^{55} tshɿ^{21} me^{55}. | tshe^{33} do^{21} ho^{55} ȵi^{33} tʂhər^{33}

见 七 日 媳妇 新 娶 是 厨师 上 缠 是 月 见 八 日 媳妇

me^{33} zɿ^{21}, zo^{33} to^{55} tshɿ^{21}. | tshe^{33} do^{21} gv̩^{33} ȵi^{33} tʂhər^{33} me^{33} zɿ^{21}, gə^{21} gə^{33} he^{21} to^{55} tshɿ^{21}.

娶 男 上 缠 月 见 九 日 媳妇 娶 上方 的 神 上 缠

看娶媳妇日子鬼缠上什么：

正月：初一娶新媳妇，鬼会缠上上方的神。初二娶新媳妇，鬼会缠上家里的房子。初三娶新媳妇，鬼会缠上客人和邻居。初四娶新媳妇，没有鬼。初五娶新媳妇，鬼会缠上锅。初六娶新媳妇，鬼会缠上祖母。初七娶新媳妇，鬼会缠上厨师。初八娶新媳妇，鬼会缠上男人。初九娶新媳妇，鬼会缠上上方的神。

567-L-29-04

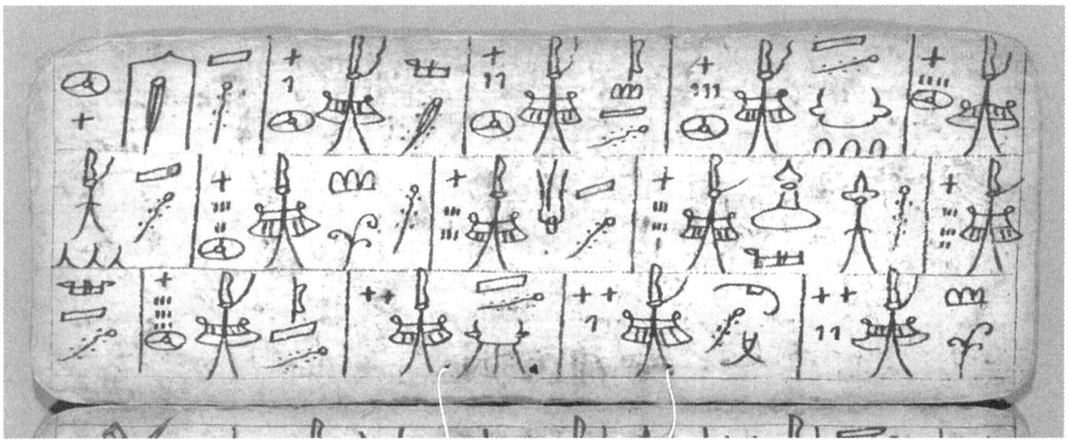

tshe^{33} do^{21} tshe^{21} ȵi^{33} tʂhər^{33} me^{33} ʂʅ^{55} zɿ^{21} me^{33}, dʑi^{21} to^{55} tshɿ^{21}. | tsh^{21} dɯ^{33} ȵi^{33} tʂhər^{33} me^{33} ʂʅ^{55}

月 见 十 日 媳妇 新 娶 是 房 上 缠 十 一 日 媳妇 新

zɿ^{21} me^{33}, pv̩^{55} to^{55} tshɿ^{21}. | tshe^{21} ȵi^{33} ȵi^{33}, tʂhər^{33} me^{33} ʂʅ^{55} zɿ^{21} me^{33}, kuɑ^{21} khu^{33} to^{55} tshɿ^{21}. |

娶 是 甑 上 缠 十 二 日 媳妇 新 娶 是 灶 门 上 缠

tshe^{33} sɿ^{21} ȵi^{33} tʂhər^{33} me^{33} ʂʅ^{55} zɿ^{21} me^{33}, bv̩^{33} kuɑ^{21} to^{55} tshɿ^{21}. | tshe^{21} lu^{33} ȵi^{33}, tʂhər^{33} me^{33} ʂʅ^{55}

十 三 日 媳妇 新 娶 是 锅 灶 上 缠 十 四 日 媳妇 新

zɿ^{21}, mi^{55} to^{55} tshɿ^{21}. | tshe^{21} uɑ^{33} ȵi^{33} tʂhər^{33} me^{33} ʂʅ^{55} zɿ^{21} me^{33}, kuɑ^{33} dzɿ^{21} to^{55} tshɿ^{21}. ‖ tshe^{21}

娶 女 上 缠 十 五 日 媳妇 新 娶 是 厨师 上 缠 十

tʂhuɑ^{55} ȵi^{33} tʂhər^{33} me^{33} ʂʅ^{33} zɿ^{21} me^{33}, zʅ^{33} to^{55} tshɿ^{21}. | tshe^{21} ʂər^{33} ȵi^{33} tʂhər^{33} me^{33} ʂʅ^{55} zɿ^{21} me^{33},

六 日 媳妇 新 娶 是 酒 上 缠 十 七 日 媳妇 新 娶 是

he^{21}、bər^{33} pv̩^{55} to^{55} tshɿ^{21}. | tshe^{21} ho^{55} ȵi^{33} tʂhər^{33} me^{33} ʂʅ^{55} zɿ^{21} me^{33}, pv̩^{55} to^{55} tshɿ^{21}. | tshe^{21} gv̩^{21}

神 客 邻居 上 缠 十 八 日 媳妇 新 娶 是 甑 上 缠 十 九

ȵi^{33} tʂhər^{33} me^{33} ʂʅ^{55} zʅ^{21} me^{33}, khu^{33} to^{55} tshʅ^{21}. | ȵi^{33} tsər^{21} ȵi^{33} tʂhər^{33} me^{33} ʂʅ^{55} zʅ^{21} me^{33}, bỵ^{33}
日 媳妇 新 娶 是 门 上 缠 二 十 日 媳妇 新 娶 是 锅

nɯ^{21} ʂu^{21} khɯ^{33} to^{55} tshʅ^{21}. | ȵi^{33} tsər^{21} dɯ^{33} ȵi^{33} tʂhər^{33} me^{33} ʂʅ^{55} zʅ^{21} me^{33}, tshʅ^{21} mə^{33} dʑy^{21}
和 铁 脚 上 缠 二 十 一 日 媳妇 新 娶 是 鬼 没 有

me^{55}. | ȵi^{33} tsər^{21} ȵi^{33} ȵi^{33} tʂhər^{33} me^{33} ʂʅ^{55} zʅ^{21} me^{33}, kuɑ^{33} dzʅ^{21}
是 二 十 二 日 媳妇 新 娶 是 厨师

初十娶新媳妇，鬼会缠上房子。十一日娶新媳妇，鬼会缠上甑子。十二日娶新媳妇，鬼会缠上灶门。十三日娶新媳妇，鬼会缠上锅灶。十四日娶新媳妇，鬼会缠上女人。十五日娶新媳妇，鬼会缠上厨师。十六日娶新媳妇，鬼会缠上酒。十七日娶新媳妇，鬼会缠上神、客人和邻居。十八日娶新媳妇，鬼会缠上甑子。十九日娶新媳妇，鬼会缠上门。二十日娶新媳妇，鬼会缠上锅和铁三脚架。二十一日娶新媳妇，没有鬼。二十二日娶新媳妇，鬼会缠上厨师。

567-L-29-05

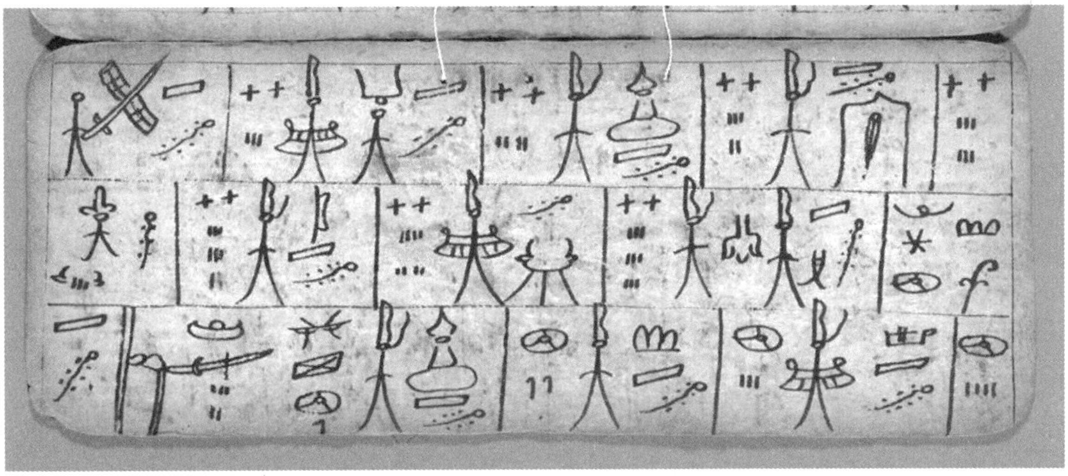

to^{55} tshʅ^{21}. | ȵi^{33} tsər^{21} sʅ^{21} ȵi^{33} tʂhər^{33} me^{33} ʂʅ^{55} zʅ^{21} me^{33}, zo^{33} to^{55} tshʅ^{21}. | ȵi^{33} tsər^{21} lu^{33} ȵi^{33}
上 缠 二 十 三 日 媳妇 新 娶 是 男 上 缠 二 十 四 日

tʂhər^{33} me^{33} ʂʅ^{55} zʅ^{21} me^{33}, he^{21} to^{55} tshʅ^{21}. | ȵi^{33} tsər^{21} uɑ^{33} ȵi^{33} tʂhər^{33} me^{33} ʂʅ^{55} zʅ^{21} me^{33}, dʑi^{21} to^{55}
媳妇 新 娶 是 神 上 缠 二 十 五 日 媳妇 新 娶 是 房 上

tshʅ^{21}. | ȵi^{33} tsər^{21} tʂhuɑ^{55} ȵi^{33} tʂhər^{33} me^{33} ʂʅ^{55} zʅ^{21} me^{33}, bər^{33} pỵ^{55} to^{55} tshʅ^{21}. | ȵi^{33} tsər^{21} ʂər^{33}
缠 二 十 六 日 媳妇 新 娶 是 客 邻居 上 缠 二 十 七

ȵi^{33} tʂhər^{33} me^{33} ʂʅ^{55} zʅ^{21} me^{33}, khu^{33} to^{55} tshʅ^{21}. | ȵi^{33} tsər^{21} ho^{55} ȵi^{33} tʂhər^{33} me^{33} ʂʅ^{55} zʅ^{21} me^{33},
日 媳妇 新 娶 是 门 上 缠 二 十 八 日 媳妇 新 娶 是

bỵ^{33} nɯ^{21} ʂu^{21} khɯ^{33} to^{55} tshʅ^{21}. | ȵi^{33} tsər^{21} gỵ^{33} ȵi^{33} tʂhər^{33} me^{33} ʂʅ^{55} zʅ^{21} me^{33}, tʂhər^{33} me^{33} to^{55}
锅 和 铁 脚 上 缠 二 十 九 日 媳妇 新 娶 是 媳妇 上

tshɿ^{21}. | nɑ^{33} ty̩^{21} ȵi^{33} tʂhər^{33} me^{33} ʂʅ^{55} zɿ^{21} me^{33}, kuɑ^{33} dzɿ^{21} to^{55} tshɿ^{21}. | dɑ^{33} uɑ^{33} he^{33}: tshe^{33} do^{21}
缠 三十 日 媳妇 新 娶 是 厨师 上 缠 十二 月 月 见

dɯ^{33} ȵi^{33} tʂhər^{33} me^{33} ʂʅ^{55} zɿ^{21} me^{33}, he^{21} to^{55} tshɿ^{21}. | tshe^{33} do^{21} ȵi^{33} ȵi^{33} tʂhər^{33} me^{33} ʂʅ^{55} zɿ^{21}
一 日 媳妇 新 娶 是 神 上 缠 月 见 二 日 媳妇 新 娶

me^{33}, kuɑ^{21} to^{55} tshɿ^{21}. | tshe^{33} do^{21} sɿ^{21} ȵi^{33} tʂhər^{33} me^{33} ʂʅ^{55} zɿ^{21} me^{33}, py̩^{55} to^{55} tshɿ^{21}. | tshe^{33}
是 灶 上 缠 月 见 三 日 媳妇 新 娶 是 甑 上 缠 月

do^{21} lu^{33} ȵi^{33} tʂhər^{33} me^{33} ʂʅ^{55} zɿ^{21} me^{33},
见 四 日 媳妇 新 娶 是

二十三日娶新媳妇，鬼会缠上男人。二十四日娶新媳妇，鬼会缠上神。二十五日娶新媳妇，鬼会缠上房子。二十六日娶新媳妇，鬼会缠上客人和邻居。二十七日娶新媳妇，鬼会缠上门。二十八日娶新媳妇，鬼会缠上锅和铁三角架。二十九日娶新媳妇，鬼会缠上媳妇。三十日娶新媳妇，鬼会缠上厨师。

十二月：初一娶新媳妇，鬼会缠上神。初二娶新媳妇，鬼会缠上灶。初三娶新媳妇，鬼会缠上甑子。初四娶新媳妇，

567-L-29-06

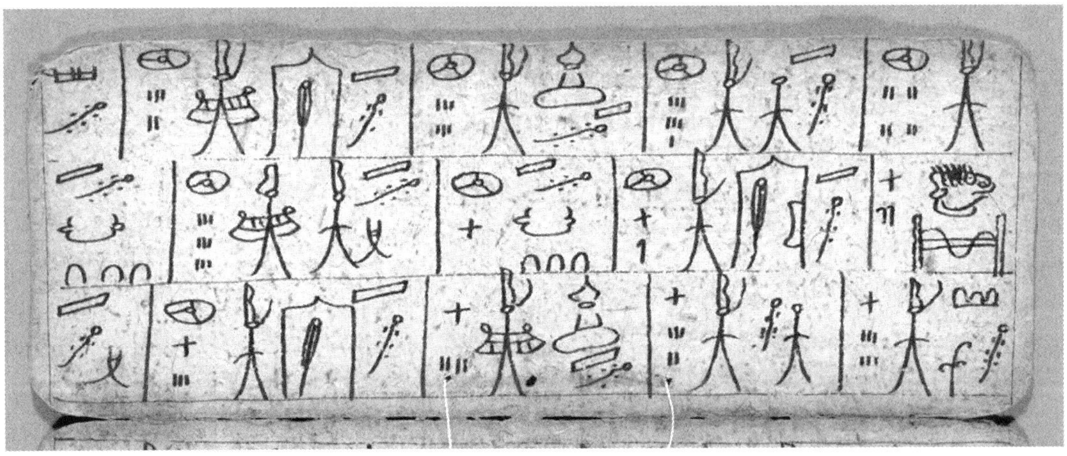

py̩^{55} to^{55} tshɿ^{21}. | tshe^{33} do^{21} uɑ^{33} ȵi^{33} tʂhər^{33} me^{33} zɿ^{21} me^{33}, dʑi^{21} to^{55} tshɿ^{21}. | tshe^{33} do^{21} tʂhuɑ^{55}
甑 上 缠 月 见 五 日 媳妇 娶 是 房 上 缠 月 见 六

ȵi^{33} tʂhər^{33} me^{33} zɿ^{21} me^{33}, he^{21} to^{55} tshɿ^{21}. | tshe^{33} do^{21} ʂər^{33} ȵi^{33} tʂhər^{33} me^{33} zɿ^{21} me^{33}, zo^{33} to^{55}
日 媳妇 娶 是 神 上 缠 月 见 七 日 媳妇 娶 是 男 上

tshɿ^{21},. | tshe^{33} do^{21} ho^{55} ȵi^{33} tʂhər^{33} me^{33} zɿ^{21} me^{33}, by̩^{21} kuɑ^{21} to^{55} tshɿ^{21}. | tshe^{33} do^{21} gy̩^{33} ȵi^{33}
缠 月 见 八 日 媳妇 娶 的 锅 灶 上 缠 月 见 九 日

tʂhər^{33} me^{33} zɿ^{21} me^{33}, tʂhər^{33} me^{33} to^{55} tshɿ^{21}. | tshe^{33} do^{21} tshe^{21} ȵi^{33} tʂhər^{33} me^{33} zɿ^{21} me^{33}, by̩^{33}
媳妇 娶 是 媳妇 上 缠 月 见 十 日 媳妇 娶 是 锅

kuɑ^{21} to^{55} tshʅ^{21}. | tshe^{21} dɯ^{33} ȵi^{33} tʂhər^{33} me^{33} zʅ^{21} me^{33}, dʑi^{21} khu^{33} to^{55} tshʅ^{21}. | tshe^{21} ȵi^{33} ȵi^{33}
灶 上 缠 十 一 日 媳妇 娶 是 房 门 上 缠 十 二 日

tʂhər^{33} me^{33} zʅ^{21}, y^{21} phe^{33} to^{55} tshʅ^{21}. | tshe^{33} sʅ^{21} ȵi^{33} tʂhər^{33} me^{33} zʅ^{21} me^{33}, dʑi^{21} to^{55} tshʅ^{21}. |
媳妇 娶 岳父 上 缠 十 三 日 媳妇 娶 是 房 上 缠

tshe^{21} lu^{33} ȵi^{33} tʂhər^{33} me^{33} zʅ^{21} me^{33}, he^{21} to^{55} tshʅ^{21}. | tshe^{21} uɑ^{33} ȵi^{33} tʂhər^{33} me^{33} zʅ^{21} me^{33}, zo^{33}
十 四 日 媳妇 娶 是 神 上 缠 十 五 日 媳妇 娶 是 男

to^{55} tshʅ^{21}. | tshe^{21} tʂhuɑ^{55} ȵi^{33} tʂhər^{33} me^{33} zʅ^{21} me^{33}, kuɑ^{33} dzʅ^{21} to^{55} tshʅ^{21}.
上 缠 十 六 日 媳妇 娶 是 厨师 上 缠

鬼会缠上甑子。初五娶新媳妇，鬼会缠上房子。初七娶新媳妇，鬼会缠上男人。初八娶新媳妇，鬼会缠上锅灶。初九娶新媳妇，鬼会缠上媳妇。初十娶新媳妇，鬼会缠上锅灶。十一日娶新媳妇，鬼会缠上房门。十二日娶新媳妇，鬼会缠上岳父。十三日娶新媳妇，鬼会缠上房子。十四日娶新媳妇，鬼会缠上神。十五日娶新媳妇，鬼会缠上男人。十六日娶新媳妇，鬼会缠上厨师。

567-L-29-07

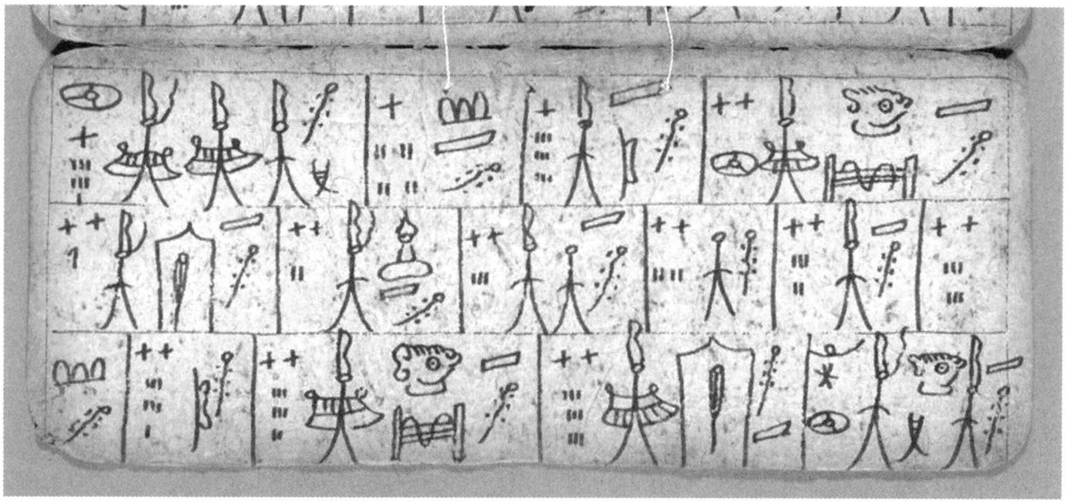

tshe^{21} ʂər^{33} ȵi^{33} tʂhər^{33} me^{33} zʅ^{21} me^{33}, tʂhər^{33} me^{33} to^{55} tshʅ^{21}. | tshe^{21} ho^{55} ȵi^{33} tʂhər^{33} me^{33} zʅ^{21}
十 七 日 媳妇 娶 是 媳妇 上 缠 十 八 日 媳妇 娶

me^{33}, kuɑ^{21} to^{55} tshʅ^{21}. | tshe^{21} gɣ^{33} ȵi^{33} tʂhər^{33} me^{33} zʅ^{21} me^{33}, khu^{33} to^{55} tshʅ^{21}. | ȵi^{33} tsər^{21} ȵi^{33}
是 灶 上 缠 十 九 日 媳妇 娶 是 门 上 缠 二 十 日

tʂhər^{33} me^{33} zʅ^{21} me^{33}, y^{21} phe^{33} to^{55} tshʅ^{21}. | ȵi^{33} tsər^{21} dɯ^{33} ȵi^{33} tʂhər^{33} me^{33} zʅ^{21} me^{33}, dʑi^{21} to^{55}
媳妇 娶 是 岳父 上 缠 二 十 一 日 媳妇 娶 是 房 上

tshʅ^{21}. | ȵi^{33} tsər^{21} ȵi^{33} ȵi^{33} tʂhər^{33} me^{33} zʅ^{21} me^{33}, he^{21} to^{55} tshʅ^{21}. | ȵi^{33} tsər^{21} sʅ^{21} ȵi^{33} tʂhər^{33} me^{33}
缠 二 十 二 日 媳妇 娶 是 神 上 缠 二 十 三 日 媳妇

zɿ^{21} me^{33}, zo^{33} to^{55} tshɿ^{21}. | ȵi^{33} tsər^{21} lu^{33} ȵi^{33} tʂhər^{33} me^{33} zɿ^{21} me^{33}, zo^{33} to^{55} tshɿ^{21}. | ȵi^{33} tsər^{21}
娶 是 男 上 缠 二 十 四 日 媳妇 娶 是 男 上 缠 二 十

uɑ^{33} ȵi^{33} tʂhər^{33} me^{33} zɿ^{21} me^{33}, mi^{55} to^{55} tshɿ^{21}. | ȵi^{33} tsər^{21} tʂhuɑ^{55} ȵi^{33} tʂhər^{33} me^{33} zɿ^{21} me^{33},
五 日 媳妇 娶 是 女 上 缠 二 十 六 日 媳妇 娶 是

kuɑ^{21} to^{55} tshɿ^{21}. | ȵi^{33} tsər^{21} ʂər^{33} ȵi^{33} tʂhər^{33} me^{33} zɿ^{21} me^{33}, khu^{33} to^{55} tshɿ^{21}. | ȵi^{33} tsər^{21} ho^{55}
灶 上 缠 二 十 七 日 媳妇 娶 是 门 上 缠 二 十 八

ȵi^{33} tʂhər^{33} me^{33} zɿ^{21} me^{33}, y^{21} phe^{33} to^{55} tshɿ^{21}. | ȵi^{33} tsər^{21} gv̩^{33} ȵi^{33} tʂhər^{33} me^{33} zɿ^{21} me^{33}, dʑi^{21} to^{55}
日 媳妇 娶 是 岳父 上 缠 二 十 九 日 媳妇 娶 是 房 上

tshɿ^{21}. | nɑ^{33} tv̩^{21} ȵi^{33} tʂhər^{33} me^{33} zɿ^{21} me^{33}, y^{21} me^{33} to^{55} tshɿ^{21}.
缠 三十 日 媳妇 娶 是 岳母 上 缠

十七日娶新媳妇，鬼会缠上媳妇。十八日娶新媳妇，鬼会缠上灶。十九日娶新媳妇，鬼会缠上门。二十日娶新媳妇，鬼会缠上岳父。二十一日娶新媳妇，鬼会缠上房子。二十二日娶新媳妇，鬼会缠上神。二十三日娶新媳妇，鬼会缠上男人。二十四日娶新媳妇，鬼会缠上男人。二十五日娶新媳妇，鬼会缠上女人。二十六日娶新媳妇，鬼会缠上灶。二十七日娶新媳妇，鬼会缠上门。二十八日娶新媳妇，鬼会缠上岳父。二十九日娶新媳妇，鬼会缠上房子。三十日娶新媳妇，鬼会缠上岳母。

567-L-29-08

封底

（翻译：王世英）

561-L-30-01

zɑ^{21} tsɿ^{21} · kv̩^{33} tʂu^{55}

占卜·算娆星·头本

561-L-30 占卜·算娆星·头本

【内容提要】

本卷记录了上半年六个月大神在何方位，郭兴大神在何方位及垛鬼收债人所在之方位，一至六个月每日有哪颗娆星，此娆星又是以什么形状从何方位射出的天文知识。娆星不知应是一种什么天象，故音译。纳西族先民认为，日蚀月蚀是因娆吞食日月之故。还记录了上半年每日里天蛇居于何方。（据和即贵东巴说，婴儿不能领到天蛇所居之方位。出门远行不宜到有天蛇的方向去。产妇满月洗头时头不宜朝向天蛇所居之方位。）

【英文提要】

The Divination. to Divine the Planet *ʐa*, the First Volume

This book records the direction of god in the first six months, the direction of god ***Ko ɕi*** and the direction of ghost ***To*** the debt-collector. It records also the astronomy knowledge lying in the appearance of ***ʐa*** in each day of the first six months, the shape of the ***ʐa***, and the direction it streams from. Here uses the transcription since the planet ***ʐa*** is an unknown celestial phenomenon. The ancestor of ***Nahsi*** considered ***ʐa*** bite off the sun and moon that formed the solar and lunar eclipses.

561-L-30-02

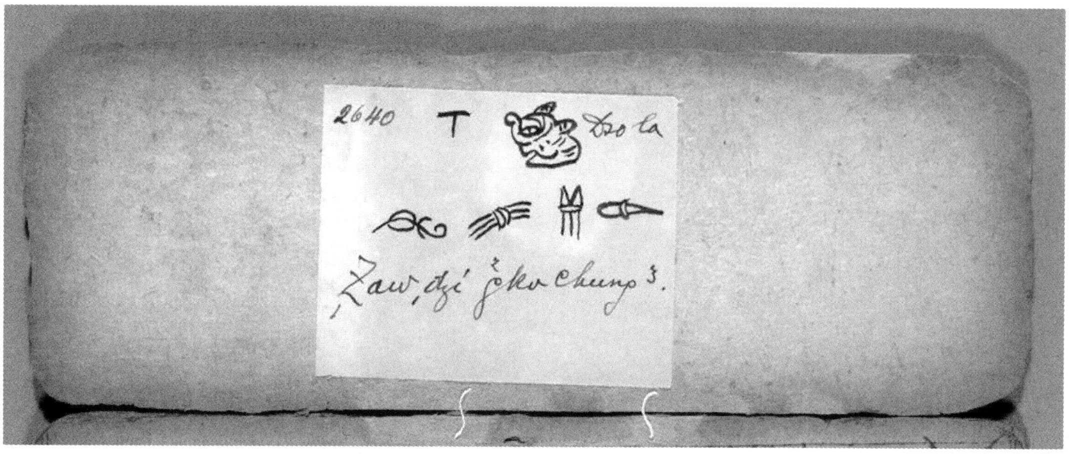

“2640”为洛克收藏纳西东巴古籍的序号。上方两个东巴文是洛克记下此书所归之类的名称，为“tso^{55} lɑ^{33}”，音译为“佐拉”。（洛克有误。“佐拉”非“占卜”之总称，只是东巴占卜方法之一。）中间的四个东巴文为书名之复写。下方的字母文字是洛克记下的书名之纳西语读音。

561-L-30-03

iə^{21} pe^{21} he^{33}, lɑ^{33} he^{33}. | he^{21} dɯ^{21} ȵi^{33} me^{33} thy̩^{33} dʑy^{21}. | ko^{21} ɕi^{33} he^{21} dɯ^{21} ɯ^{33} dzɿ^{21} tɯ^{33}
正月 虎 月 神 大 东方 在 郭兴 神 大 牛 居 地

dʑy^{21}. | to^{55} dʐu^{33} y^{21} dzɿ^{21} tɯ^{33} dʑy^{21}. | tshe^{33} do^{21} dɯ^{33} ȵi^{33}, zɑ^{21} i^{33} pu^{33} dɯ^{33} ȵi^{33} me^{33}
在 垛鬼 收债人 羊 居 地 在 月 见 一 日 娆星 绸 一匹 东方

thy̩^{33} nɯ^{33} khæ^{55}. mɯ^{33} ʐʅ^{21} ȵi^{33} me^{33} gy̩^{21} dʑy^{21}. | tshe^{33} do^{21} ȵi^{33} ȵi^{33}, zɑ^{21} dʑiə^{33} kɑ^{21} ȵi^{33} me^{33}
以 射 天 蛇 西方 在 月 见 二 日 娆久嘎 西方

gy̩^{21} nɯ^{33} khæ^{55}. mɯ^{33} ʐʅ^{21} ly̩^{21} dzɿ^{21} tɯ^{33} dʑy^{21}. | tshe^{33} do^{21} sɿ^{21} ȵi^{33}, zɑ^{21} he^{33} me^{33} ɯ^{33} dzɿ^{21} tɯ^{33}
以 射 天 蛇 龙 居 地 在 月 见 三 日 娆星 月亮 牛 居 地

nɯ^{33} khæ^{55}, | mɯ^{33} ʐʅ^{21} y^{21} dzɿ^{21} tɯ^{33} dʑy^{21}. | tshe^{33} do^{21} lu^{33} ȵi^{33}, he^{33} ko^{21} nɑ^{21} dʐʅ^{21} zɑ^{21} ȵi^{33}
以 射 天 蛇 羊 居 地 在 月 见 四 日 黑夜 时 娆星

me^{33} gv̩^{21} nɯ^{33} khæ^{55}. mɯ^{33} ʐʅ^{21} ȵi^{33} me^{33} gv̩^{21} dʑy^{21}. ｜tshe^{33} do^{21} uɑ^{33} ȵi^{33}, zɑ^{21} lɑ^{21} pɑ^{55} ho^{33} gv̩^{33}
西方　以　射　天　蛇　西方　在　月　见　五　日　娆劳鲍　北方

lo^{21} nɯ^{33} khæ^{55}, mɯ^{33} ʐʅ^{21} ho^{33} gv̩^{33} lo^{21} dʑy^{21}. ｜tshe^{33} do^{21} tʂhuɑ^{55} ȵi^{33}, zɑ^{21} phər^{33} bər^{33}
以　射　天　蛇　北方　在　月　见　六　日　娆星　降魔杵

正月，为虎月。大神在东方。郭兴大神在牛居地（东北方）。垛鬼的收债人在羊居地（西南方）。初一，娆①星似一匹绸一样从东方射出。天蛇在西方。初二，娆久嘎②从西方射出。天蛇在龙居地（东南方）。初三，娆星像月亮一样亮地从牛居地射出。天蛇在羊居地。初四，在漆黑一团的夜里娆星从西方射出。天蛇在西方。初五，娆劳鲍③从北方射出。天蛇在北方。初六，娆星似降魔杵一样

561-L-30-04

ɯ^{33} dzʅ^{21} tɯ^{33} nɯ^{33} khæ^{55}. mɯ^{33} ʐʅ^{21} i^{33} tʂhʅ^{33} mu^{21} dʑy^{21}. ｜tshe^{33} do^{21} ʂər^{33} ȵi^{33}, zɑ^{33} i^{33} pu^{33} kho^{33}
牛　居　地　以　射　天　蛇　南方　在　月　见　七　日　娆星　绸　半匹

khɯ^{33} dzʅ^{21} tɯ^{33} nɯ^{33} khæ^{55}. mɯ^{33} ʐʅ^{21} ho^{33} gv̩^{33} lo^{21} dʑy^{21}. ｜tshe^{33} do^{21} ho^{55} ȵi^{33}, zɑ^{21} i^{33} pu^{33}
狗　居　地　以　射　天　蛇　北方　在　月　见　八　日　娆星　绸

dɯ^{33} ȵi^{33} me^{33} gv̩^{21} nɯ^{33} khæ^{55}. mɯ^{33} ʐʅ^{21} ȵi^{33} me^{33} thv̩^{33} dʑy^{21}. ｜tshe^{33} do^{21} gv̩^{33} ȵi^{33}, zɑ^{21} ȵi^{33}
一匹　西方　以　射　天　蛇　东方　在　月　见　九　日　娆星

me^{33} ȵi^{33} me^{33} thv̩^{33} nɯ^{33} khæ^{55}. mɯ^{33} ʐʅ^{21} ȵi^{33} me^{33} gv̩^{21} dʑy^{21}. ｜tshe^{33} do^{21} tshe^{21} ȵi^{33}, zɑ^{21} he^{33}
太阳　东方　以　射　天　蛇　西方　在　月　见　十　日　娆星

me^{33} lv̩^{21} dzʅ^{21} tɯ^{33} nɯ^{33} khæ^{55}. mɯ^{33} ʐʅ^{21} lv̩^{21} dzʅ^{21} tɯ^{33} dʑy^{21}. ｜tshe^{21} dɯ^{33} ȵi^{33}, he^{33} ko^{21} nɑ^{21}
月亮　龙　居　地　以　射　天　蛇　龙　居　地　在　十　一　日　黑夜

dʐʅ^{21}, zɑ^{21} ɯ^{33} dzʅ^{21} tɯ^{33} nɯ^{33} khæ^{55}. mɯ^{33} ʐʅ^{21} ȵi^{33} me^{33} thv̩^{33} dʑy^{21}. ｜tshe^{21} ȵi^{33} ȵi^{33}, zɑ^{21} lɑ^{21}
时　娆星　牛　居　地　以　射　天　蛇　东方　在　十　二　日　娆劳鲍

① 娆，音译名词，为一种星象。
② 娆久嘎，音译名词，为一颗娆星的名称。
③ 娆劳鲍，音译名词，为一颗娆星的名称。

pɑ^{55} i^{33} tʂhʅ^{33} mu^{21} nɯ^{33} khæ^{55}. mɯ^{33} ʐʅ^{21} i^{33} tʂhʅ^{33} mu^{21} dʑy^{21}. | tshe^{33} sɿ^{21} ȵi^{33}, zɑ^{21} phər^{33} bər^{33}
南方 以 射 天 蛇 南方 在 十 三 日 娆星 降魔杵

ho^{33} gv̩^{33} lo^{21} nɯ^{33} khæ^{55}. mɯ^{33} ʐʅ^{33} ho^{33} gv̩^{33} lo^{21} dʑy^{21}. | tshe^{21} lu^{33} ȵi^{33}, zɑ^{21} ɕo^{33} lo^{21} y^{21} dzɿ^{21}
北方 以 射 天 蛇 北方 在 十 四 日 娆星 珊瑚 羊 居

tɯ^{33} nɯ^{33} khæ^{55}. mɯ^{33} ʐʅ^{21} ȵi^{33} me^{33} thv̩^{33} dʑy^{21}.
地 以 射 天 蛇 东方 在

从牛居地射出。天蛇在南方。初七，娆星像半匹绸一样从狗居地（西北方）射出。天蛇在北方。初八，娆星像一匹绸一样从西方射出。天蛇在东方。初九，娆星像太阳一样亮地从东方射出。天蛇在西方。初十，娆星像月亮一样亮地从龙居地射出。天蛇在龙居地。十一日，娆星在漆黑一团的夜里从牛居地射出。天蛇在东方。十二日，娆劳鲍从南方射出。天蛇在南方。十三日，娆星像降魔杵一样从北方射出。天蛇在北方。十四日，娆星像珊瑚一样从羊居地射出。天蛇在东方。

561-L-30-05

tshe^{21} uɑ^{33} ȵi^{33}, mɯ^{33} nɯ^{33} hɯ^{21} gɯ^{33}, lv̩^{33} nɑ^{21}①. zɑ^{21} i^{33} pu^{33} dɯ^{33} khɯ^{33} dzɿ^{21} tɯ^{33} nɯ^{33} khæ^{55}.
十 五 日 天 以 雨 下 石 黑 娆星 绸 一匹 狗 居 地 以 射

mɯ^{33} ʐʅ^{21} khɯ^{33} dzɿ^{21} tɯ^{33} dʑy^{21}. | tshe^{21} tʂhuɑ^{55} ȵi^{33}, zɑ^{21} ȵi^{33} me^{33} ȵi^{33} me^{33} gv̩^{21} nɯ^{33} khæ^{55}.
天 蛇 狗 居地 在 十 六 日 娆星 太阳 西方 以 射

mɯ^{33} ʐʅ^{21} ȵi^{33} me^{33} gv̩^{21} dʑy^{21}. | tshe^{21} ʂər^{33} ȵi^{33}, zɑ^{21} he^{33} me^{33} ȵi^{33} me^{33} thv̩^{33} nɯ^{33} khæ^{55}. mɯ^{33}
天 蛇 西方 在 十 七 日 娆星 月亮 东方 以 射 天

ʐʅ^{21} ho^{33} gv̩^{33} lo^{21} dʑy^{21}. | tshe^{21} ho^{55} ȵi^{33}, zɑ^{21} dʑiə^{33} kɑ^{21} lv̩^{21} dzɿ^{21} tɯ^{33} nɯ^{33} khæ^{55}. mɯ^{33} zɿ^{33} i^{33}
蛇 北方 在 十 八 日 娆久嘎 龙 居 地 以 射 天 蛇

① 这两个字符无法与其他字符连读成句，存疑。

tʂhʅ^{33} mu^{21} dʑy^{21}. tshe^{21} gv̩^{33} ȵi^{33}, zɑ^{21} phər^{33} bər^{33} ɯ^{33} dzʅ^{21} tɯ^{33} nɯ^{33} khæ^{55}, mɯ^{33} zʅ^{21} ɯ^{33} dzʅ^{21}
南方 在 十 九 日 娆星 降魔杵 牛 居 地 以 射 天 蛇 牛 居

tɯ^{33} dʑy^{21}. ȵi^{33} tsər^{21} ȵi^{33}, zɑ^{21} phər^{33} bər^{33} i^{33} tʂhʅ^{33} mu^{21} nɯ^{33} khæ^{55}. mɯ^{33} zʅ^{21} i^{33} tʂhʅ^{33} mu^{21}
地 在 二 十 日 娆星 降魔杵 南方 以 射 天 蛇 南方

dʑy^{21}. | ȵi^{33} tsər^{21} dɯ^{33} ȵi^{33}, zɑ^{21} i^{33} pu^{33} kho^{33} i^{33} tʂhʅ^{33} mu^{21} nɯ^{33} khæ^{55}. mɯ^{33} zʅ^{21} y^{21} dzʅ^{21} tɯ^{33}
在 二 十 一 日 娆星 绸 半匹 南方 以 射 天 蛇 羊 居 地

dʑy^{21}. | ȵi^{33} tsər^{21} ȵi^{33} ȵi^{33}, zɑ^{21} i^{33} pu^{33} dɯ^{33} ȵi^{33} me^{33} thv̩^{33} nɯ^{33} khæ^{55}. mɯ^{33} zʅ^{21} ȵi^{33} me^{33} thv̩^{33}
在 二 十 二 日 娆星 绸 一匹 东方 以 射 天 蛇 东方

dʑy^{21}.
在

十五日，在下雨时娆星像一匹绸一样从狗居地射出。天蛇在狗居地。十六日，娆星像太阳一样明亮地从西方射出。天蛇在西方。十七日，娆星像月亮一样亮地从东方射出。天蛇在北方。十八日，娆久嘎从龙居地射出。天蛇在南方。十九日，娆星像降魔杵一样从牛居地射出。天蛇在牛居地。二十日娆星像降魔杵一样从南方射出，天蛇在南方。二十一日，娆星像半匹绸一样从南方射出。天蛇在羊居地。二十二日，娆星像一匹绸一样从东方射出。天蛇在东方。

561-L-30-06

ȵi^{33} tsər^{21} sʅ^{21} ȵi^{33}, zɑ^{21} ȵi^{33} me^{33} ho^{33} gv̩^{33} lo^{21} nɯ^{33} khæ^{55}. mɯ^{33} zʅ^{21} ɯ^{33} dzʅ^{21} tɯ^{33} dʑy^{21}. | ȵi^{33}
二 十 三 日 娆星 太阳 北方 以 射 天 蛇 牛 居 地 在 二

tsər^{21} lu^{33} ȵi^{33}, zɑ^{21} he^{33} me^{33} y^{21} dzʅ^{21} tɯ^{33} nɯ^{33} khæ^{55}. mɯ^{33} zʅ^{21} khɯ^{33} dzʅ^{21} tɯ^{33} dʑy^{21}. | ȵi^{33}
十 四 日 娆星 月亮 羊 居 地 以 射 天 蛇 狗 居 地 在 二

tsər^{21} uɑ^{33} ȵi^{33}, zɑ^{21} dʑiə^{33} kɑ^{21} khɯ^{33} dzʅ^{21} tɯ^{33} nɯ^{33} khæ^{55}. mɯ^{33} zʅ^{21} ȵi^{33} me^{33} thv̩^{33} dʑy^{21}. | ȵi^{33}
十 五 日 娆久嘎 狗 居 地 以 射 天 蛇 东方 在 二

tsər^{21} tʂhuɑ^{55} ni^{33}, zɑ^{21} lɑ^{21} pɑ^{55} ȵi^{33} me^{33} gv̩^{21} nɯ^{33} khæ^{55}. mɯ^{33} zʅ^{21} i^{33} tʂhʅ^{33} mu^{21} ʥy^{21}. | ȵi^{33}
十 六 日 娆劳鲍 西方 以 射 天 蛇 南方 在 二

tsər^{21} ʂər^{33} ȵi^{33}, zɑ^{21} phər^{33} bər^{33} ȵi^{33} me^{33} thv̩^{33} nɯ^{33} khæ^{55}. mɯ^{33} zʅ^{21} ɯ^{33} dzʅ^{21} tɯ^{33} ʥy^{21}. | ȵi^{33}
十 七 日 娆星 降魔杵 东方 以 射 天 蛇 牛 居 地 在 二

tsər^{21} ho^{55} ȵi^{33}, zɑ^{21} i^{33} pu^{33} kho^{33} lv̩^{21} dzʅ^{21} tɯ^{33} nɯ^{33} khæ^{55}. mɯ^{33} zʅ^{21} i^{33} tʂhʅ^{33} mu^{21} ʥy^{21}. | ȵi^{33}
十 八 日 娆星 绸 半匹 龙 居 地 以 射 天 蛇 南方 在 二

tsər^{21} gv̩^{33} ȵi^{33}, mɯ^{33} hɯ^{21} gɯ^{33} dɯ^{21}, zɑ^{21} i^{33} pu^{33} dɯ^{33} ɯ^{33} dzʅ^{21} tɯ^{33} nɯ^{33} khæ^{55}. mɯ^{33} zʅ^{21} ȵi^{33}
十 九 日 天 雨 下 大 娆星 绸 一匹 牛 居 地 以 射 天 蛇

me^{33} gv̩^{21} ʥy^{21}.
西方 在

二十三日，娆星像太阳一样明亮地从北方射出。天蛇在牛居地。二十四日，娆星像月亮一样亮地从羊居地射出。天蛇在狗居地。二十五日，娆久嘎从狗居地射出。天蛇在东方。二十六日，娆劳鲍从西方射出。天蛇在南方。二十七日，娆星像降魔杵一样从东方射出。天蛇在牛居地。二十八日，娆星像半匹绸一样从龙居地射出。天蛇在南方。二十九日，在大雨中娆星像一匹绸一样从牛居地射出。天蛇在西方。

561-L-30-07

nɑ^{33} ty̩^{21} ȵi^{33}, zɑ^{21} ȵi^{33} me^{33} i^{33} tʂhʅ^{33} mu^{21} nɯ^{33} khæ^{55}. mɯ^{33} zʅ^{21} ȵi^{33} me^{33} thv̩^{33} ʥy^{21}. | he^{21} ʥiə^{33}
三十 日 娆星 太阳 南方 以 射 天 蛇 东方 在 二月

he^{33}, he^{33} tɕi^{55}, tho^{33} le^{33} he^{33}, he^{21} dɯ^{21} i^{33} tʂhʅ^{33} mu^{21} ʥy^{21}. | ko^{21} ɕi^{33} he^{21} dɯ^{21} lv̩^{21} dzʅ^{21} tɯ^{33}
月 小 兔 月 神 大 南方 在 郭兴 神 大 龙 居 地

ʥy^{21}. | to^{55} dzu̩^{33} khɯ^{33} dzʅ^{21} tɯ^{33} ʥy^{21}. | tshe^{33} do^{21} dɯ^{33} ȵi^{33}, zɑ^{21} he^{33} me^{33} ȵi^{33} me^{33} gv̩^{21}
在 垛鬼 收债人 狗 居 地 在 月 见 一 日 娆星 月亮 西方

nɯ^{33} khæ^{55}. mɯ^{33} zʅ^{21} ho^{33} gv̩^{33} lo^{21} dʑy^{21}. | tshe^{33} do^{21} ȵi^{33} ȵi^{33}, zɑ^{21} mi^{33} mɑ^{21} lv̩^{21} dzɿ^{21} tɯ^{33} nɯ^{33}
以 射 天 蛇 北方 在 月 见 二 日 娆米麻 龙 居 地 以

khæ^{55}. | mɯ^{33} zʅ^{21} y^{21} dʑɿ^{21} tɯ^{33} dʑy^{21}. | tshe^{33} do^{21} sɿ^{21} ȵi^{33}, zɑ^{21} lɑ^{21} pɑ^{55} ɯ^{33} dzɿ^{21} tɯ^{33} nɯ^{33}
射 天 蛇 羊 居 地 在 月 见 三 日 娆劳鲍 牛 居 地 以

khæ^{55}. mɯ^{33} zʅ^{21} ȵi^{33} me^{33} thv̩^{33} dʑy^{21}. | tshe^{33} do^{21} lu^{33} ȵi^{33}, zɑ^{33} phər^{33} bər^{33} ho^{33} gv̩^{33} lo^{21} nɯ^{33}
射 天 蛇 东方 在 月 见 四 日 娆星 降魔杵 北方 以

khæ^{55}. mɯ^{33} zʅ^{21} ȵi^{33} me^{33} gv̩^{21} dʑy^{21}.
射 天 蛇 西方 在

三十日，娆星像太阳一样明亮地从南方射出。天蛇在东方。

二月，月小，为兔月。大神在南方。郭兴大神在龙居地。垛鬼收债人在狗居地。初一，娆星像月亮一样亮地从西方射出。天蛇在北方。初二，娆米麻①从龙居地射出。天蛇在羊居地。初三，娆劳鲍从牛居地射出。天蛇在东方。初四，娆星像降魔杵一样从北方射出。天蛇在西方。

561-L-30-08

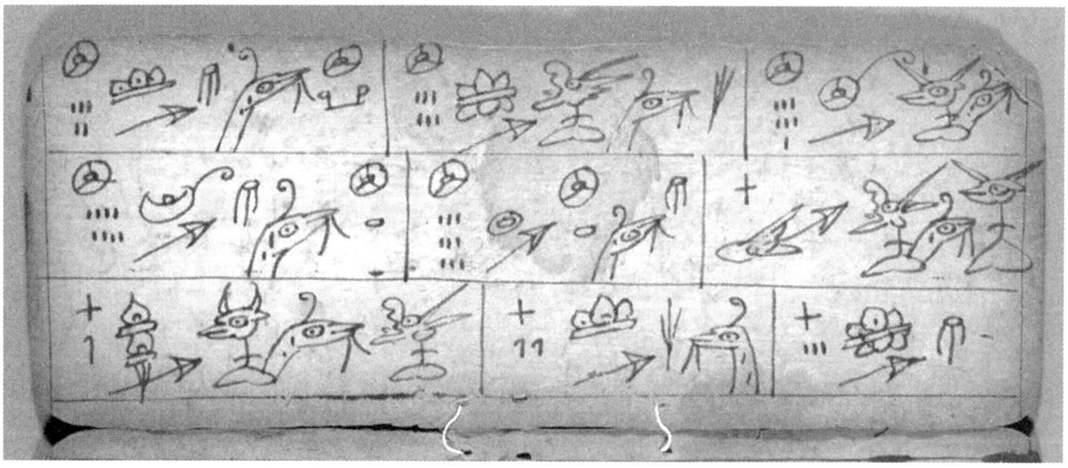

tshe^{33} do^{21} uɑ^{33} ȵi^{33}, zɑ^{21} i^{33} pu^{33} kho^{33} ho^{33} gv̩^{33} lo^{21} nɯ^{33} khæ^{55}. mɯ^{33} zʅ^{21} ȵi^{33} me^{33} thv̩^{33}
月 见 五 日 娆星 绸 半匹 北方 以 射 天 蛇 东方

dʑy^{21}. | tshe^{33}do^{21} tʂhuɑ^{55} ȵi^{33}, zɑ^{21} i^{33}pu^{33} dɯ^{33} lv̩^{21} dzɿ^{21} tɯ^{33} nɯ^{33} khæ^{55}. mɯ^{33} zʅ^{21} i^{33} tʂhʅ^{33} mu^{21}
在 月 见 六 日 娆星 绸 一匹 龙 居 地 以 射 天 蛇 南方

dʑy^{21}. | tshe^{33} do^{21} ʂər^{33} ȵi^{33}, zɑ^{21} ȵi^{33} me^{33} y^{21} dzɿ^{21} tɯ^{33} nɯ^{33} khæ^{55}. mɯ^{33} zʅ^{21} y^{21} dzɿ^{21} tɯ^{33}
在 月 见 七 日 娆星 太阳 羊 居 地 以 射 天 蛇 羊 居 地

dʑy^{21}. | tshe^{33} do^{21} ho^{55} ȵi^{33}, zɑ^{21} he^{33} me^{33} ho^{33} gv̩^{33} lo^{21} nɯ^{33} khæ^{55}. mɯ^{33} zʅ^{21} ȵi^{33} me^{33} gv̩^{21}
在 月 见 八 日 娆星 月亮 北方 以 射 天 蛇 西方

① 娆米麻，音译名词，为一颗娆星的名称。

dʑy^{21}. | tshe^{33} do^{21} gv̩^{33} ȵi^{33}, zɑ^{21} mi^{33} mɑ^{21} ȵi^{33} me^{33} gv̩^{21} nɯ^{33} khæ^{55}. mɯ^{33} ʐʅ^{21} ho^{33} gv̩^{33} lo^{21}
在 月 见 九 日 娆米麻 西方 以 射 天 蛇 北方

dʑy^{21}. | tshe^{33} do^{21} tshe^{21} ȵi^{33}, zɑ^{21} lɑ^{21} pɑ^{55} lv̩^{21} dzʅ^{21} tɯ^{33} nɯ^{33} khæ^{55}. mɯ^{33} ʐʅ^{21} y^{21} dzʅ^{21} tɯ^{33}
在 月 见 十 日 娆劳鲍 龙 居 地 以 射 天 蛇 羊 居 地

dʑy^{21}. | tshe^{21} dɯ^{33} ȵi^{33}, zɑ^{21} phər^{33} bər^{33} ɯ^{33} dzʅ^{21} tɯ^{33} nɯ^{33} khæ^{55}. mɯ^{33} ʐʅ^{21} lv̩^{21} dzʅ^{21} tɯ^{33}
在 十 一 日 娆星 降魔杵 牛 居 地 以 射 天 蛇 龙 居 地

dʑy^{21}. | tshe^{21} ȵi^{33} ȵi^{33}, zɑ^{21} i^{33} pu^{33} kho^{33} i^{33} tʂhʅ^{33} mu^{21} nɯ^{33} khæ^{55}. mɯ^{33} ʐʅ^{21} i^{33} tʂhʅ^{33} mu^{21}
在 十 二 日 娆星 绸 半匹 南方 以 射 天 蛇 南方

dʑy^{21}. | tshe^{33} sʅ^{21} ȵi^{33}, zɑ^{21} i^{33} pu^{33} dɯ^{33} ho^{33} gv̩^{33} lo^{21} nɯ^{33} khæ^{55}.
在 十 三 日 娆星 绸 一匹 北方 以 射

初五，娆星像半匹绸一样从北方射出。天蛇在东方。初六，娆星像一匹绸一样从龙居地射出。天蛇在南方。初七，娆星像太阳一样明亮地从羊居地射出。天蛇在羊居地。初八，娆星像月亮一样亮地从北方射出。天蛇在西方。初九，娆米麻从西方射出。天蛇在北方。初十，娆劳鲍从龙居地射出。天蛇在羊居地。十一日，娆星像降魔杵一样从牛居地射出。天蛇在龙居地。十二日，娆星像半匹绸一样从南方射出。天蛇在南方。十三日，娆星像一匹绸一样从北方射出。

561-L-30-09

mɯ^{33} ʐʅ^{21} ȵi^{33} me^{33} thv̩^{33} dʑy^{21}. | tshe^{21} lu^{33} ȵi^{33}, zɑ^{21} ȵi^{33} me^{33} lv̩^{21} dzʅ^{21} tɯ^{33} nɯ^{33} khæ^{55}①. |
天 蛇 东方 在 十 四 日 娆星 太阳 龙 居 地 以 射

tshe^{21} uɑ^{33} ȵi^{33}, zɑ^{21} he^{33} me^{33} khɯ^{33} dzʅ^{21} tɯ^{33} nɯ^{33} khæ^{55}. mɯ^{33} ʐʅ^{21} khɯ^{33} dzʅ^{21} tɯ^{33} dʑy^{21}. |
十 五 日 娆星 月亮 狗 居 地 以 射 天 蛇 狗 居 地 在

tshe^{21} tʂhuɑ^{55} ȵi^{33}, zɑ^{21} mi^{33} mɑ^{21} ȵi^{33} me^{33} gv̩^{21} nɯ^{33} khæ^{55}. mɯ^{33} ʐʅ^{21} ho^{33} gv̩^{33} lo^{21} dʑy^{21}. | tshe^{21}
十 六 日 娆米麻 西方 以 射 天 蛇 北方 在 十

① 其后应有"mɯ^{33} ʐʅ^{21}"（天蛇）在何方，原文缺。

ʂər33 ȵi33, zɑ21 lɑ21 pɑ55 the33 phe21 ȵi33 me33 thʏ33 nɯ33 khæ55. mɯ33 ʐʅ21 i33 tʂhʅ33 mu21 ʥy21. |
七 日 娆劳鲍 布 东方 以 射 天 蛇 南方 在

tshe21 ho55 ȵi33, zɑ21 phər33 bər33 lʏ21 dzʅ21 tɯ33 nɯ33 khæ55. mɯ33 ʐʅ21 khɯ33 dzʅ21 tɯ33 ʥy21. |
十 八 日 娆星 降魔杵 龙 居 地 以 射 天 蛇 狗 居 地 在

tshe21 gʏ33 ȵi33, zɑ21 i33 pu33 dɯ33 ɯ33 dzʅ21 tɯ33 nɯ33 khæ55. mɯ33 ʐʅ21 ɯ33 dzʅ21 tɯ33 ʥy21. | ȵi33
十 九 日 娆星 绸 一匹 牛 居 地 以 射 天 蛇 牛 居 地 在 二

tsər21 ȵi33, zɑ21 i33 pu33 dɯ33 i33 tʂhʅ33 mu21 nɯ33 khæ55. mɯ33 ʐʅ21 i33 tʂhʅ33 mu21 ʥy21. | ȵi33 tsər21
十 日 娆星 绸 一匹 南方 以 射 天 蛇 南方 在 二 十

dɯ33 ȵi33, zɑ21 ȵi33 me33 ȵi33 me33 thʏ33 nɯ33 khæ55. mɯ33 ʐʅ21 ȵi33 me33 thʏ33 ʥy21.
一 日 娆星 太阳 东方 以 射 天 蛇 东方 在

天蛇在东方。十四日，娆星像太阳一样明亮地从龙居地射出。十五日，娆星像月亮一样亮地从狗居地射出。天蛇在狗居地。十六日，娆米麻从西方射出。天蛇在北方。十七日，娆劳鲍像一匹布一样从东方射出。天蛇在南方。十八日，娆星像降魔杵一样从龙居地射出。天蛇在狗居地。十九日，娆星像一匹绸一样从牛居地射出。天蛇在牛居地。二十日，娆星像一匹绸一样从南方射出。天蛇在南方。二十一日，娆星像太阳一样明亮地从东方射出。天蛇在东方。

561-L-30-10

ȵi33 tsər21 ȵi33 ȵi33, zɑ21 he33 me33 y21 dzʅ21 tɯ33 nɯ33 khæ55. mɯ33 ʐʅ21 ɯ33 dzʅ21 tɯ33 ʥy21. | ȵi33
二 十 二 日 娆星 月亮 羊 居 地 以 射 天 蛇 牛 居 地 在 二

tsər21 sʅ21 ȵi33, zɑ21 mi33 mɑ21 khɯ33 dzʅ21 tɯ33 nɯ33 khæ55. mɯ33 ʐʅ21 ho33 gʏ33 lo21 ʥy21. | ȵi33
十 三 日 娆米麻 狗 居 地 以 射 天 蛇 北方 在 二

tsər21 lu33 ȵi33, zɑ21 lɑ21 pɑ55 ȵi33 me33 gʏ21 nɯ33 khæ55. mɯ33 ʐʅ21 khɯ33 dzʅ21 tɯ33 ʥy21. | ȵi33
十 四 日 娆劳鲍 西方 以 射 天 蛇 狗 居 地 在 二

tsər21 uɑ33 ȵi33, zɑ21 phər33 bər33 ȵi33 me33 thʏ33 nɯ33 khæ55. mɯ33 ʐʅ21 i33 tʂhʅ33 mu21 ʥy21. | ȵi33
十 五 日 娆星 降魔杵 东方 以 射 天 蛇 南方 在 二

tsər^{21} tʂhuɑ^{55} ȵi^{33}, zɑ^{21} i^{33} pu^{33} kho^{33} ly̩^{21} dzʅ^{21} tɯ^{33} nɯ^{33} khæ^{55}. mɯ^{33} zʅ^{21} ȵi^{33} me^{33} gy̩^{21} ʥy^{21}. |

十 六 日 娆 绸 半匹 龙 居 地 以 射 天 蛇 西方 在

ȵi^{33} tsər^{21} ʂər^{33} ȵi^{33}, zɑ^{21} i^{33} pu^{33} dɯ^{33} ɯ^{33} dzʅ^{21} tɯ^{33} nɯ^{33} khæ^{55}. mɯ^{33} zʅ^{21} i^{33} tʂhʅ^{33} mu^{21} ʥy^{21}.

二 十 七 日 娆星 绸 一匹 牛 居 地 以 射 天 蛇 南方 在

ȵi^{33} tsər^{21} ho^{55} ȵi^{33}, zɑ^{21} ȵi^{33} me^{33} i^{33} tʂhʅ^{33} mu^{21} nɯ^{33} khæ^{55}. mɯ^{33} zʅ^{21} i^{33} tʂhʅ^{33} mu^{21} ʥy^{21}. | ȵi^{33}

二 十 八 日 娆星 太阳 南方 以 射 天 蛇 南方 在 二

tsər^{21} gy̩^{33} ȵi^{33}, zɑ^{21} he^{33} me^{33} ho^{33} gy̩^{33} lo^{21} nɯ^{33} khæ^{55}. mɯ^{33} zʅ^{21} i^{33} tʂhʅ^{33} mu^{21} ʥy^{21}.

十 九 日 娆星 月亮 北方 以 射 天 蛇 南方 在

二十二日，娆星像月亮一样亮地从羊居地射出。天蛇在牛居地。二十三日，娆米麻从狗居地射出。天蛇在北方。二十四日，娆劳鲍从西方射出。天蛇在狗居地。二十五日，娆星像降魔杵一样从东方射出。天蛇在南方。二十六日，娆星像半匹绸一样从龙居地射出。天蛇在西方。二十七日，娆星像一匹绸一样从牛居地射出。天蛇在南方。二十八日，娆星像太阳一样明亮地从南方射出。天蛇在南方。二十九日，娆星像月亮一样亮地从北方射出。天蛇在南方。

561-L-30-11

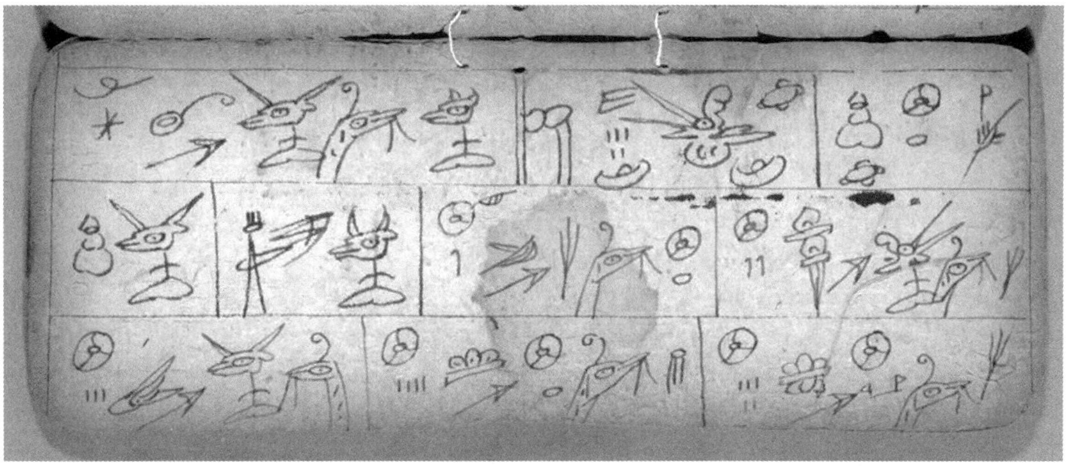

nɑ^{33} ty̩^{21} ȵi^{33}, zɑ^{21} mi^{33} mɑ^{21} y^{21} dzʅ^{21} tɯ^{33} nɯ^{33} khæ^{55}. mɯ^{33} zʅ^{21} khɯ^{33} dzʅ^{21} tɯ^{33} ʥy^{21}. | sɑ^{55} uɑ^{33}

三十 日 娆米麻 羊 居 地 以 射 天 蛇 狗 居 地 在 三月

he^{33}, ly̩^{21} he^{33}, he^{33} dɯ^{21}. | he^{21} dɯ^{21} ȵi^{33} me^{33}gy̩^{21} ʥy^{21}. ko^{21} ɕi^{33} he^{21} dɯ^{21} y^{21} dzʅ^{21} tɯ^{33} ʥy^{21}. |

龙 月 月 大 神 大 西方 在 郭兴 神 大 羊 居 地 在

to^{55} dʐu^{33} ɯ^{33} dzʅ^{21} tɯ^{33} ʥy^{21}. | tshe^{33} do^{21} dɯ^{33} ȵi^{33}, he^{33} ko^{21} nɑ^{21} dʐʅ^{21} zɑ^{21} i^{33} tʂhʅ^{33} mu^{21}

垛鬼 收债人牛 居 地 在 月 见 一 日 黑夜 时 娆星 南方

nɯ^{33} khæ^{55}. mɯ^{33} zʅ^{21} ȵi^{33} me^{33} gy̩^{21} ʥy^{21}. | tshe^{33} do^{21} ȵi^{33} ȵi^{33}, zɑ^{21} phər^{33} bər^{33} ly̩^{21} dzʅ^{21} tɯ^{33}

以 射 天 蛇 西方 在 月 见 二 日 娆星 降魔杵 龙 居 地

nɯ^{33} khæ^{55}. mɯ^{33} ʐʅ^{21} i^{33} tʂhʅ^{33} mu^{21} dʑy^{21}. | tshe^{33} do^{21} sʅ^{21} ȵi^{33}, zɑ^{21} lɑ^{21} pɑ^{55} y^{21} dzʅ^{21} tɯ^{33} nɯ^{33}
以 射 天 蛇 南方 在 月 见 三 日 娆劳鲍 羊 居 地 以

khæ^{55}. mɯ^{33} ʐʅ^{21} y^{21} dzʅ^{21} tɯ^{33} dʑy^{21}. | tshe^{21} do^{21} lu^{33} ȵi^{33}, zɑ^{21} i^{33} pu^{33} kho^{33} ȵi^{33} me^{33} gv̩^{21} nɯ^{33}
射 天 蛇 羊 居 地 有 月 见 四 日 娆星 绸 半匹 西方 以

khæ^{55}. mɯ^{33} ʐʅ^{21} ho^{33} gv̩^{33} lo^{21} dʑy^{21}. | tshe^{33} do^{21} uɑ^{33} ȵi^{33}, zɑ^{21} i^{33} pu^{33} dɯ^{33} ȵi^{33} me^{33} thv̩^{33} nɯ^{33}
射 天 蛇 北方 在 月 见 五 日 娆星 绸 一匹 东方 以

khæ^{55}. mɯ^{33} ʐʅ^{21} i^{33} tʂhʅ^{33} mu^{21} dʑy^{21}.
射 天 蛇 南方 在

三十日，娆米麻从羊居地射出。天蛇在狗居地。

三月，为龙月，月大。大神在西方。郭兴大神在羊居地。垛鬼收债人在牛居地。初一漆黑一团的黑夜时娆星从南方射出。天蛇在西方。初二，娆星像降魔杵一样从龙居地射出。天蛇在南方。初三，娆劳鲍从羊居地射出。天蛇在羊居地。初四，娆星像半匹绸一样从西方射出。天蛇在北方。初五，娆星像一匹绸一样从东方射出。天蛇在南方。

561-L-30-12

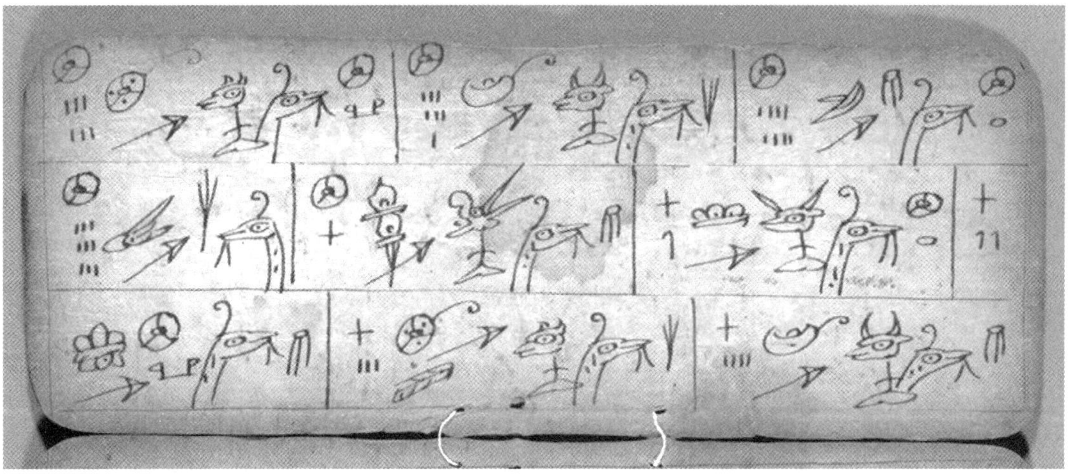

tshe^{33} do^{21} tʂhuɑ^{55} ȵi^{33}, zɑ^{21} ȵi^{33} me^{33} khɯ^{33} dzʅ^{21} tɯ^{33} nɯ^{33} khæ^{55}. mɯ^{33} ʐʅ^{21} ȵi^{33} me^{33} thv̩^{33}
月 见 六 日 娆星 太阳 狗 居 地 以 射 天 蛇 东方

dʑy^{21}. | tshe^{33} do^{21} ʂər^{33} ȵi^{33}, zɑ^{21} he^{33} me^{33} ɯ^{33} dzʅ^{21} tɯ^{33} nɯ^{33} khæ^{55}. mɯ^{33} ʐʅ^{21} i^{33} tʂhʅ^{33} mu^{21}
在 月 见 七 日 娆星 月亮 牛 居 地 以 射 天 蛇 南方

dʑy^{21}. | tshe^{33} do^{21} ho^{55} ȵi^{33}, he^{33} ko^{21} nɑ^{21} dʐʅ^{21} zɑ^{21} ho^{33} gv̩^{33} lo^{21} nɯ^{33} khæ^{55}. mɯ^{33} ʐʅ^{21} ȵi^{33} me^{33}
在 月 见 八 日 黑夜 时 娆星 北方 以 射 天 蛇 西方

gv̩^{21} dʑy^{21}. | tshe^{33} do^{21} gv̩^{33} ȵi^{33}, zɑ^{21} lɑ^{21} pɑ^{55} i^{33} tʂhʅ^{33} mu^{21} nɯ^{33} khæ^{55}. mɯ^{33} ʐʅ^{21} i^{33} tʂhʅ^{33} mu^{21}
在 月 见 九 日 娆劳鲍 南方 以 射 天 蛇 南方

dʑy^{21}. | tshe^{33} do^{21} tshe^{21} n̥i^{33}, zɑ^{21} phər^{33} bər^{33} lv̩^{21} dzɿ^{21} tɯ^{33} nɯ^{33} khæ^{55}. mɯ^{33} ʐʅ^{21} ho^{33} gv̩^{33} lo^{21}
在 月 见 十 日 娆星 降魔杵 龙 居 地 以 射 天 蛇 北方

dʑy^{21}. | tshe^{21} dɯ^{33} n̥i^{33}, zɑ^{21} i^{33} pu^{33} kho^{33} y^{21} dzɿ^{21} tɯ^{33} nɯ^{33} khæ^{55}. mɯ^{33} ʐʅ^{21} n̥i^{33} me^{33} gv̩^{21}
在 十 一 日 娆星 绸 半匹 羊 居 地 以 射 天 蛇 西方

dʑy^{21}. | tshe^{21} n̥i^{33} n̥i^{33}, zɑ^{21} i^{33} pu^{33} dɯ^{33} n̥i^{33} me^{33} thv̩^{33} nɯ^{33} khæ^{55}. mɯ^{33} ʐʅ^{21} i^{33} tʂhʅ^{33} mu^{21}
在 十 二 日 娆星 绸 一匹 东方 以 射 天 蛇 北方

dʑy^{21}. | tshe^{33} sɿ^{21} n̥i^{33}, zɑ^{21} n̥i^{33} me^{33} the^{33} phe^{33} khɯ^{33} dzɿ^{21} tɯ^{33} nɯ^{33} khæ^{55}. mɯ^{33} ʐʅ^{21} i^{33} tʂhʅ^{33}
在 十 三 日 娆星 太阳 布 狗 居 地 以 射 天 蛇 南方

mu^{21} dʑy^{21}. | tshe^{21} lu^{33} n̥i^{33}, zɑ^{21} he^{33} me^{33} ɯ^{33} dzɿ^{21} tɯ^{33} nɯ^{33} khæ^{55}. mu^{33} ʐʅ^{21} ho^{33} gv̩^{33} lo^{21} dʑy^{21}.
在 十 四 日 娆星 月亮 牛 居 地 以 射 天 蛇 北方 在

初六，娆星像太阳一样明亮地从狗居地射出。天蛇在东方。初七，娆星像月亮一样亮地从牛居地射出。天蛇在南方。初八，娆星在漆黑一团的黑夜里从北方射出。天蛇在西方。初九，娆劳鲍从南方射出。天蛇在南方。初十，娆星像降魔杵一样从龙居地射出。天蛇在北方。十一日，娆星像半匹绸一样从羊居地射出。天蛇在西方。十二日，娆星像一匹绸一样从东方射出。天蛇在北方。十三日，娆星像太阳一样明亮又像一条布一样从狗居地射出。天蛇在南方。十四日，娆星像月亮一样亮地从牛居地射出。天蛇在北方。

561-L-30-13

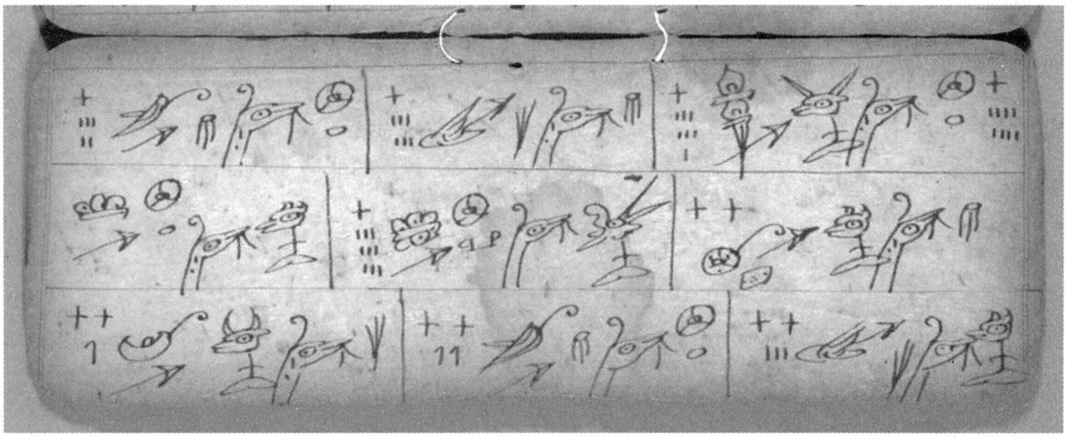

tshe^{21} uɑ^{33} n̥i^{33}, he^{33} ko^{21} nɑ^{21} dzɿ^{21} zɑ^{21} ho^{33} gv̩^{33} lo^{21} nɯ^{33} khæ^{33}. mɯ^{33} ʐʅ^{21} n̥i^{33} me^{33} gv̩^{21} dʑy^{21}. |
十 五 日 黑夜 时 娆星 北方 以 射 天 蛇 西方 在

tshe^{21} tʂhuɑ^{55} n̥i^{33}, zɑ^{21} lɑ^{21} pɑ^{55} i^{33} tʂhʅ^{33} mu^{21} nɯ^{33} khæ^{55}. mɯ^{33} ʐʅ^{21} ho^{33} gv̩^{33} lo^{21} dʑy^{21}. | tshe^{21}
十 六 日 娆劳鲍 南方 以 射 天 蛇 北方 在 十

ʂər^{33} n̥i^{33}, zɑ^{21} phər^{33} bər^{33} y^{21} dzɿ^{21} tɯ^{33} nɯ^{33} khæ^{55}. mɯ^{33} ʐʅ^{21} n̥i^{33} me^{33} gv̩^{21} dʑy^{21}. tshe^{21} ho^{55} n̥i^{33},
七 日 娆星 降魔杵 羊 居 地 以 射 天 蛇 西方 在 十 八 日

za^{21} i^{33} pu^{33} kho^{33} ȵi^{33} me^{33} gv̩^{21} nɯ^{33} khæ^{55}. mɯ^{33} ʐʅ^{21} khɯ^{33} dzʅ^{21} tɯ^{33} ʥy^{21}. | tshe^{21} gv̩^{33} ȵi^{33},
娆星 绸 半匹 西方 以 射 天 蛇 狗 居 地 在 十 九 日

za^{21} i^{33} pu^{33} dɯ^{33} ȵi^{33} me^{33} thv̩^{33} nɯ^{33} khæ^{55}. mɯ^{33} ʐʅ^{21} lv̩^{21} dzʅ^{21} tɯ^{33} ʥy^{21}. | ȵi^{33} tsər^{21} ȵi^{33}, za^{21}
娆星 绸 一匹 东方 以 射 天 蛇 龙 居 地 在 二 十 日

ʥiə^{33} ka^{21} ȵi^{33} me^{33} khɯ^{33} dzʅ^{21} tɯ^{33} nɯ^{33} khæ^{55}. mɯ^{33} ʐʅ^{21} ho^{33} gv̩^{33} lo^{21} ʥy^{21}. | ȵi^{33} tsər^{21} dɯ^{33}
娆久嘎 太阳 狗 居 地 以 射 天 蛇 北方 在 二 十 一

ȵi^{33}, za^{21} he^{33} me^{33} ɯ^{33} dzʅ^{21} tɯ^{33} nɯ^{33} khæ^{55}. mɯ^{33} ʐʅ^{21} i^{33} tʂhʅ^{33} mu^{21} ʥy^{21}. | ȵi^{33} tsər^{21} ȵi^{33} ȵi^{33},
日 娆星 月亮 牛 居 地 以 射 天 蛇 南方 在 二 十 二 日

he^{33} ko^{21} na^{21} dzʅ^{21} za^{21} ho^{33} gv̩^{33} lo^{21} nɯ^{33} khæ^{55}. mɯ^{33} ʐʅ^{21} ȵi^{33} me^{33} gv̩^{21} ʥy^{21}. | ȵi^{33} tsər^{21} sʅ^{21}
黑夜 时 娆 北方 以 射 天 蛇 西方 在 二 十 三

ȵi^{33}, za^{21} la^{21} pa^{55} i^{33} tʂhʅ^{33} mu^{21} nɯ^{33} khæ^{55}. mɯ^{33} ʐʅ^{21} khɯ^{33} dzʅ^{21} tɯ^{33} ʥy^{21}.
日 娆劳鲍 南方 以 射 天 蛇 狗 居 地 在

十五日，在漆黑一团的黑夜里娆星从北方射出。天蛇在西方。十六日，娆劳鲍从南方射出。天蛇在北方。十七日，娆星像降魔杵一样从羊居地射出。天蛇在西方。十八日，娆星像半匹绸一样从西方射出。天蛇在狗居地。十九日，娆星像一匹绸一样从东方射出。天蛇在龙居地。二十日，娆久嘎像太阳一样明亮地从狗居地射出。天蛇在北方。二十一日，娆星像月亮一样亮地从牛居地射出。天蛇在南方。二十二日，娆星在漆黑一团的黑夜从北方射出。天蛇在西方。二十三日，娆劳鲍从南方射出。天蛇在狗居地。

561-L-30-14

ȵi^{33} tsər^{21} lu^{33} ȵi^{33}, za^{21} phər^{33} bər^{33} ȵi^{33} me^{33} thv̩^{33} nɯ^{33} khæ^{55}. mɯ^{33} ʐʅ^{21} ȵi^{33} me^{33} thv̩^{33} ʥy^{21}. |
二 十 四 日 娆星 降魔杵 东方 以 射 天 蛇 东方 在

ȵi^{33} tsər^{21} ua^{33} ȵi^{33}, za^{21} i^{33} pu^{33} kho^{33} ȵi^{33} me^{33} gv̩^{21} nɯ^{33} khæ^{55}. mɯ^{33} ʐʅ^{21} ȵi^{33} me^{33} gv̩^{21} ʥy^{21}. |
二 十 五 日 娆星 绸 半匹 西方 以 射 天 蛇 西方 在

ȵi^{33} tsər^{21} tʂhua^{55} ȵi^{33}, za^{33} phər^{33} bər^{33} ȵi^{33} me^{33} gv̩^{21} nɯ^{33} khæ^{55}. mɯ^{33} ʐʅ^{21} ȵi^{33} me^{33} gv̩^{21}
二 十 六 日 娆星 降魔杵 西方 以 射 天 蛇 西方

dʑy^{21}. | ȵi^{33} tsər^{21} ʂər^{33} ȵi^{33}, zɑ^{21} ȵi^{33} me^{33} khɯ^{33} dzʅ^{21} tɯ^{33} nɯ^{33} khæ^{55}. | mɯ^{33} zʅ^{21} khɯ^{33} dzʅ^{21}
在 二 十 七 日 娆星 太阳 狗 居 地 以 射 天 蛇 狗 居

tɯ^{33} dʑy^{21}. | ȵi^{33} tsər^{21} ho^{55} ȵi^{33}, zɑ^{21} he^{33} me^{33} ho^{33} gv̩^{33} lo^{21} nɯ^{33} khæ^{55}. mɯ^{33} zʅ^{21} ɯ^{33} dzʅ^{21} tɯ^{33}
地 在 二 十 八 日 娆星 月亮 北方 以 射 天 蛇 牛 居 地

dʑy^{21}. | ȵi^{33} tsər^{21} gv̩^{33} ȵi^{33}, he^{33} ko^{21} nɑ^{21} dzʅ^{21} zɑ^{21} ho^{33} gv̩^{33} lo^{21} nɯ^{33} khæ^{55}. mɯ^{33} zʅ^{21} ȵi^{33} me^{33}
在 二 十 九 日 黑夜 时 娆星 北方 以 射 天 蛇 东方

thv̩^{33} dʑy^{21}. | nɑ^{33} tv̩^{21} ȵi^{33}, zɑ^{21} lɑ^{21} pɑ^{55} i^{33} tʂhʅ^{33} mu^{21} nɯ^{33} khæ^{55}. | mɯ^{33} zʅ^{21} ȵi^{33} me^{33} gv̩^{21}
在 三十 日 娆劳鲍 南方 以 射 天 蛇 西方

dʑy^{21}. | lu^{55} me^{33} he^{33}, he^{33} tɕi^{55}, zʅ^{21} he^{33}. | he^{21} dɯ^{21} ho^{33} gv̩^{33} lo^{21} dʑy^{21}. | ko^{21} ɕi^{33} he^{21} dɯ^{21}
在 四月 月 小 蛇 月 神 大 北方 在 郭兴 神 大

khɯ^{33} dzʅ^{21} tɯ^{33} dʑy^{21}. to^{55} dzu̥^{33} lv̩^{21} dzʅ^{21} tɯ^{33} dʑy^{21}.
狗 居 地 在 垛鬼 收债人 龙 居 地 在

二十四日，娆星像降魔杵一样从东方射出。天蛇在东方。二十五日，娆星像半匹绸一样从西方射出。天蛇在西方。二十六日，娆星像降魔杵一样从西方射出。天蛇在西方。二十七日，娆星像太阳一样明亮地从狗居地射出。天蛇在狗居地。二十八日，娆星像月亮一样亮地从北方射出。天蛇在牛居地。二十九日，在漆黑一团的黑夜里娆星从北方射出。天蛇在东方。三十日，娆劳鲍从南方射出。天蛇在西方。

四月，月小，为蛇月。大神在北方。郭兴大神在狗居地。垛鬼收债人在龙居地。

561-L-30-15

tshe^{33} do^{21} dɯ^{33} ȵi^{33}, zɑ^{21} phər^{33} bər^{33} ȵi^{33} me^{33} gv̩^{33} nɯ^{33} khæ^{55}. mɯ^{33} zʅ^{21} ho^{33} gv̩^{33} lo^{21} dʑy^{21}. |
月 见 一 日 娆星 降魔杵 西方 以 射 天 蛇 北方 在

tshe^{33} do^{21} ȵi^{33} ȵi^{33}, zɑ^{21} i^{33} pu^{33} kho^{33} khɯ^{33} dzʅ^{21} tɯ^{33} nɯ^{33} khæ^{55}. mɯ^{33} zʅ^{21} i^{33} tʂhʅ^{33} mu^{21}
月 见 二 日 娆星 绸 半匹 狗 居 地 以 射 天 蛇 南方

dʑy^{21}. | tshe^{33} do^{21} sʅ^{21} ȵi^{33}, zɑ^{21} i^{33} pu^{33} dɯ^{33} y^{21} dzʅ^{21} tɯ^{33} nɯ^{33} khæ^{55}. mɯ^{33} zʅ^{21} ȵi^{33} me^{33} gv̩^{21}
在 月 见 三 日 娆星 绸 一匹 羊 居 地 以 射 天 蛇 西方

ʥy²¹. ｜tshe³³ do²¹ lu³³ ȵi³³, zɑ²¹ ȵi³³ me³³ ho³³ gʏ̩³³ lo²¹ nɯ³³ khæ⁵⁵. mɯ³³ ʐʅ²¹ ȵi³³ me³³ gʏ̩²¹
在 月 见 四 日 娆星 太阳 北方 以 射 天 蛇 西方

ʥy²¹. ｜tshe³³ do²¹ uɑ³³ ȵi³³, zɑ²¹ he³³ me³³ ȵi³³ me³³ thʏ̩³³ nɯ³³ khæ⁵⁵. mɯ³³ ʐʅ²¹ ȵi³³ me³³ thʏ̩³³
在 月 见 五 日 娆星 月亮 东方 以 射 天 蛇 东方

ʥy²¹. ｜tshe³³ do²¹ tʂhuɑ⁵⁵ ȵi³³, he³³ ko²¹ nɑ²¹ dʐʅ²¹ zɑ²¹ ɯ³³ dzʅ²¹ tɯ³³ nɯ³³ khæ⁵⁵. mɯ³³ ʐʅ²¹ ɯ³³
在 月 见 六 日 黑夜 时 娆星 牛 居 地 以 射 天 蛇 牛

dzʅ²¹ tɯ³³ ʥy²¹. ｜tshe³³ do²¹ ʂər³³ ȵi³³, zɑ²¹ lɑ²¹ pɑ⁵⁵ lʏ̩²¹ dzʅ²¹ tɯ³³ nɯ³³ khæ⁵⁵. mɯ³³ ʐʅ²¹ ȵi³³
居 地 在 月 见 七 日 娆劳鲍 龙 居 地 以 射 天 蛇

me³³ gʏ̩²¹ ʥy²¹. ｜tshe³³ do²¹ ho⁵⁵ ȵi³³, zɑ²¹ phər³³ bər³³ ȵi³³ me³³ thʏ̩³³ nɯ³³ khæ⁵⁵. mɯ³³ ʐʅ²¹ i³³
西方 在 月 见 八 日 娆星 降魔杵 东方 以 射 天 蛇

tʂhʅ³³ mu²¹ ʥy²¹. ｜tshe³³ do²¹ gʏ̩³³ ȵi³³, zɑ²¹ i³³ pu³³ kho³³ ȵi³³ me³³ gʏ̩²¹ nɯ³³ khæ⁵⁵. mɯ³³ ʐʅ²¹
南方 在 月 见 九 日 娆星 绸 半匹 西方 以 射 天 蛇

ȵi³³ me³³ gʏ̩²¹ ʥy²¹.
西方 在

初一，娆星像降魔杵一样从西方射出。天蛇在北方。初二，娆星像半匹绸一样从狗居地射出。天蛇在南方。初三，娆星像一匹绸一样从羊居地射出。天蛇在西方。初四，娆星像太阳一样明亮地从北方射出。天蛇在西方。初五，娆星像月亮一样亮地从东方射出。天蛇在东方。初六，在漆黑一团的夜里娆星从牛居地射出。天蛇在牛居地。初七，娆劳鲍从龙居地射出。天蛇在西方。初八，娆星像降魔杵一样从东方射出。天蛇在南方。初九，娆星像半匹绸一样从西方射出。天蛇在西方。

561-L-30-16

tshe³³ do²¹ tshe²¹ ȵi³³, zɑ²¹ i³³ pu³³ dɯ³³ khɯ³³ dzʅ²¹ tɯ³³ nɯ³³ khæ⁵⁵. mɯ³³ ʐʅ²¹ i³³ tʂhʅ³³ mu²¹
月 见 十 日 娆星 绸 一匹 狗 居 地 以 射 天 蛇 南方

dʑy^{21}. | tshe^{21} dɯ^{33} ȵi^{33}, zɑ^{21} ȵi^{33} me^{33} y^{21} dzɿ^{21} tɯ^{33} nɯ^{33} khæ^{55}. mɯ^{33} zʅ^{21} ho^{33} gv̩^{33} lo^{21} dʑy^{21}. |

在 十 一 日 娆星 太阳 羊 居 地 以 射 天 蛇 北方 在

tshe^{21} ȵi^{33} ȵi^{33}, zɑ^{21} he^{33} me^{33} ho^{33} gv̩^{33} lo^{21} nɯ^{33} khæ^{55}. | mɯ^{33} zʅ^{21} lv̩^{21} dzɿ^{21} tɯ^{33} dʑy^{21}. | tshe^{33}

十 二 日 娆星 月亮 北方 以 射 天 蛇 龙 居 地 在 十

sɿ^{21} ȵi^{33}, he^{33} ko^{21} nɑ^{21} dzʅ^{21}, zɑ^{21} the^{33} phe^{33} i^{33} tʂhʅ^{33} mu^{21} nɯ^{33} khæ^{55}. mɯ^{33} zʅ^{21} i^{33} tʂhʅ^{33} mu^{21}

三 日 黑夜 时 娆星 布 南方 以 射 天 蛇 南方

dʑy^{21}. | tshe^{21} lu^{33} ȵi^{33}, zɑ^{21} lɑ^{21} pɑ^{55} ɯ^{33} dzɿ^{21} tɯ^{33} nɯ^{33} khæ^{55}. mɯ^{33} zʅ^{21} ȵi^{33} me^{33} gv̩^{21} dʑy^{21}. |

在 十 四 日 娆劳鲍 牛 居 地 以 射 天 蛇 西方 在

tshe^{21} uɑ^{33} ȵi^{33}, zɑ^{21} phər^{33} bər^{33} lv̩^{21} dzɿ^{21} tɯ^{33} nɯ^{33} khæ^{55}. mɯ^{33} zʅ^{21} ɯ^{33} dzɿ^{21} tɯ^{33} dʑy^{21}. | tshe^{21}

十 五 日 娆星 降魔杵 龙 居 地 以 射 天 蛇 牛 居 地 在 十

tʂhuɑ^{55} ȵi^{33}, zɑ^{21} i^{33} pu^{33} kho^{33} ȵi^{33} me^{33} thv̩^{33} nɯ^{33} khæ^{55}. mɯ^{33} zʅ^{21} lv̩^{21} dzɿ^{21} tɯ^{33} dʑy^{21}. | tshe^{21}

六 日 娆星 绸 半匹 东方 以 射 天 蛇 龙 居 地 在 十

ʂər^{33} ȵi^{33}, zɑ^{21} i^{33} pu^{33} dɯ^{33} ȵi^{33} me^{33} gv̩^{21} nɯ^{33} khæ^{55}. mɯ^{33} zʅ^{21} i^{33} tʂhʅ^{33} mu^{21} dʑy^{21}. tshe^{21} ho^{55}

七 日 娆星 绸 一匹 西方 以 射 天 蛇 南方 在 十 八

ȵi^{33},

日

初十，娆星像一匹绸一样从狗居地射出。天蛇在南方。十一日，娆星像太阳一样明亮地从羊居地射出。天蛇在北方。十二日，娆星像月亮一样亮地从北方射出。天蛇在龙居地。十三日，在漆黑一团的夜里娆星像一匹布一样从南方射出。天蛇在南方。十四日，娆劳鲍从牛居地射出。天蛇在西方。十五日，娆星像降魔杵一样从龙居地射出。天蛇在牛居地。十六日，娆星像半匹绸一样从东方射出。天蛇在龙居地。十七日，娆星像一匹绸一样从西方射出。天蛇在南方。十八日，

561-L-30-17

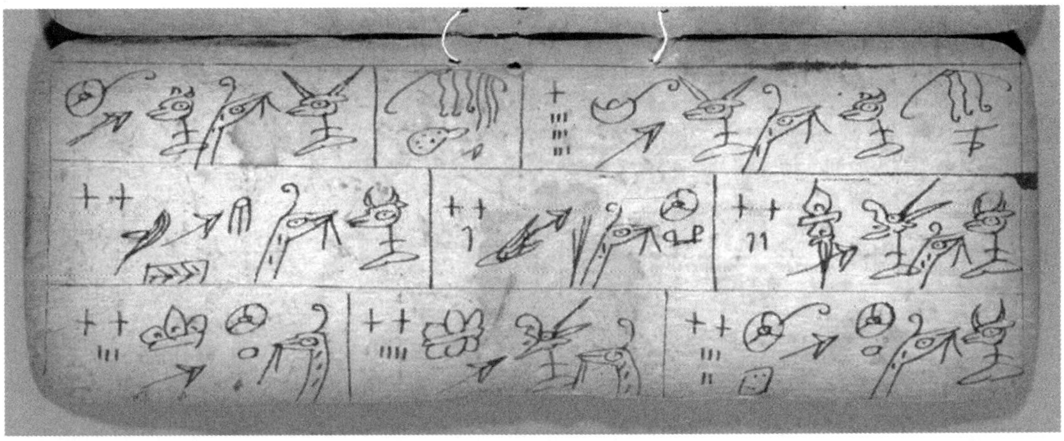

za^{21} ȵi^{33} me^{33} khɯ^{33} dzʅ^{21} tɯ^{33} nɯ^{33} khæ^{55}. mɯ^{33} ʐʅ^{21} y^{21} dzʅ^{21} tɯ^{33} ʥy^{21}. | hɯ^{21} gv̩^{33} mɯ^{33} gv̩^{33},
娆星 太阳 狗 居 地 以 射 天 蛇羊 居 地 在 雨 下 打雷

khua^{21}. | tshe^{21} gv̩^{33} ȵi^{33}, za^{21} he^{33} me^{33} y^{21} dzʅ^{21} tɯ^{33} nɯ^{33} khæ^{55}. mɯ^{33} ʐʅ^{21} khɯ^{33} dzʅ^{21} tɯ^{33} ʥy^{21}.
凶 十 九 日 娆 月亮 羊 居 地 以 射 天 蛇 狗 居 地 在

mɯ^{33} nɯ^{33} dzər^{33} phər^{21} gɯ^{33}. | ȵi^{33} tsər^{21} ȵi^{33}, he^{33} ko^{21} na^{21} dʐʅ^{21} za^{21} the^{33} phe^{33} ho^{33} gv̩^{33} lo^{21}
天 以 露 白 下 二 十 日 黑夜 时 娆星 布 北方

nɯ^{33} khæ^{55}. mɯ^{33} ʐʅ^{21} ɯ^{33} dzʅ^{21} tɯ^{33} ʥy^{21}. | ȵi^{33} tsər^{21} dɯ^{33} ȵi^{33}, za^{21} la^{21} pa^{55} i^{33} tʂhʅ^{33} mu^{21} nɯ^{33}
以 射 天 蛇 牛 居 地 在 二 十 一 日 娆劳鲍 南方 以

khæ^{55}. mɯ^{33} ʐʅ^{21} ȵi^{33} me^{33} thv̩^{33} ʥy^{21}. | ȵi^{33} tsər^{21} ȵi^{33} ȵi^{33}, za^{21} phər^{33} bər^{33} lv̩^{21} dzʅ^{21} tɯ^{33} nɯ^{33}
射 天 蛇 东方 在 二 十 二 日 娆星 降魔杵 龙 居 地 以

khæ^{55}. mɯ^{33} ʐʅ^{21} ɯ^{33} dzʅ^{21} tɯ^{33} ʥy^{21}. | ȵi^{33} tsər^{21} sʅ^{21} ȵi^{33}, za^{21} i^{33} pu^{33} kho^{33} ȵi^{33} me^{33} gv̩^{21} nɯ^{33}
射 天 蛇 牛 居 地 在 二 十 三 日 娆星 绸 半匹 西方 以

khæ^{55}. mɯ^{33} ʐʅ^{21} ȵi^{33} me^{33} gv̩^{21} ʥy^{21}. | ȵi^{33} tsər^{21} lu^{33} ȵi^{33}, za^{21} i^{33} pu^{33} dɯ^{33} lv̩^{21} dzʅ^{21} tɯ^{33} nɯ^{33}
射 天 蛇 西方 在 二 十 四 日 娆星 绸 一匹 龙 居 地 以

khæ^{55}. mɯ^{33} ʐʅ^{21} lv̩^{21} dzʅ^{21} tɯ^{33} ʥy^{21}. | ȵi^{33} tsər^{21} ua^{33} ȵi^{33}, za^{21} ʥiə^{33} ka^{21} ȵi^{33} me^{33} uə^{21} ȵi^{33} me^{33}
射 天 蛇 龙 居 地 在 二 十 五 日 娆久嘎 太阳 似 西方

gv̩^{21} nɯ^{33} khæ^{55}. mɯ^{33} ʐʅ^{21} ɯ^{33} dzʅ^{21} tɯ^{33} ʥy^{21}.
以 射 天 蛇 牛 居 地 在

娆星像太阳一样明亮地从狗居地射出。天蛇在羊居地。打雷下雨，凶。十九日，娆星像月亮一样亮地从羊居地射出。天蛇在狗居地。二十日，在漆黑一团的夜里娆星像一条布一样从北方射出。天蛇在牛居地。二十一日，娆劳鲍从南方射出。天蛇在东方。二十二日，娆星像降魔杵一样从龙居地射出。天蛇在牛居地。二十三日，娆星像半匹绸一样从西方射出。天蛇在西方。二十四日，娆星像一匹绸一样从龙居地射出。天蛇在龙居地。二十五日，娆久嘎像太阳一样明亮地从西方射出。天蛇在牛居地。

561-L-30-18

ȵi^{33} tsər^{21} tʂhua^{55} ȵi^{33}, za^{21} he^{33} me^{33} y^{21} dzɿ^{21} tɯ^{33} nɯ^{33} khæ^{55}. mɯ^{33} zʅ^{21} khɯ^{33} dzɿ^{21} tɯ^{33} dʑy^{21}. |
二 十 六 日 娆星 月亮 羊 居 地 以 射 天 蛇 狗 居 地 在

ȵi^{33} tsər^{21} ʂər^{33} ȵi^{33}, he^{33} ko^{21} na^{21} dzʅ^{21} za^{21} y^{21} dzɿ^{21} tɯ^{33} nɯ^{33} khæ^{55}. mɯ^{33} zʅ^{21} khɯ^{33} dzɿ^{21} tɯ^{33}
二 十 七 日 黑夜 时 娆星 羊 居 地 以 射 天 蛇 狗 居 地

dʑy^{21}. | ȵi^{33} tsər^{21} ho^{55} ȵi^{33}, za^{21} la^{21} pa^{55} ho^{33} gv̩^{33} lo^{21} nɯ^{33} khæ^{55}. mɯ^{33} zʅ^{21} ho^{33} gv̩^{33} lo^{21}
在 二 十 八 日 娆劳鲍 北方 以 射 天 蛇 北方

dʑy^{21}. | ȵi^{33} tsər^{21} gv̩^{33} ȵi^{33}, za^{21} phər^{33} bər^{33} ȵi^{33} me^{33} gv̩^{21} nɯ^{33} khæ^{55}. mɯ^{33} zʅ^{21} ȵi^{33} me^{33} gv̩^{21}
在 二 十 九 日 娆星 降魔杵 西方 以 射 天 蛇 西方

dʑy^{21}. | na^{33} tv̩^{21} ȵi^{33}, za^{21} i^{33} pu^{33} kho^{33} ȵi^{33} me^{33} gv̩^{21} nɯ^{33} khæ^{55}. mɯ^{33} zʅ^{21} ȵi^{33} me^{33} gv̩^{21}
在 三十 日 娆星 绸 半匹 西方 以 射 天 蛇 西方

dʑy^{21}. | ua^{55} me^{33} he^{33}, ʐua^{33} he^{33}. | he^{21} dɯ^{21} ȵi^{33} me^{33} thv̩^{33} dʑy^{21}. | ko^{21} ɕi^{33} he^{21} dɯ^{21} ɯ^{33}
在 五月 马 月 神 大 东方 在 郭兴 神 大 牛

dzɿ^{21} tɯ^{33} dʑy^{21}. | to^{55} dzu̩^{33} y^{21} dzɿ^{21} tɯ^{33} dʑy^{21}. | tshe^{33} do^{21} dɯ^{33} ȵi^{33}, za^{21} i^{33} pu^{33} dɯ^{33}
居 地 在 垛鬼 收债人 羊 居 地 在 月 见 一 日 娆星 绸 一匹

ho^{33} gv̩^{33} lo^{21} nɯ^{33} khæ^{55}. mɯ^{33} zʅ^{21} ȵi^{33} me^{33} gv̩^{21} dʑy^{21}.
北方 以 射 天 蛇 西方 在

二十六日，娆星像月亮一样亮地从羊居地射出。天蛇在狗居地。二十七日，娆星在漆黑一团的夜里从羊居地射出。天蛇在狗居地。二十八日，娆劳鲍从北方射出。天蛇在北方。二十九日，娆星像降魔杵一样从西方射出。天蛇在西方。三十日，娆星像半匹绸一样从西方射出。天蛇在西方。

五月，为马月。大神在东方。郭兴大神在牛居地。垛鬼收债人在羊居地。初一，娆星像一匹绸一样从北方射出。天蛇在西方。

561-L-30-19

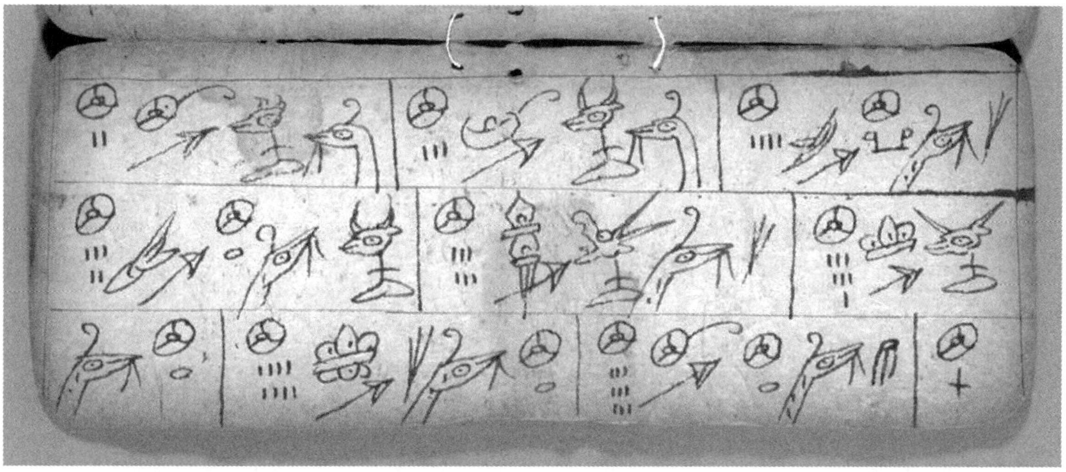

tshe^{33} do^{21} ȵi^{33} ȵi^{33}, zɑ^{21} ȵi^{33} me^{33} khɯ^{33} dzʅ^{21} tɯ^{33} nɯ^{33} khæ^{55}. mɯ^{33} ʐʅ^{21} khɯ^{33} dzʅ^{21} tɯ^{33}
月 见 二 日 娆星 太阳 狗 居 地 以 射 天 蛇 狗 居 地

dʑy^{21}. | tshe^{33} do^{21} sʅ^{21} ȵi^{33}, zɑ^{21} he^{33} me^{33} ɯ^{33} dzʅ^{21} tɯ^{33} nɯ^{33} khæ^{55}. mɯ^{33} ʐʅ^{21} ɯ^{33} dzʅ^{21} tɯ^{33}
在 月 见 三 日 娆星 月亮 牛 居 地 以 射 天 蛇 牛 居 地

dʑy^{21}. | tshe^{33} do^{21} lu^{33} ȵi^{33}, he^{33} ko^{21} nɑ^{21} dʐʅ^{21} zɑ^{21} ȵi^{33} me^{33} thy̩^{33} nɯ^{33} khæ^{55}. mɯ^{33} ʐʅ^{21} i^{33} tʂhʅ^{33}
在 月 见 四 日 黑夜 时 娆星 东方 以 射 天 蛇 南方

mu^{21} dʑy^{21}. | tshe^{33} do^{21} uɑ^{33} ȵi^{33}, zɑ^{21} lɑ^{21} pɑ^{55} ȵi^{33} me^{33} gy̩^{21} nɯ^{33} khæ^{55}. mɯ^{33} ʐʅ^{21} ɯ^{33} dzʅ^{21} tɯ^{33}
在 月 见 五 日 娆劳鲍 西方 以 射 天 蛇 牛 居 地

dʑy^{21}. | tshe^{33} do^{21} tʂhuɑ^{55} ȵi^{33}, zɑ^{21} phər^{33} bər^{33} ly̩^{21} dzʅ^{21} tɯ^{33} nɯ^{33} khæ^{55}. mɯ^{33} ʐʅ^{21} i^{33} tʂhʅ^{33}
在 月 见 六 日 娆星 降魔杵 龙 居 地 以 射 天 蛇 南方

mu^{21} dʑy^{21}. | tshe^{33} do^{21} ʂər^{33} ȵi^{33}, zɑ^{21} i^{33} pu^{33} kho^{33} y^{21} dzʅ^{21} tɯ^{33} nɯ^{33} khæ^{55}. | mɯ^{33} ʐʅ^{21} ȵi^{33}
在 月 见 七 日 娆星 绸 半匹 羊 居 地 以 射 天 蛇

me^{33} gy̩^{21} dʑy^{21}. | tshe^{33} do^{21} ho^{55} ȵi^{33}, zɑ^{21} i^{33} pu^{33} dɯ^{33} i^{33} tʂhʅ^{33} mu^{21} nɯ^{33} khæ^{55}. mɯ^{33} ʐʅ^{21} ȵi^{33}
西方 在 月 见 八 日 娆星 绸 一匹 南方 以 射 天 蛇

me^{33} gy̩^{21} dʑy^{21}. | tshe^{33} do^{21} gy̩^{33} ȵi^{33}, zɑ^{21} ȵi^{33} me^{33} ȵi^{33} me^{33} gy̩^{21} nɯ^{33} khæ^{55}. mɯ^{33} ʐʅ^{21} ho^{33} gy̩^{33}
西方 在 月 见 九 日 娆星 太阳 西方 以 射 天 蛇 北方

lo^{21} dʑy^{21}. | tshe^{33} do^{21} tshe^{21} ȵi^{33},
在 月 见 十 日

初二，娆星像太阳一样明亮地从狗居地射出。天蛇在狗居地。初三，娆星像月亮一样亮地从牛居地射出。天蛇在牛居地。初四，娆星在漆黑一团的夜里从东方射出。天蛇在南方。初五，娆劳鲍从西方射出。天蛇在牛居地。初六，娆星像降魔杵一样从龙居地射出。天蛇在南方。初七，娆星像半匹绸一样从羊居地射出。天蛇在西方。初八，娆星像一匹绸一样从南方射出。天蛇在西方。初九，娆星像太阳一样明亮地从西方射出。天蛇在北方。初十，

561-L-30-20

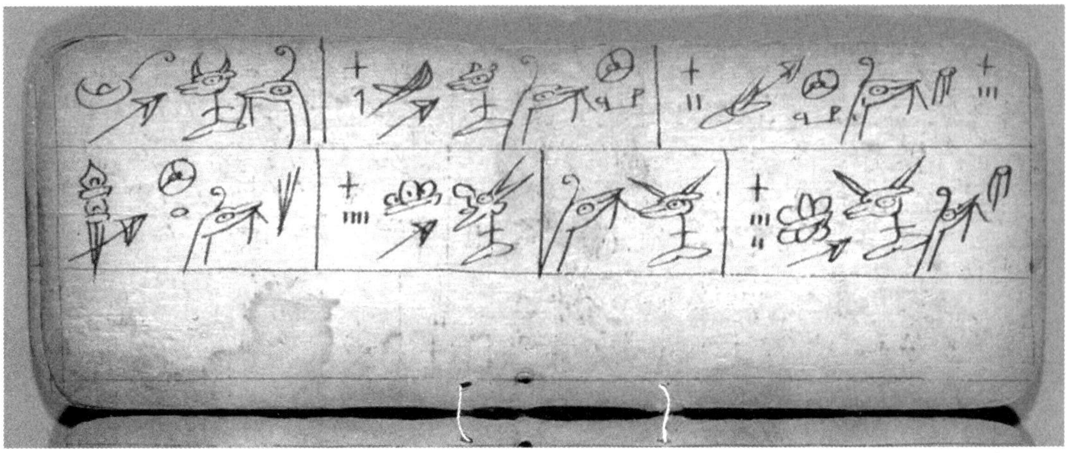

zɑ^{21} he^{33} me^{33} ɯ^{33} dzɿ^{21} tɯ^{33} nɯ^{33} khæ^{55}. mɯ^{33} ʐʅ^{21} ɯ^{33} dzɿ^{21} tɯ^{33} dʑy^{21}. | tshe^{21} dɯ^{33} ȵi^{33}, he^{33}
娆星 月亮 牛 居 地 以 射 天 蛇 牛 居 地 在 十 一 日

ko^{21} nɑ^{21} dʐʅ^{21} zɑ^{21} khɯ^{33} dzɿ^{21} tɯ^{33} nɯ^{33} khæ^{55}. mɯ^{33} ʐʅ^{21} ȵi^{33} me^{33} thv̩^{33} dʑy^{21}. | tshe^{21} ȵi^{33} ȵi^{33},
黑夜 时 娆星 狗 居 地 以 射 天 蛇 东方 在 十 二 日

zɑ^{21} lɑ^{21} pɑ^{55} ȵi^{33} me^{33} thv̩^{33} nɯ^{33} khæ^{55}. mɯ^{33} ʐʅ^{21} ho^{33} gv̩^{33} lo^{21} dʑy^{21}. | tshe^{33} sɿ^{21} ȵi^{33}, zɑ^{21} phər^{33}
娆劳鲍 东方 以 射 天 蛇 北方 在 十 三 日 娆星

bər^{33} ȵi^{33} me^{33} gv̩^{21} nɯ^{33} khæ^{55}. mɯ^{33} ʐʅ^{21} i^{33} tʂhʅ^{33} mu^{21} dʑy^{21}. | tshe^{21} lu^{33} ȵi^{33}, zɑ^{21} i^{33} pu^{33}
降魔杵 西方 以 射 天 蛇 南方 在 十 四 日 娆星 绸

kho^{33} lv̩^{21} dzɿ^{21} tɯ^{33} nɯ^{33} khæ^{55}. | mɯ^{33} ʐʅ^{21} y^{21} dzɿ^{21} tɯ^{33} dʑy^{21}. | tshe^{21} uɑ^{33} ȵi^{33}, zɑ^{21} i^{33} pu^{33}
半匹 龙 居 地 以 射 天 蛇 羊 居 地 在 十 五 日 娆星 绸

dɯ^{33} y^{21} dzɿ^{21} tɯ^{33} nɯ^{33} khæ^{55}. mɯ^{33} ʐʅ^{21} ho^{33} gv̩^{33} lo^{21} dʑy^{21}.
一匹 羊 居 地 以 射 天 蛇 北方 在

娆星像月亮一样亮地从牛居地射出。天蛇在牛居地。十一日，在漆黑一团的夜里娆星从狗居地射出。天蛇在东方。十二日，娆劳鲍从东方射出。天蛇在北方。十三日，娆星像降魔杵一样从西方射出。天蛇在南方。十四日，娆星像半匹绸一样从龙居地射出。天蛇在羊居地。十五日，娆星像一匹绸一样从羊居地射出。天蛇在北方。

561-L-30-21

tshe^{21} tʂhuɑ^{55} ȵi^{33}, zɑ^{21} dʑiə^{33} kɑ^{21} ȵi^{33} me^{33} i^{33} tʂhʅ^{33} mu^{21} nɯ^{33} khæ^{55}. mɯ^{33} ʐʅ^{21} ȵi^{33} me^{33} gv̩^{21}
十 六 日 娆久嘎 太阳 南方 以 射 天 蛇 西方

dʑy^{21}. | tshe^{21} ʂər^{33} ȵi^{33}, zɑ^{21} he^{33} me^{33} ho^{33} gv̩^{33} lo^{21} nɯ^{33} khæ^{55}. mɯ^{33} ʐʅ^{21} ȵi^{33} me^{33} gv̩^{21} dʑy^{21}. |
在 十 七 日 娆星 月亮 北方 以 射 天 蛇 西方 在

tshe^{21} ho^{55} ȵi^{33}, zɑ^{21} mi^{33} mɑ^{21} ɯ^{33} dzɿ^{21} tɯ^{33} nɯ^{33} khæ^{55}. mɯ^{33} ʐʅ^{21} ȵi^{33} me^{33} gv̩^{21} dʑy^{21}. | tshe^{21}
十 八 日 娆米麻 牛 居 地 以 射 天 蛇 西方 在 十

gv̩33 ȵi33, zɑ21 lɑ21 pɑ55 khɯ33 dzʅ21 tɯ33 nɯ33 khæ55. mɯ33 ʐʅ21 ɯ33 dzʅ21 tɯ33 dʑy21. | ȵi33 tsər21
九 日 娆劳鲍 狗 居 地 以 射 天 蛇 牛 居 地 在 二 十

ȵi33, zɑ21 phər33 bər33 ȵi33 me33 thv̩33 nɯ33 khæ55. mɯ33 ʐʅ21 i33 tʂhʅ33 mu21 dʑy21. | ȵi33 tsər21 dɯ33
日 娆星 降魔杵 东方 以 射 天 蛇 南方 在 二 十 一

ȵi33, zɑ21 i33 pu33 kho33 ȵi33 me33 gv̩21 nɯ33 khæ55. mɯ33 ʐʅ21 ho33 gv̩33 lo21 dʑy21. | ȵi33 tsər21 ȵi33
日 娆星 绸 半匹 西方 以 射 天 蛇 北方 在 二 十 二

ȵi33, zɑ21 i33 pu33 dɯ33 lv̩21 dzʅ21 tɯ33 nɯ33 khæ55. mɯ33 ʐʅ21 khɯ33 dzʅ21 tɯ33 dʑy21. | hɯ21 dɯ21
日 娆星 绸 一匹 龙 居 地 以 射 天 蛇 狗 居 地 在 雨 大

gɯ33 me55. | ȵi33 tsər21 sʅ21 ȵi33, zɑ21 ȵi33 me33 y21 dzʅ21 tɯ33 nɯ33 khæ55. mɯ33 ʐʅ21 ɯ33 dzʅ21 tɯ33
下 的 二 十 三 日 娆星 太阳 羊 居 地 以 射 天 蛇 牛 居 地

dʑy21.
在

十六日，娆久嘎像太阳一样明亮地从南方射出。天蛇在西方。十七日，娆星像月亮一样亮地从北方射出。天蛇在西方。十八日，娆米麻从牛居地射出。天蛇在西方。十九日，娆劳鲍从狗居地射出。天蛇在牛居地。二十日，娆星像降魔杵一样从东方射出。天蛇在南方。二十一日，娆星像半匹绸一样从西方射出。天蛇在北方。二十二日，娆星像一匹绸一样从龙居地射出。天蛇在狗居地。天会下大雨。二十三日，娆星像太阳一样明亮地从羊居地射出。天蛇在牛居地。

561-L-30-22

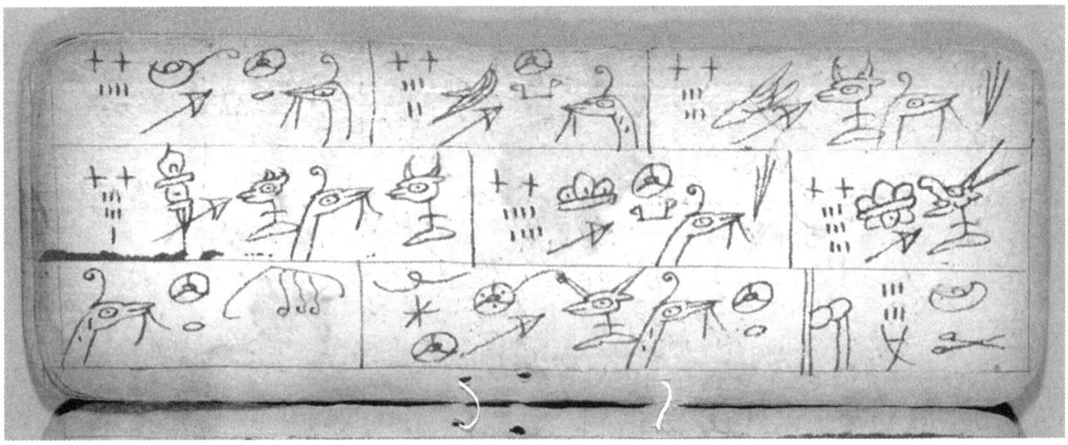

ȵi33 tsər21 lu33 ȵi33, zɑ21 he33 me33 ȵi33 me33 gv̩21 nɯ33 khæ55. mɯ33 ʐʅ21 ȵi33 me33 gv̩21 dʑy21. | ȵi33
二 十 四 日 娆星 月亮 西方 以 射 天 蛇 西方 在 二

tsər21 uɑ33 ȵi33, he33 ko21 nɑ21 dʐʅ21 zɑ21 ȵi33 me33 thv̩33 nɯ33 khæ55. mɯ33 ʐʅ21 ȵi33 me33 thv̩33
十 五 日 黑夜 时 娆星 东方 以 射 天 蛇 东方

dʑy^{21}. | ȵi^{33} tsər^{21} tʂhuɑ^{55} ȵi^{33}, zɑ^{21} lɑ^{21} pɑ^{55} ɯ^{33} dzʅ^{21} tɯ^{33} nɯ^{33} khæ^{55}. mɯ^{33} ʐʅ^{21} i^{33} tʂhʅ^{33} mu^{21}
在 二 十 六 日 娆劳鲍 牛 居 地 以 射 天 蛇 南方

dʑy^{21}. | ȵi^{33} tsər^{21} ʂər^{33} ȵi^{33}, zɑ^{21} phər^{33} bər^{33} khɯ^{33} dzʅ^{21} tɯ^{33} nɯ^{33} khæ^{55}. mɯ^{33} ʐʅ^{21} ɯ^{33} dzʅ^{21} tɯ^{33}
在 二 十 七 日 娆星 降魔杵 狗 居 地 以 射 天 蛇 牛 居 地

dʑy^{21}. | ȵi^{33} tsər^{21} ho^{55} ȵi^{33}, zɑ^{21} i^{33} pu^{33} kho^{33} ȵi^{33} me^{33} thʏ^{33} nɯ^{33} khæ^{55}. mɯ^{33} ʐʅ^{21} i^{33} tʂhʅ^{33} mu^{21}
在 二 十八 日 娆 绸 半匹 东方 以 射 天 蛇 南方

dʑy^{21}. | ȵi^{33} tsər^{21} gʏ^{33} ȵi^{33}, zɑ^{21} i^{33} pu^{33} dɯ^{33} lʏ^{21} dzʅ^{21} tɯ^{33} nɯ^{33} khæ^{55}. | mɯ^{33} ʐʅ^{21} ȵi^{33} me^{33}
在 二十 九 日 娆星 绸 一匹 龙 居 地 以 射 天 蛇 西方

gʏ^{21} dʑy^{21}. mɯ^{33} nɯ^{33} hɯ^{21} gɯ^{33}. | nɑ^{33} tʏ^{21} ȵi^{33}, zɑ^{21} ȵi^{33} me^{33} y^{21} dzʅ^{21} tɯ^{33} nɯ^{33} khæ^{55}. mɯ^{33}
在 天 以 雨 下 三十 日 娆星 太阳 羊 居 地 以 射 天

ʐʅ^{21} ȵi^{33} me^{33} gʏ^{21} dʑy^{21}. | tʂhuɑ^{55} me^{33} he^{33}, he^{33} tɕi^{55},
蛇 西方 在 六月 月 小

二十四日，娆星像月亮一样亮地从西方射出。天蛇在西方。二十五日，在漆黑一团的夜里娆星从东方射出。天蛇在东方。二十六日，娆劳鲍从牛居地射出。天蛇在南方。二十七日，娆星像降魔杵一样从狗居地射出。天蛇在牛居地。二十八日，娆星像半匹绸一样从东方射出。天蛇在南方。二十九日，娆星像一匹绸一样从龙居地射出。天蛇在西方。天会下雨。三十日，娆星像太阳一样明亮地从羊居地射出。天蛇在西方。

六月，月小，

561-L-30-23

y^{21} he^{33}. he^{21} dɯ^{21} i^{33} tʂhʅ^{33} mu^{21} dʑy^{21}. | ko^{21} ɕi^{33} he^{21} dɯ^{21} lʏ^{21} dzʅ^{21} tɯ^{33} dʑy^{21}. | to^{55} dʐu^{33}
羊 月 神 大 南方 在 郭兴 神 大龙 居 地 在 垛鬼 收债人

khɯ^{33} dzʅ^{21} tɯ^{33} dʑy^{21}. | tshe^{33} do^{21} dɯ^{33} ȵi^{33}, zɑ^{21} phər^{33} bər^{33} ho^{33} gʏ^{33} lo^{21} nɯ^{33} khæ^{55}. | mɯ^{33}
狗 居 地 在 月 见 一 日 娆星 降魔杵 北方 以 射 天

zʅ^{21} i^{33} tʂhʅ^{33} mu^{21} dʑy^{21}. | tshe^{33} do^{21} ȵi^{33} ȵi^{33}, he^{33} ko^{21} nɑ^{21} dzʅ^{21} zɑ^{21} ly̩^{21} dzɿ^{21} tɯ^{33} nɯ^{33} khæ^{55}.
蛇 南方 在 月 见 二 日 黑夜 时 娆星龙 居 地 以 射

mɯ^{33} zʅ^{21} ȵi^{33} me^{33} gy̩^{21} dʑy^{21}. | tshe^{33} do^{21} sɿ^{21} ȵi^{33}, zɑ^{21} lɑ^{21} pɑ^{55} ɯ^{33} dzɿ^{21} tɯ^{33} nɯ^{33} khæ^{55}. mɯ^{33}
天 蛇 西方 在 月 见 三 日 娆劳鲍 牛 居 地 以 射 天

zʅ^{21} ȵi^{33} me^{33} gy̩^{21} dʑy^{21}. | tshe^{33} do^{21} lu^{33} ȵi^{33}, | zɑ^{21} phər^{33} bər^{33} i^{33} tʂhʅ^{33} mu^{21} nɯ^{33} khæ^{55}. mɯ^{33}
蛇 西方 在 月 见 四 日 娆星 降魔杵 南方 以 射 天

zʅ^{21} ȵi^{33} me^{33} gy̩^{21} dʑy^{21}. | tshe^{33} do^{21} uɑ^{33} ȵi^{33}, zɑ^{21} i^{33} pu^{33} kho^{33} ȵi^{33} me^{33} thy̩^{33} nɯ^{33} khæ^{55}.
蛇 西方 在 月 见 五 日 娆星 绸 半匹 东方 以 射

mɯ^{33} zʅ^{21} ȵi^{33} me^{33} thy̩^{33} dʑy^{21}. | tshe^{33} do^{21} tʂhuɑ^{55} ȵi^{33}, zɑ^{21} i^{33} pu^{33} dɯ^{33} ho^{33} gy̩^{33} lo^{21} nɯ^{33}
天 蛇 东方 在 月 见 六 日 娆星 绸 一匹 北方 以

khæ^{55}. mɯ^{33} zʅ^{21} ho^{33} gy̩^{33} lo^{21} dʑy^{21}. | tshe^{33} do^{21} ʂər^{33} ȵi^{33},
射 天 蛇 北方 在 月 见 七 日

为羊月。大神在南方。郭兴大神在龙居地。垛鬼的收债人在狗居地。初一，娆星像降魔杵一样从北方射出。天蛇在南方。初二，在漆黑一团的夜里娆星从龙居地射出。天蛇在西方。初三，娆劳鲍从牛居地射出。天蛇在西方。初四，娆星像降魔杵一样从南方射出。天蛇在西方。初五，娆星像半匹绸一样从东方射出。天蛇在东方。初六，娆星像一匹绸一样从北方射出。天蛇在北方，初七，

561-L-30-24

zɑ^{21} ȵi^{33} me^{33} khɯ^{33} dzɿ^{21} tɯ^{33} nɯ^{33} khæ^{55}. mɯ^{33} zʅ^{21} ɯ^{33} dzɿ^{21} tɯ^{33} dʑy^{21}. | tshe^{33} do^{21} ho^{55} ȵi^{33},
娆星 太阳 狗 居 地 以 射 天 蛇 牛 居 地 在 月 见 八 日

zɑ^{21} he^{33} me^{33} ȵi^{33} me^{33} gy̩^{21} nɯ^{33} khæ^{55}. mɯ^{33} zʅ^{21} khɯ^{33} dzɿ^{21} tɯ^{33} dʑy^{21}. | tshe^{33} do^{21} gy̩^{33} ȵi^{33},
娆星 月亮 西方 以 射 天 蛇 狗 居 地 在 月 见 九 日

he^{33} ko^{21} nɑ^{21} dʐʅ^{21} zɑ^{21} ȵi^{33} me^{33} thɣ̩^{33} nɯ^{33} khæ^{55}. mɯ^{33} ʐʅ^{21} i^{33} tʂhʅ^{33} mu^{21} ʥy^{21}. | tshe^{33} do^{21}
黑夜 时 娆星 东方 以 射 天 蛇 南方 在 月 见

tshe^{21} ȵi^{33}, zɑ^{21} lɑ^{21} pɑ^{55} lɣ̩^{21} dzʅ^{21} tɯ^{33} nɯ^{33} khæ^{55}. mɯ^{33} ʐʅ^{21} lɣ̩^{21} dzʅ^{21} tɯ^{33} ʥy^{21}. | tshe^{21} dɯ^{33}
十 日 娆劳鲍 龙 居 地 以 射 天 蛇 龙 居 地 在 十 一

ȵi^{33}, zɑ^{21} phər^{33} bər^{33} ɯ^{33} dzʅ^{21} tɯ^{33} nɯ^{33} khæ^{55}. mɯ^{33} ʐʅ^{21} ȵi^{33} me^{33} gɣ̩^{21} ʥy^{21}. | tshe^{21} ȵi^{33} ȵi^{33},
日 娆星 降魔杵 牛 居 地 以 射 天 蛇 西方 在 十 二 日

zɑ^{21} i^{33} pu^{33} kho^{33} i^{33} tʂhʅ^{33} mu^{21} nɯ^{33} khæ^{55}. mɯ^{33} ʐʅ^{21} ho^{33} gɣ̩^{33} lo^{21} ʥy^{21}. | tshe^{33} sʅ^{21} ȵi^{33}, zɑ^{21}
娆星 绸 半匹 南方 以 射 天 蛇 北方 在 十 三 日 娆星

i^{33} pu^{33} dɯ^{33} ho^{33} gɣ̩^{33} lo^{21} nɯ^{33} khæ^{55}. mɯ^{33} ʐʅ^{21} ȵi^{33} me^{33} thɣ̩^{33} ʥy^{21}. | tshe^{21} lu^{33} ȵi^{33}, zɑ^{21} ȵi^{33}
绸 一匹 北方 以 射 天 蛇 东方 在 十 四 日 娆星

me^{33} y^{21} dzʅ^{21} tɯ^{33} nɯ^{33} khæ^{55}①. | tshe^{21} uɑ^{33} ȵi^{33}, zɑ^{21} he^{33} me^{33} ȵi^{33}me^{33} gɣ̩^{21} nɯ^{33} khæ^{55}. mɯ^{33}
太阳 羊 居 地 以 射 十 五 日 娆星 月亮 西方 以 射 天

ʐʅ^{21} ȵi^{33} me^{33} gɣ̩^{21} ʥy^{21}. | tshe^{21} tʂhuɑ^{55} ȵi^{33}, he^{33} ko^{21} nɑ^{21} dʐʅ^{21} zɑ^{21} ȵi^{33} me^{33} gɣ̩^{21} nɯ^{33} khæ^{55}.
蛇 西方 在 十 六 日 黑夜 时 娆星 西方 以 射

娆星像太阳一样明亮地从狗居地射出。天蛇在牛居地。初八，娆星像月亮一样亮地从西方射出。天蛇在狗居地。初九，在漆黑一团的夜里娆星从东方射出。天蛇在南方。初十，娆劳鲍从龙居地射出。天蛇在龙居地。十一日，娆星像降魔杵一样从牛居地射出。天蛇在西方。十二日，娆星像半匹绸一样从南方射出。天蛇在北方。十三日，娆星像一匹绸一样从北方射出。天蛇在东方。十四日，娆星像太阳一样明亮地从羊居地射出。十五日，娆星像月亮一样亮地从西方射出。天蛇在西方。十六日，在漆黑一团的夜里，娆星从西方射出。

561-L-30-25

mɯ^{33} ʐʅ^{21} ȵi^{33} me^{33} gɣ̩^{21} ʥy^{21}. | tshe^{21} ʂər^{33} ȵi^{33}, zɑ^{21} lɑ^{21} pɑ^{55} ȵi^{33} me^{33} gɣ̩^{21} nɯ^{33} khæ^{55}. mɯ^{33}
天 蛇 西方 在 十 七 日 娆劳鲍 西方 以 射 天

① 其后应有“天蛇”在何方，原文缺。

ʐʅ^{21} ho^{33} gv̩^{33} lo^{21} dʑy^{21}. | tshe^{21} ho^{55} ȵi^{33}, zɑ^{21} phər^{33} bər^{33} lv̩^{21} dzʅ^{21} tɯ^{33} nɯ^{33} khæ^{55}. | mɯ^{33} ʐʅ^{21}
蛇 北方 在 十 八 日 娆星 降魔杵 龙 居 地 以 射 天 蛇

ȵi^{33} me^{33} gv̩^{21} dʑy^{21}. | tshe^{21} gv̩^{33} ȵi^{33}, zɑ^{21} i^{33} pu^{33} kho^{33} ɯ^{33} dzʅ^{21} tɯ^{33} nɯ^{33} khæ^{55}. mɯ^{33} ʐʅ^{21} ɯ^{33}
西方 在 十 九 日 娆星 绸 半匹 牛 居 地 以 射 天 蛇 牛

dzʅ^{21} tɯ^{33} dʑy^{21}. | ȵi^{33} tsər^{21} ȵi^{33}, zɑ^{21} i^{33} pu^{33} dɯ^{33} ȵi^{33} me^{33} thv̩^{33} nɯ^{33} khæ^{55}. mɯ^{33} ʐʅ^{21} i^{33} tʂhʅ^{33}
居 地 在 二 十 日 娆星 绸 一匹 东方 以 射 天 蛇 南方

mu^{21} dʑy^{21}. | ȵi^{33} tsər^{21} dɯ^{33} ȵi^{33}, zɑ^{21} ȵi^{33} me^{33} ho^{33} gv̩^{33} lo^{21} nɯ^{33} khæ^{55}. mɯ^{33} ʐʅ^{21} ȵi^{33} me^{33} gv̩^{21}
在 二 十 一 日 娆星 太阳 北方 以 射 天 蛇 西方

dʑy^{21}. | ȵi^{33} tsər^{21} ȵi^{33} ȵi^{33}, zɑ^{21} he^{33} me^{33} y^{21} dzʅ^{21} tɯ^{33} nɯ^{33} khæ^{55}. | mɯ^{33} ʐʅ^{21} i^{33} tʂhʅ^{33} mu^{21}
在 二 十 二 日 娆星 月亮 羊 居 地 以 射 天 蛇 南方

dʑy^{21}. | ȵi^{33} tsər^{21} sʅ^{21} ȵi^{33}, he^{33} ko^{21} nɑ^{21} dʐʅ^{21} zɑ^{21} khɯ^{33} dzʅ^{21} tɯ^{33} nɯ^{33} khæ^{55}. mɯ^{33} ʐʅ^{21} ho^{33}
在 二 十 三 日 黑夜 时 娆星 狗 居 地 以 射 天 蛇

gv̩^{33} lo^{21} dʑy^{21}. | ȵi^{33} tsər^{21} lu^{33} ȵi^{33}, zɑ^{21} lɑ^{21} pɑ^{55} ȵi^{33} me^{33} gv̩^{21} nɯ^{33} khæ^{55}. mɯ^{33} ʐʅ^{21} ȵi^{33} me^{33}
北方 在 二 十 四 日 娆劳鲍 西方 以 射 天 蛇 东方

thv̩^{33} dʑy^{21}. | ȵi^{33} tsər^{21} uɑ^{33} ȵi^{33}, zɑ^{21} phər^{33} bər^{33}
在 二 十 五 日 娆星 降魔杵

天蛇在西方。十七日，娆劳鲍从西方射出。天蛇在北方。十八日，娆星像降魔杵一样从龙居地射出。天蛇在西方。十九日，娆星像半匹绸一样从牛居地射出。天蛇在牛居地。二十日，娆星像一匹绸一样从东方射出。天蛇在南方。二十一日，娆星像太阳一样明亮地从北方射出。天蛇在西方。二十二日，娆星像月亮一样亮地从羊居地射出。天蛇在南方。二十三日，在漆黑一团的夜里，娆星从狗居地射出。天蛇在北方。二十四日，娆劳鲍从西方射出。天蛇在东方。二十五日，娆星像降魔杵一样

561-L-30-26

ȵi^{33} me^{33} thv̩^{33} nɯ^{33} khæ^{55}. mɯ^{33} zʅ^{21} i^{33} tʂhʅ^{33} mu^{21} ʥy^{21}. | ȵi^{33} tsər^{21} tʂhuɑ^{55} ȵi^{33}, zɑ^{21} i^{33} pu^{33}
东方 以 射 天 蛇 南方 在 二 十 六 日 娆星 绸

kho^{33} lv̩^{21} dzɿ^{21} tɯ^{33} nɯ^{33} khæ^{55}. mɯ^{33} zʅ^{21} ȵi^{33} me^{33} gv̩^{21} ʥy^{21}. | ȵi^{33} tsər^{21} ʂər^{33} ȵi^{33}, zɑ^{21} i^{33} pu^{33}
半匹 龙 居 地 以 射 天 蛇 西方 在 二 十 七 日 娆星 绸

dɯ^{33} ɯ^{33} dzɿ^{21} tɯ^{33} nɯ^{33} khæ^{55}. mɯ^{33} zʅ^{21} ȵi^{33} me^{33} gv̩^{21} ʥy^{21}. | ȵi^{33} tsər^{21} ho^{55} ȵi^{33} , zɑ^{21} ȵi^{33}
一匹 牛 居 地 以 射 天 蛇 西方 在 二 十 八 日 娆星

me^{33} i^{33} tʂhʅ^{33} mu^{21} nɯ^{33} khæ^{55}. mɯ^{33} zʅ^{21} ȵi^{33} me^{33} gv̩^{21} ʥy^{21}. | ȵi^{33} tsər^{21} gv̩^{33} ȵi^{33}, zɑ^{21} he^{33} me^{33}
太阳 南方 以 射 天 蛇 西方 在 二 十 九 日 娆星 月亮

ho^{33} gv̩^{33} lo^{21} nɯ^{33} khæ^{55}. mɯ^{33} zʅ^{21} ȵi^{33} me^{33} thv̩^{33} ʥy^{21}. | nɑ^{33} tv̩^{21} ȵi^{33}, he^{33} ko^{21} nɑ^{21} dzʅ^{21} zɑ^{21}
北方 以 射 天 蛇 东方 在 三十 日 黑夜 时 娆星

y^{21} dzɿ^{21} tɯ^{33} nɯ^{33} khæ^{55}. | mɯ^{33} zʅ^{21} i^{33} tʂhʅ^{33} mu^{21} ʥy^{21}.
羊 居 地 以 射 天 蛇 南方 在

从东方射出。天蛇在南方。二十六日，娆星像半匹绸一样从龙居地射出。天蛇在西方。二十七日，娆星像一匹绸一样从牛居地射出。天蛇在西方。二十八日，娆星像太阳一样明亮地从南方射出。天蛇在西方。二十九日，娆星像月亮一样亮地从北方射出。天蛇在东方。三十日，在漆黑的夜里娆星从羊居地射出。天蛇在南方。

（翻译：王世英）

564-L-31-01

ə^{33} tshe^{33} zɑ^{21} tsɿ^{21} • mæ^{55} tʂu^{55}

占卜·算娆星·末本

564-L-31 占卜·算娆星·末本

【内容提要】

本卷记录有如下内容：
一、下半年七至十二月娆星的走向与天蛇在何方位。娆星不知为何种天象，故音译。
二、天鹰在一个月三十天中的飞向。
三、可在何日里纳财。
四、趣的走向，趣不知为何物而音译。出门远行不宜到趣所奔的方位去。
五、一至十二月里何属相日为厄日。
六、天狗在四季和九至十二月中从何方降到何方。

【英文提要】

The Divination. to Divine the Planet ʐa, the Last Volume

This book records the following parts:

First, it introduces the relation between the moving of planet ***ʐa*** and the ***Serpent*** in the second six months of the year. Here uses the transcription since the ***ʐa*** is an unknown celestial phenomenon.

Second, it introduces the moving of the ***Aquila*** in each day of a month.

Third, it introduces the certain day of colleting wealth.

Fourth, it introduces the moving of ***Tsɦy***, Here uses the transcription since the ***Tsɦy*** is unknown. It is inadvisable to go anywhere that ***Tsɦy*** heads for.

Fifth, it introduces the day of misfortune relates to the Chinese zodiac day in a year.

Sixth, it introduces the departure and destination of the ***Heavenly Hound*** during four seasons and from the ninth to twelfth months.

564-L-31-02

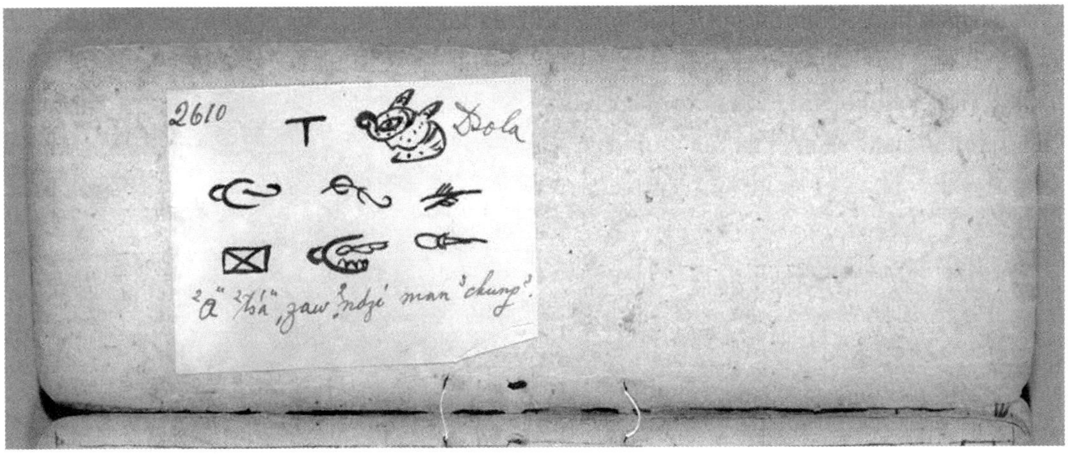

“2610”为洛克收藏纳西东巴古籍的序号。上方的两个东巴文为“ʦo^{55} lɑ^{33}”音译为“佐拉”。（洛克认为“佐拉”是“占卜类的总称”。有误，“佐拉”只是东巴占卜方法之一种。）中间的六个东巴文为书名之复写。下行的字母文字为洛克记下这六个东巴文之读音。左方上下两个东巴文“ə^{33} ʦhe^{33}”不知是何意。

564-L-31-03

sæ^{33} me^{33} he^{33}, he^{33} dɯ^{21}, ə^{55} y^{21} he^{33}. | he^{21} dɯ^{21} ȵi^{33} me^{33} gv̩^{21} ʥy^{21}. | ko^{21} ɕi^{33} he^{21} dɯ^{21}
七月 月 大 猴 月 神 大 西方 在 郭兴 神 大

y^{21} dzɿ^{21} tɯ^{33} ʥy^{21}. | to^{55} dʐu^{33} ɯ^{33} dzɿ^{21} tɯ^{33} ʥy^{21}. | ʦhe^{33} do^{21} dɯ^{33} ȵi^{33}, he^{33} ko^{21} nɑ^{21} dʐʅ^{21}
羊 居 地 在 垛鬼收债人 牛 居 地 在 月 见 一 日 黑夜 时

zɑ^{21} i^{33} ʦʂhʅ^{33} mu^{21} nɯ^{33} khæ^{55}. mɯ^{33} ʐʅ^{21} ȵi^{33} me^{33} gv̩^{21} ʥy^{21}. | ʦhe^{33} do^{21} ȵi^{33} ȵi^{33}, zɑ^{21} lɑ^{21} pɑ^{55}
娆星 南方 以 射 天 蛇 西方 在 月 见 二 日 娆劳鲍

y^{21} dzɿ^{21} tɯ^{33} nɯ^{33} khæ^{55}. mɯ^{33} ʐʅ^{21} ȵi^{33} me^{33} thv̩^{33} ʥy^{21}. | ʦhe^{33} do^{21} sɿ^{21} ȵi^{33}, zɑ^{21} phər^{33} bər^{33}
羊 居 地 以 射 天 蛇 东方 在 月 见 三 日 娆星 降魔杵

lv̩^{21} dzɿ^{21} tɯ^{33} nɯ^{33} khæ^{55}. mɯ^{33} ʐʅ^{21} i^{33} ʦʂhʅ^{33} mu^{21} ʥy^{21}. | ʦhe^{33} do^{21} lu^{33} ȵi^{33}, zɑ^{21} i^{33} pu^{33} kho^{33}
龙 居 地 以 射 天 蛇 南方 在 月 见 四 日 娆星 绸 半匹

ȵi^{33} me^{33} gv̩^{21} nɯ^{33} khæ^{55}. mɯ^{33} ʐʅ^{21} ho^{33} gv̩^{33} lo^{21} dʑy^{21}. | tshe^{33} do^{21} uɑ^{33} ȵi^{33}, zɑ^{21} i^{33} pu^{33} dɯ^{33}
西方 以 射 天 蛇 北方 在 月 见 五 日 娆星 绸 一匹

ȵi^{33} me^{33} thv̩^{33} nɯ^{33} khæ^{55}. mɯ^{33} ʐʅ^{21} i^{33} tʂhʅ^{33} mu^{21} dʑy^{21}.
东方 以 射 天 蛇 南方 在

七月，月大，为猴月。大神在西方。郭兴大神在羊居地（西南方）。垛鬼收债人在牛居地（东北方）。初一，在漆黑一团的夜里娆星从南方射出。天蛇在西方。初二，娆劳鲍从羊居地射出。天蛇在东方。初三，娆星像降魔杵一样从龙居地（东南方）射出。天蛇在南方。初四，娆星像半匹绸一样从西方射出。天蛇在北方。初五，娆星像一匹绸一样从东方射出。天蛇在南方。

564-L-31-04

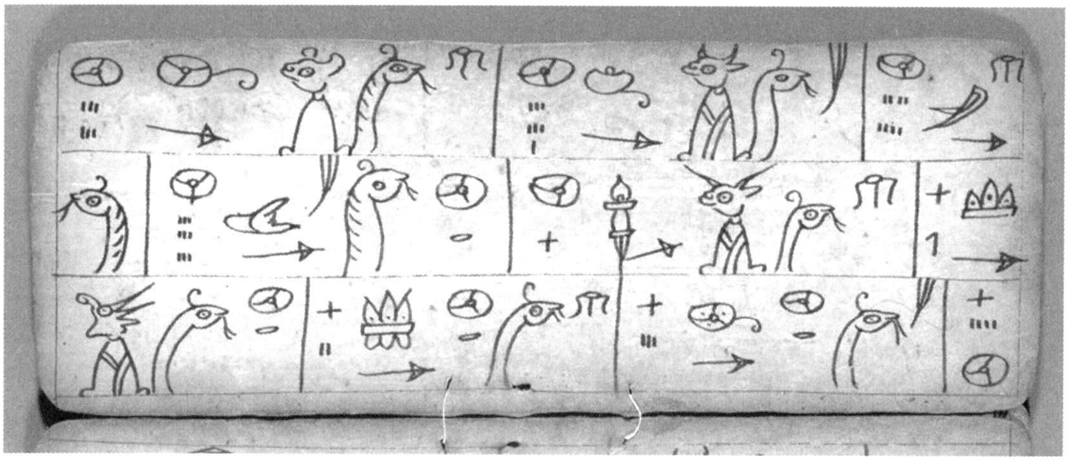

tshe^{33} do^{21} tʂhuɑ^{55} ȵi^{33}, zɑ^{21} ȵi^{33} me^{33} khɯ^{33} dzɿ^{21} tɯ^{33} nɯ^{33} khæ^{55}. mɯ^{33} ʐʅ^{21} ho^{33} gv̩^{33} lo^{21}dʑy^{21}. |
月 见 六 日 娆星 太阳 狗 居 地 以 射 天 蛇 北方 在

tshe^{33} do^{21} ʂər^{33} ȵi^{33}, zɑ^{21} he^{33} me^{33} ɯ^{33} dzɿ^{21} tɯ^{33} nɯ^{33} khæ^{55}. mɯ^{33} ʐʅ^{21} i^{33} tʂhʅ^{33} mu^{21} dʑy^{21}. |
月 见 七 日 娆星 月亮 牛 居 地 以 射 天 蛇 南方 在

tshe^{33} do^{21} ho^{55} ȵi^{33}, he^{33} ko^{21} nɑ^{21} dʐʅ^{21} zɑ^{21} ho^{33} gv̩^{33} lo^{21} nɯ^{33} khæ^{55}. mɯ^{33} ʐʅ^{21} ho^{33} gv̩^{33} lo^{21}
月 见 八 日 黑夜 时 娆星 北方 以 射 天 蛇 北方

dʑy^{21}. | tshe^{33} do^{21} gv̩^{33} ȵi^{33}, zɑ^{21} lɑ^{21} pɑ^{55} i^{33} tʂhʅ^{33} mu^{21} nɯ^{33} khæ^{55}. mɯ^{33} ʐʅ^{21} ȵi^{33} me^{33} gv̩^{21}
在 月 见 九 日 娆劳鲍 南方 以 射 天 蛇 西方

dʑy^{21}. | tshe^{33} do^{21} tshe^{21} ȵi^{33}, zɑ^{21} phər^{33} bər^{33} y^{21} dzɿ^{21} tɯ^{33} nɯ^{33} khæ^{55}. mɯ^{33} ʐʅ^{21} ho^{33} gv̩^{33} lo^{21}
在 月 见 十 日 娆星 降魔杵 羊 居 地 以 射 天 蛇 北方

dʑy^{21}. | tshe^{21} dɯ^{33} ȵi^{33}, zɑ^{21} i^{33} pu^{33} kho^{33} lv̩^{21} dzɿ^{21} tɯ^{33} nɯ^{33} khæ^{55}. mɯ^{33} ʐʅ^{21} ȵi^{33} me^{33} gv̩^{21}
在 十 一 日 娆星 绸 半匹 龙 居 地 以 射 天 蛇 西方

dʑy^{21}. | tshe^{21} ȵi^{33} ȵi^{33}, zɑ^{21} i^{33} pu^{33} dɯ^{33} ȵi^{33} me^{33} gv̩^{21} nɯ^{33} khæ^{55}. mɯ^{33} ʐʅ^{21} ho^{33} gv̩^{33} lo^{21}
在 十 二 日 娆星 绸 一匹 西方 以 射 天 蛇 北方

dʑy^{21}. | tshe^{33} sɿ^{21} ȵi^{33}, zɑ^{21} ȵi^{33} me^{33} ȵi^{33} me^{33} gv̩^{21} nɯ^{33} khæ^{55}. mɯ^{33} ʐʅ^{21} i^{33} tʂhʅ^{33} mu^{21} dʑy^{21}. |
在 十 三 日 娆星 太阳 西方 以 射 天 蛇 南方 在

tshe^{21} lu^{33} ȵi^{33},
十 四 日

初六，娆星像太阳一样明亮地从狗居地（西北方）射出。天蛇在北方。初七，娆星像月亮一样亮地从牛居地射出。天蛇在南方。初八，在漆黑一团的夜里娆星从北方射出。天蛇在北方。初九，娆劳鲍从南方射出。天蛇在西方。初十，娆星像降魔杵一样从羊居地射出。天蛇在北方。十一日，娆星像半匹绸一样从龙居地射出。天蛇在西方。十二日，娆星像一匹绸一样从西方射出。天蛇在北方。十三日，娆星像太阳一样明亮地从西方射出。天蛇在南方。十四日，

564-L-31-05

zɑ^{21} he^{33} me^{33} hɯ^{21} dɯ^{21} gɯ^{33} me^{33} khɯ^{33} dzɿ^{21} tɯ^{33} nɯ^{33} khæ^{55}. mɯ^{33} ʐʅ^{21} ȵi^{33} me^{33} gv̩^{21} dʑy^{21}. |
娆星 月亮 雨 大 下 的 狗 居 地 以 射 天 蛇 西方 在

tshe^{21} uɑ^{33} ȵi^{33}, he^{33} ko^{21} nɑ^{21} dzʅ^{21} zɑ^{21} ɯ^{33} dzɿ^{21} tɯ^{33} nɯ^{33} khæ^{55}. mɯ^{33} ʐʅ^{21} ho^{33} gv̩^{33} lo^{21} dʑy^{21}. |
十 五 日 黑夜 时 娆星 牛 居 地 以 射 天 蛇 北方 在

tshe^{21} tʂhuɑ^{55} ȵi^{33}, zɑ^{21} lɑ^{21} pɑ^{55} ho^{33} gv̩^{33} lo^{21} nɯ^{33} khæ^{55}. mɯ^{33} ʐʅ^{21} ȵi^{33} me^{33} gv̩^{21} dʑy^{21}. | tshe^{21}
十 六 日 娆劳鲍 北方 以 射 天 蛇 西方 在 十

ʂər^{33} ȵi^{33}, zɑ^{33} phər^{33} bər^{33} i^{33} tʂhʅ^{33} mu^{21} nɯ^{33} khæ^{55}. mɯ^{33} ʐʅ^{21} ȵi^{33} me^{33} gv̩^{21} dʑy^{21}. | tshe^{21} ho^{55}
七 日 娆星 降魔杵 南方 以 射 天 蛇 西方 在 十 八

ȵi^{33}, zɑ^{21} i^{33} pu^{33} kho^{33} y^{21} dzɿ^{21} tɯ^{33} nɯ^{33} khæ^{55}. mɯ^{33} ʐʅ^{21} ȵi^{33} me^{33} gv̩^{21} dʑy^{21}. | tshe^{21} gv̩^{33} ȵi^{33},
日 娆星 绸 半匹 羊 居 地 以 射 天 蛇 西方 在 十 九 日

zɑ^{21} i^{33} pu^{33} dɯ^{33} hɯ^{21} gɯ^{33} dʐʅ^{21} ȵi^{33} me^{33} thɣ̩^{33} nɯ^{33} khæ^{55}. mɯ^{33} zʅ^{21} ho^{33} gɣ̩^{33} lo^{21} ʥy^{21}. ｜ȵi^{33}
娆星 绸 一匹 雨 下 时 东方 以 射 天 蛇 北方 在 二

tsər^{21} ȵi^{33}, zɑ^{21} ȵi^{33} me^{33} ȵi^{33} me^{33} gɣ̩^{21}nɯ^{33} khæ^{55}. mɯ^{33} zʅ^{21} ȵi^{33} me^{33} gɣ̩^{21} ʥy^{21}. ｜ȵi^{33} tsər^{21} dɯ^{33}
十 日 娆星 太阳 西方 以 射 天 蛇 西方 在 二 十 一

ȵi^{33}, zɑ^{21} he^{33} me^{33} ȵi^{33} me^{33} thɣ̩^{33} nɯ^{33} khæ^{55}.
日 娆星 月亮 东方 以 射

娆星像月亮一样亮地在大雨中从狗居地射出。天蛇在西方。十五日，在漆黑一团的夜里娆星从牛居地射出。天蛇在北方。十六日，娆劳鲍从北方射出。天蛇在西方。十七日，娆星像降魔杵一样从南方射出。天蛇在西方。十八日，娆星像半匹绸一样从羊居地射出。天蛇在西方。十九日，娆星像一匹绸一样在雨中从东方射出。天蛇在北方。二十日，娆星像太阳一样明亮地从西方射出。天蛇在西方。二十一日，娆星像月亮一样亮地从东方射出。

564-L-31-06

mɯ^{33} kə^{55} sʅ^{21}① ȵi^{33} me^{33} thɣ̩^{33} nɯ^{33} dzi^{21}. ｜ȵi^{33} tsər^{21} ȵi^{33} ȵi^{33}, he^{33} ko^{21} nɑ^{21} dʐʅ^{21} zɑ^{21} khɯ^{33}
天 鹰 东方 以 飞 二 十 二 日 黑夜 时 娆星 狗

dzʅ^{21} tɯ^{33} nɯ^{33} khæ^{55}. mɯ^{33} zʅ^{21} ȵi^{33} me^{33} gɣ̩^{21} ʥy^{21}. ｜ȵi^{33} tsər^{21} sʅ^{21} ȵi^{33}, zɑ^{21} lɑ^{21} pɑ^{55} ɯ^{33} dzʅ^{21}
居 地 以 射 天 蛇 西方 在 二 十 三 日 娆劳鲍 牛 居

tɯ^{33} nɯ^{33} khæ^{55}. mɯ^{33} zʅ^{21} ȵi^{33} me^{33} gɣ̩^{21} ʥy^{21}. ｜ȵi^{33} tsər^{21} lu^{33} ȵi^{33}, zɑ^{21} phər^{33} bər^{33} ho^{33} gɣ̩^{33}
地 以 射 天 蛇 西方 在 二 十 四 日 娆星 降魔杵 北方

lo^{21} nɯ^{33} khæ^{55}. mɯ^{33} zʅ^{21} ȵi^{33} me^{33} gɣ̩^{21} ʥy^{21}. ｜ȵi^{33} tsər^{21} uɑ^{33} ȵi^{33}, zɑ^{21} i^{33} pu^{33} kho^{33} i^{33} tʂhʅ^{33}
以 射 天 蛇 西方 在 二 十 五 日 娆星 绸 半匹 南方

mu^{21} nɯ^{33} khæ^{55}. mɯ^{33} zʅ^{21} ȵi^{33} me^{33} gɣ̩^{21} ʥy^{21}. ｜ȵi^{33} tsər^{21} tʂhuɑ^{55} ȵi^{33}, zɑ^{21} i^{33} pu^{33} dɯ^{33} y^{21}
以 射 天 蛇 西方 在 二 十 六 日 娆星 绸 一匹 羊

① mɯ^{33} kə^{55} sʅ^{21}，“mɯ^{33} kə^{55}”（天鹰）在前六个月中未出现，后文亦少出现，“sʅ^{21}”与前后文无法连读成句，存疑。此处未写“天蛇”在何方位。

dzɿ21 tɯ33 nɯ33 khæ55. mɯ33 ʐʅ21 khɯ33 dzɿ21 tɯ33 dʑy21. | ȵi33 tsər21 ʂər33 ȵi33, zɑ21 ȵi33 me33 lʋ21
居 地 以 射 天 蛇 狗 居 地 在 二 十 七 日 娆星 太阳 龙

dzɿ21 tɯ33 nɯ33 khæ55. mɯ33 ʐʅ21 ho33 gʋ33 lo21 dʑy21. | ȵi33 tsər21 ho55 ȵi33, zɑ21 he33 me33 ȵi33 me33
居 地 以 射 天 蛇 北方 在 二 十 八 日 娆星 月亮 西方

gʋ21 nɯ33 khæ55. mɯ33 ʐʅ21 i33 tʂhʅ33 mu21 dʑy21.
以 射 天 蛇 南方 在

天鹰在东方飞翔。二十二日，在漆黑一团的夜里娆星从狗居地射出。天蛇在西方。二十三日，娆劳鲍从牛居地射出。天蛇在西方。二十四日，娆星像降魔杵一样从北方射出。天蛇在西方。二十五日，娆星像半匹绸一样从南方射出。天蛇在西方。二十六日，娆星像一匹绸一样从羊居地射出。天蛇在狗居地。二十七日，娆星像太阳一样明亮地从龙居地射出。天蛇在北方。二十八日，娆星像月亮一样亮地从西方射出。天蛇在南方。

564-L-31-07

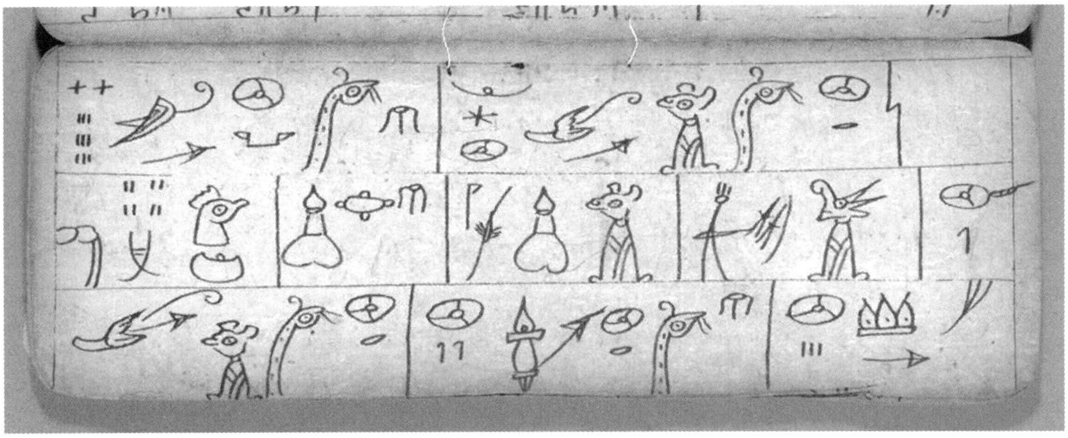

ȵi33 tsər21 gʋ33 ȵi33, he33 ko21 nɑ21 dzʅ21 zɑ21 ȵi33 me33 thʋ33 nɯ33 khæ55. mɯ33 ʐʅ21 ho33 gʋ33 lo21
二 十 九 日 黑夜 时 娆星 东方 以 射 天 蛇 北方

dʑy21. | nɑ33 tʋ21 ȵi33, zɑ21 lɑ21 pɑ55 khɯ33 dzɿ21 tɯ33 nɯ33 khæ55. mɯ33 ʐʅ21 ȵi33 me33 gʋ21 dʑy21. |
在 三十 日 娆劳鲍 狗 居 地 以 射 天 蛇 西方 在

huɑ55 me33 he33, æ21 he33. | he21 dɯ21 ho33 gʋ33 lo21 dʑy21. | ko21 ɕi33 he21 dɯ21 khɯ33 dzɿ21 tɯ33
八月 鸡 月 神 大 北方 在 郭兴 神 大 狗 居 地

dʑy21. | to55 dʐu33 lʋ21 dzɿ21 tɯ33 dʑy21. | tshe33 do21 dɯ33 ȵi33, zɑ21 lɑ21 pɑ55 khɯ33 dzɿ21 tɯ33
在 垛鬼 收债人 龙 居 地 在 月 见 一 日 娆劳鲍 狗 居 地

nɯ33 khæ55. mɯ33 ʐʅ21 ȵi33 me33 gʋ21 dʑy21. | tshe33 do21 ȵi33 ȵi33, zɑ21 phər33 bər33 ȵi33 me33 gʋ21
以 射 天 蛇 西方 在 月 见 二 日 娆星 降魔杵 西方

nɯ33 khæ55. mɯ33 ʐʅ21 ho33 gv̩33 lo21 ʥy21. | tshe33 do21 sɿ21 ȵi33, zɑ21 i33 pu33 kho33 i33 tʂhʅ33 mu21
以 射 天 蛇 北方 在 月 见 三 日 娆星 绸 半匹 南方

nɯ33 khæ55.
以 射

二十九日，在漆黑一团的夜里娆星从东方射出。天蛇在北方。三十日，娆劳鲍从狗居地射出。天蛇在西方。

八月，为鸡月。大神在北方。郭兴大神在狗居地。垛鬼的收债人在龙居地。初一，娆劳鲍从狗居地射出。天蛇在西方。初二，娆星像降魔杵一样从西方射出。天蛇在北方。初三，娆星像半匹绸一样从南方射出。

564-L-31-08

mɯ33 ʐʅ21 ȵi33 me33 gv̩21 ʥy21. | tshe33 do21 lu33 ȵi33, zɑ21 i33 pu33 dɯ33 y21 dzɿ21 tɯ33 nɯ33 khæ55.
天 蛇 西方 在 月 见 四 日 娆星 绸 一匹 羊 居 地 以 射

mɯ33 ʐʅ21 ȵi33 me33 gv̩21 ʥy21. | tshe33 do21 uɑ33 ȵi33, zɑ21 ȵi33 me33 ho33 gv̩33 lo21 nɯ33 khæ55.
天 蛇 西方 在 月 见 五 日 娆星 太阳 北方 以 射

mɯ33 ʐʅ21 ȵi33 me33 gv̩21 ʥy21. | tshe33 do21 tʂhuɑ55 ȵi33, zɑ21 he33 me33 i33 tʂhʅ33 mu21 nɯ33 khæ55.
天 蛇 西方 在 月 见 六 日 娆星 月亮 南方 以 射

mɯ33 ʐʅ21 ȵi33 me33 thv̩33 ʥy21. | tshe33 do21 ʂər33 ȵi33, he33 ko21 nɑ21 dzʅ21 zɑ21 ɯ33 dzɿ21 tɯ33 nɯ33
天 蛇 东方 在 月 见 七 日 黑夜 时 娆 牛 居 地 以

khæ55. mɯ33 ʐʅ21 i33 tʂhʅ33 mu21 ʥy21. | tshe33 do21 ho55 ȵi33, zɑ21 lɑ21 pɑ55 lv̩21 dzɿ21 tɯ33 nɯ33
射 天 蛇 南方 在 月 见 八 日 娆劳鲍 龙 居 地 以

khæ55.① | tshe33 do21 gv̩33 ȵi33, zɑ21 phər33 bər33 ȵi33 me33 gv̩21 nɯ33 khæ55. mɯ33 ʐʅ21 i33 tʂhʅ33 mu21
射 月 见 九 日 娆 降魔杵 西方 以 射 天 蛇 南方

① 此句未言明“天蛇”在何方。

ʥy^{21}. | tshe^{33} do^{21} tshe^{21} ȵi^{33}, zɑ^{21} i^{33} pu^{33} kho^{33} ȵi^{33} me^{33} uə^{21} khɯ^{33} dzʅ^{21} tɯ^{33} nɯ^{33} khæ^{55}. mɯ^{33}
在 月 见 十 日 娆星 绸 半匹 太阳 似 狗 居 地 以 射 天

zʅ^{21} ho^{33} gv̩^{33} lo^{21} ʥy^{21}. mɯ^{33} nɯ^{33} hɯ^{21} gɯ^{33}. | tshe^{21} dɯ^{33} ȵi^{33}, zɑ^{21} i^{33} pu^{33} dɯ^{33} y^{21} dzʅ^{21} tɯ^{33}
蛇 北方 在 天 以 雨 下 十 一 日 娆星 绸 一匹 羊 居 地

nɯ^{33} khæ^{55}.
以 射

天蛇在西方。初四，娆星像一匹绸一样从羊居地射出。天蛇在西方。初五，娆星像太阳一样明亮地从北方射出。天蛇在西方。初六，娆星像月亮一样亮地从南方射出。天蛇在东方。初七，在漆黑一团的夜里娆星从牛居地射出。天蛇在南方。初八，娆劳鲍从龙居地射出。初九，娆星像降魔杵一样从西方射出。天蛇在南方。初十，娆星像半匹绸一样又似太阳一样明亮地从狗居地射出。天蛇在北方。天会下雨。十一日，娆星像一匹绸一样从羊居地射出。

564-L-31-09

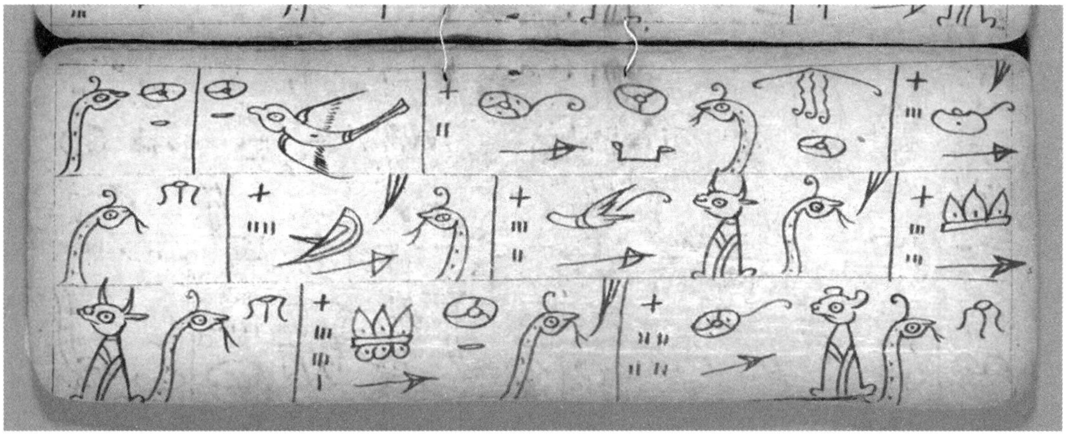

mɯ^{33} zʅ^{21} ȵi^{33} me^{33} gv̩^{21} ʥy^{21}. | mɯ^{33} uə^{21} ȵi^{33} me^{33} gv̩^{21} nɯ^{33} dzi^{21}. | tshe^{21} ȵi^{33} ȵi^{33}, zɑ^{21} ȵi^{33}
天 蛇 西方 在 天 鹰 西方 以 飞 十 二 日 娆星 太阳

me^{33} ȵi^{33} me^{33} thv̩^{33} nɯ^{33} khæ^{55}. mɯ^{33} zʅ^{21} ȵi^{33} me^{33} thv̩^{33} ʥy^{21}. mɯ^{33} nɯ^{33} hɯ^{21} gɯ^{33}. | tshe^{33} sʅ^{21}
东方 以 射 天 蛇 东方 在 天 以 雨 下 十 三

ȵi^{33}, zɑ^{21} he^{33} me^{33} i^{33} tʂhʅ^{33} mu^{21} nɯ^{33} khæ^{55}. mɯ^{33} zʅ^{21} ho^{33} gv̩^{33} lo^{21} ʥy^{21}. | tshe^{21} lu^{33} ȵi^{33}, he^{33}
日 娆星 月亮 南方 以 射 天 蛇 北方 在 十 四 日 黑夜

ko^{21} nɑ^{21} dzʅ^{21} zɑ^{21} i^{33} tʂhʅ^{33} mu^{21} nɯ^{33} khæ^{55}. mɯ^{33} zʅ^{21} i^{33} tʂhʅ^{33} mu^{21} ʥy^{21}. | tshe^{21} uɑ^{33} ȵi^{33}, zɑ^{21}
时 娆星 南方 以 射 天 蛇 南方 在 十 五 日

lɑ^{21} pɑ^{55} ɯ^{33} dzʅ^{21} tɯ^{33} nɯ^{33} khæ^{55}. mɯ^{33} zʅ^{21} i^{33} tʂhʅ^{33} mu^{21} ʥy^{21}. | tshe^{21} tʂhuɑ^{55} ȵi^{33}, zɑ^{21} i^{33} pu^{33}
娆劳鲍 牛 居 地 以 射 天 蛇 南方 在 十 六 日 娆星 绸

kho^{33} ɯ^{33} dzɿ^{21} tɯ^{33} nɯ^{33} khæ^{55}. mɯ^{33} ʐʅ^{21} ho^{33} gv̩^{33} lo^{21} ʥy^{21}. | tshe^{21} ʂər^{33} ȵi^{33}, zɑ^{21} i^{33} pu^{33} dɯ^{33}
半匹 牛 居 地 以 射 天 蛇 北方 在 十 七 日 娆星 绸 一匹

ȵi^{33} me^{33} gv̩^{21} nɯ^{33} khæ^{55}. mɯ^{33} ʐʅ^{21} i^{33} tʂhʅ^{33} mu^{21} ʥy^{21}. | tshe^{21} ho^{55} ȵi^{33}, zɑ^{21} ȵi^{33} me^{33} khɯ^{33}
西方 以 射 天 蛇 南方 在 十 八 日 娆星 太阳 狗

dzɿ^{21} tɯ^{33} nɯ^{33} khæ^{55}. mɯ^{33} ʐʅ^{21} ho^{55} gv̩^{33} lo^{21} ʥy^{21}.
居 地 以 射 天 蛇 北方 在

天蛇在西方。天鹰在西方飞翔。十二日，娆星像太阳一样明亮地从东方射出。天蛇在东方。天会下雨。十三日，娆星像月亮一样亮地从南方射出。天蛇在北方。十四日，在漆黑一团的夜里娆星从南方射出。天蛇在南方。十五日，娆劳鲍从牛居地射出。天蛇在南方。十六日，娆星像半匹绸一样从牛居地射出。天蛇在北方。十七日，娆星像一匹绸一样从西方射出。天蛇在南方。十八日，娆星像太阳一样明亮地从狗居地射出。天蛇在北方。

564-L-31-10

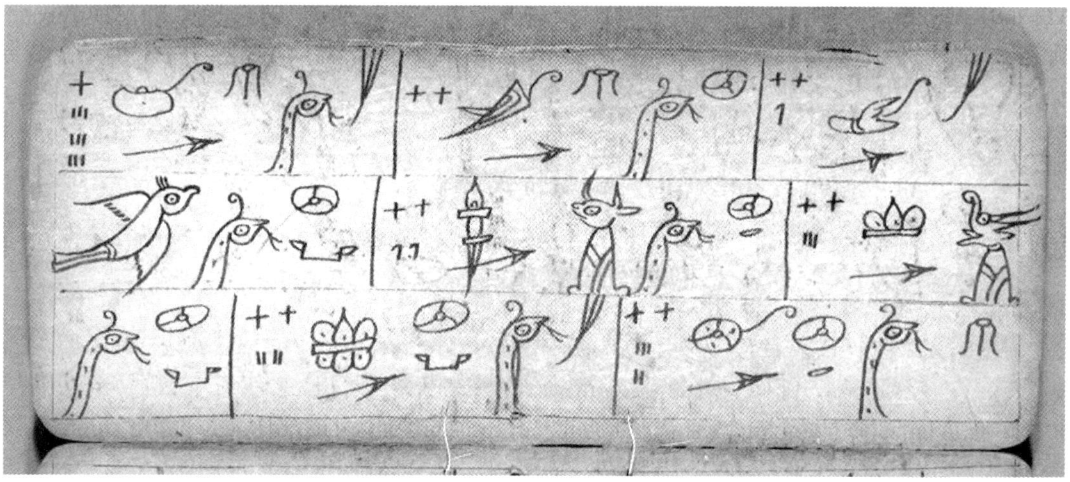

tshe^{21} gv̩^{33} ȵi^{33}, zɑ^{21} he^{33} me^{33} ho^{33} gv̩^{33} lo^{21} nɯ^{33} khæ^{55}. mɯ^{33} ʐʅ^{21} i^{33} tʂhʅ^{33} mu^{21} ʥy^{21}. | ȵi^{33} tsər^{21}
十 九 日 娆星 月亮 北方 以 射 天 蛇 南方 在 二 十

ȵi^{33}, he^{33} ko^{21} nɑ^{21} dʐʅ^{21} zɑ^{21} ho^{33} gv̩^{33} lo^{21} nɯ^{33} khæ^{55}. mɯ^{33} ʐʅ^{21} ȵi^{33} me^{33} gv̩^{21} ʥy^{21}. | ȵi^{33} tsər^{21}
日 黑夜 时 娆星 北方 以 射 天 蛇 西方 在 二 十

dɯ^{33} ȵi^{33}, zɑ^{21} lɑ^{21} pɑ^{55} i^{33} tʂhʅ^{33} mu^{21} nɯ^{33} khæ^{55}. mɯ^{33} kə^{55} ȵi^{33} me^{33} thv̩^{33} nɯ^{33} dzi^{21}. mɯ^{33} ʐʅ^{21}
一 日 娆劳鲍 南方 以 射 天 鹰 东方 以 飞 天 蛇

ȵi^{33} me^{33} thv̩^{33} ʥy^{21}. | ȵi^{33} tsər^{21} ȵi^{33} ȵi^{33}, zɑ^{21} phər^{33} bər^{33} ɯ^{33} dzɿ^{21} tɯ^{33} nɯ^{33} khæ^{55}. mɯ^{33} ʐʅ^{21}
东方 在 二 十 二 日 娆星 降魔杵 牛 居 地 以 射 天 蛇

ȵi^{33} me^{33} gv̩^{21} ʥy^{21}. | ȵi^{33} tsər^{21} sɿ^{21} ȵi^{33}, zɑ^{21} i^{33} pu^{33} kho^{33} lv̩^{21} dzɿ^{21} tɯ^{33} nɯ^{33} khæ^{55}. mɯ^{33} ʐʅ^{21}
西方 在 二 十 三 日 娆星 绸 半匹 龙 居 地 以 射 天 蛇

ȵi^{33} me^{33} thv̩^{33} dʑy^{21}. | ȵi^{33} tsər^{21} lu^{33} ȵi^{33}, zɑ^{21} i^{33} pu^{33} dɯ^{33} ȵi^{33} me^{33} thv̩^{33} nɯ^{33} khæ^{55}. mɯ^{33} ʐʅ^{21}

东方 在 二 十 四 日 娆星 绸 一匹 东方 以 射 天 蛇

i^{33} tʂhʅ^{33} mu^{21} dʑy^{21}. | ȵi^{33} tsər^{21} uɑ^{33} ȵi^{33}, zɑ^{21} ȵi^{33} me^{33} ȵi^{33} me^{33} gv̩^{21} nɯ^{33} khæ^{55}. mɯ^{33} ʐʅ^{21} ho^{33}

南方 在 二 十 五 日 娆星 太阳 西方 以 射 天 蛇

gv̩^{33} lo^{21} dʑy^{21}.

北方 在

十九日，娆星像月亮一样亮地从北方射出。天蛇在南方。二十日，在漆黑一团的夜里娆星从北方射出。天蛇在西方。二十一日，娆劳鲍从南方射出。天鹰在东方飞。天蛇在东方。二十二日，娆星像降魔杵一样从牛居地射出。天蛇在西方。二十三日，娆星像半匹绸一样从龙居地射出。天蛇在东方。二十四日，娆星像一匹绸一样从东方射出。天蛇在南方。二十五日，娆星像太阳一样明亮地从西方射出。天蛇在北方。

564-L-31-11

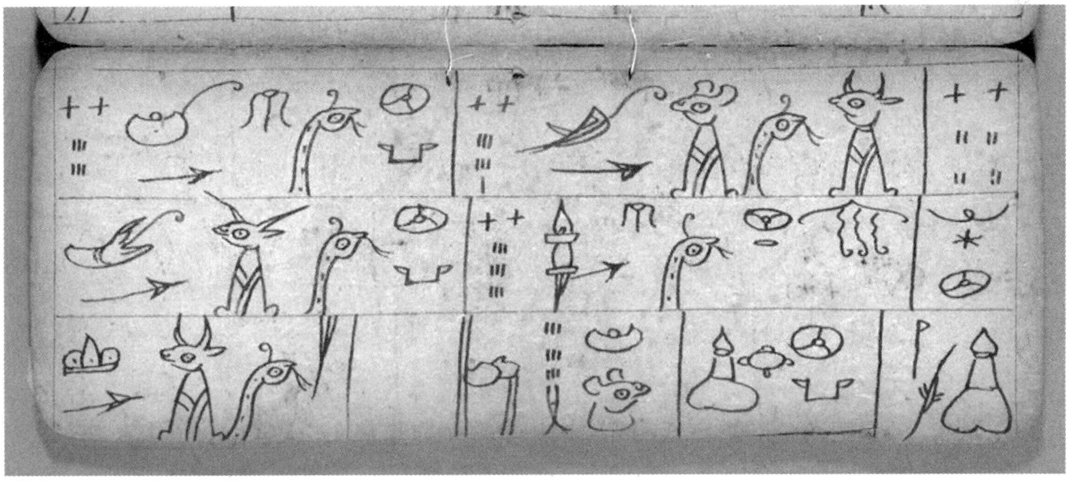

ȵi^{33} tsər^{21} tʂhuɑ^{55} ȵi^{33}, zɑ^{21} he^{33} me^{33} ho^{33} gv̩^{33} lo^{21} nɯ^{33} khæ^{55}. mɯ^{33} ʐʅ^{21} ȵi^{33} me^{33} thv̩^{33} dʑy^{21}. |

二 十 六 日 娆星 月亮 北方 以 射 天 蛇 东方 在

ȵi^{33} tsər^{21} ʂər^{33} ȵi^{33}, he^{33} ko^{21} nɑ^{21} dʐʅ^{21} zɑ^{21} khɯ^{33} dzʅ^{21} tɯ^{33} nɯ^{33} khæ^{55}. mɯ^{33} ʐʅ^{21} ɯ^{33} dzʅ^{21} tɯ^{33}

二 十 七 日 黑夜 时 娆星 狗 居 地 以 射 天 蛇 牛 居 地

dʑy^{21}. | ȵi^{33} tsər^{21} ho^{55} ȵi^{33}, zɑ^{21} lɑ^{21} pɑ^{55} y^{21} dzʅ^{21} tɯ^{33} nɯ^{33} khæ^{55}. mɯ^{33} ʐʅ^{21} ȵi^{33} me^{33} thv̩^{33}

在 二 十 八 日 娆劳鲍 羊 居 地 以 射 天 蛇 东方

dʑy^{21}. | ȵi^{33} tsər^{21} gv̩^{33} ȵi^{33}, zɑ^{33} phər^{33} bər^{33} ho^{33} gv̩^{33} lo^{21} nɯ^{33} khæ^{55}. mɯ^{33} ʐʅ^{21} ȵi^{33} me^{33} gv̩^{21}

在 二 十 九 日 娆星 降魔杵 北方 以 射 天 蛇 西方

dʑy^{21}. mɯ^{33} nɯ^{33} hɯ^{21} gɯ^{33}. | nɑ^{33} tv̩^{21} ȵi^{33}, zɑ^{21} i^{33} pu^{33} kho^{33} ɯ^{33} dzʅ^{21} tɯ^{33} nɯ^{33} khæ^{55}. mɯ^{33}

在 天 以 雨 下 三十 日 娆星 绸 半匹 牛 居 地 以 射 天

ʐʅ^{21} i^{33} tʂhʅ^{33} mu^{21} dʑy^{21}. | guə^{33} me^{33} he^{33}, khɯ^{33} he^{33}. | he^{21} dɯ^{21} ȵi^{33} me^{33} thy̩^{33} dʑy^{21}. | ko^{21}
蛇 南方 在 九月 狗 月 神 大 东方 在 郭兴

ɕi^{33} he^{21} dɯ^{21}
神 大

二十六日，娆星像月亮一样亮地从北方射出。天蛇在东方。二十七日，在漆黑一团的夜里，娆星从狗居地射出。天蛇在牛居地。二十八日，娆劳鲍从羊居地射出。天蛇在东方。二十九日，娆星像降魔杵一样从北方射出。天蛇在西方。天会下雨。三十日，娆星像半匹绸一样从牛居地射出。天蛇在南方。

九月，为狗月。大神在东方，郭兴大神

564-L-31-12

ɯ^{33} dzʅ^{21} tɯ^{33} dʑy^{21}. | to^{55} dʐu^{33} y^{21} dzʅ^{21} tɯ^{33} dʑy^{21}. | tshe^{33} do^{21} dɯ^{33} ȵi^{33}, zɑ^{21} i^{33} pu^{33} dɯ^{33}
牛 居 地 在 垛鬼 收债人 羊 居 地 在 月 见 一 日 娆星 绸 一匹

ho^{33} gy̩^{33} lo^{21} nɯ^{33} khæ^{55}. mɯ^{33} kə^{55} ho^{33} gy̩^{33} lo^{21} nɯ^{33} dzi^{21}. | mɯ^{33} ʐʅ^{21} ȵi^{33} me^{33} thy̩^{33} dʑy^{21}. |
北方 以 射 天 鹰 北方 以 飞 天 蛇 东方 在

tshe^{33} do^{21} ȵi^{33} ȵi^{33}, zɑ^{21} ɕo^{33} lo^{21} khɯ^{33} dzʅ^{21} tɯ^{33} nɯ^{33} khæ^{55}. mɯ^{33} ʐʅ^{21} i^{33} tʂhʅ^{33} mu^{21} dʑy^{21}. |
月 见 二 日 娆星 珊瑚 狗 居 地 以 射 天 蛇 南方 在

tshe^{33} do^{21} sʅ^{21} ȵi^{33}, zɑ^{21} ȵi^{33} me^{33} ho^{33} gy̩^{33} lo^{21} nɯ^{33} khæ^{55}. mɯ^{33} ʐʅ^{21} ho^{33} gy̩^{33} lo^{21} dʑy^{21}. | tshe^{33}
月 见 三 日 娆星 太阳 北方 以 射 天 蛇 北方 在 月

do^{21} lu^{33} ȵi^{33}, zɑ^{21} he^{33} me^{33} ho^{33} gy̩^{33} lo^{21} nɯ^{33} khæ^{55}. mɯ^{33} ʐʅ^{21} ȵi^{33} me^{33} thy̩^{33} dʑy^{21}. | tshe^{33} do^{21}
见 四 日 娆星 月亮 北方 以 射 天 蛇 东方 在 月 见

uɑ^{33} ȵi^{33}, he^{33} ko^{21} nɑ^{21} dʐʅ^{21} zɑ^{21} mi^{33} mɑ^{21} i^{33} tʂhʅ^{33} mu^{21}, ɯ^{33} dzʅ^{21} tɯ^{33} nɯ^{33} khæ^{55}. mɯ^{33} ʐʅ^{21} ȵi^{33}
五 日 黑夜 时 娆米麻 南方 牛 居 地 以 射 天 蛇

me^{33} gy̩^{21}、i^{33} tʂhʅ^{33} mu^{21} dʑy^{21}. | tshe^{33} do^{21} tʂhuɑ^{55} ȵi^{33}, zɑ^{21} lɑ^{21} pɑ^{55} ɯ^{33} dzɿ^{21} tɯ^{33} nɯ^{33} khæ^{55}.
西方 南方 在 月 见 六 日 娆劳鲍 牛 居 地 以 射

在牛居地。垛鬼的收债人在羊居地。初一，娆星像一匹绸一样从北方射出。天鹰在北方飞。天蛇在东方。初二，娆星像珊瑚①一样从狗居地射出。天蛇在南方。初三，娆星像太阳一样明亮地从北方射出。天蛇在北方。初四，娆星像月亮一样亮地从北方射出。天蛇在东方。初五，娆米麻从南方、从牛居地射出。天蛇在西方和南方②。初六，娆劳鲍从牛居地射出。

564-L-31-13

mɯ^{33} zʅ^{21} i^{33} tʂhʅ^{33} mu^{21} dʑy^{21}. | tshe^{33} do^{21} ʂər^{33} ȵi^{33}, zɑ^{21} phər^{33} bər^{33} ly̩^{21} dzɿ^{21} tɯ^{33} nɯ^{33} khæ^{55}.
天 蛇 南方 在 月 见 七 日 娆星 降魔杵 龙 居 地 以 射

mɯ^{33} zʅ^{21} ho^{33} gy̩^{33} lo^{21} dʑy^{21}. | tshe^{33} do^{21} ho^{55} ȵi^{33}, zɑ^{21} ȵi^{33} me^{33} ȵi^{33} me^{33} thy̩^{33} nɯ^{33} khæ^{55}.
天 蛇 北方 在 月 见 八 日 娆星 太阳 东方 以 射

mɯ^{33} zʅ^{21} ȵi^{33} me^{33} gy̩^{21} dʑy^{21}. | tshe^{33} do^{21} gy̩^{33} ȵi^{33}, zɑ^{21} he^{33} me^{33} ȵi^{33} me^{33} gy̩^{21} nɯ^{33} khæ^{55}.
天 蛇 西方 在 月 见 九 日 娆星 月亮 西方 以 射

mɯ^{33} zʅ^{21} ȵi^{33} me^{33} gy̩^{21} dʑy^{21}. | tshe^{33} do^{21} tshe^{21} ȵi^{33}, zɑ^{21} i^{33} pu^{33} kho^{33} khɯ^{33} dzɿ^{21} tɯ^{33} nɯ^{33}
天 蛇 西方 在 月 见 十 日 娆星 绸 半匹 狗 居 地 以

khæ^{55}. mɯ^{33} zʅ^{21} ȵi^{33} me^{33} thy̩^{33} dʑy^{21}. mɯ^{33} nɯ^{33} hɯ^{21} gɯ^{33}. | tshe^{21} dɯ^{33} ȵi^{33}, zɑ^{21} i^{33} pu^{33} dɯ^{33}
射 天 蛇 东方 在 天 以 雨 下 十 一 日 娆星 绸 一匹

y^{21} dzɿ^{21} tɯ^{33} nɯ^{33} khæ^{55}. mɯ^{33} zʅ^{21} ȵi^{33} me^{33} gy̩^{21} dʑy^{21}. | tshe^{21} ȵi^{33} ȵi^{33}, he^{33} ko^{21} nɑ^{21} dzʅ^{21} zɑ^{21}
羊 居 地 以 射 天 蛇 西方 在 十 二 日 黑夜 时 娆

ho^{33} gy̩^{33} lo^{21} nɯ^{33} khæ^{55}. mɯ^{33} zʅ^{21} i^{33} tʂhʅ^{33} mu^{21} dʑy^{21}. | mɯ^{33} nɯ^{33} hɯ^{21} gɯ^{33}. | tshe^{33} sɿ^{21}
北方 以 射 天 蛇 南方 在 天 以 雨 下 十 三

① 娆星像珊瑚，此种说法在他处未见，疑误。

② 此句的娆星从两个方位射出，天蛇亦在两个方位，此说法只在此处出现，疑误。

ȵi^{33}, zɑ^{21} lɑ^{21} pɑ^{55} i^{33} tʂhʅ^{33} mu^{21} nɯ^{33} khæ^{55}. mɯ^{33} zʅ^{21} i^{33} tʂhʅ^{33} mu^{21} ʥy^{21}.
日 娆劳鲍 南方 以 射 天 蛇 南方 在

天蛇在南方。初七，娆星像降魔杵一样从龙居地射出。天蛇在北方。初八，娆星像太阳一样明亮地从东方射出。天蛇在西方。初九，娆星像月亮一样亮地从西方射出。天蛇在西方。初十，娆星像半匹绸一样从狗居地射出。天蛇在东方。天会下雨。十一日，娆星像一匹绸一样从羊居地射出。天蛇在西方。十二日，在漆黑一团的夜里，娆星从北方射出。天蛇在南方。天会下雨。十三日，娆劳鲍从南方射出。天蛇在南方。

564-L-31-14

tshe^{21} lu^{33} ȵi^{33}, zɑ^{21} phər^{33} bər^{33} ȵi^{33} me^{33} gv̩^{21} nɯ^{33} khæ^{55}. mɯ^{33} zʅ^{21} i^{33} tʂhʅ^{33} mu^{21} ʥy^{21}. | tshe^{21}
十 四 日 娆星 降魔杵 西方 以 射 天 蛇 南方 有 十

uɑ^{33} ȵi^{33}, zɑ^{21} i^{33} pu^{33} kho^{33} i^{33} tʂhʅ^{33} mu^{21} nɯ^{33} khæ^{55}. mɯ^{33} zʅ^{21} ȵi^{33} me^{33} thv̩^{33} ʥy^{21}. | tshe^{21}
五 日 娆星 绸 半匹 南方 以 射 天 蛇 东方 在 十

tʂhuɑ^{55} ȵi^{33}, zɑ^{21} ȵi^{33} me^{33} ȵi^{33} me^{33} gv̩^{21} nɯ^{33} khæ^{55}. mɯ^{33} zʅ^{21} ȵi^{33} me^{33} thv̩^{33} ʥy^{21}. | tshe^{21} ʂər^{33}
六 日 娆星 太阳 西方 以 射 天 蛇 东方 在 十 七

ȵi^{33}, zɑ^{21} he^{33} me^{33} y^{21} dzʅ^{21} tɯ^{33} nɯ^{33} khæ^{55}. mɯ^{33} zʅ^{21} ho^{33} gv̩^{33} lo^{21} ʥy^{21}. | tshe^{21} ho^{55} ȵi^{33}, zɑ^{21}
日 娆星 月亮 羊 居 地 以 射 天 蛇 北方 在 十 八 日 娆星

i^{33} pu^{33} dɯ^{33} ho^{33} gv̩^{33} lo^{21} nɯ^{33} khæ^{55}. mɯ^{33} zʅ^{21} i^{33} tʂhʅ^{33} mu^{21} ʥy^{21}. | tshe^{21} gv̩^{33} ȵi^{33}, he^{33} ko^{21}
绸 一匹 北方 以 射 天 蛇 南方 在 十 九 日 黑夜

nɑ^{21} dzʅ^{21} zɑ^{21} ɯ^{33} dzʅ^{21} tɯ^{33} nɯ^{33} khæ^{55}. mɯ^{33} zʅ^{21} ho^{33} gv̩^{33} lo^{21} ʥy^{21}. | ȵi^{33} tsər^{21} ȵi^{33}, zɑ^{21} lɑ^{21}
时 娆 牛 居 地 以 射 天 蛇 北方 在 二 十 日 娆劳鲍

pɑ^{55} i^{33} tʂhʅ^{33} mu^{21} nɯ^{33} khæ^{55}. mɯ^{33} zʅ^{21} i^{33} tʂhʅ^{33} mu^{21} ʥy^{21}. | ȵi^{33} tsər^{21} dɯ^{33} ȵi^{33}, zɑ^{21} phər^{33}
南方 以 射 天 蛇 南方 在 二 十 一 日 娆星 降魔杵

bər^{33} ȵi^{33} me^{33} thy̩^{33} nɯ^{33} khæ^{55}. mɯ^{33} ʐʅ^{21} ho^{33} gy̩^{33} lo^{21} dʑy^{21}. | ȵi^{33} tsər^{21} ȵi^{33} ȵi^{33}, zɑ^{21} ȵi^{33} me^{33}
东方 以 射 天 蛇 北方 在 二 十 二 日 娆星 太阳

ȵi^{33} me^{33} gy̩^{21} nɯ^{33} khæ^{55}.
西方 以 射

十四日，娆星像降魔杵一样从西方射出。天蛇在南方。十五日，娆星像半匹绸一样从南方射出。天蛇在东方。十六日，娆星像太阳一样明亮地从西方射出。天蛇在东方。十七日，娆星像月亮一样亮地从羊居地射出。天蛇在北方。十八日，娆星像一匹绸一样从北方射出①。天蛇在南方。十九日，在漆黑一团的夜里，娆星从牛居地射出。天蛇在北方。二十日，娆劳鲍从南方射出。天蛇在南方。二十一日，娆星像降魔杵一样从东方射出。天蛇在北方。二十二日，娆星像太阳一样明亮地从西方射出。

564-L-31-15

mɯ^{33} ʐʅ^{21} ȵi^{33} me^{33} thy̩^{33} dʑy^{21}. | ȵi^{33} tsər^{21} sʅ^{21} ȵi^{33}, zɑ^{21} he^{33} me^{33} ly̩^{21} dzʅ^{21} tɯ^{33} nɯ^{33} khæ^{55}.
天 蛇 东方 在 二 十 三 日 娆星 月亮 龙 居 地 以 射

mɯ^{33} ʐʅ^{21} ȵi^{33} me^{33} gy̩^{21} dʑy^{21}. | ȵi^{33} tsər^{21} lu^{33} ȵi^{33}, zɑ^{21} i^{33} pu^{33} kho^{33} y^{21} dzʅ^{21} tɯ^{33} nɯ^{33} khæ^{55}.
天 蛇 西方 在 二 十 四 日 娆星 绸 半匹 羊 居 地 以 射

mɯ^{33} ʐʅ^{21} i^{33} tʂhʅ^{33} mu^{21} dʑy^{21}. | ȵi^{33} tsər^{21} uɑ^{33} ȵi^{33}, zɑ^{21} i^{33} pu^{33} dɯ^{33} i^{33} tʂhʅ^{33} mu^{21} nɯ^{33} khæ^{55}.
天 蛇 南方 在 二 十 五 日 娆星 绸 一匹 南方 以 射

mɯ^{33} ʐʅ^{21} ȵi^{33} me^{33} gy̩^{21} dʑy^{21}. | ȵi^{33} tsər^{21} tʂhuɑ^{55} ȵi^{33}, he^{33} ko^{21} nɑ^{21} dzʅ^{21} zɑ^{21} ho^{33} gy̩^{33} lo^{21} nɯ^{33}
天 蛇 西方 在 二 十 六 日 黑夜 时 娆星 北方 以

khæ^{55}. mɯ^{33} ʐʅ^{21} i^{33} tʂhʅ^{33} mu^{21} dʑy^{21}. | ȵi^{33} tsər^{21} ʂər^{33} ȵi^{33}, zɑ^{21} lɑ^{21} pɑ^{55} ɯ^{33} dzʅ^{21} tɯ^{33} nɯ^{33}
射 天 蛇 南方 在 二 十 七 日 娆劳鲍 牛 居 地 以

① 从全书来看，各种娆星的射出似有序，“像半匹绸一样的娆星”之后似有笔误，此娆星的射出日期似应在“十六日”。

khæ^{55}. mɯ^{33} ʐʅ^{21} ȵi^{33} me^{33} thɣ^{33} dʑy^{21}. | ȵi^{33} tsər^{21} ho^{55} ȵi^{33}, zɑ^{21} phər^{33} bər^{33} khɯ^{33} dzʅ^{21} tɯ^{33} nɯ^{33}
射 天 蛇 东方 在 二 十 八 日 娆星 降魔杵 狗 居 地 以

khæ^{55}. mɯ^{33} ʐʅ^{21} i^{33} tʂhʅ^{33} mu^{21} dʑy^{21}. | ȵi^{33} tsər^{21} gɣ^{33} ȵi^{33}, zɑ^{21} ȵi^{33} me^{33} | ȵi^{33} me^{33} thɣ^{33} nɯ^{33}
射 天 蛇 南方 在 二 十 九 日 娆星 太阳 东方 以

khæ^{55}. mɯ^{33} ʐʅ^{21} ho^{33} gɣ^{33} lo^{21} dʑy^{21}.
射 天 蛇 北方 在

天蛇在东方。二十三日，娆星像月亮一样亮地从龙居地射出。天蛇在西方。二十四日，娆星像半匹绸一样从羊居地射出。天蛇在南方。二十五日，娆星像一匹绸一样从南方射出。天蛇在西方。二十六日，在漆黑一团的夜里，娆星从北方射出。天蛇在南方。二十七日，娆劳鲍从牛居地射出。天蛇在东方。二十八日，娆星像降魔杵一样从狗居地射出。天蛇在南方。二十九日，娆星像太阳一样明亮地从东方射出。天蛇在北方。

564-L-31-16

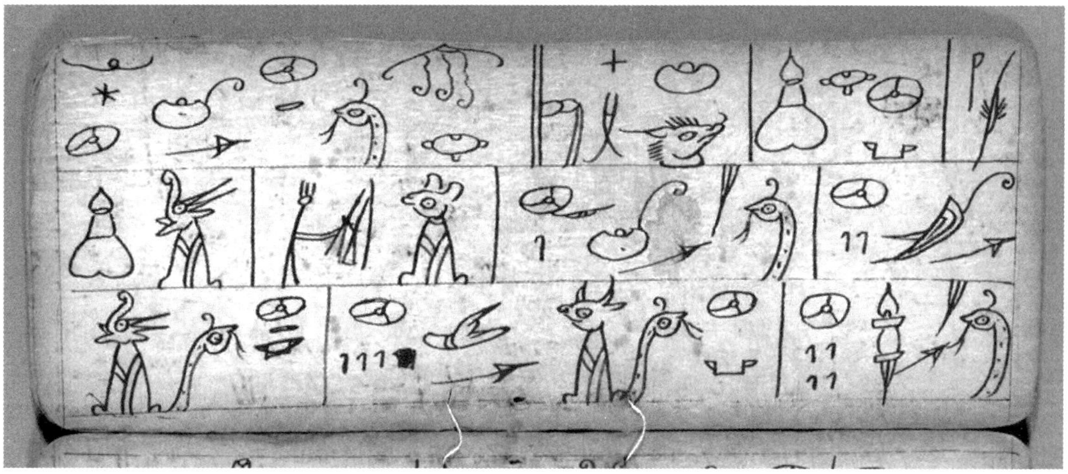

nɑ^{33} tɣ^{21} ȵi^{33}, zɑ^{21} he^{33} me^{33} ȵi^{33} me^{33} gɣ^{21} nɯ^{33} khæ^{55}. mɯ^{33} ʐʅ^{21} ȵi^{33} me^{33} gɣ^{21} dʑy^{21}. mɯ^{33} nɯ^{33}
三十 日 娆星 月亮 西方 以 射 天 蛇 西方 在 天 以

hɯ^{21} dɯ^{21} gɯ^{33}. | tshe^{21} me^{33} he^{33}, bu^{21} he^{33}. | he^{21} dɯ^{21} ȵi^{33} me^{33} thɣ^{33} dʑy^{21}. | ko^{21} ɕi^{33} he^{21}
雨 大 下 十月 猪 月 神 大 东方 在 郭兴 神

dɯ^{21} lɣ^{21} dzʅ^{21} tɯ^{33} dʑy^{21}. | to^{55} dʐu^{33} khɯ^{33} dzʅ^{21} tɯ^{33} dʑy^{21}. | tshe^{33} do^{21} dɯ^{33} ȵi^{33}, zɑ^{21} he^{33}
大 龙 居 地 在 垛鬼 收债人 狗 居 地 在 月 见 一 日 娆星 月亮

me^{33} i^{33} tʂhʅ^{33} mu^{21} nɯ^{33} khæ^{55}. mɯ^{33} ʐʅ^{21} i^{33} tʂhʅ^{33} mu^{21} dʑy^{21}. | tshe^{33} do^{21} ȵi^{33} ȵi^{33}, he^{33} ko^{21} nɑ^{21}
南方 以 射 天 蛇 南方 在 月 见 二 日 黑夜

dʐʅ^{21} zɑ^{21} lɣ^{21} dzʅ^{21} tɯ^{33} nɯ^{33} khæ^{55}. mɯ^{33} ʐʅ^{21} ȵi^{33} me^{33} gɣ^{21} dʑy^{21}. | tshe^{33} do^{21} sʅ^{21} ȵi^{33}, zɑ^{21} lɑ^{21}
时 娆星龙 居 地 以 射 天 蛇 西方 在 月 见 三 日 娆劳鲍

pɑ55 ɯ33 dzɿ21 tɯ33 nɯ33 khæ55. mɯ33 zʅ21 ȵi33 me33 thy̩33 ʥy21. | tshe33 do21 lu33 ȵi33, zɑ21 phər33
牛 居 地 以 射 天 蛇 东方 在 月 见 四 日 娆星降魔杵

bər33 i33 tʂhʅ33 mu21 nɯ33 khæ55. mɯ33 zʅ21 i33 tʂhʅ33 mu21 ʥy21.
南方 以 射 天 蛇 南方 在

三十日，娆星像月亮一样亮地从西方射出。天蛇在西方。天会下大雨。

十月，为猪月。大神在东方。郭兴大神在龙居地。垛鬼的收债人在狗居地。初一，娆星像月亮一样亮地从南方射出。天蛇在南方。初二，在漆黑一团的夜里，娆星从龙居地射出。天蛇在西方。初三，娆劳鲍从牛居地射出。天蛇在东方。初四，娆星像降魔杵一样从南方射出。天蛇在南方。

564-L-31-17

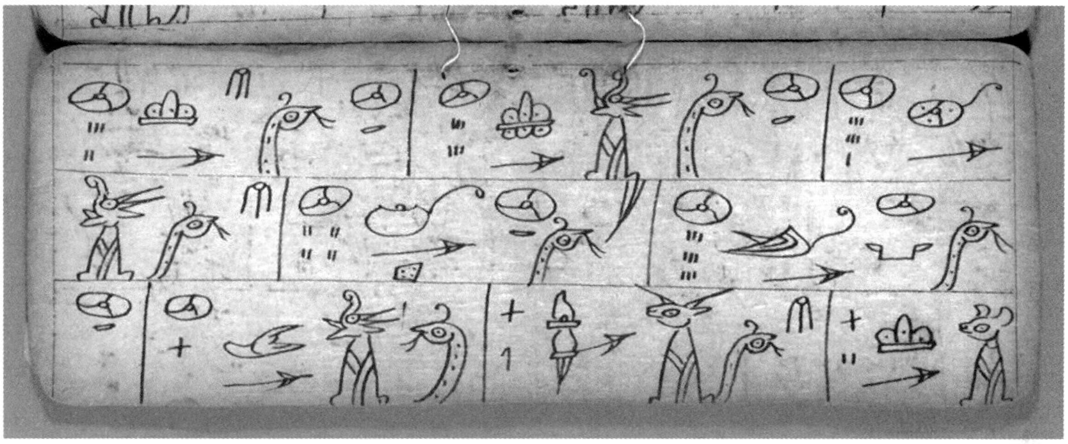

tshe33 do21 uɑ33 ȵi33, zɑ21 i33 pu33 kho33 ho33 gy̩33 lo21 nɯ33 khæ55. mɯ33 zʅ21 ȵi33 me33 gy̩21 ʥy21. |
月 见 五 日 娆星 绸 半匹 北方 以 射 天 蛇 西方 在

tshe33 do21 tʂhuɑ55 ȵi33, zɑ21 i33 pu33 dɯ33 ly̩21 dzɿ21 tɯ33 nɯ33 khæ55. mɯ33 zʅ21 ȵi33 me33 gy̩21
月 见 六 日 娆星 绸 一匹 龙 居 地 以 射 天 蛇 西方

ʥy21. | tshe33 do21 ʂər33 ȵi33, zɑ21 ȵi33 me33 ly̩21 dzɿ21 tɯ33 nɯ33 khæ55. mɯ33 zʅ21 ho33 gy̩33 lo21
在 月 见 七 日 娆星 太阳 龙 居 地 以 射 天 蛇 北方

ʥy21. | tshe33 do21 ho55 ȵi33, zɑ21 he33 me33 sɿ21① ȵi33 me33 gy̩21 nɯ33 khæ55. mɯ33 zʅ21 i33 tʂhʅ33
在 月 见 八 日 娆星 月亮 西方 以 射 天 蛇 南方

mu21 ʥy21. | tshe33 do21 gy̩33 ȵi33, he33 ko21 nɑ21 dzʅ21 zɑ21 ȵi33 me33 thy̩33 nɯ33 khæ55. mɯ33 zʅ21
在 月 见 九 日 黑夜 时 娆星 东方 以 射 天 蛇

ȵi33 me33 gy̩21 ʥy21. | tshe33 do21 tshe21 ȵi33, zɑ21 lɑ21 pɑ55 ly̩21 dzɿ21 tɯ33 nɯ33 khæ55. mɯ33 zʅ21 ly̩21
西方 在 月 见 十 日 娆劳鲍 龙 居 地 以 射 天 蛇 龙

① sɿ21，此字符无法与其他字符连读成句，存疑。

dzɿ^{21} tɯ^{33} dʑy^{21}. | tshe^{21} dɯ^{33} ȵi^{33}, zɑ^{21} phər^{33} bər^{33} y^{21} dzɿ^{21} tɯ^{33} nɯ^{33} khæ^{55}. mɯ^{33} ʐʅ^{21} ho^{33} gv̩^{33}
居 地 在 十 一 日 娆星 降魔杵 羊 居 地 以 射 天 蛇 北方

lo^{21} dʑy^{21}. | tshe^{21} ȵi^{33} ȵi^{33}, zɑ^{21} i^{33} pu^{33} kho^{33} khɯ^{33} dzɿ^{21} tɯ^{33} nɯ^{33} khæ^{55}.
在 十 二 日 娆星 绸 半匹 狗 居 地 以 射

初五，娆星像半匹绸一样从北方射出。天蛇在西方。初六，娆星像一匹绸一样从龙居地射出。天蛇在西方。初七，娆星像太阳一样明亮地从龙居地射出。天蛇在北方。初八，娆星像月亮一样亮地从西方射出。天蛇在南方。初九，在漆黑一团的夜里，娆星从东方射出。天蛇在西方。初十，娆劳鲍从龙居地射出。天蛇在龙居地。十一日，娆星像降魔杵一样从羊居地射出。天蛇在北方。十二日，娆星像半匹绸一样从狗居地射出。

564-L-31-18

mɯ^{33} ʐʅ^{21} ȵi^{33} me^{33} gv̩^{21} dʑy^{21}. | tshe^{33} sɿ^{21} ȵi^{33}, zɑ^{21} i^{33} pu^{33} dɯ^{33} i^{33} tʂhʅ^{33} mu^{21} nɯ^{33} khæ^{55}. mɯ^{33}
天 蛇 西方 在 十 三 日 娆星 绸 一匹 南方 以 射 天

ʐʅ^{21} ȵi^{33} me^{33} thv̩^{33} dʑy^{21}. | tshe^{21} lu^{33} ȵi^{33}, zɑ^{21} ȵi^{33} me^{33} ho^{33} gv̩^{33} lo^{21} nɯ^{33} khæ^{55}. mɯ^{33} ʐʅ^{21} ho^{33}
蛇 东方 在 十 四 日 娆星 太阳 北方 以 射 天 蛇

gv̩^{33} lo^{21} dʑy^{21}. | tshe^{21} uɑ^{33} ȵi^{33}, zɑ^{21} he^{33} me^{33} y^{21} dzɿ^{21} tɯ^{33} nɯ^{33} khæ^{55}. mɯ^{33} ʐʅ^{21} ȵi^{33} me^{33} thv̩^{33}
北方 在 十 五 日 娆星 月亮 羊 居 地 以 射 天 蛇 东方

dʑy^{21}. | tshe^{21} tʂhuɑ^{55} ȵi^{33}, he^{33} ko^{21} nɑ^{21} dzʅ^{21} zɑ^{21} khɯ^{33} dzɿ^{21} tɯ^{33} nɯ^{33} khæ^{55}. mɯ^{33} ʐʅ^{21} ho^{33}
在 十 六 日 黑夜 时 娆星 狗 居 地 以 射 天 蛇

gv̩^{33} lo^{21} dʑy^{21}. | tshe^{21} ʂər^{33} ȵi^{33}, zɑ^{21} lɑ^{21} pɑ^{55} ȵi^{33} me^{33} gv̩^{21} nɯ^{33} khæ^{55}. mɯ^{33} ʐʅ^{21} i^{33} tʂhʅ^{33} mu^{21}
北方 在 十 七 日 娆劳鲍 西方 以 射 天 蛇 南方

dʑy^{21}. mɯ^{33} nɯ^{33} hɯ^{21} gɯ^{33}. | tshe^{21} ho^{55} ȵi^{33}, zɑ^{21} phər^{33} bər^{33} ȵi^{33} me^{33} thv̩^{33} nɯ^{33} khæ^{55}. mɯ^{33}
在 天 以 雨 下 十 八 日 娆星 降魔杵 东方 以 射 天

zʅ^{21} ho^{33} gv̩^{33} lo^{21} dʑy^{21}. | tshe^{21} gv̩^{33} ȵi^{33}, zɑ^{21} i^{33} pu^{33} kho^{33} lv̩^{21} dzɿ^{21} tɯ^{33} nɯ^{33} khæ^{55}. mɯ^{33} zʅ^{21}
蛇 北方 在 十 九 日 娆星 绸 半匹 龙 居 地 以 射 天 蛇

ho^{33} gv̩^{33} lo^{21} dʑy^{21}. | ȵi^{33} tsər^{21} ȵi^{33}, zɑ^{21} i^{33} pu^{33} dɯ^{33} ɯ^{33} dzɿ^{21} tɯ^{33} nɯ^{33} khæ^{55}. mɯ^{33} zʅ^{21} i^{33}
北方 在 二 十 日 娆星 绸 一匹 牛 居 地 以 射 天 蛇

tʂhʅ^{33} mu^{21} dʑy^{21}.
南方 在

天蛇在西方。十三日，娆星像一匹绸一样从南方射出。天蛇在东方。十四日，娆星像太阳一样明亮地从北方射出。天蛇在北方。十五日，娆星像月亮一样亮地从羊居地射出。天蛇在东方。十六日，在漆黑一团的夜里，娆星从狗居地射出。天蛇在北方。十七日，娆劳鲍从西方射出。天蛇在南方。天会下雨。十八口，娆星像降魔杵一样从东方射出。天蛇在北方。十九日，娆星像半匹绸一样从龙居地射出。天蛇在北方。二十日，娆星像一匹绸一样从牛居地射出。天蛇在南方。

564-L-31-19

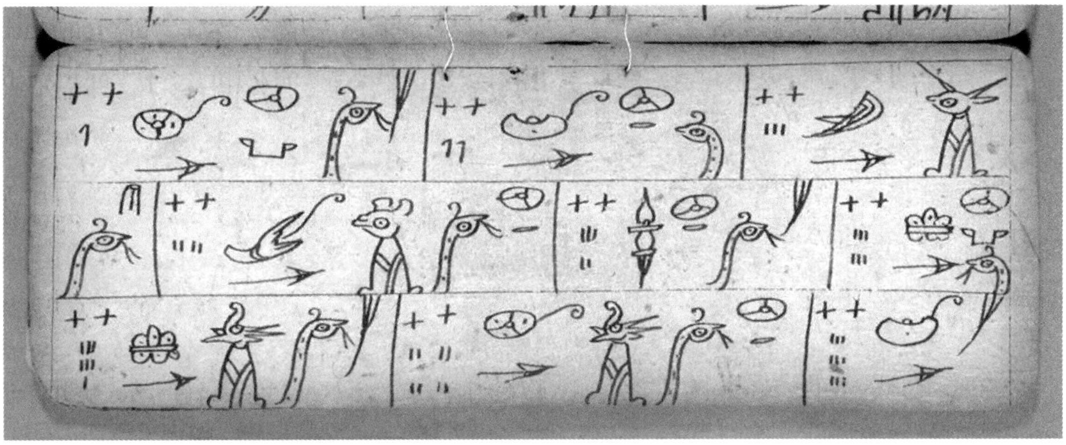

ȵi^{33} tsər^{21} dɯ^{33} ȵi^{33}, zɑ^{21} ȵi^{33} me^{33} ȵi^{33} me^{33} thv̩^{33} nɯ^{33} khæ^{55}. mɯ^{33} zʅ^{21} i^{33} tʂhʅ^{33} mu^{21} dʑy^{21}. | ȵi^{33}
二 十 一 日 娆星 太阳 东方 以 射 天 蛇 南方 在 二

tsər^{21} ȵi^{33} ȵi^{33}, zɑ^{21} he^{33} me^{33} ȵi^{33} me^{33} gv̩^{21} nɯ^{33} khæ^{55}. mɯ^{33} zʅ^{21} ȵi^{33} me^{33} gv̩^{21} dʑy^{21}. | ȵi^{33} tsər^{21}
十 二 日 娆星 月亮 西方 以 射 天 蛇 西方 在 二 十

sɿ^{21} ȵi^{33}, he^{33} ko^{21} nɑ^{21} dzʅ^{21} zɑ^{21} y^{21} dzɿ^{21} tɯ^{33} nɯ^{33} khæ^{55}. mɯ^{33} zʅ^{21} ho^{33} gv̩^{33} lo^{21} dʑy^{21}. | ȵi^{33}
三 日 黑夜 时 娆星 羊 居 地 从 射 天 蛇 北方 在 二

tsər^{21} lu^{33} ȵi^{33}, zɑ^{21} lɑ^{21} pɑ^{55} khɯ^{33} dzɿ^{21} tɯ^{33} nɯ^{33} khæ^{55}. mɯ^{33} zʅ^{21} ȵi^{33} me^{33} gv̩^{21} dʑy^{21}. | ȵi^{33}
十 四 日 娆劳鲍 狗 居 地 以 射 天 蛇 西方 在 二

tsər^{21} uɑ^{33} ȵi^{33}, zɑ^{21} phər^{33} bər^{33} ȵi^{33} me^{33} gv̩^{21} nɯ^{33} khæ^{55}. mɯ^{33} zʅ^{21} i^{33} tʂhʅ^{33} mu^{21} dʑy^{21}. | ȵi^{33}
十 五 日 娆星 降魔杵 西方 以 射 天 蛇 南方 在 二

tsər^{21} tʂhuɑ^{55} ȵi^{33}, zɑ^{21} i^{33} pu^{33} kho^{33} ȵi^{33} me^{33} thy̩^{33} nɯ^{33} khæ^{55}. mɯ^{33} zʅ^{21} ȵi^{33} me^{33} thy̩^{33} dʑy^{21}. |
十 六 日 娆星 绸 半匹 东方 以 射 天 蛇 东方 在

ȵi^{33} tsər^{21} ʂər^{33} ȵi^{33}, zɑ^{21} i^{33} pu^{33} dɯ^{33} ly̩^{21} dzʅ^{21} tɯ^{33} nɯ^{33} khæ^{55}. mɯ^{33} zʅ^{21} i^{33} tʂhʅ^{33} mu^{21} dʑy^{21}. |
二 十 七 日 娆星 绸 一匹 龙 居 地 以 射 天 蛇 南方 在

ȵi^{33} tsər^{21} ho^{55} ȵi^{33}, zɑ^{21} ȵi^{33} me^{33} ly̩^{21} dzʅ^{21} tɯ^{33} nɯ^{33} khæ^{55}. mɯ^{33} zʅ^{21} ȵi^{33} me^{33} gy̩^{21} dʑy^{21}. | ȵi^{33}
二 十 八 日 娆星 太阳 龙 居 地 以 射 天 蛇 西方 在 二

tsər^{21} gy̩^{33} ȵi^{33}, zɑ^{21} he^{33} me^{33} i^{33} tʂhʅ^{33} mu^{21} nɯ^{33} khæ^{55}.
十 九 日 娆星 月亮 南方 以 射

二十一日，娆星像太阳一样明亮地从东方射出。天蛇在南方。二十二日，娆星像月亮一样亮地从西方射出。天蛇在西方。二十三日，在漆黑一团的夜里，娆星从羊居地射出。天蛇在北方。二十四日，娆劳鲍从狗居地射出。天蛇在西方。二十五日，娆星像降魔杵一样从西方射出。天蛇在南方。二十六日，娆星像半匹绸一样从东方射出。天蛇在东方。二十七日，娆星像一匹绸一样从龙居地射出。天蛇在南方。二十八日，娆星像太阳一样明亮地从龙居地射出。天蛇在西方。二十九日，娆星像月亮一样亮地从南方射出。

564-L-31-20

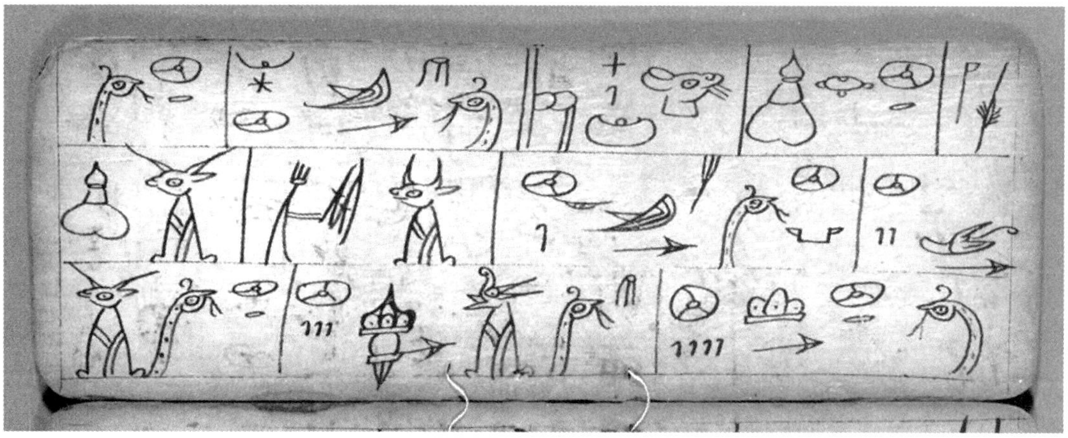

mɯ^{33} zʅ^{21} ȵi^{33} me^{33} gy̩^{21} dʑy^{21}. | nɑ^{33} ty̩^{21} ȵi^{33}, he^{33} ko^{21} nɑ^{21} dzʅ^{21} zɑ^{21} ho^{33} gy̩^{33} lo^{21} nɯ^{33} khæ^{55}.
天 蛇 西方 在 三十 日 黑夜 时 娆星 北方 以 射

mɯ^{33} zʅ^{21} ho^{33} gy̩^{33} lo^{21} dʑy^{21}. | tshe^{21} də^{33} he^{33}, fy̩^{55} he^{33}. | he^{21} dɯ^{21} ȵi^{33} me^{33} gy̩^{21} dʑy^{21}. | ko^{21}
天 蛇 北方 在 十一月 鼠 月 神 大 西方 在 郭兴

ɕi^{33} he^{21} dɯ^{21} y^{21} dzʅ^{21} tɯ^{33} dʑy^{21}. | to^{55} dzu̩^{33} ɯ^{33} dzʅ^{21} tɯ^{33} dʑy^{21}. | tshe^{33} do^{21} dɯ^{33} ȵi^{33}, he^{33}
神 大 羊 居 地 在 垛鬼 收债人 牛 居 地 在 月 见 一日

ko^{21} nɑ^{21} dzʅ^{21} zɑ^{21} i^{33} tʂhʅ^{33} mu^{21} nɯ^{33} khæ^{55}. mɯ^{33} zʅ^{21} ȵi^{33} me^{33} thy̩^{33} dʑy^{21}. | tshe^{33} do^{21} ȵi^{33}
黑夜 时 娆星 南方 以 射 天 蛇 东方 在 月 见 二

ȵi^{33}, zɑ^{21} lɑ^{21} pɑ^{55} y^{21} dzʅ^{21} tɯ^{33} nɯ^{33} khæ^{55}. mɯ^{33} ʐʅ^{21} ȵi^{33} me^{33} gv̩^{21} ʥy^{21}. | tshe^{33} do^{21} sʅ^{21} ȵi^{33},
日 娆劳鲍 羊 居 地 以 射 天 蛇 西方 在 月 见 三 日

zɑ^{21} phər^{33} bər^{33} lv̩^{21} dzʅ^{21} tɯ^{33} nɯ^{33} khæ^{55}. mɯ^{33} ʐʅ^{21} ho^{33} gv̩^{33} lo^{21} ʥy^{21}. | tshe^{33} do^{21} lu^{33} ȵi^{33},
娆星 降魔杵 龙 居 地 以 射 天 蛇 北方 在 月 见 四 日

zɑ^{21} i^{33} pu^{33} kho^{33} ȵi^{33} me^{33} gv̩^{21} nɯ^{33} khæ^{55}. mɯ^{33} ʐʅ^{21} ȵi^{33} me^{33} gv̩^{21} ʥy^{21}.
娆星 绸 半匹 西方 以 射 天 蛇 西方 在

天蛇在西方。三十日，在漆黑一团的夜里，娆星从北方射出。天蛇在北方。

十一月，为鼠月。大神在西方。郭兴大神在羊居地。垛鬼的收债人在牛居地。初一，在漆黑一团的夜里，娆星从南方射出。天蛇在东方。初二，娆劳鲍从羊居地射出。天蛇在西方。初三，娆星像降魔杵一样从龙居地射出。天蛇在北方。初四，娆星像半匹绸一样从西方射出。天蛇在西方。

564-L-31-21

tshe^{33} do^{21} uɑ^{33} ȵi^{33}, zɑ^{21} i^{33} pu^{33} dɯ^{33} ȵi^{33} me^{33} thv̩^{33} nɯ^{33} khæ^{55}. mɯ^{33} ʐʅ^{21} ȵi^{33}me^{33} thv̩^{33} ʥy^{21}. |
月 见 五 日 娆星 绸 一匹 东方 以 射 天 蛇 东方 在

tshe^{33} do^{21} tʂhuɑ^{55} ȵi^{33}, zɑ^{21} ȵi^{33} me^{33} khɯ^{33} dzʅ^{21} tɯ^{33} nɯ^{33} khæ^{55}. mɯ^{33} ʐʅ^{21} khɯ^{33} dzʅ^{21} tɯ^{33}
月 见 六 日 娆星 太阳 狗 居 地 以 射 天 蛇 狗 居 地

ʥy^{21}. | tshe^{33} do^{21} ʂər^{33} ȵi^{33}, zɑ^{21} he^{33} me^{33} ɯ^{33} dzʅ^{21} tɯ^{33} nɯ^{33} khæ^{55}. mɯ^{33} ʐʅ^{21} ɯ^{33} dzʅ^{21} tɯ^{33}
在 月 见 七 日 娆星 月亮 牛 居 地 以 射 天 蛇 牛 居 地

ʥy^{21}. | tshe^{33} do^{21} ho^{55} ȵi^{33}, he^{33} ko^{21} nɑ^{21} dʐʅ^{21} zɑ^{21} ho^{33} gv̩^{33} lo^{21} nɯ^{33} khæ^{55}. mɯ^{33} ʐʅ^{21} ho^{33} gv̩^{33}
在 月 见 八 日 黑夜 时 娆星 北方 以 射 天 蛇 北方

lo^{21} ʥy^{21}. | tshe^{33} do^{21} gv̩^{33} ȵi^{33}, mɯ^{33} kə^{55} i^{33} tʂhʅ^{33} mu^{21} nɯ^{33} dzi^{21}. zɑ^{21} lɑ^{21} pɑ^{55} i^{33} tʂhʅ^{33} mu^{21}
在 月 见 九 日 天 鹰 南方 以 飞 娆劳鲍 南方

nɯ^{33} khæ^{55}. mɯ^{33} zʅ^{21} i^{33} tʂhʅ^{33} mu^{21} ʥy^{21}. | tshe^{33} do^{21} tshe^{21} ȵi^{33}, zɑ^{21} phər^{33} bər^{33} y^{21} dzɿ^{21} tɯ^{33}
以 射 天 蛇 南方 在 月 见 十 日 娆星 降魔杵 羊 居 地

nɯ^{33} khæ^{55}. mɯ^{33} zʅ^{21} y^{21} dzɿ^{21} tɯ^{33} ʥy^{21}. | tshe^{21} dɯ^{33} ȵi^{33}, zɑ^{21} i^{33} pu^{33} kho^{33} lv̩^{21} dzɿ^{21} tɯ^{33} nɯ^{33}
以 射 天 蛇 羊 居 地 在 十 一 日 娆星 绸 半匹 龙 居 地 以

khæ^{55}. mɯ^{33} zʅ^{21} lv̩^{21} dzɿ^{21} tɯ^{33} ʥy^{21}. | tshe^{21} ȵi^{33} ȵi^{33}, zɑ^{21} i^{33} pu^{33} dɯ^{33} ȵi^{33} me^{33} gv̩^{21} nɯ^{33}
射 天 蛇 龙 居 地 在 十 二 日 娆星 绸 一匹 西方 以

khæ^{55}. mɯ^{33} zʅ^{21} ȵi^{33} me^{33} gv̩^{21} ʥy^{21}. | tshe^{33} sɿ^{21} ȵi^{33}, zɑ^{21} ȵi^{33} me^{33} ȵi^{33} me^{33} thv̩^{33} nɯ^{33} khæ^{55}.
射 天 蛇 西方 在 十 三 日 娆星 太阳 东方 以 射

mɯ^{33} zʅ^{21} ȵi^{33} me^{33} thv̩^{33} ʥy^{21}.
天 蛇 东方 在

初五，娆星像一匹绸一样从东方射出。天蛇在东方。初六，娆星像太阳一样明亮地从狗居地射出。天蛇在狗居地。初七，娆星像月亮一样亮地从牛居地射出。天蛇在牛居地。初八，在漆黑一团的夜里，娆星从北方射出。天蛇在北方。初九，天鹰在南方飞。娆劳鲍从南方射出。天蛇在南方。初十，娆星像降魔杵一样从羊居地射出。天蛇在羊居地。十一日，娆星像半匹绸一样从龙居地射出。天蛇在龙居地。十二日，娆星像一匹绸一样从西方射出。天蛇在西方。十三日，娆星像太阳一样明亮地从东方射出。天蛇在东方。

564-L-31-22

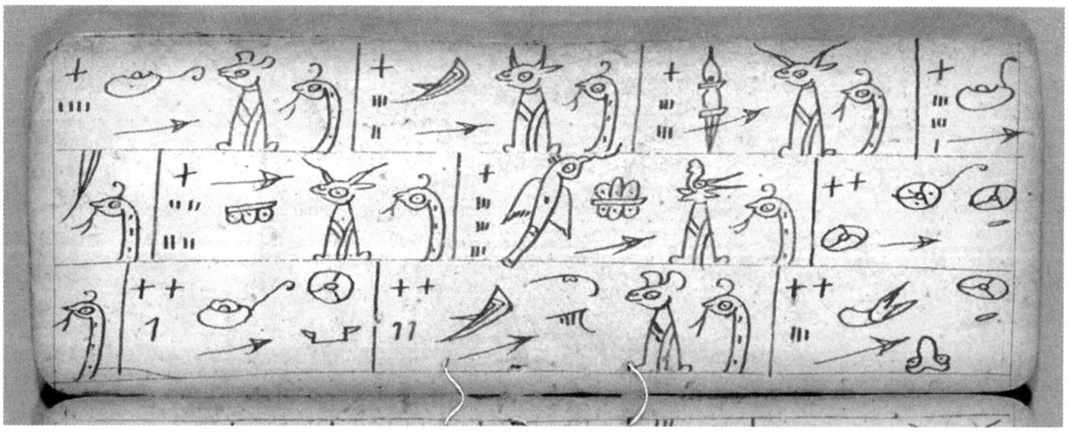

tshe^{21} lu^{33} ȵi^{33}, zɑ^{21} he^{33} me^{33} khɯ^{33} dzɿ^{21} tɯ^{33} nɯ^{33} khæ^{55}. mɯ^{33} zʅ^{21} khɯ^{33} dzɿ^{21} tɯ^{33} ʥy^{21}. |
十 四 日 娆星 月亮 狗 居 地 以 射 天 蛇 狗 居 地 在

tshe^{21} uɑ^{33} ȵi^{33}, he^{33} ko^{21} nɑ^{21} dzʅ^{21} zɑ^{21} ɯ^{33} dzɿ^{21} tɯ^{33} nɯ^{33} khæ^{55}. mɯ^{33} zʅ^{21} ɯ^{33} dzɿ^{21} tɯ^{33}
十 五 日 黑夜 时 娆星 牛 居 地 以 射 天 蛇 牛 居 地

ʥy^{21}. | tshe^{21} tʂhuɑ^{55} ȵi^{33}, zɑ^{21} phər^{33} bər^{33} y^{21} dzɿ^{21} tɯ^{33} nɯ^{33} khæ^{55}. mɯ^{33} zʅ^{21} y^{21} dzɿ^{21} tɯ^{33}
在 十 六 日 娆星 降魔杵 羊 居 地 以 射 天 蛇 羊 居 地

dʑy^{21}. | tshe^{21} ʂər^{33} ȵi^{33}, zɑ^{21} he^{33} me^{33} i^{33} tʂhʅ^{33} mu^{21} nɯ^{33} khæ^{55}. mɯ^{33} zʅ^{21} i^{33}tʂhʅ^{33} mu^{21} dʑy^{21}. |
在 十 七 日 娆星 月亮 南方 以 射 天 蛇 南方 在

tshe^{21} ho^{55} ȵi^{33}, zɑ^{21} i^{33} pu^{33} kho^{33} y^{21} dzɿ^{21} tɯ^{33} nɯ^{33} khæ^{55}. mɯ^{33} zʅ^{21} y^{21} dzɿ^{21} tɯ^{33} dʑy^{21}. | tshe^{21}
十 八 日 娆星 绸 半匹 羊 居 地 以 射 天 蛇 羊 居 地 在 十

gv̩^{33} ȵi^{33}, mɯ^{33} kə^{55} lv̩^{21} dzɿ^{21} tɯ^{33} nɯ^{33} dzi^{21}. zɑ^{21} i^{33} pu^{33} dɯ^{33} lv̩^{21} dzɿ^{21} tɯ^{33} nɯ^{33} khæ^{55}. mɯ^{33}
九 日 天 鹰 龙 居 地 以 飞 娆星 绸 一匹 龙 居 地 以 射 天

zʅ^{21} lv̩^{21} dzɿ^{21} tɯ^{33} dʑy^{21}. | ȵi^{33} tsər^{21} ȵi^{33}, zɑ^{21} ȵi^{33} me^{33} ȵi^{33} me^{33} gv̩^{21} nɯ^{33} khæ^{55}. mɯ^{33} zʅ^{21} ȵi^{33}
蛇 龙 居 地 在 二 十 日 娆星 太阳 西方 以 射 天 蛇

me^{33} gv̩^{21} dʑy^{21}. | ȵi^{33} tsər^{21} dɯ^{33} ȵi^{33}, zɑ^{21} he^{33} me^{33} ȵi^{33} me^{33} thv̩^{33} nɯ^{33} khæ^{55}①. ȵi^{33} tsər^{21} ȵi^{33}
西方 在 二 十 一 日 娆星 月亮 东方 以 射 二 十 二

ȵi^{33}, he^{33} ko^{21} nɑ^{21} dzʅ^{21} zɑ^{21} khɯ^{33} dzɿ^{21} tɯ^{33} nɯ^{33} khæ^{55}. mə^{33} kɑ^{33}. mɯ^{33} zʅ^{21} khɯ^{33} dzɿ^{21} tɯ^{33}
日 黑夜 时 娆星 狗 居 地 以 射 不 吉 天 蛇 狗 居 地

dʑy^{21}. | ȵi^{33} tsər^{21} sɿ^{21} ȵi^{33}, zɑ^{21} lɑ^{21} pɑ^{55} ȵi^{33} me^{33} gv̩^{21} nɯ^{33} khæ^{55}.
在 二 十 三 日 娆劳鲍 西方 以 射

十四日，娆星像月亮一样亮地从狗居地射出。天蛇在狗居地。十五日，在漆黑一团的夜里，娆星从牛居地射出。天蛇在牛居地。十六日，娆星像降魔杵一样从羊居地射出。天蛇在羊居地。十七日，娆星像月亮一样亮地从南方射出。天蛇在南方。十八日，娆星像半匹绸一样从羊居地射出。天蛇在羊居地。十九日，天鹰在龙居地飞翔。娆星像一匹绸一样从龙居地射出。天蛇在龙居地。二十日，娆星像太阳一样明亮地从西方射出。天蛇在西方。二十一日，娆星像月亮一样亮地从东方射出。二十二日，在漆黑一团的夜里，娆星从狗居地射出。不吉。天蛇在狗居地。二十三日，娆劳鲍从西方射出。

564-L-31-23

mɯ^{33} zʅ^{21} ɯ^{33} dzɿ^{21} tɯ^{33} dʑy^{21}. | ȵi^{33} tsər^{21} lu^{33} ȵi^{33}, zɑ^{21} phər^{33} bər^{33} ho^{33} gv̩^{33} lo^{21} nɯ^{33} khæ^{55}.
天 蛇 牛 居 地 在 二 十 四 日 娆星 降魔杵 北方 以 射

① 原文未言明“天蛇”在何方位。

mɯ33 ʐʅ21 ho33 gv̩33 lo21 ʥy21. | n̥i33 tsər21 uɑ33 n̥i33, zɑ21 i33 pu33 kho33 i33 tʂhʅ33 mu21 nɯ33 khæ55.
天 蛇 北方 在 二 十 五 日 娆星 绸 半匹 南方 以 射

mɯ33 ʐʅ21 i33 tʂhʅ33 mu21 ʥy21. | n̥i33 tsər21 tʂhuɑ55 n̥i33, zɑ21 i33 pu33 dɯ33 y21 dzʅ21 tɯ33 nɯ33 khæ55.
天 蛇 南方 在 二 十 六 日 娆星 绸 一匹 羊 居 地 以 射

mɯ33 ʐʅ21 y21 dzʅ21 tɯ33 ʥy21. | n̥i33 tsər21 ʂər33 n̥i33, zɑ21 n̥i33 me33 lv̩21 dzʅ21 tɯ33 nɯ33 khæ55.
天 蛇 羊 居 地 在 二 十 七 日 娆星 太阳 龙 居 地 以 射

mɯ33 ʐʅ21 lv̩21 dzʅ21 tɯ33 ʥy21. | n̥i33 tsər21 ho55 n̥i33, zɑ21 he33 me33 n̥i33 me33 gv̩21 nɯ33 khæ55.
天 蛇 龙 居 地 在 二 十 八 日 娆星 月亮 西方 以 射

mɯ33 ʐʅ21 n̥i33 me33 gv̩21 ʥy21. | n̥i33 tsər21 gv̩33 n̥i33, zɑ21 mi33 mɑ21 he33 ko21 nɑ21 dzʅ21 n̥i33 me33
天 蛇 西方 在 二 十 九 日 娆米麻 黑夜 时 东方

thv̩33 nɯ33 khæ55. mɯ33 ʐʅ21 n̥i33 me33 thv̩33 ʥy21. | nɑ33 tv̩21 n̥i33, zɑ21 lɑ21 pɑ55 khɯ33 dzʅ21 tɯ33
以 射 天 蛇 东方 在 三十 日 娆劳鲍 狗 居 地

nɯ33 khæ55. mɯ33 ʐʅ21 khɯ33 dzʅ21 tɯ33 ʥy21. | dɑ33 uɑ33 he33, ɯ33 he33. | he21 dɯ21 ho33 gv̩33 lo21
以 射 天 蛇 狗 居 地 在 十二 月 牛 月 神 大 北方

ʥy21. | ko21 ɕi33 he21 dɯ21
在 郭兴 神 大

天蛇在牛居地。二十四日，娆星像降魔杵一样从北方射出。天蛇在北方。二十五日，娆星像半匹绸一样从南方射出。天蛇在南方。二十六日，娆星像一匹绸一样从羊居地射出。天蛇在羊居地。二十七日，娆星像太阳一样明亮地从龙居地射出。天蛇在龙居地。二十八日，娆星像月亮一样亮地从西方射出。天蛇在西方。二十九日，娆米麻在漆黑一团的黑夜里从东方射出。天蛇在东方。三十日，娆劳鲍从狗居地射出。天蛇在狗居地。

十二月，为牛月。大神在北方。郭兴大神

564-L-31-24

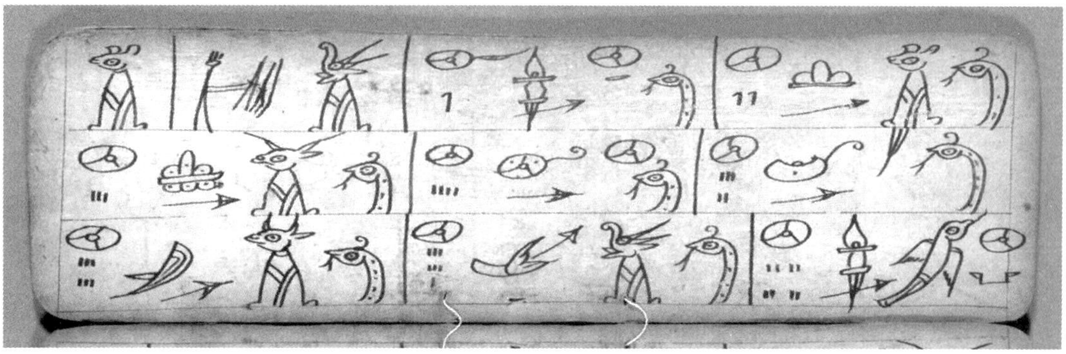

khɯ33 dzʅ21 tɯ33 ʥy21. | to55 dzʅ33 lv̩21 dzʅ21 tɯ33 ʥy21. | tshe33 do21 dɯ33 n̥i33, zɑ21 phər33 bər33
狗 居 地 在 垛鬼 收债人 龙 居 地 在 月 见 一 日 娆星 降魔杵

ȵi^{33} me^{33} gv̩^{21} nɯ^{33} khæ^{55}. mɯ^{33} zʅ^{21} ȵi^{33} me^{33} gv̩^{21} dʑy^{21}. | tshe^{33} do^{21} ȵi^{33} ȵi^{33}, zɑ^{21} i^{33} pu^{33} kho^{33}

西方 以 射 天 蛇 西方 在 月 见 二 日 娆星 绸 半匹

khɯ^{33} dzɿ^{21} tɯ^{33} nɯ^{33} khæ^{55}. mɯ^{33} zʅ^{21} khɯ^{33} dzɿ^{21} tɯ^{33} dʑy^{21}. | tshe^{33} do^{21} sɿ^{21} ȵi^{33}, zɑ^{21} i^{33} pu^{33}

狗 居 地 以 射 天 蛇 狗 居 地 在 月 见 三 日 娆星 绸

dɯ^{33} y^{21} dzɿ^{21} tɯ^{33} nɯ^{33} khæ^{55}. mɯ^{33} zʅ^{21} y^{21} dzɿ^{21} tɯ^{33} dʑy^{21}. | tshe^{33} do^{21} lu^{33} ȵi^{33}, zɑ^{21} ȵi^{33} me^{33}

一匹羊 居 地 以 射 天 蛇 羊 居 地 在 月 见 四 日 娆星 太阳

ȵi^{33}me^{33} thv̩^{33} nɯ^{33} khæ^{55}. mɯ^{33} zʅ^{21} ȵi^{33} me^{33} thv̩^{33} dʑy^{21}. | tshe^{33} do^{21} uɑ^{33} ȵi^{33}, zɑ^{21} he^{33} me^{33} i^{33}

东方 以 射 天 蛇 东方 在 月 见 五 日 娆星 月亮

tʂhʅ^{33} mu^{21} nɯ^{33} khæ^{55}. mɯ^{33} zʅ^{21} i^{33} tʂhʅ^{33} mu^{21} dʑy^{21}. | tshe^{33} do^{21} tʂhuɑ^{55} ȵi^{33}, he^{33} ko^{21} nɑ^{21} dzʅ^{21}

南方 以 射 天 蛇 南方 在 月 见 六 日 黑夜 时

zɑ^{21} ɯ^{33} dzɿ^{21} tɯ^{33} nɯ^{33} khæ^{55}. mɯ^{33} zʅ^{21} ɯ^{33} dzɿ^{21} tɯ^{33} dʑy^{21}. | tshe^{33} do^{21} ʂər^{33} ȵi^{33}, zɑ^{21} lɑ^{21}

娆星 牛 居 地 以 射 天 蛇 牛 居 地 在 月 见 七 日 娆劳鲍

pɑ^{55} lv̩^{21} dzɿ^{21} tɯ^{33} nɯ^{33} khæ^{55}. mɯ^{33} zʅ^{21} lv̩^{21} dzɿ^{21} tɯ^{33} dʑy^{21}. | tshe^{33} do^{21} ho^{55} ȵi^{33}, zɑ^{21} phər^{33}

龙 居 地 以 射 天 蛇 龙 居 地 在 月 见 八 日 娆星 降魔杵

bər^{33} ȵi^{33} me^{33} thv̩^{33} nɯ^{33} khæ^{55}. mɯ^{33} kə^{55} ȵi^{33} me^{33} thv̩^{33} nɯ^{33} dzi^{21}.

东方 以 射 天 鹰 东方 以 飞

在狗居地。垛鬼的收债人在龙居地。初一，娆星像降魔杵一样从西方射出。天蛇在西方。初二，娆星像半匹绸一样从狗居地射出。天蛇在狗居地。初三，娆星像一匹绸一样从羊居地射出。天蛇在羊居地。初四，娆星像太阳一样明亮地从东方射出。天蛇在东方。初五，娆星像月亮一样亮地从南方射出。天蛇在南方。初六，在漆黑一团的夜里，娆星从牛居地射出。天蛇在牛居地。初七，娆劳鲍从龙居地射出。天蛇在龙居地。初八，娆星像降魔杵一样从东方射出。天鹰在东方飞翔。

564-L-31-25

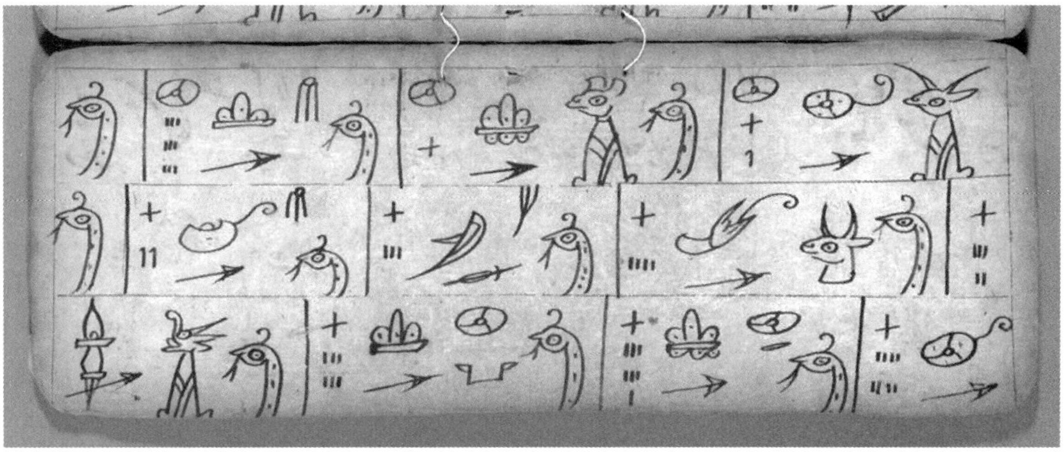

mɯ^{33} zʅ^{21} ȵi^{33} me^{33} thv̩^{33} dʑy^{21}. | tshe^{33} do^{21} gv̩^{33} ȵi^{33}, zɑ^{21} i^{33} pu^{33} kho^{33} ho^{33} gv̩^{33} lo^{21} nɯ^{33} khæ^{55}.
天 蛇 东方 在 月 见 九 日 娆星 绸 半匹 北方 以 射

mɯ^{33} zʅ^{21} ho^{33} gv̩^{33} lo^{21} dʑy^{21}. | tshe^{33} do^{21} tshe^{21} ȵi^{33}, zɑ^{21} i^{33} pu^{33} dɯ^{33} khɯ^{33} dzɿ^{21} tɯ^{33} nɯ^{33}
天 蛇 北方 在 月 见 十 日 娆星 绸 一匹 狗 居 地 以

khæ^{55}. mɯ^{33} zʅ^{21} khɯ^{33} dzɿ^{21} tɯ^{33} dʑy^{21}. | tshe^{21} dɯ^{33} ȵi^{33}, zɑ^{21} ȵi^{33} me^{33} y^{21} dzɿ^{21} tɯ^{33} nɯ^{33} khæ^{55}.
射 天 蛇 狗 居 地 在 十 一 日 娆星 太阳 羊 居 地 以 射

mɯ^{33} zʅ^{21} y^{21} dzɿ^{21} tɯ^{33} dʑy^{21}. | tshe^{21} ȵi^{33} ȵi^{33}, zɑ^{21} he^{33} me^{33} ho^{33} gv̩^{33} lo^{21} nɯ^{33} khæ^{55}. mɯ^{33} zʅ^{21}
天 蛇 羊 居 地 在 十 二 日 娆星 月亮 北方 以 射 天 蛇

ho^{33} gv̩^{33} lo^{21} dʑy^{21}. | tshe^{33} sɿ^{21} ȵi^{33}, he^{33} ko^{21} nɑ^{21} dzʅ^{21} zɑ^{21} i^{33} tʂhʅ^{33} mu^{21} nɯ^{33} khæ^{55}. mɯ^{33} zʅ^{21}
北方 在 十 三 日 黑夜 时 娆星 南方 以 射 天 蛇

i^{33} tʂhʅ^{33} mu^{21} dʑy^{21}. | tshe^{21} lu^{33} ȵi^{33}, zɑ^{21} lɑ^{21} pɑ^{55} ɯ^{33} dzɿ^{21} tɯ^{33} nɯ^{33} khæ^{55}. mɯ^{33} zʅ^{21} ɯ^{33} dzɿ^{21}
南方 在 十 四 日 娆劳鲍 牛 居 地 以 射 天 蛇 牛 居

tɯ^{33} dʑy^{21}. | tshe^{21} uɑ^{33} ȵi^{33}, zɑ^{21} phər^{33} bər^{33} lv̩^{21} dzɿ^{21} tɯ^{33} nɯ^{33} khæ^{55}. mɯ^{33} zʅ^{21} lv̩^{21} dzɿ^{21} tɯ^{33}
地 在 十 五 日 娆星 降魔杵 龙 居 地 以 射 天 蛇 龙 居 地

dʑy^{21}. | tshe^{21} tʂhuɑ^{55} ȵi^{33}, zɑ^{21} i^{33} pu^{33} kho^{33} ȵi^{33} me^{33} thv̩^{33} nɯ^{33} khæ^{55}. mɯ^{33} zʅ^{21} ȵi^{33} me^{33} thv̩^{33}
在 十 六 日 娆星 绸 半匹 东方 以 射 天 蛇 东方

dʑy^{21}. | tshe^{21} ʂər^{33} ȵi^{33}, zɑ^{21} i^{33} pu^{33} dɯ^{33} ȵi^{33} me^{33} gv̩^{21} nɯ^{33} khæ^{55}. mɯ^{33} zʅ^{21} ȵi^{33} me^{33} gv̩^{21}
在 十 七 日 娆星 绸 一匹 西方 以 射 天 蛇 西方

dʑy^{21}. | tshe^{21} ho^{55} ȵi^{33}, zɑ^{21} ȵi^{33} me^{33}
在 十 八 日 娆星 太阳

天蛇在东方。初九，娆星像半匹绸一样从北方射出。天蛇在北方。初十，娆星像一匹绸一样从狗居地射出。天蛇在狗居地。十一日，娆星像太阳一样明亮地从羊居地射出。天蛇在羊居地。十二日，娆星像月亮一样亮地从北方射出。天蛇在北方。十三日，在漆黑一团的夜里，娆星从南方射出。天蛇在南方。十四日，娆劳鲍从牛居地射出。天蛇在牛居地。十五日，娆星像降魔杵一样从龙居地射出。天蛇在龙居地。十六日，娆星像半匹绸一样从东方射出。天蛇在东方。十七日，娆星像一匹绸一样从西方射出。天蛇在西方。十八日，娆星像太阳一样明亮地

564-L-31-26

ho^{33} gv̩^{33} lo^{21} nɯ^{33} khæ^{55}. mɯ^{33} kə^{55} ho^{33} gv̩^{33} lo^{21} nɯ^{33} dzi^{21}. mɯ^{33} ʐʅ^{21} ho^{33} gv̩^{33} lo^{21} dʑy^{21}. |
北方 以 射 天 鹰 北方 以 飞 天 蛇 北方 在

tshe^{21} gv̩^{33} ȵi^{33}, zɑ^{21} he^{33} me^{33}、mɯ^{33} ʐʅ^{21}①. | ȵi^{33} tsər^{21} ȵi^{33}, he^{33} ko^{21} nɑ^{21} dʐʅ^{21} zɑ^{21} ho^{33} gv̩^{33} lo^{21}
十 九 日 娆星 月亮 天 蛇 二 十 日 黑夜 时 娆星 北方

nɯ^{33} khæ^{55}. mɯ^{33} ʐʅ^{21} ho^{33} gv̩^{33} lo^{21} dʑy^{21}. | ȵi^{33} tsər^{21} dɯ^{33} ȵi^{33}, zɑ^{21} lɑ^{21} pɑ^{55} i^{33} tʂhʅ^{33} mu^{21} nɯ^{33}
以 射 天 蛇 北方 在 二 十 一 日 娆劳鲍 南方 以

khæ^{55}. mɯ^{33} ʐʅ^{21} i^{33} tʂhʅ^{33} mu^{21} dʑy^{21}. | ȵi^{33} tsər^{21} ȵi^{33} ȵi^{33}, zɑ^{21} phər^{33} bər^{33} ɯ^{33} dzɿ^{21} tɯ^{33} nɯ^{33}
射 天 蛇 南方 在 二 十 二 日 娆星 降魔杵 牛 居 地 以

khæ^{55}. mɯ^{33} ʐʅ^{21} ɯ^{33} dzɿ^{21} tɯ^{33} dʑy^{21}. | ȵi^{33} tsər^{21} sɿ^{21} ȵi^{33}, zɑ^{21} i^{33} pu^{33} kho^{33} lv̩^{21} dzɿ^{21} tɯ^{33} nɯ^{33}
射 天 蛇 牛 居 地 在 二 十 三 日 娆星 绸 半匹 龙 居 地 以

khæ^{55}. mɯ^{33} ʐʅ^{21} lv̩^{21} dzɿ^{21} tɯ^{33} dʑy^{21}. | ȵi^{33} tsər^{21} lu^{33} ȵi^{33}, zɑ^{21} i^{33} pu^{33} dɯ^{33} ȵi^{33} me^{33} thv̩^{33} nɯ^{33}
射 天 蛇 龙 居 地 在 二 十 四 日 娆星 绸 一匹 东方 以

khæ^{55}. mɯ^{33} ʐʅ^{21} ȵi^{33} me^{33} thv̩^{33} dʑy^{21}. | ȵi^{33} tsər^{21} uɑ^{33} ȵi^{33}, zɑ^{21} ȵi^{33} me^{33} ȵi^{33} me^{33} gv̩^{21} nɯ^{33}
射 天 蛇 东方 在 二 十 五 日 娆星 太阳 西方 以

khæ^{55}. mɯ^{33} ʐʅ^{21} ȵi^{33} me^{33} gv̩^{21} dʑy^{21}. | ȵi^{33} tsər^{21} tʂhuɑ^{55} ȵi^{33}, zɑ^{21} he^{33} me^{33} khɯ^{33} dzɿ^{21} tɯ^{33} nɯ^{33}
射 天 蛇 西方 在 二 十 六 日 娆星 月亮 狗 居 地 以

khæ^{55}. mɯ^{33} ʐʅ^{21} khɯ^{33} dzɿ^{21} tɯ^{33} dʑy^{21}. | ȵi^{33} tsər^{21} ʂər^{33} ȵi^{33}, he^{33} ko^{21} nɑ^{21} dʐʅ^{21}, zɑ^{21} y^{21} dzɿ^{21}
射 天 蛇 狗 居 地 在 二 十 七 日 黑夜 时 娆星 羊 居

tɯ^{33} nɯ^{33} khæ^{55}.
地 以 射

① 原文无方位词，无法校补。

从北方射出。天鹰在北方飞翔。天蛇在北方。十九日，娆星像月亮一样……天蛇……二十日，在漆黑一团的夜里，娆星从北方射出。天蛇在北方。二十一日，娆劳鲍从南方射出。天蛇在南方。二十二日，娆星像降魔杵一样从牛居地射出。天蛇在牛居地。二十三日，娆星像半匹绸一样从龙居地射出。天蛇在龙居地。二十四日，娆星像一匹绸一样从东方射出。天蛇在东方。二十五日，娆星像太阳一样明亮地从西方射出。天蛇在西方。二十六日，娆星像月亮一样亮地从狗居地射出。天蛇在狗居地。二十七日，在漆黑一团的夜里，娆星从羊居地射出。

564-L-31-27

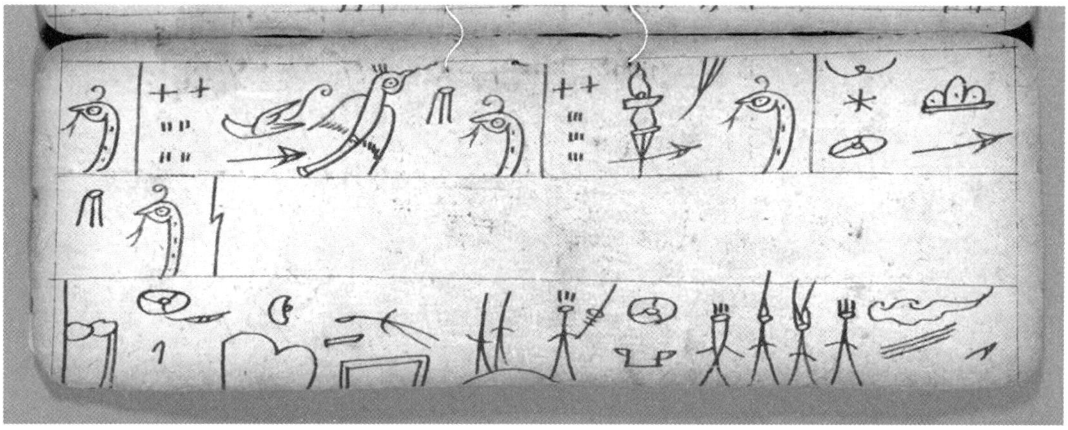

mɯ^{33} zʅ^{21} y^{21} dzɿ^{21} tɯ^{33} ʥy^{21}. | ȵi^{33} tsər^{21} ho^{55} ȵi^{33}, zɑ^{21} lɑ^{21} pɑ^{55} ho^{33} gv̩^{33} lo^{21} nɯ^{33} khæ^{55}. mɯ^{33}
天 蛇 羊 居 地 在 二 十 八 日 娆劳鲍 北方 以 射 天

kə^{55} ho^{33} gv̩^{33} lo^{21} nɯ^{33} dzi^{21}. mɯ^{33} zʅ^{21} ho^{33} gv̩^{33} lo^{21} ʥy^{21}. | ȵi^{33} tsər^{21} gv̩^{33} ȵi^{33}, zɑ^{21} phər^{33} bər^{33}
鹰 北方 以 飞 天 蛇 北方 在 二 十 九 日 娆星 降魔杵

i^{33} tʂhʅ^{33} mu^{21} nɯ^{33} khæ^{55}. mɯ^{33} zʅ^{21} i^{33} tʂhʅ^{33} mu^{21} ʥy^{21}. | nɑ^{33} tv̩^{21} ȵi^{33}, zɑ^{21} i^{33} pu^{33} kho^{33} ho^{33}
南方 以 射 天 蛇 南方 在 三十 日 娆星 绸 半匹

gv̩^{33} lo^{21} nɯ^{33} khæ^{55}. mɯ^{33} zʅ^{21} ho^{33} gv̩^{33} lo^{21} ʥy^{21}. |
北方 以 射 天 蛇 北方 在

tshe^{33} do^{21} dɯ^{33} ȵi^{33}, he^{33} me^{33}、bu^{21}①. ɕi^{33} i^{55} dzʅ^{21}, tər^{21} mu^{21} ȵi^{33} me^{33} thv̩^{33} nɯ^{33} tshʅ^{21}, mu^{33}
月 见 一 日 月亮 坡 人 睡 时 呆鬼 兵 东方 以 来 猛鬼

nɯ^{21} ɯ^{21}、dv̩^{21} nɯ^{21} tse^{21}、tshʅ^{21} nɯ^{21} ȵiə^{21}、tɕi^{21} nɯ^{21} hər^{33} tshʅ^{21}, khuɑ^{21}.
和 恩鬼 毒鬼 和 仄鬼 除鬼 和 忸鬼 云鬼 和 风鬼 来 凶

天蛇在羊居地。二十八日，娆劳鲍从北方射出。天鹰在北方飞翔。天蛇在北方。二十九日，娆星像降魔杵一样从南方射出。天蛇在南方。三十日，娆星像半匹绸一样从北方射出。天蛇在北方。

① 这两个字符无法连读成句，存疑。下文是记一个月中每天何时娆星从何方射向何方，而初一未写娆星的情况，存疑。

初一，在人入睡时，呆鬼兵会从东方而来，猛鬼和恩鬼、毒鬼和仄鬼、除鬼和忸鬼、云鬼和风鬼也会到来，凶。

564-L-31-28

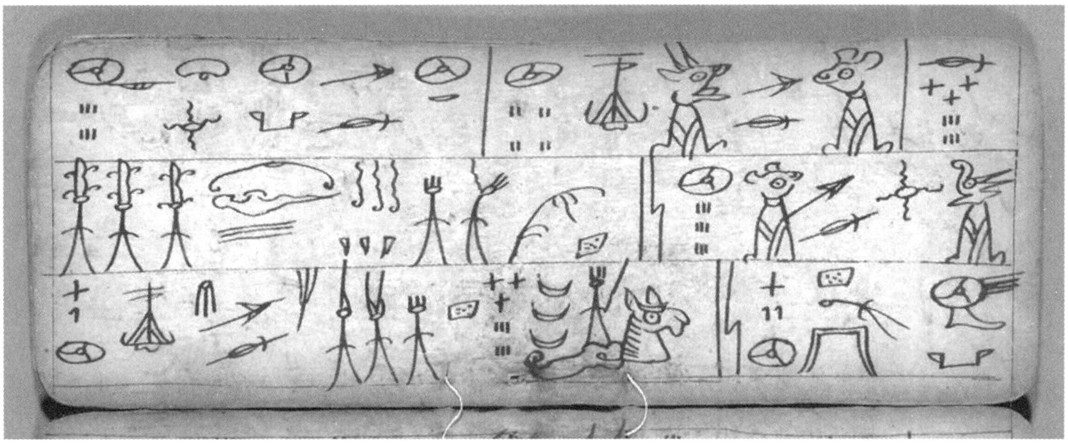

tshe^{33} do^{21} tʂhuɑ^{55} ȵi^{33}, khv̩^{55} tər^{55} khv̩^{55} ɯ^{33} thv̩^{33} dʐʅ^{21}, zɑ^{21} ȵi^{33} me^{33} thv̩^{33} nɯ^{33} ȵi^{33} me^{33} gv̩^{21}
月 见 六 日 傍晚 长庚星 出 时 娆星 东方 以 西方

tɕy^{21} khæ^{55}. | tshe^{33} do^{21} ho^{55} ȵi^{33}, sɿ^{55} khɯ^{33} phər^{21} dʐʅ^{21}, zɑ^{21} lv̩^{21} dzɿ^{21} tɯ^{33} nɯ^{33} khɯ^{33} dzɿ^{21} tɯ^{33}
方向 射 月 见 八 日 晨 脚 白 时 娆星 龙 居 地 以 狗 居 地

tɕy^{21} khæ^{55}. | zɑ^{21} sɿ^{33} ɕi^{33} tʂhuɑ^{55} tshər^{21} nɯ^{33} mɯ^{33} kv̩^{33} hər^{33} thv̩^{33} tɕi^{21} dzɿ^{33}, hɯ^{21} gɯ^{33} dʐo^{33}
方向 射 娆鬼 三 百 六 十 以 天 上 风 起 云 增 雨 下 冰雹

sɿ^{33}, tshʅ^{21} nɯ^{21} ȵiə^{21}、tshʅ^{33} nɯ^{21} iə^{21} sɿ^{33} tshʅ^{21}. | tshe^{33} do^{21} gv̩^{33} ȵi^{33}, so^{33} ɯ^{33} thv̩^{33} dʐʅ^{21}, zɑ^{21}
领 除鬼 和 忸鬼 楚鬼 和 尤鬼 领 来 月 见 九 日 启明星 出 时 娆星

khɯ^{33} dzɿ^{21} tɯ^{33} nɯ^{33} lv̩^{21} dzɿ^{21} tɯ^{33} tɕy^{21} khæ^{55}. | tshe^{21} dɯ^{33} ȵi^{33}, sɿ^{55} khɯ^{33} phər^{21} dʐʅ^{21}, zɑ^{21}
狗 居 地 以 龙 居 地 方向 射 十 一 日 晨 脚 白 时 娆星

ho^{33} gv̩^{33} lo^{21} nɯ^{33} i^{33} tʂhʅ^{33} mu^{21} tɕy^{21} khæ^{55}. dv̩^{21} tshʅ^{21} tse^{21} tshʅ^{21} sɿ^{33}, tshʅ^{21} ʐuɑ^{33} dzæ^{33} me^{33} sɿ^{21}
北方 以 南方 方向 射 毒鬼 仄鬼 领 鬼 马 骑 的 三

ɕi^{33} tʂhuɑ^{55} tsər^{33}① sɿ^{33}. | tshe^{21} ȵi^{33} ȵi^{33}, ɕi^{55} i^{55} sɿ^{33} dʐʅ^{21}、ȵi^{33} me^{33} khɯ^{33} phər^{21} thv̩^{33} dʐʅ^{21},
百 六 十 领 十 二 日 人 睡醒 时 太阳 脚 白 出 时

初六，傍晚长庚星升起时，娆星从东方射向西方。初八，在晨光初现时，娆星从龙居地射向狗居地。三百六十个娆鬼会让天上风起云增，下雨下冰雹，会带领除鬼和忸鬼、楚鬼和尤鬼而来。初九，启明星升起时，娆星从狗居地射向龙居地。十一日，晨光初现时，娆星从北方射向南方。会领来毒鬼和仄鬼及三百六十个骑马的鬼。十二日，人睡醒时，太阳刚升起时，

① “三百六十”后有似“月亮”的三个符号，其义不明。

564-L-31-29

tɕi^{21} nɯ^{21} hər^{33} sʅ^{33}, zɑ^{21} i^{33} tʂhʅ^{33} mu^{21} nɯ^{33} ho^{33} gv̩^{33} lo^{21} tɕy^{21} khæ^{55}. | tshe^{21} uɑ^{33} ȵi^{33} zɑ^{21} y^{21}
云 和 风 领 娆星 南方 以 北方 方向 射 十 五 日 娆星羊

dzʅ^{21} tɯ^{33} nɯ^{33} ɯ^{33} dzʅ^{21} tɯ^{33} tɕy^{21} khæ^{55}. mɯ^{33} nɯ^{21} ɯ^{21}、he^{21}. | pɑ^{33}、tshʅ^{33} nɯ^{21} iə^{21}、tɕi^{21} mu^{21}
居 地 以 牛 居 地 方向 射 猛鬼 和 恩鬼 神 蛙 楚鬼 和 尤鬼 云鬼 兵

hər^{33} mu^{21}①. | tshe^{21} tʂhuɑ^{55} ȵi^{33}, ȵi^{33} me^{33} gv̩^{21} tʂhu^{21} thv̩^{55} dʐʅ^{21}, zɑ^{21} ɯ^{33} dzʅ^{21} tɯ^{33} nɯ^{33} y^{21} dzʅ^{21}
风鬼 兵 十 六 日 太阳 落 晚饭 做 时 娆星 牛 居 地 以 羊 居

tɯ^{33} tɕy^{21} khæ^{55}. | tshe^{21} ʂər^{33} ȵi^{33}, tʂhu^{21} thv̩^{55} dʐʅ^{21}, zɑ^{21} ȵi^{33} me^{33} gv̩^{21} nɯ^{33} ȵi^{33} me^{33} thv̩^{33} tɕy^{21}
地 方向 射 十 七 日 晚饭 做 时 娆星 西方 以 东方 方向

khæ^{55}. ɯ^{33} so^{33}② ʐʅ^{21} tshʅ^{21}、tər^{21} tshʅ^{21} sʅ^{33}. | tshe^{21} gv̩^{33} ȵi^{33}, tʂhu^{21} thv̩^{55} dʐʅ^{21}, zɑ^{21} ȵi^{33} me^{33} thv̩^{33}
射 牛 全皮 蛇鬼 呆鬼 领 十 九 日 晚饭 做 时 娆星 东方

nɯ^{33} ȵi^{33} me^{33} gv̩^{21} tɕy^{21} khæ^{55}. | ȵi^{33} tsər^{21} ȵi^{33} ȵi^{33}, zɑ^{21} khɯ^{33} dzʅ^{21} tɯ^{33} nɯ^{33} lv̩^{21} dzʅ^{21} tɯ^{33}
以 西方 方向 射 二 十 二 日 娆星 狗 居 地 以 龙 居 地

tɕy^{21} khæ^{55}. mɯ^{33} gə^{33} tshʅ^{33} tshʅ^{33}、
方向 射 天 的 楚鬼

娆星领着云和风，从南方射向北方。十五日，娆星从羊居地射向牛居地。十六日，在太阳落山做晚饭时，娆星从牛居地射向羊居地。十七日，在做晚饭时，娆星从西方射向东方。会带着蛇鬼和呆鬼。十九日，在做晚饭时，娆星从东方射向西方。二十二日，娆星从狗居地射向牛居地。会带来天上的楚鬼、

① 这几个字符很难连读成句，存疑。译文中略。

② 这两个字符无法与其他字符连读成句，存疑。

564-L-31-30

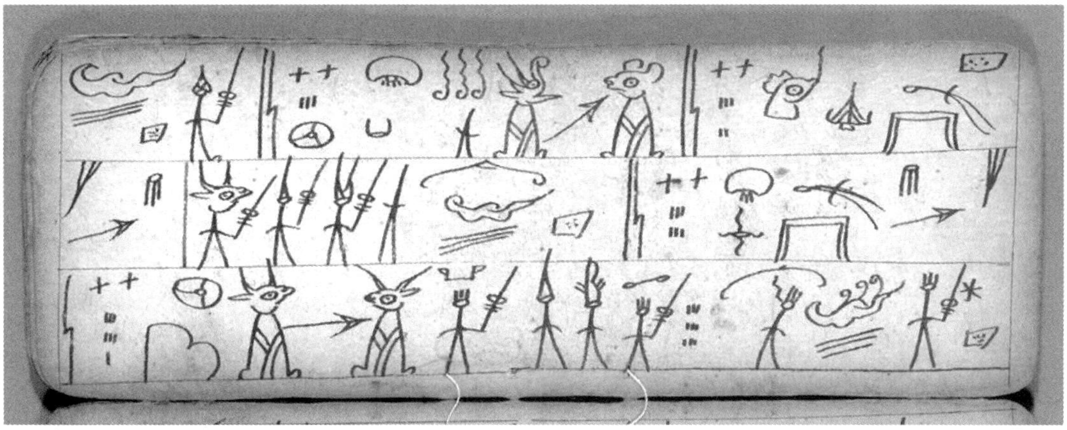

tɕi^{21} mu^{21} hər^{33} mu^{21}、sɿ^{21} mu^{21} sɿ^{33}. | ȵi^{33} tsər^{21} sɿ^{21} ȵi^{33}, hu^{21} kho^{33}, hɯ^{21} gɯ^{33}, zɑ^{21} lv̩^{21} dzɿ^{21} tɯ^{33}
云鬼兵 风鬼 兵 署 兵 领 二 十 三 日 半夜 雨 下 娆星 龙 居 地

nɯ^{33} khɯ^{33} dzɿ^{21} tɯ^{33} tɕy^{21} khæ^{55}. tər^{21} tshɿ^{21} sɿ^{33}. | ȵi^{33} tsər^{21} uɑ^{33} ȵi^{33}, æ^{21} tɕy^{21} sɿ^{55} khɯ^{33} do^{21}
以 狗 居 地 方向 射 呆鬼 领 二 十 五 日 鸡 鸣 晨光 脚 见

ɕi^{33} i^{55} sɿ^{33} dʐʅ^{21}, zɑ^{21} i^{33} tʂhʅ^{33} mu^{21} nɯ^{33} ho^{33} gv̩^{33} lo^{21} tɕy^{21} khæ^{55}. | thv̩^{33} tshɿ^{21} ɯ^{33} kv̩^{33} dzɿ^{21}、
人 睡醒 时 娆星 南方 以 北方 方向 射 土鬼 牛 头 生

dv̩^{21} nɯ^{21} tse^{21}、tər^{21} nɯ^{21} lɑ^{33}、tɕi^{21} nɯ^{21} hər^{33} sɿ^{33}. | ȵi^{33} tsər^{21} tʂhuɑ^{55} ȵi^{33}, khv̩^{55} tər^{55} khv^{55} ɯ^{33}
毒鬼 和 仄鬼 呆鬼 和 佬鬼 云鬼 和 风鬼 领 二 十 六 日 傍晚 长庚星

thv̩^{33} ɕi^{33} i^{55} ŋv̩^{21} dʐʅ^{21}, zɑ^{21} ho^{33} gv̩^{33} lo^{21} nɯ^{33} i^{33} tʂhʅ^{33} mu^{21} tɕy^{21} khæ^{55}. | ȵi^{33} tsər^{21} ʂər^{33} ȵi^{33},
出 人 睡 时 娆星 北方 以 南方 方向 射 二 十 七 日

ȵi^{33} me^{33} bu^{21} kv̩^{33} thv̩^{33} dʐʅ^{21}, zɑ^{21} ɯ^{33} dzɿ^{21} tɯ^{33} nɯ^{33} y^{21} dzɿ^{33} tɯ^{33} tɕy^{21} khæ^{55}. thv̩^{33} tshɿ^{21}、dv̩^{21}
太阳 坡 上 到 时 娆星 牛 居 地 以 羊 居 地 方向 射 土鬼 毒鬼

tshɿ^{21}、khə^{33} gv̩^{33} tshɿ^{21}、o^{33} tshɿ^{33} gv̩^{33} kv̩^{55}、mɯ^{33} gə^{33} tshɿ^{33} tshɿ^{21}、tɕi^{21} nɯ^{21} hər^{33} tshɿ^{21} tv̩^{33} tv̩^{21}
抠古鬼 瓦鬼 九 个 天 的 楚鬼 云鬼 和 风鬼 千 千

kɯ^{33} kɯ^{21} sɿ^{33}.
万 万 领

云鬼兵、风鬼兵和署兵。二十三日，半夜，下雨时，娆星从龙居地射向狗居地。会领来呆鬼。二十五日，鸡鸣晨光初现人睡醒时，娆星从南方射向北方。会领来生牛头的土鬼、毒鬼和仄鬼、呆鬼和佬鬼、云鬼和风鬼。二十六日，傍晚长庚星升起人入睡时，娆星从北方射向南方。二十七日，太阳将落山时，娆星从牛居地射向羊居地。会领来土鬼、毒鬼、抠古鬼、九个瓦鬼、天上的楚鬼、千千万万的云鬼和风鬼。

564-L-31-31

nɑ^{33} ty̩^{21} ȵi^{33}, zɑ^{21} y^{21} dzʅ^{21} tɯ^{33} nɯ^{33} ɯ^{33} dzʅ^{21} tɯ^{33} tɕy^{21} khæ^{55}. | tshe^{33} do^{21} dɯ^{33} ȵi^{33}, zɑ^{21} ȵi^{33}
三十 日 娆星 羊 居 地 以 牛 居 地 方向 射 月 见 一 日 娆星

me^{33} gy̩^{21} nɯ^{33} ȵi^{33} me^{33} thy̩^{33} tɕy^{21} khæ^{55}. | tshe^{33} do^{21} ȵi^{33} ȵi^{33}, zɑ^{21} ȵi^{33} me^{33} thy̩^{33} nɯ^{33} ȵi^{33}
西方 以 东方 方向 射 月 见 二 日 娆星 东方 以

me^{33} gy̩^{21} tɕy^{21} khæ^{55}. | tshe^{33} do^{21} sʅ^{21} ȵi^{33}, ȵi^{55} ly^{21} gy̩^{33}, zɑ^{21} y^{21} dzʅ^{21} tɯ^{33} nɯ^{33} ɯ^{33} dzʅ^{21} tɯ^{33}
西方 方向 射 月 见 三 日 中午 娆星 羊 居 地 以 牛 居 地

tɕy^{21} khæ^{55}. | tshe^{33} do^{21} lu^{33}ȵi^{33}, hu^{21} kho^{33}, zɑ^{21} ȵi^{33} me^{33}gy̩^{21} nɯ^{33} ȵi^{33} me^{33} thy̩^{33}tɕy^{21} khæ^{55}. |
方向 射 月 见 四 日 半夜 娆星 西方 以 东方 方向 射

tshe^{33} do^{21} uɑ^{33} ȵi^{33}, sʅ^{55} khɯ^{33} phər^{21} dzʅ^{21}, zɑ^{21} ly̩^{21}dzʅ^{21} tɯ^{33} nɯ^{33} khɯ^{33} dzʅ^{21}tɯ^{33} tɕy^{21} khæ^{55}. |
月 见 五 日 晨光 脚 白 时 娆星 龙 居 地 以 狗 居 地 方向 射

tshe^{33} do^{21} tʂhuɑ^{55} ȵi^{33}, zɑ^{21} khɯ^{33} dzʅ^{21} tɯ^{33} nɯ^{33} ly̩^{21} dzʅ^{21} tɯ^{33} tɕy^{21} khæ^{55}. | tshe^{33} do^{21} ʂər^{33}
月 见 六 日 娆星 狗 居 地 以 龙 居 地 方向 射 月 见 七

ȵi^{33}, sʅ^{55} khɯ^{33} phər^{21} dzʅ^{21}, zɑ^{21} ho^{33} gy̩^{33} lo^{21} nɯ^{33} i^{33} tʂhʅ^{33} mu^{21} tɕy^{21} khæ^{55}. | tshe^{33} do^{21} ho^{55}
日 晨光 脚 白 时 娆星 北方 以 南方 方向 射 月 见 八

ȵi^{33}, tʂhu^{21} thy̩^{55} dzʅ^{21}, zɑ^{21} ly̩^{21} dzʅ^{21} tɯ^{33} nɯ^{33} khɯ^{33} dzʅ^{21} tɯ^{33} tɕy^{21} khæ^{55}. | tshe^{33} do^{21} gy̩^{33} ȵi^{33},
日 晚饭 做 时 娆星 龙 居 地 以 狗 居 地 方向 射 月 见 九 日

ȵi^{55} ly^{21} gy̩^{33}, zɑ^{21} ho^{33} gy̩^{33} lo^{21} nɯ^{33} i^{33} tʂhʅ^{33} mu^{21} tɕy^{21} khæ^{55}. | tshe^{33} do^{21} tshe^{21} ȵi^{33},
中午 娆星 北方 以 南方 方向 射 月 见 十 日

三十日，娆星从羊居地射向牛居地①。

初一，娆星从西方射向东方。初二，娆星从东方射向西方。初三，在中午，娆星从羊

① 前段文字断断续续记了一个月每日娆星的射向，后段又记一个月每日娆星的状况，但日期同而射向不同。这些都无法弄清，现按原文记音并直译。

居地射向牛居地。初四，半夜，娆星从西方射向东方。初五，晨光初现时，娆星从龙居地射向狗居地。初六，娆星从狗居地射向龙居地。初七，晨光初现时，娆星从北方射向南方。初八，做晚饭时，娆星从龙居地射向狗居地。初九，中午，娆星从北方射向南方。初十，

564-L-31-32

sɿ^{55} khɯ^{33} phər^{21} dʐʅ^{21}、ȵi^{33} me^{33} khɯ^{33} phər^{21} thv̩^{33} dʐʅ^{21}, zɑ^{21} ho^{33} gv̩^{33} lo^{21} nɯ^{33} i^{33} tʂhʅ^{33} mu^{21}
晨光 脚 白 时 太阳 脚 白 出 时 娆星 北方 以 南方

tɕy^{21} khæ^{55}. | tshe^{21} dɯ^{33} ȵi^{33}, hu^{21} tɕi^{55}kho^{33}, zɑ^{21} i^{33} tʂhʅ^{33} mu^{21} nɯ^{33} ho^{33}gv̩^{33} lo^{21} tɕy^{21} khæ^{55}. |
方向 射 十 一 日 前半夜 娆星 南方 以 北方 方向 射

tshe^{21} ȵi^{33} ȵi^{33}, zɑ^{21} i^{33} tʂhʅ^{33} mu^{21} nɯ^{33} ho^{33} gv̩^{33} lo^{21} tɕy^{21} khæ^{55}. | tshe^{33} sɿ^{21} ȵi^{33}, æ^{21} tɕy^{21} dʐʅ^{21}、
十 二 日 娆星 南方 以 北方 方向 射 十 三 日 鸡 鸣 时

ȵi^{33} me^{33} bu^{21} kv̩^{33} thv̩^{33} dʐʅ^{21}, zɑ^{21} ho^{33} gv̩^{33} lo^{21} nɯ^{33} i^{33} tʂhʅ^{33} mu^{21} tɕy^{21} khæ^{55}. | tshe^{21} lu^{33} ȵi^{33},
太阳 坡 上 出 时 娆星 北方 以 南方 方向 射 十 四 日

so^{33} ɯ^{33} thv̩^{33}、ȵi^{33} me^{33}bu^{21} kv̩^{33} thv̩^{33}dʐʅ^{21}, zɑ^{21} lv̩^{21}dzɿ^{21} tɯ^{33} nɯ^{33} khɯ^{33} dzɿ^{21} tɯ^{33} tɕy^{21}khæ^{55}. |
启明星 出 太阳 坡 上 出 时 娆星 龙 居 地 以 狗 居 地 方向 射

tshe^{21} uɑ^{33} ȵi^{33}, tshɿ^{33} hɑ^{33} dzɿ^{33} dʐʅ^{21}, zɑ^{21} y^{21} dzɿ^{21} tɯ^{33} nɯ^{33} ɯ^{33} dzɿ^{21} tɯ^{33} khæ^{55}. | tshe^{21} tʂhuɑ^{55}
十 五 日 早饭 吃 时 娆星 羊 居 地 以 牛 居 地 射 十 六

ȵi^{33}, ȵi^{55} ly^{21} gv̩^{33}, zɑ^{21} ȵi^{33} me^{33} gv̩^{21} nɯ^{33} ȵi^{33} me^{33} thv̩^{33} tɕy^{21} khæ^{55}. | tshe^{21} ʂər^{33} ȵi^{33}, zɑ^{21} ȵi^{33}
日 中午 娆星 西方 以 东方 方向 射 十 七 日 娆星

me^{33} gv̩^{21} nɯ^{33} ȵi^{33} me^{33} thv̩^{33} tɕy^{21} khæ^{55}. | tshe^{21} ho^{55} ȵi^{33}, zɑ^{21} ɯ^{33} dzɿ^{21} tɯ^{33} nɯ^{33} y^{21} dzɿ^{21}
西方 以 东方 方向 射 十 八 日 娆星 牛 居 地 以 羊 居

tɯ^{33} tɕy^{21} khæ^{55}. | tshe^{21} gv̩^{33} ȵi^{33}, hu^{21} kho^{33}, zɑ^{21} khɯ^{33} dzɿ^{21} tɯ^{33} nɯ^{33} lv̩^{21} dzɿ^{21} tɯ^{33} tɕy^{21}
地 方向 射 十 九 日 半夜 娆星 狗 居 地 以 龙 居 地 方向

khæ^{55}. | n̥i^{33} tsər^{21} n̥i^{33},
射 二 十 日

晨光初现时、太阳光射出时，娆星从北方射向南方。十一日，前半夜，娆星从南方射向北方。十二日，娆星从南方射向北方。十三日，鸡鸣时、太阳爬上山坡时，娆星从北方射向南方。十四日，启明星出现、太阳爬上山坡时，娆星从龙居地射向狗居地。十五日，吃早饭时，娆星从羊居地射向牛居地。十六日，中午，娆星从西方射向东方。十七日，娆星从西方射向东方。十八日，娆星从牛居地射向羊居地。十九日，半夜，娆星从狗居地射向龙居地。二十日，

564-L-31-33

hu^{21} dɯ^{21} kho^{33}, zɑ^{21} lv̩^{21} dzɿ^{21} tɯ^{33} nɯ^{33} khɯ^{33} dzɿ^{21} tɯ^{33} tɕy^{21} khæ^{55}. | n̥i^{33} tsər^{21} dɯ^{33} n̥i^{33}, zɑ^{21}
后半夜 娆星 龙 居 地 以 狗 居 地 方向 射 二 十 一 日 娆星

n̥i^{33} me^{33} gv̩^{21} nɯ^{33} n̥i^{33} me^{33} thv̩^{33} tɕy^{21} khæ^{55}. | n̥i^{33} tsər^{21} n̥i^{33} n̥i^{33}, n̥i^{55} ly^{21} gv̩^{33}, zɑ^{21} lv̩^{21} dzɿ^{21}
西方 以 东方 方向 射 二 十 二 日 中午 娆星 龙 居

tɯ^{33} nɯ^{33} khɯ^{33} dzɿ^{21} tɯ^{33} tɕy^{21} khæ^{55}. | n̥i^{33} tsər^{21} sɿ^{21} n̥i^{33}, hu^{21} tɕi^{55} kho^{33}, zɑ^{21} i^{33} tʂhʅ^{33} mu^{21}
地 以 狗 居 地 方向 射 二 十 三 日 前半夜 娆星 南方

nɯ^{33} ho^{33} gv̩^{33} lo^{21} tɕy^{21} khæ^{55}. | n̥i^{33} tsər^{21} lu^{33} n̥i^{33}, zɑ^{21} ho^{33} gv̩^{33} lo^{21} nɯ^{33} i^{33} tʂhʅ^{33} mu^{21} tɕy^{21}
以 北方 方向 射 二 十 四 日 娆星 北方 以 南方 方向

khæ^{55}. | n̥i^{33} tsər^{21} uɑ^{33} n̥i^{33}, n̥i^{55} ly^{21} gv̩^{33}, so^{33} ʂuɑ^{21} kv̩^{33} n̥i^{33} me^{33} khɯ^{33} phər^{21} khæ^{55} dzʅ^{21}, zɑ^{21}
射 二 十 五 日 中午 岭 高 上 太阳 脚 白 射 时 娆星

i^{33} tʂhʅ^{33} mu^{21} nɯ^{33} ho^{33} gv̩^{33} lo^{21} tɕy^{21} khæ^{55}. | n̥i^{33} tsər^{21} tʂhuɑ^{55} n̥i^{33}, æ^{21} tɕy^{21}、he^{33} me^{33} bu^{21}[①]
南方 以 北方 方向 射 二 十 六 日 鸡 鸣 月亮 坡

dzʅ^{21}, zɑ^{21} ho^{33} gv̩^{33} lo^{21} nɯ^{33} i^{33} tʂhʅ^{33} mu^{21} tɕy^{21} khæ^{55}. | n̥i^{33} tsər^{21} ʂər^{33} n̥i^{33}, he^{33} me^{33} gv̩^{21}[②]
时 娆星 北方 以 南方 方向 射 二 十 七 日 月亮 落

① 这两个字符无法连读成句，因这是表时间的句子，而“月亮”与“坡”的关系无法表时段，存疑。译文中略。

② “月亮落”未表明准确的时间段，存疑。译文中略。

zɑ21 y21 dzʅ21 tɯ33 nɯ33 ɯ33 dzʅ21 tɯ33 tɕy21 khæ55. | ȵi33 tsər21 ho55 ȵi33, zɑ21 ȵi33 me33 thy̩33
娆星 羊 居 地 以 牛 居 地 方向 射 二 十 八 日 娆星 东方

nɯ33 ȵi33 me33 gy̩21 tɕy21 khæ55. | ȵi33 tsər21 gy̩33 ȵi33,
以 西方 方向 射 二 十 九 日

后半夜，娆星从龙居地射向狗居地。二十一日，娆星从西方射向东方。二十二日，中午，娆星从龙居地射向狗居地。二十三日，前半夜，娆星从南方射向北方。二十四日，娆星从北方射向南方。二十五日，中午、晨光照在峻岭上时①，娆星从南方射向北方。二十六日，鸡鸣时，娆星从北方射向南方。二十七日，娆星从羊居地射向牛居地。二十八日，娆星从东方射向西方。二十九日，

564-L-31-34

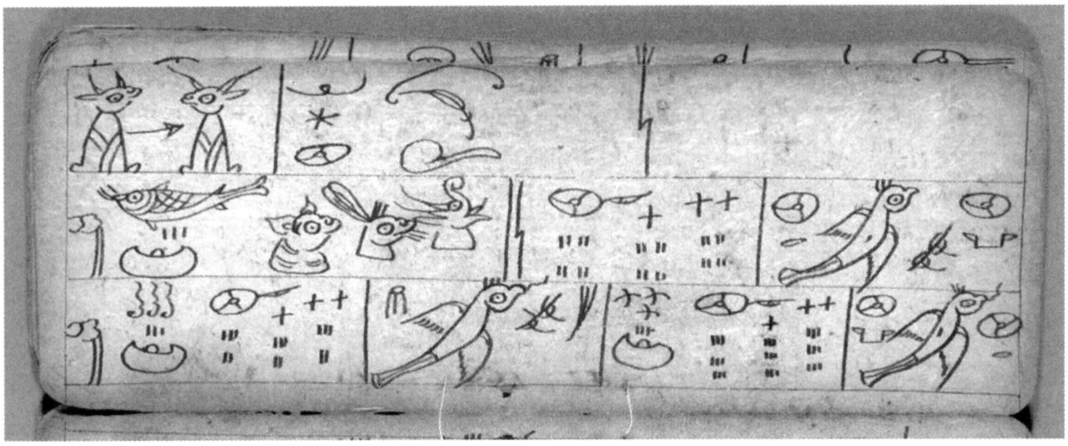

zɑ21 ɯ33 dzʅ21 tɯ33 nɯ33 y21 dzʅ21 tɯ33 tɕy21 khæ55. | nɑ33 ty̩21 ȵi33, zɑ21 mɯ33 nɯ33 hɯ55 tɕy21
娆星 牛 居 地 以 羊 居 地 方向 射 三十 日 娆星 天 以 海 方向

khæ55.
射

ȵi21 sʅ55 he33, lɑ33、tho33 le33、ly̩21. ‖ tshe55 do21 ho55 ȵi33、tshe21 ho55 ȵi33、ȵi33 tsər21 ho55
春 三 月 虎 兔 龙 月 见 八 日 十 八 日 二 十 八

ȵi33, | mɯ33 kə55 ȵi33 me33 gy̩21 nɯ33 ȵi33 me33 thy̩21 tɕy21 ly21 be33 dzi21. | ʐu21 sʅ55 he33, tshe33
日 天 鹰 西方 以 东方 方向 朝 地 飞 夏 三 月 月

do21 uɑ33 ȵi33、tshe21 uɑ33 ȵi33、ȵi33 tsər21 uɑ33 ȵi33, | mɯ33 kə55 ho33 gy̩33 lo21 nɯ33 i33 tʂhʅ33 mu21
见 五 日 十 五 日 二 十 五 日 天 鹰 北方 以 南方

tɕy21 ly21 be33 dzi21. | tshʅ33 sʅ55 he33, tshe33 do21 gy̩33 ȵi33、tshe21 gy̩33 ȵi33、ȵi33 tsər21 gy̩33 ȵi33, |
方向 朝 地 飞 冬 三 月 月 见 九 日 十 九 日 二 十 九 日

① 此句未表准确的某段时间，译文为直译。

mɯ^{33} kə^{55} ȵi^{33} me^{33} thv̩^{33} nɯ^{33} ȵi^{33} me^{33} gv̩^{21} tɕy^{21} ly^{21} be^{33} dzi^{21}.
天 鹰 东方 以 西方 方向 朝 地 飞

娆星从牛居地射向羊居地。三十日，娆星从天射向大海。

春三月，分属虎、兔和龙。初八、十八日、二十八日，天鹰从西方朝东方飞。夏三月，初五、十五日、二十五日，天鹰从北方朝南方飞。冬三月，初九、十九日、二十九日，天鹰从东方朝西方飞。

564-L-31-35

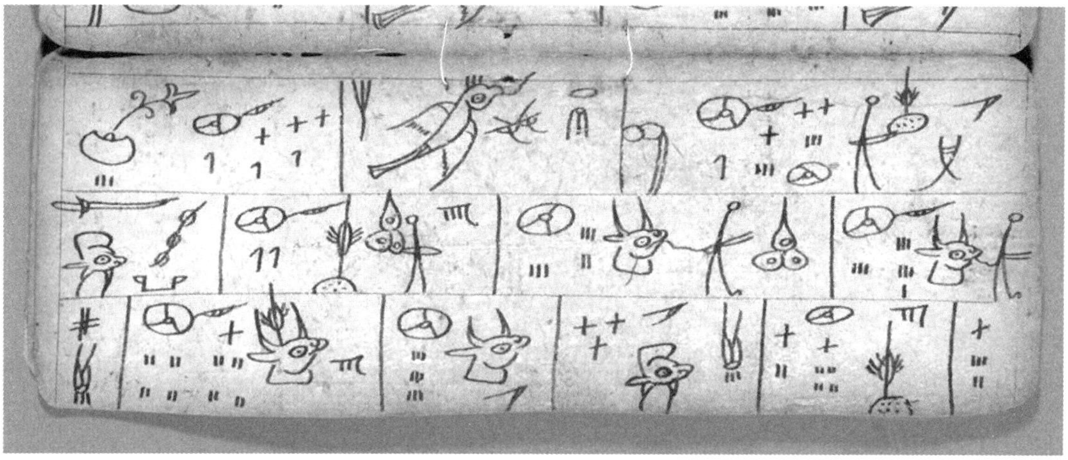

tshɿ^{55} sɿ^{55} he^{33}, tshe^{33} do^{21} dɯ^{33} ȵi^{33}, tshe^{21} dɯ^{33} ȵi^{33}、ȵi^{33} tsər^{21} dɯ^{33} ȵi^{33}, | mɯ^{33} kə^{55} i^{33} tʂhʅ^{33}
秋 三 月 月 见 一 日 十 一 日 二 十 一 日 天 鹰 南方

mu^{21} nɯ^{33} ho^{33} gv̩^{33} lo^{21} tɕy^{21} ly^{21} be^{33} dzi^{21}. | tshe^{33} do^{21} dɯ^{33} ȵi^{33}、tshe^{33} sɿ^{21} ȵi^{33}、ȵi^{33} tsər^{21} sɿ^{21}
以 北方 方向 朝 地 飞 月 见 一 日 十 三 日 二 十 三

ȵi^{33}, o^{33} dze^{33} y^{21} me^{33} khuɑ^{21}, tʂhu^{21} be^{33} kho^{55} thv̩^{33} kv̩^{55}. | tshe^{33} do^{21} ȵi^{33} ȵi^{33}, o^{33} dze^{33} y^{21}, kɑ^{33}
日 财物 拿 是 凶 早 地 杀 产生 会 月 见 二 日 财物 拿 好

nɯ^{21} ɯ^{33}. | tshe^{33} do^{21} sɿ^{21} ȵi^{33}、uɑ^{33} ȵi^{33}, o^{33} dze^{33} ʂər^{21}, ɯ^{33}. | tshe^{33} do^{21} sɿ^{21} ȵi^{33}、ʂər^{33} ȵi^{33}, o^{33}
和 吉 月 见 三 日 五 日 财物 牵 吉 月 见 三 日 七 日 财

dze^{33} ʂər^{21}, gu^{21} kv̩^{55}. | tshe^{33} do^{21} ho^{55} ȵi^{33}、tshe^{21} ho^{55} ȵi^{33}, o^{33} dze^{33} y^{21}, kɑ^{33}. | tshe^{33} do^{21} gv̩^{33}
物 牵 病 会 月 见 八 日 十 八 日 财 物 拿 吉 月 见 九

ȵi^{33}, o^{33} dze^{33} y^{21}, khuɑ^{21}. | sɿ^{33} tshər^{21} ȵi^{33}, o^{33} dze^{33} y^{21}, khuɑ^{21}, ʂʅ^{33} kv̩^{55}. | tshe^{21} ȵi^{33} ȵi^{33}、tshe^{21}
日 财 物 拿 凶 三 十 日 财 物 拿 凶 死 会 十 二 日 十

ho^{55} ȵi^{33}, o^{33} dze^{33} y^{21}, kɑ^{33}. | tshe^{21} uɑ^{33} ȵi^{33}、
八 日 财 物 拿 吉 十 五 日

秋三月，初一、十一日、二十一日，天鹰从南方朝北方飞。

初一、十三日、二十三日，不宜纳财，凶；会很快就杀掉①。初二宜纳财，吉。初三、初五，宜纳财，吉。初三②、初七纳财，会生病。初八、十八日，宜纳财，吉。初九日，纳财，凶。三十日纳财，凶，会死。十二日、十八日，纳财，吉。十五日、

564-L-31-36

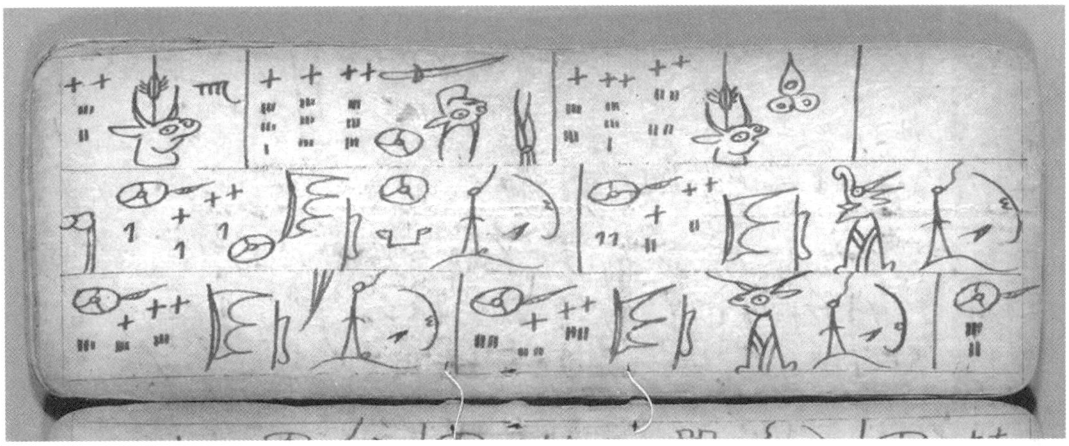

ȵi³³ tsər²¹ uɑ³³ ȵi³³, o³³ dze³³ y²¹, kɑ³³. ｜tshe²¹ ʂər³³ ȵi³³、tshe²¹ gv̩³³ ȵi³³、ȵi³³ tsər²¹ gv̩³³ ȵi³³, o³³
二 十 五 日 财 物 拿 吉 十 七 日 十 九 日 二 十 九 日 财

dze³³ y²¹ me³³ kho⁵⁵ dər³³ kv̩⁵⁵. ｜tshe²¹ tʂhuɑ⁵⁵ ȵi³³、ȵi³³ tsər²¹ ʂər³³ ȵi³³、ȵi³³ tsər²¹ ho⁵⁵ ȵi³³, o³³
物 拿 是 杀 该 会 十 六 日 二 十 七 日 二 十 八 日 财

dze³³ y²¹, ɯ³³. ｜
物 拿 吉

tshe³³ do²¹ dɯ³³ ȵi³³、tshe²¹ dɯ³³ ȵi³³、ȵi³³ tsər²¹ dɯ³³ ȵi³³, tshy⁵⁵ ȵi³³ me³³ thv̩³³ khu⁵⁵ bæ²¹.
月 见 一 日 十 一 日 二 十 一 日 趣 东方 方向 奔

ȵi³³ me³³ thv̩³³ tɕy²¹ ʐʅ³³ dʑi³³ bɯ³³ mə³³ ȵi²¹, khuɑ²¹. ｜tshe³³ do²¹ ȵi³³ ȵi³³、tshe²¹ ȵi³³ ȵi³³、
东方 方向 路 行 去 不 可 凶 月 见 二 日 十 二 日

ȵi³³ tsər²¹ ȵi³³ ȵi³³, tshy⁵⁵ lv̩²¹ dzʅ²¹ tɯ³³ khu⁵⁵ bæ²¹. lv̩²¹ dzʅ²¹ tɯ³³ tɕy²¹ ʐʅ³³ dʑi³³ bɯ³³ mə³³ ȵi²¹,
二 十 二 日 趣 龙 居 地 方向 奔 龙 居 地 方向 路 行 去 不 可

khuɑ²¹. ｜tshe³³ do²¹ sʅ²¹ ȵi³³、tshe³³ sʅ²¹ ȵi³³、ȵi³³ tsər²¹ sʅ²¹ ȵi³³, tshy⁵⁵ i³³ tʂhʅ³³ mu²¹ khu⁵⁵ bæ²¹.
凶 月 见 三 日 十 三 日 二 十 三 日 趣 南方 方向 奔

i³³ tʂhʅ³³ mu²¹ tɕy²¹ ʐʅ³³ dʑi³³ bɯ³³ mə³³ ȵi²¹, khuɑ²¹. ｜tshe³³ do²¹ lu³³ ȵi³³、tshe²¹ lu³³ ȵi³³、ȵi³³ tsər²¹
南方 方向 路 行 去 不 可 凶 月 见 四 日 十 四 日 二 十

lu³³ ȵi³³, tshy⁵⁵ y²¹ dzʅ²¹ tɯ³³ khu⁵⁵ bæ²¹. y²¹ dzʅ²¹ tɯ³³ tɕy²¹ ʐʅ³³ dʑi³³ bɯ³³ mə³³ ȵi²¹. khuɑ²¹. ｜
四 日 趣 羊 居 地 方向 奔 羊 居 地 方向 路 行 去 不 可 凶

① 东巴文画的是“麦和牛”，古代纳西先民把五谷和六畜视为“财物”象征，故有此说。

② “初三”与前句日期重复，且凶吉大不一样，而一个月三十天中又少八个日子，存疑。

tshe^{33} do^{21} uɑ^{33} ȵi^{33}、
月 见 五 日

二十五日，宜纳财，吉。十七日、十九日、二十九日，不宜纳财，凶，会被杀。十六日、二十七日、二十八日，宜纳财，吉。

初一、十一日、二十一日，趣①奔向东方，不宜出门远行到东方去，凶。初二、十二日、二十二日，趣奔向龙居地。不宜出门远行到龙居地去，凶。初三、十三日、二十三日，趣奔向南方。不宜出门远行到南方去，凶。初四、十四日、二十四日，趣奔向羊居地。不宜出门远行到羊居地，凶。初五、

564-L-31-37

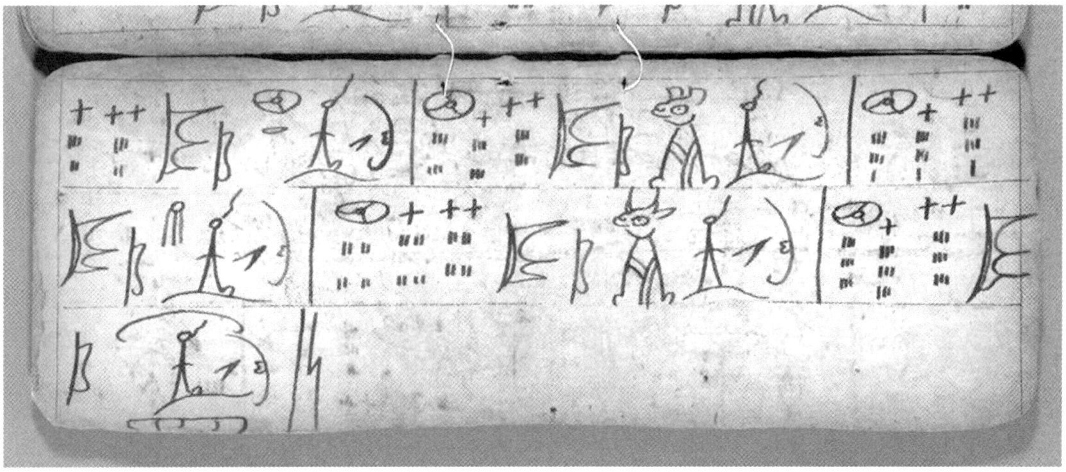

tshe^{21} uɑ^{33} ȵi^{33}、ȵi^{33} tsər^{21} uɑ^{33} ȵi^{33}, tshy^{55} ȵi^{33} me^{33} gv̩^{21} khu^{55} bæ^{21}. ȵi^{33} me^{33} gv̩^{21} tɕy^{21} ʐʅ^{33} dʑi^{33}
十 五 日 二 十 五 日 趣 西方 方向 奔 西方 方向 路 行

bɯ^{33} mə^{33} ȵi^{21}, khuɑ^{21}. | tshe^{33} do^{21} tʂhuɑ^{55} ȵi^{33}、tshe^{21} tʂhuɑ^{55} ȵi^{33}、ȵi^{33} tsər^{21} tʂhuɑ^{55} ȵi^{33}, tshy^{55}
去 不 可 凶 月 见 六 日 十 六 日 二 十 六 日 趣

khɯ^{33} dzʅ^{21} tɯ^{33} khu^{55} bæ^{21}. khɯ^{33} dzʅ^{21} tɯ^{33} tɕy^{21} ʐʅ^{33} dʑi^{33} bɯ^{33} mə^{33} ȵi^{21}, khuɑ^{21}. | tshe^{33} do^{21}
狗 居 地 方向 奔 狗 居 地 方向 路 行 去 不 可 凶 月 见

ʂər^{33} ȵi^{33}、tshe^{21} ʂər^{33} ȵi^{33}、ȵi^{33} tsər^{21} ʂər^{33} ȵi^{33}, tshy^{55} ho^{33} gv̩^{33} lo^{21} khu^{55} bæ^{21}. ho^{33} gv̩^{33} lo^{21} tɕy^{21}
七 日 十 七 日 二 十 七 日 趣 北方 方向 奔 北方 方向

ʐʅ^{33} dʑi^{33} bɯ^{33} mə^{33} ȵi^{21}, khuɑ^{21}. | tshe^{33} do^{21} ho^{55} ȵi^{33}、tshe^{21} ho^{55} ȵi^{33}、ȵi^{33} tsər^{21} ho^{55} ȵi^{33}, tshy^{55}
路 行 去 不 可 凶 月 见 八 日 十 八 日 二 十 八 日 趣

ɯ^{33} dzʅ^{21} tɯ^{33} khu^{55} bæ^{21}. ɯ^{33} dzʅ^{21} tɯ^{33} tɕy^{21} ʐʅ^{33} dʑi^{33} bɯ^{33} mə^{33} ȵi^{21}, khuɑ^{21}. | tshe^{33} do^{21} gv̩^{33}
牛 居 地 方向 奔 牛 居 地 方向 路 行 去 不 可 凶 月 见 九

① 趣，音译名词。“趣”在纳西语中本为“闪电”之意。但这里的“趣”每天都有，似不是指“闪电”，故音译。

ȵi^{33}、tshe^{21} gv̩^{33} ȵi^{33}、ȵi^{33} tsər^{21} gv̩^{33} ȵi^{33}, tshy^{55} mɯ^{33} nɯ^{21} dy^{21} ly^{55} gv̩^{33} khu^{55} bæ^{21}. mɯ^{33} nɯ^{21} dy^{21}
日 十 九 日 二 十 九 日 趣 天 和 地 中间 方向 奔 天 和 地

ly^{55} gv̩^{33} tɕy^{21} ʐʅ^{33} dʑi^{33} bɯ^{33} mə^{33} ȵi^{21}, khuɑ^{21}.
中间 方向 路 行 去 不 可 凶

十五日、二十五日，趣奔向西方。不宜出门远行到西方去，凶。初六、十六日、二十六日，趣奔向狗居地。不宜出门远行到狗居地去，凶。初七、十七日、二十七日，趣奔向北方。不宜出门远行到北方去，凶。初八、十八日、二十八日，趣奔向牛居地。不宜出门远行到牛居地去，凶。初九、十九日、二十九日，趣奔向天地中间。不宜出门远行到天地中间去，凶。

564-L-31-38

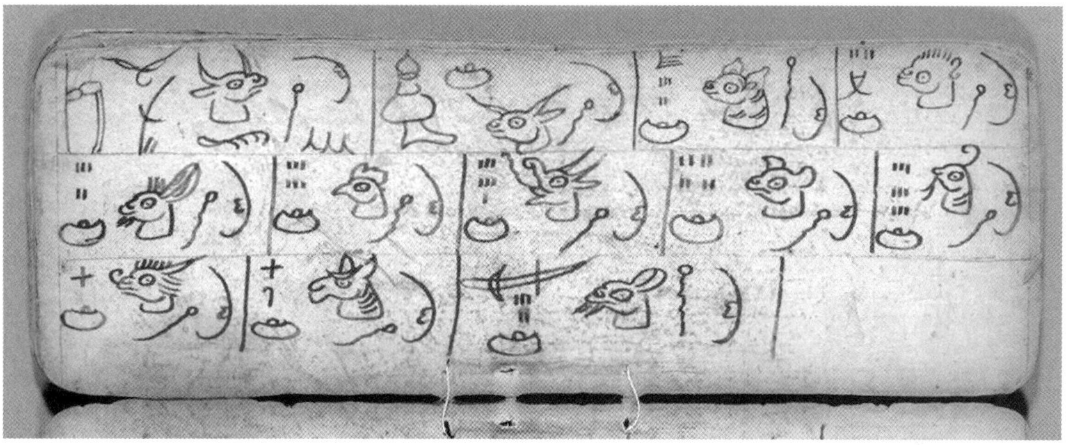

iə^{21} py^{21} he^{33}, ɯ^{33} khv̩^{55}, dʑi^{33}. mə^{33} mi^{33}① | he^{21} dʑiə^{33} he^{33}, y^{21} khv̩^{55}, dʑi^{33}. | sɑ^{55} uɑ^{33} he^{33},
正月 牛 岁 厄运 二月 羊 岁 厄运 三月

lɑ^{33} khv̩^{55}, dʑi^{33}. | lu^{55} me^{33} he^{33}, ə^{55} y^{21} khv̩^{55}, dʑi^{33}. | uɑ^{55} me^{33} he^{33}, tho^{33} le^{33} khv̩^{55}, dʑi^{33}. |
虎 岁 厄运 四月 猴 岁 厄运 五月 兔 岁 厄运

tʂhuɑ^{55} me^{33} he^{33}, æ^{21} khv̩^{55}, dʑi^{33}. | sæ^{33} me^{33} he^{33}, lv̩^{21} khv̩^{55}, dʑi^{33}. | huɑ^{55} me^{33} he^{33}, khɯ^{33}
六月 鸡 岁 厄运 七月 龙 岁 厄运 八月 狗

khv̩^{55}, dʑi^{33}. | guə^{33} me^{33} he^{33}, ʐʅ^{21} khv̩^{55}, dʑi^{33}. | tshe^{21} me^{33} he^{33}, bu^{21} khv̩^{55}, dʑi^{33}. | tshe^{21} də^{33}
岁 厄运 九月 蛇 岁 厄运 十月 猪 岁 厄运 十一月

he^{33}, ʐuɑ^{33} khv̩^{55}, dʑi^{33}. | dɑ^{33} uɑ^{33} he^{33}, fv̩^{55} khv̩^{33}, dʑi^{33}.
马 岁 厄运 十二月 鼠 岁 厄运

正月，逢牛日为厄日。二月，逢羊日为厄日。三月，逢虎日为厄日。四月，逢猴日为厄日。五月，逢兔日为厄日。六月，逢鸡日为厄日。七月，逢龙日为厄日。八月，逢狗日为厄日。九月，逢蛇日为厄日。十月，逢猪日为厄日。十一月，逢马日为厄日。十二月，逢鼠日为厄日。

① mə^{33} mi^{33}，其义不明，译文略。

564-L-31-39

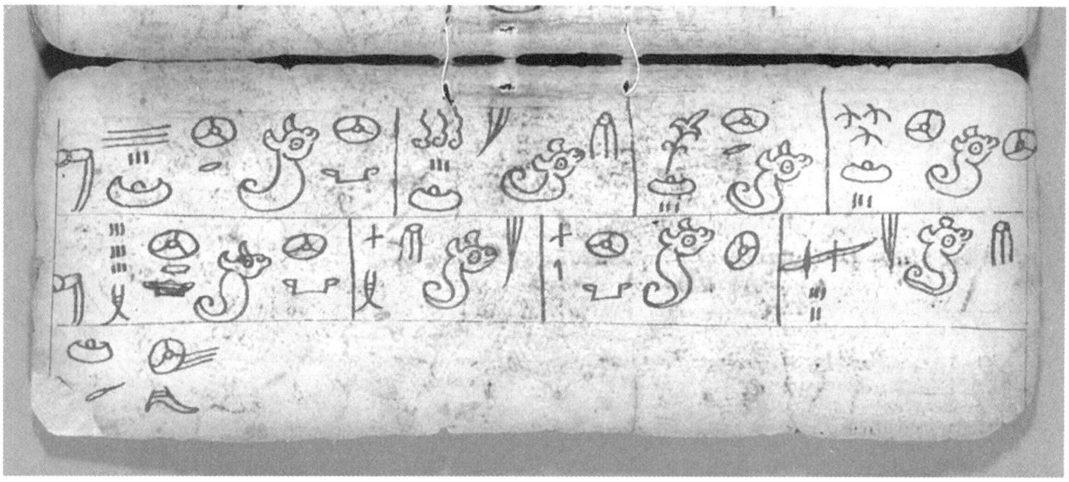

ȵiə^{21} sɿ^{55} he^{33}, mɯ^{33} khɯ^{33} ȵi^{33} me^{33} gv̩^{21} nɯ^{33} ȵi^{33} me^{33} thv̩^{33} tɕy^{21} zɑ^{21}. | zu̩^{21} sɿ^{55} he^{33},
春 三 月 天 狗 西方 以 东方 方向 降 夏 三 月

mɯ^{33} khɯ^{33} i^{33} tʂhʅ^{33} mu^{21} nɯ^{33} ho^{33} gv̩^{33} lo^{21} tɕy^{21} zɑ^{21}. | tshɿ^{55} sɿ^{55} he^{33}, mɯ^{33} khɯ^{33} ȵi^{33} me^{33}
天 狗 南方 以 北方 方向 降 秋 三 月 天 狗 西方

gv̩^{21} nɯ^{33} ȵi^{33} me^{33} thv̩^{33} tɕy^{21} zɑ^{21}. | tshɿ^{33} sɿ^{55} he^{33}, mɯ^{33} khɯ^{33} ȵi^{33} me^{33} thv̩^{33} nɯ^{33} ȵi^{33} me^{33}
以 东方 方向 降 冬 三 月 天 狗 西方 以 东方

gv̩^{21} tɕy^{21} zɑ^{21}. | guə^{33} me^{33} he^{33}, mɯ^{33} khɯ^{33} ȵi^{33} me^{33} gv̩^{21} nɯ^{33} ȵi^{33} ȵi^{33} thv̩^{33} tɕy^{21} zɑ^{21}. |
方向 降 九月 天 狗 西方 以 东方 方向 降

tshe^{21} me^{33} he^{33}, mɯ^{33} khɯ^{33} ho^{33} gv̩^{33} lo^{21} nɯ^{33} i^{33} tʂhʅ^{33} mu^{21} tɕy^{21} zɑ^{21}. | tshe^{21} də^{33} he^{33}, mɯ^{33}
十月 天 狗 北方 以 南方 方向 降 十一月 天

khɯ^{33} ȵi^{33} me^{33} thv̩^{33} nɯ^{33} ȵi^{33} me^{33} gv̩^{21} tɕy^{21} zɑ^{21}. | dɑ^{33} uɑ^{33} he^{33}, mɯ^{33} khɯ^{33} i^{33} tʂhʅ^{33} mu^{21}
狗 东方 以 西方 方向 降 十二月 天 狗 南方

nɯ^{33} ho^{33} gv̩^{33} lo^{21} tɕy^{21} zɑ^{21}. | he^{33} me^{33}、dʑi^{21}, ȵi^{33} me^{33} khɯ^{33}[1].
以 北方 方向 降 月亮 水 太阳 脚

春三月，天狗从西方降到东方。夏三月，天狗从南方降到北方。秋三月，天狗从西方降到东方。冬三月，天狗从东方降到西方。

九月里[2]，天狗从西方降到东方。十月里，天狗从北方降到南方。十一月里，天狗从东方降到西方。十二月里，天狗从南方降到北方。

---

① 这四个东巴文字符无法连读成句，存疑。

② 原文无“一至八月”天狗的走向。又，前文是“四季”，“月”包含在“季里”，“月”天狗的走向又与“季”不同，使人费解。

564-L-31-40

封底

（翻译：王世英）

560-L-32-01

za^{21} ly^{21} · na^{33} tɕhi^{33} mɯ^{33} khɯ^{33} ly^{21}

占卜 · 看娆星 · 看天狗降临

560–L–32 占卜·看娆星·看天狗降临

【内容提要】

本古籍记录的内容有：

一、记录了一个月三十天每天娆星走向的常识。娆星不知应与自然星象中的何种星对应而音译。东巴都认为是一种星，认为日蚀和月蚀是因娆吞食了太阳和月亮。

二、记录了在一年四季中天鹰的飞向。

三、记录了在一年四季及每月三十天中趣在何方位奔跑。

四、记录了一年十二个月每月里天蛇在何方位。

五、记录了四季每季中天狗的走向，以占新媳妇应从何方位接到家为吉顺。

【英文提要】

The Divination. to Divine the Planet *ʐa*, to Divine the Descending of the *Heavenly Hound*

This books records the following parts:

First, it introduces the basic knowledge that ***ʐa*** moves in each day of a month. Here uses the transcription since the ***ʐa*** is an unknown celestial phenomenon. The ***ʐa*** is considered to be a planet by ***to ba***, who believes the forming of solar and lunar eclipses are caused by ***ʐa*** biting off the sun and moon.

Second, it introduces the moving of the ***Aquila*** from spring to winter.

Third, it introduces the moving of the ***Tshy*** from spring to winter and each day of a month.

Fourth, it introduces the direction of the ***Serpent*** from the first to the last month.

Fifth, it introduces the moving of the ***Heavenly Hound***, and the certain direction of greeting a bride that regards to be propitious.

560-L-32-02

“2558”为洛克收藏纳西东巴古籍的序号。上方的字母文字为洛克记下此书的类别和下方四个东巴文之读音。四个东巴文为书名之复写。

560-L-32-03

tshe^{33} do^{21}sʅ^{21} ȵi^{33}, zɑ^{21} khɯ^{33} dzʅ^{21} tɯ^{33} nɯ^{33} khæ^{55}. zɑ^{21} nɯ^{33} tse^{21} sʅ^{33}. | lɑ^{33}、tho^{33} le^{33}、zʅ̢^{21}
月 见 三 日 娆星 狗 居 地 以 射 娆星 以 仄鬼 领 虎 兔 蛇

to^{55} khuɑ^{21}. | tshe^{33} do^{21} ʂər^{33} ȵi^{33}, zɑ^{21} i^{33} tʂhʅ^{33} mu^{21} nɯ^{33} khæ^{55}. zɑ^{21} nɯ^{33} tɕi^{21} nɯ^{21} hər^{33} sʅ^{33}. |
上 凶 月 见 七 日 娆星 南方 以 射 娆星 以 云鬼 和 风鬼 领

lɑ^{33}、tho^{33} le^{33} to^{55} khuɑ^{21}. | tshe^{33} do^{21} tshe^{21} ȵi^{33}, zɑ^{21} ɯ^{33} dzʅ^{21} tɯ^{33} nɯ^{33} khæ^{55}. zɑ^{21} nɯ^{33} tshʅ^{33}
虎 兔 上 凶 月 见 十 日 娆星 牛 居 地 以 射 娆星 以 楚鬼

sʅ^{33}. lv̩^{21}、 zʅuɑ^{33} to^{55} khuɑ^{21}. | tshe^{21} lu^{33} ȵi^{33}, zɑ^{21} ȵi^{33} me^{33} gv̩^{21} nɯ^{33} khæ^{55}. zɑ^{21} nɯ^{33} mu^{33} tshʅ^{21}
领 龙 马 上 凶 十 四 日 娆星 西方 以 射 娆星 以 猛鬼

sʅ^{33}. ə^{55} y^{21} khv̩^{55}、lɑ^{33} khv̩^{55} to^{55} khuɑ^{21}. | tshe^{21} ʂər^{33} ȵi^{33}, zɑ^{21} lv̩^{21} dzʅ^{21} tɯ^{33} nɯ^{33} khæ^{55}. zɑ^{21}
领 猴岁 虎 岁 上 凶 十 七 日 娆星 龙 居 地 以 射 娆星

nɯ^{33} mɯ^{33} tshʅ^{21} sʅ^{33}. ɯ^{33}、khɯ^{33} to^{55} khuɑ^{21}. ｜ȵi^{33} tsər^{21} dɯ^{33} ȵi^{33}, zɑ^{21} ho^{33} gv̩^{33} lo^{21} nɯ^{33} khæ^{55}.
以 天鬼 领 牛 狗 上 凶 二 十 一 日 娆星 北方 以 射

zɑ^{21} nɯ^{33} he^{21} nɯ^{21} tshʅ^{21} sʅ^{33}. ʐuɑ^{33}、 ə^{55} y^{21} to^{55} khuɑ^{21}. ｜ȵi^{33} tsər^{21} lu^{33} ȵi^{33},
娆星 以 神 和 鬼 领 马 猴 上 凶 二 十 四 日

初三，娆星从狗居地射出。娆星领着仄鬼。凶于属虎、属兔、属蛇的人。初七，娆星从南方射出。娆星领着云鬼和风鬼。凶于属虎、属兔的人。初十，娆星从牛居地射出。娆星领着楚鬼。凶于属龙、属马的人。十四日，娆星从西方射出。娆星领着猛鬼。凶于属猴、属虎的人。十七日，娆星从龙居地射出。娆星领着天鬼。凶于属牛、属狗的人。二十一日，娆星从北方射出。娆星领着神和鬼。凶于属马、属猴的人。二十四日，

560-L-32-04

zɑ^{21} y^{21} dzʅ^{21} tɯ^{33} nɯ^{33} khæ^{55}. zɑ^{21} nɯ^{33} thv̩^{33} tshʅ^{21}、mu^{33} tshʅ^{21} sʅ^{33}. ɯ^{33}、tho^{33} le^{33} to^{55} khuɑ^{21}. ｜
娆星羊 居 地 以 射 娆星 以 土鬼 猛鬼 领 牛 兔 上 凶

ȵi^{33} tshər^{21} ho^{55} ȵi^{33}, zɑ^{21} ȵi^{33} me^{33} thv̩^{33} nɯ^{33} khæ^{55}. zɑ^{21} nɯ^{33} khu^{33} tshʅ^{21} sʅ^{33}. æ^{21}、bu^{21} to^{55}
二 十 八 日 娆星 东方 以 射 娆星 以 孔鬼 领 鸡 猪 上

khuɑ^{21}. ｜tshe^{33} do^{21} dɯ^{33} ȵi^{33}, ｜he^{33} me^{33}、bu^{21}①, ɕi^{33} i^{55} dʐʅ^{21}, zɑ^{21} ȵi^{33} me^{33} gv̩^{21} nɯ^{33} ȵi^{33} me^{33}
凶 月 见 一 日 月亮 坡 人 睡 时 娆星 西方 以 东方

thv̩^{33} khæ^{55}. zɑ^{21} nɯ^{33} khə^{33} gv̩^{33} tshʅ^{21}、dv̩^{21} nɯ^{21} tse^{21}、tɕi^{21} nɯ^{21} hər^{33} sʅ^{33}. ｜tshe^{33} do^{21} uɑ^{33} ȵi^{33},
射 娆星 以 抠古鬼 毒鬼 和 仄鬼 云鬼 和 风鬼 领 月 见 五 日

khv̩^{55} ɯ^{33} thv̩^{33}, zɑ^{21} ȵi^{33} me^{33} thv̩^{33} nɯ^{33} ȵi^{33} me^{33} gv̩^{21} khæ^{55}. ｜tshe^{33} do^{21} ho^{55} ȵi^{33}, sʅ^{55} khɯ^{33}
长庚星 出 娆星 东方 以 西方 射 月 见 八 日 晨光 脚

phər^{21} dʐʅ^{21}, zɑ^{21} lv̩^{21} dzʅ^{21} tɯ^{33} nɯ^{33} khɯ^{33} dzʅ^{21} tɯ^{33} khæ^{55}. ｜khə^{33} gv̩^{33} tshʅ^{21}、tɕi^{21} mu^{21} hər^{33}
白 时 娆星龙 居 地 以 狗 居 地 射 抠古鬼 云鬼 兵 风鬼

① 这两个字符连读则成“月亮在坡上”，未表准确时段，译文中略。

mu^{21}、tshɿ^{33} nɯ^{21} iə^{21} sɿ^{33}.
兵 楚鬼 和 尤鬼 领

娆星从羊居地射出。娆星领着土鬼和猛鬼。凶于属牛、属兔的人。二十八日，娆星从东方射出。娆星领着孔鬼。凶于属鸡和属猪的人。初一，人入睡时，娆星从西方射向东方。娆星领着抠古鬼、毒鬼和仄鬼、云鬼和风鬼。初五，长庚星升起时，娆星从东方射向西方。初八，晨光初现时，娆星从龙居地射向狗居地。娆星领着抠古鬼、云鬼兵和风鬼兵、楚鬼和尤鬼。

560-L-32-05

tshe^{33} do^{21} gv̩^{33} ȵi^{33}, kɯ^{21} bu^{33} thv̩^{33}, zɑ^{21} khɯ^{33} dzɿ^{21} tɯ^{33} nɯ^{33} lv̩^{21} dzɿ^{21} tɯ^{33} khæ^{55}. zɑ^{21} nɯ^{33} tər^{21}
月 见 九 日 星 亮 出 娆星 狗 居 地 以 龙 居 地 射 娆星 以 呆鬼

sɿ^{33}. | tshe^{21} gv̩^{33} ȵi^{33}, tʂhu^{21} thv̩^{55} dzʅ^{21}, zɑ^{21} ȵi^{33} me^{33} gv̩^{21} nɯ^{33} ȵi^{33} me^{33} thv̩^{33} khæ^{55}. | ȵi^{33} tsər^{21}
领 十 九 日 晚饭 做 时 娆星 西方 以 东方 射 二 十

ȵi^{33} ȵi^{33}, zɑ^{21} khɯ^{33} dzɿ^{21} tɯ^{33} nɯ^{33} lv̩^{21} dzɿ^{21} tɯ^{33} khæ^{55}. | zɑ^{21} nɯ^{33} mɯ^{33} tshɿ^{21}、tɕi^{21} tshɿ^{21} hər^{33}
二 日 娆星 狗 居 地 以 龙 居 地 射 娆星 以 天 鬼 云鬼 风

tshɿ^{21}、sɿ^{21} mu^{21} sɿ^{33}. | ȵi^{33} tsər^{21} sɿ^{21} ȵi^{33}, khv̩^{55} ɯ^{33} thv̩^{33} khv̩^{55} tər^{55}, zɑ^{21} lv̩^{21} dzɿ^{21} tɯ^{33} nɯ^{33} khɯ^{33}
鬼 署 兵 领 二 十 三 日 长庚星 出 傍晚 娆星 龙 居 地 以 狗

dzɿ^{21} tɯ^{33} khæ^{55}. | ȵi^{33} tsər^{21} uɑ^{33} ȵi^{33}, æ^{21} tɕy^{21} ɕi^{33} i^{55} sɿ^{33}dzʅ^{21}, | zɑ^{21} i^{33} tʂhʅ^{33} mu^{21} nɯ^{33} ho^{33} gv̩^{33}
居 地 射 二 十 五 日 鸡 鸣 人 睡 醒 时 娆星 南方 以 北方

lo^{21} khæ^{55}. thv̩^{33} tshɿ^{21} ɯ^{33} kv̩^{33} dzɿ^{21}、tshɿ^{21} nɯ^{21} ȵiə^{21}、dv̩^{21} nɯ^{21} tse^{21}、tər^{21} nɯ^{21} lɑ^{33} sɿ^{33}.
射 土鬼 牛 头 生 除鬼 和 忸鬼 毒鬼 和 仄鬼 呆鬼 和 佬鬼 领

初九，星发亮时，娆星从狗居地射向龙居地。娆星领着呆鬼。十九日，做晚饭时，娆星从西方射向东方。二十二日，娆星从狗居地射向龙居地。娆星领着天鬼、云鬼和风鬼，领着署兵。

二十三日，长庚星升起的傍晚，娆星从龙居地射向狗居地。二十五日，鸡啼人睡醒时，娆星从南方射向北方。娆星领着生牛头的土鬼、除鬼和忸鬼、毒鬼和仄鬼、呆鬼和佬鬼。

560-L-32-06

hɯ^{21} nɯ^{21} dʐuo^{33} sɿ^{33}、hər^{33} thʏ̩^{33} tɕi^{21} dzɿ^{33} sɿ^{33}.｜ȵi^{33} tsər^{21} tʂhuɑ^{55} ȵi^{33}, khʏ̩^{55} ɯ^{33} thʏ̩^{33} ɕi^{33} i^{55}
雨 和 冰雹 领 风 起 云 增 领 二 十 六 日 长庚星 出 人 睡

dʐʅ^{21}, zɑ^{21} ho^{33} gʏ̩^{33} lo^{21} nɯ^{33} i^{33} tʂhʅ^{33} mu^{21} tɕy^{21} khæ^{55}. ｜ȵi^{33} tsər^{21} gʏ̩^{33} ȵi^{33}、tshe^{21} dɯ^{33} ȵi^{33},
时 娆星 北方 以 南方 方向 射 二 十 九 日 十 一 日

sɿ^{55} khɯ^{33} phər^{21} dʐʅ^{21}, zɑ^{21} ho^{33} gʏ̩^{33} lo^{21} nɯ^{33} i^{33} tʂhʅ^{33} mu^{21} tɕy^{21} khæ^{55}.｜zɑ^{21} nɯ^{33} tshɿ^{21} nɯ^{21}
晨光 脚白 时 娆星 北方 以 南方 方向 射 娆星 以 除鬼 和

ȵiə^{21}、dʏ̩^{21} nɯ^{21} tse^{21}、tər^{21} nɯ^{21} lɑ^{33}、khuɑ^{33} nɯ^{21} dʐʅ^{33} sɿ^{33}. ｜sɿ^{21} ɕi^{33} tʂhuɑ^{55} tshər^{21}(？) phər^{21}、
忸鬼 毒鬼和仄鬼 呆鬼 和 佬鬼 夸鬼 和 支鬼 领 三 百 六 十 白

ʐuɑ^{33} ɯ^{33}①.｜tshe^{21} ȵi^{33} ȵi^{33}, ɕi^{33} i^{55} sɿ^{33} dʐʅ^{21}、ȵi^{33} me^{33} khɯ^{33} phər^{21} thʏ̩^{33} dʐʅ^{21}、ɕi^{33} i^{55}②、zɑ^{21} i^{33}
马 皮 十 二 日 人 睡 醒 时 太阳 脚 白 出 时 人 睡 娆星南

tʂhʅ^{33} mu^{21} nɯ^{33} ho^{33} gʏ̩^{33} lo^{21} tɕy^{21} khæ^{55}. ｜tshe^{21} uɑ^{33} ȵi^{33}, ȵi^{55} ly^{21} gʏ̩^{33}, zɑ^{21} y^{21} dzɿ^{21} tɯ^{33} nɯ^{33}
方 以 北方 方向 射 十 五 日 中午 娆星 羊 居 地 以

ɯ^{33} dzɿ^{21} tɯ^{33} tɕy^{21} khæ^{55}. zɑ^{21}nɯ^{33} mu^{33} nɯ^{21} ɯ^{21}、tshɿ^{21} nɯ^{21} ȵiə^{21}、he^{21} sɿ^{33}. ｜tʂhə^{55} tshɿ^{21} pɑ^{33}
牛 居 地 方向 射 娆星以 猛鬼 和 恩鬼 除鬼 和 忸鬼 神 领 臭鬼 蛙

kʏ̩^{33} dzɿ^{21}、tshɿ^{33} nɯ^{21} iə^{21}、tɕi^{21} mu^{21} hər^{33} mu^{21} sɿ^{33}. ｜tshe^{21} tʂhuɑ^{55} ȵi^{33}, tʂhu^{21} thʏ̩^{55} dʐʅ^{21},
头 生 楚鬼 和 尤鬼 云鬼 兵 风鬼 兵 领 十 六 日 晚饭 做 时

---

① 此格中的字符无法连读成句，其中“phər^{21} ʐuɑ^{33} ɯ^{33}”三个符号似“月亮”又非“月亮”，音义不明。

② 该字符应属衍文，前文已述及“人醒时”、“太阳出山时”，这里又说“人睡”，前后矛盾，疑衍。

领着暴雨和冰雹、风起云增。二十六日，长庚星升起，人入睡时，娆星从北方射向南方。二十九日、十一日，晨光初现时，娆星从北方射向南方。娆星领着除鬼和忸鬼、毒鬼和仄鬼、呆鬼和佬鬼、夸鬼和支鬼。三百六十……十二日，人睡醒时，太阳射出白光时，娆星从南方射向北方。十五日，中午，娆星从羊居地射向牛居地。娆星领着猛鬼和恩鬼、除鬼和忸鬼，还领着神；领着生蛙头的臭鬼、楚鬼和尤鬼、云鬼兵和风鬼兵。十六日，做晚饭时，

560-L-32-07

ȵi^{33} me^{33} gv̩^{21} dʐʅ^{21}, zɑ^{21} ɯ^{33} dzʅ^{21} tɯ^{33} nɯ^{33} y^{21} dzʅ^{21} tɯ^{33} tɕy^{21} khæ^{55}. | tshe^{21}ʂər^{33} ȵi^{33}, tʂhu^{21} thv̩^{55}

太阳 落 时 娆星 牛 居 地 以 羊 居 地 方向 射 十 七 日 晚饭 做

dʐʅ^{21}①, zɑ^{21} ȵi^{33} me^{33} thv̩^{33} nɯ^{33} ȵi^{33} me^{33} gv̩^{21} tɕy^{21} khæ^{55}. | lv̩^{21} dzʅ^{21} tɯ^{33}、ɯ^{33} so^{33}、ȵi^{33} me^{33} 、

时 娆星 东方 以 西方 方向 射 龙 居 地 牛 全皮 太阳

ʐʅ^{21}②. | tshe^{21} ho^{55} ȵi^{33}, tʂhu^{21} thv̩^{55} dʐʅ^{21}, zɑ^{21} ɯ^{33} dzʅ^{21} tɯ^{33} nɯ^{33} y^{21} dzʅ^{21} tɯ^{33} tɕy^{21} khæ^{55}. | zɑ^{21}

蛇 十 八 日 晚饭 做 时 娆星 牛 居 地 以 羊 居 地 方向 射 娆星

nɯ^{33} tshʅ^{21} nɯ^{21} ȵiə^{21}、khə^{33} gv̩^{33} tshʅ^{21}、uɑ^{33} tshʅ^{21} gv̩^{33} kv̩^{55}、tshʅ^{33} nɯ^{21} iə^{21}、tɕi^{21} tshʅ^{21} hər^{33} tshʅ^{21}

以 除鬼 和 忸鬼 抠古鬼 瓦鬼 九 个 楚鬼 和 尤鬼 云鬼 风鬼

sʅ^{33}. | sʅ^{33} tshər^{21} nɑ^{33} tv̩^{21}③ | dɯ^{33} ȵi^{33}, zɑ^{21} y^{21} dzʅ^{21} tɯ^{33} nɯ^{33} ɯ^{33} dzʅ^{21} tɯ^{33} tɕy^{21} khæ^{55}. | tshe^{33}

领 三十 一 日 娆星 羊 居 地 以 牛 居 地 方向 射 月

do^{21} dɯ^{33} ȵi^{33}, zɑ^{21} ȵi^{33} me^{33} gv̩^{21} nɯ^{33} ȵi^{33} me^{33} thv̩^{33} tɕy^{21} khæ^{55}. | tshe^{33} do^{21} ȵi^{33} ȵi^{33}, tshʅ^{33} hɑ^{33}

见 一 日 娆星 西方 以 东方 方向 射 月 见 二 日 早饭

---

① 原文只写“锅安在三脚铁架”上，未写做“早、午、晚餐”，现据前文释读作“做晚饭”。下一句亦然。

② 这四个字符无法连读成句，存疑。译文中略。

③ “nɑ^{33} tv̩^{21}”是每月“三十日”的纳西语称谓，“sʅ^{33} tshər^{21}”，亦为“三十”，这“三十”则多余了。

dzɿ^{33} dzʅ^{21}, | zɑ^{21} ȵi^{33} me^{33} thv̩^{33} nɯ^{33}
吃 时 娆星 东方 以

太阳落山时，娆星从牛居地射向羊居地。十七日，做晚饭时，娆星从东方射向西方。十八日，做晚饭时，娆星从牛居地射向羊居地。娆星领着除鬼和忸鬼、抠古鬼、九个瓦鬼、楚鬼和尤鬼、云鬼和风鬼。三十日，娆星从羊居地射向牛居地。

初一，娆星从西方射向东方。初二，吃早饭时，娆星从东方射向

560-L-32-08

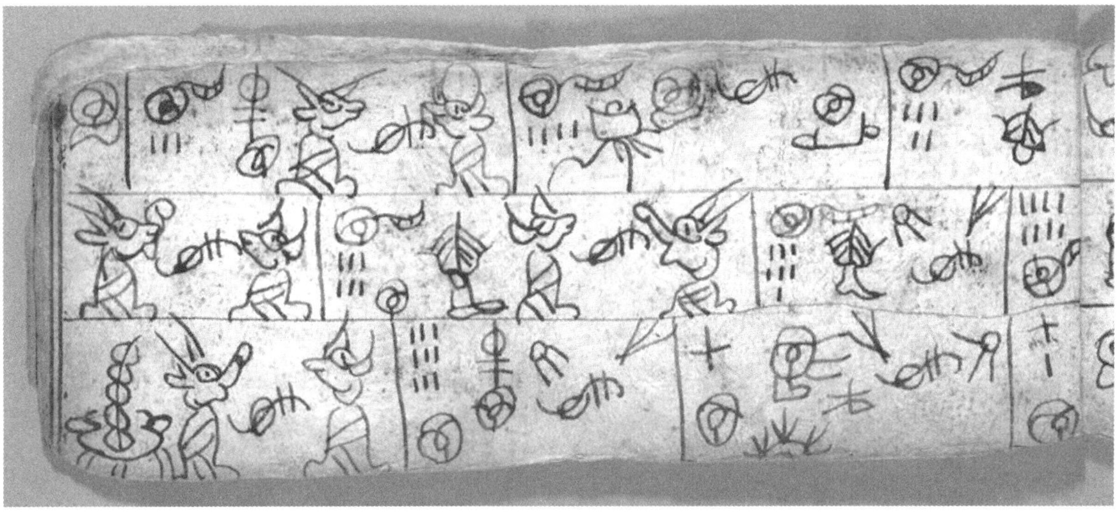

ȵi^{33} me^{33} gv̩^{21} tɕy^{21} khæ^{55}. | tshe^{33} do^{21} sɿ^{21} ȵi^{33}, ȵi^{55} ly^{21} gv̩^{33}, zɑ^{21} y^{21} dzɿ^{21} tɯ^{33} nɯ^{33} ɯ^{33} dzɿ^{21} tɯ^{33}
西方 方向 射 月 见 三日 中午 娆星 羊 居 地 以 牛 居 地

tɕy^{21} khæ^{55}. | tshe^{33} do^{21} lu^{33} ȵi^{33}, he^{33} me^{33} bu^{21} kv̩^{33} thv̩^{33} dzʅ^{21}, zɑ^{21} ȵi^{33} me^{33} gv̩^{21} nɯ^{33} ȵi^{33} me^{33}
方向 射 月 见 四 日 月亮 坡 上 到 时 娆星 西方 以 东方

thv̩^{33} tɕy^{21} khæ^{55}. | tshe^{33} do^{21}uɑ^{33} ȵi^{33}, sɿ^{55} khɯ^{33} phər^{21} do^{21} dzʅ^{21}, | zɑ^{21} lv̩^{21} dzɿ^{21} tɯ^{33}nɯ^{33} khɯ^{33}
方向 射 月 见 五 日 晨光 脚 白 见 时 娆星 龙 居 地 以 狗

dzɿ^{21} tɯ^{33} tɕy^{21} khæ^{55}. | tshe^{33} do^{21} tʂhuɑ^{55} ȵi^{33}, sɿ^{55} khɯ^{33} phər^{21} do^{21} dzʅ^{21}, zɑ^{21} khɯ^{33} dzɿ^{21} tɯ^{33}
居 地 方向 射 月 见 六 日 晨光 脚 白 见 时 娆星 狗居地 以

nɯ^{33} lv̩^{21} dzɿ^{21} tɯ^{33} tɕy^{21} khæ^{55}. | tshe^{33} do^{21} ʂər^{33} ȵi^{33}, sɿ^{55} khɯ^{33} phər^{21} do^{21} dzʅ^{21}, zɑ^{21} ho^{33} gv̩^{33}
龙居地 方向 射 月 见 七 日 晨光 脚 白 见 时 娆星 北方

lo^{21} nɯ^{33} i^{33} tʂhʅ^{33} mu^{21} tɕy^{21} khæ^{55}. | tshe^{33} do^{21} ho^{55} ȵi^{33}, | tʂhu^{21} thv̩^{55} dzʅ^{21}, zɑ^{21} lv̩^{21} dzɿ^{21} tɯ^{33}
以 南方 方向 射 月 见 八 日 晚饭 做 时 娆星 龙 居 地

nɯ^{33} khɯ^{33}dzɿ^{21} tɯ^{33} tɕy^{21} khæ^{55}. | tshe^{33} do^{21} gv̩^{33} ȵi^{33}, ȵi^{55} ly^{21} gv̩^{33}, zɑ^{21} ho^{33} gv̩^{33} lo^{21} nɯ^{33} i^{33}
以 狗 居 地 方向 射 月 见 九 日 中午 娆星 北方 以 南

tʂhʅ^{33} mu^{21} tɕy^{21} khæ^{55}. | tshe^{33} do^{21} tshe^{21} ȵi^{33}, ȵi^{33} me^{33} khɯ^{33} phər^{21} ko^{21} kv̩^{33} nɯ^{33} gə^{21} thv̩^{33}
方 方向 射 月 见 十 日 太阳 脚 光 高原 上 以 往上 升

dʐʅ^{21}, zɑ^{21} i^{33} tʂhʅ^{33} mu^{21} nɯ^{33} ho^{33} gv̩^{33} lo^{21} tɕy^{21} khæ^{55}. | tshe^{21} dɯ^{33} ȵi^{33},
时 娆星 南方 以 北方 方向 射 十 一 日

西方。初三，中午，娆星从羊居地射向牛居地。初四，月亮升上坡的时候①，娆星从西方射向东方。初五，晨光初现时，娆星从龙居地射向狗居地。初六，晨光初现时，娆星从狗居地射向龙居地。初七，晨光初现时，娆星从北方射向南方。初八，做晚饭时，娆星从龙居地射向狗居地。初九，中午，娆星从北方射向南方。初十，太阳从高山上升起时，娆星从南方射向北方。十一日，

560-L-32-09

hu^{21} tɕi^{55} khuɑ^{33}, zɑ^{21} ho^{33} gv̩^{33} lo^{21} nɯ^{33} i^{33} tʂhʅ^{33} mu^{21} tɕy^{21} khæ^{55}. | tshe^{21} ȵi^{33} ȵi^{33}, ȵi^{33} me^{33} bu^{21}
前半夜 娆星 北方 以 南方 方向 射 十 二 日 太阳 坡

kv̩^{33} thv̩^{33}dʐʅ^{21}, zɑ^{21} i^{33} tʂhʅ^{33} mu^{21} nɯ^{33} ho^{33} gv̩^{33} lo^{21}tɕy^{21} khæ^{55}. | tshe^{33} sʅ^{21}ȵi^{33}, æ^{21} tɕy^{21} ȵi^{33} me^{33}
上 到 时 娆星 南方 以 北方 方向 射 十 三 日 鸡 蹄 太阳

bu^{21} kv̩^{33} thv̩^{33} dʐʅ^{21}, zɑ^{21} ho^{33} gv̩^{33} lo^{21} nɯ^{33} i^{33} tʂhʅ^{33} mu^{21} tɕy^{21} khæ^{55}. | tshe^{21} lu^{33} ȵi^{33}, | ȵi^{33} me^{33}
坡 上 升 时 娆星 北方 以 南方 方向 射 十 四 日 太阳

khɯ^{33}phər^{21}so^{33}kv̩^{33} khæ^{55}dʐʅ^{21}, zɑ^{21}lv̩^{21}dzʅ^{21} tɯ^{33}nɯ^{33}khɯ^{33} dzʅ^{21} tɯ^{33}tɕy^{21} khæ^{55}. | tshe^{21}uɑ^{33} ȵi^{33},
脚 白 岭 上 照 时 娆星 龙 居 地 以 狗 居 地 方向 射 十 五 日

tshʅ^{33} hɑ^{33} dzʅ^{33} dʐʅ^{21}, zɑ^{21} y^{21} dzʅ^{21}tɯ^{33} nɯ^{33} ɯ^{33} dzʅ^{21}tɯ^{33} tɕy^{21} khæ^{55}. | tshe^{21} tʂhuɑ^{55} ȵi^{33}, ȵi^{55} ly^{21}
早饭 吃 时 娆星 羊 居 地 以 牛 居 地 方向 射 十 六 日 中午

gv̩^{33}, | zɑ^{21} ȵi^{33} me^{33} gv̩^{21} nɯ^{33} ȵi^{33} me^{33} thv̩^{33} tɕy^{21} khæ^{55}. | tshe^{21} ʂər^{33} ȵi^{33}, hu^{21} tɕi^{55} khuɑ^{33}, zɑ^{21}
娆星 西方 以 东方 方向 射 十 七 日 前半夜 娆星

---

① 月亮升上坡的时候，未表明准确的时段。

ȵi^{33} me^{33} thy̩^{33} nɯ^{33}ȵi^{33} me^{33} gy̩^{21} tɕy^{21} khæ^{55}. | tshe^{21} ho^{55} ȵi^{33}, hu^{21} khuɑ^{33}, zɑ^{21} ȵi^{33} me^{33}gy̩^{21} nɯ^{33}
东方 以 西方 方向 射 十 八 日 深夜 娆星 西方 以

ȵi^{33} me^{33} thy̩^{33} tɕy^{21} khæ^{55}. | tshe^{21} gy̩^{33} ȵi^{33},
东方 方向 射 十 九 日

前半夜，娆星从北方射向南方。十二日，太阳从山上升起时，娆星从南方射向北方。十三日，鸡啼后太阳从山坡上升起时，娆星从北方射向南方。十四日，太阳光照到山巅时，娆星从龙居地射向狗居地。十五日，吃早饭时，娆星从羊居地射向牛居地。十六日，中午，娆星从西方射向东方。十七日，前半夜，娆星从东方射向西方。十八日，深夜，娆星从西方射向东方。十九日，

560-L-32-10

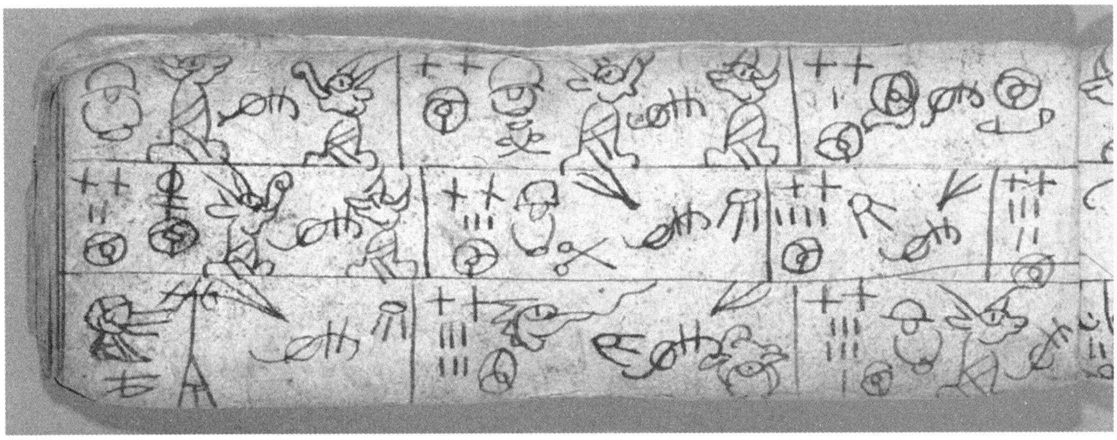

hu^{21} khuɑ^{33}, zɑ^{21}khɯ^{33} dzʅ^{21} tɯ^{33} nɯ^{33} ly̩^{21} dzʅ^{21} tɯ^{33} tɕy^{21} khæ^{55}. | ȵi^{33} tsər^{21} ȵi^{33}, hu^{21}khuɑ^{33} dɯ^{21},
深夜 娆星 狗 居 地 以 龙 居 地 方向 射 二 十 日 后半夜

zɑ^{21} ly̩^{21} dzʅ^{21} tɯ^{33} nɯ^{33} khɯ^{33} dzʅ^{21} tɯ^{33} tɕy^{21} khæ^{55}. | ȵi^{33} tsər^{21} dɯ^{33} ȵi^{33}, zɑ^{21} ȵi^{33} me^{33} gy̩^{21} nɯ^{33}
娆星龙 居 地 以 狗 居 地 方向 射 二 十 一 日 娆星 西方 以

ȵi^{33} me^{33} thy̩^{33} tɕy^{21} khæ^{55}. | ȵi^{33} tsər^{21} ȵi^{33} ȵi^{33}, ȵi^{55} ly^{21} gy̩^{33}, zɑ^{21} ly̩^{21} dzʅ^{21} tɯ^{33} nɯ^{33} khɯ^{33} dzʅ^{21}
东方 方向 射 二 十 二 日 中午 娆星 龙 居 地 以 狗 居

tɯ^{33} tɕy^{21} khæ^{55}. | ȵi^{33} tsər^{21} sʅ^{21} ȵi^{33}, hu^{21} tɕi^{55} khuɑ^{33}, zɑ^{21} i^{33} tʂhʅ^{33} mu^{21} nɯ^{33} ho^{33} gy̩^{33} lo^{21} tɕy^{21}
地 方向 射 二 十 三 日 前半夜 娆星 南方 以 北方 方向

khæ^{55}. | ȵi^{33} tsər^{21} lu^{33} ȵi^{33}, zɑ^{21} ho^{33} gy̩^{33} lo^{21} nɯ^{33} i^{33} tʂhʅ^{33} mu^{21} tɕy^{21} khæ^{55}. | ȵi^{33} tsər^{21} uɑ^{33}
射 二 十 四 日 娆星 北方 以 南方 方向 射 二 十 五

ȵi^{33}, | ȵi^{33} me^{33} khɯ^{33} phər^{21}so^{33} ʂuɑ^{21} ky̩^{33} khæ^{55} dʐʅ^{21}, zɑ^{21} i^{33} tʂhʅ^{33} mu^{21} nɯ^{33} ho^{33} gy̩^{33} lo^{21} tɕy^{21}
日 太阳 脚 白 岭 高 上 照 时 娆星 南方 以 北方 方向

khæ^{55}. | ȵi^{33} tsər^{21}tʂhuɑ^{55} ȵi^{33}, æ^{21} tɕy^{21} dzʅ^{21}, zɑ^{21} ho^{33} gv̩^{33} lo^{21} nɯ^{33} i^{33} tʂhʅ^{33} mu^{21} tɕy^{21} khæ^{55}. ɯ^{33}
射 二 十 六 日 鸡 啼 时 娆星 北方 以 南方 方向 射 牛

ʂʅ^{33} kv̩^{55}. | ȵi^{33} tsər^{21} ʂər^{33} ȵi^{33}, hu^{21} khuɑ^{33}, zɑ^{21} y^{21} dzʅ^{21} tɯ^{33} nɯ^{33}
死 会 二 十 七 日 深夜 娆星 羊 居 地 以

深夜，娆星从狗居地射向龙居地。二十日，后半夜，娆星从龙居地射向狗居地。二十一日，娆星从西方射向东方。二十二日，中午，娆星从龙居地射向狗居地。二十三日，前半夜，娆星从南方射向北方。二十四日，娆星从北方射向南方。二十五日，太阳光照到山巅时，娆星从南方射向北方。二十六日，鸡鸣时，娆星从北方射向南方。会死牛。二十七日，深夜，娆星从羊居地射向

560-L-32-11

ɯ^{33} dzʅ^{21} tɯ^{33} tɕy^{21} khæ^{55}. | ȵi^{33} tsər^{21} ho^{55} ȵi^{33}, ȵi^{55} ly^{21}gv̩^{33}, zɑ^{21} ȵi^{33} me^{33} thv̩^{33} nɯ^{33} ȵi^{33}me^{33} gv̩^{21}
牛 居 地 方向 射 二 十 八 日 中午 娆星 东方 以 西方

tɕy^{21} khæ^{55}. | ȵi^{33} tsər^{21} gv̩^{33} ȵi^{33}, ȵi^{33}me^{33} khɯ^{33} phər^{21} khæ^{55}, zɑ^{21} ɯ^{33} dzʅ^{21} tɯ^{33} nɯ^{33} y^{21} dzʅ^{21}
方向 射 二 十 九 日 太阳 脚 白 射 娆星 牛 居 地 以 羊 居

tɯ^{33} tɕy^{21} khæ^{55}. | sʅ^{33} tshər^{21} ȵi^{33} nɑ^{33} tv̩^{21}, | zɑ^{21} mɯ^{33} nɯ^{33} hɯ^{55} tɕy^{21} khæ^{55} me^{55}. | ȵi^{21} sʅ^{55}
地 方向 射 三 十 日 三十日 娆星 天 以 海 方向 射 的 春 三

he^{33}, lɑ^{33}、tho^{33} le^{33}、lv̩^{21} sʅ^{55} khv̩^{33} uɑ^{21}. | tshe^{33} do^{21} ho^{55} ȵi^{33}、tshe^{21} ho^{55} ȵi^{33}、ȵi^{33} tsər^{21} ho^{55} ȵi^{33},
月 虎 兔 龙 三 岁 是 月 见 八 日 十 八 日 二 十 八 日

ȵi^{33} me^{33} khɯ^{33} phər^{21} khæ^{55} dzʅ^{21}①, mɯ^{33} kə^{55} ȵi^{33} me^{33} thv̩^{33} ȵiə^{21} ly^{21} be^{33} dzi^{21}. | ʐu^{21} sʅ^{55} he^{33},
太阳 脚 白 射 时 天 鹰 东方 处 朝 地 飞 夏 三 月

ʐʅ^{21}、ʐuɑ^{33}、y^{21} sʅ^{55} he^{33} uɑ^{21}. | tshe^{33} do^{21} uɑ^{33} ȵi^{33}、tshe^{21} uɑ^{33} ȵi^{33}、ȵi^{33} tsər^{21} uɑ^{33} ȵi^{33}, mɯ^{33} kə^{55}
蛇 马 羊 三 月 是 月 见 五 日 十 五 日 二 十 五 日 天鹰

① 此句不应是“时间”而应是“方位”，据下文都是互相相对的方向，此处校为“西方”。

ho^{33} gv̩^{33} lo^{21} nɯ^{33} i^{33} tʂhʅ^{33} mu^{21} tɕy^{21} ly^{21} be^{33} dzi^{21}.｜tshʅ^{55} sʅ^{55} he^{33}, ə^{55} y^{21}、æ^{21}、khɯ^{33} sʅ^{55}

北方 以 南方 方向 朝 地 飞 秋 三 月 猴 鸡 狗 三

khv̩^{33} uɑ^{21}.

岁 是

牛居地。二十八日，中午，娆星从东方射向西方。二十九日，太阳升起时，娆星从牛居地射向羊居地。三十日，娆星从天上射向大海。

春三月，为属虎、属兔、属龙三个月，在每月的初八、十八日、二十八日，天鹰从西方飞向东方。夏三月，属蛇、属马、属羊三个月，在每月的初五、十五日、二十五日，天鹰从北方飞向南方。秋三月，为属猴、属鸡、属狗三个月，

560-L-32-12

tshe^{33} do^{21} dɯ^{33} ȵi^{33}、tshe^{21} dɯ^{33} ȵi^{33}、ȵi^{33} tsər^{21} dɯ^{33} ȵi^{33},｜mɯ^{33} kə^{55} i^{33} tʂhʅ^{33} mu^{21} nɯ^{33} ho^{33} gv̩^{33}

月 见 一 日 十 一 日 二 十 一 日 天 鹰 南方 以 北方

lo^{21} tɕy^{21} ly^{21} be^{33} dzi^{21}.｜tshʅ^{33} sʅ^{55} he^{33}, bu^{21}、fv̩^{55}、ɯ^{33} sʅ^{55} he^{33} uɑ^{21}.｜tshe^{33} do^{21} gv̩^{33} ȵi^{33}、tshe^{21}

方向 朝 地 飞 冬 三 月 猪 鼠 牛 三 月 是 月 见 九 日 十

gv̩^{33}ȵi^{33} ȵi^{33} tsər^{21}gv̩^{33} ȵi^{33}, mɯ^{33}kə^{55} ȵi^{33} me^{33} thv̩^{33}nɯ^{33} ȵi^{33} me^{33} gv̩^{21} tɕy^{21} ly^{21} be^{33} dzi^{21}.｜tshy^{55}

九 日 二 十 九 日 天 鹰 东方 以 西方 方向 朝 地 飞 趣

bæ^{21} ly^{21}: ȵi^{21} sʅ^{55} he^{33}, i^{33} tʂhʅ^{33} mu^{21}①tshy^{55} ȵi^{33} me^{33} thv̩^{33} nɯ^{33} bæ^{21}. ȵi^{33} me^{33} thv̩^{33} tɕy^{21} ʐʅ^{33} dʑi^{33}

奔 看 春 三 月 南方 趣 东方 以 奔 东方 方向 路 行

bɯ^{33}mə^{33} ȵi^{21}.｜ʐʅ^{21} sʅ^{55} he^{33}, tshy^{55}i^{33} tʂhʅ^{33} mu^{21} tɕy^{21} nɯ^{33} bæ^{21}. i^{33} tʂhʅ^{33} mu^{21} tɕy^{21}ʐʅ^{33} dʑi^{33} bɯ^{33}

去 不 可 夏 三 月 趣 南方 方向 以 奔 南方 方向 路 行 去

mə^{33} ȵi^{21}.｜tshʅ^{55} sʅ^{55} he^{33}, tshy^{55} ȵi^{33} me^{33} gv̩^{21} nɯ^{33} bæ^{21}. ȵi^{33} me^{33} gv̩^{21} tɕy^{21} ʐʅ^{33} dʑi^{33} bɯ^{33} mə^{33}

不 可 秋 三 月 趣 西方 以 奔 西方 方向 路 行 去 不

① “南方”应为衍文，与“春三月”字符无法连读成句。

ȵi^{21}.｜tshɿ^{33} sɿ^{55} he^{33}, tshy^{55} ho^{33} gv̩^{33} lo^{21} nɯ^{33} bæ^{21}. ho^{33} gv̩^{33} lo^{21} tɕy^{21} ʐʅ^{33} dʑi^{33} bɯ^{33} mə^{33} ȵi^{21}.｜
可 冬 三 月 趣 北方 以 奔 北方 方向 路 行 去 不 可

tshe^{33} do^{21} dɯ^{33} ȵi^{33},
月 见 一 日

在每月的初一、十一日、二十一日，天鹰从南方朝北方飞。冬三月，为属猪、属鼠、属牛的三个月，在每月的初九、十九日、二十九日，天鹰从东方朝西方飞。

看趣[①]奔跑于何方：

春三月，趣奔跑于东方，不宜出门远行到东方。夏三月，趣奔跑于南方，不宜到南方出门远行。秋三月，趣奔跑于西方，不宜出门远行到西方。冬三月，趣奔跑于北方，不宜出门远行到北方。

初一、

560-L-32-13

tshe^{21} dɯ^{33} ȵi^{33}、ȵi^{33} tsər^{21} dɯ^{33} ȵi^{33}, tshy^{55} ȵi^{33} me^{33} thv̩^{33} khu^{55} nɯ^{33} bæ^{21}. ȵi^{33} me^{33} thv̩^{33} tɕy^{21} ʐʅ^{33}
十 一 日 二 十 一 日 趣 东方 方向 以 奔 东方 方向 路

dʑi^{33} bɯ^{33}mə^{33} ȵi^{21}, khuɑ^{21}.｜tshe^{33} do^{21}ȵi^{33} ȵi^{33}、tshe^{21} ȵi^{33} ȵi^{33}、ȵi^{33} tsər^{21} ȵi^{33} ȵi^{33}, tshy^{55} lv̩^{21} dzɿ^{21}
行 去 不 可 凶 月 见 二 日 十 二 日 二 十 二 日 趣 龙 居

tɯ^{33} khu^{55} nɯ^{33} bæ^{21}. lv̩^{21} dzɿ^{21} tɯ^{33} tɕy^{21} ʐʅ^{33} dʑi^{33} bɯ^{33}mə^{33} ȵi^{21}, khuɑ^{21}.｜tshe^{33} do^{21}sɿ^{21}ȵi^{33}、tshe^{33}
地 方向 以 奔 龙 居 地 方向 路 行 去 不 可 凶 月 见 三 日 十

sɿ^{21} ȵi^{33}、ȵi^{33} tsər^{21} sɿ^{21} ȵi^{33}, tshy^{55} i^{33} tʂhʅ^{33} mu^{21} khu^{55} nɯ^{33} bæ^{21}. i^{33} tʂhʅ^{33} mu^{21} tɕy^{21} ʐʅ^{33} dʑi^{33} bɯ^{33}
三 日 二 十 三 日 趣 南方 方向 以 奔 南方 方向 路 行 去

mə^{33} ȵi^{21}, khuɑ^{21}.｜tshe^{33} do^{21} lu^{33} ȵi^{33}、tshe^{21} lu^{33} ȵi^{33}、ȵi^{33} tsər^{21} lu^{33} ȵi^{33}, tshy^{55} y^{21} dzɿ^{21} tɯ^{33} khu^{55}
不 可 凶 月 见 四 日 十 四 日 二 十 四 日 趣 羊 居 地 方向

① 趣，音译名词。在东巴古籍中，“趣”本指“闪电”，但此书中的“趣”四季每天都有，似不是“闪电”，故音译。

nɯ^{33} bæ^{21}. y^{21} dzʅ^{21} tɯ^{33} ʐʅ^{33} dʑi^{33} bɯ^{33} mə^{33} ȵi^{21}, khuɑ^{21}. | tshe^{33} do^{21}uɑ^{33} ȵi^{33}、tshe^{21} uɑ^{33}ȵi^{33}、ȵi^{33}
以 奔 羊居 地 路 行 去 不 可 凶 月 见 五 日 十 五 日 二

tsər^{21} uɑ^{33} ȵi^{33}, tshy^{55} ȵi^{33} me^{33} gv̩^{21}nɯ^{33} bæ^{21}. ȵi^{33}me^{33}gv̩^{21} ʐʅ^{33} dʑi^{33} bɯ^{33} mə^{33} ȵi^{21}, khuɑ^{21}. | tshe^{33}
十 五 日 趣 西方 以 奔 西方 路 行 去 不 可 凶 月

do^{21} tʂhuɑ^{55} ȵi^{33}、tshe^{21} tʂhuɑ^{55} ȵi^{33}、ȵi^{33} tsər^{21} tʂhuɑ^{55} ȵi^{33}, tshy^{55} khɯ^{33} dzʅ^{21} tɯ^{33} nɯ^{33} bæ^{21}. khɯ^{33}
见 六 日 十 六 日 二 十 六 日 趣 狗 居 地 以 奔 狗

dzʅ^{21} tɯ^{33} tɕy^{21} ʐʅ^{33} dʑi^{33} bɯ^{33} mə^{33} ȵi^{21}, khuɑ^{21}. | tshe^{33} do^{21} ʂər^{33} ȵi^{33}、tshe^{21} ʂər^{33} ȵi^{33}、ȵi^{33} tsər^{21}
居 地 方向 路 行 去 不 可 凶 月 见 七 日 十 七 日 二 十

ʂər^{33} ȵi^{33}, tshy^{55} ho^{33} gv̩^{33} lo^{21} khu^{55} nɯ^{33} bæ^{21}. ho^{33} gv̩^{33} lo^{21} tɕy^{21} ʐʅ^{33} dʑi^{33} bɯ^{33} mə^{33} ȵi^{21}, khuɑ^{21}.
七 日 趣 北方 方向 以 奔 北方 方向 路 行 去 不 可 凶

| tshe^{33} do^{21} ho^{55} ȵi^{33}、
月 见 八 日

十一日、二十一日，趣奔跑于东方。不宜出门远行到东方，凶。初二、十二日、二十二日，趣奔跑于龙居地。不宜出门远行到龙居地，凶。初三、十三日、二十三日，趣奔跑于南方。不宜出门远行到南方，凶。初四、十四日、二十四日，趣奔跑于羊居地。不宜出门远行到羊居地，凶。初五、十五日、二十五日，趣奔跑于西方。不宜出门远行到西方，凶。初六、十六日、二十六日，趣奔跑于狗居地。不宜出门远行到狗居地，凶。初七、十七日、二十七日，趣奔跑于北方。不宜出门远行到北方，凶。初八、

560-L-32-14

tshe^{21}ho^{55} ȵi^{33}、ȵi^{33} tsər^{21} ho^{55} ȵi^{33}, tshy^{55} ɯ^{33} dzʅ^{21} tɯ^{33} khu^{55} nɯ^{33} bæ^{21}. ɯ^{33} dzʅ^{21} tɯ^{33}tɕy^{21}ʐʅ^{33} dʑi^{33}
十 八 日 二 十 八 日 趣 牛 居 地 方向 以 奔 牛 居 地 方向 路 行

bɯ^{33} mə^{33} ȵi^{21}, khuɑ^{21}. | tshe^{33} do^{21} gv̩^{33} ȵi^{33}、tshe^{21} gv̩^{33} ȵi^{33}、ȵi^{33} tsər^{21} gv̩^{33} ȵi^{33}, tshy^{55} mɯ^{33} khu^{55}
去 不 可 凶 月 见 九 日 十 九 日 二 十 九 日 趣 天 方向

nɯ^{33} bæ^{21}.mɯ^{33} tɕy^{21} ʐʅ^{33} dʑi^{33} bɯ^{33} mə^{33} ȵi^{21}. | nɑ^{33} ty̩^{21} ȵi^{33}, tshy^{55} dy^{21} khu^{55} nɯ^{33} bæ^{21}. dy^{21} tɕy^{21}
以 奔 天 方向 路 行 去 不 可 三十 日 趣 地 方向 以 奔 地 方向

ʐʅ^{33} dʑi^{33} bɯ^{33} mə^{33} ȵi^{21}, khuɑ^{21}. | iə^{21} py^{21} he^{33}, tho^{33} le^{33}① khy̩^{55}, mɯ^{33} ʐʅ^{21} ly̩^{21} dzʅ^{21} tɯ^{33} dʑy^{21}. |
路 行 去 不 可 凶 正月 兔 岁 天 蛇 龙 居 地 在

he^{21}dʑiə^{33} he^{33}, ly̩^{21} khy̩^{55}. mɯ^{33} ʐʅ^{21} i^{33} tʂhʅ^{33}mu^{21}dʑy^{21}. | sɑ^{55}uɑ^{33} he^{33}, ʐʅ^{21} khy̩^{55}, mɯ^{33}ʐʅ^{21} y^{21} dzʅ^{21}
二月 龙 岁 天 蛇 南方 在 三月 蛇 岁 天 蛇 羊 居

tɯ^{33} dʑy^{21}. | lu^{55} me^{33} he^{33}, ʐuɑ^{33} khy̩^{55}, | mɯ^{33} ʐʅ^{21} ȵi^{33} me^{33} gy̩^{21} dʑy^{21}. | uɑ^{55} me^{33} he^{33}, y^{21} khy̩^{55}.
地 在 四月 马 岁 天 蛇 西方 在 五月 羊 岁

mɯ^{33} ʐʅ^{21} khɯ^{33} dzʅ^{21} tɯ^{33} dʑy^{21}. | tʂhuɑ^{55} me^{33} he^{33}, ə^{55} y^{21} khy̩^{55}, mɯ^{33} ʐʅ^{21} ho^{33} gy̩^{33} lo^{21} dʑy^{21}. |
天 蛇 狗 居 地 在 六月 猴 岁 天 蛇 北方 在

sæ^{33} me^{33} he^{33}, æ^{21} khy̩^{55}, | mɯ^{33} ʐʅ^{21} ɯ^{33} dzʅ^{21} tɯ^{33} dʑy^{21}.
七月 鸡 岁 天 蛇 牛 居 地 在

十八日、二十八日，趣奔跑于牛居地。不宜出门远行到牛居地，凶。初九、十九日、二十九日，趣奔跑于天，不宜出门远行到天的方向，凶。三十日，趣奔跑于地。不宜出门远行去大地的方向，凶。

正月，属兔，天蛇居于龙居地。二月，属龙，天蛇居于南方。三月属蛇，天蛇居于羊居地。四月，属马，天蛇居于西方。五月，属羊，天蛇居于狗居地。六月，属猴，天蛇居于北方。七月，属鸡，天蛇居于牛居地。

560-L-32-15

huɑ^{55} me^{33} he^{33}, khɯ^{33} khy̩^{55}, mɯ^{33} ʐʅ^{21} ȵi^{33} me^{33} thy̩^{33} dʑy^{21}. | guə^{33} me^{33} he^{33}, bu^{21} khy̩^{55}.mɯ^{33} ʐʅ^{21}
八月 狗 岁 天 蛇 东方 在 九月 猪 岁 天 蛇

① “正月”非属“兔”，属“虎”，原文疑误。下文各月之属相都错了，现按原文译之。

lv̩21 dzɿ21 tɯ33 dʑy21.｜tshe21 me33 he33, fv̩55 khv̩33, mɯ33 zʅ21 i33 tʂhʅ33 mu21 dʑy21.｜tshe21 bə33 he33,
龙 居 地 在 十月 鼠 岁 天 蛇 南方 在 十一月

ɯ33 khv̩55,mɯ33 zʅ21 y21 dzɿ21 tɯ33 dʑy21.｜dɑ33uɑ33 he33, lɑ33 khv̩55, mɯ33zʅ21 ȵi33 me33 gv̩21 dʑy21.｜
牛 岁 天 蛇 羊 居 地 在 十二月 虎 岁 天 蛇 西方 在

mɯ33 zʅ21dʑy21 me33 tɕy21 zʅ33 dʑi33 bɯ33 mə33 ȵi21 me55.｜mɯ33 khɯ33 ȵi33 me33 thv̩33 nɯ33 ȵi33 me33
天 蛇 在 的 方向 路 行 去 不 可 的 天 狗 东方 以 西方

gv̩21 tɕy21zɑ21.｜tho33le33、bu21、y21.｜mɯ33khɯ33 i33 tʂhʅ33 mu21 nɯ33 ho33 gv̩33 lo21 tɕy21 zɑ21①.｜
方向降 兔 猪 羊 天 狗 南方 以 北方 方向 降

iə21 py21 he33 me33, mɯ33 khɯ33 ȵi33 me33 gv̩21 nɯ33 ȵi33 me33 thv̩33 tɕy21 zɑ21.｜i33 tʂhʅ33 mu21、y21
正月 是 天 狗 西方 以 东方 方向 降 南方 羊

dzɿ21 tɯ33 tɕy21 nɯ33 tʂhər33 me33 ʂʅ55 tsɿ13 tshɿ21 me33 ɯ33.｜he21 dʑiə33 he33, mɯ33 khɯ33 ho33 gv̩33
居 地 方向 以 媳妇 新 接 来 的 吉 二月 天 狗 北

lo21 nɯ33 i33 tʂhʅ33 mu21 tɕy21 zɑ21.
方 以 南方 方向 降

八月，属狗，天蛇在东方。九月，属猪，天蛇在龙居地。十月，属鼠，天蛇在南方。十一月，属牛，天蛇在羊居地。十二月，属虎，天蛇在西方。出门远行不宜到天蛇所在的方位去。

天狗从东方降到西方。兔、猪、羊。天狗从南方降到北方。

正月，天狗从西方降到东方。宜从南方、羊居地把新媳妇接到家里，吉。二月，天狗从北方降到南方。

560-L-32-16

khɯ33 dzɿ21 tɯ33 tɕy21、ȵi33 me33 gv̩21 tɕy21 nɯ33 tʂhər33me33 ʂʅ55 tsɿ13 tshɿ21 me33 ɯ33.｜sɑ55 uɑ33 he33,
狗 居 地 方向 西方 方向 以 媳妇 新 接 来 的 吉 三月

① 这三个句子文义不明。“天狗”降临的时间不清，“兔、猪、羊”不知怎么了。这三个属相是相生的属相，但相生又怎么了？只有书写此书的东巴才知道，存疑。

mɯ^{33} khɯ^{33} ȵi^{33} me^{33} thv̩^{33} nɯ^{33} ȵi^{33} me^{33} gv̩^{21} tɕy^{21} zɑ^{21}. | ȵi^{33} me^{33} gv̩^{21}、ɯ^{33} dzʅ^{21} tɯ^{33} tɕy^{21} nɯ^{33}
天 狗 东方 以 西方 方向 降 西方 牛 居 地 方向以

tʂhər^{33} me^{33} ʂʅ^{55} tsʅ^{13} tshʅ^{21} me^{33} ɯ^{33}. | lu^{55} me^{33} he^{33}, mɯ^{33} khɯ^{33} i^{33} tʂhʅ^{33} mu^{21} nɯ^{33} ho^{33} gv̩^{33} lo^{21}
媳妇 新 接 来 的 吉 四月 天 狗 南方 以 北方

tɕy^{21} zɑ^{21}. | ȵi^{33} me^{33} thv̩^{33}、lv̩^{21} dzʅ^{21} tɯ^{33} tɕy^{21} nɯ^{33} tʂhər^{33} me^{33} ʂʅ^{55} tsʅ^{13} tshʅ^{21} me^{33} ɯ^{33}. | uɑ^{55}
方向 降 东方 龙 居 地 方向 以 媳妇 新 接 来 的 吉 五

me^{33} he^{33}, mɯ^{33} khɯ^{33} ȵi^{33} me^{33} gv̩^{21} nɯ^{33} ȵi^{33} me^{33} thv̩^{33} tɕy^{21} zɑ^{21}. | ȵi^{33} me^{33} thv̩^{33}、y^{21} dzʅ^{21} tɯ^{33}
月 天 狗 西方 以 东方 方向 降 东方 羊 居 地

nɯ^{33} tʂhər^{33}me^{33} ʂʅ^{55} tsʅ^{13} tshʅ^{21} me^{33} ɯ^{33}. | tʂhuɑ^{55} me^{33} he^{33}, mɯ^{33} khɯ^{33} ho^{33} gv̩^{33} lo^{21} nɯ^{33} i^{33}
以 媳妇 新 接 来 的 吉 六月 天 狗 北方 以 南方

tʂhʅ^{33} mu^{21} tɕy^{21} zɑ^{21}. | ȵi^{33} me^{33} gv̩^{21}、khɯ^{33} dzʅ^{21} tɯ^{33} tɕy^{21} nɯ^{33} tʂhər^{33} me^{33} ʂʅ^{55} tsʅ^{13} tshʅ^{21} me^{33}
方向 降 西方 狗 居 地 方向 以 媳妇 新 接 来 的

ɯ^{33}. | sæ^{33} me^{33} he^{33}, mɯ^{33} khɯ^{33} ȵi^{33} me^{33} thv̩^{33} nɯ^{33} ȵi^{33} me^{33} gv̩^{21} tɕy^{21} zɑ^{21}.
吉 七月 天 狗 东方 以 西方 方向 降

宜从狗居地、西方把新媳妇接来，吉。三月，天狗从东方降到西方。宜从西方或牛居地把新媳妇接来，吉。四月，天狗从南方降到北方。宜从东方或龙居地把新媳妇接来，吉。五月，天狗从西方降到东方。宜从东方或羊居地把新媳妇接来，吉。六月，天狗从北方降到南方。接新媳妇宜从西方或狗居地而来，吉。七月，天狗从东方降到西方。

560-L-32-17

lv̩^{21}dzʅ^{21}tɯ^{33} tɕy^{21} nɯ^{33} tʂhər^{33}me^{33} ʂʅ^{55} tsʅ^{13} tshʅ^{21} me^{33} ɯ^{33}. | huɑ^{55} me^{33} he^{33}, mɯ^{33} khɯ^{33} i^{33} tʂhʅ^{33}
龙 居 地 方向 以 媳妇 新 接 来 的 吉 八月 天 狗 南方

mu^{21}nɯ^{33} ho^{33} gv̩^{33}lo^{21} tɕy^{21}zɑ^{21}. | lv̩^{21} dzʅ^{21} tɯ^{33} tɕy^{21} nɯ^{33} tʂhər^{33} me^{33} ʂʅ^{55} tsʅ^{13} tshʅ^{21} me^{33} ɯ^{33}. |
以 北方 方向 降 龙 居 地 方向 以 媳妇 新 接 来 的 吉

guə^{33} me^{33} he^{33}, mɯ^{33} khɯ^{33} ȵi^{33} me^{33} gv̩^{21} nɯ^{33} ȵi^{33} me^{33} thv̩^{33} tɕy^{21} zɑ^{21}. i^{33} tʂhʅ^{33} mu^{21} tɕy^{21} nɯ^{33}
九月 天 狗 西方 以 东方 方向 降 南方 方向 以

tʂhər^{33} me^{33} ʂʅ^{55} tsʅ^{13} tshʅ^{21} me^{33} ɯ^{33}. tshe^{21} me^{33} he^{33}, mɯ^{33} khɯ^{33} ho^{33} gv̩^{33} lo^{21} nɯ^{33} i^{33} tʂhʅ^{33} mu^{21}
媳妇 新 接 来 的 吉 十月 天 狗 北方 以 南方

tɕy^{21} zɑ^{21}. | ɯ^{33} dzʅ^{21} tɯ^{33} tɕy^{21} nɯ^{33} tʂhər^{33} me^{33} ʂʅ^{55} tsʅ^{13} tshʅ^{21} me^{33} ɯ^{33}. | tshe^{21} də^{33} he^{33}, mɯ^{33}
方向 降 牛 居 地 方向 以 媳妇 新 接 来 的 吉 十一月 天

khɯ^{33} ȵi^{33} me^{33} thv̩^{33} nɯ^{33} ȵi^{33} me^{33} gv̩^{21} tɕy^{21} zɑ^{21}. | y^{21} dzʅ^{21} tɯ^{33} tɕy^{21} nɯ^{33} tʂhər^{33} me^{33} ʂʅ^{55} tsʅ^{13}
狗 东方 以 西方 方向 降 羊 居 地 方向 以 媳妇 新 接

tshʅ^{21} me^{33} ɯ^{33}. | dɑ^{33} uɑ^{33} he^{33}, mɯ^{33} khɯ^{33} i^{33} tʂhʅ^{33} mu^{21} nɯ^{33} ho^{33} gv̩^{33} lo^{21} tɕy^{21} zɑ^{21}. | lv̩^{21} dzʅ^{21}
来 的 吉 十二月 天 狗 南方 以 北方 方向 降 龙 居

tɯ^{33} tɕy^{21} nɯ^{33} tʂhər^{33} me^{33} ʂʅ^{55} tsʅ^{13} tshʅ^{21} me^{33} ɯ^{33}. | mi^{55} nɯ^{33} mɯ^{33} khɯ^{33}、mɯ^{33} kə^{55} dzæ^{33} ly^{21}.①
地 方向 以 媳妇 新 接 来 的 吉 女 以 天 狗 天 鹰 骑 看

接新媳妇宜从龙居地而来，吉。八月，天狗从南方降到北方。宜从龙居地把新媳妇接来，吉。九月，天狗从西方降到东方。宜从南方把新媳妇接来，吉。十月，天狗从北方降到南方。接新媳妇宜从牛居地而来，吉。十一月，天狗从东方降到西方。接新媳妇宜从羊居地而来，吉。十二月，天狗从南方降到北方。接新媳妇宜从龙居地而来，吉。

看女人骑天狗和天鹰：

560-L-32-18

ʐuɑ^{33}、lɑ^{33}、gv̩^{33} khɯ^{33}、khu^{33}、sɑ^{33}②. | mi^{55} nɯ^{33} mɯ^{33} khɯ^{33} dzæ^{33} me^{33}, tshʅ^{33} iə^{21} py^{21} mə^{33}
马 虎 九 狗 门 气 女 以 天 狗 骑 的 楚鬼 尤鬼 祭 不

ȵi^{21}. | mɯ^{33} khɯ^{33}、mi^{55} nɯ^{21} zo^{33} ʂər^{55}③. | py^{21} ʂər^{33} be^{33} mə^{33} ɯ^{33}. | mi^{55} nɯ^{33} mɯ^{33} khɯ^{33} dzæ^{33}
可 天 狗 女 和 男 满 祭 事 做 不 吉 女 以 天 狗 骑

---

① 这种占卜法不知如何使用，笔者翻译的近百种占卜书中均未见过。后文中只说“女人骑天狗”，而怎样看“女人骑天狗”却没有写明，只好按原文记音译之。另外，下文未提到“天鹰”。

② 这六个字符无法连读成句，存疑。译文中略。

③ 这些字符无法连读成句，存疑。

me^{33}, tʂhə^{55} py^{21} bɯ^{21} py^{21} dər^{33}. | tho^{33} lo^{33} tshɿ^{21} py^{21} dər^{33}. | sɿ^{55} khv̩^{21} o^{21} ʂər^{55} dər^{33}. | mi^{55} nɯ^{33}
的 秽 祭 苯鬼 祭 该 妥罗鬼 祭 该 素神 请 魂 赎 该 女 以

mɯ^{33} khɯ^{33}dzæ^{33} me^{33}, æ^{21} nɯ^{33} sɿ^{21} ku^{55} ɕy^{55} dər^{33}. | ȵi^{33} me^{33} thv̩^{33}、ȵi^{33} me^{33} gv̩^{21} ʥy^{21} kv̩^{33} ʥi^{21}
天 狗 骑 的 鸡 的 署 许愿 该 东方 西方 山 上 水

thv̩^{33} kv̩^{33}, bɯ^{21} nɯ^{33} ʐʅ^{33} ʂu^{21} pu^{55}, nɯ^{21} me^{55} o^{21} me^{33} dər^{33}. ɕy^{55} dzər^{21}、kə^{55}①. py^{33} bv̩^{21} nɯ^{33} ɯ^{33}
出 处 女 以 酒 纯 带 生儿 求 育女 求 该 柏树 鹰 祭司 以 牛

phər^{21} tse^{21}, to^{55} khɯ^{55} dər^{33}. | ɕy^{55} hər^{21} nɑ^{33} tsɑ^{21} tshɿ^{55}, sɿ^{21} gv̩^{21} dər^{33}. bɯ^{21} py^{21} dər^{33}.
白 用 消灾仪式 该 柏 绿 纳召 建 署 祭 该 苯鬼 祭 该

女人骑天狗，不宜进行祭楚鬼和尤鬼的法仪。女人骑天狗，该进行除秽仪式和祭苯鬼的仪式。要祭妥罗鬼。要进行请素神仪式并赎魂。女人骑天狗，要祭署并献放生鸡许下来年再祭之愿。要在东山和西山出水处，由女人带着酒以求福泽子嗣。要由东巴祭司用白牛作牺牲进行消灾仪式。要建翠柏纳召。要祭署。要祭苯鬼。

560-L-32-19

sɿ^{55} khv̩^{21} o^{21} ʂər^{55} dər^{33}. | mi^{55} nɯ^{33} mɯ^{33} khɯ^{33} dzæ^{33} me^{33}, mɯ^{33} tsɿ^{21}②. lɑ^{33} mɑ^{21} nɯ^{33} dɑ^{33} khə^{21}
素神请 魂 赎 该 女 以 天 狗 骑 的 天 铃 喇嘛 以 鼓

lɑ^{55}, py^{33}bɑ^{33} tse^{21},mi^{33} tshɿ^{21} thv̩^{55} dər^{33}. | tho^{33} lo^{33} tshɿ^{21} py^{21} dər^{33}. | mi^{55} nɯ^{33} mɯ^{33} khɯ^{33} dzæ^{33}
敲 降魔杵 用 火鬼 驱 该 妥罗鬼 祭 该 女 以 天 狗 骑

me^{33}, tʂhə^{55} py^{21} dər^{33}. | tho^{33} lo^{33} tshɿ^{21} py^{21} dər^{33}. mɯ^{33}、zo^{33}③. | mi^{55} nɯ^{33} mɯ^{33}khɯ^{33}dzæ^{33} me^{33},
的 秽 祭 该 妥罗鬼 祭 该 天 男 女 以 天 狗 骑 的

mɯ^{33} dər^{33} sɿ^{55} dər^{33}, zɑ^{21} py^{21} dər^{33}. | tshe^{33} do^{21} dɯ^{33} ȵi^{33}, lɑ^{33} ɕy^{21} khu^{33} ȵi^{33} me^{33} thv̩^{33} tɕy^{21}
天 错 认 该 娆星 祭 该 月 见 一 日 虎 红 嘴 东方 方向

① 这些字符无法连读成句，存疑。

② 这两个字符无法连读成句，存疑。

③ 这两个字符无法连读成句，存疑。

ly^{21}. | tshe^{33} do^{21} ho^{55} ȵi^{33}, la^{33} ɕy^{21} khu^{33} i^{33} tʂhʅ^{33} mu^{21} tɕy^{21} ly^{21}. | tshe^{21} ua^{33} ȵi^{33}, la^{33} ɕy^{21} khu^{33}
朝 月 见 八 日 虎 红 嘴 南方 方向 朝 十 五 日 虎 红 嘴

ȵi^{33} me^{33} gv̩^{21} tɕy^{21} ly^{21}. | ȵi^{33} tsər^{21} ȵi^{33} ȵi^{33}, la^{33} ɕy^{21} khu^{33} ho^{33} gv̩^{33} lo^{21} tɕy^{21} ly^{21}. |
西方 方向 朝 二 十 二 日 虎 红 嘴 北方 方向 朝

该进行祭素神并赎魂的法仪。女人骑天狗，要由喇嘛敲着法鼓用降魔杵驱赶火鬼。要祭妥罗鬼。女人骑天狗，要进行除秽仪式。要祭妥罗鬼。女人骑天狗，要进行向天认错的仪式。要祭娆星。

初一，红虎的嘴朝向东方。初八，红虎的嘴朝向南方。十五日，红虎的嘴朝向西方。二十二日，红虎的嘴朝向北方。

560-L-32-20

y^{21} me^{33} to^{55} tshʅ^{21}. | khu^{33} to^{55} tshʅ^{21} kv̩^{55} ʂə^{55}. | kua^{21} to^{55} tshʅ^{21} kv̩^{55}. | tʂhər^{33} me^{33} to^{55} tshʅ^{21}
婆婆 上 缠 门 上 缠 会 说 灶 上 缠 会 媳妇 上 缠

kv̩^{55}. | he^{33} tɕi^{55} uæ^{33} tɕy^{21} nɯ^{33} dʑi^{33}. | he^{33} dɯ^{21} uæ^{33} tɕy^{21} nɯ^{33} dʑi^{33}. | khua^{21} to^{55} tshʅ^{21}. | tha^{55}
会 月 小 左 方向 以 走 月 大 左 方向 以 走 灶 上 缠 塔

to^{55} tshʅ^{21}. | dʑi^{21} to^{55} tshʅ^{21} kv̩^{55}. pa^{33} kə^{21}. kua^{33} dzʅ^{21} to^{55} tshʅ^{21}. kua^{33} pa^{55} to^{55} tshʅ^{21} kv̩^{55}. | he^{33}
上 缠 房 上 缠 会 巴格 厨师 上 缠 帮厨 上 缠 会 月

tɕi^{55} i^{21} tɕy^{21} nɯ^{33} dʑi^{33}. | khv̩^{55} tər^{55}, la^{33}. | dʑy^{33}、ka^{33}①. | me^{33} tɕhi^{33} hua^{55} me^{33} to^{55} tshʅ^{21}. | he^{33}
小 右 方向 以 走 傍晚 虎 蔓菁 吉 妯娌 姑子 上 缠 月

dɯ^{21} i^{21} tɕy^{21} nɯ^{33} dʑi^{33}. | mu^{55} ɯ^{33} to^{55} tshʅ^{21} kv̩^{55}. | a^{33} gv̩^{33} to^{55} tshʅ^{21}. | khu^{33}、lɯ^{33} sʅ^{33} to^{55} tshʅ^{21}
大 右 方向 以 走 新郎 上 缠 会 舅舅 上 缠 门 箭 上 缠

kv̩^{55}. | mə^{33}、ne^{33}、sʅ^{55}、zo^{33}、uæ^{33}②.
会 不 天芯米 素神 男 左

① 这五个字符无法连读成句，存疑。

② 这五个字符无法连读成句，存疑。

鬼会缠于婆婆。鬼会缠于门。鬼会缠于灶。鬼会缠于媳妇。月小向左方走。月大向左方走。鬼会缠于灶。鬼会缠于塔。鬼会缠于房子。巴格①。鬼会缠于厨师。鬼会缠于帮厨。月小往右方走。鬼会缠于妯娌和姑子。月大往右方走，鬼会缠于新郎。鬼会缠于舅舅。鬼会缠于门和箭②。

560-L-32-21

he^{33} me^{33}、ɕi^{33} i^{55}、ky̩^{55}③. | kuɑ^{33} dzʅ^{21} to^{55} tshʅ^{21}.

月亮　人 睡　会　厨师　上 缠

鬼会缠于厨师。

560-L-32-22

封底

（翻译：王世英）

① 巴格，纳西族用十二生肖、五行及白、绿、花、黑、黄五色表示方位的一种图。又，这个字符与前后文无关。

② 说明：此页所记的内容，似为算在结婚的日子里鬼会作祟于什么的内容，应以每月的几号为依据，但原书未写明。一般以作一个图表示，但此位东巴用文字来表示。现只好按原文加以音译。

③ 这几个字符无法连读成句。存疑。

472-L-35-01

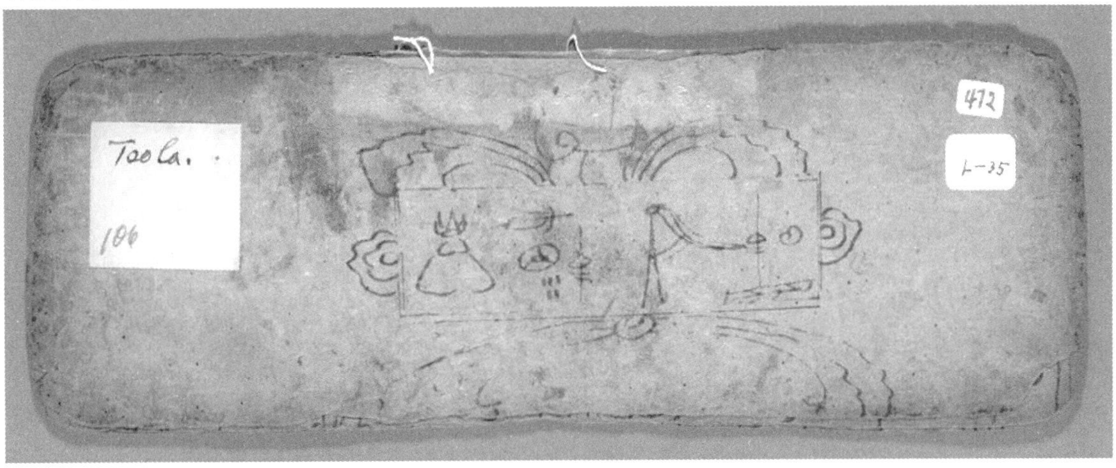

zɑ^{21} khæ^{55} ȵi^{55} uɑ^{33} ly^{21} •

kv̩^{33} tʂhər^{33} sɿ^{21} ly^{21} the^{33} ɯ^{33}

占卜·用娆星占卜·看洗头的卦辞之书

472–L–35 占卜·用娆星占卜·看洗头的卦辞之书

【内容提要】

本古籍记录了如下内容：

一、一个月里每天天狗从何方位降到何方位，以占卜新媳妇应从何方位迎娶到家里为吉。

二、以娆星占卜，所占卜内容有：打灶安锅、拆房建房、竖粮架、犁田赶马、挖沟引水、起兵杀敌、砍树取石、宜或不宜举行东巴法仪等。

三、一个月内的日子里洗头之凶吉。

【英文提要】

The Divination. to Divine with the Planet *ʐa*, Book of Hexagrams Words through Divining Hair-Washing

This book records the following parts:

First, it introduces the departure and destination of the ***Heavenly Hound*** in each day of a month, and the certain direction of greeting a bride that regards to be propitious.

Second, it introduces to divine with the ***ʐa***. Contents of divination include: kitchen building, house demolition and building, granary erecting, ploughing and horse diving, water diversion, battle, tree cutting and stone searching, advisable and inadvisable for holding the ritual, etc.

Third, it introduces the bad and good of hair-washing during a month.

472-L-35-02

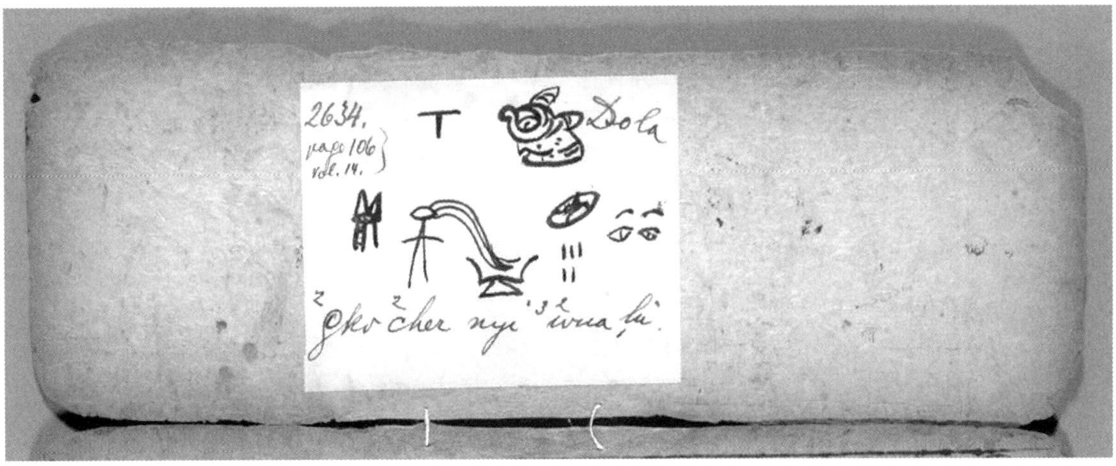

“2634”为洛克收藏纳西东巴古籍时的序号。上行的两个东巴文及字母文字是洛克记下此书归入“tso^{55} la^{33}”（音译为“佐拉”）类。但洛克有误，“佐拉”非占卜类的总称，只是占卜方法之一。下面东巴文字符是封一部分书名之复写。下行的字母文字是这几个东巴文之读音。

472-L-35-03

iə^{21} pe^{21} he^{33}, mɯ^{33} khɯ^{33} ȵi^{33} me^{33} gʏ^{21} nɯ^{33} ȵi^{33} me^{33} thʏ^{33} tɕy^{21} zɑ^{21}. | tʂhər^{33} me^{33} ʂʅ^{55} i^{33}
正月 天 狗 西方 以 东方 方向 降 媳妇 新

tʂhʅ^{33}mu^{21}、y^{21} dzʅ^{21} tɯ^{33} nɯ^{33} iə^{33} ko^{21} sʅ^{33}, ɯ^{33}. | he^{21} ʥiə^{33}he^{33}, mɯ^{33} khɯ^{33} ho^{33} gʏ^{33} lo^{21} nɯ^{33} i^{33}
南方 羊 居 地 以 家里 领 吉 二月 天 狗 北方 以

tʂhʅ^{33}mu^{21} tɕy^{21} zɑ^{21}. | ȵi^{33} me^{33} gʏ^{21}、khɯ^{33} dzʅ^{21}tɯ^{33} nɯ^{33} tʂhər^{33}me^{33} ʂʅ^{55} iə^{33} ko^{21} sʅ^{33}, ɯ^{33}. | sɑ^{55}
南方 方向 降 西方 狗 居 地 以 媳妇 新 家里 领 吉 三月

uɑ^{33} he^{33}, mɯ^{33} khɯ^{33} ȵi^{33} me^{33} thʏ^{33} nɯ^{33} ȵi^{33} me^{33} gʏ^{21} tɕy^{21} zɑ^{21}. | ho^{33} gʏ^{33} lo^{21}、ɯ^{33} dzʅ^{21} tɯ^{33}
天 狗 东方 以 西方 方向 降 北方 牛 居 地

nɯ^{33} tʂhər^{33} me^{33} ʂʅ^{55} iə^{33} ko^{21} sʅ^{33}, ɯ^{33}. | lu^{55} me^{33} he^{33}, | mɯ^{33} khɯ^{33} i^{33} tʂhʅ^{33} mu^{21} nɯ^{33} ho^{33} gʏ^{33}
以 媳妇 新 家里 领 吉 四月 天 狗 南方 以 北方

lo^{21} tɕy^{21} zɑ^{21}. | ȵi^{33} me^{33} thy̩^{33}、ly̩^{21} dzʅ^{21} tɯ^{33} nɯ^{33} tʂhər^{33} me^{33} ʂʅ^{55} iə^{33} ko^{21} sɿ^{33}, ɯ^{33}. | uɑ^{55} me^{33}
方向 降 东方 龙 居 地 以 媳妇 新 家里 领 吉 五月

he^{33}, mɯ^{33} khɯ^{33} ȵi^{33} me^{33} gy̩^{21} nɯ^{33} ȵi^{33} me^{33} thy̩^{33} tɕy^{21} zɑ^{21}. | y^{21} dzʅ^{21}tɯ^{33} nɯ^{33} tʂhər^{33} me^{33} ʂʅ^{55}
天 狗 西方 以 东方 方向 降 羊 居 地 以 媳妇 新

iə^{33} ko^{21} sɿ^{33}, ɯ^{33}.
家里 领 吉

正月，天狗从西方降到东方。从南方或羊居地方向把新媳妇接到家里为吉。二月，天狗从北方降到南方。从西方或狗居地把新媳妇接到家里为吉。三月，天狗从东方降到西方。从北方或牛居地把新媳妇接到家里为吉。四月，天狗从南方降到北方。从东方或龙居地把新媳妇接到家里为吉。五月，天狗从西方降到东方。从羊居地把新媳妇接到家里为吉。

472-L-35-04

tʂhuɑ^{55} me^{33} he^{33}, mɯ^{33} khɯ^{33} ho^{33} gy̩^{33} lo^{21} nɯ^{33} i^{33} tʂhʅ^{33} mu^{21} tɕy^{21} zɑ^{21}. | khɯ^{33} dzʅ^{21} tɯ^{33} nɯ^{33}
六月 天 狗 北方 以 南方 方向 降 狗 居 地 以

tʂhər^{33} me^{33} ʂʅ^{55} iə^{33} ko^{21} sɿ^{33} ɯ^{33}. | sæ^{33} me^{33} he^{33}, mɯ^{33} khɯ^{33} ȵi^{33} mə^{33} thy̩^{33} nɯ^{33} ȵi^{33} me^{33} gy̩^{21}
媳妇 新 家里 领 吉 七月 天 狗 东方 以 西方

tɕy^{21} zɑ^{21}. | ȵi^{33} me^{33} thy̩^{33}、ly̩^{21} dzʅ^{21} tɯ^{33} nɯ^{33} | tʂhər^{33} me^{33} ʂʅ^{55} iə^{33} ko^{21} sɿ^{33} ɯ^{33}. | huɑ^{55} me^{33}
方向 降 东方 龙 居 地 以 媳妇 新 家里 领 吉 八月

he^{33}, mɯ^{33} khɯ^{33} i^{33} tʂhʅ^{33} mu^{21} nɯ^{33} ho^{33} gy̩^{33} lo^{21} tɕy^{21} zɑ^{21}. | ly̩^{21} dzʅ^{21} tɯ^{33} nɯ^{33} tʂhər^{33} me^{33} ʂʅ^{55}
天 狗 南方 以 北方 方向 降 龙 居 地 以 媳妇 新

iə^{33} ko^{21} sɿ^{33} ɯ^{33}. | guə^{33} me^{33} he^{33}, mɯ^{33} khɯ^{33} ȵi^{33} me^{33} gy̩^{21} nɯ^{33} ȵi^{33} mə^{33} thy̩^{33} tɕy^{21} zɑ^{21}. |
家里 领 吉 九月 天 狗 西方 以 东方 方向 降

khɯ^{33}dzʅ^{21} tɯ^{33} nɯ^{33} tʂhər^{33}me^{33} ʂʅ^{55} iə^{33} ko^{21} sʅ^{33} ɯ^{33}. | tshe^{21} me^{33} he^{33}, mɯ^{33} khɯ^{33} ho^{33} gv̩^{33} lo^{21}
狗 居 地 以 媳妇 新 家里 领 吉 十月 天 狗 北方

nɯ^{33} i^{33}tʂhʅ^{33} mu^{21} tɕy^{21} zɑ^{21}. | ɯ^{33}dzʅ^{21} tɯ^{33} nɯ^{33}tʂhər^{33}me^{33} ʂʅ^{55} iə^{33} ko^{21} sʅ^{33} ɯ^{33}. | tshe^{21}də^{33} he^{33},
以 南方 方向 降 牛 居 地 以 媳妇 新 家里 领 吉 十一月

六月，天狗从北方降到南方。从狗居地把新媳妇迎接到家里，吉。七月，天狗从东方降到西方。从东方或龙居地把新媳妇迎接到家里，吉。八月，天狗从南方降临到北方。从龙居地把新媳妇迎接到家里，吉。九月，天狗从西方降到东方。从狗居地把新媳妇迎接到家里，吉。十月，天狗从北方降到南方。从牛居地把新媳妇迎接到家里，吉。十一月，

472-L-35-05

mɯ^{33} khɯ^{33} ȵi^{33} me^{33} gv̩^{21} nɯ^{33} ȵi^{33} me^{33} thv̩^{33} tɕy^{21} zɑ^{21}. | lv̩^{21} dzʅ^{21} tɯ^{33} nɯ^{33} tʂhər^{33} me^{33} ʂʅ^{55} iə^{33}
天 狗 西方 以 东方 方向 降 龙 居 地 以 媳妇 新家里

ko^{21} sʅ^{33} ɯ^{33}. | dɑ^{33} uɑ^{33} he^{33}, mɯ^{33} khɯ^{33} i^{33} tʂhʅ^{33} mu^{21} nɯ^{33} ho^{33} gv̩^{33} lo^{21} tɕy^{21} zɑ^{21}. | y^{21} dzʅ^{21}
领 吉 十二月 天 狗 南方 以 北方 方向 降 羊 居

tɯ^{33}、lv̩^{21} dzʅ^{21} tɯ^{33}nɯ^{33} tʂhər^{33} me^{33} ʂʅ^{55} iə^{33} ko^{21} sʅ^{33} ɯ^{33}. | tʂhər^{33} me^{33} ʂʅ^{55} zʅ^{21} me^{33},mɯ^{33} khɯ^{33}、
地 龙 居 地 以 媳妇 新 家里 领 吉 媳妇 新 娶 的 天 狗

mə^{33}①. y^{21} phe^{33} y^{21} me^{33} to^{55} khuɑ^{21}. | mɯ^{33} khɯ^{33}、tɕhər^{33}、zo^{33}、mə^{33}. mi^{55} to^{55} khuɑ^{21}. | mɯ^{33}
不 公公 婆婆 上 凶 天 狗 屎 男 不 女 上 凶 天

khɯ^{33} mæ^{33}、mə^{33}. zo^{21} nɯ^{21} mi^{55} gu^{33} gu^{33} kv̩^{55}. | py^{33} bv̩^{21} sy^{21} lv̩^{21} the^{33} ɯ^{33}. | zɑ^{21} ȵi^{33} me^{33}
狗 尾 不 男 和 女 分开 会 祭司 卦辞 看 书 娆星 太阳

khæ^{55} to^{55} dər^{33}: kuɑ^{21} thv̩^{21} bv̩^{33} tɯ^{21}, ɯ^{33}. | gu^{21} tshʅ^{55}, kɑ^{33}.
射 上 轮 灶 打 锅 安 吉 仓 建 吉

① mɯ^{33} khɯ^{33}、mə^{33}，这之后的四段文字中，有两段文字相同，另两段则为“mɯ^{33} khɯ^{33}、tɕhər^{33}、zo^{33}、mə^{33}”和“mɯ^{33} khɯ^{33} mæ^{33}、mə^{33}”，无法识读成句。

天狗从西方降到东方。从龙居地把新媳妇迎接到家里，吉。十二月，天狗从南方降到北方。从羊居地或龙居地把新媳妇迎接到家里，吉。

娶新媳妇……会凶于公婆……会凶于女子……会凶于幼女……男女会分开。

东巴祭司看卦辞的书：

像太阳一样明亮的娆[①]星射出的日子；打灶安锅，吉。建仓，吉。

472-L-35-06

zʅ^{33} thɯ^{21} ʂʅ^{21} dzʅ^{33} hɑ^{33} dzʅ^{33}, ɯ^{33}. ｜mu^{21} tɯ^{33} zʅ^{21} zər^{21} bɯ^{33} mə^{33} n̩i^{21}, khuɑ^{21}. ｜zɑ^{21} ʥiə^{33} kɑ^{21}
酒 喝 肉 吃 饭 吃 吉 兵 起 仇 压 去 不 可 凶 娆久嘎

he^{33} me^{33} khæ^{55} to^{33} dər^{33} me^{33}: ko^{55} tshʅ^{55}, ɯ^{33}. kuɑ^{21} lɑ^{55} by̩^{33} tɯ^{21}, ɯ^{33}. | khæ^{33} thy̩^{55} ʥi^{21} ʂʅ^{21}, |
月亮 射 上 轮 的 粮架 建 吉 灶 打 锅 安 吉 沟 挖 水 引

kɑ^{33} nɯ^{21} ɯ^{33}. | gu^{21} me^{33} tʂhər^{33} ɯ^{33} thɯ^{21}, gu^{21} tshər^{33} le^{33} tɕhi^{55}, ɯ^{33}. | he^{33} ko^{21} nɑ^{21} zɑ^{21} khæ^{55}
吉 和 好 病 者 药 喝 病 发烧 又 冷 吉 黑夜 娆星 射

to^{55} dər^{33}me^{33}: the^{21} ly^{21} be^{33} ɕi^{33} khy̩^{33} bɯ^{33}, mu^{21} tɯ^{33} zʅ^{21} sy^{55} bɯ^{33}, | gɑ^{33}, ɯ^{33}. | khɯ^{33} ʂər^{21} ɕy^{33}
上 轮 的 正 看 地 人 偷 去 兵 起 仇 杀 去 胜 吉 狗 牵 兽

dy^{55}、khɯ^{21} khɯ^{55} tɕhi^{21} tshʅ^{55} bɯ^{33}, ɯ^{33}. | zɑ^{21} lɑ^{21} pɑ^{55} khæ^{55} to^{55} dər^{33} me^{33}: mɯ^{33} thy̩^{33}dy^{21} khu^{33}
撵 下扣 签 插 去 吉 娆劳鲍 射 上 轮 的 天 开 地 辟

bɯ^{33}, ɯ^{33}. ｜khæ^{33} thy̩^{55} ʥi^{21} ʂʅ^{21} bɯ^{33}, ty̩^{21} le^{33} ɕi^{21} sy^{21} be^{33} ɯ^{33}.
去 吉 沟 挖 水 引 去 千 又 百 样 皆 吉

做客去喝酒吃肉吃饭，吉。起兵去镇压仇人为不吉，凶。

娆久嘎[②]像月亮一样亮地射出的日子：建粮架，吉。打灶安锅，吉。挖沟引水，吉顺。病者吃药会病愈烧退，吉。

---

① 音译名词。为一种星象。纳西先民认为日蚀与月蚀是因娆吞食了太阳和月亮。据说太阳和月亮是两姐妹，有一天，月亮妹妹被娆吞下肚，太阳姐姐用刀砍伤了一个口子，月亮妹妹从这刀口逃出。之后，只要娆吞食日、月，日、月便从这刀口里逃出来。

② 娆久嘎，音译名词，为一颗娆星的名字。

在漆黑一团的夜里射出娆星的日子：可明目张胆地去行窃。起兵去镇压仇敌，能取胜，吉。宜牵狗去撵山、下扣、插签，吉。

在娆劳鲍射出的日子：去开天辟地，吉。挖沟引水，吉。千百样皆吉。

472-L-35-07

mu^{21}tɯ^{33} zɿ^{21} zər^{21} bɯ^{33}, kɑ^{33} nɯ^{21} ɯ^{33}. | zɑ^{21} phər^{33} bər^{33} khæ^{55} to^{55} dər^{33} me^{33}: py^{33} by̩^{21} nɯ^{33} tər^{21}
兵 起 仇 压 去 好 和 吉 娆星 降魔杵 射 上 轮 的 祭司 以 呆鬼

zər^{21}, zɿ^{21} zər^{21}py^{21}, ɯ^{33}. | tshɿ^{21} to^{33}mɑ^{33} phi^{55} dər^{33}. | so^{33}ʂuɑ^{21} bu^{33}zɑ^{21} i^{33} pu^{33}ɯ^{33} khæ^{55} to^{55} dər^{33}
压 仇 压 祭 吉 鬼 面偶 丢 该 岭 高 亮 娆星 绸 一匹 射 上 轮

me^{33}:ɯ^{33} lɯ^{21}、ʐuɑ^{33} tɕi^{55} ty^{55} ʐuɑ^{33} dy^{55} bɯ^{33}, ɯ^{33}. | zɑ^{21} i^{33} pu^{33} khuɑ^{33} khæ^{55} to^{55} dər^{33} me^{33}: mɯ^{33}
的 牛 犁 马 鞍 安 马 赶 去 吉 娆星 绸 半匹 射 上 轮 的 天

thy̩^{33} dy^{21}khu^{33}、dzɿ^{33} uə^{33} thy̩^{21}、khæ^{33} thy̩^{55} dʑi^{21} ʂɿ^{21} bɯ^{33}, ɯ^{33}. | dʑi^{33} khuɑ^{21} khæ^{55} bɯ^{33} ɯ^{33}. |
开 地 辟 村 寨 建 沟 挖 水 引 去 吉 房 烂 拆 去 吉

dzər^{21} dɑ^{55} bɯ^{33}, ɯ^{33}. dʑi^{21} thy̩^{21}, kɑ^{33}. ko^{55} tshɿ^{55}, kɑ^{33}. | ty̩^{21} le^{33} ɕi^{33} sy^{21} be^{33} kɑ^{33} nɯ^{21} ɯ^{33}. | ʂɿ^{33}
树 砍 去 吉 房 建 吉 粮架 建 吉 千 又 百 样 皆 好 和 吉 死

khu^{33} tər^{55} py^{21}、mɯ^{33} tsɿ^{21} tɯ^{33} nɯ^{33} mu^{21} fy̩^{33}, kɑ^{33}. | sɿ^{55} khy̩^{21} o^{21} ʂər^{55}, mə^{33} kɑ^{33}.
门 关 祭 火葬场 以 尸 烧 吉 素神 请 魂 赎 不 吉

起兵去镇压仇敌，吉顺。

娆星像降魔杵一样射出的日子：由东巴祭司进行压呆鬼仪式，进行压仇人仪式，吉。要把鬼面偶丢到外面去。

在天边发亮时像一匹绸一样的娆星射出的日子：去犁田、安上马鞍去赶马，吉。

像半匹绸一样的娆星射出的日子：去开天辟地、建村设寨、挖沟引水，皆吉。宜去拆旧房。去砍树，吉。宜建房，吉。宜建粮架，吉。千百样皆吉。进行关死亡之门的仪式，吉。宜把死者抬到火葬场去火化，吉。进行请素神赎魂的法仪，不吉。

472-L-35-08

zɑ^{21} ly^{21}, khuɑ^{21}. | zɑ^{21} ʥiə^{33} kɑ^{21} ly^{21}, ti^{33}①. | zɑ^{21} ȵi^{33} me^{33} khæ^{55} to^{55} dər^{33}me^{33}②, mu^{21} tɯ^{33} sɿ^{33}
娆星看 凶 娆久嘎 看 娆星 太阳 射 上 轮 的 兵 起 首领

phe^{33} sy^{55} bɯ^{33}, khuɑ^{21}. | khv̩^{55} me^{55} zɿ^{33} me^{55}, khuɑ^{21}. | zɑ^{21} he^{33} me^{33} khæ^{55} to^{55} dər^{33} me^{33}: zu̩ɑ^{33}
杀 去 凶 岁 求 寿 求 凶 娆星 月亮 射 上 轮 的 马

nɯ^{21}ɯ^{33} to^{55} khuɑ^{21}. | zɑ^{21} lɑ^{21} pɑ^{55} to^{55} dər^{33} me^{33}: ʥi^{21} khæ^{55} bɯ^{33}, khuɑ^{21}. ko^{55} tshɿ^{55}, khuɑ^{21}. |
和 牛 上 凶 娆劳鲍 上 轮 的 房 拆 去 凶 粮架 建 凶

he^{33} ko^{21} nɑ^{21} zɑ^{21} mi^{33} mɑ^{21} khæ^{55} to^{55} dər^{33} me^{33}: ʥi^{21} thv̩^{21}, khuɑ^{21}. gu^{21} thv̩^{21} mi^{33} nɯ^{33} kuɑ^{33}
黑夜 娆米麻 射 上 轮 的 房 建 凶 仓 建 火 以 吞

me^{33} thv̩^{33} kv̩^{55}. | zɑ^{21} phər^{33} bər^{33} khæ^{55} to^{55} dər^{33} me^{33}: sər^{33} phər^{21} lv̩^{33} phər^{21} thv̩^{55}、sæ^{33} ɕy^{21} ʂɿ^{33}
的 产生会 娆星 降魔杵 射 上 轮 的 木 白 石 白 取 血 红 肉

ɕy^{21} ɯ^{33} ɕy^{21}thv̩^{55}, khuɑ^{21}. | zɑ^{21} ɕio^{33} lo^{21} khæ^{55} to^{55} dər^{33} me^{33}: ɯ^{33}. py^{33} bv̩^{21} nɯ^{33} py^{21}, mɯ^{33}
红 皮 红 出 凶 娆星 珊瑚 上 轮 的 吉 祭司 以 祭 火

tsɿ^{21} tɯ^{33} mu^{21} fv̩^{33} be^{33} mə^{33} ȵi^{21}, khuɑ^{21}. | zɑ^{21} phər^{33} bər^{33} khæ^{55} to^{55} dər^{33} me^{33}:
葬场 尸 烧 做 不 可 凶 娆星 降魔杵 射 上 轮 的

用娆星占卜，凶。

像太阳一样明亮的娆星射出的日子：起兵去杀仇敌的首领，凶。不宜进行求寿求岁的法仪，凶。

像月亮一样亮的娆星射出的日子：凶于牛马。

在娆劳鲍射出的日子：去拆房子，凶。建粮架，凶。

在漆黑一团的夜里娆米麻射出的日子：建房，凶。建造仓房，凶，会被大火吞没。

像降魔杵一样的娆星射出的日子：去采木取石，凶。杀牲放血割肉剥皮，凶。

---

① 此句文义不明，译文中略。

② 这卦象及后文的卦象前文都有，而卦辞却又不同，其因不明。

像珊瑚一样的娆星射出的日子：吉。由东巴祭司进行法仪，凶。把死者尸体在火葬场火化，凶。

像降魔杵一样的娆星射出的日子：

472-L-35-09

zɿ^{21} sy^{55} bɯ^{33}, ɯ^{33}. ʐuɑ^{33} to^{55} khuɑ^{21}、ɯ^{33} to^{55} khuɑ^{21}, mə^{33} ɯ^{33}. | dɯ^{33} he^{33} pɑ^{33} kə^{21} ho^{55} khu^{33} zɑ^{21}
仇 杀 去 吉 马 上 凶 牛 上 凶 不 吉 一 月 巴格 八 方 娆星

khæ^{55} thv̩^{33}. |
射 出

tshe^{33} do^{21} dɯ^{33} ȵi^{33} kv̩^{33} tʂhər^{33}, dzɿ^{33} thv̩^{33} kv̩^{55}. | tshe^{33} do^{21} ȵi^{33} ȵi^{33} kv̩^{33} tʂhər^{33}, æ^{33} æ^{21} thv̩^{33}
月 见 一 日 头 洗 祸 产生 会 月 见 二 日 头 洗 殴斗 产生

kv̩^{55}. | tshe^{33} do^{21} sɿ^{21} ȵi^{33} kv̩^{33} tʂhər^{33}, ɯ^{33}. | tshe^{33} do^{21} lu^{33} ȵi^{33} kv̩^{33} tʂhər^{33}, kɑ^{33} nɯ^{21} ɯ^{33}. | tshe^{33}
会 月 见 三 日 头 洗 吉 月 见 四 日 头 洗 好 和 吉 月

do^{21} uɑ^{33} ȵi^{33} kv̩^{33} tʂhər^{33}, | ɯ^{33}. | tshe^{33} do^{21} tʂhuɑ^{55} ȵi^{33} kv̩^{33} tʂhər^{33}, kɑ^{33} nɯ^{21} ɯ^{33}. | tshe^{33} do^{21}
见 五 日 头 洗 吉 月 见 六 日 头 洗 好 和 吉 月 见

ʂər^{33} ȵi^{33} kv̩^{33} tʂhər^{33} mə^{33} ȵi^{21}, dzɿ^{33} thv̩^{33} kv̩^{55}, khuɑ^{21}. | tshe^{33} do^{21} ho^{55} ȵi^{33} kv̩^{33} tʂhər^{33}, kv̩^{33}
七 日 头 洗 不 可 祸 产生 会 凶 月 见 八 日 头 洗 头

phər^{21} dzæ^{33} ʂʅ^{33} kv̩^{55}. | tshe^{33} do^{21} gv̩^{33} ȵi^{33} kv̩^{33} tʂhər^{33}, zo^{33} mi^{55} kɑ^{33} nɯ^{21} ɯ^{33}.
白 齿 黄 会 月 见 九 日 头 洗 儿 女 好 和 吉

去镇压仇敌，吉。凶于牛、马，不吉。

在一个月里娆星从巴格八方射出。

初一洗头，会产生灾祸。初二洗头，会发生殴斗。初三洗头，吉。初四洗头，吉顺。初五洗头，吉。初六洗头，吉顺。初七不可洗头，会产生灾祸，凶。初八洗头，会延年益寿而发白齿黄。初九洗头，儿女会吉顺。

472-L-35-10

tshe^{33} do^{21} tshe^{21} ȵi^{33} kv̩^{33} tʂhər^{33}, kɑ^{33} nɯ^{21} ɯ^{33}. | tshe^{21} dɯ^{33} ȵi^{33} kv̩^{33} tʂhər^{33}, kɑ^{33} nɯ^{21} ɯ^{33}. |
月 见 十 日 头 洗 好 和 吉 十 一 日 头 洗 好 和 吉

tshe^{21} ȵi^{33} ȵi^{33} kv̩^{33} tʂhər^{33}, kɑ^{33} nɯ^{21} ɯ^{33}. | tshe^{33} sʅ^{21} ȵi^{33} kv̩^{33} tʂhər^{33}, o^{33} dze^{33} khv̩^{21} sʅ^{33}, ɯ^{33}. |
十 二 日头 洗 好 和 吉 十 三 日 头 洗 财 物 家里 领 吉

tshe^{21} lu^{33} ȵi^{33} kv̩^{33} tʂhər^{33}, kɑ^{33} nɯ^{21} ɯ^{33}. | tshe^{21} uɑ^{33} ȵi^{33} kv̩^{33} tʂhər^{33}, mə^{33} khuɑ^{21} mə^{33} kɑ^{33}. |
十 四 日 头 洗 好 和 吉 十 五 日 头 洗 不 凶 不 吉

tshe^{21} tʂhuɑ^{55} ȵi^{33} kv̩^{33} tʂhər^{33}, kɑ^{33} nɯ^{21} ɯ^{33}. | tshe^{21} ʂər^{33} ȵi^{33} kv̩^{33} tʂhər^{33}, gu^{21} kv̩^{55}, khuɑ^{21}me^{55}.
十 六 日 头 洗 好 和 吉 十 七 日 头 洗 病 会 凶 的

| tshe^{21} ho^{55} ȵi^{33} kv̩^{33} tʂhər^{33}, o^{33} dze^{33} phi^{55} thv̩^{33} kv̩^{55}. | tshe^{21} gv̩^{33} ȵi^{33} kv̩^{33} tʂhər^{33}, ə^{33} me^{33} zy^{55}
十 八 日 头 洗 财 物 丢失 产生 会 十 九 日 头 洗 母亲 婴

tɕi^{33} hə^{21},ɯ^{33}. | ȵi^{33} tsər^{21} ȵi^{33} kv̩^{33} tʂhər^{33}, ɯ^{33}. | ȵi^{33} tsər^{21} dɯ^{33} ȵi^{33} kv̩^{33} tʂhər^{33}, iə^{33} ko^{21} ɕi^{33} gu^{21}
生 吉 二 十 日 头 洗 吉 二 十 一 日 头 洗 家里 人 病

thv̩^{33} kv̩^{55}, mə^{33} kɑ^{33}, khuɑ^{21}. | ȵi^{33} tsər^{21} ȵi^{33} ȵi^{33} kv̩^{33} tʂhər^{33}, ly^{55} mu^{21} gv̩^{33}. | ȵi^{33} tsər^{21} sʅ^{21} ȵi^{33}
产生 会 不 吉 凶 二 十 二 日 头 洗 中等 成 二 十 三 日

kv̩^{33} tʂhər^{33}, mə^{33} tɕi^{13}. | ȵi^{33} tsər^{21} lu^{33} ȵi^{33}
头 洗 不 吉 二 十 四 日

初十洗头，吉顺。十一日洗头，吉顺。十二日洗头，吉顺。十三日洗头，招财进财，吉。十四日洗头，吉顺。十五日洗头，不吉不凶。十六日洗头，吉顺。十七日洗头，会病，凶。十八日洗头，财物会丢失。十九日洗头，母亲生小孩，吉。二十日洗头，吉。二十一日洗头，家人会生病，不吉，凶。二十二日洗头，为中常。二十三日洗头，不吉。二十四日

472-L-35-11

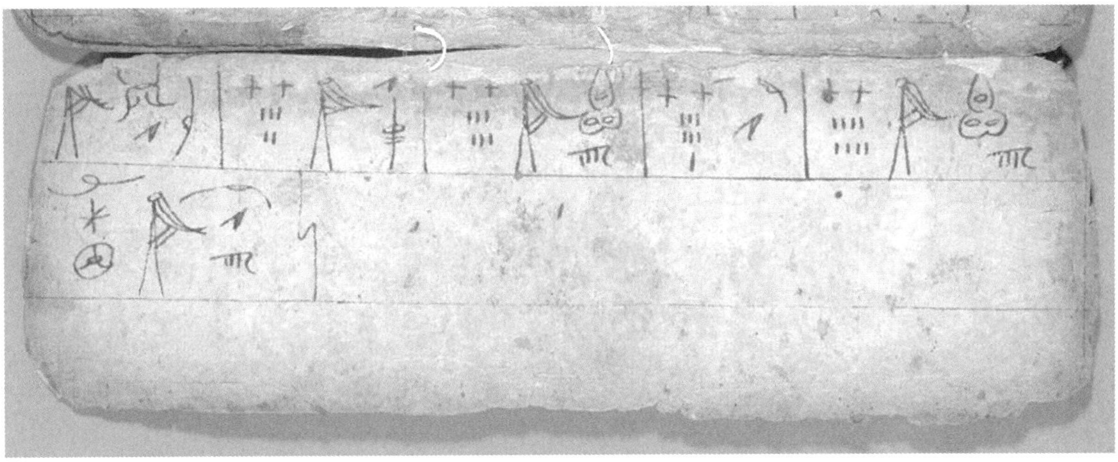

kv̩^{33} tʂhər^{33}, kho^{33} khuɑ^{21}mi^{33} kv̩^{55}, mə^{33} kɑ^{33}. | ȵi^{33} tsər^{21} uɑ^{33} ȵi^{33} kv̩^{33} tʂhər^{33}, ly^{55} mu^{21}khuɑ^{21}. |
头 洗 消息 坏 听 会 不 吉 二 十 五 日 头 洗 中等 凶

ȵi^{33} tsər^{21} tʂhuɑ^{55} ȵi^{33} kv̩^{33} tʂhər^{33}, kɑ^{33} nɯ^{21} ɯ^{33}. | ȵi^{33} tsər^{21} ʂər^{33} ȵi^{33} kv̩^{33} tʂhər^{33}, mə^{33} kɑ^{33},
二 十 六 日 头 洗 好 和 吉 二 十 七 日 头 洗 不 吉

khuɑ^{21}. | ȵi^{33} tsər^{21} ho^{55} ȵi^{33} kv̩^{33} tʂhər^{33}, kɑ^{33} nɯ^{21} ɯ^{33}①. | nɑ^{33} tv̩^{21} ȵi^{33} kv̩^{33} tʂhər^{33}, mə^{33} khuɑ^{21}
凶 二 十 八 日 头 洗 好 和 吉 三 十 日 头 洗 不 凶

mə^{33} kɑ^{33}. |
不 吉

洗头，会听到坏消息，不吉。二十五日洗头，为中等凶。二十六日洗头，吉顺。二十七日洗头，凶，不吉。二十八日洗头，吉顺。三十日洗头，不凶不吉。

472-L-35-12

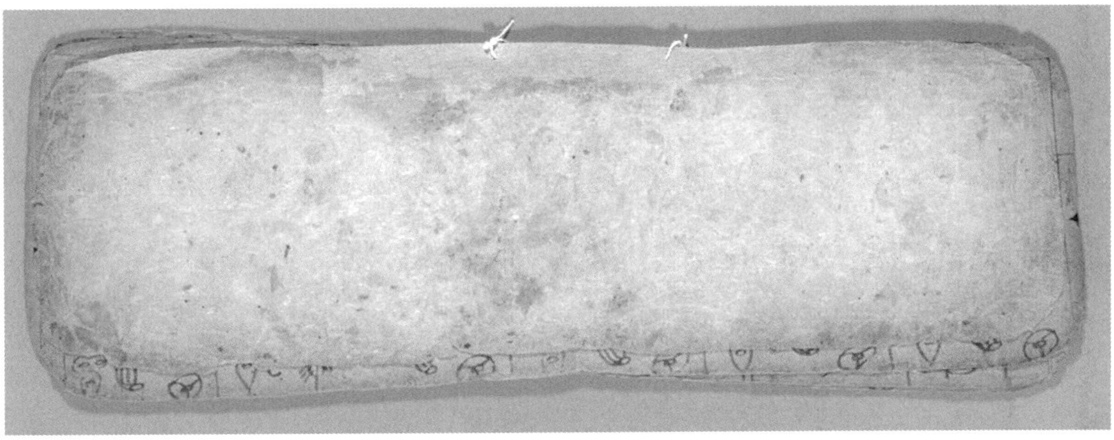

封底

（翻译：王世英）

① “二十八日”后应有“二十九日”，原文脱。

489-L-36-01

ȵi^{55} uɑ^{33} kɑ^{33} sy^{21} ly^{21} the^{33} ɯ^{33}

占卜·以日子占卜的卦辞之书

489-L-36 占卜·以日子占卜的卦辞之书

【内容提要】

本卷记录的内容有：

一、以日子的属相占卜。所占卜的内容有：占卜、诉讼、娶嫁、东巴举行仪式、打灶安锅、挖沟引水、起兵杀敌、祀神、放牧、患病吃药、收割庄稼、砌石砌墙、下扣插签狩猎、做客等。

二、以日之干支属何五行占卜。所占卜的内容有：开仓门、收种庄稼、打灶、剃头、买地、砍树、做生意、织布、做腌菜酿酒、灌溉、诉讼。

三、以每月日干支属何五行占卜。

四、以十二个月每月的十二生肖占卜。

五、以母亲生小孩的日干支、年干支和时之属相占卜。

六、看病之厄运在人身上的何部位。

【英文提要】

The Divination. Book of Hexagrams Words through Divining the Day

This book records the following parts:

First, it introduces to divine with zodiac of the day. Contents of divination include: divination, litigation, marriage, ritual holding, kitchen building, water division, battle, god praying, pasture, medicine taking, harvest, wall piling, trapping and hunting, guesting, etc.

Second, it introduces to divine with the five elements of ***stems and branches*** of the day. Contents of divination include: granary opening, harvest, kitchen building, hair dressing, land purchasing, tree cutting, business, weaving, pickling and brewing, watering, guesting, etc.

Third, it introduces to divine with the five elements of ***stems and branches*** of the day in each day.

Fourth, it introduces to divine with Chinese zodiacs of each month in a year.

Fifth, it introduces to divine with ***stems and branches*** of the day, the year and the time zodiac when a woman giving a birth to an infant.

Sixth, it introduces to divine the part of body that illness descends on.

489-L36-02

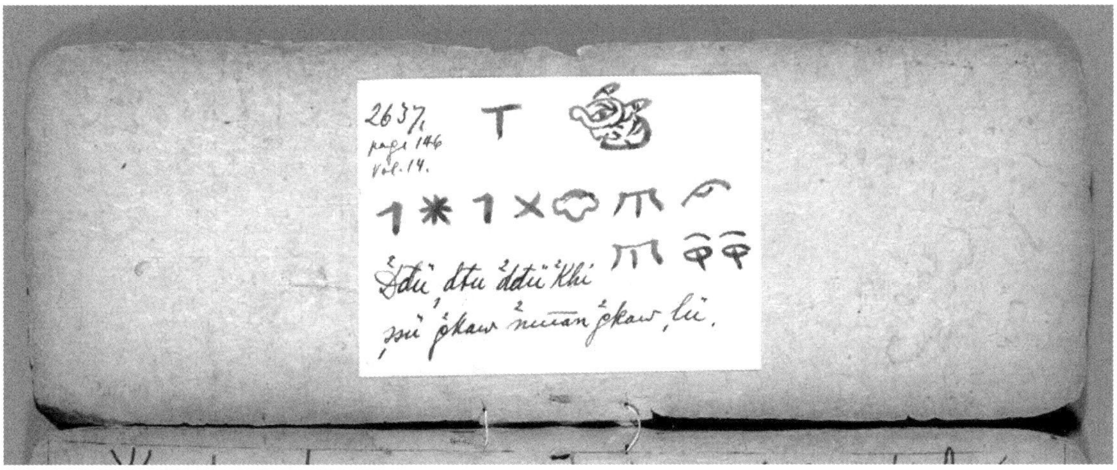

“2637”为洛克收藏纳西东巴古籍的序号。上方两个东巴文“tso^{55} lɑ^{33}”，音译为“佐拉”。（洛克把此书归入占卜类。但洛克有误，“佐拉”非占卜类的总称，只是占卜方法之一。）中间的东巴文为“dɯ^{33} tv̩^{21} dɯ^{33} ɕi^{33} sy^{21} kɑ^{33} mə^{33} kɑ^{33} ly^{21}”（看千百种的凶吉）。多数小卡片上洛克总是复写封一书名，但此卡片就不是这样了。下方的两行字母文字是洛克记下中间东巴文之读音。

489-L36-03

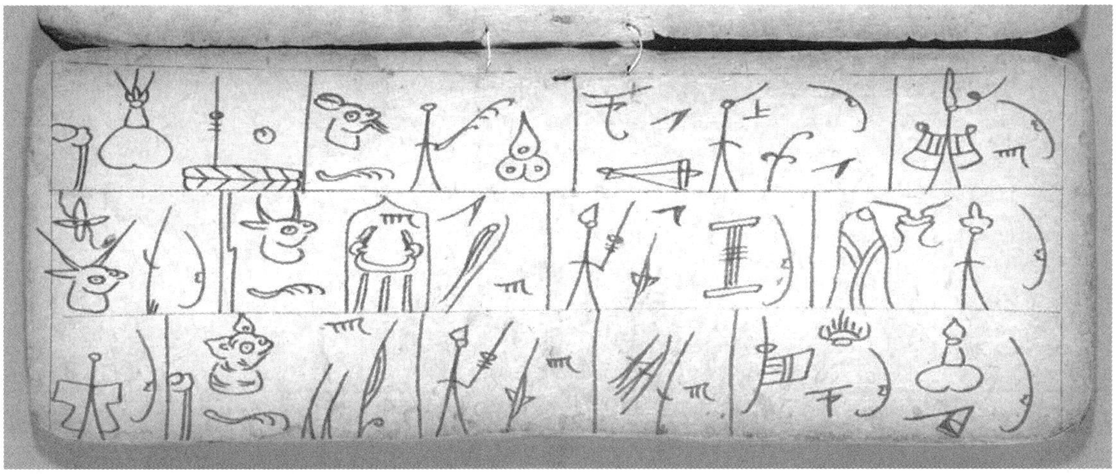

py^{33} bv̩^{21} sy^{21} ly^{21} the^{33} ɯ^{33}. | fv̩^{55} khv̩^{33} ȵi^{33}, ɕi^{33} khv̩^{33} bɯ^{33}, ɯ^{33}. | phæ^{21} le^{33} o^{21} tshi^{21} ly^{21},
祭司 卦辞 看 书 鼠 岁 日 人 偷 去 吉 占卜 而 卦 看

khuɑ^{21}. dzʅ^{33} ʂə^{55} bɯ^{33} mə^{33} ȵi^{21}, khuɑ^{21}. | tʂhər^{33} me^{33} zʅ^{21}, mə^{33} kɑ^{33}. | nɯ^{21} py^{21} o^{21} py^{21} mə^{33}
凶 诉讼 去 不 可 凶 媳妇 娶 不 吉 生儿 祭 育女 祭 不

ȵi^{21}. | ɯ^{33} khv̩^{55} ȵi^{33}, iə^{33} ko^{21} kuɑ^{21} thv̩^{21} bv̩^{33} tɯ^{21}, kɑ^{33}. khæ^{33} thv̩^{55} ʥi^{21} ʂʅ^{21}, kɑ^{33}. | mu^{21} tɯ^{33}
可 牛 岁 日 家里 灶 打 锅 安 吉 沟 挖 水 引 吉 兵 起

zʅ^{21} sy^{55} bɯ^{33}, khuɑ^{21}. ɯ^{33} dɑ^{21} mə^{33} ȵi^{21}. | ʥi^{33} ʂʅ^{55} mu^{21} bər^{33} be^{33} bɯ^{33} mə^{33} ȵi^{21}. | ʥi^{33} ʂʅ^{55} mu^{21}
仇 杀 去 凶 织布 不 可 衣 新 穿 客 做 去 不 可 衣 新 穿

mə^{33} ȵi^{21}. | la^{33} khv̩^{55} ȵi^{33}, tɕhi^{21} tshɿ^{55} tɕy^{21} khɯ^{55}, kɑ^{33}. | mu^{21} tɯ^{33} zɿ^{21} zər^{21}, kɑ^{33}. | to^{55} khɯ^{55},
不 可 虎 岁 日 签 插 下扣 吉 兵 起 仇 压 吉 消灾仪式

kɑ^{33}. | gɑ^{33} tsɿ^{33} u^{21} tsɿ^{33}、phər^{21} tsɿ^{33} sæ^{21} tsɿ^{33} mə^{33} ȵi^{21}. he^{21} ʂu^{55} mə^{33} ȵi^{21}.
吉 嘎神 接 吾神 接 盘神 接 禅神 接 不 可 神 祭 不 可

东巴祭司看卦辞的书。

属鼠日，去行窃，吉。若去打卦占卜，凶。不宜去诉讼，凶。不宜娶新媳妇，不吉。不宜进行祈福求嗣的仪式。

属牛日，在家里打灶安锅，吉。挖渠引水，吉。起兵去镇压仇敌，凶。不宜织布。不要穿新衣去做客。不要穿新衣。

属虎日，插签下扣去狩猎，吉。起兵去镇压仇敌，吉。举行消灾仪式，吉。不宜进行迎请嘎神和吾神、盘神和禅神的仪式。不可祭祀神。

489-L36-04

ȵi^{55} le^{21}gv̩^{33} phv̩^{33} lɑ^{21} ʂu^{55} py^{21}mə^{33} ȵi^{21}. | tho^{33} le^{33} khv̩^{55} ȵi^{33}, ko^{21} kv̩^{33} thv̩^{33} bv̩^{33} lv̩^{55}, kɑ^{33}. | py^{33}
白天 大神 祭 诵 不 可 兔 岁 日 高原上 到 绵羊 牧 吉 祭司

bv̩^{21}、tɑ^{55}、tər^{55}、ɯ^{33}①. | he^{21} hɑ^{33} ʂu^{55}, kɑ^{33}. | tɕhi^{55} dʐu^{21} gu^{21} tʂhər^{33} ɯ^{33} thɯ^{21}, kɑ^{33}. | æ^{33} khv̩^{33}
柜 结 吉 神 饭 祭 吉 重感冒 病 药 喝 吉 庄稼 割

mə^{33} ȵi^{21}, khuɑ^{21}. | gu^{21} thv̩^{21}, khuɑ^{21}. lv̩^{33} tse^{55} mə^{33} ȵi^{21}, khuɑ^{21}. | dʑi^{21} dər^{33} khuɑ^{33} dv̩^{33} mə^{33} ȵi^{21};
不 可 凶 仓 建 凶 石 砌 不 可 凶 水 塘 挖 不 可

khæ^{33} thv̩^{55} dʑi^{21} ʂʅ^{21} mə^{33} ȵi^{21}. | lv̩^{21} khv̩^{55} ȵi^{33}, py^{33} bv̩^{21} nɯ^{33} dɑ^{33} khə^{21} lɑ^{55} py^{21}, kɑ^{33}. | tshɿ^{21}
沟 挖 水 引 不 可 龙 岁 日 祭司 以 鼓 敲 祭 吉 鬼

khuɑ^{21} py^{21}, kɑ^{33}. | sɿ^{21} gv̩^{21} sɿ^{21} tʂhər^{33} khɯ^{55}, kɑ^{33}. | ɕy^{55} hər^{21} nɑ^{33} tsɑ^{21} tshɿ^{55}, dzɿ^{33} uə^{33} py^{21},
恶 祭 吉 署 祭 署 药 施 吉 柏 绿 纳召 建 村 寨 祭

---

① 这四个东巴文字符无法连读成句，存疑。译文中略。

ɯ^{33}. | ɕi^{33} mu^{21} phi^{55} ɕi^{33} mu^{21} mɯ^{33} tsɿ^{21} tɯ^{33} ʥi^{55} mə^{33} ȵi^{21}, khuɑ^{21}. | ɕi^{33} ŋy̩^{55} mə^{33} ȵi^{21}, khuɑ^{21}.
吉 人 尸 葬 人 尸 火葬场 烧 不 可 凶 人 超度 不 可 凶

不宜在白天祭诵大神。

属兔日，到高原上去放牧，吉。向神献饭，吉。患重感冒吃药，吉。不可去收割庄稼，凶。建仓，凶。不宜砌石，凶。不宜挖水塘；不宜开渠引水。

属龙日，东巴祭司敲鼓作祭仪，吉。进行祭恶鬼法仪，吉。进行祭署仪式给署施药，吉。建翠柏纳召，进行祭村寨神仪式，吉。不宜进行开丧仪式把尸体抬到火葬场里火化，凶。不宜举行超度死者仪式，凶。

489-L36-05

miə^{33} ko^{21} miə^{21} bər^{33} thy̩^{33} mə^{33} ȵi^{21}. | ʐʅ^{21} khy̩^{55} ȵi^{33}, py^{33} by̩^{21} bɯ^{21} lɯ^{33} pər^{55}, kɑ^{33}. | sɿ^{21}gy̩^{21} sɿ^{21}
眼 里 眼泪 出 不 可 蛇 岁 日 祭司 经书 写 吉 署 祭 署

tʂhər^{33} khɯ^{55}, kɑ^{33}. | tɕy^{21} khɯ^{55} tɕhi^{21} tshɿ^{55}, kɑ^{33}. | py^{33} by^{21} py^{21}, kɑ^{33}. | zo^{33} nɯ^{33} zɿ^{21} sy^{55}
药 施 吉 下 扣 签 插 吉 祭司 祭 吉 男 以 仇 杀

bɯ^{33} khuɑ^{21}. bɯ^{21} nɯ^{33} zɿ^{21} tər^{21} æ^{21} mə^{33} ȵi^{21}. | to^{55} khɯ^{55}, khuɑ^{21}. | ʐʅ^{33} ʥi^{33} bɯ^{33} mə^{33} ȵi^{21}. |
去 凶 女 以 仇 结斗 不 可 消灾仪式 凶 路 行 去 不 可

ʐuɑ^{33} khy̩^{55} ȵi^{33}, æ^{33} khy̩^{33}, kɑ^{33}. gu^{21} tsɑ^{33} tɕy^{21} khɯ^{55} bɯ^{33}, kɑ^{33}. | nɯ^{21} py^{21} o^{21} py^{21}, kɑ^{33}. | ʥi^{21}
马 岁 日 庄稼 割 吉 背 背 下 扣 去 吉 生儿 祭 育女 祭 吉 房

tshɿ^{55} ly̩^{33} bæ^{21} ly̩^{33} khɯ^{33} ku^{55}, khuɑ^{21}. ʐuɑ^{33} tɕi^{55} ty^{55} ʐuɑ^{33} dzæ^{33} mə^{33} ȵi^{21}, khuɑ^{21}. | ʥi^{21} uɑ^{33} kɑ^{55}
建 石 板 石 脚 砌 凶 马 鞍 安 马 骑 不 可 凶 房 瓦 盖

mə^{33} ȵi^{21}, khuɑ^{21}. | y^{21} khy̩^{55} ȵi^{33}, he^{21} hɑ^{33} ʂu^{55}, kɑ^{33}. sɿ^{55} khy̩^{21}, kɑ^{33}.
不 可 凶 羊 岁 日 神 饭 祭 吉 素神 请 吉

眼里不要出眼泪。

属蛇日，东巴祭司书写经书，吉。进行祭署仪式给署施药，吉。去下扣插签狩猎，吉。

东巴祭司进行祭祀仪式，吉。男子去杀仇敌，凶。女子不可去结仇争斗。举行消灾仪式，凶。不宜出门远行。

属马日，收割庄稼，吉。背东西、去下扣捕禽兽，吉。进行祈福求嗣的仪式，吉。建房下石脚，凶。安上马鞍去骑马，凶。不宜盖瓦，凶。

属羊日，向神献饭，吉。进行请素神仪式，吉。

489-L36-06

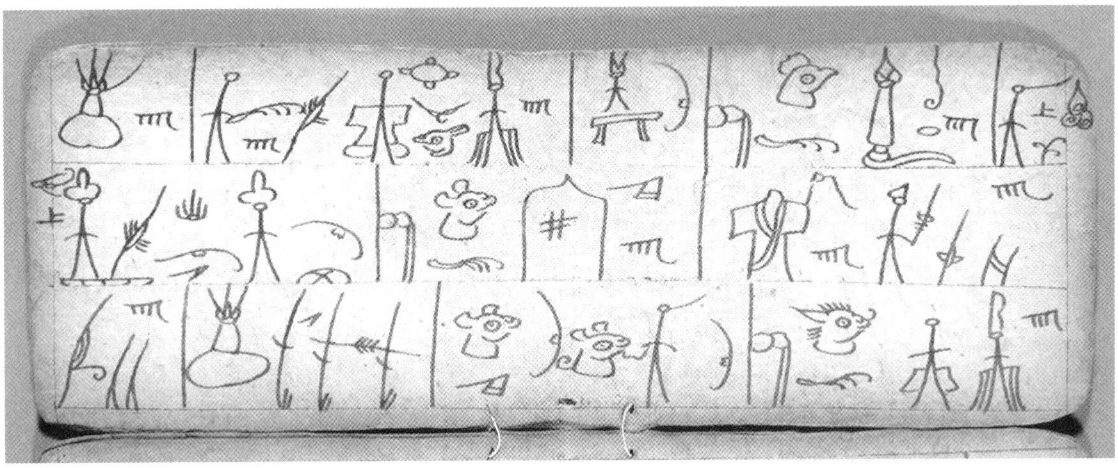

py^{33} bv̩^{21}nɯ^{33} py^{21}, kɑ^{33}. | æ^{33} khv̩^{33}, ɯ^{33}. zo^{33} dɯ^{21} mi^{55} dɯ^{21} ʥi^{33} iə^{55} le^{33} iə^{55}、thər^{21} iə^{55}, kɑ^{33}. |
祭司 以 祭 吉 庄稼 割 吉 儿 大 女 大 衣 赐 裤 赐 裙 赐 吉

tʂuɑ^{33} tse^{55} mə^{33} ȵi^{21}. | æ^{21} khv̩^{55} ȵi^{33}, sɿ^{21} gv̩^{21} sɿ^{21} tʂhər^{33} khɯ^{55}, kɑ^{33}. | dzɿ^{33} ʂə^{55} bɯ^{33}, ɯ^{33}. |
床 制作不 可 鸡 岁 日 署祭 署 药 施 吉 诉讼 去 吉

ə^{21} ʂə^{55}① ɕi^{33} dy^{21} bər^{33} be^{33} bɯ^{33} mə^{33} ȵi^{21}, khuɑ^{21}. bər^{33} thv̩^{55} mə^{33} ȵi^{21}. | khɯ^{33} khv̩^{55} ȵi^{33}, gu^{21}
他人 地 客 做 去 不 可 凶 客 待 不 可 狗 岁 日 仓

thv̩^{21}, kɑ^{33}. | ʥi^{33} zʅ^{21}, kɑ^{33}. mu^{21} tɯ^{33} zɿ^{21} zər^{21} zɿ^{21} tɕər^{21} gɑ^{33}, kɑ^{33}. | tɕy^{21} khɯ^{55} tɕhi^{21} tshɿ^{55} bɯ^{33},
建 吉 衣 缝 吉 兵 起 仇 压 仇 上 胜 吉 下扣 签 插 去

kɑ^{33}. | py^{33}bv̩^{21} nɯ^{33} tɕi^{55} khu^{33} tshɿ^{55} py^{21}, khuɑ^{21}. | khɯ^{33} ʂu^{21} bɯ^{33} mə^{33} ȵi^{21}. khɯ^{33}ʂər^{21} ɕy^{33} dy^{55}
吉 祭司 以 季鬼 门 建 祭 凶 狗 找 去 不 可 狗 牵 兽 撵

bɯ^{33} mə^{33} ȵi^{21}. | bu^{21} khv̩^{55} ȵi^{33}, zo^{33} le^{33} iə^{55}、mi^{55} thər^{21} iə^{55}, kɑ^{33}.
去 不 可 猪 岁 日 儿 裤 赐 女 裙 赐 吉

东巴祭司进行祭祀仪式，吉。收割庄稼，吉。给长子长女行穿裤穿裙的成丁礼，吉。不可制作床。

属鸡日，进行祭署仪式给署施药，吉。去诉讼，吉。不宜到他乡去做客，凶。自己也不宜请客待客。

属狗日，建仓，吉。缝新衣，吉。起兵去镇压仇敌能获胜，吉。去下扣插签狩猎，吉。东巴祭司建季鬼门进行退口舌是非仪式，凶。不宜去找狗。不宜牵狗去撵山。

① ə^{21} ʂə^{55}，其义不明，存疑。

属猪日，宜给儿女赐裤赐裙行成丁礼，吉。

489-L36-07

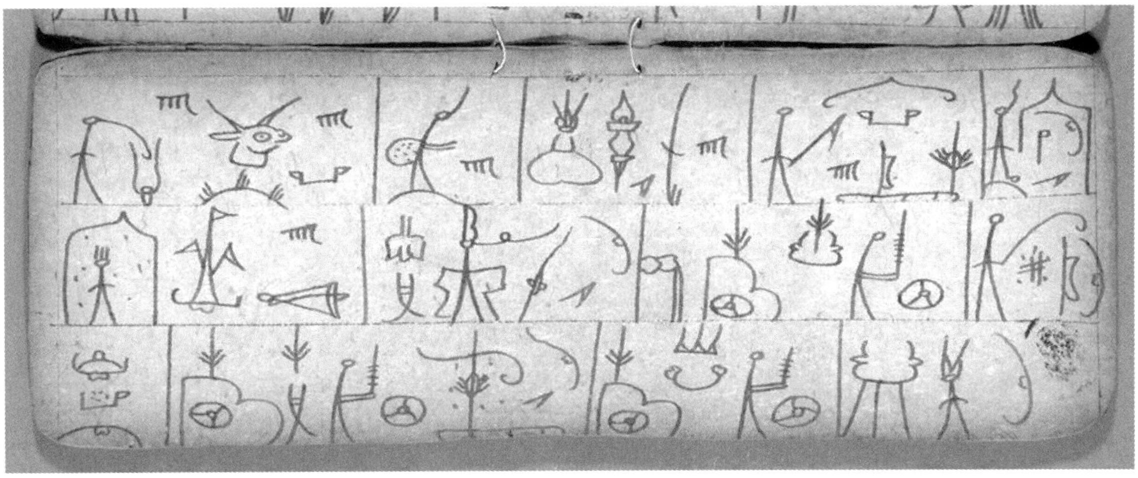

zʅ^{33} thɯ^{21}, kɑ^{33}. ko^{21} ky̩^{33} thy̩^{33} by̩^{33} ly̩^{55}, kɑ^{33}. | zʅ^{33} dʑi^{33}, kɑ^{33}. | py^{33} by̩^{21} nɯ^{33} by^{21} bɑ^{33} tse^{21} tshɿ^{21}
酒 喝 吉 高原 上 到 绵羊 牧 吉 路 行 吉 祭司 以 降魔杵 用 鬼

khuɑ^{21} py^{21}, kɑ^{21}. | mɯ^{33} thy̩^{33} dy^{21} khu^{33} æ^{33} phy̩^{55}, kɑ^{33}. | zʅ^{33} dʑi^{33} iə^{33} ko^{21} mə^{33} thy̩^{33} ky̩^{55},
恶 祭 吉 天 开 地 辟 庄稼 撒 吉 路 行 家里 不 到 会

khuɑ^{21}. | tshɿ^{21} nɯ^{33} iə^{33} ko^{21} ʂər^{55}, to^{33} mɑ^{33} phi^{55} kɑ^{33}. | tʂhər^{33} me^{33} zɿ^{21} mə^{33} ȵi^{21}, khuɑ^{21}. | ȵi^{55}
凶 鬼 以 家里 满 面偶 丢 吉 媳妇 娶 不 可 凶 日

bu^{33} tho^{21} sər^{33} phy̩^{33} zɿ^{33} gə^{33} ȵi^{55} uɑ^{33}: | gu^{21} khu^{33} phu^{33} mə^{33} ȵi^{21}. | hɑ^{33} py^{33} ʐuɑ^{21} mə^{33} ȵi^{21}. |
干支 木 公 司 的 日子 仓 门 开 不 可 粮 升 数 不 可

ȵi^{55} bu^{33} tho^{21} sər^{33} me^{55} zɿ^{33} gə^{33} ȵi^{55}uɑ^{33}: æ^{33} khy̩^{33} mə^{33} ȵi^{21},khuɑ^{21}. | ȵi^{55} bu^{33} tho^{21} mi^{33} phy̩^{33}
日 干支 木 母 司 的 日子 庄稼 割 不 可 凶 日 干支 火 公

zɿ^{33} gə^{33} ȵi^{55} uɑ^{33}: kuɑ^{21} tse^{55} mə^{33} ȵi^{21}, khuɑ^{21}.
司 的 日子 灶 砌 不 可 凶

喝酒，吉。到高原上牧羊，吉。出门远行，吉。东巴祭司使用降魔杵进行压恶鬼法仪，吉。开辟新天地撒种庄稼，吉。远行回家者会回不到家，凶。家里被鬼占满而把鬼面偶丢到外面去，吉。不宜娶媳妇，凶。

在日干支属公木①的日子里，不宜开仓门，不宜用斗量粮食。

在日干支属母木的日子里，不宜收割庄稼，凶。

在日干支属公火的日子里，不宜打灶，凶。

① 公木，纳西族把“木、火、土、铁、水”这五行分为“公、母”，配以十二生肖组成六十花甲，故有“公木、母木、公火、母火……”之说。

489-L36-08

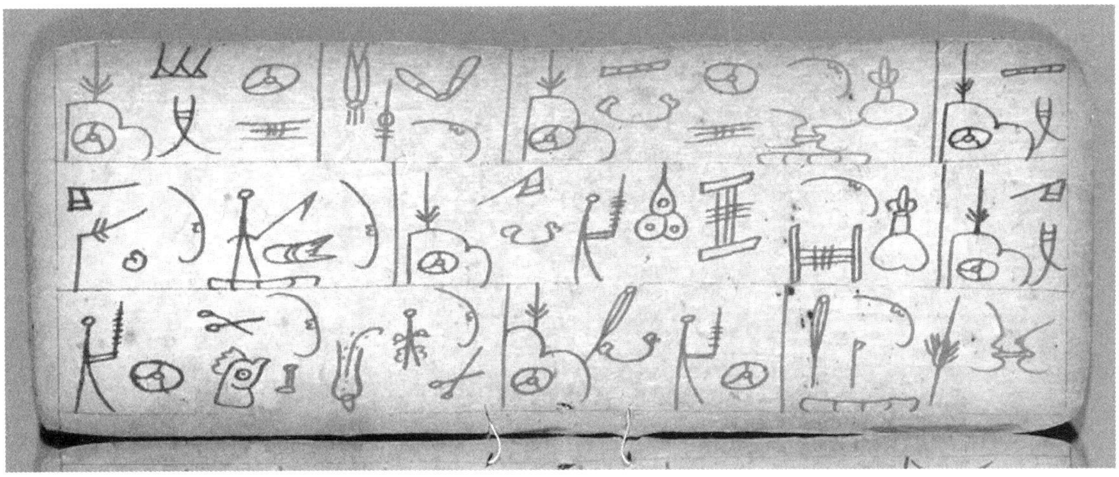

ȵi^{55} bu^{33} tho^{21}mi^{33} me^{55} to^{55}dər^{33}gə^{33} ȵi^{55} uɑ^{33}: | kv̩^{33} ly^{33} sər^{55} mə^{33} ȵi^{21}. | ȵi^{55}bu^{33} tho^{21} tʂʅ^{33} phv̩^{33}

日 干支 火 母 上轮 的 日子 头 剃 不 可 日 干支 土 公

to^{55} dər^{33} gə^{33} ȵi^{55} uɑ^{33}: lɯ^{33} hæ^{21} mə^{33} du^{33}. | ȵi^{55} bu^{33} tho^{21} tʂʅ^{33} me^{55} to^{55} dər^{33} gə^{33} ȵi^{55} uɑ^{33}: |

上 轮 的 日子 地 买 不 兴 日 干支 土 母 上 轮 的 日子

dzər^{21} sy^{55} mə^{33} ȵi^{21},lɯ^{33} kho^{55} lɑ^{21} lo^{33} be^{33} mə^{33} ȵi^{21}. | ȵi^{55} bu^{33} tho^{21} ʂu^{21} phv̩^{33} zʅ^{33} gə^{33} ȵi^{55} uɑ^{33}:

树 杀 不 可 地 里 活路 做 不 可 日 干支 铁 公 司 的 日子

ɯ^{33} lɑ^{21} be^{33}、ɯ^{33} dɑ^{21} mə^{33} du^{33}. | ȵi^{55} bu^{33} tho^{21} ʂu^{21} me^{55} zʅ^{33} gə^{33} ȵi^{55} uɑ^{33}: tɕi^{55} æ^{21} tʂər^{55} mə^{33}

生意 做 织布 不 兴 日 干支 铁 母 司 的 日子 酸菜 泡 不

ȵi^{21}. zʅ^{33} tɕiə^{55} mə^{33} ȵi^{21}, tɕi^{21} kv̩^{55}. | ȵi^{55} bu^{33} tho^{21} dʑi^{21} phv̩^{33} zʅ^{33} gə^{33} ȵi^{55} uɑ^{33}: | lɯ^{33} dʑi^{21} ko^{33}

可 酒 煮 不 可 酸 会 日 干支 水 公 司 的 日子 田 水 灌溉

mə^{33} ȵi^{21}, æ^{33} ʂʅ^{21} kv̩^{55}.

不 可 庄稼 黄 会

在日干支属母火的日子里，不宜剃头。

在日干支属公土的日子里，不兴买地。

在日干支属母土的日子里，不可砍树。不宜到地里干活。

在日干支属公铁的日子里，不兴做生意。不兴织布。

在日干支属母铁的日子里，不能腌酸菜，不能煮酒，会酸。

在日干支属公水的日子里，不能在田里浇地，庄稼会黄。

489-L36-09

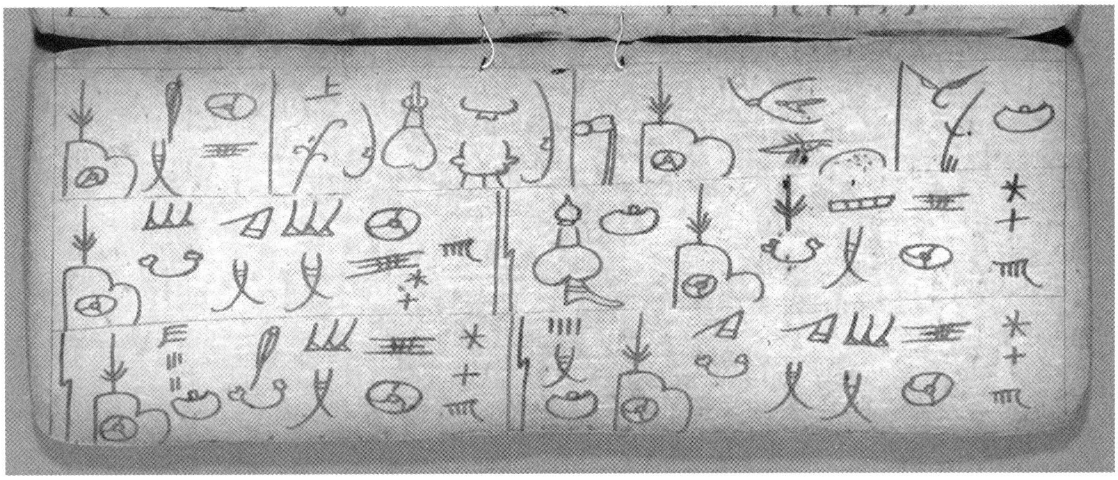

ȵi^{55} bu^{33} tho^{21} dʑi^{21} me^{55} to^{33} dər^{33} gə^{33} ȵi^{55} uɑ^{21}: | dzʅ^{33} ʂə^{55} bɯ^{33}mə^{33} du^{33}. khuɑ^{21} khuɑ^{33} tse^{55} mə^{33}
日 干支 水 母 上 轮 的 日子 诉讼 去 不 兴 灶 砌 不

du^{33}. | ȵi^{55} bu^{33} tho^{21} tsʅ^{21} me^{33} lɯ^{55} uɑ^{21}: | iə^{21} py^{21} he^{33}, ȵi^{55} bu^{33} tho^{21} mi^{33} phv̩^{33}、ʂu^{21}me^{55}、mi^{33}
兴 日 干支 算 的 都 是 正月 日 干支 火 公 铁 母 火

me^{55} to^{55} dər^{33} gə^{33} ȵi^{55} uɑ^{33} se^{13}, tv̩^{21} le^{33} ɕi^{33} sy^{21} be^{33} kɑ^{33}. | he^{21} dʑiə^{33} he^{33}, ȵi^{55} bu^{33} tho^{21} sər^{33}
母 上 轮 的 日子 则 千 又 百 样 皆 吉 二月 日 干支 木

phv̩^{33}、tʂʅ^{33} me^{55} to^{55} dər^{33} gə^{33} ȵi^{55} uɑ^{33} se^{13}, tv̩^{21} le^{33} ɕi^{33} sy^{21} be^{33} kɑ^{33}. | sɑ^{55} uɑ^{33} he^{33}, ȵi^{55} bu^{33}
公 土 母 上 轮 的 日子 则 千 又 百 样 皆 吉 三月 日 干

tho^{21} dʑi^{21} phv̩^{33}、mi^{33} me^{55} to^{55} dər^{33} gə^{33} ȵi^{55} uɑ^{33} se^{13}, tv̩^{21} le^{33} ɕi^{33} sy^{21} be^{33} kɑ^{33}. | lu^{55} me^{33} he^{33},
支 水 公 火 母 上 轮 的 日子 则 千 又 百 样 皆 吉 四月

ȵi^{55} bu^{33} tho^{21} ʂu^{21} phv̩^{33}、ʂu^{21} me^{55}、mi^{33} me^{55} to^{55} dər^{33}gə^{33} ȵi^{55} uɑ^{33} se^{13}, tv̩^{21} le^{33} ɕi^{33} sy^{21} be^{33} kɑ^{33}.
日 干支 铁公 铁 母 火 母 上 轮 的 日子 则 千 又 百 样 皆 吉

在日干支属母水的日子里，不兴去诉讼。不兴打灶。

大凡算日干支的：

正月里，日干支属公火、母铁、母火的日子，千百样皆吉。

二月里，日干支属公木、母土的日子，千百样皆吉。

三月里，日干支属公水、母火的日子，千百样皆吉。

四月里，日干支属公铁、母铁、母火的日子，千百样皆吉。

489-L36-10

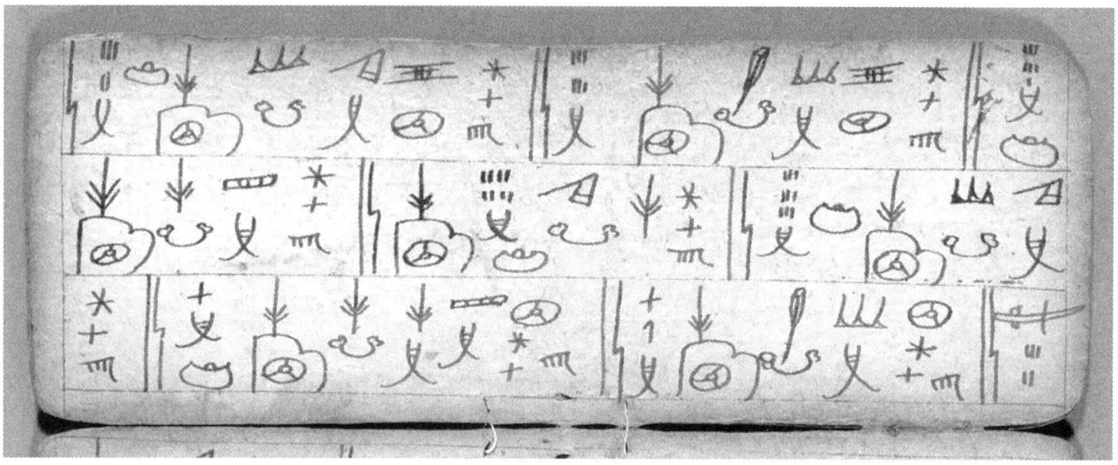

uɑ^{55} me^{33} he^{33}, ȵi^{55} bu^{33} tho^{21} mi^{33} phy̩^{33}、ʂu^{21} me^{55} to^{55} dər^{33} gə^{33} ȵi^{55} uɑ^{33} se^{13}, ty̩^{21} le^{33} ɕi^{33} sy^{21} be^{33}
五 月 日 干支 火 公 铁 母 上 轮 的 日子 则 千 又 百 样 皆

kɑ^{33}.｜tʂhuɑ^{55}me^{33} he^{33}, ȵi^{55} bu^{33} tho^{21} dʑi^{21}phy̩^{33}、mi^{33} me^{55} to^{55}dər^{33} gə^{33} ȵi^{55} uɑ^{33} se^{13}, ty̩^{21} le^{33} ɕi^{33}
吉 六月 日 干支 水 公 火 母 上 轮 的 日子 则 千 又 百

sy^{21} be^{33} kɑ^{33}.｜sæ^{33} me^{33} he^{33},｜ȵi^{55} bu^{33} tho^{21} sər^{33} phy̩^{33}、tʂʅ^{33} me^{55} to^{55} dər^{33} gə^{33} ȵi^{55} uɑ^{33} se^{13},
样 皆 吉 七月 日 干支 木 公 土 母 上 轮 的 日子 则

ty̩^{21} le^{33} ɕi^{33} sy^{21} be^{33} kɑ^{33}.｜huɑ^{55} me^{33} he^{33}, ȵi^{55} bu^{33} tho^{21} ʂu^{21} phy̩^{33}、sər^{33} phy̩^{33}①to^{55} dər^{33} gə^{33}
千 又 百 样 皆 吉 八月 日 干支 铁 公 木 公 上 轮 的

ȵi^{55} uɑ^{33} se^{13}, ty̩^{21} le^{33} ɕi^{33} sy^{21} be^{33} kɑ^{33}.｜guə^{33} me^{33} he^{33}, ȵi^{55} bu^{33} tho^{21} mi^{33} phy̩^{33}、ʂu^{21} me^{55} to^{55}
日子 则 千 又 百 样 皆 吉 九月 日 干支 火 公 铁 母 上

dər^{33} gə^{33} ȵi^{55} uɑ^{33} se^{13},｜ty̩^{21} le^{33} ɕi^{33} sy^{21} be^{33} kɑ^{33}.｜tshe^{21} me^{33} he^{33}, ȵi^{55} bu^{33} tho^{21} sər^{33} phy̩^{33}、
轮 的 日子 则 千 又 百 样 皆 吉 十月 日 干支 木 公

sər^{33} me^{55}、tʂʅ^{33} me^{55} to^{55} dər^{33}gə^{33} ȵi^{33} uɑ^{33} se^{13}, ty̩^{21} le^{33} ɕi^{33} sy^{21} be^{33} kɑ^{33}.｜tshe^{21} də^{33} he^{33}, ȵi^{55}
木 母 土 母 上 轮 的 日子 则 千 又 百 样 皆 吉 十一月 日

bu^{33} tho^{21} dʑi^{21} phy̩^{33}、mi^{33} me^{55} to^{55} dər^{33} gə^{33} ȵi^{55} uɑ^{33} se^{13}, ty̩^{21} le^{33} ɕi^{33} sy^{21} be^{33} kɑ^{33}.｜dɑ^{33} uɑ^{33}
干支 水 公 火 母 上 轮 的 日子 则 千 又 百 样 皆 吉 十二

he^{33},
月

五月里，日干支属公火、母铁的日子，千百样皆吉。

六月里，日干支属公水、母火的日子，千百样皆吉。

七月里，日干支属公木、母土的日子，千百样皆吉。

① 原文未写“公或母”，东巴经有时一字同用，故暂从“公”。

八月里，日干支属公铁、公木的日子，千百样皆吉。

九月里，日干支属公火、母铁的日子，千百样皆吉。

十月里，日干支属公木、母木、母土的日子，千百样皆吉。

十一月里，日干支属公木、母火的日子，千百样皆吉。

十二月里，

489-L36-11

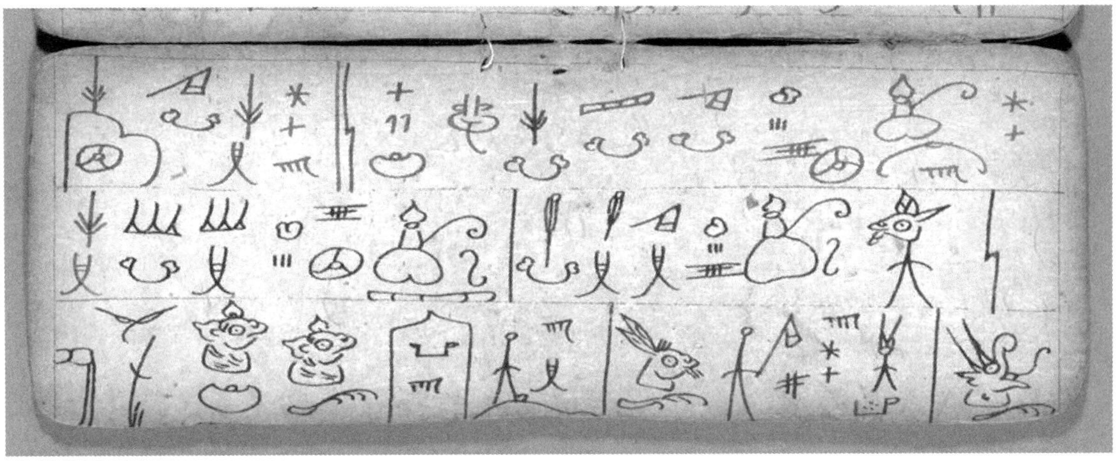

ȵi^{55} bu^{33} tho^{21}ʂu^{21} phy̩^{33}、sər^{33}me^{55} to^{55} dər^{33} gə^{33}ȵi^{55} uɑ^{33}se^{13}, ty̩^{21}le^{33} ɕi^{33} sy^{21} be^{33} kɑ^{33}. | tshe^{21} ȵi^{33}
日 干支 铁 公 木 母 上 轮 的 日子 则 千 又 百 样 皆 吉 十 二

he^{33} gə^{33} ko^{33} lo^{21} nɯ^{33}, sər^{33} phy̩^{33}、tʂʅ^{33} phy̩^{33}、ʂu^{21} phy̩^{33} sʅ^{33} sy^{21} to^{55} dər^{33} gə^{33} ȵi^{55} uɑ^{33} se^{13}, mɯ^{33}
月 的 里面 以 木 公 土 公 铁 公 三 样 上 轮 的 日子 则 天

ky̩^{33} he^{21} nɯ^{33} gu^{33} lu^{21}, ty̩^{21} le^{33} ɕi^{33} sy^{21} be^{33} kɑ^{33}. | sər^{33} me^{55}、mi^{33} phy̩^{33}、mi^{33} me^{55} sʅ^{33} sy^{21} to^{55}
上 神 以 庇佑 千 又 百 样 皆 吉 木 母 火 公 火 母 三 样 上

dər^{33} gə^{33} ȵi^{55} uɑ^{33} se^{13}, dy^{21} gə^{33} he^{21} nɯ^{33} gu^{33} lu^{21} kɑ^{33} le^{21}. | ʥi^{21} phy̩^{33}、ʥi^{21} me^{55}、ʂu^{21} me^{55} sʅ^{33}
轮 的 日子 则 地 的 神 以 庇佑 赐福 水 公 水 母 铁 母 三

sy^{21} to^{55} dər^{33} gə^{33} ȵi^{55} uɑ^{33} se^{13}, he^{21}nɯ^{33} be^{55} tshʅ^{21}zʅ^{33} tɕər^{21} gu^{33} lu^{21} kɑ^{33} le^{21}. | iə^{21} py^{21} he^{33}, lɑ^{33}
样 上 轮 的 日子 则 神 以 人类 上 庇佑 赐福 正月 虎

he^{33}, lɑ^{33} khy̩^{55} ȵi^{55} uɑ^{33} se^{13}, ʥi^{21} thy̩^{21}, kɑ^{33}. zʅ^{33} ʥi^{33}, kɑ^{33} me^{55}. | tho^{33} le^{33} khy̩^{55}, gu^{21} thy̩^{21}、py^{33}
月 虎 岁 日子 则 房 建 吉 路 行 吉 的 兔 岁 仓 建 斗

tse^{55}, ty̩^{21} le^{33} ɕi^{33} sy^{21} be^{33} kɑ^{33}. | ly̩^{21} khy̩^{55},
制作 千 又 百 样 皆 吉 龙 岁

日干支属公铁、母木的日子，千百样皆吉。

在十二个月里，凡日干支属公木、公土、公铁这三样的日子，则有天上的神庇佑。千百样皆吉。凡日干支属母木、公火、母火这三样的日子，则得到地祇的庇佑赐福。凡日干支属公水、母水、母铁这三样的日子，神庇佑赐福予人类。

正月，为属虎月，在属虎日里，建房，吉。出门远行，吉。在属兔日里，建仓库，制作等千百样皆吉。在属龙日里，

489-L36-12

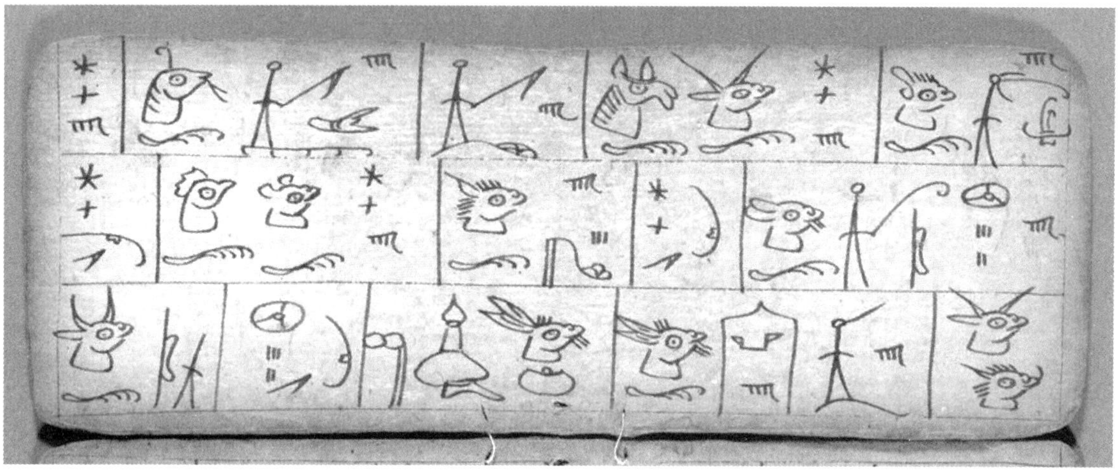

ty̩^{21} le^{33} ɕi^{33} sy^{21} be^{33} kɑ^{33}. | ʐʅ^{21} khy̩^{55}, lɯ^{33} kho^{55} lɑ^{21} lo^{33} be^{33}, kɑ^{33}. | ʐʅ^{33} thy̩^{55}, kɑ^{33}. | ʐuɑ^{33}
千 又 百 样 皆 吉 蛇 岁 地 里 干活 吉 路 开 吉 马

khy̩^{55}、y^{21} khy̩^{55}, ty̩^{21} le^{33} ɕi^{33} sy^{21} be^{33} kɑ^{33}. | ə^{55} y^{21} khy̩^{55}, tʂhər^{33} ɯ^{33} thɯ^{21}, kɑ^{33}. | ty̩^{21}le^{33} ɕi^{33} sy^{21}
岁 羊 岁 千 又 百 样 皆 吉 猴 岁 药 喝 吉 千 又 百 样

be^{33} mə^{33} ȵi^{21}, khuɑ^{21}. | æ^{21} khy̩^{55}、khɯ^{33} khy̩^{55}, ty̩^{21} le^{33} ɕi^{33} sy^{21} be^{33} kɑ^{33}. | bu^{21} khy̩^{55}, dʐu^{33} sɿ^{21},
皆 不 可 凶 鸡 岁 狗 岁 千 又 百 样 皆 吉 猪 岁 债 讨

kɑ^{33}. | ty̩^{21} le^{33} ɕi^{33} sy^{21} be^{33} mə^{33} ȵi^{21}, khuɑ^{21}. | fy̩^{55} khy̩^{33}, khu^{33} phu^{33} ȵi^{55} uɑ^{33} kɑ^{33}. | ɯ^{33} khy̩^{55},
吉 千 又 百 样 皆 不 可 凶 鼠 岁 门 开 日子 吉 牛 岁

khu^{33}tər^{55} | ȵi^{55} uɑ^{33} khuɑ^{21}, khu^{33}tər^{55} mə^{33} ȵi^{21}. | he^{21} ʥiə^{33} he^{33}, tho^{33} le^{33} he^{33}, | tho^{33} le^{33} khy̩^{55},
门 关 日子 凶 门 关 不 可 二月 月 兔 月 兔 岁

ʥi^{21} thy̩^{21}, kɑ^{33}. ʐʅ^{33} ʥi^{33}, kɑ^{33}. | y^{21} khy̩^{55}、bu^{21} khy̩^{55}
房 建 吉 路 行 吉 羊 岁 猪 岁

千百样皆吉。在属蛇日里，宜到田地里干活，吉。修路，吉。在属马、属羊日里，千百样皆吉。在属猴日里，吃药，吉。千百样皆不宜，凶。在属鸡日、属狗日里，千百样皆吉。在属猪日里，去讨债，吉。千百样皆不宜，凶。在属鼠日里，为开门做生意的好日子。在属牛日里，做生意不宜关门，凶。

二月，为属兔月。在属兔日里，宜起房盖屋，吉。宜出门远行，吉，在属羊、属猪

489-L36-13

tʂhʅ^{33}ȵi^{33} khv̩^{55}, tv̩^{21} le^{33} ɕi^{33} sy^{33} be^{33}kɑ^{33}. | ə^{55} y^{21} khv̩^{55}、khɯ^{33}khv̩^{55}、ɯ^{33}kv̩^{55}、lv̩^{21}khv̩^{55}、ʐʅ^{21} khv̩^{55},

这 两 岁 千 又 百 样 皆 吉 猴 岁 狗 岁 牛 岁 龙 岁 蛇 岁

py^{33} ʐuɑ^{21}tɑ^{55} lo^{21} khɯ^{55},kɑ^{33}. | tv̩^{21} le^{33} ɕi^{33} sy^{21} be^{33} mə^{33} ȵi^{21}, khuɑ^{21}. | ʐuɑ^{33} khv̩^{55}, ʐʅ^{33} thv̩^{55}, |

斗 量 柜 里 放 吉 千 又 百 样 皆 不 可 凶 马 岁 路 开

lɯ^{33} kho^{55} lɑ^{21} lo^{33} be^{33}, kɑ^{33}. | æ^{21} khv̩^{55}, tʂhər^{33} ɯ^{33} thɯ^{21}, kɑ^{33}. | tv̩^{21} le^{33} ɕi^{33} sy^{21} be^{33} mə^{33} ȵi^{21},

地 里 干活 吉 鸡 岁 药 喝 吉 千 又 百 样 皆 不 可

khuɑ^{21}. | fv̩^{55} khv̩^{33}, dʐu^{33} sʅ^{21}, kɑ^{33}. | lɑ^{33} khv̩^{55}, khu^{33} tər^{55} mə^{33} ȵi^{21}, tv̩^{21} le^{33} ɕi^{33} sy^{21} khuɑ^{21}. |

凶 鼠 岁 债 讨 吉 虎 岁 门 关 不 可 千 又 百 样 凶

sɑ^{55} uɑ^{33} he^{33}, lv̩^{21} he^{33}, | lv̩^{21} khv̩^{55}, dzər^{21} sy^{55}, kɑ^{33}. | dʑiə^{33} dv̩^{21} tʂʅ^{21} tse^{55}, kɑ^{33}. | ʐʅ^{21} khv̩^{55}, tv̩^{21}

三月 龙 月 龙 岁 树 杀 吉 墙 土基 砌 吉 蛇 岁 千

le^{33} ɕi^{33} sy^{21} be^{33} kɑ^{33}. | py^{33} tse^{55} ȵi^{55} uɑ^{33} uɑ^{21}.

又 百 样 皆 吉 斗 制作日子 是

这两个属相日里，千百样皆吉。在属猴日、属狗日、属牛日、属龙日、属蛇日里，宜量粮食入柜，吉。其他则千百样皆不宜，凶。在属马日里，宜开路修路。宜到田地里干活，吉。在属鸡日里，宜吃药。千百样皆不宜，凶。在属鼠日里，宜去讨债，吉。在属虎日里，不宜关门，千百样皆凶。

三月，为属龙月，在属龙日，宜去砍树，吉。宜砌土基墙，吉。在属蛇日里，千百样皆吉。是制作的日子。

489-L36-14

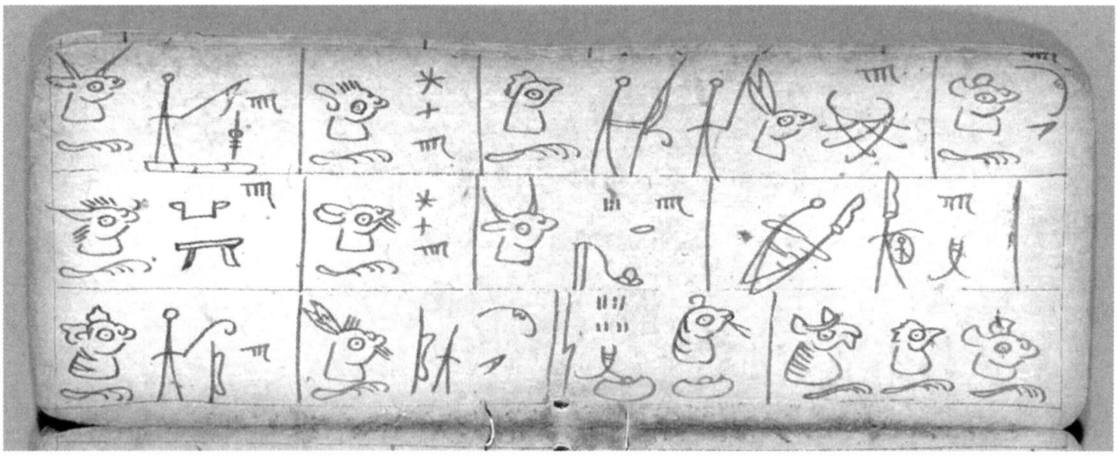

y^{21} khv̩^{55}, lɯ^{33} ly^{55} gv̩^{33} lo^{33} be^{33}, kɑ^{33}. | ə^{55} y^{21} khv̩^{55}, tv̩^{21} le^{33} ɕi^{33} sy^{21} be^{33} kɑ^{33}. | æ^{21} khv̩^{55}, tɕy^{21}
羊 岁 田 中间 干活 吉 猴 岁 千 又 百 样 皆 吉 鸡 岁 下扣

khɯ^{55}、ɕy^{33} dy^{55} ɕi^{21} tɑ^{21}, kɑ^{33}. | khɯ^{33} khv̩^{55}, sy^{21} be^{33} mə^{33} ȵi^{21}, khuɑ^{21}. | bu^{21} khv̩^{55}, tʂuɑ^{33} thv̩^{21},
兽 撵 网 扯 吉 狗 岁 啥 做 不 可 凶 猪 岁 床 安

kɑ^{33}. | fv̩^{55} khv̩^{55}, tv̩^{21} le^{33} ɕi^{33} sy^{21} be^{33} kɑ^{33}. | ɯ^{33} khv̩^{55}, dʐu^{33} sɿ^{21} kɑ^{33} kv̩^{55}. | pɯ^{33} pɑ^{33} be^{33}、ə^{33}
吉 鼠 岁 千 又 百 样 皆 吉 牛 岁 债 讨 吉 会 性交 做 母亲

me^{33} ʐue^{55} pu^{55}, kɑ^{33} me^{55}. | lɑ^{33} khv̩^{55}, khu^{33} phu^{33}, kɑ^{33}. | tho^{33} le^{33} khv̩^{55}, khu^{33} tər^{55} mə^{33} ȵi^{21},
婴 怀 吉 的 虎 岁 门 开 吉 兔 岁 门 关 不 可

khuɑ^{21}. | huɑ^{55} me^{33} he^{33}①, ʐʅ^{21} he^{33}, | ʐuɑ^{33} khv̩^{55}、æ^{21} khv̩^{55}、khɯ^{33} khv̩^{55}、
凶 八月 蛇 月 马 岁 鸡 岁 狗 岁

在属羊日里，宜到田地里干活。在属猴日里，千百样皆吉。在属鸡日里，宜去下扣、撵山打猎下网，吉。在属狗日里，什么都不宜做，凶。在属猪日里，宜安床，吉。在属鼠日里，千百样皆吉。在属牛日里，宜去讨债，会吉。性交受孕，吉。在属虎日里，宜开门，吉。在属兔日里，不宜关门，凶。

四月，为属蛇月。在此月凡属马日、属鸡日、属狗日、

① 原文有误，“蛇月”应为“四月”，前文为“三月”，后文为“五月”，此句应为“四月”，译文校改。

489-L36-15

fv̩^{55} khv̩^{33}、ɯ^{33} khv̩^{55}、tho^{33} le^{33} khv̩^{55}se^{13}, tv̩^{21} le^{33} ɕi^{33} sy^{21} be^{33} kɑ^{33}.｜uɑ^{55} me^{33} he^{33}, ʐuɑ^{33} he^{33}. y^{21}
鼠 岁 牛 岁 兔 岁 则 千 又 百 样 皆 吉 五月 马 月 羊

khv̩^{55}、khɯ^{33} khv̩^{55}、bu^{21} khv̩^{55}、ɯ^{33} khv̩^{55}、lɑ^{33}khv̩^{55}、lv̩^{21}khv̩^{55}、khu^{33} phu^{33}, tv̩^{21} le^{33} ɕi^{33} sy^{21} be^{33}
岁 狗 岁 猪 岁 牛 岁 虎 岁 龙 岁 门 开 千 又 百 样 皆

kɑ^{33}me^{33}.｜tʂhuɑ^{55}me^{33} he^{33}, y^{21}he^{33}, ə^{55} y^{21} khv̩^{55}、bu^{21} khv̩^{55}、tho^{33}le^{33} khv̩^{55}、lɑ^{33} khv̩^{55}、fv̩^{55} khv̩^{33}、
吉 的 六月 羊 月 猴 岁 猪 岁 兔 岁 虎 岁 鼠 岁

ʐʅ^{21}khv̩^{55}｜tʂhʅ^{33} tʂhuɑ^{55}khv̩^{33} se^{13}, tv̩^{21} le^{33} ɕi^{33} sy^{21} be^{33} kɑ^{33} me^{55}.｜sæ^{33} me^{33} he^{33}, ə^{55} y^{21} he^{33}, æ^{21}
蛇 岁 这 六 岁 则 千 又 百 样 皆 吉 的 七月 猴 月 鸡

khv̩^{55}、fv̩^{55} khv̩^{33}、ɯ^{33} khv̩^{55}、tho^{33} le^{33} khv̩^{55}、lv̩^{21} khv̩^{55}、ʐuɑ^{33} khv̩^{55} tʂhʅ^{33} tʂhuɑ^{55} khv̩^{33} se^{13}, tv̩^{21}
岁 鼠 岁 牛 岁 兔 岁 龙 岁 马 岁 这 六 岁 则 千

le^{33} ɕi^{33} sy^{21} be^{33} kɑ^{33}.
又 百 样 皆 吉

属鼠日、属牛日、属兔日，则千百样皆吉。

五月，为属马月，在此月凡属羊日、属狗日、属猪日、属牛日、属虎日、属龙日这六个属相日里，开门等千百样皆吉。

六月，为属羊月，在此月凡属猴日、属猪日、属兔日、属虎日、属鼠日、属蛇日这六个属相日里，开门等千百样皆吉。

七月，为属猴月，在此月凡属鸡日、属鼠日、属牛日、属兔日、属龙日、属马日这六个属相日里，千百样皆吉。

489-L36-16

huɑ^{55} me^{33} he^{33}, æ^{21} he^{33}, khɯ^{33} khv̩^{55}、ɯ^{33} khv̩^{55}、lɑ^{33} khv̩^{55}、lv̩^{21} khv̩^{55}、ʐʅ^{21} khv̩^{55}、y^{21} khv̩^{55} tʂhʅ^{33}
八月 鸡 月 狗 岁 牛 岁 虎 岁 龙 岁 蛇 岁 羊 岁 这

tʂhuɑ^{55} khv̩^{33} se^{13}, tv̩^{21} le^{33} ɕi^{33} sy^{21} be^{33} kɑ^{33}.｜guə^{33} me^{33} he^{33},｜khɯ^{33} he^{33}, bu^{21} khv̩^{55}、lɑ^{33} khv̩^{55}、
六 岁 则 千 又 百 样 皆 吉 九月 狗 月 猪 岁 虎 岁

tho^{33} le^{33} khv̩^{55}、ʐʅ^{21} khv̩^{55}、｜ʐuɑ^{33} khv̩^{55}、ə^{55} y^{21} khv̩^{55} tʂhʅ^{33} uɑ^{55}① khv̩^{33} se^{13}, tv̩^{21} le^{33} ɕi^{33} sy^{21} be^{33}
兔 岁 蛇 岁 马 岁 猴 岁 这 五 岁 则 千 又 百 样 皆

kɑ^{33}.｜tshe^{21} me^{33} he^{33}, bu^{21} he^{33},｜tho^{33} le^{33} khv̩^{55}、fv̩^{55} khv̩^{33}、lv̩^{21} khv̩^{55}、ʐuɑ^{33} khv̩^{55}、y^{21} khv̩^{55}、
吉 十月 猪 月 兔 岁 鼠 岁 龙 岁 马 岁 羊 岁

æ^{21} khv̩^{55} tʂhʅ^{33} tʂhuɑ^{55} khv̩^{33} se^{13}, tv̩^{21} le^{33} ɕi^{33} sy^{21} be^{33} kɑ^{33}.｜tshe^{21} də^{33} he^{33}, fv̩^{55} he^{33}, ɯ^{33} khv̩^{55}、
鸡 岁 这 六 岁 则 千 又 百 样 皆 吉 十一月 鼠 月 牛 岁

八月，为属鸡月，在此月凡属狗日、属牛日、属虎日、属龙日、属蛇日、属羊日这六个属相日里，千百样皆吉。

九月，为属狗月，在此月凡属猪日、属虎日、属兔日、属蛇日、属马日、属猴日这六个属相日里，千百样皆吉。

十月，为属猪月，在此月凡属兔日、属鼠日、属龙日、属马日、属羊日、属鸡日这六个属相日里，千百样皆吉。

十一月，为属鼠月，在此月凡属牛日、

① 此字有误，“五”应为“六”，应为六个属相日，译文中校改。

489-L36-17

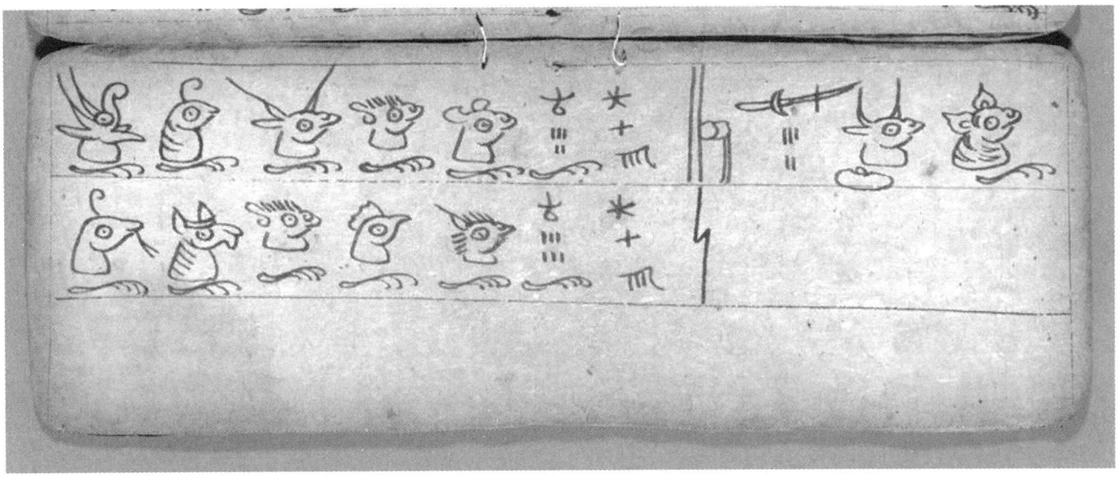

lv̩^{21} khv̩^{55}、ʐʅ^{21}khv̩^{55}、y^{21} khv̩^{55}、ə^{55} y^{21} khv̩^{55}、khɯ^{33}khv̩^{55} tʂhʅ^{33} uɑ^{55}①khv̩^{33} se^{13},tv̩^{21} le^{33} ɕi^{33}sy^{21} be^{33}
龙 岁 蛇 岁 羊 岁 猴 岁 狗 岁 这 五 岁 则 千 又 百 样 皆

kɑ^{33}. | dɑ^{33} uɑ^{33} he^{33}, ɯ^{33} he^{33}, lɑ^{33}khv̩^{55}、ʐʅ^{21} khv̩^{55}、ʐuɑ^{33} khv̩^{55}、ə^{55} y^{21}khv̩^{55}、æ^{21} khv̩^{55}、bu^{21} khv̩^{55}
吉 十二月 牛 月 虎 岁 蛇 岁 马 岁 猴 岁 鸡 岁 猪 岁

tʂhʅ^{33} tʂhuɑ^{55} khv̩^{33} se^{13}, tv̩^{21} le^{33} ɕi^{33} sy^{21} be^{33} kɑ^{33}. |
这 六 岁 则 千 又 百 样 皆 吉

属龙日、属蛇日、属羊日、属猴日、属狗日这六个属相日里，千百样皆吉。

十二月，为属牛月，在此月凡属虎日、属蛇日、属马日、属猴日、属鸡日、属猪日这六个属相日里，千百样皆吉。

489-L36-18

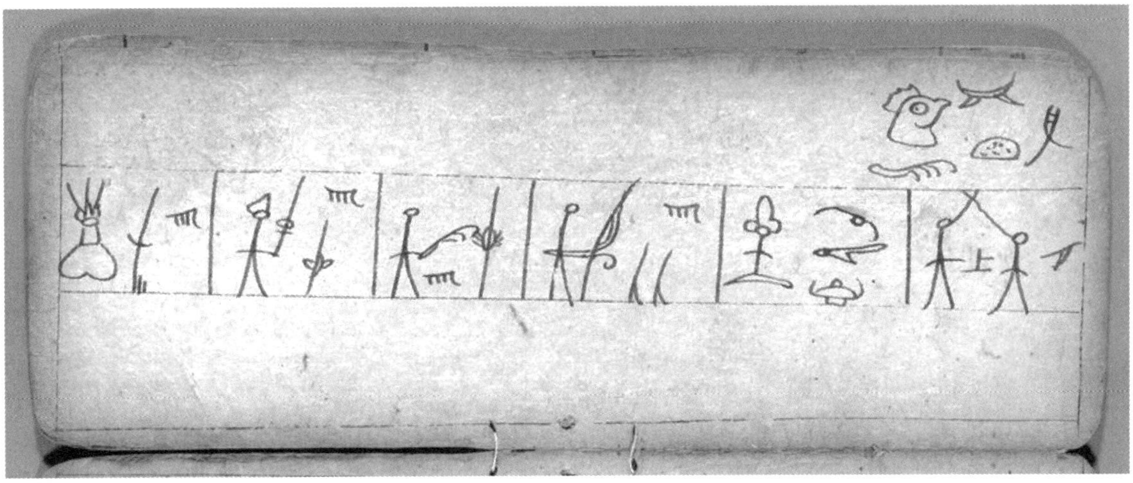

æ^{21} khv̩^{55} gə^{33} ȵi^{55} uɑ^{33} uɑ^{21} me^{33}, py^{33} bv̩^{21} nɯ^{33} py^{21}, kɑ^{33}. | mu^{21} tɯ^{33} zɿ^{21} zər^{21}, kɑ^{33}. | æ^{33} khv̩^{33},
鸡 岁 的 日子 是 的 祭司 以 祭 吉 兵 起 仇 压 吉 庄稼 割

① 原文有误，“五”应为“六”，译文中校改。

kɑ^{33}. | tɕy^{21} khɯ^{55} tɕhi^{21} tshɿ^{55}, kɑ^{33}. | bər^{33} dzɿ^{21} ʂʅ^{33} hɑ^{33} dzɿ^{33} bɯ^{33} mə^{33} ȵi^{21}, | ʂə^{55} ʂə^{33} thy̩^{33},
吉 下扣 签 插 吉 客 做 肉 饭 吃 去 不 可 吵架 产生

khuɑ^{21}.
凶

逢属鸡的日子：东巴祭司进行法仪，吉。起兵去镇压仇敌，吉。收割庄稼，吉。下扣、插签去狩猎，吉。不宜去做客吃肉吃饭。产生吵架，凶。

489-L36-19

ȵi^{55} bu^{33} tho^{21}、pɑ^{33} kə^{21} khy̩^{55} tsɿ^{21}. | ə^{33} by̩^{21} gɯ^{33} zɿ^{33} thy̩^{33} me^{33} y^{33}: ə^{33} sɿ^{21}、ȵi^{33} ny̩^{21} to^{55} khuɑ^{21}
日 干支 巴格 岁 算 兄 弟 产生 的 是 父亲 妻子 上 凶

ky̩^{55}. | ŋy̩^{33} hæ^{21} mə^{33} dʑy^{33} ky̩^{55}. | sər^{33} gə^{33} ə^{33} by̩^{21} gɯ^{33} zɿ^{33} thy̩^{33} me^{33} lɯ^{55} uɑ^{21}, tʂhʅ^{33} be^{33} tsɿ^{21}
会 银 金 不 有 会 木 的 兄 弟 产生 的 若 是 这 地 算

me^{33} uɑ^{21}. | ʂu^{21} nɯ^{33} zər^{21}, kɑ^{33}. | sər^{33} gə^{33} ə^{33} phy̩^{33}、ə^{33} dzɿ^{33} thy̩^{33}: hɑ^{33} dʑi^{21} dʑy^{33} hɯ^{21} dzæ^{33}
的 是 铁 以 压 吉 木 的 祖父 祖母 产生 粮食 有 富 强

ky̩^{55}. | zo^{33} mi^{55} to^{55} khuɑ^{21} ky̩^{55}. | ə^{33} phy̩^{33}、ə^{33} dzɿ^{33} mi^{33} nɯ^{33} ȵi^{55} ȵi^{21} lɯ^{55} uɑ^{21}, | dʑi^{21}nɯ^{33}zər^{21}
会 儿 女 上 凶 会 祖父 祖母 火 以 一样 若 是 水 以 压

dər^{33}, kɑ^{33}. | sər^{33} nɯ^{21} tʂʅ^{33} lɯ^{55} thy̩^{33}:
该 吉 木 和 土 若 产生

算日干支、算巴格的年岁[①]。

产生属木的兄弟，会凶于父亲和妻子。不会有金银。产生属木的兄弟的话，就是这样算的。该用铁来压，吉。

产生属木的祖父和祖母，会有粮食而富强。会凶于儿女。若祖父和祖母都属一样的火，该用水来压，吉。

若产生火和土，

① 巴格的年岁，此句文义不明。后文也没有有关巴格的文字。

489-L36-20

ə^{33} sɿ^{21}、ȵi^{33} ny̩^{21} uɑ^{21}. ŋy̩^{33} hæ^{21} ʥy^{33}、hɑ^{33} ʥi^{21} ʥy^{33}、hɯ^{21} nɯ^{21} dzæ^{33} ky̩^{55}. | ə^{33} me^{33} to^{55} khuɑ^{21}
父亲 妻子 是 银 金 有 粮食 有 富 和 强 会 母亲 上 凶

ky̩^{55}. | sər^{33} nɯ^{33} zər^{21} dər^{33}. | ʂu̥^{21} gə^{33} zo^{33} mi^{55} thy̩^{33} me^{33}: ku^{33} mi^{21} dæ^{21} mi^{21} dɯ^{33}. | gy̩^{33} mu^{33}
会 木 以 压 该 铁 的 儿 女 产生 的 功名 能干 名 大 身体

khuɑ^{21}, kə^{13} ky̩^{55}. | mi^{33} nɯ^{33} zər^{21} dər^{33}, kɑ^{33}. | ʥi^{21} gə^{33} ə^{33} me^{33} | thy̩^{33}: | hɑ^{33} ʥi^{21} khuɑ^{21}
差 克 会 火 以 压 该 吉 水 的 母亲 产生 粮食 坏

ky̩^{55}. | tʂʅ^{33} nɯ^{33} zər^{21} dər^{33}. | ə^{33} me^{33} ʐue^{55} ʨi^{33} hə^{21} sɿ^{21} ly^{21} the^{33} ɯ^{33}: | ȵi^{55} bu^{33} tho^{21} sər^{33} phy̩^{33}
会 土 以 压 该 母亲 婴 生 卦辞 看 书 日 干支 木 公

是父亲和妻子。会有金银，有粮食，会富强。会凶于母亲。该用木压之。

产生属铁的儿女：会得功名和能干的名声。会身体差，会被克。该用火压之，吉。

产生属水的母亲：粮食会短缺。该用土压之。

看母亲生育的卦辞的书。

在日干支属公木之日

489-L36-21

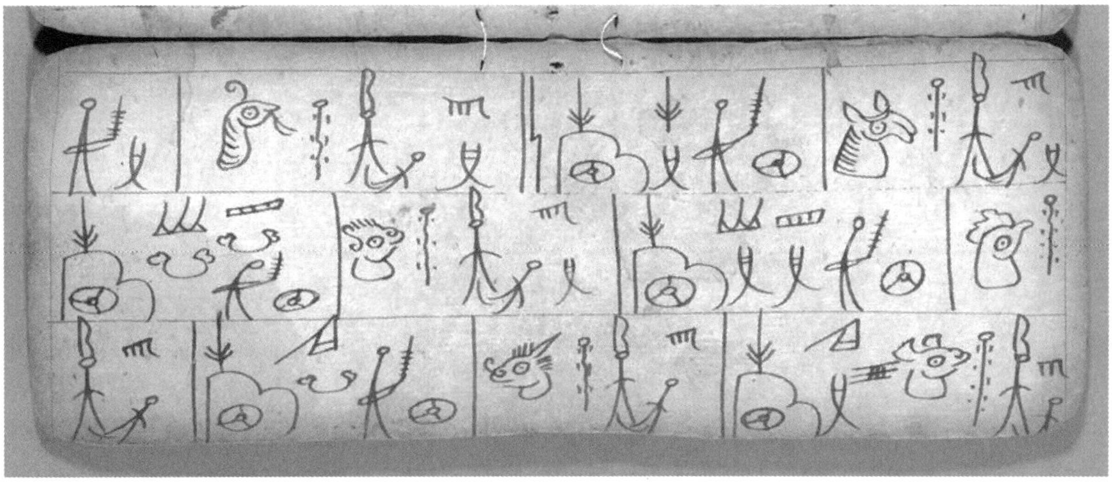

zɿ³³ me³³, | zʅ²¹ dzʅ²¹ ə³³ me³³ zʅue⁵⁵ tɕi³³ hə²¹ kɑ³³ me⁵⁵. | ȵi⁵⁵ bu³³ tho²¹ sər³³ me⁵⁵ zɿ³³ gə³³ ȵi⁵⁵
司 的 蛇 时 母亲 婴 生 吉 的 日 干支 木 母 司 的 日

uɑ³³, | zʅuɑ³³ dzʅ²¹ ə³³ me³³ zʅue⁵⁵ tɕi³³ hə²¹ me³³ kɑ³³ me⁵⁵. | ȵi⁵⁵ bu³³ tho²¹ mi³³ phv̩³³、tʂʅ³³ phv̩³³
子 马 时 母亲 婴 生 的 吉 的 日 干支 火 公 土 公

zɿ³³ ge³³ ȵi⁵⁵ uɑ³³, | ə⁵⁵ y²¹ dzʅ²¹ ə³³ me³³ zʅue⁵⁵ tɕi³³ hə²¹, kɑ³³ me⁵⁵. | ȵi⁵⁵ bu³³ tho²¹ mi³³ me⁵⁵、tʂʅ³³
司 的 日子 猴 时 母亲 婴 生 吉 的 日 干支 火 母 土

me⁵⁵ zɿ³³ gə³³ ȵi⁵⁵ uɑ³³, | æ²¹ dzʅ²¹ | ə³³ me³³ zʅue⁵⁵ tɕi³³ hə²¹, kɑ³³ me⁵⁵. | ȵi⁵⁵ bu³³ tho²¹ ʂu²¹ phv̩³³
母 司 的 日子 鸡 时 母亲 婴 生 吉 的 日 干支 铁 公

zɿ³³ gə³³ ȵi³³ uɑ³³, | bu²¹dzʅ²¹ ə³³ me³³ zʅue⁵⁵ tɕi³³ hə²¹ me³³, kɑ³³. | ȵi⁵⁵ bu³³ tho²¹ ʂu²¹ me⁵⁵ to⁵⁵ dər³³
司 的 日子 猪 时 母亲 婴 生 的 吉 日 干支 铁 母 上 轮

gə³³ ȵi⁵⁵ uɑ³³, khɯ³³ dzʅ²¹ ə³³ me³³ zʅue⁵⁵ tɕi³³ hə²¹, kɑ³³ me⁵⁵.
的 日子 狗 时 母亲 婴 生 吉 的

的蛇时，母亲生小孩，吉。

在日干支属母木之日的马时，母亲生小孩，吉。

在日干支属公火、公土之日的猴时，母亲生小孩，吉。

在日干支属母火、母土之日的鸡时，母亲生小孩，吉。

在日干支属公铁之日的猪时，母亲生小孩，吉。

在日干支属母铁之日的狗时，母亲生小孩，吉。

489-L36-22

ȵi⁵⁵ bu³³ tho²¹ ʥi²¹ phv̩³³ zɿ³³ gə³³ ȵi⁵⁵ uɑ³³, | lɑ³³ dzʅ²¹ ə³³ me³³zʅue⁵⁵ tɕi³³ hə²¹ me³³, kɑ³³. | ȵi⁵⁵ bu³³
日 干 支 水 公 司 的 日子 虎 时 母亲 婴 生 的 吉 日 干

tho²¹ ʥi²¹ me⁵⁵ to⁵⁵dər³³ gə³³ ȵi⁵⁵ uɑ³³, | tho³³le³³ dzʅ²¹ ə³³me³³ zʅue⁵⁵ tɕi³³ hə²¹ me³³, kɑ³³. | ȵi⁵⁵ bu³³
支 水 母 上 轮 的 日子 兔 时 母亲 婴 生 的 吉 日 干

tho^{21} mə^{33} ʂə^{55} me^{33}, | khv̩^{55}bu^{33}tho^{21} ʦɿ^{21}me^{33} lɯ^{55} uɑ^{21}: sər^{33} phv̩^{33}、tʂʅ^{33} phv̩^{33} zɿ^{33} thɯ^{33} ȵi^{33} khv̩^{55}
支 不 说 的 年 干 支 算 的 若 是 木 公 土 公 司 这 两 年

lo^{21} se^{13}, | ɯ^{33} dʐʅ^{21}、y^{21} dʐʅ^{21} ə^{33} me^{33} ʐue^{55} tɕi^{33} hə^{21} me^{33}, kɑ^{33}. | sər^{33} me^{55}、tʂʅ^{33} me^{55} zɿ^{33} ȵi^{55}①
里 则 牛 时 羊 时 母亲 婴 生 吉 木 母 土 母 司 日

thɯ^{33} ȵi^{33} khv̩^{55} lo^{21}, | fv̩^{55} dʐʅ^{21}、ə^{55} y^{21} dʐʅ^{21} ə^{33} me^{33} ʐue^{55} tɕi^{33} hə^{21}, kɑ^{33} me^{55}.
这 两 年 里 鼠 时 猴 时 母亲 婴 生 吉 的

在日干支属公水之日的虎时，母亲生小孩，吉。

在日干支属母水之日的兔时，母亲生小孩，吉。

不说日干支，若是只算年的干支：

在属公木、公土这两年里，牛时、羊时母亲生小孩，吉。

在属母木、母土这两年里，鼠时、猴时母亲生小孩，吉。

489-L36-23

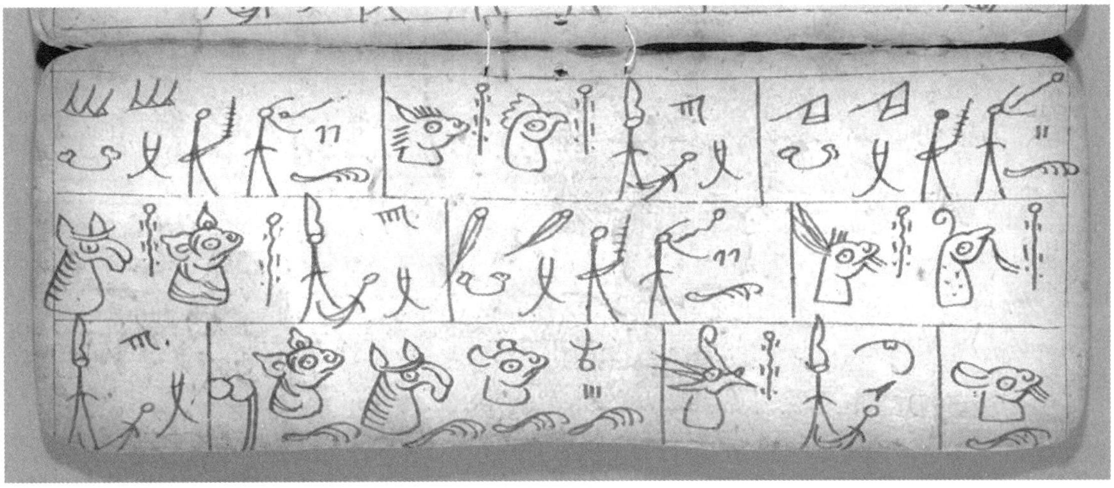

mi^{33} phv̩^{33}、mi^{33} me^{55} zɿ^{33} thɯ^{33} ȵi^{33} khv̩^{55} lo^{21}, | bu^{21} dʐʅ^{21}、æ^{21} dʐʅ^{21} ə^{33} me^{33} ʐue^{55} tɕi^{33} hə^{21}, kɑ^{33}
火 公 火 母 司 这 两 年 里 猪 时 鸡 时 母亲 婴 生 吉

me^{55}. | ʂu^{21} phv̩^{33}、ʂu^{21} me^{55} zɿ^{33} me^{33} thɯ^{33} ȵi^{33} khv̩^{55}, | ʐuɑ^{33} dʐʅ^{21}、lɑ^{33} dʐʅ^{21} ə^{33} me^{33} ʐue^{55} tɕi^{21}
的 铁 公 铁 母 司 的 这 两 年 马 时 虎 时 母亲 婴 生

hə^{21}, kɑ^{33} me^{55}. | ʥi^{21} phv̩^{33}、ʥi^{21} me^{55} zɿ^{33} gə^{33} thɯ^{33} ȵi^{33} khv̩^{55}, | tho^{33} le^{33} dʐʅ^{21}、ʐʅ^{21} dʐʅ^{21} | ə^{33}
吉 的 水 公 水 母 司 的 这 两 年 兔 时 蛇 时 母亲

me^{33} ʐue^{55} tɕi^{33} hə^{21}, kɑ^{33}me^{55}. | lɑ^{33} khv̩^{55}、ʐuɑ^{33} khv̩^{55}、khɯ^{33}khv̩^{55} tʂhʅ^{33} sɿ^{55} khv̩^{33} lo^{21}, | lv̩^{21} dʐʅ^{21}
婴 生 吉 的 虎 年 马 年 狗 年 这 三 年 里 龙 时

ə^{33} me^{33} ʐue^{55} tɕi^{33} hə^{21}, mə^{33} kɑ^{33}, khuɑ^{21}. | fv̩^{55} khv̩^{33}、
母亲 婴 生 不 吉 凶 鼠 年

① 此段文字是说“年”而不说“日”，“日”字为衍文。

在属公火、母火这两年里，猪时、鸡时母亲生小孩，吉。
在属公铁、母铁这两年里，马时、虎时母亲生小孩，吉。
在属公水、母水这两年里，兔时、蛇时母亲生小孩，吉。
在虎年、马年、狗年这三年里，龙时母亲生小孩，不吉，凶。
在鼠年、

489-L36-24

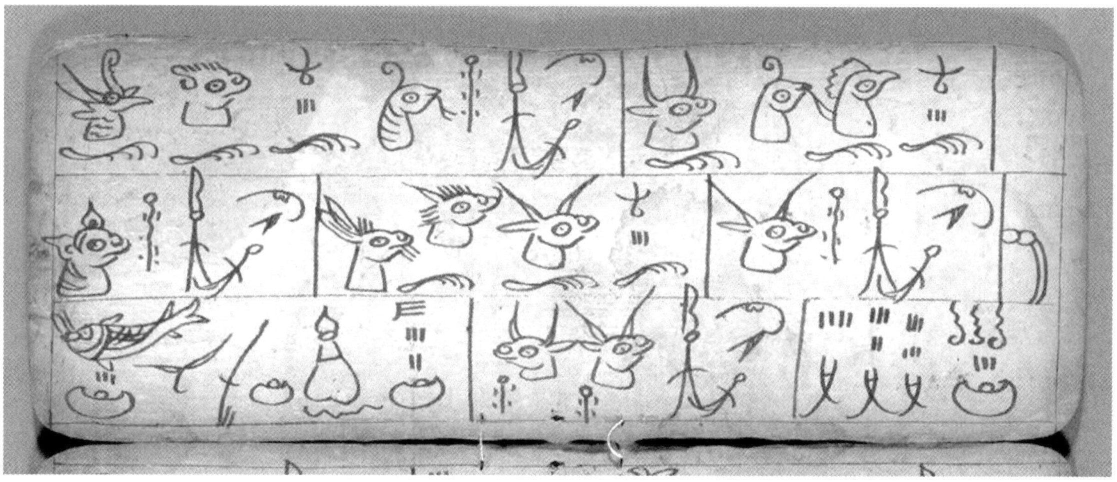

lv̩^{21} khv̩^{55}、ə^{55} y^{21} khv̩^{55} tʂhʅ^{33} sʅ^{55} khv̩^{33} lo^{21}, ʐʅ^{21} dʐʅ^{21} ə^{33}me^{33} ʐue^{55} tɕi^{33} hə^{21}, mə^{33}kɑ^{33}, khuɑ^{21}. |
龙 年 猴 年 这 三 年 里 蛇 时 母亲 婴 生 不 吉 凶

ɯ^{33} khv̩^{55}、ʐʅ^{21} khv̩^{55}、æ^{21} khv̩^{55} tʂhʅ^{33} sʅ^{55} khv̩^{33} lo^{21}, | lɑ^{33} dʐʅ^{21} ə^{33} me^{33} ʐue^{55} tɕi^{33} hə^{21}, mə^{33} kɑ^{33},
牛 年 蛇 年 鸡 年 这 三 年 里 虎 时 母亲 婴 生 不 吉

khuɑ^{21}. | tho^{33} le^{33} khv̩^{55}、bu^{21} khv̩^{55}、y^{21} khv̩^{55} tʂhʅ^{33} sʅ^{55} khv̩^{33} lo^{21}, | y^{21} dʐʅ^{21} ə^{33} me^{33} ʐue^{55} tɕi^{33}
凶 兔 年 猪 年 羊 年 这 三 年 里 羊 时 母亲 婴 生

hə^{21}, mə^{33} kɑ^{33}, khuɑ^{21}. | ȵi^{21} sʅ^{55} he^{33}: iə^{21} py^{21} he^{33}、he^{21} ʥiə^{33} he^{33}、sɑ^{55} uɑ^{33} he^{33} lo^{21}, | ɯ^{33} dʐʅ^{21}、
不 吉 凶 春 三 月 正月 二月 三月 里 牛 时

y^{21}dʐʅ^{21} ə^{33} me^{33} ʐue^{55} tɕi^{33} hə^{21}, mə^{33} kɑ^{33}, khuɑ^{21}. | lu^{55} me^{33} he^{33}、uɑ^{55} me^{33} he^{33}、tʂhuɑ^{55} me^{33} he^{33}
羊 时 母亲 婴 生 不 吉 凶 四月 五月 六月

ʐu^{21} sʅ^{55} he^{33} lo^{21},
夏 三 月 里

龙年、猴年这三年里，蛇时母亲生小孩，不吉，凶。
在牛年、蛇年、鸡年这三年里，虎时母亲生小孩，不吉，凶。
在兔年、猪年、羊年这三年里，羊时母亲生小孩，不吉，凶。
在春三月的正月、二月、三月里的牛时、羊时，母亲生小孩，不吉，凶。
在四月、五月、六月的夏三月里的

489-L36-25

ly̩^{21} dʐʅ^{21}、khɯ^{33} dʐʅ^{21} ə^{33} me^{33} ʐue^{55} tɕi^{33} hə^{21}, mə^{33} kɑ^{33}, khuɑ^{21}. | sæ^{33} me^{33} he^{33}、huɑ^{55} me^{33} he^{33}、
龙 时 狗 时 母亲 婴 生 不 吉 凶 七月 八月

guə^{33}me^{33} he^{33} tshʅ^{55} sʅ^{55} he^{33} lo^{21}, fy̩^{55}dʐʅ^{21}、ʐuɑ^{33}dʐʅ^{21} ə^{33} me^{33}ʐue^{55} tɕi^{33} hə^{21}, mə^{33}kɑ^{21}, khuɑ^{21}. |
九月 秋 三 月 里 鼠 时 马 时 母亲 婴 生 不 吉 凶

tshe^{21}me^{33}、tshe^{21} də^{33}he^{33}、dɑ^{33} uɑ^{33} tshʅ^{33}sʅ^{55} he^{33} lo^{21}, | tho^{33} le^{33} dʐʅ^{21}、æ^{21} dʐʅ^{21} ə^{33} me^{33} ʐue^{55} tɕi^{33}
十月 十一月 十二月 冬 三 月 里 兔 时 鸡 时 母亲 婴 生

hə^{21}, mə^{33} kɑ^{33}, khuɑ^{21} me^{55}. | py^{33} by̩^{21} gu^{21} dʑi^{33} sy^{21} ly^{21} the^{33} ɯ^{33} uɑ^{21}. dʑi^{33} dʑi^{33} uɑ^{33} uɑ^{21}① tsʅ^{21}
不 吉 凶 的 祭司 病 厄运 卦辞 看 书 是 厄运 厄运 是 是 算

lɯ^{55} uɑ^{21}. | tshe^{55} do^{21} dɯ^{33} ȵi^{33}, mɯ^{33} me^{33} to^{55} dʑy^{33}. | tshe^{33} do^{21} ȵi^{33} ȵi^{33}, mɯ^{33} thɯ^{33} to^{55}
若 是 月 见 一 日 脚姆指 上 有 月 见 二 日 脚后跟 上

dʑy^{33}. | tshe^{33} do^{21} sʅ^{21} ȵi^{33}, lɑ^{21} tʂər^{55} to^{55}
有 月 见 三 日 手杆 上

龙时、狗时，母亲生小孩，不吉，凶。

在七月、八月、九月的秋三月里，鼠时、马时母亲生小孩，不吉，凶。

在十月、十一月、十二月的冬三月里，兔时、鸡时母亲生小孩，不吉，凶。

东巴祭司看病之厄运之卦辞的书：

初一，病的厄运在脚姆指上。初二，病的厄运在脚后跟上。初三，在手杆上。

① 这四个字符连读其意不明，存疑，译文中略。

489-L36-26

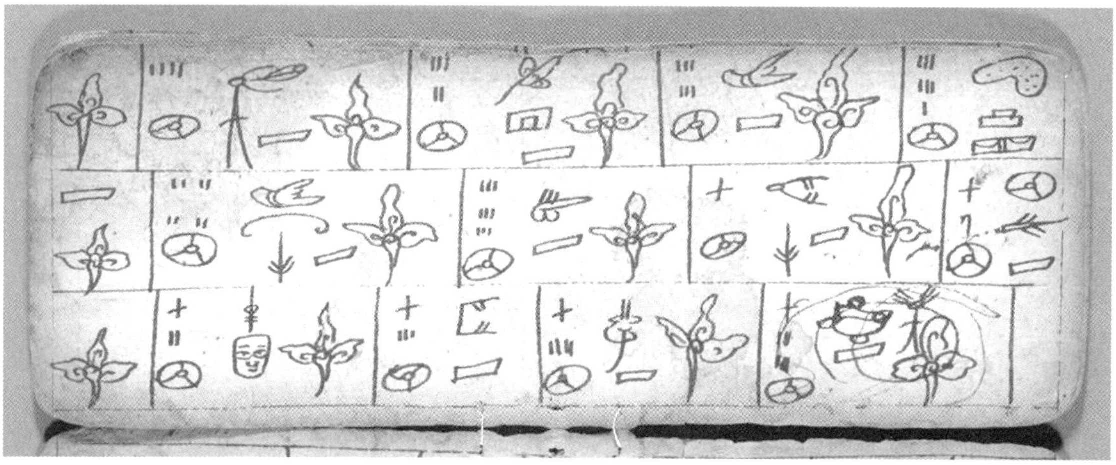

dʑy^{33}. | tshe^{33} do^{21} lu^{33} ȵi^{33}, thɯ^{55} to^{55} dʑy^{33}. | tshe^{33} do^{21} uɑ^{33} ȵi^{33}, nv̩^{55} tɑ^{33} to^{55} dʑy^{33}. | tshe^{33} do^{21}
有 月 见 四 日 腰 上 有 月 见 五 日 嘴 上 有 月 见

tʂhuɑ^{55}ȵi^{33}, lɑ^{21} to^{55} dʑy^{33}. | tshe^{33} do^{21} ʂər^{33} ȵi^{33}, gv̩^{33} bæ^{21} lo^{21} to^{55} dʑy^{33}. | tshe^{33} do^{21} ho^{55} ȵi^{33}, lɑ^{21}
六 日 手 上 有 月 见 七 日 古班罗 上 有 月 见 八 日 手

mɯ^{55} tho^{21} to^{55} dʑy^{33}. | tshe^{33} do^{21} gv̩^{33} ȵi^{33}, lər^{33} to^{55} dʑy^{33}. | tshe^{33} do^{21} tshe^{21} ȵi^{33}, gɯ^{33} sɿ^{33} to^{55}
关节 上 有 月 见 九 日 阴茎 上 有 月 见 十 日 脊背 上

dʑy^{33}. | tshe^{21} dɯ^{33} ȵi^{33}, ȵi^{55} mæ^{21} to^{55} | dʑy^{33}. | tshe^{21} ȵi^{33} ȵi^{33}, ku^{33} ly^{33} to^{55} dʑy^{33}. | tshe^{33} sɿ^{21} ȵi^{33},
有 十 一 日 鼻 上 有 十 二 日 头 上 有 十 三 日

hɯ^{33} to^{55} dʑy^{33}. | tshe^{21} lu^{33} ȵi^{33}, nv̩^{55} me^{33} to^{55} dʑy^{33}. |
牙 上 有 十 四 日 心 上 有

初四，在腰上。初五，在嘴上。初六，在手上，初七，在古班罗①上。初八，在手关节上。初九，在阴茎上。初十，在脊背上。十一日，在鼻子上。十二日，在头上。十三日，在牙上。十四日，在心上。

489-L36-27

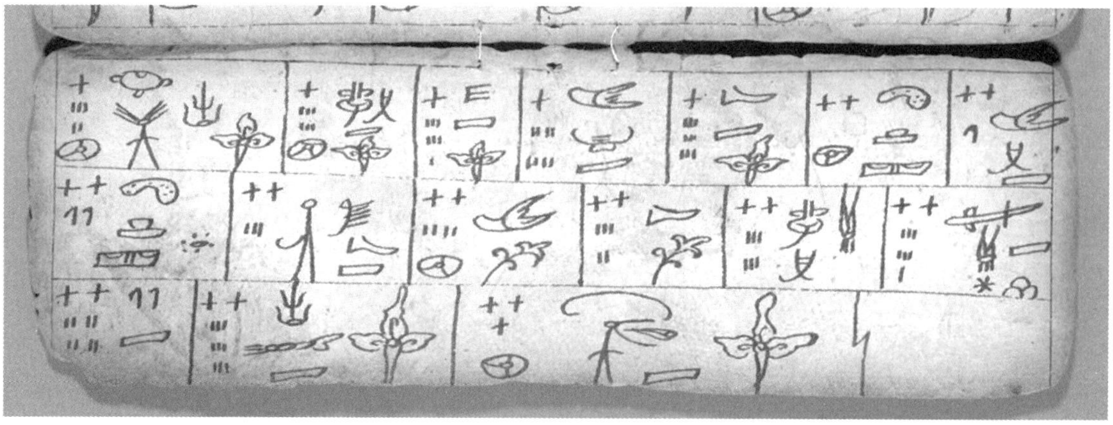

① 古班罗，音译。不知指身体的何部位，亦不知此为何地的方言，存疑。

tshe^{21} uɑ^{33} ȵi^{33}, dɯ^{33} dzʅ^{21} be^{33} dʑy^{33}. | tshe^{21} tʂhuɑ^{55} ȵi^{33}, nv̩^{55}me^{33} to^{55} dʑy^{33}. | tshe^{21} ʂər^{33} ȵi^{33}, sɑ^{55}
十 五 日 一 身 皆 有 十 六 日 心 上 有 十 七 日 气

to^{55} dʑy^{33}. | tshe^{21} ho^{55} ȵi^{33}, lɑ^{21} khuɑ^{33} to^{55} dʑy^{33}. | tshe^{21} gv̩^{33} ȵi^{33}, khɯ^{33} to^{55} dʑy^{33}. | ȵi^{33} tsər^{21}
上 有 十 八 日 手臂 上 有 十 九 日 脚 上 有 二 十

ȵi^{33}, gv̩^{33} bæ^{21} lo^{21} to^{55}dʑy^{33}. | ȵi^{33} tsər^{21} dɯ^{33} ȵi^{33}, lɑ^{21} me^{33} to^{55}dʑy^{33}. | ȵi^{33} tsər^{21}ȵi^{33} ȵi^{33}, gv̩^{33} bæ^{21}
日 古班罗 上 有 二 十 一 日 手姆指 上 有 二 十 二 日 古班

lo^{21} by^{21}① to^{55} dʑy^{33}. | ȵi^{33} tsər^{21} sʅ^{21} ȵi^{33}, i^{21} ho^{21} bə^{21} to^{55} dʑy^{33}. | ȵi^{33} tsər^{21} lu^{33} ȵi^{33}, lɑ^{21} bɑ^{21} to^{55}
罗毕 上 有 二 十 三 日 右 肋 方 上 有 二 十 四 日 手掌 上

dʑy^{33}. | ȵi^{33} tsər^{21} uɑ^{33} ȵi^{33}, khɯ^{33} bɑ^{21} to^{55} dʑy^{33}. | ȵi^{33} tsər^{21} tʂhuɑ^{55} ȵi^{33}, nv̩^{55} me^{33} kv̩^{33} to^{55}
有 二 十 五 日 脚掌 上 有 二 十 六 日 胸 上

dʑy^{33}. | ȵi^{33} tsər^{33} ʂər^{33} ȵi^{33}, dɑ^{33} kv̩^{21} tv̩^{55} lv̩^{33} to^{55} dʑy^{33}. | ȵi^{33} tsər^{21} ho^{55} ȵi^{33}, ȵi^{55} to^{55} dʑy^{33}. |
有 二 十 七 日 膝盖 上 有 二 十 八 日 鼻涕 上 有

ȵi^{33} tsər^{21} gv̩^{33} ȵi^{33}, be^{21} ku^{21} to^{55} dʑy^{33}. | sʅ^{33} tshər^{21} ȵi^{33}, mɯ^{33} thɯ^{33} to^{33} dʑy^{33}.
二 十 九 日 本共 上 有 三 十 日 脚后跟 上 有

十五日，在全身上。十六日，在心上。十七日，在气上。十八日，在手臂上。十九日，在脚上。二十日，在古班罗上。二十一日，在手姆指上。二十二日，在古班罗毕上。二十三日，在右肋上。二十四日，在手掌上。二十五日，在脚掌上。二十六日，在胸上。二十七日，在膝盖上。二十八日，在鼻涕上。二十九日，在本共②上。三十日，在脚后跟上。

489-L36-28

封底

（翻译：王世英）

① 古班罗毕，音译名词。前文都称“古班罗”，不知为何此处又多了个“by^{21}”，存疑。

② 本共，音译名词，不知指人身体的哪个部位，存疑。

492-L-37-01

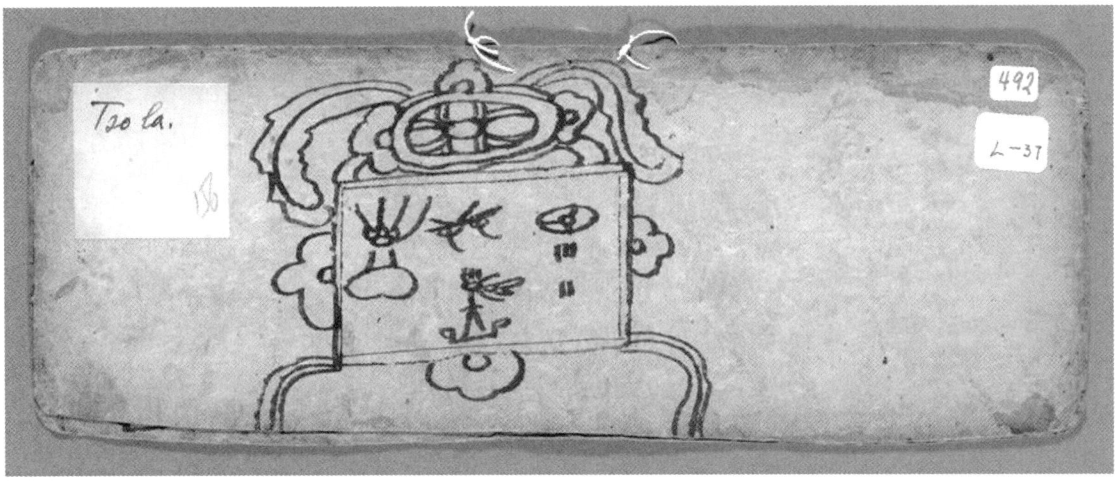

thy̩^{33} dzʅ^{33} ȵi^{55} uɑ^{33} ly^{21}

占卜·以土神每天吃什么占凶吉

492-L-37 占卜·以土神每天吃什么占凶吉

【内容提要】

本古籍主要内容有：

一、看土神在每月里吃什么。

二、以土神吃什么占卜每月何日为吉顺。土神在纳西族东巴的观念中，是长牛头具有善恶两重性的精灵。

【英文提要】

The Divination. to Divine Bad and Good through the Daily Food of the *God of Earth*

This book mainly records the following:

First, it introduces what the ***God of Earth*** dines in each month.

Second, it introduces to divine the propitious day in a month by judging what the ***God of Earth*** dines. In the concept of ***Nahsi to ba***, the ***God of Earth*** is a taurus-head elf with dual disposition of good and evil.

492-L-37-02

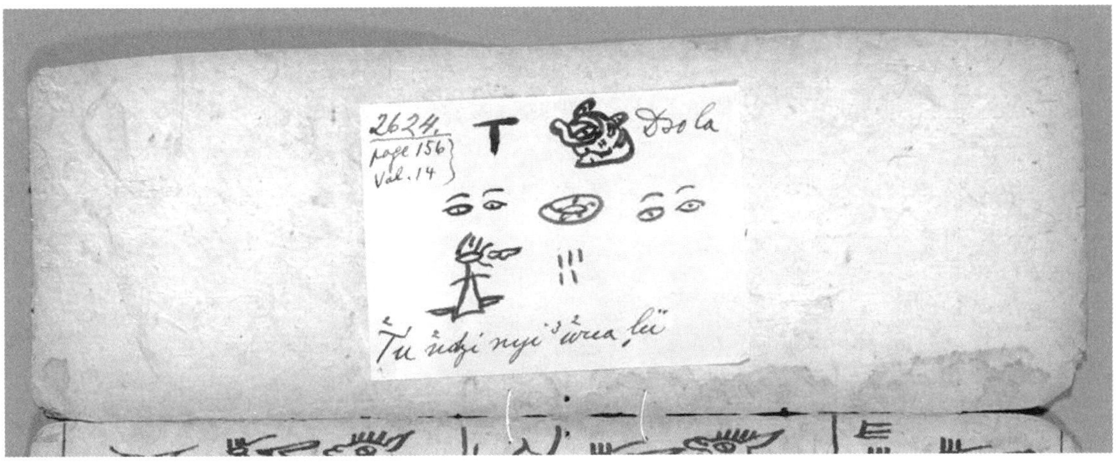

“2624”为洛克收藏纳西东巴古籍的序号。上面两个东巴文是洛克记下此书归“tsho^{55} la^{33}”，音译为“佐拉”。（但洛克有误，“佐拉”非占卜的总称，只是占卜方法之一。）中间的几个东巴文是书名之重写。下行的字母文字是洛克记下书名之读音。

492-L-37-03

iə^{21} pe^{21} he^{33}, thv̩^{33} bu^{21}ʂʅ^{33}、n̥i^{33} ʂʅ^{33} dzʅ^{33}. | he^{21} ʥiə^{33} he^{33}, thv̩^{33} bu^{21} ʂʅ^{33}、n̥i^{33} ʂʅ^{33}dzʅ^{33}. | sɑ^{55}
正月 土神 猪 肉 鱼 肉 吃 二月 土神 猪 肉 鱼 肉 吃 三月

uɑ^{33} he^{33}, thv̩^{33}ɯ^{33} ʂʅ^{33}、| bu^{21} ʂʅ^{33}、n̥i^{33} ʂʅ^{33} dzʅ^{33}. | lu^{55} me^{33} he^{33}, thv̩^{33} bu^{21} ʂʅ^{33}、ɯ^{33} ʂʅ^{33} dzʅ^{33}. |
土神 牛 肉 猪 肉 鱼 肉 吃 四月 土神 猪 肉 牛 肉 吃

uɑ^{55} me^{33} he^{33}, thv̩^{33} y^{21} ʂʅ^{33}、bu^{21} ʂʅ^{33} dzʅ^{33}. | tʂhuɑ^{55} me^{33} he^{33}, thv̩^{33} | tʂhuɑ^{55} ʂʅ^{33} dzʅ^{33}. | sæ^{33}
五月 土神 绵羊 肉 猪 肉 吃 六月 土神 鹿 肉 吃 七月

me^{33} he^{33}, thv̩^{33} bu^{21} ʂʅ^{33}、æ^{21} ʂʅ^{33} dzʅ^{33}. | huɑ^{55} me^{33} he^{33},① | guə^{33} me^{33} he^{33}, thv̩^{33} bu^{21} ʂʅ^{33}、n̥i^{33} ʂʅ^{33}
土神 猪 肉 鸡 肉 吃 八月 九月 土神 猪 肉 鱼 肉

① 原文漏写土神在八月吃什么肉。

dzʅ^{33}.
吃

正月，土神吃猪肉和鱼肉。二月，土神吃猪肉和鱼肉。三月，土神吃牛肉、猪肉和鱼肉。四月，土神吃猪肉和牛肉。五月，土神吃绵羊肉和猪肉。六月，土神吃鹿肉。七月，土神吃猪肉和鸡肉。八月……九月，土神吃猪肉和鱼肉。

492-L-37-04

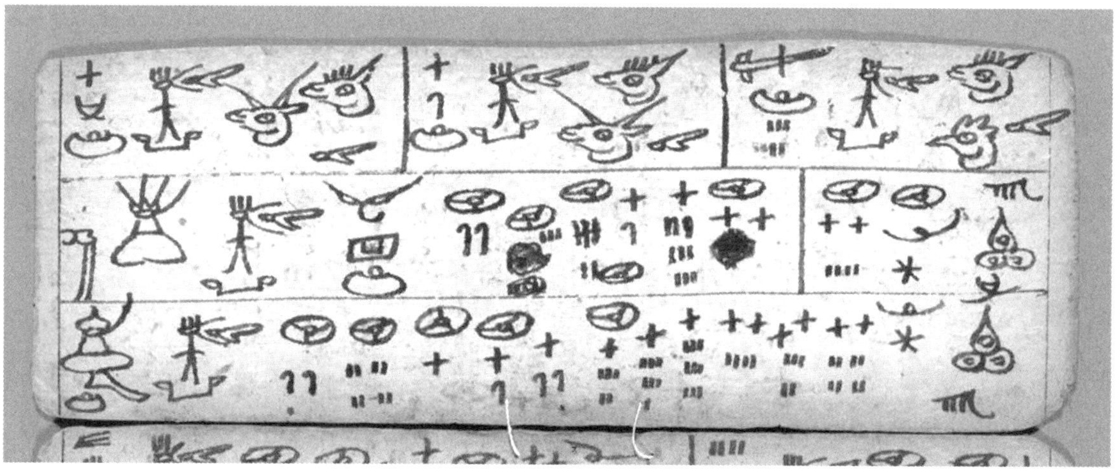

tshe^{21} me^{33} he^{33}, thy̩^{33} y^{21} ʂʅ^{33}、bu^{21} ʂʅ^{33} dzʅ^{33}. | tshe^{21} də^{33} he^{33}, thy̩^{33} bu^{21} ʂʅ^{33}、y^{21} ʂʅ^{33} dzʅ^{33}. |
十月 土神 绵羊 肉 猪 肉 吃 十一月 土神 猪 肉 绵羊 肉 吃

dɑ^{33} uɑ^{33} he^{33}, thy̩^{33} bu^{21} ʂʅ^{33}、æ^{21} ʂʅ^{33} dzʅ^{33}. | py^{33} by̩^{21} thy̩^{33} dzʅ^{33} ly^{21}. iə^{21} pe^{21} he^{33}, thy̩^{33} dzʅ^{33} ly^{21}
十二月 土神 猪 肉 鸡 肉 吃 祭司 土神 吃 看 正月 土神 吃 看

me^{33}: tshe^{33} do^{21} ȵi^{33} ȵi^{33}、tshe^{33} do^{21} sʅ^{21} ȵi^{33}、tshe^{33} do^{21} uɑ^{33} ȵi^{33}、tshe^{21} dɯ^{33} ȵi^{33}、tshe^{21} gy̩^{33} ȵi^{33}、
的 月 见 二 日 月 见 三 日 月 见 五 日 十 一 日 十 九 日

ȵi^{33} tsər^{21} ȵi^{33}、| ȵi^{33} tsər^{21} lu^{33} ȵi^{33}、nɑ^{33} ty̩^{21} ȵi^{33}, kɑ^{33} nɯ^{21} ɯ^{33}. | he^{21} ʥiə^{33} he^{33}, thy̩^{33} dzʅ^{33} ly^{21}
二 十 日 二 十 四 日 三十 日 好 和 吉 二月 土神 吃 看

me^{33}: tshe^{33}do^{21} ȵi^{33} ȵi^{33}、tshe^{33} do^{21} ho^{55} ȵi^{33}、tshe^{33} do^{21} tshe^{21}ȵi^{33}、tshe^{21}dɯ^{33} ȵi^{33}、tshe^{21} ȵi^{33} ȵi^{33}、
的 月 见 二 日 月 见 八 日 月 见 十 日 十 一 日 十 二 日

tshe^{21} uɑ^{33} ȵi^{33}、tshe^{21} ʂər^{33} ȵi^{33}、tshe^{21} gy̩^{33} ȵi^{33}、ȵi^{33} tsər^{21} lu^{33} ȵi^{33}、ȵi^{33} tsər^{21} uɑ^{33} ȵi^{33}、ȵi^{33} tsər^{21}
十 五 日 十 七 日 十 九 日 二 十 四 日 二 十 五 日 二 十

ho^{55} ȵi^{33}、nɑ^{33} ty̩^{21} ȵi^{33}, kɑ^{33} nɯ^{21} ɯ^{33}.
八 日 三十 日 好 和 吉

十月，土神吃绵羊肉和猪肉。十一月，土神吃猪肉和绵羊肉。十二月，土神吃猪肉和鸡肉。

东巴祭司看土神吃什么以占卜凶吉。

正月，看土神吃什么的占卜结果是：初二、初三、初五、十一日、十九日、二十日、二十四日、三十日，吉顺。

二月，看土神吃什么的占卜结果是：初二、初八、初十、十一日、十二日、十五日、十七日、十九日、二十四日、二十五日、二十八日、三十日，吉顺。

492-L-37-05

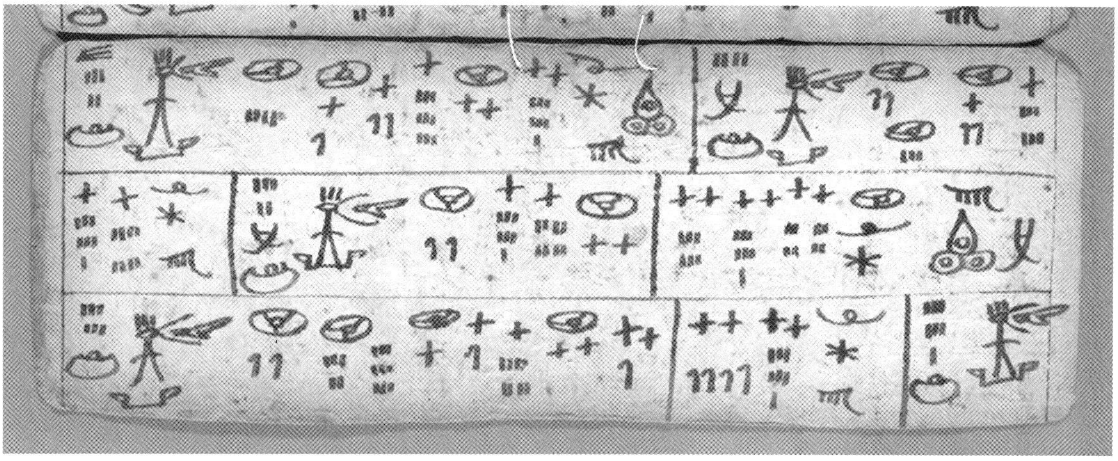

sɑ55 uɑ33 he33, thʏ̩33 dzʅ33ly21 me33: tshe33 do21lu33 n̥.i33、tshe21dɯ33n̥.i33、tshe21 n̥.i33n̥.i33、tshe21 gʏ̩33
三月 土神 吃看 的 月 见 四 日 十 一 日 十 二 日 十 九

n̥.i33、n̥.i33 tsər21 n̥.i33、n̥.i33 tsər21 ʂ̥ər33 n̥.i33、nɑ33 tʏ̩21 n̥.i33, kɑ33 nɯ21ɯ33.丨lu55 me33 he33, thʏ̩33dzʅ33 ly21
日 二 十 日 二 十 七 日 三十 日 好 和 吉 四月 土神 吃 看

me33: tshe33 do21 n̥.i33 n̥.i33、tshe33 do21sʅ21 n̥.i33、tshe21 n̥.i33 n̥.i33、tshe21 tʂ̥huɑ55 n̥.i33、丨tshe21 ʂ̥ər33 n̥.i33、
的 月 见 二 日 月 见 三 日 十 二 日 十 六 日 十 七 日

tshe21 ho55 n̥.i33、nɑ33 tʏ̩21 n̥.i33, kɑ33.丨uɑ55 me33 he33, thʏ̩33 dzʅ33 ly21 me33: tshe33 do21 n̥.i33 n̥.i33、tshe21
十 八 日 三十 日 好 五月 土神 吃 看 的 月 见 二 日 十

ʂ̥ər33n̥.i33、tshe21ho55 n̥.i33、n̥.i33 tsər21n̥.i33、丨n̥.i33 tsər21 tʂ̥huɑ55n̥.i33、n̥.i33 tsər21 ʂ̥ər33 n̥.i33、n̥.i33 tsər21
七 日 十 八 日 二 十 日 二 十 六 日 二 十 七 日 二 十

ho55 n̥.i33、nɑ33 tʏ̩21 n̥.i33, kɑ33 nɯ21 ɯ33 me55.丨tʂ̥huɑ55 me33 he33, thʏ̩33 dzʅ33 ly21 me33: tshe33 do21 n̥.i33
八 日 三十 日 好 和 吉 的 六月 土神 吃 看 的 月 见 二

n̥.i33、tshe33 do21 uɑ33 n̥.i33、tshe33 do21 gʏ̩33 n̥.i33、tshe33 do21 tshe21 n̥.i33、tshe21 dɯ33 n̥.i33、tshər21 ho55
日 月 见 五 日 月 见 九 日 月 见 十 日 十 一 日 十 八

n̥.i33、n̥.i33 tsər21 n̥.i33、n̥.i33 tsər21 dɯ33 n̥.i33、丨n̥.i33 tsər21 lu33 n̥.i33、n̥.i33 tsər21 ʂ̥ər33 n̥.i33、nɑ33 tʏ̩21 n̥.i33,
日 二 十 日 二 十 一 日 二 十 四 日 二 十 七 日 三十 日

kɑ33.丨sæ33 me33 he33, thʏ̩33 dzʅ33 ly21 me33:
好 七月 土神 吃 看 的

三月，看土神吃什么的占卜结果是：初四、十一日、十二日、十九日、二十日、二十七日、三十日，吉顺。

四月，看土神吃什么的占卜结果是：初二、初三、十二日、十六日、十七日、十八日、三十日，吉顺。

五月，看土神吃什么的占卜结果是：初二、十七日、十八日、二十日、二十六日、二十七日、二十八日、三十日，吉顺。

六月，看土神吃什么的占卜结果是：初二、初五、初九、初十、十一日、十八日、二十日、二十一日、二十四日、二十七日、三十日，吉顺。

七月，看土神吃什么的占卜结果是：

492-L-37-06

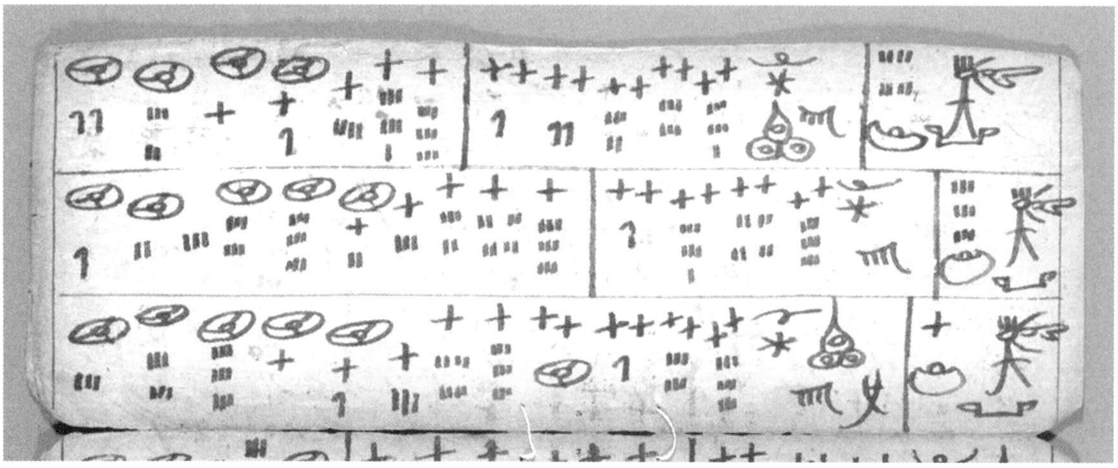

tshe^{33}do^{21}ȵi^{33} ȵi^{33}、tshe^{33} do^{21} uɑ^{33} ȵi^{33}、tshe^{33}do^{21} tshe^{21}ȵi^{33}、tshe^{21}dɯ^{33} ȵi^{33}、tshe^{21}lu^{33} ȵi^{33}、tshe^{21}
月 见 二 日 月 见 五 日 月 见 十 日 十 一 日 十 四 日 十

ʂər^{33} ȵi^{33}、tshe^{21} gv̩^{33} ȵi^{33}、| ȵi^{33} tsər^{21} dɯ^{33} ȵi^{33}、ȵi^{33} tsər^{21} ȵi^{33} ȵi^{33}、ȵi^{33} tsər^{21} uɑ^{33} ȵi^{33}、ȵi^{33} tsər^{21}
七 日 十 九 日 二 十 一 日 二 十 二 日 二 十 五 日 二 十

tʂhuɑ^{55} ȵi^{33}、ȵi^{33} tsər^{21} ʂər^{33} ȵi^{33}、nɑ^{33} tv̩^{21} ȵi^{33}, kɑ^{33} nɯ^{21} ɯ^{33}. huɑ^{55} me^{33} he^{33}, thv̩^{33} dzʅ^{33} ly^{21} me^{33}:
六 日 二 十 七 日 三十 日 好 和 吉 八月 土神 吃 看 的

tshe^{33} do^{21}dɯ^{33} ȵi^{33}、tshe^{33} do^{21} ȵi^{33} ȵi^{33}、tshe^{33} do^{21} sʅ^{21} ȵi^{33}、tshe^{33} do^{21} tʂhuɑ^{55} ȵi^{33}、tshe^{33}do^{21} gv̩^{33}
月 见 一 日 月 见 二 日 月 见 三 日 月 见 六 日 月 见 九

ȵi^{33}、tshe^{21} ȵi^{33} ȵi^{33}、tshe^{33} sʅ^{21} ȵi^{33}、tshe^{21} uɑ^{33} ȵi^{33}、tshe^{33} ho^{55} ȵi^{33}、tshe^{21} gv̩^{33} ȵi^{33}、| ȵi^{33} tsər^{21}
日 十 二 日 十 三 日 十 五 日 十 八 日 十 九 日 二 十

dɯ^{33} ȵi^{33}、ȵi^{33} tsər^{21} ʂər^{33} ȵi^{33}、ȵi^{33} tsər^{21} ho^{55} ȵi^{33}、ȵi^{33} tsər^{21} gv̩^{33} ȵi^{33}、nɑ^{33} tv̩^{21} ȵi^{33}, kɑ^{33}. | guə^{33}
一 日 二 十 七 日 二 十 八 日 二 十 九 日 三十 日 吉 九

me^{33}me^{33}, thv̩^{33} dzʅ^{33} ly^{21} me^{33}: tshe^{33} do^{21} sʅ^{21} ȵi^{33}、tshe^{33} do^{21} tʂhuɑ^{55} ȵi^{33}、tshe^{33} do^{21} gv̩^{33} ȵi^{33}、
月 土神 吃 看 的 月 见 三 日 月 见 六 日 月 见 九 日

tshe^{33} do^{21} tshe^{21} ȵi^{33}、tshe^{21} dɯ^{33} ȵi^{33}、tshe^{33} sɿ^{21} ȵi^{33}、tshe^{21} ho^{55} ȵi^{33}、tshe^{21} gv̩^{33} ȵi^{33}、ȵi^{33} tsər^{21}
月 见 十 日 十 一 日 十 三 日 十 八 日 十 九 日 二 十

ȵi^{33}、ȵi^{33} tsər^{21} dɯ^{33} ȵi^{33}、ȵi^{33} tsər^{21} tʂhuɑ^{55} ȵi^{33}、ȵi^{33} tsər^{21} gv̩^{33} ȵi^{33}、nɑ^{33} tv̩^{21} ȵi^{33}, kɑ^{33} nɯ^{21} ɯ^{33}
日 二 十 一 日 二 十 六 日 二 十 九 日 三十 日 好 和 吉

me^{55}. | tshe^{21} me^{33} he^{33}, thv̩^{33} dzɿ^{33} ly^{21} me^{33}:
的 十月 土神吃 看 的

初二、初五、初十、十一日、十四日、十七日、十九日、二十一日、二十二日、二十五日、二十六日、二十七日、三十日，吉顺。

八月，看土神吃什么的占卜结果是：初一、初二、初三、初六、初九、十二日、十三日、十五日、十八日、十九日、二十一日、二十七日、二十八日、二十九日、三十日，吉顺。

九月，看土神吃什么的占卜结果是：初三、初六、初九、初十、十一日、十三日、十八日、十九日、二十日、二十一日、二十六日、二十九日、三十日，吉顺。

十月，看土神吃什么的占卜结果是：

492-L-37-07

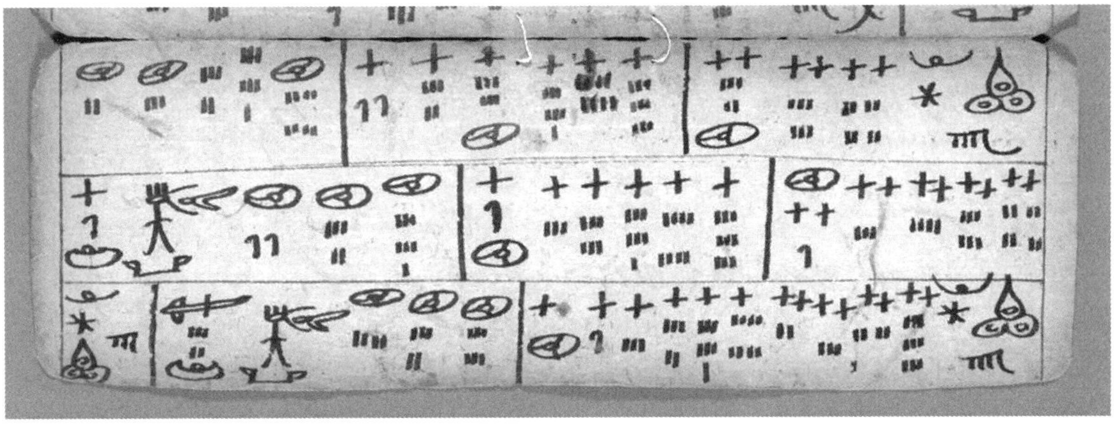

tshe^{33} do^{21} ȵi^{33} ȵi^{33}、tshe^{33} do^{21} sɿ^{21} ȵi^{33}、tse^{33} do^{21} uɑ^{33} ȵi^{33}、tshe^{33} do^{21} ʂər^{33} ȵi^{33}、tshe^{33} do^{21} ho^{55}
月 见 二 日 月 见 三 日 月 见 五 日 月 见 七 日 月 见 八

ȵi^{33}、| tshe^{21} ȵi^{33}ȵi^{33}、tshe^{21} uɑ^{33} ȵi^{33}、tshe^{21}tʂhuɑ^{55}ȵi^{33}、tshe^{21}ʂər^{33} ȵi^{33}、tshe^{21}ho^{55}ȵi^{33}、tshe^{21} gv̩^{33}
日 十 二 日 十 五 日 十 六 日 十 七 日 十 八 日 十 九

ȵi^{33}、| ȵi^{33} tsər^{21} uɑ^{33} ȵi^{33}、ȵi^{33} tsər^{21} tʂhuɑ^{55} ȵi^{33}、ȵi^{33} tsər^{21} ho^{55} ȵi^{33}、nɑ^{33} tv̩^{21} ȵi^{33}, kɑ^{33} nɯ^{21}
日 二 十 五 日 二 十 六 日 二 十 八 日 三十 日 好 和

ɯ^{33}. | tshe^{21} də^{33} he^{33}, thv̩^{33} dzɿ^{33} ly^{21} me^{33}: tshe^{33} do^{21} ȵi^{33} ȵi^{33}、tshe^{33} do^{21} uɑ^{33} ȵi^{33}、tshe^{33} do^{21} ʂər^{33}
吉 十一月 土神 吃 看 的 月 见 二 日 月 见 五 日 月 见 七

ȵi^{33}、| tshe^{21}dɯ^{33} ȵi^{33}、tshe^{33} sɿ^{21} ȵi^{33}、tshe^{21} tʂhuɑ^{55} ȵi^{33}、tshe^{33} ʂər^{33} ȵi^{33}、tshe^{21} ho^{55} ȵi^{33}、tshe^{21}
日 十 一 日 十 三 日 十 六 日 十 七 日 十 八 日 十

gy̩^{33} n̥i^{33}、| n̥i^{33} tsər^{21}dɯ^{33} n̥i^{33}、n̥i^{33} tsər^{21} sɿ^{21} n̥i^{33}、n̥i^{33} tsər^{21} lu^{33} n̥i^{33}、n̥i^{33} tsər^{21} tʂhuɑ^{55} n̥i^{33}、
九 日 二 十 一 日 二 十 三 日 二 十 四 日 二 十 六 日

n̥i^{33} tsər^{21} ho^{55} n̥i^{33}、| nɑ^{33} ty̩^{21} n̥i^{33}, kɑ^{33} nɯ^{21} ɯ^{33}. | dɑ^{33} uɑ^{33} he^{33}, thy̩^{33} dzɿ^{33} ly^{21} me^{33}: tshe^{33} do^{21}
二 十 八日 三十 日 好 和 吉 十二月 土神 吃 看 的 月 见

lu^{33} n̥i^{33}、tshe^{33}do^{21} uɑ^{33} n̥i^{33}、tshe^{33} do^{21} tʂhuɑ^{55} n̥i^{33}、| tshe^{33} do^{21} tshe^{21} n̥i^{33}、tshe^{21} dɯ^{33} n̥i^{33}、
四 日 月 见 五 日 月 见 六 日 月 见 十 日 十 一 日

tshe^{33} sɿ^{21} n̥i^{33}、tshe^{21} uɑ^{33} n̥i^{33}、tshe^{21} ʂər^{33} n̥i^{33}、tshe^{21} ho^{55} n̥i^{33}、n̥i^{33} tsər^{21} n̥i^{33} n̥i^{33}、n̥i^{33} tsər^{21} sɿ^{21}
十 三 日 十 五 日 十 七 日 十 八 日 二 十 二 日 二 十 三

n̥i^{33}、n̥i^{33} tsər^{21} lu^{33} n̥i^{33}、n̥i^{33} tsər^{21} gy̩^{33} n̥i^{33}、nɑ^{33} ty̩^{21} n̥i^{33}, kɑ^{33} nɯ^{21} ɯ^{33}.
日 二 十 四 日 二 十 九 日 三 十 日 好 和 吉

初二、初三、初五、初七、初八、十二日、十五日、十六日、十七日、十八日、十九日、二十五日、二十六日、二十八日、三十日，吉顺。

十一月，看土神吃什么的占卜结果是：初二、初五、初七、十一日、十三日、十六日、十七日、十八日、十九日、二十一日、二十三日、二十四日、二十六日，二十八日、三十日，吉顺。

十二月，看土神吃什么的占卜结果是：初四、初五、初六、初十、十一日、十三日、十五日、十七日、十八日、二十二日、二十三日、二十四日、二十九日、三十日，吉顺。

492-L-37-08

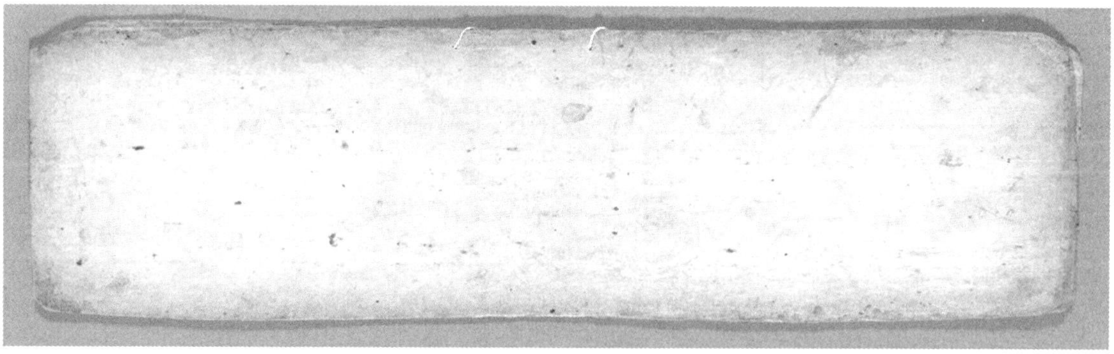

封底

（翻译：王世英）

487-L-38-01

thy̩^{33} dzɿ^{33} ȵi^{55} uɑ^{33} ly^{21} the^{33} ɯ^{33}

占卜·看土神每天吃什么以占卜的书

487-L-38 占卜·看土神每天吃什么以占卜的书

【内容提要】

本卷记录了一年中的每一天土神吃什么而占凶吉。土神在纳西东巴的观念中是长牛头具有善恶两重性的精灵。人们凡动土，就查看此书。此书的用途，在纳西族各地有大同小异之处。如在鸣音地区，要竖房、竖粮架、盖畜圈、骟牛、马、羊等家畜，下石脚、开新渠等时，则选土神食无血者的日子。而为打猎制毒箭舂草乌则选在土神食有血者，特别是食野物的日子里进行。新主地区则在土神食无血者的日子里，进行竖房、打灶、下石脚、挖沟等活动。选土神食野物的日子进行祭猎神仪式。大东地区则选土神吃无血者的日子里，上山砍木料、打灶、下石脚、驯耕牛、骟家畜、竖粮架等。竖粮架时则在竖粮架的洞里放进一些牛屎。上山打猎则选土神食野物的日子。人们之所以看土神食何物以择日，其目的是为防被土神所伤，以保自身的安全。

书中还记录了一年十二个月土神每月吃什么的知识。

【英文提要】

The Divination. Book of Divination through the Daily Food of the *God of Earth*

This book records to divine bad and good through the daily food that the ***God of Earth*** takes every day. In the concept of ***Nahsi to ba***, the ***God of Earth*** is a taurus-head elf with dual disposition of good and evil. Once there is a ground breaking, this book will be referred. The purpose of using the book varies in different areas of ***Nahsi***. In ***Mingyin*** area, in occasions as house setting, granary erecting, corral building, livestock castrating, wall piling and channeling, etc., it needs to select the day that the ***God of Earth*** takes bloodless food. While the day that the ***God of Earth*** takes blood food is selected for hunting, poison-arrow making and wild-aconite pestling. In ***Xinzhu*** area, the day that the ***God of Earth*** takes bloodless food is selected for house setting, kitchen building, wall piling and ditching, etc. The day that the ***God of Earth*** takes wild things is selected for sacrificing the ***God of Hunter***. In ***Dadong*** area, the day that the ***God of Earth*** takes bloodless food is selected for lumbering, kitchen building, wall piling, cattle taming, livestock castrating and granary erecting, etc. While erecting the granary, dairy manure will be put in the hole of the pole, and the day that the ***God of Earth*** takes wild things is selected for hunting. The purpose of judging the food for each day is to evading from being hurt by the ***God of Earth***.

In the book, there also introduces the knowledge of what the ***God of Earth*** takes in each month of the year.

487-L-38-02

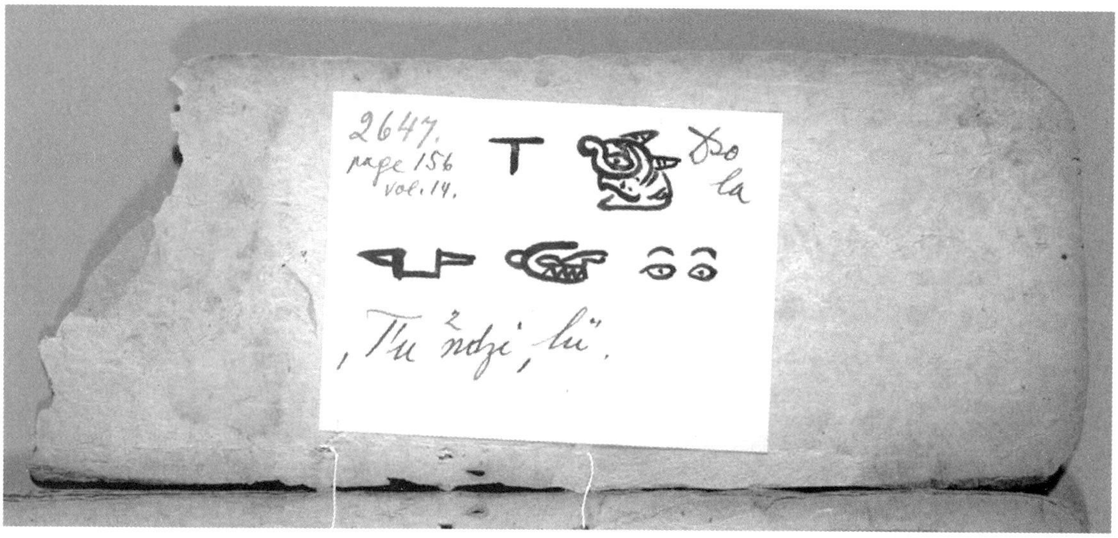

“2647”为洛克收藏纳西东巴古籍时的序号。上方两个东巴文“tso^{55} lɑ^{33}”，音译为“佐拉”。（洛克把其视为占卜类的总称，有误。“佐拉”只是东巴占卜方法之一。）中间的三个东巴文为书名之记录。下行的字母文字是洛克记下书名之读音。

487-L-38-03

iə^{21} pe^{21} he^{33}: tshe^{33}do^{21}dɯ^{33} ȵi^{33}, thy̩^{33} nɯ^{33} ə^{33}sɿ^{21} ə^{33}me^{33}dzɿ^{33}, khuɑ^{21}, dʑi^{33}. | tshe^{33}do^{21} ȵi^{33}
正月 月 见 一 日 土神 以 父亲 母亲 吃 凶 厄运 月 见 二

ȵi^{33}, thy̩^{33}nɯ^{33} dy^{21} lo^{21}gə^{33}ṣu^{21}dzɿ^{33} me^{55}. | tshe^{33} do^{21} sɿ^{21} ȵi^{33}, thy̩^{33} nɯ^{33} khɯ^{33} lɑ^{21}dʑy^{33} u^{21} dzɿ^{33},
日 土神以 地 上 的 铁 吃 的 月 见 三 日 土神 以 仆人 吃

dʑi^{33}, mə^{33} kɑ^{33}. | tshe^{33} do^{21} lu^{33} ȵi^{33}, thy̩^{33} nɯ^{33} dzər^{21} dzɿ^{33}, kɑ^{33} me^{55}. | tshe^{33} do^{21} uɑ^{33} ȵi^{33}, thy̩^{33}
厄运 不 吉 月 见 四 日 土神 以 树 吃 吉 的 月 见 五 日 土神

nɯ^{33} ẓuɑ^{33} dzɿ^{33}. | tshe^{33} do^{21} tṣhuɑ^{55} ȵi^{33}, thy̩^{33} nɯ^{33} zɿ^{33} hər^{21} dzɿ^{33}. kɑ^{33}. | tshe^{33} do^{21} ṣər^{33} ȵi^{33},
以 马 吃 月 见 六 日 土神 以 草 青 吃 吉 月 见 七 日

thy̩^{33} nɯ^{33} ə^{33} sɿ^{21} ə^{33} me^{33} dzɿ^{33}. | tshe^{33} do^{21} ho^{55} ȵi^{33}, thy̩^{33} nɯ^{33} zo^{33} tɕi^{55} mi^{55} tɕi^{55} dzɿ^{33}. | tshe^{33}
土神以 父亲 母亲 吃 月 见 八 日土神 以 儿小 女 小 吃 月

do^{21} gy̩^{33} ȵi^{33}, thy̩^{33} nɯ^{33} lɯ^{55} dzɿ^{33}. | tshe^{33} do^{21} tshe^{21} ȵi^{33}, thy̩^{33} nɯ^{33} dʑi^{21} lo^{21} ȵi^{33} dzɿ^{33}. | tshe^{21}
见 九 日 土神 以 牛虻 吃 月 见 十 日 土神 以 水 里 鱼 吃 十

dɯ^{33} ȵi^{33}, thy̩^{33} nɯ^{33} ʂu^{33} phər^{21} gæ^{21} thɑ^{55} dzɿ^{33} me^{55}. | tshe^{21} ȵi^{33} ȵi^{33}, thy̩^{33} nɯ^{33} khuɑ^{21} ky̩^{33} by̩^{33}
一 日 土神 以 铁 白 刀 利 吃 的 十 二 日 土神 以 灶 上 锅

nɑ^{21} dzɿ^{33}. | tshe^{33} sɿ^{21} ȵi^{33}, thy̩^{33} nɯ^{33} zo^{33} tɕi^{55} mi^{55} tɕi^{55} dzɿ^{33}. tshɿ^{21} nɯ^{33} tshɿ^{21} ky̩^{55}. | tshe^{21} lu^{33}
黑 吃 十 三 日 土神 以 儿 小 女 小 吃 鬼 以 缠 会 十 四

ȵi^{33}, thy̩^{33} nɯ^{33} ny̩^{55} me^{33}、khuɑ^{55} phər^{21}、sər^{55} dzɿ^{33}. | tshe^{21} uɑ^{33} ȵi^{33}, thy̩^{33} nɯ^{33} ɕi^{21} phər^{21} dzɿ^{33},
日 土神 以 心 木牌 白 肝 吃 十 五 日 土神 以 谷 白 吃

kɑ^{33}. | tshe^{21} tʂhuɑ^{55} ȵi^{33}, thy̩^{33} nɯ^{33}
吉 十 六 日 土神 以

正月：初一，土神吃父亲和母亲。凶，为厄日。初二，土神吃地上的铁。初三，土神吃仆人。为厄日，不吉。初四，土神吃树，吉。初五，土神吃马。初六，土神吃青草。初七，土神吃父亲和母亲。初八，土神吃幼子和幼女。初九，土神吃牛虻。初十，土神吃水中的鱼。十一日，土神吃白铁利刀。十二日，土神吃灶上的黑锅。十三日，土神吃幼子和幼女。鬼会缠上人。十四日，土神吃心、白木牌和肝。十五日，土神吃白谷。吉。十六日，土神吃

487-L-38-04

dʑy^{21}ɕy^{21} ky̩^{33} gə^{33} ly̩^{33} dzɿ^{33}, kɑ^{33}. | tshe^{21}ʂər^{33} ȵi^{33}, thy̩^{33}nɯ^{33} ȵi^{33} dzɿ^{33}. mə^{33} kɑ^{33}. | tshe^{21}ho^{55} ȵi^{33},
山 红 上 的 石 吃 吉 十 七 日土神 以鱼 吃 不 吉 十 八 日

thy̩^{33} nɯ^{33} zo^{33} mi^{55} dzʅ^{33}. tshʅ^{21} nɯ^{33} tshʅ^{21} ky̩^{55}. | tshe^{21} gy̩^{33} ȵi^{33}, thy̩^{33} nɯ^{33} æ^{21} ly̩^{33} dzʅ^{33}, kɑ^{33}. |
土神 以 儿 女 吃 鬼 以 缠 会 十 九 日 土神 以 崖石 吃 吉

ȵi^{33} tsər^{21} ȵi^{33}, thy̩^{33} nɯ^{33} ʥi^{21} lo^{21} ly̩^{33} dzʅ^{33}, kɑ^{33}. | ȵi^{33} tsər^{21} dɯ^{33} ȵi^{33}, thy̩^{33} nɯ^{33} dɯ^{33} zo^{33} dɯ^{33}
二 十 日 土神 以 水 中 石 吃 吉 二 十 一 日 土神 以 一 男 一

mi^{55} ʥy^{21}gə^{33} ʥi^{21}dzʅ^{33}. | ȵi^{33} tsər^{21} ȵi^{33} ȵi^{33}, thy̩^{33} nɯ^{33} zo^{33} tɕi^{55} dzʅ^{33}. tshʅ^{21} nɯ^{33} tshʅ^{21} ky̩^{55}. | ȵi^{33}
女 有 的 房 吃 二 十 二 日 土神 以 儿 小 吃 鬼 以 缠 会 二

tsər^{21} lu^{33} ȵi^{33}, thy̩^{33} nɯ^{33} mɯ^{55} nɯ^{21} lɯ^{33} dzʅ^{33}. kɑ^{33}. | ȵi^{33} tsər^{21} uɑ^{33} ȵi^{33}, thy̩^{33} mə^{33} dzʅ^{33} me^{55},
十 四 日 土神 以 竹 和 杉 吃 吉 二 十 五 日 土神 不 吃 的

kɑ^{33}. | ȵi^{33} tsər^{21} tʂhuɑ^{55} ȵi^{33}, thy̩^{33} nɯ^{33} ʥy^{21} ky̩^{33} fy̩^{33} dzʅ^{33}. mə^{33} kɑ^{33}. | ȵi^{33} tsər^{21} ʂər^{33} ȵi^{33}, thy̩^{33}
吉 二 十 六 日 土神 以 山 上 野鸡 吃 不 吉 二 十 七 日 土神

nɯ^{33} ʥi^{21} lo^{21} gə^{33} bər^{33} dzʅ^{33}. | ȵi^{33} tsər^{21} ho^{55} ȵi^{33}, thy̩^{33} nɯ^{33} zo^{33} dzʅ^{33}, khuɑ^{21}. | ȵi^{33} tsər^{21} gy̩^{33}
以 房 里 的 客 吃 二 十 八 日 土神 以 男 吃 凶 二 十 九

ȵi^{33}, thy̩^{33} nɯ^{33} ə^{33} sʅ^{21} ə^{33} me^{33} dzʅ^{33}. tshʅ^{21} nɯ^{33} tshʅ^{21} ky̩^{55}, khuɑ^{21}. | nɑ^{33} ty̩^{21} ȵi^{33}, thy̩^{33} nɯ^{33} ly̩^{33}
日 土神 以 父亲 母亲 吃 鬼 以 缠 会 凶 三十 日 土神 以 石

ky̩^{33} dzər^{21} dzʅ^{33}, kɑ^{33}. | he^{21} ʥiə^{33} he^{33}: tshe^{33} do^{21} dɯ^{33} ȵi^{33}, thy̩^{33} nɯ^{33} ȵi^{33} dzʅ^{33}. | tshe^{33} do^{21} ȵi^{33}
上 树 吃 吉 二月 月 见 一 日 土神 以 鱼 吃 月 见 二

ȵi^{33}, thy̩^{33} nɯ^{33} zʅ^{33} dzʅ^{33}. kɑ^{33}. | tshe^{33} do^{21} sʅ^{21} ȵi^{33}, thy̩^{33}nɯ^{33} ȵi^{33} dzʅ^{33}. | tshe^{33} do^{21} lu^{33} ȵi^{33}, zo^{33}
日 土神 以 草 吃 吉 月 见 三 日 土神 以 鱼 吃 月 见 四 日 男

ȵi^{33} ky̩^{55} ʥy^{21} gə^{33} ʥi^{21} dzʅ^{33}. mə^{33} kɑ^{33}. | tshe^{33} do^{21} uɑ^{33} ȵi^{33}, thy̩^{33} nɯ^{33} lɯ^{55} dzʅ^{33}.
二 个 有 的 房 吃 不 吉 月 见 五 日 土神 以 牛虻 吃

红山上的石头。吉。十七日，土神吃鱼。不吉。十八日，土神吃儿女。凶。会被鬼缠上。十九日，土神吃悬崖上的石头。吉。二十日，土神吃水中的石头，吉。二十一日，土神吃有一男一女之家的房子。二十二日，土神吃幼子。会被鬼缠上。二十四日，土神吃竹子和杉树。吉。二十五日，土神不吃，吉。二十六日，土神吃山上的野鸡。不吉。二十七日，土神吃房中的客人。二十八日，土神吃男人。凶。 二十九日，土神吃父亲和母亲，凶。会被鬼缠上。三十日，土神吃石上的树，吉。

二月：初一，土神吃鱼。初二，土神吃草。吉。初三，土神吃鱼。初四，土神吃有两个男子之家的房子。不吉。初五，土神吃牛虻。

487-L-38-05

tshe^{33} do^{21} tʂhuɑ^{55} ȵi^{33}, thy̩^{33} nɯ^{33}zo^{33} mi^{55} dzʅ^{33}, khuɑ^{21}. | tshe^{21} do^{21} ʂər^{33} ȵi^{33}, thy̩^{33} nɯ^{33} æ^{21} nɯ^{21}
月 见 六 日 土神 以 儿 女 吃 凶 月 见 七 日 土神 以 鸡 和

bu^{21} dzʅ^{33}, khuɑ^{21}. | tshe^{33}do^{21} ho^{55} ȵi^{33}, thy̩^{33} nɯ^{33} di^{21} dzʅ^{33}, kɑ^{33}. | tshe^{33} do^{21} gy̩^{33} ȵi^{33}, thy̩^{33} nɯ^{33}
猪 吃 凶 月 见 八 日 土神 以 蕨菜 吃 吉 月 见 九 日 土神 以

zo^{33} tɕi^{55} dzʅ^{33}. tshʅ^{21} nɯ^{33} tshʅ^{21} ky̩^{55}. | tshe^{33} do^{21} tshe^{21} ȵi^{33}, thy̩^{33} nɯ^{33} ʥy^{21} ky̩^{33} ly̩^{33} dzʅ^{33}, kɑ^{33}.
儿 小 吃 鬼 以 缠 会 月 见 十 日 土神 以 山 上 石 吃 吉

tshe^{21} dɯ^{33} ȵi^{33}, thy̩^{33} nɯ^{33} mɯ^{33} lɯ^{55} dɑ^{33} ʥi^{21} hɯ^{55} dzʅ^{33}. kɑ^{33}. | tshe^{21} ȵi^{33} ȵi^{33}, thy̩^{33} nɯ^{33} ʂu^{33}
十 一 日 土神 以 美利达吉 海 吃 吉 十 二 日 土神 以 铁

phər^{21} gæ^{21} thɑ^{55} dzʅ^{33}, kɑ^{33}. | tshe^{33} sʅ^{21} ȵi^{33}, thy̩^{33} nɯ^{33} ɯ^{33} dzʅ^{33}. | tshe^{21} lu^{33} ȵi^{33}, thy̩^{33} nɯ^{33} ər^{33}
白 刀 利 吃 吉 十 三 日 土神 以 牛 吃 十 四 日 土神 以 铜

phər^{21} dzʅ^{33}. | tshe^{21} uɑ^{33} ȵi^{33}, thy̩^{33} nɯ^{33} tshy^{55} ʂʅ^{21} dzʅ^{33} me^{55}. | tshe^{21} tʂhuɑ^{55} ȵi^{33}, thy̩^{33} nɯ^{33} zo^{33}
白 吃 十 五 日 土神 以 小米 黄 吃 的 十 六 日 土神 以 儿

mi^{55} dzʅ^{33}, mə^{33} kɑ^{33}. tshʅ^{21} nɯ^{33} tshʅ^{21} ky̩^{55}. | tshe^{21} ʂər^{33} ȵi^{33}, thy̩^{33} nɯ^{33} hɑ^{33} nɯ^{21} ʂʅ^{33} dzʅ^{33}, mə^{33}
女 吃 不 吉 鬼 以 缠 会 十 七 日 土神 以 饭 和 肉 吃 不

kɑ^{33}. | tshe^{21}① ho^{55} ȵi^{33}, thy̩^{33} nɯ^{33} khɯ^{33} dzʅ^{33}. | tshe^{21} gy̩^{33} ȵi^{33}, thy̩^{33} mə^{33} dzʅ^{33}, kɑ^{33} me^{55}. | ȵi^{33}
吉 十 八 日 土神 以 狗 吃 十 九 日 土神 不 吃 吉 的 二

tsər^{21} ȵi^{33}, thy̩^{33} nɯ^{33} ɯ^{33} dzʅ^{33}. | ȵi^{33} tsər^{21} dɯ^{33} ȵi^{33}, thy̩^{33} mə^{33} dzʅ^{33}, khuɑ^{21}. | ȵi^{33} tsər^{21} ȵi^{33} ȵi^{33},
十 日 土神 以 牛 吃 二 十 一 日 土神 不 吃 凶 二 十 二 日

thy̩^{33} nɯ^{33} khɯ^{33} lɑ^{21} ʥy^{33} u^{21} dzʅ^{33}. mə^{33} kɑ^{33}.
土神 以 仆人 吃 不 吉

① 原文写漏“十”字，校补读作“十八”。

初六，土神吃儿女，凶。初七，土神吃鸡和猪。初八，土神吃蕨菜。吉。初九，土神吃幼子。会被鬼缠上。初十，土神吃山上之石。吉。十一日，土神吃美利达吉①海。吉。十二日，土神吃白铁利刀。吉。十三日，土神吃牛。十四日，土神吃白铜。十五日，土神吃黄小米。十六日，土神吃儿女。不吉。会被鬼缠上。十七日，土神吃饭和肉。不吉。十八日，土神吃狗。十九日，土神不食。吉。二十日，土神吃牛。二十一日，土神不食。凶。二十二日，土神吃仆人。不吉。

487-L-38-06

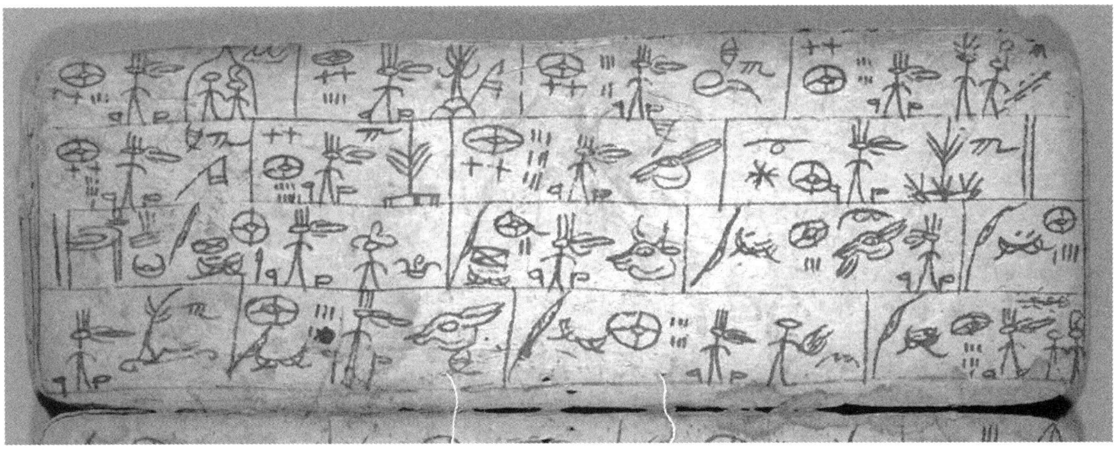

ȵi^{33} tsər^{21} sɿ^{21} ȵi^{33}, thy̩^{33} nɯ^{33} dɯ^{33} zo^{33} dɯ^{33} mi^{33} ʥy^{21}gə^{33} ʥi^{21}ɕy^{21}dzɿ^{33}. | ȵi^{33} tsər^{21} lu^{33} ȵi^{33}, thy̩^{33}

二 十 三日土神 以 一 男 一 女 有 的 房红 吃 二 十 四 日土神

nɯ^{33} ly̩^{33} ky̩^{33} dzər^{21} nɯ^{33} ʥy^{21} dzɿ^{33}. | ȵi^{33} tsər^{21} uɑ^{33} ȵi^{33}, thy̩^{33} nɯ^{33} hɯ^{55} dzɿ^{33}, kɑ^{33} me^{55}. | ȵi^{33}

以 石 上 树 和 山 吃 二 十 五 日土神 以 海 吃 吉 的 二

tsər^{21} tʂhuɑ^{55} ȵi^{33}, thy̩^{33} nɯ^{33} ə^{33} sɿ^{21} ə^{33} me^{33} dzɿ^{33}, tshɿ^{21} nɯ^{33} tshɿ^{21} ky̩^{55}. | ȵi^{33} tsər^{21}ʂər^{33} ȵi^{33}, thy̩^{33}

十 六 日土神 以 父亲 母亲 吃 鬼 以 缠 会 二 十 七 日土神

nɯ^{33}ʂu^{21}dzɿ^{33} me^{55}. kɑ^{33}. | ȵi^{33} tsər^{21} ho^{55} ȵi^{33}, thy̩^{33} nɯ^{33} dy^{21} lo^{21} gə^{33} dzər^{21} dzɿ^{33}. | ȵi^{33} tsər^{21} gy̩^{33}

以 铁 吃 的 吉 二 十 八 日 土神 以地 里 的 树 吃 二 十 九

ȵi^{33}, thy̩^{33} nɯ^{33} ɕy^{33} dzɿ^{33} me^{55}. | nɑ^{33} ty̩^{21} ȵi^{33}, thy̩^{33} nɯ^{33} dy^{21} lo^{21} zɿ^{33} dzɿ^{33}. kɑ^{33}. | sɑ^{55} uɑ^{33} he^{33};

日 土神 以 野兽 吃 的 三十 日土神 以 地 里 草 吃 吉 三月

tshe^{33} do^{21} dɯ^{33} ȵi^{33}, thy̩^{33} nɯ^{33} bər^{33} dzɿ^{33}. | tshe^{33} do^{21} ȵi^{33} ȵi^{33}, thy̩^{33} nɯ^{33} ɯ^{33} dzɿ^{33}. | tshe^{33} do^{21}

月 见 一 日 土神 以 客人 吃 月 见 二 日 土神 以 牛 吃 月 见

sɿ^{21} ȵi^{33}, thy̩^{33} nɯ^{33} fy̩^{55} dzɿ^{33}, mə^{33} kɑ^{33}. | tshe^{33} do^{21} lu^{33} ȵi^{33}, | thy̩^{33} nɯ^{33} dzər^{21} dzɿ^{33}. kɑ^{33}. |

三 日 土神 以 鼠 吃 不 吉 月 见 四 日 土神 以 树 吃 吉

tshe^{33}do^{21}uɑ^{33} ȵi^{33}, thy̩^{33} nɯ^{33} le^{33} dzɿ^{33} me^{55}. | tshe^{33}do^{21}tʂhuɑ^{55}ȵi^{33}, khɯ^{33} lɑ^{21} ʥy^{33} u^{21} dzɿ^{33}, mə^{33}

月 见 五 日 土神 以 獐子 吃 的 月 见 六 日 仆人 吃 不

① 美利达吉，音译专有名词。为东巴教中的神海名称。

kɑ^{33}. | tshe^{33} do^{21} ʂər^{33} ȵi^{33}, thy̩^{33} nɯ^{33} zo^{33} mi^{55} dzɿ^{33}, tshɿ^{21} nɯ^{33} tshɿ^{21} ky̩^{55}.
吉 月 见 七 日 土神 以 儿 女 吃 鬼 以 缠 会

二十三日，土神吃有一男一女之家的红房子。二十四日，土神吃石上的树和山。二十五日，土神吃海。吉。二十六日，土神吃父亲和母亲。会被鬼缠上。二十七日，土神吃铁。吉。二十八日，土神吃地上的树。吉。二十九日，吉神吃野兽。三十日，土神吃地里的草。吉。

三月：初一，土神吃客人。初二，土神吃牛。初三，土神吃老鼠。不吉。初四，土神吃树。吉。初五，土神吃獐子。初六，土神吃仆人。不吉。初七，土神吃儿女。会被鬼缠上。

487-L-38-07

tshe^{33} do^{21} ho^{55} ȵi^{33}, thy̩^{33} nɯ^{33} hɑ^{33} dzɿ^{33}. | tshe^{33}do^{21}gy̩^{33} ȵi^{33}, thy̩^{33}nɯ^{33} zo^{33} tɕi^{55} dzɿ^{33}. tshɿ^{21} nɯ^{33}
月 见 八 日 土神 以 饭 吃 月 见 九 日 土神 以 儿 小 吃 鬼 以

tshɿ^{21} ky̩^{55}. | tshe^{33} do^{21} tshe^{21} ȵi^{33}, thy̩^{33} nɯ^{33} sər^{33} bi^{33} di^{21} dzɿ^{33}, mə^{33} kɑ^{33}. | tshe^{21} dɯ^{33} ȵi^{33}, thy̩^{33}
缠 会 月 见 十 日 土神 以 木 虫 吃 不 吉 十 一 日 土神

nɯ^{33} mɯ^{33} lɯ^{55} dɑ^{33} dʑi^{21} hɯ^{55} dzɿ^{33}. | tshe^{21} ȵi^{33} ȵi^{33}, thy̩^{33} nɯ^{33} ly̩^{33} ky̩^{33} dzər^{21} dzɿ^{33}. kɑ^{33}. | tshe^{33}
以 美利达吉 海 吃 十 二 日 土神 以 石 上 树 吃 吉 十

sɿ^{21} ȵi^{33}, thy̩^{33} nɯ^{33} zo^{33} ȵi^{33} ky̩^{55} mi^{55} dɯ^{33} ky̩^{55} dʑy^{21} gə^{33} dʑi^{21} dzɿ^{33}, tshɿ^{21} nɯ^{33} tshɿ^{21} ky̩^{55}. | tshe^{21}
三 日 土神 以 儿 两 个 女 一 个 有 的 房 吃 鬼 以 缠 会 十

lu^{33} ȵi^{33}, thy̩^{33} nɯ^{33} ɯ^{33}、ʐuɑ^{33} dzɿ^{33}. | tshe^{21} uɑ^{33} ȵi^{33}, thy̩^{33} nɯ^{33}ȵi^{33} dzɿ^{33}. | tshe^{21} tʂhuɑ^{55} ȵi^{33}, |
四 日 土神 以 牛 马 吃 十 五 日 土神 以 鱼 吃 十 六 日

thy̩^{33}nɯ^{33} ʐuɑ^{33}dzɿ^{33}. | tshe^{21} ʂər^{33} ȵi^{33}, thy̩^{33} nɯ^{33} dɯ^{33}zo^{33} dɯ^{33}mi^{55} dʑy^{21}gə^{33}dʑi^{21}dzɿ^{33}. khuɑ^{21}. |
土神 以 马 吃 十 七 日 土神 以 一 男 一 女 有 的 房 吃 凶

tshe^{21} ho^{55} ȵi^{33}, thy̩^{33} nɯ^{33} dzər^{21} ky̩^{33} bi^{33} di^{21} dzɿ^{33}, mə^{33} kɑ^{33}. | tshe^{21} gy̩^{33} ȵi^{33}, thy̩^{33} nɯ^{33} hɯ^{55}
十 八 日 土神 以 树 上 虫 吃 不 吉 十 九 日 土神 以 海

dzʅ^{33}. kɑ^{33}. | ȵi^{33} tsər^{21} ȵi^{33}, | thy̥^{33} nɯ^{33} ʂu^{21} dzʅ^{33}, kɑ^{33}. | ȵi^{33} tsər^{21} dɯ^{33} ȵi^{33}, thy̥^{33} nɯ^{33} hɑ^{33}
吃 吉 二 十 日 土神 以 铁 吃 吉 二 十 一 日 土神 以 饭

dzʅ^{33}. | ȵi^{33} tsər^{21} ȵi^{33} ȵi^{33}, thy̥^{33} nɯ^{33} tʂhər^{55} nɯ^{21} sər^{55} dzʅ^{33}. | ȵi^{33} tsər^{21} sʅ^{21} ȵi^{33}, thy̥^{33} nɯ^{33} ɕi^{21}
吃 二 十 二 日 土神 以 肺 和 肝 吃 二 十 三 日 土神 以 谷子

phər^{21} dzʅ^{33}. | ȵi^{33} tsər^{21} lu^{33} ȵi^{33}, thy̥^{33} nɯ^{33} zo^{33} mi^{55} dzʅ^{33}. tshʅ^{21} nɯ^{33} tshʅ^{21} ky̥^{55}.
白 吃 二 十 四 日 土神 以 儿 女 吃 鬼 以 缠 会

初八，土神吃饭。初九，土神吃幼子。会被鬼缠上。初十，土神吃木材里的虫。不吉。十一日，土神吃美利达吉海。十二日，土神吃石头上长的树。吉。十三日，土神吃有两男一女之家的房子。会被鬼缠上。十四日，土神吃牛和马。十五日，土神吃鱼。十六日，土神吃马。十七日，土神吃有一男一女之家的房子。凶。十八日，土神吃树上的虫。不吉。十九日，土神吃海。吉。二十日，土神吃铁。吉。二十一日，土神吃饭。二十二日，土神吃肺和肝。二十三日，土神吃白谷。二十四日，土神吃儿女。会被鬼缠上。

487-L-38-08

ȵi^{33} tsər^{21} uɑ^{33} ȵi^{33}, thy̥^{33}nɯ^{33} zo^{33} mi^{55} nɯ^{33} ȵi^{33} dzʅ^{33}. | ȵi^{33} tsər^{21} tʂhuɑ^{55} ȵi^{33}, thy̥^{33} nɯ^{33} zo^{33} tɕi^{55}
二 十 五 日 土神 以 儿 女 和 鱼 吃 二 十 六 日 土神 以 儿 小

dzʅ^{33}. tshʅ^{21} nɯ^{33} tshʅ^{21} ky̥^{55}. khuɑ^{21}. | ȵi^{33} tsər^{21} ʂər^{33} ȵi^{33}, thy̥^{33} nɯ^{33} dʑy^{21} ky̥^{33} gə^{33} ly̥^{33} dzʅ^{33}. | ȵi^{33}
吃 鬼 以 缠 会 凶 二 十 七 日 土神 以 山 上 的 石 吃 二

tsər^{21} ho^{55} ȵi^{33}, thy̥^{33} nɯ^{33} lo^{21} lo^{21} ʂə^{21} nɯ^{21} mi^{33} dzʅ^{33}. | ȵi^{33} tsər^{21} gy̥^{33} ȵi^{33} , thy̥^{33} mə^{33} dzʅ^{33}.
十 八 日 土神 以 山谷 里 沙 和 火 吃 二 十 九 日 土神 不 吃

khuɑ^{21}. | nɑ^{33} ty̥^{21} ȵi^{33}, thy̥^{33} mə^{33}dzʅ^{33}. kɑ^{33}. | lu^{55} me^{33} he^{33}: tshe^{33} do^{21} dɯ^{33} ȵi^{33}, thy̥^{33}nɯ^{33} khɯ^{33}
凶 三十 日 土神 不 吃 吉 四月 月 见 一 日 土神 以 狗

dzʅ^{33}. | tshe^{33} do^{21} ȵi^{33} ȵi^{33}, thy̥^{33} nɯ^{33} lɯ^{33} nɯ^{21} mɯ^{55} dzʅ^{33}. | tshe^{33} do^{21} sʅ^{21} ȵi^{33}, thy̥^{33} nɯ^{33} z̥ər^{33}
吃 月 见 二 日 土神 以 杉 和 竹 吃 月 见 三 日 土神 以 柳

phər^{21} dzɿ^{33}. | tshe^{33} do^{21} lu^{33} ȵi^{33}, thy̩^{33} nɯ^{33}① | tshe^{33} do^{21} uɑ^{33} ȵi^{33}, thy̩^{33} nɯ^{33} ʐuɑ^{33} dzɿ^{33}. | tshe^{33}
白 吃 月 见 四 日 土神 以 月 见 五 日 土神 以 马 吃 月

do^{21} tʂhuɑ^{55} ȵi^{33}, | thy̩^{33} nɯ^{33} ɯ^{33} dzɿ^{33}. | tshe^{33} do^{33} ʂər^{33} ȵi^{33}, thy̩^{33} nɯ^{33} zo^{33} sɿ^{55} ky̩^{33} dʑy^{21} gə^{33}
见 六 日 土神 以 牛 吃 月 见 七 日 土神 以 男 三 个 有 的

dʑi^{21} dzɿ^{33}. | tshe^{33} do^{21} ho^{55} ȵi^{33}, thy̩^{33} nɯ^{33} bər^{33} dzɿ^{33} me^{55}. | tshe^{33} do^{21} gy̩^{33} ȵi^{33}, thy̩^{33} nɯ^{33} ʐuɑ^{33}
房 吃 月 见 八 日 土神 以 客 吃 的 月 见 九 日 土神 以 马

dzɿ^{33}. | tshe^{33} do^{21} tshe^{21} ȵi^{33},
吃 月 见 十 日

二十五日，土神吃儿女和鱼。二十六日，土神吃幼子。会被鬼缠上。凶。二十七日，土神吃山上的石头。二十八日，土神吃山谷里的沙石和火。二十九日，土神不食。凶。三十日，土神不食，吉。

四月：初一，土神吃狗。初二，土神吃杉和竹。初三，土神吃白柳。初四，土神吃……初五，土神吃马。初六，土神吃牛。初七，土神吃有三个男人之家的房子。初八，土神吃客人。初九，土神吃马。初十，

487-L-38-09

thy̩^{33} nɯ^{33} fy̩^{55} dzɿ^{33}. | tshe^{21} dɯ^{33} ȵi^{33}, thy̩^{33} nɯ^{33} ɯ^{33} dzɿ^{33}. | tshe^{21} ȵi^{33} ȵi^{33}, thy̩^{33} nɯ^{33} mɯ^{55} ne^{13}
土神 以 鼠 吃 十 一 日 土神 以 牛 吃 十 二 日 土神 以 竹 和

lɯ^{33} dzɿ^{33}. | tshe^{33} sɿ^{21} ȵi^{33}, thy̩^{33} nɯ^{33} tʂhuɑ^{55} dzɿ^{33}. | tshe^{21} lu^{33} ȵi^{33}, thy̩^{33} nɯ^{33} ʐuɑ^{33} ne^{13} ɯ^{33}
杉 吃 十 三 日 土神 以 鹿 吃 十 四 日 土神 以 马 和 牛

dzɿ^{33}. | tshe^{21} uɑ^{33} ȵi^{33}, thy̩^{33} nɯ^{33} zo^{33} sɿ^{55} ky̩^{33} dʑy^{21} gə^{33} dʑi^{21} dzɿ^{33}. tshɿ^{21} nɯ^{33} tshɿ^{21} ky̩^{55}. | tshe^{21}
吃 十 五 日 土神 以 男 三 个 有 的 房 吃 鬼 以 缠 会 十

tʂhuɑ^{55} ȵi^{33}, thy̩^{33} nɯ^{33} ly̩^{33} ky̩^{33} dzər^{21} dzɿ^{33}. kɑ^{33}. | tshe^{21} ʂər^{33} ȵi^{33}, thy̩^{33} mə^{33} dzɿ^{33}. kɑ^{33} me^{55}. |
六 日 土神 以 石 上 树 吃 吉 十 七 日 土神 不 吃 吉 的

① 其后之符号读音不明，存疑。

tshe²¹ ho⁵⁵ ȵi³³, thv̩³³ nɯ³³mɯ³³ lɯ⁵⁵ dɑ³³ ʥi²¹ hɯ⁵⁵ dzʅ³³. kɑ³³. | tshe²¹gv̩³³ ȵi³³, thv̩³³nɯ³³dɯ³³ zo³³
十 八 日 土神 以 美利达吉 海 吃 吉 十 九 日 土神 以 一 男

dɯ³³mi⁵⁵ ʥy²¹ gə³³ ʥi²¹ dzʅ³³. tshʅ²¹ nɯ³³ tshʅ²¹ kv̩⁵⁵. | ȵi³³tsər²¹ȵi³³, thv̩³³ nɯ³³ zo³³ tɕi⁵⁵ dzʅ³³. tshʅ²¹
一 女 有 的 房 吃 鬼 以 缠 会 二 十 日 土神 以 儿 小 吃 鬼

nɯ³³ tshʅ²¹ kv̩⁵⁵. | ȵi³³ tsər²¹ dɯ³³ ȵi³³, thv̩³³ nɯ³³ ɯ³³ dzʅ³³. | ȵi³³ tsər²¹ ȵi³³ ȵi³³, thv̩³³nɯ³³sər³³ bi³³
以 缠 会 二 十 一 日 土神 以 牛 吃 二 十 二 日 土神 以 木 虫

di²¹ dzʅ³³. | ȵi³³ tsər²¹ sʅ²¹ ȵi³³, thv̩³³ mə³³ dzʅ³³. kɑ³³. | ȵi³³ tsər²¹ lu³³ ȵi³³, thv̩³³ nɯ³³ ʐuɑ³³ dzʅ³³
吃 二 十 三 日 土神 不 吃 吉 二 十 四 日 土神 以 马 吃

me⁵⁵. | ȵi³³ tsər²¹ uɑ³³ ȵi³³, thv̩³³ nɯ³³ ɯ³³ dzʅ³³. | ȵi³³ tsər²¹ tʂhuɑ⁵⁵ ȵi³³, thv̩³³ nɯ³³ zo³³ sʅ⁵⁵ kv̩³³
的 二 十 五 日 土神 以 牛 吃 二 十 六 日 土神 以 男 三 个

ʥy²¹ gə³³ ʥi²¹ dzʅ³³. khuɑ²¹. | ȵi³³ tsər²¹ ʂər³³ ȵi³³, thv̩³³ nɯ³³ lv̩³³ kv̩³³ dzər²¹ dzʅ³³. kɑ³³.
有 的 房 吃 凶 二 十 七 日 土神 以 石 上 树 吃 吉

土神吃老鼠。十一日，土神吃牛。十二日，土神吃竹子和杉树。十三日，土神吃马鹿。十四日，土神吃马和牛。十五日，土神吃有三个男人之家的房子。会被鬼缠上。十六日，土神吃长在石上的树。吉。十七日，土神不吃什么。吉。十八日，土神吃美利达吉海，吉。十九日，土神吃有一男一女之家的房子。会被鬼缠上。二十日，土神吃幼子。会被鬼缠上。二十一日，土神吃牛。二十二日，土神吃树上的虫。二十三日，土神不食。吉。二十四日，土神吃马。二十五日，土神吃牛。二十六日，土神吃有三个男子之家的房子。凶。二十七日，土神吃长在石头上的树。吉。

487-L-38-10

ȵi³³ tsər²¹ ho⁵⁵ ȵi³³, thv̩³³ nɯ³³ mɯ³³ lɯ⁵⁵ dɑ³³ ʥi²¹ hɯ⁵⁵ dzʅ³³. kɑ³³. ȵi³³ tsər²¹ gv̩³³ ȵi³³, thv̩³³ nɯ³³
二 十 八 日 土神 以 美利达吉 海 吃 吉 二 十 九 日 土神 以

khɯ33 la21dʑy21u21 dzʅ33, mə33 ka33. | na33 tv̩21 ȵi33, thv̩33 nɯ33 dʑy21 kv̩33 dʑi21 dzʅ33. ka33. | ua55 me33
仆人 吃 不 吉 三十 日 土神 以 山 上 水 吃 吉 五月

he33: tshe33 do21 dɯ33 ȵi33, thv̩33 nɯ33 khɯ33 la21 dʑy33 u21 dzʅ33. mə33 ka33. | tshe33do21ȵi33 ȵi33, thv̩33
月 见 一 日 土神 以 仆人 吃 不 吉 月 见 二 日 土神

nɯ33 hɯ55 dzʅ33. ka33. khua33.① | tshe33do21sʅ21 ȵi33, thv̩33nɯ33 fv̩55 dzʅ33. mə33 ka33. | tshe33 do21 lu33
以 海 吃 吉 角 月 见 三 日 土神 以 鼠 吃 不 吉 月 见 四

ȵi33, thv̩33 nɯ33 gv̩21 dzʅ33. | tshe33 do21 ua33 ȵi33, thv̩33 nɯ33 le33 dzʅ33 me55. mə33 ka33. | tshe33 do21
日 土神 以 熊 吃 月 见 五 日 土神 以 獐子 吃 的 不 吉 月 见

tʂhua55 ȵi33, thv̩33 nɯ33 hæ21 ʂʅ21 pa33 me33 dzʅ33. | tshe33 do21 ʂər33 ȵi33, thv̩33 nɯ33 he21 mi55 dʑi21
六 日 土神 以 金 黄 蛙 大 吃 月 见 七 日 土神 以 神 女 房

dzʅ33. | tshe33 do21 ho55② ȵi33, thv̩33 nɯ33 bi33 di21 nɯ13 lv̩33 dzʅ33. | tshe33 do21 gv̩33 ȵi33, thv̩33 nɯ33
吃 月 见 八 日 土神 以 虫 和 石 吃 月 见 九 日 土神 以

ȵi33dzʅ33me55. mə33ka33. | tshe33 do21 tshe21 ȵi33, thv̩33 nɯ33 zo33 tɕi55 dzʅ33. tshʅ21 nɯ33 tshʅ21 kv̩55. |
鱼 吃 的 不 吉 月 见 十 日 土神 以 儿 小 吃 鬼 以 缠 会

tshe21 dɯ33 ȵi33, thv̩33 nɯ33 mi33 dzʅ33. | tshe21 ȵi33 ȵi33, thv̩33 nɯ33 dzər21 kv̩33 bæ33 dzʅ33. mə33 ka33.
十 一 日 土神 以 火 吃 十 二 日 土神 以 树 上 蜜蜂 吃 不 吉

二十八日，土神吃美利达吉海。吉。二十九日，土神吃仆人。不吉。三十日，土神吃山上的水。吉。

五月：初一，土神吃仆人。不吉。初二，土神吃海。吉。初三，土神吃老鼠。不吉。初四，土神吃熊。初五，土神吃獐子。不吉。初六，土神吃金黄大蛙。初七，土神吃女神神房。初八，土神吃虫和石头。初九，土神吃鱼。不吉。初十，土神吃幼子。人会被鬼缠上。十一日，土神吃火。十二日，土神吃树上的蜜蜂。不吉。

487-L-38-11

① 此字符无法与其他字符连读成句，存疑。

② 原文写成“七”，校读为“八”。

tshe^{33} sɿ^{21} ȵi^{33}, thv̩^{33}nɯ^{33} hɯ^{55} lo^{21} bi^{33} di^{21} dzɿ^{33}, mə^{33} kɑ^{33}. | tshe^{33} lu^{33} ȵi^{33}, thv̩^{33} nɯ^{33} ʐər^{33} phər^{21}

十 三 日 土神 以 海 里 虫 吃 不 吉 十 四 日 土神 以 柳 白

dzɿ^{33}. | tshe^{33} uɑ^{33} ȵi^{33}, thv̩^{33} nɯ^{33} zo^{33} mi^{55} dzɿ^{33}. tshɿ^{21} nɯ^{33} tshɿ^{21} kv̩^{55}. | tshe^{33} tʂhuɑ^{55} ȵi^{33}, thv̩^{33}

吃 十 五 日 土神 以 儿 女 吃 鬼 以 缠 会 十 六 日 土神

nɯ^{33}ȵi^{33}nɯ^{21} dʑi^{21} dzɿ^{33}. | tshe^{33}ʂər^{33}ȵi^{33}, thv̩^{33} nɯ^{33} dʑy^{21} dzɿ^{33}. tshe^{33} ho^{55} ȵi^{33}, thv̩^{33} nɯ^{33} hɯ^{55} lo^{21}

以 鱼 和 水 吃 十 七 日 土神 以 山 吃 十 八 日 土神 以 海 里

dv̩^{33} phər^{21} dzɿ^{33}. | tshe^{33} gv̩^{33} ȵi^{33}, thv̩^{33} nɯ^{33} zo^{33} tɕi^{55} mi^{55} tɕi^{55} dzɿ^{33}. tshɿ^{21} nɯ^{33} tshɿ^{21} kv̩^{55}. | ȵi^{33}

海螺 白 吃 十 九 日 土神 以 儿 小 女 小 吃 鬼 以 缠 会 二

tsər^{21} ȵi^{33}, thv̩^{33} nɯ^{33} sər^{33} dzɿ^{33}. kɑ^{33}. | ȵi^{33} tsər^{21} dɯ^{33} ȵi^{33}, thv̩^{33} nɯ^{33} ɯ^{33} dzɿ^{33}. mə^{33} kɑ^{33}. | ȵi^{33}

十 日 土神 以 木柴 吃 吉 二 十 一 日 土神 以 牛 吃 不 吉 二

tsər^{21} ȵi^{33} ȵi^{33}, thv̩^{33} nɯ^{33} ʐʅ^{21} dzɿ^{33}. mə^{33} kɑ^{33} me^{55}. | ȵi^{33} tsər^{21} sɿ^{21} ȵi^{33}, thv̩^{33} nɯ^{33} khɯ^{33} dzɿ^{33}. |

十 二 日 土神 以 蛇 吃 不 吉 的 二 十 三 日 土神 以 狗 吃

ȵi^{33} tsər^{21} lu^{33} ȵi^{33}, thv̩^{33} nɯ^{33} y^{21} dzɿ^{33}. | ȵi^{33} tsər^{21} uɑ^{33} ȵi^{33}, thv̩^{33} nɯ^{33} æ^{21} dzɿ^{33} me^{55}. | ȵi^{33} tsər^{21}

二 十 四 日 土神 以 绵羊 吃 二 十 五 日 土神 以 鸡 吃 的 二 十

tʂhuɑ^{55}ȵi^{33}, thv̩^{33} nɯ^{33} sər^{33} dzɿ^{33}. | ȵi^{33} tsər^{21} ʂər^{33} ȵi^{33}, thv̩^{33} mə^{33} dzɿ^{33}. kɑ^{33} me^{55}. | ȵi^{33} tsər^{21} ho^{55}

六 日 土神 以 木 吃 二 十 七 日 土神 不 吃 吉 的 二 十 八

ȵi^{33}, thv̩^{33} mə^{33} dzɿ^{33}, kɑ^{33} me^{55}. | ȵi^{33} tsər^{21} gv̩^{33} ȵi^{33}, thv̩^{33} mə^{33} dzɿ^{33}. kɑ^{33}. | nɑ^{33} tv̩^{21} ȵi^{33}, thv̩^{33}

日 土神 不 吃 吉 的 二 十 九 日 土神 不 吃 吉 三十 日 土神

nɯ^{33} dzər^{21} kv̩^{33} bi^{33} di^{21} dzɿ^{33}.

以 树 上 虫 吃

十三日，土神吃海里的虫。不吉。十四日，土神吃白柳。十五日，土神吃儿女。人会被鬼缠上。十六日，土神吃鱼和水。十七日，土神吃山。十八日，土神吃海里的白海螺。十九日，土神吃幼子和幼女。会被鬼缠上。二十日，土神吃木头。吉。二十一日，土神吃牛，不吉。二十二日，土神吃蛇。不吉。二十三日，土神吃狗。二十四日，土神吃绵羊。二十五日，土神吃鸡。二十六日，土神吃木头。二十七日，土神不食。吉。二十八日，土神不食。吉。二十九日，土神不食。吉。三十日，土神吃树上的虫。

487-L-38-12

tʂhuɑ^{55}me^{33} he^{33}: tshe^{33} do^{21} dɯ^{33} ȵi^{33}, thv̩^{33} nɯ^{33} zo^{33} tɕi^{55} dzʅ^{33}. tshʅ^{21} nɯ^{33} tshʅ^{21} kv̩^{55}. | tshe^{33}
六月 月 见 一 日 土神 以 儿 小 吃 鬼 以 缠 会 月

do^{21}ȵi^{33} ȵi^{33}, thv̩^{33} nɯ^{33} dʑi^{21} dzʅ^{33}. kɑ^{33}. | tshe^{33}do^{21}sʅ^{21} ȵi^{33}, thv̩^{33} nɯ^{33} zo^{33} mi^{55} dzʅ^{33}. | tshe^{33} do^{21}
见 二 日 土神 以 水 吃 吉 月 见 三 日 土神 以 儿 女 吃 月 见

lu^{33} ȵi^{33}, thv̩^{33} nɯ^{33} dzər^{21} kv̩^{33} bi^{33} di^{21} dzʅ^{33}. | tshe^{33} do^{21} uɑ^{33} ȵi^{33}, thv̩^{33} nɯ^{33} ʐər^{33} phər^{21}dzʅ^{33}. |
四 日 土神 以 树 上 虫 吃 月 见 五 日 土神 以 柳 白 吃

tshe^{33} do^{21}tʂhuɑ^{55}ȵi^{33}, thv̩^{33}nɯ^{33} dʑi^{21} lo^{21} bi^{33} di^{21} dzʅ^{33}. mə^{33} kɑ^{33}. | tshe^{33} do^{21} ʂər^{33} ȵi^{33}, thv̩^{33} nɯ^{33}
月 见 六 日 土神 以 水 里 虫 吃 不 吉 月 见 七 日 土神 以

ȵi^{33} dzʅ^{33}. | tshe^{33} do^{21} ho^{55} ȵi^{33}, thv̩^{33} nɯ^{33} sər^{55} dzʅ^{33}. | tshe^{33} do^{21} gv̩^{33} ȵi^{33}, thv̩^{33} nɯ^{33} mɯ^{33} lɯ^{55}
鱼 吃 月 见 八 日 土神 以 肝 吃 月 见 九 日 土神 以 美利达吉

dɑ^{33}dʑi^{21}hɯ^{55} dzʅ^{33}. kɑ^{33}. | tshe^{33} do^{21} tshe^{21} ȵi^{33}, thv̩^{33} nɯ^{33} dzər^{21} dzʅ^{33}. | tshe^{21} dɯ^{33} ȵi^{33}, thv̩^{33}
海 吃 吉 月 见 十 日 土神 以 树 吃 十 一 日 土神

nɯ^{33} ʂu^{21} dzʅ^{33}. | tshe^{21} ȵi^{33} ȵi^{33}, thv̩^{33} nɯ^{33} zo^{33} tɕi^{55} dzʅ^{33} me^{55}. | tshe^{33} sʅ^{21} ȵi^{33}, thv̩^{33} nɯ^{33} be^{55}
以 铁 吃 十 二 日 土神 以 儿 小 吃 的 十 三 日 土神 以 人

tshʅ^{21} zʅ^{33} dzʅ^{33}. | tshe^{21} lu^{33} ȵi^{33}. thv̩^{33} nɯ^{33} y^{21} dzʅ^{33}. mə^{33} kɑ^{33}. | tshe^{21} uɑ^{33} ȵi^{33}, thv̩^{33} nɯ^{33}
吃 十 四 日 土神 以 绵羊 吃 不 吉 十 五 日 土神 以

khɯ^{33} dzʅ^{33}. | tshe^{21} tʂhuɑ^{55} ȵi^{33}, thv̩^{33} nɯ^{33} mu^{33} dzʅ^{33}. | tshe^{21} ʂər^{33} ȵi^{33}, thv̩^{33} nɯ^{33} ɯ^{33} dzʅ^{33}.
狗 吃 十 六 日 土神 以 牛蝇 吃 十 七 日 土神 以 牛 吃

六月：初一，土神吃幼子。人会被鬼缠上。初二，土神吃水。吉。初三，土神吃儿女。初四，土神吃树上的虫。初五，土神吃白柳。初六，土神吃水里的虫。不吉。初七，土神吃鱼。初八，土神吃肝。初九，土神吃美利达吉海。吉。初十，土神吃树。十一日，土神吃铁。十二日，土神吃幼子。十三日，土神吃人。十四日，土神吃绵羊。不吉。十五日，土神吃狗。十六日，土神吃牛蝇。十七日，土神吃牛。

487-L-38-13

tshe^{21}ho^{55}ȵi^{33}, thy̩^{33}nɯ^{33}tɕhi^{33}dzər^{21} dzʅ^{33}. | tshe^{21} gy̩^{33} ȵi^{33}, thy̩^{33} nɯ^{33} zo^{33} dɯ^{21} mi^{55} dɯ^{21}dzʅ^{33}. |
十 八 日 土神 以 刺 树 吃 十 九 日 土神 以 儿 大 女 大 吃

ȵi^{33} tsər^{21} ȵi^{33}, thy̩^{33} nɯ^{33} mɯ^{55} dzʅ^{33}. kɑ^{33}. | ȵi^{33} tsər^{21} dɯ^{33} ȵi^{33}, thy̩^{33} nɯ^{33} ʂu^{21} dzʅ^{33}. kɑ^{33}. | ȵi^{33}
二 十 日 土神 以 竹 吃 吉 二 十 一 日 土神 以 铁 吃 吉 二

tsər^{21} ȵi^{33} ȵi^{33}, thy̩^{33}nɯ^{33}、thy̩^{33} nɯ^{33} tɕi^{55} dzʅ^{33}①. mə^{33} kɑ^{33}. | ȵi^{33} tsər^{21} sʅ^{21} ȵi^{33}, thy̩^{33} nɯ^{33} zo^{33} tɕi^{55}
十 二 日 土神 来 土神 以 小 吃 不 吉 二 十 三 日 土神 以 儿 小

mi^{55}tɕi^{55} dzʅ^{33}. | ȵi^{33} tsər^{21} lu^{33} ȵi^{33}, thy̩^{33} nɯ^{33} phy^{55} ly^{21} dzʅ^{33}. | ȵi^{33} tsər^{21} uɑ^{33} ȵi^{33}, thy̩^{33} nɯ^{33} zo^{33}
女 小 吃 二 十 四 日 土神 以 大簸箕 吃 二 十 五 日 土神 以 男

dɯ^{33} ky̩^{55} dʑy^{21} gə^{33} tʂʅ^{33} dʑi^{21} dzʅ^{33}. mə^{33} kɑ^{33}. | ȵi^{33} tsər^{21} tʂhuɑ^{55} ȵi^{33}, thy̩^{33}nɯ^{33} tʂʅ^{33} bi^{33} di^{21} dzʅ^{33}.
一 个 有 的 土 房 吃 不 吉 二 十 六 日 土神 以 土 虫 吃

mə^{33} kɑ^{33}. | ȵi^{33} tsər^{21} ʂər^{33} ȵi^{33}, thy̩^{33}nɯ^{33}dʑy^{21} ky̩^{33} ly̩^{33} dzʅ^{33}. kɑ^{33} me^{55}. | ȵi^{33} tsər^{21} ho^{55} ȵi^{33}, thy̩^{33}
不 吉 二 十 七 日 土神 以 山 上 石 吃 吉 的 二 十 八 日 土神

nɯ^{33}bər^{33}dzʅ^{33}. mə^{33} kɑ^{33}. | ȵi^{33} tsər^{21} gy̩^{33} ȵi^{33}, thy̩^{33} nɯ^{33} dzər^{21} ky̩^{33} bi^{33} di^{21} dzʅ^{33}. | nɑ^{33} ty̩^{21} ȵi^{33},
以 客人 吃 不 吉 二 十 九 日 土神 以 树 上 虫 吃 三十 日

thy̩^{33} nɯ^{33} ʂu^{21} dzʅ^{33}. kɑ^{33}. | sæ^{33} me^{33} he^{33}: tshe^{33} do^{21} dɯ^{33} ȵi^{33}, thy̩^{33} nɯ^{33} zo^{33} dzʅ^{33}. khuɑ^{21}. |
土神 以 铁 吃 吉 七月 月 见 一 日 土神 以 男 吃 凶

① 原文写了两个“thy̩^{33} nɯ^{33} ……dzʅ^{33}”，又只写了一个“tɕi^{55}”（小），不知这“小”是“什么小”，似有笔误。

tshe^{33} do^{21} ȵi^{33} ȵi^{33}, thy̩^{33} nɯ^{33} dzər^{21} dzʅ^{33}. kɑ^{33}. | tshe^{33} do^{21} sʅ^{21} ȵi^{33}, thy̩^{33} nɯ^{33} ɯ^{33} dzʅ^{33}. | tshe^{33}
月 见 二 日 土神 以 树 吃 吉 月 见 三 日 土神 以 牛 吃 月

do^{21}
见

十八日，土神吃树。十九日，土神吃长子和长女。二十日，土神吃竹子。吉。二十一日，土神吃铁。吉。二十二日，土神吃……不吉。二十三日，土神吃幼子和幼女。二十四日，土神吃大簸箕。二十五日，土神吃有一男子的土屋。不吉。二十六日，土神吃土里的虫。不吉。二十七日，土神吃山上的石头。吉。二十八日，土神吃客人。不吉。二十九日，土神吃树上的虫。三十日，土神吃铁。吉。

七月：初一，土神吃男子，凶。初二，土神吃树。吉。初三，土神吃牛。初

487-L-38-14

lu^{33} ȵi^{33}, thy̩^{33} nɯ^{33} lɯ^{33} hər^{21} dzʅ^{33}. | tshe^{33} do^{21} uɑ^{33} ȵi^{33}, thy̩^{33} nɯ^{33} ɕi^{21} phər^{21} dzʅ^{33}. | tshe^{33} do^{21}
四 日 土神 以 杉 青 吃 月 见 五 日 土神 以 谷子 白 吃 月 见

tʂhuɑ^{55}ȵi^{33}, thy̩^{33} nɯ^{33}be^{33} tshʅ^{21}zʅ^{33}dzʅ^{33}. | tshe^{33} do^{21} ʂər^{33} ȵi^{33}, thy̩^{33} nɯ^{33} ȵi^{33} dzʅ^{33}. mə^{33} kɑ^{33}. |
六 日 土神 以 人 吃 月 见 七 日 土神 以 鱼 吃 不 吉

tshe^{33} do^{21}ho^{55}ȵi^{33}, thy̩^{33}nɯ^{33} æ^{21} dzʅ^{33}. | tshe^{33} do^{21}gy̩^{33} ȵi^{33}, thy̩^{33} nɯ^{33} zo^{33} tɕi^{55} dzʅ^{33}. khuɑ^{21}, mə^{33}
月 见 八 日 土神 以 鸡 吃 月 见 九 日 土神 以 儿 小 吃 凶 不

kɑ^{33}. | tshe^{33} do^{21} tshe^{21} ȵi^{33}, thy̩^{33} nɯ^{33} ʂu^{21} dzʅ^{33}. kɑ^{33} me^{55}. | tshe^{21} dɯ^{33} ȵi^{33}, thy̩^{33} nɯ^{33} dzər^{21}
吉 月 见 十 日 土神 以 铁 吃 吉 的 十 一 日 土神 以 树

dzʅ^{33}. | tshe^{21} ȵi^{33} ȵi^{33}, thy̩^{33} nɯ^{33} lɯ^{55} dzʅ^{33}. mə^{33} kɑ^{33}. | tshe^{33} sʅ^{21} ȵi^{33}, thy̩^{33} nɯ^{33} dzər^{21} dzʅ^{33}
吃 十 二 日 土神 以 牛虻 吃 不 吉 十 三 日 土神 以 树 吃

me^{55}. | tshe^{33} lu^{33} ȵi^{33}, thy̩^{33} nɯ^{33} ʂu^{21} dzʅ^{33}, kɑ^{33}. | tshe^{21} uɑ^{33} ȵi^{33}, thy̩^{33} nɯ^{33} bər^{33} dzʅ^{33}. mə^{33}
的 十 四 日 土神 以 铁 吃 吉 十 五 日 土神 以 客 吃 不

kɑ^{33}. | tshe^{21} tʂhuɑ^{55} ȵi^{33}, thy̩^{33} nɯ^{33} zo^{33} dzɿ^{33}. khuɑ^{21}. | tshe^{21} ʂər^{33} ȵi^{33}, thy̩^{33} nɯ^{33} ʥy^{21} dzɿ^{33}.

吉 十 六 日 土神 以 男 吃 凶 十 七 日 土神 以 山 吃

kɑ^{33}. | tshe^{21} ho^{55} ȵi^{33}, thy̩^{33} nɯ^{33} ȵi^{33} dzɿ^{33}. mə^{33} kɑ^{33}. | tshe^{21} gy̩^{33} ȵi^{33}, thy̩^{33} nɯ^{33} tʂɿ^{33} dzɿ^{33}

吉 十 八 日 土神 以 鱼 吃 不 吉 十 九 日 土神 以 土 吃

me^{55}. | ȵi^{33} tsər^{21} ȵi^{33}, thy̩^{33} nɯ^{33} khy̩^{21} ɕi^{33} gə^{33} ʥi^{21} dzɿ^{33}.

的 二 十 日 土神 以 内亲 的 房 吃

初四，土神吃青杉。初五，土神吃白谷。初六，土神吃人。初七，土神吃鱼。不吉。初八，土神吃鸡。初九，土神吃幼子。凶，不吉。初十，土神吃铁。吉。十一日，土神吃树。十二日，土神吃牛虻。不吉。十三日，土神吃树。十四日，土神吃铁。吉。十五日，土神吃客人，不吉。十六日，土神吃男人。凶。十七日，土神吃山。吉。十八日，土神吃鱼。不吉。十九日，土神吃土。二十日，土神吃内亲的房子。

487-L-38-15

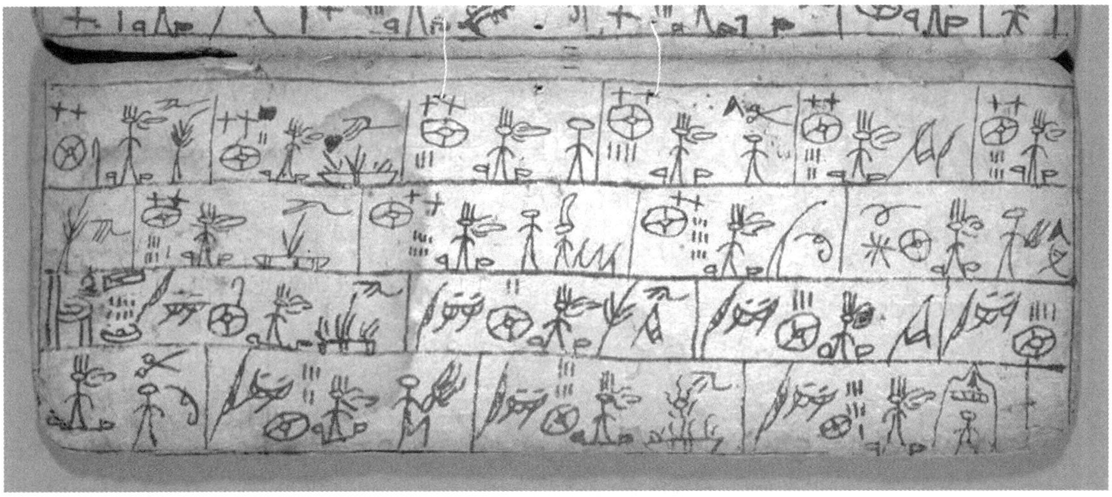

ȵi^{33} tsər^{21}dɯ^{33} ȵi^{33}, thy̩^{33} nɯ^{33} dzər^{21} dzɿ^{33}. kɑ^{33}. | ȵi^{33} tsər^{21} ȵi^{33} ȵi^{33}, thy̩^{33} nɯ^{21} dy^{21} lo^{21} zɿ^{33} dzɿ^{33}.

二 十 一 日 土神 以 树 吃 吉 二 十 二 日 土神 以 地 里 草 吃

kɑ^{33}. | ȵi^{33} tsər^{21} sɿ^{21} ȵi^{33}, thy̩^{33} nɯ^{33} zo^{33} dzɿ^{33}. | ȵi^{33} tsər^{21} lu^{33} ȵi^{33}, thy̩^{33} nɯ^{33} zo^{33} tɕi^{55} dzɿ^{33}.

吉 二 十 三 日 土神 以 男 吃 二 十 四 日 土神 以 儿 小 吃

khuɑ^{21}. | ȵi^{33} tsər^{21} uɑ^{33} ȵi^{33}, thy̩^{33} nɯ^{33} ʂu^{21} phiə^{55} dzɿ^{33}. | ȵi^{33} tsər^{21} tʂhuɑ^{55} ȵi^{33}, thy̩^{33} nɯ^{33} dzər^{21}

凶 二 十 五 日 土神 以 铁 片 吃 二 十 六 日 土神 以 树

dzɿ^{33}. kɑ^{33}. | ȵi^{33}tsər^{21}ʂər^{33} ȵi^{33}, thy̩^{33} nɯ^{33} dy^{21} lo^{21} zɿ^{33} dzɿ^{33}. kɑ^{33}. | ȵi^{33} tsər^{21} ho^{55} ȵi^{33}, thy̩^{33} nɯ^{33}

吃 吉 二 十 七 日 土神 以 地 里 草 吃 吉 二 十 八 日 土神 以

zo^{33} mi^{55} dzɿ^{33}. | ȵi^{33} tsər^{21} gy̩^{33} ȵi^{33}, thy̩^{33} nɯ^{33} tɕhi^{33} dzɿ^{33}. mə^{33} kɑ^{33}. | nɑ^{33} ty̩^{21} ȵi^{33}, thy̩^{33} nɯ^{33}

儿 女 吃 二 十 九 日 土神 以 刺 吃 不 吉 三十 日 土神 以

khɯ^{33} lɑ^{21} ʥy^{33} u^{21}dzʅ^{33}. khuɑ^{21}me^{55}. | huɑ^{55}me^{33} he^{33}: tshe^{33} do^{21} dɯ^{33} ȵi^{33}, thy̩^{33} nɯ^{33} dy^{21}lo^{21} zʅ^{33}
仆人 吃 凶 的 八月 月 见 一 日 土神 以 地 里 草

dzʅ^{33}. kɑ^{33}. | tshe^{33} do^{21} ȵi^{33} ȵi^{33}, thy̩^{33} nɯ^{33} sər^{33} nɯ^{13} ʂu^{21} dzʅ^{33}. kɑ^{33}. | tshe^{33} do^{21} sʅ^{21} ȵi^{33}, thy̩^{33}
吃 吉 月 见 二 日 土神 以 木 和 铁 吃 吉 月 见 三 日 土神

nɯ^{33}ʂu^{21} dzʅ^{33}. | tshe^{33} do^{21} lu^{33} ȵi^{33}, thy̩^{33} nɯ^{33} zo^{33} ʨi^{55} dzʅ^{33}. mə^{33} kɑ^{33}. | tshe^{33}do^{21}uɑ^{33} ȵi^{33}, thy̩^{33}
以 铁 吃 月 见 四 日 土神 以 儿 小 吃 不 吉 月 见 五 日 土神

nɯ^{33} khɯ^{33} lɑ^{21}ʥy^{21} u^{21} dzʅ^{33}. | tshe^{33} do^{21} tʂhuɑ^{55} ȵi^{33}, thy̩^{33} nɯ^{33} dy^{21} lo^{21} zʅ^{33} dzʅ^{33}. kɑ^{33}. | tshe^{33}
以 仆人 吃 月 见 六 日 土神 以 地 里 草 吃 吉 月

do^{21} ʂər^{33} ȵi^{33}, thy̩^{33} nɯ^{33} zo^{33} dɯ^{33} ky̩^{55} ʥy^{21} gə^{33} tʂʅ^{33} ʥi^{21} dzʅ^{33}. khuɑ^{21}.
见 七 日 土神 以 男 一 个 有 的 土 房 吃 凶

二十一日，土神吃树，吉。二十二日，土神吃地里的草。二十三日，土神吃男人。二十四日，土神吃幼子。凶。二十五日，土神吃铁片。二十六日，土神吃树。吉。二十七日，土神吃地里的草。吉。二十八日，土神吃儿女。二十九日，土神吃刺。不吉。三十日，土神吃仆人。凶。

八月：初一，土神吃地里的草。吉。初二，土神吃木和铁。吉。初三，土神吃铁。初四，土神吃幼子。不吉。初五，土神吃仆人。初六，土神吃地里的草。吉。初七，土神吃有一个男子之家的土房。凶。

487-L-38-16

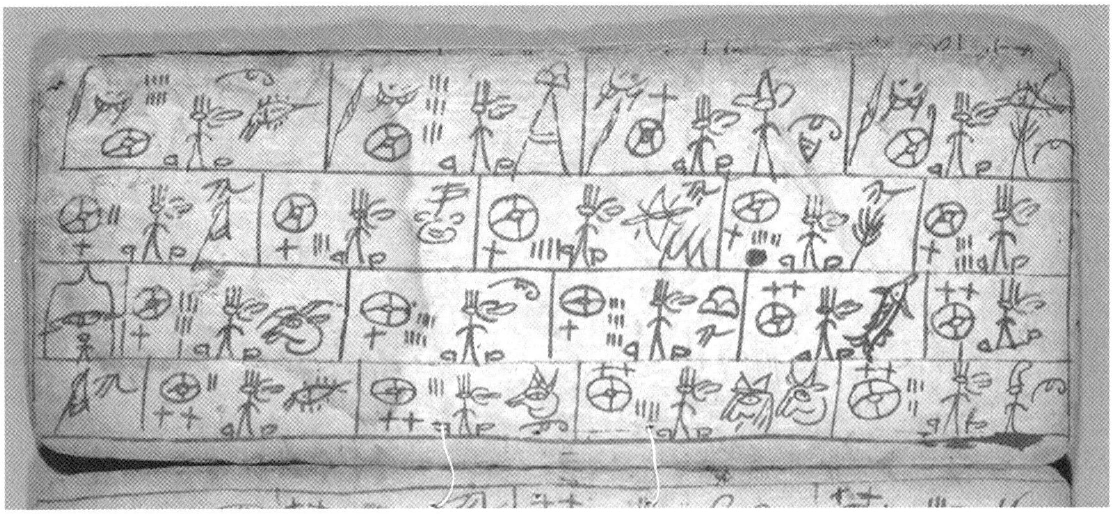

tshe^{33} do^{21} ho^{55} ȵi^{33}, thy̩^{33} nɯ^{33} lɯ^{55} dzʅ^{33}. mə^{33} kɑ^{33}. | tshe^{33} do^{21} gy̩^{33} ȵi^{33}, thy̩^{33} nɯ^{33} ʥy^{21} ky̩^{33} ly̩^{33}
月 见 八 日 土神 以 牛虻 吃 不 吉 月 见 九 日 土神 以 山 上 石

dzʅ^{33}. | tshe^{33} do^{21} tshe^{21}ȵi^{33}, thy̩^{33}nɯ^{33} bər^{33} dzʅ^{33}. mə^{33} kɑ^{33}, khuɑ^{21}. | tshe^{21} dɯ^{33} ȵi^{33}①, thy̩^{33} nɯ^{33}
吃 月 见 十 日 土神 以 客 吃 不 吉 凶 十 一 日 土神 以

① 原文有误，写成“初一”，校读为“十一日”。

dzər^{21} kv̩^{33} bi^{33}di^{21} dzʅ^{33}. mə^{33} kɑ^{33}. | tshe^{21} ȵi^{33} ȵi^{33}, thv̩^{33} nɯ^{33} ʂu^{21} dzʅ^{21}. kɑ^{33}. | tshe^{33} sʅ^{21} ȵi^{33},
树 上 虫 吃 不 吉 十 二 日 土神 以 铁 吃 吉 十 三 日

thv̩^{33} nɯ^{33} phər^{21}①dzʅ^{33}. | tshe^{21} lu^{33} ȵi^{33}, thv̩^{33} nɯ^{33}mi^{33} mɑ^{55} phe^{33} le^{21} dzʅ^{33}. kɑ^{33}. | tshe^{21}uɑ^{33} ȵi^{33},
土神 以 白 吃 十 四 日 土神 以 飞蛾 吃 吉 十 五 日

thv̩^{33} nɯ^{33}sər^{33}dzʅ^{33}. kɑ^{33}. | tshe^{21} tʂhuɑ^{55} ȵi^{33}, thv̩^{33} nɯ^{33} khv̩^{21}ɕi^{33} gə^{33} ʥi^{21} dzʅ^{33}. | tshe^{21}ʂər^{33} ȵi^{33},
土神 以 木 吃 吉 十 六 日 土神 以 内亲 的 房 吃 十 七 日

thv̩^{33} nɯ^{33} y^{21} dzʅ^{33}. | tshe^{21}ho^{55} ȵi^{33}, thv̩^{33}mə^{33} dzʅ^{33}. | tshe^{21} gv̩^{33} ȵi^{33}, thv̩^{33}nɯ^{33} lv̩^{33} dzʅ^{33}. kɑ^{33}. |
土神 以 绵羊 吃 十 八 日 土神 不 吃 十 九 日 土神 以 石 吃 吉

ȵi^{33} tsər^{21} ȵi^{33}, thv̩^{33} nɯ^{33} ȵi^{33}dzʅ^{33}. | ȵi^{33} tsər^{21} dɯ^{33} ȵi^{33}, thv̩^{33} nɯ^{33} ʂu^{21} dzʅ^{33}. kɑ^{33}. | ȵi^{33}tsər^{21} ȵi^{33}
二 十 日 土神 以 鱼 吃 二 十 一 日 土神 以 铁 吃 吉 二 十 二

ȵi^{33}, thv̩^{33} nɯ^{33} lɯ^{55} dzʅ^{33}. | ȵi^{33} tsər^{21}sʅ^{21}ȵi^{21}, thv̩^{33} nɯ^{33} be^{33} tshʅ^{21} zʅ^{33} dzʅ^{33}. mə^{33} kɑ^{33}. | ȵi^{33} tsər^{21}
日 土神 以 牛虻 吃 二 十 三 日 土神 以 人 吃 不 吉 二 十

lu^{33} ȵi^{33}, thv̩^{33} nɯ^{33} zʅuɑ^{33} nɯ^{21} ɯ^{33} dzʅ^{33}. | ȵi^{33} tsər^{21} uɑ^{33} ȵi^{33}, thv̩^{33} nɯ^{33} mi^{55} dzʅ^{33}. mə^{33} kɑ^{33}.
四 日 土神 以 马 和 牛 吃 二 十 五 日 土神 以 女 吃 不 吉

初八，土神吃牛虻。不吉。初九，土神吃山上的石头。初十，土神吃客人。不吉，凶。十一日，土神吃树上的虫，不吉。十二日，土神吃铁。吉。十三日，土神吃……十四日，土神吃飞蛾，吉。十五日，土神吃木头。吉。十六日，土神吃内亲家的房子。十七日，土神吃绵羊。十八日，土神不食。十九日，土神吃石头。吉。二十日，土神吃鱼。二十一日，土神吃铁。吉。二十二日，土神吃牛虻。二十三日，土神吃人。不吉。二十四日，土神吃牛马。二十五日，土神吃女人。不吉。

487-L-38-17

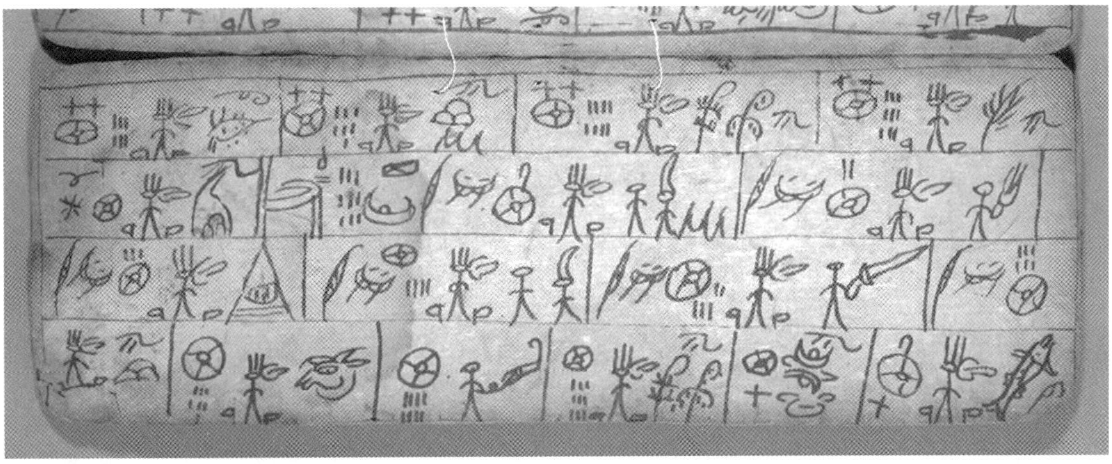

ȵi^{33} tsər^{21} tʂhuɑ^{55} ȵi^{33}, thv̩^{33}nɯ^{33} lɯ^{55} dzʅ^{33}. mə^{33} kɑ^{33}. | ȵi^{33} tsər^{21} ʂər^{33} ȵi^{33}, thv̩^{33} nɯ^{33}mi^{33}nɯ^{21} lv̩^{33}
二 十 六 日 土神 以 牛虻 吃 不 吉 二 十 七 日 土神 以 火 和 石

① 其下之字符无法识读。

dzɿ^{33}. kɑ^{33}. | ȵi^{33} tsər^{21} ho^{55} ȵi^{33}, thv̩^{33} nɯ^{33} mɯ^{55} nɯ^{21} lɯ^{33} dzɿ^{33}. kɑ^{33}. | ȵi^{33}tsər^{21}gv̩^{33} ȵi^{33}, thv̩^{33}
吃 吉 二 十 八 日土神 以 竹 和 杉 吃 吉 二 十 九 日 土神

nɯ^{33} ɕi^{21} dzɿ^{33}. kɑ^{33}. | nɑ^{33} tv̩^{21} ȵi^{33}, thv̩^{33} nɯ^{33}æ^{21} lv̩^{33} dzɿ^{33}. kɑ^{33}. | guə^{33} me^{33} he^{33}: tshe^{33}do^{21} dɯ^{33}
以 谷子 吃 吉 三十 日 土神 以 岩石 吃 吉 九月 月 见 一

ȵi^{33}, thv̩^{33} nɯ^{33} zo^{33} mi^{55} dzɿ^{33}. | tshe^{33} do^{21} ȵi^{33} ȵi^{33}, thv̩^{33} nɯ^{33} khɯ^{33} lɑ^{21} dʑy^{33} u^{21} dzɿ^{33}. | tshe^{33}
日 土神 以 儿 女 吃 月 见 二 日 土神 以 仆人 吃 月

do^{21} sɿ^{21} ȵi^{33}, thv̩^{33} nɯ^{33} dʑy^{21} kv̩^{33} tʂɿ^{33} dzɿ^{33}. | tshe^{33} do^{21} lu^{33} ȵi^{33}, thv̩^{33}nɯ^{33} zo^{33}mi^{55}dzɿ^{33}. | tshe^{33}
见 三 日 土神 以 山 上 土 吃 月 见 四 日 土神 以 儿 女 吃 月

do^{21} uɑ^{33} ȵi^{33}, thv̩^{33}nɯ^{33} gæ^{21} pu^{55} zo^{33} dzɿ^{33}. | tshe^{33} do^{21} tʂhuɑ^{55} ȵi^{33}, thv̩^{33}nɯ^{33} lv̩^{33} dzɿ^{33}. kɑ^{33}. |
见 五 日 土神 以 刀 带 男 吃 月 见 六 日 土神 以 石 吃 吉

tshe^{33} do^{21} ʂər^{33} ȵi^{33}, thv̩^{33} nɯ^{33} y^{21} dzɿ^{33}. | tshe^{33} do^{21} ho^{55} ȵi^{33}, thv̩^{33} nɯ^{33} khv̩^{21} ɕi^{33} dzɿ^{33}. | tshe^{33}
月 见 七 日 土神 以 绵羊 吃 月 见 八 日 土神 以 内亲 吃 月

do^{21} gv̩^{33} ȵi^{33}, thv̩^{33} nɯ^{33} mɯ^{55} nɯ^{21} lɯ^{33} dzɿ^{33}. kɑ^{33}. | tshe^{33} do^{21} tshe^{21} ȵi^{33}, thv̩^{33} nɯ^{33} hæ^{21} nɯ^{21}
见 九 日 土神 以 竹 和 杉 吃 吉 月 见 十 日 土神 以 金 和

thv̩^{21} dzɿ^{33}. kɑ^{33}. | tshe^{21} dɯ^{33} ȵi^{33}, thv̩^{33} nɯ^{33} ȵi^{33} dzɿ^{33}. mə^{33} kɑ^{33}.
桶 吃 吉 十 一 日 土神 以 鱼 吃 不 吉

二十六日，土神吃牛虻。不吉。二十七日，土神吃石头和火。吉。二十八日，土神吃竹和杉。吉。二十九日，土神吃稻谷。吉。三十日，土神吃岩石。吉。

九月：初一，土神吃儿女。初二，土神吃仆人。初三，土神吃山上的土。初四，土神吃儿女。初五，土神吃带刀的男人。初六，土神吃石头。吉。初七，土神吃绵羊。初八，土神吃内亲。初九，土神吃竹子和杉树，吉。初十，土神吃金子和桶。吉。十一日，土神吃鱼。不吉。

487-L-38-18

tshe^{21} ȵi^{33} ȵi^{33}, thy̩^{33} nɯ^{33} hæ^{21} dzʅ^{33}.｜tshe^{33} sʅ^{21} ȵi^{33}, thy̩^{33} nɯ^{33} ʂu^{21} dzʅ^{33}.｜tshe^{21} lu^{33} ȵi^{33}, thy̩^{33}
十 二 日 土神 以 金 吃 十 三 日 土神 以 铁 吃 十 四 日 土神

nɯ^{33} be^{33} tshʅ^{21}zʅ^{33} dzʅ^{33}.｜tshe^{21} uɑ^{33} ȵi^{33}, thy̩^{33} nɯ^{33} ʐuɑ^{33} dzʅ^{33}.｜tshe^{21} tʂhuɑ^{55} ȵi^{33}, thy̩^{33} nɯ^{33}
以 人 吃 十 五 日 土神 以 马 吃 十 六 日 土神 以

zo^{33} mi^{55} dzʅ^{33}.｜tshe^{21} ʂər^{33} ȵi^{33}, thy̩^{33} nɯ^{33} lɯ^{55} dzʅ^{33}.｜tshe^{21} ho^{55} ȵi^{33}, thy̩^{33} nɯ^{33} ly̩^{33} nɯ^{21} mi^{33}
儿 女 吃 十 七 日 土神 以 牛虻 吃 十 八 日 土神 以 石 和 火

dzʅ^{33}.｜tshe^{21} gy̩^{33} ȵi^{33}, thy̩^{33} nɯ^{33} sɑ^{33} dzʅ^{33}.｜ȵi^{33} tsər^{21} ȵi^{33}, thy̩^{33} nɯ^{33} ɕi^{21} dzʅ^{33}. kɑ^{33}.｜ȵi^{33} tsər^{21}
吃 十 九 日 土神 以 大麻 吃 二 十 日 土神 以 谷子 吃 吉 二 十

dɯ^{33}ȵi^{33},thy̩^{33}nɯ^{33} ʥy^{21} ky̩^{33} ly̩^{33} dzʅ^{33}. kɑ^{33}.｜ȵi^{33} tsər^{21}ȵi^{33} ȵi^{33}, thy̩^{33} nɯ^{33} ə^{33}sʅ^{21} ə^{33}me^{33}dzʅ^{33}.｜
一 日 土神 以 山 上 石 吃 吉 二 十 二 日 土神 以 父亲 母亲 吃

ȵi^{33}tsər^{21} sʅ^{21} ȵi^{33}, thy̩^{33} nɯ^{33} zo^{33} mi^{55} dzʅ^{33}.｜ȵi^{33} tsər^{21} uɑ^{33} ȵi^{33}, thy̩^{33} nɯ^{33} zo^{33} mi^{55} dzʅ^{33}.｜ȵi^{33}
二 十 三 日 土神 以 儿 女 吃 二 十 四 日 土神 以 儿 女 吃 二

tsər^{21} lu^{33} ȵi^{33}, thy̩^{33}nɯ^{33} ɯ^{33} dzʅ^{33}①.｜ȵi^{33} tsər^{21} uɑ^{33} ȵi^{33}, thy̩^{33} nɯ^{33} zo^{33} tɕi^{55}dzʅ^{33}. tshʅ^{21}nɯ^{33} tshʅ^{21}
十 四 日 土神 以 牛 吃 二 十 五 日 土神 以 儿 小 吃 鬼 以 缠

ky̩^{55}.｜ȵi^{33} tsər^{21} tʂhuɑ^{55} ȵi^{33}, thy̩^{33} nɯ^{33} sər^{33} dzʅ^{33}.｜ȵi^{33} tsər^{21} ʂər^{33} ȵi^{33}, thy̩^{33} nɯ^{33} zo^{33} mi^{55}
会 二 十 六 日 土神 以 木 吃 二 十 七 日 土神 以 儿 女

dzʅ^{33}.｜ȵi^{33} tsər^{21} ho^{55} ȵi^{33}, thy̩^{33} nɯ^{33} fy̩^{55} nɯ^{21} ɯ^{33} dzʅ^{33}.｜ȵi^{33} tsər^{21} gy̩^{33} ȵi^{33}, thy̩^{33}nɯ^{33}mi^{33} nɯ^{21}
吃 二 十 八 日 土神 以 鼠 和 牛 吃 二 十 九 日 土神 以 火 和

ly̩^{33} dzʅ^{33}.｜nɑ^{33} ty̩^{21} ȵi^{33}, thy̩^{33} nɯ^{33} sər^{33} dzʅ^{33}.｜tshe^{21} me^{33} he^{33}: tshe^{33} do^{21} dɯ^{33} ȵi^{33},
石 吃 三十 日 土神 以 木 吃 十月 月 见 一 日

十二日，土神吃金子。十三日，土神吃铁。十四日，土神吃人。十五日，土神吃马。十六日，土神吃儿女。十七日，土神吃牛虻。十八日，土神吃石头和火。十九日，土神吃大麻。二十日，土神吃谷子。吉。二十一日，土神吃山上的石头，吉。二十二日，土神吃父母。二十三日，土神吃儿女。二十四日，土神吃牛。二十五日，土神吃幼子。会被鬼缠上。二十六日，土神吃木头。二十七日，土神吃儿女。二十八日，土神吃鼠和牛。二十九日，土神吃火和石头。三十日，土神吃木头。

十月：初一，

---

① 前后两句都写了“二十四日”，而前一句的“二十四日”土神所吃的与“二十三日”相同，看来是笔误，译文中略去。

487-L-38-19

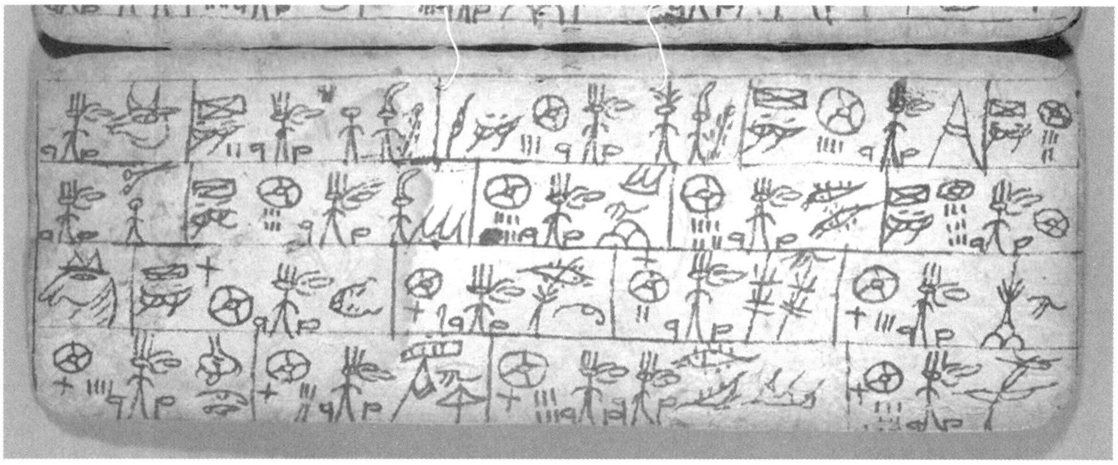

thy̩^{33} nɯ^{33} ɯ^{33} ʥʅ^{33}. | tshe^{33} do^{21} ȵi^{33} ȵi^{33}, thy̩^{33} nɯ^{33}zo^{33} mi^{55} dzʅ^{33}. tshʅ^{21} nɯ^{33} tshʅ^{21} ky̩^{55}. | tshe^{33}
土神 以 牛 吃 月 见 二 日 土神 以 儿 女 吃 鬼 以 缠 会 月

do^{21} sʅ^{21} ȵi^{33}, thy̩^{33}nɯ^{33} ə^{33} sʅ^{21} ə^{33} me^{33}dzʅ^{33}. tshʅ^{21} nɯ^{33} tshʅ^{21} ky̩^{55}. | tshe^{33} do^{21} lu^{33} ȵi^{33}, thy̩^{33} nɯ^{33}
见 三 日 土神 以 父亲 母亲 吃 鬼 以 缠 会 月 见 四 日 土神 以

ʥy^{21}dzʅ^{33}. | tshe^{33} do^{21} uɑ^{33} ȵi^{33}, thy̩^{33} nɯ^{33} zo^{33} tɕi^{55} dzʅ^{33}. | tshe^{33} do^{21} tʂhuɑ^{55} ȵi^{33}, thy̩^{33} nɯ^{33} mi^{55}
山 吃 月 见 五 日 土神 以 儿 小 吃 月 见 六 日 土神 以 女

dzʅ^{33}. | tshe^{33} do^{21} ʂər^{33} ȵi^{33}, thy̩^{33} nɯ^{33} mi^{33} nɯ^{21} ly̩^{33} dzʅ^{33}. kɑ^{33}. | tshe^{33} do^{21} ho^{55} ȵi^{33}, thy̩^{33} nɯ^{33}
吃 月 见 七 日 土神 以 火 和 石 吃 吉 月 见 八 日 土神 以

lɯ^{55} dzʅ^{33}. | tshe^{33} do^{21} gy̩^{33} ȵi^{33}, thy̩^{33} nɯ^{33} ʐuɑ^{33} dzʅ^{33}. | tshe^{33} do^{21} tshe^{21} ȵi^{33}, ty̩^{33} nɯ^{33} hɯ^{33}
牛虻 吃 月 见 九 日 土神 以 马 吃 月 见 十 日 土神 以 牙

dzʅ^{33}. | tshe^{21} dɯ^{33} ȵi^{33}, thy̩^{33} nɯ^{33} dzər^{21} ky̩^{33} bi^{33} di^{21} dzʅ^{33}. mə^{33} kɑ^{33}. | tshe^{21} ȵi^{33} ȵi^{33}, thy̩^{33} nɯ^{33}
吃 十 一 日 土神 以 树 上 虫 吃 不 吉 十 二 日 土神 以

sɑ^{33} dzʅ^{33}. kɑ^{33}. | tshe^{33} sʅ^{21} ȵi^{33}, thy̩^{33} nɯ^{33} ly̩^{33} ky̩^{33} dzər^{21} dzʅ^{33}. kɑ^{33}. | tshe^{21} lu^{33} ȵi^{33}, thy̩^{33} nɯ^{33}
大麻 吃 吉 十 三 日 土神 以 石 上 树 吃 吉 十 四 日 土神 以

ny̩^{55} me^{33} ʂʅ^{33} dzʅ^{33}. mə^{33} kɑ^{33}. | tshe^{21} uɑ^{33} ȵi^{33}, thy̩^{33} nɯ^{33} tʂʅ^{33} nɯ^{21} ʂu^{21} dzʅ^{33}. kɑ^{33} mu^{21}. | tshe^{21}
心 肉 吃 不 吉 十 五 日 土神 以 土 和 铁 吃 吉 的 十

tʂhuɑ^{55} ȵi^{33}, thy̩^{33} nɯ^{33} lɯ^{55}、ɕi^{21}、mi^{33} dzʅ^{33}. | tshe^{21} ʂər^{33} ȵi^{33}, thy̩^{33} nɯ^{33} zər^{33} phər^{21} dzʅ^{33}.
六 日 土神 以 牛虻 谷子 火 吃 十 七 日 土神 以 柳 白 吃

土神吃牛。初二，土神吃儿女。会被鬼缠上。初三，土神吃父母。会被鬼缠上。初四，土神吃山。初五，土神吃幼子。初六，土神吃女人。初七，土神吃石与火，吉。初八，土神吃牛虻。初九，土神吃马。初十，土神吃牙。十一日，土神吃树上的虫。不吉。十二日，土神吃大麻，吉。十三日，土神吃长于石上的树，吉。十四日，土神吃心脏。不吉。十五日，土神吃土和铁。吉。十六日，土神吃牛虻、谷子和火。十七日，土神吃白柳。

487-L-38-20

tshe^{21} ho^{55} ȵi^{33}, thy̩^{33} nɯ^{33} hæ^{21} nɯ^{13} dze^{33} dzʅ^{33}. | tshe^{21} gy̩^{33} ȵi^{33}, thy̩^{33} nɯ^{33} ly̩^{33} dzʅ^{33}. kɑ^{33}. | ȵi^{33}
十 八 日 土神 以 金 和 麦 吃 十 九 日 土神 以 石 吃 吉 二

tsər^{21} ȵi^{33}, thy̩^{33} nɯ^{33}ly̩^{33} dzʅ^{33}. kɑ^{33}. | ȵi^{33} tsər^{21}dɯ^{33} ȵi^{33}, thy̩^{33} nɯ^{33}ɯ^{33} dzʅ^{33}. | ȵi^{33} tsər^{21} ȵi^{33} ȵi^{33},
十 日 土神 以 石 吃 吉 二 十 一 日 土神 以 牛 吃 二 十 二 日

thy̩^{33} nɯ^{33} zo^{33} mi^{55} dzʅ^{33}. tshʅ^{21} nɯ^{33} tshʅ^{21} ky̩^{55}. | ȵi^{33} tsər^{21} sʅ^{21} ȵi^{33}, thy̩^{33} nɯ^{33} ə^{33} sʅ^{21} ə^{33} me^{33}
土神 以 儿 女 吃 鬼 以 缠 会 二 十 三 日 土神 以 父亲 母亲

dzʅ^{21}. | ȵi^{33} tsər^{21} lu^{33} ȵi^{33}, thy̩^{33} nɯ^{33} ʂu^{21} dzʅ^{33}. | ȵi^{33} tsər^{21} uɑ^{33} ȵi^{33}, thy̩^{33} nɯ^{33} æ^{21}①dzʅ^{33}. | ȵi^{33}
吃 二 十 四 日 土神 以 铁 吃 二 十 五 日 土神 以 鸡 吃 二

tsər^{21} tʂhuɑ^{55} ȵi^{33}, thy̩^{33} nɯ^{33} dy^{21} lo^{21} dzər^{21} dzʅ^{33}. | ȵi^{33} tsər^{21} ʂər^{33} ȵi^{33}, thy̩^{33} nɯ^{33} æ^{21} dzʅ^{33}. | ȵi^{33}
十 六 日 土神 以 地 里 树 吃 二 十 七 日 土神 以 鸡 吃 二

tsər^{21} ho^{55} ȵi^{33}, thy̩^{33} nɯ^{33} dy^{21} lo^{21} zʅ^{33} dzʅ^{33}. kɑ^{33}. | ȵi^{33} tsər^{21} gy̩^{33} ȵi^{33}, thy̩^{33} nɯ^{33} dzər^{21} dzʅ^{33}. |
十 八 日 土神 以 地 里 草 吃 吉 二 十 九 日 土神 以 树 吃

nɑ^{33} ty̩^{21} ȵi^{33}, thy̩^{33} nɯ^{33} be^{33} tshʅ^{21}zʅ^{33} dzʅ^{33}. ‖ tshe^{21} də^{33} he^{33}: tshe^{33} do^{21}dɯ^{33}ȵi^{33}, thy̩^{33}nɯ^{33} ə^{33} sʅ^{21}
三十 日 土神 以 人 吃 十一月 月 见 一 日 土神 以 父亲

ə^{33} me^{33} dzʅ^{33}. tshʅ^{21} nɯ^{33} tshʅ^{21} ky̩^{55}. | tshe^{33} do^{21} ȵi^{33} ȵi^{33}, thy̩^{33} nɯ^{33} ʂu^{21} dzʅ^{33}. | tshe^{33} do^{21} sʅ^{21}
母亲 吃 鬼 以 缠 会 月 见 二 日 土神 以 铁 吃 月 见 三

ȵi^{33}, thy̩^{33} nɯ^{33} khɯ^{33} lɑ^{21} ʥy^{33} u^{21} dzʅ^{33}. | tshe^{33} do^{21} lu^{33} ȵi^{33}, thy̩^{33} nɯ^{33} dy^{21} lo^{21} ʥər^{21} dzʅ^{33}.
日 土神 以 仆人 吃 月 见 四 日 土神 以 地 里 树 吃

十八日，土神吃金子和麦子。十九日，土神吃石头。吉。二十日，土神吃石头。吉。二十一

① “鸡”下字符意义不明，存疑。

日，土神吃牛。二十二日，土神吃儿女。会被鬼缠上。二十三日，土神吃父母。二十四日，土神吃铁。二十五日，土神吃鸡。二十六日，土神吃地上的树。二十七日，土神吃鸡。二十八日。土神吃地里的草。吉。二十九日，土神吃树。三十日，土神吃人。

十一月：初一，土神吃父母。会被鬼缠上。初二，土神吃铁。初三，土神吃仆人。初四，土神吃地上的树。

487-L-38-21

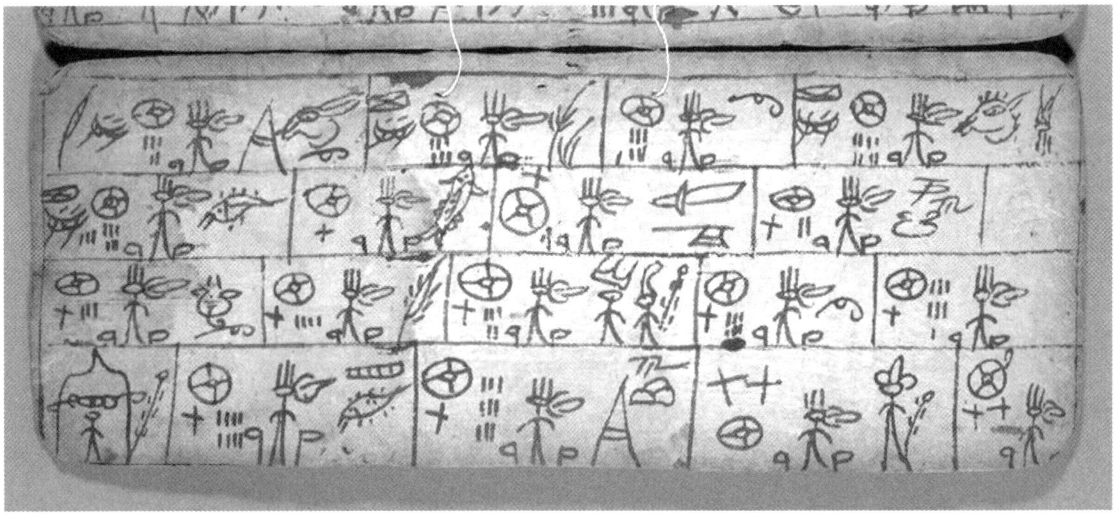

tshe^{33} do^{21} uɑ^{33} ȵi^{33}, thy̩^{33} nɯ^{33} ʥy^{21} ky̩^{33} gə^{33} ɕy^{33} dzʅ^{33}. mə^{33} kɑ^{33}. | tshe^{33} do^{21} tʂhuɑ^{55} ȵi^{33}, thy̩^{33}
月 见 五 日 土神 以 山 上 的 野兽 吃 不 吉 月 见 六 日 土神

nɯ^{33}tɕhi^{21}dzər^{21} dzʅ^{33}. | tshe^{33} do^{21} ʂər^{33} ȵi^{33}, thy̩^{33} mə^{33} dzʅ^{33}. | tshe^{33} do^{21} ho^{55} ȵi^{33}, thy̩^{33} nɯ^{33} bu^{21}
以 桑树 吃 月 见 七 日 土神 不 吃 月 见 八 日 土神 以 猪

ky̩^{33} dzʅ^{33}. | tshe^{33} do^{21} gy̩^{33} ȵi^{33}, thy̩^{33} nɯ^{33} lɯ^{55} dzʅ^{33}. | tshe^{33} do^{21} tshe^{21} ȵi^{33}, thy̩^{33} nɯ^{33} ȵi^{33}
头 吃 月 见 九 日 土神 以 牛虻 吃 月 见 十 日 土神 以 鱼

dzʅ^{33}. | tshe^{21}dɯ^{33} ȵi^{33}, thy̩^{33} nɯ^{33} gæ^{21} nɯ^{21} be^{33} thɑ^{55} dzʅ^{33}. | tshe^{21} ȵi^{33} ȵi^{33}, thy̩^{33} nɯ^{33} ʂu^{33} phər^{21}
吃 十 一 日 土神 以 刀 和 斧 利 吃 十 二 日 土神 以 铁 白

by̩^{33} dzʅ^{33}. kɑ^{33}. | tshe^{33} sʅ^{21} ȵi^{33}, thy̩^{33} nɯ^{33} ny̩^{55} me^{33} dzʅ^{33}. mə^{33} kɑ^{33}. | tshe^{21} lu^{33} ȵi^{33}, thy̩^{33} nɯ^{33}
锅 吃 吉 十 三 日 土神 以 心 吃 不 吉 十 四 日 土神 以

ɕi^{21} dzʅ^{33}. | tshe^{21} uɑ^{33} ȵi^{33}, thy̩^{33} nɯ^{33} zo^{33} mi^{55} dzʅ^{33}. tshʅ^{21} nɯ^{33} tshʅ^{21} ky̩^{55}. | tshe^{21} tʂhuɑ^{55} ȵi^{33},
谷子 吃 十 五 日 土神 以 儿 女 吃 鬼 以 缠 会 十 六 日

thy̩^{33} mə^{33} dzʅ^{33}. | tshe^{21} ʂər^{33} ȵi^{33}, khy̩^{21} ɕi^{33} gə^{33} ʥi^{21} dzʅ^{33}. tshʅ^{21} nɯ^{33} tshʅ^{21} ky̩^{55}. | tshe^{21} ho^{55} ȵi^{33},
土神 不 吃 十 七 日 内亲 的 房 吃 鬼 以 缠 会 十 八 日

thy̩^{33} nɯ^{33} tʂʅ^{33} nɯ^{21} lɯ^{55} dzʅ^{33}. | tshe^{21} gy̩^{33} ȵi^{33}, thy̩^{33} nɯ^{33} ʥy^{21} ky̩^{33} ly̩^{33} dzʅ^{33}. kɑ^{33}. | ȵi^{33} tsər^{21}
土神 以 土 和 牛虻 吃 十 九 日 土神 以 山 上 石 吃 吉 二 十

ȵi^{33}, thv̩^{33} nɯ^{33} bər^{33} dzɿ^{33}. tshɿ^{21} nɯ^{33} tshɿ^{21} kv̩^{55}. | ȵi^{33} tsər^{21} dɯ^{33} ȵi^{33}, thv̩^{33} nɯ^{33}
日 土神 以 客人 吃 鬼 以 缠 会 二 十 一 日 土神 以

初五，土神吃山上的野兽。不吉。初六，土神吃桑树。初七，土神不食。初八，土神吃猪头。初九，土神吃牛虻。初十，土神吃鱼。十一日，土神吃利刀和利斧。十二日，土神吃白铁锅。吉。十三日，土神吃心脏。不吉。十四日，土神吃谷子。十五日，土神吃儿女。会被鬼缠上。十六日，土神不食。十七日，土神吃内亲家的房子。会被鬼缠上。十八日，土神吃土和牛虻。十九日，土神吃山上的石头。吉。二十日，土神吃客人。会被鬼缠上。二十一日，土神

487-L-38-22

dzər^{21} kv̩^{33} bi^{33} di^{21} dzɿ^{33}. mə^{33} kɑ^{33}. | ȵi^{33} tsər^{21} ȵi^{33} ȵi^{33}, thv̩^{33} nɯ^{33} ɯ^{33} dzɿ^{33}. | ȵi^{33} tsər^{21} sɿ^{21} ȵi^{33},
树 上 虫 吃 不 吉 二 十 二 日 土神 以 牛 吃 二 十 三 日

thv̩^{33}nɯ^{33} zo^{33} mi^{55} dzɿ^{33}. tshɿ^{21} nɯ^{33} tshɿ^{21} kv̩^{55}. | ȵi^{33}tsər^{21}lu^{33} ȵi^{33}, thv̩^{33}nɯ^{33} ə^{33} sɿ^{21} ə^{33} me^{33} dzɿ^{33}.
土神 以 儿 女 吃 鬼 以 缠 会 二 十 四 日 土神 以 父亲 母亲 吃

tshɿ^{21} nɯ^{33} tshɿ^{21} kv̩^{55}. | ȵi^{33} tsər^{21} uɑ^{33} ȵi^{33}, thv̩^{33} nɯ^{33} ʥy^{21} kv̩^{33} lv̩^{33} dzɿ^{33}. kɑ^{33}. | ȵi^{33} tsər^{21} tʂhuɑ^{55}
鬼 以 缠 会 二 十 五 日 土神 以 山 上 石 吃 吉 二 十 六

ȵi^{33}, thv̩^{33} nɯ^{33} zo^{33} mi^{55} dzɿ^{33}. | ȵi^{33}tsər^{21}ʂər^{33} ȵi^{33}, thv̩^{33} nɯ^{33} khv̩^{21}ɕi^{33} ʥi^{21} dzɿ^{33}. | ȵi^{33} tsər^{21} ho^{55}
日 土神 以 儿 女 吃 二 十 七 日 土神 以 内亲 房 吃 二 十 八

ȵi^{33}, thv̩^{33} nɯ^{33} tʂɿ^{33} nɯ^{21} lɯ^{55} dzɿ^{33}. mə^{33} kɑ^{33}. | ȵi^{33} tsər^{21} gv̩^{33} ȵi^{33}, thv̩^{33} nɯ^{33} zo^{33} ly^{55} mi^{55} ly^{55}
日 土神 以 土 和 牛虻 吃 不 吉 二 十 九 日 土神 以 次儿 次女

dzɿ^{33}. | nɑ^{33} tv̩^{21} ȵi^{33}, thv̩^{33} nɯ^{33} ɯ^{33} ʐuɑ^{33} dzɿ^{33}. | dɑ^{33} uɑ^{33} he^{33}: tshe^{33} do^{21} dɯ^{33} ȵi^{33}, thv̩^{33} nɯ^{33}
吃 三十 日 土神 以 牛 马 吃 十二月 月 见 一 日 土神 以

zo^{33} mi^{55} dzɿ^{33}. tshɿ^{21} nɯ^{33} tshɿ^{21} kv̩^{55}. | tshe^{33} do^{21} ȵi^{33} ȵi^{33}, thv̩^{33}nɯ^{33} ʂu^{21} nɯ^{21} sər^{33} dzɿ^{33}. | tshe^{33}
儿 女 吃 鬼 以 缠 会 月 见 二 日 土神 以 铁 和 木 吃 月

do^{21} sɿ^{21} ȵi^{33}, thy̩^{33} nɯ^{33} zo^{33} tɕi^{55} dzɿ^{33}. tshɿ^{21} nɯ^{33} tshɿ^{21} ky̩^{55}. | tshe^{33} do^{21} lu^{33} ȵi^{33}, thy̩^{33} nɯ^{33} zo^{33}

见 三 日 土神 以 儿 小 吃 鬼 以 缠 会 月 见 四 日 土神 以 儿

mi^{55} dzɿ^{33}. tshɿ^{21} nɯ^{33} tshɿ^{21} ky̩^{55}. | tshe^{33} do^{21} uɑ^{33} ȵi^{33}, thy̩^{33} nɯ^{33} hæ^{21} dzɿ^{33}. kɑ^{33}. | tshe^{33} do^{21}

女 吃 鬼 以 缠 会 月 见 五 日 土神 以 金 吃 吉 月 见

吃树上的虫。不吉。二十二日，土神吃牛。二十三日，土神吃儿女。会被鬼缠上。二十四日，土神吃父母。会被鬼缠上。二十五日，土神吃山上的石头。吉。二十六日，土神吃儿女。二十七日，土神吃内亲家的房子。二十八日，土神吃土和牛虻。不吉。二十九日，土神吃次男和次女。三十日，土神吃牛和马。

十二月：初一，土神吃儿女。会被鬼缠上。初二，土神吃木头和铁。初三，土神吃幼子。会被鬼缠上。初四，土神吃儿女。会被鬼缠上。初五，土神吃金子。吉。初

487-L-38-23

tʂhuɑ^{33} ȵi^{33}, thy̩^{33} nɯ^{33} dzər^{21} dzɿ^{33}. kɑ^{33}. | tshe^{33} do^{21} ʂər^{33} ȵi^{33}, thy̩^{33} nɯ^{33} khy̩^{21} ɕi^{33} ʥi^{21} dzɿ^{33}. |

六 日 土神 以 树 吃 吉 月 见 七 日 土神 以 内亲 房 吃

tshe^{33} do^{21} ho^{55} ȵi^{33}, thy̩^{33} nɯ^{33} tʂʅ^{33} nɯ^{21} lɯ^{55} dzɿ^{33}. | tshe^{33} do^{21} gy̩^{33} ȵi^{33}, thy̩^{33} nɯ^{33} ʥy^{21} ky̩^{33} ly̩^{33}

月 见 八 日 土神 以 土 和 牛虻 吃 月 见 九 日 土神 以 山 上 石

dzɿ^{33}. | tshe^{33} do^{21} tshe^{21} ȵi^{33}, thy̩^{33} nɯ^{33} bər^{33} dzɿ^{33}. tshɿ^{21} nɯ^{33} tshɿ^{21} ky̩^{55}. | tshe^{21} dɯ^{33} ȵi^{33}, thy̩^{33}

吃 月 见 十 日 土神 以 客人 吃 鬼 以 缠 会 十 一 日 土神

nɯ^{33} dzər^{21}dzɿ^{33}. | tshe^{21}ȵi^{33} ȵi^{33}, thy̩^{33} nɯ^{33} ɯ^{33} dzɿ^{33}. | tshe^{33} sɿ^{21}ȵi^{33}, thy̩^{33} nɯ^{33} zo^{33}mi^{55}dzɿ^{33}. |

以 树 吃 十 二 日 土神 以 牛 吃 十 三 日 土神 以 儿 女 吃

tshe^{21} lu^{33} ȵi^{33}, thy̩^{33} nɯ^{33} ə^{33} sɿ^{21} ə^{33} me^{33} dzɿ^{33}. | tshe^{21} uɑ^{33} ȵi^{33}, thy̩^{33} nɯ^{33} ʥy^{21} ky̩^{33} ly̩^{33} dzɿ^{33}.

十 四 日 土神 以 父亲 母亲 吃 十 五 日 土神 以 山 上 石 吃

kɑ^{33}. | tshe^{21} tʂhuɑ^{55} ȵi^{33}, thy̩^{33} nɯ^{33} zo^{33} mi^{55} dzɿ^{33}. | tshe^{21} ʂər^{33} ȵi^{33}, thy̩^{33} nɯ^{33} ly̩^{33} nɯ^{21} mi^{33}

吉 十 六 日 土神 以 儿 女 吃 十 七 日 土神 以 石 和 火

dzɿ^{33}. | tshe^{21} ho^{55} ȵi^{33}, thy̩^{33} nɯ^{33} lɯ^{55} dzɿ^{33}. mə^{33} kɑ^{33}. | tshe^{21} gy̩^{33} ȵi^{33}, thy̩^{33} nɯ^{33} zo^{33} ly^{55} mi^{55}

吃 十 八 日 土神 以 牛虻 吃 不 吉 十 九 日 土神 以 次子 次女

ly^{55} dzɿ^{33}. | ȵi^{33} tsər^{21} ȵi^{33}, thy̩^{33}nɯ^{33}ɯ^{33}dzɿ^{33}. | ȵi^{33} tsər^{21} dɯ^{33} ȵi^{33}, thy̩^{33} nɯ^{33} zo^{33} tɕi^{55} dzɿ^{33}. mə^{33}

吃 二 十 日 土神 以 牛 吃 二 十 一 日 土神 以 儿 小 吃 不

kɑ^{33}. | ȵi^{33} tsər^{21} ȵi^{33} ȵi^{33},

吉 二 十 二 日

六，土神吃树。吉。初七，土神吃内亲家的房子。初八，土神吃土和牛虻。初九，土神吃山上的石头。初十，土神吃客人。会被鬼缠上。十一日，土神吃树。十二日，土神吃牛。十三日，土神吃儿女。十四日，土神吃父母。十五日，土神吃山上的石头。吉。十六日，土神吃儿女。十七日，土神吃石头和火。十八日，土神吃牛虻。不吉。十九日，土神吃次男和次女。二十日，土神吃牛。二十一日，土神吃幼子。不吉。二十二日，

487-L-38-24

thy̩^{33} nɯ^{33} dzər^{21} nɯ^{13} mɯ^{55} dzɿ^{33}. | ȵi^{33} tsər^{21} sɿ^{21} ȵi^{33}, thy̩^{33} nɯ^{33} mɯ^{55} dzɿ^{21}. kɑ^{33}. | ȵi^{33} tsər^{21} lu^{33}

土神 以 树 和 竹 吃 二 十 三 日 土神 以 竹 吃 吉 二 十 四

ȵi^{33}, thy̩^{33}nɯ^{33} dzər^{21} dzɿ^{33}. | ȵi^{33} tsər^{21}uɑ^{33} ȵi^{33}, thy̩^{33} nɯ^{33}lɯ^{55} dzɿ^{33}. | ȵi^{33} tsər^{21} tʂhuɑ^{55} ȵi^{33}, thy̩^{33}

日 土神 以 树 吃 二 十 五 日 土神 以 牛虻 吃 二 十 六 日 土神

nɯ^{33} ny̩^{55} me^{33} nɯ^{13}zo^{33}sɿ^{55} ky̩^{33}dzɿ^{33}. | ȵi^{33} tsər^{21} ʂər^{33} ȵi^{33}, thy̩^{33} nɯ^{33} ɕi^{21} phər^{21} dzɿ^{33}. | ȵi^{33} tsər^{21}

以 心 和 男 三 个 吃 二 十 七 日 土神 以 谷子 白 吃 二 十

ho^{55} ȵi^{33}, thy̩^{33} nɯ^{33} dzər^{21} dzɿ^{33}. | ȵi^{33} tsər^{21} gy̩^{33} ȵi^{33}, thy̩^{33} nɯ^{33} he^{33} dze^{33} dzɿ^{33}. | nɑ^{33} ty̩^{21} ȵi^{33},

八 日 土神 以 树 吃 二 十 九 日 土神 以 小麦 吃 三十 日

thy̩^{33}nɯ^{33} ɕy^{33} dzɿ^{33}. | iə^{21} py^{21} he^{33}, thy̩^{33} nɯ^{33} be^{33} nɯ^{13} hɑ^{33} dzɿ^{33}. | he^{21} dʑiə^{33}he^{33}, thy̩^{33} nɯ^{33} ȵi^{33}

土神 以 野兽 吃 正月 土神 以 雪 和 饭 吃 二月 土神 以 鱼

ʂʅ^{33} ɯ^{33} ʂʅ^{33} dzʅ^{33}. | sɑ^{55} uɑ^{33} he^{33}, thv̩^{33} nɯ^{33} ʂu^{21} bv̩^{33}、ɯ^{33} nɯ^{13} bu^{21} dzʅ^{33}. | lu^{55} me^{33} he^{33}, thv̩^{33}
肉 牛 肉 吃 三月 土神 以 铁锅 牛 和 猪 吃 四月 土神

nɯ^{33} ɯ^{33} nɯ^{13} bu^{21} dzʅ^{33}. | uɑ^{55} me^{33} he^{33}, thv̩^{33} nɯ^{33} ɯ^{33} nɯ^{13} y^{21} dzʅ^{33}. | tʂhuɑ^{55} me^{33} he^{33}, thv̩^{33}
以 牛 和 猪 吃 五月 土神 以 牛 和 绵羊 吃 六月 土神

nɯ^{33}
以

土神吃树和竹子。二十三日，土神吃竹子，吉。二十四日，土神吃树。二十五日，土神吃牛虻。二十六日，土神吃心脏和三个男人。二十七日，土神吃白谷。二十八日，土神吃树。二十九日，土神吃小麦。三十日，土神吃野兽。

正月，土神吃雪和饭。二月，土神吃鱼肉和牛肉。三月，土神吃铁锅、牛和猪。四月，土神吃牛和猪。五月，土神吃牛和绵羊。六月，土神吃

487-L-38-25

æ^{21} dzʅ^{33}. | sæ^{33} me^{33} he^{33}, thv̩^{33} nɯ^{33} bu^{21} nɯ^{13} æ^{21} dzʅ^{33}. | huɑ^{55} me^{33} he^{33}, thv̩^{33} nɯ^{33} y^{21} dzʅ^{33}. |
鸡 吃 七月 土神 以 猪 和 鸡 吃 八月 土神 以 绵羊 吃

guə^{33} me^{33} he^{33}, thv̩^{33} nɯ^{33} æ^{21} dzʅ^{21}. | tshe^{21} me^{33} he^{33}, thv̩^{33} nɯ^{33} y^{21} nɯ^{13} bu^{21} dzʅ^{33}. | tshe^{21} də^{33}
九月 土神 以 鸡 吃 十月 土神 以绵羊 和 猪 吃 十一月

he^{33}, thv̩^{33} nɯ^{33} y^{21} nɯ^{13} bu^{21} dzʅ^{33}. | dɑ^{33} uɑ^{33} he^{33}, thv̩^{33} nɯ^{33} æ^{21} nɯ^{13} bu^{21} dzʅ^{33}.
土神 以 绵羊 和 猪 吃 十二月 土神 以 鸡 和 猪 吃

鸡。七月，土神吃猪和鸡。八月，土神吃绵羊。九月，土神吃鸡。十月，土神吃绵羊和猪。十一月，土神吃绵羊和猪。十二月，土神吃鸡和猪。

487-L-38-26

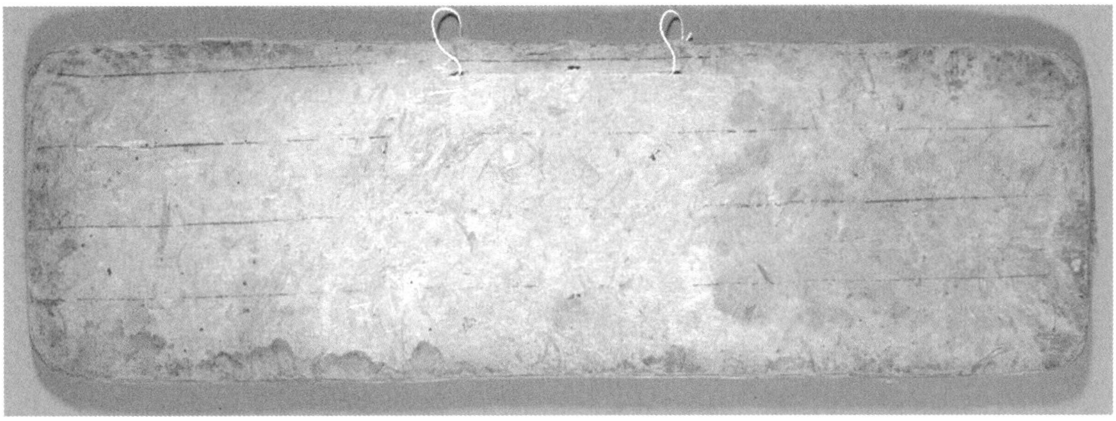

封底

（翻译：王世英）

598-L-39-01

占卜·算娆星①

① 该经残封面，此为首页，题目为译者所拟。

598-L-39 占卜·算娆星

【内容提要】

本书有如下内容：

一、记录了一年三百六十五天每日之属相、何宿当值，有哪颗娆星射出，此娆星又以什么形状出现。书中还记录每天天蛇在何方位。（据和即贵东巴说，婴儿不能领到有天蛇的方位去；出门远行不宜到天蛇所居的方向去；产妇洗头时，头不宜朝向天蛇所居方。）

二、以什么娆星出现为依据占卜。

三、看一个月各日里宜否把新牛（包括其他大牲畜）牵到家里。

【英文提要】

The Divination. to Divine the Planet *ʐa*

This book records the following parts:

First, it introduces the zodiac and mansion of each day in a year, the shape of the ***ʐa***, and the direction it streams from. It records also the direction of the ***Serpent*** in each day. (According to the ***to ba Hegui***, it is inadvisable to take an infant to where the serpent appears. It is inadvisable to go to where the ***Serpent*** lives, and it is inadvisable to wash hair towards where the ***Serpent*** lives as well.)

Second, it introduces to divine by judging the type of ***ʐa***.

Third, it introduces certain day in a month is advisable or not to lead a cattle into the house (including other livestock).

598-L-39-01

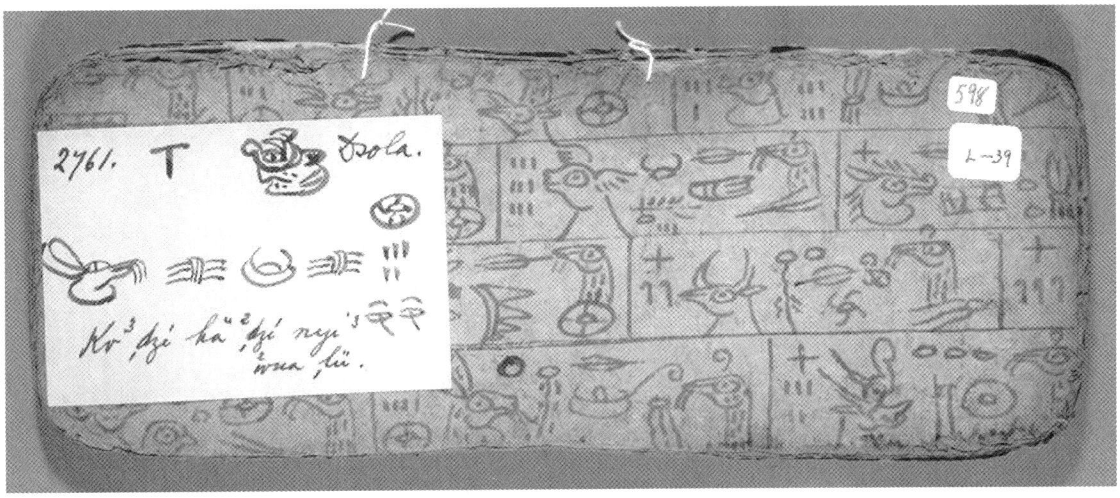

小卡片："2761"为洛克收藏纳西东巴古籍的序号。第一行两个东巴文为洛克用东巴文记下此书类别"tso^{55} la^{33}"（音译为"佐拉"）。其后的字母文字是洛克记下此两字的读音。中间的七个东巴文是因此书前部分残缺，也许就作为此书的书名。下方的字母符号是洛克记下这七个东巴文的读音。（需指出的是，"佐位"非东巴占卜类别的总称，只是占卜方法之一。书名也不是洛克记下的"算年份、算月份、看日子"。此书应是"算娆星"。）此书封页阙如。

598-L-39-02

……①. za^{21} i^{33} pu^{33} khæ^{55}. mɯ^{33} zʅ^{21} i^{33} tʂhʅ^{33} mu^{21} dʑy^{21}. | tshe^{33} do^{21} tʂhuɑ^{55} ȵi^{33}, y^{21} khy̩^{55}.
娆星 绸 射 天 蛇 南方 在 月 见 六 日 羊 岁

kɯ^{21} dze^{33} tse^{33} to^{55} dər^{33}. mɯ^{33} zʅ^{21} y^{21} dzɿ^{21} tɯ^{33} dʑy^{21}. za^{21} ȵi^{33} me^{33} khæ^{55}. | tshe^{33} do^{21} ʂər^{33} ȵi^{33},
庚真珍 上 轮 天 蛇 羊 居 地 在 娆星 太阳 射 月 见 七 日

ə^{55} y^{21} khy̩^{55}. tʂhuɑ^{55} tshər^{21} ky̩^{33}②to^{55} dər^{33}. za^{21} he^{33} me^{33} khæ^{55}. mɯ^{33} zʅ^{21} i^{33} tʂhʅ^{33} mu^{21} dʑy^{21}. |
猴 岁 创昌古 上 轮 娆星 月亮 射 天 蛇 南方 在

① 一月至二月四日的文字残缺。

② 此字符应作"蛋"，读为"gy̩^{33}"，原文作"蒜"，读作"ky̩^{33}"。后文都有此现象，不再一一作注。或许书写此书的东巴是把"蒜"读为"gy̩^{33}"。

tshe33 do21 ho55 ȵi33, æ21 khv̩55. miə21 ɕy21 to55 dər33. zɑ21 mi33 mɑ21 khæ55. mɯ33 ʐʅ21 ȵi33 me33 thv̩33
月 见 八 日 鸡 岁 谬许 上 轮 娆米麻 射 天 蛇 东方

dʑy21. | tshe33do21 gv̩33 ȵi33, khɯ33 khv̩55. so33 tho21 khuɑ33 to55 dər33. zɑ21lɑ21 pɑ55khæ55. mɯ33ʐʅ21 i33
在 月 见 九 日 狗 岁 司托夸 上 轮 娆劳鲍 射 天 蛇

tʂhʅ33mu21 dʑy21. | tshe33 do21 tshe21 ȵi33, bu21 khv̩55. so33 tho21 kv̩33 to55 dər33. | zɑ21 i33 pu33 hɯ55 lo21
南方 在 月 见 十 日 猪 岁 司托古 上 轮 娆 绸 海 里

nɯ33 khæ55. mɯ33 ʐʅ21 ho33 gv̩33 lo21 dʑy21. | tshe21 dɯ33 ȵi33, fv̩55 khv̩33. kɯ33 phər21 dʑi21 kv̩33 to55
以 射 天 蛇 北方 在 十 一 日 鼠 岁 庚盘吉古 上

dər33. zɑ21 tshy55 do55 be21 khæ55. mɯ33 ʐʅ21 ȵi33 me33 thv̩33 dʑy21. | tshe21 ȵi33 ȵi33, ɯ33 khv̩55. kɯ33
轮 娆星 闪电 地 射 天 蛇 东方 在 十 二 日 牛 岁

phər21 dʑi21mæ33 to55 dər33. zɑ21 dʑiə33 kɑ21 khæ55. mɯ33 ʐʅ21 ho33 gv̩33 lo21 dʑy21. | tshe33 sʅ21 ȵi33, lɑ33
庚盘吉满 上 轮 娆久嘎 射 天 蛇 北方 在 十 三 日 虎

khv̩55. fv̩33 kə55 to55 dər33. zɑ21 ȵi33 me33 khæ55. mɯ33 ʐʅ21 i33 tʂhʅ33 mu21 dʑy21. | tshe21 lu33 ȵi33, tho33
岁 夫构 上 轮 娆 太阳 射 天 蛇 南方 在 十 四 日 兔

le33 khv̩55. tshʅ21 khu33 to33 dər33. zɑ21 he33 me33 khæ55. mɯ33ʐʅ21 ho33 gv̩33 lo21 dʑy21. | tshe21uɑ33 ȵi33,
岁 楚孔 上 轮 娆星 月亮 射 天 蛇 北方 在 十 五 日

lv̩21 khv̩55. bu21 khu33 to55 dər33. zɑ21 mi33 mɑ21 khæ55. mɯ33 ʐʅ21.[1]
龙 岁 布孔 上 轮 娆米麻 射 天 蛇

……娆星似一匹绸一样地射出。天蛇在南方。初六，为属羊日。由庚真珍[2]当值。天蛇在羊居地。娆星像太阳一样明亮地射出。初七，为属猴日。由创昌古当值。娆星像月亮一样亮地射出。天蛇在南方。初八，为属鸡日，由谬许当值。娆米麻[3]射出。天蛇在东方。初九，为属狗日。由司托夸当值。娆劳鲍射出。天蛇在南方。初十，为属猪日。由司托古当值。娆星像一匹绸一样从海里射出。天蛇在北方。十一日，为属鼠日。由庚盘吉古当值。娆星像闪电一样射出。天蛇在东方。十二日，为属牛日。由庚盘吉满当值。娆久嘎射出。天蛇在北方。十三日，为属虎日。由夫构当值。娆星像太阳一样明亮地射出。天蛇在南方。十四日，为属兔日。由楚孔当值。娆星像月亮一样亮地射出。天蛇在北方。十五日，为属龙日。由布孔当值。娆米麻射出。天蛇在……

① “天蛇”在何方位，原文阙。

② 庚真珍，音译名词。为纳西族二十八宿之一。在此书中有时又称“创昌夸”。后文中的“创昌古”、“司托夸”、“司托古”、“谬许”、“庚盘吉古”等皆为纳西族二十八宿名称之音译。

③ 娆米麻，一颗娆星的名称。后文的“娆劳鲍”、“娆久嘎”皆为音译娆星名。

598-L-39-03

tshe21tʂhuɑ55ȵi33, zʅ21 khy̩55. bu21 to55 to55 dər33. zɑ21lɑ21pɑ55hɯ55 lo21nɯ33 khæ55. mɯ33 zʅ21 ho33 gy̩33
十 六 日 蛇 岁 布铎 上 轮 娆劳鲍 海 里 以 射 天 蛇 北方

lo21 ʥy21. | tshe21 ʂər33 ȵi33, zʅuɑ33 khy̩55. bu21 mæ55 to55 dər33. zɑ21 ʥiə33 kɑ21 khæ55. mɯ33 zʅ21 ȵi33
在 十 七 日 马 岁 布冒 上 轮 娆久嘎 射 天 蛇

me33 thy̩33 ʥy21. | tshe21 ho55 ȵi33, y21 khy̩55. ʂuɑ21 khuɑ33 to55 dər33. zɑ33 tshy55 do55 be33khæ55. mɯ33
东方 在 十 八 日羊 岁 刷卡 上 轮 娆星 闪电 地 射 天

zʅ21khɯ33dzʅ21 tɯ33 ʥy21. | tshe21 gy̩33ȵi33, ə55 y21 khy̩55. zy21 khuɑ33 to55 dər33. zɑ21 mi33mɑ21 i33 pu33
蛇 狗 居 地 在 十 九 日 猴 岁 蕊夸 上 轮 娆米麻 绸

be33 khæ55. mɯ33 zʅ21 ly̩21 dzʅ21 tɯ33 ʥy21. | ȵi33 tsər21 ȵi33, æ21 khy̩55. zy21 he33 to55 dər33. zɑ21 ȵi33
地 射 天 蛇 龙 居 地 在 二 十 日 鸡 岁 蕊亨 上 轮 娆星 太阳

me33 khæ55.mɯ33 zʅ21 ho33 gy̩33 lo21 ʥy21. | ȵi33 tsər21 dɯ33 ȵi33, khɯ33khy̩55. zy21miə21to55dər33. zɑ21
射 天 蛇 北方 在 二 十 一 日 狗 岁 蕊谬 上 轮 娆星

he33 me33 khæ55. mɯ33 zʅ21 i33 tʂhʅ33 mu21 ʥy21. | ȵi33 tsər21 ȵi33 ȵi33, bu21 khy̩55. zy21tɕər33 to55 dər33.
月亮 射 天 蛇 南方 在 二 十 二 日 猪 岁 蕊江 上 轮

zɑ21 mi33 mɑ21 khæ55. | mɯ33 zʅ21 ȵi33 me33 thy̩33 ʥy21. | ȵi33 tsər21sʅ21 ȵi33, fy̩55 khy̩33. zy21 ky̩33 to55
娆米麻 射 天 蛇 东方 在 二 十 三 日 鼠 岁 蕊古 上

dər33. zɑ21 lɑ21 pɑ55khæ55. mɯ33 zʅ33 khɯ33 dzʅ21 tɯ33 ʥy21. | ȵi33 tsər21 lu33 ȵi33, ɯ33 khy̩55. zy21 dy̩21
轮 娆劳鲍 射 天 蛇 狗 居 地 在 二 十 四 日 牛 岁 蕊督

to55dər33. zɑ21 i33 pu33 kho33 khæ55. mɯ33 zʅ21.① | ȵi33 tsər21 uɑ33 ȵi33, lɑ33 khy̩55. zy21 tshi21 to55 dər33.
上 轮 娆星 绸 半匹 射 天 蛇 二 十 五 日 虎 岁 蕊齐 上 轮

zɑ21 i33 pu33 khæ55. mɯ33 zʅ21 ȵi33 me33 thy̩33 ʥy21. | ȵi33 tsər21 tʂhuɑ55 ȵi33, tho33 le33 khy̩55. zy21 bə33
娆星 绸 射 天 蛇 东方 在 二 十 六 日 兔 岁 蕊崩

① “天蛇”在何方位，原文阙。

to^{55} dər^{33}. zɑ^{21}① khæ^{55}.
上 轮 娆星 射

十六日，为属蛇日。由布铎当值。娆劳鲍从海里射出。天蛇在北方。十七日，为属马日。由布冒当值。娆久嘎射出。天蛇在东方。十八日，为属羊日。由刷卡当值。娆星似闪电一样射出。天蛇在狗居地。十九日，为属猴日。由蕊夸当值。娆米麻像一匹绸一样射出。天蛇在龙居地。二十日，为属鸡日。由蕊亨当值。娆星像太阳一样明亮地射出。天蛇在北方。二十一日，为属狗日。由蕊谬当值。娆星像月亮一样亮地射出。天蛇在南方。二十二日，为属猪日。由蕊江当值。娆米麻射出。天蛇在东方。二十三日，为属鼠日。由蕊古当值。娆劳鲍射出。天蛇在狗居地。二十四日，为属牛日。由蕊督当值。娆星像半匹绸一样射出。天蛇……二十五日，为属虎日。由蕊齐当值。娆星像一匹绸一样射出。天蛇在东方。二十六日，为属兔日。由蕊崩当值。娆星射出。

598-L-39-04

mɯ^{33} ʐʅ^{21} khɯ^{33} dzʅ^{21} tɯ^{33} ʥy^{21}. | ȵi^{33} tsər^{21} ʂər^{33}ȵi^{33}, lv̩^{21} khv̩^{55}. pɑ^{33} khu^{33} to^{55} dər^{33}. zɑ^{21}ȵi^{33} me^{33}
天 蛇 狗 居 地 在 二 十 七 日 龙 岁 巴孔 上 轮 娆星 太阳

khæ^{55}. mɯ^{33} ʐʅ^{21} y^{21} dzʅ^{21} tɯ^{33} ʥy^{21}. | ȵi^{33} tsər^{21} ho^{55} ȵi^{33}, ʐʅ^{21} khv̩^{55}. pɑ^{33} by^{33} to^{55} dər^{33}.② mɯ^{33} ʐʅ^{21}
射 天 蛇 羊 居 地 在 二 十 八 日 蛇 岁 巴毕 上 轮 天 蛇

ȵi^{33} me^{33} thv̩^{33} ʥy^{21}. | ȵi^{33}tsər^{21}gv̩^{33}ȵi^{33}, ʐuɑ^{33} khv̩^{55}, nɑ^{33} gv̩^{21} to^{55} dər^{33}. zɑ^{21}he^{33} me^{33} khæ^{55}. mɯ^{33}
东方 在 二 十 九 日 马 岁 娜古 上 轮 娆星 月亮 射 天

ʐʅ^{21} khɯ^{33} dzʅ^{21} tɯ^{33} ʥy^{21}. | nɑ^{33} tv̩^{21} ȵi^{33}, y^{21} khv̩^{55}.thɑ^{33} kə^{55} to^{55} dər^{33}.zɑ^{21} phər^{33}bər^{33} lɑ^{21}③khæ^{55}.
蛇 狗 居 地 在 三十 日 羊 岁 涛构 上 轮 娆星 降魔杵 手 射

mɯ^{33} ʐʅ^{21}ȵi^{33}me^{33} thv̩^{33} ʥy^{21}. | sɑ^{55} uɑ^{33} he^{33}④: ʐʅ^{21} he^{33}. he^{21} dɯ^{21} ho^{33} gv̩^{33} lo^{21} ʥy^{21}. ko^{21} ɕi^{33} he^{21}
天 蛇 东方 在 三月 蛇 月 神 大 北方 在 郭兴 神

① “zɑ”字下有一字符，无法识别。

② 其后两字符无法连读成句，存疑。又，娆星如何射出亦未写。

③ 此字符无法与其他字符连读成句，存疑。

④ 这两个字符上方有“十、二”两字符，应属衍文。又，下句的“蛇月”有误，“三月”应属“龙月”，译文中校译之。

dɯ^{21} khɯ^{33} dzʅ^{21} tɯ^{33} ʥy^{21}. | to^{55} dzʯ^{33} lʏ^{21} dzʅ^{21} tɯ^{33} ʥy^{21}. | tshe^{33} do^{21} dɯ^{33} ȵi^{33}, ə^{55} y^{21} khʏ^{55}.
大 狗 居 地 在 垛鬼 债 龙 居 地 在 月 见 一 日 猴 岁

tʂhuɑ^{55} tsər^{21} khuɑ^{33} to^{55} dər^{33}. zɑ^{21} ʥiə^{33} kɑ^{21} khæ^{55}. mɯ^{33} ʐʅ^{21} ho^{33} gʏ^{33} lo^{21} ʥy^{21}. | tshe^{33} do^{21} ȵi^{33}
创昌夸 上 轮 娆久嘎 射 天 蛇 北方 在 月 见 二

ȵi^{33}, æ^{21}khʏ^{55}. tʂhuɑ^{55}tsər^{21} kʏ^{33} to^{55} dər^{33}. zɑ^{21} tshy^{55}do^{55} be^{21}khæ^{55}. mɯ^{33}ʐʅ^{21}ɯ^{33} dzʅ^{21}tɯ^{33} ʥy^{21}. |
日 鸡 岁 创昌古 上 轮 娆星 闪电 地 射 天 蛇 牛 居 地 在

tshe^{33} do^{21}sʅ^{21}ȵi^{33}, khɯ^{33} khʏ^{55}. miə^{21} ɕy^{21} to^{55} dər^{33}. zɑ^{21} tɕiæ^{33} tɕy^{33} khæ^{55}. mɯ^{33} ʐʅ^{21} ȵi^{33} me^{33} gʏ^{21}
月 见 三 日 狗 岁 谬许 上 轮 娆星 三叉戟 射 天 蛇 西方

ʥy^{21}. | tshe^{33} do^{21}lu^{33} ȵi^{33}, bu^{21} khʏ^{55}. so^{33}tho^{21} khuɑ^{33} to^{55} dər^{33}. zɑ^{21}ȵi^{33} me^{33} khæ^{55}. mɯ^{33} ʐʅ^{21} ɯ^{33}
在 月 见 四 日 猪 岁 司托夸 上 轮 娆星 太阳 射 天 蛇 牛

dzʅ^{21} tɯ^{33} ʥy^{21}. | tshe^{33} do^{21} uɑ^{33} ȵi^{33},
居 地 在 月 见 五 日

天蛇在狗居地。二十七日，为属龙日。由巴孔当值。娆星像太阳一样明亮地射出。天蛇在羊居地。二十八日，为属蛇日。由巴毕当值。天蛇在东方。二十九日，为属马日。由娜古当值。娆星像月亮一样亮地射出。天蛇在狗居地。三十日，为属羊日。由涛构当值。娆星像降魔杵一样射出。天蛇在东方。

三月：属龙月。大神在北方。郭兴大神在狗居地。垛鬼的收债人在龙居地。初一，为属猴日。由创昌夸当值。娆久嘎射出。天蛇在北方。初二，为属鸡日。由创昌古当值。娆星像闪电一样射出。天蛇在牛居地。初三，为属狗日。由谬许当值。娆星像三叉戟一样射出。天蛇在西方。初四，为属猪日。由司托夸当值。娆星像太阳一样明亮地射出。天蛇在牛居地。初五，

598-L-39-05

fʏ^{55} khʏ^{33}. so^{33} tho^{21}lɑ^{21}to^{55} dər^{33}. zɑ^{21} he^{33} me^{33} dʏ^{21} hɯ^{55} lo^{21} nɯ^{33} khæ^{55}. mɯ^{33} ʐʅ^{21} ȵi^{33} me^{33} thʏ^{33}
鼠 岁 司托劳 上 轮 娆星 月亮 毒鬼 海 里 以 射 天 蛇 东方

dʑy^{21}. | tshe^{33}do^{21} tʂhuɑ^{55} ȵi^{33}, ɯ^{33} khv̩^{55}. kɯ^{33} phər^{21} dʑi^{21}kv̩^{33} to^{55}dər^{33}. zɑ^{21} mi^{33} mɑ^{21} khæ^{55}. mɯ^{33}
在 月 见 六 日 牛 岁 庚盘吉古 上 轮 娆米麻 射 天

ʐʅ^{21} ȵi^{33} me^{33} thv̩^{33} dʑy^{21}. | tshe^{33} do^{21} ʂər^{33} ȵi^{33}, lɑ^{33} khv̩^{55}. kɯ^{33} phər^{21} dʑi^{21}mæ^{33} to^{55} dər^{33}. zɑ^{21} lɑ^{21}
蛇 东方 在 月 见 七 日 虎 岁 庚盘吉满 上 轮 娆劳鲍

pɑ^{55} khæ^{55}. mɯ^{33}ʐʅ^{21} ȵi^{33} me^{33} thv̩^{33} dʑy^{21}. | tshe^{33} do^{21} ho^{55} ȵi^{33}, tho^{33} le^{33} khv̩^{55}. fv̩^{33} kə^{55} to^{55} dər^{33}.
射 天 蛇 东方 在 月 见 八 日 兔 岁 夫构 上 轮

zɑ^{21} i^{33} pu^{33} kho^{33} khæ^{55}.mɯ^{33} ʐʅ^{21} i^{33} tʂhʅ^{33} mu^{21} dʑy^{21}. | tshe^{33} do^{21} gv̩^{33} ȵi^{33}, lv̩^{21} khv̩^{55}. tshʅ^{21} khu^{33}
娆星 绸 半匹 射 天 蛇 南方 在 月 见 九 日 龙 岁 楚孔

to^{55}dər^{33}. zɑ^{21}tshy^{55}do^{55} be^{21} khæ^{55}. mɯ^{33} ʐʅ^{21} ho^{33} gv̩^{33} lo^{21} dʑy^{21}. | tshe^{33} do^{21} tshe^{21} ȵi^{33}, ʐʅ^{21} khv̩^{55}.
上 轮 娆星 闪电 地 射 天 蛇 北方 在 月 见 十 日 蛇 岁

bu^{21} khu^{33} to^{55} dər^{33}. zɑ^{21} tɕiæ^{33} tɕy^{33} khæ^{55}. mɯ^{33} ʐʅ^{21} ɯ^{33} dzʅ^{21} tɯ^{33} dʑy^{21}. | tshe^{21} dɯ^{33} ȵi^{33}, ʐuɑ^{33}
布孔 上 轮 娆星 三叉戟 射 天 蛇 牛 居 地 在 十 一 日 马

khv̩^{55}. bu^{21} to^{55} to^{55} dər^{33}. zɑ^{21} ȵi^{33} me^{33} khæ^{55}. mɯ^{33} ʐʅ^{21} i^{33} tʂhʅ^{33} mu^{21} dʑy^{21}. | tshe^{21} ȵi^{33} ȵi^{33}, y^{21}
岁 布铎 上 轮 娆星 太阳 射 天 蛇 南方 在 十 二 日 羊

khv̩^{55}. bu^{21} mæ^{55} to^{55} dər^{33}. zɑ^{21} he^{33} me^{33} khæ^{55}. mɯ^{33} ʐʅ^{21} lv̩^{21} dzʅ^{21} tɯ^{33} dʑy^{21}. | tshe^{33} sʅ^{21} ȵi^{33}, ə^{55}
岁 布冒 上 轮 娆星 月亮 射 天 蛇 龙 居 地 在 十 三 日 猴

y^{21} khv̩^{55}. ʂuɑ^{21}khuɑ^{33}to^{55} dər^{33}. zɑ^{21}mi^{33}mɑ^{21} khæ^{55}. mɯ^{33} ʐʅ^{21} i^{33} tʂhʅ^{33} mu^{21} dʑy^{21}. | tshe^{21} lu^{33} ȵi^{33},
岁 刷卡 上 轮 娆米麻 射 天 蛇 南方 在 十 四 日

æ^{21} khv̩^{55}. zy^{21} khuɑ^{33} to^{55} dər^{33}. zɑ^{21} lɑ^{21} pɑ^{55} khæ^{55}. mɯ^{33}ʐʅ^{21}ɯ^{33} dzʅ^{21} tɯ^{33} dʑy^{21}. | tshe^{21} uɑ^{33} ȵi^{33},
鸡 岁 蕊夸 上 轮 娆劳鲍 射 天 蛇 牛 居 地 在 十 五 日

khɯ^{33} khv̩^{55}. zy^{21} he^{33} to^{55} dər^{33}. zɑ^{21} i^{33} pu^{33} kho^{33} khæ^{55}.
狗 岁 蕊亨 上 轮 娆星 绸 半匹 射

为属鼠日。由司托劳[①]当值。娆星像月亮一样亮地从毒鬼海里射出。天蛇在东方。初六，为属牛日。由庚盘吉古当值。娆米麻射出。天蛇在东方。初七，为属虎日。由庚盘吉满当值。娆劳鲍射出。天蛇在东方。初八，为属兔日。由夫构当值。娆星像半匹绸一样射出。天蛇在南方。初九，为属龙日。由楚孔当值。娆星像闪电一样射出。天蛇在北方。初十，为属蛇日。由布孔当值。娆星像三叉戟一样射出。天蛇在牛居地。十一日，为属马日。由布铎当值。娆星像太阳一样明亮地射出。天蛇在南方。十二日，为属羊日。由布冒当值。娆星像月亮一样亮地射出。天蛇在龙居地。十三日，为属猴日。由刷卡当值。娆米麻射出。天蛇在南方。十四日，为属鸡日。由蕊夸当值。娆劳鲍射出。天蛇在牛居地。十五日，为属狗日。由蕊亨当值。娆星像半匹绸一样射出。

① 司托劳，音译宿名。此宿名在前文中称“司托古”，这种一宿多名的现象在此书中时有发生。

598-L-39-06

mɯ^{33} ʐʅ^{21} ȵi^{33} me^{33} thy̩^{33} dʑy^{21}. | tshe^{21} tʂhuɑ^{55} ȵi^{33}, bu^{21} khy̩^{55}. zy^{21} miə^{21} to^{55} dər^{33}. zɑ^{21} tshy^{55} do^{55}

天 蛇 东方 在 十 六 日 猪 岁 蕊谬 上 轮 娆星 闪电

be^{21}khæ^{55}. mɯ^{33} ʐʅ^{21}ly̩^{21} dzʅ^{21} tɯ^{33} dʑy^{21}. | tshe^{21} ʂər^{33} ȵi^{33}, fy̩^{55} khy̩^{33}. zy^{21} ky̩^{33} to^{55} dər^{33}.zɑ^{21} tɕiæ^{33}

地 射 天 蛇 龙 居 地 在 十 七 日 鼠 岁 蕊古 上 轮 娆星 三叉

tɕy^{33} khæ^{55}. mɯ^{33} ʐʅ^{21} i^{33} tʂhʅ^{33} mu^{21} dʑy^{21}. | tshe^{21} ho^{55} ȵi^{33}, ɯ^{33} khy̩^{55}. zy^{21} dy̩^{21} to^{55} dər^{33}. zɑ^{21} ȵi^{33}

戟 射 天 蛇 南方 在 十 八 日 牛 岁 蕊督 上 轮 娆星太阳

me^{33} khæ^{55}. mɯ^{33} ʐʅ^{21} y^{21} dzʅ^{21} tɯ^{33} dʑy^{21}. | tshe^{21} gy̩^{33} ȵi^{33}, lɑ^{33} khy̩^{55}. zy^{21} tshi^{21} to^{55} dər^{33}. zɑ^{21} he^{33}

射 天 蛇 羊 居 地 在 十 九 日 虎 岁 蕊齐 上 轮 娆星月亮

me^{33} khæ^{55}. mɯ^{33}ʐʅ^{21} khɯ^{33} dzʅ^{21}tɯ^{33} dʑy^{21}. | ȵi^{33}tsər^{21} ȵi^{33}, tho^{33}le^{33} khy̩^{55}. zy^{21} bə^{33} to^{55} dər^{33}. zɑ^{21}

射 天 蛇 狗 居 地 在 二 十 日 兔 岁 蕊崩 上 轮

mi^{33}mɑ^{21}khæ^{55}. mɯ^{33} ʐʅ^{21} i^{33} tʂhʅ^{33} mu^{21} dʑy^{21}. | ȵi^{33} tsər^{21} dɯ^{33} ȵi^{33}, ly̩^{21} khy̩^{55}. zy^{21} mæ^{33} to^{55} dər^{33}.

娆米麻 射 天 蛇 南方 在 二 十 一 日 龙 岁 蕊满 上 轮

zɑ^{21}lɑ^{21}pɑ^{55} khæ^{55}. mɯ^{33} ʐʅ^{21} ȵi^{33} me^{33} thy̩^{33} dʑy^{21}. | ȵi^{33}tsər^{21} ȵi^{33} ȵi^{33}, ʐʅ^{21} khy̩^{55}. py^{33} bu^{21} ky̩^{33} to^{55}

娆劳鲍 射 天 蛇 东方 在 二 十 二 日 蛇 岁 本补古 上

dər^{33}. zɑ^{21} phər^{33} bər^{33} khæ^{55}. mɯ^{33} ʐʅ^{21} ɯ^{33} dzʅ^{21} tɯ^{33} dʑy^{21}. | ȵi^{33} tsər^{21} sʅ^{21} ȵi^{33}, ʐuɑ^{33} khy̩^{55}. py^{33}

轮 娆星 降魔杵 射 天 蛇 牛 居 地 在 二 十 三 日 马 岁

bu^{21} mæ^{33} to^{55} dər^{33}. | zɑ^{21} tshy^{55} do^{55} be^{21} khæ^{55}. mɯ^{33} ʐʅ^{21} ly̩^{21} dzʅ^{21} tɯ^{33} dʑy^{21}. | ȵi^{33}tsər^{21}lu^{33} ȵi^{33},

本补满 上 轮 娆星 闪电 地 射 天 蛇 龙 居 地 在 二 十 四 日

y^{21} khy̩^{55}. ʐuɑ^{33} tse^{55} to^{55} dər^{33}. zɑ^{21} tɕiæ^{33} tɕy^{33} khæ^{55}. mɯ^{33}ʐʅ^{21}i^{33} tʂhʅ^{33} mu^{21} dʑy^{21}. | ȵi^{33} tsər^{21} uɑ^{33}

羊 岁 柔正 上 轮 娆星 三叉戟 射 天 蛇 南方 在 二 十 五

ȵi33, ə55 y21 khv̩55. pɑ33 khu33 to55 dər33. zɑ21 ȵi33 me33 nɑ21 fv̩55 nɑ21 dv̩33 dʐʅ21 khæ55.
日 猴 岁 巴孔 上 轮 娆星 太阳 漆黑一团 时 射

天蛇在东方。十六日，为属猪日。由蕊谬当值。娆星像闪电一样射出。天蛇在龙居地。十七日，为属鼠日。由蕊古当值。娆星像三叉戟一样射出。天蛇在南方。十八日，为属牛日。由蕊督当值。娆星像太阳一样明亮地射出。天蛇在羊居地。十九日，为属虎日。由蕊齐当值。娆星像月亮一样亮地射出。天蛇在狗居地。二十日，为属兔日。由蕊崩当值。娆米麻射出。天蛇在南方。二十一日，为属龙日。由蕊满当值。娆劳鲍射出。天蛇在东方。二十二日，为属蛇日。由本补古当值。娆星像降魔杵一样射出。天蛇在牛居地。二十三日，为属马日。由本补满当值。娆星像闪电一样射出。天蛇在龙居地。二十四日，为属羊日。由柔正当值。娆星像三叉戟一样射出。天蛇在南方。二十五日，为属猴日。由巴孔当值。娆星像太阳一样明亮地在漆黑一团的夜晚射出。

598-L-39-07

mɯ33zʅ21 ɯ33 dzɿ21 tɯ33 dʑy21. | ȵi33 tsər21tʂhuɑ55 ȵi33, æ21khv̩55. pɑ33 by33 to55 dər33. | zɑ21 he33 me33
天 蛇 牛 居 地 在 二 十 六 日 鸡 岁 巴毕 上 轮 娆星 月亮

khæ55. mɯ33 zʅ21 ȵi33 me33 thv̩33 dʑy21. | ȵi33 tsər21 ʂər33 ȵi33, khɯ33 khv̩55 nɑ33 gv̩21 to55 dər33.zɑ21mi33mɑ21
射 天 蛇 东方 在 二 十 七 日 狗 岁 娜古 上 轮 娆米麻

khæ55. mɯ33 zʅ21 khɯ33 dzɿ21 tɯ33 dʑy21. | ȵi33 tsər21 ho55 ȵi33, bu21 khv̩55. thɑ33 kə55 to55 dər33. zɑ21 lɑ21 pɑ55
射 天 蛇 狗 居 地 在 二 十 八 日 猪 岁 涛构 上 轮 娆劳鲍

khæ55. mɯ33 zʅ21 ȵi33 me33 thv̩33 dʑy21. | ȵi33 tsər21gv̩33 ȵi33, fv̩55 khv̩33. kɯ21 dze33 tse33 to55dər33. zɑ21
射 天 蛇 东方 在 二 十 九 日 鼠 岁 庚真珍 上 轮 娆星

i33 pu33kho33 khæ55. mɯ33zʅ21 ȵi33 me33 thv̩33 dʑy21. | nɑ33tv̩21 ȵi33, ɯ33 khv̩55. tʂhuɑ55 tshər21 kv̩33 to55
绸 半匹 射 天 蛇 东方 在 三十 日 牛 岁 创昌古 上

dər33. zɑ21 tshy55 do55 be21 khæ55.mɯ33 zʅ21 lv̩21 dzɿ21 tɯ33 dʑy21. | tshe33 sɿ21①. lu55me33he33, zʅ21 he33.
轮 娆星 闪电 地 射 天 蛇 龙 居 地 在 十 三 四月 蛇 月

① tshe33、sɿ21，义为“十”、“三”，两字符与前后文毫无关联，不知书写此书的东巴在月份前写这些数字的目的为何。在“三月”前有“十、二”，后文“五月”前有“十、四”，“六月”前有“十、三”。其他月份前则无。

he^{21} dɯ^{21} n̥i^{33} me^{33} thy̩^{33} dʑy^{21}. | ko^{21} ɕi^{33} he^{21} dɯ^{21} ɯ^{33} dzʅ^{21} tɯ^{33} dʑy^{21}. | to^{55} dzu̩^{33} y^{21} dzʅ^{21} tɯ^{33}
神 大 东方 在 郭兴 神 大 牛 居 地 在 垛鬼 债 羊 居 地

dʑy^{21}. | tshe^{33} do^{21} dɯ^{33} n̥i^{33}, la^{33} khy̩^{55}. miə^{21} ɕy^{21} to^{55} dər^{33}. za^{21} i^{33} pu^{33} dɯ^{33} khæ^{55}. mɯ^{33} zʅ^{21} n̥i^{33}
在 月 见 一 日 虎 岁 谬许 上 轮 娆星 绸 一匹 射 天 蛇

me^{33} thy̩^{33} dʑy^{21}. | tshe^{33} do^{21} n̥i^{33} n̥i^{33}, tho^{33} le^{33} khy̩^{55}. so^{33} tho^{21} khua^{33} to^{55} dər^{33}. za^{21} n̥i^{33} me^{33}
东方 在 月 见 二 日 兔 岁 司托夸 上 轮 娆星 太阳

khæ^{55}. mɯ^{33} zʅ^{21} i^{33} tʂhʅ^{33} mu^{21} dʑy^{21}. | tshe^{33} do^{21} sʅ^{21} n̥i^{33},
射 天 蛇 南方 在 月 见 三 日

天蛇在牛居地。二十六日，为属鸡日。由巴毕当值。娆星像月亮一样亮地射出。天蛇在东方。二十七日，为属狗日。由娜古当值。娆米麻射出。天蛇在狗居地。二十八日，为属猪日。由涛构当值。娆劳鲍射出。天蛇在东方。二十九日，为属鼠日。由庚真珍当值。娆星像半匹绸一样射出。天蛇在东方。三十日，为属牛日。由创昌古当值。娆星像闪电一样射出。天蛇在龙居地。

四月：为蛇月。大神在东方。郭兴大神在牛居地。垛鬼的收债人在牛居地。初一，为属虎日。由谬许当值。娆星像一匹绸一样射出。天蛇在东方。初二，为属兔日。由司托夸当值。娆星像太阳一样明亮地射出。天蛇在南方。初三，

598-L-39-08

ly̩^{21} khy̩^{55}. so^{33} tho^{21} ky̩^{33} to^{33}dər^{33}. za^{21} he^{33} me^{33} khæ^{55}. mɯ^{33} zʅ^{21} ɯ^{33} dzʅ^{21} tɯ^{33} dʑy^{21}. | tshe^{33} do^{21}
龙 岁 司托古 上 轮 娆星 月亮 射 天 蛇 牛 居 地 在 月 见

lu^{33}n̥i^{33}, zʅ^{21} khy̩^{55}. kɯ^{33}phər^{21}dʑi^{21}ky̩^{33}to^{55} dər^{33}. za^{21}mi^{33}ma^{21} khæ^{55}. mɯ^{33}zʅ^{21} i^{33}tʂhʅ^{33}mu^{21}dʑy^{21}. |
四 日 蛇 岁 庚盘吉古 上 轮 娆米麻 射 天 蛇 南方 在

tshe^{33} do^{21} ua^{33} n̥i^{33},zua^{33} khy̩^{55}. kɯ^{33} phər^{21} dʑi^{21} mæ^{33} to^{55} dər^{33}. za^{21} la^{21} pa^{55} khæ^{55}. mɯ^{33} zʅ^{21} ɯ^{33}
月 见 五 日 马 岁 庚盘吉满 上 轮 娆劳鲍 射 天 蛇 牛

dzɿ^{21} tɯ^{33}dʑy^{21}. | tshe^{33} do^{21} tʂhuɑ^{55} ȵi^{33}, y^{21} khv̩^{55}. fv̩^{33} kə^{55} to^{55} dər^{33}. zɑ^{21} phər^{33} bər^{33} khæ^{55}. mɯ^{33}

居 地 在 月 见 六 日 羊 岁 夫构 上 轮 娆星 降魔杵 射 天

zʅ^{21} i^{33} tʂhʅ^{33} mu^{21} dʑy^{21}. | tshe^{33} do^{21} ʂər^{33} ȵi^{33}, ə^{55} y^{21} khv̩^{55}. tshɿ^{21} khu^{33} to^{55} dər^{33}. zɑ^{21} i^{33} pu^{33} dɯ^{33}

蛇 南方 在 月 见 七 日 猴 岁 楚孔 上 轮 娆星 绸 一匹

nɑ^{21} fv̩^{55} nɑ^{21} dv̩^{33} dzʅ^{21} khæ^{55}. mɯ^{33} zʅ^{21} ɯ^{33} dzɿ^{21} tɯ^{33}dʑy^{21}. | tshe^{21}do^{21} ho^{55} ȵi^{33}, | æ^{21} khv̩^{55}. bu^{21}

漆黑一团 时 射 天 蛇 牛 居 地 在 月 见 八 日 鸡 岁 布孔

khu^{33} to^{55} dər^{33}. zɑ^{21} tshy^{55} do^{55} be^{21} khæ^{55}. mɯ^{33} zʅ^{21} ȵi^{33} me^{33} thv̩^{33} dʑy^{21}. | tshe^{33} do^{21} gv̩^{33} ȵi^{33},

上 轮 娆星 闪电 地 射 天 蛇 东方 在 月 见 九 日

khɯ^{33} khv̩^{55}. bu^{21} to^{55} to^{55} dər^{33}. zɑ^{21} ȵi^{33} me^{33} khæ^{55}. mɯ^{33} zʅ^{21} ȵi^{33} me^{33} thv̩^{33} dʑy^{21}. | tshe^{33} do^{21}

狗 岁 布铎 上 轮 娆星 太阳 射 天 蛇 东方 在 月 见

tshe^{21} ȵi^{33}, bu^{21} mæ^{55} to^{55} dər^{33}. zɑ^{21} he^{33} me^{33} khæ^{55}. mɯ^{33} zʅ^{21}①. | tshe^{33} dɯ^{33} ȵi^{33}, fv̩^{55} khv̩^{33}. zɑ^{21}

十 日 布满 上 轮 娆星 月亮 射 天 蛇 十 一 日 鼠 岁

mi^{33} mɑ^{21} khæ^{55}. ʂuɑ^{21} khuɑ^{33} to^{55} dər^{33}. mɯ^{33} zʅ^{21} ȵi^{33} me^{33} thv̩^{33} dʑy^{21}. | tshe^{21} ȵi^{33} ȵi^{33}, ɯ^{33} khv̩^{55}.

娆米麻 射 刷卡 上 轮 天 蛇 东方 在 十 二 日 牛 岁

zy^{21} khuɑ^{33} to^{55} dər^{33}. zɑ^{21} lɑ^{21} pɑ^{55} khæ^{55}. mɯ^{33} zʅ^{21} ho^{33} gv̩^{33} lo^{21} dʑy^{21}. | tshe^{33} sɿ^{21} ȵi^{33}, lɑ^{33} khv̩^{55}.

蕊夸 上 轮 娆劳鲍 射 天 蛇 北方 在 十 三 日 虎 岁

zy^{21} he^{33} to^{55} dər^{33}.

蕊亨 上 轮

为属龙日。由司托古当值。娆星像月亮一样亮地射出。天蛇在牛居地。初四，为属蛇日。由庚盘吉古当值。娆米麻射出。天蛇在南方。初五，为属马日。由庚盘吉满当值。娆劳鲍射出。天蛇在牛居地。初六，为属羊日。由夫构当值。娆星像降魔杵一样射出。天蛇在南方。初七，为属猴日。由楚孔当值。娆星像一匹绸一样在漆黑一团的夜里射出。天蛇在牛居地。初八，为属鸡日。由布孔当值。娆星像闪电一样射出。天蛇在东方。初九，为属狗日。由布铎当值。娆星像太阳一样明亮地射出。天蛇在东方。初十，为属猪日。由布满当值。娆星像月亮一样亮地射出。天蛇在……十一日，为属鼠日。娆米麻射出。由刷卡当值。天蛇在东方。十二日，为属牛日。由蕊夸当值。娆劳鲍射出。天蛇在北方。十三日，为属虎日。由蕊亨当值。

① 原文未写“天蛇”在何方。

598-L-39-09

zɑ^{21} ʥiə^{33} kɑ^{21} nɑ^{21} fv̩^{55} nɑ^{21} dv̩^{33} dʐʅ^{21} khæ^{55}. mɯ^{33} ʐʅ^{21} ȵi^{33} me^{33} thv̩^{33} ʥy^{21}. | tshe^{21} lu^{33} ȵi^{33}, tho^{33}
娆久嘎 漆黑一团 时 射 天 蛇 东方 在 十 四日 兔

le^{33}khv̩^{55}. zy^{21}miə^{21} to^{55} dər^{33}. zɑ^{21} tshy^{55} do^{55} be^{21} khæ^{55}. mɯ^{33} ʐʅ^{21} y^{21} dʐʅ^{21} tɯ^{33} ʥy^{21}. | tshe^{21} uɑ^{33}
岁 蕊谬 上 轮 娆星 闪电 地 射 天 蛇 羊 居 地 在 十 五

ȵi^{33}, lv̩^{21} khv̩^{55}. zy^{21} kv̩^{55} to^{55} dər^{33}. zɑ^{21} phər^{33} bər^{33} khæ^{55}. mɯ^{33} ʐʅ^{21} ho^{33} gv̩^{33} lo^{21} ʥy^{21}. | tshe^{21}
日 龙 岁 蕊古 上 轮 娆星 降魔杵 射 天 蛇 北方 在 十

tʂhuɑ^{55} ȵi^{33}, ʐʅ^{21} khv̩^{55}. zy^{21} dv̩^{21} to^{55} dər^{33}. zɑ^{21} ȵi^{33} me^{33} ʥiə^{21} ① khæ^{55}. mɯ^{33} ʐʅ^{21} ȵi^{33} me^{33} thv̩^{33}
六 日 蛇 岁 蕊督 上 轮 娆星 太阳 射 天 蛇 东方

ʥy^{21}. | tshe^{21} ʂər^{33} ȵi^{33}, ʐuɑ^{33} khv̩^{33}. zy^{21} tshi^{21} to^{55} dər^{33}. zɑ^{21} he^{33} me^{33} khæ^{55}. mɯ^{33} ʐʅ^{21} ȵi^{33} me^{33}
在 十 七 日 马 岁 蕊齐 上 轮 娆星 月亮 射 天 蛇 东方

thv̩^{33} ʥy^{21}. | tshe^{21} ho^{55} ȵi^{33}, y^{21} khv̩^{55}. zy^{21} bə^{33} to^{55} dər^{33}. | zɑ^{21}mi^{33}mɑ^{21} khæ^{55}. mɯ^{33} ʐʅ^{21} i^{33} tʂhʅ^{33}
在 十 八 日 羊 岁 蕊崩 上 轮 娆米麻 射 天 蛇 南方

mu^{21} ʥy^{21}. | tshe^{21} gv̩^{33} ȵi^{33}, ə^{55}y^{21}khv̩^{55}. zy^{21}mæ^{33} to^{55} dər^{33}. zɑ^{21} lɑ^{21} pɑ^{55} khæ^{55}. mɯ^{33}ʐʅ^{21} y^{21} dʐʅ^{21}
在 十 九 日 猴 岁 蕊满 上 轮 娆劳鲍 射 天蛇 羊 居

tɯ^{33} ʥy^{21}. | ȵi^{33} tsər^{21} ȵi^{33}, æ^{21} khv̩^{55}. py^{33} bu^{21} kv̩^{33} to^{55} dər^{33}. zɑ^{21} i^{33} pu^{33} kho^{33} nɑ^{21} fv̩^{55} nɑ^{21} dv̩^{33}
地 在 二 十 日 鸡 岁 本补古 上 轮 娆星 绸 半匹 漆黑一团

dʐʅ^{21} khæ^{55}. mɯ^{33} ʐʅ^{21} i^{33} tʂhʅ^{33} mu^{21} ʥy^{21}. | ȵi^{33} tsər^{21} dɯ^{33} ȵi^{33}, khɯ^{33} khv̩^{55}. py^{33} bu^{21} mæ^{33} to^{55}
时 射 天 蛇 南方 在 二 十 一 日 狗 岁 本补满 上

dər^{33}.zɑ^{21}tshy^{55} do^{55} be^{21} khæ^{55}. mɯ^{33} ʐʅ^{21} ho^{33} gv̩^{33} lo^{21} ʥy^{21}. | ȵi^{33} tsər^{21} ȵi^{33} ȵi^{33}, bu^{21} khv̩^{55}. ʐuɑ^{33}
轮 娆星 闪电 地 射 天 蛇 北方 在 二 十 二日 猪 岁柔正

① ʥiə^{21}，此字符无法与其他字符连读，存疑。

tse^{55} to^{55} dər^{33}. zɑ^{21} i^{33} pu^{33} dɯ^{33} khæ^{55}. mɯ^{33} zʅ^{21} khɯ^{33} dzʅ^{21} tɯ^{33} ʥy^{21}. | ȵi^{33} tsər^{21} sʅ^{21} ȵi^{33}, fv̩^{55}
上 轮 娆星 绸 一匹 射 天 蛇 狗 居 地 在 二 十 三 日 鼠

khv̩^{33}. pɑ^{33} khu^{33} to^{55} dər^{33}.
岁 巴孔 上 轮

娆久嘎在漆黑一团的夜里射出。天蛇在东方。十四日，为属兔日。由蕊谬当值。娆星像闪电一样射出。天蛇在羊居地。十五日，为属龙日。由蕊古当值。娆星像降魔杵一样射出。天蛇在北方。十六日，为属蛇日。由蕊督当值。娆星像太阳一样明亮地射出。天蛇在东方。十七日，为属马日。由蕊齐当值。娆星像月亮一样亮地射出。天蛇在东方。十八日，为属羊日。由蕊崩当值。娆米麻射出。天蛇在南方。十九日，为属猴日。由蕊满当值。娆劳鲍射出。天蛇在羊居地。二十日，为属鸡日。由本补古当值。娆星像半匹绸一样在漆黑一团的夜里射出。天蛇在南方。二十一日，为属狗日。由本补满当值。娆星像闪电一样射出。天蛇在北方。二十二日，为属猪日。由柔正当值。娆星像一匹绸一样射出。天蛇在狗居地。二十三日，为属鼠日。由巴孔当值。

598-L-39-10

zɑ^{21}ȵi^{33}me^{33}khæ^{55}. mɯ^{33} zʅ^{21} ɯ^{33} dzʅ^{21} tɯ^{33} ʥy^{21}. | ȵi^{33} tsər^{21} lu^{33}ȵi^{33}, ɯ^{33} khv̩^{55}.pɑ^{33} by^{33} to^{55} dər^{33}.
娆星 太阳 射 天 蛇 牛 居 地 在 二 十 四 日 牛 岁 巴毕 上 轮

zɑ^{21} he^{33}me^{33}khæ^{55}.mɯ^{33} zʅ^{21} ȵi^{33} me^{33} thv̩^{33} ʥy^{21}. | ȵi^{33} tsər^{21} uɑ^{33} ȵi^{33}, lɑ^{33} khv̩^{55}. nɑ^{33} gv̩^{21} to^{55}
娆星 月亮 射 天 蛇 东方 在 二 十 五 日 虎 岁 娜古 上

dər^{33}. zɑ^{21} mi^{33} mɑ^{21} khæ^{55}. mɯ^{33} zʅ^{21} ȵi^{33} me^{33} thv̩^{33} ʥy^{21}. | ȵi^{33} tsər^{21} tʂhuɑ^{55} ȵi^{33}, tho^{33} le^{33} khv̩^{55}.
轮 娆米麻 射 天 蛇 东方 在 二 十 六 日 兔 岁

thɑ^{33} kə^{55} to^{55} dər^{33}. zɑ^{21} lɑ^{21} pɑ^{55} khæ^{55}. mɯ^{33} zʅ^{21} i^{33} tʂhʅ^{33} mu^{21} ʥy^{21}. | ȵi^{33} tsər^{21} ʂər^{33} ȵi^{33}, lv̩^{21}
涛构 上 轮 娆劳鲍 射 天 蛇 南方 在 二 十 七 日 龙

khv̩^{55}. kɯ^{21} dze^{33} tse^{33} to^{55} dər^{33}. zɑ^{21} i^{33} pu^{33} kho^{33} khæ^{55}. mɯ^{33}zʅ^{21} ɯ^{33} dzʅ^{21} tɯ^{33} ʥy^{21}. | ȵi^{33} tsər^{21}
岁 庚真珍 上 轮 娆星 绸 半匹 射 天 蛇 牛 居 地 在 二 十

ho^{55} ȵi^{33},ʐʅ^{21} khv̩^{55}. tʂhuɑ^{55} tshər^{21} kv̩^{33} to^{55} dər^{33}. zɑ^{21} tshy^{55} do^{55} be^{21} nɑ^{21} fv̩^{55} nɑ^{21} dv̩^{33} dʐʅ^{21} khæ^{55}.
八 日 蛇 岁 创昌古 上 轮 娆星 闪电 地 漆黑一团 时 射

mɯ^{33} ʐʅ^{21} i^{33} tʂhʅ^{33} mu^{21} dʑy^{21}. | ȵi^{33} tsər^{21} gv̩^{33} ȵi^{33}, ʐuɑ^{33} khv̩^{55}. miə^{21} ɕy^{21} to^{55} dər^{33}. zɑ^{21} i^{33} pu^{33}
天 蛇 南方 在 二 十 九 日 马 岁 谬许 上 轮 娆星 绸

khæ^{55}. mɯ^{33} ʐʅ^{21} ȵi^{33} me^{33} thv̩^{33} dʑy^{21}. | nɑ^{33} tv̩^{21} ȵi^{33}, y^{21} khv̩^{55}. so^{33} tho^{21} khuɑ^{33} to^{55} dər^{33}.zɑ^{21} ȵi^{33}
射 天 蛇 东方 在 三十 日 羊 岁 司托夸 上 轮 娆星太阳

me^{33}khæ^{55}.mɯ^{33} ʐʅ^{21}ȵi^{33}me^{33} thv̩^{33} dʑy^{21}. | tshe^{21} lu^{33}① . uɑ^{55} me^{33} he^{33}, ʐuɑ^{33} he^{33}. he^{21} dɯ^{21} i^{33} tʂhʅ^{33}
射 天 蛇 东方 在 十 四 五月 马 月 神 大 南方

mu^{21} dʑy^{21}. | ko^{21} ɕi^{33} he^{21} dɯ^{21} lv̩^{21} dzɿ^{21} tɯ^{33} dʑy^{21}. to^{55} dʐu^{33} khɯ^{33} dzɿ^{21} tɯ^{33} dʑy^{21}. | tshe^{33} do^{21}
在 郭兴 神 大 龙 居 地 在 垛鬼 债 狗 居 地 在 月 见

dɯ^{33} ȵi^{33},
一 日

娆星像太阳一样明亮地射出。天蛇在牛居地。二十四日，为属牛日。由巴毕当值。娆星像月亮一样亮地射出。天蛇在东方。二十五日，为属虎日。由娜古当值。娆米麻射出。天蛇在东方。二十六日，为属兔日。由涛构当值。娆劳鲍射出。天蛇在南方。二十七日，为属龙日。由庚真珍当值。娆星像半匹绸一样射出。天蛇在牛居地。二十八日，为属蛇日。由创昌古当值。娆星像闪电一样在漆黑一团的夜里射出。天蛇在南方。二十九日，为属马日。由谬许当值。娆星像一匹绸一样射出。天蛇在东方。三十日，为属羊日。由司托夸当值。娆星像太阳一样明亮地射出。天蛇在东方。

五月：为马月。大神在南方。郭兴大神在龙居地。垛鬼的收债人在狗居地。初一，

598-L-39-11

ə^{55} y^{21} khv̩^{55}. so^{33} tho^{21} kv̩^{33} to^{55} dər^{33}. zɑ^{21} he^{33} me^{33} phər^{33} bər^{33} khæ^{55}. mɯ^{33} ʐʅ^{21} i^{33} tʂhʅ^{33} mu^{21}
猴 岁 司托古 上 轮 娆星 月亮 降魔杵 射 天 蛇 南方

① tshe^{21}、lu^{33}，义为“十”、“四”，这两字符与前后文无关联。

ʥy^{21}. | tshe^{33} do^{21} ȵi^{33} ȵi^{33}, æ^{21} khv̩^{55}. kɯ^{33} phər^{21}ʥi^{21} kv̩^{33} to^{55} dər^{33}. zɑ^{21}mi^{33}mɑ^{21}khæ^{55}. mɯ^{33} ʐʅ^{21}
在 月 见 二 日 鸡 岁 庚盘吉古 上 轮 娆米麻 射 天 蛇

y^{21} dzʅ^{21} tɯ^{33} ʥy^{21}. | tshe^{33} do^{21} sʅ^{21} ȵi^{33}, khɯ^{33}khv̩^{55}.kɯ^{33} phər^{21} ʥi^{21} mæ^{33} to^{55} dər^{33}. zɑ^{21} lɑ^{21} pɑ^{55}
羊 居 地 在 月 见 三 日 狗 岁 庚盘吉满 上 轮 娆劳鲍

khæ^{55}.mɯ^{33} ʐʅ^{21} lv̩^{21} dzʅ^{21} tɯ^{33} ʥy^{21}. | tshe^{33} do^{21} lu^{33} ȵi^{33}, bu^{21} khv̩^{55}.fv̩^{33} kə^{55} to^{55}dər^{33}. zɑ^{21} i^{33} pu^{33}
射 天 蛇 龙 居 地 在 月 见 四 日 猪 岁 夫构 上 轮 娆星 绸

kho^{33} khæ^{55}. mɯ^{33} ʐʅ^{21} ȵi^{33} me^{33} thv̩^{33} ʥy^{21}. | tshe^{33} do^{21} uɑ^{33} ȵi^{33}, fv̩^{55} khv̩^{33}. tshʅ^{21} khu^{33} to^{55} dər^{33}.
半匹 射 天 蛇 东方 在 月 见 五 日 鼠 岁 楚孔 上 轮

zɑ^{21}tshy^{55}do^{55} be^{21} ʐʅ^{21}①dy^{21} hɯ^{55} lo^{21} nɯ^{33} nɑ^{21} fv̩^{55} dʐʅ^{21} khæ^{55}. mɯ^{33} ʐʅ^{21} ȵi^{33} me^{33} thv̩^{33} ʥy^{21}. |
娆星 闪电 地 蛇 毒鬼 海 里 以 黑夜 时 射 天 蛇 东方 在

tshe^{33} do^{21} tʂhuɑ^{55}ȵi^{33}, ɯ^{33}khv̩^{55}. bu^{21} khu^{33} to^{55} dər^{33}. zɑ^{21} tɕiæ^{33} tɕy^{33} khæ^{55}. mɯ^{33} ʐʅ^{21} ho^{33}gv̩^{33} lo^{21}
月 见 六 日 牛 岁 布孔 上 轮 娆星 三叉戟 射 天 蛇 北方

ʥy^{21}. | tshe^{33} do^{21}ʂər^{33}ȵi^{33},lɑ^{33} khv̩^{55}. bu^{21} to^{55} to^{55}dər^{33}. zɑ^{21} ȵi me^{33} khæ^{55}.mɯ^{33} ʐʅ^{21} ɯ^{33} dzʅ^{21} tɯ^{33}
在 月 见 七 日 虎 岁 布铎 上 轮 娆星 太阳 射 天 蛇 牛 居 地

ʥy^{21}. | tshe^{33} do^{21} ho^{55} ȵi^{33}, tho^{33} le^{33} khv̩^{55}. bu^{21} mæ^{55} to^{55} dər^{33}. zɑ^{21} he^{33} me^{33}②khæ^{55}. mɯ^{33} ʐʅ^{21}
在 月 见 八 日 兔 岁 布满 上 轮 娆星 月亮 射 天 蛇

khɯ^{33}dzʅ^{21} tɯ^{33} ʥy^{21}. | tshe^{33} do^{21} gv̩^{33} ȵi^{33}, lv̩^{21} khv̩^{55}.ʂuɑ^{21} khuɑ^{33} to^{55} dər^{33}. zɑ^{21} mi^{33} mɑ^{21} khæ^{55}.
狗 居 地 在 月 见 九 日 龙 岁 刷卡 上 轮 娆米麻 射

mɯ^{33} ʐʅ^{21} i^{33} tʂhʅ^{33} mu^{21} ʥy^{21}. | tshe^{33} do^{21} tshe^{21} ȵi^{33}, ʐʅ^{21} khv̩^{55}.zy^{21} khuɑ^{33} to^{55} dər^{33}. zɑ^{21} lɑ^{21} pɑ^{55}
天 蛇 南方 在 月 见 十 日 蛇 岁 蕊夸 上 轮 娆劳鲍

khæ^{55}.③
射

为属猴日。由司托古当值。娆星像降魔杵又像月亮一样亮地射出。天蛇在南方。初二，为属鸡日。由庚盘吉古当值。娆米麻射出。天蛇在羊居地。初三，为属狗日。由庚盘吉满当值。娆劳鲍射出。天蛇在龙居地。初四，为属猪日。由夫构当值。娆星像半匹绸一样射出。天蛇在东方。初五，为属鼠日。由楚孔当值。娆星在漆黑一团的夜里从毒鬼海里像闪电一样射出。天蛇在东方。初六，为属牛日。由布孔当值。娆星像三叉戟一样射出。天蛇在北方。初七，为属虎日。由布铎当值。娆星像太阳一样明亮地射出。天蛇在牛居地。初八，为属兔日。由布满当值。娆星像月亮一样亮地射出。天蛇在狗居地。初九，为属龙日。由刷卡当值。娆米麻射出。天蛇在南方。初十，为属蛇日。由蕊夸当值。娆劳鲍射出。

① 此字为衍文，或为东巴之笔误。

② 在“月亮”字上方有“mɑ^{21}”字，应为衍文，与其他字符无法连读成句。

③ “天蛇”在何方位在下页未写。又“十一日至二十七日”的内容脱。这些内容似乎又写在后文里。

598-L-39-12

ȵi33tsər21ho55 ȵi33, bu21 khv̩55. fv̩33 kə55 to55 dər33. zɑ21 ȵi33 me33 nɑ21 fv̩55 nɑ21 dv̩33 dʐʅ21 khæ55. mɯ33

二 十 八 日 猪 岁 夫构 上 轮 娆星 太阳 漆黑一团 时 射 天

ʐʅ21 ȵi33 me33 thv̩33 ʥy21. | ȵi33 tsər21 gv̩33 ȵi33, fv̩55 khv̩33. tshʅ21 khu33 to55 dər33. zɑ21he33me33 khæ55.

蛇 东方 在 二 十 九 日 鼠 岁 楚孔 上 轮 娆星 月亮 射

mɯ33 ʐʅ21 ȵi33 me33 thv̩33 ʥy21. | nɑ33 tv̩21 ȵi33, ɯ33 khv̩55. bu21 khu33 to55 dər33. zɑ21mi33 mɑ21 khæ55.

天 蛇 东方 在 三十 日 牛 岁 布孔 上 轮 娆米麻 射

mɯ33 ʐʅ21 khɯ33 dzʅ21 tɯ33 ʥy21. | tshe21me33he33①: bu21 khv̩55. he21 dɯ21 ȵi33 me33 gv̩21 ʥy21. | ko21

天 蛇 狗 居 地 在 十月 猪 岁 神 大 西方 在 郭兴

ɕi33 he21 dɯ21、to55 dʐu33 ɯ33 dzʅ21 tɯ33 ʥy21. | tshe33 do21 dɯ33 ȵi33, lɑ33 khv̩55. zy21 miə21 to55 dər33.

神 大 垛鬼 债 牛 居 地 在 月 见 一 日 虎 岁 蕊谬 上 轮

zɑ21 lɑ21 pɑ55 khæ55. mɯ33 ʐʅ21 ȵi33 me33 thv̩33 ʥy21. | tshe33 do21 ȵi33 ȵi33, tho33 le33 khv̩55. zy21 kv̩33

娆劳鲍 射 天 蛇 东方 在 月 见 二 日 兔 岁 蕊古

to55 dər33. zɑ21 phər33 bər33 khæ55. mɯ33 ʐʅ21 i33 tʂhʅ33 mu21 ʥy21. | tshe33 do21sʅ21 ȵi33, lv̩21khv̩55. zy21

上 轮 娆星 降魔杵 射 天 蛇 南方 在 月 见 三 日 龙 岁 蕊督

dv̩21 to55 dər33. zɑ21 i33 pu33 kho33 ʥiə21②khæ55. mɯ33 ʐʅ21 y21 dzʅ21 tɯ33 ʥy21. | tshe33 do21 lu33 ȵi33,

上 轮 娆 绸 半匹 射 天 蛇 羊 居 地 在 月 见 四 日

---

① 前文只是“五月”，不知为何跳到了“十月”，且日期又只记到“十五日”。后文中又缺“十月”。在后文“九月二十七日”后又出现“十一日”。按原文记之。

② ʥiə33，此字似有笔误，把“i33 pu33”写成了“ʥiə21”。不然“kho33”与“ʥiə21”无法连读。现校读为“i33 pu33”。后文中亦有此情况，不一一作注。

zʅ^{21} khy̩^{55}, zy^{21} tshi^{21} to^{55} dər^{33}.zɑ^{21} tshy^{55} do^{55} be^{33} khæ^{55}. mɯ^{33} zʅ^{21} ho^{33} gy̩^{33} lo^{21} dʑy^{21}. | tshe^{33} do^{21}
蛇 年 蕊齐 上 轮 娆星 闪电 地 射 天 蛇 北方 在 月 见

uɑ^{33} n̥i^{33}, zʮɑ^{33} khy̩^{55}. zy^{21} mæ^{33}① to^{55} dər^{33}.
五 日 马 岁 蕊满 上 轮

二十八日，为属猪日。由夫构当值。娆星像太阳一样明亮地在漆黑一团的夜里射出。天蛇在东方。二十九日，为属鼠日。由楚孔当值。娆星像月亮一样亮地射出。天蛇在东方。三十日，为属牛日。由布孔当值。娆米麻射出。天蛇在狗居地。

十月：为猪月。大神在西方。郭兴大神在牛居地。垛鬼的收债人在牛居地。初一，为属虎日。由蕊谬当值。娆劳鲍射出。天蛇在东方。初二，为属兔日。由蕊古当值。娆星像降魔杵一样射出。天蛇在南方。初三，为属龙日。由蕊督当值。娆星像半匹绸一样射出。天蛇在羊居地。初四，为属蛇日。由蕊齐当值。娆星像闪电一样射出。天蛇在北方。初五，为属马日。由蕊满当值。

598-L-39-13

zɑ^{21}tɕiæ^{33} tɕy^{33} khæ^{55}. mɯ^{33}zʅ^{21} i^{33} tʂhʅ^{33}mu^{21}dʑy^{21}. | tshe^{33}do^{21} tʂhuɑ^{55} n̥i^{33}, y^{21} khy̩^{55}. py^{33} bu^{21} ky̩^{33}
娆星 三叉戟 射 天 蛇 南方 在 月 见 六 日 羊 岁 本补古

to^{55} dər^{33}. zɑ^{21} n̥i^{33} me^{33} nɑ^{21} fy̩^{55} nɑ^{21} dy̩^{33} dzʅ^{21} khæ^{55}. mɯ^{33} zʅ^{21} ɯ^{33} dzʅ^{21} tɯ^{33} dʑy^{21}. | tshe^{33} do^{21}
上 轮 娆星 太阳 漆黑一团 时 射 天 蛇 牛 居 地 在 月 见

ʂər^{33} n̥i^{33}, ə^{55} y^{21} khy̩^{55}. py^{33}bu^{21}mæ^{33} to^{55}dər^{33}. zɑ^{21}he^{33}me^{33} khæ^{55}. mɯ^{33} zʅ^{21} n̥i^{33} me^{33} gy̩^{21}dʑy^{21}. |
七 日 猴 岁 本补满 上 轮 娆星 月亮 射 天 蛇 西方 在

tshe^{33} do^{21} ho^{55} n̥i^{33}, æ^{21} khy̩^{55}. zʮɑ^{33} tse^{55} to^{55} dər^{33}. zɑ^{21} mi^{33} mɑ^{21} khæ^{55}. mɯ^{33} zʅ^{21} n̥i^{33} me^{33} thy̩^{33}
月 见 八 日 鸡 岁 柔正 上 轮 娆米麻 射 天 蛇 东方

① 若按此书宿名次序，此日应是“zy^{21} bə^{33}”。此书错误时有发生，无法一一校之，只从原文加以翻译。

dʑy^{21}. | tshe^{33} do^{21} gv̩^{33} ȵi^{33}, khɯ^{33} khv̩^{55}. pɑ^{33} khu^{33} to^{55} dər^{33}.zɑ^{21}lɑ^{21}pɑ^{55}khæ^{55}. mɯ^{33}ʐʅ^{21} ȵi^{33} me^{33}
在 月 见 九 日 狗 岁 巴孔 上 轮 娆劳鲍 射 天 蛇 东方

thv̩^{33}dʑy^{21}. | tshe^{33} do^{21} tshe^{21} ȵi^{33}, bu^{21}khv̩^{55}. pɑ^{33} by^{33} to^{55} dər^{33}.zɑ^{21} i^{33} pu^{33} kho^{33} khæ^{55}. mɯ^{33} ʐʅ^{21}
在 月 见 十 日 猪 岁 巴毕 上 轮 娆星 绸 半匹 射 天 蛇

ho^{33} gv̩^{33} lo^{21} dʑy^{21}. | tshe^{21} dɯ^{33} ȵi^{33}, fv̩^{55} khv̩^{33}. nɑ^{33} gv̩^{21} to^{55} dər^{33}. zɑ^{21}tshy^{55} do^{55}be^{33}khæ^{55}. mɯ^{33}
北方 在 十 一 日 鼠 岁 娜古 上 轮 娆星 闪电 地 射 天

ʐʅ^{21} y^{21}dzʅ^{21}tɯ^{33} dʑy^{21}. | tshe^{21} ȵi^{33} ȵi^{33}, ɯ^{33} khv̩^{55}. thɑ^{33} kə^{55} to^{55} dər^{33}. zɑ^{21} tɕiæ^{33} tɕy^{33} khæ^{55}. mɯ^{33}
蛇 羊 居 地 在 十 二 日 牛 岁 涛构 上 轮 娆星 三叉戟 射 天

ʐʅ^{21} ȵi^{33}me^{33} thv̩^{33} dʑy^{21}. | tshe^{33} sʅ^{21} ȵi^{33}, lɑ^{33} khv̩^{55}. zɑ^{21}ȵi^{33}me^{33} khæ^{55}. tʂhuɑ^{55} tshər^{21} khuɑ^{33}① to^{55}
蛇 东方 在 十 三 日 虎 岁 娆星 太阳 射 创昌夸 上

dər^{33}. mɯ^{33} ʐʅ^{21} i^{33} tʂhʅ^{33} mu^{21} dʑy^{21}. | tshe^{21} lu^{33} ȵi^{33}, tho^{33} le^{33} khv̩^{55}. tʂhuɑ^{55} tshər^{21} kv̩^{33} to^{55} dər^{33}.
轮 天 蛇 南方 在 十 四 日 兔 岁 创昌古 上 轮

zɑ^{21} he^{33}me^{33}khæ^{55}. mɯ^{33} ʐʅ^{21} lv̩^{21} dzʅ^{21} tɯ^{33} dʑy^{21}. | tshe^{21} uɑ^{33} ȵi^{33}, lv̩^{21} khv̩^{55}. miə^{21} ɕy^{21} to^{55} dər^{33}.
娆星 月亮 射 天 蛇 龙 居 地 在 十 五 日 龙 岁 谬许 上 轮

zɑ^{21} mi^{33} mɑ^{21} khæ^{55}.
娆米麻 射

娆星像三叉戟一样射出。天蛇在南方。初六，为属羊日。由本补古当值。娆星像太阳一样明亮地在漆黑一团的夜里射出。天蛇在牛居地。初七，为属猴日。由本补满当值。娆星像月亮一样亮地射出。天蛇在西方。初八，为属鸡日。由柔正当值。娆米麻射出。天蛇在东方。初九，为属狗日。由巴孔当值。娆劳鲍射出。天蛇在东方。初十，为属猪日。由巴毕当值。娆星像半匹绸一样射出。天蛇在北方。十一日，为属鼠日。由娜古当值。娆星像闪电一样射出。天蛇在羊居地。十二日，为属牛日。由涛构当值。娆星像三叉戟一样射出。天蛇在东方。十三日，为属虎日。娆星像太阳一样明亮地射出。由创昌夸当值。天蛇在南方。十四日，为属兔日。由创昌古当值。娆星像月亮一样亮地射出。天蛇在龙居地。十五日，为属龙日。由谬许当值。娆米麻射出。

① tʂhuɑ^{55} tshər^{21} khuɑ^{33}，前文把此宿名都写成“kɯ^{21} dze^{33} tse^{33}”。看来，书写此书的东巴所在的地方，对此宿有两个称谓。

598-L-39-14

mɯ^{33} ʐʅ^{21} khɯ^{33} dzʅ^{21} tɯ^{33} dʑy^{21}. | tshe^{33} sʅ^{21}.①tʂhuɑ^{55} me^{33} he^{33}, y^{21} he^{33}. he^{21} dɯ^{21} ȵi^{33} me^{33} thv̩^{33}
天 蛇 狗 居 地 在 十 三 六月 羊 月 神 大 东方

dʑy^{21}. | ko^{21} ɕi^{33} he^{21} dɯ^{21} y^{21} dzʅ^{21} tɯ^{33} dʑy^{21}. | to^{55} dʐu^{33} ɯ^{33} dzʅ^{21} tɯ^{33} dʑy^{21}. | tshe^{33} do^{21} dɯ^{33}
在 郭兴 神 大 羊 居 地 在 垛鬼 债 牛 居 地 在 月 见 一

ȵi^{33}, lɑ^{33} khv̩^{55}. kɯ^{33}phər^{21} dʑi^{21} mæ^{33} to^{55} dər^{33}. zɑ^{21}lɑ^{21}pɑ^{55} khæ^{55}. mɯ^{33}ʐʅ^{21}ȵi^{33}me^{33} thv̩^{33} dʑy^{21}. |
日 虎 岁 庚盘吉满 上 轮 娆劳鲍 射 天 蛇 东方 在

tshe^{33}do^{21} ȵi^{33} ȵi^{33}, tho^{33} le^{33} khv̩^{55}. fv̩^{33} kə^{55} to^{55} dər^{33}. zɑ^{21} phər^{33} bər^{33} khæ^{55}.mɯ^{33} ʐʅ^{21} khɯ^{33} dzʅ^{21}
月 见 二 日 兔 岁 夫构 上 轮 娆星 降魔杵 射 天 蛇 狗 居

tɯ^{33} dʑy^{21}. | tshe^{33} do^{21} sʅ^{21} ȵi^{21}, lv̩^{21} khv̩^{55}. tshʅ^{21} khu^{33} to^{55} dər^{33}. zɑ^{21}dʑiə^{33} kɑ^{21}khæ^{55}. mɯ^{33}ʐʅ^{21} ɯ^{33}
地 在 月 见 三 日 龙 岁 楚孔 上 轮 娆久嘎 射 天 蛇 牛

dzʅ^{21} tɯ^{33} dʑy^{21}. | tshe^{33} do^{21} lu^{33} ȵi^{33}, ʐʅ^{21} khv̩^{55}. bu^{21} khu^{33} to^{55} dər^{33}. zɑ^{21} tshy^{55} do^{55} be^{21} khæ^{55}.
居 地 在 月 见 四 日 蛇 岁 布孔 上 轮 娆 闪电 地 射

mɯ^{33} ʐʅ^{21} ho^{33} gv̩^{33} lo^{21} dʑy^{21}. | tshe^{33} do^{21} uɑ^{33} ȵi^{33},ʐuɑ^{33} khv̩^{55}. bu^{21} to^{55} to^{55} dər^{33}.zɑ^{21} i^{33} pu^{33} dɯ^{33}
天 蛇 北方 在 月 见 五 日 马 岁 布铎 上 轮 娆 绸 一匹

khæ^{55}.mɯ^{33} ʐʅ^{21} i^{33} tʂhʅ^{33} mu^{21} dʑy^{21}. | tshe^{33} do^{21} tʂhuɑ^{55}ȵi^{33}, y^{21} khv̩^{55}.bu^{21} mæ^{55} to^{55} dər^{33}.zɑ^{21} ȵi^{33}
射 天 蛇 南方 在 月 见 六 日 羊 岁 布满 上 轮 娆星

me^{33} khæ^{55}.mɯ^{33} ʐʅ^{21} ho^{33} gv̩^{33} lo^{21} dʑy^{21}. | tshe^{33} do^{21} ʂər^{33} ȵi^{33}, ə^{55} y^{21}khv̩^{55}.ʂuɑ^{21} khuɑ^{33} to^{55} dər^{33}.
太阳 射 天 蛇 北方 在 月 见 七 日 猴 岁 刷卡 上 轮

zɑ^{21} he^{33} me^{33} khæ^{55}.mɯ^{33} ʐʅ^{21} i^{33} tʂhʅ^{33} mu^{21} dʑy^{21}. | tshe^{33} do^{21} ho^{55} ȵi^{33}, æ^{21} khv̩^{55}. zy^{21} khuɑ^{33} to^{55}
娆星 月亮 射 天 蛇 南方 在 月 见 八 日 鸡 岁 蕊夸 上

① tshe^{33} sʅ^{21}，义为“十”、“三”，这两个字符与前后文无关联。

dər^{33}. zɑ^{21}mi^{33}mɑ^{21} khæ^{55}.mɯ^{33} zʅ^{21} ho^{33}gv̩^{33} lo^{21} dʑy^{21}. | tshe^{33} do^{21} gv̩^{33} ȵi^{33}, khɯ^{33} khv̩^{55}. zy^{21} he^{33}
轮 娆米麻 射 天 蛇 北方 在 月 见 九 日 狗 岁 蕊亨

to^{55} dər^{33}. zɑ^{21} lɑ^{21} pɑ^{55} khæ^{55}.
上 轮 娆劳鲍 射

天蛇在狗居地。

六月：为羊月。大神居于东方。郭兴大神居于羊居地。垛鬼的收债人在牛居地。初一为属虎日。由庚盘吉满当值。娆劳鲍射出。天蛇在东方。初二，为属兔日。由夫构当值。娆星像降魔杵一样射出。天蛇在狗居地。初三，为属龙日。由楚孔当值。娆久嘎射出。天蛇在牛居地。初四，为属蛇日。由布孔当值。娆星像闪电一样射出。天蛇在北方。初五，为属马日。由布铎当值。娆星像一匹绸一样射出。天蛇在南方。初六，为属羊日。由布满当值。娆星像太阳一样明亮地射出。天蛇在北方。初七，为属猴日。由刷卡当值。娆星像月亮一样亮地射出。天蛇在南方。初八，为属鸡日。由蕊夸当值。娆米麻射出。天蛇在北方。初九，为属狗日。由蕊亨当值。娆劳鲍射出。

598-L-39-15

mɯ^{33} zʅ^{21} ȵi^{33} me^{33} thv̩^{33} dʑy^{21}. | tshe^{33} do^{21} tshe^{21} ȵi^{33},zy^{21} miə^{21} to^{55}dər^{33}.bu^{21} khv̩^{55}.zɑ^{21} dʑiə^{33} kɑ^{21}
天 蛇 东方 在 月 见 十 日 蕊谬 上 轮 猪 岁 娆久嘎

khæ^{55}. mɯ^{33}zʅ^{21} i^{33} tʂhʅ^{33} mu^{21}dʑy^{21}. | tshe^{21} dɯ^{33} ȵi^{33}, fv̩^{55} khv̩^{33}.zy^{21} tɕər^{33} to^{55} dər^{33}.zɑ^{21}tshy^{55} do^{55}
射 天 蛇 南方 在 十 一 日 鼠 岁 蕊江 上 轮 娆星 闪电

be^{21} khæ^{55}.mɯ^{33} zʅ^{21} y^{21} dzʅ^{21} tɯ^{33} dʑy^{21}. | tshe^{21} ȵi^{33} ȵi^{33}, ɯ^{33} khv̩^{55}.zy^{21} kv̩^{33} to^{55} dər^{33}. zɑ^{21} phər^{33}
地 射 天 蛇 羊 居 地 在 十 二 日 牛 岁 蕊古 上 轮 娆星降魔杵

bər^{33} khæ^{55}. mɯ^{33} zʅ^{21} ho^{33} gv̩^{33} lo^{21} dʑy^{21}. | tshe^{33} sʅ^{21} ȵi^{33}, lɑ^{33} khv̩^{55}. zy^{21} dv̩^{21} to^{55} dər^{33}. zɑ^{21} ȵi^{33}
射 天 蛇 北方 在 十 三 日 虎 岁 蕊督 上 轮 娆星

me^{33} khæ^{55}.mɯ^{33} zʅ^{21} i^{33} tʂhʅ^{33} mu^{21} dʑy^{21}. | tshe^{21} lu^{33} ȵi^{33}, tho^{33} le^{33} khv̩^{55}.zy^{21} tshi^{21} to^{55} dər^{33}. zɑ^{21}
太阳 射 天 蛇 南方 在 十 四 日 兔 岁 蕊齐 上 轮 娆星

he^{33} me^{33}khæ^{55}.mɯ^{33} zʅ^{21} ȵi^{33} me^{33} thy̩^{33} dʑy^{21}. | tshe^{21} uɑ^{33} ȵi^{33},ly̩^{21} khy̩^{55}.zy^{21} bɑ^{21}① to^{55} dər^{33}. zɑ^{21}
月亮 射 天 蛇 东方 在 十 五 日 龙 岁 蕊崩 上 轮

mi^{33} mɑ^{21} khæ^{55}.mɯ^{33} zʅ^{21} ly̩^{21} dzʅ^{21} tɯ^{33} dʑy^{21}. | tshe^{21} tʂhuɑ^{55} ȵi^{33}, zʅ^{21} khy̩^{55}. zy^{21} mæ^{33} to^{55} dər^{33}.
娆米麻 射 天 蛇 龙 居 地 在 十 六 日 蛇 岁 蕊满 上 轮

zɑ^{21} lɑ^{21} pɑ^{55} khæ^{55}.mɯ^{33} zʅ^{21} ȵi^{33} me^{33} thy̩^{33} dʑy^{21}. | tshe^{21} ʂər^{33} ȵi^{33}, zʅuɑ^{33} khy̩^{55}. py^{33} bu^{21} ky̩^{33} to^{55}
娆劳鲍 射 天 蛇 西方 在 十 七 日 马 岁 本补古 上

dər^{33}. zɑ^{21} i^{33} pu^{33} kho^{33} khæ^{55}. mɯ^{33} zʅ^{21} ȵi^{33} me^{33} thy̩^{33} dʑy^{21}. | tshe^{21} ho^{55} ȵi^{33}, y^{21} khy̩^{55}. py^{33} bu^{21}
轮 娆星 绸 半匹 射 天 蛇 东方 在 十 八 日 羊 岁 本补满

mæ^{33} to^{55} dər^{33}.zɑ^{21} tshy^{55} do^{55} be^{21} khæ^{55}. mɯ^{33} zʅ^{21} khɯ^{33} dzʅ^{21} tɯ^{33} dʑy^{21}. | tshe^{21} gy̩^{33} ȵi^{33}, ə^{55} y^{21}
上 轮 娆星 闪电 地 射 天 蛇 狗 居 地 在 十 九 日 猴

khy̩^{55}.zʅuɑ^{33} tse^{55} to^{55}dər^{33}.zɑ^{21} tɕiæ^{33} tɕy^{33} khæ^{55}. mɯ^{33} zʅ^{21} ly̩^{21} dzʅ^{21} tɯ^{33} dʑy^{21}. | ȵi^{33} tsər^{21}ȵi^{33}, æ^{21}
岁 柔正 上 轮 娆星 三叉戟 射 天 蛇 龙 居 地 在 二 十 日 鸡

khy̩^{55}. pɑ^{33} khu^{33} to^{55} dər^{33}.zɑ^{21} ȵi^{33} me^{33} khæ^{55}. mɯ^{33} zʅ^{21} ho^{33} gy̩^{33} lo^{21} dʑy^{21}. | ȵi^{33} tsər^{21} dɯ^{33} ȵi^{33},
岁 巴孔 上 轮 娆星 太阳 射 天 蛇 北方 在 二 十 一 日

天蛇在东方。初十，由蕊谬当值。为属猪日。娆久嘎射出。天蛇在南方。十一日，为属鼠日。由蕊江当值。娆星像闪电一样射出。天蛇在羊居地。十二日，为属牛日。由蕊古当值。娆星像降魔杵一样射出。天蛇在北方。十三日，为属虎日。由蕊督当值。娆星像太阳一样明亮地射出。天蛇在南方。十四日，为属兔日。由蕊齐当值。娆星像月亮一样亮地射出。天蛇在东方。十五日，为属龙日。由蕊崩当值，娆米麻射出。天蛇在龙居地。十六日，为属蛇日。由蕊满当值。娆劳鲍射出。天蛇在西方。十七日，为属马日。由本补古当值。娆星像半匹绸一样射出。天蛇在东方。十八日，为属羊日。由本补满当值。娆星像闪电一样射出。天蛇在狗居地。十九日，为属猴日。由柔正当值。娆星像三叉戟一样射出。天蛇在龙居地。二十日，为属鸡日。由巴孔当值。娆星像太阳一样明亮地射出。天蛇在北方。二十一日，

598-L-39-16

① zy^{21} bɑ^{21}，为纳西族二十八宿宿名之一。在前文中多写为“zy^{21} bə^{33}”。也许书写此书的东巴所在之地对此宿有两个名称。我们在音译时统一作“蕊崩”。

khɯ^{33} khv̩^{55}.pɑ^{33} by^{33} to^{55} dər^{33}.zɑ^{21} he^{33} me^{33} khæ^{55}. mɯ^{33} ʐʅ^{21} i^{33} tʂhʅ^{33} mu^{21} ʥy^{21}. | ȵi^{33} tsər^{21} ȵi^{33}
狗 岁 巴毕 上 轮 娆星 月亮 射 天 蛇 南方 在 二 十 二

ȵi^{33}, bu^{21} khv̩^{55}.nɑ^{33} gv̩^{21} to^{55} dər^{33}. zɑ^{21}mi^{33}mɑ^{21}khæ^{55}.mɯ^{33} ʐʅ^{21} khɯ^{33} dzʅ^{21} tɯ^{33} ʥy^{21}. | ȵi^{33} tsər^{21}
日 猪 岁 娜古 上 轮 娆米麻 射 天 蛇 狗 居 地 在 二 十

sʅ^{21} ȵi^{33}, fv̩^{55} khv̩^{33}.thɑ^{33} kə^{55} to^{55} dər^{33}.zɑ^{21} lɑ^{21} pɑ^{55}khæ^{55}.mɯ^{33}ʐʅ^{21} i^{33} tʂhʅ^{33} mu^{21} ʥy^{21}. | ȵi^{33} tsər^{21}
三 日 鼠 岁 涛构 上 轮 娆劳鲍 射 天 蛇 南方 在 二 十

lu^{33} ȵi^{33}, ɯ^{33} khv̩^{55}. tʂhuɑ^{55} tshər^{21} khuɑ^{33} to^{55} dər^{33}. zɑ^{21} ʥiə^{33} kɑ^{21} khæ^{55}. mɯ^{33} ʐʅ^{21} ȵi^{33} me^{33} thv̩^{33}
四 日 牛 岁 创昌夸 上 轮 娆久嘎 射 天 蛇 东方

ʥy^{21}. | ȵi^{33} tsər^{21} tʂhuɑ^{55} ȵi^{33}, tho^{33} le^{33} khv̩^{55}. tʂhuɑ^{55} tshər^{21} kv̩^{33} to^{55} dər^{33}①. | ȵi^{33} tsər^{21} uɑ^{33} ȵi^{33},
在 二 十 六 日 兔 岁 创昌古 上 轮 二 十 五 日

lɑ^{33} khv̩^{55}.tʂhuɑ^{55} tshər^{21} kv̩^{33} to^{55} dər^{33}.zɑ^{21}tshy^{55}do^{55} be^{21} khæ^{55}.mɯ^{33} ʐʅ^{21} ȵi^{33} me^{33} thv̩^{33} ʥy^{21}. ȵi^{33}
虎 岁 创昌古 上 轮 娆星 闪电 地 射 天 蛇 东方 在 二

tsər^{21} tʂhuɑ^{55}ȵi^{33},tho^{33} le^{33} khv̩^{55}. miə^{21} ɕy^{21} to^{55} dər^{33}.zɑ^{21} i^{33} pu^{33} dɯ^{33} khæ^{55}. mɯ^{33} ʐʅ^{21} khɯ^{33} dzʅ^{21}
十 六 日 兔 岁 谬许 上 轮 娆星 绸 一匹 射 天 蛇 狗 居

tɯ^{33} ʥy^{21}. | ȵi^{33}tsər^{21} ʂər^{33} ȵi^{33}, lv̩^{21} khv̩^{55}.so^{33} tho^{21} khuɑ^{33} to^{55} dər^{33}.zɑ^{21} ȵi^{33} me^{33} khæ^{55}.mɯ^{33} ʐʅ^{21}
地 在 二 十 七 日 龙 岁 司托夸 上 轮 娆星 太阳 射 天 蛇

y^{21} dzʅ^{21} tɯ^{33} ʥy^{21}. | ȵi^{33} tsər^{21} ho^{55} ȵi^{33}, ʐʅ^{21} khv̩^{55}. so^{33} tho^{21} kv̩^{33} to^{55} dər^{33}. zɑ^{21} he^{33} me^{33} khæ^{55}.
羊 居 地 在 二 十 八 日 蛇 岁 司托古 上 轮 娆星 月亮 射

mɯ^{33} ʐʅ^{21} ho^{33} gv̩^{33} lo^{21} ʥy^{21}. | ȵi^{33} tsər^{21} gv̩^{33} ȵi^{33}, ʐuɑ^{33} khv̩^{55}. kɯ^{33} phər^{21} ʥi^{21} kv̩^{33} to^{55} dər^{33}. zɑ^{21}
天 蛇 北方 在 二 十 九 日 马 岁 庚盘吉古 上 轮

mi^{33} mɑ^{21} khæ^{55}. mɯ^{33} ʐʅ^{21} y^{21} dzʅ^{21} tɯ^{33} ʥy^{21}. | nɑ^{33} tv̩^{21} ȵi^{33}, y^{21} khv̩^{55}. kɯ^{33} phər^{21} ʥi^{21} mæ^{33} to^{55}
娆米麻 射 天 蛇 羊 居 地 在 三十 日 羊 岁 庚盘吉满 上

dər^{33}. zɑ^{21} lɑ^{21} pɑ^{55} khæ^{55}. mɯ^{33} ʐʅ^{21} ɯ^{33} dzʅ^{21} tɯ^{33} ʥy^{21}. | ʂæ^{33} me^{33} he^{33}:
轮 娆劳鲍 射 天 蛇 牛 居 地 在 七月

为属狗日。由巴毕当值。娆星像月亮一样亮地射出。天蛇在南方。二十二日，为属猪日。由娜古当值。娆米麻射出。天蛇在狗居地。二十三日，为属鼠日。由涛构当值。娆劳鲍射出。天蛇在南方。二十四日，为属牛日。由创昌夸当值。娆久嘎射出。天蛇在东方。二十五日，为属虎日。由创昌古当值。娆星像闪电一样射出。天蛇在东方。二十六日，为属兔日。由谬许当值。娆星像一匹绸一样射出。天蛇在狗居地。二十七日，为属龙日。由司托夸当值。娆

① 这一格的文字东巴发觉已错，未涂。才写了“二十四日”的情况，突然来了“二十六日”，而后文还有“二十六日”。译文中略去。

星像太阳一样明亮地射出。天蛇在羊居地。二十八日，为属蛇日。由司托古当值。娆星像月亮一样亮地射出。天蛇在北方。二十九日，为属马日。由庚盘吉古当值。娆米麻射出。天蛇在羊居地。三十日，为属羊日。由庚盘吉满当值。娆劳鲍射出。天蛇在牛居地。

七月：

598-L-39-17

æ^{21}①. ə^{55} y^{21} he^{33}. he^{21} dɯ^{21} ho^{33} gv̩^{33} lo^{21} ʥy^{21}. | ko^{21} ɕi^{33} he^{21} dɯ^{21} khɯ^{33} dzɿ^{21} tɯ^{33} ʥy^{21}. | to^{55}

鸡 猴 月 神 大 北方 在 郭兴 神 大 狗 居 地 在 垛鬼

dʐu^{33} lv̩^{21} dzɿ^{21} tɯ^{33} ʥy^{21}. | tshe^{33} do^{21} dɯ^{33} ȵi^{33}, ə^{55} y^{21} khv̩^{55}. tshɿ^{21} khu^{33} to^{55} dər^{33}. nɑ^{21} fv̩^{55} nɑ^{21}

债 龙 居 地 在 月 见 一 日 猴 岁 楚孔 上 轮 漆黑一团

dv̩^{33}dʐʅ^{21}zɑ^{21} i^{33} pu^{33} kho^{33}khæ^{55}.mɯ^{33} ʐʅ^{21} ho^{33} gv̩^{33} lo^{21} ʥy^{21}. | tshe^{33} do^{21} ȵi^{33} ȵi^{33}, æ^{21} khv̩^{55}. bu^{21}

时 娆星 绸 半匹 射 天 蛇 北方 在 月 见 二 日 鸡 岁 布孔

khu^{33} to^{55} dər^{33}.zɑ^{21} tshy^{55}do^{55}be^{21}khæ^{55}. mɯ^{33} ʐʅ^{21} ɯ^{33} dzɿ^{21} tɯ^{33} ʥy^{21}. | tshe^{33} do^{21} sɿ^{21} ȵi^{33}, khɯ^{33}

上 轮 娆星 闪电 地 射 天 蛇 牛 居 地 在 月 见 三 日 狗

khv̩^{55}.bu^{21} to^{55} to^{55} dər^{33}. zɑ^{21}phər^{33} bər^{33} khæ^{55}.mɯ^{33} ʐʅ^{21} i^{33} tʂhʅ^{33} mu^{21} ʥy^{21}. | tshe^{33} do^{21} lu^{33} ȵi^{33},

岁 布铎 上 轮 娆星 降魔杵 射 天 蛇 南方 在 月 见 四 日

bu^{21} khv̩^{55}.bu^{21} mɑ^{55} to^{55} dər^{33}.zɑ^{21} ȵi^{33} me^{33} khæ^{55}.mɯ^{33} ʐʅ^{21} ȵi^{33} me^{33} thv̩^{33} ʥy^{21}. | tshe^{33} do^{21} uɑ^{33}

猪 岁 布满 上 轮 娆星 太阳 射 天 蛇 东方 在 月 见 五

ȵi^{33}, fv̩^{55} khv̩^{33}. ʂuɑ^{21} khuɑ^{33} to^{55} dər^{33}. zɑ^{21} he^{33} me^{33} khæ^{55}. mɯ^{33} ʐʅ^{21} ȵi^{33} me^{33} thv̩^{33} ʥy^{21}. | tshe^{33}

日 鼠 岁 刷卡 上 轮 娆星 月亮 射 天 蛇 东方 在 月

do^{21} tʂhuɑ^{55}ȵi^{33},ɯ^{33} khv̩^{55}.zy^{21} khuɑ^{33} to^{55} dər^{33}. zɑ^{21} mi^{33} mɑ^{21} nɑ^{21} fv̩^{55} nɑ^{21} dv̩^{33} dʐʅ^{21} khæ^{55}. mɯ^{33}

见 六 日 牛 岁 蕊夸 上 轮 娆米麻 漆黑一团 时 射 天

① æ^{21}（鸡），此字符应属衍文。“七月属猴”，与“鸡”无关，译文中略去。

zʅ^{21} lv̩^{21}dzʅ^{21} tɯ^{33}dʑy^{21}. | tshe^{33} do^{21} ʂər^{33} ȵi^{33}, lɑ^{33} kv̩^{55}.zy^{21} he^{33} to^{55} dər^{33}.zɑ^{21} lɑ^{21} pɑ^{55} khæ^{55}. mɯ^{33}
蛇 龙 居 地 在 月 见 七 日 虎 岁 蕊亨 上 轮 娆劳鲍 射 天

zʅ^{21} y^{21} dzʅ^{21} tɯ^{33} dʑy^{21}. | tshe^{33} do^{21} ho^{55} ȵi^{33}, tho^{33} le^{33} khv̩^{55}.zy^{21} miə^{21} to^{55} dər^{33}.zɑ^{21} i^{33} pu^{33} kho^{33}
蛇 羊 居 地 在 月 见 八 日 兔 岁 蕊谬 上 轮 娆星 绸 半匹

khæ^{55}.mɯ^{33} zʅ^{21} i^{33} tʂhʅ^{33} mu^{21} dʑy^{21}. | tshe^{33} do^{21} gv̩^{33} ȵi^{33},lv̩^{21} kv̩^{55}.zy^{21} tɕər^{33} to^{55} dər^{33}.zɑ^{21} tshy^{55}
射 天 蛇 南方 在 月 见 九 日 龙 岁 蕊江 上 轮 娆星 闪电

do^{55} be^{21} khæ^{55}. mɯ^{33} zʅ^{21} ho^{33} gv̩^{33} lo^{21} dʑy^{21}.
地 射 天 蛇 北方 在

为猴月。大神在北方。郭兴大神在狗居地。垛鬼的收债人在龙居地。初一，为属猴日。由楚孔当值。在漆黑一团的夜里娆星像半匹绸一样射出。天蛇在北方。初二，为属鸡日。由布孔当值。娆星像闪电一样射出。天蛇在牛居地。初三，为属狗日。由布铎当值。娆星像降魔杵一样射出。天蛇在南方。初四，为属猪日。由布满当值。娆星像太阳一样明亮地射出。天蛇在东方。初五，为属鼠日。由刷卡当值。娆星像月亮一样亮地射出。天蛇在东方。初六，为属牛日。由蕊夸当值。娆米麻在漆黑一团的夜里射出。天蛇在龙居地。初七，为属虎日。由蕊亨当值。娆劳鲍射出。天蛇在羊居地。初八，为属兔日。由蕊谬当值。娆星像半匹绸一样射出。天蛇在南方。初九，为属龙日，由蕊江当值。娆星像闪电一样射出。天蛇在北方。

598-L-39-18

tshe^{33} do^{21} tshe^{21} ȵi^{33}, zʅ^{21} khv̩^{55}.zy^{21} kv̩^{33} to^{55} dər^{33}. zɑ^{21} phər^{33} bər^{33} khæ^{55}. mɯ^{33} zʅ^{21} ɯ^{33} dzʅ^{21} tɯ^{33}
月 见 十 日 蛇 岁 蕊古 上 轮 娆星 降魔杵 射 天 蛇 牛 居 地

dʑy^{21}. | tshe^{21} dɯ^{33} ȵi^{33}, zʅɑ^{33} khv̩^{55}. zy^{21} dv̩^{21} to^{55} dər^{33}. zɑ^{21} ȵi^{33} me^{33} khæ^{55}. mɯ^{33} zʅ^{21} khɯ^{33} dzʅ^{21}
在 十 一 日 马 年 蕊督 上 轮 娆星 太阳 射 天 蛇 狗 居

tɯ^{33} dʑy^{21}. | tshe^{21} ȵi^{33} ȵi^{33}, y^{21} khv̩^{55}. zy^{21} tshi^{21} to^{55} dər^{33}. zɑ^{21} he^{33} me^{33} khæ^{55}. mɯ^{33} zʅ^{21} ȵi^{33} me^{33}
地 在 十 二 日 羊 岁 蕊齐 上 轮 娆星 月亮 射 天 蛇 东方

thv̩^{33} dʑy^{21}. | tshe^{33} sʅ^{21} ȵi^{33}, ə^{55} y^{21} khv̩^{55}.zy^{21} bə^{33} to^{55}dər^{33}. zɑ^{21}mi^{33}mɑ^{21} khæ^{55}.mɯ^{33} zʅ^{21} ȵi^{33} me^{33}
在 十 三 日 猴 岁 蕊崩 上 轮 娆米麻 射 天 蛇 东方

thy̩^{33} dʑy^{21}.｜tshe^{21} lu^{33} ȵi^{33}, æ^{21} khy̩^{55} zy^{21} mæ^{33} to^{55} dər^{33}. zɑ^{21} lɑ^{21} pɑ^{55} khæ^{55}. mɯ^{33} ʐʅ^{21} ly̩^{21} dzʅ^{21} tɯ^{33}
在 十 四 日 鸡 岁 蕊满 上 轮 娆劳鲍 射 天 蛇 龙 居 地

dʑy^{21}.｜tshe^{21} uɑ^{33} ȵi^{33}, khɯ^{33} khy̩^{55}. py^{33} bu^{21} ky̩^{33} to^{55} dər^{33}. zɑ^{21} i^{33} pu^{33} kho^{33} khæ^{55}. mɯ^{33} ʐʅ^{21} y^{21}
在 十 五 日 狗 岁 本补古 上 轮 娆星 绸 半匹 射 天 蛇 羊

dzʅ^{21} tɯ^{33} dʑy^{21}.｜tshe^{21} tʂhuɑ^{55} ȵi^{33}, bu^{21} khy̩^{55}.py^{33} bu^{21} mæ^{33} to^{55} dər^{33}. zɑ^{21} tshy^{55} do^{55} be^{21} khæ^{55}.
居 地 在 十 六 日 猪 岁 本补满 上 轮 娆星 闪电 地 射

mɯ^{33} ʐʅ^{21} ȵi^{33} me^{33} thy̩^{33} dʑy^{21}.｜tshe^{21} ʂər^{33} ȵi^{33}, fy̩^{55} khy̩^{33}. ʐuɑ^{33} tse^{55} to^{55} dər^{33}. zɑ^{21} phər^{33} bər^{33}
天 蛇 东方 在 十 七 日 鼠 岁 柔正 上 轮 娆星 降魔杵

khæ^{55}.mɯ^{33} ʐʅ^{21} khɯ^{33} dzʅ^{21} tɯ^{33} dʑy^{21}.｜tshe^{21} ho^{55} ȵi^{33}, ɯ^{33} khy̩^{55}. pɑ^{33} khu^{33} to^{55} dər^{33}. zɑ^{21} phər^{33}
射 天 蛇 狗 居 地 在 十 八 日 牛 岁 巴孔 上 轮 娆星降魔杵

bər^{33} ȵi^{33} me^{33} be^{21} khæ^{55}. mɯ^{33} ʐʅ^{21} ɯ^{33} dzʅ^{21} tɯ^{33} dʑy^{21}.｜tshe^{21} gy̩^{33} ȵi^{33}, lɑ^{33} khy̩^{55}. pɑ^{33} by^{33} to^{55}
太阳 地 射 天 蛇 牛 居 地 在 十 九 日 虎 岁 巴毕 上

dər^{33}.zɑ^{21} he^{33} me^{33} khæ^{55}.mɯ^{33} ʐʅ^{21} khɯ^{33} dzʅ^{21}tɯ^{33} dʑy^{21}.｜ȵi^{33} tsər^{21} ȵi^{33},tho^{33} le^{33} khy̩^{55}.nɑ^{33} gy̩^{21}
轮 娆星 月亮 射 天 蛇 狗 居 地 在 二 十 日 兔 岁 娜古

to^{55} dər^{33}.
上 轮

初十，为属蛇日。由蕊古当值。娆星像降魔杵一样射出。天蛇在牛居地。十一日，为属马日。由蕊督当值。娆星像太阳一样明亮地射出。天蛇在狗居地。十二日，为属羊日。由蕊齐当值。娆星像月亮一样亮地射出。天蛇在东方。十三日，为属猴日。由蕊崩当值。娆米麻射出。天蛇在东方。十四日，为属鸡日。由蕊满当值。娆劳鲍射出。天蛇在龙居地。十五日，为属狗日。由本补古当值。娆星像半匹绸一样射出。天蛇在羊居地。十六日，为属猪日。由本补满当值。娆星像闪电一样射出。天蛇在东方。十七日，为属鼠日。由柔正当值。娆星像降魔杵一样射出。天蛇在狗居地。十八日，为属牛日。由巴孔当值。娆星像降魔杵又似太阳一样明亮地射出。天蛇在牛居地。十九日，为属虎日。由巴毕当值。娆星像月亮一样亮地射出。天蛇在狗居地。二十日，为属兔日。由娜古当值。

598-L-39-19

zɑ^{21} mi^{33} mɑ^{21} khæ^{55}. mɯ^{33} ʐʅ^{21} ɯ^{33} dzʅ^{21} tɯ^{33} dʑy^{21}. | ȵi^{33} tsər^{21} dɯ^{33} ȵi^{33}, lv̩^{21} khv̩^{55}. thɑ^{33} kə^{55} to^{55}
娆米麻 射 天 蛇 牛 居 地 在 二 十 一 日 龙 岁 涛构 上

dər^{33}.zɑ^{21}lɑ^{21} pɑ^{55} nɑ^{21} fv̩^{55} nɑ^{21}dv̩^{33}dzʅ^{21} khæ^{55}.mɯ^{33} ʐʅ^{21} ȵi^{33} me^{33} thv̩^{33} dʑy^{21}. | ȵi^{33} tsər^{21} ȵi^{33} ȵi^{33},
轮 娆劳鲍 漆黑一团 时 射 天 蛇 东方 在 二 十 二 日

ʐʅ^{21} khv̩^{55}. tʂhuɑ^{55} tshər^{21} khuɑ^{33} to^{55} dər^{33}. zɑ^{21} i^{33} pu^{33} khuɑ^{33} ① khæ^{55}. mɯ^{33} ʐʅ^{21} ȵi^{33} me^{33} thv̩^{33}
蛇 岁 创昌夸 上 轮 娆星 绸 半匹 射 天 蛇 东方

dʑy^{21}. | ȵi^{33} tsər^{21} sʅ^{21}ȵi^{33}, ʐuɑ^{33} khv̩^{55}. tʂhuɑ^{55} tshər^{21} kv̩^{33} to^{55} dər^{33}.zɑ^{21} tshy^{55}do^{55} be^{21} khæ^{55}. mɯ^{33}
在 二 十 三 日 马 岁 创昌古 上 轮 娆星 闪电 地 射 天

ʐʅ^{21} y^{21} dzʅ^{21} tɯ^{33} dʑy^{21}. | ȵi^{33} tsər^{21} lu^{33} ȵi^{33}, y^{21} khv̩^{55}. miə^{21} ɕy^{21} to^{55} dər^{33}. zɑ^{21} phər^{33} bər^{33} khæ^{55}.
蛇 羊 居 地 在 二 十 四 日 羊 岁 谬许 上 轮 娆星 降魔杵 射

mɯ^{33} ʐʅ^{21} y^{21} dzʅ^{21} tɯ^{33} dʑy^{21}. | ȵi^{33} tsər^{21} uɑ^{33} ȵi^{33}, ə^{55} y^{21} khv̩^{55}. so^{33} tho^{21}khuɑ^{33} to^{55} dər^{33}.zɑ^{21} ȵi^{33}
天 蛇 羊 居 地 在 二 十 五 日 猴 岁 司托夸 上 轮 娆星

me^{33} khæ^{55}. mɯ^{33} ʐʅ^{21} ho^{33} gv̩^{33} lo^{21} dʑy^{21}. | ȵi^{33} tsər^{21} tʂhuɑ^{55} ȵi^{33}, æ^{21} khv̩^{55}. khuɑ^{33}②so^{33} tho^{21} kv̩^{33}
太阳 射 天 蛇 北方 在 二 十 六 日 鸡 岁 司托古

to^{55}dər^{33}.zɑ^{21} he^{33}me^{33} khæ^{55}.mɯ^{33} ʐʅ^{21} y^{21} dzʅ^{21} tɯ^{33} dʑy^{21}. | ȵi^{33} tsər^{21} ʂər^{33} ȵi^{33}, khɯ^{33} khv̩^{55}. kɯ^{33}
上 轮 娆星 月亮 射 天 蛇 羊 居 地 在 二 十 七 日 狗 岁

phər^{21} dʑi^{21} kv̩^{33} to^{55} dər^{33}. zɑ^{21} mi^{33} mɑ^{21} khæ^{55}.mɯ^{33} ʐʅ^{21} ɯ^{33} dzʅ^{21} tɯ^{33} dʑy^{21}. | ȵi^{33} tsər^{21} ho^{55} ȵi^{33},
庚盘吉古 上 轮 娆米麻 射 天 蛇 牛 居 地 有 二 十 八 日

bu^{21} khv̩^{55}. kɯ^{33} phər^{21} dʑi^{21} mæ^{33} to^{55} dər^{33}. zɑ^{21} lɑ^{21} pɑ^{55} dʑiə^{33} ③khæ^{55}. mɯ^{33} ʐʅ^{21} ȵi^{33} me^{33} thv̩^{33}
猪 岁 庚盘吉满 上 轮 娆劳鲍 射 天 蛇 东方

dʑy^{21}. | ȵi^{33} tsər^{21} gv̩^{33} ȵi^{33}, fv̩^{55} khv̩^{33}. fv̩^{33} kə^{55} to^{55} dər^{33}. zɑ^{21} kho^{33}④ phər^{33} bər^{33} khæ^{55}. mɯ^{33} ʐʅ^{21}
在 二 十 九 日 鼠 岁 夫构 上 轮 娆星 角 降魔杵 射 天 蛇

ȵi^{33}me^{33}gv̩^{21} dʑy^{21}. | nɑ^{33} tv̩^{21} ȵi^{33},ɯ^{33} khv̩^{55}. tshʅ^{21} khu^{33} to^{55} dər^{33}. zɑ^{21} tshy^{55} do^{55} be^{21} khæ^{55}. mɯ^{33}
西方 在 三十 日 牛 岁 楚孔 上 轮 娆星 闪电 地 射 天

ʐʅ^{21} i^{33} tʂhʅ^{33} mu^{21} dʑy^{21}.
蛇 南方 在

① “khuɑ^{33}”字下有一符号，读音不明。

② 此字为衍文，“二十六日”应为“so^{33} tho^{21} kv̩^{33}”，不是“sʅ^{33} tho^{21} khuɑ^{33}”。

③ 此字符无法与其他字符连读，存疑。

④ 此字符无法与其他字符连读，存疑。

娆米麻射出。天蛇在牛居地。二十一日，为属龙日。由涛构当值。娆劳鲍在漆黑一团的夜里射出。天蛇在东方。二十二日，为属蛇日。由创昌夸当值。娆星像半匹绸一样射出。天蛇在东方。二十三日，为属马日。由创昌古当值。娆星像闪电一样射出。天蛇在羊居地。二十四日，为属羊日。由谬许当值。娆星像降魔杵一样射出。天蛇在羊居地。二十五日，为属猴日。由司托夸当值。娆星像太阳一样明亮地射出。天蛇在北方。二十六日，为属鸡日。由司托古当值。娆星像月亮一样亮地射出。天蛇在羊居地。二十七日，为属狗日。由庚盘吉古当值。娆米麻射出。天蛇在牛居地。二十八日，为属猪日。由庚盘吉满当值。娆劳鲍射出。天蛇在东方。二十九日，为属鼠日。由夫构当值。娆星像降魔杵一样射出。天蛇在西方。三十日，为属牛日。由楚孔当值。娆星像闪电一样射出。天蛇在南方。

598-L-39-20

huɑ^{55} me^{33} he^{33}: æ^{21} he^{33}. he^{21} dɯ^{21} n̥i^{33} me^{33} thy̩^{33} dʑy^{21}. | ko^{21} çi^{33} he^{21} dɯ^{21} ɯ^{33} dzʅ^{21} tɯ^{33}
八月 鸡 月 神 大 东方 在 郭兴 神 大 牛 居 地

dʑy^{21}. | to^{55} dzu̧^{33} y^{21} dzʅ^{21} tɯ^{33} dʑy^{21}. | tshe^{33} do^{21} dɯ^{33} n̥i^{33}, lɑ^{33} khy̩^{55}. bu^{21} khu^{33} to^{55} dər^{33}. dy̩^{21}
在 垛鬼 债 羊 居 地 在 月 见 一 日 虎 岁 布孔 上 轮 毒鬼

hɯ^{55} lo^{21}nɯ^{33} zɑ^{21} i^{33} pu^{33} dɯ^{33} khæ^{55}.mɯ^{33}zʅ^{21} n̥i^{33} me^{33} thy̩^{33} dʑy^{21}. | tshe^{33}do^{21} n̥i^{33} n̥i^{33}, tho^{33} le^{33}
海 里 以 娆星 绸 一匹 射 天 蛇 东方 在 月 见 二 日 兔

khy̩^{55}. bu^{21} to^{55} to^{55} dər^{33}.zɑ^{21}n̥i^{33}me^{33}、dʑiə^{33}、phər^{33} bər^{33}①khæ^{55}. mɯ^{33} zʅ^{21} i^{33}tʂhʅ^{33} mu^{21}dʑy^{21}. |
岁 布铎 上 轮 娆星 太阳 色子 降魔杵 射 天 蛇 南方 在

tshe^{33} do^{21} sʅ^{21} n̥i^{33}, ly̩^{21} khy̩^{55}. bu^{21} mæ^{55} to^{55} dər^{33}. zɑ^{21} he^{33} me^{33} khæ^{55}. mɯ^{33} zʅ^{21} ɯ^{33} dzʅ^{21} tɯ^{33}
月 见 三 日 龙 岁 布满 上 轮 娆星 月亮 射 天 蛇 牛 居 地

dʑy^{21}. | tshe^{33} do^{21} lu^{33} n̥i^{33}, zʅ^{21} khy̩^{55}. ʂuɑ^{21} khuɑ^{33} to^{55} dər^{33}.zɑ^{21} mi^{33} mɑ^{21} nɑ^{21} fy̩^{55} nɑ^{21} dy̩^{33} dzʅ^{21}
在 月 见 四 日 蛇 岁 刷卡 上 轮 娆米麻 漆黑一团 时

khæ^{55}.mɯ^{33} zʅ^{21} i^{33} tʂhʅ^{33} mu^{21} dʑy^{21}. | tshe^{33} do^{21} uɑ^{33} n̥i^{33},zu̧ɑ^{33} khy̩^{55}. zy^{21} khuɑ^{33} to^{55} dər^{33}. zɑ^{21}
射 天 蛇 南方 在 月 见 五 日 马 岁 蕊夸 上 轮

① n̥i^{33} me^{33}、dʑiə^{33}、phər^{33} bər^{33}，这里写了三个娆星之名，难以连读，从"n̥i^{33} me^{33}"。译文中略去"dʑiə^{33}、phər^{33} bər^{33}"。

lɑ^{21} pɑ^{55} khæ^{55}. mɯ^{33} ʐʅ^{21} ho^{33} gv̩^{33} lo^{21}dʑy^{21}. | tshe^{33} do^{21} tʂhuɑ^{55} ȵi^{33}, y^{21} khv̩^{55}. zy^{21} he^{33} to^{55} dər^{33}.

娆劳鲍 射 天 蛇 北方 在 月 见 六 日羊 岁 蕊亨 上 轮

zɑ^{21} phər^{33} bər^{33} khæ^{55}.mɯ^{33} ʐʅ^{21} ȵi^{33} me^{33} thv̩^{33} dʑy^{21}. | tshe^{33} do^{21} ʂər^{33} ȵi^{33},ə^{55} y^{21} khv̩^{55}.zy^{21}miə^{21}

娆星 降魔杵 射 天 蛇 东方 在 月 见 七 日 猴 岁 蕊谬

to^{55} dər^{33}. zɑ^{21} tshy^{55} do^{55} be^{21} khæ^{55}. mɯ^{33} ʐʅ^{21} ho^{33} gv̩^{33} lo^{21} dʑy^{21}. | tshe^{33} do^{21} ho^{55} ȵi^{33}, æ^{21} khv̩^{55}.

上 轮 娆星 闪电 地 射 天 蛇 北方 在 月 见 八 日 鸡 岁

zy^{21} tɕər^{33} to^{55} dər^{33}. zɑ^{21} i^{33} pu^{33} khæ^{55}. mɯ^{33} ʐʅ^{21} ȵi^{33} me^{33} thv̩^{33} dʑy^{21}. | tshe^{33} do^{21} gv̩^{33} ȵi^{33}, khɯ^{33}

蕊江 上 轮 娆星 绸 射 天 蛇 东方 在 月 见 九 日 狗

khv̩^{55}.

岁

八月：为鸡月。大神在东方。郭兴大神在牛居地。垛鬼的收债人在羊居地。初一，为属虎日。由布孔当值。娆星像一匹绸一样从毒鬼海里射出。天蛇在东方。初二，为属兔日，由布铎当值。娆星像太阳一样明亮地射出。天蛇在南方。初三，为属龙日。由布满当值。娆星像月亮一样亮地射出。天蛇在牛居地。初四，为属蛇日。由刷卡当值。娆米麻在漆黑一团的夜里射出。天蛇在南方。初五，为属马日。由蕊夸当值。娆劳鲍射出。天蛇在北方。初六，为属羊日。由蕊亨当值。娆星像降魔杵一样射出。天蛇在东方。初七，为属猴日。由蕊谬当值。娆星像闪电一样射出。天蛇在北方。初八，为属鸡日。由蕊江当值。娆星像一匹绸一样射出。天蛇在东方。初九，为属狗日。

598-L-39-21

zy^{21} kv̩^{33} to^{55} dər^{33}.zɑ^{21} dʑiə^{33} kɑ^{21} ȵi^{33} me^{33} khæ^{55}.mɯ^{33} ʐʅ^{21} ȵi^{33} me^{33} thv̩^{33} dʑy^{21}. | tshe^{33} do^{21} tshe^{21}

蕊古 上 轮 娆久嘎 太阳 射 天 蛇 东方 在 月 见 十

ȵi^{33}, bu^{21} khv̩^{55}.zy^{21} dv̩^{21} to^{55} dər^{33}. zɑ^{21} he^{33} me^{33} nɑ^{21} fv̩^{55} nɑ^{21} dv̩^{33} dʐʅ^{21} khæ^{55}. mɯ^{33} ʐʅ^{21} lv̩^{21} dzʅ^{21}

日 猪 岁 蕊督 上 轮 娆星 月亮 漆黑一团 时 射 天 蛇龙 居

tɯ^{33} ʥy^{21}. | tshe^{21} dɯ^{33} ȵi^{33}, fv̩^{55} khv̩^{33}.zy^{21} tshi^{21}to^{55} dər^{33}.zɑ^{21} mi^{33} mɑ^{21} khæ^{55}.mɯ^{33} ʐʅ^{21} ȵi^{33} me^{33}
地 在 十 一 日 鼠 岁 蕊齐 上 轮 娆米麻 射 天 蛇 东方

thv̩^{33} ʥy^{21}. | tshe^{21} ȵi^{33} ȵi^{33}, ɯ^{33} khv̩^{55}. zy^{21} bɑ^{21} to^{55} dər^{33}. zɑ^{21} lɑ^{21} pɑ^{55} khæ^{55}. mɯ^{33} ʐʅ^{21} i^{33} tʂhʅ^{33}
在 十 二 日 牛 岁 蕊崩 上 轮 娆劳鲍 射 天 蛇 南方

mu^{21} ʥy^{21}. | tshe^{33} sʅ^{21} ȵi^{33}, lɑ^{33} khv̩^{55}. zy^{21} mæ^{33} to^{55} dər^{33}. zɑ^{21} phər^{33} bər^{33} khæ^{55}. mɯ^{33} ʐʅ^{21} ho^{33}
在 十 三 日 虎 岁 蕊满 上 轮 娆星 降魔杵 射 天 蛇

gv̩^{33} lo^{21} ʥy^{21}. | tshe^{21} lu^{33} ȵi^{33}, tho^{33} le^{33} khv̩^{55}. py^{33} bu^{21} kv̩^{33} to^{55} dər^{33}. zɑ^{21} phər^{33} bər^{33} tshy^{55} do^{55}
北方 在 十 四 日 兔 岁 本补古 上 轮 娆星 降魔杵 闪电

be^{21} khæ^{55}.mɯ^{33} ʐʅ^{21} lv̩^{21} dzʅ^{21} tɯ^{33} ʥy^{21}. | tshe^{21} uɑ^{33} ȵi^{33}, lv̩^{21} khv̩^{55}. py^{33} bu^{21} mæ^{33} to^{55} dər^{33}. zɑ^{21}
地 射 天 蛇 龙 居 地 在 十 五 日 龙 岁 本补满 上 轮 娆星

phər^{33} bər^{33} khæ^{55}. mɯ^{33} ʐʅ^{21} ho^{33} gv̩^{33} lo^{21} ʥy^{21}. | tshe^{21} tʂhuɑ^{55} ȵi^{33},ʐʅ^{21} khv̩^{55}.ʐuɑ^{33} tse^{55} to^{55} dər^{33}.
降魔杵 射 天 蛇 北方 在 十 六 日 蛇 岁 柔正 上 轮

zɑ^{21} ȵi^{33} me^{33} khæ^{55}. mɯ^{33} ʐʅ^{21} i^{33} tʂhʅ^{33} mu^{21} ʥy^{21}. | tshe^{21} ʂər^{33} ȵi^{33}, ʐuɑ^{33} khv̩^{55}. pɑ^{33} khu^{33} to^{55}
娆星 太阳 射 天 蛇 南方 在 十 七 日 马 岁 巴孔 上

dər^{33}. zɑ^{21} he^{33} me^{33}①khæ^{55}. mɯ^{33} ʐʅ^{21} i^{33} tʂhʅ^{33} mu^{21} ʥy^{21}. | tshe^{21} ho^{55} ȵi^{33}, y^{21} khv̩^{55}. pɑ^{33} by^{33} to^{55}
轮 娆星 月亮 射 天 蛇 南方 在 十 八 日 羊 岁 巴毕 上

dər^{33}. zɑ^{21} mi^{33} mɑ^{21} khæ^{55}. mɯ^{33} ʐʅ^{21} i^{33} tʂhʅ^{33} mu^{21} ʥy^{21}. | tshe^{21} gv̩^{33} ȵi^{33},
轮 娆米麻 射 天 蛇 南方 在 十 九 日

由蕊古当值。娆久嘎像太阳一样明亮地射出。天蛇在东方。初十，为属猪日。由蕊督当值。娆星像月亮一样亮地在漆黑一团的夜里射出。天蛇在龙居地。十一日，为属鼠日。由蕊齐当值。娆米麻射出。天蛇在东方。十二日，为属牛日。由蕊崩当值。娆劳鲍射出。天蛇在南方。十三日，为属虎日。由蕊满当值。娆星像降魔杵一样射出。天蛇在北方。十四日，为属兔日。由本补古当值。娆星像降魔杵似闪电地射出。天蛇在龙居地。十五日，为属龙日。由本补满当值。娆星像降魔杵一样射出。天蛇在北方。十六日，为属蛇日。由柔正当值。娆星像太阳一样明亮地射出。天蛇在南方。十七日，为属马日。由巴孔当值。娆星像月亮一样亮地射出。天蛇在南方。十八日，为属羊日。由巴毕当值。娆米麻射出。天蛇在南方。十九日

① "he^{33} me^{33}"（月亮）下方有一符号，意义不明。

598-L-39-22

ə^{55} y^{21} khv̩^{55}. nɑ^{33} gv̩^{21} to^{55} dər^{33}. zɑ^{21} lɑ^{21} pɑ^{55} nɑ^{21} fv̩^{55}nɑ^{21} dv̩^{33} dʐʅ^{21} khæ^{55}.mɯ^{33} ʐʅ^{21} ho^{33} gv̩^{33} lo^{21}

猴 岁 娜古 上 轮 娆劳鲍 漆黑一团 时 射 天 蛇 北方

dʑy^{21}. | ȵi^{33} tsər^{21} ȵi^{33}, æ^{21} khv̩^{55}.thɑ^{33} kə^{55} to^{55} dər^{33}.zɑ^{21} phər^{33} bər^{33} khæ^{55}.mɯ^{33} ʐʅ^{21} i^{33} tʂhʅ^{33} mu^{21}

在 二 十 日 鸡 岁 涛构 上 轮 娆星 降魔杵 射 天 蛇 南方

dʑy^{21}. | ȵi^{33} tsər^{21} dɯ^{33} ȵi^{33}, khɯ^{33} khv̩^{55}. kɯ^{21} dze^{33} tse^{33}、tʂhuɑ^{55} tshər^{21} khuɑ^{33}①to^{55} dər^{33}. zɑ^{21}

在 二 十 一 日 狗 岁 庚真珍 创昌夸 上 轮 娆星

tshy^{55} do^{55} be^{21} khæ^{55}. mɯ^{33} ʐʅ^{21} ho^{33} gv̩^{33} lo^{21} dʑy^{21}. | ȵi^{33} tsər^{21} ȵi^{33} ȵi^{33}, bu^{21} khv̩^{55}. tʂhuɑ^{55} tshər^{21}

闪电 地 射 天 蛇 北方 在 二 十 二 日 猪 岁 创昌古

kv̩^{33} to^{55} dər^{33}. zɑ^{21} khæ^{55}. mɯ^{33} ʐʅ^{21} khɯ^{33} dzʅ^{21} tɯ^{33} dʑy^{21}. | ȵi^{33} tsər^{21} sʅ^{21} ȵi^{33}, fv̩^{55} khv̩^{33}, miə^{21}

上 轮 娆星 射 天 蛇 狗 居 地 在 二 十 三 日 鼠 岁 谬许

ɕy^{21} to^{55} dər^{33}.zɑ^{21} dʑiə^{33} kɑ^{21} ȵi^{33} me^{33} khæ^{55}.mɯ^{33} ʐʅ^{21} ɯ^{33} dzʅ^{21} tɯ^{33} dʑy^{21}. | ȵi^{33}tsər^{21}lu^{33} ȵi^{33}, ɯ^{33}

上 轮 娆久嘎 太阳 射 天 蛇 牛 居 地 在 二 十 四 日 牛

khv̩^{55}. so^{33} tho^{21} khuɑ^{33} to^{55}dər^{33}.zɑ^{21}phər^{33} bər^{33} he^{33} me^{33} khæ^{55}.mɯ^{33} ʐʅ^{21}khɯ^{33} dzʅ^{21} tɯ^{33}dʑy^{21}. |

岁 司托夸 上 轮 娆星 降魔杵 月亮 射 天 蛇 狗 居 地 在

ȵi^{33} tsər^{21} uɑ^{33} ȵi^{33}, so^{33} tho^{21} kv̩^{33} to^{55} dər^{33}. lɑ^{33} khv̩^{55}. zɑ^{21}mi^{33}mɑ^{21} khæ^{55}.mɯ^{33}ʐʅ^{21} ȵi^{33} me^{33} thv̩^{33}

二 十 五 日 司托古 上 轮 虎 岁 娆米麻 射 天 蛇 东方

dʑy^{21}. | ȵi^{33} tsər^{21} tʂhuɑ^{55} ȵi^{33}, tho^{33} le^{33} khv̩^{55}. kɯ^{33} phər^{21} dʑiə^{21} kv̩^{33} to^{55} dər^{33}. zɑ^{21} lɑ^{21} pɑ^{55} khæ^{55}.

在 二 十 六 日 兔 岁 庚盘吉古 上 轮 娆劳鲍 射

mɯ^{33} ʐʅ^{21} i^{33} tʂhʅ^{33} mu^{21} dʑy^{21}. | ȵi^{33} tsər^{21} ʂər^{33} ȵi^{33}, lv̩^{21} khv̩^{55}.kɯ^{33} phər^{21} dʑi^{21} mæ^{33} to^{55} dər^{33}. zɑ^{21}

天 蛇 南方 在 二 十 七 日 龙 岁 庚盘吉满 上 轮 娆星

① 此处同一宿写了两个名称，或是同宿异名。

i³³ pu³³ kho³³ khæ⁵⁵.mɯ³³ zʅ²¹ ɯ³³ dzʅ²¹ tɯ³³ dʑy²¹. | n̥i³³tsər²¹ho⁵⁵ n̥i³³, zʅ²¹ khv̩⁵⁵.fv̩³³ kə⁵⁵ to⁵⁵ dər³³.
绸 半匹 射 天 蛇 牛 居 地 在 二 十 八 日 蛇 岁 夫构 上 轮

zɑ²¹ tshy⁵⁵ do⁵⁵ be²¹ khæ⁵⁵. mɯ³³ zʅ²¹ i³³ tʂhʅ³³ mu²¹ dʑy²¹. | n̥i³³ tsər²¹ gv̩³³ n̥i³³, zʅuɑ³³ khv̩⁵⁵. tshʅ²¹
娆星 闪电 地 射 天 蛇 南方 在 二 十 九 日 马 岁 楚孔

khu³³ to⁵⁵ dər³³.
上 轮

为属猴日。由娜古当值。娆劳鲍在漆黑一团的夜里射出。天蛇在北方。二十日，为属鸡日。由涛构当值。娆星像降魔杵一样射出。天蛇在南方。二十一日，为属狗日。由庚真珍（创昌夸）当值。娆星像闪电一样射出。天蛇在北方。二十二日，为属猪日。由创昌古当值。娆星射出。天蛇在狗居地。二十三日，为属鼠日。由谬许当值。娆久嘎像太阳一样明亮地射出。天蛇在牛居地。二十四日，为属牛日。由司托夸当值。娆星像降魔杵又似月亮一样亮地射出。天蛇在狗居地。二十五日，为属虎日。由司托古当值。娆米麻射出。天蛇在东方。二十六日，为属兔日。由庚盘吉古当值。娆劳鲍射出。天蛇在南方。二十七日，为属龙日。由庚盘吉满当值。娆星像半匹绸一样射出。天蛇在牛居地。二十八日，为属蛇日。由夫构当值。娆星像闪电一样射出。天蛇在南方。二十九日，为属马日。由楚孔当值。

598-L-39-23

zɑ²¹phər³³ bər³³ khæ⁵⁵.mɯ³³ zʅ²¹ n̥i³³ me³³ thv̩³³ dʑy²¹. | nɑ³³tv̩²¹ n̥i³³, y²¹ khv̩⁵⁵. bu²¹ khu³³ to⁵⁵ dər³³.
娆星 降魔杵 射 天 蛇 东方 在 三十 日 羊 岁 布孔 上 轮

zɑ²¹ n̥i³³ me³³ nɑ²¹ fv̩⁵⁵ nɑ²¹ dv̩³³ dzʅ²¹ khæ⁵⁵. mɯ³³zʅ²¹ y²¹ dzʅ²¹ tɯ³³ dʑy²¹. | guə³³ me³³ he³³: khɯ³³
娆星 太阳 漆黑一团 时 射 天 蛇 羊 居 地 在 九月 狗

he³³. he²¹ dɯ²¹i³³ tʂhʅ³³ mu²¹ dʑy²¹. | ko²¹ ɕi³³ he²¹ dɯ²¹ lv̩²¹ dzʅ²¹ tɯ³³ dʑy²¹. | to⁵⁵ dzʅu³³ khɯ³³ dzʅ²¹
月 神 大 南方 在 郭兴 神 大 龙 居 地 在 垛鬼 债 狗 居

tɯ³³ dʑy²¹. | tshe³³ do²¹ dɯ³³ n̥i³³, ə⁵⁵ y²¹ khv̩⁵⁵. bu²¹ to⁵⁵ to⁵⁵ dər³³.zɑ²¹ he³³ me³³ khæ⁵⁵.mɯ³³ zʅ²¹ i³³
地 在 月 见 一 日 猴 岁 布铎 上 轮 娆星 月亮 射 天 蛇

tʂhʅ33 mu21 ʥy21. | tshe33 do21 ȵi33 ȵi33, æ21 khv̩55. bu21 mæ55 to55 dər33. zɑ21mi33mɑ21 phər33 bər33
南方 在 月 见 二 日 鸡 岁 布满 上 轮 娆米麻 降魔杵

khæ55.mɯ33 zʅ21 ȵi33 me33 thv̩33 ʥy21. | tshe33 do21 sʅ21 ȵi33, khɯ33 khv̩55.ʂuɑ21 khuɑ33 to55 dər33. zɑ21
射 天 蛇 东方 在 月 见 三 日 狗 岁 刷卡 上 轮

lɑ21 pɑ55 khæ55.mɯ33zʅ21 lv̩21 dzʅ21 tɯ33 ʥy21. | tshe33 do21 lu33 ȵi33, bu21 khv̩55.zy21 khuɑ33 to55 dər33.
娆劳鲍 射 天 蛇 龙 居 地 在 月 见 四 日 猪 岁 蕊夸 上 轮

zɑ21i33 pu33 kho33 khæ55.mɯ33 zʅ21 i33 tʂhʅ33 mu21 ʥy21. | tshe33 do21 uɑ33 ȵi33,fv̩55 khv̩33.zy21 he33 to55
娆星 绸 半匹 射 天 蛇 南方 在 月 见 五 日 鼠 岁 蕊亨 上

dər33. zɑ21 tshy55 do55 be21 khæ55. mɯ33 zʅ21 ȵi33 me33 thv̩33 ʥy21. | tshe21 do21 tʂhuɑ55 ȵi33,ɯ33 khv̩55.
轮 娆星 闪电 地 射 天 蛇 东方 在 月 见 六 日 牛 岁

zy21miə21to55 dər33.zɑ21 phər33 bər33 khæ55. mɯ33 zʅ21 i33 tʂhʅ33 mu21 ʥy21. | tshe33 do21 ʂər33 ȵi33, lɑ33
蕊谬 上 轮 娆星 降魔杵 射 天 蛇 南方 在 月 见 七 日 虎

khv̩55. zy21 tɕər33 to55 dər33.
岁 蕊江 上 轮

娆星像降魔杵一样射出。天蛇在东方。三十日，为属羊日，由布孔当值。娆星在漆黑一团的夜里像太阳一样明亮地射出。天蛇在羊居地。

九月：为狗月。大神在南方。郭兴大神在龙居地。垛鬼的收债人在狗居地。初一，为属猴日。由布铎当值。娆星像月亮一样亮地射出。天蛇在南方。初二，为属鸡日。由布满当值。娆米麻像降魔杵一样射出。天蛇在东方。初三，为属狗日。由刷卡当值。娆劳鲍射出。天蛇在龙居地。初四，为属猪日。由蕊夸当值。娆星像半匹绸一样射出。天蛇在南方。初五，为属鼠日。由蕊亨当值。娆星像闪电一样射出。天蛇在东方。初六，为属牛日。由蕊谬当值。娆星像降魔杵一样射出。天蛇在南方。初七，为属虎日。由蕊江当值。

598-L-39-24

zɑ^{21} ȵi^{33} me^{33} khæ^{55}. mɯ^{33} ʐʅ^{21} ȵi^{33} me^{33} thy̩^{33} dʑy^{21}. | tshe^{33} do^{21} ho^{55} ȵi^{33}, tho^{33} le^{33} khy̩^{55}. zy^{21} ky̩^{33}
娆星 太阳 射 天 蛇 东方 在 月 见 八 日 兔 岁 蕊古

to^{55} dər^{33}. zɑ^{21} he^{33} me^{33} khæ^{55}. mɯ^{33} ʐʅ^{21} ho^{33} gy̩^{33} lo^{21} dʑy^{21}. | tshe^{33} do^{21} gy̩^{33} ȵi^{33}, ly̩^{21} khy̩^{55}. zy^{21}
上 轮 娆星 月亮 射 天 蛇 北方 在 月 见 九 日 龙 岁 蕊江

tɕər^{33} to^{55} dər^{33}.zɑ^{21} mi^{33} mɑ^{21} nɑ^{21} fy̩^{55} nɑ^{21} dy̩^{33} dʐʅ^{21} khæ^{55}. phər^{33} bər^{33}①.mɯ^{33} ʐʅ^{21} i^{33} tʂhʅ^{33} mu^{21}
上 轮 娆米麻 漆黑一团 时 射 降魔杵 天 蛇 南方

dʑy^{21}. | tshe^{33} do^{21} tshe^{21} ȵi^{33}, ʐʅ^{21} khy̩^{55}. zy^{21} dy̩^{21} to^{55} dər^{33}. zɑ^{21} lɑ^{21} pɑ^{55} khæ^{55}. mɯ^{33} ʐʅ^{21} y^{21} dzʅ^{21}
在 月 见 十 日 蛇 岁 蕊督 上 轮 娆劳鲍 射 天 蛇 羊 居

tɯ^{33} dʑy^{21}. | tshe^{21} dɯ^{33} ȵi^{33},ʐuɑ^{33} khy̩^{55}.zy^{21} tshi^{21} to^{55} dər^{33}.zɑ^{21} i^{33} pu^{33} kho^{33} khæ^{55}.mɯ^{33} ʐʅ^{21} ho^{33}
地 在 十 一 日 马 岁 蕊齐 上 轮 娆星 绸 半匹 射 天 蛇

gy̩^{33} lo^{21} dʑy^{21}. | tshe^{21} ȵi^{33} ȵi^{33},y^{21} khy̩^{55}.zy^{21} bə^{33} to^{55} dər^{33}. zɑ^{21} tshy^{55} do^{55} be^{21} khæ^{55}.mɯ^{33} ʐʅ^{21}
北方 在 十 二 日 羊 岁 蕊崩 上 轮 娆星 闪电 地 射 天 蛇

ȵi^{33} me^{33} thy̩^{33} dʑy^{21}. tshe^{33} sʅ^{21} ȵi^{33}, ə^{55} y^{21} khy̩^{55}. zy^{21} mæ^{33} to^{55} dər^{33}. nɑ^{21} fy̩^{55} nɑ^{21} dy̩^{33} dʐʅ^{21} zɑ^{21}
东方 在 十 三 日 猴 岁 蕊满 上 轮 漆黑一团 时 娆

phər^{33} bər^{33} khæ^{55}.mɯ^{33} ʐʅ^{21} ȵi^{33} me^{33} thy̩^{33} dʑy^{21}. | tshe^{21} lu^{33} ȵi^{33} , æ^{21} khy̩^{55}. py^{33} bu^{21} ky̩^{33} to^{55}
降魔杵 射 天 蛇 东方 在 十 四 日 鸡 岁 本补古 上

dər^{33}. zɑ^{21} ȵi^{33} me^{33} khæ^{55}.mɯ^{33} ʐʅ^{21} ho^{33} gy̩^{33} lo^{21} dʑy^{21}.tshe^{21} uɑ^{33} ȵi^{33}, khɯ^{33} khy̩^{55}. py^{33} bu^{21} mæ^{33}
轮 娆星 太阳 射 天 蛇 北方 在 十 五 日 狗 岁 本补满

to^{33} dər^{33}. zɑ^{21} he^{33} me^{33} khæ^{55}. mɯ^{33} ʐʅ^{21} ɯ^{33} dzʅ^{21} tɯ^{33} dʑy^{21}. | tshe^{21} tʂhuɑ^{55} ȵi^{33}, bu^{21} khy̩^{55}. ʐuɑ^{33}
上 轮 娆星 月亮 射 天 蛇 牛 居 地 在 十 六 日 猪 岁 柔正

tse^{55} to^{55} dər^{33}. zɑ^{21} mi^{33}mɑ^{21} khæ^{55}. mɯ^{33} ʐʅ^{21} ho^{33} gy̩^{33} lo^{21} dʑy^{21}. | tshe^{21} ʂər^{33} ȵi^{33}, fy̩^{55} khy̩^{33}. pɑ^{33}
上 轮 娆米麻 射 天 蛇 北方 在 十 七 日 鼠 岁 巴孔

khu^{33} to^{55} dər^{33}.
上 轮

娆星像太阳一样明亮地射出。天蛇在东方。初八，为属兔日。由蕊古当值。娆星像月亮一样亮地射出。天蛇在北方。初九，为属龙日。由蕊江当值。娆米麻在漆黑一团的夜里射出。天蛇在南方。初十，为属蛇日。由蕊督当值。娆劳鲍射出。天蛇在羊居地。十一日，为属马日。由蕊齐当值。娆星像半匹绸一样射出。天蛇在北方。十二日，为属羊日。由蕊崩当值。娆星像闪电一样射出。天蛇在东方。十三日，为属猴日。由蕊满当值。在漆黑一团的夜里，娆星像降魔杵一样射出。天蛇在东方。十四日，为属鸡日。由本补古当值。娆星像太阳一样明亮地射出。天蛇在北方。十五日，为属狗日。由本补满当值。娆星像月亮一样亮地射出。天蛇

① 此句写了两个娆星名，现从“zɑ^{21} mi^{33} mɑ^{21}”。

在牛居地。十六日，为属猪日。由柔正当值。娆米麻射出。天蛇在北方。十七日，为属鼠日。由巴孔当值。

598-L-39-25

za^{21} la^{21} pa^{55} khæ^{55}. mɯ^{33} ʐʅ^{21} i^{33} tʂhʅ^{33} mu^{21} dʑy^{21}. | tshe^{21} ho^{55} n̥i^{33}, ɯ^{33} khy̩^{55}. pa^{33} by^{33} to^{55} dər^{33}.
娆劳鲍 射 天 蛇 南方 在 十 八 日 牛 岁 巴毕 上 轮

za^{21}phər^{33} bər^{33} khæ^{55}.mɯ^{33} ʐʅ^{21} y^{21} dzʅ^{21} tɯ^{33} dʑy^{21}. | tshe^{21} gy̩^{33} n̥i^{33},la^{33} khy̩^{55}. na^{33} gy̩^{21} to^{55} dər^{33}.
娆星 降魔杵 射 天 蛇 羊 居 地 在 十 九 日 虎 岁 娜古 上 轮

za^{21} dʑiə^{33} ka^{21} tshy^{55} do^{55} be^{21} khæ^{55}①. | n̥i^{33} tsər^{21} n̥i^{33}, tho^{33}le^{33} khy̩^{55}. tha^{21}kə^{55} to^{55} dər^{33}.za^{21} tɕæ^{33}
娆久嘎 闪电 地 射 二 十 日 兔 岁 涛构 上 轮 娆星三叉戟

tɕy^{33} khæ^{55}.mɯ^{33}ʐʅ^{21}n̥i^{33} me^{33} thy̩^{33} dʑy^{21}. | n̥i^{33} tsər^{21} dɯ^{33} n̥i^{33},ly̩^{21} khy̩^{55}. tʂhua^{55} tshər^{21} khua^{33} to^{55}
射 天 蛇 东方 在 二 十 一 日 龙 岁 创昌夸 上

dər^{33}. za^{21} n̥i^{33} me^{33} khæ^{55}. mɯ^{33} ʐʅ^{21} n̥i^{33} me^{33} thy̩^{33} dʑy^{21}. | n̥i^{33} tsər^{21} n̥i^{33} n̥i^{33}, ʐʅ^{21} khy̩^{55}. tʂhua^{55}
轮 娆星 太阳 射 天 蛇 东方 在 二 十 二 日 蛇 岁

tshər^{33} ky̩^{33} to^{55} dər^{33}. za^{21} he^{33} me^{33} khæ^{55}.mɯ^{33} ʐʅ^{21} ɯ^{33} dzʅ^{21} tɯ^{33} dʑy^{21}. | n̥i^{33} tsər^{21} sʅ^{21} n̥i^{33}, ʐua^{33}
创昌古 上 轮 娆星 月亮 射 天 蛇 牛 居 地 在 二 十 三 日 马

khy̩^{55}. miə^{21} ɕy^{21} to^{55} dər^{33}. za^{21} mi^{33}ma^{21} khæ^{55}. mɯ^{33} ʐʅ^{21} n̥i^{33} me^{33} gy̩^{21} dʑy^{21}. | n̥i^{33} tsər^{21} lu^{33} n̥i^{33},
岁 谬许 上 轮 娆米麻 射 天 蛇 西方 在 二 十 四 日

y^{21} khy̩^{55}. so^{33} tho^{21} khua^{33} to^{55} dər^{33}. za^{21} la^{21} pa^{55} khæ^{55}. mɯ^{33} ʐʅ^{21} ho^{33} gy̩^{33} lo^{21} dʑy^{21}. | n̥i^{33} tsər^{21}
羊 岁 司托夸 上 轮 娆劳鲍 射 天 蛇 北方 在 二 十

ua^{33} n̥i^{33}, ə^{55} y^{21} khy̩^{55}. so^{33} tho^{21} ky̩^{33} to^{55} dər^{33}. za^{21} i^{33} pu^{33} kho^{33} khæ^{55}. mɯ^{33} ʐʅ^{21} i^{33} tʂhʅ^{33} mu^{21}
五 日 猴 岁 司托古 上 轮 娆星 绸 半匹 射 天 蛇 南方

① 此日“天蛇”在何方未写。

dʑy^{21}. | ȵi^{33} tsər^{21} tʂhuɑ^{55} ȵi^{33}, æ^{21} khv̩^{55}. kɯ^{33} phər^{21} dʑi^{21} kv̩^{33} to^{55} dər^{33}. zɑ^{21} tshy^{55} do^{55} be^{21} khæ^{55}.
在 二 十 六 日 鸡 岁 庚盘吉古 上 轮 娆星 闪电 地 射

mɯ^{33} ʐʅ^{21} ȵi^{33} me^{33} thv̩^{33} dʑy^{21}. | ȵi^{33} tsər^{21} ʂər^{33} ȵi^{33}, khɯ^{33} khv̩^{55}. kɯ^{33} phər^{33} dʑi^{21} mæ^{33} to^{55} dər^{33}.
天 蛇 东方 在 二 十 七 日 狗 岁 庚盘吉满 上 轮

zɑ^{21} tɕæ^{33} tɕy^{33} hɯ^{55} lo^{21} nɯ^{33} khæ^{55}. mɯ^{33} ʐʅ^{21} i^{33} tʂhʅ^{33} mu^{21} dʑy^{21}.
娆星 三叉戟 海 里 以 射 天 蛇 南方 在

娆劳鲍射出。天蛇在南方。十八日，为属牛日。由巴毕当值。娆星像降魔杵一样射出。天蛇在羊居地。十九日，为属虎日。由娜古当值。娆久嘎像闪电一样射出。二十日，为属兔日。由涛构当值。娆星像三叉戟一样射出。天蛇在东方。二十一日，为属龙日。由创昌夸当值。娆星像太阳一样明亮地射出。天蛇在东方。二十二日，为属蛇日。由创昌古当值。娆星像月亮一样亮地射出。天蛇在牛居地。二十三日，为属马日。由谬许当值。娆米麻射出。天蛇在西方。二十四日，为属羊日。由司托夸当值。娆劳鲍射出。天蛇在北方。二十五日，为属猴日。由司托古当值。娆星像半匹绸一样射出。天蛇在南方。二十六日，为属鸡日。由庚盘吉古当值。娆星像闪电一样射出。天蛇在东方。二十七日，为属狗日。由庚盘吉满当值。娆星像三叉戟一样从海里射出。天蛇在南方。

598-L-39-26

mɯ^{33} ʐʅ^{21} lv̩^{21} dzɿ^{21} tɯ^{33} dʑy^{21}①. | tshe^{21} dɯ^{33} ȵi^{33}, ʐuɑ^{33} khv̩^{55}. zy^{21} he^{33} to^{55} dər^{33}. zɑ^{21} phər^{33} bər^{33}
天 蛇 龙 居 地 在 十 一 日 马 岁 蕊亨 上 轮 娆星 降魔杵

khæ^{55}.mɯ^{33} ʐʅ^{21} lv̩^{21} dzɿ^{21} tɯ^{33} dʑy^{21}. | tshe^{21} ȵi^{33} ȵi^{33}, y^{21} khv̩^{55}. zy^{21}miə^{21} to^{55} dər^{33}. zɑ^{21} tshy^{55} do^{55}
射 天 蛇 龙 居 地 在 十 二 日 羊 岁 蕊谬 上 轮 娆星 闪电

be^{21} khæ^{55}. mɯ^{33}ʐʅ^{21} ȵi^{33} me^{33} thv̩^{33} dʑy^{21}. | tshe^{33} sɿ^{21} ȵi^{33},ə^{55} y^{21} khv̩^{55}.zy^{21} kv̩^{33} to^{55} dər^{33}.zɑ^{21} tɕæ^{33}
地 射 天 蛇 东方 在 十 三 日 猴 岁 蕊古 上 轮 娆星

① “九月”的“二十八日至三十日”缺。此页又冒出“天蛇在龙居地”，后文又是“十一日至三十日”，似乎这应接前文“五月十日”。其后又是“十六日至三十日”，这里又似乎应连于前文“十月十五日”。从此开始都很混乱。前文中在“五月”后突现“十月”。总之，此书混乱之处较多。现从原文记之。

tɕy^{33} khæ^{55}. mɯ^{33}ʐʅ^{21} lv̩^{21} dzʅ^{21} tɯ^{33} ʥy^{21}. | tshe^{33} lu^{33} ȵi^{33},æ^{21} khv̩^{55}.zy^{21} dv̩^{21} to^{55} dər^{33}. zɑ^{21} ȵi^{33}
三叉戟 射 天 蛇 龙 居 地 在 十 四 日 鸡 岁 蕊督 上 轮 娆星

me^{33} khæ^{55}.mɯ^{33} ʐʅ^{21} y^{21} dzʅ^{21} tɯ^{33}ʥy^{21}. | tshe^{21} uɑ^{33} ȵi^{33}, khɯ^{33} khv̩^{55}.zy^{21} tshi^{21} to^{55} dər^{33}.zɑ^{21} he^{33}
太阳 射 天 蛇 羊 居 地 在 十 五 日 狗 岁 蕊齐 上 轮 娆星

me^{33} nɑ^{21} fv̩^{55} nɑ^{21} dv̩^{33} dzʅ^{21} khæ^{55}. mɯ^{33} ʐʅ^{21} ɯ^{33} dzʅ^{21} tɯ^{33} ʥy^{21}. | tshe^{21} tʂhuɑ^{55} ȵi^{33}, bu^{21} khv̩^{55}.
月亮 漆黑一团 时 射 天 蛇 牛 居 地 在 十 六 日 猪 岁

zy^{21} bə^{33} to^{55} dər^{33}. zɑ^{21}mi^{33} mɑ^{21} khæ^{55}. mɯ^{33} ʐʅ^{21} ho^{33} gv̩^{33} lo^{21} ʥy^{21}. | tshe^{21} ʂər^{33} ȵi^{33}, fv̩^{55} khv̩^{33}.
蕊崩 上 轮 娆米麻 射 天 蛇 北方 在 十 七 日 鼠 岁

zy^{21} mæ^{33} to^{55} dər^{33}. zɑ^{21} lɑ^{21} pɑ^{55} khæ^{55}. mɯ^{33} ʐʅ^{21} i^{33} tʂhʅ^{33} mu^{21} ʥy^{21}. | tshe^{21} ho^{55} ȵi^{33}, ɯ^{33} khv̩^{55}.
蕊满 上 轮 娆劳鲍 射 天 蛇 南方 在 十 八 日 牛 岁

py^{33} bu^{21} kv̩^{33} to^{55} dər^{33}.zɑ^{21} i^{33} pu^{33} kho^{33} khæ^{55}. mɯ^{33}ʐʅ^{21} ȵi^{33}me^{33} thv̩^{33}ʥy^{21}. | tshe^{21} gv̩^{33} ȵi^{33}, lɑ^{33}
本补古 上 轮 娆星 绸 半匹 射 天 蛇 东方 在 十 九 日 虎

khv̩^{55}. py^{33} bu^{21} mæ^{33} to^{55} dər^{33}. zɑ^{21}tshy^{55}do^{55} be^{21} khæ^{55}.mɯ^{33} ʐʅ^{21} lv̩^{21} dzʅ^{21} tɯ^{33} ʥy^{21}. | ȵi^{33} tsər^{21}
岁 本补满 上 轮 娆星 闪电 地 射 天 蛇 龙 居 地 在 二 十

ȵi^{33}, tho^{33} le^{33} khv̩^{55}.
日 兔 岁

天蛇在龙居地。十一日，为属马日。由蕊亨当值。娆星像降魔杵一样射出。天蛇在龙居地。十二日，为属羊日。由蕊谬当值。娆星像闪电一样射出。天蛇在东方。十三日，为属猴日。由蕊古当值。娆星像三叉戟一样射出。天蛇在龙居地。十四日，为属鸡日。由蕊督当值。娆星像太阳一样明亮地射出。天蛇在羊居地。十五日，为属狗日。由蕊齐当值。娆星像月亮一样亮地在漆黑一团的夜里射出。天蛇在牛居地。十六日，为属猪日。由蕊崩当值。娆米麻射出。天蛇在北方。十七日，为属鼠日。由蕊满当值。娆劳鲍射出。天蛇在南方。十八日，为属牛日。由本补古当值。娆星像半匹绸一样射出。天蛇在东方。十九日，为属虎日。由本补满当值。娆星像闪电一样射出。天蛇在龙居地。二十日，为属兔日。

598-L-39-27

ʐuɑ33tse55 to55 dər33.zɑ21 tɕiæ33 tɕy33 khæ55.mɯ33 ʐʅ21 ȵi33 me33 thv̩33 dʑy21.｜ȵi33 tsər21 dɯ33 ȵi33, lv̩21
柔正 上 轮 娆星 三叉戟 射 天 蛇 东方 在 二 十 一 日 龙

khv̩55.pɑ33 khu33 to55 dər33.zɑ21 ȵi33 me33 khæ55. mɯ33 ʐʅ21 ȵi33 me33 thv̩33 dʑy21.｜ȵi33 tsər21 ȵi33 ȵi33,
岁 巴孔 上 轮 娆星 太阳 射 天 蛇 东方 在 二 十 二 日

ʐʅ21 khv̩55.pɑ33 by33 to55 dər33.zɑ21 he33 me33nɑ21 fv̩55 nɑ21 dv̩33 dʐʅ21 khæ55.mɯ33 ʐʅ21 khɯ33 dzʅ21 tɯ33
蛇 岁 巴毕 上 轮 娆星 月亮 漆黑一团 时 射 天 蛇 狗 居 地

dʑy21.｜ȵi33 tsər21 sʅ21 ȵi33, ʐuɑ33 khv̩55. nɑ33gv̩21 to55 dər33. zɑ21 mi33 mɑ21 khæ55. mɯ33 ʐʅ21 ɯ33 dzʅ21
在 二 十 三 日 马 岁 娜古 上 轮 娆米麻 射 天 蛇 牛 居

tɯ33 dʑy21.｜ȵi33 tsər21lu33 ȵi33,y21 khv̩55.thɑ33 kə55 to55 dər33.zɑ21 lɑ21 pɑ55 khæ55. mɯ33 ʐʅ21 ɯ33 dzʅ21
地 在 二 十 四 日 羊 岁 涛构 上 轮 娆劳鲍 射 天 蛇 牛 居

tɯ33 dʑy21.｜ȵi33 tsər21 uɑ33 ȵi33, ə55 y21 khv̩55.kɯ21dze33 tse33 to55 dər33. zɑ21 i33 pu33 kho33 nɑ21 fv̩55
地 在 二 十 五 日 猴 岁 庚真珍 上 轮 娆星 绸 半匹 漆黑一团

nɑ21 dv̩33 dʐʅ21 khæ55. mɯ33ʐʅ33 i33 tʂhʅ33 mu21 dʑy21.｜ȵi33 tsər21 tʂhuɑ55 ȵi33,æ21 khv̩55.tʂhuɑ55 tshər21
时 射 天 蛇 南方 在 二 十 六 日 鸡 岁 创昌古

kv̩33 to55 dər33.zɑ21 tshy55 do55 be21 khæ55.mɯ33 ʐʅ21 ȵi33 me33 thv̩33 dʑy21.｜ȵi33 tsər21ʂər33 ȵi33, khɯ33
上 轮 娆星 闪电 地 射 天 蛇 东方 在 二 十 七 日 狗

khv̩55.miə21ɕy21 to55 dər33.zɑ21 tɕiæ33 tɕy33 khæ55.mɯ33 ʐʅ21 i33 tʂhʅ33 mu21 dʑy21.｜ȵi33 tsər21 ho55 ȵi33,
岁 谬许 上 轮 娆星 三叉戟 射 天 蛇 南方 在 二 十 八 日

bu21 khv̩55. so33 tho21 khuɑ33 to55 dər33. zɑ21 ȵi33 me33 khæ55. mɯ33 ʐʅ21 ȵi33 me33 thv̩33 dʑy21.｜ȵi33
猪 岁 司托夸 上 轮 娆星 太阳 射 天 蛇 东方 在 二

tsər21 gv̩33 ȵi33, fv̩55 khv̩33. so33 tho21 kv̩33 to55 dər33. zɑ21 he33 me33 khæ55. mɯ33 ʐʅ21 ɯ33 dzʅ21 tɯ33
十 九 日 鼠 岁 司托古 上 轮 娆星 月亮 射 天 蛇 牛 居 地

dʑy21.｜nɑ33 tv̩21 ȵi33 ɯ33 khv̩55. kɯ33 phər21 dʑi21 kv̩33 to55 dər33. zɑ21 mi33 mɑ21 khæ55.
在 三十 日 牛 岁 庚盘吉古 上 轮 娆米麻 射

由柔正当值。娆星像三叉戟一样射出。天蛇在东方。二十一日，为属龙日。由巴孔当值。娆星像太阳一样明亮地射出。天蛇在东方。二十二日，为属蛇日。由巴毕当值。娆星像月亮一样亮地在漆黑一团的夜里射出。天蛇在狗居地。二十三日，为属马日。由娜古当值。娆米麻射出。天蛇在牛居地。二十四日，为属羊日。由涛构当值。娆劳鲍射出。天蛇在牛居地。二十五日，为属猴日。由庚真珍当值。娆星像半匹绸一样在漆黑一团的夜里射出。天蛇在南方。二十六日，为属鸡日。由创昌古当值。娆星像闪电一样射出。天蛇在东方。二十七日，为属狗日。由谬许当值。娆星像三叉戟一样射出。天蛇在南方。二十八日，为属猪日。由司托夸当值。娆星像太阳一样明亮地射出。天蛇在东方。二十九日，为属鼠日。由司托古当值。娆星像月亮一样亮地射出。天蛇在牛居地。三十日，为属牛日。由庚盘吉古当值。娆米麻射出。

598-L-39-28

mɯ^{33} ʐʅ^{21} ȵi^{33} me^{33} thv̩^{33} ʥy^{21}. | tshe^{21} tʂhuɑ^{55} ȵi^{33}①, ʐʅ^{21} khv̩^{55}. so^{33} tho^{21} khuɑ^{33} to^{55} dər^{33}. zɑ^{21} lɑ^{21}
天 蛇 东方 在 十 六 日 蛇 岁 司托夸 上 轮 娆劳鲍

pɑ^{55}khæ^{55}.mɯ^{33} ʐʅ^{21} ɯ^{33}dzʅ^{21} tɯ^{33} ʥy^{21}. | tshe^{21} ʂər^{33} ȵi^{33}, ʐuɑ^{33} khv̩^{55}.so^{33} tho^{21} kv̩^{33} to^{55} dər^{33}. zɑ^{21}
射 天 蛇 牛 居 地 在 十 七 日 马 岁 司托古 上 轮 娆星

phər^{33} bər^{33} khæ^{55}.mɯ^{33} ʐʅ^{21}y^{21} dzʅ^{21} tɯ^{33} ʥy^{21}. | tshe^{21} ho^{55} ȵi^{33}, y^{21}khv̩^{55}. kɯ^{33}phər^{21} ʥi^{21} kv̩^{33} to^{55}
降魔杵 射 天 蛇 羊 居 地 在 十 八 日 羊 岁 庚盘吉古 上

dər^{33}. zɑ^{21} i^{33} pu^{33} kho^{33} khæ^{55}. mɯ^{33} ʐʅ^{21} ȵi^{33} me^{33} thv̩^{33} ʥy^{21}. | tshe^{21} gv̩^{33} ȵi^{33}, ə^{55} y^{21} khv̩^{55}. kɯ^{33}
轮 娆星 绸 半匹 射 天 蛇 东方 在 十 九 日 猴 岁

phər^{21}ʥi^{21}mæ^{33} to^{55} dər^{33}.zɑ^{21} tshy^{55} do^{55} be^{21} khæ^{55}.mɯ^{33} ʐʅ^{21} lv̩^{21} dzʅ^{21} tɯ^{33} ʥy^{21}. | ȵi^{33} tsər^{21} ȵi^{33},
庚盘吉满 上 轮 娆星 闪电 地 射 天 蛇 龙 居 地 在 二 十 日

æ^{21} khv̩^{55}. fv̩^{33} kə^{55} to^{55} dər^{33}.zɑ^{21} i^{33} pu^{33} dɯ^{33} khæ^{55}.mɯ^{33} ʐʅ^{21} ho^{33} gv̩^{33} lo^{21} ʥy^{21}. | ȵi^{33} tsər^{21} dɯ^{33}
鸡 岁 夫构 上 轮 娆星 绸 一匹 射 天 蛇 北方 在 二 十 一

ȵi^{33}, khɯ^{33} khv̩^{55}. tshʅ^{21} khu^{33} do^{55} dər^{33}. zɑ^{21} ȵi^{33} me^{33} khæ^{55}. mɯ^{33} ʐʅ^{21} i^{33} tʂhʅ^{33} mu^{21} ʥy^{21}. | ȵi^{33}
日 狗 岁 楚孔 上 轮 娆星 太阳 射 天 蛇 南方 在 二

tsər^{21}ȵi^{33} ȵi^{33},bu^{21} khv̩^{55}.bu^{21} khu^{33} to^{55} dər^{33}. zɑ^{21} he^{33} me^{33} khæ^{55}.mɯ^{33} ʐʅ^{21} ɯ^{33} dzʅ^{21} tɯ^{33} ʥy^{21}. |
十 二 日 猪 岁 布孔 上 轮 娆星 月亮 射 天 蛇 牛 居 地 在

ȵi^{33}tsər^{21}sʅ^{21} ȵi^{33}, fv̩^{55} khv̩^{33}. bu^{21} to^{55} to^{55} dər^{33}.zɑ^{21} lɑ^{21} pɑ^{55} khæ^{55}.mɯ^{33}ʐʅ^{21}ɯ^{21} dzʅ^{21} tɯ^{33} ʥy^{21}. |
二 十 三 日 鼠 岁 布铎 上 轮 娆米麻 射 天 蛇 牛 居 地 在

① 前文中“十月”之“十五日”后没有“十六日”，看来此处的“十六日”应与前文的“十五日”连接。十二生肖及二十八宿皆能连接。

ȵi^{33} tsər^{21} lu^{33} ȵi^{33}, ɯ^{33} khv̩^{55}. bu^{21} mæ^{55} to^{55} dər^{33}. zɑ^{21} lɑ^{21} pɑ^{55} khæ^{55}. mɯ^{33} ʐʅ^{21} lv̩^{21} dzɿ^{21} tɯ^{33}
二 十 四日 牛 岁 布满 上 轮 娆劳鲍 射 天 蛇 龙 居 地

ʥy^{21}. | ȵi^{33} tsər^{21} uɑ^{33} ȵi^{33}, lɑ^{33} khv̩^{55}. ʂuɑ^{21} khuɑ^{33} to^{55} dər^{33}. zɑ^{21} phər^{33} bər^{33} khæ^{55}. mɯ^{33} ʐʅ^{21} ȵi^{33}
在 二 十 五日 虎 岁 刷卡 上 轮 娆星 降魔杵 射 天 蛇

me^{33} thv̩^{33} ʥy^{21}. | ȵi^{33} tsər^{21} tʂhuɑ^{55} ȵi^{33}, tho^{33} le^{33} khv̩^{55}. zy^{21} khuɑ^{33} to^{55} dər^{33}.
东方 在 二 十 六 日 兔 岁 蕊夸 上 轮

天蛇在东方。十六日，为属蛇日。由司托夸当值。娆劳鲍射出。天蛇在牛居地。十七日，为属马日。由司托古当值。娆星像降魔杵一样射出。天蛇在羊居地。十八日，为属羊日。由庚盘吉古当值。娆星像半匹绸一样射出。天蛇在东方。十九日，为属猴日。由庚盘吉满当值。娆星像闪电一样射出。天蛇在龙居地。二十日，为属鸡日。由夫构当值。娆星像一匹绸一样射出。天蛇在北方。二十一日，为属狗日。由楚孔当值。娆星像太阳一样明亮地射出。天蛇在南方。二十二日，为属猪日。由布孔当值。娆星像月亮一样亮地射出。天蛇在牛居地。二十三日，为属鼠日。由布铎当值。娆米麻射出。天蛇在牛居地。二十四日，为属牛日。由布满当值。娆劳鲍射出。天蛇在龙居地。二十五日，为属虎日。由刷卡当值。娆星像降魔杵一样射出。天蛇在东方。二十六日，为属兔日。由蕊夸当值。

598-L-39-29

zɑ^{21} i^{33} pu^{33} kho^{33} khæ^{55}.mɯ^{33} ʐʅ^{21} ɯ^{33} dzɿ^{21} tɯ^{33} ʥy^{21}. | ȵi^{33} tsər^{21}ʂər^{33} ȵi^{33}, lv̩^{21} khv̩^{55}.zy^{21} he^{33} to^{55}
娆星 绸 半匹 射 天 蛇 牛 居 地 在 二 十 七 日 龙 岁 蕊亨 上

dər^{33}. zɑ^{21} tshy^{55} do^{55} khæ^{55}. mɯ^{33} ʐʅ^{21} y^{21} dzɿ^{21} tɯ^{33} ʥy^{21}. | ȵi^{33} tsər^{21} ho^{55} ȵi^{33},ʐʅ^{21} khv̩^{55}.zy^{21}miə^{21}
轮 娆星 闪电 射 天 蛇 羊 居 地 在 二 十 八 日 蛇 岁 蕊谬

to^{55} dər^{33}. zɑ^{21}tɕiæ^{33} tɕy^{33} khæ^{55}.mɯ^{33} ʐʅ^{21} ho^{33} gv̩^{33} lo^{21} ʥy^{21}. | ȵi^{33} tsər^{21} gv̩^{33} ȵi^{33}, ʐuɑ^{33} khv̩^{55}. zy^{21}
上 轮 娆星 三叉戟 射 天 蛇 北方 在 二 十 九 日 马 岁 蕊古

kv̩^{33} to^{55} dər^{33}.zɑ^{33} ȵi^{33} me^{33} khæ^{55}.mɯ^{33}ʐʅ^{21}ȵi^{33} me^{33} thv̩^{33} ʥy^{21}. | nɑ^{33} tv̩^{21} ȵi^{33}, y^{21} khv̩^{55}. zy^{21} dv̩^{21}
上 轮 娆星 太阳 射 天 蛇 东方 在 三十 日 羊 岁 蕊督

to^{55} dər^{33}. zɑ^{21} he^{33} me^{33} khæ^{55}. mɯ^{33} ʐʅ^{21} n̥i^{33} me^{33} thy̩^{33} dʑy^{21}. | tshe^{21} də^{33} he^{33}: fy̩^{55} he^{33}. he^{21} dɯ^{21}
上 轮 娆星 月亮 射 天 蛇 东方 在 十一月 鼠 月 神 大

ho^{33}gy̩^{33} lo^{21} dʑy^{21}.dɯ^{21}①. | ko^{21} ɕi^{33} he^{21} dɯ^{21} ɯ^{33} dzʅ^{21} tɯ^{33} dʑy^{21}.to^{55} dʐu^{33} ly̩^{21} dzʅ^{21} tɯ^{33} dʑy^{21}. |
北方 在 大 郭兴 神 大 牛 居 地 在 垛鬼 债 龙 居 地 在

tshe^{33} do^{21} dɯ^{33} n̥i^{33}, ə^{55} y^{21} khy̩^{55}.zy^{21} tshi^{21}to^{55} dər^{33}.zɑ^{21} mi^{33} mɑ^{21} khæ^{55}.mɯ^{33} ʐʅ^{21} n̥i^{33} me^{33} thy̩^{33}
月 见 一 日 猴 岁 蕊齐 上 轮 娆米麻 射 天 蛇 东方

dʑy^{21}. | tshe^{33} do^{21} n̥i^{33} n̥i^{33}, æ^{21} khy̩^{55}.zy^{21} bə^{33} to^{55} dər^{33}. zɑ^{21} lɑ^{21} pɑ^{55} khæ^{55}. mɯ^{33} ʐʅ^{21} khɯ^{33} dzʅ^{21}
在 月 见 二 日 鸡 岁 蕊崩 上 轮 娆劳鲍 射 天 蛇 狗 居

tɯ^{33} dʑy^{21}. | tshe^{33} do^{21} sʅ^{21} n̥i^{33}, khɯ^{33} khy̩^{55}. zy^{21}mæ^{33} to^{55} dər^{33}. zɑ^{21} phər^{33} bər^{33} khæ^{55}. mɯ^{33} ʐʅ^{21}
地 在 月 见 三 日 狗 岁 蕊满 上 轮 娆星 降魔杵 射 天 蛇

y^{21} dzʅ^{21} tɯ^{33} dʑy^{21}. | tshe^{33} do^{21} lu^{33} n̥i^{33}, bu^{21} khy̩^{55}. py^{33} bu^{21} ky̩^{33} to^{55} dər^{33}. zɑ^{21} tshy^{55} do^{55} be^{21}
羊 居 地 在 月 见 四 日 猪 岁 本补古 上 轮 娆星 闪电 地

khæ^{55}. mɯ^{33} ʐʅ^{21} ho^{33} gy̩^{33} lo^{21} dʑy^{21}.
射 天 蛇 北方 在

娆星像半匹绸一样射出。天蛇在牛居地。二十七日，为属龙日。由蕊亨当值。娆星像闪电一样射出。天蛇在羊居地。二十八日，为属蛇日。由蕊谬当值。娆星像三叉戟一样射出。天蛇在北方。二十九日，为属马日，由蕊古当值。娆星像太阳一样明亮地射出。天蛇在东方。三十日，为属羊日。由蕊督当值。娆星像月亮一样亮地射出。天蛇在东方。

十一月：为鼠月。大神在北方。郭兴大神在牛居地。垛鬼的收债人在龙居地。初一，为属猴日。由蕊齐当值。娆米麻射出。天蛇在东方。初二，为属鸡日。由蕊崩当值。娆劳鲍射出。天蛇在狗居地。初三，为属狗日。由蕊满当值。娆星像降魔杵一样射出。天蛇在羊居地。初四，为属猪日。由本补古当值。娆星像闪电一样射出。天蛇在北方。

598-L-39-30

① 此字符重复。

tshe^{33} do^{21} uɑ^{33} ȵi^{33}, fv̩^{55} khv̩^{33}. py^{33} bu^{21} mæ^{33} to^{55} dər^{33}. zɑ^{21} i^{33} pu^{33} khæ^{55}.mɯ^{33} ʐʅ^{21} i^{33} tʂhʅ^{33} mu^{21}
月 见 五 日 鼠 岁 本补满 上 轮 娆星 绸 射 天 蛇 南方

dʑy^{21}.｜tshe^{33} do^{21} tʂhuɑ^{55} ȵi^{33}, ɯ^{33} khv̩^{55}.ʐuɑ^{33} tse^{55} do^{55} dər^{33}. zɑ^{21} tɕiæ^{33} tɕy^{33} khæ^{55}. mɯ^{33} ʐʅ^{21} ɯ^{33}
在 月 见 六 日 牛 岁 柔正 上 轮 娆星 三叉戟 射 天 蛇 牛

dzʅ^{21} tɯ^{33} dʑy^{21}.｜tshe^{33} do^{21} ʂər^{33} ȵi^{33}, lɑ^{33} khv̩^{55}.pɑ^{33} khu^{33} to^{55} dər^{33}.zɑ^{21}ȵi^{33} me^{33} khæ^{55}.mɯ^{33} ʐʅ^{21}
居 地 在 月 见 七 日 虎 岁 巴孔 上 轮 娆星 太阳 射 天 蛇

ȵi^{33} me^{33} thv̩^{33} dʑy^{21}.｜tshe^{33} do^{21} ho^{55} ȵi^{33}, tho^{33} le^{33} khv̩^{55}. pɑ^{33} by^{33} to^{55} dər^{33}.zɑ^{21} he^{33} me^{33} khæ^{55}.
东方 在 月 见 八 日 兔 岁 巴毕 上 轮 娆星 月亮 射

mɯ^{33} ʐʅ^{21} ȵi^{33} me^{33} thv̩^{33} dʑy^{21}.｜tshe^{33} do^{21} gv̩^{33} ȵi^{33}, lv̩^{21} khv̩^{55}. nɑ^{33} gv̩^{21} to^{55} dər^{33}. zɑ^{21} lɑ^{21} pɑ^{55}
天 蛇 东方 在 月 见 九 日 龙 岁 娜古 上 轮 娆劳鲍

khæ^{55}.mɯ^{33}ʐʅ^{21} ȵi^{33} me^{33} gv̩^{21} dʑy^{21}.｜tshe^{33} do^{21} tshe^{21} ȵi^{33},ʐʅ^{21} khv̩^{55}. thɑ^{33} kə^{55} to^{55} dər^{33}.zɑ^{21} dʑiə^{33}
射 天 蛇 西方 在 月 见 十 日 蛇 岁 涛构 上 轮 娆久嘎

kɑ^{21} i^{33} pu^{33} kho^{33} khæ^{55}.mɯ^{33} ʐʅ^{21} ho^{33} gv̩^{33} lo^{21} dʑy^{21}.｜tshe^{21}dɯ^{33} ȵi^{33},ʐuɑ^{33} khv̩^{55}. kɯ^{21} dze^{55} tse^{33}
绸 半匹 射 天 蛇 北方 在 十 一 日 马 岁 庚真珍

to^{55}dər^{33}.zɑ^{21} tshy^{55} do^{55} be^{21} khæ^{55}.mɯ^{33} ʐʅ^{21}y^{21} dzʅ^{21} tɯ^{33} dʑy^{21}.｜tshe^{21} ȵi^{33} ȵi^{33}, y^{21} khv̩^{55}. tʂhuɑ^{55}
上 轮 娆星 闪电 地 射 天 蛇 羊 居 地 在 十 二 日 羊 岁

tshər^{21} kv̩^{33} to^{55} dər^{33}. zɑ^{21} tɕiæ^{33} tɕy^{33} khæ^{55}. mɯ^{33} ʐʅ^{21} ho^{33} gv̩^{33} lo^{21} dʑy^{21}.｜tshe^{33} sʅ^{21} ȵi^{33}, ə^{55} y^{21}
创昌古 上 轮 娆星 三叉戟 射 天 蛇 北方 在 十 三 日 猴

khv̩^{55}. miə^{21} ɕy^{21} to^{55} dər^{33}. mɯ^{33} ʐʅ^{21} i^{33} tʂhʅ^{33} mu^{21} dʑy^{21}. zɑ^{21} ȵi^{33} me^{33} khæ^{55}.｜tshe^{21} lu^{33} ȵi^{33}, æ^{21}
岁 谬许 上 轮 天 蛇 南方 在 娆星 太阳 射 十 四 日 鸡

khv̩^{55}.so^{33} tho^{21} khuɑ^{33} to^{55} dər^{33}. zɑ^{21} he^{33}me^{33}khæ^{55}.mɯ^{33} ʐʅ^{21} lv̩^{21}dzʅ^{21} tɯ^{33} dʑy^{21}.｜tshe^{21} uɑ^{33} ȵi^{33},
岁 司托夸 上 轮 娆星 月亮 射 天 蛇 龙 居 地 在 十 五 日

khɯ^{33} khv̩^{55}. so^{33} tho^{21} kv̩^{33} to^{55} dər^{33}. zɑ^{21} mi^{33} mɑ^{21} khæ^{55}. mɯ^{33} ʐʅ^{21} y^{21} dzʅ^{21} tɯ^{33} dʑy^{21}. ｜tshe^{21}
狗 岁 司托古 上 轮 娆米麻 射 天 蛇 羊 居 地 在 十

tʂhuɑ^{55} ȵi^{33},
六 日

初五，为属鼠日。由本补满当值。娆星像一匹绸一样射出。天蛇在南方。初六，为属牛日。由柔正当值。娆星像三叉戟一样射出。天蛇在牛居地。初七，为属虎日。由巴孔当值。娆星像太阳一样明亮地射出。天蛇在东方。初八，为属兔日。由巴毕当值。娆星像月亮一样亮地射出。天蛇在东方。初九，为属龙日。由娜古当值。娆劳鲍射出。天蛇在西方。初十，为属蛇日。由涛构当值。娆久嘎像半匹绸一样射出。天蛇在北方。十一日，为属马日。由庚真珍当值。娆星像闪电一样射出。天蛇在羊居地。十二日，为属羊日。由创昌古当值。娆星像三叉戟一样射出。天蛇在北方。十三日，为属猴日。由谬许当值。天蛇在南方。娆星像太阳一样明亮地射出。十四日，为属鸡日。由司托夸当值。娆星像月亮一样亮地射出。天蛇在龙居地。十五日，为属狗日。由司托古当值。娆米麻射出。天蛇在羊居地。十六日，

598-L-39-31

bu^{21}khy̩^{55}.kɯ^{33} phər^{21} dʑi^{21} ky̩^{33} to^{55} dər^{33}. zɑ^{21} lɑ^{21} pɑ^{55} khæ^{55}.mɯ^{33} ʐʅ^{21} ȵi^{33} me^{33} gy̩^{21} dʑy^{21}. | tshe^{21}
猪 岁 庚盘吉古 上 轮 娆劳鲍 射 天 蛇 西方 在 十

ʂər^{33}ȵi^{33},fy̩^{55} khy̩^{33}.kɯ^{33} phər^{21} dʑi^{21} mæ^{33} to^{55} dər^{33}.zɑ^{21} phər^{33} bər^{33} khæ^{55}.mɯ^{33} ʐʅ^{21} ȵi^{33} me^{33} thy̩^{33}
七 日 鼠 岁 庚盘吉满 上 轮 娆星 降魔杵 射 天 蛇 东方

dʑy^{21}. | tshe^{21} ho^{55} ȵi^{33}, ɯ^{33} khy̩^{55}. fy̩^{33} kə^{55} to^{55} dər^{33}. zɑ^{21} tshy^{55} do^{55} be^{21} khæ^{55}. mɯ^{33} ʐʅ^{21} ho^{33} gy̩^{33}
在 十 八 日 牛 岁 夫构 上 轮 娆星 闪电 地 射 天 蛇 北方

lo^{21} dʑy^{21}. | tshe^{21} gy̩^{33} ȵi^{33}, lɑ^{33} khy̩^{55}. tshʅ^{21} khu^{33} to^{55} dər^{33}. zɑ^{21} tɕiæ^{33} tɕy^{33} nɑ^{21} fy̩^{55} nɑ^{21} dy̩^{33} dzʅ^{21}
在 十 九 日 虎 岁 楚孔 上 轮 娆星 三叉戟 漆黑一团 时

khæ^{55}.mɯ^{33} ʐʅ^{21} ly̩^{21} dzʅ^{21} tɯ^{33} dʑy^{21}. | ȵi^{33} tsər^{21} ȵi^{33}, tho^{33} le^{33} khy̩^{55}. bu^{21} khu^{33} to^{55} dər^{33}. zɑ^{21} ȵi^{33}
射 天 蛇 龙 居 地 在 二 十 日 兔 岁 布孔 上 轮 娆星

me^{33} khæ^{55}.mɯ^{33} ʐʅ^{21} ho^{33} gy̩^{33} lo^{21} dʑy^{21}. | ȵi^{33} tsər^{21} dɯ^{33} ȵi^{33}, ly̩^{21} khy̩^{55}. bu^{21} to^{55} to^{55} dər^{33}. zɑ^{21}
太阳 射 天 蛇 北方 在 二 十 一 日 龙 岁 布铎 上 轮 娆星

he^{33} me^{33} khæ^{55}. mɯ^{33} ʐʅ^{21} i^{33} tʂhʅ^{33} mu^{21} dʑy^{21}. | ȵi^{33} tsər^{21} ȵi^{33} ȵi^{33}, ʐʅ^{21} khy̩^{55}. bu^{21} mæ^{55} to^{55} dər^{33}.
月亮 射 天 蛇 南方 在 二 十 二 日 蛇 岁 布满 上 轮

zɑ^{21} mi^{33} mɑ^{21} khæ^{55}.mɯ^{33} ʐʅ^{21} ɯ^{33} dzʅ^{21} tɯ^{33} dʑy^{21}. | ȵi^{33} tsər^{21} sʅ^{21} ȵi^{33}, ʐuɑ^{33}① khy̩^{55}. ʂuɑ^{21} khuɑ^{33}
娆米麻 射 天 蛇 牛 居 地 在 二 十 三 日 马 岁 刷卡

to^{55} dər^{33}. zɑ^{21} lɑ^{21}pɑ^{55} khæ^{55}. mɯ^{33} ʐʅ^{21}②. | ȵi^{33} tsər^{21} lu^{33} ȵi^{33}, y^{21} khy̩^{55}. zy^{21} khuɑ^{33} to^{55} dər^{33}. zɑ^{21}
上 轮 娆劳鲍 射 天 蛇 二 十 四 日 羊 岁 蕊夸 上 轮 娆星

① 原文先写了“fy̩^{55}”（鼠），发现错了，在“鼠”上方加写了“ʐuɑ^{33}”（马）。现释作“马”。

② 未写“天蛇”在何方。

phər^{33} bər^{33} khæ^{55}.mɯ^{33} ʐʅ^{21} ȵi^{33} me^{33} thy̩^{33} dʑy^{21}.｜ȵi^{33} tsər^{21} uɑ^{33} ȵi^{33},ə^{55} y^{21} khy̩^{55}. zy^{21} he^{33} to^{55}
降魔杵　射　天　蛇　东方　在　二　十　五　日　猴　岁　蕊亨　上

dər^{33}. zɑ^{21} tshy^{55} do^{55} be^{21} khæ^{55}.mɯ^{33} ʐʅ^{21} ȵi^{33} me^{33} thy̩^{33} dʑy^{21}.｜ȵi^{33} tsər^{21} tʂhuɑ^{55} ȵi^{33},tho^{33} le^{33}①、
轮　娆星　闪电　地　射　天　蛇　东方　在　二　十　六　日　兔

æ^{21} khy̩^{55}. zy^{21} miə^{21} to^{55} dər^{33}.
鸡　岁　蕊谬　上　轮

为属猪日。由庚盘吉古当值。娆劳鲍射出。天蛇在西方。十七日，为属鼠日。由庚盘吉满当值。娆星像降魔杵一样射出。天蛇在东方。十八日，为属牛日。由夫构当值。娆星像闪电一样射出。天蛇在北方。十九日，为属虎日。由楚孔当值。娆星像三叉戟一样在漆黑一团的夜里射出。天蛇在龙居地。二十日，为属兔日。由布孔当值。娆星像太阳一样明亮地射出。天蛇在北方。二十一日，为属龙日。由布铎当值。娆星像月亮一样亮地射出。天蛇在南方。二十二日，为属蛇日。由布满当值。娆米麻射出。天蛇在牛居地。二十三日，为属马日。由刷卡当值。娆劳鲍射出。天蛇……二十四日，为属羊日。由蕊夸当值。娆星像降魔杵一样射出。天蛇在东方。二十五日，为属猴日。由蕊亨当值。娆星像闪电一样射出。天蛇在东方。二十六日，为属鸡日。由蕊谬当值。

598-L-39-32

zɑ^{21} tɕæ^{33} tɕy^{33} khæ^{55}.mɯ^{33} ʐʅ^{21} khɯ^{33} dzɿ^{21} tɯ^{33} dʑy^{21}.｜ȵi^{33} tsər^{21} ʂər^{33} ȵi^{33},khɯ^{33} khy̩^{55}. zy^{21} tɕər^{33}
娆星　三叉戟　射　天　蛇　狗　居　地　在　二　十　七　日　狗　岁　蕊江

ky̩^{33}② to^{55} dər^{33}. zɑ^{21} ȵi^{33} me^{33}khæ^{55}.mɯ^{33} ʐʅ^{21} y^{21} dzɿ^{21} tɯ^{33} dʑy^{21}.｜ȵi^{33} tsər^{21} ho^{55} ȵi^{33}, bu^{21} khy̩^{55}.
上　轮　娆星　太阳　射　天　蛇　羊　居　地　在　二　十　八　日　猪　岁

zy^{21} dy̩^{21} to^{55} dər^{33}. zɑ^{21} he^{33} me^{33} khæ^{55}. mɯ^{33} ʐʅ^{21} ho^{33} gy̩^{33} ly^{21} dʑy^{21}.｜ȵi^{33} tsər^{21} gy̩^{33} ȵi^{33}, fy̩^{55}
蕊督　上　轮　娆星　月亮　射　天　蛇　北方　在　二　十　九　日　鼠

① 原文先写了“兔”，发现错了未涂而加写了“鸡”。

② 这里写了两个宿名，即“zy^{21} tɕər^{33}”、“zy^{21} ky̩^{33}”，现从“zy^{21} tɕər^{33} ”。

khy̩^{33}. zy^{21} tshi^{21} to^{55} dər^{33}. zɑ^{21} lɑ^{21} pɑ^{55} khæ^{55}. mɯ^{33} ʐʅ^{21} i^{33} tʂhʅ^{33} mu^{21} dʑy^{21}. | nɑ^{33} ty̩^{21} ȵi^{33}, ɯ^{33}
岁 蕊齐 上 轮 娆劳鲍 射 天 蛇 南方 在 三十 日 牛

khy̩^{55}. zy^{21} bə^{33} to^{55} dər^{33}. zɑ^{21} mi^{33} mɑ^{21} khæ^{55}. mɯ^{33} ʐʅ^{21} ȵi^{33} me^{33} thy̩^{33} dʑy^{21}. | dɑ^{33} uɑ^{33} he^{33}: ɯ^{33}
岁 蕊崩 上 轮 娆米麻 射 天 蛇 东方 在 十二 月 牛

he^{33}. he^{21} dɯ^{21} ho^{33}gy̩^{33}lo^{21} dʑy^{21}. ko^{21}ɕi^{33} he^{21} dɯ^{21} khɯ^{33} dzʅ^{21} tɯ^{33} dʑy^{21}. | to^{55} dʐu^{33} ly̩^{21}dzʅ^{21} tɯ^{33}
月 神 大 北方 在 郭兴 神 大 狗 居 地 在 垛鬼 债 龙 居 地

dʑy^{21}. | tshe^{33} do^{21} dɯ^{33} ȵi^{33},ə^{55} y^{21} khy̩①.zɑ^{21} i^{33} pu^{33} kho^{55} khæ^{55}.zy^{21} mæ^{33}to^{55}dər^{33}. mɯ^{33} ʐʅ^{21} ho^{33}
在 月 见 一 日 猴 岁 娆星 绸 半匹 射 蕊满 上 轮 天 蛇

gy̩^{33} lo^{21} dʑy^{21}. | tshe^{33} do^{21} ȵi^{33} ȵi^{33}, æ^{21} khy̩^{55}. py^{33} bu^{21} ky̩^{33} to^{55} dər^{33}. zɑ^{21} tshy^{55} do^{21} be^{21} khæ^{55}.
北方 在 月 见 二 日 鸡 岁 本补古 上 轮 娆星 闪电 地 射

mɯ^{33} ʐʅ^{21} ɯ^{33} dzʅ^{21} tɯ^{33} dʑy^{21}. | tshe^{33} do^{21} sʅ^{21} ȵi^{33}, khɯ^{33} khy̩^{55}. py^{33} bu^{21} mæ^{33} to^{55} dər^{33}. zɑ^{21} i^{33}
天 蛇 牛 居 地 在 月 见 三 日 狗 岁 本补满 上 轮 娆星 绸

pu^{33} dɯ^{33} khæ^{55}. mɯ^{33} ʐʅ^{21} y^{21} dzʅ^{21} tɯ^{33} dʑy^{21}. | tshe^{33} do^{21} lu^{33} ȵi^{33},
一匹 射 天 蛇 羊 居 地 在 月 见 四 日

娆星像三叉戟一样射出。天蛇在狗居地。二十七日，为属狗日。由蕊江当值。娆星像太阳一样明亮地射出。天蛇在羊居地。二十八日，为属猪日。由蕊督当值。娆星像月亮一样亮地射出。天蛇在北方。二十九日，为属鼠日。由蕊齐当值。娆劳鲍射出。天蛇在南方。三十日，为属牛日。由蕊崩当值。娆米麻射出。天蛇在东方。

十二月：为牛月。大神在北方。郭兴大神在狗居地。垛鬼的收债人在龙居地。初一，为属猴日。由蕊满当值。娆星像半匹绸一样射出。天蛇在北方。初二，为属鸡日。由本补古当值。娆星像闪电一样射出。天蛇在牛居地。初三，为属狗日。由本补满当值。娆星像一匹绸一样射出。天蛇在羊居地。初四，

598-L-39-33

① “十一月三十日属牛”，“十二月初一应属虎”，而此处写“属猴”，疑误。按原文记之。

bu21khv̩55.ʐuɑ33 tse55 to55 dər33.zɑ21 n̡i33 me33 khæ55. mɯ33 ʐʅ21 n̡i33 me33 thv̩33 dʑy21. | tshe33 do21 uɑ33
猪 岁 柔正 上 轮 娆星 太阳 射 天 蛇 东方 在 月 见 五

n̡i33,fv̩55 khv̩33. pɑ33 khu33 to55 dər33.zɑ21 dʑiə33kɑ21he33me33 khæ55. mɯ33 ʐʅ21 n̡i33me33 thv̩33 dʑy21. |
日 鼠 岁 巴孔 上 轮 娆久嘎 月亮 射 天 蛇 东方 在

tshe33 do21 tʂhuɑ55 n̡i33, ɯ33 khv̩55. pɑ33 by33 to55 dər33.zɑ21 mi33 mɑ21 khæ55. mɯ33 ʐʅ21 lv̩21 dzɿ21 tɯ33
月 见 六 日 牛 岁 巴毕 上 轮 娆米麻 射 天 蛇 龙 居 地

dʑy21. | tshe33 do21 ʂər33 n̡i33, lɑ21 khv̩55. nɑ33 gv̩21 to55 dər33.zɑ21 lɑ21 pɑ55 khæ55. dʑiə33①.mɯ33 ʐʅ21 y21
在 月 见 七 日 虎 岁 娜古 上 轮 娆劳鲍 射 天 蛇 羊

dzɿ21 tɯ33 dʑy21. | tshe33 do21 ho55 n̡i33, tho33 le33 khv̩55. thɑ33 kə55 to55 dər33. zɑ21 i33 pu33 kho33 khæ55.
居 地 在 月 见 八 日 兔 岁 涛构 上 轮 娆星 绸 半匹 射

mɯ33 ʐʅ21 i33 tʂhʅ33 mu21 dʑy21. | tshe33do21 gv̩33 n̡i33, lv̩21 khv̩55. kɯ21 dze33 tse33 to55 dər33. zɑ21 tshy55
天 蛇 南方 在 月 见 九 日 龙 岁 庚真珍 上 轮 娆星 闪电

do55 be21 nɑ21 fv̩55 nɑ21 dv̩33 dzʅ21 khæ55. mɯ33 ʐʅ21 ho33 gv̩33 lo21 dʑy21. | tshe33 do21 tshe21 n̡i33, ʐʅ21
地 漆黑一团 时 射 天 蛇 北方 在 月 见 十 日 蛇

khv̩55. tʂhuɑ55tshər21 kv̩33to55 dər33.zɑ21 tɕiæ33 tɕy33 khæ55.mɯ33 ʐʅ21 y21 dzɿ21 tɯ33 dʑy21. | tshe21 dɯ33
岁 创昌古 上 轮 娆星 三叉戟 射 天 蛇 羊 居 地 在 十 一

n̡i33, ʐuɑ33 khv̩55. miə21 ɕy21 to55 dər33. zɑ21 i33 pu33 dɯ33 n̡i33 me33 khæ55. mɯ33 ʐʅ21 khɯ33 dzɿ21 tɯ33
日 马 岁 谬许 上 轮 娆星 绸 一匹 太阳 射 天 蛇 狗 居 地

dʑy21. | tshe21 n̡i33 n̡i33, y21 khv̩55.kɯ33phər21 dʑi21 kv̩33②、so33 tho21khuɑ to55 dər33.zɑ21 dʑiə33 kɑ21 he33
在 十 二 日 羊 岁 庚盘吉古 司托夸 上 轮 娆久嘎 月亮

me33 nɑ21 fv̩55nɑ21 dv̩33 dzʅ21 khæ55.mɯ33 ʐʅ21 n̡i33 me33 thv̩33 dʑy21. | tshe33 sɿ21n̡i33, ə55 y21 khv̩55. so33
漆黑一团 时 射 天 蛇 东方 在 十 三 日 猴 岁

tho21 kv̩33 to55dər33.zɑ21mi33 mɑ21 khæ55. mɯ33 ʐʅ21 n̡i33 me33 thv̩33 dʑy21. | tshe21 lu33 n̡i33, æ21 khv̩55.
司托古 上 轮 娆米麻 射 天 蛇 东方 在 十 四 日 鸡 岁

kɯ33 phər21 dʑi21 kv̩33 to55 dər33.
庚盘吉古 上 轮

为属猪日。由柔正当值。娆星像太阳一样明亮地射出。天蛇在东方。初五，为属鼠日。由巴

① “dʑiə33”无法与其他字符连读成句，存疑。

② “kɯ33 phər21 dʑi21 kv̩33”，该宿在此日不当值。“miə21 ɕy21”后应是“so33 tho21 khuɑ33”，译文中从“so33 tho21 khuɑ33”。

孔当值。娆久嘎像月亮一样亮地射出。天蛇在东方。初六，为属牛日。由巴毕当值。娆米麻射出。天蛇在龙居地。初七，为属虎日。由娜古当值。娆劳鲍射出。天蛇在羊居地。初八，为属兔日。由涛构当值。娆星像半匹绸一样射出。天蛇在南方。初九，为属龙日。由庚真珍当值。娆星在漆黑一团的夜里像闪电一样射出。天蛇在北方。初十，为属蛇日。由创昌古当值。娆星像三叉戟一样射出。天蛇在羊居地。十一日，为属马日。由谬许当值。娆星像一匹绸又似太阳一样明亮地射出。天蛇在狗居地。十二日，为属羊日。由司托夸当值。娆久嘎在漆黑一团的夜里像月亮一样亮地射出。天蛇在东方。十三日，为属猴日。由司托古当值。娆米麻射出。天蛇在东方。十四日，为属鸡日。由庚盘吉古当值。

598-L-39-34

zɑ^{21} ʥiə^{33}① kɑ^{21} khæ^{55}. mɯ^{33} ʐʅ^{21} lv̩^{21} dzʅ^{21} tɯ^{33} ʥy^{21}. | tshe^{21} uɑ^{33} ȵi^{33}, khɯ^{33} khv̩^{55}.kɯ^{33}phər^{21} ʥi^{21}
娆久嘎 射 天 蛇 龙 居 地 在 十 五 日 狗 岁 庚盘吉满

mæ^{33} to^{55} dər^{33}. zɑ^{21} i^{33}pu^{33} kho^{33} khæ^{55}.mɯ^{33} ʐʅ^{21} y^{21} dzʅ^{21} tɯ^{33} ʥy^{21}. | tshe^{21}tʂhuɑ^{55}ȵi^{33},bu^{21} khv̩^{55}.
上 轮 娆星 绸 半匹 射 天 蛇 羊 居 地 在 十 六 日 猪 岁

tshʅ^{21} khu^{33} to^{55} dər^{33}. zɑ^{21} tshy^{55}②do^{33} be^{21} khæ^{55}. mɯ^{33} ʐʅ^{21} i^{33} tʂhʅ^{33} mu^{21} ʥy^{21}. | tshe^{21} ʂər^{33} ȵi^{33},
楚孔 上 轮 娆星 闪电 地 射 天 蛇 南方 在 十 七 日

fv̩^{55}khv̩^{33}.bu^{21} khu^{33} to^{55} dər^{33}.zɑ^{21} tɕiæ^{33} tɕy^{33}khæ^{55}. mɯ^{33} ʐʅ^{21} y^{21} dzʅ^{21} tɯ^{33} ʥy^{21}. | tshe^{21} ho^{55} ȵi^{33},
鼠 岁 布孔 上 轮 娆星 三叉戟 射 天 蛇 羊 居 地 在 十 八 日

ɯ^{33} khv̩^{55}. bu^{21} to^{55} to^{55} dər^{33}. zɑ^{21} ȵi^{33} me^{33} khæ^{55}. mɯ^{33} ʐʅ^{21} ɯ^{33} dzʅ^{21} tɯ^{33} ʥy^{21}. | tshe^{21} gv̩^{33} ȵi^{33},
牛 岁 布铎 上 轮 娆星 太阳 射 天 蛇 牛 居 地 在 十 九 日

lɑ^{33} khv̩^{55}.bu^{21} mæ^{55} to^{55} dər^{33}.zɑ^{21} ʥiə^{33} kɑ^{21} he^{33} me^{33} nɑ^{21} fv̩^{55} nɑ^{21} dv̩^{33} dʐʅ^{21} khæ^{55}.mɯ^{33} ʐʅ^{21} lv̩^{21}
虎 岁 布满 上 轮 娆久嘎 月亮 漆黑一团 时 射 天 蛇 龙

dzʅ^{21} tɯ^{33} ʥy^{21}. | ȵi^{33} tsər^{21} ȵi^{33}, tho^{33} le^{33} khv̩^{55}.ʂuɑ^{21} khuɑ^{33} to^{55} dər^{33}. zɑ^{21} mi^{33} mɑ^{21} khæ^{55}. mɯ^{33}
居 地 在 二十 日 兔 岁 刷卡 上 轮 娆米麻 射 天

① 在“ʥiə^{33}”的右方有个符号，读音不明，存疑。

② 在“tshy^{55}”的右方有个符号，读音不明，存疑。

zʅ^{21} ȵi^{33} me^{33} thv̩^{33} ʥy^{21}. | ȵi^{33} tsər^{21} dɯ^{33} ȵi^{33}, lv̩^{21} khv̩^{55}. zy^{21} khuɑ^{33} to^{55} dər^{33}.zɑ^{21} lɑ^{21} pɑ^{55} khæ^{55}.
蛇 东方 在 二 十 一日 龙 岁 蕊夸 上 轮 娆劳鲍 射

mɯ^{33} zʅ^{21} lv̩^{21} dzʅ^{21} tɯ^{33} ʥy^{21}. | ȵi^{33} tsər^{21} ȵi^{33} ȵi^{33}, zʅ^{21} khv̩^{55}. zy^{21} he^{33} to^{55} dər^{33}. zɑ^{21} phər^{33} bər^{33}
天 蛇龙 居 地 在 二 十 二 日 蛇 岁 蕊亨 上 轮 娆星 降魔杵

nɑ^{21} fv̩^{55} nɑ^{21} dv̩^{33} dzʅ^{21} khæ^{55}. mɯ^{33} zʅ^{21} lv̩^{21} dzʅ^{21} tɯ^{33} ʥy^{21}. | ȵi^{33} tsər^{21} sʅ^{21} ȵi^{33}, ʐuɑ^{33} khv̩^{55}. zy^{21}
漆黑一团 时 射 天 蛇 龙 居 地 在 二 十 三 日 马 岁 蕊谬

miə^{21} to^{55} dər^{33}. zɑ^{21} tshy^{55} do^{55} be^{21} khæ^{55}. mɯ^{33} zʅ^{21} y^{21} dzʅ^{21} tɯ^{33} ʥy^{21}. | ȵi^{33} tsər^{21} lu^{33} ȵi^{33}, y^{21}
上 轮 娆星 闪电 地 射 天 蛇 羊 居 地 在 二 十 四 日 羊

khv̩^{55}.
岁

娆久嘎射出。天蛇在龙居地。十五日，为属狗日。由庚盘吉满当值。娆星像半匹绸一样射出。天蛇在羊居地。十六日，为属猪日。由楚孔当值。娆星像闪电一样射出。天蛇在南方。十七日，为属鼠日。由布孔当值。娆星像三叉戟一样射出。天蛇在羊居地。十八日，为属牛日。由布铎当值。娆星像太阳一样明亮地射出。天蛇在牛居地。十九日，为属虎日。由布满当值。娆久嘎在漆黑一团的夜里像月亮一样亮地射出。天蛇在龙居地。二十日，为属兔日。由刷卡当值。娆米麻射出。天蛇在东方。二十一日，为属龙日。由蕊夸当值。娆劳鲍射出。天蛇在龙居地。二十二日，为属蛇日。由蕊亨当值。娆星像降魔杵一样在漆黑一团的夜里射出。天蛇在龙居地。二十三日，为属马日。由蕊谬当值。娆星像闪电一样射出。天蛇在羊居地。二十四日，为属羊日。

598-L-39-35

zy^{21} tɕər^{33} to^{55} dər^{33}.zɑ^{21} ʥiə^{33} kɑ^{21} khæ^{55}.mɯ^{33}zʅ^{21} i^{33} tʂhʅ^{33} mu^{21} ʥy^{21}. | ȵi^{33} tsər^{21} uɑ^{33} ȵi^{33}, ə^{55} y^{21}
蕊江 上 轮 娆久嘎 射 天 蛇 南方 在 二 十 五 日 猴

khv̩^{55}.zy^{21}dv̩^{21} to^{55} dər^{33}.zɑ^{21} ȵi^{33} me^{33} khæ^{55}. mɯ^{33} zʅ^{21} ho^{33} gv̩^{33} lo^{21} ʥy^{21}. | ȵi^{33} tsər^{21} tʂhuɑ^{55} ȵi^{33},
岁 蕊督 上 轮 娆星 太阳 射 天 蛇 北方 在 二 十 六 日

æ21 khy̩55.zy21 bɑ21①to55 dər33. zɑ21 dʑiə33 kɑ21 he33 me33 khæ55. mɯ33 ʐʅ21 ɯ33 dzʅ21 tɯ33 dʑy21. ȵi33
鸡 岁 蕊崩 上 轮 娆久嘎 月亮 射 天 蛇 牛 居 地 在 二

tsər21 ʂər33 ȵi33, khɯ33 khy̩55. zy21tshi21 to55 dər33.zɑ21mi33mɑ21 khæ55. mɯ33ʐʅ21 ho33 gy̩33lo21dʑy21. |
十 七 日 狗 岁 蕊齐 上 轮 娆米麻 射 天 蛇 北方 在

ȵi33 tsər21 ho55 ȵi33,bu21 khy̩55. zy21 bə33 to55 dər33. zɑ21 lɑ21 pɑ55 khæ55. mɯ33 ʐʅ21 ȵi33 me33 thy̩33
二 十 八 日 猪 岁 蕊崩 上 轮 娆劳鲍 射 天 蛇 东方

dʑy21. | ȵi33 tsər21 gy̩33 ȵi33, fy̩55 khy̩33.zy21 mæ33 to55 dər33.zɑ21 i33 pu33 kho33 nɑ21 fy̩55 nɑ21 dy̩33 dzʅ21
在 二 十 九 日 鼠 岁 蕊满 上 轮 娆星 绸 半匹 漆黑一团 时

khæ55.mɯ33 ʐʅ21 i33 tʂhʅ33 mu21 dʑy21. | nɑ33 ty̩21 ȵi33, ɯ33 khy̩55. py33 bu21 ky̩33 to55 dər33. zɑ21 tshy55②
射 天 蛇 南方 在 三十 日 牛 岁 本补古 上 轮 娆星 闪电

do55 be21 khæ55. mɯ33 ʐʅ21 ɯ33 dzʅ21 tɯ33 dʑy21. | zɑ21 ȵi33 me33 khæ55 ȵi55 uɑ33, ly̩33 khɯ33 ku55 dʑi21
地 射 天 蛇 牛 居 地 在 娆星 太阳 射 日子 石 脚 砌 房

thy̩21,ɯ21. | zɑ21 tɕiæ33 tɕy33 khæ55 ȵi33 uɑ33, khuɑ21.zɑ21 i33 pu33 kho33 khæ55 ȵi55 uɑ33, ly55 mu21 gy̩33.
建 吉 娆星 三叉戟 射 日子 凶 娆星 绸 半匹 射 日子 中等

zɑ21 dʑiə33 kɑ21 khæ55 ȵi33 uɑ33, ly55 mu21 gy̩33. | zɑ21 i33 pu33 dɯ33 khæ55 ȵi55 uɑ33, ɯ33. | zɑ21 ȵi33
娆久嘎 射 日子 中等 娆星 绸 一匹 射 日子 吉 娆星 太阳

me33khæ55ȵi55 uɑ33③,ly33 khɯ33 ku55 dʑi21 thy̩21, ɯ33. ʂʅ33 dzʅ33 hɑ33 dzʅ33 ʐʅ33 thɯ21 bɯ33, ɯ33. | mu21
射 日子 石 脚 砌 房 建 吉 肉 吃 饭 吃 酒 喝 去 吉 兵

tɯ33 bɯ33、
起 去

由蕊江当值。娆久嘎射出。天蛇在南方。二十五日，为属猴日。由蕊督当值。娆星像太阳一样明亮地射出。天蛇在北方。二十六日，为属鸡日。由蕊崩当值。娆久嘎像月亮一样亮地射出。天蛇在牛居地。二十七日，为属狗日。由蕊齐当值。娆米麻射出。天蛇在北方。二十八日，为属猪日。由蕊崩当值。娆劳鲍射出。天蛇在东方。二十九日，为属鼠日。由蕊满当值。娆星像半匹绸一样在漆黑一团的夜里射出。天蛇在南方。三十日，为属牛日。由本补古当值。娆星像闪电一样射出。天蛇在牛居地。

娆星像太阳一样明亮地射出的日子，下石脚盖新房，吉。

娆星像三叉戟一样射出的日子，凶。

娆星像半匹绸一样射出的日子，为中常。

娆久嘎射出的日子，为中常。

① 此处似有误，在“zy21 dy̩21”后应是“zy21 tshi21”。又前文中“zy21 bɑ21”与“zy21 bə33”是同宿异名。现从原文。

② 在“tshy55”右方有一个符号，读音不明，存疑。

③ 前文有此卦象，不知为何又重复。

娆星像一匹绸一样射出的日子，吉。

娆星像太阳一样明亮地射出的日子，下石脚盖房子，吉。去吃肉吃饭喝酒，吉。起兵去打仗，

598-L-39-36

khuɑ^{21}. | zɿ^{21} mə^{33} gv̩^{21} kv̩^{55}. | zɑ^{21} he^{33} me^{33} khæ^{55} n̠i^{55} uɑ^{33},ko^{55} tshɿ^{55}, ɯ^{33}. ʥi^{21} tshɿ^{55} lv̩^{33} khɯ^{33}
凶 仇 不 敌 会 娆星 月亮 射 日子 粮架 竖 吉 房 建 石 脚

ku^{55}, khæ^{33} thv̩^{55} ʥi^{21} ʂʅ^{21}, ɯ^{33}. | gu^{21} me^{33} tʂhər^{33} ɯ^{33} thɯ^{21}, ɯ^{33}. ɕi^{33} ko^{21} zʅ^{33} thɯ^{21} hɑ^{33} dzɿ^{33},
砌 沟 挖 水 引 吉 病 者 药 喝 吉 他人 家里 酒 喝 饭 吃

ɯ^{33}. | zɑ^{21} mi^{33}mɑ^{21} khæ^{55} n̠i^{55} uɑ^{33},mu^{21} tɯ^{33} bɯ^{33},ɯ^{33}.ɕi^{33} khv̩^{33} bɯ^{33} ɯ^{33}. khɯ^{33} ʂər^{21} tɕy^{21} khɯ^{55}
吉 娆米麻 射 日子 兵 起 去 吉 偷窃 去 吉 狗 牵 下 扣

tɕhi^{21} tshɿ^{55} bɯ^{33}, ɯ^{33}. | zɑ^{21} lɑ^{21} pɑ^{55} khæ^{55} n̠i^{55} uɑ^{33}, gu^{21} thv̩^{21} mə^{33} n̠i^{21}. ʥi^{21} khuɑ^{21} khæ^{55} mə^{33}
签 插 去 吉 娆劳鲍 射 日子 仓 建 不 可 房 烂 拆 不

n̠i^{21}. | zɑ^{21} phər^{33} bər^{33} khæ^{55} n̠i^{55} uɑ^{33}, py^{33} bv̩^{21} nɯ^{33} py^{21}, ɯ^{33}. mu^{21}① tɯ^{33} zɿ^{21} sy^{55} bɯ^{33} ɯ^{33}. |
可 娆星 降魔杵 射 日子 祭司 以 祭 吉 兵 起 仇 杀 去 吉

phər^{33} bər^{33}、phər^{21}、khuɑ^{21}②. dzər^{21} lɯ^{55} bɯ^{33} mə^{33} n̠i^{21}. mu^{33} kho^{55} sæ^{33} thv̩^{55} bɯ^{33} mə^{33} n̠i^{21}. | zɑ^{21}
降魔杵 白 凶 树 砍 去 不 可 家畜 宰 血 出 去 不 可 娆星

tshy^{55} do^{55} be^{21} khæ^{55} n̠i^{55} uɑ^{33}, ɯ^{33} lɯ^{21}, ɯ^{33}. zu̧ɑ^{33} dzæ^{33}, ɯ^{33}. tʂhər^{33} me^{33} ʂʅ^{55} zɿ^{21} ɯ^{33}. mu^{21} tɯ^{33}
闪电 地 射 日子 牛 耕地 吉 马 骑 吉 媳妇 新 娶 吉 兵 起

bɯ^{33}, ɯ^{33}. | zɑ^{21} ʥi^{33}kɑ^{21}khæ^{55} n̠i^{55} uɑ^{33},mɯ^{33} thv̩^{33} dy^{21} khu^{33} bɯ^{33},khæ^{33} thv̩^{55} ʥi^{21} ʂʅ^{21} bɯ^{33}, ɯ^{33}.
去 吉 娆久嘎 射 日子 天 开 地 辟 去 沟 挖 水 引 去 吉

① “dv̩^{21} mu^{21}”（毒鬼兵），似为笔误。若照原文读则为“毒鬼兵去杀仇人，吉”，无法理解。现校读为“mu^{21}（兵）”。

② 这三个字符无法连读成句，存疑。

凶。会不敌仇人。

娆星像月亮一样亮地射出的日子，竖粮架，吉。下石脚盖房子，吉。挖沟引水，吉。病者吃药，吉。到他人家去喝酒吃饭吃肉，吉。

娆米麻射出的日子，起兵去杀敌、行窃、牵狗去打猎、下扣插签皆吉。

娆劳鲍射出的日子，不宜建仓，不可去拆破烂的旧房子。

娆星像降魔杵一样射出的日子，东巴祭司宜作祭仪。起兵去仇杀，吉。不宜去砍树。不可去杀牲放血。

娆星像闪电一样射出的日子，耕田犁地、骑马出门，皆吉。娶新妇，吉。宜起兵。

娆久嘎射出的日子，去开辟新天地，吉。挖沟引水，吉。

598-L-39-37

ko^{55} tshɿ^{55}, ɯ^{33}. | mɯ^{33} tsɿ^{21} dv̩^{21} lo^{21} ɕi^{33} mu^{21} dʑi^{55}, ɯ^{33}. | tshɿ^{33} py^{21} ly^{55} khu^{33} dv̩^{21} py^{33} bv̩^{21} nɯ^{33}
粮架 建 吉 火葬场 里 人 尸 烧 吉 祭祀 举行 门 处 祭司 以

py^{21}, kɑ^{33}. | zo^{33} nɯ^{21} mi^{55} dʑi^{33} iə^{55} mə^{33} ȵi^{33}. sɿ^{55} khv̩^{21} mə^{33} ȵi^{21}, khuɑ^{21}. | zɑ^{21} tɕiæ^{33} tɕy^{33} khæ^{55}
祭 吉 男 和 女 衣 给 不 可 素神 请 不 可 凶 娆星 三叉戟 射

ȵi^{55} uɑ^{33}, khuɑ^{21}.zɑ^{21} i^{33} pu^{33} kho^{33} khæ^{55} ȵi^{55} uɑ^{33}, ly^{55} mu^{21} gv̩^{33}.zɑ^{21}dʑiə^{33} kɑ^{21} khæ^{55} ȵi^{55} uɑ^{33}, ly^{55}
日子 凶 娆星 绸 半匹 射 日子 中常 娆久嘎 射 日子

mu^{21} gv̩^{33}. | zɑ^{21} i^{33} pu^{33} dɯ^{33} khæ^{55} ȵi^{55} uɑ^{33}, ɯ^{33}①. | tshe^{33} do^{21}dɯ^{33}ȵi^{33}, tshe^{21} dɯ^{33} ȵi^{33},ȵi^{33} tsər^{21}
中常 娆星 绸 一匹 射 日子 吉 月 见 一 日 十 一 日 二 十

dɯ^{33} ȵi^{33},ɯ^{33} ʂʅ^{55} iə^{33} ko^{21} ʂər^{21}, khuɑ^{21}. tʂhu^{21} be^{33} kho^{55} dər^{33} kv̩^{55}. | tshe^{33} do^{21} ȵi^{33} ȵi^{33}, tshe^{21} ȵi^{33}
一 日 牛 新 家里 牵 凶 早 地 杀 该 会 月 见 二 日 十 二

ȵi^{33}, ȵi^{33} tsər^{21} ȵi^{33} ȵi^{33}, ɯ^{33} ʂʅ^{55} iə^{33} ko^{21} ʂər^{21}, ɯ^{33}. | tshe^{33} do^{21} uɑ^{33} ȵi^{33}, tshe^{21} uɑ^{33} ȵi^{33}, ȵi^{33} tsər^{21}
日 二 十 二 日 牛 新 家里 牵 吉 月 见 五 日 十 五 日 二 十

uɑ^{33}ȵi^{33},ɯ^{33} ʂʅ^{55} iə^{33} ko^{21} ʂər^{21}, ɯ^{33}. | tshe^{33} do^{21} sɿ^{21} ȵi^{33}, tshe^{33} sɿ^{21} ȵi^{33}, ȵi^{33} tsər^{21} sɿ^{21} ȵi^{33}, ɯ^{33} ʂʅ^{55}
五 日 牛 新 家里 牵 吉 月 见 三 日 十 三 日 二 十 三 日 牛 新

① 此几句在前文中已出现，不知为何又重复。

iə^{33} ko^{21} ʂər^{21},ɯ^{33}.｜tshe^{33} do^{21} ʂər^{33} ȵi^{33}, tshe^{21} ʂər^{33} ȵi^{33},ɯ^{33} ʂʅ^{55} iə^{33} ko^{21} ʂər^{21} mə^{33} ȵi^{21},khuɑ^{21}.｜
家里 牵 吉 月 见 七 日 十 七 日 牛 新 家里 牵 不 可 凶

gu^{21}kv̩^{55},khuɑ^{21}.｜tshe^{33} do^{21} ho^{55} ȵi^{33},tshe^{21} ho^{55} ȵi^{33}, ɯ^{33} ʂʅ^{55} iə^{33} ko^{21} ʂər^{21},by^{21} ʂər^{55} kv̩^{55}, ɯ^{33}.｜
病 会 凶 月 见 八 日 十 八 日 牛 新 家里 牵 圈 满 会 吉

tshe^{33} do^{21} gv̩^{33} ȵi^{33}, tshe^{21} gv̩^{33} ȵi^{33}, ȵi^{33} tsər^{21} gv̩^{33} ȵi^{33}, ɯ^{33} ʂʅ^{55} iə^{33} ko^{21} ʂər^{21}, gu^{21} kv̩^{55}, tʂhu^{21} be^{33}
月 见 九 日 十 九 日 二 十 九 日 牛 新 家里 牵 病 会 早 地

kho^{55} dər^{33} kv̩^{55}, khuɑ^{21}.｜tshe^{33} do^{21} tshe^{21} ȵi^{33}, ȵi^{33} tsər^{21} dɯ^{33}① ȵi^{33}, ɯ^{33} ʂʅ^{55} iə^{33} ko^{21} ʂər^{21},
杀 该 会 凶 月 见 十 日 二 十 一 日 牛 新 家里 牵

竖粮架，吉。宜到火葬场去火化死者尸体，吉。东巴宜到祭祀之家去主持祭祀仪式，吉。不宜给儿女赐新衣举行成丁礼。不可举行请素神仪式，凶。

娆星像三叉戟一样射出的日子，凶。

娆星像半匹绸一样射出的日子，为中常。

娆久嘎射出的日子，为中常。

娆星像一匹绸一样射出的日子，吉。

初一、十一日、二十一日，把新牛牵到家里，凶。会很快就将它杀掉。

初二、十二日、二十二日，把新牛牵到家里，吉。

初五、十五日、二十五日，把新牛牵到家里，吉。

初三、十三日、二十三日，把新牛牵到家里，吉。

初七、十七日，不宜把新牛牵到家里，凶。会病，凶。

初八、十八日，把新牛牵到家里，六畜会满圈，吉。

初九、十九日、二十九日，把新牛牵到家里，会病，会很快就将它杀掉，凶。

初十、二十日，把新牛牵到家里……

（翻译：王世英）

① 此字应为衍文。这段文字是“十日”、“二十日”的卦辞。“二十一日”的卦辞在前文已记有。又，此书应还有后文，不知是残缺还是只写到此。逢“四”、“六”等日子卦辞阙如。

后　记

《哈佛燕京学社藏纳西东巴经书》第九卷所收经卷的译稿完成于2010年，结集于2011年。自2011年至今的9年时间里，中国社会科学院民族学与人类学研究所和丽江市东巴文化研究院的专家一起进行了几次修改和校订：首先补译了缺译的内容；统一了译名用字；改正了音标；规范了用语等。2015—2016年，针对专家的评审意见，我们又一次通读全文、规范用语，对注释和提要中的文字表述问题加以规范。2020年出版之前，再次延请丽江市东巴文化研究院王世英研究员对全文进行了全面校订，具体工作体现在以下几个方面：

1. 就同一本经书中同一个概念记字不一的情况尽量进行了统一。美国学者洛克的这些搜集品在入藏时并未逐本注明所搜集的地点，而不同地方的东巴传承经书使用的是不同方言，或存在不同经书同一字的读音有所不同的情况。就这一问题，我们曾在项目开始之前进行过专门研究，订立了体例，即尽量保持原有的翻译用字，以体现方言的差异，以便于今后根据文本进行语言分析。这次通读和校改仅就同一译本的同一概念进行了统一，以便与此前订立的体例相对应。

2. 对译稿重加注释，所加注释主要就翻译存疑、译文不通畅、不易理解的纳西族文化词语等适当出注说明。

3. 补充了读经人等信息。

时光荏苒，从立项到现在，该项目已历经十余年。其间，我们得到了来自境内外专家的很多肯定和鼓励，已经出版的成果也产生了非常好的反响。2013年，孙宏开先生在美国国会图书馆遇见该馆东亚部的负责人，他们希望效法我们与哈佛燕京学社图书馆的做法，愿意提供该馆所藏3700多卷纳西东巴经的资料，开展整理翻译工作。该项成果得到了台湾地区同行的好评，也得到了国内外审专家的肯定。在此，我们再次感谢哈佛燕京学社图书馆免费给予扫描版高清图像，同时，感谢中国社会科学院科研局和民族学与人类学研究所的领导与专家的无私关怀和资助，感谢外审专家的悉心指导，感谢丽江市东巴文化研究院院长李德静、赵世红等所率领的专业团队的全力投入，感谢中国社会科学出版社田文编审的精心审读和校对。

孙伯君

2020年6月18日